디자인보호법

황 의 창 · 황 광 연 공저

법 영 사

머 리 말

요즈음 최첨단 IT제품인 스마트폰을 구입하려는 많은 사람들이 기능 못지 않게 디자인을 중시하고 있는 것 같다. 이는 사람은 아름다움을 추구하고 즐기려는 본능을 가지고 있고, 미적디자인은 사람을 매료시키려는 힘이 있기 때문이다.

그리하여 기능과 품질이 같아도 디자인이 더 아름다운 물품에 시선이 집중되어 호기심을 자극하고 소유욕을 유발시켜 얼마를 더 지불하더라도 이를 선택, 구매하게 되는 것이다. 예를 들면 똑같은 소재·부품·기술·공정 및 생산시설에서 만든 같은 품질의 자동차라 하더라도 디자인이 아름다운 것은 5천만원이고 그렇지 않은 것은 천만원일 때 구입자는 선뜻 4천만원을 더 주고 5천만원짜리 자동차를 구입한다. 이처럼 4천만원이나 더 비싼 가격에도 불구하고 아름다운 공감각(multisensory) 디자인제품에 열광, 선호하는 것은 아름다운 디자인이 행복감을 주기 때문이다.

비단 그 뿐인가 디자인은 산업경제면에서도 고부가가치산업일 뿐만 아니라 수요도 전 세계 70억 인구의 글로벌 시장 규모이다.

이러한 디자인의 정신적 행복감, 국부(國富)의 창출력은 급기야 디자인에 대한 치열한 경쟁의 파고를 예상케 하고 있다.

이제 디자인 분야에 산업계 뿐만 아니라 학계, 법조계, 문화계에서도 보다 많은 관심을 가지고 디자인창작의욕의 고취, 연구개발분위기의 조정, 디자인보호의 이론적 체계의 확립, 법적 관리능력의 함양 및 디자인분쟁에 관한 해결역량의 배양에 온 힘을 경주하여 모름지기 디자인이 국제경쟁력을 갖추어 정신문화적 성취와 국부의 향상에 기여할 수 있도록 배전의 노력을 기울여야 할 때이다.

이러한 점에 초점을 맞춘 본서는 특히 다음과 같은 특징을 담아 외람되게 독자 여러분에게 내놓는다.

첫째, 산업계·실무계의 업무지침 및 교육용 교재로 활용할 수 있도록 기업의 업무와 연계하면서 이론에 실무를 대입하려고 노력하였다.

둘째, 디자인부문 입문서로 활용할 수 있도록 내용이 평이하고 간결하게 구성하면서도 새로이 도입된 제도에 대해서는 비교적 상세히 설명하려고 노력하였다.

셋째, 대학 등 교육기관의 디자인보호법 교재로 활용할 수 있도록 법리를 중심으로 한 이론적 체계는 물론 다양한 학설과 판례를 소개하여 이론적·실무적 무장과 연구의 계속성을 추구하려고 노력하였다.

넷째, 변리사 시험 등 국가 자격시험 준비서로 활용할 수 있도록 기초부분을 튼튼히 하면서 디자인보호법 전반을 쉽게 파악, 이해할 수 있도록 내용을 평이하게 구성하고 중요 대목에서는 사례를 들어 설명하려고 노력하였다.

다섯째, 날로 치열해 가고 있는 디자인분쟁의 증가에 따른 쟁송사건의 효율적 처리를 위하여 심판은 물론 특히 소송절차에 역점을 두어 사건당사자 및 변리사의 소송업무 소양에 기여하려고 노력하였다.

위와 같은 노력에도 불구하고 디자인분야의 방대함과 관련 정보자료수집의 한계성으로 기대 이하의 작품이 되고 말았음을 솔직히 시인하며 죄송스럽게 생각한다. 이러한 미비점에 대하여는 앞으로 더욱 정진하여 보다 나은 내용으로 보완, 발전시켜 나갈 것을 약속하며 이 책의 원고정리와 교정에 수고를 아끼지 않은 송경숙, 남예정 씨 그리고 출판을 맡아주신 법영사 사장님과 편집부 여러분의 노고에 감사드린다.

2011년 3월

저자 황 의 창

황 광 연

◈ 참고문헌 ◈

– 국내문헌

황종환, "의장법", (주) 한빛지적소유권센터, 1997. 1.
황의창, "지적재산권법", 법지사, 2001. 3.
황의창·황광연 공저, "특허법정해(상)·(하)", 법영사, 2009. 7.
황종환 외 2인, "지적소유권법", 육법사, 1992. 9.
이기수 외 4인, "지적소유권법(상)", 한빛지적소유권센터, 1994. 2.
이수웅 외 3인, "지적소유권법", 도서출판 삼선, 1995. 1.
한국지적소유권학회, "지적소유권법 연구", 삼진인쇄공사, 1991. 11.
정진섭, "국제지적소유권법", 육법사, 1992. 8.
특허청 지적소유권연구회, "미국지적소유권법 해설", 한국발명특허협회, 1988. 12.
특허청, "각국 산업재산권제도 편람", 특허청, 1997. 7.
사법연수원, "변호사 실무(민사)", 한양당. 1996. 6.
김용성, "법률학 사전", 법문사, 1964.
특허법원, "특허재판 실무편람", 과천인쇄, 2002. 12.
법원행정처, "특허소송실무", 삼화인쇄(주), 1998. 2.
전봉수, "특허소송", 대한변리사회, 2001. 12.
특허법원, "특허소송연구 제1, 2, 3집", 금강인쇄정보, 2005. 12.
특허심판원, "심판편람", 영인정보시스템, 2001. 9.
특허청, "의장판례집" 금강문화인쇄, 1999. 12.
특허심판원, "1988년도 특허법원 판결문집", 금강인쇄사, 1999. 3.
황의창·황광연 공저, "5정판 부정경쟁방지 및 영업비밀보호법", 세창출판사, 2009. 3.
황의창·황광연 공저, "상표법", 단국대학교 출판부, 2005.
이시윤 저, 신정3판 "민사소송법" 1997. 4. 11.

– 외국문헌

牛木理一, "意匠法の研究", 發明協會, 昭和 49年.
村山小次郎, "特許 新案 意匠 商標 四法 要義", 嚴松堂, 大 11.

吉藤幸朔·紋谷暢男 編, "特許·意匠·商標の法律相談(第四版)", 有斐閣, 昭和 62.

桑田三郎, "國際商標法の研究－竝行輸入論"

中山信弘, "工業所有權法上 特許法(第2版)" [平 10, 弘文堂]

兼子一·染野義信 判例 工業所有權法(加除式) 昭 29, 제일법규출판사.

MINORU TAKEDA, "知的財産權 侵害要論", 發明協會, 1997.

意匠における要部と類否判斷, かに風味かまぼこ事件, 岡本昭二, 特許管理 Vol. 40. No. 2.

齊藤瞭二 著, 鄭泰連 譯, "意匠法", 세창출판사, 1993. 10. 30.

豊崎光衛, "工業所有權法(新版·增補)(法律學 全集)", 有斐閣, 昭和 55.

工業所有權 判例研究會, "工業所有權 主要 判決250選, 財團法人 通商産業調査會, 昭和 62. 12.

飯塚半衛, "無體財産法論", 嚴松堂, 昭和 15年.

Reports of Patent, Design and Trade Mark Cases(영국).

Etabissements Consten SARL and Grundig-Verkaufs-GambH v. Commission of the European Economic Community (1966) ECR.

차 례

제 1 장 디자인보호법 개관

제 2 장 디자인등록을 받을 수 있는 자

제 3 장 등록을 받을 수 있는 디자인

제 4 장
등록을 받을 수 없는 디자인

제 5 장 디자인등록출원

제 2 절 출원절차 ···· 271

제 6 장 심 사

제 7 장
디자인등록

제 8 장
디자인권

제 9 장 실시권

제10장 디자인권의 침해·구제 및 방어 등

제 11 장
심 판

제 3 절 심판의 종류 및 내용 ……635

제 12 장 재 심

제 7 절 재 심 …………………… 904

제 8 절 행정처분 취소소송 …………………… 909

제1장 디자인보호법 개관

제1절 서 설

I. 서 문

인간은 본능적으로 아름다움을 추구하는 미적 동물이다. 이러한 인간의 미적 욕망은 공업디자인의 발달을 가져왔고 이것이 오늘날의 디자인제도의 기초를 제공하였다. 이와 같은 디자인제도는 그동안의 공업디자인 중심에서 전 산업디자인으로 이동하고 있고 멀지 않아 모든 분야 생활디자인으로 확대될 것으로 전망된다. 특히 디자인은 기업활동에서 중요한 위치를 차지하고 있는 바, 그 첫 번째가 고품질의 상징성이요, 그 두 번째가 경쟁의 우위성(제품의 경쟁력 확보)이며, 세 번째가 구매동기의 유발성, 네 번째가 기업품격의 진작이고, 다섯 번째가 기업브랜드 가치의 제고이다.

이는 디자인은 물품의 형태를 형상화한 시각적 심미성의 창작물이기 때문에 쉽게 수요자에게 어필할 수 있고 순간적으로 직감할 수 있어 기업적 승수효과로 직결될 수 있는 것이다. 예를 들면 넥타이 1만원짜리나 5만원짜리가 그 소재나 효과에 있어서는 별반 다를 바가 없다. 그러나 5만원짜리는 1만원짜리보다 미감을 일으키게 하는 디자인적 가치를 높였기 때문에 그 가치의 차이에 대해 소비자는 선뜻 4만원의 돈을 더 내놓게 되는 것이다. 그만큼 디자인은 미감에 도취한 인간의 본능을 이용하려 하고 이를 잘 이용한 국가는 일찍이 산업디자인국으로 부상하여 세계 상품시장을 석권·재패하였다. 그 예가 바로 프랑스의 산업디자인, 산업미술을 들 수 있다.

디자인에 대한 심미적 가치에 대하여는 위의 예에서 살펴본 바와 같이 고객이 1만원짜리 넥타이보다 5만원짜리 넥타이를 더 선호한 것은 넥타이 그 자체의 품질보다는 넥타이에 표현된 디자인의 미감 때문이다. 이와 같이 5만원짜리 넥타이가 그렇게 되기까지는 그 창작자의 정신적, 물적, 시간적 투자가 있었기에 가능하다. 그럼에도 불구하고 그 창작자와는 아무런 관계가 없는 자가 5만원짜리 넥타이를 취급할 경우

경제적 피해·영업상의 신용훼손 및 정신적 충격(상처)은 물론 디자인의 창작활동 또한 위축되어 산업발전을 저해하게 되는 결과를 초래하게 된다. 디자인보호법은 바로 이와 같은 폐해로부터 디자인을 보호하고 디자인의 창작을 장려하여 산업발전을 기하려는데 중점을 두고 있는 매우 중요한 지적재산권법의 일종이다.

따라서 공업상 이용할 수 있는 디자인으로서 공지되지 아니하고(신규성) 그 디자인이 속하는 분야에서 통상의 지식을 가진 자가 용이하게 창작할 수 없는 디자인(창작성)에 대하여는 권리로 창설되어 보호를 받게 된다.

현재 이러한 디자인제도를 채택하고 있는 대부분의 국가가 디자인보호법전을 가지고 운용하고 있으나 일부 국가에서는 디자인에 관한 독립법전을 갖지 않고 있다.[1] 또 법전에 규율하는 대상에 있어서도 나라마다 동일하지 않은 것 같다.[2] 그러므로 21세기 글로벌시대를 맞아 디자인에 관한 국제교류와 협력이 원활히 이루어질 수 있도록 디자인 제도에 관한 국제 통일화도 현재 추진중인 특허통일화나 상표통일화와 같은 성격 및 차원에서 이루어야 할 당면과제이다.

Ⅱ. 디자인보호법의 목적

디자인보호법은 디자인의 보호 및 이용을 도모함으로써 디자인의 창작을 장려하여 산업발전에 이바지함을 목적으로 하고 있다(법 1).

이는 디자인보호법이 규율하고 있는 내용과 법의 작용을 통하여 실현하고자 하는 궁극적인 목적을 선언한 것이다. 즉 출원·심사(혹은 심판·소송)·등록 등의 절차에 의해 일정한 권원(權原)을 인정한다고 하는 법의 내용에 근거한 제도적 기능·효과와 그에 의해 실현하려고 하는 궁극의 목적을 선양한 것으로서 이를 바꾸어 말하면 디자인의 창작자에게는 "디자인의 보호"에 따른 이익을 일반 공중에게는 "디자인의 이용"에 의한 이익을 줌으로써 디자인의 창작을 장려하고 이로써 산업발전에 기여하려는 것이 디자인보호법이 설정하고 있는 목적이라고 할 수 있다.

여기에서 "디자인의 보호"란 디자인의 창작자와 그 승계인에게 일정기간 업으로서 그 창작디자인에 관하여 독점적으로 실시할 권리(독점권 또는 전용권)를 부여하는 것이고, "디자인의 이용"이란 디자인의 창작자에 의한 디자인의 공개와 디자인의 실시를

---

1) 우리나라, 영국, 프랑스, 독일, 일본 등이 디자인에 관한 독립법전을 가지고 있는데 반하여, 영국이 디자인과 실용신안을 동일 법전에, 미국이 디자인을 특허법 체계로 규정하고 있다.

2) 독일의 디자인법에서는 "본법에서 디자인 또는 인형으로 칭하는 것은 신규로써 독창적인 창작물을 말한다"라고 규정하고 있고 프랑스의 디자인법에서는 "본법의 적용을 받는 것은 신규의 의장·신규의 가소성 형상 및 신규성을 현저히 인식할 수 있는 외형에 의하여 또는 독특하고 새로운 형상을 가지는 1개 또는 수개의 외형적 효과에 의하여 동종의 것 중에서 다른 것과 특히 구별될 수 있는 공업품으로 한다"라고 규정하고 있다.

통해 일반 공중에게 디자인의 이용의 길을 제공하는 것이다. 그러한 의미에서 디자인보호법은 디자인의 창작자에게는 독점권을 부여하지만 그 대신 디자인을 공개하고, 디자인을 실시하여 일반 공중에게는 디자인 이용의 길을 제공하는 의무를 부과하는 것이며, 일반 공중에게는 디자인 이용의 기회를 주지만 그 대신 일정기간 디자인을 모방하거나 침해하지 않을 의무를 부과하는 것이라고 할 수 있다. 그러한 의미에서 디자인보호법은 디자인의 창작자와 일반 공중의 이해를 적절히 조화시켜 궁극적으로는 전체로서 산업발전과 공공의 이익을 도모하려는 법이라고 할 수 있다. 이와 같이 디자인의 보호와 디자인의 이용은 디자인 제도의 양대 축이며, 이 중 어느 하나가 없어도 디자인 제도는 성립될 수 없다.

따라서 디자인보호법은 창작된 디자인을 타인의 모방이나 침해로부터 보호하는 창작자의 권리보호와 일반 공중의 창작자의 공개 디자인의 이용(창작자의 실시를 포함한다. 이하 같다)을 통하여 디자인의 창작을 장려하여 산업발전을 도모하려는 두 가지의 목적을 함께 가지고 있는 법으로서 성격지어지고 있다.

전자의 경우 디자인보호법은 불법행위법 즉 부정경쟁방지법적 성격의 법률이라고 할 수 있다. 디자인의 보호라는 창작자의 권리는 디자인을 창작한 자에게 일정기간(디자인권의 존속기간) 그 창작물을 산업재산권(또는 지식재산권)으로 지배할 수 있는 권리를 부여하는 것이라는 점에서 이 법에 재산권법적 성격을 인정하고 이를 보호하기 위하여 침해와 그 구제에 관한 규정을 두어 불법행위법적 성격을 부여하고 있다.

후자의 경우는 디자인보호법의 궁극적인 목적을 산업발전에 두고 있으므로 산업발전법적 법률이라고 할 수 있다. 그러나 전자의 경우와 같이 직접적인 것은 아니고 이 법의 실질적인 내용을 구체적으로 실현함으로써 비로소 이룰 수 있는 것이다. 즉 권리성립의 절차·권리의 내용·권리의 침해에 대한 구제 등의 실체적 규정은 산업발전이라고 하는 법이념에 기초를 두고 창작의 용이성(진보성), 선원성 등과 같은 고차원의 정책목표를 달성하게 된다. 또 여기에서의 "산업발전"은 디자인보호법이 디자인의 보호 및 이용을 도모함으로써 디자인의 창작을 장려하는 것은 물론 그 자체가 목적이 아니라 그와 같은 것들이 결국 산업발전에 기여하고 나아가서는 공공의 이익에 합치한다는 전제가 서기 때문이다. 따라서 굳이 보호할 필요가 없다는 것은 너무나도 당연하다(예: 공서양속에 반하는 디자인). 또 경우에 따라서는 디자인의 대상으로는 하지만 디자인권에 일정한 제한을 가함으로써(예: 시험·연구를 위해 실시하는 경우 등) 공익과의 조화를 도모하는 것도 필요하다. 대부분의 국가의 디자인보호법과 마찬가지로 우리나라의 디자인보호법도 어떤 유형의 디자인에 대해서는 디자인등록을 거절하고 또 독점권으로서의 디자인권의 효력에 일정한 제한을 두고 있는 것은 위와 같은 이유에서이다.

Ⅲ. 디자인보호법의 의의

디자인보호법의 이상은 산업발전에 기여함이다. 이러한 법이상을 구현하기 위하여는 디자인의 창작을 장려하여야 하는 바, 이를 위하여 창작자에게는 그 창작디자인을 보호하기 위한 권리(독점배타권)를 부여함과 동시에 일반 공중이 그 디자인을 이용할 수 있도록 공개, 실시의무를 부과하는 한편 일반 공중에게는 창작자에 의해 공개, 실시된 디자인을 자유롭게 이용할 수 있는 권리를 부여함과 동시에 창작자의 디자인에 관한 권리를 침해하지 않을 의무를 부과하는 것이다. 즉 산업발전이라고 하는 법이상은 디자인 창작의 장려에 의해 구현되고, 창작의 장려는 디자인의 공개와 이용 두 축에 의해 이루어진다. 공개와 이용은 각각 창작자에게 디자인을 보호할 수 있는 권리부여에 대한 대가와 일반 공중에게 디자인에 대한 권리불침의무의 부과에 대한 대가로 부하된 창작자의 의무이행과 일반 공중의 권리행사의 전형이다. 따라서 공개와 이용은 디자인창작 장려의 토대이며 산업발전의 수단이다.

이와 같은 산업발전에 이바지라고 하는 법이상을 실현할 수 있는 디자인은 모든 디자인이 아니고 시각적으로 미감을 일으키게 하는 미적 표현의 디자인이어야 한다. 이처럼 심미적 디자인으로 한정한 것은 무한히 미를 추구하는 사람의 본능에 기초한 미적 디자인의 창작을 꾀하여 신수요의 창출과 확대를 도모함으로써 산업발전에 기여하려는 것이다. 즉 디자인은 물품에 대한 미적 표현의 형태이므로 미적 감흥을 본능으로 한 사람의 정서에 어필한 무한대의 수요를 계속적으로 안출하여 지속적인 산업발전은 물론 국민생활의 향상 및 공공의 이익을 도모하려는 데 이 법의 의의가 있다.

이처럼 디자인보호법은 미적 디자인을 창작한 자에게 일정기간 등록디자인 또는 이와 유사한 디자인을 독점실시 할 권리를 부여함으로써 디자인을 보호하고 이용하여 디자인의 창작을 장려하여 산업발전에 기여하려는 법률이다. 따라서 디자인보호법은 "정서문화향상법, 디자인독점법, 디자인장려법 및 산업발전법"이라고 할 수 있다. 이러한 디자인의 독점은 디자인실시의 독점이므로 이는 곧 기업독점을 의미하게 되어 기업의 독점의 사회적·경제적 폐해를 막기 위하여 도입, 운용하고 있는 독점규제 및 공정거래에 관한 법률의 법리와 충돌되고 있다. 그러나 양자를 비교형량해 볼 때 디자인의 독점을 인정하여 디자인을 강력하게 보호하는 편이 그렇지 않은 편보다 디자인의 보호, 공개 및 이용을 통한 산업발전은 물론 국민생활의 향상 및 공공의 이익에도 더 유리하기 때문에 디자인의 독점권을 허여하는 디자인제도를 채택한 것이다. 이와 같은 디자인의 독점권은 미감을 일으키게 할 만한 정도의 물품의 디자인을 창작한 자의 창작노력에 대한 보은이며 디자인의 사회적 기능에 대한 대가이지 디자인의 공개에 대한 대가적 성격은 없다. 왜냐하면 디자인은 물품의 수명주기 즉 라이프 사이클이 짧기 때문에 타인의 모방이 용이하므로 이를 미연에 방지하고자 디자인권의 설정등록 후에 등록공고를 통하여 공개하고 출원 중에는 출원공개를 하지 않기 때문에 특허나 실용신안과 같은 공개에 대한 대가적 성격은 없다.

그러한 점에서 특허 및 실용신안에 관한 독점·배타권이 발명·고안의 공개에 대한 대가적 성격의 일부로 부여된 것과는 다르다. 다만, 디자인등록출원인이 자기의 디자인등록출원에 대하여 공개신청을 하는 경우나 디자인무심사 등록공고의 경우 공개에 대한 대가적 성격이 다소 가미는 되었으나 그 공개의 궁극적 목적은 어디까지나 디자인등록출원을 침해로부터 구제하기 위한 수단 즉, 디자인등록 후 보상금 청구권을 인정해 주기 위한 것이라고 해석된다. 즉 디자인공개 후 디자인등록 전에 제3자가 그 출원디자인을 침해할 경우에는 출원인이 침해자에 대하여 보상금 청구권을 갖도록 함으로써 디자인등록출원의 보호에 공개의 중심을 두고 있다고 할 것이다.[3)]

Ⅳ. 디자인제도의 원리

디자인제도 창설(또는 도입)의 긍정적 근거는 디자인보호법 제1조로 명백하다. 그러나 이와 같은 명문의 규정을 두고 있지 아니한 나라에서는 여러 가지 설이 있다. 디자인제도의 원리를 이해하는 것은 디자인제도의 과거 및 현재를 이해하는데 필요할 뿐만 아니라 디자인제도의 장래를 예측하기 위해서도 중요하다고 인정되므로 이들에 대하여 고찰해보고자 한다.

1. 기본권설－자연권설－

기본권설(Naturrechtstheorie)이란 본래 디자인의 창작자는 마땅히 독점권을 받을 수 있다는 설로써 이는 다시 다음과 같은 두 가지 설로 나누어진다.

(1) 기본적 재산권설

기본적 재산권설(Eigentumstheorie)이란 모든 새로운 사상은 본래 이것을 생각해 낸 자의 소유에 속하므로 사회는 이를 재산권으로 인정하여야 한다는 설이다. 이 설은 1791년 프랑스 특허법의 전문에 명시되어 있다. 즉 "모든 신규 착상은 본래 그것을 안출한 자에게 속한다. 만약 공업적인 발상이 그것을 창작한 자의 재산으로 인정하지

3) 관보, 제13201호, 1995. 12. 29, 162면.

않는다면 그것은 인권을 그 본질에서 무시하는 것이 될 것이다." 또 1878년의 파리만국공업소유권보호동맹조약에 관한 국제회의에서도 기본적 재산권설을 채택하고 있다. 즉 "발명자나 산업상 창작자의 그 작품에 대한 권리는 재산권이며 민법은 이것을 창설하는 것이 아니라 단지 이것을 규제할 뿐이다."

(2) 기본적 수익권설

기본적 수익권설(Belohungstheorie)이란 "인간은 사회에 대한 유익한 공헌의 정도에 비례해서 본래 사회로부터 그 보상을 받을 권리가 있다"라는 통념 하에 디자인은 사회에 극히 유익한 공헌이므로 사회는 디자인의 창작자에게 이에 대한 최적보상으로 디자인 전용권을 주어야 한다는 설이다.

위의 2가지 기본권설의 기조는 개인적 정의에 기초한 것으로서 18·19세기에서 가장 유력한 설이었으나 이 설에는 i) 디자인권이 최선 창작자나 최선 출원인에게만 부여되고 또, ii) 디자인을 창작하였다 하더라도 디자인등록출원을 하지 아니한 자에게는 디자인권이 주어지지 아니하며, iii) 1국에서 부여된 디자인권은 그 나라에 한한다고 하는 속지주의 원칙을 설명하지 못한다는 이론상의 결함이 있어 오늘날에는 다음의 산업정책설이 유력하다고 할 수 있다. 그러나 산업정책설이라 하더라도 이를 지지하는 원류는 기본권설에 있다고 할 수 있으며 그 영향을 무시하거나 과소평가할 수 없다.

2. 산업정책설

산업정책설이란 산업정책상의 견지에서 디자인제도를 채택하는 것이라는 설로써 현재 가장 유력하며 이 설에는 다시 다음과 같은 세 가지의 설로 나눌 수 있다.

(1) 비밀공개설 – 대상설(代償說) –

비밀공개설이란 다음과 같은 이론에 근거한 설이다. 즉 디자인의 창작자에게 디자인 전용권을 부여하지 않는다면 누가 오랜 기간, 지난한 창작의 노력, 많은 비용을 들여 창작한 디자인을 공개하겠는가. 아마 모두 비밀디자인으로 관리할 것이다. 그렇게 될 경우 디자인의 이용을 통한 산업발전은 전혀 기대할 수 없게 될 것이다.

이러한 견지에서 디자인을 공개하는 것이 바람직하지만 그렇다고 무조건 창작자에게 공개를 요구할 수는 없다. 그러므로 디자인을 공개한 자에게 매력 있는 보호수단으로서의 독점권을 부여하는 디자인제도를 채택하는 것이 가장 적절하다는 것이다. 이것이 바로 비밀공개설(또는 대상설)이다.

(2) 디자인장려설 – 자극설 –

디자인의 창작자에게 디자인 전용권을 부여함으로써 창작의욕이 고취되어 활발한 창작활동은 물론 이러한 권리를 양도받아 디자인을 산업화하려는 기업가의 노력이나 투자의 의욕도 현저하게 고양될 것이다. 만약 이러한 디자인제도가 없다면 그 지난한 창작노력과 많은 투자 및 오랜 시간을 들여 디자인을 창작하려는 자는 거의 없을 것이고, 설령 있다하더라도 그 디자인의 기업화에는 성공확률에 대한 상당한 모험이 수반되므로 차라리 손쉬운 모방쪽을 택하려는 경향이 생겨 결국 디자인의 창작활동은 위축되고 기업의 활동은 침체될 것이다. 이러한 견지에서 디자인의 창작을 자극하고 디자인의 기업화를 장려하기 위해서 국가가 입법정책으로 디자인제도를 도입하는 것이다. 이것이 바로 디자인장려설 또는 자극설이다.

(3) 과당경쟁방지설 – 경업질서설 –

오늘날과 같은 기술상품의 미적 조형성이 급변하고 있는 시대에서는 디자인의 비밀을 공개하거나 디자인의 창작과 그 실시화를 보호, 장려하기 위해서 디자인제도를 창설하거나 유지할 필요성은 거의 없다. 디자인은 그와 같은 인위적 제도를 마련할 필요도 없이 산업적, 사회적 요청이 있는 한 필연적으로 탄생하고 실시화되어 그 비밀의 베일도 조만간 벗겨져 상식화되기 때문이다.

그럼에도 불구하고 오늘날 디자인제도를 필요로 하는 것은 만약 이 제도가 없다면 기업간의 경쟁은 국내외적으로 불공정한 경쟁을 야기할 것이 명백한데 대해 디자인제도는 디자인의 창작자에게만 독점권을 부여한다는 공정하고 강력한 합리적인 방법으로 위의 과당경쟁을 유효하게 방지하여 경업질서를 확립할 수 있는 기능을 갖기 때문이다. 이것이 바로 과당경쟁방지설 또는 경업질서설이다.

(4) 절충설

위의 (1) 내지 (3)이 산업정책설의 근거이지만 이것들은 각기 일면만을 강조하고 있어 어느 것 하나만을 타당하다고 할 수 없고 오히려 비밀공개설(대상설), 디자인장려설(자극설), 과당경쟁방지설(경업질서설)을 하나로 하여 다목적적으로 파악해야 하는 절충설의 입장이 타당하다 할 것이다.

V. 디자인보호법의 기본이념

디자인보호법에서의 디자인권의 성립에는 크게 네 가지의 기조를 취하고 있다. 권리주의·선원주의·심사주의(일부 특정분야 무심사주의 채택)·등록주의가 그것이다.

1. 권리주의

국가가 디자인을 보호하는 방법에는 권리주의와 은혜주의라고 하는 두 가지 방법이 있다.

권리주의란 디자인권이라고 하는 권리가 등록에 의하여 발생한다고 하는 등록주의 체제하에서 채택되고 있는 주의로서 디자인을 창작한 자는 누구든지 그 디자인에 대하여 독점·배타적으로 실시하고자 하는 경우 국가(특허청)에 디자인등록을 요구할 수 있고 국가는 법률에서 정한 요건을 충족한 경우에는 이를 거부할 수 없는 바, 이러한 사상을 권리주의라고 하며, 은혜주의에 대칭되는 주의이다.

은혜주의란 영국에서 일어난 사상으로서 디자인에 관한 권리를 얻는 것은 국가의 은혜에 따른 것이라고 하는 주의이다. 이와 같은 사상적 배경의 디자인권은 타인의 자유로운 디자인사용을 제한하는 것이기 때문에 누구나 이와 같은 권리를 가질 수 없다는 것이다. 따라서 국가나 국왕이 특별히 은혜로서 권리를 부여해주는 것이다. 이러한 국가나 국왕의 디자인권 부여가 때때로 정실에 의해 행하여지는 등 남용의 경향이 나타나면서 부실 디자인권으로 인한 폐단이 일어나 이를 극복하기 위한 대안으로 나온 것이 권리주의라고 하는 사상이었고, 현재 우리나라를 위시해서 미국·독일·일본 등 여러 나라가 권리주의를 채택하고 있다.

이와 같이 대부분의 나라가 권리주의로 나아가고 있는 것은 디자인을 창작한 자에게는 누구에게나 디자인권의 설정등록 이전에는 디자인등록을 받을 수 있는 권리가 인정되어 있고 디자인등록출원에 대한 심사관의 거절결정에 대해서는 특허심판원에 디자인등록거절결정 불복심판청구를 할 수 있으며 이의불복에는 특허법원의 제소가 인정되어 있는 것 등을 보아도 명백하다.

2. 선원주의

선원주의란 선사용주의에 대칭되는 사상으로서 동일 또는 유사한 디자인에 대하여 다른 날에 2 이상의 디자인등록출원이 경합되었을 경우 최선출원인의 디자인에 대해서만 등록을 받을 수 있도록 한 주의이다.

이와 같은 선원주의는 디자인보호법 제16조 제1항의 규정에 의해서 채택되고 있으나 같은 조 제2항의 규정에서는 같은 날에 2 이상의 디자인등록출원이 경합될 경우에는 최선출원인의 디자인에 대해서만 인정하지 아니하고 경합된 출원인의 협의에 의하여 정하여진 하나의 출원인만이 그 디자인에 관하여 등록을 받을 수 있도록 하고 있다.

만약 협의가 성립되지 아니하거나 협의를 할 수 없는 때에는 어느 디자인등록출원인도 그 디자인에 대하여 디자인등록을 받을 수 없도록 하고 있다.

이와 같은 것은 상표법에 있어서의 경합출원인 간의 협의가 성립되지 아니하거나 협의를 할 수 없을 때에는 특허청장이 행하는 추첨에 의하여 결정된 하나의 출원인만 상표등록을 받을 수 있도록 하고 있는 것과는 다른 것으로서 그 이유는 상표등록출원에 있어서는 신규성과는 관계없이 선출원에 의한 타인의 등록상표의 유무에 의해 등록여부가 결정되므로, 경합자간의 협의 등이 성립되지 않았다고 하여 모두 등록을 거부할 경우 선원(이하 "선출원"과 혼용한다)의 지위가 유지되지 않으므로 그 후 출원인에게 등록을 해 주어야 하는 모순이 생기기 때문에 선출원 경합자 중 하나의 출원인에게 등록을 허여하는 것이다. 이에 반해 디자인등록출원에 있어서는 경합출원인간에 협의 등이 이루어지지 않아 경합자 중 누구에게도 디자인등록을 불허한다 하더라도 디자인의 신규성이라는 관점에서 선원의 지위를 확보하고 있으므로 이와 동일 또는 유사한 후출원디자인에 대해서는 선원으로 인한 신규성 상실을 이유로 거절할 수 있기 때문에 상표등록출원에서와 같은 후출원등록의 모순이 발생하지 않는다. 따라서 선출원 경합자간의 협의가 이루어지지 않을 경우 그 경합출원인 모두에게 등록을 불허하는 것이다. 선원주의에 관한 보다 자세한 설명은 후술하는 선원편을 참고하기 바란다.

3. 심사주의

심사주의란 무심사주의에 대칭되는 사상으로서 디자인의 등록요건의 충족여부와 디자인등록을 받을 수 없는 디자인인지의 여부 등을 특허청 심사관이 심사한 후에 디자인등록요건의 충족은 물론 등록을 받을 수 없는 디자인 등에도 해당되지 않을 때에는 디자인등록결정을 하여 등록을 허여하고 디자인등록요건을 충족하지 못하거나 등록을 받을 수 없는 디자인 등에 해당한 때에는 디자인등록 거절결정을 하여 등록을 불허하는 주의이다.

이에 반해 무심사주의는 출원의 형식만 갖추어 있으면 수리하여 실질심사(디자인등록의 요건을 갖추었는지, 부등록디자인은 아닌지 등에 관한 심사) 없이 등록하고 등록디자인으로서의 실질적 요건의 충족여부는 그 후의 디자인무심사등록 이의신청에 의한 심사나 무효심판 또는 소송절차에 의하여 결정되는 주의이다.

우리나라는 심사주의에 일부 특정분야에 대하여 무심사주의를 채택하고 있다. 심사주의는 직권심사주의를 원칙으로 하고 있고, 이는 법원의 당사자주의에 대칭되는 주의이다.

직권심사주의란 특허청 심사관이 디자인등록요건을 충족하였는지와 디자인등록거절이유에 해당하는지의 여부를 적극적으로 심사하여 디자인등록여부를 결정하는 것을 말한다. 직권심사에는 필요한 경우 증거를 조사하거나 보정을 명하고, 경우에 따라서는 석명권(釋明權)을 행사하지 않으면 아니될 때가 있다. 심사관에게 이와 같은 강력한 권한을 부여한 것은 심사관은 전문지식을 갖추고 있고 또 사회통념 및 거래의 경험칙을 숙지하고 있다는 전제가 있기 때문이다. 심사주의에 관한 보다 자세한 설명은 후술하는 심사편을 참고하기 바란다.

4. 등록주의

등록주의란 디자인의 사용사실 유무에 불구하고 법률에서 정하고 있는 디자인등록의 요건을 구비하고 등록을 받을 수 없는 디자인에 해당되지 아니한 디자인에 대해서는 그 등록을 인정하되 그 디자인권은 특허청에 비치하고 있는 디자인등록원부에 설정등록을 하였을 때에만 발생하도록 한 사상으로서 사용주의에 대칭되는 주의이다.

이에 대해 사용주의란 디자인권은 사용에 의해서 만이 발생한다는 주의이다. 등록주의에 관한 보다 자세한 설명은 후술하는 등록편을 참고하기 바란다.

Ⅵ. 디자인제도의 특징 – 유사제도와의 비교 –

1. 디자인제도와 특허·실용신안제도

양자 모두 지적재산권이라는 점에서는 같으나 다음과 같은 점에서 다르다. 즉 ⅰ) 전자는 기술과는 관계없이 시각적으로 미감을 일으키게 하는 물품의 형상을 보호대상으로 하는데 대하여 후자는 자연법칙을 이용한 기술적 사상의 창작을 그 보호대상으로 하고 있다. 이처럼 보호대상은 다르나 양자 다 같이 그 보호의 궁극적 목적은 산업발전에 기여라고 하는 공통점을 가지고 있다. 전자가 디자인의 보호 및 이용을 통해 디자인의 창작을 장려하여 산업발전에 이바지하려는 것인데 반하여 후자는 발명·고안의 보호 및 이용을 통해 기술의 발전을 촉진하여 산업발전에 기여하려는 것이다. ⅱ) 권리의 존속기간에 있어서도 디자인권의 존속기간은 디자인권의 설정등록이 있는 날로부터 15년(단, 유사디자인권의 존속기간 만료일은 그 기본디자인권의 존속기간

만료일)인데 대하여 특허권 및 실용신안권은 권리의 설정등록이 있는 날부터 출원일 후 각각 20년, 10년이 되는 날까지이다. iii) 디자인등록출원에 대해서는 심사청구제도, 등록공고제도(디자인무심사등록의 경우 예외), 이의신청제도(디자인무심사등록의 경우 예외)가 없는데 대하여 특허출원, 실용신안등록출원에는 이를 모두 두고 있다. iv) 디자인제도에서는 통상실시권 설정에 관한 재정제도가 없는데 대하여 특허제도나 실용신안제도에서는 이와 같은 재정제도를 두고 있다.

2. 디자인제도와 상표제도

양자 모두 지적재산권이라는 점에서는 같으나 다음과 같은 점에서 다르다. 즉 i) 전자는 시각적으로 미감을 일으키게 하는 물품의 형상을 그 보호대상으로 하고 있는데 대하여 후자는 영업상의 신용이 화체(化體)된 상품의 표장 즉 자타상품 식별표장을 그 보호대상으로 하고 있다. ii) 전자는 물품의 형상, 모양, 색체 또는 이들을 결합한 것을 디자인의 구성요소로 하고 있는데 대하여 후자는 기호·문자·도형·입체적 형상 또는 이들을 결합한 것이나 이들의 각각에 색채를 결합한 것을 상표의 구성요소로 하고 있다. iii) 디자인의 존속기간은 디자인 설정등록이 있는 날부터 15년으로 만료되어 소멸되는데 대하여 상표권의 존속기간은 상표권의 설정등록이 있는 날부터 10년으로 만료되며 10년 단위로 계속 존속기간을 연장할 수 있는 상표권의 존속기간 갱신제도를 두고 있다. iv) 디자인등록출원에 대하여는 출원공고제도가 없는 데 비하여 상표등록출원에 대하여는 2개월간의 출원공고기간을 두고 있으며 이 기간동안 누구든지 특허청장에게 상표등록에 관한 이의신청을 할 수 있다. 그러나 전자에 있어서는 디자인무심사등록의 경우, 등록공고제도가 있어 이 기간동안(3개월) 누구든지 특허청장에게 디자인무심사등록 이의신청을 할 수 있다. 이에 반해 후자에는 등록공고제도가 없으며 따라서 등록이의신청도 할 수 없다. v) 전자에는 디자인등록출원인의 출원공개신청제도가 있고, 이에 의해 출원인에게 손실보상금 지급청구권이 주어지는데(디자인보호법 23의 2, 23의 3) 반하여 후자는 없다. 다만 특허청장에 의한 출원공고제도가 있고, 이에 의해 누구든지 상표등록이의신청을 할 수 있으며 출원인에게는 전자와 마찬가지로 손실보상청구권이 주어진다. 이 점에서는 디자인제도와 같다(상표법 24, 24의2).

3. 디자인제도와 의장제도

의장은 영어로는 디자인(Design)이다. 그러나 디자인보호법에서의 디자인과는 다른 면이 있다. 즉 "의장"은 공업디자인 분야에 속하는 좁은 의미 즉, 물품의 표면에 미감을 주기 위하여 그 형상·모양·색체 또는 이들 요소의 결합 등을 연구하여 응용하는 장식적·미장적(美匠的) 고안으로 사용되고, "디자인"은 의장은 물론 계획, 설계, 제도,

조형 등 넓은 의미로 사용되며 공업디자인·건축디자인·환경디자인·그래픽디자인 등으로 구분될 수 있다. 그러나 오늘날 관련 조약 등 국제규범과 대부분의 국가에서 우리나라 개정전 의장에서의 공업상 이용할 수 있는 의장의 개념을 디자인으로 사용하고 있어 이들과의 용어통일을 기하기 위하여 종전 의장법에서의 의장을 디자인으로 개정한 것이다. 따라서 개정법에서의 디자인은 개정전 의장법에서의 의장의 개념과 같은 좁은 의미의 디자인을 의미하므로 양자 구별의 실익이 없다.

4. 디자인제도와 저작권제도

(1) 이동점

양자 모두 지적재산권이라는 점에서는 같으나 다음과 같은 점에서 다르다. 즉 i) 전자는 공업상 이용할 수 있는 디자인을 그 보호대상으로 하는데 대하여, 후자는 문학·학술·예술 등 문화적 저작물을 그 보호대상으로 하고 있다. 따라서 전자는 디자인의 보호 및 이용을 도모함으로써 디자인의 창작을 장려하여 산업발전에 이바지함을 목적으로 하는데 반하여 후자는 저작자의 권리와 이에 인접하는 권리를 보호하고 저작물의 공정한 이용을 도모함으로써 문화의 향상, 발전에 이바지함을 목적으로 하고 있다. ii) 전자는 출원·심사 및 등록절차 등에 의해 권리가 발생하고 이후 등록공고(디자인무심사등록의 경우에 한한다)에 따른 등록사항을 디자인공보에 게재하여 반포하는 공표절차를 밟아야 하나, 후자는 심사·등록 등의 절차 없이 창작이라는 사실에 의하여 권리가 발생하며 이후 공표 등 어떠한 절차도 요하지 않는다. iii) 전자에는 공업상의 이용성·신규성·창작성 등 디자인의 등록성이 요구되나 후자의 경우에는 문학·학술·예술의 범위에 속하는 창작물이면 충분하고 하등 신규성이나 창작성 등에는 구해 받지 않고 저작성으로 충분하다. iv) 디자인권의 존속기간은 디자인권의 설정등록일부터 15년인데 반하여 후자는 원칙적으로 저작자의 생존하는 동안과 사망후 50년간 존속한다. 다만, 저작자가 사망후 40년이 경과하고 50년이 되기전에 공표된 저작물의 저작재산권은 공표된 때부터 10년간 존속한다(저작권법 36①). v) 전자는 물품의 형상·모양·색체 또는 이들의 결합을 구성요소로 하고 있기 때문에 물품과 불가분의 관계가 있으나 후자는 물품에 한정되지 않고 음성·영화·문자 등도 구성요소로 하고 있다.

(2) 유사점

전자는 공업상 이용할 수 있는 물품의 형상·모양·색체 또는 이들의 결합으로서 시각을 통하여 미감을 일으키게 하는 것을 그 보호의 범위로 하고 있고 후자는 문학·

학술 또는 예술의 범위에 속하는 창작물이므로 공업미술의 범위에 속하는 저작물은 디자인의 범위와 유사하고 또 전자가 시각을 통하여 미감을 일으키게 하는 것을 말하는 바, 후자 중 시각을 통하여 미감을 일으킬 수 있는 저작물은 디자인의 범위와 유사하다.

Ⅶ. 디자인제도의 기원

디자인의 보호가 제도적으로 이루어진 것은 18세기 '리옹'에서 직물디자인의 보호를 규정했던 집정관령이 그 효시라고 한다. 즉 공업상 이용할 수 있는 디자인에 대한 법적 보호는 1711년 프랑스 리옹시의 집정관(Consulat de Lyon)이 견직물업계의 도안을 부정사용으로부터 보호하기 위하여 내린 명령에서 비롯되었다고 한다. 그러나 이 명령은 도안의 절취 등 부정한 방법에 의하여 취득·사용하는 것을 방지하려는 것으로서 15세기 이래 비단시장으로 번영한 당시에 이미 견직물공업의 중심지었던 '리옹'에 내려졌으나 그것에 한정된 것이었다. 오늘날과 같은 디자인제도는 그 후 1787년에 내려진 프랑스 참사원(Conseil d'Etat) 명령, 같은 해 영국에서 제정된 조례가 최초의 것이다. 프랑스 참사원 명령은 새로운 도안을 창작한 자에게 그 도안을 견직물 등에 독점적으로 사용할 수 있는 권리를 인정한 것으로서 도안을 보호하기 위한 원본 또는 견본에 의한 기탁을 규정하고 그 효력도 프랑스 전국에 미치는 것이었다. 또 같은 해 영국에서는 산업상의 디자인을 저작권으로 보호하기 위한 독립법을 제정하기에 이른다. 즉 영국 최초의 저작권법(Copy right Act, 1709)은 서적의 저작자에게 복제할 권리를 보장한 것이었으나, 산업상의 디자인의 보호조례도 이러한 저작권과 마찬가지로 최초로 "린넨" 등의 디자인과 프린트의 보호를 목적으로 제정된 것이다.

제 2 절 주요국의 디자인제도 개요

18세기 초에 창설된 디자인보호제도는 현재 83개국에서 그 법제를 마련하여 운용하고 있고 앞으로 산업디자인, 생활디자인의 고속발전에 따라 더욱 증가할 것으로 전망된다. 그러나 그 제도는 그 보호방법에 따라 두 가지로 대별해 볼 수 있다.

하나는 디자인의 구성요건 및 등록요건 등 디자인성의 유무에 관한 실질심사를 거쳐 등록한 것이고, 다른 하나는 이와 같은 실질심사를 거치지 않고 방식심사만으로 등록을 하는 경우이다. 전자를 심사주의라고 하고, 후자를 무심사주의라고 한다.

또한 다른 관점에서의 분류는 심사여부와는 관계없이 창작자의 사적 재산권으로 보호하는 것과 창작자에 대한 포상적 제도로서의 창작자증에 의해 창작의 장려와 창작이익을 보호하려는 것이다. 전자는 디자인제도 창설 이래 줄곧 본류를 이루어 왔고 주로 자본주의 국가에서 채용해 오고 있는 제도인데 반해 후자는 사회주의 국가가 선호했던 제도이기도 하다.

Ⅰ. 미국의 디자인제도

미국의 디자인제도는 발명의 보호와 학술발전을 위해 발명자 혹은 창작자에게 일정기간 독점·배타적 권리를 보장한 연방헌법 제1장 제8조의 규정에 의해 1842년 최초로 제정된 연방법에서 찾아볼 수 있다.

이 법에 의하면 제조품·조각·회화·직물의 모양에 관한 신규의 디자인을 창작한 자에게 7년간 보호하도록 규정하고 있었으나 1861년 개정을 통해서 현행과 같이 3년반, 7년, 14년으로 바뀌었다. 그 후 이법은 1902년 연방법 제35호에 흡수되어 같은 법 제171조 내지 제173조로서 시행되어 오다가 1952년 개정을 본 이래 오늘에 이르고 있다. 이러한 미합중국 특허법의 특징은 동일디자인에 대하여 출원이 경합된 경우에는 최선의 창작자에게 특허를 하는 소위 최선발명자(창작자)특허주의와 발명자(창작자)출원주의라고 할 수 있다.

주요 내용을 살펴보면 다음과 같다.

1. 보호대상

공업적 물품에 대한 신규하고 독창적이며 장식적 디자인을 그 보호대상으로 하고 있다(미합중국 특허법 35 USC 제171조). 여기에서 말하는 공업적 물품에는 기계류·가옥·기념비·교량 등과 같은 부동산이라 하더라도 전체로서 일정한 형태적 가치를 가지는 유체물은 모두 포함한다.[4)]

2. 보호요건

출원인에 의한 발명(창작) 이전에 국내에서 공지·공용되었거나 국내외에서 반포된 간행물에 기재되어 있지 않아야 한다. 즉, 그 창작의 디자인은 신규성과 독창성이 있을 때에만 디자인특허로 보호를 받을 수 있다(동법 171·102).

3. 출원 및 심사

소정의 디자인특허출원서에 명세서·도면·선서서를 첨부하여 제출하여야 한다. 이와 같이 디자인특허를 받고자 하는 자에게는 서면으로 할 것을 의무화하고 있다(동법 111). 출원된 디자인에 대해서는 디자인 특허요건에 관한 심사절차를 거쳐 특허증을 발행한다(동법 154).

4. 보호의 효과 및 기간

특허된 디자인을 권원 없이 제조·사용·판매한 자는 디자인에 관한 특허권 침해행위가 구성된다(동법 271). 그러나 침해소송에서 특허무효의 항변을 할 수 있다(동법 282). 디자인특허권에 관한 보호기간은 3년 6개월, 7년, 14년으로 되어 있으며 이중 출원인의 선택에 의해 보호기간이 결정된다.

Ⅱ. 영국의 디자인제도

영국의 디자인제도의 효시는 전술한 바와 같이 1787년의 린넨 등의 디자인과 프린트에 관한 조례라고 할 수 있다. 그 후 산업상의 디자인은 분야별 개별 저작권법에 의

4) H.Henry Koda, "미국의 의장출원의무", 「특허관리」, Vol28, No1, 22쪽.

해 보호되어 오다가 1839년 디자인저작권법에 의해 보호요건으로서 공지되기 이전의 등록이 요구되어 다른 저작권과 그 보호방법을 달리하지 않을 수 없었다. 따라서 별도로 존재하던 디자인저작권법을 통폐합(조각에 관한 저작권법 제외)하여 생산물에 관한 모든 신규하고도 독창적인 디자인을 보호하는 디자인법을 제정(Designs Act 1842)하였다.

그 후 특허·디자인·상표통합법이 제정(1883년)되고 다시 특허와 디자인이 분리되면서 각각에 독립법이 나오게 되고(1949년) 이것이 오늘날에 이르고 있다.

이와 같은 영국의 디자인법의 특징은 첫째, 디자인의 정의라고 할 수 있다. 즉, 디자인은 산업적 수단·방법에 의하여 물품에 적용된(applied) 외형·형상·모양·장식의 태양 등을 말하는 것으로서 물품과 디자인이 별개로 관념된다는 것이다. 따라서 물품의 형상으로서 물품과 불가분의 관계에서 물품에 의미를 부여하는 형상 등을 디자인으로 관념하는 우리나라의 디자인보호법과는 다르다. 둘째는 저작권과의 관계이다. 영국을 포함한 대다수 국가가 산업디자인은 디자인법에, 미술적 저작물은 저작권법에 의해 보호하고 있다. 그러나 영국은 1968년 디자인저작권법(Design Copyright Act 1968)에 의해 수정되어 미술적 저작물이 가사 공업적으로 실시되었다고 하더라도 저작권법에 의한 보호를 상실하지 않게 된 반면에 저작권법과 디자인법의 보호에 중복의 부분이 발생하였다.

1. 보호의 대상 및 요건

인공적·기계적·화학적 또는 이들의 조합으로 물품에 적용된 외형·형상·모양·장식의 태양으로서 시각을 통하여 인식될 수 있는 신규성·독창성이 있는 디자인일 때 보호대상이 된다.

2. 출원 및 심사 등

출원은 도면·사진이나 또는 견본·조물(組物)로도 가능하고, 출원일부터 12개월 이내에 완전한 출원서를 제출한다. 출원은 특허청 등록관의 등록요건에 관한 심사절차를 거친 후 등록된다.

3. 보호의 효과 및 기간

디자인권자는 등록된 디자인을 실시할 권리를 독점하며 그 기간은 등록일(출원일 또는 우선일이 된다)로부터 5년이며, 5년씩 2회 연장할 수 있다. 따라서 최장 15년이 된다.

Ⅲ. 독일의 디자인제도

독일의 디자인제도는 1876년 디자인 및 모형의 저작권에 관한 법률이 그 효시이다. 이 법에 의한 보호는 2차원(평면) 또는 3차원(입체) 물품의 디자인에 대한 복제권의 독점을 보장한 것이다. 무심사등록제를 채택하고는 있었으나 역시 보호요건은 신규성과 독창성이었다. 만약 이러한 요건을 충족하지 못한 디자인은 소송에 의해서 취소된다.

이 법은 그 후 몇 차례의 개정(1953년 등)을 거쳤으나 실질적인 변동 없이 오늘에 이르고 있다. 독일 디자인제도의 특징은 저작권법에 의해서도 보호될 수 있다는 점이다. 즉, 저작권법은 공업미술품을 보호대상으로 하고 있을 뿐만 아니라 중복보호를 배척하고 있지 않다. 따라서 미술적 요소를 가진 디자인에 대하여는 저작권법에 의한 보호가 가능하다.

1. 보호의 대상 및 요건

독일 디자인법은 산업상의 디자인 또는 모형의 전부 또는 일부를 복제하는 권리를 창작한 자가 독점한다고 규정하고 있다(디자인법 1①). 이러한 디자인이 보호되기 위해서는 신규적이고 독창적인 창작물이어야 한다(디자인법 1②). 그러나 판례에서는 이 법에 의해 보호되는 디자인과 모형은 심미성을 필요로 하며 그것은 형태 또는 색채의 감각에 호소하는 것이라고 해석하고 있다.

2. 출원 및 기탁

디자인의 보호를 받고자 하는 자는 등록원부에의 등록을 출원하고, 견본 또는 도면을 기탁하여야 한다. 출원 및 기탁은 출원인의 거소 또는 주소지의 지역 법원에 하여야 한다. 만약 독일 국내에 거소나 주소가 없는 자는 특허청 저작권부에 출원·기탁한다.

3. 보호의 효과 및 기간

등록원부에 기재되면 디자인 또는 모형의 전부 또는 일부에 대하여 복제할 권리를 독점·배타적으로 가지며 그 기간은 창작자의 선택에 의해 출원일부터 기산하여 1년에서 3년까지 할 수 있다. 또한 이 기간은 15년 이내에 한하여 연장할 수 있다.

Ⅳ. 프랑스의 디자인제도

프랑스의 디자인제도는 1711년의 리옹시 집정관령과 그 후 참사원명령(1787년)이 그 효시라는 것은 이미 앞에서 설명한 바 있다. 그런데 이러한 명령들은 프랑스 혁명으로 폐지되었다. 1806년 염직도안을 기탁에 의해 1년, 2년, 3년 또는 5년 또는 영구히 보호하는 법률이 나오기는 하였으나 이 법률로서는 염직도안이라고 하는 특정부분만 보호가 가능하기 때문에 그 후 모든 산업부문에 거쳐 적용될 수 있도록 개정하였다(1823년). 1793년의 저작권법 또한 개정(1902년)하여 그 대상에 장식적 조각과 도안을 추가하였다. 따라서 양법에 의한 중복보호가 불가피한 법률체계를 갖게 되었으며, 이는 기탁에 의한 보호와 함께 오늘에 이르기까지 프랑스의 디자인제도의 기본이 되어 오고 있다. 현행 프랑스의 디자인법은 1925년·1979년에 개정된 1909년 7월 14일의 디자인 및 모형에 관한 법률이다. 따라서 프랑스의 디자인은 디자인 및 모형에 관한 법률과 저작권법(1957년 3월 11일 개정)에 의해서도 보호되고 있다. 특히 특색은 동일물품이 신규디자인 또는 모형이면서 발명인 경우 또는 신규모형의 각 구성요소가 발명의 각 구성요소와 분리될 수 없는 경우 그 물품은 특허법에 의해서만 보호된다(동법 2②). 그 밖에도 특이한 것은 간이기탁제도인 솔로봉투(Enveloppe Soleau)제도와 계절 유행성 산업의 디자인보호제도를 들 수 있다.

전자는 어떤 배타적 권리를 부여하려는 것이 아니고 다만, 보호를 쉽고 확실하게 하려는데 그 목적이 있다. 여기에서 솔로봉투란 공업적 또는 예술적 창작의 선행성을 증명하기 위하여 두 개의 연속된 봉투 각각에 날짜를 확정하려고 하는 디자인을 봉인하고 특허청에 송부하면 특허청은 여기에 번호·등록일을 구멍을 뚫고 연속된 봉투를 분할하여 하나를 발송자에게 회송하고 다른 하나는 특허청에 5년간(5년 연장할 수 있다) 보관하여 창작자가 법원의 체증이 용이하도록 증거력을 확보해 놓을 수 있도록 한 것이다.

후자는 유행에 민감한 장신구·의류 등의 디자인품에 대한 모조를 방지하기 위하여 모조품의 압수·누범자의 가중처벌 등 관련 벌칙규정을 강화하여 보호의 실효성을 제고하였다.[5)]

---

5) 1952. 3. 12 법률에 의해 1909. 7. 14의 디자인 및 모형에 관한 법률과 1957. 3. 11의 법률(현행저작권법)의 벌칙을 강화하였다.

1. 보호의 대상 및 요건

디자인법에 의해 보호되는 디자인·모형은 신규디자인(새로운 구상을 나타낸 도면)·신규 가소적(新規 可塑的) 형태(입체적 조형) 및 신규성을 낳는 현저하고 인식가능한 외형에 의해 또는 독특하고 신규현상을 낳는 1개 또는 수개의 외견적 효과에 의해, 동종의 것 중에서 다른 것과 특히 구별될 수 있는 공업제품을 그 보호의 대상으로 하되[6] 국내외적으로 신규성이 있거나 혹은 독창성이 있어야만 보호를 받을 수 있다.

2. 기탁 및 효과

디자인 또는 모형의 도면·사진 또는 견본 2통을 기탁하고자 하는 자는 주소지의 공업심판위원회, 동위원회가 없는 경우는 상사재판소에, 이마저 없는 경우에는 민사법원에 기탁한다. 다만, 외국인은 프랑스 특허청에 기탁한다.

기탁의 그 효과는 창작의 발생에 증명력을 부여한다. 즉 기탁에 의한 반증이 없는 한 기탁자는 그 디자인 또는 모형의 창작자로 추정된다.

3. 보호의 효과 및 기간

창작자는 그 디자인 또는 모형을 실시할 권리를 독점하며 그 기간은 기탁에 있어서는 최초 5년은 밀봉된 채로 기탁된 공업심판위원회 등에서 보관하고 5년 경과 후는 비밀기탁 또는 공고기탁의 어느 하나의 방법으로 20년간의 갱신을 할 수 있고 동기간 경과 후 다시 25년의 갱신이 가능하다. 그러므로 보호기간은 전부 50년이다.

Ⅴ. 러시아의 디자인제도

1. 기 원

러시아의 디자인제도는 1965년의 법률[7]에 기초를 두고 있지만 1981년에 이르러 개정되었고, 현재는 1981년 6월 8일 법률 제539호(1982. 1. 1 발효)로 보호되고 있다.

---

6) 意匠法, 齊藤瞭二 著, 鄭泰連 譯, 33쪽.

7) 러시아의 1965년의 디자인 관련 법률
러시아 내각명령 제535호에 따라 러시아 과학연구조정위원회명령 제232호, 러시아 발명발견국가위원회 명령 제49호로 승인된 공업적 디자인에 관한 법률

2. 특 징

러시아의 디자인법률에서의 디자인의 보호는 두 가지의 방법으로 이루어지고 있는데 그 하나가 창작자증이고, 다른 하나가 디자인특허증이다. 이 두 가지의 법적 보호방법 중 어느 것을 택하여 청구하느냐는 전적으로 창작자의 선택에 달려있다.

3. 보호대상

러시아법에서의 디자인의 보호적격은 "공업디자인"이다. 여기에서 공업디자인이라 함은 물품의 형태를 결정하고 기술적 심미성의 요구에 부응하여 공업적 수단으로서 기대되는 적절한 효과를 가지는 신규한 미술적 설계 처리를 말한다. 따라서 러시아의 공업디자인은 미적 특징 뿐만 아니라 기술적 심미성의 요구에 합치할 것이 필요하다. 여기에서 기술적 심미성의 요구라 함은 i) 미술적으로 유익한 표현의 존재, ii) 구성의 명확성, iii) 형태의 논리성(예: 공학적·기술적 요구에 응하는 것)을 포함함은 물론, 인간공학의 요구에도 응하는 것이다. 또한 적절한 효과라 함은 공업디자인의 적용에 의해 경제·기술 또는 다른 사회적 유용성을 가져오는 것을 의미한다.

4. 보호요건

공업디자인의 본질적 형태의 전부가 러시아 국내외에서 이미 공지된 것과 다른 경우 및 출원우선일에는 불특정다수인에게 인지될 정도로는 공표되어 있지 않은 경우에 신규한 것으로 되어 보호한다.

5. 출원 및 심사

공업디자인의 특허증 또는 창작자증의 출원은 원서에 의해 러시아 발명발견국가위원회에 제출하여야 하는 서면주의를 채택하고 있다. 이러한 서면에 의한 출원은 창작자증 또는 특허를 청구한다는 기술(記述), 물품의 형태의 완전하고도 구체적인 이해를 가능하게 하는 물품 또는 Mock-up의 사진, 공업디자인의 설명, 물품의 형태를 특정하는 전체상의 도면 또는 일반적 레이아웃의 도면을 포함하는 원서를 제출하여야 한다.

6. 창작자증·디자인특허증의 효과 및 보호기간

(1) 창작자증 등의 효과

1) 창작자증의 효과

창작자증은 공업디자인으로서 인정되었다는 것, 그 디자인의 우수성 및 창작성을 증명하며 창작자의 이름으로 발행된다.

창작자증에 의해 보호되는 공업디자인의 독점권은 국가에 이전되는 국가에서 10년간 그 실시를 독점한다. 창작자증에 의해 보호되는 공업디자인은 러시아 국가 소속의 공공기업·기관·연구소는 자유롭게 실시할 수 있고 그 밖의 기관이나 개인은 러시아 발명발견국가위원회의 허가를 얻어야만 실시할 수 있다.

2) 디자인특허증의 효과

디자인특허증은 공업디자인의 소유자를 증명한다. 즉, 특허증의 효과는 제3자는 공업디자인의 소유자의 허가 없이 그 공업디자인을 실시할 수 없다는 점에서 공업소유권 즉, 산업재산권과 같다.

(2) 창작자증의 보호기간

창작자증은 우선일[8]부터 발효되며 그 기간은 무한이다. 또 공업디자인의 특허에 의한 독점권은 우선일부터 5년간 존재하고 신청에 의해 5년의 범위 내에서 연장할 수 있다.

Ⅵ. 일본의 디자인제도

1. 기 원

일본의 디자인제도는 1888년(明治 21年) 12월 18일 공포된 디자인조례가 그 효시이다. 이 조례에서는 공업상 물품에 응용할 물품의 디자인의 고안자가 등록을 받아 그 디자인을 전용할 수 있도록 하는 보호를 규정한 것으로서, 영국의 제도를 모델로 한 것이라고 한다. 그 내용은 ⅰ) 새로운 디자인의 창작자는 일정기간 그 디자인을 독점

8) 공업디자인의 창작자증 또는 특허출원이 러시아 발명발견국가위원회에서 수리된 날을 우선일이라 한다.

할 권리를 갖는 것, ii) 디자인이라 함은 공업상의 물품에 응용할 형상·모양·색채일 것, iii) 권리를 얻기 위해서는 출원·등록의 절차를 밟을 것(형식주의), iv) 새로운 디자인만이 등록되는 것(신규성), v) 심사관의 심사를 거친 후 등록하는 것(심사주의)이며, 이 제도의 권리의 주체·객체에 관한 규정, 권리설정에 관한 절차 등은 오늘날에 있어서도 그 기본에 변함이 없다.

2. 특　징

일본의 디자인제도는 영국·프랑스에서 그 자체의 역사적 과정에 의해 서서히 형성된 것과는 달리 일본 근대화의 과정에서 성숙된 사회제도를 계승하는 형식으로 도입된 것이다. 즉 고유의 생성 발전이라고 하는 독자적인 역사를 갖지 못하고 근대법제와 함께 시작되었다. 그러나 그것은 역사적 전환점에 있었던 명치시대(明治時代)에 사회의 근대화를 추진하고 산업을 진흥시키며, 국가독립의 경제적 기반을 갖추는 것을 긴급한 과제로 했던 보다 큰 역사적 필연의 소산이라고 할 수 있다.

3. 보호대상

디자인법의 보호대상인 디자인은 물품의 형상·모양·색체 또는 이들의 결합으로 시각을 통하여 미각을 일으키는 것이며, 이러한 디자인 중 공업적으로 이용가능하며 새롭고(신규성), 당해 분야에서 통상의 지식을 가진 자, 즉 당업자의 평균수준에서 용이하게 창작 할 수 없는 디자인을 보호대상으로 하고 있다.

4. 보호요건

디자인법상 디자인을 보호하기 위한 디자인등록의 요건으로서 i) 공업상 이용가능성(공업성), ii) 신규성 및 iii) 창작성의 3요소를 들고 있다(일본디자인법 3). 그러나 이와 같은 디자인등록 3요소를 구비하였다 하더라도 i) 공서양속에 반하는 디자인, ii) 타인의 업무에 관한 물품과 혼동의 우려가 있는 디자인은 등록을 받을 수 없다(일본디자인법 5).

5. 출원 및 심사

디자인등록을 받고자 하는 자는 소정의 출원서류 등을 특허청에 제출하여야 하는 서면주의를 채용하고 있다.

즉 디자인등록출원은 디자인의 대상이 되는 물품, 디자인의 설명 및 창작내용의 요점 등을 기재한 도면을 첨부한 출원서, 심판의 청구는 청구의 취지 및 그 이유 등을 기재한 청구서를 제출하여야 한다. 그 밖의 디자인에 관한 절차에 있어서도 서면제출을 원칙으로 한다.

디자인등록을 받고자 하는 자로부터 디자인등록출원서류의 제출이 있는 때에는 그 디자인등록출원에 대해 그것이 권리로서 성립하기 위한 요건을 갖추었느냐의 여부에 대하여 심사관의 실질적인 심사를 거친 후에 등록여부를 결정하는 심사주의를 채택하고 있다.

6. 디자인권의 효력 및 보호기간

디자인권은 업으로서 등록디자인 및 이에 유사한 디자인을 실시할 수 있는 권리를 독점한다(일본디자인법 23 본문). 디자인의 존속기간은 디자인권의 설정등록일부터 15년으로서 종료한다(일본디자인법 21).

제 3 절 우리나라 디자인보호법의 연혁

I. 서 문

우리나라에서 최초로 디자인보호제도가 시행된 것은 구한말로 전해 내려오고 있는 바, 이는 전적으로 일본의 공업디자인 정책에 영향을 받은 것으로서 이는 1945년 8월 15일 해방을 맞이하고 다시 미군정기를 거치면서 근대적 의미의 디자인제도로 성큼 다가서게 된다. 이와 같은 과도기를 거쳐 발전되어온 디자인제도는 1961년에 이르러 드디어 우리나라 주권에 의해 디자인보호법이 제정되었고 그 후 국내외 산업경제상황의 변화에 따라 여러 차례의 개정을 거쳐 오늘에 이르렀다. 이를 개정의 순서에 따라 개정의 이유와 주요 개정의 내용을 살펴보기로 한다.

II. 초기단계의 디자인보호법

1. 구한 말기

우리나라 최초의 디자인보호법은 구한말에 제정되었다. 즉 1908년 8월 12일에 공포되어 같은 해 8월 16일부터 시행에 들어간 한국디자인령(칙령(勅令) 제197호) 및 동시행규칙(통감부령 제26호)이다. 이와 같은 법령은 그 당시 일본의 특허 및 디자인제도를 그대로 이식해 온 것으로서 이는 전혀 우리나라의 필요에 의해서 자주적으로 마련된 제도적 장치가 아니고 오로지 그들의 공업디자인 육성정책의 실현수단의 일환으로 제정된 것이다. 그러나 이는 우리나라 디자인제도의 효시가 되었음은 분명하다. 그 주요내용을 살펴보면,

(1) 일본국 정부는 발명·디자인·상표 및 저작권에 관하여 현재 일본국에서 시행하는 것과 같은 제 법령을 한국에서 시행하게 하며,

(2) 한·일 양국 국민은 동일한 보호를 받고,

(3) 한·미·일 국민이 칙령 시행 후 한국에서 취득한 권리는 물론 시행 전 미·일에서 취득한 권리도 보호된다고 하고 있다.

2. 일제기

일본은 1910년 8월 29일 한·일 합방과 동시에 일본의 특허법·실용신안법·디자인보호법·상표법 및 저작권법 등을 한국에서도 시행하도록 공포하였고, 동일자로 칙령 제336호를 공포하여 조선 특허령 및 조선 디자인령을 폐지하였다. 그 후 1943년경에는 디자인등록출원마저도 금지되는 운명을 맞게 되었고, 이러한 상태는 1945년 8월 15일의 해방을 맞이할 때까지 계속 되었는 바, 이 기간 36년간은 우리나라의 지적재산권제도는 없고 사실상 일본의 지적재산권제도만이 운용되고 있었던 시기라고 할 수 있다.

3. 미군정기

1945년 8월 15일 해방 후 미군정하에서는 산업재산권 전 분야를 특허법 하나만으로 통합 규율하고 있었던 것이 특색이다. 당시 미군정청은 과도기적 산업재산권제도의 창설·운용을 위하여 1946년 1월 22일 미군정법령 제44조를 공포하여, 한국정부 광공국에 특허원을 설립하고 특허권 등 지적재산권에 관한 업무를 관장토록 하는 한편, 특허법 제정을 위한 작업에 착수하였고, 같은 해 1월 28일 특허보호원제도(특허원장령 제1호)를 채택하여 새로운 특허법이 제정·시행될 때까지 디자인은 이 제도에 의해 보호를 받도록 하는 잠정적 조치를 취하였다. 그 후 1946년 10월 5일 미군정령 제91조에 의해 특허법이 제정되었고(제12장 제265조) 이 법은 1961년 12월 31일 디자인보호법이 제정될 때까지 디자인보호제도를 포괄하는 법(특허법 제3장 제21조 "미장(美匠)특허")으로 시행되어 왔다.

Ⅲ. 차수별 주요 개정내용

우리나라 최초의 디자인보호법은 미군정법령 제91호로 공포된 특허법이 그 효시이다. 그 후 1961년 12월 31일 법률 제951호로 제정, 공포된 것이 최초의 디자인보호법이다. 이 법률은 그 동안 산업경제환경의 변화와 국제규범의 개정 등으로 인하여 18차례(정부조직법·준용법률(민사소송법, 발명진흥법)의 개정에 따른 여섯 차례의 개정 제외)의 크고 작은 개정을 거쳐 현행법에 이르고 있다. 이를 차수별로 주요 개정내용을 살펴본다.

1. 제정디자인보호법의 주요내용(1961. 12. 31. 제951호)

(1) 디자인의 등록대상을 물품의 장식성과 산업성으로 규정하고 있었던 것을 장식성을 삭제하였다.
(2) 한 벌의 물품에 대하여 1디자인으로 인정하였다.
(3) 동일 또는 유사한 디자인에 대하여는 선출원자에 한하여 등록할 수 있도록 하였다(선출원주의의 채택).
(4) 의사에 반한 신규성 상실의 경우 신규성 상실의 예외를 인정하였다.
(5) 디자인의 존속기간을 종전 10년에서 8년으로 단축하였다.

2. 제1차 개정의 주요내용(1973. 2. 8. 법률 제2057호)

(1) 출원전에 외국간행물에 게재된 것도 신규성이 없는 것으로 판단하는 소위 준국제주의를 채택한다.
(2) 수출품에 대하여는 권리침해분쟁 중에 있다 하더라도 통관단계에 있는 것은 압류를 할 수 없도록 하였다.
(3) 등록디자인의 실시보고를 의무화하였다.
(4) 3년 이상 실시하지 않는 디자인권은 취소 또는 강제 실시할 수 있도록 하였다.
(5) 공무원의 직무디자인에 대한 보상과 관리에 관한 사항을 정하였다.
(6) 기술적인 창작에 속하는 것은 등록대상에서 제외하고 외관상 심미성이 있는 창작에 한하여 등록할 수 있도록 하였다.
(7) 무효심판청구의 제척기간(5년)을 신설하였다.

3. 제2차 개정의 주요내용(1973. 12. 31. 법률 제2660호)

디자인권에 대한 통상실시권 허여심판의 청구를 할 수 있는 기간이 권리설정의 등록일로부터 3년을 경과한 때에서 2년을 경과한 때로 하였다.

4. 제3차 개정의 주요내용(1980. 12. 31 법률 제3327호)

(1) 국내에서 널리 알려진 형상 등(건조물이나 자연물의 모방)에 의하여 용이하게 창작할 수 있는 디자인은 디자인등록을 받을 수 없도록 하였다.

(2) 산업재산권 보호를 위한 파리조약 동맹국 국민의 우선권의 인정 및 내국민 대우의 근거를 확충하였다.

5. 제4차 개정의 주요내용(1982. 11. 29 법률 제3568호)

심사관의 무효심판 청구제한 규정을 삭제하였다.

6. 제5차 개정의 주요내용(1986. 12. 31 법률 제3894호)

등록을 받을 수 있는 권리를 가진 자의 디자인이 자기의 의사에 반하여 신규성을 상실하게 되는 경우 그 사실을 증명할 수 있는 서류의 제출기간 30일을 삭제하였다.

7. 제6차 개정의 주요내용(1990. 1. 13 법률 제4208호, 전문개정)

(1) 디자인등록 요건에 있어 국제공지주의를 채택하였다.

(2) 디자인등록출원 전에 공지 또는 간행물에 게재된 디자인에 의한 용이 창작규정을 삭제하여 디자인의 신규성과 창작성 규정의 적용한계를 명확히 하였다.

(3) 국제출원과 관련한 출원변경의 특례규정을 마련하였다.

(4) 무효심판청구의 제척기간을 삭제하였다.

(5) 디자인권의 효력을 등록디자인 또는 이와 유사한 디자인에 미치는 것으로 명문화하여 그 범위를 명확히 하였다.

(6) 디자인권 또는 전용실시권을 침해한 자에 대하여 자기가 받은 손해의 배상을 청구하는 경우 침해자가 그 침해행위에 의하여 이익을 얻은 때에는 그 이익의 액을 손해액으로 추정하도록 하고 실시료의 상당액을 손해액으로 하여 청구할 수 있도록 하는 손해액 추정 규정을 두었다.

8. 제7차 개정의 주요내용(1993. 12. 10 법률 제4595호)

(1) 개정이유

1) 무효로 확정된 디자인 등록의 등록료 반환 등 행정쇄신과제와 관련된 제도개선을 위한 법규정의 정비
2) 디자인의 존속기간을 연장함으로써 권리보호를 강화함.
3) 법운용과정에서 나타난 미비점의 보완을 위함이다.

(2) 주요 개정내용

1) 디자인등록이 심결에 의하여 무효로 되는 경우 심결이 확정된 년의 다음 년 이후의 이미 납부한 등록료를 반환하도록 하였다.
2) 디자인권의 존속기간을 8년에서 10년으로 연장하였다.
3) 변경출원시 최초의 출원은 취하된 것으로 하였다.
4) 고안이라는 용어를 창작으로 바꾸었다.

9. 제8차 개정의 주요내용(1995. 12. 29. 법률 제5082호)

(1) 개정이유

제품의 경쟁력 확보에 있어서 디자인의 중요성이 날로 증대하고 있고 디자인의 라이프 사이클이 짧아지고 있는 추세에 부응하여 디자인권자의 권리를 조기에 보호하기 위한 공개제도를 신설하여 디자인 보호를 강화하고 디자인 개발을 촉진시킴으로써 산업발전에 이바지하려는 것이다.

(2) 주요 개정내용

1) 디자인권의 실시의 범위를 디자인 등록된 물품의 생산·사용·양도·대여·수입·전시 외에 그 물품의 양도 또는 대여의 청약에까지 확대하여 디자인권의 보호를 강화하였다.
2) 디자인 공개제도를 신설하여 디자인등록출원인이 자기의 출원디자인에 대한 공개를 신청하면 특허청장은 그 출원디자인을 공개하도록 하고 출원공개된 디자인에 대해서는 누구든지 그 디자인이 등록될 수 없다는 취지의 정보를 증거와 함께 제출할 수 있도록 하여 심사의 정확성과 신속성을 높이도록 하였다.

3) 출원공개 후 디자인 등록 전에 제3자가 그 출원디자인을 침해할 경우에는 출원인이 침해자에 대하여 경고를 한 후 보상금 청구권을 가지도록 하였다.
4) 출원공개된 디자인을 제3자가 침해할 경우에 그 출원디자인에 대해서는 우선심사를 할 수 있도록 하였다.

10. 제12차 개정의 주요내용(1997. 8. 22 법률 제5354호)

(1) 개정이유

유행성이 강한 품목의 디자인에 대하여는 당해 디자인등록이 출원방식에 적합한지와 출원된 디자인이 선량한 풍속을 문란하게 할 우려가 있는지 등 형식적이고 기초적인 사항만을 심사하여 디자인등록을 하도록 하는 디자인무심사 등록제도를 도입함으로써 이들 품목의 디자인이 신속하게 권리로서 설정될 수 있도록 하고 향후 디자인무심사 등록대상 품목을 단계적으로 확대하여 전체적인 디자인심사 처리기간을 단축되도록 하는 한편 디자인권 존속기간을 연장하는 등 디자인권의 보호를 강화하고 디자인등록 출원절차를 대폭 간소화함으로써 산업디자인의 경쟁력을 강화하려는 것이다.

(2) 주요 개정내용

1) 유행성이 강한 일부 품목의 디자인에 대하여 디자인무심사 등록제도를 도입하였다.
2) 종전에는 출원 전에 공개된 디자인에 대하여는 학술단체·박람회 등에서 공개된 경우에 한하여 6월 이내에 출원하면 등록을 받을 수 있도록 하던 것을 앞으로는 공개의 사유에 관계없이 6월 이내에 출원하면 등록을 받을 수 있도록 함으로써 창작자의 권리확보 기회를 확대하였다.
3) 종전에는 1출원서로 1디자인만을 등록 출원하도록 하였으나 앞으로는 디자인등록 출원인의 편의를 도모하고 출원절차를 간소화하기 위하여 디자인무심사등록출원을 하는 경우에는 1출원서로 여러 개의 디자인을 함께 등록 출원할 수 있도록 하였다(1출원 다류제의 채택).
4) 무심사등록된 디자인에 대하여는 누구든지 등록 후 3월 이내에 이의 신청을 할 수 있도록 하고 이의 신청이 이유있다고 인정될 때에는 그 등록을 취소할 수 있도록 함으로써 부실권리의 발생을 최소화함과 동시에 디자인권의 법적 안정성을 도모하였다.
5) 디자인권의 존속기간을 10년에서 15년으로 연장하여 디자인권의 보호를 강화함으로써 국제적인 수준에 부응하도록 하였다.
6) 디자인권의 실효성을 확보하기 위하여 디자인권 또는 전용실시권을 침해한 자에

대한 벌금형을 2천만원 이하에서 3천만원 이하로 상향조정하였다.

11. 제13차 개정의 주요내용(1998. 9. 23 법률 제5576호)

(1) 개정이유

출원인의 편의와 행정의 신속화를 도모하기 위하여 디자인등록출원·디자인등록·등 디자인에 관한 절차를 전산망을 이용하여 수행할 수 있도록 하여 서류송달절차를 개선하려는 것이다.

(2). 주요 개정내용

1) 출원인 고유번호제를 도입하여 출원인의 신고 또는 특허청장·특허심판원장의 직권으로 부여하여 기재하도록 하였다.
2) 디자인등록출원서 그 밖의 서류를 소정의 방식에 따라 전자문서화 하고 이를 전산망을 이용하여 제출하거나 플로피디스크에 수록하여 제출할 수 있도록 하였다.
3) 전자문서에 의하여 디자인에 관한 절차를 밟는 자는 전자문서 이용신고를 하고 제출하는 문서에 전자서명을 하도록 하였다.
4) 특허청장·특허심판원장·심판장·심판관·심사장·심사관은 전자문서 이용신고를 한 자에게 통지 등을 하고자 할 때에는 전산망을 이용하여 행하도록 하였다.

12. 제14차 개정의 주요내용(2001. 2. 3 법률 제6413호)

(1) 종전에는 물품 전체에 대해서만 디자인등록을 할 수 있도록 하던 것을 물품의 일부분에 대해서도 디자인등록을 할 수 있도록 함으로써 부분디자인에 대한 창작적 가치를 보호하고 부분 디자인의 도용에 대한 분쟁을 방지할 수 있도록 하였다(법 2조 1호).

(2) 물품의 기능을 확보하는데 불가결한 형상만으로 된 디자인은 디자인등록을 받을 수 없도록 하였다(법 6조 4호 신설).

(3) 동시에 사용되는 다수의 물품은 이를 한 벌의 물품으로 하여 디자인등록출원을 할 수 있는데 그 등록요건을 종전에는 각 물품별로 충족하여야 하였으나 앞으로는 한 벌의 물품 전체로 구성요건을 충족하면 되도록 등록요건을 완화하고, 일단 한 벌의 물품으로 등록출원한 디자인에 대하여는 이를 다수의 디자인으로 분할하지 못하도록 하였다(현행 12③·19①3·19④ 삭제).

(4) 종전에는 출원인이 공개를 신청한 디자인등록출원에 대하여서만 그 디자인이 등록요건 등에 맞지 아니하다는 취지의 정보를 특허청장에게 제공할 수 있도록

하였는데 앞으로는 출원인이 공개를 신청한 것 외의 디자인에 대하여서도 누구든지 당해 디자인이 등록될 수 없다는 취지의 정보를 제공할 수 있도록 함으로써 디자인 심사의 공정성 및 신속성을 확보하였다(법 23조의5 신설).

(5) 디자인무심사등록 출원에 대한 디자인등록심사를 종전에는 그 방식심사 및 공서양속에 관한 심사만을 하던 것을 앞으로는 공업상 이용가능성에 대한 심사도 하도록 하여 부실권리의 발생을 최소화 하도록 하였다(법 26②).

(6) 본인이 책임질 수 없는 사유로 인하여 추가납부기간까지 등록료를 납부하지 못하여 디자인등록출원 또는 디자인권이 포기된 경우 특허의 경우와 같이 이를 구제할 수 있도록 함으로써 불의의 사태로 인하여 디자인권자가 피해를 보는 일이 없도록 하였다(법 33조의2 신설).

(7) 디자인권의 침해에 대한 손해액의 산정에 있어서 침해자가 판매한 수량에 권리자의 원가계산에 의한 이익액을 곱한 것을 권리자의 손해액으로 할 수 있도록 함으로써 판매수량만을 확인하면 손해액을 쉽게 산정할 수 있도록 하였다(법 64① 신설).

(8) 디자인권에 대한 보호를 강화하기 위하여 디자인권 또는 전용실시권을 침해한 자에 대한 벌칙을 상향조정하고 법인의 대표자나 법인 또는 개인의 대리인, 사용인, 그 밖의 종업원이 그 법인 또는 개인의 업무에 관하여 위반행위를 한 때에는 그 행위자보다 그 법인이나 그 개인을 중하게 처벌하도록 하였다(법 82·87).

13. 제15차 개정의 주요내용(2002. 12. 11 법률 제6767호)

디자인보호법 중 특허법의 준용규정 중 일부조항 즉, 특허법 제78조·제142조·제148조 제1호부터 제5호까지 및 제7호·제154조 제8항·제157조·제165조 제3항부터 제6항까지 및 제166조는 "디자인 무심사등록 이의신청의 심사·결정에 관하여 이를 준용한다." 이 경우 같은 법 제78조 제1항 중 "특허출원의 심사에 있어서 필요한 때에는"은 "디자인등록출원 또는 디자인 무심사등록 이의신청의 심사에 있어서 필요한 때에는 디자인 무심사등록 이의신청에 대한 결정이 확정되거나"로 보고 같은 법 제78조 제2항 중 "특허출원에 대한 결정"은 "디자인등록출원의 결정 또는 디자인 무심사등록 이의신청에 대한 결정"으로 보며 같은 법 제148조 제1호부터 제3호 및 제5호 중 "당사자 또는 참가인"은 각각 "당사자·참가인 또는 디자인 무심사등록 이의신청인"으로 보고 같은 법 제165조 제3항 및 제4항 중 "청구인"은 각각 "청구인 또는 디자인무심사등록 이의신청인"으로 보도록 하였다(법 30②).

14. 제16차 개정의 주요내용(2004. 12. 31 법률 제7289호)

의장법 중 의장을 "디자인"으로, 등록의장 또는 의장등록출원을 "등록디자인 또는 디자인등록출원"으로 의장법을 "디자인보호법"으로 개정함에 따라 관계 조문을 개정하였다.

15. 제17차 개정의 주요내용(2006. 3. 3 법률 제7869호)

다른 법률, 발명진흥법의 개정에 따라 디자인보호법 제54조 제1항 중 "제24조에 의하여 준용되는 특허법 제39조 제1항"을 "발명진흥법 제10조 제1항"으로 개정하였다(법 54①).

16. 제18차 개정의 주요내용(2007. 1. 3 법률 제8187호)

(1) 디자인등록출원에 대한 비밀취급청구를 "출원시"에서 "출원한 날부터 최초의 디자인 등록료를 납부한 날까지(다만, 그 등록료가 면제된 때에는 디자인권을 설정하기 위한 등록을 하는 때까지) 할 수 있도록 그 청구기간을 연장하였다(개정법 13②).

(2) 거절결정된 출원의 디자인 공보에의 게재를 원칙으로 하되 예외적으로 디자인보호법 제23조의 2 제2항 각호의 어느 하나에 해당되는 경우에는 이를 게재하지 아니한다는 단서규정을 신설하였다(신설법 23의 6).

(3) 유사 디자인등록출원을 단독의 디자인등록출원으로 보정함에 있어서 신규성의 의제(신규성 상실의 예외)를 받고자 하는 자는 출원변경의 보정에 불구하고 그 보정을 하는 때에는 보정서에 그 취지를 적어 특허청장에게 제출하고 이를 증명할 수 있는 서류를 보정서 제출일부터 30일 이내에 특허청장에게 제출할 수 있도록 하는 조항을 신설하였다(법 18③).

(4) 디자인등록 거절이유의 하나로 "디자인무심사 등록출원된 디자인이 공업상 이용할 수 없는 것이거나 국내에서 널리 알려진 형상·모양·색채 또는 이들의 결합에 의하여 용이하게 창작할 수 있는 것인 경우에는 해당 출원에 대하여 디자인등록거절결정을 하여야 한다"는 규정을 신설하였다(신설법 26② 단서).

(5) 디자인등록출원(우선심사신청이 있는 디자인등록출원·분할출원 또는 분할출원의 기초가 된 디자인등록출원을 제외한다)후 1개월 이내에 해당 디자인등록출원을 취하하거나 포기한 경우 이미 납부된 수수료 중 디자인등록출원료는 납부한 자의 청구에 의하여 반환한다는 규정을 신설하였다(신설법 36①3).

(6) 타인의 디자인권이 설정등록되는 때에 그 디자인등록출원된 디자인의 내용을 알지 못하고 그 디자인을 창작하거나 그 디자인을 창작한 자로부터 지득하여 국내에서 그 디자인 또는 이와 유사한 디자인의 실시사업을 하거나 그 사업의 준비를 하고 있는 자(제50조(선사용에 의한 통상실시권)에 해당하는 자를 제외한다)는 ⅰ) 타인이 디자인권을 설정등록 받기 위하여 디자인등록출원을 한 날 이전에

그 디자인 또는 이와 유사한 디자인에 대하여 디자인등록출원을 하고 그 디자인등록출원에 관한 디자인의 실시사업을 하거나 그 사업의 준비를 하였을 것. ii) 위의 i) 중 먼저 디자인등록출원한 디자인이 디자인보호법 제5조 제1항 각 호의 어느 하나에 해당하여 거절결정이나 거절한다는 취지의 심결이 확정되었을 것의 요건을 갖춘 경우에 한하여 그 실시 또는 준비를 하고 있는 디자인 및 사업의 목적 범위 안에서 그 디자인권에 대하여 통상실시권을 가진다는 규정을 신설하였다(신설법 50의 2).

17. 제19차 개정의 주요내용(2007. 4. 11 법률 제8357호)

다른 법률, 발명진흥법의 개정에 따라 디자인보호법 제54조 제1항 중 "발명진흥법 제8조 제1항"을 "발명진흥법 제10조 제1항"으로 하였다(개정 법 54①).

18. 제20차 개정의 주요내용(2008. 2. 29 법률 제8852호)

정부조직법 개정에 따라 디자인보호법 중 "산업자원부령"을 "지식경제부령"으로 하였다.

19. 제21차 개정의 주요내용(2008. 12. 26 법률 제9223호)

(1) 개정이유

현행 양벌규정은 문언상 영업주가 종업원 등에 대한 관리·감독상 주의의무를 다하였는지 여부에 관계없이 영업주를 처벌하도록 하고 있어 책임주의 원칙에 위배될 소지가 있으므로 영업주가 종업원 등에 대한 관리·감독상 주의의무를 다한 경우에는 처벌을 면하게 함으로써 양벌규정에도 책임주의 원칙이 관철되도록 하기 위함이다.

(2) 주요 개정내용

법 제87조를 다음과 같이 개정한다.

법인의 대표자나 법인 또는 개인의 대리인, 사용인 그 밖의 종업원이 그 법인 또는 개인의 업무에 관하여 제82조 제1항, 제84조 또는 제85조의 어느 하나에 해당하는 위반행위를 하면 그 행위자를 벌하는 외에 그 법인에게는 다음 각호의 어느 하나에 해당하는 벌금형을, 그 개인에게는 해당 조문의 벌금형을 과(科)한다. 다만, 법인 또는 개인이 그 위반행위를 방지하기 위하여 해당 업무에 관하여 상당한 주의와 감독을 게을리 하지 아니한 경우에는 그러하지 아니하다(법 87, 1·2).

1. 제82조 제1항의 경우 : 3억원 이하의 벌금
2. 제84조 또는 제85조의 경우 : 6천만원 이하의 벌금

20. 제22차 개정의 주요내용(2010. 6. 9 법률 제9764호)

디자인보호법의 독자성과 법률이용의 편의성을 제고하기 위하여 현행 디자인보호법에 두고 있었던 특허법의 준용조항을 디자인보호법에 직접 두었다.

즉 디자인보호법 제4조, 제24조, 제30조, 제60조, 제67조, 제71, 제72조, 제75조, 제81조 및 제89조에 의한 특허법의 준용조항 중 제71조에 의한 준용조항을 제외한 나머지 디자인보호법의 특허법 준용조항에 의한 특허법 조항 모두에 대하여 해당 조항을 신설하였다.

제 4 절 디자인의 종류

디자인이란 물품의 형상·모양·색채 또는 이들을 결합한 것이므로 디자인의 종류도 디자인의 대상이 되는 물품과 디자인의 구성요소 등을 중심으로 분류해 볼 수가 있을 것이다.

Ⅰ. 물품에 의한 분류

1. 물품의 디자인의 정도에 의한 분류

물품전체에 대한 디자인이냐 물품의 일부분에 대한 디자인이냐에 따라서 물품의 전체디자인과 물품의 부분디자인으로 분류할 수 있다.

2. 물품의 구성에 의한 분류

디자인은 그 대상인 물품이 단일물로 구성된 물품으로 성립된 것이냐(예 : 컵·접시), 2 이상의 물품이 모여 하나의 디자인을 구성하고 있느냐(이 경우에는 각 구성물품이 독자성을 잃고 하나의 물품으로 된다. 예 : 장기·바둑) 또는 2 이상의 물품이 모여 하나의 디

자인의 물품을 구성하고 각 구성물품이 그 자체로서 독립된 물품으로 사용할 수 있느냐(예 : 양복의 상하)에 따라서 각각 단일물품의 디자인, 합성물의 디자인, 집합물의 디자인으로 분류할 수 있다.

3. 물품의 기능에 의한 분류

물품의 기능에 따라 변화하는 물품으로 구성된 디자인이냐(예 : 동물완구류) 아니면 변화하지 않는 물품으로 구성된 디자인이냐에 따라서 동적 디자인과 정적 디자인으로 분류할 수 있다.

Ⅱ. 디자인의 구성요소에 의한 분류

1. 구성요소의 태양에 의한 분류

이는 구성요소의 태양에 따라 형상의 디자인(예 : 기계류 등의 물품), 모양의 디자인(예 : 무늬, 그림), 색채의 디자인, 결합디자인(예 : 성냥곽의 형상 내에 색채 그림을 도시한 것)으로 분류할 수 있으며 형상의 디자인에는 다시 물품의 일정한 형태를 이루고 있는 즉, 물품의 윤곽이 되고 있는 평면적 디자인(예 : 지폐)과 입체적 디자인(예 : 선풍기)으로 분류된다.

2. 구성요소의 미감에 의한 분류

이는 디자인의 용도에 따라 분류한 것으로서 디자인에 의하여 느낄 수 있는 미감이 장식적인 미를 그 내용으로 한 것이냐 아니면 디자인에 있어서 물건 등에 나타난 기능을 주 대상으로 한 디자인이냐에 따라서 각각 장식적 디자인(예 : 접시에 그려진 연꽃)과 기능적 디자인(예 : 깜짝상자)으로 분류될 수 있다.

Ⅲ. 창작주체에 의한 분류

디자인의 창작을 몇 사람이 했느냐에 따라서 단독디자인과 공동디자인으로 나누어지고 또 회사의 임원이나 직원 및 공무원이 직무상 창작한 직무디자인과 어디에도 예속되지 않은 독립된 위치에서 독자적으로 창작한 독립디자인 등으로 분류할 수 있다.

Ⅳ. 법률에 의한 분류

1. 기본디자인과 유사디자인

디자인보호법에서는 디자인을 디자인등록을 받은 등록디자인과 디자인등록출원한 디자인을 기본디자인이라고 하고 그 등록디자인이나 디자인등록출원한 디자인에만 인정하고 있는 유사디자인이 있다. 이와 같은 유사디자인은 기본디자인에만 유사한 디자인이므로 기본디자인에 부수되어 기본디자인과 운명을 같이 한다.

2. 비밀디자인

디자인등록출원인이 디자인권의 설정등록일로부터 3년 내의 기간을 지정하여 그 디자인을 비밀로 할 수 있는 비밀디자인이 있다. 이와 같은 비밀디자인은 특별한 경우를 제외하고는 일반 공중에게 열람·복사 등 공개가 제한된다.

3. 한 벌의 물품의 디자인

2종 이상의 물품이 관습상 한 벌의 물품으로 동시에 판매되고 사용되는 물품으로서 한 벌을 구성하는 한 벌 물품의 디자인이 있다. 이와 같이 당해 한 벌의 물품의 디자인은 한 벌 전체로서 통일성이 있을 때 한 벌을 구성하는 한 벌의 물품의 디자인이 된다.

한 벌 물품의 디자인은 1디자인 1디자인등록출원 주의의 예외로 인정되고 있는 제도로써 이를 예시해보면 한 벌의 끽연용구세트, 한 벌의 차세트, 한 벌의 나이프·포크 및 스푼 등을 들 수 있다.

Ⅴ. 심사여부에 의한 분류

1. 심사등록디자인

디자인등록출원이 디자인성, 등록성 등을 전부 충족하고 있는지, 부등록 사유에는 해당하지 않는지 등의 여부를 심사하여 행하는 디자인등록을 말한다.

2. 무심사등록디자인

디자인등록출원이 디자인등록출원에 필요한 방식을 갖추고 있는 지와 당해 디자인이 공업성이 있는지 등 디자인등록출원의 형식적 요건과 일부 등록요건에 관한 사항만을 심사하고 출원디자인의 신규성 및 창작성 등 등록요건 등에 관한 실질심사는 하지 아니하고 디자인등록을 하는 것을 말한다.

Ⅵ. 디자인 물품의 수에 의한 분류

1. 1디자인 1디자인등록출원 디자인

디자인심사등록출원은 1디자인 마다 1디자인등록출원으로 하여야 하며 이는 디자인보호법 시행규칙이 정하는 물품의 구분에 따라 정한다.

2. 복수디자인등록출원 디자인

위 1의 예외로서 디자인무심사등록출원은 20 이내의 디자인을 1디자인등록출원으로 할 수 있다. 복수디자인등록출원을 할 수 있는 디자인의 범위는 물품의 구분상 디자인보호법 시행규칙이 정하는 분류가 동일한 것으로 한다. 복수디자인등록출원은 기본디자인과 함께 그 기본디자인에 속하는 유사디자인을 출원할 수 있다. 그러나 이에 불구하고 자기의 등록디자인 또는 디자인등록출원된 디자인의 유사디자인을 복수디자인등록출원하는 경우에는 1기본디자인에 속하는 유사디자인에 한하여 1복수디자인등록출원으로 할 수 있다.

제2장 디자인등록을 받을 수 있는 자

제1절 서 설

디자인등록을 받을 수 있는 자는 디자인을 창작한 자나 그 디자인의 창작자로부터 디자인등록을 받을 수 있는 권리를 승계한 자, 동일 디자인의 복수출원인 경우 최선출원인 및 디자인에 관한 권리를 향유할 수 있는 외국인 등이 된다. 그러나 특허청 직원 및 특허심판원 직원은 상속 또는 유증의 경우를 제외하고는 재직 중 등록을 받을 수 없다. 이는 출원디자인의 취급자로부터 출원인의 디자인을 보호하기 위한 입법조치라고 해석되나 창작자의 권리를 제한하는 위헌소지가 있다는 견해가 있다. 그러나 이들의 창작 또는 그 승계디자인에 대한 등록취득권의 제한이, 디자인 창작자나 그 승계인은 누구나가 디자인등록을 받을 수 있는 권리를 향유한다는 보편주의 원칙 및 디자인보호제도의 정신에 반하는 측면이 있기는 하나, 이들의 비밀업무취급의 특수성으로 보아 그 정도의 제한에 의한 차별화 및 불이익은 다수 창작자나 그 승계인의 출원디자인의 보호라고 하는 공공의 이익을 위해 수인(受忍)하는 것이 더 타당하다고 보아 위헌이라고까지는 할 수 없을 것으로 해석된다.

그리고 2인 이상이 공동으로 디자인을 창작한 때에는 디자인등록을 받을 수 있는 권리는 공유로 한다. 그러나 2인의 공유자 중 1인의 공유자가 다른 공유자에게 자기의 등록을 받을 수 있는 권리를 양도하고 다른 공유자가 이를 승계한 경우에는 그 디자인등록을 받을 수 있는 권리는 공유가 아니다.

제2절 창작자 등

Ⅰ. 창작자

창작자라 함은 디자인을 창작한 자를 말하며, 창작자는 디자인 보호제도의 기본이념인 권리주의에 의하여 디자인등록을 받을 권리를 가짐(법 3① 본문)과 동시에 창작자의 이름으로 디자인등록증에 기재될 권리도 아울러 갖는다(법 38②, 파리조약 4조의3).

1. 창작자의 요건

(1) 진정한 창작자

디자인의 등록을 받을 수 있는 자는 본래 디자인을 창작한 자이다. 그러므로 창작자는 진정으로 디자인을 창작한 자에 한하는 것은 당연하므로 타인의 디자인을 자기가 창작한 것처럼 하여 디자인등록을 받는 것은 허용되지 않으며 설령 그러한 자에게 디자인등록이 되었다 하더라도 그 디자인등록은 무효에 해당한다.

또 진정한 창작자란 본래 디자인을 주도적으로 창작한 자연인[1] 즉 디자인의 창작계획, 추진, 결과(성과)물 산출 등을 한 자를 말하고, 이에 관여한 단순히 보조적, 협력적 역할을 한 단순보조자나 자금·재료·시설 등을 지원한 자연인 및 법인은 이에 포함되지 않는다. 왜냐하면 창작자란 사실행위로서의 창작자이기 때문이다.

이처럼 진정한 창작자는 그 창작디자인에 대하여 등록을 받을 수 있는 적격을 가지므로 등록을 받을 수 있는 권능을 가짐은 당연하다. 디자인등록을 받을 수 있는 권리는 창작활동에 의해 창출된 디자인을 소유, 지배하기 위한 것으로서 이는 창작에 의해 원시적으로 확보, 취득되는 것이기 때문이다. 이를 디자인보호법상 등록에 대한 주체적 요건으로 살펴보면 진정한 창작자 또는 그 승계인에 의하여 그 창작디자인에 대한 등록출원이 되어야 한다. 이는 등록을 받을 수 있는 권리 및 이 권리에 의하여 취득된 디자인권은 진정한 창작자의 창작을 기초로 하기 때문이다. 그러므로 디자인보호법은 진정한 창작자 및 그 승계인 이외의 자에게는 등록을 받을 수 있는 권리

1) 권리·의무의 주체로서 평등하게 그 능력과 자격을 인정받고 있는 개인.

및 이 권리에 의한 디자인권을 인정하지 않는다.

(2) 자연인

디자인의 창작자는 자연인이어야 하고 법인은 창작자가 될 수 없다. 왜냐하면 디자인의 창작은 사실행위이고 법률행위가 아니므로 오직 사람의 지적 활동에 의해서만 산출될 수 있는 성과물이기 때문이다. 설령 연구단체나 법인 등 조직에 의한 지적활동에 의한 창작이라 하더라도 그 기본은 개개인의 두뇌로부터 나오기 때문에 창작은 어디까지나 자연인으로부터 출현된 것임을 전제로 한 것이다.

이처럼 디자인의 창작은 사실행위이기 때문에 자연인이면 누구나가 창작자 적격을 갖는다. 따라서 미성년자, 한정치산자 또는 금치산자와 같이 법정대리인에 의하지 아니하고는 출원절차를 밟을 수 없는 법률행위 무능력자라 할지라도 창작자가 될 수 있다.

2. 창작자의 권리

창작자는 디자인등록을 받을 수 있는 권리 즉 디자인 등록취득권을 가지며 또 창작자의 이름으로 디자인등록출원서, 등록원부 및 디자인 등록증에 기재될 권리 즉 창작자의 성명게재권을 갖는다.

(1) 등록취득권

1) 서 설

디자인을 창작한 자는 그 디자인에 대하여 등록을 받을 권리를 취득한다. 이러한 디자인등록을 받을 수 있는 권리는 창작을 연원으로 하여 창작디자인을 소유, 지배하는 것이어서 이는 원시적으로 취득되는 권능인 것이다. 등록을 받을 수 있는 권리 및 창작을 연원으로 한 디자인권은 창작을 기초로 하므로 창작자 및 그 승계인 이외의 자는 등록을 받을 수 있는 권리를 향유할 수 없다. 예를 들면 타인의 창작디자인을 모인하거나 창작자의 창작활동에 단순히 보조 또는 지원하는 자는 등록을 받을 수 있는 권리를 가질 수 없다.

앞에서 살펴본 바와 같이 등록을 받을 수 있는 자는 디자인을 창작한 자(그 승계인을 포함한다, 이하 같다)로서 그 창작디자인에 대하여 디자인등록을 받을 수 있는 권리를 가진다. 다만, 특허청 직원 및 특허심판원 직원은 상속 또는 유증의 경우를 제외하고는 재직 중 디자인 등록을 받을 수 없다(법 3① 단서).

2인 이상이 공동으로 디자인을 창작한 때에는 디자인등록을 받을 수 있는 권리는 공유로 한다(법 3②). 이처럼 창작디자인의 등록을 받을 수 있는 권리의 주체는 진정한 창작자 및 그 승계인인바 이들에게 등록을 받을 수 있는 권리를 인정한 것은 이들의 창작노력에 의해 창출된 창작물 즉 디자인이기 때문에 진정한 창작자에 의한 출원이어야 함은 당연하다.

2) 등록을 받을 수 있는 권리의 성질

디자인을 창작한 자는 그 창작디자인에 대하여 등록을 받을 수 있는 권리를 가진다. 그러나 창작자의 디자인등록을 받을 수 있는 권리의 성질에 대하여는 종래부터 몇 가지 학설로 나누어져 있다. 공권설, 사권설, 결합설(양성설, 중간설이라고도 한다)이 그것이다.[2)]

① 공권설

공권설은 디자인에 대한 등록청구권이라고 하는 설 즉, 디자인등록을 받을 권리는 국가에 대하여 디자인권을 부여해 줄 것을 청구하는 공법상의 권리라고 한다. 이 설에 의하면 사권설에서 말하는 창작자권은 법률상의 근거가 없다고 하여 부정된다.[3)]

② 사권설

사권설은 디자인에 대한 지배를 목적으로 한다는 설, 즉 디자인을 보호하는 국가기관의 활동을 요구하는 공권의 배후에는 사권이 있고 이 사권이 디자인등록을 받을 권리의 본체라고 한다.

이러한 사권설에 의하면 창작자는 디자인의 완성과 동시에 그 디자인을 자유로이 사용하여 수익을 도모하고 처분할 권리를 취득한다. 이것은 창작자가 디자인에 의하여 원시적으로 취득하는 것이고 그 디자인을 지배하는 실체적인 권리(창작자권, 디자인권 등으로 불린다)이므로 창작자의 "디자인"에 대한 이러한 권리는 디자인권 설정등록 이전 또는 이후에 따라 그 본질·범주를 달리하지 않는다. 다만, 디자인권 설정등록 이전에는 국가에 의한 확인이 없고 공시가 없는 것이므로 모인 이외의 제3자가 이것을 침해해도 소권이 없는데 이러한 의미에서 불완전한 디자인권이라고 할 수 있다.[4)]

③ 결합설

결합설은 위의 공권설과 사권설을 절충하여 결합한 설, 즉 디자인등록을 받을 권리는 공권설과 사권설의 병립 또는 통합된 것이라고 생각한다. 즉 창작자는 디자인의 완성에 의하여 창작자권(창작권, 불완전한 창작권 등이라고 한다)을 원시적으로 취득하는 것이지만 한편으로는 디자인등록을 받을 권리는 국가에 대하여 디자인권을 설정해

---

2) 豊崎光衛, "工業所有權", 有斐閣, 신판 133면 이하 참조.

3) 일본특허청편, "工業所有權法 逐條解說(개정증보판), 발명협회, 昭和53, 103면 참조.

4) 淸瀨一郎, 特許法原理, 昭和 4年 改正再版(巖松堂書店), 57~61면 참조.

줄 것을 청구하는 공권이라는 설이다.[5)]

④ 결 어

창작자의 디자인등록을 받을 수 있는 권리 그 자체는 그 창작자의 디자인에 의하여 원시적으로 취득한 사권이다. 그러나 이러한 사권으로는 디자인을 지배할 수 있는 권리로서는 불완전한 권리이므로 디자인에 대한 완전한 권리에 의해 대세적 지배권을 갖기 위해서는 국가의 디자인권 설정등록이라고 하는 설권행위 즉 형성적 행정행위에 의해 등록절차를 밟음으로써 완전한 권리를 갖게 되는 것이다. 따라서 창작에 의해 사권(불완전 권리)이 원시적으로 취득되고 등록에 의해 그 디자인에 대하여 독점·배타적으로 지배할 수 있는 공권(완전권리)을 향유할 수 있는 바, 그렇다면 등록을 받을 수 있는 권리의 성질은 결합설이 가장 유력한 견해로 볼 수 있고 또 현재의 다수설이기도 하다.[6)] 그러나 여기에서 유념할 것은 3설 모두 양도성이 있는 재산권이라고 하는 점이다. 또 창작자의 명예권과의 관계에서 등록을 받을 수 있는 권리는 창작자의 디자인의 창작에 의해 발생하는 것이므로 창작자의 명예권이 포함되어 있는 것은 분명하나 명예권은 등록을 받을 수 있는 권리의 일부를 포함하고 있지 않은 것도 분명하다. 따라서 등록을 받을 수 있는 권리를 이전할 수 있도록 한 것은 명예권적인 것을 포함하고 있지 않는 순수한 재산권으로 하고 있기 때문이다.

3) 등록을 받을 수 있는 권리의 발생

등록을 받을 수 있는 권리는 디자인의 창작의 완성에 의하여 발생한다. 따라서 등록을 받을 수 있는 권리는 디자인의 창작이라고 하는 사실행위에 의하여 발생하는 권리이므로 이는 창작의 완성에 의해 원시적으로 그 디자인의 창작자에게 귀속된 권리이다. 그러므로 등록을 받을 수 있는 권리는 자연인에게만 귀속되는 권리이고 법인에는 귀속될 수 없는 권리이다. 왜냐하면 법인은 창작자 적격이 아니기 때문이다. 즉 창작은 사람의 두뇌에 의한 지적활동이며, 창작물은 지적활동의 산물이기 때문에 창작은 권리·의무의 주체로서 평등하게 그 능력과 자격을 인정받고 있는 개인인 자연인만이 가능하고 법인·사단법인 등은 창작을 할 수 없는 것이다.

4) 등록을 받을 수 있는 권리의 이전 등 및 승계

① 이전·승계에 있어서의 대항 요건

등록을 받을 수 있는 권리는 이전할 수 있다. 다만, 기본 디자인등록을 받을 수 있

---

5) 吉原隆次, 特許法詳論, 昭和 3年, 有斐閣, 全訂版, 52~53면 참조.
光石士郎, 特許法詳說, 帝國地方行政學會, 新訂版, 202면 참조.

6) 豊崎光衛, 工業所有權, 前揭載, 136면 참조.

는 권리와 유사 디자인등록을 받을 수 있는 권리는 함께 이전하여야 한다(법 23의4①). 등록받을 수 있는 권리가 공유인 경우에는 각 공유자는 다른 공유자 전원의 동의를 얻지 아니하면 그 지분을 양도할 수 없다(법 23의4③).

등록을 받을 수 있는 권리는 공업상 이용할 수 있는 디자인을 독점·배타적으로 실시할 수 있는 권리를 내용으로 하고 있으므로 그 점에서 재산적 가치를 가진 사권이며, 본래 그 사용·수익·처분에 대해서는 소유자의 자유의사에 맡기고 있다. 그러나 등록을 받을 수 있는 권리는 국가에 등록을 요구하는 출원에 의하여 행사된다는 권리의 성격상 그 행위가 대항력을 갖기 위해서는 다음과 같은 절차에 의하여야 한다.

i. 출원전 등록을 받을 수 있는 권리를 승계한 경우

(i) 디자인의 창작자로부터 그 디자인에 대한 등록을 받을 수 있는 권리를 양도받은 그 승계인이 등록출원을 하지 아니하면 제3자에게 대항할 수 없다(법 24①).

(ii) 동일한 자로부터 승계한 동일한 디자인 등록을 받을 수 있는 권리에 대하여 같은 날에 2 이상의 디자인등록출원이 있는 때에는 출원인의 협의에 의하여 정한 자 외의 자의 승계는 그 효력이 발생하지 아니한다(법 24②). 따라서 제3자에게 대항할 수 없다.

이처럼 디자인등록을 받을 수 있는 권리는 자유롭게 양도할 수 있는 자유양도성을 가지지만 그 승계에 대하여 제3자에게 대항할 수 있는 법률상의 효력발생에는 출원이라는 절차를 요건으로 한다.

ii. 출원후 등록을 받을 수 있는 권리를 승계한 경우

(i) 출원후 등록을 받을 수 있는 권리의 승계는 상속 그 밖의 일반 승계의 경우를 제외하고는 출원인 변경신고를 하지 아니하면 그 효력이 발생하지 아니한다(법 24③).

(ii) 디자인등록을 받을 수 있는 권리의 상속 그 밖의 일반승계가 있는 경우에는 승계인은 지체 없이 그 취지를 특허청장에게 신고하여야 한다(법 24④).

(iii) 동일인으로부터 승계한 동일한 디자인등록을 받을 수 있는 권리의 승계에 관하여 같은 날에 2 이상의 출원인 변경신고가 있는 때에는 신고를 한 자 간의 협의에 의하여 정한 자 외의 자의 신고는 그 효력이 발생하지 아니한다(법 25⑤).

(iv) 위 i의 (ii) 및 ii의 (iii)의 경우에는 출원인에게 기간을 정하여 협의의 결과를 신고할 것을 명하고 그 기간 내에 신고가 없을 때에는 협의는 성립되지 아니한 것으로 본다(법 24⑥).

② 담보권의 제한

디자인등록을 받을 수 있는 권리는 질권[7]의 목적으로 할 수 없다(법 23의4③). 디자

7) 채무가 변제될 때까지 목적물의 점유를 이전하고 변제가 없을 때에는 그 목적물에 의해 우선 변제를

인등록을 받을 수 있는 권리도 공업상 이용할 수 있는 디자인의 지배라는 면에서 재산적 가치가 있으므로 민법상 질권의 목적물로 할 수 있음은 당연하다. 그러나 디자인 등록을 받을 수 있는 권리의 특성상 디자인보호법은 질권설정을 부정하는 특별규정을 두고 있다(법 23의4②). 즉 디자인등록을 받을 수 있는 권리는 재산적 가치가 있기는 하지만 그 실질적 가치는 출원절차·심사절차 및 등록절차 등 일련의 행정처분을 거친 후에 발생하는 디자인권을 전제로 하는 것이므로 아직 디자인권이 발생하기 전의 재산적 가치가 불확정한 상태에서는 질권의 목적물로 부적합하거나 또는 권리의 내용이 질권설정자에 의해 채무불이행으로 인한 경매 등으로 공개되어 공지되기 때문에 인정되지 않는 것으로 해석된다.[8)]

③ 공유에 의한 제한

디자인등록을 받을 수 있는 권리가 공유인 경우에는 각 공유자는 다른 공유자 전원의 동의를 얻지 아니하면 그 지분을 양도할 수 없다(법 23의4③).

권리가 공유인 경우 동일 객체를 완전히 별개로 실시하는 것이 가능하다. 그러므로 권리의 행사는 주체와의 관계에 있어서 상대적이기 때문에, 예를 들면 공유자의 자본과 시장 지배력의 차이에 따라서 행사의 태양, 과실에 차이가 생길 가능성이 있다. 바로 이점을 고려하여 디자인권에 관한 등록을 받을 수 있는 권리에 있어서도 주체의 변동에 대하여 일정한 제한을 둔 것이다.

5) 등록을 받을 수 있는 권리의 소멸

등록을 받을 수 있는 권리는 i) 등록결정의 경우 디자인권의 설정등록에 의하여 발생하는 디자인권으로 전환되면서 소멸하고, ii) 등록거절결정의 경우 그 거절결정의 확정에 의하여 소멸하며, iii) 상속인의 부존재, iv) 등록을 받을 수 있는 권리의 포기, v) 신규성의 상실 등에 의해서도 소멸된다.

그러나 여기에서 유의할 것은 등록을 받을 수 있는 권리가 소멸되었다 해서 창작자권[9)] 자체까지 소멸된 것은 아니라는 점이다. 즉 유사 디자인을 인정하는 디자인보호법에 있어서는 거절결정이 확정된 선원에도 선원의 지위를 인정하는 것이 필요하지만 이 경우 거절결정이 확정된 선원에 후원의 등록을 배제하는 기능을 인정하는 어떤 근거가 있어야 한다. 그리고 그것은 거절결정이 확정된 출원에 대한 것이므로 행정처분에 관계없이 존재하는 것이어야 하며, 그리고 창작에 의하여 취득되는 권리로서 소위 창작자권의 존재를 전제로 하고 그것도 이 창작자권의 소멸과 회복은 행

받을 것을 내용으로 하는 담보물권을 말한다.

8) 意匠法, 齊藤瞭二 著, 鄭泰連 譯, 세창출판사, 1993년, 116면 참조.

9) 디자인을 창작한 자는 그 디자인에 대하여 등록을 받을 수 있는 권리를 가지며 또 디자인 창작자의 이름으로 디자인등록출원서 및 디자인 등록증에 기재될 권리를 가지는 바, 이러한 권리를 창작자권이라 한다.

정상의 처분과 관계가 없는 것으로 하는 경우에 있어서만 통일적으로 이해하는 것이 가능해진다.[10)]

(2) 창작자의 성명게재권

디자인을 창작한 자는 그 창작자의 이름으로 디자인등록출원서, 디자인 등록원부 및 디자인 등록증에 기재될 권리 즉, 창작자의 성명게재권을 갖는다.

1) 출원서에 게재될 권리

현행 디자인보호법은 디자인등록출원서에 디자인 창작자의 성명 및 주소를 기재하도록 규정하고 있다(법 9①6). 따라서 등록을 받을 수 있는 권리를 적법절차에 의하여 승계하지 아니하고 타인의 성명을 절취 등을 하여 자기 또는 제3자의 명의로 출원하는 소위 모인출원을 하거나 그 모인출원에 의해 등록을 받을 경우에는 출원거절이유나 등록무효사유가 된다. 그러나 창작자로부터 등록을 받을 권리를 적법하게 승계한 자가 창작자로 기재하여 출원하였거나 등록을 받았을 때에는 출원거절이유나 등록무효사유가 되지 아니한다고 해석하는 것이 타당할 것이다. 다만, 이러한 경우가 발생하였을 때는 창작자는 성명게재권을 주장할 수 있음은 당연하다. 그러나 문제는 창작자의 동의(승인·묵인) 하에 이루어졌을 경우이다. 이때에는 창작자나 출원인 모두가 창작을 한 자의 명의를 바꿀 수 없다는 소위 창작자 전속권을 알지 못하고 이루어진 것으로 간주하여 창작자 게재권을 인정해 주는 것으로 운용하는 것이 타당할 것이다.[11)]

2) 등록원부 및 등록증에 게재될 권리

디자인의 창작자나 그 승계인은 디자인등록을 받을 수 있는 권리 외에 디자인의 창작에 의해 취득하는 권리를 향유할 수 있다. 즉 디자인권의 설정등록신청에 의해 특허청에 비치하고 있는 디자인등록원부에, 디자인권의 설정등록을 한 때에는 디자인권자에게 교부하는 디자인 등록증에 창작자로서 표시·기재될 권리를 가진다.

이러한 권리는 디자인보호법에서 설정(법 37, 38, 법시행규칙 21)하고 있을 뿐만 아니라 공업소유권 보호를 위한 파리조약에서도 "창작자는 등록증에 창작자로서 기재될 권리를 가진다"라는 명문의 규정을 두고 있다(파리조약 4의3).

이러한 창작자의 표시권은 마치 저작권법에서 저작자의 성명표시권 즉 저작자가 그 저작물의 원작품이나 그 복제물에 또는 저작물의 공표에 있어서 그의 실명 또는 이명(異名)을 표시할 권리를 저작인격권으로 보호하고 있는 것(저작권법 12①)과 같은 맥락에서 고려될 수 있을 것이다.

---

10) 意匠法, 齊藤瞭二 著, 鄭泰連 譯, 세창출판사, 1993년, 117면 참조.

11) 지적재산권법, 황의창 저, 법지사, 2001. 3, 113면.

Ⅱ. 공동창작자

1. 정 의

공동창작자라 함은 2인 이상이 디자인 창작과정에 참여하여 실질적으로 창작활동을 하여 디자인 창작을 성립시키는데 일조를 한 협력자를 말한다. 따라서 창작과정에 참여는 하되 단순히 창작에 관한 보조업무에 종사하는 조력자는 공동창작자가 아니다. 그러나 사실상 창작과정에 관여한 자가 다수인 경우 단순한 조력자인지 실질적인 협력자인지는 그 구분이 쉽지가 않다. 다음은 이를 구분, 판단하는데 고려해야 할 사항을 열거한다.

(1) 디자인은 물품의 형상·모양·색채 또는 이들을 결합한 것으로서 시각을 통하여 미감을 일으키게 하는 것 즉, 물품의 심미적 형태의 창작이므로 실질적 창작에의 협력자는 물품의 심미적 형태의 창작 자체에 관여하여 디자인의 창출에 일조를 하는 자다. 따라서 물품의 심미적 형태의 창작 자체에 관여하지 않는 자 예를 들면 단순한 관리자, 보조자, 후원자 등은 공동창작자가 아니다.

(2) 디자인의 착상자와 그 착상을 구체화하여 디자인을 완성한 자가 공동창작자인가의 판단이다.

1) 제공한 착상이 새로운 경우 착상자 또는 제공자는 창작자가 된다.

2) 새로운 착상을 구체화[12]하여 디자인을 완성한 자도 공동창작자가 된다. 그러나 착상자가 착상을 구체화하여 디자인을 완성하였을 때에는 공동창작자가 될 수 없다. 왜냐하면 착상과 그 착상의 구체화간에는 어떠한 협력관계도 없기 때문이다.

2. 공동창작자의 권리

디자인을 2인 이상 공동으로 창작하였을 때에는 공동창작자 전원이 창작자이므로 그 디자인에 대해 등록을 받을 수 있는 권리는 공동창작자 모두에게 있다. 따라서 이러한 공동창작인 경우 그 디자인에 대하여 등록을 받을 수 있는 권리는 공유가 되어 공유자 전원이 공동으로 디자인등록출원을 하여야 한다(법 3②, 10). 따라서 그 중 일부의 창작자만으로 출원하여 등록을 받을 수 없다. 다만, 그 다른 일부의 창작자가 자기의 등록취득권을 그 일부의 창작자에게 승계한 경우에는 예외로 해석함이 타당하다 할 것이다.

---

12) 넥타이의 디자인 창작은 프랑스 D사의 디자인 개발연구소의 S, B, T 3명의 공동창작인데 그들은 각각 착상·실험·이론의 3단계에서 주도적 역할을 하여, 협력에 의해 고도의 심미적 창작을 한 경우가 그 예이다.

그런데 여기에서 기업, 연구소 등에서의 집단창작이나 법인창작을 공동 창작자로 인정할 수 있는가이다. 여기에는 긍정설과 부정설이 있다.

(1) 긍정설

1) 집단창작 긍정설

기업, 연구소 등 조직체에서 창출된 디자인을 그 조직 구성원의 참여 하에 창작된 것이므로 이를 집단창작으로 인정하여야 한다는 견해이다.

2) 법인창작 긍정설

창작디자인에 대하여 창작자를 특정할 수 없는 경우. 예를 들면 연구소 등의 자료, 축적된 지식·경험, 연구시설 등을 이용하고 장기간 다수의 협력자에 의하여 디자인의 창작이 이루어진 경우 그 디자인에 대한 창작자가 누구인지 불분명하여 특정할 수 없는 경우에는 법인자체를 창작자로 하여 법인창작을 인정하여야 한다는 견해이다.

(2) 부정설

1) 집단창작 부정설

디자인의 창작이 기업, 연구소 등 조직체 구성원 전원의 협력에 의해서 완성되었다면 그 조직체를 창작자라고 할 수도 있다. 그러나 통상 창작의 완성이 실질적으로 구성원 전원의 참여로 된 것이 아니고 다수의 협력자가 있어 이들의 일조와 함께 이루어진 것이 보통이다. 따라서 조직자체를 창작자로 보려는 것은 실제 있을 수 없는 것을 있는 것으로 보려는 것으로서 이는 타당한 견해라고 할 수 없다.

2) 법인창작 부정설

디자인의 창작이 연구소 등의 비치 자료, 지식·경험, 연구시설 등을 이용하고 오랜 시간 다수의 협력자에 의해 이루어진 경우 그 디자인의 창작자가 누구인지 특정할 수 없는 경우 법인자체를 창작자로 하여 법인창작을 인정하여야 한다는 긍정설은 이론적으로 문제가 없지 않다.

(3) 결 어

디자인의 창작이란 사람의 지적(두뇌)활동에 의해 산출되는 물품의 형태상의 심미적 가치의 창조이기 때문에 창작주체의 적격은 자연인이고 기업·연구소·협회·조합·상사 등과 같은 조직체(집단·단체)나 법인격을 가진 법인체, 법인이 아닌 사단 또는 재단은 창작주체의 적격이 될 수 없다. 즉 집단의 조직원이나 법인의 구성원 전원의 관여 하에 창작이 완성된 경우라면 그 조직체를 창작자라고 할 수 있을 것이나 실질적으로는 전원참여로 창작이 완성되는 것이 아니고 다수의 협력자에 의해 공동으로 이루어지는 것이 통상적이다. 그러한 맥락에서 후자의 부정설이 타당하다고 해석된다. 현재 심사·심판 실무 및 판결에서도 전자의 긍정설에는 이론상 문제가 있다고 보고 후자의 부정설에 의하여 집단창작과 법인창작을 부정하고 있는 실정이다.

3. 공동창작자 여부의 판단

공동창작자라 함은 2인 이상이 단순한 조력, 협력, 참여가 아니고 실질적으로 협력하여 디자인을 창작한 자를 말하므로 공동창작자인지의 판단도 이러한 관점에서 이루어져야 한다.

(1) 창작업무 지원자 등

창작자에게 연구·개발자금을 제공하여 창작관련 설비, 자료 및 재료 등의 이용편의를 주는 등 디자인의 창작활동을 지원하거나 디자인의 창작을 위탁한 자는 공동창작자가 아니고 단순히 창작자의 창작활동을 돕거나(주로 물적 후원) 창작의 동기를 부여하는(특정분야 디자인 개발 위탁) 그저 창작활동의 후원자나 위탁자의 위치에 있거나 단순히 창작업무를 관리한 자, 단순보조자 등은 창작에 실질적인 협력자 즉, 착상·실험·이론의 3단계에서 주도적인 역할을 한 실질적인 참여자가 아니므로 공동창작자로 볼 수 없다. 이를 다음의 (2)에서 구체적으로 살펴본다.

(2) 단계별 실질협력자 여부 판단

착상의 성립과정을 과제의 제공이나 과제해결의 방향을 부여하는 착상의 제공과 착상의 구체화의 2단계로 나누고 각 단계에 대해 실질적인 협력자의 여부를 다음과 같이 판단하는 것이 공동창작인 경우 편리한 때가 많다.

1) 제공한 착상이 새로운 경우 그 착상을 제공한 자는 창작자이다.

2) 디자인은 물품의 형상·모양·색채 또는 이들을 결합한 것으로서 시각을 통하여 미감을 일으키게 하는 것을 말하므로 디자인의 창작에 실질적 협력의 여부는 이러한 관점에서 판단하여야 한다. 따라서 이러한 창작자체에 관여하지 아니한 자 즉 단순한 관리자·보조자 또는 후원자 등은 공동창작자가 아니다.

① 단순관리자

휘하 연구원에 대해 일반적인 관리를 한 자, 예를 들면 구체적인 착상을 제시하지 아니하고 단지 통상의 테마를 주거나 창작과정에서 단순히 일반적인 조언이나 지도를 한 자는 공동창작자가 아니다.

② 단순보조자

연구원의 지시에 의해 단순히 데이터를 정리하거나 또는 실험한 자는 공동창작자가 아니다.

③ 단순후원자·위탁자

창작자에게 연구·개발 자금을 제공하여 창작 관련 자료·재료 및 설비 등 이용편의를 주는 등 디자인의 창작완성을 지원하거나 위탁한 자는 공동창작자가 아니다.

4. 공동창작에 관한 약정 등

최근 업종별로 디자인 공동개발 움직임이 활발하게 이루어지고 있는 바, 분야별 디자인 개발조합에 의한 창작, 산학 또는 2 이상 기업의 공동개발에 의한 창작활동이 그것이다. 이러한 경우에서의 창작자 관계 및 창작성과의 귀속 등에 관해서 분명히 해 둠으로써 훗날 이에 관한 문제가 발생하지 않도록 계약 등에 의해서 확실히 해 두는 것이 중요한다.

Ⅲ. 직무창작자

1. 서 문

직무창작에 관한 디자인보호법 제24조(특허법준용 제39조)의 규정이 2006. 3. 3 개정법에 의해 삭제되었는 바, 그 이유는 직무상 창작이라 하더라도 그 디자인은 창작자에 의해 이루어진 것이므로 굳이 직무창작자를 일반창작자와 구별하여 특별히 조항을 설치할 필요가 없다는 데 기인한 것으로 해석된다.

그러나 현실적으로 직무상 창작디자인은 그 분야 업무와 관련하여 창출된 것이므로 창작자의 두뇌, 참여자의 지적 보조, 물적 지원 등 여러 요인에 의해 복합적으로 이루어지는 직무군의 창작의 경우도 있다. 그러므로 그 중 누가 진정한 창작자인지를 판단하는 데는 난해한 경우가 있으므로 본서에서는 이러한 점을 감안하여 위에서 설명한 바 있는 "창작자"와는 별도로 직무창작자를 살펴보기로 한다.

2. 서 설

(1) 서 론

종업원·법인의 임원 또는 공무원(이하 "종업원 등"이라 한다)이 그 직무와 관련하여 창작한 디자인을 성질상 사용자·법인·국가·지방자치단체(이하 "사용자 등"이라 한다)의 귀속으로 할 것이냐 종업원 등의 귀속으로 할 것이냐는 산업정책상 매우 중요한 문제이다.

사용자 등의 입장에서는 민법상의 고용원칙[13]에 따라 종업원 등의 창작은 모두 노동의 성과로서 사용자 등에게 귀속되어야 한다고 주장할 수 있을 것이고 종업원 등의 입장에서는 창작은 창작자의 특별한 능력과 노력에 의해 비로소 창출된 것이므로 창작에 관한 권리는 창작자에게 귀속해야 한다고 주장할 수 있을 것이다. 따라서 설령 종업원 등의 창작의 문제를 노사간의 자유로운 계약에 맡긴다고 하면 노사간의 힘의 논리에 좌우될 것이다. 따라서 국가로서는 이러한 문제를 산업정책상 바람직하다고 인정되는 방향으로 기본적인 방침을 수립하고 이를 일정한 제도로써 법제화 하는 것이 타당하다.[14] 이러한 취지를 담아 입법한 것이 바로 디자인보호법 제24조(특허법준용 제39조)로서 이는 사용자 등 및 종업원 등의 각자의 역할·공로 등을 공정하게 평가하여 창작자의 권익과 산업발전이라고 하는 공익의 측면에서 양자의 이해의 조화를 도모하였다. 그러나 직무창작자는 어차피 창작자에 포괄되고 디자인보호법에서의 규율보다는 발명진흥법적 성격이 강하다는 등의 이유로 2006. 3. 3 개정법에서 삭제하고 이를 발명진흥법에 두었다. 그러나 본서에서는 디자인의 보호 및 이용을 도모함으로써 창작을 장려하여 산업발전에 기여함을 목적으로 하는 디자인보호법의 취지에 따라 본서에서 다루기로 하였음은 위의 "Ⅰ. 서문"에서 설명한 바 있다.

(2) 직무창작의 의의

직무창작이라 함은 종업원 등이 그 직무에 관하여 창작한 것이 성질상 사용자 등

---

13) 민법상의 고용원칙
민법 제655조는 "고용은 당사자 일방이 상대방에 대하여 노무를 제공할 것을 약정하고 상대방이 이에 대하여 보수를 지급할 것을 약정함으로써 그 효력이 발생한다"라고 규정하고 있다. 따라서 사용자 등은 민법상 고용계약에 의해 종업원 등의 노무결과여부에 관계없이 약속한 보수를 지급할 의무가 있으나 한편 종업원의 노무급부의 결과로 생기거나 취득된 물은 일체 사용자 등의 소유로 귀속할 수 있다고 하는 것이다. 예를 들면 사립연구소 연구원의 임용을 위한 계약은 사립연구원 설립·운용에 관한 규정의 소정 절차에 의하여 이루어지는 것이지만 그 성질상 사법상의 고용계약이므로 그 계약체결에 관한 당사자들의 의사표시에 무효 또는 취소의 사유가 있으면 그 상대방은 이를 이유로 당연히 그 임용계약의 무효·취소를 주장하여 그에 따른 법률효과의 발생을 부정하거나 소멸시킬 수 있고 또한 이러한 계약에 조건을 붙일 수도 있는 것이고 그 계약이 조건부일 때에는 당연히 그 조건의 성취여부에 따라 그 계약의 효력이 좌우된다(대법원 1994. 8. 26, 94다15479 판결 참조).

14) 독일은 디자인보호법에 따르지 않고 종업원의 디자인에 대한 법률을 따로 두고 있고, 미국은 판례법에 따르고 있다. 다만, 공무원의 디자인창작에 대해서만 법률로 규정하고 있다.

의 업무범위에 속하고 그 창작을 하게 된 행위가 종업원 등의 현재 또는 과거의 직무에 속하는 디자인의 창작(이하 "직무창작"이라 한다)을 말한다.

1) 사용자 등의 업무범위에 속하는 창작

① 사용자 등

사용자 등이라 함은 자연인은 물론 법인도 포함한다. 즉, 사용자·법인·국가·지방자치단체가 여기에 속한다. 여기에서 유의할 것은 개인회사의 대표자는 사용자 등에 해당하지 않는다.

② 사용자 등의 업무범위

여기에는 정관설과 정관설에 대한 반대설이 있다.

i. 법인의 업무범위

(i) 정관설

사용자 등의 업무범위란 법인의 경우 정관에서 정하고 있는 목적의 범위를 말한다고 해석하는 설이다. 즉, 정관에는 그 법인의 주된 목적 사업내용 뿐만 아니라 이에 부대하는 사업까지를 기재함으로써 법인의 업무범위를 정하고 있다는 것이다. 그러나 문제는 "이에 부대하는 사업"의 범위를 어느 정도까지로 볼 것인가의 해석이다. 통상 넓게 보는 것이 통설이다. 즉 법인 본래의 목적사업의 수행상 필요로 하는 한 기술적 문제의 해결을 위한 업무는 부대사업으로 해석할 수 있을 것이다.

(ii) 정관설에 대한 반대설

정관상의 목적이나 정관상의 사업에 구애받지 않고 실질적이고도 객관적으로 법인 업무의 수행과 직·간접적으로 기술적인 관련성이 있는 범위라고 해석하는 설이다. 그러나 여기에는 기술적으로 전혀 다른 업무도 포함한다고 하는 설이 있다.

ii. 국가·지방자치단체의 업무범위

국가·지방자치단체의 업무범위는 법인에 비하여 좁게 해석하는 것이 타당하다. 즉 국가공무원이나 지방공무원의 소속기관의 관장범위로 한정하는 것이다. 왜냐하면 국가공무원·지방공무원이라 해서 국가업무 또는 지방자치단체의 업무범위로 넓게 해석하는 것은 부적절할 뿐만 아니라 무리이기 때문이다.

2) 종업원 등의 직무범위에 속하는 창작

① 직 무

종업원 등이 사용자 등의 업무의 일부를 담당하여 수행하는 책무를 직무라고 할 수 있다.

② 종업원 등

종업원등이라 함은 사업체에 종사하는 종업원만이 아니고 법인의 임원·공무원까지를 모두 포함하는 총칭적 개념이다. 따라서 여기에는 상용·비상용은 물론 촉탁·임시직, 계약직을 불문한다. 또 그 명칭이 이들 외 일지라도 사용자가 노무에 대해 보수를 지급함으로써 발생하는 고용관계에 있는 자는 모두 종업원 등에 속한다. 다만, 파견 및 출장직원 등에 대해서는 보수의 지급과 신분 등에서 문제가 있을 수 있다. 그러나 일반적으로 급여를 파견지나 출장지에서 지급하는가, 파견이나 출장보낸 곳에서 지급하는 가에 따라 정해져야 할 것이다. 즉 파견이나 출장기간 중 그곳의 직원으로 그곳의 급여를 받고 있는 경우는 그곳의 종업원이고 그 반대의 경우는 파견이나 출장을 보낸 곳의 종업원이다. 다만, 직무명령이나 직무감독이 급여 지급측에 없는 특수한 경우 예를 들면 연구용역과 같은 경우에는 직무명령 및 직무감독을 하는 측의 종업원이라고 해석하여야 할 것이다.

③ 창작을 하게 된 행위

창작을 하게 된 행위라 함은 디자인을 창작한 것이 직무에 관한 것일 경우, 즉 특정의 연구개발분야에 대하여 구체적인 과제를 부여받고 디자인 창작명령을 받은 경우의 창작행위는 물론 이에 한하지 않고 널리 디자인의 창작을 완성하기까지의 행위를 말한다. 따라서 디자인 창작을 의도적이고 계획적으로 하였는지의 여부는 관계없고 직무수행의 결과로 얻는 창작은 직무창작이다.

다만, 창작은 디자인의 창작으로서 물품의 형상·모양·색채 또는 이들을 결합한 것으로서 시각을 통하여 미감을 일으키게 하는 것이므로 여기에서 말하는 "행위"란 정신적 활동을 의미하며 또 이것에 부수하는 행위로써 필요로 한 육체적 활동도 포함한다고 해석하여야 할 것이다.

이러한 행위는 일과 시간(근무시간) 중에 이루어진 것에 한정하여야 하는 지의 여부가 문제이지만 주로 일과 시간 중에 이루어지면 된다고 해석하여야 할 것이다.[15)]

④ 직무내용

종업원 등의 직무에 속하는 디자인 창작 즉 직무디자인 창작이란 종업원 등이 소속되어 있는 직장의 업무분장표상의 담당업무로 보아 디자인을 창작하는 것이 당연

---

15) 日本 大阪地判 1979. 5. 18 取消集 1979年(地) 239면 참조.
당시의 지급요령 제1조를 인용하여 "일반적으로 발명의 직무발명성을 긍정하기 위해서는 사색 등의 행위가 모두 근무시간 중에 이루어지는 것은 필요치 않다"고 판시하였다.
* 당시의 지급요령 제1조(52特總1411號(1977. 12. 27)는 "주로 근무 중에 이루어진 발명"이라고 규정하고 있다(1980. 7. 29 동조항 삭제개정).

시되는 경우에는 창작을 하게 된 행위가 직무에 속한다고 해석할 수 있다.

⑤ 현재 또는 과거의 직무

종업원 등의 직무는 현재 담당하고 있는 직무만이 아니고 과거에 담당했던 직무도 포함된다. 예를 들면 현재는 항공기 및 선박에 관한 디자인의 연구·개발 업무를 직무로 하고 있지만, 과거에는 가구류 및 직물류에 관한 디자인의 연구·개발 업무에 종사한 종업원이 창작한 가구류 및 직물류에 관한 디자인의 창작 또는 현재는 업무담당 이사에 있지만, 과거에는 연구부서의 연구원으로 의류디자인에 관한 연구·개발 업무에 종사한 일이 있는 업무담당이사가 창작한 의류디자인에 관한 창작은 직무디자인이다.

⑥ 퇴직 후의 창작

과거의 직무로써 문제가 되는 것은 퇴직 후에 한 창작이 퇴직 전의 직무에 속하는 경우이다. 이에 대해서는 직무디자인에 관한 규정(발명진흥법)에 명문은 없으나 문리해석상 현재도 종업원 등으로서 사용자 등과 고용관계에 있는 경우에 대한 과거의 직무만을 의미하고 고용관계가 종료된 경우에 있어서의 과거의 직무를 의미하지는 않는다고 해석하여야 할 것이며 이것이 통설이다. 그러나 여기에서 유념하여야 할 것은 디자인의 창작을 완성하기 직전에 퇴직하였을 때 또는 재직기간이 비교적 길고 그 기간에 취득한 지식과 경험이 디자인 창작완성에 다대한 역할을 하고 있는 경우 등 특별한 사정이 있는 경우에는 사용자 등에게 아무런 권리가 없다는 것은 오히려 형편을 잃는다고 인정되므로 발명진흥법 제10조의 규정에 저촉되지 아니하는 범위 내에서 합리적인 계약을 할 필요가 있을 것이다. 예를 들어 퇴직 후 완성한 디자인에 대한 승계의 계약이 아니고 유상의 통상실시권을 설정한다는 취지의 계약을 예상해 볼 수 있을 것이다. 미국에서는 종업원과의 계약 중에 설정한 추적조항(trailing clause) 즉 퇴직후 일정기간 내에 한 디자인 창작은 전사용자가 승계한다는 조항은 공공질서에 반하지 않는 한 유효한 것으로 하고 있는 것 같다.[16)]

그러나 우리나라에서는 이러한 유(類)의 예약승계가 직무디자인 이외의 예약승계를 금하는 구 의장법 제24조가 준용하고 있는 특허법 제39조 제3항의 취지로 보아 유효하다고 한 해석은 타당하지 않은 것으로 보아야 할 것이다. 이를 부정하는 반대설이 있다.[17)]

(3) 직무디자인의 유형

종업원 등의 디자인창작은 사용자 등의 업무와의 관계나 종업원 등의 직무와의 관

---

16) 中山, "영국·미국에서의 종업원 발명제도에 대해" 특허관리 24권 10호.

17) 中山, 註解(2版) 295면(c).

계의 유무 및 이들 관계의 크고 작음 등에 따라 다음과 같은 유형의 직무디자인으로 분류해 볼 수 있다.

1) 직무디자인

발명진흥법 제10조는 종업원 등의 자유창작·업무창작·직무창작 중 직무에 속하는 디자인의 창작 즉 직무디자인의 창작을 중심으로 하여 종업원 등과 사용자 등의 권리관계를 규정하고 있다.

2) 업무디자인

사용자 등의 업무범위에 속하는 디자인의 창작으로서 여기에는 위의 "1) 직무디자인"을 제외한다. 그러나 직무디자인을 포함하는 분류방법도 있으나 종업원 등의 창작을 설명하는 데는 불편한 점이 있다.

3) 자유디자인

사용자 등의 업무범위에 속하지 아니한 디자인의 창작을 말한다.

(4) 직무디자인에 대한 권리의 귀속

1) 서 론

직무디자인에 대해 등록을 받을 수 있는 자를 종업원, 사용자 중 누구로 할 것인가 하는 문제이다. 디자인 등록을 받을 수 있는 자는 원래 창작자이지만 직무디자인은 디자인을 창작하는 것이 직접적 또는 간접적인 직무라는 특별한 조건 하에서 완성되는 것이므로 이러한 원칙을 그대로 이에 적용하는 것으로 충분한지가 문제가 되는 것이다. 이 경우 필요한 것은 사용자 등과 종업원 등이 각기 직무디자인에 대해 하는 역할을 중시하고 그 역할에 따라 양자 어느 것에도 치우치지 않는 조화된 권리관계를 정립하는 일이다.

2) 사용자 등의 역할과 종업원 등의 역할

사용자 등은 창작자에게 "디자인을 창작하는 것을 직무로 부여함과 동시에 그 직무수행에 필요한 설비·재료·비용을 제공함으로써 디자인의 완성에 지대한 공헌을 하고 있다. 사용자 등은 창작자 등에게 이러한 유형적인 기여만이 아니고 사용자 등의 업무를 통해 많은 지식·기능·능력·경험·기술 등 무형적인 지적 정보 등의 자료를 얻을 수 있고 이것이 창작완성에 큰 도움이 되었다는 점을 생각할 때 직무디자인에서 사용자 등의 역할은 자못 크다 할 것이다. 그러나 그와 같은 사용자 등의 기여가 있다고 해서 직무디자인의 창작이 완성되는 것은 아니고 종업원 등의 창작에 관한 일반적인 지식·능력·노력이 있을 때에만 비로소 가능하므로 양자의 공과를 평가하는 데에는 종업원 등의 역할을 결코 가볍게 생각할 수 없는 것이 기본적인 사항이다.

3) 양자 역할의 조화

직무디자인의 창작은 사용자 등이나 종업원 등의 합작품이기 때문에 디자인 등록을 받을 수 있는 자를 누구로 할 것인가는 그리 쉬운 문제가 아니다. 양자 중 어느 한쪽에 등록을 받을 수 있는 권리를 인정할 때에는 다른 한쪽에는 이에 상응하는 보상적 권리를 부여해야 만이 문제가 합리적으로 해결될 수 있다. 따라서 발명진흥법은 종업원 등이 디자인등록을 받을 수 있는 권리를 갖고 종업원 등이나 그 승계인이 디자인등록을 받았을 때에는 사용자 등은 그 디자인권에 대하여 통상실시권을 가진다고 규정하고 있는 바(발명진흥법 10①) 이는 사리에 좇아 종업원 등의 권리를 확보하면서 한편으로는 이로 인해 발생하는 사용자 등의 불이익을 참작하여 사용자 등에는 보상적 성격의 통상실시권을 부여한 것으로서 이는 매우 타당하고 합리적인 이해의 조정이라 할 수 있다.

4) 사용자 등이 받을 권리

사용자 등이 받을 수 있는 권리는 다음의 2가지이다.

① 위에서 설명한 바와 같이 직무디자인에 대해 종업원 등 또는 디자인등록을 받을 권리를 승계한 자가 디자인등록을 받았을 때에는 사용자 등은 그 등록디자인을 실시할 수 있는 통상실시권을 가진다.

i. 통상실시권의 범위

예약승계로 사용자 등이 취득한 디자인권의 범위는 통상실시권 발생 당시의 사용자 등의 업무범위 내의 것은 물론 그 후 확장된 업무범위 내의 것도 포함되는 것으로 해석하여야 할 것이다. 즉 통상실시권 발생당시의 업무범위 내이든, 그 후 확장된 업무범위 내이든 하등 제한을 두지 않는 것이 양자의 균형을 유지하는 것이기 때문이다.

ii. 통상실시권에 대한 대가

발명진흥법상 직무디자인에 대한 대가 즉 보상은 직무디자인에 대하여 등록을 받을 수 있는 권리 또는 직무디자인에 대한 디자인권을 계약 또는 근무규정에 의하여 사용자 등으로 하여금 승계하게 하거나 전용실시권을 설정한 경우에 정당한 보상을 받을 권리를 가지므로(발명진흥법 15) 통상실시권에 있어서는 종업원 등은 사용자 등으로부터 정당한 보상을 받을 권리를 가지지 아니한 것으로 해석하여야 할 것이다. 즉 사용자 등의 통상실시권은 종업원 등에 직무디자인에 대해 등록을 받을 권리를 부여한 대신 그에 상응하는 대가로 인정한 것이므로 별도로 통상실시권에 대한 대가를 지불할 필요가 없다고 보는 것이 타당할 것이다.

② 사용자 등은 사전에 종업원 등이 한 직무디자인에 대해 디자인등록을 받을 권리 또는 디자인권을 사용자에게 승계시키거나 전용실시권설정의 취지를 정한 계약 또는 근무규칙에 의하여 이러한 권리를 승계할 수 있다(발명진흥법 10②). 그러나 종업원 등이 한 디자인 중 직무디자인을 제외하고는 미리 사용자 등으로 하여금 디자인등록을 받을 수 있는 권리 또는 디자인권을 승계시키거나 사용자 등을 위하여 전용실시권을 설정한 계약이나 근무규정의 조항은 무효이다(발명진흥법 10③).

한편 사용자 등은 직무디자인에 대해 위의 권리를 승계했을 때에는 정당한 보상을 그 직무디자인을 창작한 종업원 등에 지급하여야 한다. 보상의 액을 결정함에 있어서는 그 디자인에 의하여 사용자 등이 얻을 이익의 액과 그 디자인의 완성에 사용자 등이 공헌한 정도를 고려하여야 하며, 종업원 등이 정당한 결정방법을 제시한 경우에는 이를 참작하여야 한다(발명진흥법 15③).

5) 종업원 등이 받을 권리

① 보 상

직무디자인을 창작한 종업원 등은 그 디자인에 대해 등록을 받을 권리를 가지며, 디자인권자가 될 수 있으나 사후승계에 의해 사용자 등에게 디자인등록을 받을 권리 또는 디자인권을 승계시키거나 사용자 등을 위해 전용실시권을 설정했을 때에는 종업원 등은 정당한 보상을 받을 권리를 가진다(발명진흥법 15①).

② 보상액의 결정

위에서 설명한 바와 같이 보상액은 그 디자인에 의하여 사용자 등이 얻을 이익의 액과 그 디자인의 완성에 사용자 등이 공헌한 정도를 고려해서 정하되(발명진흥법 15③) 종업원 등이 정당한 결정방법을 제시할 때에는 이를 참작하여야 한다.

i. 사용자 등이 얻을 이익액

디자인에 의해서 사용자 등이 얻을 이익의 액이라 함은 디자인에 의해 직접 얻을 수 있는 이익의 액이라는 점에서 여기에는 영업이익설과 실시료설로 나누어져 있다.

전자는 디자인의 실시에 의한 매출액에서 일반관리비·재료비 등의 필요경비를 제외한 영업이익이라는 설이고 후자는 디자인을 실시함으로써 얻으리라고 예상한 이익이 아니고 디자인의 실시를 독점함으로써 얻게 되리라고 예상하는 이익이라는 설로서 이는 사용자 등이 얻을 이익에 대한 객관적이고 합리적인 지침을 제시한 것이라고 할 수 있다. 그러나 직무디자인 규정을 가지고 운용하고 있는 사용자 등의 대부분은 현실적으로 이익을 얻은 경우는 그 이익을 사용자 등이 얻을 이익의 액으로 해석하고 있고, 또 현실적으로 이익이 없는 경우에는 등록시 등과 같은 특정시기에 지급하는 일정액을 사용자 등이 얻을 이익의 액으로 해석, 운용하고 있는 실정이다.

ii. 사용자 등이 공헌한 정도

종업원 등의 직무디자인의 창작에 사용자 등이 투자한 연구개발비·연구설비투자·자재·창작자 급료 등이 디자인의 창작완성에 공헌한 정도인데 이는 디자인의 창작마다 그 정도를 평가할 필요가 있으나 실은 직무디자인규정을 운용하고 있는 사용자 등은 그와 같은 개별적 평가는 물론 공헌도 자체를 크게 생각하고 있지 않은 것 같다.

③ 보상의 종류

디자인등록을 받을 수 있는 권리의 승계로 사용자 등이 종업원 등에게 지급하는 보상, 즉 대가의 평가·지급시기·평가액 등에 대해 직무디자인규정을 제정하여 운용하고 있는 일반기업체의 실제상황을 중심으로 살펴본다.

i. 창작 또는 승계시 대가

디자인등록을 받을 수 있다고 예상되는 디자인에 대해 등록을 받을 권리가 있다고 하여 승계시(정지조건부 양도계약인 경우 디자인창작시)에 평가하여 지급되는 것이다. 후에 출원여부에 관계없이 또는 출원에 대해 등록을 받을 수 있는지의 여부가 불명한 때에 지급하는 것이므로 통상 그 금액은 일정하고 또 소액이다.

ii. 출원시 대가

출원시 지급하는 것인데 대가의 성질 등은 창작시 대가와 거의 같다. 다만, 등록을 받을 수 없는 경우에는 후원의 배제, 출원공개될 때는 확대된 선원의 지위 취득 등의 효과가 있고, 그 점을 가미한 평가를 받을 수 있다.

iii. 등록시 대가

위의 i·ii의 대가와는 달리 등록되었을 때, 즉 등록을 받을 권리가 단순한 주관적인 것에서 개관적인 것임이 분명해졌을 때에 평가하여 지급되는 것이다. 따라서 특별한 사유가 없는 한 등록시 대가는 등록을 받을 수 있는 권리에 대한 정확한 의미의 발명진흥법 제15조 제1항의 "대가"이다.

디자인등록출원을 하였으나 등록을 받을 수 없었을 때 또는 디자인등록이 무효가 되었을 때에는 그때까지 지급한 대가는 결국 장려금과 같은 것이 된다.

디자인 창작이 등록되면 스스로 그 등록디자인을 독점적으로 실시하거나 타인에게 실시를 허락하고 또는 디자인권을 양도할 수 있는 이익을 현실적으로 얻을 수 있으므로(적극적 이익), 그 대가는 위의 각자에 비해 통상 고액이다.

ⅳ. 실적(실시)시 대가

위의 여러 가지 형태의 대가의 금액이 통상 일정한 것과는 달리 위의 적극적 이익이 발생한 경우, 그 이익에 따라 지급되는 것 즉 분할식[18]인데 등록을 받을 권리의 승계에 대한 가장 실질적인 것이라고 할 수 있다.

실적시 대가산정방법에는 몇 가지가 있으나 크게는 평가점수법[19]과 슬라이드법[20]으로 나눌 수 있다.

(5) 업무디자인

종업원 등의 창작 중 사용자 등의 업무범위에 속하지만 직무디자인이 아닌 디자인, 소위 업무디자인에 대해서도 직무디자인과 마찬가지로 누구의 귀속으로 할 것인가에 대해 문제가 있다. 종업원 등의 직무나 사용자 등의 업무와는 아무런 관계가 없는 소위 자유디자인은 결정에 전혀 문제가 되지 아니하고 또 자기의 보직범위 내에서 이루어지는 직무디자인도 비교적 결정하기가 쉽다고 할 수 있다. 그러나 업무디자인은 직무디자인과 자유디자인의 중간에 위치하는 만큼 어떻게 결정하는 것이 타당한가가 문제이다. 그러나 업무디자인은 자유디자인보다도 직무디자인에 가깝다고 할 수 있으므로 자칫하면 직무디자인과 같은 취급을 하기가 쉽지만 이는 직무디자인과의 관계에서 부당하다는 것은 말할 나위도 없다. 따라서 발명진흥법 제10조는 이러한 점을 고려하여 다음과 같은 입법조치를 하였었다.

1) 예약승계의 무효

종업원 등이 한 창작 중 직무디자인을 제외하고는 미리 사용자 등으로 하여금 디자인을 받을 수 있는 권리 또는 디자인권을 승계시키거나 사용자 등을 위하여 전용실시권을 설정하도록 하는 계약이나 근무규정의 조항은 무효라고 규정하고 있다(발명진흥법 10③).

즉 업무디자인에 대해서는 직무디자인과 같은 취급을 금지시키고 있는 것이다. 다만, 업무디자인에 직무디자인을 포함시키는 것으로 하고, 업무디자인에 대해 예약승

18) 분할지급방식의 적법성 : 발명진흥법 제15조 제3항은 "얻을 이익"이라고 규정하고 있는 이상, "얻은 이익"을 기준으로 하는 분할지급식 실적보상방식은 동항 자체에 따른 것이 아니라는 설이 있으나 대체로 양 당사자가 납득할 방식이며, 법 취지에도 부합되는 것으로서 일괄보상방식 보다도 널리 채택되고 있다.

19) 평가점수법 : 평가요소에 점수를 설정하고 그 요소마다에 평가한 점수를 합계하여 그 점수로 등급을 나누고 그 등급으로 지급액을 결정하는 방법이다.

20) 슬라이드법 : 이익액, 매출액 또는 실시료 수입 등을 기준으로 하여, 일정한 산출방법에 따라 지급액을 결정하는 방법이다.

계를 정한 조항이 있는 경우에는 그 조항 전체가 무효라고 해석하여서는 안된다. 즉 업무디자인 중 직무디자인을 제외한 나머지 디자인에 관한 부분은 무효이지만 직무디자인에 관한 부분은 유효하다고 해석하여야 하기 때문이다.

2) 관행적 조치

업무디자인은 직무디자인에 준하는 성질을 가지며 또한 사용자 등의 업무에 속하는 디자인이므로 사용자 등에게는 주요 관심사일 것이다. 직무디자인인지 업무디자인인지의 판단이 곤란한 한편 업무디자인이라고 판단되면 자유디자인과 같은 취급을 해야 한다는 것은 조리상 타당하지 않을 것이다. 이러한 점을 고려할 때 승계예약의 무효에 관한 규정만으로 업무디자인의 전부를 규정하는 것은 타당하지 않다. 따라서 이를 해결하기 위한 합리적인 입법 조치가 필요하다 할 것이다.

최근 주요 기업들에서는 종업원 등에게 신고의무 및 우선협의의무 등을 부과하기로 하고 신고, 협의 등을 적절히 처리하기 위한 심사기관을 두고 있는 것은 그 결과이다. 즉 종업원 등이 한 창작에서 업무범위에 속하는 것은 모두 사용자 등에게 신고하도록 하고(신고의무), 신고된 창작에 대해서는 심사기관에 회부하여 직무디자인 여부를 판단하도록 하고 판단결과 업무디자인으로 사용자 등에게 승계할 필요가 있다고 하는 경우에는 종업원 등은 그 디자인을 우선적으로 사용자 등과 협의하여야 하는 것으로(우선협의의무) 한다. 협의결과 업무디자인을 사용자 등이 승계하기로 하였을 경우에는 종업원 등에게 적당한 보상을 지급하는 것은 당연하다.

(6) 공무원의 직무디자인

1) 공무원의 직무디자인의 귀속

공무원의 직무디자인은 국가나 지방자치단체가 승계하며 국가나 지방자치단체가 승계한 공무원의 직무디자인에 대한 디자인권은 국유나 공유로 한다(발명진흥법 10②). 국유된 디자인권 등의 처분과 관리는 국유재산법 제6조의 규정에 불구하고 특허청장이 관장한다(발명진흥법 10④). 국유디자인은 "공무원 직무발명의 처분·관리 및 보상 등에 관한 규정에 의하여 관리 등을 한다(동 규정 9부터 21까지).

2) 공무원의 직무디자인에 대한 보상

공무원의 직무디자인을 국가가 승계한 경우에는 정당한 보상금을 지급하여야 한다(발명진흥법 15①). 이 경우 보상금은 공무원 직무발명의 처분·관리 및 보상 등에 관한 규정에 따라 지급한다(동 규정 19).

제 3 절 승계인

Ⅰ. 등록을 받을 수 있는 권리의 이전 등

디자인등록을 받을 수 있는 권리는 자유로운 계약에 의하여 이전할 수 있다. 다만, 기본디자인 등록을 받을 수 있는 권리와 유사디자인 등록을 받을 수 있는 권리는 함께 이전하여야 한다(법 23조의4①).

이처럼 등록을 받을 수 있는 권리는 계약에 의하여 이전은 할 수 있으나 질권의 목적으로는 할 수 없다(법 23조의4②). 또 등록을 받을 수 있는 권리가 공유인 경우에는 각 공유자는 다른 공유자 전원의 동의를 얻어야만 그 지분을 양도할 수 있다(법 23의4③).

이와 같이 등록을 받을 수 있는 권리는 자유로운 계약에 의한 이전, 공유자의 동의에 의한 공유지분의 양도에 의하여 이전 등을 할 수 있다. 이 경우 승계인은 등록을 받을 수 있는 권리의 원시적 취득자인 창작자와는 달리 법률상 능력이 있는 자연인, 법인 누구나가 될 수 있다. 그리고 계약에 의하여 등록을 받을 수 있는 권리를 승계한 자는 디자인 등록을 받을 수 있는 디자인등록 출원인 적격을 갖는다.

Ⅱ. 등록을 받을 수 있는 권리의 승계

디자인등록을 받을 수 있는 권리의 승계는 계약 이외에 상속 그 밖의 일반승계에 의해서도 이루어진다. 따라서 이들 승계인에 의한 디자인등록출원에 있어서도 등록을 받기 위한 주체적 요건을 갖추어야 함은 물론이다. 그리고 이 승계는 출원 전, 출원 후 모두 가능하다.

1. 디자인등록출원 전 승계

디자인등록을 받을 수 있는 권리의 승계가 디자인등록출원 전에 이루어진 경우에는 그 승계인이 디자인등록출원을 아니하면 제3자에게 대항할 수 없다(법 24①). 즉 디자인등록을 받을 수 있는 권리를 승계하였다 하더라도 그 승계인이 승계된 권리에 의하여 그 디자인에 대하여 등록출원을 하지 아니하면 그 승계한 등록을 받을 수 있는 권리는 대항력을 갖지 못하여 다른 사람에게 이를 주장할 수 없다.

2. 디자인등록출원 후 승계

(1) 상속 등을 제외한 승계－출원인 변경신고－

디자인등록을 받을 수 있는 권리의 승계가 디자인등록출원 후에 이루어진 경우 상속 그 밖의 일반승계를 제외하고는 디자인등록출원인 변경신고를 하지 아니하면 그 효력은 발생하지 아니한다(법 24③).

(2) 상속 등에 의한 승계－승계취지신고－

디자인등록을 받을 수 있는 권리의 상속 그 밖의 일반승계가 있는 경우에는 승계인은 지체 없이 그 취지를 특허청장에게 신고하여야 한다(법 24④).

(3) 동일 디자인의 복수출원 및 출원인 변경신고에 대한 협의결정

1) 동일 디자인에 대한 복수승계 출원인 간의 협의결정

동일한 자로부터 승계한 같은 디자인등록을 받을 수 있는 권리에 대하여 같은 날에 2 이상의 디자인등록출원이 있는 때에는 디자인등록출원인의 협의에 의하여 정한 자 외의 자의 승계는 그 효력이 발생하지 아니한다(법 24②).

이 경우 디자인등록출원인에게 기간을 정하여 협의의 결과를 신고할 것을 명하고 그 기간 내에 신고가 없는 때에는 협의는 성립되지 아니한 것으로 본다(법 24⑥).

2) 동일 디자인의 복수출원인 변경신고에 대한 협의결정

동일인으로부터 승계한 같은 디자인등록을 받을 수 있는 권리의 승계에 관하여 같은 날에 2 이상의 디자인등록출원인 변경신고가 있는 때에는 신고를 한 자 간의 협의에 의하여 정한 자 외의 자의 신고는 그 효력이 발생하지 아니한다(법 24⑤).

이 경우 특허청장은 출원인에게 기간을 정하여 협의의 결과를 신고할 것을 명하고 그 기간 내에 신고가 없는 때에는 협의는 성립되지 아니한 것으로 본다(법 24⑥).

제 4 절 선원자

I. 총 설

우리나라의 디자인보호법은 최선 출원자의 디자인만이 등록을 받을 수 있는 선원주의를 그 기본이념으로 하고 있다. 즉 선원주의라 함은 동일 또는 유사한 디자인에 대하여 최선의 출원자가 디자인등록을 받을 수 있다는 사상이다.

이와 같은 선원주의 제도는 상기 이외에 다음과 같은 특징을 지니고 있다. 동일 또는 유사한 디자인에 대하여 같은 날에 2 이상의 디자인등록출원이 있는 때에는 디자인등록출원인의 협의에 의하여 정하여진 하나의 디자인등록출원인만이 그 디자인에 대하여 등록을 받을 수 있다. 만약 협의가 성립하지 아니하거나 협의를 할 수 없는 때에는 어느 디자인등록출원인도 그 디자인에 대하여 디자인등록을 받을 수 없다(법 16②). 이 점에서 상표등록출원의 경우 협의가 성립되지 않을 때 특허청장이 실시하는 추첨에 의하여 등록을 받을 수 있는 1인의 출원인을 결정하는 것과는 다르다. 그 이유는 상표등록출원에 관한 선원의 지위가 출원의 포기, 취하 및 무효가 되었을 때와 출원에 대한 거절결정 및 심결이 확정된 경우에는 처음부터 없었던 것으로 된다. 즉 선원의 지위가 없어진 것으로 되기 때문에 협의가 성립되지 않을 때에는 경합되는 상표등록출원인 전원이 등록을 받지 못하게 된다. 그렇게 될 경우 그 후 이와 동일한 상표등록출원을 한 당사자 및 제3자에 대해서는 등록을 허용해 주지 않으면 안되게 되는 불합리성이 있기 때문이다. 그러나 보다 근본적인 이유는 상표등록출원은 디자인과 같이 신규성에 의해 결정되는 것이 아니고 오로지 선등록 유무에 따라 결정되기 때문에 선출원자 중 어느 한 사람에게 등록을 해주는 것이 후출원자가 등록이 되는 불합리성을 막고 선원자가 등록을 받는 합리성을 확보하기 위함이다. 그러나 디자인등록출원은 거절결정이나 거절한다는 취지의 심결이 확정되더라도 그 선원의 지위는 남아 있기 때문에(법 16③ 단서) 협의가 성립하지 아니하거나 협의를 할 수 없어 어느 누구에게도 등록을 인정하지 아니하더라도 그 후 디자인등록출원 당사자 및 제3자의 출원에 대하여 등록되는 모순이 없기 때문이다.

이처럼 디자인보호법은 "동일 또는 유사한 디자인에 대하여 다른 날에 2 이상의 디자인등록출원이 있는 때에는 먼저 출원한 자만이 그 디자인에 관하여 등록을 받을 수 있다고 규정하여(법 16①) 이른바 선원주의를 취하는 것임을 밝힘과 아울러 위 규정을 적용함에 있어서 예외적으로 선원이 무효·취하·포기 또는 거절결정이나 거절한다는 취지의 심결이 확정된 때에는 그 출원은 처음부터 없었던 것으로 봄으로써(법 16③ 본문) 뒤에 한 출원이 후원으로 되지 않는 경우를 규정하고 또 그 디자인을 창작한 자가 아닌 자로서 디자인등록을 받을 수 있는 권리의 승계인이 아닌 자가 한 디자인등록출원은 처음부터 없었던 것으로 봄으로써(법 16④) 먼저한 디자인등록출원이 선원으로 취급받지 못하는 경우를 규정하고 있는 바, 이들 규정의 취지로 미루어보면 선원이 위와 같은 예외적인 경우에 해당하지 않는 한 후원에 관하여는 디자인등록을 받을 수 없다. 그러나 선원인 디자인에 관하여 협의가 성립되지 아니하거나 협의를 할 수 없어 어느 출원인도 그 디자인에 대하여 등록을 받을 수 없게 되어 그 디자인등록출원에 대하여 거절결정이나 거절한다는 취지의 심결이 확정되었다 하더라도 위와 같은 예외적인 경우에는 해당하지 않으므로(법 16③ 단서) 먼저 출원한 디자인은 선원으로서의 지위를 잃지 않는다.

Ⅱ. 의 의

1. 개 념

동일 또는 유사한 디자인에 대하여 누구에게 등록을 허여할 것인가에 대한 기준으로서 선원주의와 선창작주의가 있는데 우리나라 디자인보호법은 선원주의를 채택하고 있음은 앞에서 설명한 바와 같다.

전자는 동일 또는 유사한 디자인에 대하여 제일 먼저 출원한 자에게 등록을 허여하는 제도인데 반하여 후자는 동일 또는 유사한 디자인에 대하여 제일 먼저 창작한 자에게 등록을 허여하는 제도를 말한다. 그러나 선원주의도 같은 날의 출원에 대하여는 선후원관계가 성립되지 아니한다. 왜냐하면 선원의 시기적 판단은 "일"을 기준으로 하기 때문이다. 따라서 디자인의 신규성 판단의 시기적 기준을 "시·분·초"로 하는 것과는 다르다. 이와 같은 선원주의는 디자인의 동일성 또는 유사성이 전제되어야만 하며 디자인이 동일 또는 유사하지 아니한 경우에는 선원주의가 해당되지 아니한다.

이처럼 최선의 출원자에게만 등록을 허여하는 것은 디자인보호법이 일정기간 독점권을 부여하는 것을 기본원칙으로 하고 디자인권 소멸 후에는 누구나가 그 디자인을 자유롭게 사용할 수 있는 권리를 갖게 하는 이상 1개의 디자인에 대해서는 1개의 등록만을 허여하여야 하며 2 이상의 등록을 허여하는 것은 디자인보호제도의 취지에 반하기 때문이다. 이를 1디자인 1등록의 원칙 또는 중복등록금지의 원칙이라고 한다.

또 창작에 근거를 두는 디자인권으로서는 가장 먼저 창작이 이루어진 디자인에 권리를 인정하는 소위 선창작주의가 합리적이겠지만 디자인보호법이 이를 채용하지 아니하고 선원주의를 채택한 것은 창작의 선후결정이라고 하는 어려운 절차를 밟지 아니하고 또 디자인의 신속한 공개를 통한 산업발전의 촉진이라고 하는 정책적 판단에 따른 것으로 해석된다. 물론 선원주의에도 다음과 같은 문제가 없는 것은 아니나 그래도 법 이상의 실현에는 선창작주의 보다는 선원주의가 더 효율적이고 안정적이라고 판단한 소치에 따른 것이다. 즉 선원주의는 진정한 최선의 창작자 보호에 미흡하며 또 선원의 지위를 확보하기 위한 경쟁적 출원으로 미완성 디자인이나 부실디자인의 출원이 속출하여 디자인이 산업발전에 실질적인 기여를 하지 못할 뿐만 아니라 오히려 심사의 적체만을 초래하여 진정한 권리화를 필요로 하는 출원의 심사를 지연시키는 폐단을 가져올 수 있는 점 등은 선원주의의 약점이며 문제점이기도 하다. 선원주의와 선창작주의에 관한 자세한 설명은 다음의 양주의의 장단점 비교편을 참고하기 바란다.

2. 선원주의의 성질

선원주의는 새로운 디자인에 대하여 조기출원을 유도함으로써 조속히 공개되고 이용되게 하여 디자인창작의 장려를 촉진하여 산업발전에의 기여도를 제고하고 또 선후관계의 판단을 명확히 할 수 있게 함으로써 권리의 안정성을 확보할 수 있는데 반하여 진정한 최선의 창작자 보호에 미흡하며 또 선원의 지위를 확보하기 위해 미완성이나 부실한 창작이 출원될 수 있고, 따라서 무리한 출원의 증가를 가져와 심사의 지연을 초래하여, 특히 신속한 보호가 요구(물품의 외관적·심미적 표현의 형태이기 때문에 유행이 창출되고 모방이 쉽기 때문이다)되는 디자인임에도 진정한 디자인의 권리화 시기를 실기하게 되는 취약성도 가지고 있다. 이처럼 선원주의가 선창작 디자인 여부에 불구하고 오직 선출원디자인에 등록을 허여하는 선원성에 제도적 디자인의 가치를 두는 것은 선원주의가 선창작주의에 비하여 더 나았다는 정책적 판단이 작용한 것으로 해석된다. 이는 위와 같은 선원주의의 장점에 의한 디자인의 산업발전이라고 하는 법이상의 실현에 더 효율적이라는 측면이 강조됨으로써 선원주의는 법이상 실현의 용이성, 권리의 안정성 및 심사업무의 신속성이라고 하는 성질이 선창작주의에 비하여 강하다고 할 수 있다.

3. 선원주의와 선창작주의

(1) 개 설

선원주의가 제일 먼저 디자인등록출원한 자에게만 디자인등록을 인정하는 디자인보호제도인데 반해 선창작주의는 제일 먼저 디자인을 창작한 자에게만 디자인등록을 인정하는 디자인보호제도이다.

이와 같은 "선창작주의"는 미국, 캐나다, 필리핀 등 3개국에서 채택한 제도이었으나 현재는 유일하게 미국뿐이고 우리나라를 비롯한 일본, 유럽 등 대부분의 나라에서는 "선원주의"를 채택하고 있다.

이와 같이 미국이 선창작주의[21]를 선호하게 된 데에는 미국의 에디슨이나 벨과 같은 발명왕이 특허를 받아 경제적 이익을 얻게 된 것이 발명자 개인에게 중점을 둔 "선발명주의"의 결과이며, 또 진정한 발명자 보호가 참 연구풍토를 조성한다는 그 나름의 철학이 있었기 때문이다. 그러나 최근 미국과 같은 "선창작주의"를 채택하고 있는 나라와 우리나라와 같은 "선원주의"를 채택하고 있는 나라 간에 이로 인해 지적재산권분쟁이 심심치 않게 일어나고 있다. 그 예로서 우리기업이 먼저 디자인등록출원을 한 디자인에 대하여 뒤에 미국에 창작자가 출원한 경우, 선원주의에 의하면 당연히 우리기업이 등록을 받아야 함에도 불구하고 선창작주의에 의해서 미국의 창작자가 등록을 받게 되는 경우가 생김으로써 한·미간에 지적재산권분쟁의 요인이 되기도 한다.

이러한 디자인을 둘러싼 "선원주의"와 "선창작주의"로 인하여 일어나는 분쟁을 막기 위해서 현재 미국에서도 특허·상표청을 중심으로 세계의 조류에 맞지 않는 "선창작주의"에서 "선원주의"쪽으로 바꾸는 방안을 적극 검토하고 있다. 이와 같이 미국이 "선원주의"로 바꾸려는 배경은 첫째, 양 제도의 차이에서 오는 국제분쟁의 예방, 둘째, 세계지적재산권분야의 주도권 장악, 셋째, 세계무역기구(WTO)의 출범에 따른 국경없는 무한경쟁시대의 도래, 즉 세계가 그동안의 GATT체제하에서의 권역별 시장에서 단일시장으로 통합되고 또 세계지적재산권기구(WIPO)를 중심으로 특허법 통일화 작업이 추진되고 있어 세계시장을 겨냥한 통일된 법체제를 갖출 필요성의 대두, 넷째, 경쟁상대국에 대해서 디자인제도의 개선을 절실히 느낀 미국이 이를 위해 "선원주의"로의 전환을 할 필요가 있다고 판단하였기 때문이다. 예를 들면 한국이 24개월 소요되는 심사기간을 18개월로 단축시켜 조기 권리화를 유도하려는 의도가 담겨 있는 것으로 분석된다.

(2) 양 주의의 장단점

1) 선원주의의 장단점

선원주의는 새로운 디자인에 대하여 출원을 빨리하도록 유인함으로써 디자인이 그 디자인분야 및 사회에 신속히 공개되어 디자인의 이용이 촉진됨으로써 디자인의 창작을 장려하여 산업발전에 기여함은 물론 선·후원의 판단이 명확하여 최선출원인의 판단이 쉬울 뿐만 아니라 정확성과 신속성을 기할 수 있다는 장점이 있다. 이에 반해 진정한 최선의 창작자 보호에 미흡한 점이 있으며 또 선원의 지위를 확보하기 위하여 출원을 서두르는 관계로 디자인적 결함이나 미완성의 디자인과 같은 부실디자인이 출원될 수 있다는 단점이 있다.

---

21) 미국의 특허법에서는 디자인보호에 관한 규정을 함께 두고 있다. 따라서 특허제도에서의 선발명주의를 편의상 이 편에서만 선창작주의로 명명한다.

2) 선창작주의의 장단점

선창작주의는 진정한 최선의 창작자를 보호할 수 있다는 장점이 있다. 이에 반해 최선의 창작자는 언제든지 등록을 받을 수 있기 때문에 서둘러 출원할 필요를 느끼지 않아 디자인을 신속히 출원하기보다는 실시에 주안을 두어 출원이 늦어짐으로써 디자인의 공개 및 이용을 통한 산업의 발전이라고 하는 본래의 디자인보호제도의 목적에 미흡한 면이 있는가 하면 디자인이 사장될 우려도 있다. 또한 누가 제일먼저 창작을 했다는 사실을 입증하는 번잡성이 있을 뿐만 아니라 최선의 창작자인지의 판단이 그리 쉽지 않다는 단점이 있다.

Ⅲ. 선원의 내용

종래 선원의 지위가 주어지는 범위는 디자인보호법 제16조에서 "출원"으로만 규정되어 있어 그 범위가 출원서 외에 이에 첨부된 도면·사진·견본에 표현된 디자인에까지 확대 적용되는 지가 불분명하여 해석상 출원서에 기재되지 아니한 디자인은 선원의 지위가 주어지지 아니한다는 일부 견해도 있어 왔다. 즉 선·후원의 판단은 같은 법 제16조의 규정에 의해 출원서의 범위에 기재된 디자인끼리의 판단으로 선원주의가 적용되어야 한다는 것이 그것이다. 그러나 2001년 2월 3일 신설된 같은 법 제5조 제3항의 규정에 따라 선원의 지위가 출원서의 기재사항 외에 그 출원서에 첨부한 도면·사진 또는 견본에까지 그 범위가 확대되었다. 이처럼 디자인보호법은 선원의 지위를 법 제5조 제3항에서 디자인등록요건으로 규정하고 있으나 그 내용은 성질상 선원의 지위를 확대한 것으로 해석되고 또 이는 같은 법 제18조 제1항의 출원의 보정과 요지변경 및 같은 법 제43조의 등록디자인의 보호범위와도 일치하고 있다.

따라서 같은 법 제5조 제3항의 신설로 인하여 선원의 지위가 주어지는 범위가 명백해졌음은 위의 설명과 같다.

Ⅳ. 선·후원 판단의 기준

1. 실질적 기준

(1) 선 원

출원디자인의 동일·유사 판단은 대비되는 2 이상의 디자인등록출원의 출원서에 기재된 사항 및 그 출원서에 첨부된 도면·사진 또는 견본과 도면에 기재된 디자인의 설명에 표현된 디자인 끼리 대비하여 판단하기도 하고, 선원의 출원서에 최초로 기재된 사항 및 그 출원서에 첨부된 도면·사진 또는 견본과 도면에 기재된 디자인의 설명에 표현된 디자인과 당해 디자인등록출원의 출원서에 기재된 사항 및 그 출원서에 첨부된 도면·사진 또는 견본과 도면에 기재된 디자인의 설명에 표현된 디자인과 대비하여 판단하기도 한다.

(2) 주 체

출원디자인의 동일·유사판단에서 디자인등록출원의 출원서에 기재된 사항 및 그 출원서에 첨부된 도면·사진 또는 견본과 도면에 기재된 디자인의 설명에 표현된 디자인 끼리 대비하여 판단하는 경우에는 출원인의 동일인 여부를 불문한다. 왜냐하면 디자인보호법은 디자인창작에 대하여 독점권을 부여하는 것을 기본원칙으로 하고, 그 디자인권이 소멸한 후에는 일반 공중은 그 디자인을 자유롭게 사용할 수 있는 권리(공유재산권)를 갖는 이상 1개의 디자인에 대해서는 1개의 등록만을 허여하여야 하기 때문이다. 따라서 1개의 디자인에 대해 2 이상의 등록을 허여하는 것은 중복(이중)등록금지의 원칙에 의한 1디자인 1등록주의에 반하기 때문이다.

2. 선원의 결정

(1) 서 설

동일·유사한 디자인에 대하여 다른 날에 2 이상의 디자인등록출원이 있는 때에는 먼저 출원한 자만이 그 디자인에 대하여 등록을 받을 수 있다(법 16①). 그러나 같은 날에 2 이상의 디자인등록출원이 있는 때에는 출원인의 협의에 의하여 정하여진 하나의 출원인만이 그 디자인에 대하여 등록을 받을 수 있다. 만약 협의가 성립하지 아니하거나 협의를 할 수 없을 때에는 어느 출원인도 그 디자인에 대하여 등록을 받을 수 없다(법 16②).

이와 같은 협의는 출원인 상호간 또는 특허청장의 제안에 의하여 이루어지며 특허청장이 협의를 제안하는 경우에는 출원인에게 기간을 정하여 협의결과를 신고하도록 한다. 이 경우 기간 내에 신고가 없을 때에는 협의가 성립되지 아니한 것으로 본다(법 16⑤).

협의가 이루어지지 않은 디자인에 대해서는 등록을 받을 수 없다. 만약 착오로 일방이 등록되고 타방이 거절되었거나 또는 쌍방이 다 같이 등록을 받았다 하더라도 모두 선원주의의 위반을 이유로 무효사유가 된다.

(2) 시기적 기준-선·후원의 판단시기-

선후원의 판단시기는 시·분·초를 기준으로 하느냐 일을 기준으로 하느냐에 따라서 시각주의와 역일주의[22]로 나뉘어 진다. 우리나라의 디자인보호법은 시각증명의 번잡성과 동일창작의 동일출원의 경우가 드물다는 점을 고려하여 "일"을 기준으로 판단하는 역일주의를 채택하여 선·후원의 판단기준으로 하고 있다.

1) 출원일

특허청에 대한 디자인등록출원서(류)의 제출효력이 발생하는 것은 인편으로 제출하는 경우에는 접수일 즉 도달일(도착주의)이 출원일이 되고, 우편으로 제출하는 경우에는 발신일(발신주의)이 출원일이 된다.

2) 출원일의 예외 - 선원의 예외 -

출원일은 현실적으로 출원한 날이 기준이 되어야 하는 것은 당연하지만 디자인보호법은 몇 가지의 예외를 두고 있다. 즉 ⅰ) 특허청에 출원일보다 빠른 날을 출원일로 보는 경우(출원일의 소급)와 ⅱ) 특허청에 출원일보다 늦은 날을 출원일로 보는 경우(출원일의 늦춤)가 있다.

물론 둘 중 어느 경우에서나 사항의 성질상 그렇게 하는 것이 당연하거나 타당하다고 보는 경우에 한하고 있다.

① 출원일의 소급

위에서 살펴본 바와 같이 디자인보호제도는 원칙적으로 선원주의를 채택하고 있으나 다음과 같은 경우에 있어서는 출원일로 보는 날짜가 실제 날짜보다 소급되어 지는 것으로 본다.

ⅰ. 조약에 의한 우선권 주장 출원

조약에 의하여 우리나라 국민에게 출원에 대한 우선권을 인정하는 당사국 국민이 그 당사국 또는 다른 당사국에 출원을 한 후 동일한 디자인을 우리나라에 디자인등록출원하여 우선권을 주장하는 때에는 그 출원에 대한 신규성 및 창작성 등을 디자인의 등록요건 및 선출원에 관한 디자인보호법 제5조 제3항 및 제16조의 규정에 의한 선원성을 적용함에 있어서 그 당사국에 출원한 날을 우리나라에 출원한 날로 본다.

---

22) 독일·프랑스는 그동안 시각주의를 채용하여 오다가 독일이 1968년, 프랑스가 1979년 이후에 이를 개정하여 "일"을 기준으로 하는 역일주의를 채택하였다. 그런데 역일주의 하에서도 우리나라 디자인보호법과는 달리 동일디자인에 대해 같은 날에 2 이상의 출원이 있을 경우에는 각 출원인에게 등록이 주어진다.

또 우리나라 국민이 조약에 의하여 우리나라 국민에게 출원에 대한 우선권을 인정하는 당사국에 출원한 후 동일한 디자인을 우리나라에 출원한 경우에도 그 당사국에 출원한 날을 우리나라에 출원한 날로 본다(법 23①).

위와 같은 우선권을 주장하고자 하는 자는 우선권 주장의 기초가 되는 최초의 출원일부터 6월 이내에 디자인등록출원을 하지 아니하면 이를 주장할 수 없다(법 23②).

우선권 주장은 디자인등록출원시 출원서에 그 취지, 최초로 출원한 국명 및 출원년월일을 기재하여 특허청장에게 제출하여야 하고(법 23③) 그리고 출원일부터 3월 이내에 최초로 출원한 국가의 정부가 인정하는 출원의 연월일을 기재한 서면 또는 도면의 등본을 특허청장에게 제출하여야 한다(법 23④). 만약 우선권을 주장한 자가 출원일부터 3월 이내에 위와 같은 소정의 서류를 제출하지 아니한 경우에는 그 우선권 주장은 효력을 상실한다(법 23⑤).

ii. 정당권리자의 출원

(i) 무권리자의 출원과 정당권리자의 보호

디자인 창작자가 아닌 자로서 디자인등록을 받을 수 있는 권리의 승계인이 아닌 자(이하 "무권리자"라 한다)가 한 디자인등록출원이 디자인 등록을 받을 수 있는 권리를 가지지 아니한 사유로 디자인등록을 받지 못하게 된 경우에는 그 무권리자의 디자인등록출원 후에 한 정당한 권리자의 디자인등록출원은 무권리자가 출원한 때에 출원한 것으로 본다. 다만, 무권리자가 디자인등록을 받지 못하게 된 날부터 30일을 경과한 후에 정당한 권리자가 출원을 한 경우에는 그러하지 아니하다(법 14).

(ii) 무권리자의 디자인등록과 정당권리자의 보호

디자인 창작자나 그 승계인이 아닌 자의 디자인등록이 디자인등록을 받을 수 있는 권리를 가지지 아니한 사유로 그 디자인등록에 대한 취소결정 또는 무효로 한다는 심결이 확정된 경우에는 그 디자인등록출원 후에 한 정당한 권리자의 디자인등록출원은 취소 또는 무효로 된 그 등록디자인의 출원시에 출원한 것으로 본다. 다만, 취소결정 또는 심결이 확정된 날부터 30일을 경과한 후에 출원을 한 경우에는 그러하지 아니하다(법 15).

iii. 분할출원

디자인등록출원은 1디자인마다 1디자인등록출원(1디자인 1출원)을 하여야 하나 이에 위반하여 2 이상의 디자인을 1디자인등록출원으로 출원한 자, 20 이내의 디자인을 1디자인무심사등록출원(이하 "복수디자인 등록출원"이라 한다)한 자, 즉 복수디자인 등록출원한 자는 당해 디자인등록출원의 일부를 1이상의 새로운 디자인등록출원으로 분할하여 디자인등록출원을 할 수 있다(법 19① 각호).

분할된 디자인등록출원(이하 "분할출원"이라 한다)이 있는 경우 그 분할출원은 최초에 디자인등록출원을 한 때에 출원한 것으로 본다. 다만, 디자인보호법 제8조(신규성 상실의 예외) 제2항 또는 제23조(조약에 의한 우선권 주장) 제3항 및 제4항의 규정을 적용함에 있어서는 그러하지 아니하다(법 19②).

위와 같은 디자인등록출원의 분할은 디자인보호법 제18조(출원의 보정과 요지변경) 제5항에 따른 보정을 할 수 있는 기간에 할 수 있다(법 19③).

② 출원일의 늦춤

디자인등록출원인은 다음과 같은 출원의 보정을 할 수 있고, 그 출원보정이 최초의 디자인등록출원의 요지를 변경한 것으로 디자인권의 설정등록이 있은 후에 인정된 때에는 그 디자인등록출원은 그 보정서를 제출한 때에 출원한 것으로 그 출원일이 늦추어진다(법 18⑥).

i. 최초의 디자인등록출원의 요지를 변경하지 아니하는 범위 안에서 출원서의 기재사항, 출원서에 첨부한 도면, 도면의 기재사항 및 사진이나 견본의 보정(법 18①).
ii. 유사디자인등록출원을 단독의 디자인등록출원으로, 단독의 디자인등록출원을 유사디자인등록출원으로의 변경보정(법 18②).
iii. 위의 ii.에 따라 유사디자인등록출원을 단독의 디자인등록출원으로 보정함에 있어서 신규성 상실의 예외규정(법 8①)을 적용받으려는 자는 그 보정시 보정서에 그 취지를 적어 특허청장에게 제출하고 이를 증명하는 서류를 보정서 제출일부터 30일 이내에 특허청장에게 제출하는 출원의 보정(법 18③).
iv. 디자인무심사 등록출원을 디자인심사등록출원으로 디자인심사등록출원을 디자인무심사 등록출원으로의 변경보정(법 18④)

위의 i. 내지 iv.에 따른 보정은 디자인등록여부결정의 통지서가 송달되기 전까지 할 수 있다. 다만, 재심사를 청구하는 경우에는 재심사를 청구하는 때에 보정할 수 있다(법 18⑤).

V. 다른 날 출원

1. 다른 사람들에 의한 선후출원

동일 또는 유사한 디자인이 다른 사람들에 의해 다른 날에 출원된 경우에는 최선 출원자에 한하여 디자인등록을 허여하고 있다.

물론 제일 먼저 출원하였다고 하여 무조건 등록되는 것이 아니고 선출원의 디자인이 디자인성, 공업성, 신규성, 창작성 및 선원성 등 디자인의 등록요건 등을 충족하고 부등록사유에 해당되지 않아야만 등록이 가능하며 후출원은 선출원에 의하여 거절된다.

2. 같은 사람에 의한 선후출원

동일 또는 유사한 디자인이 같은 사람에 의해 다른 날에 출원된 경우에 선출원과 후출원이 상호 유사하면 후출원은 선출원의 디자인에 유사디자인으로 변경하면 다른 거절이유가 없는 한 등록될 수 있다.

그러나 선후출원이 동일하면 동일인에게 같은 디자인을 등록시키는 것은 신규성 요건에 위배되므로 후출원은 거절되고 선출원만 등록이 된다.

Ⅵ. 같은 날 출원

1. 협의결정

출원의 선후판단은 위에서 살펴본 바와 같이 "일"을 기준으로 하므로 같은 날에 2 이상의 디자인등록출원이 있을 때에는 "일"을 기준으로 판단할 수 없다. 만약 동일 또는 유사한 2 이상의 디자인등록출원에 각각 디자인등록을 허여하여 디자인권을 부여할 경우 이는 중복(이중) 등록금지원칙에 반하므로 2 이상의 디자인등록출원이 있는 경우 그 출원인들에게 협의를 하도록 하고 그 결과 정해진 하나의 디자인등록출원인만이 그 디자인에 대하여 디자인등록을 받을 수 있게 하고 있다. 그러나 협의가 성립하지 아니하거나 협의를 할 수 없을 때에는 어느 디자인등록출원인도 그 디자인에 대하여 등록을 받을 수 없다.

이와 같이 협의가 되지 않을 경우, 그 출원에 대한 등록을 모두 거절하는 것은 일견 가혹한 것 같지만 거절되기를 원치 않는 같은 날 출원인들은 상호 납득이 가는 선에서 권리를 공유함으로써 협의성립을 도모할 것이므로 상표법에서 채용하고 있는 추첨제 보다는 합리적일 것이다. 즉 상표등록출원에서와 같이 추첨으로 정해진 자에게 디자인등록을 허여한다면, 추첨에서 탈락된 자는 그 디자인을 실시할 수 없다는 불합리성 때문에 대다수의 같은 날 출원인은 추첨을 기피할 것이기 때문이다.

2. 협의명령

동일·유사한 디자인에 대하여 같은 날에 2 이상의 출원이 있는 경우 특허청장은 디자인등록출원인에게 기간을 정하여 출원인에게 협의하도록 하고 그 협의의 결과를 신고하도록 명해야 한다. 만약 그 지정기간 내에 신고가 없는 때에는 협의는 성립되지 아니한 것으로 간주한다(법 16⑤). 이 경우 심사관은 협의 불성립을 이유로 하여 출원에 대해 거절하는 취지의 통지를 한다.

3. 협의 성립의 태양

협의의 성립이란 출원인의 한쪽이 자기의 출원을 취하, 경우에 따라서는 포기하는 것과 마찬가지이지만 이 경우 그 출원인은 단지 취하 등을 하는 것에 그치지 않고 협의결과 정해진 다른 쪽 출원의 공동출원인이 되거나 또는 디자인 등록 후에 공유디자인권자가 되는 것이 대부분이다.

4. 협의제의 문제점

같은 날 2 이상의 동일 또는 유사한 디자인의 출원에 대한 처리방법의 하나인 협의제에도 이론상 문제가 없지는 않다. 즉,

(1) 같은 날의 2 이상의 동일 또는 유사디자인등록출원 중 심사관의 착오로 하나는 등록되고 다른 하나는 출원 계속 중인 경우의 문제를 생각해 볼 수 있는 바, 이 경우 심사관의 지시 또는 양자간의 협의에 의하여 해결할 수 있으나 이에 의해 해결되지 않을 경우에는 당해 등록디자인은 무효로 하여야 함은 당연하다.

(2) 같은 날의 2 이상의 동일 또는 유사디자인등록출원에 대하여 협의명령 없이 모두 등록된 경우의 문제를 생각해 볼 수 있는 바, 이 경우 디자인보호법은 예상하지 못하였지만 이 경우에도 양자가 협의를 하여 한쪽의 권리자가 디자인권을 포기한 경우는 같은 법 제16조 제5항의 입법취지에 따라 등록디자인의 무효이유가 소멸된 것으로 해석하여야 할 것이다. 또 무효의 심판청구가 있는 경우에 심판관은 당사자의 협의에 의한 선택을 지시하고 선택이 있었을 때에는 다른 쪽에 대해서 등록을 무효로 한다는 심결을 하는 것도 하나의 해결방법이 될 것이다.

(3) 한쪽은 등록이 되고 다른 쪽은 거절결정이 확정된 경우의 문제를 생각해 볼 수 있는 바, 이 경우 후자의 거절결정 확정은 타인의 경쟁출원의 디자인 등록화를 방지할 수 있는 디자인보호법상의 이익 즉 선원의 지위가 주어지는 것으로 충분하다 따라서 이는 그 디자인의 등록화를 체념한 결과라고 추인하는 것이 상당하므로[23] 한쪽

---

23) 쌍방거절조치와 선택등록조치 : 쌍방거절조치에는 다음과 같은 결점이 있다고 한다. 즉 동일디자인이 아니라고 믿는 출원인은 쌍방에 대해 심판을 청구할 필요가 있어 청구하면 등록되어야 할 디자인인데도 불구하고 등록화가 지연되는 등의 불이익이 있다. 이러한 불이익을 보지 않으려고 하면 한쪽을 취하하지 않을 수 없는 등 출원인에게 가혹한 결과를 가져온다.
이에 대해 출원인의 의향에 따라 그중의 하나를 선택하여 등록을 허여하고 다른 것을 디자인보호법 제16조 제2항의 규정에 의해 거절하는 조치 즉 선택등록조치에 의하면 위와 같은 결점은 없다(특허법개설(제9판) 吉藤幸朔 著 유미특허법률사무소 역, 151쪽).

의 등록을 무효로 해야 하는 것이라고 해도 무방할 것이다.

Ⅶ. 동일 출원인의 선·후원 등의 처리

동일 출원인이 동일 디자인을 다른 날 또는 같은 날에 2이상 출원한 경우에는 1개의 출원에 대해서만 등록을 허여한다. 이 경우 실무적으로는 최초의 출원인과 후의 출원인과는 다른 자라고 보고 디자인등록을 받을 수 있는 것은 최초에 출원한 디자인에 한한다.

동일 출원인이 동일 디자인을 서로 전후해서 출원한 경우 모두 등록을 허여한다 하더라도 그 등록디자인의 실시에 있어서는 동일인이 동일디자인을 실시하는 것이어서 사실상 문제가 없는 것으로 생각되지만 실은 디자인보호법상의 중복(이중)등록금지의 원칙에 반하고 그보다는 더 존속기간 종기에 관한 규정의 취지에 반하기 때문에 이를 인정할 수 없는 것이다.[24)]

Ⅷ. 선원의 지위 유무

1. 총 설

디자인보호법은 "동일 또는 유사한 디자인에 대하여 다른 날에 2 이상의 디자인등록출원이 있는 때에는 먼저 디자인등록출원한 자만이 그 디자인에 관하여 디자인등록을 받을 수 있다"고 규정하여(제16조 제1항) 이른 바 선원주의를 취함과 아울러 예외적으로 선원이 무효·취하·포기 또는 거절결정이나 거절한다는 취지의 심결이 확정된 때에는 그 디자인등록출원은 처음부터 없었던 것으로 봄으로써(같은 조 제3항) 뒤에 한 디자인등록출원이 후원이 되지 않는 경우를 규정하고, 또 그 디자인을 창작한 자가 아닌 자로서 디자인등록을 받을 수 있는 권리의 승계인이 아닌 자가 한 디자인등록출원은 처음부터 없었던 것으로 봄으로써(같은 조 제4항) 먼저 한 디자인등록출원이 선원으로 취급받지 못하는 경우를 규정하고 있는바, 이들 규정의 취지는 선원이 위와 같은 예외적인 경우에 해당하지 않는 한 후원은 디자인등록을 받을 수 없도록 함에

---

24) 미국법상의 동일인의 선·후원
미국은 동일인이 한 동일 또는 후일에 한 출원에 관계되는 디자인에 대해 그 디자인권의 존속기간을 선출원에 관계되는 디자인특허권의 그것에 일치시키는 취지의 기간적 권리포기(terminal disclaimer)를 표명함으로써 (253조 2문), 더블페이턴트를 이유로 하는 거절을 면할 수 있는 제도가 활용되고 있다. 이는 동일디자인이 아니라고 해서 다투는 것보다 쉽게 선디자인의 보호가 보강되는 이점이 있기 때문일 것이다.

있다. 따라서 선원의 지위는 그 선원이 거절결정이나 거절심결이 확정되었다고 하더라도 위와 같은 예외적인 경우에 해당하지 한 선원으로서의 지위를 잃지 아니하고 그대로 유지된다.

2. 선원의 지위를 갖는 출원

i) 같은 날에 2 이상의 동일 또는 유사한 디자인등록출원에 대하여 출원인들간에 협의가 성립되지 아니하였거나 협의를 할 수 없었음을 이유로 거절결정이나 거절한다는 취지의 심결이 확정된 출원, ii) 포기된 출원(동일출원인 경우 협의에 의해 포기된 출원을 제외한다) 및 iii) 등록된 출원은 선원의 지위를 갖는다. 따라서 이러한 출원은 당연히 선원 또는 같은 날 출원으로서의 지위 즉 선원권을 갖는다.

3. 선원의 지위를 갖지 않는 출원

위의 "2"에 해당되지 아니한 출원은 모두 선원의 지위를 갖지 않는다. 즉 디자인등록출원 후 그 출원이 무효·취하·포기(동일 출원인 경우 협의에 의해 포기된 출원을 말한다) 또는 거절결정이나 거절한다는 취지의 심결이 확정(위의 "i)"에 해당하는 출원을 제외한다)된 출원(법 16③ 전단) 및 모인 자에 의한 출원 즉 디자인을 창작한 자가 아닌 자로서 디자인등록을 받을 수 있는 권리의 승계인이 아닌 자가 한 출원(법 16④)은 처음부터 없었던 것으로 보기 때문에 이러한 출원은 선원의 지위를 갖지 않는다.

제 5 절 외국인

재외자 중 외국인은 다음의 1에 해당하는 경우 디자인권 또는 디자인에 관한 권리를 향유할 수 있다(법 4의 24).

Ⅰ. 국내에 주소 등을 갖는 경우

재외자 중 외국인으로서 국내에 주소 또는 거소(법인의 경우 영업소)를 갖는 경우 내국인과 마찬가지로 디자인권 또는 디자인에 관한 권리를 향유할 수 있다.

Ⅱ. 국내에 거소 등을 갖지 아니한 경우

재외자 중 외국인이 국내에 주소 또는 거소(법인의 경우 영업소) 등을 갖지 아니한 경우라 하더라도 다음의 경우에는 내국인과 마찬가지로 디자인권 또는 디자인에 관한 권리를 향유할 수 있다.

1. 그 자가 속하는 국가에서 우리나라 국민에 대하여 그 국민과 동일한 조건으로 디자인권 또는 디자인에 관한 권리의 향유를 인정하는 경우 즉 우리나라 국민을 디자인보호법상 차별하지 않는 국가의 국민인 경우(평등주의 채용국가)

2. 우리나라가 그 외국인에 대하여 디자인권 또는 디자인에 관한 권리의 향유를 인정하는 경우에는 그 자가 속하는 국가에서 우리나라 국민에 대하여 그 국민과 동일한 조건으로 디자인권 또는 디자인에 관한 권리의 향유를 인정하는 경우 즉 디자인보호법상 우리나라에 대해 상호주의를 채용한 국가의 국민인 경우 즉 우리나라가 외국인에 대하여 디자인보호법상 차별을 하지 아니하니까 그 외국인이 속하는 국가에서도 우리나라 국민을 디자인보호법상 차별을 아니하고 내국민 대우를 해주는 경우

3. 조약 및 이에 준하는 협약·협정·의정서 등 외교적 약정(이하 "조약"이라 한다)에 의하여 디자인권 또는 디자인에 관한 권리의 향유를 인정하고 있는 경우

제 3 장 등록을 받을 수 있는 디자인

디자인에 관한 이해를 돕기 위해 디자인의 일반적 개념·본질·범주·성립 및 그 중요성 등과 같은 디자인의 기본적 사항(이하 "일반적 디자인의 기본적 사항"이라 한다)에 관하여 먼저 고찰한 다음 이 장의 주제인 디자인보호법상 디자인등록을 받을 수 있는 디자인에 관하여 살펴보기로 한다.

제 1 절 디자인 일반

Ⅰ. 디자인의 일반적 개념

디자인(design)이라 함은 생각이나 목표를 형태나 형상을 통해 볼 수 있도록 표현한 것, 즉 무형의 상상(想像)이나 이상(理想)을 시각을 통하여 느낄 수 있도록 형상화한 유형적 표현을 의미한다.

어원은 "표현하다", "성취하다", "계획하다", "지시하다"의 라틴어 "데시그나레(designare)"에서 유래하고 그 의미는 내면적인 계획이나 설계 또는 계획하는 행위 그 자체(내면적 디자인), 보다 특수하게는 도면이나 모델에 표출된 계획이나 구상을 말하고, 다시 바뀌어서 계획이나 구상을 표출한 도면이나 모델(외형적 디자인)을 말하는 경우도 있다. 그러나 일반적으로 디자인이라 함은 후자만을 지칭한다.

따라서 좁게는 기지(旣知)의 사실 또는 관념을 재료로 하여 새 사실, 새 관념을 유형적으로 표현하는 시각을 대상으로 하는 미술의 스케치이며, 넓게는 정서적 쾌감(감성의 만족)과 쾌적한 생활환경을 조성하기 위한 미의 창작 및 표현을 가리킨다.

그러나 오늘날의 디자인의 개념은 이러한 고전적 의미의 개념보다 훨씬 넓어지고 있다. 즉 디자인이 단순히 창작자의 사고에 의한 것에 그치지 아니하고 수요자들의 잠재적인 욕구까지 반영되어야 하는 단계까지 이르고 있다. 따라서 다양한 수요자들의 눈높이에 맞추기 위해 그들의 생활습관 또는 유행을 탐지, 연구하여야 하고 그 결과에 따른 디자인의 창출만큼 창작의 범위가 넓어진 것이다.

Ⅱ. 미의 형식적 원리

1. 미의 법칙성

디자인은 시각을 통해 미감을 일으키게 하는 미적 형태의 표현을 말한다.

미는 형상·색채 등과 같은 외형적 형태에 의해 포착되는데 그 미는 스스로 미를 구성하는 형상·색채 등과 같은 각 개별요소 상호간의 관계, 전체에 대한 부분의 결합관계 등과 같은 관계형식으로 이는 법칙성을 갖는다. 미적 형식원리는 바로 이러한 법칙성을 말하는 것이다. 즉 미를 구성하는 형상·색채 등은 스스로 질서를 유지하는 것으로서 이는 각 개별요소 상호간의 관계, 조화 등을 이루어 각 개별요소 전체로서의 미를 창조, 승화하는 미의 법칙이 되는 것이다.

그러나 이러한 미의 형식원리인 미의 구성요소 스스로 질서자체를 파괴하면 거기에 남는 것은 오로지 형상·색채 등일 뿐 진정한 미는 없다.

예를 들면 고대 그리스의 카논으로서 인체의 7등신이나 8등신, 네모 반듯한 형상의 방형인간(方形人間) 등에서 나타나고 있다.

2. 미의 형식원리 – 미적 구성의 기본원리 –

미의 형식원리에는 위와 같은 관계형식에 의한 일정한 법칙성이 있는데 여기에는 질서(秩序, systematic; methodical), 균제(均齊, symmetry), 비례(比例, proportion), 균형(均衡, balance), 대조(對照, contrast), 리듬(rhythm), 조화(調和, harmony) 등이 있으며 이는 모두 조화의 원리에 선다.

(1) 질서 – 통일 –

질서라 함은 미적 대상인 선(線), 형(形), 색(色) 등 그 미의 각 개별구성요소 간에 서로의 특성·한정성·우월성 등을 인정하거나 존중하는 가운데 자연스럽고도 정연하게 확립된 미적 구성의 조리(條理)를 말한다. 이러한 미적 대상의 질서에 있어서의 관계형식은 자연의 섭리에서 그 바탕을 찾을 수 있는 것으로서 이는 인간 개개를 초월하는 일반적 타당성을 가진 법칙이라 할 수 있다. 즉 여러 원리에 공통적으로 놓여진 일반원리 등으로서 일명 "통일"이라고도 한다.

(2) 균제-균형-

균제라 함은 미적 대상인 형상·색채 등 그 미의 각 개별구성요소가 고루 가지런하게 질서를 가지면서 모두 조화의 원리에 서는 것을 말한다. 즉, 두 부분의 중량이 하나의 지점에서 역학적으로 균형이 잡혀야 하는 것을 말하는 바, 일명 "균형"이라고도 한다.

(3) 비 례

비례라 함은 미적 대상인 형상·색채 등 그 미의 각 개별구성요소 상호 간의 관계 또는 전체 미에 대한 그 미의 개별구성요소 상호간의 관계를 말한다. 즉 부분과 부분 또는 부분과 전체의 수량적 관계에서 비례를 유지하여야 하는데 일반적으로 길이의 비례를 말하는 경우가 많다.

(4) 대조-대칭-

대조라 함은 미적 대상인 형상·색채 등 그 미의 각 개별구성요소에 대해 그 상태를 더욱 명백히 하기 위해서 상호 비교하여 조화의 극치를 연출하려는 미의 창조방법의 하나이다. 즉 한 선을 대칭축으로 하여 서로 마주 보게끔 형성되어 있어야 하는 바, 이를 일명 "대칭"이라고도 한다.

(5) 리듬-율동(律動)-

리듬이라 함은 미의 대상인 선(線), 형상, 색채 등 그 미의 각 개별구성요소를 규칙적으로 배열(구성)하여 시간적 흐름과 공간적 조화(배열)에 질서감을 나타내게 하는 것을 말한다. 즉 몇 개의 부분이 어느 간격을 가지고 배열되어 있어야 하는 바, 이를 일명 "율동"이라고도 한다.

(6) 조 화

조화라 함은 미의 대상인 선(線)·형상·색채 등 그 미의 각 개별구성요소 간에 상호 모순되거나 어긋남이 없이 서로 잘 어울리게 구성하는 것을 말한다. 즉 2개 이상의 요소 또는 그 부분이 상호관계에서 서로 배척함이 없는 통일되어 전체적으로 조화를 이루어야 한다.

위의 (1)부터 (6)까지의 외형적 요소의 관계형식에 의해 성립되는 법칙성에 따라 형성되는 표상에 대해 상당한 쾌감을 갖게 되는 경우, 미의 범주에서 말하는 우미(優美)

라고 하는데, 그 우미에는 이를 지탱하는 조형상(造形上)의 원칙이 있다. 즉 미의 구성요소전체와 각 개별구성요소와의 관계, 각 개별구성요소 상호 간의 관계에 있어서 균제와 비례, 균형과 조화 또 그들의 전체적 통일, 주기적 변화, 섬세하면서도 특출한 변화, 완만한 속도의 변화, 정돈된 상태, 조용하고도 우아한 색상의 조화 등이 그것이다.

3. 미감의 성립

(1) 서 설

디자인은 물품 등의 형태로서 시각을 통해 미감을 일으키게 하는 것을 말하는 바, 그 미감의 성립에는 몇 가지의 경우로 상정해 볼 수 있다.

1) 현상면

현상면(現象面)에서 볼 때는 물품의 형상·모양·색채 등 그 형태가 균제·균형·비례·조화 등을 대표로 하여 표현되는 어떤 질서를 가지고 있어야 함은 물론 그 형태에 어떤 미적 품질을 보유하고 있어야 한다.

2) 심미성면

심미성면(審美性面)에서는 물품의 선(線)·형(形)·색(色) 등 그 형태상에 미적 가치가 실현되어 있어야 한다.

3) 객관적 요건면

객관적 요건면에서는 물품의 형상·모양·색채 또는 이들을 결합한 것으로서 미감을 일으키게 하는 것, 즉 감성에 의해 미적 가치의식을 갖게 하는 것이며, 이는 물품의 형태(形態) 자체에 미적 가치가 내포되어 있기 때문에 시각을 통하여 미적 쾌감을 일으킬 수 있다는 것이다.

(2) 미감의 성립

물품은 그 용도나 효용가치의 실현을 위해 존재하는 것이므로 그 형태는 물품의 내용에 따라 결정, 표현되는 것은 물품 본질의 필연이다. 그러나 여기에서 유념하여야 할 것은 물품의 내면적 가치의 추구 없이는 외재적 형태의 표현도 없다는 의미에서의 물품의 본질의 필연이 아니다.

이는 물품의 외재적 미가 내재적 유용성에 영향을 미치는 가에 대해서 부정의 측면에 선 것이다. 따라서 물품의 미가 외재적 목적 충족을 위한 것인 한 미는 물품의 실질적 가치의 본질 필연이라고 할 수 없기 때문이다. 그러나 물품은 사람의 욕망에 의해 존재하고 사람이 무한히 추구하고 있는 미에 의해 물품의 형태가 조형(造形)됨으로써 결과적으로 미는 그 물건에 있어서의 본질 필연이 된다.

이와 같이 물품의 형태가 사람에 의해 표현되는 한 그 형태상의 미에는 물품의 내재적 가치를 포함하려고 할 것이다. 여기에 물품의 형태에 미적 가치를 인정하여 이를 권리로 보호하려는 디자인보호법의 필연성이 있다.

여기에서 "미적 가치"라 함은 전술한 좁은 의미의 미인 "아름답다"에 한정하지 않고 넓은 의미의 미인 "모든 미적가치를 포함한, 즉 미적인 것의 전체로서 포착되는 미적 가치의 실현"을 보호의 가치기준으로 하고 있는 것을 말한다. 즉 디자인보호법상 미감의 성립에는 "아름답다"만을 내용으로 하는 좁은 의미의 미에 무게를 싣지 않는 경우에도 인정하는 경우가 있다. 예를 들면 못·정·송곳·톱날·드라이버·볼트·네트·플러그·잭과 같은 물품의 형태는 "아름답다"라는 미 그 자체보다는 거의 기술적 계기에 의해 형성된 물품형태라고 볼 수 있다. 그럼에도 불구하고 디자인보호법은 디자인으로서의 성립을 인정하고 있는 바, 이 경우의 형태는 미적인 것의 전체로서 포착하려는 넓은 의미의 미, 즉 미적 모든 범위에 포괄되어 있다고 보기 때문이다.

물품의 형태를 구성하는 전체 또는 전체와 각 부분의 관계를 포착하면, 이들 형태를 구성하는 전체 또는 전체와 각 부분의 관계에 있어서 질서와 통일이 실현되어 있는 곳에 디자인의 미감이 성립되는 것이다. 그럼으로 디자인에 있어서의 미는 조형(造形)의 결과로서 디자인의 창작과 이를 보는 자의 공동인식에 의해 성립된다. 따라서 디자인보호법상의 미감은 미학상의 자연미와 같이 그 미에 내재되어 있는 미적 품질을 탐지하고 수용하여 미로 받아들인 것과는 미적 가치에 대한 인식에 있어서 전혀 다르다.

Ⅲ. 디자인의 본질

1. 미감성 – 심미성 –

디자인은 물의 형태적 표현이다. 그리고 그 형태는 미적이어야 한다. 이러한 미적 형태를 규정하는 여러 계기의 관련 방법은 다양하고 또 무한한 연속성이다. 예를 들면 기술적 계기와 미적 계기의 관련 방법을 보더라도 한 쪽 극에서 다른 쪽의 극까지 연속된 것으로 되어 있다. 양자의 관련에서 성립하는 디자인은 기술적 계기가 클수록 그것은 엔지니어링(engineering)에 접근하여 결국은 엔지니어링 그 자체가 된다. 한편 미적 계기가 큰 것은 예술에 접근하고 결국은 예술 그 자체가 된다. 전자는 검증을 수반하는 형태를 구성하고 후자는 미감적 형태를 구성한다.

그러나 디자인은 이들 여러 계기를 내포하는 것으로 된 물에 대하여 하는 조형행위이고 그 소산이므로 기술만으로 규정되는 물의 형태는 이미 디자인의 범주를 벗어난 것이고 또 미적 계기에만 의한 것도 검토대상으로 고려하여 온 디자인은 아니다. 물의 형태창조는 실질적으로 물의 생산이다. 그러나 디자인인 물의 창조는 물에 시현되는 여러 가치를 미적 전체로서 시현하려는 것이다.

그리고 물의 존재형식인 형태는 물의 내용과 함께 있어서 물의 본질을 이루는 것이므로 여기에서의 조형은 다른 쪽의 내용, 본질과 함께 존재하고 바탕을 이루어 성립하게 된다.

즉 디자인인 물의 미적 형태의 창작(물의 미적 표현)은 산업(좁게는 공업)활동에 의해 생산된 물을 전제로 하여 이루어진다. 따라서 디자인의 창작과 물의 창조(물의 제조, 생산)는 표리의 관계에 있는 바, 이는 결국 물의 창조에 의해 표출된 형상이 곧 디자인인데 이는 물의 생산 전에 어떤 형태의 물을 생산, 제조할 것인가를 고려, 창작하여 그에 따른 형태의 물을 생산, 제조하게 되는 것이다.

따라서 물에 내재되어 있는 미적인 것이 물의 형태로 표출되어 미적 감성을 유발시켜 물에 대한 호기심을 자극하여 희열감, 행복감을 갖게 하는 것이 디자인의 속성인 것이다. 그러한 의미에서 디자인은 물을 미적으로 시현한 형태의 미감성을 그 본질로 하고 있다.

미감성에 관한 자세한 설명은 후술하는 제2절 Ⅱ. 4. 디자인의 심미성－미감성－을 참고하기 바란다.

2. 기능성

디자인은 물의 형태를 창작하는 것으로서 이는 곧 물의 창조를 의미한다함은 위에서 살펴본 바와 같다. 따라서 물의 ⅰ) 기능으로서의 만족, ⅱ) 정신적으로서의 욕구충족, ⅲ) 가치(사용가치와 교환가치)로서의 효과를 갖는다. 여기 교환가치에서의 “교환”을 실현시키는 동기는 그 원초로 돌아갈 필요도 없이 그 물에 실현된 사용가치 그 자체에 있으므로 결국 교환에서의 디자인상의 기능도 널리 사용가치에 의한 것일 때 그 본질적 기능을 발휘하는 것이 되고, 이렇게 그 가치도 사용가치로 되돌아가는 것이다. 따라서 디자인의 기능에서 어떤 것을 본질적, 어떤 것을 비본질적이라고 할 수 없고 양자 모두 본질적 기능인 것이다.

그러나 미는 자기 목적적이어서 물의 작용, 기능이라고 하는 외제적 목적을 달성하려고 하는 계기와 일치하는 것은 아니다. 이처럼 모순되는 양자를 통합하는 개념으로서 미가 승인되는 연원은 사람의 근본욕구로서의 자유에 있기 때문이다. 따라서 디자인은 그 물의 기능성을 본질로 하고 있다.

Ⅳ. 디자인의 범주

디자인의 범주는 다음과 같은 셋으로 나누어 볼 수 있다.

1. 의사 등의 전달목적의 디자인

의사나 정보의 전달을 목적으로 한 디자인으로서 그로부터 발생하는 의미가 직접적 내용을 이루는 것이지만, 가시적으로 표현되는 것을 말할 때 비주얼 디자인(visual design)이라고 한다. 여기에는 그래픽 디자인(graphic design), 사인 디자인(sign design)이 있다.

2. 물의 디자인

물에 관한 디자인으로서 여기에는 사람의 일상생활에 쓰이는 기기도구, 사회적 기기 또는 생산기기까지를 포함한 것으로서 프로덕트 디자인(product design)으로 총칭된다.

3. 공간 등의 디자인

개인적 또는 사회적 생활공간이나 환경에 관한 디자인으로서 여기에는 실내디자인(interior design), 건축디자인(architecture design), 도시디자인(urban design), 환경디자인(environment design)이 있다.

위의 1, 2, 3 중 본 서에서는 주로 2를 중심으로 그리고 1, 3에 포함되어 있는 일부 디자인에 대하여 검토한다. 이러한 검토대상의 디자인은 주로 산업(좁은 의미에서의 공업)에 의한 것이기 때문에 포괄적으로 인더스트리얼 디자인(industrial design)이라고 한다.

Ⅴ. 디자인의 성립

위에서 살펴 본 디자인의 범주 가운데 2. 물의 디자인과 1. 의사 등의 전달목적의 디자인 및 3. 공간 등의 디자인 중 일부 물 관련 디자인은 주로 좁게는 공업, 넓게는 산업에 의한 것으로 이를 포괄적 인더스트리얼 디자인으로 지칭한다 함은 이미 설명한 바 있다. 이러한 인더스트리얼 디자인은 다음과 같은 합목적성, 기술성, 경제성 및 조형성에 의해 성립된다.

1. 합목적성

디자인은 물의 목적 또는 가치의 정립 그 자체가 내포되어 그것에 의해 실현되어야 할 가치의 확정작업을 거쳐 그 목적을 달성시키기 위한 기능적 요건의 대전제로 하여 성립한다.

2. 기술성

디자인은 물로서 형성하는 재료와 그 형을 현실의 것으로 하는 생산기술에 의해 성립한다.

3. 경제성

디자인은 물을 성립시키는 경제적 조건을 구체적 조건으로 하여 성립한다

4. 조형성

디자인은 물을 창출하는 주체의 의사를 추상적 조건으로 하여 물의 형태를 조형적으로 만듦으로써 성립한다.

Ⅵ. 디자인의 중요성

1. 고부가가치 및 고수요창출

디자인제도는 물품의 상품가치를 높여 수요를 증대시킴으로써 디자인권자는 경제적 이익을 얻고 이에 따른 생산활동을 활발하게 함으로써 산업을 발전시키는데 그 목적이 있다. 소비자의 구매욕구는 상품의 내적인 성능보다 먼저 그 외적인 장식미의 세련되고 아름다움에서 유발된다고 볼 수 있어 디자인의 중요성이 더욱 강조되며 더욱 경쟁이 치열한 오늘날의 산업사회에서 우수한 디자인의 개발을 통한 새로운 수요의 창출과 대외경쟁력의 제고를 위하여는 기술의 개발과 병행하여 수요자의 구매욕을 자극할 수 있는 우수한 디자인의 개발이 요구된다.

2. 사람의 감성과 디자인의 마력

최근 최첨단 IT제품인 스마트폰을 구입하려는 많은 소비자들이 기술과 성능의 기능보다 디자인을 더 중요시 한다는 점이다. 비단 휴대전화에 있어서 뿐만 아니라 자동차·TV·에어컨·냉장고·세탁기와 같은 일상 생활용품인 기계제품에서는 기능보다 디자인이 우선시 된 것은 이미 오래전 일이다.

사람은 자연스레 아름다운 문화를 즐기려는 심리에 비춰볼 때 멋지고 아름다운 제품을 개발하기 위한 사람의 노력은 끝이 없다.

성능은 같지만 디자인이 더 우수한 제품에 소비자들은 얼마를 더 지불할 의향을 갖고 있다. 이는 시각을 통해 미감을 일으키게 한 아름다운 디자인이 눈과 마음을 즐겁게 한다고 생각하기 때문이다.

멋진 디자인과 평범한 디자인제품 두 가지를 보여주고 뇌영상 반응을 측정해보면, 전자를 봤을 때 소비자가 더 많이 주목한다는 사실이다. 아름다운 것에 대한 시선집중은 강력한 호기심으로 이어져 그것이 얼마나 아름다운지를 요모조모 따져보고 평가하게 된다. 사람은 원초적으로 아름다운 것을 즐기려는 본능을 가지고 있다. 따라서 가장 먼저 미감을 일으키는 예쁜 디자인을 보게 되고 그 멋진 미적 디자인에 자극되어 감흥·희락(희열)·만족 그리고 행복을 느끼게 되는 것이다.

좋은 디자인의 힘은 여기서 그치지 않는다. 공감각(multisensory) 디자인에 대한 사람의 뇌반응 연구는 더욱 놀랍다. 평범한 컴퓨터 자판에 초코렛 색깔을 입혀 보여주니 소비자의 주목율이 높아졌을 뿐만 아니라 미각 반응도 보였다. 초코렛을 실제로 먹은 것처럼 맛을 느낀 것이다. 문어 얼굴 모양의 통에 종이 티슈를 넣어 문어 입으로 뽑아 쓸 수 있는 디자인의 티슈통을 본 소비자는 시각뿐만 아니라 촉각반응도 보였음을 뇌영상을 통해 확신할 수 있었다. 눈으로 보기만 했는데 미각과 촉각이 반응했다는 것은 얼마나 신기한 일인가. 이 연구에서 가장 결정적인 결과는 아름다운 디자인을 소비자들이 훨씬 더 행복해 했다는 사실이다.

그 비싼 가격에도 불구하고 공감각 디자인 제품에 열광하는 소비자의 심리를 과학적으로 규명한 셈이다.

3. 디자인의 3요소

디자인이란 미적인 것이어야 하지만 그렇다고 단순히 예쁜 것만을 의미하는 미의 디자인만이 능사가 아니다. 디자인에는 세 가지 요소가 있다. 첫째, 보기가 좋아야 한다. 둘째, 쓰기 편해야 한다. 셋째, 만들기 쉬워야 한다는 것이다. 아무리 보기 좋은 예쁜 디자인이라 하더라도 사용이 불편하거나 만들기 어렵다면 이는 생활디자인, 산업디자인으로서의 기능을 할 수 없고 이는 오직 시각을 통해 감상할 수 있도록 일정한 공간 속에 미를 표현한 미술작품에 지나지 않는 것이다. 또 이와는 반대로 아무리 사용이 편리하고 만들기 쉬운 디자인이라 하더라도 미감을 일으키게 하지 못한다면 이는 디자인의 미적 본질을 결여한 디자인으로 마치 혼(얼)이 없는 단순한 공간속 물의 형태 그 자체에 지나지 않기 때문에 이러한 디자인은 진정한 디자인이라 할 수 없다. 따라서 위의 디자인의 3요소는 일반적, 법적 디자인이 다 함께 갖추어야 할 필연적 요소인 것이다.

4. 우수디자인의 성공사례

멋있고 좋은 우수디자인이 크게 성공한 예는 적지 않다. 그 중 우리 실생활과 밀접한 관계가 있는 디자인의 성공사례를 들어본다. 미국 컴퓨터업체인 애플의 CEO인 스티브 잡스가 혁신적인 디자인으로 컴퓨터 "아이맥"과 MP3플레이어 "아이팟" 등을 세계적인 상품으로 키운 것이다.

디자인의 시장 지배력이 커지자 상품디자인을 지휘하는 "수퍼디자이너"나 디자인 "최고책임자"를 내세워 "디자인경영"에 적극 나서고 있다.

이처럼 디자인의 중요성이 커진 것을 디지털시대의 특성으로 보는 시각도 있다. 디지털이 기술을 표준화시키는 바람에 성능보다는 소비자의 구매심리를 당기는 디자인이 더 중요해졌다는 설명이다. 스티브 잡스가 "디자인은 사람이 만든 창조물에 영혼을 불어 넣는다"고 말한 것도 비슷한 맥락에서이다.

Ⅶ. 우수디자인의 요건

순수한 기술적인 제작이나 미의 생산만은 디자인이 아니며 미와 용도 및 기능이 상호 통일 내지 조화를 이루어 사용목적에 적합하지 않으면 미는 성립되지 않는다. 그러므로 우수한 디자인은 i) 사용목적에 적합하도록 창작하여야 하는 합목적성, ii) 대중이 공통적으로 느끼는 미적 의식이 구비되어야 하는 심미성, iii) 경제성과 밀착되어야 진실로 아름다움이 나타나는 경제성, iv) 모방이 아닌 창작적인 것이어야 하는 창작성, v) 위 i) 내지 iv)의 원리가 상호간에 질서를 유지하도록 창작되어야 하는 질서성을 조건으로 구비하여야 한다. 만약 이 중 하나의 조건이라도 구비되지 않으면 그 디자인은 우수한 디자인이라 할 수 없다. 이러한 우수디자인은 비교적 디자인등록 결정율이 높고 또 분쟁율도 낮아 안정적으로 디자인을 실시할 수 있어 소기의 영업목적을 달성할 수 있다.

Ⅷ. 디자인창작의 전략

우수 디자인을 통한 수요자의 구매욕구를 자극시키고 타 물품과의 경쟁력을 증대시키려면 우수디자인의 개발이 요구된다. 즉 i) 소비자 잠재욕구의 적극적인 발굴이 필요하고, ii) 상대 고객층의 성향을 명확히 파악하여야 하며, iii) 타사 물품보다 다른 높은 가치, 저렴한 가격 등 차별화된 전략이 요구된다. 그리고 iv) 기능·질서·조화·경제의 원리를 창작의 기본으로 설정하고 세련된 외관·훌륭한 기능·적절한 가격·새로운 성능 등의 개발이 요구된다.

제 2 절 등록을 받을 수 있는 디자인

Ⅰ. 서 설

1. 서 론

디자인 보호법상 등록을 받을 수 있는 디자인은 이 법에서 정의하고 있는 디자인의 성립요건을 충족하고 디자인의 등록요건을 모두 구비한 디자인으로서 디자인 부등록 사유에 해당하지 아니한 것이어야 한다.

즉, 디자인이 등록을 받기 위해서는 먼저 디자인 성립에 불가결한 디자인의 구성요소의 구비이다. 디자인보호법은 디자인에 대한 개념을 정의하기 위하여 디자인의 성립요건을 내용으로 규정하고 있다. 디자인권을 인정할 경우 무엇이 "디자인"에 해당하느냐의 보호객체로서의 성립요건을 명확히 하는 것이 필요하다. 이 법에서는 디자인의 정의로서 "물품[물품의 부분(한벌의 물품의 디자인을 제외한다) 및 글자체를 포함한다. 이하 같다]의 형상·모양·색채 또는 이들을 결합한 것으로서 시각을 통하여 미감을 일으키게 하는 것을 말한다"라고 규정하고 있다(법 2, 1).

따라서 위와 같은 정의의 디자인(이하 "디자인의 성립요건·디자인의 성립성 또는 디자인성이라 하고, 이를 혼용한다. 이하 같다)이 아닌 디자인은 아무리 공업상 이용할 수 있는 디자인으로서 신규성·창작성 등과 같은 디자인의 등록요건을 충족하였다 하더라도 디자인 등록을 받을 수 없다. 그러므로 디자인 심사등록출원된 디자인 또는 디자인 무심사등록출원된 디자인이 등록요건은 만족하였으나 디자인의 성립요건을 충족하지 못한 경우에는 같은 법 제2조 제1호에 의한 디자인의 정의에 저촉되는 것으로 본다.[1)]

따라서 비록 디자인의 성립요건을 불비한 디자인성의 흠결이 디자인보호법에 의한 등록거절이유나 등록무효사유에 해당하지는 않지만 같은 법 제2조 제1호에 의한 디자인의 정의에 저촉되므로 이러한 디자인은 이 법에 의한 보호객체라고는 할 수 없다. 그러므로 법률상 부등록사유의 명문규정은 없다 하더라도 이 법의 목적조항(제1조) 및 정의조항(제2조 제1호)으로 보아 이와 같은 해석이 가능하다. 따라서 등록을 받을 수 있는 디자인은 디자인의 정의에 의한 디자인의 성립요건인 디자인성(디자인의 물품성·형태성·시각성·미감성을 말한다)은 물론 "공업상 이용성·신규성·창작성"과 같은 디자인의 등록요건을 충족하여야 하고 그 밖에 부등록사유에 해당하는 디자인이 아니어야 한다. 위의 디자인성(디자인의 성립성), 공업성을 디자인등록의 전제적 요건이라고 하고 신규성, 창작성을 디자인등록의 실질적 요건이라고 한다. 이에 관한 자세한 설명은 후술하는 제3절 Ⅱ, Ⅲ을 참고하기 바란다.

2. 디자인의 법적 개념

디자인보호법은 디자인에 대한 정의에서 디자인이라 함은 "물품[물품의 부분(한벌의 물품의 디자인을 제외한다) 및 글자체를 포함한다. 이하 같다]의 형상·모양·색채 또는 이들을 결합한 것으로서 시각을 통하여 미감을 일으키게 하는 것을 말한다"라고 규정하고 있다(법 2, 1). 즉 디자인은 수요자로 하여금 시각을 통하여 미감을 일으키게 하는 물품의 형상·모양이나 색채 또는 이들의 결합에 의한 창작일 것을 그 본질적인 요소로 하는 것이며, 이와 같은 미감의 형성은 디자인을 구성하는 개별적인 요소에 의하여 좌우되는 것이 아니라 각 요소가 혼합일체화된 전체에 대한 시각에 의하여 결정된다. 이러한 디자인의 법적 정의는 그 디자인 내지 디자인의 소산을 법적으로 관념, 정립한 것으로서 현실적 물품의 실체 그 자체가 아니라 그 물품의 형태로서 포착된 것을 무체재, 권리의 객채로서 관념한 것으로 종전 의장법에서의 의장과 같은 개념의 정의로 이는 학문상 디자인(design)의 좁은 개념의 정의와 같다.

디자인이라 함은 계획·설계·제도·구성·조형 등의 넓은 개념으로 여기에는 공업디자인·건축디자인·환경디자인·그래픽디자인 등으로 구분될 수 있는 바 이 법에 의한 디자인은 그 중 공업디자인 분야에 속하는 좁은 개념의 디자인을 말한다.

여기에서 "미감을 일으키게 하는 것"으로서의 "미"는 감성적 직관에 의해 포착되는

---

1) 특허청 디자인 심사기준, 특허청 예규 제33호, 2005, 351~352면.

체험적 가치로서 이는 좁은 의미에서의 미의 "아름다움"에 국한되지 않고 모든 미적 범주를 포함하는 넓은 의미에서의 미의 "미적" 개념을 의미한다.

여기에서 "미감의 주체"는 디자인을 보고 "아름답다"라는 미적 감정을 갖게 된 사람이며 미감의 객체는 "아름답다"라는 감정을 일으키게 한 디자인이다. 그렇다면 "아름답다"란 판단은 객관적인가, 개인의 취향에 의한 주관적인 것인가, 즉 미는 디자인의 객관적인 성질의 것인가, 아니면 디자인을 보는 관찰자의 주관적인 판단에 근거한 것인가, 상식은 여기에 만족할만한 답변을 제시하지 못한다. 거의 모든 사람들이 인정하는 위대한 미적디자인이 분명히 존재한다는 사실을 인정한다면 미는 객관적인 듯 하지만, 또한 어떤 형태의 디자인을 아름답다고 하고 아름답지 않다고 하는 것은 호불호의 문제일 뿐 타인의 취미를 잘못된 것이라고 말할 수 없다는 점을 생각하면 미는 주관적인 것처럼 보이기 때문이다. 더욱이 무엇을 아름다운 것으로 판단하는가는 시대와 문화에 따라 다르다는 것을 우리는 이미 알고 있다.

3. 특 징

디자인은 물품의 미적 외관을 보호대상으로 하는 평면적(예: 벽지의 문양) 또는 입체적(예: 사과상자의 형태)인 것으로 그 외적 형태가 중요시되나 실용신안은 자연법칙을 이용한 기술적 사상의 창작(예: "통나무는 물에 뜬다"는 자연법칙을 이용하여 기술적 사상의 창작인 "목선")을 보호대상으로 하는 물품의 형상·구조 또는 조합에 관한 고안(예: 위 예의 "목선")으로 그 기능적인 면이 중요시 된다. 상표는 자타상품을 식별하기 위한 표지로써 그 표지는 기호·문자·도형·입체적 형상 또는 이들을 결합한 것이나 이들의 각각에 색채를 결합한 것으로 이루어지는 것(예: 전류상품 및 그 상품의 포장에 "VIBARY")으로 그 표지가 중요시 된다.

Ⅱ. 디자인의 성립요건 - 디자인의 성립성·디자인성·디자인의 구성요건-

디자인보호법에 의한 디자인은 디자인이 물품에 표현되어야 하며(디자인의 물품성) 그 디자인이 물품의 형상·모양·색채 또는 이들을 결합한 것으로서(디자인의 형태성), 시각을 통하여(디자인의 시각성), 미감을 일으키게 하는 것(디자인의 미감성 또는 심미성)이 요구된다. 따라서 이 법에 의한 디자인은 형상·모양·색채 또는 이들을 결합한 것이 "물품"에 표현되어야 하므로 그러한 의미에서 디자인은 물품의 외관형태를 구성하며 물품을 떠나서는 존재할 수 없다.[2)]

1. 물품성

(1) 개 요

여기에서 "물품"이란 독립성이 있는 구체적인 유체동산[3]으로서 물품 전체는 물론 물품의 부분도 포함한다(법 2, 1). 이러한 물품이 디자인 등록의 대상이 되기 위해서는 통상의 상태에서 독립된 거래의 대상이 되어야 한다. 따라서 ⅰ) 기체·액체·전기·광·열 및 음향 등과 같은 일정한 형체가 없는 무체물이나, ⅱ) 공중전화박스·이동판매대·방범초소·이동화장실·승차대·조립가옥 등과 같은 대량 생산과 운반가능한 것을 제외한 부동산, ⅲ) 시멘트·설탕 등과 같은 분상물(粉狀物 : 가루와 같은 형상의 물품 – 시멘트 등) 또는 입상물(粒狀物 : 알맹이 모양의 물품 – 설탕 등)의 집합으로 된 것, ⅳ) 조립완구의 구성각편(構成各片)과 같이 독립거래의 대상이 되고 있는 것을 제외한 합성물의 구성각편, ⅴ) 양말의 뒷굽모양·병주둥이 등 독립거래의 대상이 될 수 없는 물품의 부분, ⅵ) 손수건 또는 타월을 접어서 이루어진 꽃모양, 새모양, 짐승모양 등과 같이 상업적 과정으로 만들어지는 디자인으로서 그 물품자체의 형태로 볼 수 없는 것과 같은 물품 자체의 형태가 아닌 것 등은 비록 유체물이기는 하나 디자인의 물품성이 없어 디자인의 대상물에서 제외되어 디자인등록을 받을 수 없다. 그러나 위 ⅳ) 구성각편 및 ⅴ) 물품의 부분의 경우에는 부분디자인으로 디자인등록을 받을 수 있다.

(2) 물품의 유체성

1) 유체물

디자인성립의 전제조건인 물품은 유체물이어야 한다. 여기에서 유체물이란 공간상에 선이나 면으로 구성되는 독자적인 경계를 구획하여 존재하는 것을 말한다. 디자인보호법에서의 물품은 물 개념보다 더욱 구체적이고 특정적이다. 따라서 여기에서의 유체물은 고체뿐만 아니라 공간의 일부분을 차지하고 있는 외계적 물자로서 액체·기체·전기·열 및 음향 등과 같은 일정한 형체가 없는 무체물도 포함하지만 이 법 물품에서의 유체물의 물은 공간의 일부를 차지하고 있으며 감각으로서 그 실체를 인식할 수 있도록 일정한 성상 특히 형상을 나타내는 것만을 의미한다. 따라서 여기에서의 유체물은 물리적으로 공간의 일부를 점해 유형적으로 존재한 물건을 말한다. 그러므로 유체물은 유형적으로 존재할 수 없는 무체물과 널리 유체물이라고 할 수 있는 물이라 하더라도 그 물 자체의 독자적인 존재형식이 없는 것을 배제한다는 데에 실질적인 의미를

---

2) 특허법원, 특허재판실무편람, 과천인쇄, 2001. 12, 219면.

3) 대법원 2001. 4. 27. 선고 98후2900 판결.

둔 것이다. 이 점은 이 법 정의에서 "물품의 형상·모양·색채 또는 이들을 결합한 것"이라고 하여 물품과 형태의 상호관련 하에 정립하고 있는 점에서 더욱 명백해진다.

2) 무체물

기체·전기·광·열 등과 같이 유형적으로 존재할 수 없는 무체물은 디자인보호법상의 물품이 아니다. 그러므로 공간의 일부를 차지하는 것처럼 상형(象形)된 형상과 모양이라도 그것이 무체물일 때는 물품의 성립이 부정되어 물품의 형상·모양·색채를 구성하지 못한다. 예를 들면 빛의 점멸 등으로 나타나는 네온사인이나 빛으로 형이나 색채를 나타내는 폭죽 등은 디자인보호법상의 물품의 형상·모양·색채 또는 이들을 결합한 것의 물품의 요건, 즉 물품의 형태성을 결여한 것이다.

(3) 물품의 동산성

디자인보호법에서의 물품은 "물로서 그 성상 특히 형상 등을 변화시키지 않고 운반할 수 있는 동산이어야 한다. 따라서 법상 물품으로 성립하기 위해서는 토지 및 그 토지 위에 정착한 물의 형태가 아니라 토지와는 관련 없이 그것 자체가 스스로의 경계를 구획하여 존재하는 형식을 갖추는 것이어야 한다.

따라서 토지 그 자체에 의해 형태가 성립되는 정원 등이나 토지 위에서 형태를 구성할 수 있는 건물 등은 디자인보호법에서의 물품을 구성하지 아니한다. 이 법에서의 물품은 그 자체가 물질적 존재에 있어서 독립적으로 운반·교환의 대상이 되는 것이어야 한다.

그러나 건물 특히 건축물은 공업성을 가진 산업상의 생산물로 동산성을 가진 경우가 있다. 예를 들면 조립교량·조립주택·공중전화박스·이동화장실·방범초소 등이 그것이다.

이런 것들은 최종적으로는 토지에 정착하여 부동산이 된 것이라 하더라도 그 생산·유통과정에 있어서 동산과 마찬가지로 관념되는 것은 디자인보호법상의 물품으로 취급된다. 이는 그 자체의 형태를 토지와는 관련 없이 독립적으로 성립시키는 독자성에 착안하여 동산이라고 관념한 것이다.

이와 같이 법이 건축물·건조물에 대하여 조립주택·조립교량 등과 같이 그것 전체에 있어서 1개의 통합으로서 관념되는 정도의 것이라고 이해하는 것은 기본적으로는 디자인의 본질에 근거한 것이다. 즉 물품이 어느 일정한 공간을 차지하는 물자로서 외계적인 존재로 인식된다는 점에 기인한 것이다.

(4) 물품의 독립성

1) 물품의 부분

물을 그 전체로서 포괄적으로 지배하기 위해서는 그 물질적 존재에 있어서도 하나의 통일된 물이어야 하므로 물품은 그 유체적 존재의 전체에 있어서 하나가 되어야 한다.[4] 따라서 물품의 부분은 디자인보호법상의 물품을 구성하지 못한다. 그러나 한편으로 여기에서의 물품의 부분은 물품의 부분에 관계되는 형상·모양·색채 또는 이들을 결합한 것이 디자인을 구성하느냐의 여부의 문제로 귀착되어 권리의 내용과 일체적으로 관찰하여야 한다. 즉 디자인권은 물품의 형태를 객체로 하여 실현되는 가치의 지배를 내용으로 하고 있기 때문에 그 형태상의 가치는 물품 전체의 통일적 존재에 의해 실현된다.

그러므로 이 법상의 물품은 그 물품의 각 구성부분마다의 형태에 의해서가 아니라 그것이 전체를 구성하고, 그 구성된 전체와 부분이 결합하는 관계에서 통일적·전체적 질서의 형성에 의해서 실현되므로 이의 지배를 내용으로 하는 디자인권에 있어서는 부분에 있어서의 권리는 성립되지 아니한다.[5] 따라서 물품의 부분에 관계되는 형상은 이 법에서의 물품의 형상에 해당되지 아니한다. 예를 들면 장군의 부리는 그 액체의 넣고 비움의 상태가 그 장군가치의 상당부분을 결정하고 그 액체의 넣고 빠짐의 정도는 그 부리의 형에 따라 결정된다. 그러나 디자인보호법은 이러한 부분의 형상은 디자인을 구성하지 아니한 것으로 하고 있다. 그것은 장군이라고 하는 물품의 형태적 가치가 장군의 "부리"부분에만 성립되는 것이 아니고 부리를 포함한 장군 전체에 의해 성립한다는 디자인의 본질적 성질에 의한 것이다.

2) 부 품

부품은 물품의 전체를 구성하는 일부이지만 물품의 부분과는 달리 그것만의 분리가 가능하고 또 독립하여 교환가치를 갖는다는 점에서 이 법상의 물품을 구성한다. 예를 들면 자동차의 타이어(tire), 구두의 창, 운동화의 끈 등이 그것이다.

이처럼 부품이 디자인보호법상의 물품이 되기 위해서는 다음과 같은 요건을 충족하여야 한다.

① 물질적 성상에 있어서 독립성을 가질 것

이는 물질적 존재에 있어서의 단일성을 말한다. 즉 그 부품이 선·면에 의해 구성

---

4) 川島武宜, 「소유권법의 이론」, 岩波書店, 177~179면 참조.

5) 齊藤瞭二 著, 鄭泰連 譯, 意匠法, 세창출판사, 1993년, 137면 참조.

되어 독자의 경계를 가지며, 파괴하거나 성상의 본질에 변화를 주지 않고 분리할 수 있는 것이어야 한다.

② 독립물로 일정한 가치의 실현성이 있을 것

물품이 용도와 기능을 가지고 처음부터 독립적으로 존재하는 것처럼 부품도 마찬가지이다. 그래야만 부품이 독립성을 가진 물로 어떤 일정한 가치를 실현하게 되는 것이다.

③ 독립의 교환가치를 가질 것

부품의 독자적 실현 그 자체의 가치는 경제적 측면에서 독자적 교환가치를 의미하며, 이는 교환에 있어서의 독립성을 말한다.

④ 호환성이 있을 것

부품은 호환성이 있되 단일물이어야 한다. 즉 독립된 일정한 가치의 실현을 물의 용도와 기능면에서 보면 그 용도와 기능은 상호 교환할 수 있는 호환성이 있어야 한다.

3) 반제품

완제품이 아닌 반제품도 독자적으로 경제적 가치를 갖는다. 위의 부품이 종합된 전체로서의 물품에 있어서는 전체구성의 일부분이기는 하지만 그 물 자체로서는 완성된 완제품인데 대하여 반제품은 완성 전 생산과정 중의 형태에 관한 미완의 반제품인 것이다. 물품(완제품)은 어떤 용도(목적)와 일정한 기능을 갖는 것이므로 그 자체가 그 물로서의 기능을 갖지 못하는 반제품은 물품성이 없어 물품으로 성립하지 않는다. 즉 물품의 구성요소의 하나인 기능의 결여로 물품을 구성하지 못한다.

(5) 자연물과 물품성

자연물에 관한 해석에는 두 가지가 있다. 그 하나가 자연물은 물품이 아니므로 디자인의 성립을 부정하는 것이고, 다른 하나는 일단은 디자인의 성립을 인정하되 자연물은 공업성의 요건을 결여한 것이라고 한다.[6]

그러나 디자인보호법에서의 "물품"이란 공간상에 일정한 구획을 가지고 존재하는 외계의 물로서 인위적으로 생성되는 것을 말한다. 천연 자연의 힘에 의해서만 생성되는 물은 이 법에서 말하는 물품에 해당하지 않으며, 그 모습·형태는 이 법에서 디자인을 구성하지 않는다.[7]

---

6) 杉林信義, 「新 工業所有權 槪論」 第3編 意匠, 271면, 尊優美, 「改正 工業所有權法 解說」 490면.

7) 齊藤暸二 著, 鄭泰連 譯, 意匠法, 세창출판사, 1993년, 140면.

2. 형태성

(1) 서 론

디자인의 형태성이란 물품의 형상·모양·색채 또는 이들을 결합한 것을 말한다. 형태성은 디자인의 구성요소의 하나로 다른 구성요소인 물품성을 전제로 하여 성립하며, 시각성·심미성의 전제가 된다. 또한 신규성·창작성에 가장 중요한 요소로 작용하기도 하여 등록요건 판단과 디자인권 침해여부 판단에 중요한 기준이 된다.

(2) 물품의 형상

1) 개 요

물품의 형상이란 물품을 형성하고 있는 입체적 또는 평면적 윤곽으로서 공간을 점유하고 있는 형체 즉, 물품이 공간을 점하고 있는 윤곽, 다시 말해 물품의 외형상의 형을 말한다. 모든 물품은 형상을 수반하고 있으며 여기에 모양·색체 등이 결합되어 디자인을 형성하는 경우도 있다. 그러나 디자인보호법상의 물품의 형상은 단지 평범한 형상과는 구별되고 또 모양과도 구별되나 모양을 수반하는 경우도 많다. 이러한 형상에는 평면적인 형상과 입체적인 형상이 있으며, 이들 형상에 의해 물품의 윤곽이 형성되는 것이다. 전자의 예로서는 종이 등과 같이 면이 타면보다 뚜렷하게 넓고 또 뚜렷한 입체를 이루지 않는 형상을 말한다.

종이도 어느 정도의 두께를 가지고 있으므로 입체적인 형상도 될 수 있으나 이 정도의 두께는 디자인보호법상 그리 중요하다고는 볼 수 없는 사항이기 때문에 고려의 대상이 되지 않는다. 후자의 예로서는 성냥갑 등을 들어 볼 수 있다. 또한 형상만으로 구성된 물품의 예로서는 기계류에 속하는 물품을 들 수 있다.

2) 형 상

형상이란 감각에 의해 포착되는 모든 것을 말하며, 이는 유형적 존재인 물품이 공간을 구획하는 스스로의 경계로서 인식된다.

물품의 형상은 현실적으로 존재하는 물체에 의해 표현되기도 하고 도면상의 도형에 의해 표현되기도 한다.

디자인보호법은 물품의 형상을 3차원의 공간적 넓이를 가지는 입체적 형상과 2차원적 넓이의 평면적 형상으로 나누어 관념하고 있다. 여기에서 물품은 디자인성립의 전체적 요건으로 유형의 외계적 존재로 관념되므로 아무리 평면적으로 보이는 것이라도 두께가 있고 이치적으로는 3차원적 공간을 차지한다. 그러나 권리내용적으로는 실질적인 의미가 없다. 예를 들면 벽지·직물지 등은 법상 평면적 형상으로 관념하는 것이다.

3) 물품자체의 형상

① 2차적 형상

디자인보호법에서의 "물품의 형상"이란 그 물품 자체의 형상을 말하는 것이고 그 물품에 의해 2차적으로 만든 형상을 말하는 것은 아니다. 예를 들면 손수건으로 만들어 낸 새·나비모양의 형 등은 물품 자체의 형상에 해당하지 않는다.

또 물품의 형상이 그 물품 이외의 것에 의존해 이루어진 경우에는 그 물품 자체의 형상이라고 할 수 없다. 예를 들면 열수축성 필름시트로 음료 등의 용기를 포장하는데 이런 것들은 그 포장재인 필름시트 자체의 형이 아니고 용기에 의존해 형성된 형상이다.

② 금형 등

ⅰ. 금 형

디자인보호법에서 물품의 형상이란 그 물품 자체의 형상을 말하는 것이고, 그 물에 의해 산출된 목적물의 형상을 말하는 것이 아니다. 따라서 여기에서의 금형 등의 형상은 그 금형 자체의 형태이며, 그 금형에 의해 산출된 목적물의 형상은 이 법에 의한 물품의 형상이 아니다.

ⅱ. 전사지 등

창작의 대상, 즉 보호의 객체가 그 물품 자체의 형태에 있으므로 그 물의 목적물 위에 실현된 형상은 이 법에 의한 물품의 형상이 아니다. 예를 들면 전사지(轉寫紙)·형지(型紙) 등에 나타난 모양(패턴) 또는 선형(線型)에 의해 목적물 위에 표현된 형상은 보호객체로서의 물품의 형상이 아니고 전사지·형지에 표현된 패턴 또는 선형이 창작대상으로서의 물품의 형상이다.

4) 형상의 정형성

물품의 형상은 일반적으로 정적이며 고정적이지만 그렇지 않은 것이 있다. 예를 들면 접철식 자전거·의자, 분상물(가루와 같은 형상의 물품 : 시멘트 등), 입상물(알맹이 모양의 물품 : 설탕 등)의 집합체처럼 양적 존재는 있으나 위치에 있어서 일정하지 않은 것 등이 그것이다. 그러한 면에서 사례를 들어 살펴본다.

① 가위, 손톱깎이, 접철식 우산·사다리 및 자전거와 같이 그 물품의 기능에 따라 물품 전체의 형상은 변화하지만 각 구성부분의 형상은 고정되어 있으며 변화된 형상도 명확한 것

② 소파용 침대와 같이 사용의 태양에 따라 그 형상이 변하여 일정하지 않지만 각 구성부분의 형상은 고정되어 있어 그 변화 결과의 형상에 규칙성이 있는 것
③ 호스와 같이 형상은 고정되어 있지 않지만 유연성이나 가소성(可塑性 : 물질에 어떤 힘을 가하여도 깨지지 아니하고 그 형체만이 변하는 성질 = 塑性)이 있어 정상적 형태를 유지하는 것
④ 고무풍선, 털모자, 양말과 같이 형상은 고정되어 있지 않지만 그 사용 본래의 상태에서는 언제나 어떤 일정한 형상을 나타내는 것
⑤ 호주머니칼(포켓나이프 : 칼, 통조림·병마개 따개, 나사, 송곳 등이 있는 작은 휴대용 칼), 장난감과 같이 어떤 상태에 의해 변화하지만 그 변화방법에 규칙성이 있고 그 변화결과의 형태에 정형성이 있는 것
⑥ 분상물(가루 : 시멘트 등)이나 입상물(알맹이 : 설탕 등)이 집합된 것처럼 양적 존재는 있지만 위치에서 일정성이 없는 것

5) 투명디자인

여기에서 투명이란 물체가 빛을 반사하지 아니하고 투과시키는 형상을 말한다. 그럼에도 디자인보호법이 물품의 형상 등을 "시각상 인식가능한 것임"을 전제로 하고 있다. 그렇다면 "시각"에 대해 생리적(시각상의 형상인식은 물체에의 빛의 반사를 시신경계의 감각수용기관을 통해 받아들이는 것) 내지 현실적인 것을 의미하는 것으로 투명한 디자인은 존재하지 않게 된다. 그럼에도 디자인보호법은 시각을 통해 미감을 일으킬 수 없는 투명한 물품의 형상까지를 창작의 대상으로 하여 보호객체로 하고 있다. 즉 디자인의 성립요건의 하나로 포괄하고 있다.

검토하건대 눈에 보일 수 없는 투명한 형상이 물품의 형태성이 있는가인데 여기에는 시각을 통해 물품의 형상이 어떻게 보이는가가 매우 중요하다. 즉 눈에는 보이지 않는 투명한 디자인은 물품의 외계적 존재의 형식으로서, 평면에서 포착된 것이라는 점이다. 따라서 투명한 디자인은 투명하면서 또 그것이 외계와 구획되는 경계에서 인식되는 바, 그 인식된 물이 가진 존재형식이 이른바 이 법에서 말하는 "물품의 형상·모양·색채 또는 이들의 결합, 즉 물품의 형태"인 것이다.

(3) 물품의 모양

1) 개 요

물품의 모양이란 물품을 장식하기 위하여 그 형상의 표면에 선형(線形)·도형 또는 색채 등에 의하여 평면적으로 표현한 것 즉 물품 위에 도시된 그림·무늬 등을 말한다. 모양만으로 구성되어 있는 물품의 예로서는 직물지의 무늬, 벽지의 무늬 성냥갑의 형상 내에 도시한 그림 등을 들 수 있다. 그런데 형상을 수반하는 모양의 경우에는 형상

도 불가분의 관계에 있는 것이므로 그 디자인은 형상과 모양의 결합디자인이 된다.

판례는 "모양"에 대하여 "물품을 평면적으로 파악하여 점, 선 등의 회화적 요소의 집합으로서 외관에 나타나는 도안·선도·색구분·색흐림 등을 지칭한다"라고 판시하였다.[8] 여기에서 "선도"란 선으로 그린 도형을, "색구분"이란 공간이 선이 아닌 색채로써 구획되어 있는 것을, "색흐림"이란 색과 색의 경계를 흐리게 하여 색이 자연스럽게 옮아가는 것 같이 보이게 하는 것을 말한다.

2) 모 양

모양은 물의 표현에 점·선·면·색채 등이 평면적으로 표현되어 있는 것도 있고 또 물의 표면에 선·조각 등이 입체적으로 새겨져 있거나 도드라지게 나타나 있는 것도 있다.

색채는 색채의 변화에 의해 나타난다. 단색인 경우는 명도의 변화, 즉 명도가 높은 것에서 낮은 것으로의 변화(채색을 점점 엷게 하여 흐리게 하는 바림무늬 등)나 그 반복 등이고, 2색 이상의 경우는 다시 색상·채도의 변화 등에 의해 표현된다. 그리고 면은 대부분 색채에 의해 모양의 요소가 구성된다.

3) 문 자

문자가 법률상 디자인의 구성요소가 될 수 있느냐에 대하여는 견해가 일치하지 않는다. 그러나 현실적으로 부정적인 견해가 우세한 가운데 실무상 해석은 원칙적으로 문자는 모양을 구성하지 않지만 다음과 같은 변형시킨 문자나 그 밖의 물품에 불가결한 문자의 경우 모양구성의 요소가 될 수 있다.

① 꽃 문자처럼 장식화 된 문자

문자의 관념성은 희박해진 반면 문자에 화체된 형태요소가 강하게 인식된 것은 모양의 구성요소가 될 수 있다.

② 연속 모양의 모티브에 쓰인 문자

보통 서체의 문자이지만 다수배열에 의해 그 배열방법과 연속·반복의 태양이 표출되어 문자 본래의 기능이 약화 또는 상실되어 모양의 모티브로 인식된 것은 모양의 구성요소가 될 수 있다.

③ 물품에 불가결한 문자

다음과 같은 경우 문자 본래의 기능은 불문하고 표현 그대로를 모양의 구성요소로 인정할 수 있다.

---

8) 대법원 1989. 9. 26. 선고 88후134 판결.

ⅰ. 문자를 적극적인 모양의 구성요소로 한 경우, 예를 들면 정면에 아라비아 숫자 1, 2, 3 … 을 표현한 휴대폰 모양의 디자인(<그림 3-1>)

ⅱ. 문자가 모양의 구성요소는 아니지만 물품의 성립상 문자를 빼기가 부적합하여 빼지 않는 경우, 예를 들면 정면에 아라비아 숫자 1, 2, 3 … 을 표현한 탁상시계 모양의 디자인(<그림 3-2>)

〈그림 3-1〉

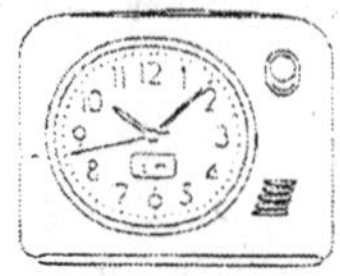

〈그림 3-2〉

④ 무언어기능 단위문자의 무의미한 배열로 구성된 문자

문자는 말의 음과 뜻을 표시하는 시간적 기호이지만 그 문자에 언어적 기능이 없는 1단위 문자의 무의미한 배열은 모양의 구성요소로 인식될 수 있다. 예를 들면 <그림 3-3>과 같은 표현의 디자인이 모양의 구성요소가 될 수 있다(일본의장등록 525263 참조).

⑤ 중합된 문자

보통 서체의 문자는 모양을 구성하지 않지만 그 보통 서체의 문자라 하더라도 그 서체들이 포개져 합쳐지거나 하여 의미성이 희박해지고 연속모양의 모티브화 된 문자와 같이 중합이나 배열의 태양을 중심으로 인식되는 것은 모양의 구성요소가 될 수 있다. 예를 들면 <그림 3-4>와 같은 표현의 디자인이 모양의 구성요소가 될 수 있다(일본의장등록 326814 참고).

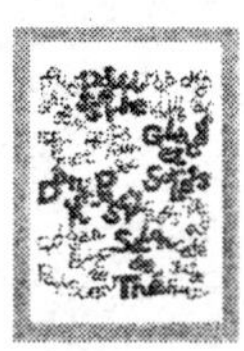

〈그림 3-3〉

〈그림 3-4〉

〈그림 3-5〉

⑥ 모양의 모티브와 일체가 되는 문자

문자의 자획 그 자체가 모양의 구성요소가 된 경우 그 문자는 모양의 구성요소가 될 수 있다. 예를 들면 "국화 국(菊)"의 글자 획 모양의 <그림 3-5>와 같이 디자인의 성립요건인 모양의 구성요소가 될 수 있다(일본의장등록 515985-2 참고).

4) 표지 등

선 등의 도형에 나타난 표장·표지·상표 및 문장 등이 모양의 구성요소가 될 수 있느냐에 관하여는 해석이 반드시 일치한 것이 아니다. 현실적으로 부정적인 견해를 취한 가운데 실무상 해석은 위 문자와 거의 같다고 할 수 있다.

5) 그림문자 등

사인·심벌·그림문자 등은 문자와 다른 것은 아니지만 그 표현이 본래적으로 도형이라는 점에서 거기에 표현된 의미와는 관계없이 디자인의 구성요소로의 성립이 긍정된다. 그런데 문제는 그 도형이 의미하는 내용 등 개념의 공유 및 보편화에 따라 문자와 같은 문제의 발생이 예기된다.

(4) 물품의 색채

1) 개념 및 성질

물품의 색채란 물품의 표면에 인간의 신경을 자극시키기 위한 여러 가지의 색을 조화 있게 배열하는 색 또는 배색(配色)을 말한다. 즉 물체에 반사되는 빛에 의하여 인간의 망막을 자극하는 물체의 성질로서 시각에 의한 감각작용에 의해 지각된다. 디자인보호법상 색채에는 투명색 및 금속색 등을 포함한다. 예를 들면 직물지 중에서 인간의 눈을 자극할 수 있는 직물지는 색상이 잘 채색된 직물지일 것이다. 본래 색에는 빛의 색과 빛이 물체에 반사되는 물체의 색의 2종류의 감각(물리적 자극수용의 감각)이다. 따라서 물체의 색은 그 물체가 지니고 있는 반사특성(어떤 색의 빛은 반사되고 어떤 색의 빛은 반사되지 않는 등)에 의해서 정해지는 것으로 디자인보호법에서의 색채는 후자를 말한다. 이와 같은 색채에는 다음과 같은 3가지의 성질이 있다.

① 색상(色相), 즉 색조(色調)이다.

이는 의류매장에 갔을 때 색상이 마음에 든다, 들지 않는다와 같은 소위 색을 대했을 때의 인상을 의미한다. 색상은 빛깔의 조화, 색채의 강약·농담(濃淡) 등의 정도, 사람의 눈은 빛의 파장에 대응하여 짧은 파장부터 긴 파장의 순으로 보라·파랑·초록·노랑·주황·빨강 등의 색을 느낄 수 있는 바, 이러한 색의 종류를 색상이라 한다.

② 명도(明度)이다.

이는 색의 명암의 도를 의미하는 바 예를 들면 색이 밝은 것은 색의 명도가 높은 것이고 색이 어두운 것은 색의 명도가 낮은 경우이다.

③ 채도(彩度 : saturation)이다.

이는 색의 선명도를 의미하는 바 예를 들면 색이 맑은 것은 채도가 높은 색이고 반대로 색이 탁한 것은 채도가 낮거나 아예 없는 것이다.

2) 색채의 창작

물품은 투명한 것을 제외하고는 색채를 지니고 있다. 이처럼 색채는 모든 물체가 지니고 있는 것으로 지각되는 물리적 현상이며 그것을 감수하는 사람의 감각이므로 색채 그 자체에 대한 창작의 여지가 없다. 그러나 물품은 하나의 색상·명도·채도에 특정된 단 하나의 색으로서가 아니라 여러 종류의 색이 조합되어 있는 것이 일반적이다. 이러한 맥락에서 색채의 창작은 어떤 색채를 조합시킬 것인가, 여러 종류의 색 중에서의 종류의 선택과 양(색면의 크기)의 결정, 그것이 사용되는 공간위치의 결정은 창작 그 자체라고 할 수 있다. 이와 같이 색채를 창작면에서 보면 각 색깔의 조합 또는 물품과 색의 조합에 있는 것이라 할 수 있다.[9)]

(5) 물품의 형상·모양·색채의 결합

물품의 형상, 모양, 색채의 결합이란 물품에 대한 디자인의 구성요소인 물품의 형상, 모양, 색채가 결합하여 하나의 디자인을 구성하고 있는 디자인을 말한다.

모든 물품은 어떠한 형태로든 일정한 형상 즉, 형을 가지고 있어 이 형으로 인하여 물품의 윤곽을 알 수 있다. 이와 같은 물품에는 형상이 존재하지만 색 또한 어떠한 색이든 간에 채색되어 있고 모양도 거의 갖고 있다. 예를 들면 기계류 등의 물품은 대부분 형상으로 구성되어 있고 순수한 모양을 찾아보기란 그리 쉽지가 않다. 그러나 그 물품의 전체적인 형태를 제외한 돌출된 부품이라든가 고리 등은 형상과 모양이 결합된 것이라 볼 수 있을 것이다. 여기에 채색되어 있었거나 채색할 경우 형상·모양·색체가 결합되었다고 볼 수 있다. 그러나 디자인보호법에서는 백색·회색 및 흑색이 색인데도 색채로 인정하고 있지 않다. 그런데 문제는 색채만으로 구성된 디자인이 있을 수 있는가이다. 일반적으로 물품에는 무색이든 유색이든 색이 존재한다. 즉 색은 물품의 형상의 그 자체 또는 물품의 표면에 도시된 모양에 색이 채색되어 있기 때문에 색체만의 디자인은 존재할 수 없다고 보아야 할 것이다.

(6) 형태구성요소에 의한 디자인의 구분

1) 서 론

디자인보호법에서 디자인에 관한 정의로 물품의 형상·모양·색채 또는 이들을 결합한 것 … 미감을 일으키게 하는 것을 말한다(법 2, 1)라 함은 그 디자인 내지 디자인의 소산을 법적으로 관념, 정립한 것이다. 따라서 현실적 물품의 실체 그 자체가 아

9) 齊藤瞭二 著, 鄭泰連 譯, 意匠法, 세창출판사, 1993. 10, 157면.

니라 그 물품의 형태로서 포착된 것을 권리의 객체로 관념한 것이다. 이에 관한 자세한 설명은 "제3장 제2절 Ⅰ. 2. 디자인의 법적 개념"을 참고하기 바란다.

그러므로 디자인은 그 형태의 구성요소·객체구성자료에 의해 i) 형상의 디자인, ii) 형상·모양이 결합된 디자인, iii) 형상·색채가 결합된 디자인, iv) 형상·모양·색채가 결합된 디자인으로서 관념된다.

2) 형상의 디자인

현존 물체로서 현실적 인식의 대상으로는 형상과 함께 항상 색채를 동반하여 존재한다. 즉 색채를 매개로 형상이 포착된다. 그러나 법은 위에서 살펴본 바와 같이 물품의 형태 위에 어떤 가치의 지배를 직접적인 목적으로 하여 그 객체에 대하여 형상에 의해서만 성립하는 디자인을 인정한다.

디자인권은 물품의 형태에 실현되는 가치를 지배함을 직접적인 목적 내지 내용으로 하고 있다. 따라서 형상에 의해서만 실현가능한 가치가 있을 수 있고 또 그 지배를 성립시키는 일정한 대상이 객체이므로 그 점에서 물품의 형상만이 객체로서 독립적으로 성립할 수 있는 것이다.

디자인등록출원에서의 형상의 디자인은 물품의 형상 위에 실현되는 가치를 지배하는 권원의 설정을 청구하는 것이다. 그러므로 물품의 "형상"만을 표현하고, 등록에 있어서도 물품의 형상만을 그 객체자료로 설정등록이 이루어지며, 권리의 내용 또한 그 형상에 관한 제조·사용 등 실시의 독점이다.

3) 형상·모양이 결합된 디자인

모양을 형태의 구성요소의 하나로 하는 디자인은 언제나 형상과 결합한 디자인이 된다. 즉 모양은 점·선·면·색채 등의 도형요소와 함께 그들이 물품 상의 어떤 위치를 점하여 표현되므로 물품의 형상과 떨어져서는 성립할 수 없다. 따라서 디자인등록출원 및 권리의 등록은 물품의 형상과 모양을 일체적으로 표현하고 또 설정된다.

4) 형상·색채가 결합된 디자인

색채를 형태구성요소의 하나로 하는 디자인은 언제나 형상과 결합한 디자인이 된다. 따라서 색채는 형상과 일체적으로 나타나므로 물품의 형상과 떨어져서는 성립할 수 없다. 그러므로 디자인등록출원 및 권리의 등록은 물품의 형상과 색채를 일체적으로 표현하고 또 설정된다.

5) 형상·모양·색채가 결합된 디자인

이는 디자인보호법 제2조 제1호에 의한 형태구성요소의 모든 것을 포함한 디자인이다. 디자인등록출원 및 권리의 등록은 물품의 형상·모양·색채를 표현하고 또 설정된다.

3. 시각성

디자인의 시각성이란 디자인을 육안으로 식별할 수 있고 또 파악할 수 있는 것을 말한다. 디자인보호법에서 디자인이란 "물품의 형상·모양·색채 또는 이들을 결합한 것으로서 시각을 통하여 미감을 일으키게 하는 것을 말한다"라고 규정하고 있다(법 2, 1).

따라서 시각 그 밖의 미각, 청각, 후각, 촉각 등을 통해서 식별되거나 판단될 수 있는 디자인은 제외된다 할 것이다. 그러므로 시각을 통해서만 물품의 디자인을 볼 수 있어야 하므로 외부에서 보여야 한다. 따라서 외부에서 보이지 않는 물품의 내부적 기술적 구성은 디자인의 대상이 되지 않는다. 즉 i) 물품을 분해하여야만 그 내용을 알 수 있는 것, ii) 시각 이외의 감각을 주로 하여 파악되어 지는 것, iii) 분상물 또는 입상물의 1단위와 같이 눈으로 그 형태를 판별하기 어려운 것, iv) 외부에서 볼 수 없는 곳 즉 분해하거나 파괴하여야 볼 수 있는 곳은 디자인의 대상이 되지 아니한다.

그러나 뚜껑을 여는 것과 같은 구조로 된 것은 그 내부도 디자인의 대상이 된다. 예를 들면 뚜껑을 열었을 때 보이는 피아노와 같은 건반부분이 그것이다.

이처럼 법은 시각에 의해 얻어지는 것에 한정하고 있는 바, 그러한 의미에 있어서의 시각성은 디자인의 구성요건으로 보는 한에 있어서는 중첩적인 것이고 적극적인 의의를 가지는 것은 아니다. 그리고 시각성의 요건은 이의적(二義的)인 것에 지나지 않는다.

4. 심미성－미감성－

(1) 의의 및 취지

디자인의 심미성이란 물품의 형상·모양·색채 또는 이들을 결합한 것으로 구성된 디자인을 육안으로 보고 미적 감각을 일으킬 수 있는 성질의 것을 말한다. 여기에서 "미적 감각을 일으킬 수 있는 것"이란 미적 처리가 되어 있는 것 즉 해당 물품으로부터 미를 느낄 수 있도록 처리되어 있는 것을 말한다.

디자인보호법상 미적 감각(이하 "미감"과 혼용한다)이라 함은 디자인의 대상이 되는 물품의 형태를 시각을 통하여 관찰할 때 느끼는 미의 감각, 즉 미적 감흥을 의미한다. 그러나 미감은 보는 사람에 따라 느끼는 정도가 다를 수 있는 주관적인 것이므로 디자인보호법에서 요구하는 미감은 단지 미의 유무만이 문제가 되고 그 미의 대소(大

小)·다소(多少)·우열(優劣)은 묻지 않는다.

이처럼 디자인보호법이 물품의 미적 형태에 지고(至高)의 가치를 인정한 것은 디자인이 수요자의 미적 감정을 자극하여 물품의 수요를 증대하여 산업발전에 기여하려는 것이다.

그러한 의미에서 디자인보호법의 생명은 물품의 외관에 나타난 미감의 보호이므로 그 물품에 미감이 나타나지 않으면 디자인보호법상의 디자인이 아니어서 보호를 받을 수가 없다.

(2) 학 설

디자인보호법상 디자인은 "물품의 형태로서 시각을 통하여 미감을 일으키게 하는 것을 말한다"라고 규정하고 있는 바, 여기에서의 "미감"에 대하여는 주의환기성설(자극설)·취미성설·심미성설(미감설)·미적 처리설 등 여러 가지 학설로 나뉘어져 있다.

1) 주의환기성설 - 자극성설 -

이 설은 디자인이란 시각을 통하여 사람의 주의를 환기하는 것 또는 사람의 주의를 끌기 위하여 자극을 주는 것으로 충분하므로 심미적인 필요까지는 없다는 설로 자극성설이라고도 한다. 그러나 이 설은 미의 감각 내지 취미감은 시대, 민족 또는 개인에 따라 차이가 있으므로 일정한 수준을 정하기가 어렵다는 단점이 있다.

2) 취미성설

이 설은 디자인이란 시각을 통하여 형태를 지각하는 경우의 어떠한 특수한 감정, 즉 취미감을 갖게 하는 것이 필요하다는 설이다. 즉 디자인은 주의를 환기하는 것임은 물론 사람의 취미적 감정에 비추어 지는 것으로 충분하고 굳이 미적 감각에 접할 정도의 것이어야 할 필요까지는 없는 설이다. 그러나 이 설은 디자인이 단순히 주의를 환기하기만 하면 충분하다는 것으로 이는 그리 높은 미감을 기대할 수 없고 다만, 취미적 감정에 비추는 것으로 충분하다고 한데 대한 비판이 있다.

3) 심미성설 - 미감성설 -

이 설은 디자인이란 시각을 통하여 미감을 일으키게 하는 것이어야 한다는 설이다. 여기에서 심미라 함은 일반적으로 미와 추를 식별하는 것이지만 디자인법상으로는 미를 느끼는 것 또는 미적 가치를 갖는 것을 의미하는 것으로 쓰이며 오늘날의 통설이기도 하다. 그러나 이 설은 미감의 폭과 정도를 정하는 것이 결코 쉬운 것만은 아니지만 그렇다고 미감을 필요로 하지 않는 것은 디자인의 사회통념에 반한다는 입장이다.

4) 미적처리성설

이 설은 미감이란 미의 감각, 즉 아름다움을 느낄 수 있도록 형태적 처리가 되어 있는 것을 말한다. 즉 디자인의 대상인 물품으로부터 시각을 통해 아름다움을 느낄 수 있도록 미적 처리가 되어 있어야 한다는 것이다. 형태가 산만하고 무질서한 경우 번잡한 감정을 주게 되어 미적인 것은 커녕 추적형태로 전락된다는 것이다. 그러므로 형태상에 일정한 생각이나 목적(목표·이상)을 실현하되 질서와 조화 등을 기하여 미의 감각을 갖도록 미적 처리를 하면 그 디자인에는 미감이 있다는 설로서 다수설이기도 하다. 따라서 미적 처리가 되어 있지 않은 다음의 것은 미감을 일으키지 아니한 것으로 본다.

① 기능·작용효과를 주 목적으로 한 것으로서 외관상의 변화가 거의 없어 미감을 일으키게 하지 않는 것. 그러나 외관상의 변화가 그 물품의 기능을 좋게 할 경우에는 그 변화에 따른 미감도 좋게 일으키는 것으로 본다.

② 디자인으로 짜임새가 없고 조잡감만 주는 것으로서 미감을 거의 일으키게 하지 아니한 것 등이다.

③ 등록거절 사례

디자인이 미감을 일으키게 하는 심미성이 없다는 이유로 등록을 부정한 사례 하나를 들어보면 "디자인보호법상의 디자인은 시각을 통하여 미감을 일으키게 하는 것을 말하므로, 디자인은 시각 즉, 육안으로 디자인을 파악·식별할 수 있어야 함은 물론 외부로부터 보이는 것이어야 하고, 물건이 완성된 경우 시각에서 사라져 수요자나 거래자에게 미감을 자아낼 수 없는 부분 즉, 물품을 분해하거나 파괴하여야만 볼 수 있는 것은 디자인등록대상에서 제외된다.

이 사건등록디자인품("조명기구용 틀")은 기구 속에 채워진 공기가 약간 빠져나간 경우에도 기구의 외피(外皮)의 형상과 모양을 어느 정도 유지하기 위한 물품일 뿐 틀 자체의 형상과 모양을 외부에 보이기 위한 것이 아니다. 이 사건 틀이 외피와 분리되어 독자적인 거래대상은 될 수 있을 것이나, 그 틀은 상당히 대형이어서 등록된 형상과 모양이 갖추어진 상태 즉, 조립·설치된 상태로 거래, 운반되는 것이 아니라 부품으로 분해된 상태에서 거래 운반되는 것이 일반적이다. 기구의 설치시에도 틀을 먼저 조립 설치한 후 즉, 등록된 디자인의 모습이 외부에 나타난 상태에서 외피를 덮어씌우는 것이 아니라 외피를 설치한 후 그 외피 속에 사람이 들어가서 외피의 하부로부터 틀을 조립·설치하게 되어 있다. 따라서 이 사건 등록디자인품은 거래시나 운반시 또는 설치시에도 등록된 형상과 모양이 외부에 타나난다고 보기 어렵고, 기구를 설치한 후에도 외피 안에 공기가 정상적으로 채워져 있는 한 외피의 형상과 모양만을 외부에서 볼 수 있을 뿐 그 틀은 외부에서 볼 수 없고, 단지 외피 속에 채워진 공기가 약간 빠져나간 비정상적인 경우에만 틀의 윤곽 즉, 틀의 형상을 어느 정도 짐작케 할 정도로 나타날 뿐이며, 나아가 광고내용 등을 바꾸기 위하여 외피를 교체하는 경우를 상정해 보아도 외피를 제거하면 일시적으로 디자인의 형상과 모양이 드러날 것이나, 곧 디자인품인 틀 자체를 분해하고 새로운 외피를 설치한 후 그 새로운 외피 안에 들어가 다시 틀을 재조립하게 될 것인 점에서 이 사건 등록 디자인품인 틀은 그 자체의 완성된 형상과 모양이 거래자나 일반 수요자에게 노출되어 심미감을 자아낼 수 있는 경우란 거의 없다고 볼 수 있고, 완성품인 기구의 외피를 제거 내지 훼손하지 않는 한 그 형상과 모양을 외부에서 쉽사리 파악·식별할 수 없어 디자인등록의 대상이 되지 않는다고 볼 여지가 있다"라고 판시하였다.[10)]

그러나 이 설은 미적 의도를 갖지 않은 설계로부터 발생되는 미감은 미감에 포함되지 않는다는 모순을 안고 있다.

(3) 외국의 입법례

1) 미 국

"공업제품을 위한 신규의 독창적이고 장식적인 디자인을 창작한 자는 특허법에 따라 디자인특허를 받을 수 있다"고 규정하고 있다(미국특허법 171).

2) 영 국

디자인이란 "그것이 응용물품에 대해 시각에 호소하고 그에 의해 평가되는 형상·모양"이라고 규정하고 있고(1988년 CDPA 제265조) 미감에 관한 특별한 정의는 없다.

3) 독 일

디자인으로 법률의 보호를 받기 위해서는 미적 감각을 자극하는 것이어야 한다.

4) 일 본

우리나라 디자인보호법 제2조 제1호에서 규정하고 있는 디자인의 정의와 같다(일본 의장법 2, 1).

5) 베네룩스

"실용적인 기능을 가진 제품이 신규의 형상을 갖추었을 때에는 의장으로 보호한다"고 규정하여 심미성을 요건으로 하지 않고 있다(베네룩스 통일의장법 1).

---

10) 대법원 1999. 7. 23. 선고 98후2689 판결(도면 1. 참조).

(4) 미적 구성의 기본 원리

디자인의 창작에 있어서 미적 구성의 기본원리로 질서(통일), 균제(균형), 비례, 대조(대칭), 리듬(율동), 조화를 들 수 있는 바, 이에 관한 자세한 설명은 앞 제1절 Ⅱ. 2. 미의 형식원리(미적 구성의 기본원리) (1)부터 (6)까지를 참고하기 바란다.

(5) 디자인의 심미성과 미학적 평가

미학상의 미란 미에 관한 원리로서 미의 3원(밸런스; balance, 하모니; harmony, 리듬; rhythm)[11] 등이 있지만 미의 원리에 합치된 것이라고 해서 누구나 그것을 아름답다고

---

11) 윤종렴, 의장법, 69~70면, 황종환, 의장법, (주)한빛지적소유권센터, 1997년, 227면.

① 밸런스

ⅰ. 시머트리(symmetry ; 대칭)

대칭의 밸런스라고도 하며, 2개로 꺾어서 맞겹쳐지는 것 같은 형으로서 좌우대칭, 방사대칭(放射對稱)으로 구분된다.

ⅱ. 밸런스(balance ; 균형)

불대칭(不對稱)의 밸런스라고도 하며, 주로 2개의 중력적인 균형을 말한다. 좌우불대칭의 구성이기는 하나 균형이 잡힌 구성을 말한다. 언밸런스란 일방이 극단적으로 과중하거나 안정을 잃은 경우를 말한다.

ⅲ. 프로포션(proportion ; 비례·비율)

한 개의 것과 부분과 전체와의 관계를 말하는 것이다. 비례미(比例美)는 길이나 면적의 균형으로부터 생긴다. 극단적으로 크기가 다른 것은 균형을 잃고 동일한 크기의 것은 단조로워지기 쉽다. 팔등신 미인, 황금분할비(1 : 1,618 약 3 : 5 또는 5 : 8) 등은 그러한 예인 것이다.

② 하모니

ⅰ. 하모니(harmony ; 조화)

선이나 형, 색이나 질 등 여러 가지 조합된 것 중 부분과 부분, 전체 등에 유사적 요소가 강하고 그것이 서로 공명되어 쾌감을 느끼게 하는 미를 말한다. 조용하고 온화한 감을 주는 실내배색, 가구, 조달품의 조합 등에는 이 법칙이 이용되는 것이다.

ⅱ. 악센트(accent ; 강조)

전체의 구성 중에서 어떤 한 점 또는 어떤 부분에 대비적인 것을 늘어 세워 놓고 변화를 주어 전체를 강조하려고 하는 구성을 말한다.

ⅲ. 콘트라스트(contrast ; 대비·대조·대립)

두 개의 대립관계를 말한다. 전체적으로 대조적인 것을 늘어 놓고 긴장 속에 조화를 꾀하는 것을 것을 말한다. 2개의 것이 가지는 성질이 상반할수록 콘트라스트는 강조되어진다. 콘트라스트는 이것만으로는 미의 요소가 되기는 어려운 것으로서 다른 요소와의 관련에 의하여 미를 발휘하는 예가 많다.

③ 리듬

ⅰ. 리듬(rhythm ; 율동)

유사한 것의 반복이며 3개 이상의 것이 동등 또는 유사한 성질을 지니는 구성이다. 이것은 진행, 발전, 유동의 감을 낳는 것이다.

ⅱ. 리피티션(repetition ; 반복의 리듬)

같은 형이나 색의 반복으로서 단조로운 리듬감을 준다. 이를 테면 연속모양과 같다.

ⅲ. 그라데이션(gradation ; 점증(漸增))

단계적으로 색이나 형이 증감해가는 구성이며 발전이나 진행의 리듬감을 준다. 특히 색에 관한 그라데이션이란 계조(階調)라고 한다.

ⅳ. 무브먼트(movement ; 동세(動勢))

어느 방향에의 움직임과 다른 움직임을 예상하게 하는 구성인 것이다.

느끼는 것은 아니다. 미적 감각의 차이가 있고 또 시각을 통한 미감은 주관적이기 때문이다.

그렇다면 디자인의 심미성은 미학상의 미와 어떠한 관련을 가지고 있는가를 살펴본다.

미는 반드시 미의 원리를 갖추어야만 하고 그렇지 않은 것은 아름답지 않다고 할 수는 없을 것이다. 더욱 디자인에서의 심미성은 시각을 통하여 미감을 일으키게 하는 것인 바, 통상 그러한 지각은 비록 동일대상이라 하더라도 사람에 따라 달라질 수 있다. 그 이유는 사람의 지각능력은 대개 사람의 지식·경험에 영향을 받기 때문이다.

또한 눈에 보이는 것 중 미의 원리의 하나인 황금분할(黃金分割)의 비율[12]로 이루어진 선과 같이 단순한 시각대상은 오히려 드물고 대개의 경우 시각대상으로서의 대상물 속의 한 부분으로 포함되어 있는 요소에 지나지 아니한 경우가 많고, 그것은 항상 다른 부분과 관련되어 보이는 경우가 많으며, 보는 사람의 입장에 따라서는 단순하지 않기 때문이다.[13]

따라서 미에 대한 느낌은 사람에 따라 천차만별일 수밖에 없다. 그러한 미가 디자인의 성립요건으로 되어 있기 때문에 디자인보호법의 운용이 어려울 수밖에 없다.

미에 대해서는 "통일 속의 변화", "변화 속의 통일"이라고도 하는데[14] 이것은 어떠한 시각 대상 속에 일정한 형식이나 질서가 있어 이에 따라 신경이 움직이고 변화해 가는 것에 쾌감을 느끼는 것을 말한다. 따라서 미라고 하기 위해서는 적어도 그 시각대상이 되는 선이나 면이나 색 등이 어떠한 질서 속에 통일되어 있어야 한다. 즉 시각대상에 통일을 느낄 수 있는 질서라는 것이 존재하여야 한다.

설령 어떠한 부분이 미감을 일으키게 하더라도 그것이 전체로서 통일된 것 중의 한 요소로 되어 있지 않으면 미적 구성요소로 될 수 없다. 즉 전체와는 무관한 독립된 요소에 불과한 것이다. 디자인에 있어서 전체관찰이 중요한 것도 바로 이 이유 때문이다.

따라서 디자인보호법에서의 미는 단순히 미학상의 순수 아름다움 만을 의미하는

---

12) 奉相均, 意匠法, 68면.
황금분할(golden section)이란 말은 1830년에 처음 사용되었다. 고대 그리스 이래 건축과 회화에 응용된 그 비례는 대체로 1 : 1.618이다. 현대 프랑스의 건축가 르 코르뷔제가 개발한 '모듈러'도 결국 그 비례에 따라 분할되는 인체의 표준으로 삼고 있다. 즉 고대의 건축가들은 이런 수학적인 비례를 신비한 상징으로 귀하게 생각하고, 특히 건물의 시각적 비례는 물론이고 그 건물의 기능적 공간비율까지 가늠하는 것이 '모듈러'의 활용여부에 기인되는 것이다.
이 이상적인 몇 가지 비례는 그 때부터 공식화된 정리로까지 진취되고, 조형디자인의 기본원리로서 통일과 단일(unit)과 변화(variety)를 조화 있고 또 용이하게 할 수 있는 법칙으로 전승되고 있는 것이다. 그 중 특히 기본적인 중요한 비례는 분할비례, 즉 프로포션과 섹션은 입체디자인에서 평면디자인 전반에 걸쳐 사용되는 법칙이요, 또한 구축물·건물·조경·조원·실내장식 등 모든 건축미술과 디자인분야의 넓은 범위까지 이 황금분할법이 활용되는 것이다.

13) 黃宗煥, 意匠法, (주)한빛지적소유권센터, 1997년, 228면.

14) 윤종렴, 의장법, 96면.

것이 아니고 그 아름다움 속에 공업성, 즉 공업상의 미를 의미한다.

이 점에서 순수한 미학상의 미와 디자인의 심미성에 대한 차이가 있는 것이다. 그런 의미에서 디자인의 심미성과 미학적 평가가 반드시 일치될 필요가 없는 것이다. 즉 디자인보호법상 디자인은 시각을 통하여 미감을 일으키게 하는 것이므로 그 디자인이 표현된 물품을 보는 사람으로 하여금 아름답다라는 느낌을 갖게 하는 것으로 충분하며, 반드시 미학적으로 높은 평가의 대상을 요구하는 것은 아니다.

(6) 디자인의 본질에서 본 심미성의 범위

디자인의 본질을 어떠한 것으로 이해하느냐에 따라 심미성에 대한 판단도 달라질 수 있는바, 이에 대하여는 장식주의와 기능주의로 대별, 대립되고 있다.

1) 장식주의

장식주의에서의 디자인이란 미술(fine arts)에 대립되는 개념으로서 소위 장식예술(decorative arts)이라는 개념에 속하는 실용품의 외관을 의미한다고 하는 주의로서 사상·감정의 표백(表白)이 아니기 때문에 미술보다 낮은 것으로 보는 입장이다. 이러한 장식주의는 중세 이후 오늘에 이르기까지 디자인이나 공예분야를 대표해온 사상이다.

2) 기능주의

기능주의는 물품의 외형은 그 물품의 기능이나 용도에 합치되어야 하며, 따라서 디자인에 필요한 것은 그 물품의 기능으로부터 나오는 외형인 것이다. 그러므로 기능과 불합치한 물품의 외형은 오히려 물품의 기능을 해치므로 가능한 한 그 물품의 외형은 무용의 장식으로 제거하여야 한다는 입장이다.

3) 우리나라의 디자인보호법

우리나라의 디자인보호법은 디자인제도 도입 이래 줄곧 장식주의를 채용해 온 것으로 보인다. 그러나 현대와 같이 산업기술이 발달한 경우에는 기계류나 그 부품과 같이 실용성을 제고하기 위한 외형의 변화가 불가피한 경우가 있어 기능미적 요소를 무시할 수 없게 되었다.

이러한 기능미적 요소를 중요시하는 외국의 입법례로서는 베네룩스 통일의장법이 있다. 이 법 제1조에 의하면 "의장은 실용적인 기능을 가지고 있는 제품이 신규의 형상(new appearance)을 갖추었을 경우에는 이는 의장으로서 보호받을 수 있다"고 되어 디자인에서 미감이라 하면 당연히 기능미도 포함된다고 할 수 있을 것이다.

우리나라의 디자인보호법은 "물품의 기능을 확보하는 데 불가결한 형상만으로 된 디자인은 등록을 받을 수 없다"고 규정하고 있다(법 6, 4).

이는 그 디자인이 물품의 기능을 보호하기 위한 기능적 형상만으로 표현된 기능주의적 디자인인 경우 등록을 불허한다는 의미의 규정이며, 물품의 기능을 외형상의 미적 표현으로 승화하여 보는 사람으로 하여금 미적 감흥을 갖도록 하는 디자인까지 등록을 배제한다는 의미는 아닌 것으로 해석된다. 즉 기능을 주목적으로 한 것으로서 외관상의 변화가 거의 없어 미감을 일으키게 하지 않는 것은 디자인보호법상 등록을 받을 수 있는 디자인이라 할 수 없다. 그러나 외관상의 변화가 그 물품의 기능을 좋게 할 경우에는 그 변화에 따른 미감도 좋게 일으키는 것으로 보아 그 디자인은 등록을 받을 수 있다 할 것이다.

따라서 우리나라의 디자인보호법은 장식주의를 원칙으로 하되 기능주의적(기능미적) 요소를 가미한 법이라고 봄이 타당할 것이다. 이에 대하여는 반대의 견해도 있음을 유념하여야 한다.

(7) 심미성 흠결의 효과

심미성이 있는 디자인은 디자인보호법상 타 등록요건 등을 만족할 때에는 등록을 받을 수 있으나 심미성이 없는 디자인은 미적디자인을 구성하지 않기 때문에 그 출원디자인은 거절결정되며, 착오로 등록이 되었다 하더라도 무효사유에 해당되어 그 디자인등록은 무효가 된다.

(8) 다른 구성요소와의 관계

1) 물품성·형태성과의 관계

디자인은 물품의 형태로 표현된 외형적 창작물이며, 심미성은 물품의 형태에 화체된 미적 창작물이다. 전자와 후자의 합치에 의해 법상 디자인이 성립되나 심미성은 물품성·형태성이라는 디자인의 물리적 구성요소를 전제로 표현되는 것이다.

2) 시각성과의 관계

시각성은 디자인의 미를 인식하는 수단으로 양자는 밀접 불가분의 관계를 가진다.

(9) 심미성의 문제점

디자인제도는 미적 디자인에 의한 산업발전을 그 목적으로 하고 있다. 따라서 산업발전 측면에서 심미성에 대한 시각적 변화가 요구된다. 그 예로서 현행 디자인보호법 하에서 기계부품 등이 디자인등록이 되고 있는 바, 이들이 반드시 심미감을 일으키게 하는 것이라고 보기는 어렵기 때문이다. 그렇다고 등록을 거부한다면 디자인제도의 목적과 상반되는 경우가 생길 수 있다.

그러므로 디자인보호법상의 미감의 개념을 디자인제도의 목적을 고려하여 문리적 해석에만 얽매이지 말고 시대현실에 맞추어 탄력적으로 운용하는 것이 제도적 취지에 더 부합될 것으로 판단된다.

Ⅲ. 물품의 부분디자인

물품의 부분디자인이 위 Ⅱ. 디자인의 성립요건 1부터 4까지의 각 요소(요건) 및 다음의 1부터 3까지의 각 요건을 구비하지 못한 경우 디자인보호법 제2조 제1호에 의한 디자인의 성립요건이 충족되지 아니한 것으로 본다.[15]

1. 물품의 부분이라고 인정되지 않는 것 즉 ⅰ) 모양·색체 또는 이들을 결합한 것만을 표현한 것, ⅱ) 물품 형태의 실루엣 만 표현한 것.

2. 다른 디자인과 대비대상이 될 수 있는 부분이라고 인정될 수 없는 것

3. 한 벌의 물품의 디자인에 관한 부분 디자인

Ⅳ. 글자체의 디자인

글자체의 디자인이 위 Ⅱ. 디자인의 성립요건 1부터 4까지의 각 요소(요건) 및 다음의 1부터 4까지의 각 요건을 구비하지 못한 경우 디자인보호법 제2조 제1호에 의한 디자인의 성립요건이 충족되지 아니한 것으로 본다. 다만, 글자체는 "물품"으로 보며 "형상"을 수반하지 아니한다.[16]

1. 기록이나 표시 또는 인쇄 등에 사용하기 위한 것일 것.

2. 공통적인 특징을 가진 형태로 만들어진 것일 것.

3. 한 벌의 한글 글자꼴, 한 벌의 영문 글자꼴, 한 벌의 그 밖의 외국문자 글자꼴, 한 벌의 숫자 글자꼴, 한 벌의 문장부호 글자꼴, 한 벌의 특수기호 글자꼴 또는 한 벌의 한자 글자꼴 일 것.

4. 글자체 디자인을 표현하는 도면이 지정글자 도면, 보기문장 도면 및 대표글자 도면이 디자인보호법 시행규칙 제5조 제2항 후단에 의한 [별표 6]에 의하여 작성되지 아니한 경우나 지정글자 도면, 보기문자 도면 및 대표글자 도면 중 일부가 없는 경우일 것.

---

15) 특허청, 디자인심사기준, 특허청 예규 제33호, 2005. 353면 ③.

16) 특허청, 디자인심사기준, 특허청 예규 제33호, 2005, 353면 ④.

제 3 절 디자인의 등록요건

Ⅰ. 서 설

디자인보호법상 디자인의 등록요건은 i) 공업상 이용할 수 있는 디자인으로서("공업상 이용성 또는 공업성"이라고도 하며, 이하 혼용한다. 법 5① 본문) ii) 출원 전 국내 또는 국외에서 공지 공용된 것과 동일하거나 유사한 것이 아니어야 하고(신규성, 법 5①1, 3), iii) 그 디자인이 속하는 분야에서 통상의 지식을 가진 자가 출원 전 공지 또는 공용된 디자인의 결합에 의하거나 국내에서 널리 알려진 형상·모양·색채 또는 이들의 결합에 의하여 용이하게 창작할 수 없는 디자인이어야 하며(창작성, 법5②), iv) 출원 전에 출원하여 출원 후에 출원공개·등록공고 또는 디자인 공보에 게재된 타 디자인 등록출원의 출원서의 기재사항 및 출원서에 첨부된 도면·사진 또는 견본에 표현된 디자인의 일부와 동일하거나 유사하지 아니한 디자인이어야 한다(확대된 선원성 또는 확대된 선원의 지위, 이하 "확대된 선원의 지위"라 한다, 법 5③).

그런데 디자인보호법 제5조 제3항에 의한 위 iv)의 "확대된 선원의 지위"는 타인의 선출원이 당해 디자인등록출원 전 공지되지 아니하고 출원 후 공지되었으므로 위 같은 조 제1항 각호에 의한 신규성 상실문제는 발생하지 않는다. 그러나 같은 조 제3항이 그 타인의 선출원이 당해 디자인등록출원 전에 공지되지 아니고 출원 후 공지된 경우에도 신규성 상실로 등록을 받을 수 없다는 취지의 규정이라면 굳이 같은 조 제3항을 설시할 것이 아니라 같은 조 제1항 각호의 단서로 규정하는 것이 디자인등록요건 조항의 성질상 또 내용의 관련성 및 법리이해면 등에서 더 타당한 것으로 판단된다.

또 같은 조 제3항의 "확대된 선원의 지위"를 같은 조 제1항 각호의 단서로 설시하는 방법 외에 같은 법 제16조의 선출원 조항에 규정하는 방법이 있을 것이다. 즉, 선원의 지위가 주어지는 범위가 같은 법 제16조에서 "출원"으로만 규정되어 있어 그 범위가 출원서 외에 출원서에 첨부된 도면·사진·견본에 표현된 디자인에까지 확대 적용되는지가 불분명하여 해석상 출원서에 기재되지 아니한 디자인은 선원의 지위가 주어지지 아니한다는 견해가 다수를 이루었다. 즉 선후출원의 판단은 같은 법 제16조에 의해 출원서의 범위에 기재된 디자인끼리의 판단으로 선원주의가 적용되어야 한다는 것이다.

그러나 2001년 2월 3일 신설된 같은 법 제5조 제3항에 따라 선원의 지위가 출원서의 기재사항 외에 그 출원서에 첨부된 도면·사진·견본에까지 확대되었다. 이처럼 디자인보호법은 선원의 지위를 같은 법 제5조 제3항에서 "디자인등록의 요건"으로 규정하고 있으나 그 내용은 성질상 선원의 지위를 확대한 것으로 해석되고 또 이는 같은 법 제18조 제1항의 출원의 보정과 요지변경 및 같은 법 제43조의 등록디자인의 보호범위와도 일치하고 있다.

그렇다면 굳이 확대된 선원의 지위를 불합리하게 같은 법 제5조 제3항의 디자인등록의 요건으로 규정한 것보다 같은 법 제16조의 선출원조항으로 규정하여 선원의 지위가 주어지는 범위를 출원서의 기재사항은 물론 그 출원서에 첨부된 도면·사진 또는 견본에 이르기까지 확대하는 것이 내용의 성질상 및 입법체계상 타당하다고 본다.

위와 같은 견해는 법문체계상 및 입법기술상의 문제이고 법취지나 법리상의 본질적인 문제는 아니다. 이러한 법문상의 디자인등록의 요건 중 확대된 선원의 지위는 앞에서 살펴본 바와 같이 같은 법 제5조(디자인등록의 요건) 제1항 제1호 및 제2호의 단서규정 성격의 신규성 상실의 예외로 해석한다면 하나의 디자인등록의 요건으로 보는 것은 적정하지 않다 할 것이다.

어찌되었던 법문상은 공업상 이용할 수 있는 디자인으로서 신규성, 창작성 및 확대된 선원의 지위 등이 디자인등록요건으로 규정되어 있는 바, 이는 법형식에 의한 디자인의 등록요건에 불과하고 실제 등록을 받을 수 있는 요건은 이외에도 위 법형식에 의한 등록요건의 전제가 되는 요건, 등록을 받기 위한 출원에 관한 절차적 요건이 모두를 충족한 디자인에 대해서만 등록을 받을 수 있는 것이다.

즉, 등록을 받을 수 있는 디자인은 i) 이 법 제2조 제1호의 "정의"의 디자인, 즉 디자인의 구성요소를 갖춘 것(물품의 형상·모양·색채 또는 이들 요소를 결합한 것, "디자인의 성립성, 디자인성"이라고도 하며, 이하 혼용한다)으로서, 같은 법 제5조 제1항 본문의 공업상 이용할 수 있는 것이어야 하며("공업상 이용성, 공업성"이라고도 하며, 이하 혼용한다), ii) 신규성, 창작성 등과 같은 등록요건을 만족하고, iii) 최선출원("선원성·선원주의, 선출원주의"라고도 하며, 이하 혼용한다) 및 1디자인 1출원("1디자인 1출원주의·출원의 단일성, 디자인의 단일성"이라고도 하며, 이하 혼용한다)이어야 한다.

따라서 위의 i)은 ii)의 "전제적 요건"이고, ii)는 i)을 전제로 한 디자인등록의 "실질적 요건"이며, iii)은 i)의 전제적 요건 및 ii)의 실질적 요건을 충족한 디자인의 등록출원에 관한 "절차적 요건"이다. 그러므로 본서에서는 디자인등록요건에 관한 디자인보호법 상의 법형식[디자인등록의 요건(실질적 요건) 법 5]을 떠나 실제 디자인등록을 받기 위해 갖추어야 할 요건 i) 및 iii)을 디자인등록요건의 범주에 넣어 ii)와 함께 살펴보는 것이 등록요건의 성질상 또 관련상 적정한 것으로 판단되어 이 항에서 살펴보기로 한다.

그리고 본서에서는 이 법 제5조(디자인등록의 요건) 제3항의 "확대된 선원의 지위"는 위에서 살펴본 바와 같이 같은 조 제1항 및 제2항의 디자인의 신규성, 창작성과 같이 하나의 독립된 등록요건으로의 성립은 부적정한 것으로 판단되므로 이 항에서 논외로 한다.

Ⅱ. 전제적 요건

1. 서 론

디자인의 성립성(디자인성이라고도 하며, 이하 혼용한다 : 법 2, 1) 및 공업상 이용성(공업성이라고도 하며, 이하 혼용한다 : 법 5① 본문)이 있는 디자인으로서 신규성, 창작성이 있는 디자인에 대하여는 등록을 받을 수 있다. 이때의 디자인 성립성, 공업상 이용성은 디자인의 실질적 등록요건인 디자인의 신규성 및 창작성(법 5①1, 2)의 전제가 되는 요건이다. 따라서 디자인성, 공업성이 전제되지 아니한 신규성, 창작성의 디자인은 등록을 받을 수 없다. 즉, 디자인의 구성요소(물품성·형태성·시각성·미감성 : 보호가치성)를 충족하지 못하고 공업적으로 이용할 수 없는 디자인은 아무리 공지 등이 되지 아니하고 용이창작이 아니다하더라도 디자인등록을 받을 수 없다.

이는 디자인으로서의 구성요소를 갖추지 못한 디자인이거나 공업상 이용할 수 없는 디자인은 근본적으로 디자인의 보호 및 이용을 도모함으로써 디자인의 창작을 장려하여 산업발전에 기여하려는 디자인보호법의 목적을 구현할 수 없기 때문이다.

디자인등록의 실질적 요건인 디자인의 신규성 및 창작성의 전제적 요건인 디자인성 및 공업성에 대하여 살펴보기로 한다.

2. 디자인의 성립요건 – 디자인의 성립성·디자인성·디자인의 구성요건 –

디자인의 성립성은 디자인의 공업상 이용성과 함께 디자인등록의 실질적 요건인 디자인의 신규성 및 창작성의 전제가 되는 등록요건이다. 따라서 디자인보호법 제2조 제1호에 의한 디자인의 성립요건(디자인의 성립성·디자인성)을 충족하지 못한 디자인은 아무리 다른 디자인 등록의 실질적, 절차적 요건을 만족하였다 하더라도 디자인 등록을 받을 수 없다. 그러므로 디자인 심사등록출원된 디자인 또는 디자인 무심사등록출원된 디자인의 물품성·형태성·시각성·심미성(또는 미감성) 등 디자인의 구성요소를 구비하지 못한 디자인성 불비의 디자인은 같은 법 제2조 제1호에 의한 디자인의 정의에 저촉되는 것으로 간주될 뿐만 아니라 디자인 등록의 전제적 요건의 하나인 디자인성을 만족하지 못한 것으로 되어 그 등록출원은 등록을 받을 수 없다. 이에 관한 자세한 설명은 앞 "Ⅱ. 디자인의 구성요소 1. 내지 4."를 참고하기 바란다.

3. 공업상 이용성 – 공업성 –

(1) 의 의

디자인의 공업상 이용성이란 공업적 생산과정을 거쳐 동일성이 유지되는 범위 내에서 다량생산이 가능한 것(수공업제품을 포함한다) 즉 디자인의 물품이 공업적 생산방법에 의하여 동일 디자인의 물품이 계속·반복적으로 양산가능한 것을 말한다. 그러므로 공업적으로 계속·반복하여 양산할 수 없는 물품의 디자인 즉, 나무의 결이나 테를 이용한 가구의 디자인과 같은 천연물(자연물)·순수 미술분야에 속하는 저작물, 골동품, 기념품 및 부동산 등은 계속·반복적으로 생산이 불가능하여 공업적(기계적), 수공업적 생산체제에 의한 생산의 반복성, 계속성이 없어 대량생산을 할 수 없기 때문에 디자인의 이용을 도모함으로써 디자인의 창작을 장려하여 산업발전에 기여하려는 디자인 보호제도의 취지에 부합되지 않으므로 비공업적 일회성 물품의 디자인에 대하여는 등록을 받을 수 없는 것이다.

따라서 공업적 생산방법에 의하여 양산이 가능한 디자인은 공업상 이용할 수 있는 디자인으로 디자인등록을 받을 수 있고 그렇지 못한 디자인은 등록을 받을 수 없다. 예를 들면 기계에 의해 연속반복적으로 동일 물품의 대량생산이 가능한 "8각 연필", 손으로 진흙을 빚어 원통형 디자인의 질그릇이나 쌍둥이 곰돌이형 디자인의 저금통 몰딩에 넣어 화덕에서 구워내는 작업을 계속 반복적으로 함으로써 똑같은 물품의 양산이 가능한 "원통형 질그릇"이나 "쌍둥이 곰돌이 저금통", "물품의 액정화면 등 표시부에 표시되는 도형 등(화상도면)이 물품에 일시적으로 구현되는 경우에도 그 물품은 화상디자인을 표시한 상태"에서 공업상 이용할 수 있는 디자인으로 등록을 받을 수 있다.[17)]

(2) 성 질

공업상 이용성은 하나의 독립된 디자인등록요건이 아니고 디자인의 신규성, 창작성의 전제로서의 요건적 성질을 갖는다함은 위에서 설명한 바와 같다. 디자인보호법은 공업상 이용할 수 있는 디자인으로서 ⅰ) 출원 전 공지된 디자인이나, ⅱ) 출원 전 공지된 디자인에 의해 당업자의 수준에서 용이하게 창작할 수 있는 디자인을 제외하고는 등록을 받을 수 있다고 규정하고 있다(법 5①). 즉 공업상 이용할 수 있는 디자인으로서 신규성, 창작성의 등록요건을 만족한 디자인은 등록을 받을 수 있고

17) 특허청, 디자인심사기준(2005. 6. 30 특허청 예규 제33호), 2005. 354면.
디자인보호법 시행규칙 제5조 제3호 제2호 참조.

공업상 이용성이 없는 디자인은 아무리 신규성, 창작성이 있다 하더라도 등록을 받을 수 없다.

이처럼 디자인의 공업성은 디자인의 성립성과 함께 디자인등록요건의 기본이 되는 디자인의 신규성 및 창작성의 전제가 되는 등록요건이기 때문에 공업상 이용성이 없는 디자인은 다른 디자인등록의 요건, 즉 디자인등록의 실질적 요건(신규성·창작성), 절차적 요건(선원성·출원(디자인)의 단일성)을 충족하였다하더라도 등록이 부정된다.

(3) 공업상 이용할 수 있는 디자인

공업상 이용할 수 있는 디자인이란 공업적으로 생산이 가능한 디자인이어야 하되 동일 물품의 대량생산이 가능한 디자인이어야 한다.

1) 공업적 생산가능 디자인

① 공업성

여기에서 공업성이란 공업적 생산공정에 의해 생산되는 디자인을 말한다. 그러나 이처럼 공업성에 관한 해석이 꼭 일치하는 것만은 아니다. 디자인의 목적·용도(디자인이 구체적으로 실현된 물품의 사용처)가 공업에 있다는 의미로 해석하는 경우 예를 들면 농기구 그 자체는 공업적으로 생산되지만 그 용도는 농업용이라는 식으로 이용을 디자인이 체현된 물품의 용도에서 파악하려는 것이 그것이다.[18] 그러나 대개의 경우 디자인 그 자체에서 공업성에 관한 해석을 구하고 있다.[19](다수설)

따라서 공업성은 공업의 근대화를 바탕으로 동일 물품의 양산에 의해 성립하는 한편 다른 한편으로는 공업성을 물품의 디자인 그 자체에 포착하여 공업적 생산공정을 통해 계속 반복하여 대량생산을 하는 것이라고 한 위의 다수설이 타당하다. 그러나 무체재로서의 디자인을 구현하는 것은 물품이기 때문에 물품 그 자체의 공업적 성질 및 바탕도 그 전제가 되어 공업성이라는 개념에 함축되어 있음은 필연적 귀결이다.

② 이용성

이용성이란 물품의 디자인 그 자체의 무체재만의 이용을 말하고, 디자인의 대상인 물품의 유체재의 이용을 말하는 것이 아니다. 따라서 이용은 물품의 디자인 그 자체의 무체 재산적 가치를 구체적으로 실현하는 수단인 것이다. 그러므로 디자인에서의 이용이란 관념적 존재인 물품의 형태를 개개의 물품에 체현하여 실재의 물품으로 하

18) 萼 優美, "新工業所有權", 50면.

19) 逐條解說, 596~597면; 吉藤, 槪說(초판), 353면; 光石, 90면; 高田, 92면.

는 것을 의미한다.[20)]

2) 동일물품의 양산가능 디자인

① 동일물품성

공업상 이용할 수 있는 디자인은 공업적 생산방법에 의하여 동일 물품의 양산이 가능하여 공업상 이용할 수 있는 디자인일 때 디자인보호법 제5조 제1항 본문에 의한 공업상 이용성, 즉 공업성이 성립된다.

여기에서 "동일물품이 양산가능하다"라는 것은 물리적으로 완전히 동일한 물품을 의미하는 것이 아니고 일견하여 동일하게 보이는 정도의 동일성으로 충분하다. 공업적 생산방법에 의하여 동일 물품의 양산이 가능한 것으로 볼 수 없는 디자인은 ⅰ) 자연물을 디자인의 구성요소로 사용한 것으로서 동일한 형태로 반복생산을 할 수 없는 것, ⅱ) 순수미술의 분야에 속하는 저작물로서 동일한 형태로 반복생산이 불가능한 것 등을 그 예로 들 수 있다.

② 공업적 생산성 등

ⅰ. 공업적 생산성

여기에서 공업적 생산성이란 어떤 재료를 인위적으로 제조·가공하거나 소재를 기계적 생산공정에 의해 그 성질과 형상을 변경 혹은 정제시켜 새로운 제품·가공품·생산품을 산출할 수 있는 물품의 디자인이어야 함을 말한다. 즉 어떤 원료에 인위적 작용을 가하여 그 성질이나 형태를 변화시켜 새로운 물품을 생산할 수 있는 그 물품에 대한 디자인이어야 함을 의미한다.

따라서 디자인보호법상의 디자인은 이러한 공업적 생산공정을 거쳐 산출되는 물품에 관한 것이고 이러한 생산공정에 의해 실현되는 디자인이어야 한다. 또 공업적 생산공정은 공업적 생산공정을 거치는 것으로 충분하며, 그 생산방법에 대해서까지 묻는 것은 아니다. 따라서 반드시 기계적 생산임을 필요로 하는 것이 아니라 수공업적 생산이라 하더라도 공업성의 요건이 만족되므로 여기에서의 공업적 생산공정이란 기계적 생산이든 수공업적 생산이든 상관없다.

ⅱ. 공업적 양산성

어떤 원료에 인위적 작용을 가하여 그 성질이나 형태를 변화시켜 새로운 물품을 생산하는 것은 동일 물품의 계속 반복 생산을 전제로 성립한다. 따라서 이를 전제로 한 공업적 생산은 대량생산 즉 양산을 의미한 것이다.

여기에서 양산이란 동일한 물품의 대량생산을 의미하지만 여기에서는 동일성까지

---

20) 齊藤暸二 著, 鄭泰連 譯, 意匠法, 세창출판사, 1993년, 175면.

를 포함하는 개념으로 파악하는 것이 일반적이다.

디자인보호법상의 공업성의 대의는 위에서 살펴본 바와 같이 한 물품만의 생산을 전제로 산출한 순수미술분야에 속하는 저작물·골동품·나무의 결이나 테를 이용한 가구의 디자인과 같은 천연자연물[21] 등과의 구별에 있다 즉 공업성의 의의는 위와 같은 단발성(일회성) 물품의 일회산출과는 달리, 동일 물품의 반복생산에 의한 대량 산출에 두고 있다.

공업적 생산에서의 동일 물품의 반복 생산의 경우, 물품의 속성과 출원절차의 전 취지로부터 완전히 동일할 필요까지는 없고 당업자의 수준에서 일견 동일하다고 보는 것으로 충분하다. 즉 물품의 속성과 출원절차의 전 취지로부터 완전히 동일하지 않아도 거의 동일성 있는 형태가 산출될 수 있다고 보는 것에 대하여는 공업상 이용할 수 있는 디자인으로 이해될 수 있다.[22]

(4) 공업상 이용할 수 없는 디자인

1) 서 설

디자인보호법상 등록을 받을 수 있는 디자인은 신규성·창작성 등의 등록요건을 충족한 것이어야 하지만 이러한 것들은 공업상 이용할 수 있는 디자인임을 전제한 후의 문제이다. 따라서 공업상 이용할 수 없는 디자인은 아예 디자인의 신규성·창작성 등 다른 등록요건의 만족여부나 부등록사유의 유무를 따질 필요도 없이 등록이 거절됨은 물론이다.

그러므로 공업적 생산방법에 의한 양산이 불가능한 디자인은 등록을 받을 수 없고 이러한 것들은 일반적으로 저작권법에 의한 저작물로서 보호를 받는 방법이 강구될 수 있을 것이다.

공업상 이용할 수 없는 디자인으로는 천연자연물, 부동산, 순수미술분야에 속하는 저작물, 골동품, 표현이 구체적이지 아니한 디자인 등을 그 예로 들 수 있다.

2) 천연자연물

천연자연물을 디자인의 구성주체 즉, 주된 구성요소로 한 경우에는 그 디자인은 공업상 이용할 수 없는 디자인으로 등록을 받을 수 없다. 형태를 구성하는 주요 부분이나 많은 부분이 천연자연물에 의해 이루어진 디자인은 공업상 이용성의 요건을 갖추

21) 천연자연의 형상을 디자인의 요소로 할 경우 통상적으로는 그것들은 천연자연물을 그대로 이용한 것이라고 하여 동일 형태의 반복생산이 불가능한 것으로 취급한다. 다만 그것이 단지 형상을 천연자연물에서 인용한 것으로서(공업적 공정을 거쳐 생산되는 것으로) 반복생산에 의한 대량생산이 가능하다는 의사표시를 출원당시 출원서에 할 경우에는 그 디자인은 공업상 이용가능한 디자인으로 취급된다.

22) 齊藤瞭二 著, 鄭泰連 譯, 意匠法, 세창출판사, 1993년, 177면.

지 못한 것이 된다. 즉 물품의 형태 그 자체가 천연적으로 자연히 형성된 형태를 소재로 하는 것은 특정된 디자인 그 자체가 대량생산체제에 의한 양산이 불가능할 뿐만 아니라 공업부문 산업의 생산성도 없기 때문이다. 이 경우 천연자연물에 가공을 하였다 하더라도 물품의 형태가 천연자연물에 자연히 생성된 형태에 의한 것이 명백한 것은 이에 해당한다. 예를 들면 나무의 결이나 테를 그대로 이용하여 만든 장롱이 그것이다.

공업상 이용할 수 있는 디자인이란 물품의 형태를 의미하므로 여기에서 등록이 거절되는 것은 물품 형태 그 자체가 대부분 천연적 형태에 의한 것을 말하고 소재로서의 천연자연물 전부를 거부하는 것은 아니다. 예를 들면 파초과(芭蕉科)의 다년초인 바나나(banana)의 넓고 긴 잎을 이용한 바구니의 경우 바구니라는 형태요소에 천연의 요소를 주재로 하여 만들어진 것이지만 이는 바나나 잎이라는 천연소재를 이용하여 바구니라는 특정 형태의 물품을 창작한 것이며 또 그 바구니의 형태 그 자체는 그 바나나 잎이라는 천연적 소재보다도 창작이라는 인위적 요소를 주로 하여 이루어진 것이므로 공업성을 부정할 수는 없는 것이다.

3) 부동산

부동산은 공업적 생산방법에 의한 대량생산이 불가능하므로 공업상 이용성이 없어 디자인등록을 받을 수 없다.

그러나 부동산이라고 하여 모두 공업성이 없어 등록이 부정되는 것은 아니다. 부동이라 하더라도 계속 반복생산에 의해 대량생산이 될 수 있고 운반이 가능한 것인 경우에는 예외적으로 공업성에 의한 등록이 긍정된다. 예를 들면 방갈로, 공중전화박스, 이동판매대, 방범초소, 승차대, 이동화장실, 조립가옥 등이 그것이다.

4) 순수미술분야에 속하는 저작물

① 서 문

순수미술분야에 속하는 저작물은 공업성의 결여로 공업적으로 양산이 불가능하여 디자인보호법에 의한 등록을 받을 수 없다. 이를 명확히 하기 위하여 먼저 다음과 같은 문제를 검토하고자 한다.

여기에서 ⅰ) 창작(디자인)이 미술적 저작물인가, 공업적 저작물인가의 문제, ⅱ) 미술적 저작물이라면 순수미술 저작물인가, 응용미술 저작물인가의 문제가 제기된다.

② 창작(디자인)의 성격 규명

ⅰ. 창작(디자인)이 미술적 저작물인가, 공업적 저작물인가의 문제

이는 디자인 그 자체가 미적 계기를 주로 하는 예술적 형태에 관한 것으로부터 기

계적 계기를 주로 하는 기술적 형태에 관한 것에 이르기까지 그 영역이 연속되므로 인함과 동시에 법률상의 개념[23]에도 연유한 것이다. 즉 미술적 저작품은 기본적으로는 창작된 그 물품이 목적물이다. 이에 반해 공업적 디자인은 그 디자인의 실시의 평면에서 공업적 생산공정에 의해 산출되는 다수 물품이 각각 그 물품 자체이고 목적물이며 동일한 가치를 가진다. 그러나 이러한 구분방식은 현대에서는 적합한 것이라고는 할 수 없다. 각각의 형태를 성립시키는 본질 계기에 의해 결정하는 방법 밖에는 없을 것으로 생각한다.

또한 디자인상의 양법역 즉, 디자인보호법과 저작권법과의 관계에 대하여 기본적으로는 앵글로색슨법계와 프랑스법계의 상위에 유래하는 것이라고 하여 근래 양자의 생각이 합류해가고 있고 또 그 노력이 이루어지고 있는 것을 지적한 견해도 있다.[24]

ii. 창작(디자인)이 응용미술 저작물인가, 순수미술 저작물인가의 문제

(i) 응용미술 저작물

i) 개 념

응용미술저작물은 다음과 같은 공업성의 미술적 저작물의 의미와 순수미술의 양산품에의 응용의 의미, 두 의미로 해석되고 있다.

A. 공업성의 미술적 저작물

a) 물품에 이용할 수 있되 독자성 인정 : 저작권법상 "응용미술저작물"이란 "물품에 동일한 형상으로 복제될 수 있는 미술 저작물로서 그 이용된 물품과 구분되어 독자성을 인정할 수 있는 것을 말하며, 디자인 등을 포함한다"(저작권법 2, 11의2).

b) 공업에 응용할 수 있는 미술적 저작물 : 문학적 및 미술적 저작물의 보호에 관한 베른조약상 "응용미술"이란 "공업에 응용할 수 있는 미술적 저작물"을 말한다(베른조약 2). 보다 구체적으로는 ⓐ 미술공예품, 장신구 등 실용품 자체인 미술적 저작물, ⓑ 가구에 새겨진 조각 등 실용품과 결합된 미술적 저작물, ⓒ 양산할 수 있는 문진(文鎭)의 모형 등 양산할 수 있는 실용품의 모형으로서 사용되는 것을 목적으로 하는 미술적 저작물을 말하는 것으로 해석되고 있다.[25]

c) 순수미술의 대량 생산품에의 응용 : "응용미술 저작물"이란 "순수미술의 감각과

---

23) 디자인보호법상 "디자인"이란 물품[물품의 부분(한 벌의 물품의 디자인을 제외한다) 및 글자체를 포함한다. 이하 같다]의 형상·모양·색채 또는 이들을 결합한 것으로서 시각을 통하여 미감을 일으키게 하는 것을 말한다(법 2, 1)라고 규정하고 있는데 반해 저작권법은 "저작물"은 예술의 범위에 속하는 창작물을 말하며(법 2, 1), 저작물에는 회화·서예·조각·공예 외에 응용미술저작물 그 밖의 미술저작물(예 : 순수미술저작물)이 있다(법 4①4). 응용미술저작물은 "물품에 동일한 형상으로 복제될 수 있는 미술저작물로서 그 이용된 물품과 구분되어 독자성을 인정할 수 있는 것을 말하며, 디자인 등을 포함한다"라고 규정하고 있다(법 2, 11의2).

24) 森田孝, "改訂增補 新日本無體財産法論", 成文堂, 271면 이하.

25) 文部省, 著作權 制度 審議會(第二小委員會), "審議結果報告", 昭和 40年5月, 4면.

기법을 기계생산 또는 대량생산품에 응용하는 것"이라는 의미로 받아들여지는 경우도 있다.[26]

ii) 응용미술 본래 목적 등에 따른 분류

응용미술 저작물이라 하더라도 ⓐ 본래 공업상 이용을 목적으로 창작되며, ⓑ 그 내용, 구성상 도안 또는 디자인 등과 같이 물품과 일체화되어 있는 것으로 평가되고, ⓒ 그것만이 독립하여 미적 감상의 대상으로 하기 어려운 것은 당연히 공업상 이용할 수 있는 디자인으로 디자인보호법에 의한 등록이 가능하나 미술 저작물로 저작권법에 의한 보호의 대상은 아니다. 그러나 이에 대하여 실용품에 이용되고 있어도 거기에 표현된 미적 표상을 미술적으로 감상하는데 주 목적이 있는 것에 대하여는 순수미술과 같이 평가하고 이를 미술적 저작물로 하여 저작권법에 의하여 보호되어야 할 것이다.

즉 그 저작물성을 대상의 미적 가치(미적 품질)의 독자성과 대소(순수성)로 결정하고 있다. 대상이 물품과 일체적으로 평가되는 것이 아니라 독립적으로 감상의 목적으로 되어 있는 것은 저작물성이 있는 것으로 하고 있는 것이다.[27]

이는 조각이 장식물로 이용된 경우에도 저작권법에 의한 보호를 받는 것과 같이[28] 응용미술에 있어서도 순수미술 저작물이 공업에 이용된 것과 마찬가지로 해석하고 있는 것이다.

iii) 결 어

공산품에 응용된 미술적 저작물의 보호는 베른조약이 일률적으로 규정하지 못하고 각국의 국내법에 위임하고 있는 것이 잘 말해주듯 어려운 문제임은 사실이나 위의 설명은 하나의 방향을 제시하였다고 할 수 있다. 우리나라 디자인보호법은 앞에서 본 바와 같이(주석 53) 위 조약의 국내법 위임에 따라 제45조 제3항을 설시하여 미술 등 저작물의 공업적 이용에 관한 사항의 보호에 관한 취지의 규정을 두었다.

(ii) 순수미술 저작물

순수미술 저작물이란 산업성, 대중성 등과 같은 순수 미적 예술성 외의 요소를 배제하고 순수하게 정서만을 자극하는 미의 표현적 기능을 중시하는 미술적 창작물을 말한다. 즉 미의 창조만을 추구하려는 일념의 순수한 예술적 욕구에 입각하여 인간의 창작력을 통한 미적 가치 구현의 실현물을 말한다. 이러한 순수 미술적 예술성에 의한 순수미술 저작물이라 하더라도 이를 공업적으로 이용할 때에는 응용미술 저작물

---

26) 工業所有權 用語辭典, 日本工業新聞社, 應用美術 제3항.

27) 齊藤暸二 著, 鄭泰連 譯, 意匠法, 세창출판사, 1993년, 104면.

28) 디자인보호법상 "디자인권자·전용실시권자·통상실시권자는 등록디자인 또는 이와 유사한 디자인이 그 디자인등록 출원일 전에 발생한 타인의 저작권을 이용하거나 저촉되는 경우에는 저작권자의 허락을 얻지 아니하고는 자기의 등록디자인 또는 이와 유사한 디자인을 업으로서 실시할 수 없다고 규정함으로써(디자인보호법 45③) 미술적 저작물이 공업상 이용될 수 있음을 상정하고 있다.

이 될 수 있음은 위의 설명에서와 같다.

그러므로 어떤 미술 저작물이 공업성의 요건을 충족하지 못한 경우 일응 순수미술 저작물로 보아 등록을 부정하고 공업성을 만족한 경우에는 이를 응용미술 저작물로 보아 등록을 긍정한다.

즉 위와 같은 구분기준에 의해 판단시점에서 순수미술 저작물인 경우 공업성의 요건이 결여된 것으로 보고 등록을 받을 수 없고 그 밖의 응용미술 저작물은 공업성의 요건을 충족하였는지의 여부에 따라 등록여부를 결정할 수밖에 없을 것으로 판단된다.

순수미술 저작물인 경우 디자인보호법에 의한 등록이 거절되나 저작권법에 의하여 보호되고, 응용미술 저작물인 경우 저작권법에 의한 보호는 물론 디자인보호법에 의한 등록결정에 의해서도 보호를 받는다.

5) 골동품

골동품은 희소가치나 미술적 가치가 있는 오래된 세간이나 미술품, 조각품 등으로서 이는 기계적 생산방법에 의한 대량생산이 불가능하여 공업상 이용할 수 없는 디자인이기 때문에 등록을 받을 수 없다. 예를 들면 분청사기, 고려상감청자, 조선백자, 김홍도의 씨름·서당, 장영실의 측우기, 해시계 등이 그것이다.

6) 표현이 구체적이지 아니한 디자인

디자인의 표현이 구체적이지 아니하거나 불분명하여 공업상 이용할 수 없는 디자인은 등록을 받을 수 없다.[29] 예를 들면,

i) 사용목적, 방법, 상태 등이 불분명한 것
ii) 도면이 상호 일치하지 아니한 것
iii) 도면, 사진, 견본 등이 선명하지 아니한 것
iv) 디자인이 추상적으로 설명된 것
v) 재질 또는 크기의 설명이 필요한 경우에 그에 관한 설명이 없는 것
vi) 색채도면의 일부에 착색하지 아니한 부분이 있는 것, 다만 "도면의 디자인의 설명"란에 무착색 부분이 백색, 회색, 흑색 또는 투명이라는 것을 기재한 때에는 예외로 한다.
vii) 도형 내에 중심선, 기선, 수평선, 음영 등을 표시하기 위한 세선 또는 농담, 내용의 설명을 하기 위한 지시선·부호 또는 문자 그 밖의 디자인을 구성하지 않는 선·부호 또는 문자 등을 표시한 것,
viii) 입체적인 물품을 표현하는 도면이 a) 사시도가 없는 경우, b) 정투상도법에 의한 6면도(정면도·배면도·평면도·저면도·우측면도·좌측면도)가 아닌 경우 다만, 도

29) 특허청, 디자인심사기준(2005. 6. 30, 특허청 예규 제33호) 제3조 제3호 가목부터 머목까지.

면대용 사진의 경우에는 정확한 정투상 도면에 의한 촬영이 불가능하므로 6면도에 준할 수 있는 사진, 모양을 표현한 컵과 같이 모양을 전개도에 표현하는 것이 디자인을 명확히 알 수 있고 또한 그 형상을 정확히 전개할 수 있는 경우에 그 모양 부분의 전개도와 모양을 생략한 형상을 표현하는 도면을 함께 도시한 경우에는 예외로 한다. c) 각도의 축적이 상이한 도면, d) 6면도 중 일부가 없는 경우 다만, ⓐ 정면도와 배면도가 동일 또는 대칭인 경우에는 그 배면도, ⓑ 좌측면도와 우측면도가 동일 또는 대칭인 경우에는 일방의 측면도, ⓒ 평면도와 저면도가 동일 또는 대칭인 경우에는 그 저면도, ⓓ 대형의 기계(자동차, 선박 등을 포함한다) 등으로서 설치 또는 장치되어 있어 상시 저면을 볼 수 없는 경우에는 그 저면도, e) 그 밖에 생략된 부분이 있는 경우에 그에 관한 설명이 정확히 기재되지 아니한 것(법시행규칙 7 [별표 2])

ix) 평면적인 물품을 표현하는 도면이 a) 각도의 축척이 상이한 도면, b) 2면도(표면도 및 이면도) 중 그 일부가 없는 경우 다만, 표면도와 이면도가 동일 또는 대칭(수직선을 축으로 대칭인 경우에 한한다)이거나 이면도가 모양이 없는 경우에는 이면도를 생략할 수 있으며, 생략하는 도면의 명칭 하단에 생략이유(예 : 표면도와 동일)를 기재하여야 한다. c) 평면적인 물품은 직물지, 비닐지·벽지, 타월 및 손수건, 보자기, 표딱지(레테르) 및 포장지, 상장·책받침, 모포 등 다만, 식모지(植毛地)와 같이 두께가 있거나 포장용 포대와 같이 중합부가 있어 사용시에 입체적인 경우 입체적인 물품으로 취급한다.

x) 입체적인 물품으로서 형상이 연속적인 디자인 또는 평면적인 물품으로서 모양이 연속 또는 반복하는 디자인에 있어서 도면에 그 연속상태를 알 수 있도록 도시(단위모양이 1.5회 이상 반복되어야 한다)되지 아니하였거나 "디자인의 설명"란에 형상이나 모양이 1방향 또는 상하좌우로 연속 또는 반복하는 상태에 대한 설명이 없는 경우

(예 : 잘못된 도시의 예, 잘된 도시의 예)

 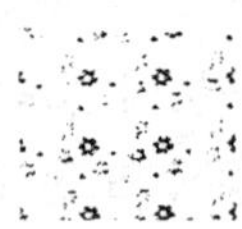

xi) 길이가 한정된 물품의 중간을 생략한 도면으로서 a) 생략한 곳이 두 줄의 평행한 1점 쇄선으로 절단되어 있지 아니한 도면, b) 생략한 길이가 도면상 몇 cm(혹은 mm) 생략되었다는 취지를 디자인의 설명란에 기재되지 아니한 경우에 해당하는 것

xii) 사시도 및 6면도(입체적인 물품의 경우) 또는 2면도(평면적인 물품의 경우)만으로는 디자인을 충분히 표현할 수 없는 경우에 있어서 a) 전개도, 단면도, 확대도, 절단부 단면도, 사용상태도 등이 없는 경우, b) 조립완구와 같이 그 구성 각편의 도

면만으로 사용의 상태를 충분히 표현할 수 없는 것에 대하여는 그 만들어지는 상태 또는 수장되는 상태를 표시하는 사시도가 없거나 조립한 후 분해하는 것으로서 조립한 상태의 도면만으로 분해된 상태를 충분히 표현할 수 없는 물품에 대하여는 그 구성 각편의 사시도가 없는 경우, c) 열리고 닫히는 물품의 디자인으로서 열리기 전후의 상태를 도시하지 아니하면 그 디자인을 충분히 표현할 수 없는 경우에 열리기 전과 후의 상태를 알 수 있는 각각의 사시도 및 6면도가 없는 경우, d) 움직이는 물품의 디자인(동적 디자인)으로서 그 움직이는 상태를 표현하지 아니하면 그 디자인을 충분히 파악할 수 없는 경우에 정지상태의 도면(사시도 및 정투상도법에 의한 6면도)과 그 동작상태를 알 수 있는 도면(동작 중의 기본적 자세, 동작 내용을 나타내는 궤적 등)이 없거나 디자인의 설명란에 그에 관한 설명이 없는 경우(법시행규칙 5④ 별지 3호 서식 및 3호의2 서식의 기재요령)

xiii) 단면도 등의 절단면 및 절단한 곳의 표시가 a) 절단면에 평행사선이 불완전하게 표시되었거나 또는 표시가 없는 것인 경우, b) 절단한 곳의 표시(절단쇄선, 부호 및 화살표)가 불완전하거나 표시가 없는 것 다만, 일정한 도면을 지정하고 그 도면의 중앙 종단면도 또는 중앙 횡단면도라고 기재한 것은 예외로 한다.

xiv) 부분확대도의 대상이 확대한 곳의 표시가 없거나 불완전하게 표시된 것

xv) 덮개와 본체로 구성된 물품과 같이 분리할 수 있는 물품으로서 결합된 상태만으로는 디자인을 충분히 표현할 수 없는 경우에는 그 결합된 상태의 사시도 및 6면도 각 구성부분 각각의 사시도 및 6면도가 없는 경우

xvi) 물품의 전부 또는 일부가 투명한 디자인으로서 그 도면이 다음에 의하여 작성되지 아니한 것

a) 외주면에 색채가 없고 모양이 없는 경우에는 투명으로 보이는 부분을 보이는 대로 표현하고 그 취지를 도면의 "디자인의 설명란"에 기재한다(예 : 전구, 시계 등).

b) 외주의 외면, 내면 또는 그 두께 속의 어느 쪽의 한 곳에 모양 또는 색채가 표현되어 있는 경우에는 투명으로 보이는 부분을 보이는 대로 표현하는 사시도 및 6면도 이외에 모양 또는 색채를 명확히 할 수 있는 도면(뒷면의 모양이나 색채가 투영되지 않은 앞면, 밑면의 모양이나 색채가 투영되지 않은 윗면 또는 모양 부분의 전개도 등)을 첨부하고 그 취지를 도면의 "디자인의 설명"란에 기재하여야 한다(예 : 모양이 들어있는 컵, 병 등 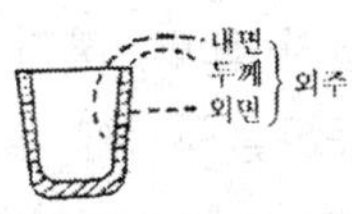

).

c) 외주의 외면, 내면 또는 그 두께 속이나 외주에 둘러싸인 내부의 어느 곳에 2 이상의 형상, 모양 또는 색채가 표현되어 있는 경우에는 투명으로 보이는 부분을 보이는 대로 표현하는 사시도 및 6면도 이외에 그 형상·모양 또는 색채가 표현되어 있는 각 면별(외주의 외면, 내면 또는 그 두께 속, 외주에 둘러 쌓

인 내부)로 도시한 도면을 첨부하고 그 취지를 도면의 "디자인의 설명"란에 기재하여야 한다(예 : 외주의 외면과 내면에 모양이 있는 컵 등).

d) 투명입체로서 그 일면에만 모양 또는 색채가 있는 경우에는 그 면에만 모양 또는 색채를 표현(다른 면에서 투영되어 보이더라도 표현하지 아니한다)하고 그 취지를 도면의 "디자인의 설명"란에 기재하여야 한다(예 : 문진 등).

e) 투명한 부분의 두께를 표현하지 아니하면 디자인의 내용을 명확하게 알 수 없는 경우에는 투명부분의 두께의 형상을 알 수 있는 단면도를 첨부하여야 한다(예 : ).

xvii) 부분 디자인으로서 디자인등록을 받고자 하는 부분이 다음과 같이 명확하지 않은 경우

a) 도면 등의 표현에서 부분디자인으로 디자인등록을 받고자 하는 부분이 명확히 특정되지 않은 경우,

b) 디자인등록을 받고자 하는 부분을 도면 등에서 특정하고 있는 방법에 대한 설명이 디자인의 설명란에 기재되지 않은 경우,

c) 부분 디자인으로 디자인등록을 받고자 하는 부분과 디자인등록을 받고자 하지 않는 부분의 경계가 불명확한 경우에 그 경계가 1점 쇄선으로 명확히 도시되지 아니하였거나 "디자인의 설명"란에 그에 대한 기재가 없는 경우

xviii) 부분 디자인으로서 디자인등록을 받고자하는 부분의 전면이 다음과 같이 나타나 있지 않은 경우

a) 입체적인 물품에 관한 부분 디자인으로서 사시도 및 6면도 중 일부 도면이 없는 경우,

b) 평면적인 물품에 관한 부분 디자인으로서 표면도 및 이면도 중 일부 도면이 없는 경우

xix) 글자체 디자인을 표현하는 도면이 다음에 해당하는 경우

a) 지정글자 도면, 보기문장 도면 및 대표글자 도면이 디자인보호법 시행규칙 제5조 제2항 후단에 의한 [별표 6]에서 정하는 대로 도시되지 아니한 경우

b) 지정글자 도면, 보기문장 도면 및 대표글자 도면 중 일부가 없는 경우

xx) 디자인등록출원서에 첨부되는 도면(사시도 제외)이 정투상도법에 의하여 작도되지 않은 경우에는 디자인의 표현이 구체적이지 않은 것으로 본다. 다만, 글자체 디자인의 도면은 예외로 한다.[30]

a) 정투상도법에 의하여 작성된 각 도형의 바깥쪽의 윤곽선은 정면도와 배면도

---

30) 특허청, 디자인심사기준(2005. 6. 30 특허청 예규 제33호) 제3조 제4호.

및 좌측면도와 우측면도는 수직선을 축으로 하여, 평면도와 저면도는 수평선을 축으로 하여 각각 동일 또는 대칭이어야 한다.

b) 6면도 중에서 가장 기본이 되는 정면도는 디자인(물품)의 특징이 가장 잘 나타나는 면으로 하여 작도하는 것을 원칙으로 한다.

c) 하나의 디자인에 대한 사시도 및 6면도는 도면 또는 사진 중 한가지로 작성되어야 한다.

(5) 결 어

위에서의 공업성은 물품의 형태 즉, 디자인을 말하므로 여기에서 등록을 받을 수 없는 디자인임을 이유로 등록을 부정하는 것은 물품의 형태 그 자체가 자연적 형태에 의한 것임을 말하고 소재로서의 자연적 요소 전부를 부정하는 것은 아니다. 예를 들면 대오리(가늘게 쪼갠 댓개비)나 싸리를 이용한 대소쿠리나 싸리바구니는 형태요소에 자연의 소재를 넣어 이루어졌지만 이들은 자연적 요소를 종으로 하고 여기에 다시 사람의 창작활동을 통해 얻는 창조적 형태(인위적 요소)를 가미하여 물품의 형태를 만든 것이고, 물품의 형태 그 자체는 그 자연적 요소보다는 인위적 요소를 주로 하여 이루어진 것이므로 공업성을 긍정하여야 한다.

Ⅲ. 실질적 요건

1. 서 론

디자인등록을 받을 수 있는 기본적인 요건은 디자인의 신규성 및 창작성이다. 이를 디자인 등록의 실질적 요건이라고 하고, 이러한 실질적 요건은 디자인보호법 제2조 제1호에서 정의하고 있는 디자인("디자인"이라 함은 물품의 형상·모양·색채 또는 이들을 결합한 것으로서 시각을 통하여 미감을 일으키게 하는 것; "디자인의 성립성 또는 디자인성"이라 한다) 및 같은 법 제5조 제1항 본문의 공업상 이용할 수 있는 디자인("공업상 이용성 또는 공업성"이라 한다)을 전제적 요건으로 하며, 최선출원("선원성·선원주의·선출원주의"라 한다) 및 1디자인 1디자인등록출원("1디자인 1출원·출원의 단일성·디자인의 단일성"이라 한다)을 절차적 요건으로 함은 이미 위에서 설명한 바와 같다.

위의 디자인의 등록요건 중 디자인의 신규성 및 창작성은 보호를 받을 디자인의 본질적 요소이기 때문에 등록디자인이 갖추어야 할 실질적 요건인 것이다. 이처럼 디자인의 실질적 요건은 그 디자인의 구성의 본질적 요소, 즉 실체적 사항이므로 이러한 실질적 요건을 만족하지 못한 디자인은 등록을 받을 수 없다.

이는 실질적 요건을 갖춘 디자인만이 디자인의 보호 및 이용을 통하여 디자인의 창작을 장려함으로써 산업발전에 이바지함을 목적으로 한 법이상을 실현할 수 있고 실질적 요건을 충족하지 못한 디자인은 그렇지 못하기 때문에 디자인등록을 받을 수 없는 것이다.

2. 신규성

(1) 의 미

디자인보호법은 "공업상 이용할 수 있는 디자인으로서 i) 디자인등록출원 전에 국내 또는 국외에서 공지되었거나 공연히 실시된 디자인, ii) 디자인등록출원 전에 국내 또는 국외에서 반포된 간행물에 게재되었거나 전기통신회선(인터넷)을 통하여 공중이 이용가능하게 된 디자인, iii) i) 또는 ii)의 디자인에 유사한 디자인, 이 세 유형의 공지공용된 디자인을 제외하고는 그 디자인에 대하여 디자인등록을 받을 수 있다"고 규정함으로써(법 5-① 1부터 3까지) 디자인의 신규성을 디자인등록의 요건으로 하고 있다.

이처럼 디자인보호법은 공업상 이용할 수 있는 디자인의 신규성에 관한 등록요건을 규정하고 그 등록요건을 충족한 디자인을 창작한 자나 그 승계인에게는 소정의 출원, 심사, 심판 및 소송(디자인등록거절결정에 대하여 불복할 경우 해당되는 절차이다) 절차 등을 거쳐 그 디자인이 창작성 등 다른 등록요건을 만족한 경우 소정의 등록절차를 거쳐 일정기간 그 디자인의 실시에 대한 독점 배타권(전용권 및 금지권)을 부여할 수 있도록 규정하고 있다.

이는 디자인보호법이 창작 디자인에 대한 등록보장의 법의를 명정한 것이라고 할 수 있고 또 법이 무엇을 창작 디자인으로 하여 보호하려는지를 명백히 하고 있어 이를 규정한 같은 법 제5조 제1항 제1호부터 제3호까지는 이 법의 가장 기본적이고 본질적인 조항이라고 할 수 있다.

이와 같이 위 같은 조항은 출원 전 공지공용에 의해 이미 객관적으로 존재하고 있는 디자인과 그에 유사한 디자인에 대해서는 등록요건의 결여로 등록을 거절하고 그렇지 않은 디자인은 신규성과 비유사성의 디자인으로서 등록을 받을 수 있음을 분명히 함으로써 등록 디자인의 독점 배타적 실시를 가능하게 하는 권원(權原)의 근거를 객관적 창작에 두고 있다. 즉 디자인권 성립의 근거가 되는 디자인의 창작은 주관적인 창작만으로는 부족하고 객관적으로도 그 창작성이 담보되어야 함을 법리로 하고 있다.

여기에서의 "객관적 창작의 담보"는 위 같은 법 제5조 제1항 제1호부터 제3호까지에서 규정하고 있는 위 i)에서 iii)까지의 어느 하나에 해당하는 디자인을 제외하여 객관적 창작을 담보하고 그 창작을 신규성 및 비유사성이라고 하는데 이때의 신규성 및 비유사성은 객관적 창작의 의제라고 할 수 있고 객관적 창작의 디자인은 신규성 및 비유사성 상실의 의제라고 할 수 있다.

디자인보호법이 공지공용의 디자인에 대한 등록을 부정하고 신규성, 비유사성의 디자인에 대해서만 등록을 긍정하는 것은 새로운 디자인의 보호라는 수단을 통하여 디자인의 창작을 유도함으로써 산업발전에 기여하려는 법 목적조항의 이상을 구현하려는데 그 의의가 있다.

공지의 디자인 즉, 등록에 의한 공지의 디자인인 경우 등록 권리자의 전용재산이고, 등록에 의한 공지의 디자인 이외의 공지의 디자인인 경우 누구나가 자유롭게 이용할 수 있는 공유재산이므로 이러한 공지의 디자인에 대하여는 어느 특정인에게 전용권, 금지권을 줄 수 없을 뿐만 아니라 공지의 디자인으로는 산업발전에 이바지 할 수 없고 또 그러한 취지의 법 목적조항(법1)에도 반하기 때문에 공지된 디자인에 대하여는 등록을 부정하는 것이다.

(2) 공지 공용

1) 의 미

공지의 디자인이란 디자인이 불특정 다수인에게 알려질 수 있는 상태로 된 디자인[31] 즉, 불특정인이 알 수 있는 상태에 놓여 있는 것을 말하고 반드시 알 필요까지는 없는 것을 의미한다. 이처럼 공지의 디자인은 반드시 불특정 다수인에게 인식되었을 필요는 없더라도 적어도 불특정 다수인이 인식할 수 있는 상태에 놓여 있는 디자인을 말한다.[32] 예를 들면 독자가 "가구 디자인감"을 서점에서 구매, 구독하여 그 내용을 알았을 필요까지는 없고, 서점판매대에 진열되어 있는 것으로 공지는 성립된다.

공용의 디자인이란 디자인의 내용이 공연히 실시되었다는 것으로 불특정인에게 알려질 수 있는 상태에서 실시되었음을 의미한다. 즉 디자인의 내용이 공연히 알려진 또는 불특정 다수인이 알 수 있는 상태에서 실시된 디자인을 말한다.[33] 디자인은 그 등록일 이후에는 불특정 다수인이 당해 디자인의 내용을 인식할 수 있는 상태에 놓이게 되어 공지되었다고 봄이 상당하고 디자인공보가 발행되어야만 비로소 그 디자인이 공지되었다고 볼 수는 없다.[34]

이는 디자인의 설정등록은 디자인등록원부에 기재함으로써 이루어지고 그 등록원부는 공부로써 즉시 일반 공중에게 열람, 복사가 가능하기 때문이며 또 당해 디자인등록출원 포대 내의 원서 등 서류는 등록원부의 일부로 보기 때문에 이 또한 등록원부와 같이 일반인의 열람, 복사에 제공되기 때문이다. 즉 이는 등록을 받은 디자인의

---

31) 특허청, 디자인심사기준(2005. 6. 30, 특허청 예규 제33호), 제4조 제2항 가목 본문.

32) 대법원 2001. 2. 23. 선고 99후1768 판결.

33) 대법원 2000. 12. 22. 선고 2000후3012 판결.

34) 대법원 2001. 7. 27. 선고 99후2020 판결.

도면은 디자인등록원부의 일부로 보고(디자인등록령 2②) 또 디자인 무심사등록 이의신청에 대한 결정·심결 또는 판결의 원본에 의하여 i) 디자인 무심사등록 이의신청의 확정결정 및 ii) 보정각하 결정에 대한 심판, 디자인등록 거절결정 또는 디자인등록 취소결정에 대한 심판, 디자인등록의 무효심판, 권리범위 확인심판, 통상실시권 허여 심판 등의 확정심결, iii) 재심의 확정심결, iv) 특허법원의 확정판결, v) 대법원의 판결에 관하여 디자인등록원부 또는 디자인 관계 거절심결 재심청구원부에 그 결정·심결 또는 판결의 요지를 등록한 경우에는 그 원본은 디자인등록원부 또는 디자인관계 거절심결 재심청구 원부의 일부로 보기 때문이다(디자인등록령 2③).

위에서의 "불특정인"이라 함은 디자인 창작자를 위하여 그 디자인을 비밀로 하여야 할 의무(비밀유지의무)가 없는 사람을 지칭한다. 통상 불특정 다수인이 알 수 있는 상태라고 하는 경우가 많으나 불특정인이면 충분하고 반드시 다수인이 알 수 있는 상태를 요하는 것은 아니다.

또한 디자인이 비밀상태에서 벗어나 공개적으로 불특정인에게 알려질 수 있는 상태면 충분하고 불특정인이 현실적으로 그 디자인을 인식하고 있을 것까지를 요하지 않는다.[35] 비밀유지의무와 관련된 사례를 들어 본다.

① 부정사례

원고(디자인권자)가 이 사건등록 디자인품을 그 디자인등록출원 전 동업자인 소 외 회사에 납품하였고 원고와 그 소 외 회사는 그 등록디자인의 내용을 비밀로 유지하기 위한 약정이나 조치를 취하지 아니하였기에 그 디자인품은 전기로에 설치, 가동됨으로써 관련 직원이나 방문객 등 비밀로 유지할 의무가 없는 사람이 볼 수 있는 상태에 놓이게 된 사안에서 그 사건 등록 디자인은 그 출원 전에 공지 공용되었다고 판단한 원심을 지지하였다.[36]

② 긍정사례

디자인등록출원 전에 공지된 디자인이 아니라는 판결 예를 들어본다.

이 사건등록디자인을 창작한 자는 원고이고 피고 회사는 그 고안을 의뢰한 자이므로 피고 회사는 신의칙상 이 사건등록디자인이 표현된 카세트테이프 수납케이스 완제품 샘플에 관하여 비밀로 할 의무가 있고 원고에게 직접 카세트테이프 수납케이스의 개발을 의뢰한 을 역시 피고 회사를 위하여 당연히 그 비밀을 지킬 의무가 있다.

또한 갑 회사는 종래 피고 회사가 제조·판매하는 교육용 영어 카세트테이프 수납케이스를 제조·공급하여 온 피고 회사의 계열회사이므로 을이 갑 회사의 실무담당직원들에게 위 카세트테이프 수납케이스 완제품 샘플을 제시한 것은 제품의 판매를 위

---

35) 대법원 1983. 2. 8. 선고 81후64 판결.

36) 대법원 2000. 12. 22. 선고 2000후3012 판결.

한 것이 아니라 제품의 개발단계에서 위 완제품의 시장성과 상품성 등을 판단하기 위한 것으로 보이고 또 피고 회사와 갑 회사는 이 사건등록디자인과 출원 전까지 여러 차례의 회의를 거쳐 최종적으로 위 완제품 샘플을 채택하기로 결정하였는 바 이러한 여러 사정 등을 종합하여 보면 갑 회사나 그 관계 직원들은 신의칙상 또는 사회통념상 피고 회사를 위하여 위 완제품 샘플의 디자인을 비밀로 하여야 할 관계에 있고 이는 원심이 판시한 바와 같이 당시 양 회사 간에 카세트테이프 수납케이스 제품의 개발에 관하여 경쟁관계에 있었다고 하더라도 달리 볼 것은 아니다.

나아가 병과 정이 을의 의뢰에 따라 하드커버와 드라이보드의 샘플을 만들어 원고가 고안한 목합샘플에 접합함으로써 카세트테이프 수납케이스 완제품 샘플을 만들었거나 을의 처인 무 명의로 이 사건등록 디자인이 출원되어 등록되었다는 사정만으로는 이 사건등록디자인이 그 출원 전에 공지되었다고 보기 어렵다.[37]

2) 공지 디자인의 신규성 인정

디자인을 구성하는 개개의 형상, 모양이 공지 공용에 속하는 것이라도 이것들이 결합하여 새로운 장식적 심미감을 불러일으키고 그것이 용이하게 창작할 수 없는 정도의 지능적인 창작일 때에는 그 디자인은 신규성과 창작성이 있는 디자인으로 볼 수 있다. 그러나 이와는 달리 개개의 형상, 모양을 결합한 것이 새로운 장식적인 심미감을 불러일으키지 아니하거나 디자인적 창작으로서의 가치도 없을 경우에는 신규성과 창작성을 결여하여 디자인 등록의 대상이 될 수 없다.[38] 따라서 등록된 디자인이 신규성 있는 창작이 가미되어 있지 아니하고 공지된 디자인이나 그 출원 전에 반포된 간행물에 기재된 디자인과 동일, 유사한 경우에는 그 등록무효심판의 유무와 관계없이 그 권리범위를 인정할 수 없다.[39]

그리고 디자인의 신규성 판단이나 선행 디자인과의 유사 여부 판단의 대상인 디자인은 반드시 형태 전체를 모두 명확히 한 디자인뿐만 아니라 그 자료의 표현부족을 경험칙에 의하여 보충하여 그 디자인의 요지파악이 가능한 한 그 대비판단의 대상이 될 수 있다.[40]

3) 공지 공용의 요건에 관한 문제

디자인등록출원 전에 국내 또는 국외에서 공지되었거나 공연히 실시된 디자인은

---

37) 대법원 2001. 2. 23. 선고 99후1768 판결.

38) 대법원 1984. 4. 10. 선고 83후59 판결, 1995. 5. 26. 선고 94후1510 판결, 1996. 11. 12. 선고 96후467 판결 등 참조.

39) 대법원 1994. 12. 2. 선고 93후1773 판결, 1996. 1. 26. 선고 95후1135 판결, 1996. 11. 12. 선고 96후467 판결 등 참조.

40) 대법원 1995. 11. 24. 선고 93후114 판결, 1996. 11. 12. 선고 96후467 판결 등 참조.

공지된 디자인으로서 신규성이 없어 디자인등록을 받을 수 없다. 여기에서 문제는 i) "공연히 실시된 디자인"이다. 일반 공중에게 널리 사용된 디자인이라면 당연히 불특정 다수인에게 널리 알려진 공지된 디자인일 것이다. 그렇다면 굳이 공연히 실시된 디자인을 공지된 디자인과 별개로 규정할 필요가 있는가의 문제이다. 다음은 ii) 디자인보호법 제5조 제1항 제1호에서 말하는 "공지되었거나 공연히 실시된 디자인"이란 그 디자인이 불특정 다수인에게 단순히 알 수 있는 상태에 있었다는 것만으로는 부족하며, 현실적으로 알려진 상태에 있음을 요한다. 그럼에도 불구하고 특허청 심사기준[41] 및 대법원 판례[42]는 일관되게 디자인보호법 제5조 제1항 제1호에서 말하는 "공지된 디자인 즉, 공지되었거나 공연히 실시된 디자인"을 불특정 다수인에게 알려질 수 있는 상태(또는 알 수 있는 상태)로 된 디자인을 말하는 것으로 규정하고 있거나 판시하고 있다.

그러나 디자인보호법 제5조 제1항 제1호에서 말하는 "공지된 디자인"이란 같은 항 제2호에서 제1호와는 달리 반포된 간행물을 규정하고 있는 취지를 감안한다면 그 디자인이 불특정 다수인에게 단순히 알 수 있는 상태(또는 알려질 수 있는 상태)에 있는 것만으로는 부족하고 문언의 의미와 같이 현실적으로 알려져 있는 상태에 있음을 요한다고 해석함이 타당할 것이다.

(3) 신규성 판단의 기준 및 범위

1) 시기적 기준

디자인등록출원에 대한 신규성 판단의 시기적 기준은 당해 디자인등록출원의 "시·분·초"를 기준으로 한다. 따라서 디자인등록출원 전이란 출원일을 기준으로 하는 것이 아니고 출원의 시·분·초를 기준으로 하여 그 출원의 출원시보다 전이라는 의미이고, 사실상의 행위에 있어서는 "출원이 된 시"를 의미한다. 실무상 판단은 "그 출원의 시"를 기준으로 한다. 그 점에서 경합출원에 대한 등록을 법기술적으로 정한 디자인보호법 제16조의 선출원의 규정이 "일"을 기준으로 한 것과 다르다.

그러므로 디자인이 공지된 날과 출원일이 같고 시·분·초의 선후가 불분명한 경우에는 그 공지를 이유로 신규성을 상실하지 아니한다. 그리고 디자인등록출원에 대한 공개신청이 있는 경우 그 디자인등록출원은 디자인공보에 기재하여 출원공개가 있은 후 공지디자인으로 보고, 등록디자인은 그 설정등록일부터 디자인공고일 전까지 공지디자인으로 본다.

---

41) 특허청 디자인심사기준(2005. 6. 30, 특허청 예규 제33호) 제4조 제2항 가목 본문.

42) 대법원 2001. 2. 23. 선고 99후1768 판결, 2000. 12. 22. 선고 2000 후 3012 판결, 2001. 7. 27. 선고 99후2020 판결.

2) 인적 범위

디자인등록출원 전에 국내 또는 국외에서 공지되었거나 공연히 실시된 디자인은 등록을 받을 수 없다. 이 경우의 국내 또는 국외에서의 공지 공용의 인적 범위는 반드시 국내 모든 사람 또는 국외 1국의 모든 사람에 걸쳐 공지 공용될 필요는 없고 그 물품의 디자인과 관련하여 주 수요계층에만 공지 공용된 디자인도 전국 모든 사람에게 공지 공용된 디자인으로 본다.[43]

예를 들면 안경이나 책가방 디자인인 경우 그 수요계층인 안경 쓴 사람 또 그 예비자들이나 학생층, 신사복이나 숙녀복 디자인인 경우 각각 그 의복을 착용하는 신사나 숙녀층, 컴퓨터 디자인인 경우 컴퓨터 이용층에게만 각각 공지 공용된 것으로도 국내 또는 국외 1국의 전 국민 즉 모든 사람에게 공지 공용된 것으로 본다.

3) 지역적 범위

출원 디자인이 그 디자인등록출원 전에 국내 또는 국외에서 공지되었거나 공연히 실시된 디자인과 동일하거나 유사한 경우 신규성 상실로 등록을 받을 수 없다. 여기에서 공지의 지역적 범위를 국내 또는 국외로 하고 있는 바, 국내의 경우 반드시 전국 일원에 걸쳐 공지될 필요는 없고 공지의 디자인이 공지 공용되고 있는 일정한 지역이라도 상관이 없다.[44] 예를 들면 의류 디자인의 경우 명동 패션가나 동대문 의류상가의 소재지인 명동이나 동대문 지역에만 공지되어 있어도 국내에서 공지된 디자인으로 본다.

국외의 경우 또한 위의 국내의 경우와 같은 맥락에서 이해하는 것으로 충분하다. 즉 여성 의류나 여성용 가방(핸드백·지갑 등) 디자인인 경우 파리에서 공지되었다 하더라도 국외인 프랑스에서 공지된 디자인으로 보는 것이다.

이와 같이 디자인보호법이 공지된 지역적 범위를 외국에까지 포함하는 국제 공지주의를 채택한 것은 신예의 교통통신수단 등의 출현에 따른 디자인 관련 정보 전파의 고속화와 국제교역환경의 급속한 변화에 따른 정보교류의 활성화로 인한 디자인 정보에 대한 용이하고도 빈번한 접촉기회의 포착 그리고 디자인의 특성상 디자인은 물품의 형상·모양·색채 등의 요소로 구성된 외관적 형태이므로 쉽게 입수 가능한 특성을 가지고 있기 때문에 공지 디자인의 지역적 범위를 국내를 뛰어 넘어 외국에까지 확대한 것은 당연하며, 사실 위성 전사수단 등의 발달로 국내 또는 국외로 구별의 실익도 없는 것이다.

---

43) 대법원 1976. 2. 10. 선고 74다1989 판결, 1980. 12. 9. 선고 80다829 판결 참조.

44) 대법원 1976. 2. 10. 선고 74다1989 판결, 1980. 12. 9. 선고 80다829 판결 참조 : "국내에서 널리 인식된 표지란 국내 전역에 걸쳐 모든 사람에게 알려져 있음을 요하는 것이 아니라 어느 한 지방 즉 국내의 일정한 지역 범위 안에서 거래자 또는 수요자들 사이에 알려진 정도로서 충분하다"고 판시하였다.

(4) 반포된 간행물에의 게재·전기통신회선의 이용

1) 반포된 간행물에의 게재

① 간행물

디자인등록출원 전에 반포된 간행물에 게재된 디자인은 등록을 받을 수 없다(법 5①2 전단). 창작 디자인에 대한 등록출원의 거절이유나 등록의 무효사유의 대부분은 선행 디자인 문헌인 간행물에의 게재이고 인용례나 참증 또한 대부분 간행물이다.

여기에서 "간행물"이란 공개를 목적[45]으로 인쇄한 인쇄물이 대표적인 것이지만 그에 한하지 아니하고 기계적·화학적·전기적 방법에 의하여 복제된 공개적 성질을 갖는 문서·도화·사진 등의 정보전달매체 등도 간행물에 포함된다고 해석된다. 그러므로 간행물이 되기 위해서는 공개성과 정보성을 함께 지녀야 한다. 실무상 물품의 디자인으로서 구체적 내용이 파악될 수 있을 정도로 기재되어 있는 국내외의 디자인 공보가 주종을 이루고 있지만 일반적인 디자인 문헌, 도감(圖鑑), 화보, 업계지, 상품 카달로그, 팜플렛, 신문, 단행본이나 잡지 등도 이에 해당하며 그 형식은 다양할 수 있다.

② 반포된 간행물

간행물의 반포는 그 간행물을 세상에 널리 펴서 퍼뜨리는 것을 말하는데 이는 간행물의 인쇄·제본·유통·접수사실만으로 이루어지는 것이 아니고 반드시 간행물이 불특정인이 볼 수 있는 상태에 놓여져 있을 때 반포성을 가진 간행물로 볼 수 있다. 즉 위 인쇄·제본·유통·접수 등 단계를 거쳐 대중이 구매 가능하도록 서점의 판매대나 대중이 열람·복사·대출이 가능하도록 도서관의 서가에 진열되어 불특정인이 열람 등을 할 수 있는 상태에 놓여 있음을 의미하는 것으로, 현실적으로 누군가가 그 간행물을 열람하여 내용을 알고 있을 것을 요하지 아니한다. 그러나 복제물이 없다 하더라도 원본 자체가 공표되어 공중의 자유로운 열람에 제공되고 또한 공중의 요구에 따라 그 복제물이 지체 없이 교부될 수 있는 상태에 있다면 그 원본은 반포된 간행물로 볼 수 있다.

③ 반포된 간행물에 기재

반포된 간행물에 기재되었다 함은 그 디자인이 속하는 분야에서 통상의 지식을 가진 자(이하 "당업자"라 한다)가 그 간행물을 보면 특별한 사고나 창의를 요하지 아니하고 쉽게 창작할 수 있을 정도로 당해 디자인이 간행문에 기재되었다는 것을 말한다.

---

45) 대법원 1992. 10. 27. 선고 92후377 판결 : "부품 제조자가 자동차 회사로부터 형식승인을 받기 위하여 위 회사에 디자인에 관한 제작도면을 첨부하여 제출한 형식승인 의뢰서는 공개의 목적으로 만들어진 간행물이라 할 수 없고 이로써 반포된 것이라고 볼 수 없다"고 판시하였다.

이 경우 간행물에 기재로 충분하고 그 기재된 디자인이 현실적으로 창작되어 있어야 하는 것은 아니다.

또한 간행물에 기재된 내용에 의해 당업자가 쉽게 창작할 수 있는가의 여부는 간행물의 발행이나 반포된 시점이 아니라 출원 직전의 시점에서 해석한 내용에 의해 판단하여야 한다. 따라서 출원 직전의 창작수준에 비추어 당업자가 그 간행물의 표현 내용으로부터 당연히 감득·파악할 수 있을 정도의 창작의 범위에까지 간행물 기재의 효력이 미친다고 하여야 할 것이다.

간행물에 출원디자인의 창작적 사항이 직접 기재되어 있지 아니한 경우 예를 들면 간행물에 단순히 참고문헌이나 주석(註釋) 형식으로 인용되어 있는 선행 디자인에 관한 디자인공보, 전문잡지, 디자인문헌 등의 내용까지도 문헌공지의 근거로 되는 디자인 내용에 포함되는지의 여부가 문제될 수 있다. 이 경우에도 기본적으로는 그 참고문헌이나 주석이 인용례로 된 디자인적 사항의 해석·판단을 위하여 필요한 전제이거나 불가피하게 관련되어 있고 그것이 당업자의 디자인 상식에 비추어 당연히 알 수 있는 경우에는 그 참고문헌이나 주석도 원래 인용된 간행물의 내용에 포함하는 것이라고 해석함이 타당하다.

④ 반포판단의 기준

ⅰ. 시기적 기준

디자인의 신규성 상실요건으로서 그 간행물이 당해 디자인의 등록출원 전에 반포되어 있어야 하기 때문에 간행물의 반포와 관련하여서는 반포 자체의 의미와 함께 그 반포시기를 확정하는 것도 중요하다.

간행물기재 디자인에 대한 신규성 판단은 출원 시와 사실상의 반포시의 선후에 의해 하게 된다. 간행물의 주종을 이루고 있는 도서·잡지는 그 출판(인쇄·발행)에 의해 반포되고, 공중 열람을 위한 도서관의 간행물은 도서관에 비치(서가 진열)된 시점에 반포된 것으로 본다. 또한 우송에 의한 구독지에 있어서는 구독자의 1인이 배달을 받은 때 반포시가 되는 것이라고 해석된다.[46)]

특허청 심사편람에서는 발행 연월일이 기재되지 않은 간행물의 반포시기를 추정하는 기준을 다음과 같이 제시하고 있다.[47)]

(ⅰ) 간행물에 발행시기가 기재되어 있는 경우

i) 발행의 연만 기재되어 있는 때에는 그 연의 말일에 반포된 것으로 추정한다.

---

46) 소화 42(行게) 제141호, 소화 50년(行게) 제119호 : 또 도서, 잡지의 판권장에 의한 발행일은 일단 당해 간행물의 반포일이라고 추인하는 것이 가능하다 하더라도 그것이 항상 반포시를 나타내는 것이 아니고 또 반드시 일치하지도 않는 점은 주의를 요한다.

47) 특허청 심사편람(1995. 8. 1. 특허청 예규 제10호).

ii) 발행의 연월이 기재되어 있는 때에는 그 연월의 말일에 반포된 것으로 추정한다.
iii) 발행 연월일까지 기재되어 있는 때에는 그 연월일에 반포된 것으로 추정한다.

(ii) 간행물에 발행시기가 기재되어 있지 않은 경우

i) 외국간행물로서 국내에 입수된 시기가 분명한 때에는 그 입수된 시기에서 발행국으로부터 국내에 입수되는데 소요되는 통상의 기간을 소급한 시기에 반포된 것으로 추정한다.
ii) 당해 간행물에 관하여 서평·발췌·카탈로그 등을 게재한 간행물이 있는 때에는 그 발행시기로부터 당해 간행물의 반포시기를 추정한다.
iii) 당해 간행물에 관하여 중판 또는 재판 등이 있고 여기에 초판 발행시기가 기재되어 있는 때에는 그것을 반포시기로 한다.
iv) 그 밖의 적당한 근거가 있을 때에는 그것으로부터 반포시기를 추정한다.

위에서 본 바와 같이 간행물에 발행시기가 기재되어 있는 경우에는 그 연월일에 반포된 것으로 일단 추정할 수 있어 타당성이 있다고 할 수 있으나, 간행물에 발행시기가 기재되어 있지 아니한 경우의 i) 내지 iii)과 같은 추정은 반증에 의하여 번복될 수 있으므로 실제 반포된 날이 출원일 전인가 후인가를 명백히 하기 위한 보강증거의 필요성이 제기될 수 있는 경우도 있을 것이다.

ii. 지역적 기준

반포판단의 지역적 범위는 특허법·실용신안법과 마찬가지로 국내에서 반포된 간행물뿐만 아니라 외국에서 반포된 간행물에 의해서도 신규성이 상실되는 소위 국제간행물 주의를 채택하고 있다.

여기에서의 국내 또는 국외는 모두 전국 일원에 걸쳐 반포될 필요는 없고 그 디자인과 직접 또는 간접적으로 관련이 있는 특정지역에만 반포된 경우에도 국내 또는 국외에서 반포된 것으로 본다. 왜냐하면 디자인의 창작·제작·전시·판매·수출 등 공급자와 그 디자인의 구매·수입·관람·견학 등 수요자의 활동무대가 되고 있는 지역만으로 충분하고, 디자인과 전혀 관련이 없는 지역에의 반포는 관심있는(예비적 관심을 포함한다) 사람들에게 널리 알리려는 반포의 의미가 없으므로 이러한 곳까지 반포되어야 할 필요는 없기 때문이다.

2) 전기통신회선의 이용

① 의 의

공업상 이용할 수 있는 디자인으로서 그 디자인등록출원 전에 국내 또는 국외에서 인터넷과 같은 전기통신회선을 통하여 공중이 이용가능하게 된 디자인과 동일하거나 이와 유사한 디자인에 대하여는 디자인등록을 받을 수 없다(법 5①2, 3). 즉 전기통신회선(인터넷)을 통하여 반포되고 그 반포된 제작물에 게재된 디자인이 전기통신회선을 통하여 공중이 이용가능하게 된 디자인과 동일 또는 유사한 디자인은 창작성이 없거나 희박하다고 보고 이에 대하여는 등록을 허여하지 아니한다.

근래 전기통신분야의 급속한 발달로 인하여 그 회선을 이용하여 반포된 디자인이 급격히 증가하면서 간행물을 통한 디자인의 접수보다도 인터넷과 같은 전기통신회선을 통한 디자인의 접수가 훨씬 쉽고 빠르다는 이점 때문에 신종 매체로 향후 디자인의 신규성 판단의 중요한 자료가 될 것으로 전망된다.

② 전기통신회선의 범위

디자인보호법은 디자인의 높은 생활성에 따른 이용의 보편화로 특허법령[48]과는 달리 전기통신회선의 범위를 일정한 범위로 제한, 특정하는 규정을 두지 아니하고 전 전기통신회선을 그 범위로 하고 있다.

(5) 디자인의 동일·유사

1) 서 론

디자인의 등록요건은 공업상 이용할 수 있는 디자인이 신규 디자인으로서의 창작성이 있느냐의 여부의 판단기준을 제시한 것이다. 따라서 디자인의 신규성, 창작성을 디자인 등록의 주요 요건으로 하고 기존의 디자인과 유사한 디자인, 기존의 디자인으로부터의 용이 창작의 디자인은 부등록요건으로 하고 있다.

출원디자인이 위와 같은 등록요건을 충족하거나 해당되는지의 여부는 모두 공지된 기존의 디자인(이하 "인용디자인"이라 한다)과의 대비로부터 출발한다. 유사디자인·용이창작 디자인에 대한 신규성·창작성의 유무는 출원디자인이 인용디자인과 유사한 디자인인지, 인용디자인에 의해 쉽게 안출할 수 있는 용이창작 디자인인지를 비교 검토하여 판단함으로써 가능한 것이다. 그러므로 여기에서 출원 디자인이 인용 디자인과 유사한지의 대비는 먼저 두 디자인의 동일성 판단으로부터 출발하여야 하는 바, 두 디자인이 동일한 경우 아예 유사성 판단을 할 필요도 없이 등록을 거절하고, 동일하지 아니한 경우 유사한 지의 여부를 판단한다. 즉 유사의 개념을 가진 디자인제도에

---

48) 발명은 고도의 기술적 사상의 창작으로 비교적 다음과 같은 공공기관·전문기관·연구기관·교육기관 등의 특수기관에 그 이용이 집중되어 있으므로 이용의 실효성 확보를 위하여 이들 기관들이 사용하는 전기통신회선의 범위로 한정하였다(특허법 29①2 후단, 법시행령 1의1).
 i) 정부·지방자치단체, 외국의 정부·지방자치단체 또는 국제기구
 ii) 고등교육법 제3조에 따른 국·공립학교 또는 외국의 국·공립대학
 iii) 우리나라 또는 외국의 국·공립 연구기관
 iv) 특허정보와 관련된 업무를 수행할 목적으로 설립된 법인으로서 특허청장이 지정하여 고시한 법인 (예: 한국발명진흥회, 한국특허정보원)

서 디자인의 동일성 고찰의 효과는 특허·실용신안과 같이 언제나 권리의 이동성(異同性)과 직접 결부된다는 사실의 효과는 희박하고, 기본적으로는 디자인보호법에서 가장 중요한 개념인 디자인의 유사에 대한 판단의 기본이 되고, 디자인의 신규성 상실의 예외를 규정하고 있는 같은 법 제8조의 구체적 적용에 있어서의 해석과 보정에서의 요지변경인지 여부에 관한 판단기준이 되는 것이다. 그러므로 유사디자인 판단의 기본이 되는 디자인의 동일성을 먼저 살펴본 다음 유사성에 대하여 설명하기로 한다.

2) 동일성

① 디자인의 동일

디자인의 동일성은 발명, 고안에 있어서의 기술적 사상과 같이 추상적 개념에 의하여 성립되는 것이 아니라 디자인은 물품의 형상·모양·색채 또는 이들을 결합한 것이라는 구체적인 것이기 때문에 대부분 디자인의 동일성의 판단은 자명하다고 본다.

디자인의 동일성은 디자인이 도면·사진·물품 등에 표시된 경우 그 표시된 것끼리 중합(重合) 또는 대비시켜 기하학적 합동이 되는 경우는 당연하지만 언제나 그런 것만은 아니다. 즉 디자인을 표현하는 물품(디자인 표현 객체)의 특정, 디자인의 구성요소(물품의 형상·모양·색채 또는 이들을 결합한 것)와의 관계 또한 시각을 통하여 볼 때 항상 기하학적 합동과 같이 서로 겹쳐지는 것으로 나타나지 않음은 명백하다.

또 법은 유체물에 표현된 형상이나 모양·색채의 결합을 무체재산이라고 하여 디자인으로 하고, 권리면에서 디자인의 실시를 디자인이 표현된 물품의 생산·사용·양도·대여 또는 수입하거나 그 물품의 양도 또는 대여의 청약(양도나 대여를 위한 전시를 포함한다) 등이라고 하여 현실적으로 디자인은 물품의 형태로 실현됨을 상정하고 있다.

여기에서 실제의 물품의 존재형식인 물품의 형태에 대해 그 구성요소를 형상·모양·색채 또는 이들 요소를 결합한 것으로 추상적 관념을 정립하는 무체재산으로서의 디자인과 실제물품의 질과 양을 수반하는 물품 그 자체의 외적 형태가 일치하지 않는 것만은 확실하다. 따라서 디자인의 동일성에 대한 검토효과는 앞에서 살펴본 바와 같이 디자인보호법에서 가장 중요한 개념인 디자인의 유사에 대한 판단의 기본이 되고, 디자인의 신규성 상실의 예외를 규정하고 있는 같은 법 제8조의 구체적 적용에 있어서의 해석이나 같은 법 제18조에 의한 출원보정에서의 요지변경인지 여부에 관한 판단기준을 제공하는 것이다.

② 물품의 동일

디자인이란 물품의 형상·모양·색채 또는 이들을 결합한 것이기 때문에 물품이 디자인 성립의 기초가 되는 것이다. 따라서 디자인 그 자체가 단순한 추상적 형상이 아니라 반드시 물품과 관련하여 성립하는 것으로서 이는 디자인보호법에서 디자인의 동일과 함께 가장 중요한 디자인의 핵심적이고도 본질적인 사항이다. 따라서 물품의 동일성은 디자인의 동일성 성립의 제일 요건으로 물품과의 관계에서 용도와 기능이 동일한 것을 말한다.

물품은 일반적으로 일정한 용도와 기능을 가진 구체적 존재로서 어떤 유형의 형태적 개념을 수반하여 그 외연 하에 일정한 물품이 성립하고 그런 물품의 성질에 부합하는 명칭에 의해 관념된다. 디자인이란 그러한 물품의 형태를 말하는 것이기 때문에 필연적으로 디자인 동일의 기초로서 물품의 동일이 전제되는 것이다. 이와 같이 디자인의 동일성 성립의 제일요건으로서 물품의 동일이 전제되는 것은 디자인보호법의 보호객체로서의 디자인의 본질에 기초를 두고 있기 때문이다.

또 물품의 용도와 기능은 물품 동일의 기저가 되는 바, 이는 물품의 용도와 기능 없이는 물품의 동일 그 자체가 성립할 수 없는 물품의 본질이기 때문이다. 그러므로 물품의 용도와 그 용도를 실현하기 위한 기능은 물품의 본질이며, 따라서 물품의 동일도 그 물품의 용도와 기능의 같고 다름에 따라 판단되는 것은 물품의 본질로부터 나온 필연적인 것이다.

이처럼 디자인은 물품을 떠나서 존재할 수 없고 물품과 일체불가분의 관계에 있으므로 물품에 동일성이 없으면 그 물품의 표현인 디자인도 동일성이 없다고 보아야 한다.

물품의 동일성 여부는 물품의 용도, 기능 등에 비추어 거래통념상 동일 종류의 물품으로 인정할 수 있는지의 여부에 따라 결정한다. 디자인보호법 시행규칙 제9조(물품의 구분 등)에 의한 물품의 구분 [별표 4]는 디자인등록사무의 편의를 위한 것으로서 동종의 물품을 법정한 것은 아니므로 물품구분표상 같은 유별에 속하는 물품이라도 동일성이 없는 물품이 있을 수 있고 서로 다른 유별에 속하는 물품이라도 동일성이 인정되는 경우가 있다. 예를 들면,

i. '마요네즈 용기'와 액체에 가까운 상태의 제품을 담아 보존시키는 '포장용 용기'는 기능 및 용도가 동일·유사하여 사회통념상 동일·유사물품에 해당하고,[49]

ii. '프레임용 골조'와 '벨트 컨베이어용 구조재'는 다 같이 기계 등의 구조재로 사용된다는 점에서 그 용도와 기능이 동일·유사하므로 사회통념상 동일·유사물품에 해당하며,[50]

iii. '접시 덮개'와 '접시'는 모두 식품용기류에 속하기는 하나 '접시'는 식품을 담아 받쳐주는 용도와 기능을 가진 반면 '접시 덮개'는 접시 위에 덮어 식품에 이물의 부착을 막고 식품의 보온, 보습 및 방취를 하는 용도와 기능을 가진 것이므로 거래통념상 동일 종류의 물품이라고 볼 수 없다는 대법원 판결이 있다.[51]

---

49) 대법원 1992. 4. 24. 선고 91후1144 판결.

50) 대법원 1999. 12. 28. 선고 98후492 판결.

51) 대법원 1985. 5. 14. 선고 84후110 판결.

③ 형태의 동일

디자인이란 물품의 형상·모양·색채 또는 이들 요소를 결합한 것(이하 "물품의 형태"라 한다)을 말한다(법 2, 1). 디자인은 이러한 물품의 형태를 기준으로 하여 i) 형상의 디자인, ii) 형상·모양이 결합된 디자인, iii) 형상·색채가 결합된 디자인, iv) 형상·모양·색채가 결합된 디자인 등과 같이 네 가지의 유형(이하 "물품의 형태적 구성요소"라 한다)으로 분류할 수 있다.

이러한 물품의 형태적 구성요소와 디자인등록출원서·도면·사진·견본 등과 같은 물품의 형태를 표현한 자료(이하 "물품의 객관적 구성자료"라 한다)의 그 각각에 의해 성립하는 디자인의 동일성은 그 물품의 형태적 구성요소, 물품의 객관적 구성자료의 각각의 관념이 동일하면 그 물품의 형태는 동일하게 된다.

이처럼 동일성은 실체적 물품 그 자체의 형태로 나타난 경우나 출원서·도면·사진·견본 등의 자료에 의해 표현되는 경우에도 마찬가지로 적용된다. 흔히 물품의 원초적 형태요소에 의해 표상되는 물품의 자연적(자생적) 형태 그 자체와 물품의 형태에 대한 인위적·창작적 디자인을 동일 평면상에서 혼용하는 경우가 있는 바, 이는 현실적으로 양과 질을 수반하고 있는 실체적 유체물과 그 실체적 유체물 위에 그 물품의 형태를 구체적으로 나타낸 디자인의 구별인식을 소홀히 하고 있는데 기인한 것이다.

이는 물품의 형태라는 면에서는 양자 동일하나 그 형태가 어떻게 조성되었느냐 즉 창작적 디자인에 의해 형성되었느냐 아니면 자연적 현상에 의해 자생적으로 조성되었느냐에 따라 다르다. 그러므로 물품의 형태가 자생적으로 형성되어 있는 실체적 물품의 지배와 물품의 형태가 그 물품위에 인위적으로 체현한 창작적 디자인의 지배가 완연히 다르다는 것을 이해할 때 양자의 차이는 더욱 분명해진다.

따라서 여기에서의 동일성은 실체적 물품에 표상되어 있는 형상·모양·색채 또는 이들을 결합한 것은 물론 부피·넓이·양 등의 크기·질감 등 여러 가지의 형태적 구성요소 그 자체의 동일성이 아니고 물품의 형태에 대한 창작활동에 의해 창출된 창조물을 그 물품 위에 표상시키는 디자인의 동일성을 말한다.

그러므로 동일성은 실제의 유체물인 물품의 형태 그 자체와 그 구성요소를 추상한 법적 관념에서의 디자인이 완전히 동일하게 될 수 없음을 전제로 해석함이 타당할 것이다. 즉 디자인에서의 형태의 동일성은 디자인보호법에 의한 물품의 형태적 구성요소인 형상·모양·색채 또는 이들을 결합한 것(물품의 객체적 구성자료의 경우를 포함한다)에 의해 물품 위에 표상되고 특정에 의해 이해되어지는 것이다. 그리고 디자인의 등록출원절차나 디자인의 설정등록절차에서 특정된 이들 자료에 의해 나타난 것에 동일성이 있으면 그들 디자인에 대하여 동일성이 성립한다.

3) 유사성

① 서 설

i. 서 론

디자인보호법은 디자인등록출원 전에 공지된 디자인과 동일한 디자인은 물론 그 공지된 디자인과 유사한 디자인인 경우에도 신규성 상실이라는 등록요건의 결여로 등록을 부정한다(법 5①3).

이와 같이 법은 "유사"라는 개념의 디자인을 전제로 하여 이를 기초로 동일 디자인과 함께 신규성 판단의 중요한 준거로 하고 있다. 그러나 디자인에서의 "유사"에 대한 개념은 객관적 사실에 대한 과학적 인식의 작용에 있어서의 물처럼 절대 유일의 해석에 의하여 정립될 수 있는 개념이 아니고 디자인에 대한 본질의 파악은 기본적으로 감성에 기초하고 직관의 작용에 의해 가능하기 때문에 디자인을 보고, 느끼고, 인식하고, 평가하는 일련의 사항들이 거의 주관적이라는 특수성 때문에 이를 하나의 개념으로 정립하기란 쉽지 않다는 속성을 지니고 있다.

이처럼 디자인에 대한 유사개념은 일반적 논리나 사고와는 달리 물품의 형태(형상)에 나타난 미적 감성의 표상을 언어 체계로 개념화하는 것이기 때문에 어렵다는 뜻이다.

그러나 이러한 것들은 사실 유사디자인의 개념정립 및 이해에 중요한 고려 요인은 될지언정 본질적인 사항은 아니라고 보며, 오히려 디자인의 유사를 공지된 등록디자인(기본디자인)의 보호적 가치 측면에서 접근하여 파악, 이해하는 것이 정확한 개념의 정립에 유효할 것이다. 즉 유사개념의 본질은 유사디자인 그 자체에 내재하고 있는 디자인적 가치에 있으므로 이를 중심으로 파악, 이해하는 것이 최적의 유사개념을 정립할 수 있을 것으로 본다.

유사는 공지된 디자인(기본디자인)과의 유사를 말하므로 그 유사에 잠재하고 있는 디자인의 창작성은 기본디자인 창작의 연장선상에 있을 뿐만 아니라 양 디자인은 합체될 수 있을 만큼 서로 유사한 것이다.

따라서 유사디자인은 특별히 창작(창작의 독립성, 창작의 독창성)이라고까지는 할 수 없고 공지된 디자인(기본디자인)의 주위에 잠재되어 있는 기본디자인의 창작의 범위 내에 있는 디자인을 기본디자인에 유사한 디자인이라고 한다.

즉 일반적으로 디자인의 유사란 두 개의 디자인을 대비할 때 그 디자인을 구성하는 물품의 형상·모양·색채 또는 이들의 결합이 모두 동일하지는 않지만 그 중 어느 하나 이상이 그와 같거나 비슷하게 보임으로써 그 두 개의 물품이 동일시장에서 공존할 경우 수요자의 그 물품의 형태에 대한 시각적 미감에 혼동을 일으킬 수 있거나(미감의 혼동성), 디자인 물품의 기능의 공통폭의 유사로 인하여 오인을 일으킬 수 있거나(기능의 오인성), 물품형태의 요부에 공통성이 있거나(물품형태 요부의 공통성), 창작성의 범위가 비슷하므로 인하여 창작의 가치에 공통성이 있거나(창작가치의 공통성), 물품거래의 증대기능을 기본으로 수요자의 구매욕구 자극내용에 공통성이 있거나(구매욕구 자극내용의 공통성), 디자인이 체현된 물품의 용도가 같고 기능이 다르거나(예 : 볼펜과 만년필)(물품의 용도의 동일·기능의 상이), 원래 비유사물품인 경우에 있어서도 용도상으로 혼용될 수 있을 정도의 것(예 : 수저통과 연필통)(물품의 혼용성)일 때에는 그 디자인은 유사한 디자인이라 할 수 있다.

이처럼 유사디자인은 공지된 디자인의 창작성이 잠재되어 있는 범위 내의 디자인이므로 법상 창작성이 없는 디자인으로 간주하고 등록을 거절한다. 다만, 디자인권자 또는 등록출원인이 자기의 기본 디자인에만 유사한 디자인에 대하여는 유사디자인만으로 디자인등록을 받을 수 있다(법 7①).

그러므로 출원디자인의 등록에 대하여는 먼저 그 출원디자인이 유사디자인인가를 출원 전 공지된 디자인과의 대비를 통해 판단하여 등록여부를 결정한다. 왜냐하면 창작성이 있는 디자인만이 산업발전에의 기여 등 보호적 가치가 있기 때문이다.

ii. 의 의

디자인보호법은 디자인등록출원 전에 국내 또는 국외에서 공지되었거나 공연히 실시된 디자인이나 그 디자인등록출원 전에 국내 또는 국외에서 반포된 간행물에 게재되었거나 인터넷 등 전기통신회선을 통하여 이용가능한 디자인(이하 "공지된 디자인"이라 한다)과 유사한 디자인은 등록을 받을 수 없다고 규정하고 있다(법 5①3). 다만, 자기의 공지 또는 출원계류중인 기본디자인과 유사한 디자인에 대하여는 등록을 받을 수 있도록 하는 예외적 규정을 두고 있다(법 7①).

이와 같이 디자인의 신규성에 있어서는 앞에서 설명한 바와 같이 특허법·실용신안법과는 달리 공지된 디자인의 유사한 디자인에까지 신규성 판단의 범위를 확대하는 것은 특허법·실용신안법이 발명·고안을 기술적 사상이라고 하여 추상적으로 파악하고 이것과 동일성의 범위에 있는 것에 대해 신규성을 판단하는데 대해, 디자인은 물품의 형태로서 구체적으로 파악할 수 있는 것이므로 그 신규성에 대해서는 유사한 범위까지 포괄하여 판단하기로 한 것이다. 즉 디자인은 그 객체가 구체적으로 특정 표현되어 포착되는 형태이므로 동일디자인만을 신규성 판단의 대상으로 한정하는 것은 실질적으로 당해 디자인의 객관적 창작을 담보할 수 없다는 사실, 다시 말해서 디자인에 있어서 그 본질의 파악이 기본적으로 감성에 기초하고 직관의 작용에 의한 것이기 때문에 그 디자인에 함축, 포괄되어 있는 것은 육안으로 본 물리적 범위 즉, 동일디자인에 국한하지 않고 그 디자인의 외연이 당연히 확장되어 있다는 것을 전제로 하여 설정한 개념이기 때문에 이미 공개적으로 존재하는 디자인에 유사한 디자인에 대하여는 등록을 부정하는 것이다.

즉 출원디자인 중에는 그 등록출원 전에 공지된 디자인과 전혀 다른 새로운 창작의 디자인이 있는가 하면 이와 동일한 디자인이 있고, 그런가 하면 이에 유사한 디자인도 있는 바, 동일한 디자인은 물론 공지된 디자인과 유사한 디자인에 대해서도 등록을 받을 수 없다.

이처럼 유사한 디자인에 대하여 등록을 부정하는 것은 i) 기본디자인과 유사한 디자인에 대하여는 그 기본디자인권자만이 등록을 받을 수 있는 등록유보권(登錄留保權)의 예비 디자인권이기 때문이고, ii) 기본디자인에만 유사한 디자인에 대하여 제3자에게 등록을 긍정할 경우 양자의 충돌에 의한 분쟁의 우려가 있으며, iii) 유사한 디자인은 창작이라고까지는 할 수 없으므로 이를 기본 디자인권자가 아닌 제3자에게 등록을 허용할 경우 필요한 디자인을 스스로의 창작에 의해 확보하려는 노력보다는 타인의 기존 디자인의 모방에만 의존하게 될 것이므로 이렇게 될 경우 디자인의 창작을 장려하여 산업발전을 도모하려는 디자인제도의 취지에 반할 뿐만 아니라[52], iv) 기본디자인 및 그 유사디자인과는 무관한 공지의 디자인 및 그 유사디자인은 그 디자인을 이용하고자 하는 자는 누구나가 자유롭게 실시할 수 있는 공유재산이므로 이를 어느 특정인에게 독점적 실시를 허여할 경우 공중의 자유로운 실시가 불가능하게 되기 때문이다.

iii. 유사디자인 제도의 특징 및 도입배경

유사디자인은 자기의 기본디자인에만 유사한 것이어야 하므로 기본디자인과는 합체되어(법 42) 종속관계가 발생된다. 따라서 기본디자인을 이전하면 유사디자인도 함께 이전하고 기본디자인이 존속기간 만료 등으로 소멸하면 유사디자인도 함께 소멸하는 등 유사디자인은 기본디자인과 운명을 같이 하게 된다.

그러한 면에서 자기의 상표와 유사한 상표에 대하여 상호 독립적인 권리를 인정하고 있었던 개정전 상표법 하의 연합상표제도와는 다르다. 유사디자인제도 하에서는 자기의 기본디자인과 유사한 디자인을 타인이 출원하면 거절되지만 자기가 출원하면 어느 정도 신규성이 있으면 등록이 가능하다. 디자인은 특허발명에 비하여 권리범위가 좁기 때문에 타인의 모방으로부터 보호가 그리 쉽지 않고 또는 물품에 의해서 제한을 받기 때문에 이러한 취약점을 보완하기 위하여, 더 나아가서는 심사상 신규성,

---

52) 공지된 디자인과 유사한 디자인에 대하여는 등록을 부정한다. 그럼에도 기본디자인권자에게만은 예외를 적용하여 등록을 긍정하는 것은 기본디자인은 그 디자인권자의 창작적 출현물이고, 그 기본디자인에 유사한 디자인은 기본디자인과 다른 별개의 독립적 창작물이 아니고 기본디자인의 창작성이 그 기본디자인의 주위에 잠재되어 있거나 기본디자인 창작의 연장선상에 있는 연속성의 디자인이라는 점을 전제하고 기본디자인권자에게만 등록을 허용한 것으로 판단되며, 이 경우에는 디자인제도의 취지에도 부합될 뿐만 아니라 일반수요자에게도 유사디자인은 기본디자인과 합체되므로 기본디자인과는 아무런 관계가 없는 제3자의 유사디자인(가정)과의 혼동의 우려가 없어 불측의 손해를 막을 수 있다(기본디자인권자의 물품으로의 오인예방에 의한 수요자 보호)는 점 등을 고려하여 기본디자인권자에게만 유사디자인의 등록을 허용한 것으로 해석된다.

창작성 및 유사성 판단이 까다롭지 않다는 실익 추구면에서 유사디자인제도를 도입하였으나 심사의 공평성 및 디자인의 과대보호라는 제도적 약점도 있다.

ⅳ. 유사디자인의 범위 및 학설

(ⅰ) 유사디자인의 범위

유사디자인의 범위란 기본디자인의 창작성이 미치는 외연 즉, 기본디자인의 주위에 잠재하고 있는 기본디자인에 대한 유사디자인의 획정범위를 말한다.

디자인보호법은 유사디자인의 범위를 디자인권자 또는 디자인등록출원인이 자기의 등록디자인 또는 디자인등록출원한 디자인(이하 "기본디자인"이라 한다)에만 유사한 디자인(이하 "유사디자인"이라 한다)에 대하여는 유사디자인만으로 디자인등록을 받을 수 있다고 규정하고 있다(법 7①).

따라서 등록을 받은 유사디자인 또는 디자인등록출원된 유사디자인에만 유사한 디자인에 대하여는 디자인등록을 받을 수 없다(법 7②).

여기에서 자기의 기본디자인에만 유사한 디자인이란 기본디자인에 유사한 디자인으로서 그 출원일에 선행하여 타인의 선원디자인·등록디자인 및 공지디자인 등에 유사하지 아니한 것을 말한다. 그렇다고 유사디자인등록출원의 기본디자인과 유사한 자기의 선행디자인에 유사한 디자인까지 등록을 받을 수 있다는 것은 아니다. 따라서

i) 자기의 유사디자인에만 유사한 디자인은 다음과 같이 처리한다.

A. 디자인등록설정 전의 자기의 유사디자인에만 유사한 디자인은 종래법에서는 다른 거절이유가 없는 한 단독디자인으로 변경출원하게 하여 등록결정을 하였으나 개정법에서는 출원변경제도 자체를 폐지하여 이러한 유사디자인의 출원은 디자인등록 거절이유로 거절결정하여 등록을 불허한다(법 26①1).

B. 디자인등록설정 후의 자기의 유사디자인에만 유사한 디자인은 등록에 의하여 공지된 자기의 유사디자인에 유사한 것으로 하여 거절한다.

ii) 유사디자인등록을 받을 수 있는 물품의 범위는 기본디자인과 동일물품 및 유사물품이다.

A. 이 경우 유사물품의 정의는 용도가 동일하고 기능이 다른 것을 말한다. 예를 들면 볼펜과 만년필이 그것이다.[53)]

B. 유사물품의 정의에 있어서, 용도가 동일한 물품의 범위는 디자인 물품구분상 대분류 또는 부분류가 동일한 범위 내에서 판단하는 것을 원칙으로 한다.

iii) 기본디자인의 물품명칭과 유사디자인 등록출원의 물품명칭이 다른 경우의 처리

A. 기본디자인의 물품명칭이 정당할 경우 유사디자인 등록출원 디자인의 물품명

---

53) 원래 비유사물품인 경우에 있어서도 용도상으로 혼용될 수 있는 것은 유사한 물품으로 볼 수 있다(예 : 수저통과 연필통) : 2005. 6. 30 특허청 예규 제33호 제4조 제4항 가목 (3).※

칭을 기본디자인의 물품명칭과 일치되도록 한다.

B. 유사등록출원 디자인의 물품명칭이 기본디자인의 물품명칭에 비해 보다 정당하거나 적합할 경우 기본디자인의 물품명칭에 일치시킬 필요가 없다.

iv) 무효심판 계류 중인 디자인을 기본디자인으로 한 유사디자인 등록출원이 유사디자인으로 인정될 경우에는 심사보류하지 않고 등록가부에 관한 결정을 하도록 한다.

v) 기본디자인에 대한 거절결정이 확정되지 않은 경우(거절결정에 대한 심판계류 중인 경우를 포함한다) 유사디자인등록출원의 심사는 보류하는 것을 원칙으로 한다.

(ii) 유사디자인의 권리범위에 대한 학설

i) 확인설 : 기본디자인의 주위에 잠재하고 있는 유사범위에 대해 유사디자인등록에 의하여 그 범위를 명확히 한다는 입장이다. 즉, 유사디자인제도는 기본디자인에 의해 인정될 수 있는 유사범위의 잠재성을 유사디자인의 등록에 의해 구체적으로 명시하여 현실화하는 것이라는 견해이다. 따라서 유사디자인의 권리범위는 기본디자인권의 범위를 넘지 않는다는 것이다.

ii) 확장설 : 유사디자인등록에 의해 유사디자인의 효력은 유사디자인의 동일 또는 유사한 디자인에까지 미쳐 기본디자인의 권리의 폭보다 유사디자인의 권리의 폭이 보다 넓다는 입장이다. 즉, 등록된 디자인에 의해 동일 또는 유사한 디자인까지 인정할 수 있으므로 기본디자인의 유사범위는 물론 유사디자인을 등록함으로써 이의 효력은 동일 또는 유사한 디자인까지 인정하여 권리의 범위는 확장된다는 견해이다.

iii) 결과 확장설 : 유사디자인으로 등록된 유사디자인의 권리범위는 기본디자인으로 등록된 기본디자인의 권리범위와는 별개라는 전제 하에서 유사디자인의 유사범위는 인정하더라도 이는 기본디자인의 권리가 확장되는 것이 아니라 기본디자인의 권리범위를 넘어서 유사디자인의 권리범위만 확장된다고 한 견해이다. 즉, 유사디자인등록은 결과적으로 기본디자인권과 유사디자인권을 합쳐 보다 넓은 권리를 가진다는 입장이다. 따라서 결과적으로는 기본디자인의 권리범위와 등록된 유사디자인의 권리범위가 합해짐으로써 디자인권의 권리범위가 확장되게 된다는 것이다.

iv) 결어 : 위의 학설 중 유사디자인제도의 취지나 유사디자인 자체의 특수성 등을 가장 잘 간파한 견해는 확인설이라 할 수 있다. 확인설에 대해서 확장설은 상호 유사한 디자인의 동시 출원시 주종관계 인정의 불합리성 등을 들어 비판하고 있으며,[54] 반면에 확장설에 대해서는 유사디자인권의 기본디자인권에 합체

54) 加藤恒久, 287면.

가 되어 종속성을 가지고 운용을 같이 한다는 점, 예를 들면 존속기간 등에 의한 종속성 등을 설명할 수 없다는 문제점이 있고, 결과 확장설에 대해서는 유사디자인의 종속성과의 관계에서 볼 때 유사디자인권 독자의 권리범위를 인정한다는 점은 이론상 일관성이 결여되어 있다는 비판이 있다. 따라서 기본디자인과의 관계에서 볼 때 유사디자인의 종속성은 확인설만이 설명하고 있을 뿐 아니라 이론적으로도 확인설이 타당하다고 본다.

Ⅴ. 판결 사례

(ⅰ) "마요네즈 용기"와 "액체에 가까운 상태의 제품을 담아 보존시키는 포장용 용기"는 기능 및 용도가 동일 유사하여 사회통념상 동일 유사물품에 해당한다.[55)]

(ⅱ) "프레임용 골조"와 "벨트컨베이어용 구조재"는 다 같이 기계 등의 구조재로 사용된다는 점에서 그 용도와 기능이 동일·유사하므로 사회통념상 동일·유사물품에 해당한다.[56)]

(ⅲ) "음식찌꺼기 발효통"과 "쓰레기통"은 용도와 기능이 상이한 면이 있으나 양 물품의 뚜껑과 몸체의 크기 및 결합이 유사하고 용도상 서로 혼용될 수 있는 점이 있어 서로 유사한 물품에 해당한다.[57)]

(ⅳ) 이 사건 등록디자인을 표현한 물품인 '전자렌지용 일체형 조명등(장타원형의 유리전구체와 그 아래에 연결된 단관형상의 절연몸체 및 절연몸체 하부의 지지판체 그리고 다시 그 밑에 있는 한 쌍의 단자로 현설되어 있는 형상, 모양으로 된 무베이스전구)'은 디자인보호법 시행규칙상의 물품구분에는 분류되어 있지 아니하지만, '전구'와 '전구용 소켓'은 결합된 상태로 사용되며 그래야만 비로소 그에 공급된 전기에 의해 불빛을 내는 그 본래의 기능을 발휘할 수 있으므로 그 용도와 기능에 비추어 볼 때 '전자렌지용 일체형 조명등'은 '전구'와 '전구용 소켓'과는 서로 동일 종류의 물품에 해당되며, 또 '전구', '전구용 소켓'과 '전자렌지용 일체형 조명등'이 부분품과 완성품의 관계에 있는 것이라 하더라도 부분품의 구성이 완성품에 가까운 경우에는 양 물품을 유사물품으로 보아 디자인의 유사여부를 판단할 수 있고, '전자렌지용 일체형 조명등'을 구성하는 '전구', '전구용 소켓'은 각각 그 자체가 완성품에 가까운 경우에 해당된다.[58)]

(ⅴ) 이 사건 출원디자인은 횡파이프와 종파이프를 수직으로 연결 고정시켜 사용되는 침대나 탁자 등의 가구류에 사용되는 것으로 'T'자로 연결된 연결부의 미동을 방지할 수 있도록 하기 위한 것임에 반하여 인용디자인은 호상단면을 가진 판용수철과 원형단면을 가진 지승체를 열십자로 개장하여 판용수철과 지승체와의 안정을 얻기

55) 대법원 1992. 4. 24. 선고 91후1144 판결.

56) 대법원 1999. 12. 28. 선고 98후492 판결.

57) 대법원 2001. 6. 29. 선고 2000후3388 판결.

58) 대법원 1991. 11. 26. 선고 91도612 판결.

위한 것으로, 만약 인용디자인이 적어도 가구류에 관한 것이 아니라면 양 디자인이 표현할 물품은 거래통념상 동일 종류의 물품이라고 볼 수 없고, 따라서 인용디자인이 가구류에 사용되는 것인지 여부(출원인은 인용디자인이 자동차류에 사용된다고 주장하고 있음)와 그 용도, 기능, 재질 등에 비추어 양 디자인이 거래통념상 동일 종류의 물품에 관한 것인지 여부를 심리판단하지 아니한 원심심결은 위법하다.[59)]

(vi) 일반적으로 오일용 온수보일러는 그 지배적인 요부가 사시도와 정면도로 표현되는 형상과 모양인데, 이 사건 등록디자인과 출원디자인은 모두 그 형상과 모양이 상하로 긴 직육면체 모양의 보일러 본체와 그 좌측면 전체에 부착된 같은 모양의 납작한 기름통으로서 서로 거의 동일할 정도로 유사하다 하겠고, 다만 보일러 본체 및 기름통 규격에 미세한 차이가 있고 보일러 본체의 정면 우측상단부에 부착된 작동버튼부분의 모양 및 정면에서 볼 때 기름통의 중앙에 1자 모양의 선이 있는지 여부만이 다를 뿐이나 이 정도 미감의 차이는 이 사건 디자인이 속하는 분야에서 통상의 지식을 가진 자가 등록디자인으로부터 용이하게 창작할 수 있다고 보인다.

② 유사여부 판단

ⅰ. 서 문

디자인보호법 제5조 제1항 제3호는 공지된 디자인에 유사한 디자인을 신규성이 없는 디자인으로 규정하고 있고 같은 법 제41조는 디자인권자는 업으로서 등록디자인 또는 이와 유사한 디자인을 실시할 권리를 독점한다고 규정하여 디자인권의 효력이 등록디자인에 유사한 디자인에도 미친다고 규정하고 있다. 즉 디자인의 신규성 판단 및 디자인권의 권리범위 판단에 있어서 디자인의 유사는 동일한 의미이며 그 판단기준도 기본적으로 동일하다. 다만, 뒤에서 살펴보는 바와 같이 디자인의 등록적격 여부를 가리는 신규성 판단과 일단 등록된 디자인의 보호범위를 정하는 권리범위에 관한 판단의 성격의 차이에 따라 공지형상 부분을 포함한 디자인을 어떻게 취급할 것인가에 관하여 차이가 있을 따름이다.

디자인의 유사여부 판단은 사실판단의 문제라기보다는 어떠한 디자인을 유사 디자인으로 하여야 디자인보호법의 목적[60)]에 맞는 것인가를 고려한 가치판단의 문제 즉, 디자인보호법상 보호해야 할 가치내용을 확정하는 작업이다.[61)]

ⅱ. 유사여부판단의 주체

디자인의 유사여부는 주관적인 것으로서 일반 수요자와 그 디자인이 속하는 분야

---

59) 대법원 1987. 3. 24. 선고 89후84 판결.

60) 디자인보호법 제1조(목적) : 이 법은 디자인의 보호 및 이용을 도모함으로써 디자인의 창작을 장려하여 산업발전에 이바지함을 목적으로 한다.

61) 특허법원, 특허재판실무편람, 과천인쇄, 2002. 12. 226면.

에서 통상의 지식을 가진 자(이하 "당업자"라 한다. 특허청 심사관·심판관 법원의 판사 등을 포함한다)가 판단의 주체가 된다. 이들이 판단주체로서의 적격을 갖는다는 것은 디자인보호법 제2조 제1호 후단에서 "…시각을 통하여 미감을 일으키게 하는 것"이라든가, 유사디자인과 직접 관계되는 규정은 아니지만 같은 법 제5조 제2항 후단에서 "…용이하게 창작할 수 있는 디자인"이라는 그 사실적 행위의 주체로서의 인적 기준을 규정하고 있는 것으로 보아 명백하고 이는 디자인의 형태구성 요소에 대한 유사여부의 판단은 사람의 이성 및 정서나 감성 및 오성(悟性)에 의한 인식작용에 의해서만 가능한 것이므로 당연하다.

그러나 디자인의 유사여부의 판단은, i) 출원디자인의 경우 창작을 기준으로 한 디자인등록의 성립여부에 관한 것이고, ii) 등록디자인의 경우 권리내용의 실질적 효력이 미치는 외연의 파악에 관한 것이다.

그렇다면 위 i), ii)가 긍정적이든 부정적이든 그 영향이 일반 수요자나 당업자에게만 미치는 것이 아니고 사회 구성원 모두에게 미치므로 디자인에 대한 유사여부 판단의 주체는 일반 수요자나 당업자를 뛰어 넘어 i), ii)에 의한 수혜자(창작자)나 피제한자(사용하고 있거나 사용하려고 하는 자 등)까지를 아우른 보편적 주체에 의해 판단되어야 할 것으로 해석된다.

iii. 유사여부 판단의 대상 및 문제점

(i) 판단의 대상 및 요소

i) 판단의 대상

디자인 즉 물품의 형상·모양·색채 또는 이들을 결합한 것 등 물품의 형태구성요소 및 그 물품의 객체구성자료 즉 피디자인체인 물품의 도면, 사진, 카탈로그, 인터넷(전기통신회선) 출력물, 선전·홍보물, 실물견본 그 밖의 디자인 관련 문헌 등을 대상으로 디자인의 유사여부를 판단한다.

ii) 판단의 요소

A. 디자인의 형태구성요소 : 물품에 체현된 디자인의 구성요소인 물품의 형상·모양·색채 또는 이들을 결합한 것을 유사여부 판단의 대상으로 하되 디자인 전체 또는 부분(한 벌의 물품의 디자인을 제외한다)을 하나로 하여 판단한다. 따라서 디자인에서 일반 수요자의 주의를 집중시키는 요부만을 대상으로 하여서는 아니된다.

B. 물품자체의 형태 : 피디자인체인 물품 그 자체의 형태를 유사여부 판단의 대상으로 하되 물품 전체를 하나로 함을 원칙으로 하고 물품의 부분은 참작하는 것으로 한다. 따라서 물품을 구성하는 재질, 독립적 용도나 기능 및 거래대상이 아닌 물품 그 밖의 물품의 일부를 이루는 것만으로는 유사여부 판단의 대상이 되지 아니한다. 다만 그 자체가 물품의 전체 또는 부분의 모양이나 색채로서 표

현된 경우에는 예외적으로 판단의 대상으로 할 수 있다.

C. 물품의 기능 등의 외적 표현 : 물품의 기능·구조·정밀도·내구력·제조방법·사용방법 등은 그 자체가 물품의 외관적 형태로 표현되어 있는 경우에는 유사여부 판단의 대상이 될 수 있다. 그러나 이것들이 외형으로 표현되지 않는 경우에는 유사여부 판단의 대상이 되지 아니함은 물론이다. 이는 디자인은 물품의 외적형태로 나타나 사람의 눈을 통하여 미감을 일으키게 하는 것이어야 하기 때문에 반드시 디자인은 사람의 눈으로 볼 수 있도록 물품의 표면에 표현되어야 하기 때문이다. 다만, 물품의 형상으로 표현된 디자인이라 하더라도 그 디자인이 그 물품의 기능을 확보하는데 불가결한 형상만으로 된 것일 때에는 유사여부 판단의 대상이 되지 않는다(법 6, 4).

D. 물품의 부품디자인 : 부품디자인은 원칙적으로 유사여부 판단의 대상이 되지 아니한다. 다만, 부품의 구성이 완제품에 가까운 경우에는 완제품에 유사한 물품으로 보아 디자인의 유사여부 판단의 대상으로 한다. 예를 들면 사진틀과 사진틀테, 손목시계와 테(본체), 안경과 안경테가 그것이다.

E. 물품의 부분디자인 : 디자인은 물품의 전체디자인 뿐만 아니라 물품의 부분디자인에 대하여서도 등록을 받을 수 있으므로(법 2, 1) 당연히 부분디자인은 유사여부판단의 대상이 된다. 다만, 부분디자인에 관한 디자인등록출원 전에 ⓐ 당해 부분디자인과 동일 또는 유사한 디자인을 포함하는 전체디자인이거나, ⓑ 당해 부분디자인과 동일 또는 유사한 부분을 포함하는 부분디자인이 국내 또는 국외에서 공지공용된 것이거나 또는 간행물에 게재되었거나 인터넷과 같은 전기통신회선을 통하여 공중이 이용가능하게 된 경우에는 당해 부분디자인의 출원은 디자인보호법 제5조 제1항 각호에 해당하여 디자인등록을 받을 수 없기 때문에 이 또한 유사여부판단의 대상이 되지 않는다.

F. 합성물의 디자인 : 합성물이란 수개의 구성물로 이루어지고 그 구성물이 개성을 잃은 것을 말하는 바, 예를 들면 장기쪽, 트럼프, 화투, 완성형태가 단일한 조립완구의 경우 합성물 디자인은 그 구성각편(構成各片)이 모아진 전체를 하나의 디자인으로 보아 유사여부 판단의 대상이 된다. 그러나 그 각 구성각편 개개의 디자인은 그러하지 아니한다. 다만 조립완구와 같이 구성각편의 하나가 디자인등록의 대상이 되는 경우에는 예외로 한다.

G. 동적 디자인 : 디자인의 유사여부 판단은 정적디자인을 대상으로 함을 원칙으로 한다. 다만, 정적디자인이 아닌 동적 디자인이라 하더라도 포착된 동적 물품의 형상(움직이는 면면) 또는 정지상태 및 동작 중의 기본적 주체를 이루는 형태가 정적 디자인과 유사한 경우에는 예외로 할 수 있다.

H. 물품의 액정화면 등 : 화상디자인이 표시된 표시부를 갖는 물품에 관한 디자인에 관하여는 동일·유사 물품 간에 있어서만 유사여부 판단의 대상이 되고 동일·

유사하지 아니한 물품 간에 있어서는 유사여부 판단의 대상이 되지 아니한다.

I. 글자체 디자인 : 글자체 디자인은 유사여부 판단의 대상이 된다(법 2, 1 및 2, 1의 2). 다만, 글자체로 표현된 디자인이 그 물품의 기능을 확보하는데 불가결한 글자체만으로 된 것인 경우에는 유사여부 판단의 대상이 되지 않는다(법 6, 4).

J. 색채디자인 : 색채가 모양을 구성한 때에는 유사여부 판단의 대상이 된다. 따라서 모양을 구성하지 아니한 색채만의 디자인은 유사여부의 판단대상이 되지 아니한다.

K. 물품의 대소디자인 : 상식적인 범위에서 물품의 대소의 차이는 유사여부 판단의 요소가 되지 아니한다. 따라서 상식적인 범위를 넘은 물품의 대소의 차이는 유사여부 판단의 대상이 될 수 있다. 즉 동일한 물품의 형태라 하더라도 크고 작음에 따라 그 물품의 형상에 대한 미감이 다를 수 있기 때문이다.

(ii) 디자인의 객체구성 자료의 문제점

i) 서 론

디자인의 유사여부 판단의 대상은 위와 같은 디자인 즉, 물품의 형상·모양·색채 또는 이들의 결합이다. 디자인보호법은 제9조 제1항 각호에서 디자인등록을 받고자 하는 자는 다음 각호의 사항[62]을 기재한 디자인심사 등록출원서 또는 디자인무심사 등록출원서를 특허청장에게 제출하여야 한다고 규정하고 있다. 그리고 제43조에는 등록디자인의 보호범위는 디자인등록출원서의 기재사항 및 그 출원서에 첨부한 도면·사진 또는 견본과 도면에 기재된 디자인의 설명에 표현된 디자인에 의하여 정하여진다고 규정하고 있다. 이처럼 법은 권리의 객체가 되는 디자인의 표현방법과 그러한 표현방법에 의하여 디자인을 확정한 자료를 특정하고 있다. 이를 신규성유무 판단의 일환으로 운용하고 있는 디자인의 유사여부 판단의 대상으로 하는 것은 당연하지만 언제나 법에 의한 출원이나 등록서류에 의해 표현되어지는 것은 아니며 또 디자인권 발생 후 등록디자인과 대비되는 것은 현실적으로 생산·제조·가공되는 등의 물품의 디자인이다.

---

62) i) 디자인등록출원인의 성명 및 주소(법인인 경우에는 그 명칭 및 영업소의 소재지)
ii) 디자인등록출원인의 대리인이 있는 경우에는 그 대리인의 성명 또는 주소나 영업소의 소재지(대리인이 특허법인인 경우 그 명칭, 사무소의 소재지 및 지정된 변리사의 성명)
iii) 디자인의 대상이 되는 물품
iv) 단독디자인 등록출원 또는 유사디자인 등록출원의 여부
v) 기본디자인의 디자인등록번호 또는 디자인등록출원번호(제7조 제1항에 의하여 유사디자인으로 디자인등록을 받고자 하는 경우에 한한다)
vi) 디자인을 창작한 자의 성명 및 주소
vii) 우선권을 주장하고자 하는 자는 디자인등록출원시 디자인등록출원서에 그 취지, 최초로 출원한 국명 및 출원의 연월일을 기재하여야 한다.

여기에서 디자인 확정자료 즉 유사여부 판단의 자료상의 문제가 제기된다. 그 하나가 그 자료상에 어느 정도로 디자인이 표현되어 있는가이고 다른 하나는 물품 형태의 구성요소와 디자인의 구성자료와의 관계이다.

ii) 유사여부 판단대상의 디자인 표현자료

A. 출원디자인의 신규성 판단대상으로서의 선행디자인이 그 출원디자인에 얼마만큼 표현되어 있고 어느 정도까지 형태가 표현되어 있어야만 유사여부 판단의 대상이 될 수 있는가의 문제이다.

출원디자인에 대해 간행물 기재 디자인을 인용하여 등록을 거절한 결정을 지지한 심결에 대하여 그 취소를 청구한 사례이다.[63]

〈탁상시계〉

본원디자인 인용디자인

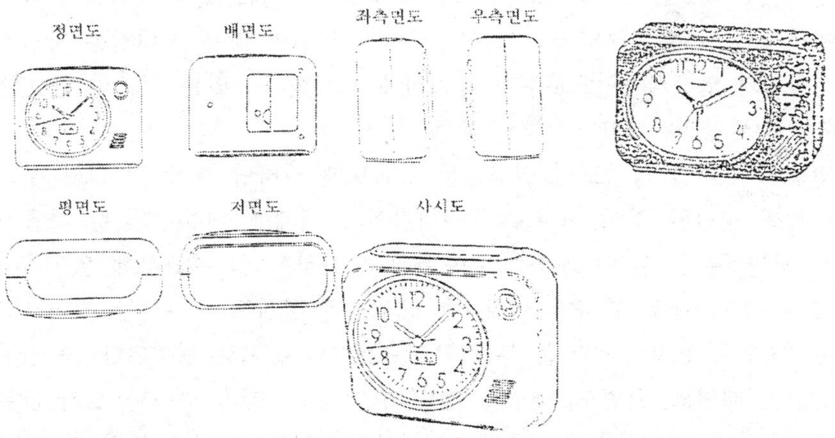

“본원디자인의 등록청구범위는 … 도면에 나타나 있는 바와 같은 탁상시계의 형상 및 모양의 결합이다. 그리고 이 도면에 나타난 형상, 모양은 ⓐ 정면도의 모양, ⓑ 배면도의 모양, ⓒ 평면도의 모양, ⓓ 저면도의 모양, ⓔ 좌측면도의 모양, ⓕ 우측면도의 형상 및 모양 등 6가지이고 본원디자인은 이 여섯 가지 형상, 모양이 결합되어 한 개의 디자인을 표상하고 있다.”

그런데 원고는 심결에서는 본원디자인에서 위의 ⓐ 부분인 정면도의 모양을 추출하여 “이 모양 부분이 카탈로그에 게재된 사시도의 사진과 동일할 정도로 유사한 창

63) - 대법원 1993. 2. 9. 선고 92후1110 판결 참고.
- 소화 34년(行나) 제44호, 소화 38년 9월 26일 판결선고 참고.
- 齊藤瞭二 著, 鄭泰連 譯, 意匠法, 1993. 10. 30, 세창출판사, 252~253면 참조.

작이라고 인정되므로 본원디자인은 디자인보호법 제5조 제1항 제2호에 해당된다고 판단하고 있음에 불과하다고 주장하고 본원디자인의 신규성을 부정하려면 위 ⓐ~ⓕ의 구성요소 모두에 대한 공지문헌이 제시되어야 하며, ⓐ 부분의 정면도만으로 판단하는 것은 위법이라고 주장한다. 즉 여기에서의 원고의 주장은 디자인의 유사여부는 육면도의 모양 전체의 대비를 통해 판단하여야 하고, 특정된 본원디자인에 대해 1면 내지 1방향에서 나타나 있는 공통된 것만을 참증으로 하여 인용디자인과 유사하여 신규성이 없다고 판단하는 것은 부당하다는 것이다.

이에 대한 상고심 판결은 두 디자인의 차이점 중 탁상시계의 문자판 유리가 곡면인 것은 흔히 있는 것이고, 문자판에 있는 디지털 창도 그다지 특징적인 것으로 볼 수 없으며, 전체틀의 모양이나 가로 대 세로의 비율도 두 디자인에 차이를 느낄 수 있을 정도로 현저하지는 못하고, 모서리 등의 원형으로 깍인 정도도 양자를 구별할 수 있을 정도는 아니고, 종울림 구멍의 방향이 다른 점도 특징적이라고 할 수는 없다. 다만 상부에 위치한 울림멈춤 스위치가 본원디자인의 경우 다소 특징적으로 보이나, 본원디자인의 요부는 상부보다는 전면이라고 인정되므로 이것만으로 유사한 디자인이 아니라고 할 수 없다. 그리고 본원디자인의 위와 같은 차이점은 당업계에 종사하는 전문가가 인용디자인으로부터 용이하게 창작할 수 있는 정도의 단순한 상업적, 기능적 변형에 불과하다고 판시하였다.[64]

본 판결의 취지를 살펴보면 원심결은 정면도에 나타난 형상 및 모양 부분만을 대상으로 하여 판단한 것이 아니고 본원디자인의 전체에 대해 관찰한 다음 정면도의 형상 및 모양부분을 본원디자인의 주요부로 인정하고 이 주요부에 있어 본원디자인이 인용디자인과 매우 흡사한 이상 두 디자인은 전체로서 유사한 것이라고 판단한 것이 분명하므로 원고의 주장은 부당하다는 취지의 판시로 해석된다. 즉 판결은 원고가 주장하는 배면도, 평면도, 저면도 등의 형상 및 모양이 나타나 있지 않은 인용디자인을 기초하여 디자인을 인정하고 양자는 디자인으로서의 기본적 구상에 있어 궤를 같이하므로 유사하다고 한 것이다. 물론 여기에서 원고가 주장하는 배면도, 평면도, 저면도 등에서 나타내야 할 디자인의 형태에 대해서는 자료에 나타나 있지 않으므로 인정하고 있지 않다.

필경 법원의 이러한 판단은 본원디자인의 전체를 관찰한 다음 그 요부를 판단하여 그 요부가 인용디자인에 나타나 있는 것과 공통되는 이상 자료에 명시되지 않은 부분(그 부분은 본원디자인에 있어서는 요부가 아님이 요부 인정의 반대해석으로 밝혀지고 있다)을 직접 대비할 것까지도 없이 두 디자인은 유사하다고 보아도 무방하다는 것으로 이는 매우 타당한 논지의 판결이라 할 수 있다.

그러나 인용디자인의 요지가 명확하지 아니한 경우에는 두 디자인의 대비판단을

64) 대법원 1993. 2. 9. 선고 92후1110 판결 참조.

할 수 없으므로 위 판결과 같은 논지는 성립되지 아니한다고 판단된다. 이와 관련한 판결에서도 "디자인의 신규성 판단이나 선행디자인과의 유사여부 판단에 있어 그 판단의 대상인 디자인은 반드시 형태 전체를 모두 명확히 한 디자인뿐만 아니라 그 자료의 표현부족을 경험칙에 의하여 보충하여 그 디자인의 요지 파악이 가능한 한 그 대비 판단의 대상이 될 수 있다. 그러나 인용된 디자인만으로는 디자인의 요지 파악이 불가능한 경우에는 그 대비 판단을 할 수 없다"고 봄이 타당하다.[65]

B. 등록디자인과 인용디자인 간에 일부차이가 있고 또 인용디자인이 실제 사용하고 있는 디자인과 제출한 도면이 다른 경우 그 다른 도면이 유사여부 판단의 대상이 될 수 있는가의 문제이다.

디자인의 유사여부를 판단함에 있어서는 디자인을 구성하는 각 요소를 부분적으로 볼 것이 아니라 그 요소들을 전체적으로 대비 관찰하여야 하는데 이 경우 구체적으로는 디자인을 보는 사람의 주의를 가장 끌기 쉬운 부분의 지배적인 특징이 서로 유사하여 일반 수요자들이 느끼는 미감에 차이가 없다면 세부적인 특징에 있어서 다소 차이가 있을지라도 두 디자인은 유사하다고 판단할 수 있다.[66] 즉, 디자인의 유사여부는 그 구성요소들을 전체적으로 대비 관찰하여 그 각 디자인이 보는 사람으로 하여금 상이한 심미감을 느끼게 하는 것인지 여부로써 판단하여야 하고 이 경우 보는 사람의 주의를 가장 끌기 쉬운 부분을 요부로서 파악한 후 그 각 요부를 대비 관찰할 때 일반 수요자들이 느끼는 미감에 차이가 생길 수 있는지 여부를 그 구체적 판단기준으로 삼아야 한다.[67]

a) 본 건 원심은 등록디자인과 심판청구인이 고안한 인용디자인을 상호 비교하여, 정면도에 있어서 등록디자인 "U"자형 중간에 횡으로 두 줄의 무늬 모양이 있고 그 아래쪽에 원이 형성되어 있는데, 인용디자인은 "U"자형의 아래쪽에 원이 형성되어 있는 차이가 있고, 평면도에 있어서 등록디자인은 목부분이 계단식으로 좁혀지는 형상, 모양이나 인용디자인은 그러하지 아니하고, 상단 부분의 안쪽에 등록디자인에 없는 무수한 돌기를 형성한 미끄럼방지 고무판이 부착되어 있으며, 하단부에 있어서 등록디자인은 낚시받침대의 규격에 상관없이 나사조절로 고정하여 사용할 수 있도록 원통부분이 종으로 절개되어 있는데 반하여, 인용디자인은 단순한 원통형의 형상, 모양만으로 구성되어 있는 차이가 있어, 양 디자인은 부분적으로 차이가 있을 뿐 아니라 이를 이격적, 객관적, 전체적으로 대비 관찰하더라도 심미감에 차이가 있는 별이의 디자인이라고 판단하였다.

기록에 의하면 등록디자인과 인용디자인이 표현될 물품은 양 디자인 모두 낚시

---

65) 대법원 1999. 11. 26. 선고 98후706 판결 참조.

66) 대법원 1985. 11. 26. 선고 85후38 판결, 1991. 8. 13. 선고 90후1185 판결 등.

67) 대법원 1991. 9. 10. 선고 90후2072, 2089 판결 등.

대를 설치하여 두는 받침대의 받침목으로서 그 물품이 동일하고 낚시받침대의 받침목은 구조적으로 그 형상을 크게 변형시킬 수 없는 경우에 해당된다고 보여진다. 따라서 그 디자인과 권리범위, 다시 말하자면 유사의 폭을 좁게 볼 필요가 있다. 이러한 관점에서 보면 원심의 위 사실인정과 판단은 수긍이 가고 소론과 같은 법리오해나 사실오인이 있다고 할 수 없다.

b) 원심결의 이유 및 기록에 의하면 원심에서는 심판청구인에 의하여 실제로 사용되고 있는 디자인은 그가 제출한 도면에 의한 것이 아니라 피심판청구인이 제출한 (을) 제1호증(실제물품)과 그 도면인 (을) 제1호증의 1이라는 피심판청구인의 주장이 있고, 이에 대하여 심판청구인이 다루고 있지 아니함에도 불구하고 등록디자인과 심판청구인이 제출한 인용디자인의 도면만을 비교하여 양 디자인의 유사여부를 판단하고 있음은 소론과 같다. 그러나 심판청구인이 실제로 사용하고 있는 디자인이 그가 제출한 도면과는 다르다고 하더라도 그 때문에 그가 제출한 인용디자인의 사용가능성이 없다는 이유로 심판청구인이 아니라 하여 그 청구의 적법여부가 문제로 될 수는 있지만 이 경우에도 그 심판의 대상은 그가 제출한 디자인이라 할 것이므로[68] 원심의 위와 같은 조치는 정당하고, 소론과 같은 위법이 있다고 할 수 없다. 논지는 이유 없다고 판시하였다.[69] 따라서 실제 사용하고 있는 디자인과 제출한 도면이 다르다 하더라도 그 제출된 도면은 실사용 디자인과 다른 그대로 유사여부 판단의 대상 자료로서의 적정성을 갖는다.

C. 등록디자인에 표현되어 있지 아니한 것이 인용디자인에 표현되어 있는 경우 이를 유사여부 판단의 대상으로 할 수 있는가의 문제이다.

간행물에 게재된 인용디자인(이하 본 항에서 "인용디자인"이라 한다)에 출원디자인이나 등록디자인에 없는 부분이 표현되어 있는 경우 그 더 표현된 부분이 ⓐ 두 디자인을 표현한 물품에 불가분적인 혼합일체화된 전체로 결합되어 있는 것이 아닌 경우, ⓑ 수요자에게 주는 미감의 지배적인 특징이 있는 요부의 구성요소로서 서로 동일·유사한 것이 아닌 경우, ⓒ 수요자로 하여금 시각을 통하여 미감을 일으키게 하는 물품의 디자인으로서의 본질적 요소에서의 심미성의 지배적인 특징이 두 디자인의 전체 대 전체의 관계에서 서로 유사하고 인용디자인에 더 표현된 부분이 심미감을 일으키게 하는 요부 이외의 세부적인 것인 경우에도 이는 유사여부 판단의 대상은 될지언정 참작에 그치고 판단의 결정적 자료로 삼아서는 아니된다.

위 ⓐ의 경우의 사례를 들어 본다.

원심결 이유에 의하면 원심결은 피심판청구인의 이 사건등록디자인은 식품용 단지를 표현대상으로 하는 형상과 모양의 결합디자인이고 간행물에 게재된 인용디자인 역시 식품용단지인 설탕 그릇에 관한 디자인으로서 이 사건등록디자인은 뚜껑이 없는 용기이고

68) 대법원 1985. 10. 22. 선고 85후48, 49 판결, 1990. 2. 9. 선고 89후1431 판결 참조.

69) 대법원 1992. 10. 8. 선고 92후438 판결.

인용디자인은 뚜껑이 용기와 결합된 것이나 뚜껑은 용기 본체에 불가분적으로 결합되어 있는 것이 아닌 만큼 인용디자인에서 뚜껑을 제외하고 양 디자인의 대응되는 형상, 모양만을 대상으로 하여 그 유사여부를 대비하여야 할 것인 바, 이 사건등록디자인은 그 단면도가 "  " 형상, 모양이고 인용디자인은 그 단면도가 " 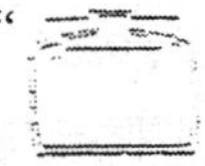 " 형상, 모양으로서 인용디자인에서 뚜껑부분을 제외한 용기 본체의 형상, 모양과 이 사건 등록디자인의 형상, 모양은 다 같이 개구부가 용기 몸체보다 다소 좁고 상부로 돌설되어 바깥쪽으로 확개되어 있고 개구부와 용기 몸체와의 경계선 내주벽에는 턱이 환설되어 있으며 그 저부 바닥면이 약간 내향으로 만곡되어 있는 모양임을 알 수 있어 양 디자인은 전체적으로 대비 관찰할 때 감득되는 심미감이 극히 유사하여 서로 유사한 디자인이라고 할 수 있다.

다만, 양 디자인은 위 단면도에서 보는 바와 같이 개구부의 돌설상태에 있어서 이 사건 디자인은 바깥쪽으로 확개된 모양이 용기 밑면과 평행이 되도록 90도 각도로 꺽어진 반면 인용디자인은 바깥쪽으로 확개된 상태가 완만하고 턱부분에 있어 이 사건등록디자인은 완만히 몸체와 연결된 반면 인용디자인은 내향하여 돌출되어 있으며 측주벽에 있어 이 사건등록디자인은 일직선이나 인용디자인은 다소 팽출된 만곡선인 점에서 차이점이 있으나 위와 같은 정도의 차이점은 미세한 것으로서 상업적, 기능적 변형에 지나지 아니하므로 양 디자인은 유사한 디자인이라고 할 수 있다.[70)]

D. 결 어

위에서 살펴본 바와 같이 두 디자인에서 보는 사람의 주의를 가장 끄는 요부에 공통성이 있는 경우 두 디자인은 기본적 구상에서 궤를 같이 하여 동일 또는 유사하고 그 밖의 다른 부분이 서로 다르거나 디자인이 체현된 물품의 형상·모양·색채 또는 이들의 결합의 일부가 자료로 나타나 있지 아니한다 하더라도 수요자로 하여금 특별한 심미감을 일으키게 하는 지배적 특징적 요소의 부분인 요부가 유사하면 두 디자인은 유사하다고 봄이 타당하다.

iii) 물품의 형태구성요소·형태객체 구성자료와 유사여부

A. 서 문

디자인은 물품의 형상·모양·색채 또는 이들의 결합으로서 하나의 전체적 개념으로 관념된다. 그리고 이들 물품의 형태구성요소·이들 구성요소를 표현한 객체구성자료와 이들 구성요소의 결합으로 성립되는 각각의 디자인 간에 유사여부에 관한 문제가 야기될 수 있다. 즉 디자인은 그 구성요소 및 그 구성요소를 표현한 객체구성자료에 의해 ⓐ 형상의 디자인, ⓑ 형상·모양이 결합된 디자인, ⓒ 형상·색채가 결합된 디자인, ⓓ 형상·모양·색채가 결합된 디자인으로서의 개념으로 관념되는 바, 그 각각

---

70) 대법원 1990. 7. 10, 선고 89후902 판결.

의 디자인 사이에 유사의 성립여부 또는 이미 디자인 전부터 색채가 되어 있는 현존 물품과 형상디자인 사이에 유사의 성립여부 등이 문제로 제기될 수 있는 바 이를 살펴보기로 한다.

B. 물품의 형태구성요소·형태의 객체구성자료와 이들 구성요소의 결합으로 성립되는 각각의 디자인간에 유사의 성립여부

디자인의 유사는 대비되는 두 디자인의 물품의 형태에 실현되는 가치의 공통성이며, 그 양자의 공통성이 위 a)의 ⓐ 내지 ⓓ의 공통성으로 나타난다 하더라도 이는 가치의 공통성이 물품형태의 객체구성자료의 범위를 한정하여 성립하는 것은 아니다.

형상의 디자인에는 본디 모양, 색채가 함축되어 있는 경우가 대부분이어서 이들 모양, 색채가 디자인의 구성요소로서의 독립적 가치를 발휘할 수 없는 한 형상디자인과 공통성이 있는 것으로 보고 양자를 유사하다고 한다.

일반적으로 디자인의 유사여부의 판단에서 모양, 색채요소와 그 요소표현의 객체구성자료와 같이 디자인으로서의 특징적, 독립적 가치를 나타내지 못하는 요소에 대하여는 모양·요소 등을 형상 개념에 넣어 디자인적 가치의 공통성으로 인정하고 양자를 유사하다고 하고 있다. 예를 들어 형상만을 나타내는 목선 디자인의 경우 그 형상에 나뭇결 모양을 나타낸 디자인은 종래의 형상디자인과 유사하며 또 여기에 나무색을 나타낸 디자인 또한 종래의 형상디자인과 유사하다고 봄과 같다. 이처럼 형상의 디자인에 포섭, 함유되어 있는 모양, 색채와 같은 공통의 성질을 지니고 있는 요소를 디자인의 유사여부 판단의 고려대상에서 제외한 것은 이들 모양, 색채 등의 요소가 형상의 요소에 함유되어 있는 것과 공통의 성질을 가지고 있어 독자적인 요소적 가치를 인정할 필요가 없기 때문이다.

C. 디자인과 물품자체의 형태구성요소와의 관계

디자인은 유체물에 체현되는 무체물이며, 무체물인 디자인은 도면에 의해 표상하거나 물품의 형상에 실현하는 형태구성요소에 의해 표상되기도 한다. 여기에서의 "물품의 형태구성요소"는 형상디자인이고 형상·색채의 결합디자인이며, 경우 따라서는 형상·모양의 결합디자인 또는 형상·모양·색채의 결합디자인이기도 한다.

따라서 디자인의 유사여부의 판단에서는 위의 각각의 형태구성요소에 의해 표현되는 형상이나 형상, 색채의 결합 등을 대비 관찰하는 것으로 충분하고 디자인등록출원 절차에서 표현하지 않은 모양, 색채가 모양이 없든 한 색으로 되어 있든 한정하여 고려할 필요는 없는 것이다. 왜냐하면 디자인은 디자인등록출원 절차에 의해 표현된 것만을 인정하여야 하고 그 밖의 것은 부정하여야 하기 때문이다.

이처럼 ⓐ 인정된 디자인(전체디자인, 형태의 구성요소별 디자인 모두 해당)이 ⓑ 현존 물품의 형태(물품 전체형태, 구성요소별 형태 모두 해당)와 공통적일 때 ⓑ의 현존물품은 ⓐ의 인정된 디자인이 체현된 물품으로 되고 ⓑ는 ⓐ에 유사한 디자인이 된다.

③ 유사여부판단의 기준

ⅰ. 디자인의 유사여부 판단기준

디자인의 유사성이란 두 개의 디자인을 대비할 때 그 디자인을 구성하는 물품의 형상·모양·색채 또는 이들을 결합한 것이 모두 동일하지는 않지만 그 중 어느 하나 이상이 그와 동일하거나 유사하게 보임으로써 그 두 개의 물품이 동일시장에서 공존할 경우 a) 수요자의 그 물품의 형태에 대한 시각적 미감에 혼동을 일으킬 수 있는 정도의 물품의 디자인이거나, b) 디자인물품의 기능·용도의 공통의 폭이 유사하여 수요자로 하여금 혼동을 일으킬 수 있게 하거나, c) 물품형태의 요부에 공통성이 있거나, d) 디자인의 창작성의 범위가 비슷하거나, e) 두 디자인 중 어느 한 디자인에 기초하여 디자인을 인정한 경우에 양자는 디자인으로서의 기본적 착상이나 구상에 있어 궤를 같이 하고 있어 창작의 가치에 공통성이 있는 경우 이를 유사디자인이라 한다. 디자인의 유사여부는 그 디자인의 구성요소들을 분리하여 개별적으로 대비 관찰하는 것이 아니라 그 구성요소들을 전체적으로 대비 관찰하여 그 각 디자인이 보는 사람으로 하여금 상이한 심미감을 느끼게 하는 것인지 여부로써 판단하여야 한다.

이 경우 보는 사람의 주의를 가장 끌기 쉬운 부분을 요부로써 파악한 후 그 각 요부를 대비 관찰할 때 일반 수요자들이 느끼는 미감에 차이가 생길 수 있는지 여부를 그 구체적 판단기준으로 삼아야 한다.[71)]

디자인이란 위에서 살펴본 바와 같이 물품의 형상·모양·색채 또는 이들을 결합한 것이기 때문에 디자인의 유사여부는 디자인 물품의 형태와 그 형태에 대한 시각적 미감의 정도가 가장 중요한 판단의 기준이 되는 요소이다. 이를 중심으로 구체적으로 살펴본다.

ⅱ. 디자인이 표현된 물품과 디자인 형태의 유사여부 판단기준

디자인이라 함은 물품의 형태이기 때문에 디자인은 물품을 떠나서는 존재할 수 없고 물품과 일체불가분의 관계에 있으므로 디자인이 동일·유사하다고 하기 위해서는 디자인이 표현된 물품과 디자인의 형태가 동일·유사하여야 하는 바, 물품의 동일·유사 여부는 물품의 용도, 기능 등에 비추어 거래 통념상 같은 류의 물품으로 인정할 수 있는지 여부에 따라 판단하여야 한다. 그리고 디자인보호법 시행규칙 소정의 물품구분표는 디자인등록사무의 편의를 위한 것으로서 동종의 물품을 법정한 것은 아니므로 물품구분표상 같은 유별에 속하는 물품이라도 동일성이 없는 물품이 있을 수 있고 서로 다른 유별에 속하는 물품이라도 동일성이 인정되는 경우가 있다.[72)]

---

71) 대법원 1992. 4. 24. 선고 91후1144 판결, 1987. 3. 24. 선고 86후84 판결 등 참조.

72) 대법원 1991. 12. 27 선고 90후2058 판결, 1991. 9. 10. 선고 90후2072, 2089 판결 참조.

이처럼 디자인은 물품의 형상·모양·색채 또는 이들을 결합한 것이기 때문에 디자인의 유사여부는 그 디자인 물품의 형태에 대한 판단이 가장 중요한 요소이다. 따라서 다음과 같은 물품의 형태의 디자인은 유사범위에 속한다.

(i) 물품이 유사물품으로서 형태가 동일한 경우, 여기에서 "유사물품"이라 함은 용도가 동일하고 기능이 다른 것을 말한다. 예를 들면 볼펜과 만년필이 그것이다. 이는 원래 비유사물품이지만 양 물품의 형태·모양·색채 또는 이들의 결합이 유사하고 용도상으로도 혼용될 수 있는 것은 유사물품으로 취급한다. 예를 들면 수저통과 연필통이 그것이다.

(ii) 물품이 동일하고 형태가 유사한 경우

(iii) 물품도 형태도 모두 유사한 경우, 그러나 다음의 경우에는 유사디자인이 아니다.

i) 물품은 동일하나 형태가 비유사인 경우, 이것은 유사디자인이 아니다.

ii) 물품은 유사하나 형태가 비유사인 경우, 이것도 유사디자인이 아니다.

iii) 물품이 비유사하고 형태가 동일한 경우, 유사디자인이 아니다. 예를 들면 배와 장식물의 배가 그것이다.

iv) 물품이 비유사하고 형태가 유사한 경우, 이것도 유사디자인이 아니다.

v) 물품도 형태도 모두 비유사인 경우, 물론 유사디자인이 아니다.

iii. 디자인의 시각적 미감에 의한 유사여부 판단기준

디자인의 유사성이란 두 개의 디자인을 대비할 때 그 디자인을 구성하는 물품의 형상·모양·색채 또는 이들의 결합이 모두 동일하지는 않지만 그 중 어느 하나 이상이 그와 같거나 비슷하게 보임으로써 그 두 개의 물품이 동일 시장에서 유통될 경우 수요자의 그 물품의 형태에 대한 시각적 미감에 혼동을 일으킬 수 있는 정도의 물품의 디자인을 말한다. 이러한 디자인에 대한 미감은 일반적 타당성이 요구되므로 가치의 측정기준의 확립이 다음과 같이 시도되어 왔다.

(i) 심미적 기초

전체로서 나타나는 미감 내지는 그들이 주로 미적 인상의 공통성에 의해 유사하다는 것이며, 이 견해는 대개 사실로서 동일한 인상을 주는가, 미감을 일으키는가를 찾고자 힘쓰고 있다.[73] 디자인의 본체는 이를 보는 사람의 마음에 어떤 미감을 환기시키는 것에 있으므로 디자인의 유사여부는 이를 구성하는 각 요소를 분리하여 개별적으로 대비할 것이 아니라 그 외관을 전체적으로 대비 관찰하여 보는 사람에게 상이한 심미감을 느끼게 하는지 여부에 따라 판단한다. 즉, 디자인의 유사여부는 이를 구

---

73) 牛木理一, "의장법의 연구" 91쪽.
창작을 기본(상위)개념으로 하고 다시 이것을 美感說·印象說·注意說로 나누고 또 이와는 별도로 混同說로 분류하고 있다.

성하는 각 요소들을 부분적으로 관찰하여 비교, 판단할 것이 아니라 전체 대 전체의 관계에 있어서 수요자에게 주는 미감이 지배적인 특징이 유사하다면 비록 세부적인 특징에 있어서는 다소 차이가 있는 경우라도 두 디자인은 서로 유사하다고 보아야 한다.[74] 여기에서 전체적으로 대비 관찰하여야 한다는 것은 디자인 전체를 같은 비중을 두고 대비한다는 것을 의미하는 것은 아니다. 전체적으로 보아서 과거 및 현재의 디자인과 다른 미감적 가치가 인정되지 아니한다면 비록 부분적으로는 창작성이 인정된다고 하여도 그것은 단지 공지된 고안의 상업적, 기능적 변형에 불과하여 창작성을 인정할 수 없다.[75] 한편 디자인의 유사여부는 그 디자인이 표현된 물품을 사용할 때 뿐만 아니라 거래할 때의 외관에 의한 심리감도 함께 고려하여 판단하여야 하므로[76] 위에서 말하는 심미감을 느끼는 주체로서의 "보는 사람"은 그 디자인이 표현된 물품의 일반 수요자 및 거래자라고 할 수 있다.

(ii) 혼동성 기준

디자인의 시장에서의 기능에 착안하여 그 기능이 공통되는 폭을 유사하다고 하는 견해이다. 이는 디자인의 본질을 물품이 시장에 출하되어 상품으로서 교환될 때 그 교환을 낳게 하는 기능에 있는 것으로서 그 교환에 의한 이익을 보장하는 관념에서 주로 시장에서의 혼동성에 판단의 기준을 둔다.[77]

(iii) 형태성(요부) 기준

디자인의 요부(물품의 형태)를 공통으로 하는 것을 유사하다고 하는 견해이다. 즉 디자인의 요부를 그 디자인이 속하는 분야에서의 경험칙에 의해서 판단하여 그 요부의 공통성에 따라서 유사여부를 결정하고자 하는 견해이다.[78]

(iv) 창작성 기준

각 디자인의 창작성의 범위를 유사하다고 하고, 창작된 가치의 공통성에 의해 유사여부를 결정하고자 하는 견해이다.

---

74) 본원디자인과 인용디자인을 대비하여 보면 두 디자인 모두 동체가 정팔각기둥 형태로서 동일하고 다만 립스틱 용기 맨 윗부분의 형태가 본원디자인은 상면이 사각형이고 팔면이 경사면으로 형성되어 있는데 비하여 인용디자인은 높이가 아주 낮은 팔각의 추(錐) 형태로서 다소 차이가 있으나 이와 같은 차이점은 극히 보통으로 알려져 있는 범위 내에서의 변형에 불과하여 디자인 전체로서 유사하므로 본원디자인은 디자인보호법 제16조 제1항의 규정에 의하여 등록을 받을 수 없다(대법원 93후1759 판결).

75) 대법원 2001. 6. 29. 선고 2000후3388 판결.

76) 대법원 2001. 5. 15. 선고 2000후129 판결, 1996. 1. 26. 선고 95후750 판결.

77) 加藤, 133쪽.
牛木理一, "의장법의 연구" 91쪽.
의장이 상품으로서 유통되는 단계에서의 2차적 판단으로서의 混同說로 분류하고 있다.

78) "發明" Vol. 66(1969), No. 6.7S·M生 "의장의 판결례 類否에 대하여"

(v) 수요성 기준

디자인의 유사성을 물품거래를 증대시키는 기능을 기본으로 구매욕구에의 자극내용을 기준으로 하는 견해이다.[79)]

위와 같은 디자인의 유사성 판단의 기준을 살펴보았으나 디자인의 유사여부 판단은 디자인의 대상이 되는 물품이 유통과정에서 일반 수요자를 기준으로 관찰하여 다른 물품과 혼동할 우려가 있는 경우에는 유사디자인으로 보며, 또한 혼동할 우려가 있을 정도로 유사하지는 않더라도 그 디자인 분야의 형태적 흐름을 기초로 두 디자인을 관찰하여 창작의 공통성이 인정되는 경우에도 유사디자인으로 보아야 한다. 결국 디자인의 유사성은 기본적으로 물품형태 가치의 공통됨을 말하는 바, 대비되는 두 개의 디자인이 유사한가 여부의 판단은 그들 디자인(물품의 형태)에 실현된 가치의 공통성에 대한 판단이라고 할 수 있으므로 결과적으로 혼동성을 기준으로 판단하여야 한다는 혼동설(일명 경업설)이 가장 타당하다고 본다. 왜냐하면 디자인의 유사란 디자인의 본질적 가치를 같이하는 폭이라고 보아야 하기 때문이다.

iv. 판결례 등에서의 유사여부 판단기준

(i) 디자인의 형태 구성요소 전체를 기준으로 판단

디자인의 본체는 이를 보는 사람의 마음에 어떤 미감을 환기시키는 것에 있으므로 디자인의 유사 여부는 이를 구성하는 각 요소를 분리하여 개별적으로 대비할 것이 아니라 그 외관을 전체적으로 대비 관찰하여 보는 사람에게 상이한 심미감을 느끼게 하는지 여부에 따라 판단한다. 전체적으로 대비 관찰한다는 것이 디자인 전체를 같은 비중을 두고 대비한다는 것을 의미하지는 않는다. 전체적으로 보아서 과거 및 현재의 디자인들과 다른 미감적 가치가 인정되지 아니한다면 비록 부분적으로는 창작성이 인정된다고 하여도 그것은 단지 공지된 고안의 상업적, 기능적 변형에 불과하여 창작성을 인정할 수 없다.[80)]

한편 디자인의 유사여부는 그 디자인이 표현된 물품을 사용할 때뿐만 아니라 거래할 때에 외관에 의한 심미감도 함께 고려하여 판단하여야 하므로[81)] 위에서 말하는 심미감을 느끼는 주체로서의 "보는 사람"은 그 디자인이 표현된 물품의 일반 수요자 및 거래자라고 할 수 있다.[82)]

B. 디자인의 요부를 기준으로 판단

대비되는 두 디자인에서 보는 사람의 주의를 끄는 요부의 형상과 모양이 일반수요

---

79) 加藤, 133쪽.

80) 대법원 2001. 6. 29. 선고 2000후3388 판결.

81) 대법원 2001. 5. 15. 선고 2000후129 판결, 1996. 1. 26. 선고 95후750 판결.

82) 특허법원, 특허재판실무편람, 과천인쇄, 2002. 12. 27. 227면.

자 및 거래자 등에게 동일한 심미감을 일으키게 하는 경우에는 두 디자인을 전체적으로 관찰하더라도 서로 같은 심미적 가치를 인정할 수 있으므로 두 디자인은 서로 유사하다. 여기에서 "요부"란 대비되는 두 디자인이 표현된 물품에 있어서 흔히 있는 형상이 아니어서 보는 사람의 주의를 가장 끌기 쉬운 부분 또는 물품의 사용상태와 용도를 고려할 때 수요자에게 잘 보이는 부분 내지 디자인의 구조적 특징을 가장 잘 나타내는 부분을 말한다.[83)]

판례는 "이 사건 등록디자인은 투명비닐, 금속 및 합성수지포로 된 재질로서 내부 저면에 설치된 송풍기를 구동시킴에 의하여 광고 등의 형체를 유지하도록 하고 실내 또는 실외에 설치하여 내부에 전구를 점등시킴에 의하여 광고 및 장식용 등으로 사용함과 아울러 필요시 광고문구를 부착하여 사용할 수 있는 음료수 캔 형태의 광고 등의 형상과 모양인데, 위와 같은 이 사건등록디자인이 표현된 물품의 특성 등에 비추어볼 때 이 사건 등록디자인에서는 광고 등의 전체적인 형상이 큰 의미가 있는 것이고, 광고문구 등을 부착하면 가려져서 보이지도 아니할 광고 등 표면의 선 모양이나 끈을 매기 위한 고리 또는 내부에 설치된 송풍기나 전구 등은 이 사건 등록디자인의 본질적인 특징이 표출되어 있는 요부라고 볼 수 없다"고 판시하였다.[84)]

또 다른 판례는 "세제용기 캡에서 상층부의 나선부분은 등록디자인과 인용디자인이 서로 유사하기는 하나 이는 내부에 파묻혀 있어 잘 보이지 아니하는 부분일 뿐만 아니라 뚜껑의 상층부와 하층부를 결합하는 공지된 수단이므로 뚜껑의 기능상 불가결한 부분이어서 디자인의 유사여부를 판단함에 있어서는 적게 평가해야 할 부분"이라고 판시하였다.[85)]

(iii) 디자인의 유사의 폭을 기준으로 판단

디자인의 유사여부의 판단에는 그 디자인의 유사의 폭을 어느 정도로 보아야 할 것인가도 고려하여야 할 사항이다.

판례는 "물품의 형태가 단순하다"는 점을, "등록디자인의 대상물품(창문틀)과 동종물품에 대한 디자인이 무수히 많이 창작되고 등록되었다"[86)]는 점을, "손목시계는 출현된 지가 오래되어 다양한 종류로 여러 가지 디자인이 나와 있고, 구조적으로도 그 디자인을 크게 변화시킬 수 없으며, 취미나 유행의 변화에 한도가 있다"[87)]는 점을, "병 등의 용기뚜껑에 관한 디자인은 단순한 형태로서 옛날부터 흔히 사용되어 왔고 여러 가지 디자인이 많이 고안되어 있으며, 구조적으로도 그 디자인을 크게 변화시킬 수

---

83) 특허법원, 특허재판실무편람, 과천인쇄, 2002. 12. 27, 227면.
84) 대법원 1998. 12. 22. 선고 97후2828 판결.
85) 대법원 1996. 6. 28. 선고 95후1449 판결.
86) 대법원 2000. 2. 11. 선고 98후2610 판결.
87) 대법원 1996. 1. 26. 선고 95후750 판결.

없고 취미나 유행의 변화에 한도가 있다"[88]는 점을 각각 대비되는 두 디자인의 유사의 범위 즉 유사의 폭을 좁게 보는 사정으로 고려하였다.

(iv) 디자인에 포함된 공지부분은 전체 관찰의 참고적 기준으로 판단

출원디자인이 출원 전 공지된 디자인과 동일한 경우 즉 출원디자인의 형태구성요소가 모두 공지된 경우 당연히 신규성이 없는 것으로 보아 등록이 거절된다. 그러나 그 출원디자인 중 일부분이 공지된 디자인과 동일 또는 유사한 경우 이는 그 형태구성요소 전체에 대한 종합적 판단의 하나로 그 출원디자인의 등록여부 결정의 참작요소가 되므로 이러한 요소는 의당 디자인의 유사여부 판단의 기준으로 유사여부 결정에 고려한다.

그러므로 디자인의 동일 또는 유사여부를 판단함에 있어서는 디자인을 구성하는 구성요소 중 공지형상 부분이 있다고 하여도 그것이 특별한 심미감을 불러일으키는 요소가 되지 못한 것이 아닌 한 이것까지 포함하여 전체로서 관찰하여 느껴지는 장식적 심미감에 따라 판단해야 한다.[89] 이는 등록디자인(출원디자인)과 인용디자인에 공통된 공지부분을 제외한다면 인용디자인의 권리범위가 좁아지게 되어 공지부분을 포함하고 있는 등록디자인(출원디자인)이 오히려 신규성을 쉽게 인정받을 수 있게 되기 때문이다.[90][91]

(v) 대비방향을 기준으로 판단

판결은 "보는 방향에 따라 느껴지는 미감이 같기도 하고 다르기도 할 경우에는 그 미감이 같게 느껴지는 방향으로 두고 이를 대비하여 유사여부를 판단하여야 하는데 등록디자인("비닐지")과 인용디자인은 등록디자인을 오른쪽으로 135° 돌려서 보면 각각 대응하는 배열이 동일함을 인정할 수 있으므로 유사한 디자인"이라고 판시하였다.[92]

(vi) 형태변화의 물품은 같은 상태를 기준으로 판단

판결은 등록디자인은 한지부분이 접힌 상태의 형상과 모양을 (가)호 디자인은 한지부분이 펴진 상태에서의 형상과 모양을 각 기준으로 대비 판단하여 양 디자인이 유사하지 아니하다고 한 원심결을 취소한다는 요지의 판시를 하였다. "대비되는 디자인이 표현된 물품들[테이블용 다리 연결구와 상(床)다리 접철구]이 다 같이 그 기능 내지 속성상 사용에 의하여 당연히 형태가 변화가 일어나는 경우 그 디자인의 유사여부는 형태의 변화 전후에 따라 서로 같은 상태에서 각각 대비한 다음 이를 전체적으로 판

---

88) 대법원 1995. 12. 22. 선고 95후873 판결.

89) 대법원 1996. 6. 28. 선고 95후1449 판결.

90) 대법원, 1991. 6. 14. 선고 90후663 판결.

91) 특허법원, 특허재판실무편람, 과천인쇄, 2002. 228면.

92) 대법원 1992. 11. 10. 선고 92후490 판결.

단하여야 한다"는 취지의 판결이다.[93]

(vii) 색채표현 디자인은 형상 · 모양만을 기준으로 판단

판결은 "등록디자인은 '껌포장대'의 형상·모양·색채가 결합된 디자인이고, 인용디자인은 형상과 모양만의 결합으로 이루어진 경우, 인용디자인은 어떠한 색채도 모두 취할 수 있는 것이고 그와 형상과 모양이 유사한 디자인은 색채가 어떠한 지를 불문하고 모두 유사한 것으로 볼 수 있다"고 판시하였다.[94]

v. 디자인 심사기준에서의 유사여부 판단기준

디자인의 유사여부는 다음 기준을 참작하여 심사례, 심결례 및 판례 등에 의하여 판단한다(디자인심사기준 4④).

(i) 동일 또는 유사물품간 만의 유사여부 판단기준

물품의 유사여부에 따른 디자인의 유사여부는 다음과 같다(디자인심사기준 4④가(1) 내지 (3)).

i) 물품 형태의 구성요소인 형상·모양·색채가 동일하고 그 물품이 동일하면 그 디자인은 동일하고

ii) 물품 형태의 구성요소인 형상·모양·색채가 유사하고 그 물품이 유사하면 그 디자인은 유사하며

iii) 물품 형태의 구성요소인 형상·모양·색채가 비유사하고 그 물품이 비유사하면 그 디자인은 비유사하다.

여기에서 "물품동일"이란 용도와 기능이 동일한 것을 말하고 "물품유사"란 용도가 동일하고 기능이 다른 것을 말한다. 예를 들면 볼펜과 만년필이 그것이다.

그런데 원래 비유사물품인 경우에 있어서도 용도상으로 혼용될 수 있는 것은 유사한 물품으로 볼 수 있다. 예를 들면 수저통과 연필통이 그것이다(디자인심사기준 4④가(3)※).

그러나 글자체의 물품의 구분 중 한글 글자체, 영문자 글자체, 그 밖의 외국문자 글자체, 숫자 글자체, 특수기호 글자체, 한자 글자체 상호간은 유사한 물품으로 보지 아니한다(디자인심사기준 4④가(3)※, 디자인보호법 시행규칙 [별표 4]의 (N1)).

(ii) 디자인의 유사여부 판단기준

i) 수요자의 혼동 야기성의 유사여부 판단기준 : 디자인의 유사여부 판단은 디자인의 대상이 되는 물품이 유통과정에서 일반 수요자를 기준으로 관찰하여

93) 대법원 1999. 10. 8. 선고 97후3586 판결.

94) 특허법원 1999. 5. 13. 선고 99허178 판결(확정).

다른 물품과 혼동할 우려가 있는 경우에는 유사한 디자인으로 보며 또한 혼동할 우려가 있을 정도로 유사하지는 않더라도 그 디자인 분야의 형태적 흐름을 기초로 두 디자인을 관찰하여 창작의 공통성이 인정되는 경우에는 유사한 디자인으로 본다(디자인심사기준 4④나(1)).

ii) 전체 관찰에 의한 종합적 판단의 유사여부 판단기준 : 디자인의 유사여부는 디자인이 표현된 물품의 형태의 각 구성요소를 전체적으로 관찰하여 종합적으로 판단한다. 여기에서 "관찰"은 육안으로 비교하여 관찰하여야 하며 확대경·현미경 등을 사용하여 관찰하여서는 아니된다. 또 "전체적으로 판단한다" 함은 디자인의 요부판단과 그 비교만으로 디자인의 유사여부를 판단할 것이 아니라 디자인을 전체 대 전체로서 대비 관찰하여야 한다는 것을 의미한다. 따라서 부분적으로 유사하더라도 전체적으로 유사하지 아니하면 비유사디자인으로, 부분적으로 다른 점이 있더라도 전체적으로 유사하면 유사한 디자인으로 판단한다(디자인심사기준 4④나(2)(가)(나)).

(iii) 형태 구성요소의 유사여부 판단기준

물품의 형태 구성요소인 형상·모양 및 색채에 의한 디자인의 유사여부는 다음과 같은 기준을 적용하여 판단한다(디자인심사기준 4④다).

i) 형상이나 모양 중 어느 하나가 유사하지 않으면 원칙적으로 유사하지 아니한 디자인으로 보되 형상이나 모양이 디자인의 미감에 미치는 영향의 정도 등을 종합적으로 고려하여 디자인 전체로서 판단한다.

ii) 모양의 유사여부는 주제(Motif)의 표현방법과 배열, 무늬의 크기 및 색채 등을 종합하여 판단한다.

iii) 색채는 모양을 구성하지 아니하는 한 유사여부 판단의 요소로 고려하지 아니한다.

(iv) 참신한 디자인일수록 유사의 폭을 넓게 보고 같은 종류의 것이 많이 나올수록 유사의 폭을 좁게 본다(디자인심시가준 4④라).

i) 유사의 폭이 비교적 좁은 것

A. 옛날부터 흔히 사용되었고 또한 여러 가지 디자인이 많이 창작되었던 것. 예를 들면 직물, 칼, 식기 등이 그것이다.

B. 단순한 형태의 것으로서 옛날부터 사용되어 오던 것. 예를 들면 젓가락, 편지지 등이 그것이다.

C. 구조적으로 그 디자인을 크게 변화시킬 수 없는 것. 예를 들면 자전거, 쌍안경, 운동화 등이 그것이다.

D. 유행의 변화에 한계가 있는 것. 예를 들어 신사복, 한복 등이 그것이다.

ii) 유사의 폭이 비교적 넓은 것

새로운 물품, 같은 종류의 물품 중에서 특히 새로운 부분을 포함하는 것, 특이한 형상 또는 모양

(v) 물품의 잘 보이는 면에 유사여부 판단의 비중을 둔다. 예를 들면 ⓐ 텔레비전, 에어컨 등은 6면 중 정면에 비중을 두고, ⓑ 전화기 등은 6면 중 저면에 비중을 적게 둔다(디자인심사기준 4④마).

(vi) 물품 중 당연히 있어야 할 부분은 적게 평가하고 다양한 변화가 가능한 부분을 주로 평가한다. 예를 들면 수저의 경우에는 손잡이 부분의 형상, 모양에 비중을 두고 판단한다(디자인심사기준 4④바).

(vii) 상식적인 범위 내에서 물품의 대소의 차이는 유사여부판단의 요소로 고려하지 아니하고, 재질은 그 자체가 모양이나 색채로써 표현되는 경우에만 유사여부판단의 요소로 참작한다(디자인심사기준 4④사, 아).

(viii) 기능, 구조, 정밀도, 내구력, 제조방법 등은 그 자체가 외관으로 표현되지 않는 한 유사여부판단의 요소가 되지 아니한다(디자인심사기준 4④자).

(ix) 동작디자인의 유사여부판단은 다음과 같이 한다.

i) 동적디자인과 정적디자인

A. 동적디자인의 정지상태 및 동작 중의 기본적 주체를 이루는 자태가 정적디자인과 유사하면 유사디자인으로 본다. 다만, 동작의 내용이 특이하면 유사하지 아니한 디자인으로 본다.

B. 정적디자인이 동적디자인의 정지상태 또는 동작 중의 기본적 주체를 이루는 자태와 유사하면 유사한 디자인으로 본다.

ii) 동적디자인 상호간

동적디자인 상호간에 있어서는 그 정지상태, 동작의 내용 및 동작 중의 기본적인 주체를 이루는 자태 등을 전체로서 비교하여 유사여부를 판단한다.

동적 디자인의 유사여부판단에 관한 자세한 설명은 뒤에서 설명한 ⑤ iv. (i)부터 (iii)까지의 동적디자인을 참고하기 바란다.

(x) 완성품(부품의 종합체)과 부품의 유사여부판단은 다음과 같이 한다(디자인심사기준 4④카).

i) 완성품과 부품은 비유사물품으로 본다. 따라서 디자인보호법 제16조의 선출원 규정을 적용하지 아니한다. 다만, 선출원된 완성품의 공개 또는 공고 전에 후출원된 부품은 완성품에 관한 선출원이 공개 또는 공고된 때에 같은 법 제5조 제3항의 확대된 선출원 규정을 적용하여 거절한다.

ii) 공지된 부품을 이용한 완성품은 그 부품이 공지된 것을 이유로 거절하지 아니한다.

iii) 공지된 완성품에 부착된 부품과 동일 또는 유사한 부품은 그 완성품에 의하여 공지된 디자인으로 본다.

iv) 부품의 구성이 완성품에 가까운 경우에는 위의 ⓐ에 불구하고 양 물품은 유사물품으로 보아 디자인의 유사여부를 판단한다. 예를 들면 사진틀과 사진틀테, 안경과 안경테 등이 그것이다.

(xi) 형틀과 형틀로부터 만들어지는 물품은 유사하지 아니한 것으로 본다. 예를 들어 빵틀과 빵 등이 그것이다(디자인심사기준 4④타).

(xii) 합성물 디자인의 유사여부판단은 다음과 같이 한다.

여기에서 "합성물"이란 여러 개의 구성물로 이루어지고 그 구성물이 개성을 잃은 것을 말하는 바, 예를 들면 장기쪽, 트럼프, 화투, 완성형태가 단일한 조립완구 등이 그것이다(디자인심사기준 4④파).

i) 합성물의 디자인은 그 구성각편(構成各片)이 모아진 전체를 하나의 디자인으로 보아 대비 판단한다.

ii) 조립완구와 같이 구성각편의 하나가 디자인등록의 대상이 되는 경우에 있어서 합성물과 그 구성각편의 유사여부판단은 위 (x)(완성품과 부품의 유사여부판단)에 준하여 판단한다.

(xiii) 물품의 액정화면 등 표시부에 표시되는 도형 등 화상디자인의 유사여부 판단은 다음과 같이 한다(디자인심사기준 4④하).

i) 화상디자인이 표시된 표시부를 갖는 물품에 관한 디자인의 유사여부는 동일·유사물품 간에 있어서만 판단한다.

ii) 화상디자인의 유사여부 판단은 디자인에 관계되는 모양의 유사여부 판단과 동일하게 판단한다.

(xiv) 부분디자인의 동일·유사 여부는 그 디자인이 속하는 분야의 통상의 지식을 기초로 다음 각 호의 요소를 종합적으로 고려하여 판단하며, 동일이라 함은 다음 각 호의 요소가 동일한 것을 말한다(디자인심사기준 4⑥).

i) 디자인의 대상이 되는 물품

ii) 부분디자인으로서 디자인등록을 받고자 하는 부분의 기능·용도

iii) 당해 물품 중에서 부분디자인으로서 등록을 받고자 하는 부분이 차지하는 위치·크기·범위

iv) 부분디자인으로서 디자인등록을 받고자하는 부분의 형상·모양·색채 또는 이들의 결합

(xv) 등록출원된 글자체 디자인이 다음의 1에 해당하는 경우에는 기존 글자체 디자인과 동일·유사하다고 판단하며, 출원된 글자체 디자인의 유사여부에 대하여 심사관은 디자인심사 자문위원회에 자문을 의뢰할 수 있다(디자인심사기준 4⑦ 1 내지 3).

i) 기존글자체의 복사나 기계적 복제에 해당하는 경우

A. 기존 글자체의 복사 : 어떠한 가감도 없이 그대로 만드는 것

B. 기존 글자체의 기계적 복제(모양, 굵기) : 장체(長體), 평체(平體), 사체(斜體) 혹은 굵기 변화 등에 의한 글자체의 복사 생성

C. 기존 글자체의 기계적 복제(장식) : 윤곽선, 음영 혹은 색구분·색흐림 처리 등에 의한 글자체의 복사생성

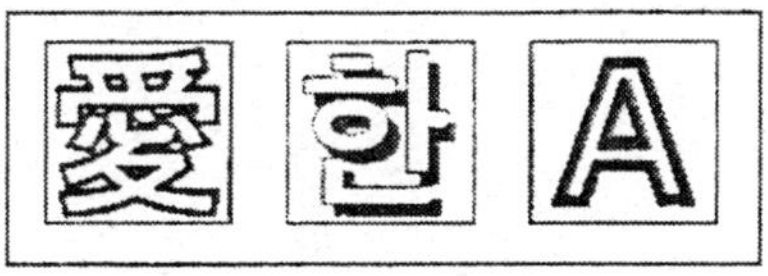

ii) 기존 글자체의 부분적 변경에 해당되는 경우

A. 기존 글자체의 부분적 변경 : 구성요소의 모양을 변경하거나 곡선·기울기를 변경하는 처리 등에 의한 글자체의 모사·변경

※ 상세설명 : 「愛」는 점을 둥글게 했다. 「한」은 선을 절제해서 떼어냈다. 「A」는 바(bar)의 우측을 절제했다.

B. 기존 글자체에서의 파생 글자체용 변경: 점글자체 등 출력기의 특성에 맞춰 기존의 글자체 디자인을 충실히 재현하는 변경

iii) 기존 글자체의 자족(字族), 패밀리 글자체에 해당되는 경우

A. 자족(굵기) : 기존 글자체를 기초로 굵기가 다른 글자체를 제작하는 것

B. 자족(모양) : 자족을 기초로 장체·평체·사체 등 모양이 다른 글자체를 제작하는 것

C. 자족(장식) : 자족을 기초로 윤곽선, 음영, 윤곽선 응용(내선) 등 장식이 다른 글자체를 제작하는 것

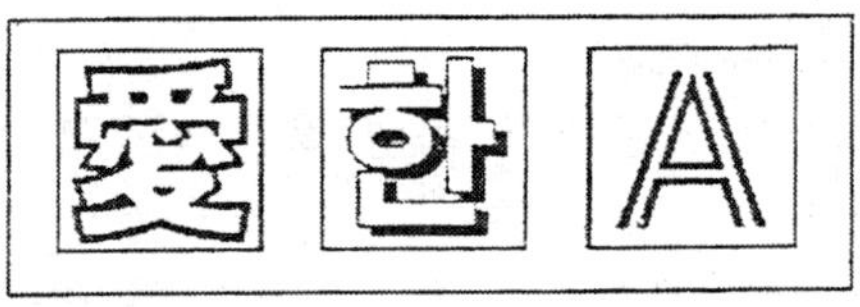

④ 유사여부 판단방법

ⅰ. 구성형태의 공통성

(ⅰ) 물품형태의 공통성

ⅰ) 서 론

물품의 형태는 물품의 생성과 함께 그 물품의 형체로 형성된 물품 본체의 형상(形狀)으로 그 형태 독자적으로 존재하며 창작에 의한 것이 아니다. 그 형태는 물품 그 자체에 본래적으로 형성되어 물품과의 관련 하에 존재하고 그리고 창작된다. 그러므로 물품 없는 형체 그 자체에 대한 디자인은 성립할 수 없다. 따라서 디자인보호법에서 디자인의 정의를 "디자인이라 함은 물품의 형상·모양·색채 또는 이들을 결합한 것"이라고 규정하고 있는 것도 바로 이 때문이다.

물품의 형태는 물품의 목적인 용도와 그것을 달성하기 위한 수단인 기능과의 관계에서 보호적, 미감적 가치가 창출되고 형태적 의의를 갖게 된다. 따라서 두 물품의 형태가 서로 유사범위에 속해 있다고 하더라도 그 물품의 목적인 용도가 다르면 그 형태의 가치도 달라지므로 그 두 물품형태의 유사가 곧 동질적 가치를 갖는 것은 아니다. 왜냐하면 디자인의 형태는 언제나 물품과 관련하여서만 그 가치가 있기 때문이

다. 그래서 물품의 형태에 대한 가치의 공통성을 의미하는 유사개념에서는 항상 물품 그 자체의 공통성을 인용하게 된다.

ii) 개 념

물품의 공통성은 물품의 속성인 물품의 목적으로서의 용도와 그 용도라고 하는 물품의 목적달성을 위한 수단으로서의 물품의 기능에 기초하여 판단한다. 이러한 방법에 의한 판단결과 두 디자인 간에 그 용도와 기능에서 공통성이 있다고 판단된 때에는 그 공통성은 디자인의 유사성립의 기초로서 전제되는 것이다.

이에 대해 통설 및 실무에서는 용도와 기능이 동일한 것을 동일물품이라고 하고, 용도가 동일하고 기능이 다른 것을 유사물품이라고 하는데 볼펜과 만년필 등이 그 예이다. 그러나 원래 용도가 상이하고 기능이 동일하여 유사하지 아니한 물품이라 하더라도 용도상으로 혼용될 수 있는 것은 유사한 물품으로 볼 수 있는 바, 수저통과 연필통 등이 그 예이다.[95]

iii) 물품의 공통성 판단의 요소 - 물품의 용도 · 기능 -

디자인의 유사여부에서의 물품의 공통성은 그 물품의 본체를 구성하는 용도와 기능에 기초하여 판단하여야 한다. 즉 그 물품의 목적인 용도와 그 목적달성의 수단으로서의 기능의 공통성이 디자인의 유사성립의 판단기초로서 전제된다.

그러나 물품의 용도는 그 물품을 무엇으로, 어디에 사용하기 위해 만드느냐에 따라서 결정되는 데 이 때 단일용도의 물품인 경우에는 그 용도의 폭은 그 단일품에만 미쳐 좁지만 범용성(汎用性)을 가진 물품인 경우에는 그 용도의 폭은 그 여러 관련 물품에까지 넓게 미치기도 하고 또 용도의 개념파악 방법에 따라서도 폭이 넓게 되기도 하고 좁게 되기도 한다. 뿐만 아니라 물품의 생산자·제조자·가공자 등 공급자는 단일용도로 출하하였지만 유통업자·판매자 및 소비자 등 수요자는 여러 용도로 거래하고 사용할 경우 그 물품의 용도는 거래사회에서 다양한 형태로 폭넓게 쓰이고 있기 때문에 용도를 기초로 하여 물품의 공통성 판단의 기준으로 하기에는 부적절한 측면이 있다.

그러므로 여기에서의 용도는 어떤 물품의 특정형태가 구현하려는 미적 가치의 공통성을 의미하는 기본적인 것이므로 그 가치를 적절히 제한하는 범위(그 가치를 제약하는 수준 즉 물품형태의 작용범위) 내에서 파악하여야 할 것으로 판단된다. 그렇다면 여기에서의 용도는 그 물품의 목적인 용도와 그 목적을 달성하기 위한 수단, 기능이 구체적으로 발휘되는 태양에 있어(사용목적, 사용방법, 사용상태 등으로서) 그 공통성이 파악되는 것이어야 한다.[96]

---

95) - 光石, 97~98면; 高田, 138면.
- 특허청, 디자인심사기준(2005. 6. 30 특허청 예규 제33호) 제4조 제4항 가(2)(3).

96) 齊藤瞭二 著, 鄭泰連 譯, 意匠法, 세창출판사, 1993년, 249면.

(ii) 디자인 구성형태의 공통성

i) 서 론

디자인의 유사여부 판단은 앞에서 설명한 바와 같이 디자인 즉, 물품의 형상·모양·색채 또는 이들을 결합한 것과 같은 형태구성요소에 의해 표현된 디자인에 대한 미적 가치의 공통성에 관한 판단이라고 할 수 있다. 따라서 그 판단은 객관적으로 대비, 확인할 수 있는 디자인이 추구하는 그 가치실현의 요부(사람의 주의를 가장 끄는 부분)에 대한 전체적, 종합적 평가에 의한 판단으로서, 구체적으로는 출원디자인, 등록디자인에서 강한 심미감을 주는 요부의 형태가 선행디자인이나 상대방이 제시한 (가)호 디자인 또는 그 밖의 인용디자인의 그것과 공통되는가를 확인하는 것으로 이루어진다. 따라서 양 디자인의 공통점 유무의 확인은 그 디자인을 구성하는 각 요소를 분리하여 개별적으로 대비할 것이 아니라, 그 외관을 전체적으로 대비 관찰하여 보는 사람으로 하여금 상이한 심미감을 느끼게 하는지를 기준으로 하여 판단하여야 한다. 판단 결과 그 지배적인 특징이 유사하다면 세부적인 점에 다소 차이가 있을지라도 두 디자인은 유사하다고 보아야 한다.[97]

이에 관련된 사례를 들어 살펴본다.

ii) 사 례

위와 같은 관점에서 등록디자인과 인용디자인이 공통점이 있는지 대비하여 보면, 등록디자인은 그 표면에 무늬를 인쇄한 얇은 두께의 직육면체 초코렛 포장상자의 형상과 모양의 결합을 고안의 요지로 하고 있고 인용디자인들은 반포된 간행물인 일본 주식회사 롯데의 제품 카탈로그 중 V.I.P. 초코렛의 포장상자 내지 포장지의 디자인들인 바, 양 디자인은 형상이 극히 유사하고, 그 표면의 무늬를 살펴볼 때 외곽에 띠로써 직사각형의 테두리를 만들고 그 내부에 타원형을 배치하여 타원형 내부에는 제품명 등을 표시하고 타원형 외부와 직사각형의 내부 사이에는 불규칙한 무늬들을 나열한 점에서 유사하며 색채에 있어서도 등록디자인이 타원형 내부의 바탕색을 청색으로 그 외부의 바탕색을 은색으로 채색함으로써 인용디자인들 중 중앙에 위치한 디자인과 유사하다. 다만 양 디자인은 직사각형 모서리와 무늬와 직사각형 내부와 타원형의 외부 사이에 배치된 무늬가 서로 다르고 등록디자인의 좌측 상단에는 내부에 6개의 별이 그

- 소화 40년(行게) 제89호 判決은 '卵容器'에 대해 '전구용기'와 그 용기로서의 대상물에 관계없이 사용상태를 대비하여 양자는 포장용 패킹으로서 用途 및 機能을 同一하게 하는 것이므로 동일물품이라고 판시하고 있다.
- 소화 57년(行게) 제107호 判決은 '도로용 블록'과 '타일'에 대해, 타일도 단순히 건축물의 벽면과 바닥에 붙여서 사용되는 것에 한하지 않고 건물 옥외의 현관, 계단, 주변도로나 역의 플랫폼, 계단 등의 도로면에 부설하여 사용하는 것을 포함하는 것이므로 物品의 用途도 共通되는 바가 있다고 해야 한다는 뜻의 判示를 하고 있다.

97) 대법원 1991. 3. 22. 선고 90후1628 판결 등 참조.

려진 원과 그 외부에 한 개의 별모양을 배치시킨 점이 다른 바, 양 디자인은 보는 사람의 주의를 끌기 쉬운 표면무늬의 기본적인 구도가 매우 유사하여 위와 같은 모서리와 바탕무늬의 부분적인 미감의 차이에도 불구하고 전체적으로 느껴지는 심미감은 그다지 상이하지 않고, 위와 같은 부분적인 차이는 이 사건 디자인이 속하는 분야에서 통상의 지식을 가진 자가 인용디자인에 의하여 용이하게 창작할 수 있는 것이다. 따라서 이런 정도의 차이는 등록디자인의 출원 전에 공지된 디자인을 상업적, 기능적으로 약간 변형한 것에 불과하여 이로써 등록디자인의 객관적 창작성을 인정할 수 없다 할 것이며, 등록디자인의 좌측 상단에 6개의 별모양을 담은 빨간색 원과 원 바깥에 하나의 별모양을 배치한 부분은 인용디자인과 유사하지는 않지만 이는 피심판청구인의 상표로서 이미 공지된 표장이며 피심판청구인이 눈에 뜨이기 쉬운 적절한 위치에 자기 회사의 상표를 부착한 것에 불과하고 위 상표부분이 등록디자인과 불가분적으로 결합되어 전체적으로 새로운 심미감을 일으킨다고 보기도 어려워 이로써 등록디자인이 인용디자인과 차별화될 수 있는 창작성을 가지게 되었다고 할 수는 없으며 위와 같은 상표의 부착으로 피심판청구인의 제품과 다른 회사의 제품의 구별이 쉬워질 수 있다고 하더라도 이는 자타상품의 식별을 목적으로 하는 상표가 그 본래의 기능을 발휘한 결과이지 디자인이 차별화된 때문이라고 보기는 어렵다.

그러므로 양 디자인은 미감을 일으키게 하는 요부의 형태에서 공통점이 있음은 물론 주변 또한 유사하므로 전체 대 전체로 본 양 디자인은 서로 유사하다. 따라서 등록디자인은 인용디자인에 유사하여 신규성이 없음은 물론 창작성 또한 없는 디자인이므로 그 등록을 무효로 하여야 한다는 취지의 판시를 하였다.[98]

ii. 유사판단의 방법

(i) 전체대비관찰

디자인의 본질은 그 디자인을 보는 사람의 마음에 어떤 미감을 환기시키는 것에 있으므로 디자인의 유사여부는 이를 구성하는 각 요소를 분리하여 개별적으로 대비할 것이 아니라 그 외관을 전체적으로 대비 관찰하여 보는 사람에게 상이한 심미감을 느끼게 하는지 여부에 따라 판단한다. 전체적으로 대비 관찰한다는 것이 디자인 전체를 같은 비중을 두고 대비한다는 것을 의미하지는 않는다. 전체적으로 보아서 과거 및 현재의 디자인들과 다른 미감적 가치가 인정되지 아니한다면 비록 부분적으로는 창작성이 인정된다고 하여도 그것은 단지 공지된 고안의 상업적, 기능적 변형에 불과하여 창작성을 인정할 수 없다.[99]

그러나 모든 디자인의 유사판단을 전체 대 전체의 대비관찰방법에 의해 판단하는

---

98) 대법원 1994. 6. 24. 선고 93후1315 판결 참조.

99) 대법원 2001. 6. 29. 선고 2000후3388 판결.

것은 아니다. 복수물품의 디자인 즉, 복수의 구성요소(구성부재)로 이루어진 디자인인 경우 보호를 받고자 한 요소의 디자인을 중심으로 유사판단의 대상으로 하여 대비관찰을 하여야 할 경우도 있음을 유념하여야 한다. 이에 관한 자세한 설명은 후술하는 제11장 심판 제3절 Ⅱ. 5. 권리범위확인심판 (8) 1) ① ii "복수물품의 디자인인 경우"를 참고하기 바란다.

한편 디자인의 유사여부는 그 디자인이 표현된 물품을 사용할 때뿐만 아니라 거래할 때의 외관에 의한 심미감도 함께 고려하여 판단해야 하므로[100] 그 물품의 디자인에 대하여 시각적으로 심미감을 느끼는 주체는 일반 수요자 및 거래자이다.

(ii) 요부관찰

i) 개 념

디자인의 유사여부판단에서의 요부란 대비되는 두 디자인이 표현된 물품에 있어 흔히 있는 형상이 아니어서 보는 사람의 주의를 가장 끌기 쉬운 부분, 물품의 사용상태와 용도를 고려할 때 일반수요자 및 거래자의 눈에 가장 잘 띄는 부분, 디자인의 구조적, 형태적 특징이 가장 잘 표출되어 있는 부분을 말한다. 따라서 대비되는 두 디자인에서 보는 사람에게 위와 같은 관심을 갖게 하는 요부의 형태가 수요자에게 서로 다른 시각적 미감을 일으키게 하는 경우에는 두 디자인은 전체적 관찰을 하더라도 서로 다른 미감적 가치를 인정할 수 있으므로 두 디자인은 서로 유사하지 아니하다.[101]

ii) 판 례

A. "세제용기 캡"에서 상층부의 나선부분은 등록디자인과 인용디자인이 서로 유사하기는 하나 이는 내부에 파묻혀 있어 잘 보이지 아니하는 부분일 뿐만 아니라, 뚜껑이 상층부와 하층부를 결합하는 공지된 수단이므로 뚜껑의 기능상 불가결한 부분이어서 디자인의 유사여부를 판단함에 있어서는 적게 평가해야 할 부분이라고 판시하였다.[102]

B. "이 사건 등록디자인은 투명비닐, 금속 및 합성수지포로 된 재질로서 내부 저면에 설치된 송풍기를 구동시킴에 의하여 광고등의 형체를 유지토록 하고 실내 또는 실외에 설치하여 내부에 전구를 점등시킴에 의하여 광고 및 장식용등으로 사용함과 아울러 필요시 광고문구를 부착하여 사용할 수 있는 음료수 캔 형태의 광고등의 형상과 모양인데, 위와 같은 이 사건등록디자인이 표현된 물품의

---

100) 대법원 2001. 5. 15. 선고 2000후129 판결, 1996. 1. 26. 선고 95후750 판결.

101) 대법원 2001. 5. 15. 선고 2000후129 판결, 1999. 11. 26. 선고 98후706 판결, 1999. 10. 8. 선고 97후3586 판결, 1999. 8. 20. 선고 99후543 판결, 1996. 1. 26. 선고 95후1135 판결, 1996. 6. 28. 선고 95후1449 판결 등 참조.

102) 대법원 1996. 6. 28. 선고 95후1449 판결.

특성 등에 비추어 볼 때, 이 사건 등록디자인에서는 광고등의 전체적인 형상이 큰 의미가 있는 것이고, 광고문구 등을 부착하면 가려져서 보이지도 아니할 광고등 표현의 선 모양이나 끈을 매기 위한 고리 또는 내부에 설치된 송풍기나 전구 등은 이 사건 등록디자인의 본질적인 특징이 표출되어 있는 요부라고 볼 수 없다."고 판시하였다.[103)]

C. 대비방향에 관한 판결에서 "보는 방향에 따라 느껴지는 미감이 같기도 하고 다르기도 할 경우에는 그 미감이 같게 느껴지는 방향으로 두고 이를 대비하여 유사 여부를 판단하여야 하는데, 등록디자인('비닐지')과 인용디자인은 등록디자인을 오른쪽으로 135° 돌려서 보면 각각 대응하는 배열이 동일함을 인정할 수 있으므로 유사한 디자인"이라고 하였다.[104)]

D. 형태 변화가 있는 물품에 관한 판결에서 "대비되는 디자인이 표현된 물품들['테이블용 다리 연결구'와 '상(床)다리 접철구']이 다 같이 그 기능 내지 속성상 사용에 의하여 당연히 형태의 변화가 일어나는 경우, 그 디자인의 유사여부는 형태의 변화 전후에 따라 서로 같은 상태에서 각각 대비한 다음 이를 전체적으로 판단하여야 한다.[105)]

E. 색채가 표현된 디자인에 관한 판결에서 "등록디자인은 '껌포장대'의 형상·모양·색채가 결합된 디자인이고, 인용디자인은 형상과 모양만의 결합으로 이루어진 경우, 인용디자인은 어떠한 색채도 모두 취할 수 있는 것이고 그와 형상과 모양이 유사한 디자인은 색채가 어떠한 지를 불문하고 모두 유사한 것으로 볼 수 있다"고 한다.[106)]

(iii) 유사폭의 참작

디자인의 유사여부를 판단함에 있어서는 그 디자인의 유사의 폭을 어느 정도로 보아야 할 것인가도 참작하여야 할 사항이다.

대법원 1996. 6. 28. 선고 95후1449 판결은, 병 등의 용기 뚜껑에 관한 디자인은 단순한 형태로서 옛날부터 흔히 사용되어 왔고 여러 가지의 디자인이 많이 고안되어 있으며, 구조적으로도 그 디자인을 크게 변화시킬 수 없고 취미나 유행의 변화에 한도가 있는 점을, 대법원 1996. 1. 26. 선고 95후750 판결은, 등록디자인의 대상물품(창문틀)과 동종 물품에 대한 디자인이 무수히 많이 창작되고 등록된 점을, 대법원 1995. 12. 22. 선고 95후873 판결은, '손목시계'는 출현된 지가 오래되어 다양한 종류로 여러

---

103) 대법원 1998. 12. 22. 선고 97후2828 판결.

104) 대법원 1992. 11. 10. 선고 92후490 판결.

105) 대법원 1999. 10. 8. 선고 97후3586 판결 : 등록디자인은 힌지 부분이 접힌 상태의 형상과 모양을, (가)호 디자인은 힌지 부분이 펴진 상태에서의 형상과 모양을 각 기준으로 대비 판단하여 양 디자인이 유사하지 아니하다고 한 원심결을 취소함.

106) 대법원 1999. 5. 13. 선고 99허178 판결(확정).

가지 디자인이 나와 있고, 구조적으로도 그 디자인을 크게 변화시킬 수 없으며, 취미나 유행의 변화에 한도가 있는 점을 각각 대비되는 두 디자인간의 유사의 폭을 좁게 보는 사정으로 감안하였다.

그 밖에 기능을 확보하기 위하여 필수적으로 요구되는 구성 부분이 있어서 심미감에 변화를 줄 수 있는 범위가 넓지 않은 경우[107] 물품의 형태가 단순한 경우[108] 등도 대비되는 양 디자인의 유사여부를 판단함에 있어서 그 유사의 범위를 비교적 좁게 보아야 할 사정으로 고려하였다.[109] 유사의 폭에 대한 자세한 설명은 앞 "③ v. (iv) i) 및 ii)를 참고하기 바란다.

(iv) 공지부분 포함 디자인

디자인의 신규성 유무를 판단함에 있어 하나의 디자인 중 일부가 공지된 것인 경우 그 디자인은 원칙적으로 전부 공지된 것으로 되어 신규성을 잃게 된다(법 5①1, 2). 그러나 디자인의 동일·유사여부를 판단함에 있어서는 디자인의 구성요소 또는 디자인의 객체 구성자료 중 그 일부가 공지된 것이라 하더라도 그 공지된 부분이 수요자에게 시각적 미감을 일으키게 한 하나의 요소로서 이를 포함하여 디자인 전체적으로 관찰할 때 느껴지는 장식적 심미감에 따라 판단하여야 한다.[110]

이는 대비되는 두 디자인에 공통된 공지부분을 제외한다면 선행디자인의 디자인권의 효력범위가 좁아지게 되어 오히려 공지부분을 포함하고 있는 후행디자인이 쉽게 신규성을 인정받을 수 있기 때문이다.

(v) 물품의 기능을 확보하는데 필요한 형상부분이 있는 디자인

i) 유사판단

물품의 구성요소 중 물품의 기능을 확보하는데 필요한 형상 또는 공지의 형상부분이 있는 디자인의 동일·유사여부의 판단방법에 있어 등록디자인의 대상물품의 구성요소 중 공지형상이 그 물품의 전체적인 심미감에 영향을 미치는 요소인 경우 그 형상부분까지 포함하여 전체로서 대비하여 양 디자인의 심미감의 유사를 판단하여야 한다.

ii) 사 례

등록디자인의 대상물품인 '건물 차양막 받침구'의 구성요소 중 공지형상 부분인 롤러부와 장착부의 형상이 그 물품을 대하는 일반수요자가 느끼는 전체적인 심미감에 영향을 미치는 요소인 경우, 등록디자인(<그림-1>)과 비교대상디자인(<그림-2>)의 유사

---

107) 특허법원 2000.9.22. 선고 2000허2569 판결(확정), 2000. 1. 5. 선고 2000허4541 판결(확정).

108) 대법원 2000. 2. 11. 선고 98후2610 판결.

109) 특허법원, 특허재판실무편람, 과천인쇄, 2002년, 228면.

110) 대법원 1991. 6. 14. 선고 90후663 판결 참조.

여부를 판단하기 위해서는 그 형상부분까지 포함하여 전체로서 대비하여야 하므로, 양 디자인의 미감이 같게 느껴지는 방향에서 볼 때 양 디자인은 전체적으로 심미감이 유사하다고 한 사례, 즉 디자인등록의 요건으로서 디자인의 동일 또는 유사여부를 판단할 때 디자인의 구성요소 중 물품의 기능을 확보하는데 필요한 형상 또는 공지의 형상부분이 있다고 하여도 그것이 특별한 심미감을 불러일으키는 요소가 되지 못하는 것이 아닌 한 그것까지 포함하여 전체로서 관찰하여 느껴지는 장식적 심미감에 따라 판단해야 할 것이고, 보는 방향에 따라 느껴지는 미감이 같기도 하고 다르기도 할 경우에는 그 미감이 같게 느껴지는 방향으로 두고 이를 대비하여 유사여부를 판단하여야 한다.[111)]

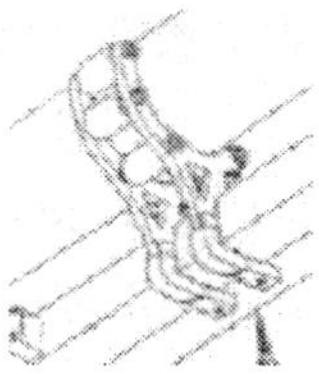

〈그림-1〉

〈그림-2〉

위 법리와 기록에 비추어 살펴보면, 원심 판시와 같은 롤러부와 장착부의 형상이 이 사건 등록디자인(등록번호 제345777호)의 대상이 되는 물품인 '건물 차양막 받침구'의 기능을 확보하는데 필요한 형상 또는 공지의 형상부분이라 하더라도, 이는 보는 사람의 주의를 끄는 특징적인 부분에 해당하고 또한, 당해 물품의 기능을 확보하기 위하여 반드시 원심 판시와 같은 롤러부와 장착부의 형상을 가진다고 할 수 없으며 동일한 기능을 수행하면서도 전체적인 미감을 고려하여 롤러부와 장착부의 형상을 얼마든지 다르게 구성할 수 있으므로, 이 부분은 당해 물품을 대하는 일반수요자가 느끼는 전체적인 심미감에 영향을 미치는 요소임이 분명하다. 따라서 이 사건 등록디자인과 원심 판시 비교대상디자인 4의 유사여부를 판단할 때에는 롤러부와 장착부의 형상부분까지 포함하여 전체로서 대비 관찰하여야 할 것인바, 양 디자인의 전체적인 형상과 모양이 잘 나타나면서 미감이 같게 느껴지는 방향에서 본 사시도를 중심으로 하여, 이 사건 등록디자인(<그림-1>)과 비교대상디자인(<그림-2>)을 대비하여 보면, 상부가 오목한 반원 형상을 이루는 2개의 프레임 사이에 소정 간격을 두고 원통형 롤러를 설치하여 롤러부를 구성한 점, 사각바로 된 지지대에만 끼울 수 있도록 각이 진 장착부를 형성한 점, 장착부가 롤러부에 연결되는 위치가 3번째 롤러와 4번째 롤러 사이의 프레임인 점이 공통되고, 롤러부가 롤러튜브를 받치기 위하여 눕는 각도 또한 거의 비슷하므로, 양 디자인은 전체적으로 그 심미감이 유사하다. 다만, 양 디자인은 프레임과 장착부를 연결하는 부위에서 형상 및 삼각형 구멍의 유무, 장착부가 통철판

---

111) 대법원 1992. 11. 10. 선고 92후490 판결, 대판 2005. 6. 10. 선고 2004후2987 판결 등 참조

구조로 형성되었는지의 여부 등에서 차이가 나기는 하나, 이러한 차이점 등은 당해 물품에 근접하여 자세히 볼 때에만 비로소 인식할 수 있는 세부적인 구성의 미세한 차이에 불과하거나 흔히 취할 수 있는 변형에 해당하여 새로운 미감적 가치를 창출한 부분이라고 볼 수 없으므로, 이와 같은 차이점들로 인하여 양 디자인의 전체적인 심미감이 달라진다고 보기는 어렵다.[112)]

ⅲ. 유사판단 절차의 정형화

(ⅰ) 서 론

위와 같은 방법에 의한 디자인의 유사판단도 일정한 절차적 정형에 따라 하는 것이 정확성과 효율성을 기할 수 있다는 것이다. 그렇지 않을 경우 자칫 형태 구성요소 및 객체 구성자료의 임의적 판단에 의하여 통합 또는 분리함으로써 일체 불가분적으로 결합된 형태의 일체적 판단의 원칙을 위배하거나 혹은 자의적 판단에 의하여 사람의 주의를 가장 끄는 지배적 특징 부분인 요부와 통상 있을 수 있는 공지의 디자인의 상업적, 기능적 변형에 불과한 비교적 경미한 부분을 혼동하여 유사판단의 오류, 디자인(물품) 형태의 일부 탈루, 판단 착오의 야기 또는 전체적 판단의 원칙을 남용함으로써 요부중심 판단주의에 소홀하거나 각 부분의 개별적 존재에 큰 의미를 부여함으로써 전혀 다른 내용으로 전화될 우려가 있기 때문에 이러한 점 등을 감안할 때 유사여부의 절차적 정형에 따른 순차적 판단은 충분히 고려할 만한 것으로서 타당성이 있다고 할 것이다.

(ⅱ) 판단절차의 정형 설정

디자인의 유사여부판단은 그 업무의 성질상 다음과 같은 일정한 유형을 설정하여 그 정형화된 절차에 따라 순차적으로 이루어지는 것이 바람직하다.

i) 출원디자인, 등록디자인(이하 "기초디자인"이라 한다)의 형태 구성요소 전체에서 사람의 주의를 가장 끄는 특징적인 지배부분(이하 "디자인의 요부"라 한다)을 특정한다.

ii) 기초디자인을 중심으로 대비할 대상디자인에 관한 자료를 폭넓게 수집, 검토하여 그 판단대상 디자인을 선정한다.

iii) ii)에 의해 선정된 디자인의 형태 구성요소 및 객체 구성자료를 기초로 디자인의 형태를 분석, 검토하여 그 요지를 확정한다.

iv) iii)에 의해 요지가 확정된 디자인 형태의 요지를 중심으로 판단대상 디자인의 형태상 공통부분과 비공통부분을 구분 확인한다.

v) iv)에 의해 확인된 형태상 공통점과 비공통점을 대비하여 적출된 이동점이 물

---

112) 대법원 2009. 1. 30. 선고 2007후4830 판결, 1992. 11. 10. 선고 92후490 판결, 1995. 11. 21. 선고 95후965 판결, 2005. 6. 10. 선고 2004후2987 판결 다수 참조.

품의 요부 또는 디자인의 요부에 관계되는가, 그리고 여러 각도에서 본 디자인의 형태전체는 각각 어떠한 형태를 띠며 그 중 기초디자인의 요부와 유사한 것은 어느 디자인인지 등을 대비, 판단한다.

ⅳ. 결 어

디자인의 유사판단은 위 ⅰ) 내지 ⅴ)의 정형에 따른 순차적 절차에 의하되 a) 기초디자인과 대비되는 (가)호 디자인(또는 인용디자인)의 두 디자인에 국한하지 아니하고 기초디자인의 물품과 용도가 동일하고 기능이 다른 물품의 디자인인 경우 그 수에 관계없이 유사판단의 대상이 됨은 위의 설명에서 알 수 있고, b) 기초디자인의 창작성의 유무는 공지된 선행디자인과의 대비를 통해 판단하며, c) 디자인권의 실질적 효력의 유사판단은 그 대상이 되는 두 디자인의 객체 구성자료의 대비에 의하지만 그 자료에 나타나 있는 디자인의 동일·유사에 관한 판단은 그 물품에 체현된 디자인의 형태만의 대비로 이루어지는 것이 아니다. 즉 물품의 형태가치는 물품의 형태만으로 이루어지는 것이 아니고 그 물품본체와의 관계에서 성립되기 때문이다.

그런데 그 물품에 표현된 디자인의 형태적 본질(형태적 실(요)체)을 그 디자인의 객관적 요부로 볼 수 있는가이다. 이는 대비되는 디자인 물품형태 각각의 이동점과 디자인 요부와의 관련성의 확인은 객관적 요부에서의 공통성[113] 유무의 판단으로 확인하게 되므로 결과적으로 형태적 본질은 그 디자인의 객관적 요부로 볼 수 있다고 해석된다.

⑤ 특수디자인의 유사여부판단

ⅰ. 모 양

여기에서 "모양"이란 겉으로 본 물품의 생김새 즉, 물품을 평면적으로 파악하여 점, 선 등의 회화적 요소의 집합으로서 외관에 나타나는 도안, 선도(線圖), 색구분, 색흐림 등을 지칭하는 것을 말하고 "모양의 디자인"이라 함은 물품의 모양으로서 눈으로 보아 아름다움을 느끼게 하는 것을 말한다. 그러나 이러한 물품모양이 다른 물품의 형상·색채 또는 이들을 결합한 것 등 여러 요소와 결합하여 전체적으로 통일(조화)을 꾀하여 하나의 물품의 형태를 구성하는 경우에는 모양은 물품의 단일 구성요소로서 디자인의 형태를 전체적으로 표현하며 또 그 디자인의 형태를 구성하는 여러 요소 중 하나의 요소로 작용하게 된다.

그러나 포장지, 벽지, 직물지 등과 같이 사실상 겉으로만 나타내 보이는 모양의 디자인은 형상적 요소가 희소하여 거의 형상이 없는 모양만의 물품의 디자인으로 보인 디자인도 있는 바, 이러한 디자인의 유사여부는 일반적으로 그 모양을 주된 판단의

113) 대비되는 디자인에서의 객관적 요부의 공통점으로 나타난 것이 그 디자인의 본질적·비본질적인 부분인가, 기초디자인의 객관적 창작의 신규성 부분이 본질적·비본질적 또는 부가적 부분인가로 확인하게 된다.

대상으로 한다.

모양은 디자인의 구성요소의 하나로써 다른 구성요소인 형상, 색채 또는 이들을 결합한 것 중 물품의 형태구성에 가장 디자인적이지 못하다. 따라서 모양의 형성 그 자체는 물품과의 관련에 의해 거의 결정된다 하더라도 그렇지 아니하는 경우 즉 사람의 정신적, 주체적 감성·사상·감각·지각·감정 등에 의한 인위적 표현의 태양에 의해 물품의 모양이 형성되기도 하는 바, 이러한 경우의 물품모양 그 자체는 물품 본체에 의해 결정되는 모양과는 달리 즉, 물품 그 자체의 모양을 떠나 자유롭게 표현해 낼 수 있는 창작의 폭이 매우 넓다 할 것이다. 예를 들면 ⓐ 물품의 형상에 정감을 나타낸 형태(도식·도형)에 의해 모양이 형성되기도 하고, ⓑ 편물, 장식, 벽지 등의 디자인의 주요한 요소 표현의 동기가 되는 중심사상(모티프, motif)에 의해 모양이 형성되기도 하며, ⓒ 물품의 미적 효과를 얻기 위하여 어떠한 대상으로부터 감각되고 지각되어 표상(表象)을 형성하게 되는 인식능력인 감정이나 느껴 일어나는 심정·마음·기분인 감정표현의 여러 요소를 전체적으로 조화 있게 배치·배열하는 도면(구도)이나 물품의 여러 구성요소를 결합하여 전체적인 통일을 기하는 플롯(plot, 구성)에 의해서도 모양이 형성된다. 또 ⓓ 정신적·주체적인 대상을 물품의 미적 디자인으로 형상화(표출·표현)함으로써 모양이 형성되기도 한다.

그러므로 모양 중심의 유사여부판단은 형상 중심의 경우와는 달리 물품과의 관련에 대해서는 거의 참작하지 아니하고 모양 그 자체에 대하여 즉 위의 ⓐ 내지 ⓓ를 중심으로 하여 판단하게 된다.

ii. 색 채

디자인보호법은 색채를 디자인의 구성요소, 객체 구성자료로 규정하고 있는 바(법 2, 1), 이는 일본을 제외한 대부분의 나라가 색채를 디자인의 구성요소로 하고 있지 않다는 것과 대조를 이룬다.

이처럼 많은 나라가 색채를 디자인의 구성요소로 채택하고 있지 아니한 것은 권리의 객체를 구성하는 자료로 볼 때 제도적으로 색채를 그 권리의 실질적 효력으로 인정하고 있는 경우가 흔하지 않다는 데서 비롯된다. 또 우리나라의 디자인보호법과 같이 색채를 디자인의 구성요소의 하나로 인정한다 하더라도 색채만의 디자인은 허용되지 아니하고 다른 다자인의 구성요소(형상·모양·이들을 결합한 것 등)와 결합한 경우에만 허용되고 있고, 이 허용범위 내에서 색채를 포함하여 디자인등록출원을 할 경우 오히려 권리의 내용이 그 색채로 한정되는 방향으로 운용됨으로써 권리범위가 좁아지는 꼴이 된다.

실제적으로 디자인에서 색채는 다른 형상·모양 등과 결합하여 가장 시각적 심미감을 주는 요소이면서도 위에서 본 바와 같이 주체적인 요소가 되지 못하고 다른 요소의 보조적, 종속적 지위에 있고 또 디자인에서 색채를 한정하는 이익이 그다지 크지 않기 때문에 대부분의 나라가 색채를 디자인의 구성요소로 채택하지 아니하고 있고 또 우리나라나 일본과 같이 채택하고 있는 나라라 하더라도 색채디자인을 그리 선호하지 않는 이유는 바로 거기에 있는 것이다.

그리고 색채는 위에서 설명한 바와 같이 색채만의 단독디자인은 허용되지 아니하고 반드시 형상이나 모양 또는 형상·모양과 결합하여 표현되거나 2색 이상의 배열에 의해 모양이 형성됨으로써 색채디자인으로서의 특징을 가진다. 따라서 디자인의 주된 창작부분은 형상이나 모양이고 색채는 그 형상·모양에 의해 결정되는 종속적 지위에 있음이 일반적이다. 그러나 이 중 모양과 색채가 결합하여 일체를 형성하고 복수의 색채배열의 구도[114)]가 모양을 형성한 경우에 있어서는 그 주된 창작의 부분은 도형과 구도이며 색채는 그 도형과 구도의 하위에 있음이 통상적이다. 그러나 위의 경우에서 색채가 특별히 창작의 중심이 되는 디자인의 경우에는 그 특정 색채 그 자체에 미감적 가치가 있으므로 색채 한정의 의의가 있어 색채도 디자인의 보호범위로 하는 출원을 하게 된다.[115)]

위에서 살펴본 바와 같이 색채요소는 다른 형상, 모양 또는 이들을 결합하는 것 등의 요소에 종속적·하위적 지위에 있거나 또는 특수한 경우 주체적 지위를 갖게 되는 경우가 있기는 하나 이는 매우 이례적인 경우에 속한다. 따라서 색채는 디자인의 유사여부판단에서 일반적으로 한정적 효과만을 미치는 제한적 요소에 그친다.

대법원 판결에서도 "… 인용디자인에 있어서는 시계줄과 시계본체 외부 및 문자판이 모두 금색으로 구성되어 있고 문자판에 특별한 모양이 없는데 비하여, 이 사건등록디자인에 있어서는 시계본체 외부와 시계줄의 꼬인 부분 및 시계침 등은 금색이지만 문자판과 직사각형 모양이 여러 개 연결되어 이루어진 시계줄의 가운데 부분 등은 은색으로 구성되어 있고, 문자판의 내부에 원이 형성되어 있는 점 등에서 차이가 있으나 문자판의 내부에 원을 형성하는 것은 이 사건등록디자인의 출원 전에 이미 공지된 것임이 인정되고, 두 디자인의 전체적인 형상이 거의 동일하여 위와 같은 차이점에도 불구하고 두 디자인에서 전체적으로 느껴지는 심미감이 유사하므로 이 사건등록디자인은 인용디자인을 단순히 상업적·기능적으로 변형한 정도에 불과한 것이다"[116)]고 판시하여 색채요소를 다른 요소(형상·모양 또는 이들을 결합한 것)의 종속적 하위개념에 넣어 유사여부판단의 보조적, 참고적 지위에 있음을 분명히 하고 있다.

이처럼 색채요소 한정의 이익이 다른 형상요소, 모양요소 등에 비하여 상대적으로 적은 것은 ⓐ 디자인 전 물품 본체 그 자체가 본래적으로 지니고 있는 속성적 색채를 제외한 순수 도형이나 구도만을 디자인의 권리범위로 보호하고자 하고 그 도형이

114) 물품의 미적 효과를 얻기 위하여 미감적 표현의 여러 요소를 전체적으로 조화 있게 배치하는 도면.

115) 현행 디자인보호법에서는 디자인등록출원서에 등록청구범위를 기재하지 않는 바, 이는 디자인을 기재하도록 한 도면에 명백히 나타나 있기 때문에 등록청구범위의 기재를 생략한 것이다.

116) 대법원 1998. 8. 21. 선고 98후1051 판결 참조.

나 구도라는 형상 또는 모양의 요소가 디자인의 주요부가 된 경우 구태여 거기에 색채를 한정하지 않아도 권리의 유효성을 확보할 수 있고, 또 ⓑ 색채가 형상·모양을 표현하는 하나의 수단으로 포함되어 있기 때문이다.

그런데 색채를 색의 밝고 어두운 정도의 명도를 중심으로 판단하여야 한다는 견해가 있기도 하나 이는 색채를 명도로 전환한 것으로서 이는 색채에서 명도라고 하는 공통의 성질의 것을 뽑아내기 위하여 색채에서 제일 중요한 요소이면서 색채의 속성이기도 한 색상을 판단의 대상에서 제외한 것이므로 이 견해는 성립될 수 없다. 왜냐하면 색상은 색채에서 가장 중요한 요소이기 때문에 이 견해가 성립된다면 도형 자체가 사라져 판단대상이 없어져 버리기 때문이다.

명도 중심의 유사여부판단은 색채를 포함한 다른 요소와의 결합디자인에 있어서도 디자인의 요부나 창작의 핵심이 도형이나 구도가 되므로 이러한 색채 포함 디자인의 유사여부판단은 통상적으로 그 도형이나 구도에 비중을 두게 되고 그 결과 색채는 자연스럽게 판단의 요소에서 밀려나 퇴장됨을 뜻하는 것이다.

따라서 판단의 중심을 위와 같이 디자인의 요부나 창작의 핵심인 도형이나 구도에 두고 판단하는 것과 색채의 명도에 중심을 두거나 축출한 명도를 기초로 하여 판단하는 것은 그 발상에서부터 다른 것이다.

iii. 한 벌의 물품의 디자인

2 이상의 물품이 한 벌의 물품으로 동시에 사용되는 경우 그 한 번의 물품의 디자인이 한 벌 전체로서 동일성이 있는 때에는 하나의 디자인으로 등록을 받을 수 있다(법 12①). 이러한 한 벌의 물품의 디자인에 있어서도 등록요건으로서의 신규성은 한 벌의 물품을 구성하는 개개의 물품에 대해서도 요구됨은 물론이다. 그러므로 한 벌의 물품의 디자인에서는 한 벌의 물품 전체로서의 신규성이 요구되지 않으므로 한 벌 물품 전체에 대한 신규성의 문제는 발생하지 아니한다.

따라서 한 벌의 물품을 구성하는 개별물품에 대한 유사여부판단에는 특별한 경우를 제외하고는 일반적인 디자인의 유사여부 판단기준이 그대로 적용된다 할 것이다. 그러나 출원의 경합(법 16)이나 디자인권의 효력(법 41) 발생 면에서의 한 벌의 물품디자인의 유사여부판단은 그 한 벌의 구성물품이 공통성이 있어야 함을 전제로 하고 또 개개의 구성물품 하나 하나에 있어서도 물품의 형태적 공통성이 있는 경우에는 그 두 한 벌의 물품은 유사한 디자인으로 판단할 수 있다.

여기에서 문제는 전자의 한 벌의 구성물품의 공통성일 것인 바, 통설은 한 벌의 물품을 구성하는 물품 모두에 대해 유사함을 전제로 하며, 따라서 한 벌의 구성물품의 일치도 요건이라고 해석하고 있는 것 같다.[117]

---

117) 齊藤瞭二 著, 鄭泰連 譯, 意匠法, 세창출판사, 1993. 10, 265면.

그러나 위와 같은 해석의 경우 한 벌의 구성물품 전부가 일치하여야 한다는 것인데 과연 구성물품 전부의 일치가 필요한 것인지에 대해서는 부정적인 견해가 있다. 단독디자인의 경우 물품의 용도와 기능을 기초로 하여 그 용도가 동일하고 기능이 다른 것은 유사 물품이라고 인정하는 것과 마찬가지로 한 벌 물품을 구성하는 개개의 물품 전체를 하나의 단위로 파악하고 구성물품 중 하나의 물품이 빠졌다 하더라도 그 빠진 물품이 1단위의 한 벌의 물품의 용도와 기능을 훼손할 만큼 중요한 것이 아닌 한 그 구성물품의 공통성에 문제가 되지 않으므로 이러한 경우에는 그 빠진 물품을 포함한 그 모든 구성물품은 모두 공통성이 있는 것으로 보아야 할 것으로 해석된다.

이러한 해석이 가능한 것은 본래 한 벌의 물품은 그 한 벌을 구성하는 물품 하나하나에 대해서가 아니고 그 한 벌을 이루고 있는 복수의 물품 전체를 하나의 통일된 형태로 표현한 것을 권리 내용으로 하여 등록디자인의 보호범위로 하는 것이기 때문에 그 구성물품의 공통성에 결함(물품의 용도, 기능에 중대한 영향을 미칠 만한 결함이 아닌 결함)이 있다 하더라도 한 벌의 물품의 디자인의 등록요건의 성립이 부정되는 것이 결코 아니다. 이는 한 벌의 구성물품의 공통성에 완전무결한 동일성을 디자인의 등록요건으로 하여야 할 필요성이 굳이 없기 때문이다.

ⅳ. 동적디자인

(ⅰ) 서 문

디자인보호법에서 말하는 물품의 디자인은 정지상태에 있는 정적 형태의 디자인만을 의미하는 것이 아니고 동작 상태에 있는 동적 형태의 디자인도 함께 포함, 의미하고 있는 것으로 해석된다. 그러한 해석이 가능한 것은 디자인보호법령 어디에도 정적디자인이나 동적 디자인이라는 용어를 사용하고 있지 않고 오로지 디자인이라고만 명정하고 있고 또 디자인의 대상이 되는 물품은 속성적으로 생태적 변화를 일으킬 수 있다는 것도 이를 뒷받침하고 있기 때문이다. 그러므로 그 디자인의 용어에는 정적 디자인은 물론 동적 디자인도 모두 포함되어 있다고 해석함이 타당하다. 따라서 디자인의 유사여부는 정적디자인 뿐만 아니라 당연히 동적디자인에 대하여도 판단하여 등록여부를 결정하여야 한다. 그러므로 여기에서는 후자의 동적디자인에 대한 유사여부의 판단방법에 대하여 살펴보기로 한다.

(ⅱ) 동적 물품의 유형 예시

ⅰ) 물품기능의 속성상 필연적으로 물품의 각 구성부분의 위치관계가 달라져 전체 형상을 바꾸는 것과 같은 동적 디자인, 예를 들면 접첩식 사다리, 식탁, 의자, 안경테, 로봇청소기, 바리깡, 가위, 우산·양산 등이 그것이다.

ⅱ) 물품의 속성상 사용에 유연성이 있는 것과 같은 물품의 동적 디자인, 예를 들

면 의류, 양말, 장갑 등이 그것이다.

iii) 물품의 작용의 필연에 의하여 전체 형태가 변화하는 것, 예를 들면 춤추는 인형, 장구치는 장난감 등이 그것이다.

iv) 물품이 밖으로 튕겨 나오는 것처럼 튕기기 전, 후의 형태가 전혀 다른 것, 예를 들면 머리, 손발이 튕겨 나오기 전, 후의 장난감 등이 그것이다.

(iii) 동적 디자인의 유사여부 판단

i) 서 언

동적 디자인의 유사여부는 그 디자인의 형태변화의 기본적 상태에서의 형태를 중심으로 하여 판단한다. 즉 기본 상태에서의 형태의 공통성은 두 디자인의 유사성 판단의 기준이 된다. 따라서 유동적 형상 전부에 걸쳐 공통성을 필요로 하지 않는다.

그리고 여기에서의 디자인 형태변화의 기본적 상태, 동적 디자인의 형태적 특징과 정적 디자인의 공통성에 관한 판단은 이미 앞에서 살펴본 바 있는 일반적 유사여부 판단과 원칙적으로 같다고 봄이 상당하다.

ii) 형태변화의 기본적 상태

디자인 형태변화의 기본적 상태란 디자인의 대상이 되는 물품의 특징을 가장 잘 나타내 보이는 상태를 말하고 여기에 미적 조형의 창작성이 있을 때에는 공지의 디자인과는 극명하게 차별화되고 신규성이 있는 디자인으로 등록을 받을 수 있으나 그 물품의 특징을 가장 잘 나타내 보이는 상태에서 형태상의 공통성이 있는 디자인은 유사한 디자인으로 등록을 받을 수 없다. 즉 둥근 인형얼굴의 눈에서 눈알이 튀어나오든, 갸름한 인형얼굴의 눈에서 눈알이 튀어나오든, 네모진 인형얼굴의 눈에서 눈알이 튀어나오든 눈알이 튀어나온 모양이 인형얼굴의 형과는 관계없이 그 인형얼굴의 눈에서 눈알이 튀어나온 상태에서 특징을 가장 잘 나타내 보이는 경우의 그 형태가 공통되면 이들 디자인은 모두 유사한 것과 같다.

iii) 동적 디자인의 유사여부 판단기준

동적 디자인의 유사여부는 다음과 같은 기준에 의하여 판단한다(디자인심사기준 4④차(1)(2)).

i) 동적 디자인과 정적 디자인

A. 동적 디자인의 정지상태 및 동작 중의 기본적 주체를 이루는 자태가 정적 디자인과 유사하면 유사한 디자인으로 본다. 다만, 동작의 내용이 특이하면 유사하지 아니한 디자인으로 본다.

B. 정적 디자인이 동적 디자인의 정지상태 또는 동작 중의 기본적 주체를 이루는 자태와 유사하면 유사한 디자인으로 본다.

ii) 동적 디자인 상호간

동적 디자인 상호간에 있어서는 그 정치상태, 동작의 내용 및 동작 중의 기본적인 주체를 이루는 자태 등을 전체로서 비교하여 유사여부를 판단한다.

(6) 신규성 상실의 예외

1) 개 설

디자인보호법은 디자인등록출원 전 공지되어 있는 디자인 및 그 공지된 디자인과 유사한 디자인은 등록을 거절하도록 규정하고 있다(법 5① 1 내지 3). 그런데 그 공지는 디자인등록을 받을 수 있는 권리를 가진 자에 의해서 이루어지든 그 권리를 가진 자의 의사에 반하여 이루어지든 그 공지 등의 원인을 제공한 자에 대해서는 묻지 않는다. 그러므로 출원 전 공지 등이 등록을 받을 수 있는 권리자 또는 제3자 누구에 의해서든 일단 공지 등이 되면 아무리 진정한 창작디자인이라 하더라도 창작의 신규성이 상실되어 디자인등록을 받을 수 없게 된다.

그러므로 디자인이 등록을 받기 위해서는 디자인의 신규성이 기본조건이다. 따라서 디자인의 등록에는 객관적 창작성이 가장 중요한 요건이 되는 것이다. 여기에서 "객관적 창작성"이란 시각을 통한 미감이 그 제품업계의 전문가의 눈으로 보아서 다른 디자인과 구분되는 것을 의미하고 그 정도는 과거 및 현재의 것을 기초로 하여 거기에 고안자의 새로운 미감을 주는 미적 고안이 결합되어 그 전체에서 종전의 고안과는 다른 미감적 가치가 인정되는 정도이면 세부적인 점에 있어서는 유사성이 있는 경우라도 디자인보호법에 의하여 디자인등록을 받을 수 있음을 말한다.118)

이처럼 디자인의 신규성, 창작성이 디자인등록의 기본적 조건과 최적의 요건이라 하더라도 출원 당시의 디자인에 대한 신규성 유무의 확인자료와의 관계에서의 주체적, 시각적(時刻的) 기준에 대하여는 입법 기술상의 문제로서 디자인보호법에서 규정하고 있다. 디자인보호법은 디자인의 창작과 실시를 기준으로 신규성 의제에 관한 규정을 두고 있는 바, 자기의 창작디자인을 스스로의 공개에 의해 공지되었거나 자기의 의사에 반하여 공지됨으로써 신규성이 상실된 경우 일정한 제한 하에서 구제하고 출원에 유예기간을 두는 등의 신규성 상실의 예외조항을 두고 있다(법 8①②).

이러한 입법조치는 제3자의 권익을 해치지 아니하면서 진정한 창작자의 보호를 도모함으로써 디자인의 창작을 장려하여 산업발전에 기여하려는 디자인제도의 취지에 부응하도록 하기 위함이다.

신규성이 상실된 디자인에 대한 구제와 유예방법은 디자인보호법 제8조에서 규정하고 있다. 즉 타인이 디자인등록을 받을 수 있는 권리를 가진 자의 의사에 반하여

---

118) 대법원 1989. 9. 26. 선고 88후134 판결.

또는 등록을 받을 수 있는 권리를 가진 자 스스로에 의하여 그 디자인이 출원 전에 국내 또는 국외에서 공지되었거나 공연히 실시되었거나, 출원 전에 국내 또는 국외에서 반포된 간행물에 게재되었거나 인터넷과 같은 전기통신회선을 통하여 공중이 이용 가능하게 된 경우 그 공지 등이 된 디자인은 그 날부터 6개월 이내에 그 자가 디자인등록출원한 디자인에 대하여는 공지 등이 되지 아니한 것으로 본다는 것이다.

2) 신규성 상실의 유형

① 권리를 가진 자의 실시에 의한 공지 등

디자인등록을 받을 수 있는 권리를 가진 자(창작자 또는 그 승계인)의 디자인이 그 권리를 가진 자의 실시에 의하여 공지 등이 된 경우 그 공지 등이 된 디자인은 그 공지 등이 된 날부터 6개월 이내에 그 자가 출원하면 공지 등이 되지 아니한 것으로 보아 신규성이 상실되지 아니한다(신규성 의제, 법 8①).

디자인보호법에서의 출원디자인의 신규성 상실의 예외는 2006. 3. 3 개정 전 특허법·실용신안법에서의 발명·고안의 신규성 상실의 예외[119]에 비하여 훨씬 넓다. 이처럼 디자인보호법이 구 특허법·실용신안법보다 신규성 상실의 예외범위를 현저히 넓게 인정한 것은 디자인의 속성상 물품에 대하여 사람의 주의를 끌어 시각적으로 미감을 일으키도록 물품의 외적 형태를 장식적으로 구성하여야 하므로 자연법칙을 이용한 기술적 사상인 내면적 발명·고안에 비하여 다양한 표면적 형태로 실시, 예를 들면 개정 전 특허법·실용신안법에서의 공지의 원인행위인 시험, 간행물에의 발표, 소정의 전기통신회선(인터넷)을 통한 발표, 소정의 학술단체에서의 발표, 박람회에의 출품 등에 의한 공지는 물론이지만 오히려 이보다도 판매, 전시, 팸플릿·카탈로그의 배부, 상품선전 홍보전단의 배포 등에 의해 더 많이 공지되고 있음을 감안한 것인 바, 이는 위와 같은 디자인의 속성상의 특성 외에 물품의 라이프 사이클(life cycle, 상품의 수명주기)이 짧고 또 유행을 선도하려는 디자인 주체들 간의 치열한 경쟁 등이 복합적으로 작용하고 있기 때문이다.

또 디자인이 발명·고안에 비하여 사익적 성격이 강하기 때문이라는 견해도 있다.[120] 그러나 2006. 3. 3. 개정 특허법·실용신안법은 한정적으로 규정하고 있었던 공지 등에 대한 원인행위의 유형을 삭제하여 디자인보호법과의 형평을 유지하였다.

---

119) 특허를 받을 수 있는 권리를 가진 자가 그 발명에 대하여 시험, 간행물에의 발표, 전기통신회선을 통한 발표, 소정의 학술단체에서의 발표, 박람회에 출품 등을 함으로써 출원 전에 국내 또는 국외에서 공지 공용되거나 국내 또는 국외에서 반포된 간행물에 게재되거나 소정의 전기통신회선을 통하여 공중이 이용가능하게 된 경우는 그 날로부터 6월 이내에 특허출원을 하면 그 출원된 발명에 대하여는 공지된 발명으로 보지 않는다(2006. 3. 3 개정 전 특허법 30① 1 각목). 즉 신규성이 의제된다. 실용신안법 제6조(공지 등이 되지 아니한 고안으로 보는 경우) 제1항 제1호 각목에 의한 신규성 의제도 위 특허법 제30조 제1항 제1호 각목에서 정하고 있는 내용과 같다(2006. 3. 3 개정 전 실용신안법 6① 1 각목).

120) 逐條 解說 598~599면.

ⅰ. 권리를 가진 자의 의사에 의한 공지 등

위에서 살펴 본 바와 같이 디자인보호법에서의 출원 전 디자인의 공지 등의 원인행위는 개정 전 특허법·실용신안법에서와 같은 법정 열거주의(시험, 간행물에의 발표, 소정의 전기통신회선을 통한 발표, 소정의 학술단체에서의 발표)에 의한 제한규정을 두고 있지 않다.

따라서 디자인보호법에서의 공지 등의 원인행위는 개정전 특허법, 실용신안법에서의 공지 등의 원인행위의 유형을 뛰어 넘어 공지 등이 되었다면 그 공지의 원인이 어떠한 행위유형에 연유되었든 그 원인행위에는 구애를 받지 않는다.

권리를 가진 자 스스로의 의사에 의해 공지 등이 되어 신규성이 상실된 디자인의 구제에 있어서는 출원시 출원서에 그 취지를 기재하여 특허청장에게 제출하고 이에 대한 증명서류는 그 출원일부터 30일 이내에 역시 특허청장에게 제출하는 등의 절차를 밟아야 한다(법 8②).

따라서 이 경우에는 사후적 주장입증으로는 구제를 받을 수 없다. 이에 반해 권리를 가진 자의 의사에 반하여 공지 등이 된 디자인의 신규성 상실에 대한 구제를 사후적 주장 입증으로 받을 수 있는 것과 다르다(법 8② 단서). 이처럼 권리자의 의사에 의한 경우와 권리자의 의사에 반하는 경우와의 실질적 의미의 차이는 출원시 그 취지를 기재한 출원서의 제출과 이를 입증하는 증명서류의 제출에 있다. 그러한 의미에서 디자인보호법 제8조 제1항은 디자인등록을 받을 수 있는 권리를 가진 자의 디자인이 공지된 경우 그 디자인에 대한 출원기간의 유예에 관한 규정이라고 할 수 있다.

ⅱ. 6개월 이내의 출원

디자인등록을 받을 수 있는 권리를 가진 자의 디자인이 출원 전 공지 등이 된 경우 그 디자인은 그 날부터 6개월 이내에 그 자가 출원한 디자인에 대하여는 공지 등이 된 디자인이나 그 공지 등이 된 디자인에 유사한 디자인 및 그 공지 등이 된 디자인에 의해 용이하게 창작할 수 있는 디자인으로 보지 아니한다(법 8①).

그런데 여기에서 분명히 하여야 할 것은 디자인의 등록을 받을 수 있는 자의 출원 전 공지의 원인이 된 공개행위와 그 공지 등의 원인행위에 의하여 공지 등이 된 날부터 출원할 수 있는 6개월 이내의 기간 사이에 타인의 선출원 등의 디자인과의 관계 그리고 자기의 출원 전 반복공개행위에 의해 공지 등이 된 디자인과의 관계이다.

(ⅰ) 타인의 선출원 디자인과의 관계

위 기간 사이에 타인이 출원한 선원의 디자인이 있다 하더라도 여기에서의 권리자의 출원은 신규성이 의제되어 신규성이 상실되지 아니한 것으로 될 뿐, 공지 등의 원인이 된 공개행위가 있었던 날로 출원의 소급효를 인정한 것이 아니기 때문에 그 기간 내에 제3자의 선출원이 있는 경우에는 등록을 받을 수 없다.

(ii) 출원 전 반복공개행위에 의해 공지 등이 된 디자인과의 관계

출원 전 디자인에 대한 공지의 원인행위와 출원과의 사이에 자기 스스로의 반복적 실시에 의한 공개에 대하여는 2006. 3. 3. 개정 전 특허법·실용신안법에서와 같이 어떤 시점에서의 일과성의 시험, 간행물에의 발표, 소정의 전기통신회선(인터넷)을 통한 발표, 소정의 학술단체에서의 발표 등과 같은 원인행위에 한정되는 것이 아니라 그 밖에 제조, 사용, 판매 등과 같은 계속적 상태의 원인행위도 포함하고 있으므로 개정 전 특허법·실용신안법의 경우와는 달리 위와 같은 시험 등의 원인행위에 의해 등록이 거절되는 일은 없을 것이다. 이처럼 디자인보호법은 개정 전 특허법·실용신안법과 같이 신규성 상실의 예외에 관한 원인행위의 유형을 법정화하지 아니하고 오로지 최초의 공지 등의 원인행위가 있는 그 날부터 6개월 이내의 출원을 전제로 신규성을 상실하지 아니한 것으로 의제하고 있기 때문에 위 기간 내의 권리자 스스로의 반복 실시에 의한 공지 등에 의해서는 등록이 거부되지 않음은 위 설명과 같다.

② 권리를 가진 자의 의사에 반하는 공지 등

디자인 등록을 받을 수 있는 권리를 가진 자가 창작디자인에 대한 최적의 출원시기를 탐색하는 기간 동안 그 디자인을 영업비밀로 분류하여 비밀정보로 관리, 유지하여 왔으나 영업비밀 유지의무를 가진 자가 권리를 가진 자의 그러한 의사에 반하여 즉, 비밀유지의무를 위반하여 그 비밀디자인에 대한 품평회, 시장조사, 전시회 출품, 간행물에의 게재, 카탈로그 제작 등을 통하여 그 디자인 물품이 공지되는 경우가 있는 바, 이 경우 그 공지된 날부터 6개월 이내에 등록을 받을 수 있는 권리를 가진 자가 그 디자인에 대하여 출원을 하면 그 디자인은 신규성 상실의 예외적용을 받아 공지 등이 되지 아니한 것으로 신규성이 의제된다.

i. 의사에 반한 공지 등

의사에 반한 공지 등이란 특정디자인이 디자인등록을 받을 수 있는 권리를 가진 자의 의사와는 전혀 관계없이 불특정인(일반 공중 즉 일반수요자 및 거래자)에게 알려진 상태에서 공지된 경우를 말한다. 예를 들면 출원 전 제3자가 절취, 기망, 협박 등 부정한 수단에 의하여 취득한 디자인을 판매함으로써 공지되거나 출원 전 공개금지를 조건으로 등록을 받을 수 있는 권리의 지분양도를 받은 자가 그 공개금지 조건을 위반하고 세계적인 유명 디자인지에 게재함으로써 공지된 경우 등이 그것이다.

ii. 6개월 이내의 출원

디자인등록을 받을 수 있는 권리를 가진 자의 의사에 반하여 공지 등이 된 디자인의 출원은 i) 의사에 반하여 공지가 된 그 사실을 안 그날부터 6개월 이내에 권리를 가진 자가 출원한 경우, ii) 의사에 반하여 공지 등이 된 것을 알지 못하고 출원을 하였던 바, 공지 등이 된 사실이 거절이유통지 등에 의해 사후적으로 알게 된 경우를 상정해 볼 수 있다. 양자 모두 당해 사실이 있었던 때로부터 6개월 이내에 출원을 하면 그 출원디자인에 대하여는 신규성이 상실되지 아니한 것으로 보아 신규성이 의제된다.

디자인보호법은 위의 i), ii)와 같은 이유에 의하여 디자인등록출원이 거절되거나 등록디자인이 무효가 되는 단계에서 같은 법 제8조 제1항에 의한 신규성 상실의 예외적용 대상 디자인임을 밝히면 공지 등이 되지 아니한 디자인으로 간주되어 신규성이 의제됨을 시사하고 i)의 경우에도 출원시 출원서에 그 취지를 기재하고 이를 입증하는 증명서류의 제출에 관한 규정을 두고 있지 않고 오히려 이를 배제하는 규정만을 단서로 두고 있다(법 8② 단서).

③ 공지 등의 인적·지역적 범위

디자인보호법은 출원 전 국내 또는 국외에서 공지 등이 된 디자인에 대하여는 신규성의 상실을 이유로 등록을 거절하도록 규정하고 있다. 따라서 출원 전 공지 등이 된 디자인에 대한 신규성 상실에 관한 한 내외국을 동일시하고 있다(법 5① 1, 2). 따라서 내외국인은 물론 내외국인지도 묻지 아니하고 최초 공지 등이 된 날부터 6개월 이내의 출원이면 신규성이 상실되지 아니한 것으로 본다(법 8①).

3) 신규성 상실의 예외규정의 적용요건

디자인보호법 제8조의 신규성 상실의 예외규정을 적용받기 위한 요건은 다음과 같다.

① 등록적격자의 디자인

신규성 상실의 예외규정을 적용받기 위한 디자인은 디자인등록을 받을 수 있는 권리를 가진 자의 디자인일 것.

② 공지 등이 된 디자인

디자인등록출원 전에 국내나 국외에서 공지공용된 디자인 또는 디자인등록출원 전에 국내나 국외에서 반포된 간행물에 게재되었거나 인터넷과 같은 전기통신회선을 통하여 공중이 이용 가능하게 된 디자인일 것.

③ 출원의 기간성

위의 ②와 같은 공지의 디자인이 된 그 날부터 6개월 이내에 출원할 것.

④ 출원의 적격성

디자인등록을 받을 수 있는 권리를 가진 자(창작자, 디자인등록을 받을 수 있는 권리의 승계인) 또는 제3자(권리자의 의사에 반하여 출원한 제3자)가 출원할 것.

⑤ 소정의 기재사항 표기의 충족성

디자인등록출원시 출원서에 그 취지와 함께 신규성을 상실하게 된 일자, 신규성을 상실하게 된 장소 또는 간행물명을 기재할 것

⑥ 예외규정 적용의 증명성

위의 ⑤의 취지를 증명할 수 있는 서류로써 디자인의 도면, 실물(견본) 또는 사진 등(그 사실이 객관적으로 입증 될 것)을 첨부하여 출원일부터 30일 이내에 제출할 것. 다만, 자기의 의사에 반하여 그 디자인이 위의 ②와 같은 디자인이 되거나 ②에 해당하는 디자인에 유사한 디자인인 경우에는 예외이다.

4) 신규성 상실의 예외에서의 동일·유사성

① 신규성 상실의 예외에서의 동일성

여기에서의 동일성은 디자인 물품의 제조, 전시, 판매, 사용 등 실시에 의하여 공지 등이 된 디자인과 출원디자인의 동일성을 말한다. 실시디자인은 물리적으로 공간의 일부를 점해 유형적으로 존재하는 유체물에 체현되어 표상되므로 실시디자인은 색채 등을 포함한 디자인의 형태적 구성요소(물품의 형상·모양·색채 또는 이들을 결합한 것)를 함께 갖는다. 이 경우 신규성 상실의 예외 적용대상의 출원디자인은 색채 등의 형태적 구성요소 모두가 공지 등이 된 상태의 디자인과 동일하여야 하는가이다. 이는 곧 공지 등이 된 디자인과 출원디자인의 동일성에 관한 문제이다.

그러므로 공지 등이 된 디자인이 색채요소를 포함하고 있는 경우 색채가 있는 디자인으로서, 모양을 갖추고 있는 경우 모양이 있는 디자인으로서, 출원디자인에도 이러한 요소의 구비가 만족되어야 한다.

그런데 현존하는 물품의 실체만을 놓고 볼 때 색채가 없는 디자인이나 또는 경우에 따라서는 모양이 없는 디자인도 없다 따라서 공지 등이 된 디자인과 형상만의 출원디자인과의 동일성의 문제는 아예 발생하지 않는다.

그러나 명백한 것은 디자인보호법 제8조가 출원의 소급을 인정하고 있지 않다는 점이며, 이는 매우 중요한 의미를 갖고 있다. 즉, 디자인 등록을 받을 수 있는 권리를 가진 자(창작자 또는 그 승계인) 스스로의 실시 등에 의해 공지 등이 된 디자인을 출원디자인의 신규성 판단의 대상물로 하고 있지 않다는 점이다.

그러므로 이는 물품의 형태에 있어 형상 단일요소 디자인을, 형상·모양 2 요소 결합디자인을, 또는 형상·모양·색채 3요소 결합디자인을 내용으로 하여 디자인의 형태가 성립되는 것이다.

디자인보호법은 디자인 등록을 받을 수 있는 권리를 가진 자 스스로의 실시 등 또는 그 권리자의 의사에 반한 제3자의 실시 등에 의하여 공지 등이 된 디자인에 대하여 이들 디자인의 등록을 받을 수 있는 권리를 가진 자가 그 공지 등이 된 날부터 6개월 이내에 출원한 디자인에 대하여는 공지 등이 되지 아니한 것으로 보는 신규성 상실의 예외 규정을 두어 공지 등이 된 디자인에 대하여 신규성을 의제하고 있다. 더욱 신규성 상실의 예외규정은 공지 등이 된 실존 물품의 실체에 체현될 디자인을 객체로 출원을 하는 것이다. 즉 물품의 디자인을 구성하는 형상·모양·색채 또는 이들을 결합하는 요소 등 모든 요소에 있어서도 디자인이 성립됨을 전제로 하여 그들 디자인에 대하여 출원의 대상으로 하고 있는 것이다. 따라서 디자인 등록을 받을 수 있는 권리를 가진 자는 출원 전 공지된 현존 물품에 체현된 형상·모양·색채 또는 이들을 결합한 것의 어떠한 형태의 디자인에 대해서도 출원이나 권리의 청구를 할 수 있음은 당연하다. 즉 공지 등이 된 물품 자체의 형상과 출원디자인(권리청구 디자인)의 형태 구성요소(형상·모양·색채 또는 이들을 결합한 것)나 형태 객체 구성자료인 형상이 동일하면 신규성 상실의 예외규정의 적용을 받아 신규성 의제가 되므로 출원디자인인 경우 등록을 받을 수 있고 권리청구의 경우에는 인용심결 또는 인용판결을 받아 권리를 확보할 수 있다.

위의 의미에는 공지 등의 물품형태에서 색채나 모양 또는 색채·모양 모두를 생략하였다 하더라도 그 물품의 형상이 출원(권리청구) 디자인의 형상과 동일하면 공지 등이 되지 아니한 디자인으로 보아 신규성 상실의 예외가 적용됨을 함축하고 있다. 이는 디자인등록을 받을 수 있는 창작자나 그 승계인의 자유로운 선택에 의한 디자인보호권의 확보를 보장하려는 취지에서 비롯된 것으로 해석된다. 디자인의 창작에 의해 취득한 등록을 받을 수 있는 권리의 행사는 전적으로 창작자의 전권에 속하는 것으로 디자인보호법 제8조(신규성 상실의 예외)는 이를 전제로 하여 규정하고 있기 때문이다. 이는 등록디자인이 형상디자인인 경우 동일성도 등록디자인의 실시의 동일성도 매 마찬가지이다. 이는 디자인등록을 받을 수 있는 권리를 가진 자의 의사에 반하여 공지 등이 된 디자인인 경우 더욱 확연해진다.

만약 디자인의 형태 구성자료의 완전 동일을 전제로 한 경우에는 형상디자인의 등록출원형식을 모두 구비하여 공지 등이 된 경우(예 : 도면의 공개)에 한해서만 적용되고 그 밖의 것에 대하여는 신규성 의제를 받지 못하게 되어 디자인보호법의 취지에 반하게 된다.

이에 반하여 완전 동일을 전제로 하지 아니한 경우 즉, 공지 등이 된 형상디자인의 등록출원에 대하여 색채, 모양 또는 색채·모양이 결합된 디자인임을 이유로 동일성을 부정한 경우 그 공지디자인을 신규성 판단참증의 예외로 인정하지 아니하고 그 공지 등이 된 디자인과 유사함을 이유로 등록을 거절할 경우 이 또한 위의 동일성을 전제로 한 경우와 마찬가지로 디자인보호법의 목적조항의 상위개념에 반하게 되는 것이다.

여기에서의 등록거절 이유의 근거가 되는 등록출원의 형상디자인이 그 공지된 색채, 모양 또는 색채·모양이 결합된 디자인과 유사한 경우 이에 존재하는 위 색채 등도 형상에 포착되어 일체의 디자인으로 구성, 성립되는 것이므로 그 디자인의 미적 가치는 형상 그 자체로 디자인의 본질을 이루고 있으며, 그러한 디자인의 본질적 가치를 창출한 형상디자인이 그 공지의 형상을 미적 가치의 중심에 둔 디자인의 존재에 의하여 등록이 거절된다는 것은 디자인의 보호를 통한 산업의 발전이라고 하는 디자인보호제도의 이상에 부합되지 않는다.

② 신규성 상실의 예외에서의 유사성

디자인등록출원 전에 국내 또는 국외에서 공지되었거나 공연히 실시된 디자인이나 디자인등록출원 전에 국내 또는 국외에서 반포된 간행물에 게재되었거나 전기통신회선을 통하여 공중이 이용가능하게 된 디자인에 유사한 디자인에 대하여도 해석이 일치하지 아니하다.

즉 권리자의 서로 유사한 두 디자인 A, B가 공지된 경우 그 A에 관한 출원디자인 A', B에 관한 출원디자인 B' 또는 A에 유사한 디자인 A"에 대하여 등록을 받을 수 있는가이다.

디자인보호법 제5조 제1항 제1호, 제2호에 해당하는 디자인은 그 출원에 관한 위 제1호, 제2호에 해당하게 된 당해 디자인 그 자체이며 여기에 유사한 디자인까지를 포함하는 것은 아니라는 견해이다. 즉 공지 등이 된 디자인 A에 대한 출원디자인 A'에 있어 A'는 A와의 관계에 있어서만 공지 등에 해당하지 아니한 것으로 보며, B와의 관계에서는 등록요건이 결여되고[121](B에 대한 출원디자인 B'와 A와의 관계에 대하여도 또한 같다) 또 공지된 A에 유사한 디자인 A"의 출원디자인에 있어서도 그 본 디자인인 A'가 A와의 관계에 있어 공지 등에 해당하지 아니한 것으로 본다는 것으로서 그 법률상의 효과는 유사디자인 A"에 미치지 아니하며 그 결과 A'는 B에 유사하고 B'는 A에 유사하며 A"는 A에 유사하여 모두 등록을 받을 수 없다고 해석하는 견해이다.

그러나 같은 법 제8조 제1항이 공지 등이 된 디자인에 대한 사후출원을 인정하고 등록에 의한 구제를 허용하는 규정임을 감안할 때 위와 같은 해석은 지나치게 문리적 해석에 치우치고 있다는 비판을 받고 있다.

위 같은 조항은 자기 스스로에 의해 공지 등이 된 디자인과의 관계에 있어 등록요건을 결여하게 된 디자인에 대하여 일정기간(공지 등이 된 날부터 6개월 이내) 하에 구

121) A에 관한 출원디자인 A'가 B와의 관계에서만 등록요건이 결여된다. 즉 자기 스스로의 창작디자인을 공개한 B(A에 유사)로 인하여 신규성(창작성)이 상실되었다는 견해에 대하여는 아무런 법적 의의나 타당성을 찾아볼 수 없다. 오히려 등록하여 보호하는 편이 법 이상을 실현하게 되는 것이며, 등록을 불허하여 보호를 회피하는 것이 법이 추구하는 목적이나 이상이 아니기 때문이다.

제를 인정한 규정인 바, 동 규정을 철저하게 문리적 해석을 하여 자타 구별 없이 신규성 담보를 엄격히 요구한다면 이는 실상에 맞지 않을 뿐만 아니라 오히려 법 이상에도 반하게 되는 우를 범하게 되므로 이러한 우를 범하지 않도록 법이상과 실상과의 조화에 의한 해석이 바람직한 것이다. 즉 공지 등이 된 디자인 및 그 공지 등이 된 디자인에 유사한 디자인을 등록대상 디자인에서 배제한다는 위 같은 조항의 내용은 등록에 의해 보호하여야 할 디자인의 창작성을 담보하기 위함임을 인식하여야 한다. 뿐만 아니라 위 같은 법 제8조가 독립디자인만을 한정적으로 구제하려는 취지의 규정이 아니고 상호 유사한 디자인에 대해서도 구제할 수 있는 취지의 규정임이 명백한 바, 이는 물품의 형태로서의 디자인과 동일 카테고리에 있는 복수의 유형, 거의 동시적으로 이루어지고 있는 제조·가공·조립·유통·판매 및 전시 등의 사회적 사실을 전제로 하기 때문이다.

위와 같은 해석 하에서는 유사디자인에 관한 등록을 규정하고 있는 디자인보호법 제7조 제1항이 원래 본 디자인과의 관계 및 본 디자인에 관한 물품의 실시(법 5① 1)나 반포된 간행물에 게재되었거나 전기통신회선을 통하여 공중이 이용가능하게 된 것(법 5① 2)과의 관계에 있어서는 위 같은 법 제8조 제1항의 신규성 상실의 예외규정에 의해 A', B' 중 어느 하나를 본 디자인으로 하고 다른 하나를 유사디자인으로 하여 등록을 하거나 또는 A"를 A'의 유사디자인으로 하여 등록을 함에 있어 어떠한 모순도 없다 할 것이다.

3. 창작성

(1) 서 문

창작성이란 기존의 디자인에 비하여 새로운 형태의 미적 감흥을 일으키게 하는 심미적 가치의 디자인을 말한다. 따라서 이러한 심미적 가치를 갖지 못한 디자인은 창작성의 결여로 등록을 받을 수 없는 바, 여기에서 그 창작성의 결여는 종래의 디자인에 의해 용이하게 안출할 수 있는 디자인을 의미하는 것으로 해석되므로 본서에서는 디자인등록을 받을 수 있는 디자인과 디자인등록을 받을 수 없는 창작성 결여의 디자인, 즉 기존 디자인에 의해 쉽게 창출할 수 있는 용이창작 디자인을 기술편의 내용에 따라 설명의 편의상 창작성, 용이창작성, 창작용이성 등으로 혼용한다.

(2) 총 설

1) 서 론

디자인보호법상 창작성은 신규성과 함께 디자인등록을 받기 위한 요건이다. 이처럼 창작성은 디자인등록요건의 하나이지만 그 창작성은 엄밀한 의미의 독창성을 요구하는 것이 아니고 어떤 디자인이 종전의 디자인을 기초로 한 경우 그 종전의 디자인과는 다른 새로운 장식적 심미감을 느낄 수 있는 미감적 가치를 갖춘 것으로 충분하다. 여기에는 순수한 독창적 창작성도 포함되기는 하나 이는 엄격한 의미에서 신규성에 가까운 개념으로 해석하는 것이 타당하다.

그렇다면 과거 및 현재의 것과 다른 미감적 가치가 인정되는가는 디자인을 구성하는 개별적인 요소를 부분적으로 보아 판단할 것이 아니라 그 디자인을 구성하는 각 요소들을 전체적으로 보아 그 각 요소가 혼합 일체화된 전체에 대한 시각에 의하여 판단하여야 한다. 그러므로 부분적으로는 창작성이 인정된다 하더라도 전체적으로 보아서 과거 및 현재의 것들과 다른 미감적 가치가 인정되지 아니하면 그것은 단순히 공지공용되고 있는 기존의 디자인에 대한 상업적, 기능적 변형에 지나지 아니하거나 그 디자인이 속하는 분야에서 통상의 지식을 가진 자가 공지, 공용된 디자인의 결합에 의하거나 공지된 형상·모양·색채 또는 이들의 결합에 의하여 용이하게 창작할 수 있는 것이어서 창작성을 인정할 수 없다.

창작성 인정의 사례를 들어보면 "인용디자인은 직조된 망지에 지지간을 일정간격으로 배시하고 다시 횡방향으로 여러 개의 줄을 엮어서 ''와 같은 형상·모양이나, 본건 등록디자인은 6각형으로 된 망지를 배시하고 그 망지를 지지하는 지지간을 종으로 일정간격 배시한 다음 상·하 양측에 조밀한 직성부를 결합하여 '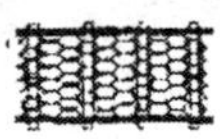'와 같은 형상·모양으로서, 본건 등록디자인은 그 망지가 6각형으로 형성되어 있으나 인용디자인은 마름모꼴이며, 본건 등록디자인은 그 망지 상·하 양측에 ''와 같은 조밀한 직성부가 형성되어 있으나 인용디자인은 이와 같은 직성부가 없으며, 또한 양 디자인은 망지를 지지하는 여러 개의 횡선이 배시되고 안된 차이가 있어, 전체적으로 볼 때 양 디자인은 이를 보는 사람에게 느껴지는 심미감이 전혀 다른 별개의 디자인으로서 창작성이 있는 디자인이라고 판단하였다."[122)]

이에 반해 창작성 부정의 사례를 보면 "원심은 이 사건 디자인등록은 '' 같은 모양의 다공성 평직포를 부직포 위에 접착한 형상과 모양의 결합이라고 인정한 다음 공지, 공용되는 원리에 의한 디자인이라고 하더라도 그 직포의 경사와 위사의 굵기 및 그 직조의 소밀의 정도에 따른 공간부등의 차이로 의장적 심미감을 달리할 수 있으므로 이 사건등록디자인은 일반 수요자로 하여금 새로운 심미감을 감득하게 하는 디자인으로서 이 분야의 통상의 지식을 가진 자가 용이하게 창작할 수 없는 디자인이라고 인정된다고 판단하고 있다. 그러나 상고심 대법원은 평직은 이미 일반화된 직조방법의 하나로서 널리 이용되는 것이고, 부직포 위에 평직포를 접착하여 새로

122) 대법원 1992. 3. 31. 선고 91후1014 판결 참조.

운 형상을 작출하는 방법도 공지공용되고 있음이 인정되므로 그 평직포의 경사와 위사의 굵기, 조직의 소밀 등은 그 분야의 통상의 지식을 가진 자라면 용이하게 변형 창작할 수 있는 고안에 불과하고, 또 이 사건 등록디자인을 전체적으로 관찰하여 보아도 일반 수요자로 하여금 과거 및 현재의 고안과 다른 미감을 느끼게 하는 정도의 새로운 디자인이라고 볼 수 없다고 판시하였다.[123)]

이처럼 디자인보호법에서의 창작성은 물품의 형태를 독창적으로 표현한 새로운 물품의 디자인이라는 엄격한 의미의 객관적 창작성을 의미하거나 요구하는 것이 아니고 과거 및 현존의 물품의 형태를 기초로 하여 거기에 창작자의 새로운 미감을 일으키게 하는 심미적 고안이 결합되어 그 전체에서 종래의 디자인과는 다른 미감적 가치를 갖게 하는 것으로만 충분하다.

2) 정 의

창작성이란 종래의 디자인에 비하여 새로운 형태로 심미감을 일으키게 하는 미감적 가치의 창출을 말한다. 즉 i) 어떤 물품의 형태가 종래의 형태와는 다른 새로운 형태(독창성 : 엄격한 의미의 독창성이 아님)나, ii) 종전의 물품의 형태를 기초로 한 다른 형태(변형성)의 안출로써 그 물품의 일반 수요자로 하여금 새로운 장식적, 의장적 심미감을 느끼게 하는 미감적 가치의 창출을 말하며, 디자인보호법은 그러한 디자인에 대해 등록을 허용하고 있고 그러하지 않은 디자인, 즉 어떤 디자인이 국내 또는 국외에서 종전 또는 현존하는 디자인의 결합에 의하거나 국내에서 공지된 형상·모양·색채 또는 이들의 결합에 의하여 용이하게 창작할 수 있는 것인 경우에는 비록 공업상 이용할 수 있는 신규성 등 다른 디자인등록의 요건을 충족한 디자인이라 하더라도 창작성 결여로 디자인등록을 불허한다.

그렇다면 위 ii)와 관련하여 볼 때 위 ii)는 창작성이 있는 디자인으로 등록을 받을 수 있는데 반하여 여기에서의 기존의 디자인의 결합이나 공지의 디자인의 구성요소(물품의 형상·모양·색채 또는 이들의 결합)의 결합에 의한 디자인은 용이 창작으로[124)] 등록을 불허하고 있는 바, 그 차이는 어디에 있는가이다. 그 점은 바로 전자는 공지된 디자인을 기초로 새로운 형태의 디자인을 창출하기 때문에 창작성이 있는 데 비하여 후자는 공지된 디자인의 결합이나 공지된 디자인을 소재로 주지의 형상과 모양을 서로 단순히 결합하여 표현한 디자인이기 때문에 그 정도의 디자인은 당업자의 수준에서 용이하게 안출할 수 있는 것으로 디자인보호법상의 창작성에 이르지 못한다는 점이 그것이다.

주지디자인에 의하여 용이하게 창작할 수 있는 정도의 디자인은 창작성이 없는 모

---

123) 대법원 1989. 9. 26. 선고 88후141 판결 참조.

124) 공지·공용의 디자인 또는 주지의 형상·모양을 거의 그대로 모방하거나 그 가하여진 변화가 단순히 상업적·기능적 변화에 지나지 않는 디자인을 말한다.

방디자인으로서 여기에는 독창성이 없는 주지형태에 의한 용이창작, 단순한 상업적 변화[125]에 의한 용이창작 및 전용의 상관습에 불구하고 등록을 받을 수 없음은 위에서 설명한 바와 같다.[126] 다만, 주지의 형상·모양 등을 거의 그대로 이용 또는 전용하거나 단순히 모방한 것이 아니고 이들을 취사선택하여 결합한 것으로서 그 디자인을 전체적으로 관찰할 때 새로운 미감을 일으키게 되는 경우에는 창작성이 있는 것으로 본다.

이처럼 디자인보호법이 요구하는 창작성은 엄격한 의미의 창작성만을 말하는 것이 아니고 과거 및 현존의 것을 기초로 하여 거기에 창작자의 새로운 미감을 주는 미적 고안이 결합되어 그 전체에서 종전의 디자인과는 다른 미감적 가치가 인정되는 정도면 디자인보호법에 의한 디자인등록을 받을 수 있다.

3) 의 의

디자인보호법 제5조 제2항에서 "디자인등록출원 전에 그 디자인이 속하는 분야에서 통상의 지식은 가진 자가 ⅰ) 국내 혹은 국외에서 공지되었거나 공연히 실시된 디자인 또는 ⅱ) 국내 혹은 국외에서 반포된 간행물에 게재되었거나 인터넷 등 전기통신회선을 통하여 공중이 이용가능하게 된 디자인의 결합에 의하거나 국내에서 널리 알려진 형상·모양·색채 또는 이들의 결합에 의하여 용이하게 창작할 수 있는 디자인(위 ⅰ), ⅱ) 및 ⅰ), ⅱ)의 디자인에 유사한 디자인을 제외한다)에 대하여는 공업상 이용할 수 있는 신규성의 디자인 등 다른 디자인등록요건의 충족에도 불구하고 등록을 받을 수 없다"(법 5②)고 규정하여 용이하게 창작할 수 있는 디자인에 대하여는 등록을 받을 수 없도록 하고 있는 바 이는 선행 디자인과의 관계에서 아무리 창작에 객관성이 담보된 것이라 하더라도 그 창작의 내용이나 정도 및 수준 등에서 미미하거나 낮은 것에 대해서는 등록을 거절하여 권리를 발생시키지 아니한다는 의미이다.

이처럼 용이창작 디자인에 대하여 등록을 배제하고 일정정도 이상의 창작성이 있는 디자인에 대해서만 등록을 긍정하여 보호하려는 것은 창작력의 발휘 없이 공지 등이 된 선행디자인을 모방한 디자인에 대하여 등록을 허용할 경우 창작보다는 손쉬운 모방 쪽을 택하게 됨으로써 디자인보호법이 추구하고 있는 디자인 창작의 장려를 통한 산업발전에의 기여라고 하는 법이상을 실현할만한 정도의 객관성이 담보된 창

---

125) 당 업계에서 통상의 지식을 가진 자라면 누구나 당해 디자인을 그 물품에 맞도록 하기 위하여 가 할 수 있을 것이라고 생각되는 정도의 변화를 말하는 것으로 다음과 같은 경우 등을 예로 들 수 있다.
ⅰ) 공지의 사각형 천정판 측면에 경사면을 표현한 정도의 것
ⅱ) 주지의 卵形을 뚜껑과 몸체로 분리하여 과자용기를 만드는 것

126) 구 의장법(1997. 8. 22. 법률 제5354호로 개정되기 전의 것) 제5조 제2항의 취지는 주지의 형상이나 모양을 거의 그대로 이용하거나 전용하여 물품에 표현하였거나, 이들을 물품에 이용 또는 전용함에 있어서 당업자(당해 의장이 속하는 분야에서 통상의 지식을 가진 자)라면 누구나 그 의장을 그 물품에 맞도록 하기 위하여 가할 수 있을 정도의 변화에 지나지 아니하는 것은 의장등록을 받을 수 없다는 데 있다(대법원 2001. 4. 10. 선고 98후591 판결).

작성 디자인의 확보가 어려워 디자인보호제도의 취지에 부정적인 영향을 미칠 뿐만 아니라 그밖에도 모방 등의 디자인이 속출하게 되어 이에 따른 분쟁이 끊이지 않으므로써 디자인의 보호질서가 혼란스러워질 수 있고 또 진정디자인(원디자인) 물품의 출처에 대하여 수요자로 하여금 혼동을 일으키게 하여 불의의 피해를 입게 함은 물론 시장 및 경제질서 또한 교란되는 등 여러 가지 부정적 사태의 발생이 우려되기 때문이다.

4) 취 지

디자인보호법 제5조 제2항은 그 디자인이 속하는 분야에서 통상의 지식을 가진 자가 ⅰ) 공지공용된 디자인(법 5①1) 또는 ⅱ) 간행물이나 인터넷을 통하여 공중이 이용가능하게 된 디자인(법 5①2)의 결합에 의하여 용이하게 창작할 수 있는 것은 디자인등록을 받을 수 없도록 규정하고 있는데 여기에서 위 ⅰ), ⅱ)에 해당하는 디자인뿐만 아니라 위 디자인 각각에 의하여 용이하게 창작할 수 있는 디자인도 포함된다고 봄이 타당하고, 그 규정의 취지는 위 각 호에 해당하는 디자인의 형상·모양·색채 또는 이들의 결합을 거의 그대로 모방 또는 전용하였거나, 이를 부분적으로 변형하였다고 하더라도 그것이 전체적으로 볼 때 다른 미감적 가치가 인정되지 않는 상업적·기능적 변형에 불과하거나, 또는 그 디자인 분야에서 흔한 창작수법이나 표현방법에 의해 이를 변경·조합하거나 전용하였음에 불과한 디자인 등과 같이 창작수준이 낮은 디자인은 그 디자인이 속하는 분야에서 통상의 지식을 가진 자가 용이하게 창작할 수 있는 것이어서 디자인등록을 받을 수 없다는데 있다.

5) 특징 - 디자인보호법 제5조 제1항 "신규성"과의 비교 -

① 디자인보호법 제5조 제1항 본문의 "등록을 받을 수 있다"는 것은 창작자의 창작에 관한 권리로서 보장하고 그 권리의 성립조건으로서의 디자인등록의 요건으로 객관적 창작성인 신규성을 등록의 요건으로 하며, 신규성의 만족으로 등록된 디자인에 대해서는 타인에게는 불침해 의무를 발생하게 하고 창작자에게는 독점적으로 실시할 수 있는 권리를 발생하게 하는 적극적, 긍정적 규정임에 반하여 위 같은 조 제2항의 "등록을 받을 수 없다"는 것은 위의 제1항과는 정반대로 소극적, 부정적 규정이지만 양자는 객관적 창작성의 신규성을 디자인 등록의 요건으로 하고 있다는 점에서 그 이념적으로는 다를 바가 없다.

② 디자인보호법 제5조 제1항에서의 "신규성"은 출원디자인의 객관적 창작성을 확인하기 위한 것이다. 그러나 물품의 형상·모양·색채 또는 이들을 결합한 것으로 된 물품의 형태를 대상자료로 하여 신규성이 있는 디자인으로 법적 의제가 된 한에는 그 디자인에 창작성이 인정된다 하더라도 그 디자인 모두에 대하여 독점·배타권의

성립을 정당화 할 만한 창작성이 인정되는 것은 아니고 그 중 그 디자인에 속하는 분야에서 통상의 지식을 가진 자가 공지 등이 된 선행디자인에 의하여 용이하게 창작할 수 있는 정도의 디자인 부분에 대하여는 독점·배타권의 성립에서 제외된다(법 5②). 바꾸어 말하면 당업자의 수준에서 주지디자인에 의하여 쉽게 창작할 수 없는 디자인 부분만을 독점·배타권의 성립을 정당하게 할 만한 객관적 창작성의 신규성 디자인으로 인정되는 것이다.

이처럼 창작이 쉽지 아니한 디자인은 본래적으로 디자인 독점의 정당성을 가지지만 창작이 쉬운 디자인은 원래적으로 디자인 전용의 정당성을 가지지 아니한다.

③ 디자인보호법 제5조 제1항의 "신규성"이 물품의 형태(물품의 형상·모양·색채 또는 이들을 결합한 것)에 대한 객관적 창작성의 유무를 확인하기 위한 규정인데 반하여 위 같은 조 제2항의 "창작의 용이성"은 물품을 떠난 형태 자체(디자인의 주요한 요소(모티브)로서의 형상·모양·색채 또는 이들을 결합한 것) 만을 기초로 하여 그 창작의 정도를 확인하는 것이다.

(3) 창작 용이성의 내용과 판단 기준

1) 그 디자인이 속하는 분야에서 통상의 지식을 가진 자 - 당업자 -

디자인보호법 제5조 제2항 전단에 규정하고 있는 사항으로서 이는 출원디자인에 대하여 쉽게 창작할 수 있는가의 여부를 판단하는 주체적 기준을 정한 것이다. 따라서 이 규정의 취지는 그 디자인에 속하는 분야에서 통상의 지식을 가진 자의 보통(평균) 수준의 창작역량을 표준으로 하여 그 디자인에 대하여 용이창작 여부를 판단한다.

① 그 디자인이 속하는 분야

그 디자인의 실시와 관련된 분야 즉, 그 디자인에 관한 물품을 생산·사용·양도·대여 또는 수입하거나 그 물품의 양도 또는 대여의 청약("양도나 대여를 위한 전시를 포함한다" 이하 같다)을 하거나 하는 업체를 말하며 이를 "당업계"라고 하고, 이 분야 사람을 "당업자"라고 한다.

② 통상의 지식을 가진 자

"통상의 지식"이란 그 디자인의 창작에 관한 통상의 지식을 말하며 "통상의 지식을 가진 자"란 당업계의 디자인 창작에 대한 평균(보통) 수준의 지식을 가지고 있는 자를 말하고 "지식"은 디자인의 창작에 관한 지식을 말한다. 그런데 이러한 지식에는 단순히 디자인이 미적이다 아니다 정도 즉, 단순히 디자인을 외견적으로 인지할 수 있는 정도가 아니라 그 디자인의 창작의 전제가 되는 물품의 기능, 그것을 구성하는 재료의 구조, 형태를 이루는데 필요한 생산기술 등에 대해 평균적으로 알고 있는 지식을 말한다는 견해(동지)[127]와 단순히 디자인에 관한 평균적인 지식이라는 견해가 있다.[128]

2) 국내에서 널리 알려진 형상 등

용이창작성의 객관적 판단자료는 i) 국내 또는 국외에서 공지되었거나 공연히 실시된 디자인 또는 국내 또는 국외에서 반포된 간행물에 게재되었거나 전기통신회선을 통하여 공중이 이용가능하게 된 디자인의 결합에 의하거나, ii) 국내에서 널리 알려진 형상·모양·색채 또는 이들을 결합한 것이다(위의 i)에 해당하는 디자인 및 i)에 해당하는 디자인에 유사한 디자인을 제외한다).

따라서 특허법, 실용신안법이 공지 등이 된 기술을 기초로 하는 것과 다르다. 특허, 실용신안은 공지 등이 되어 있는 발명, 고안 그 자체를 기초로 하는 발명, 고안의 진보성을 말하는 데 반하여 디자인은 공지 등이 된 물품의 형상·모양·색채 또는 이들을 결합한 것 즉, 디자인의 형태요소를 기초로 한 창작의 용이성을 말한다는 점에서 양자는 크게 다르다.

① 지역적 범위

창작용이성에 관한 판단자료의 지역적 범위는 신규성 판단의 경우와 같이 국내 또는 국외이다. 따라서 국내에서 널리 알려진 형상 등 뿐만 아니라 외국에서 공지 등이 된 형상 등도 창작용이성의 판단자료가 된다.

그러므로 외국인에 의한 출원의 경우 등 그 디자인이 그 출원인의 자국에서 널리 알려진 형상 등에 기초하여 창작된 것이라도 그 기초가 된 형상 등이 국내에서 널리 알려진 것이 아닌 경우에는 등록이 거절되지 아니한다.

② 국내에 널리 알려진 형태

물품의 형상 등 디자인의 형태가 국내 또는 국외에서 공지공용된 디자인이거나 국내 또는 국외에서 반포된 간행물에 게재나 인터넷 등과 같은 전기통신회선을 통하여 공중이 이용가능하게 된 디자인만이 아니고 국내에서 널리 알려진 형상·모양·색채 또는 이들의 결합한 것(이하 "형태"라 한다)도 위의 국내 또는 국외에서 공지 등이 된 디자인과 마찬가지로 판단의 자료가 된다. 여기에서 "국내에서 널리 알려진"이라 함은 우리나라 전역에 널리 알려져 있을 것을 요구하는 것이 아니고 그 디자인이 속하는 분야에서 널리 알려져 있는 것(당업계의 몇 사람이 알고 있는 것으로 부족하고 다수인이 알고 있음을 요한다)으로 만족하다.[129] 왜냐하면 행위의 주체적 기준을 당사자에 있

127) 吉藤, 개설, 84-85면 참조 : 동지.

128) 高田 217면, 豊崎光衛, 工業所有權法(新版) 328면.

129) 대법원 1980. 12. 9. 선고 80다829 판결 참조.

어서의 창작의 용이성에 두려고 하는 것이므로 당사자가 지득하고 있는 형태에 기초를 두지 않으면 균형을 잃게 되기 때문이다.[130)]

③ 형 태

여기에서 형태라 함은 국내에서 널리 알려진 형상·모양·색채 또는 이들을 결합한 것을 말하고 그 형태는 물품과 떨어진 형태를 의미한다. 따라서 물품의 형태는 물론 물품과의 관련을 넘어 형태 그 자체가 창작 용이성의 판단자료가 된다.

(4) 용이하게 판단할 수 있는 디자인

1) 서 론

디자인등록출원 전에 국내 또는 국외에서 공지 등이 된 디자인의 결합에 의하거나 국내에서 널리 알려진 형상·모양·색채 또는 이들의 결합에 의해 창작이 용이하다고 판단이 되는 디자인에 대하여는 등록을 거절하는 바, 이는 보호할 만한 가치의 디자인적 창작성이 없기 때문이다.

공지 등이나 널리 알려진 형태에 기초한 창작디자인에 대한 창작의 용이성 판단은 기본적으로 그 창작 디자인에 독점·배타권을 부여할만한 창작노력에 의한 미적가치를 창출하였느냐의 여부를 기준으로 한다. 그리고 그 구체적인 판단기준 및 방법은 판결례·심결례 및 심사실무에서 찾아 볼 수 있는 바, i) 관용수단에 의한 창작물, ii) 주지형상을 기초로 한 창작, iii) 주지모양을 기초로 한 창작, iv) 자연물, 주지의 저작물·건축물·경치 등을 기초한 창작, v) 전용에 의한 창작, vi) 주합에 의한 창작, vii) 치환에 의한 창작, viii) 용도 변경에 의한 창작, ix) 배열변경에 의한 창작, x) 그 밖의 경우에 의한 창작에 두고 있다.

2) 관용수단에 의한 창작

창작노력에 의한 디자인의 창출이 아닌 전형은 관용수단에 의한 창작이다. 공지 등이 되었거나 널리 알려진 형상·모양·색채 또는 이들을 결합한 것 등이 창작노력에 의해 창출된 것이 아니라 당업계에서 관용되고 있는 수단에 의해 창출된 경우 그것은 창작이 용이한 것이다. 예를 들면 허리띠에 방울을 늘어뜨리는 것은 국내에서 예부터 행하여 왔음은 현저한 사실로서, 이 사실로부터 출원디자인은 용이하게 생각이 미칠 수 있는 것이라고 판시하였다.[131)]

이처럼 매우 많이 있는 방법이나 수단에 의해 창출된 디자인을 창작력이 부족하거

130) 齊藤瞭二 著, 鄭泰連 譯, 意匠法, 세창출판사, 1993. 10. 30, 278면 참조.

131) 일본 소화 11년(오) 제2030호 판결.

나 아예 없다 하여 미적 보호가치의 결여로 등록을 부정하고 있음은 디자인 제도 창설 이래 일관된 해석이며 현행법의 창작용이성 해석에도 그대로 적용된다.

예를 들면 자동차의 표면에 모양으로서 비행기의 도형을 표현한 디자인에 대해 도형의 위치와 표현방법에 독창적인 심미감이 있다는 주장에 대하여 심결은 본건 디자인의 도형의 위치, 표현 등이 출원 전에는 없었다고 하더라도 자동차에 각종 비행기의 도형을 보통의 표현방법으로 그 표면모양을 표현하는 것은 이미 실시되고 있었던 것에 의하여 용이하게 창작할 수 있는 것이라고 하였다.[132] 또 손가방 정면 전체에 W. 디즈니 영화로 알려진 "멍멍이 이야기"의 개 도형을 크게 나타낸 디자인에 대해 "개의 도형은 국내 공개 후 많이 상영되어 주지의 것으로서 만화의 1도형을 어린이용 손가방의 정면에 표현한 것은 당업계에 습관적으로 실시되고 있었다"라고 하여 창작에 용이성을 인정하였다.[133]

또 만화로 유명한 도널드 덕의 머리를 샤프트로 한 어린이용 자전거의 핸들에 대해 "각종 동물의 두부를 중심(샤프트부)으로 하고 두부의 좌우측 부근에서 핸들과 손잡이부를 좌우로 또는 좌우 뒤쪽으로 돌출시켜 만든 것은 널리 알려진 것 즉, 관용되어 있는 방법에 의해 주지의 핸들과 유명한 저작물을 결합시킨 것"이라고 하여 그 창작이 용이함을 인정하였다.[134]

위와 같이 널리 알려진 물품의 형태를 창작 용이성 판단의 대상자료로 한 경우 통상 그 형태자료를 기초로 당업계의 관용방법에 의하여 창작된 것이라고 보는 것에는 그 밖에도 재료의 변경에 따라 당연히 일어나는 형태상의 변형과 단순한 색채의 변경 등이 있다.[135]

3) 주지 형상·모양에 기초한 창작

① 주지 형상에 기초한 창작

주지 형상이라 함은 기하학적 기본 형상이나 매화형 등과 같이 형상 개념이 명칭에 의해 거의 특정되어 있는 것으로서 널리 알려진 형상을 말하는 바 그 예를 들어보면 다음과 같다.

ⅰ. 기하학적 형상으로 널리 알려져 있는 것

(ⅰ) 평면형상

원, 타원·정사각형·정삼각형 등 각종 정다각형, 직사각형, 사다리꼴, 매화형(✿), 누

132) 일본 소화 37년 심판 제1779호, 동 제2678호 병합심결 참조.

133) 일본 소화 37년 심판 제1983호 심결.

134) 일본 소화 46년 심판 제2957호 심결.

135) 일본 소화 47년 심판 제9295~7호 심결 참조.

에고치형(), 반지형() 등을 들 수 있다.

(ii) 입체형상

공, 원기둥, 육면체, 각종 정다면체, 정사각기둥, 정다각기둥, 원뿔과 각뿔, 원뿔대와 각뿔대 등을 들 수 있는 바 이를 구체적으로 예시해 본다.

i) 기둥

삼각기둥, 사각기둥, 육각기둥(), 매화형 기둥(), 한쌍의 원기둥(), 원통(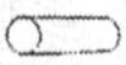)

ii) 통

삼각통, 사각통, 육각통(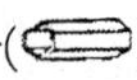), 매화형통(), 한쌍의 원통, 원통()

iii) 홈

삼각통 홈(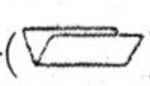), 사각통 홈(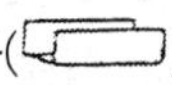), 육각통 홈(), 칸막이형의 사각통 홈(), 원통 홈()

iv) 뿔

삼각뿔(), 사각뿔(), 원뿔(), 육각뿔()

v) 뿔대

삼각뿔대(), 사각뿔대(), 육각뿔대(), 원뿔대()

vi) 뿔대통

삼각뿔대통(), 사각뿔대통(), 육각뿔대통(), 원뿔대통()

vii) 정다면체

삼각형 정다면체()

viii) 그 밖의 것

원구(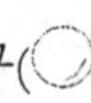), 반원기둥()

ii. 물품의 형상

(i) 물품의 전체 형상

매화형, 누에고치형, 반지형, 벚꽃형, 달걀꼴, 부채꼴 등을 들 수 있다.

(ii) 물품의 부분 형상

기러기 발, 토끼 귀, 고양이 눈, 고양이 발, 고양이 얼굴, 고양이 몸통, 말 발톱 등을 들 수 있다.

(iii) 물품의 전형적인 형상

비행기, 자동차, 기차, 선박 등

② 주지 모양에 기초한 창작

주지 모양이라 함은 봉황 모양, 바둑판 모양, 고양이 얼굴 모양, 벚나무 모양, 파도 모양 등과 같이 일반적으로 명칭을 붙여서 부르는 모양 즉, 물품의 명칭에 의해 관념되는 형태에 의하여 특정되는 모양을 말한다. 이와 같은 형상에 의하여 물품의 형태를 구성하거나 또는 이들 모양을 물품의 형태에 거의 그대로 표현하는 것은 모든 물품에 거의 공통적으로 이루어지고 있는 현상이다. 그러므로 이러한 모양의 디자인은 창작적 노력에 의하여 창출된 디자인이라 할 수 없고 이들 주지의 모양에 기초하여 쉽게 안출 할 수 있는 용이창작 디자인으로 창작성이 있는 디자인이라 할 수 없다. 예를 들면 고양이 얼굴 모양, 파도 모양, 물방울 모양, 봉황 모양, 흔한 문장(紋章), 거북등 모양, 바둑판 모양, 卍 모양, 솔 모양, 삼잎 모양, 비늘 모양, 각종 격자 모양 등이 그것이다. 그러나 모양은 그 표현방법의 폭이 넓고 다양하므로 그러한 모양에 있어서도 그 태양에 따라서는 창작성이 있는 경우가 있음을 유념하여야 한다. 또 색채는 색채가 모양을 이루고 있는 경우에 한하여 판단의 요소로 하고 단일색으로 칠하여진 것은 창작성 판단에 영향을 받지 않는다.

4) 자연물, 주지의 저작물·건조물, 경치 등을 기초로 한 창작

① 자연물

새·물고기·소·대나무잎·꽃잎·소나무·나무결·돌·바위·나이아가라 폭포 등 자연물을 기초로 한 디자인의 창작은 새로운 장식적 심미감을 불러일으키고 그 구성을 용이하게 창작할 수 없을 정도의 지능적 고안이라고는 할 수 없으므로 창작성이 있는 디자인이라고 할 수 없어 등록을 받을 수 없다. 다만, 그러한 자연물이라 하더라도 그 표현방법이 특이한 것은 용이하게 창작할 수 있는 것으로 보지 아니하고 등록을 인정한다. 예를 들면 꽃잎·곤충의 발 등 자연물의 일부를 특이한 각도에서 현미경으로 확대하여 본 확대사진 등과 같은 것이 그것이다.

② 저작물

김홍도의 풍속도, 만화 주인공 "뽀빠이", 브로드웨이 뮤지컬의 "맘마미아" 등 널리 알려진 그림·조각·만화·영화·뮤지컬 등을 기초로 한 디자인의 창작은 창작노력에 의해 창출될 수 있는 정도의 창작성의 디자인이 아니고 이 분야에서 통상의 지식을 가진 자라면 이쯤의 창작은 쉽게 할 수 있는 용이창작으로 보아 등록을 거절한다. 다만, 특이한 표현방법에 의한 창작은 예외일 수 있음은 물론이다.

③ 건축물

광화문·남대문·남산타워·자유의 여신상·에펠탑·불국사·올림픽 주경기장 등 널리 알려진 건축물을 기초로 한 디자인의 창작은 창작노력에 의해 창출될 수 있는 정도의 창작성의 디자인이 아니고 이 분야에서 통상의 지식을 가진 자라면 이쯤의 창작은 쉽게 할 수 있는 용이창작으로 보아 등록을 거절한다. 다만, 이를 특이한 표현방법에 의하여 창작한 디자인에 대하여는 예외일 수 있다.

④ 경 치

백두산 천지·금강산·한라산 백록담·후지산·나이아가라 폭포·이과수 폭포·그랜드 캐년·광한루 등 널리 알려진 경관을 기초로 한 디자인의 창작은 창작 노력에 의해 안출될 수 있는 정도의 창작성의 디자인이 아니고 이 분야에서 통상의 지식을 가진 자라면 이쯤의 창작은 쉽게 할 수 있는 용이창작으로 보아 등록을 부정한다. 다만, 이를 특수한 표현방법에 의하여 창작한 디자인의 경우에는 창작성이 있는 디자인으로 보아 등록을 결정할 수 있다.

⑤ 운동 경기 등 각종 행사 장면

삼일절 행사, 올림픽 경기 개막전, 축구·야구 경기 등 각종 행사 및 경기장면의 사실적 표현의 창작은 창작노력에 의하여 창출될 수 있는 정도의 창작성의 디자인이 아니고 이 분야에서 통상의 지식을 가진 자라면 이쯤의 창작은 쉽게 할 수 있는 용이창작으로 보아 등록을 거절한다. 다만, 이를 특수한 표현방법에 의해 새로운 미감적 디자인을 창출한 디자인의 경우에는 예외일 수 있다.

위와 같은 자연물, 저작물, 건축물, 경치, 운동 경기 등 각종 행사 장면이라 하더라도 보는 각도에 의하여 특징을 갖도록 표현한 디자인은 용이하게 창작할 수 없는 정도의 지능적 고안에 의한 것으로 창작성이 있는 디자인이라고 할 수 있음은 앞에서 설명한 바 있다.

5) 전용에 의한 창작

① 서 론

어떤 물품의 형태를 다른 물품에 전용하여 디자인을 구성한 경우 그 디자인은 상당한 창작적 노력 없이 쉽게 얻어질 수 있는 것으로서 등록을 받을 수 없다. 예를 들면 장난감이나 장식물과 같이 다른 물품의 형태를 축소하거나 변형 등을 하여 디자인을 구성하는 것을 그 물품의 본질적 특징으로 하거나 또는 다른 물품의 형태를 준용하여 축소 형성함을 그 물품의 본질적 특징으로 하고 있는 분야가 있다.

이와 같은 기존 물품 형태의 단순한 전용에 의한 창작은 다른 물품의 형태에 의존하여 창출하는 것이므로 독창성이 거의 없어 그와 같은 디자인에 대하여는 독점 배타권을 부여할 수 없는 것이다.

일반적으로 기존 물품 형태의 변형·축소가 당업계의 관행 정도로 이루어지고 있는 경우 이를 용이창작이라고 하고 전용대상 물품의 범위, 분야도 통상 전용대상 분야에서 이루어지고 있다. 이처럼 전용에 의한 창작이 당업계에서 통상적인 방법에 의하여 이루어지고 있는 경우에는 거의 창작의 용이성으로 보아 등록을 거절한다. 관련 사례를 들어보면 다음과 같다.

② 전용의 범위

ⅰ. 전용의 범위를 넓게 본 경우

자동차용 핸들의 형태를 "벽시계"로 전용한 디자인을 창작용이라고 하는 요지의 심결을 하였다.[136]

ⅱ. 전용의 범위를 좁게 본 경우

오르간의 형태를 거의 그대로 나타낸 라디오 수신기에 대하여 "오르간 형으로 나타낸 것을 디자인의 창작으로서 용이하다고 하기 위해서는 이 업계에 오르간의 형태를 나타냄이 관습으로 되어 있는 등의 사실이 있어야 한다"고 하여 창작용이에 해당하지 아니한다고 한 요지의 심결을 하였다.[137] 그러나 이는 전용의 범위를 너무 한정적으로 본 측면이 있다. 즉 디자인의 형태적 구성이 대부분 주지되어 있는 물품의 형태를 중심으로 이루어지고 있음을 감안할 때, 즉 디자인의 형태적 가치가 주지의 물품형태를 중심으로 이루어지고 있다는 점을 생각할 때 전용을 제한적으로 본 위의 심결은 지나치게 전용의 범위를 좁게 본 심결이라 할 수 있다.

이처럼 전용에 의한 창작은 이미 널리 알려진 물품의 형태를 전용하여 디자인을 구성하는 것이므로 그 전용에 창작성이 없고 또한 그 전용에 의해 수반되는 물품의 형태적 가치 및 미감적 효과도 보통으로 예측할 수 있는 범위 내의 것인 경우에는 그 전용에는 창작성이 없는 용이창작으로 등록을 받을 수 없다.

6) 주합에 의한 창작

주합에 의한 창작이라 함은 복수의 물품의 디자인을 합하여 하나의 물품의 디자인을 구성하는 것을 말한다. 즉 어느 물품의 형태 그 자체를 구성함에 있어 다른 주지

136) 일본 소화 44년 심판 제7417호.

137) 일본 소화 38년 심판 제5520호.

물품 형태의 구성요소를 주합하는 경우로서 주지 물품형태의 목적 및 구성으로부터 판단하여 이들 주지 물품 형태 상호간에 미적 관련성이 없고 이들 물품의 형태를 주합한 것이 당업자에 의하여 쉽게 안출 할 수 있는 것으로 인정되지 않으며 주지 물품 형태의 각각이 갖는 미감적 효과의 총화 이상의 새로운 미적 상승효과를 수반하지 않을 때에는 이를 용이하게 창작할 수 있는 주지 물품 형태의 주합이라고 하고 창작성이 없는 것으로 보아 등록을 거절한다. 예를 들면 널리 알려져 있는 책상 형상에 널리 알려져 있는 책꽂이 형상을 부착하여 이루어진 책꽂이가 부착된 책상이 그것이다.

7) 치환에 의한 창작

주지의 어떤 물품형태의 구성요소 일부를 다른 주지 물품 형태로 치환한 디자인의 창작으로서 당업자에게 있어 그 치환에 창작적 노력을 요하지 않고 또한 그 치환에 의하여 수반되는 효과도 보통으로 예측할 수 있는 범위의 디자인의 창작인 경우 그 창작은 새로운 장식적 심미감을 불러일으키고 그 치환을 용이하게 할 수 없는 정도의 지능적 고안이라고 볼 수 없으므로 그 치환에 의해 구성된 디자인의 창작은 창작성이 없는 용이창작으로 등록을 받을 수 없다. 예를 들면 주지의 시계가 부착된 라디오의 시계부분을 단순히 다른 시계의 형상 등으로 치환한 시계가 부착된 라디오가 그것이다.

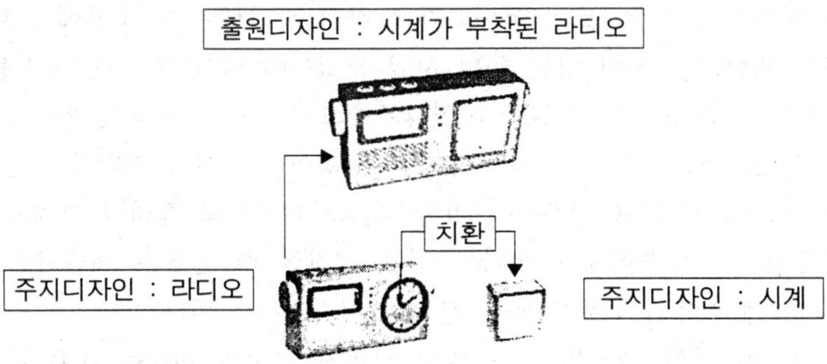

8) 용도변경에 의한 창작

널리 알려져 있는 어떤 용도의 물품의 형태를 그대로 다른 용도의 물품의 형태로 용도변경한 창작으로서 이 분야에서 통상의 지식을 가진 자로서 용도변경하는데 창작적 노력을 요하지 아니하고, 또한 용도변경에 의해 수반되는 효과도 보통으로 예측할 수 있는 효과 이상이 아닌 경우 이를 용이하게 할 수 있는 주지형태 물품의 용도변경에 의한 창작으로 인정하여 창작성이 없다고 보고 이를 창작용이라 하여 등록을 거절한다. 예를 들면 마름모꼴 수저통을 그대로 마름모꼴 필통으로 그 용도만을 변경하는 것이 그것이다.

9) 배열변경에 의한 창작

주지의 물품형태의 구성을 그 배열에 관하여 변경한 디자인의 창작으로서 이 분야에서 통상의 지식을 가진 자로서 그 변경에 창작적 노력을 요하지 아니하고 또한 그 변경에 수반되는 효과도 보통으로 예측할 수 있는 범위의 것인 경우 이는 창작성이 없는 용이창작으로 보아 등록을 거절한다. 예를 들면 전화기의 평면 좌측에 세로로 배열되어 있는 송수화기 착장홈(송수화기 전원버튼이 착장되어 있다) 그 위에 놓인 송수화기의 배열위치와 그 상판상단에 가로로 일렬로 배치되어 있는 키보드의 배열위치를 서로 바꾸어 배치를 변경한 경우가 이에 해당한다.

10) 그 밖의 경우에 의한 창작

① 이종 물품간의 디자인의 전용이 당업계의 관행으로 되어 있는 경우 예를 들면 기차·선박·자동차·탱크·비행기·마차 등의 디자인을 장난감의 디자인으로 사용하는 경우 이는 이 분야에서 통상의 지식을 가진 자라면 위의 주지의 기차 등으로부터 용이하게 창작할 수 있는 것이어서 그러한 창작에 신규성과 창작성을 인정할 수 없어 등록될 수 없다.

② 물품의 용도·기능·형태 등의 관련성으로 인하여 이종물품간의 디자인의 전용이 당업계의 상식으로 이루어지는 경우, 예를 들면 ET인형의 형상·모양을 저금통에 사용하는 경우나 탁상용 시계의 모양을 라디오에 사용하는 경우 이는 이 분야에서 통상의 지식을 가진 자라면 위의 주지의 ET인형의 형태나 탁상용 시계의 모양으로부터 용이하게 창작할 수 있다고 할 것이므로 이러한 창작에는 신규성은 물론 창작성도 없다고 보아야 한다.

11) 사 례

① 긍정 사례

ⅰ. 이 사건 출원디자인은 직육면체 형상의 외부 용기와 다수의 요홈을 가진 내부 용기가 결합되어 구성되어 있고, 요홈은 긴 직사격형 형상의 요홈 1개와 그 요홈의 가로변 아래에 서로 대응되게 동일한 간격으로 배치된 작은 사각형 형상의 요홈 8개로 구성되어 있는 바, 내·외부의 규모, 요홈의 배열, 색감의 대비 등 전체의 구성측면에서 볼 때 출원디자인이 화장품 용기에 있어서 주지의 형상·모양이라거나 출원디자인의 창작이 주지의 입체적 직사각형 통을 화장품 용기에 맞도록 하기 위하여 당업자라면 누구나 가할 수 있는 정도의 변화에 지나지 않는다고 볼 수는 없다.[138)]

---

138) 대법원 2001. 4. 10. 선고 98후591 판결.

ⅱ. 일자형의 길고 좁은 금속재를 텔레비전 브라운관의 프레임에 인너실드를 고정시키기 위하여 프레임의 구성과 인너실드의 형성된 홈에 맞게 적당히 구부려 형성된 클립에 관한 디자인이 금속재 본래의 형상이나 모양과 판이할 뿐 아니라, 위 클립이 브라운관의 프레임과 인너실드를 용접에 의하여 결합시켜 온 종전의 방법을 개선하기 위하여 제작된 것이라는 점에 비추어 볼 때 객관적 창작성을 갖고 있고, 또 나름대로 특별한 미감적 가치를 지니고 있으므로 창작성의 디자인으로 등록을 받을 수 있다.[139]

② 부정 사례

ⅰ. 이 사건 출원디자인('병아리 이송상자용 깔판')은 평면위에 주지의 형상인 원형을 반구형 모양의 양각으로 도드라지게 처리하여 단순하게 배열시킨 것으로서 그 출원 전에 그 디자인이 속하는 분야에서 통상의 지식을 가진 자가 위와 같은 주지의 형상 및 모양을 토대로 용이하게 창작할 수 있는 것에 불과하다고 하였다.[140]

ⅱ. 이 건 등록디자인은 채널형 상부 받침판과 원기둥형 탄성체 및 정사각형 하부 받침판을 조립한 것으로서 이 건 등록디자인에 있어서 채널형 상부 받침판은 그 출원전 공지된 인용디자인(1)의 상부 받침판과 동일할 정도로 유사하여 새로운 미감적 가치가 있는 것이라 할 수 없고, 또한 원기둥형 탄성체와 정사각형 하부받침은 하부받침의 형상에 있어서만 인용디자인(2)와 적은 차이가 있을 뿐이며 이 건 등록디자인은 그 출원 전에 공지된 인용디자인(1)과 인용디자인(2)를 단순히 결합하여 구성한 것이라 할 것인데 전체로서 관찰하여 새로운 장식적 심미감을 불러일으키고 그 결합이 용이하게 제작할 수 없는 정도의 지능적 고안이라고는 보이지 아니하여 창작성이 있는 디자인이라 할 수 없다.[141]

ⅲ. 원심결 이유에 의하면, 원심은 본원디자인과 인용디자인은 모두 권척의 형상 및 모양의 결합을 고안의 요지로 하는 것으로서 이를 대비하여 볼 때, 본원디자인은 케이스의 좌측면과 우측면을 약간 절곡되게 표현하여 상변보다 하변을 약간 길게 형성하고 케이스 정면과 배면에 U자 형상이 나타나도록 외주면을 약간 절삭하였는데 비하여 인용디자인은 케이스의 상측면과 하측면을 약간 만곡되게 표현하고 줄자인출부를 돌출되게 표현하여 양디자인에는 부분적 차이가 있다고 하겠으나, 양디자인은 다같이 케이스 전면에 커다란 원을 형성하고 케이스의 외주면에 일정한 간격으로 일자형의 요철부를 두줄로 형성하였으며 삼각형의 누름부를 외주면에 일자형의 요철부를 조밀하게 형성한 점 등이 유사하여 전체 대 전체의 관계에 있어서 수요자에게 주는 미감의 지배적인 특징이 서로 유사함으로써 전체적인 형상, 모양이 유사한 것이라고 할 것이

139) 대법원 1991. 9. 24. 선고 91후28 판결.

140) 특허법원 2000. 12. 1. 선고 2000허4152 판결(확정).

141) 대법원 1994. 1. 25. 선고 92후1042 판결.

고, 앞에서 본 차이점은 사소한 차이에 불과한 것으로서 이 분야에서 통상의 지식을 가진 자라면 인용디자인으로부터 용이하게 창작할 수 있는 것이라 할 것이다.[142)]

(5) 창작 용이성의 판단과정

일반적으로 디자인의 신규성을 판단하는 경우에는 출원디자인이 속하는 물품의 디자인분야에 제한됨이 없이 모든 물품의 디자인분야에 걸쳐 i) 출원 전에 국내 또는 국외에서 공지되었거나 공연히 실시된 디자인, ii) 출원 전에 국내 또는 국외에서 반포된 간행물에 게재되었거나 인터넷 등과 같은 전기통신회선을 통하여 공중이 이용 가능하게 된 디자인, iii) 위 i) 또는 ii)에 해당하는 디자인에 유사한 디자인 중 적어도 하나의 인용례를 선택하여 당해 출원디자인과 그 동일성을 대비하게 된다.

이에 반하여 디자인의 창작 용이성의 판단은 출원디자인이 속하는 물품의 디자인 분야에서 통상의 지식을 가진 자가 출원 전에 위의 i) 또는 ii)에 해당하는 디자인의 결합에 의하거나 국내에서 널리 알려진 형상·모양·색채 또는 이들의 결합에 의한 디자인(위의 i), ii), iii)의 어느 하나에 해당하는 디자인을 제외한다) 중 하나 또는 복수의 인용례를 선택하여 각 물품의 디자인을 대비하게 된다. 즉 신규성의 판단과는 달리 창작용이성의 판단은 출원디자인이 속하는 물품의 디자인분야의 디자인을 인용례로 하여야 함에도 다른 분야의 디자인을 인용례로 하여 창작용이성을 판단하는 것은 원칙적으로 허용되지 않는다. 다만, 당업자가 용이하게 할 수 있는 공지디자인의 용도변경이라는 이유로 창작용이성을 부정하는 경우에는 다른 디자인 분야의 디자인을 인용례로 하는 것도 가능할 것이다.

결국 창작성의 판단은 출원디자인이 속하는 분야에서 관련 디자인을 검색하여 가장 관련성이 큰 종래의 선행디자인 자료를 찾는 과정과 선택된 하나 또는 복수의 선행디자인 자료를 가지고 당업자가 용이하게 디자인을 창작할 수 있는지를 결정하는 과정이 큰 흐름을 이루게 되는 것이다.

(6) 창작성 유무의 판단

디자인이라 함은 물품의 형상·모양이나 색채 또는 이들을 결합한 것으로서 시각을 통하여 미감을 일으키게 하는 것을 말하므로 어떤 디자인이 종전의 디자인과는 다른 미감적 가치가 인정되어 디자인보호법이 디자인등록의 요건의 하나로 요구하는 창작성을 갖추었는지의 여부는 디자인을 표현할 물품의 형상·모양·색채 또는 이들의 결합뿐만 아니라, 디자인이 표현될 물품의 용도·기능 등도 감안하여 그 물품의 일반 수요자들이 새로운 장식적 심미감을 느낄 수 있는 것인지의 여부에 따라 판단하여야 한다. 따라서 출원된 디자인이 종전에 국내에서 공지된 디자인을 소재로 주지의 형상과 모

142) 대법원 1991. 3. 22. 선고 90후1628 판결.

양을 서로 단순히 결합하여 표현한 것에 지나지 아니하고 새로운 미감적 가치를 갖춘 것이 아니라면 그 출원디자인은 창작성이 없는 디자인으로 등록을 받을 수 없다.

(7) 창작 용이성과 유사

디자인보호법 제5조 제2항에서는 용이하게 창작할 수 있는 디자인에 대해 괄호를 하여 "제1항 각호의 1에 해당하는 디자인을 제외한다"고 되어 있다. 여기에서 제1항 각호의 1에 해당하는 디자인을 제외하는 것은 선행디자인과 동일 또는 유사한 디자인은 이미 제1항 각호에 규정된 디자인에 해당하여 등록할 수 없는 것이므로 다시 여기에서 중복하여 등록을 받을 수 없는 것으로 할 필요가 없기 때문이다.

위 같은 조 제2항 괄호 내의 규정과 관련하여 동 제2항의 적용은 동일물품 또는 유사물품에는 미치지 않는다는 견해가 전혀 없는 것은 아니지만 디자인보호법의 이념에 따라서 이 규정의 취지 또 이 규정의 구문(構文)에서 보더라도 본 항의 규정은 물품의 다르고 같음에 관계없이 적용되는 것이라고 해석되어야 한다.[143)]

위 같은 조 제1항은 디자인의 창작을 선행디자인 즉 물품의 형상·모양·색채 또는 이들을 결합한 것을 대상자료로 하여 신규성을 확인하는 것 즉, 논리적으로도 사실상으로도 창작의 과정, 행위에 관계없이 단지 선행디자인과의 관계에서 그 신규성·객관적인 창작의 유무를 문제삼는 것이다.

이에 대해 제2항의 규정은 그 조문에 의해 명백하듯이 널리 알려진 형상 등에 기초하여 디자인의 창작이 이루어지는 것 즉 논리적으로는 그 창작의 과정을 기초로 하여 물품과의 관련을 초월한 형상·모양·색채와의 관계에서 창작의 정도, 용이성을 문제로 하는 것이다.

이 점에서 본 항의 규정의 적용은 물품의 이동(異同)에는 관계없다는 것이 명백하다.[144)]

Ⅳ. 절차적 요건

1. 서 론

등록을 받을 수 있는 디자인은 ⅰ) 디자인보호법 제2조 제1호에 의한 "정의"의 디

---

143) 齊藤瞭二 著, 鄭泰連 譯, 意匠法, 세창출판사, 1993년, 286면 참조.

144) 소화 45년(行ツ) 제45호 판결(최고재 소화 49. 3, 29 선고) 소화 48년(行ツ) 제82호 판결(최고재 소화 50. 2, 28 선고)
齊藤瞭二 著, 鄭泰連 譯, 意匠法, 세창출판사, 1993년, 286면 참조.

자인(디자인의 성립성, 디자인성) 및 같은 법 제5조 제1항 본문에 의한 "공업상 이용할 수 있는 디자인(공업상 이용성, 공업성)으로서(전제적 요건), ⅱ) 공지 등이 되지 아니한 디자인(신규성) 및 그 공지 등이 된 디자인 등에 의해 당업자의 지식수준에서 용이하게 창작할 수 없는 디자인(창작성)이어야 한다(실질적 요건).

이처럼 디자인성, 공업성을 전제로 한 신규성 및 창작성의 디자인이라 하더라도 등록을 받기 위해서는 제일 먼저 한 출원이어야 하고(선원성, 선원주의) 그리고 그 출원은 1디자인 1디자인등록출원(1디자인 1출원주의, 출원의 단일성, 디자인의 단일성)이어야 함을 요하는 절차적 요건을 충족하여야 한다.

따라서 아무리 전제적 요건을 충족한 디자인을 전제로 한 실질적 요건 만족의 디자인이라 하더라도 절차적 요건을 구비하지 못한 디자인은 디자인등록을 받을 수 없다.

2. 최선출원 – 선원성·선원주의·선출원주의 –

(1) 서 론

최선출원이라 함은 동일 또는 유사한 디자인에 대하여 제일 먼저 출원한 자에게 그 출원디자인에 대하여 등록을 허여하는 것을 말한다. 따라서 선출원의 절차적 요건은 동일 또는 유사한 디자인에 대하여 등록을 받을 권리를 가진 자가 2인 이상일 때의 조정에 관하여 최선의 출원인만이 등록을 받을 수 있다는 것이다.

디자인 창작자는 그 디자인의 창작으로 인하여 디자인등록을 받을 권리를 원시적으로 취득하고 그 권리에 의해 디자인등록출원을 하는 것이다. 그러므로 출원디자인이 디자인성·공업성 등 실질적 요건의 전제로서의 요건과 신규성·창작성 등 실체에 관한 요건을 충족한 것일 때 그 디자인은 등록을 받을 수 있는 실질적 요건을 만족한 디자인이라고 할 수 있다.

(2) 선후출원의 시간적 기준

경합출원 디자인의 선후는 디자인보호법 제5조 제1항의 신규성 경우와는 달리 출원의 "일(날)"을 기준으로 하여 정한다. 이 출원의 날은 현실의 출원일 또는 법에 의해 간주되는 출원일이다. 통상의 출원에서 현실적으로 출원서를 특허청에 제출하고 수리되어 제출의 효력이 발생한 날이며, 우편으로 제출한 경우 그 증명에 의해 우체국에 제출한 날이다.

법에 의해 간주되는 출원일은 현실의 출원일보다도 앞당겨 출원일로 보는 경우와 늦추어 보는 경우가 있다.

1) 출원일이 앞당겨진 경우

① 2 이상의 디자인을 1출원으로 출원한 자가 당해 출원의 일부를 1 이상의 새로운 출원으로 분할하여 출원한 경우 그 새로운 디자인등록출원

② 20 이내의 디자인을 1출원으로 복수디자인등록출원을 한 자가 당해 출원의 일부를 1 이상의 새로운 출원으로 분할하여 출원한 경우 그 새로운 디자인등록출원

③ 유사디자인의 등록출원을 단독의 디자인등록출원으로, 단독의 디자인등록출원을 유사디자인의 등록출원으로 변경하는 보정의 경우 각각 본래의 디자인등록출원(법 18②)

④ 디자인무심사등록출원을 디자인심사등록출원으로, 디자인심사등록출원을 디자인무심사등록출원으로 변경하는 보정의 경우 각각 본래의 디자인등록출원(법 18④)

⑤ 출원일 그 자체가 앞당겨지는 것은 아니지만 우선권 주장을 수반하는 출원의 경우 조약에 의해 제1국 출원에서 제2국 출원 사이에 취한 행위에 의해 불리한 취급을 받지 아니하며 또 제3자의 어떠한 권리도 생기지 않으므로 선후원 관계에서의 출원일은 제1국에 출원한 날로 간주된다(파리조약 4B).

2) 출원일이 늦추어 진 경우

위 3), 4) 및 출원서의 기재사항·첨부도면·도면의 기재사항·사진·견본에 대한 보정, 유사디자인등록출원을 단독의 디자인등록출원으로 보정함에 있어서 디자인보호법 제8조(신규성 상실의 예외) 제1항의 규정을 적용받으려는 자의 보정이 최초의 디자인등록출원의 요지를 변경하는 것으로 디자인권의 설정등록이 있은 후에 인정된 때에는 그 디자인등록출원은 그 보정서를 제출한 때에 디자인등록출원한 것으로 본다(법 18⑥).

(3) 최선의 출원인

1) 출원 경합시의 최선출원인

① 다른 날 출원경합시의 최선출원인

동일 또는 유사한 디자인에 대하여 다른 날에 2 이상의 디자인등록출원이 있는 때에는 먼저 출원한 자를 최선의 출원인이라 하며, 최선의 출원인만이 그 디자인에 관하여 등록을 받을 수 있다(법 16①).

② 같은 날 출원경합시의 최선출원인

ⅰ. 최선출원인을 정한 경우

동일 또는 유사한 디자인에 대하여 같은 날에 2 이상의 디자인등록출원이 있는 때

에는 출원인의 협의에 의하여 정하여진 하나의 출원인을 최선의 출원인이라 하며, 최선의 출원인만이 그 디자인에 관하여 등록을 받을 수 있다(법 16② 전단).

ii. 최선출원인을 정하지 못한 경우

위 i 의 경우에서 출원인의 협의가 성립하지 아니하거나 협의를 할 수 없는 때에는 어느 출원인도 최선의 출원인이 될 수 없으며, 따라서 이들 출원디자인 중 어느 디자인등록출원도 등록을 받을 수 없다(법 16② 후단).

2) 인격 중심의 선후원 관계

위와 같이 디자인보호법에서는 최선출원인에 대하여 당해 출원에 한정하지 않은 "사람"을 중심으로 해석하며, 이는 선후원 관계는 동일인격 사이에는 적용되지 않는다고 본 것이다. 그러나 특허법, 실용신안법에서는 최선의 출원인을 당해 출원에 관한 한 출원인으로 보고 동일인격에 의한 출원인이라 하더라도 출원이 다르면 그들 사이에 선후원의 관계가 성립되는 것으로 해석한다.145)

특허법, 실용신안법의 이러한 규정은 동일성의 범주에 있는 특허를 받을 수 있는 출원 사이의 문제이며, 만일 "사람"을 중심으로 해석한다면 후출원에 의하여 권리의 존속기간이 실질적으로 연장될 수 있는 등의 불합리한 점이 있다. 한편 디자인보호법에서의 유사디자인은 자기의 등록디자인과의 관계에서 신규한 것으로 보는데 그치므로, 만약 동일인격에 대하여도 선후원의 관계가 성립한다면 자기의 선원과 충돌하게 되어 유사디자인의 등록은 받을 수 없게 된다. 그러므로 이들 규정간의 정합적(整合的) 해석에 의해 동일인격에 대해서는 선후원의 관계가 성립되지 아니한 것으로 해석함이 타당하다.

출원은 국가에 대해 디자인권을 설정해 줄 것을 청구하는 행위로서 출원 그 자체는 개인적 공권의 성격을 갖지만, 디자인권의 내용으로 볼 때 출원은 대세적 지배의 권원설정으로서 제3자를 대상으로 하고 있으므로 그 청구행위는 자기 스스로를 대상으로 할 수 없다. 따라서 동일인격 사이에서는 선원의 지위는 발생하지 않는다고 봄이 상당하다.

다만, 여기에서 유념하여야 할 것은 "사람"을 중심으로 해석한다하더라도 그것은 자기와의 관계에서 선후원 관계가 성립하지 않는다는 것이며, 제3자와의 관계를 뛰어넘어서까지 최선의 출원인 지위를 가진다는 것은 아니다.

즉 X의 선출원 Xa와 후출원 Xa"의 사이에 Y의 출원 Ya'가 있는 경우, X가 Xa"에 대해서까지 최선출원 Xa의 출원인임을 이유로 최선출원인의 지위를 가지는 것은 아니다. X의 최선출원인의 지위는 동일 인격에 의한 출원 Xa" 또는 그 후의 출원 Xa'"

145) 축조해설, 118면, 605면 참조.

… 에 영향을 미치지 아니한다. 오직 Xa'', Xa''' … 는 선출원 Xa에 의해 거절되지 않는다는 것 뿐이다.[146)]

(4) 선원지위 유무의 출원

1) 선원의 지위

선원의 지위라 함은 동일 또는 유사한 디자인에 대하여 2 이상의 디자인등록출원이 있는 때에는 먼저 출원한 최선출원자만이 그 디자인에 대하여 등록을 받을 수 있는 바, 그 최선출원자의 등록을 받을 수 있는 힘과 후출원 디자인의 등록을 배제하는 힘을 선원의 지위라고 한다.

이러한 선원의 지위를 거절된 출원에도 인정할 수 있느냐에 관해서는 종래부터 양론이 있어 왔다. 즉 디자인등록출원에 대한 거절결정이나 거절한다는 심결이 확정된 때에는 그 출원은 등록요건의 불비로 창작의 실체가 없는 것으로 되기 때문에 그 거절된 출원에 의해 후출원 디자인의 등록이 배제되는 것은 불합리하다는 견해와 출원은 국가에 디자인권을 설정해 줄 것을 청구하는 행위이므로 그 출원청구가 객관적으로 성립되지 않는 경우라 할지라도 선원의 지위를 인정하여 후출원의 등록을 배척하여야 한다는 견해가 그것이다.

그러나 디자인보호법은 명문으로 디자인등록출원이 거절결정이나 거절한다는 취지의 심결이 확정된 때에는 그 출원의 선원의 지위는 처음부터 없었던 것으로 본다. 다만, 동일 또는 유사한 디자인에 관하여 같은 날에 2 이상의 출원이 경합된 때에는 출원인의 협의로 정한 하나의 출원인만이 선원의 지위를 가지나 협의에 의해 정할 수 없는 때에는 어느 출원인도 그 디자인에 대하여 등록을 받을 수 없게 된 때에는 그 출원은 선원의 지위를 유지한다고 규정함으로써(법 16③) 원칙적으로 전자의 견해를 입법적으로 채택하여 실무상 혼동은 해소되었으나 여전히 학설상의 두 견해는 대립상태로 존재한다. 필자도 전자의 견해와 그 견해와 부합하는 취지의 입법내용(법 16③)을 지지한다.

2) 선원의 지위를 가진 출원

동일 또는 유사한 디자인에 대하여 ⅰ) 다른 날에 2 이상의 디자인등록출원이 있는 때에는 먼저 출원한 자, ⅱ) 같은 날에 2 이상의 디자인등록출원이 있는 때에는 출원인의 협의에 의하여 정하여진 하나의 출원인만이 디자인등록을 받을 수 있는 바, 이때의 먼저 출원한 자의 출원, 출원인의 협의에 의한 출원이 선원의 지위를 가진 출원이 된다.

---

146) - 東京高裁 昭和 59년 9월 17일 선고 232판결(昭和 58년(行게) 232 판결) 참조.
- 齋藤, "특허뉴스" No.6526(昭和 59년 11월 29일) 유사의장 판결의 소개와 해설 참조.
- 齊藤瞭二 著, 鄭泰連 譯, 意匠法, 세창출판사, 1993. 10. 30., 290~291면 참조.

3) 선원의 지위를 갖지 않은 출원

① 무효 등의 출원인 경우

선원의 지위를 가진 출원이 무효·취하·포기 또는 거절결정이나 거절심결이 확정된 때에는 처음부터 없었던 것으로 간주하여 그 출원은 선원의 지위를 갖지 않는다. 다만, 같은 날에 2 이상의 출원이 경합된 때에는 출원인의 협의에 의하여 정하여진 하나의 출원인만이 등록을 받을 수 있고, 만약 협의에 의하여 최선출원자를 정하지 못한 경우에는 그 출원에 대하여 거절결정이나 거절한다는 취지의 심결이 확정된 때에는 그 출원은 선원의 지위를 가진 출원으로 존재한다(법 16③).

② 무권리자의 출원인 경우

디자인을 창작한 자가 아닌 자로서 디자인등록을 받을 수 있는 권리의 승계인이 아닌 자(이하 "무권리자"라 한다)가 한 디자인등록출원은 처음부터 없었던 것으로 보아 그 출원은 선원의 지위를 갖지 않는다.

(5) 같은 날 경합출원에 대한 최선출원인 협의결정

1) 협의의 내용

동일 또는 유사한 디자인에 대하여 같은 날에 2 이상의 출원이 있는 때에는 먼저 출원한 자만이 등록을 받을 수 있기 때문에 그 경합출원인 중 최선출원자를 정하는 것을 협의의 내용으로 하고 있다.

2) 협의의 유형

경합출원인 중에서의 최선출원인의 결정은 디자인등록을 받을 권리에 대한 처분의 자유를 전제로 하는 것이므로 그 유형에는 여러 가지의 경우가 있을 수 있다.

① 동일 디자인의 경우 한 쪽 출원인의 권리양도 등에 의해 하나의 출원인으로 특정된 경우

② 경합출원디자인을 모든 출원인의 공유로 하는 경우

③ 유사디자인 또한 한 쪽 출원인의 권리양도 등에 의해 하나의 출원인으로 특정되고 어느 하나를 기본디자인으로 하고 다른 것을 유사디자인으로 하는 경우

④ 경합디자인을 경합출원인의 공유로 하고 그 어느 하나를 기본디자인으로 하며 다른 것은 유사디자인으로 하는 경우

⑤ 어느 하나의 출원인만을 최선출원인으로 특정하고 나머지 다른 출원인은 출원의 취하 또는 포기 등을 조건으로 실시권을 갖는 경우

3) 협의결정에 의한 최선출원인

동일 또는 유사한 디자인에 대하여 같은 날에 2 이상의 디자인등록출원이 있는 때에는 출원인의 협의에 의하여 정하여진 하나의 출원인이 최선의 출원인이 되어 그 출원인만이 그 디자인에 대하여 디자인등록을 받을 수 있다(법 16② 전단). 여기에서의 선원주의는 본래의 선원주의의 취의에 의한 절대적 내지 정확히 선원을 우위로 한 것은 아니다. 그러나 이처럼 같은 날에 출원이 경합되므로 인하여 경합출원인 협의에 의하여 최선의 출원인을 정하는 것은 선원주의가 출원의 "일(날)"을 기준으로 하였기 때문에 할 수 있었던 것이며, 같은 날에 출원이 경합된 때에는 선원우위의 원칙은 적용되지 않는다.

4) 협의결과 신고

특허청장은 동일 또는 유사한 디자인에 대하여 같은 날에 2 이상의 디자인등록출원이 있는 때에는 그 출원인에게 기간을 정하여 협의의 결과(경합출원인의 협의에 의하여 정하여진 하나의 출원인, 즉 최선출원인)를 신고할 것을 명하고 그 기간 내에 신고된 최선출원인만이 그 디자인에 대하여 등록을 받을 수 있다(법 16②).

5) 협의 불성립

위 2)와 같이 특허청장의 협의결과 신고명령을 받은 경합출원인이 그 신고지정기간 내에 신고를 하지 아니한 때에는 협의는 성립되지 아니한 것으로 보고 어느 출원인도 그 디자인에 대하여 등록을 받을 수 없다(법 16⑤).

그러나 이들 경합출원에 대하여 거절결정이나 거절심결이 확정된 때에는 그렇지 않은 디자인등록출원이 거절결정이나 거절심결이 확정된 때에는 처음부터 없었던 것으로 보아 선원의 지위를 갖지 않은 것과는 달리 선원의 지위를 유지한다 함은 위에서 설명한 바와 같다(법 16③ 단서).

이와 같이 선원의 지위를 유지하도록 한 것은 그 출원디자인이 디자인등록의 요건 등의 불비나 부등록사유 등 디자인등록의 실질적 요건의 흠결을 이유로 거절결정이나 거절심결이 된 것이 아니고 디자인등록은 최선출원인에게만 허여한다는 출원절차상의 요건흠결에 지나지 않기 때문이다.

6) 협의 불능

특허청장으로부터 지정기간 내에 협의결과를 신고할 것을 명령받은 경합출원인이 그 기간 내에 협의를 할 수 없는 때에는 어느 출원인도 그 디자인에 대하여 등록을 받을 수 없다(법 16② 후단).

그러나 이들 경합출원에 대하여 최선출원인 결정협의 불성립으로 거절결정이나 거절한다는 취지의 심결이 확정되더라도 선원의 지위는 유지된다. 이에 관한 자세한 설명은 위 5) 후단을 참고하기 바란다.

(6) 선원에 관한 문제

1) 모인출원의 문제

무권리자의 모인출원(冒認出願) A가 존재함에 따라 거절결정을 받은 정당권리자는 그 선원 A가 모인인 경우 그 거절결정에 불복심판청구를 하지만 그 거절결정의 원인이 되는 A가 모인임을 자기의 거절결정 불복심판에서 인정받을 수 있을 것인가가 문제이다. 거절결정 불복심판에서 그 심판의 대상은 당해 출원에 관한 결정처분이므로 거절결정 불복심판에서 그 거절의 원인인 등록디자인의 출원인의 정당성을 심리확정할 수 없다.[147] 유효하게 존재하는 권리의 등록무효는 당해 등록디자인에 관한 청구에 의하여야 한다. 따라서 후원 B의 출원인 Y는 거절결정 불복심판과 병행하여 선원 A의 디자인등록 무효심판청구를 하고 그 심결을 받은 다음 비로소 Y의 거절결정 불복심판청구가 성립하게 된다.

2) 객체 상위의 문제

① 한 벌 물품의 디자인과 그 구성물품의 디자인

여기에서의 문제는 디자인보호법 제12조에 의한 한 벌 물품의 디자인과 그 한 벌을 구성하는 물품의 디자인의 경합에 의해 발생한다.

한 벌 물품의 디자인출원에 대해서는 한 벌 물품의 디자인으로부터의 선후원 관계 이외에 그 구성물품 각각에 대해서도 같은 법 제16조의 선원의 규정이 적용되는 것이다.

즉, 한 벌 물품의 디자인에 대해서는 구성물품의 디자인에 대해 선원이 있는 경우 그 한 벌 물품의 디자인은 등록될 수 있는가와, 또 구성물품의 디자인과 동일 또는 유사한 디자인에 대해 그것만 단독으로 후원으로 되어 있는 경우 그 한 벌 물품의 디자인등록을 받을 수 있는가의 문제이다. 예를 들면 통상의 출원인 "목걸이"의 디자인출원이 선원인 한 벌 물품의 디자인인 "한 벌의 장신구 세트" 중 목걸이 디자인에 유사한 것일 때에는 그 한 벌 물품의 디자인 구성물품의 하나인 "목걸이"에도 선원의 지위를 인정하여야 하는가이다.

---

147) 디자인등록을 받을 수 있는 권리를 가지지 아니한 사유(무권리자의 디자인등록출원, 무권리자의 디자인등록)를 원인으로 하는 출원인의 정당성에 관하여는 디자인등록 취소결정에 대한 심판의 심리확정이나 또는 디자인등록 무효심판의 심리확정에 의한다(법 15 참조).

같은 법 제16조의 선출원은 본래 권리청구가 경합하는 경우에 대한 우선 방법을 정한 절차형식에 관한 규정이므로 청구된 권리의 내용이 다른 출원에 대해서는 작용하지 않는다.

한 벌 물품의 디자인은 한 벌 물품을 구성하는 물품의 디자인이 전체로서 일체적으로 기능하는 것을 내용으로 하는 권리이므로 본래 한 벌 물품의 디자인출원과 그 구성물품 개개의 디자인의 권리청구는 경합하지 않는다.

이처럼 한 벌 물품의 디자인에서 그 한 벌 물품을 구성하는 물품 개개에 대해 선원의 지위를 부정한 것은 같은 법 제12조 제1항에 의한 한 벌 물품의 디자인은 2 이상의 물품이 헌 벌의 물품으로 동시에 사용되는 경우 그 한 벌 물품의 디자인이 한 벌 전체로서 통일성이 있는 때에 1디자인이라고 의제하는 것이므로 그 출원은 한 벌 물품을 구성하는 물품의 디자인 전체로서 하나의 디자인권을 청구하는 절차이며, 구성물품의 각각에 대해 권리를 청구한 것은 아니기 때문으로 해석된다.

본래 한 벌 물품의 디자인은 한 벌 물품 전체로 사용된다는 점에서 물품적 가치를 부여한 것임을 전제로 하기 때문이다. 또 이들 디자인에 대한 권리의 청구는 한 벌 물품의 디자인으로 하든, 구성물품 개개에 대해 하든, 이는 전적으로 출원인의 재량에 속하는 사항이다. 여기에는 구성물품의 디자인이 권리로서도 유효하게 기능하는 것이면 개별적으로 권리를 취득하여야 할 것이며, 한 벌 물품 전체로서의 사용에 가치가 있고 개별적으로는 그 가치가 없거나 덜 한 것에 대해서는 한 벌 물품의 디자인등록출원이 선택됨을 전제로 하는 것이다.

따라서 선원인 한 벌 물품의 디자인출원은 후원인 구성물품 개개의 독립출원에 대해 선후원 관계에서는 우선적 지위를 갖지 않는다 해도 또는 후원의 구성물품의 디자인에 대해 디자인권의 설정등록이 되었다 하더라도 그 한 벌 물품디자인의 디자인권의 효력이 감소되는 것은 아니다. 오히려 전체 실시로써 디자인적 가치를 높이는 한 벌 물품의 1구성물품 디자인의 실시권에 지나지 아니한 후원자는 결과적으로 내용이 없는 권리를 취득한 것이라고 할 수 있다.

② 완성품과 부품

디자인보호법 제16조는 동일 또는 유사디자인이 경합한 경우에 적용되는 규정이므로 디자인이 유사하지 않으면 위 조는 적용되지 않는다. 반대로 선원디자인을 그대로 포함한 후원이 있다 하더라도 전체로서 유사하지 않으면 후원디자인은 등록된다. 예를 들면 선원이 부품이고 그 부품을 그대로 포함하는 완제품에 관한 출원이 후원인 경우 등이 이에 속한다(예시 : 구두 뒤축과 구두).

그와는 반대로 선원에 포함되는 부품의 디자인에 대해서 후원이 있다하더라도 전체로서 유사하지 않으면 그 후원디자인은 등록이 된다. 예를 들면 선원인 자동차의 디자인에 포함된 자동차용 백미러가 후원디자인인 경우 등이 그것이다.

전자의 등록 후의 조정은 위 같은 법 제45조(타인의 등록디자인과의 관계)에 의하여 이루어지지만 후자의 경우, 즉 선원 완성품의 특징을 형성하는 부품이 후원인 경우 등이 문제가 된다.

3) 1디자인 1출원 - 출원의 단일성·디자인의 단일성 -

1디자인 1출원은 위 선원주의와 같이 창작디자인에 대한 권리청구절차의 한 유형이다. 따라서 디자인등록을 받기 위하여는 1디자인마다 1다지인등록출원("출원의 단일성 또는 디자인의 단일성"이라고도 하며, 이하 이를 혼용한다)으로 하는 출원서를 특허청장에게 제출하는 디자인등록출원절차를 밟아야 하는 바, 이를 디자인등록출원의 절차적 요건이라고 한다(법 11①).

그러므로 1디자인 1출원의 절차적 요건을 만족하지 못한 디자인등록출원은 거절결정 또는 거절심결에 의해 등록을 받을 수 없다. 1디자인 1출원에 관한 자세한 설명은 제5장 제1절 Ⅱ. 2. 1디자인 1출원편을 참고하기 바란다.

Ⅴ. 특별요건

1. 서 문

통상 출원디자인은 위에서 살펴본 바와 같이 디자인등록의 전제적 요건으로서의 디자인의 성립성·공업성, 실질적 요건으로서의 신규성·창작성 및 디자인등록을 받기 위한 출원절차로서의 선원성·출원의 단일성의 절차적 요건을 등록요건으로 하고 있다.

그러나 이러한 통상의 디자인과는 다른 경우 그 나름의 특수요건을 요구하고 있으므로 이를 갖추어야만 디자인등록을 받을 수 있는 바, 유사디자인, 복수디자인 및 한 벌 물품의 디자인이 이에 속한다.

2. 유사디자인

(1) 의 의

유사디자인이라 함은 두 디자인의 물품이 공통되고 그 형태가 상위하지 아니한 것을 말한다. 이러한 유사디자인은 자기의 등록디자인 또는 디자인등록출원한 디자인(이하 "기본디자인"이라 한다)에만 유사한 디자인(이하 "유사디자인"이라 한다)에 대하여는 유사디자인만으로 디자인등록을 받을 수 있다. 따라서 등록을 받은 유사디자인 또는 디자인등록출원된 유사디자인에만 유사한 디자인에 대하여는 등록을 받을 수 없다.

이와 같은 유사디자인 제도는 관념적으로 존재하고 잠재적인 인식 하에 있는 등록디자인이나 출원디자인에 유사한 디자인의 범위를 유사디자인으로 등록을 함으로써 구체적·명시적으로 표현하며, 그 디자인에 실현되는 가치의 지배를 완전하게 함을 목적으로 하며, 또 한편으로는 유사디자인도 유사디자인만으로 등록을 받을 권리를 기초로 하여 등록이 이루어지며 그 유사디자인의 효력범위가 획정되고 기본디자인의 디자인권의 효력범위를 넘는 부분에 유사디자인의 디자인권의 효력이 미치도록 한 것이다.[148)]

(2) 유사디자인의 등록요건

유사디자인의 등록은 통상의 디자인등록의 요건과는 달리 다음과 같은 특별한 요건을 갖추어야 한다.

1) 주체의 동일성

유사디자인 등록출원인은 기본디자인권자 또는 기본디자인 등록출원인과 동일인이어야 한다.

2) 기본디자인의 존재

기본디자인이 등록되어 있거나 출원되어 있어야 한다.

3) 기본디자인에만 유사

자기의 등록디자인 또는 디자인등록출원한 디자인, 즉 기본디자인에만 유사하여야 한다. 따라서 자기의 디자인이라 하더라도 유사디자인에만 유사한 디자인에 대해서는 디자인등록을 받을 수 없다.

4) 객체의 동일성

유사디자인을 표현한 물품은 기본디자인을 표현한 물품과 동일한 물품이어야 한다. 그러나 유사디자인의 물품과 기본디자인의 물품이 동일하여야 하느냐에 관하여는 다음과 같이 견해가 갈려지고 있다.

① 동일설

반드시 동일 물품이어야 한다는 견해이다.

---

148) 齊藤瞭二 著, 鄭泰連 譯, 意匠法, 세창출판사, 1993. 10., 318면 참조.

② 유사설 – 동일·유사설 –

반드시 동일한 물품일 필요까지는 없고 유사하면 충분하다는 견해이다. 여기에는 당연히 동일물품이 포함됨은 물론이다(동지).

③ 동일성의 등록요건 부정설

물품의 동일성은 등록요건이 될 수 없다는 견해이다. 그러나 동일성의 등록요건 부정설에 의하면 유사범위가 지나치게 확대될 우려가 있으므로 이 견해는 타당하다고 볼 수 없다. 참고로 일본특허청의 경우는 유사설에 따라 물품이 반드시 동일하지 않더라도 유사한 물품이면 충분하다고 하는 견해를 채택하고 있다. 우리나라 특허청의 경우도 마찬가지이다.

유사디자인에 관한 자세한 설명은 "제5장 제1절 Ⅲ. 2. (3) 유사디자인 등록출원"편을 참고하기 바란다.

3. 복수디자인

디자인심사 등록출원은 1디자인마다 1디자인출원으로 하는 1디자인 1출원을 디자인등록을 받을 수 있는 절차적 요건으로 하고 있는데 반해 디자인무심사 등록출원은 20 이내의 디자인을 1출원으로 하는 복수디자인 1출원을 디자인등록을 받을 수 있는 절차적 요건으로 하고 있다. 따라서 1출원에 디자인 20을 초과할 때에는 복수디자인등록을 받을 수 있는 절차적 요건의 위배로 거절이유가 되어 디자인등록을 받을 수 없다.

이처럼 디자인무심사 등록출원에 대한 등록을 받을 수 있는 절차적 요건을 디자인심사등록출원에 대한 1디자인 1출원의 등록을 받을 수 있는 절차적 요건과는 달리 20 이내의 복수디자인을 1출원으로 한 것은 복수디자인을 표현하는 물품이 비교적 유행에 민감하고(예 : 여성의류, 핸드백 등) 사용기간이 짧아(예: 계절상품, 벽지·복지 등) 디자인 상품의 수명주기가 짧기 때문에 심사기간 없이 무심사로 등록을 허여하여 디자인의 적기 보호 및 이용을 도모하기 위하여 복수디자인 1출원주의를 선용한 것이다.

복수디자인에 관한 자세한 설명은 "제5장 제1절 Ⅲ. 4. (2) 복수디자인 등록출원"편을 참고하기 바란다.

4. 한 벌 물품의 디자인

(1) 개　념

한 벌 물품의 디자인이라 함은 1디자인 1출원주의의 예외로 인정된 제도로서 2종

이상의 물품이 관습상 한 벌의 물품으로 판매되고 사용되는 경우 당해 한 벌을 구성하는 물품의 디자인이 한 벌 전체로서 통일성이 있을 때에는 1디자인으로 보는 것이다. 즉 2 이상의 물품이 한 벌의 물품으로 동시에 사용되는 경우 그 한 벌의 물품의 디자인이 한 벌 전체로서 통일성이 있는 때에 1디자인으로 등록을 받기 위한 출원절차이다. 따라서 한 벌 물품의 디자인등록출원은 위 3.의 복수디자인 등록출원과 함께 분할출원이나 1디자인 1출원에 대응하는 개념이다.

여기에서 한 벌의 물품이라 함은 2 이상의 물품이 한 벌의 물품으로 동시에 사용되는 것으로서 디자인보호법 시행규칙 별표 5에 규정되어 있는 물품을 말한다. 또 여기에서 "동시에 사용된다"는 것은 언제든지 반드시 동시에 사용되는 것이 아니라 관념적으로 하나의 사용이 다른 것의 사용을 예상하게 하는 것을 의미하는 것으로 해석된다.

(2) 한 벌 물품디자인의 등록요건

한 벌 물품디자인의 등록에는 다음과 같은 요건이 충족되어야 한다.

1) 디자인보호법 시행규칙 별표 5에서 정하고 있는 한 벌 물품에 해당할 것
2) 구성물품이 적합할 것
3) 한 벌 전체로써 통일성이 있을 것
4) 한 벌 물품디자인의 도면은 각 구성물품의 도면만으로 한 벌 물품의 디자인을 충분히 표현할 수 있는 경우에는 각 구성물품마다 1조의 도면을 제출하고 각 구성물품이 상호 집합되어 하나의 통일된 형상·모양 또는 관념을 표현하는 경우에는 구성물품이 조합된 상태의 1조의 도면과 각 구성물품에 대한 1조의 도면을 제출할 것. 이상의 한 벌 물품디자인의 등록요건에 관한 자세한 설명은 "제5장 제1절 Ⅲ. 4. (3) 2)"를 참고하기 바란다.

그밖에 한 벌 물품디자인의 등록요건의 판단 및 한 벌 물품디자인의 예시 등에 관한 설명은 "제5장 제1절 Ⅲ. 4. (3) 3), 4)"를 참고하기 바란다.

제 4 장 등록을 받을 수 없는 디자인

Ⅰ. 의 의

디자인등록을 받을 수 있는 디자인은 디자인등록요건(실질적 요건의 전제적 요건 : 디자인성·공업성, 실질적 요건 : 신규성·창작성, 절차적 요건 : 선원성·1디자인 1출원)을 충족하여야 한다. 그러나 이러한 디자인이라 하더라도 공공의 이익을 해치거나, 공서양속에 반하거나, 공공의 질서를 문란하게 할 우려가 있거나, 물품의 거래질서를 혼동하게 할 염려가 있거나, 물품의 기능확보에 없어서는 아니 될 형상만으로 된 디자인인 때에는 등록을 받을 수 없다(법 6). 이 규정은 신규성 등과 함께 등록객체에 관한 요건의 하나인 바, 앞의 등록을 받을 수 있는 적극적 요건에 대해, 이는 공익적 차원에서 부등록사유를 규정한 것이므로 등록을 받을 수 없는 소극적 요건이라고 할 수 있다.

이처럼 신규성 등의 등록요건을 충족한 디자인임에도 불구하고 공익성이 강한 디자인 등이라 하여 등록을 부정한 것은 디자인으로부터 공공의 질서유지와 물품의 형태적 본질보호를 추구함으로써 명실상부하게 디자인제도의 이념의 구현과 디자인보호법의 목적달성이라고 하는 이상을 실현하려는 것이다.

Ⅱ. 등록을 받을 수 없는 디자인의 유형

다음의 어느 하나에 해당하는 디자인은 디자인등록요건의 만족여부에 불구하고 등록을 받을 수 없다(법 6 각호).

1. 공공기관 권위의 손상 및 공공의 이익 등에 반하는 디자인

국기·국장·군기·훈장·포장·기장 그 밖의 공공기관 등의 표장과 외국의 국기·국장 또는 국제기관 등의 문자나 표지와 동일 또는 유사한 디자인(전체 디자인의 일부 구성요소인 경우를 포함한다)은 등록을 받을 수 없다(법 6, 1).

(1) 국 기

국기라 함은 국기제작법 제1조의 규정에 의한 형상을 가진 태극기를 말한다. 즉 국가의 심볼을 표상하는 기를 말한다.

(2) 국 장

국장(國章)이라 함은 국가의 권위를 상징하는 휘장을 말한다.

(3) 군 기

군기라 함은 육군기·해군기·공군기 및 행병대기를 말한다.

(4) 훈 장

훈장이라 함은 국가에 공로가 있는 사람에게 국가에서 표창하기 위하여 내리는 휘장·훈패를 말한다.

(5) 포 장

포장이라 함은 국가, 사회에 공이 있는 사람에게 국가에서 표창하기 위하여 내리는 휘장으로서 넓은 의미의 훈장의 한가지로 상훈법 제19조에 규정되어 있는 것을 말한다.

(6) 기 장

기장(記章)이라 함은 어떤 일을 기념하기 위하여 그 일에 관계한 사람에게 주는 휘장을 말한다.

(7) 외국의 국기·국장

외국의 국기·국장이라 함은 외국의 국기와 행정부·입법부·사법부의 기를 말한다.

(8) 국제기관의 문자·표지

국제기관의 문자나 표지(標識)라 함은 국제기관에서 사용하고 있는 문자와 표장 등을 말한다. 예를 들면 "UN"이라는 문자와 "UN기" 등이 그것이다.

이러한 국가나 공공기관의 권위와 특정분야의 특수성을 상징하는 휘장을 개인이 독점할 수 있도록 권리를 부여하는 것은 국가나 공공기관 등의 권위에 손상을 입힐 뿐만 아니라 공공의 이익에도 반하므로 디자인보호법은 이러한 사유에 해당되면 그 디자인에 대하여는 등록을 거부한다.

2. 공서양속을 해칠 우려가 있는 디자인

디자인이 주는 의미나 내용 등이 일반인의 통상적인 도덕관념인 선량한 풍속에 어긋나거나 공공질서를 해칠 우려가 있는 디자인은 등록을 받을 수 없다(법 6, 2). 그렇다면 어떠한 디자인이 선량한 풍속을 문란하게 할 염려가 있고 어떠한 디자인이 공공질서를 해칠 우려가 있는 디자인인지에 대해 살펴보기로 한다.

(1) 선량한 풍속을 문란하게 할 염려가 있는 디자인

"선량한 풍속을 문란하게 할 염려가 있는 디자인"이라 함은 전통적으로 또는 사회통념상 존중되고 있는 미풍양속 즉, 윤리관과 공중도덕에 반하는 디자인, 예를 들면 국가원수의 초상 및 이에 준하는 것이나 특정국가 또는 그 국민을 모욕하는 것과 같은 디자인, 정사장면, 외설물 등과 같은 음란·퇴폐적인 디자인, 폭력물을 묘사한 디자인, 그밖에 저속·혐오 및 사회정의나 국민정서·인륜에 반하는 디자인 등을 말한다.

(2) 공공질서를 해칠 우려가 있는 디자인

"공공의 질서를 해칠 우려가 있는 디자인"이라 함은 실정법상의 공법질서나 사회질서 또는 국제질서를 문란하게 할 우려가 있는 물품의 디자인 즉, 다른 법률이나 사회규범·국제조약 그 밖의 사회통념상 금지되어 있거나 지켜야 할 사회정의에 반하는 디자인을 말한다. 예를 들면 부정경쟁방지및영업비밀보호에관한법률에서 "부정경쟁행위와 영업비밀 침해행위를 방지"하고 있거나 산업재산권 보호를 위한 파리조약에서 "공업상 또는 상업상의 공정한 관습에 반하는 모든 경쟁행위는 부정경쟁행위를 구성한다"라고 규정하고 있음으로써 제3자의 무단사용을 금지하고 있다. 따라서 이와 같은 금지규정을 위반한 디자인이 이에 속한다.

(3) 공서양속을 해칠 우려의 유형별 사례

1) 디자인의 창작 본래의 목적이 공서양속을 문란하게 하는데 있고, 따라서 그 디자인의 사용과 디자인의 효과도 공서양속은 문란하게 한 것은 여기에 해당한다. 예를 들면 위조화폐와 같은 것이 그것이다.

2) 디자인의 창작 본래의 목적이 공서양속을 문란하게 할 우려가 없다 하더라도 디자인의 목적과 그 디자인의 물품의 형상·모양·색채 또는 이들 요소를 결합한 것으로부터 누구나 극히 쉽게 공서양속을 문란하게 할 가능성을 발견할 수 있고 또 실제로 그와 같이 사용될 우려가 상당히 높다고 인정되는 것은 여기에 해당한다. 특히 그 사용에 공연성이 없는 것에 그 우려가 크다. 예를 들면 남성정력 증강구에 관한 디자인, 성기모양의 유희구에 관한 디자인이 그것이다.

3) 디자인의 창작 본래의 목적에서 공서양속을 해칠 우려는 없지만 사용법이 아주 이상하기 때문에 공서양속을 문란하게 할 염려가 있는 것은 여기에 속한다. 예를 들면 유희구의 일종인 빙고가 사기성 도박용으로 쉽게 사용되는 경우가 그것이다. 그러나 그 사용법이 아주 이상하지 아니한 것임에도 불구하고 사행용품으로 사용될 염려가 있는 것은 여가에 해당되지 아니한다. 예를 들면 놀이용 딱지가 돈내기용 표로 사용되는 경우가 그것이다.

4) 그 밖의 공서양속을 해칠 우려가 있는 디자인 예를 들면 i) 국가원수의 초상, 국기, 청와대의 문장 등 및 이에 준하는 것, ii) 특정 국가 또는 그 국민을 모욕하는 것, iii) 수치·저속·혐오 또는 외설스러운 것, iv) 인륜, 사회정의 또는 국민정서에 반하는 것 등이 여기에 해당한다. 즉, 인명을 해칠 목적으로만 디자인된 물품은 인류에 반하는 것이므로 이러한 물품에 관한 디자인, 디자인 그 자체는 공서양속에 반하는 것은 아니지만 그것이 특정인의 소유가 되면 현저히 불합리를 낳는 것(빙고가 노름꾼에 들어가면 도박구로 사용), 국가나 기관을 대표 또는 상징하는 것[상(像), 기(旗), 문장(紋章) 등]이 이와는 아무런 관계가 없는 자에 의해 소유될 때에는 공공의 견지에서 국가나 대표되는 인격의 존엄을 손상시키게 되므로 이러한 디자인, 수치·혐오감을 일으키게 할 성적용품으로 디자인된 물품 등은 아무리 디자인의 성립성, 공업상 이용성, 신규성, 창작성 등 디자인의 등록요건을 충족하였다 하더라도 등록을 받을 수 없다. 그러나 이러한 공서양속에 반하는 디자인이란 보는 계층, 시각 등에 따라 다를 수 있기 때문에 사회 평균수준에서 보아 판단되어야 할 것이고 또 이는 시대적 변천에 따라 가변적일 수 있기 때문에 판단기준은 이에 따라 달라질 수 있음은 물론이다.

3. 타인의 업무에 관계되는 물품과 혼동을 가져올 염려가 있는 디자인

(1) 서 론

타인의 업무에 관계되는 물품과 혼동을 가져올 염려가 있는 디자인은 디자인의 성립성, 공업상 이용성, 신규성, 창작성 등 디자인의 등록요건의 충족여부에 불구하고 등록을 받을 수 없다(법 6, 3). 이는 업무상 부정경쟁행위를 방지하기 위한 취지에서 비롯된 것으로서 타인의 업무에 관한 것으로 일반 공중에게 혼동을 일으키게 할 염려가 있는 디자인은 등록을 허여하지 않는다. 이는 그 타인의 업무상의 신용보호를 통해 업무의 향상과 일반 수요자의 이익을 보호하여 거래질서의 유지와 산업의 발전에 기여하기 위함이다. 즉 물품의 형태 전체 내지 형태 구성요소의 일부가 타인의 저명한 상표·서비스표·단체표장 또는 비영리법인의 표장 등 이미 존재하는 상품 등의 표시기능과의 관계에 있어 그 물품의 유통시장에서의 선택에 대해 일정한 표지성을 부여하는 경우가 있다. 이러한 표지성을 지닌 형태상의 요소를 이와는 아무런 관계가 없는 자가 물품의 디자인으로 표현하게 되면 그 자의 고객흡인력에 편승하여 부정한 이익을 보게 되므로 이를 허용하여서는 아니된다는 정의성과 그 타인의 업무상 물품에 화체된 신용의 표상 및 수요자의 이익이 침해되어서는 아니된다는 정당성에 따른 것이다.

(2) 타인의 업무에 관계된 물품

타인의 업무라 함은 타인이 계속적·반복적으로 영위하는 사업 일반에 관한 것으로서 여기에는 단순히 제조·판매사업 등과 같은 영리적 업무뿐만 아니라 비영리적 업무도 포함된다. 예컨대 상법상의 주식회사와 같은 영리법인(상법 4장)의 업무만이 아니고 민법상의 사단 또는 재단법인과 같은 비영리법인(민법 32)의 업무도 이에 해당한다.

(3) 혼동의 태양

타인의 업무에 관계되는 물품과 혼동을 가져올 염려가 있는 디자인에 관한 디자인보호법 제6조 제3호의 규정은 물품의 형태 전체로서는 유사하지 않은 것이라도 혼동의 염려를 일으키는 경우를 말하는 것이다.[1)]

---

1) 혼동은 물품 상호간의 혼동과 출처의 혼동으로 나누어 볼 수 있다. 그 중 디자인보호법 제6조 제3호는 주로 출처의 혼동에 관한 것을 규정하고 있다.
물품 상호간의 혼동은 그 형태의 근사성에 의해 혼동을 일으키게 되는 것이지만 혼동을 일으킬 수 있을 정도로 근사한 상호간의 형태는 의당 유사하다 이러한 경우 디자인의 성립성, 공업상 이용성, 신규성, 창작성 등 디자인의 등록요건의 충족에 불구하고 등록을 받을 수 없는 디자인으로 규정한 위 같은

위 같은 법 제6조 제3호의 혼동은 물품 상호간의 혼동과 물품 출처의 혼동 중 주로 후자에 속하는 혼동이다.

물품의 출처표시는 상표의 본원적 기능이다. 그러므로 디자인의 타인의 업무에 관계되는 물품과의 혼동에 있어서도 상표적 기호·문자·도형·입체적 형상 또는 이들을 결합한 것이나 이들 요소의 각각에 색채를 결합한 것 나아가 상표적 태양의 형체에 의한 디자인이 문제가 된다.

출처표시기능으로서의 상표를 나타내는 경우는 일반적으로 표시 부위에 특정한 경향을 볼 수 있는데(이를테면 의복의 깃 또는 가슴 등) 디자인에서 상표적 도형 등으로 나타내는 태양은 표장 그 자체를 나타내는 경우, 그것을 변형하여 나타내는 경우, 물품의 전체에 나타내는 경우 등이 있으며 특정되지 않는다.

그리고 출처에 대한 혼동은 동일 또는 공통되는 물품 사이에서는 물론, 물품의 관계를 넘어서도 성립한다.

예를 들면 특정 형태를 나타내는 만년필의 클립이 어떤 특정인의 것으로서 주지된 경우에 있어 그 자와 다른 자의 만년필 디자인이 전체로서는 신규성, 창작성 등의 디자인등록요건을 충족하는 것이라도 클립 부분에 그 주지된 타인의 특정된 형태를 나타내는 것인 경우, 그 디자인은 본조에 의해 등록을 받을 수 없게 된다. 이를테면 특정 도형이 어떤 특정인의 상품을 나타내는 것으로서 주지된 때, 그 도형을 다른 자가 포장용 상자의 전면에 나타낸 경우에는, 가령 그 상자의 형상에 커다란 특징이 있고 그 도형을 그 표장적 주지성과의 관련을 끊고 일반적인 모양으로서 본 경우에는 신규성 있는 것이라고 할 수 있는 디자인이 되어 있는 것이라도, 그 특정인에 관한 물품과 혼동을 일으킬 염려가 있는 것이 되어 등록을 받을 수 없다(물품의 관계를 넘는 출처의 혼동).[2]

(4) 혼동의 염려

디자인보호법 제6조 제3항에 의한 등록을 받을 수 없는 디자인은 타인의 업무에 관계되는 물품과 혼동을 가져올 염려가 있는 디자인이다. 따라서 혼동될 것까지 없이 혼동의 염려만으로 위 같은 조(호)는 적용되어 등록을 받을 수 없다.

물품출처의 혼동여부는 상표·서비스표 등 표장의 저명성, 주지성과 그 표장의 근사성의 상관관계에 의해 판단된다. 따라서 상표가 저명하면 그 표장의 변형정도가 커도 혼동을 가져올 염려가 있는 것이며, 표장적 도형의 표현이 상표에 가까울수록 그 상표의 주지성이 낮아도 그 디자인은 혼동을 가져올 염려가 크게 된다.

법 제6조 제3호의 대상은 아니다. 예를 들면 특징있는 코카콜라 병으로 알려져 있는 탄산음료의 용기형태를 다른 포장용기에 표현한 경우 이는 당연히 유사한 것이 된다. 그러므로 신규성 등 디자인의 등록요건을 규정한 위 같은 법 제5조가 적용되는 것으로 이는 등록을 받을 수 없는 디자인을 규정한 위 같은 법 제6조의 적용이전의 문제이다.

2) 齊藤瞭二 著, 鄭泰連 譯, 意匠法, 세창출판사, 1993년, 339~340면.

(5) 혼동판단의 주체적 기준

디자인보호법 제6조 제3호의 혼동은 현실적으로 거래시장에서 일어나고 있는 혼동을 의미하는 것이므로 그 혼동여부 판단의 주체적 기준은 수요자가 된다. 따라서 주체와의 관련에서의 판단은 사실상의 혼동에 대한 것이므로 유통시장이나 또는 산업계의 업종별 생산·출하 관련 실태를 기초로 하여 판단하게 된다.

4. 물품의 기능을 확보하는 데 불가결한 형상만으로 된 디자인

물품의 기술적 기능을 확보하기 위하여 필연적으로 정하여진 형상으로 된 디자인은 모양·색채 또는 이들의 결합의 유무에 불구하고 디자인보호법 제6조 제4호에 의한 물품의 기능을 확보하는데 불가결한 형상만으로 된 디자인으로 보아 등록을 받을 수 없다. 또 물품의 호환성 확보 등을 위하여 표준화 된 규격에 의하여 정하여진 형상으로 된 디자인도 마찬가지로 위 같은 조 같은 호에 의한 물품의 기능을 확보하는데 불가결한 형상만으로 된 디자인으로 보아 등록을 받을 수 없다. 다만, 규격의 주목적이 기능의 발휘에 있지 않는 물품의 디자인에 대하여는 위 같은 호의 적용대상이 되지 아니하므로 이는 등록을 받을 수 있다. 예를 들면 규격봉투 등과 같은 것이 그것이다.

Ⅲ. 등록을 받을 수 없는 디자인인지의 판단시점

1. 등록여부 결정시점

국기, 국장, 군기, 훈장, 포장, 기장 그 밖의 공공기관 등의 표장과 외국의 국기, 국장 또는 국제기구 등의 문자나 표지와 동일 또는 유사한 디자인(전체 디자인의 일부 구성요소인 경우를 포함한다)(법 6, 1)인지, 공공의 질서나 선량한 풍속을 문란하게 할 염려가 있는 디자인(법 6, 2)인지, 물품의 기능을 확보하는데 불가결한 형상만으로 된 디자인(법 6, 4)인지의 여부에 관한 판단 시점은 등록여부 결정시로 한다.

이처럼 국기·국장 등이나 공공기관 등의 표장, 외국의 국기 및 국제기구 등의 문자·표지 등과 같이 공익성이 강한 디자인이나 공서양속에 반하는 디자인 및 물품의 기능성 형상만으로 된 디자인에 대한 등록을 받을 수 없는 것인지의 판단시점을 등록여부 결정시로 한 것은 이들 표장 등은 수시로 바뀔 수도, 생길 수도 있기 때문에 출원시점[3]이 아니고 등록여부에 관한 최종심사절차가 완료되는 시점인 등록여부결정시를 기준으로 하여 등록을 받을 수 없는 디자인인지의 여부를 판단하는 것이 시간적 개념에서 보다 판단의 정확성을 기할 수 있기 때문이다.

2. 출원시점

타인의 업무에 관계되는 물품과 혼동을 가져올 염려가 있는 디자인에 해당하는지의 여부에 관한 판단시점은 출원시로 한다.

이처럼 타인의 물품과의 혼동염려의 디자인인지의 판단시점을 등록여부결정시로 하지 아니하고 출원시를 기준으로 한 것은 출원시점에서 혼동의 염려가 있었던 디자인이 등록여부결정시까지의 심사기간(평균 1년 4개월 정도)동안 혼동의 염려가 해소될 리 없고, 설사 양 물품의 하나 또는 둘 모두 생산을 중단하였다 하더라도 생산공장의 재고, 물품의 출하, 거래시장에서의 판매 잔고 및 수요자의 혼동에 관한 인식이 상당기간 작용하고 있을 것임을 감안할 때 그 혼동의 염려는 충분히 등록여부결정시까지 계속될 것이므로 굳이 양 물품에 관한 혼동의 판단시점을 등록여부결정시로 할 필요가 없이 출원시점으로 하는 것이 합리적이기 때문이다.

3) 출원시부터 등록여부 결정시까지는 평균 1년 6월 정도의 심사기간이 소요된다.

제 5 장 디자인등록출원

제1절 출 원

Ⅰ. 서 설

디자인의 창작자는 창작에 의해 원시적으로 디자인등록을 받을 권리(디자인등록출원권)를 가지며 제3자는 디자인의 창작자로부터 그 디자인에 대한 등록을 받을 수 있는 권리의 승계에 의해 디자인등록을 받을 수 있는 권리(디자인등록출원권)를 가진다. 그리고 이러한 디자인등록을 받을 수 있는 디자인등록출원권을 기초로 하여 국가에 그 디자인에 대해 등록을 청구할 수 있는 바, 그 청구는 소정의 방식에 의한 디자인등록출원절차에 의하여야 한다.

디자인등록출원은 창작디자인에 대하여 등록을 하여 줄 것을 요구하는 등록을 받을 권리의 행사로서의 청구행위이며 절차이다. 디자인등록출원은 창작디자인에 대하여 소정의 출원방식과 디자인의 등록요건의 충족여부를 심사하여 등록여부의 결정 및 디자인권의 설정등록에 관한 행정행위를 요구하는 것을 그 내용으로 하고 있다.

이처럼 창작자 및 그 승계인은 디자인을 창작하는 것 만으로나 그 창작자로부터 디자인등록을 받을 수 있는 권리를 승계하는 것만으로는 디자인등록을 받을 수 없다. 디자인등록을 받기 위해서는 반드시 창작자나 그 승계인(이하 "창작자 등"이라 한다)은 디자인등록을 받을 수 있는 디자인등록출원권에 의해 소정의 디자인등록출원 절차를 밟아야 한다.

이러한 일련의 절차는 디자인보호법 및 같은 법 시행규칙에서 정하고 있는 방식에 의해야 하고 만약 그렇지 않을 경우, 등록을 받을 수 없거나 또는 등록을 받았다 하더라도 등록후 여러 가지의 불이익을 받게 되므로 디자인등록을 받고자 하는 자는 동법령에서 정하고 있는 절차를 잘 지켜야 한다. 그밖에도 출원과 관련하여, 디자인등록출원 전 디자인공보 등 디자인관련 문헌을 충분히 검색하여 무용의 출원이 되지 않도록 사전조사를 철저히 한 후 신규성이나 창작성 등에 저촉되어 거절당하는 일이 없도록 하는 것 또한 중요하다.

이처럼 디자인등록출원은 창작자 등의 디자인권 취득을 위한 등록을 받을 수 있는 출원권의 행사이고 특허청장은 창작자 등의 디자인등록출원에 의하여 출원디자인의 등록여부를 결정하여야 하는 심사의무가 발생한다. 그렇다면 창작자 등의 출원절차이행은 곧 특허청장의 심사의무 부과라 할 수 있고 그 의무이행 결과에 따라 출원디자인에 대한 등록여부가 결정된다.

Ⅱ. 출원의 원칙

1. 서면주의

디자인등록출원은 서면(전자문서로 제출할 수 있는 서류를 포함한다. 이하 같다)에 의해 그 절차를 밟아야 하는 서면주의를 채택하고 있다(법 9 ①②, 72, 법시행규칙 1의2). 따라서 디자인등록출원은 소정의 디자인등록출원서에 디자인에 관한 사항을 기재한 도면을 첨부한 서면(법 9①②)을 제출하여야 한다(법시행규칙 1의1 내지 4, 2). 그리고 서면의 서식 및 기재는 법령이 정하는 바에 따라야 한다.

그러므로 구두에 의한 설명이나 사진, 견본 등에 의한 등록출원의 절차를 밟는 것은 원칙적으로 출원절차로서의 효력을 갖지 않는다. 다만, 도면에 갈음하여 디자인의 사진 또는 견본을 제출할 수 있는 경우에는 예외로 한다.

이처럼 서면에 의한 디자인등록출원은 디자인등록출원서·도면(디자인의 사진·견본으로 도면을 갈음할 수 있다)을 서면으로 제출하여야 한다(법 9①②).

이러한 서면주의는 비단 출원에서 뿐만 아니고 출원 중의 제반절차에 대해서도 원칙적으로 적용된다. 따라서 디자인등록을 받을 수 있는 절차는 위에서 살펴본바와 같이 서면 이외의 구두에 의한 설명으로 서면의 제출을 생략하고 또 이미 제출한 서면의 정정이나 보완 등의 보충을 할 수 없다.

그리고 서면주의에 의한 위의 출원서류는 소정의 방식에 따라 전자문서화 하고 이를 정보통신망을 이용하여 플로피 디스크 또는 광디스크 등 전자적 기록매체에 수록하여 제출할 수 있다(법 4의28).

전자문서에 의하여 디자인등록에 관한 출원절차를 밟고자 하는 자는 미리 특허청장에게 전자문서 이용신고를 하여야 하며, 특허청장에게 제출하는 전자문서에 제출인을 식별할 수 있도록 전자서명을 하여야 한다(법 4의29 ①). 제출된 전자문서는 전자서명을 한 자가 제출한 것으로 본다(법 4의29 ②). 전자문서 이용신고 절차, 전자서명방법 등에 필요한 사항은 법령에서 자세히 정하고 있다(법 4의29 ③). 정보통신망을 이용하여 해당문서의 제출인이 정보통신망을 통하여 접수번호를 확인한 때에 특허청에서 사용하는 접수용 전산정보처리조직의 파일에 기록된 내용으로 접수된 것으로 본다(법 4의28 ③). 전자문서 이용신고절차·전자서명방법 등에 관하여 필요한 사항은 법령에서 구체적으로 정하고 있다(법 4의28 ④). 제출된 전자문서는 디자인보호법에 따라 제출된 서류와 같은 효력을 가진다(법 4의28 ②).

2. 1디자인 1출원

(1) 의 의

디자인등록출원은 1디자인마다 1디자인등록출원으로 하여야 하는 바(법 11①) 이를 1디자인 1출원, 1디자인 1출원주의, 출원의 단일성 또는 디자인의 단일성의 원칙이라 고도(이하, 혼용한다) 하며 이에 대칭된 출원으로서는 복수디자인등록출원(법 11의2)과 한 벌 물품의 디자인등록출원(법 12)이 있다.

1디자인 1출원이라 함은 하나의 디자인에 대하여 하나의 출원만을 할 수 있는 것을 말하며 이는 디자인보호법 시행규칙이 정하는 물품의 구분에 따라 디자인을 표현할 1개의 물품을 지정하여 디자인마다 출원을 하여야 한다. 이처럼 1디자인 1출원은 20개 이내의 디자인을 1디자인등록출원(이하 "복수디자인등록출원"이라 한다)으로 할 수 있는 디자인 무심사등록출원과는 달리 디자인 심사등록출원은 1디자인마다 1디자인등록출원으로 하여야 한다(법 11①).

즉 하나의 출원절차에는 하나의 물품구분에 의해 하나의 디자인만을 나타내어야 하는 바 이를 1디자인 1출원의 원칙이라 하고, 하나의 출원절차에 물품구분에서 정한 분류가 동일한 것을 복수디자인등록출원의 디자인범위로 하여 20이내의 디자인을 표현하는 복수디자인 1출원의 예외가 있다(법 11의2).

이와 같이 1디자인 1출원주의가 하나의 권리청구를 하나의 출원절차로 하도록 요구한 것은 하나의 디자인에 하나의 권리만을 인정한다는 원칙에서 나온 절차상 등의 편의도모에 있다. 즉 1디자인 1출원제도는 디자인의 단일성, 디자인 특성의 필요성, 절차의 간소화, 권리범위의 명확화, 제3자의 디자인 선택범위의 확대 및 디자인권의 남용방지 등 출원절차상 및 디자인권의 효율적 관리 등을 위하여 채택한 것으로서 디자인의 신규성, 창작성 등과 같은 디자인등록요건과는 별개의 사항으로 디자인의 실체와는 직접적인 관계가 없다.

그리고 1디자인 1출원은 그 대상물품의 사용목적·사용상태 또는 경제거래상 1개의 물품으로 취급되느냐에 따라 결정되어야 할 것으로 본다. 따라서 하나의 디자인이 2개 이상의 디자인을 구성하고 있다 하더라도 물리적인 형태로 또는 2개 이상의 물품이라도 사용거래상 1개의 물품으로 통용되면 하나의 물품으로 보는 것이다.

(2) 물품의 구분 등

1) 물품의 구분

디자인보호법은 물품의 형태를 객체로 하는 권리를 설정함에 있어서 그 1디자인 성립의 기초가 되는 물품을 물품의 구분에 의해 관념한다. 그리하여 1디자인 1출원의 디자인등록출원은 디자인보호법 시행규칙이 정하는 물품의 구분표에 예시되어 있는 물품의 명칭을 지정하여야 한다(법 11②).

법령이 정하고 있는 물품구분상의 예시물품은 일반적으로 상위개념의 물의 형태를 기준으로 하는 분류에 의해 단일물, 합성물을 기본으로 하고 다시 집합물에 대해서도 성립됨을 알 수 있다. 따라서 물품의 구분상 상위개념의 물의 형태를 기준으로 한 분류는 단일물, 합성물, 집합물로 구분된다.

① 단일물

물의 형태상 그 자체 하나만으로 하나의 독립된 객체를 이루고 있는 것 그렇기 때문에 그 구성부분이 개성을 가지지 않는 것으로서 디자인보호법상 하나의 물[1]로 취급되고, 그 구성의 일부분에는 독립의 권리가 성립되지 않는 물을 단일물이라 한다.

② 합성물

물의 각 구성부분이 개성은 유지하지만 결합에 의해 하나의 형태를 이루고 있는 물, 즉 두 가지 이상의 물이 합하여 한 가지 상태의 물을 이루는 것으로서 이는 각 구성부분이 개성을 잃지 않지만 결합하여 단일형태의 물을 형성하는 것을 합성물이라 하며, 이는 단일물과 같이 디자인보호법 상 1개의 물로서 취급되지만 합성물의 각 구성부분에는 독립의 권리가 성립되지 않는다.

예를 들면 합성고무 구명대(천연고무의 분자구조를 연구한 결과에 의하여 여러 가지 물질의 분자를 중합(重合)시켜서 천연고무와 동등한 탄력과 강인성을 갖도록 만든 인조고무 구명대)가 그것이다.

③ 집합물

하나 하나의 물이 하나의 목적을 위해 모여 거래상 하나의 물체를 이루어 취급되기는 하지만 형태가 단일물, 합성물과는 달리 본래는 법률상 1개의 물로 취급되지 않는다. 그러나 디자인보호법은 2 이상의 물품이 한 벌의 물품으로 동시에 사용되는 경우

---

1) 디자인보호법상 하나의 물이라 함은 재산권에서 가장 기본이 되는 물권의 대상으로부터 나온 관념이며 그것은 물의 형태의 단일성을 기초로 관념된다.

당해 한 벌의 물품의 디자인이 한 벌 전체로서 통일성이 있을 때 1디자인으로 디자인 등록을 받을 수 있도록 한 예외적 성격의 "한 벌 물품의 디자인에 관한 규정"을 특별히 두고 있다(법 12). 여기에서 법률상 1개의 물이란 재산상의 권리에 있어 가장 기본을 이루는 물권의 대상으로 생성되어 온 관념이며 그것은 형태의 단일성을 기초로 관념된다.

그러나 디자인보호법 제11조 제2항 및 동법 시행규칙 제9조 제1항 [별표 4] B군(B1)의 복류에는 신사복 상의·바지와는 별도로 "신사복", 스커트와 별도로 "투피스", 각종 침대와는 달리 "유아용 침대" 등을 물품의 구분으로 들고 있어 위 같은 법령이 예정하는 디자인의 성립은 형태상의 단일성의 물품에 한하지 않음을 보여주고 있다.

디자인보호법령에서의 물품 구분상의 물품은 특정 유체물에 대한 지배권인 물권과는 달리 무체물인 디자인에 관한 지배적인 무체재산권 즉 디자인권이라는 점에서 개개의 물이 그 독자성을 보지하면서 집합된 것이라 하더라도 그 들 물의 형태 전체를 일체적으로 지배할 수 있는 한 그것은 1개의 객체로 성립될 수 있음을 말해주는 것이라고 할 수 있다.

2) 물품의 명칭

1디자인 1출원의 대상이 되는 물품의 명칭은 디자인법 시행규칙 [별표 4]에 의한 "물품의 구분"에서 1물품을 지정하여 기재하고 동 물품의 구분에서 명시되지 않은 물품에 대하여는 그 물품의 디자인을 인식하는데 적합한 명칭을 기재하되 그 물품의 용도가 명확히 이해되고 보통 사용하는 물품의 명칭이어야 한다. 다만, 물품의 일반화된 명칭이 없고 그 명칭이 물품의 용도를 최소단위로 표현한 것이라면 "○○○용 부재" 등의 명칭을 사용할 수 있다. 예를 들어

건축용 부재(×) 창틀용 부재(○)

글자체 (×) 한글 글자체(○) 등이 그것이다.

그리고 다음에 해당하는 물품의 명칭은 정당하게 기재되지 아니한 것으로 간주한다.

① 상표명 또는 ○○식 ○○ 등과 같이 고유명사를 붙인 것

(예) 홍길동식 타자기 등. 다만 자동식○○, 절첩식○○, 회전식○○, 조립식○○. 이동식○○와 같이 보통명칭화 된 것은 예외로 하나.

② 총괄명칭을 사용한 것

(예) 저고리를 한복으로 기재하거나, 문짝을 건축용품 등으로 기재하는 경우 등

③ 구조, 기능 또는 작용 효과를 붙인 것

(예) ○○장치, ○○방법, ○○식 등

④ 생략된 물품명

(예) 16미리 영화촬영기를 단지 16미리라고 한 것

⑤ 외국문자를 사용한 것

⑥ 우리나라말로 보통명칭화되어 있지 아니한 외국어를 사용한 것

⑦ 용도를 명확히 표시하지 아니한 것
(예) 안경용 경첩을 "경첩"이라고만 기재한 경우

⑧ 한 벌(규칙 [별표 5]에 열거되지 아니한 것), 한 세트, 유닛트(치과용 유닛트 제외), 한 짝, 한 컬레, 1족(足) 등의 명칭을 사용한 것

⑨ 형상, 모양, 색채에 관한 명칭을 붙인 것. 다만, 「물품의 액정화면 등 표시부에 표시되는 도형 등」을 디자인의 구성요소로 하고 있는 물품의 명칭은 예외로 한다.
(예) 화상디자인이 표시된 컴퓨터 모니터, 그래픽 사용자인터페이스(GUI)가 표시된 휴대전화기, 아이콘이 표시된 개인휴대정보 단말기(PDA) 등.

⑩ 재질명을 붙인 것(예 : ××제○○). 다만, 고무장갑, 고무보트 등과 같이 보통명칭화된 것은 예외로 한다.

⑪ 부분디자인에 관한 출원에 있어서 「○○의 부분」 등의 명칭을 사용한 것
(예) 컵의 손잡이, 전화기의 버튼부

(3) 1디자인

1) 의 의

디자인보호법상 디자인등록출원은 1디자인마다 1디자인등록출원으로 한다(법 11①). 여기에서 1디자인마다 1출원으로 한다라 함은 하나의 물품에 대한 하나의 형태마다의 출원을 말한다. 그러므로 2 이상의 물품에 대한 하나의 형태라든가 또는 하나의 물품에 대한 2 이상의 형태를 하나의 출원절차로 하는 것은 인정되지 않는다.

그런데 문제는 디자인 성립의 물품형태의 단일성 내지 물의 형태 전체의 물품의 일체성이다. 위에서 살펴본 바와 같이 디자인보호법이 예정한 디자인성립의 범위는 형태상 단일성의 물품을 기본으로 한다. 그러나 재분리 또는 조합시키는 등 물리적 성상(性狀)에 따라서는 단일성을 잃게 된 것도 있고 또 어떤 물품은 그 물품의 개념상 독립물품이라고 할 수 있는 것의 집합까지도 포함하는 경우가 있다.

이처럼 1물품의 성립에 대하여는 물리적으로 형태의 단일성을 기본으로 하면서도 이를 뛰어 넘는 경우에 있어서도 1물품의 성립을 인정하고 있는 이상 당연히 물품의 형태에 있어서도 물리적 성상의 단일성을 넘어 하나의 형태성립이·인식되는 경우가 있기 때문에 이것이 1물품의 성립과 함께 형태의 일체성 문제의 요인이 된다.

따라서 이러한 경우 1물품, 1형태의 성립은 물품의 기능과 형태의 일체성, 통일성으로 귀결되고 또 그것은 물품이 그 작용, 용도 및 기능상으로도 어떤 형태의 개념을 수반하여 인식되고 또 그 형태상의 가치가 그들 여러 가지의 요인을 계기로 성립될 수 있는 통일적 전체에서 파악될 수 있기 때문이다.[2)]

2) 기능적 일체성

① 완제품

물리적 성질이나 상태에만 치중하는 한 각각의 구성부분이 독립한 형태로 존재하지만 그들이 일체가 되어 일정한 물품용도를 만족시키는 것이 있다. 예를 들면 장갑, 양말, 신발 등은 한 쌍의 물품으로 기능하고 양쪽의 집합에 의해서만 경제적 가치가 있으며, 양쪽의 동시 사용은 한쪽만의 사용보다 한 쌍의 물품의 효용성을 제고한다. 또 화투, 트럼프 등도 각각의 낱장이 형태상으로는 독립적이지만 이들 한 장 한 장으로는 물품으로서의 기능을 하지 못한다. 커피잔과 받침접시와 같이 개별적, 구체적 기능은 서로 다르지만 그들 기능은 양자가 하나되어 비로소 커피용구로서의 일체가 되어 그 역할을 다하여 목적을 이루게 되는 것이다.

② 부속품

부속품 예를 들면 안경알 즉, 안경테에 끼우는 렌즈 등은 통상 물리적 성상에 있어서는 독립적 존재이며 또 경제적 가치에 있어서도 독자적 존재이므로 당연히 단일물품이 된다. 그러나 이 경우에도 형태적 질서에서 통일성이 있고 안경테와 같은 본체와 일체적 결합이 인정되는 한에 있어서는 하나의 권리가 성립된다 할 것이다.

그러한 관점에서 디자인보호법은 물품의 수준을 단일 평면이 아니고 다층적임을 알 수 있다. 따라서 위 예에서의 안경몸체인 안경테와 알을 각각 출원할 수 있고 또 몸체인 본체와 알을 결합한 일체의 안경으로 출원할 수도 있다.

또 이들은 독립적 존재와 독자적 경제가치를 가진 물품이지만 그 부속품이 본체와 일체로 구성된 때에는 일체적으로 성립하는 물품의 일부가 된다.

3) 형태적 일체성

물품의 구성부분으로는 개성을 잃지 않지만 형태상 단일한 일체를 이루는 물품이 있다. 예를 들면 꼬챙이를 끼워 만든 아이스캔디 등과 같이 식품에 부가물이 일체로 되어 있는 것 등이 이에 속한다. 어떤 과정에서 위 예시의 꼬챙이와 같은 부가물을 경제적으로 독립된 것으로 되어 1개의 독립된 권리의 객체가 될 수 있지만 꼬챙이 캔디와 같이 하나의 제조식품이 될 때에는 꼬챙이와 캔디는 일체로 단일한 형태를 이루어 1개의 권리객체를 구성한다. 즉 이러한 것들은 다이아몬드가 박힌 반지처럼 하나의 물품이 되듯이 이들 구성부분을 포함한 일체로서 제조빙과류인 아이스캔디라는 물질적 존재를 이루어 1개의 독립된 권리의 객체가 될 수가 있는 것이다. 그렇지만 아이스캔디와 같이 하나의 제조식품이 될 때에는 이들을 포함한 일체의 단일형태

2) 齊藤瞭二 著, 鄭泰連 譯, 意匠法, 세창출판사, 1993. 10, 305면 참조.

를 이루어 1개의 권리객체를 구성한다.

4) 기능적·형태적 일체성

물품의 구성부분이 일체불가분적으로 이루어진 것이 아니고 분리가능하게 이루어진 경우, 예를 들어 혁대용 버클, 가방용 버클 등은 기능상으로도 그들이 모두 갖추어짐으로써 비로소 물품으로 성립될 뿐만 아니라 형태상으로도 분리됨을 넘어 일체의 물품으로 된다.

그 밖에도 기능적·형태적으로 거의 일체성이 있는 것으로서는 뚜껑과 본체로 구성되는 주전자, 뚜껑과 본체로 구성되는 간장·된장독 등이 있는가 하면, 통상 각기 독립물품으로 여긴 것이라 하더라도 그 형태에서 연유되는 기능적 일체성으로 인하여 1개의 권리객체가 되는 것이 있는 바, 칼집, 칫솔케이스 등이 그것이다.

(4) 1디자인 1출원의 예외

위에서 살펴본 바와 같이 디자인등록출원은 1디자인마다 1디자인등록출원을 함을 원칙으로 한다. 즉 디자인권은 1물품에 관한 1디자인에 대해 성립하며 그 청구절차에 있어서도 하나의 출원서에 하나의 디자인에 관한 물품과 하나의 물품에 관한 형태를 기재함을 원칙으로 하는데 대하여, 예외적으로 한 벌의 물품의 디자인등록출원, 복수디자인등록출원 등이 있다. 이에 대한 자세한 것은 각각 해당편에서 설명하기로 한다.

(5) 1디자인 1출원에 반하는 출원서 등

1) 1디자인 1출원으로 볼 수 없는 출원서 및 도면의 기재사항은 다음과 같다.

① 2 이상의 물품명을 「디자인의 대상이 되는 물품」의 란에 병렬하여 표시한 것. 예를 들면 병과 병마개, 라디오 겸용 시계 등이 그것이다.

다만, "시계가 부설된 라디오"와 같이 "○○부설(부착) ○○"은 예외로 한다. 부설된 물품이 2개 이상일 경우에는 "볼펜 등이 부설된 라이터"로 표시함을 원칙으로 한다.

② 2 이상의 물품을 도면에 표시한 것(수개의 물품을 배열한 것을 포함한다). 그러나 다음의 물품은 1디자인으로 출원할 수 있다.

예를 들면 신사복(상, 하), 투피스(상, 하), 조(組)의자(2개 이상이 모여서 하나의 의자를 형성하는 것), 찻잔과 받침접시, 중합 밥통, 모자이크 타일, 완성형태가 단일한 조립완구, 장기알, 트럼프, 화투, 마작패, 넛트와 볼트, 압단추 자웅, 결착구 자웅, 유·무선 전화기 등이 그것이다.

2) 1디자인으로 출원할 수 없는 물품의 예시

1조의 화장용품구, 1조의 책상과 걸상(결착된 것은 제외), 1조의 조리용구, 접시와 컵, 1조의 삼각자, 1조의 제조기, 1조의 탁구용구, 1조의 배드민턴용구, 1조의 조각도, 완성형태가 다양한 조립완구(레고 등), 물품의 용기와 그 내용물(카메라와 카메라케이스, 라디오와 라디오케이스, 안경과 안경집, 화장품 보관함과 화장품 용기), 한글 글자체와 영문 글자체, 한글 글자체와 특수기호 글자체, 영문자 글자체와 숫자글자체 등을 들 수 있다.

3) 부분디자인등록출원에 있어서 하나의 물품 중에 물리적으로 분리된 2 이상의 부분디자인이 표현된 경우, 다만 다음과 같이 전체로서 디자인 창작상의 일체성이 인정되는 경우에는 예외로 한다.
   ① 형태적 일체성이 인정되는 것
   예를 들면 물리적으로 분리된 부분으로서 대칭이 되거나 한 쌍이 되는 등 관련성을 가지고 있는 것 등이 그것이다.
   ② 기능적 일체성이 있는 것
   예를 들면 가위의 손잡이 부분 또는 전화기의 버튼부분 등과 같이 전체로서 하나의 기능을 수행함으로써 일체적 관련성을 가지고 있는 것 등이 그것이다

(6) 1디자인 1출원에 반한 출원인지의 판단기준

1) 2 이상의 물품을 결합하여 출원된 물품의 1물품 또는 다물품 해당여부는 그 결합상태로 보아 각 물품의 기능·용도가 상실되고 새로운 하나의 기능·용도로 인식될 수 있는 지 여부를 기준으로 판단하되 위의 (5) 1) 2)의 예시물품에 준하여 결정한다.
2) 디자인 무심사등록출원에 있어서 하나(1일련번호)의 도면에 2 이상의 디자인이 표현된 경우에는 디자인보호법 제11조 제1항에 의하여 등록을 받을 수 없는 것으로 판단한다. 이 경우 복수디자인등록출원된 각각의 디자인에 대하여는 위 (5) 1) ①②를 기준으로 하여 판단한다.

(7) 1디자인 1출원 위반의 효과

1디자인 1출원에 반한 디자인등록출원은 거절의 대상은 되나 일단 등록이 되면 무효가 되지 않는다. 왜냐하면 1디자인 1출원의 원칙은 법기술상의 절차적 요건이며 권리 성립의 실체적 요건이 아니기 때문이다. 따라서 1디자인 1출원의 위반은 권리내용에 실질적 하자가 있는 것과는 다르고 절차상의 흠결에 지나지 않기 때문이다.

또한 2 이상의 디자인을 1출원으로 출원하였을 때에는 이를 2 이상의 출원으로 분할할 수 있고 만약 분할하지 않을 때에는 거절 이유에 해당한다. 그러나 복수디자인

등록출원의 경우는 그러하지 아니하다. 즉 디자인무심사 등록출원은 20 이내의 디자인을 1출원으로 하는 복수디자인 등록출원을 할 수 있기 때문에(법 11의2①) 거절이유가 되지 않는다.

Ⅲ. 출원의 유형

1. 주체 수에 의한 출원

(1) 단독출원

창작자나 그 승계인의 수에 관계없이 출원인이 1사람 또는 1법인인 경우 이를 통상 단독출원이라고 하는 바, 이는 출원인이 2사람 이상 또는 2법인 이상인 경우의 공동출원에 대응하는 의미의 용어로 사용되고 있다.

(2) 공동출원

1) 복수창작인의 공동출원

디자인을 2인 이상이 공동으로 창작한 때에 그 디자인에 대한 등록을 받을 수 있는 권리는 공유로 한다(법 3②). 이처럼 2인 이상의 공동창작으로 디자인의 등록을 받을 수 있는 권리가 공유인 경우에는 공유자 전원이 공동으로 디자인등록출원을 할 수 있는 바, 이러한 출원을 디자인보호법상 공동출원이라고 한다(법 10).

2) 복수승계인의 공동출원

하나의 등록을 받을 수 있는 권리로부터 2인 이상의 자가 승계하여 등록을 받을 수 있는 권리를 공유하거나 또는 하나의 등록을 받을 수 있는 권리로부터 승계하여 2인 이상의 자가 등록을 받을 수 있는 권리를 공유하는 경우에도 이들 복수공유자 전원이 공동으로 출원한 경우에는 그 출원은 공동출원이 된다.

3) 공유자 전원의 공동출원

위의 1), 2)와 같이 디자인 등록을 받을 권리가 공유일 때에는 각 공유자는 다른 공유자와 공동으로 하지 아니하면 그 창작디자인에 대해 출원할 수 없고 그 출원은 공유자 전원이 공동으로 디자인등록출원을 하여야 하는 바, 이를 공동출원이라 한다(법 10). 따라서 등록을 받을 권리가 공유임에도 공유자 일부가 제외된 채 한 출원은 거절이유로 거절결정되어 거절되고, 등록 후에는 등록무효사유가 되어 등록무효심판청구의 대상이 되고 심결에 의해 무효가 된다(법 26① 1, 68① 1, 72의26①).

4) 복수당사자의 대표

2인 이상이 공동으로 디자인등록에 관한 출원절차를 밟을 때에는 디자인등록출원의 포기·취하를 제외하고는 각자가 전원을 대표한다. 다만 대표자를 선정하여 특허청장 또는 특허심판원장에게 신고한 때에는 그 대표자가 전원을 대표한다(법 4의 10).

2. 권리내용에 의한 출원

(1) 기본디자인 등록출원

기본디자인 등록출원이라 함은 등록디자인과 함께 유사디자인의 기본이 되는 디자인을 말한다. 따라서 등록디자인이나 등록출원디자인은 유사디자인의 창작에 의해 비로소 기본디자인으로 전환된다. 그러므로 유사디자인은 유사디자인의 근간이 된 기본디자인의 존속기간 만료, 양도 등 변경, 소멸과 운명을 같이 하는 주종의 관계에 있다. 예를 들면 클립 없는 볼펜에 클립만을 끼운 경우 전자는 후자의 기본디자인이 되고 후자는 전자의 유사디자인이 되며 이후 후자는 전자의 운명과 함께 한다. 그러나 실제 출원시에는 기본디자인 등록출원이라고는 하지 않고 디자인등록출원이라고 한다.

(2) 단독디자인 등록출원

단독디자인 등록출원이라 함은 유사디자인등록출원 없이 기본디자인만을 출원한 경우 이를 단독디자인 출원이라 하고 단독출원을 기본디자인으로 하여 이에 유사한 디자인을 출원할 경우 이를 유사디자인 등록출원이라 한다. 이 역시 위 (1)과 같이 출원시에는 단독디자인 등록출원이라고는 하지 않고 디자인등록출원이라고 한다.

(3) 유사디자인등록출원

1) 유사디자인

① 서 설

i. 의 의

유사디자인 등록출원이라 함은 자기의 등록디자인이나 디자인등록출원한 디자인에만 유사한 디자인에 대하여 등록을 받고자 특허청에 제출하는 디자인등록출원을 말한다. 유사디자인 창작 전의 디자인을 단독디자인이라 하고 그 단독디자인이 유사디자인을 출현한 경우 그 단독디자인은 유사디자인의 기본디자인이 된다. 이러한 관계로 유사디자인은 기본디자인과 합체되어 운명을 같이 하게 되므로 유사디자인 등록출원(등록·심판·소송)절차 등 또한 기본디자인 등록출원(등록·심판·소송)절차 등에 준하여 이루어지고 있다.

여기에서 유사디자인이라 함은 디자인보호법상 등록디자인이나 디자인등록출원한 디자인에 유사한 디자인을 말하고 이 유사디자인에 유사한 디자인은 유사디자인이라고 하지 않는다. 따라서 디자인권자 또는 디자인등록출원인은 자기의 등록디자인 또는 디자인등록출원한 디자인(이하 "기본디자인"이라 한다)에만 유사한 디자인(이하 "유사디자인"이라 한다)에 대하여는 유사디자인만으로 유사디자인 등록출원을 하여 디자인등록을 받을 수 있다(법 7①).

여기에서 기본디자인에만 유사한 디자인이란 자기의 기본디자인에만 유사한 디자인으로서 그 출원일에 선행하는 타인의 디자인(선출원디자인, 등록디자인, 공지디자인)에 유사하지 아니한 것을 말한다.

그러므로 유사디자인 등록출원은 그 디자인이 기본디자인과 유사한 자기의 선행디자인에 유사한 것을 이유로 거절되지 아니한다. 그러나 자기의 유사디자인에만 유사한 디자인은 다음과 같이 처리한다.

(i) 자기의 유사디자인이 설정등록되기 전에 출원된 자기의 유사디자인에만 유사한 디자인은 다른 거절이유가 없는 한 단독의 디자인등록출원으로 변경하게 하여 등록한다.

(ii) 자기의 유사디자인이 설정등록한 후에 출원된 자기의 유사디자인에만 유사한 디자인은 등록에 의하여 공지된 자기의 유사디자인에 유사한 것으로 하여 거절한다.

이와 같이 유사디자인은 자기의 기본디자인에만 유사한 것이어야 하므로 기본디자인과는 합체되어 종속관계가 발생하게 된다. 따라서 유사디자인은 기본디자인과 운명을 같이 함은 위에서 설명한 바와 같다. 유사디자인제도 하에서는 자기의 기본디자인과 유사한 디자인을 타인이 출원하면 거절되지만 자기가 출원하면 어느 정도 신규성이 있으면 등록이 가능하다. 디자인은 특허발명에 비하여 권리범위가 좁기 때문에 타인의 모방으로부터 보호가 그리 쉽지 않고 또 지정물품에 의하여 제한을 받기 때문에 이러한 취약점을 보완하기 위하여 더 나아가서는 심사상 신규성, 창작성 및 유사성 판단이 까다롭지 않다는 실익 추구면에서 유사디자인제도를 도입하였으나 심사의 공평 및 디자인의 과대보호라는 제도적 약점도 있다.

ii. 유사디자인의 권리범위에 대한 학설

유사디자인의 권리범위에 대하여는 확인설, 확장설, 결과확장설이 있는 바, 위의 학설 중 유사디자인제도의 취지나 유사디자인 자체의 특수성 등을 가장 잘 간파한 견해는 확인설이라 할 수 있다. 확인설에 대해서 확장설은 상호 유사한 디자인과 동시

출원시 주종관계인정의 불합리성 등을 들어 비판하고 있으며 반면에 확장설에 대해서는 유사디자인권의 기본디자인권에 합체가 되어 종속성을 가지고 운용을 같이 한다는 점, 예를 들면 존속기간 등에 의한 종속성 등을 설명할 수 없다는 문제점이 있고, 결과확장설에 대해서는 유사디자인의 종속성과의 관계에서 볼 때 유사디자인권 독자의 권리범위를 인정한다는 점은 이론상 일관성이 결여되어 있다는 비판이 있다. 따라서 기본디자인과의 관계에서 볼 때 유사디자인의 종속성은 확인설만이 설명하고 있을 뿐만 아니라 이론적으로도 확인설이 타당하다고 본다.

그러나 유사디자인 제도의 취지를 완전히 이해하는 데에는 확인설의 입장에 서는 것이 타당할 것이고, 법 규정의 충실한 해석을 하기 위해서는 확장설의 입장에 서는 것이 타당할 것이다. 그러나 확인설, 확장설 두 설로 크게 나뉘게 된 이유가 기본적으로는 유사디자인의 등록을 받을 수 있는 권리를 ⅰ) 어떻게 볼 것인가, ⅱ) 법이 어떠한 위치를 갖게 하는가 하는 것으로 해석할 것인가의 문제인 것 같다. 즉 유사디자인은 어떤 근거에 의해 등록을 받을 수 있는가의 유사디자인의 디자인권 성립의 근거에 관한 것으로 이는 항을 달리하여 다음의 ⅲ.에서 설명하기로 한다.

위 학설에 대한 자세한 설명은 앞 "제3장 제3절 Ⅲ. 2. (5) 3) ① ⅳ. 유사디자인의 범위 및 학설"을 참고하기 바란다.

ⅲ. 유사디자인권 성립의 근거

디자인등록은 창작에 의해 취득되는 디자인등록을 받을 수 있는 권리를 기초하여 디자인등록출원과 디자인권의 설정등록을 청구함으로써 창설되는 디자인권의 설권행위이므로 유사디자인의 등록출원과 유사디자인권의 설정등록도 기본적으로는 그 디자인등록을 받을 수 있는 권리를 기초로 하여 창설된다는 점에서 다를 바 없다.

그렇다면 유사디자인의 등록을 받을 수 있는 권리를 기본디자인의 창작에 의해 취득된 것으로 볼 것인가, 유사디자인 그 자체의 창작에 의해 취득되는 것으로 볼 것인가에 따라 연원을 기준으로 다음과 같이 두 유형으로 나누어진다.

(ⅰ) 디자인권은 등록디자인 뿐만 아니라 유사디자인에까지 미치도록 취득된 것이므로(법 41, 42 참조) 디자인의 창작에 의해 취득되는 등록을 받을 수 있는 권리는 본래 유사디자인에까지 포함하여 하나의 권리가 발생하는 것이라고 볼 때 이는 위의 확인설과 맥을 같이 한다. 이 견해에 의하면 등록을 받을 수 있는 권리는 유사디자인에 까지 미치는 것으로 취득된 것이므로 디자인의 출원은 모두 최소 취득된 등록을 받을 수 있는 권리를 기초로 한 청구이다. 따라서 유사디자인의 등록은 본래 디자인권의 효력이 미치는 범위를 현재화(顯在化)하는 것이고, 유사디자인의 등록에 의해 새로운 법률적 효과가 발생하는 것은 아니다.

이처럼 유사디자인은 디자인보호법상 별개의 독립된 창작이 아니라 기본디자인의 창작에 의하여 관념적으로는 이미 존재한 것이다. 따라서 유사디자인의

등록은 그 기본디자인의 효력범위에 내재되고 있는 디자인을 현재화 한 것에 지나지 않는다.[3)]

(ii) 디자인의 등록은 기본디자인이든 유사디자인이든 모두 창작에 의해 취득되는 등록을 받을 수 있는 권리에 기초하고 있다. 아무리 유사디자인의 등록이 기본디자인의 권리범위에 내재되어 있는 것을 현재화(顯在化)하는 것[4)]이라 하더라도 유사디자인의 등록은 그 유사디자인 자체만을 독립적으로 등록을 받을 권리에 근거를 두고 있다. 디자인보호법 제7조 제1항 후단은 "유사디자인에 대하여는 유사디자인만으로 디자인등록을 받을 수 있다"고 규정하고 있다.

디자인보호법은 디자인의 창작을 1개의 특정한 물품의 형태를 밖으로 나타내 고정하는 것으로 파악하고 그 창작된 디자인등록의 근거, 디자인권 성립의 기초를 창작성(신규성)에 두고 이를 공지 등이 된 선행디자인과의 대비를 통해 그 디자인에 대한 창작성의 유무가 확인, 판단되어야 한다. 그리고 그것은 각각의 창작의 주체가 자기이든 제3자이든 누구이든 간에 관계없이 오직 공지 등이 된 선행디자인과의 관계에 의해서만 판단하여야 하지만, 예외적으로 유사디자인에 관하여는 디자인보호법이 특별히 규정을 두어 자기의 등록디자인과의 관계를 제외하고 있다. 이는 자기의 등록디자인과의 관계에서 창작성을 결여하여 등록을 받을 수 있는 근거를 상실하게 되는 것을 막기 위한 것으로 여기에는 유사디자인에 대해서도 그 디자인에 관한 1개의 독립된 등록을 받을 수 있는 권리의 존재를 전제로 한 것이다.

디자인보호법 제41조는 "디자인권자는 업으로서 등록디자인 또는 이와 유사한 디자인을 실시할 권리를 독점한다"라고 규정하고 있고 또 제42조에서도 "유사디자인의 디자인권은 그 기본디자인의 디자인권과 합체한다"라고 규정함으로써 유사디자인이 하나의 권리에 결과적으로 포섭되었다고 하더라도 그것은 각각의 등록을 받을 권리의 존재를 전제로 하고 그 등록을 받을 수 있는 권리를 기초로 하여 이루어진 것이므로 이는 확장설, 결과확장설과 맥락을 같이 하고 있다.

② 유사디자인의 등록요건

유사디자인의 등록은 주체의 동일성, 기본디자인의 존재, 기본디자인에만 유사 및 객체의 동일성의 요건을 충족한 때에만 등록이 가능하다. 그러나 유사디자인의 물품과 기본디자인의 물품이 동일하여야 하느냐에 관하여는 동일설, 유사설, 동일성의 등록요건 부정설이 있는 바, 이에 대한 자세한 설명은 "제3장 제3절 V. 2. (2) 유사디자

3) 齊藤暸二 著, 鄭泰連 譯, 意匠法, 세창출판사, 1993. 10., 313~314면 참조.

4) 디자인보호법 제7조 제1항 전단은 "기본디자인에 유사한 디자인"이라고 규정하고 있고 또 위 같은 조 제2항에서는 "등록을 받은 유사디자인 또는 디자인등록출원된 유사디자인에만 유사한 디자인에 대하여는 유사디자인의 등록을 부정하고 있는 바, 이는 유사디자인의 등록이 기본디자인의 권리 내에 있는 것을 현재화 하는 것임을 의미한다.

인의 등록요건"을 참고하기 바란다.

③ 유사디자인의 판단방법

공지 등의 디자인에 유사한 디자인인지의 판단방법은 전체적으로 관찰하여 종합적으로 판단한다. 여기에서 관찰이라 함은 육안으로 비교하여 관찰하여야 하며, 확대경이나 현미경 등을 사용하여 관찰하여서는 아니된다. 또 전체적(종합적) 판단이라 함은 디자인의 요부판단과 그 비교만으로 디자인의 유사여부를 판단할 것이 아니라 디자인을 전체 대 전체로서 대비관찰하여, 부분적으로 유사하더라도 전체적으로 유사하지 아니하면 비유디자인으로, 부분적으로 다른 점이 있다 하더라도 전체적으로 유사하며 유사디자인으로 판단한다.

유사디자인의 판단방법에 대한 자세한 설명은 "제3장 제3절 Ⅲ. 2. (5) 3) ④ 유사여부 판단방법"을 참고하기 바란다.

④ 유사디자인의 등록효과

ⅰ. 유사디자인권의 발생

유사디자인권은 설정등록에 의하여 발생한다. 그리고 유사디자인의 디자인권은 그 기본디자인의 디자인권과 합체한다(법 42). 따라서 양자는 일체불가분적 관계가 되어 유사디자인권은 기본디자인권과 운명을 같이 하면서 존속하게 된다.

(ⅰ) 존속기간의 개시

유사디자인의 디자인권의 존속기간은 기본디자인의 디자인권의 존속기간과 마찬가지로 디자인권의 설정등록이 있는 날로부터 15년이다. 그러나 유사디자인의 디자인권의 존속기간 만료일은 그 기본디자인의 디자인권의 존속기간만료일로 한다(법 40① 단서).

(ⅱ) 디자인권의 효력

디자인권자는 업으로서 유사디자인을 실시할 권리를 독점한다. 다만, 그 디자인권에 관하여 전용실시권을 설정한 때에는 전용실시권자가 그 유사디자인을 실시할 권리를 독점하는 범위 안에서는 그러하지 아니하다(법 41).

(ⅲ) 기본디자인권과의 관계

유사디자인이 등록되면 그 유사디자인의 디자인권은 그 기본디자인의 디자인권과 합체한다(법 42).

(ⅳ) 타인의 유사디자인 및 디자인권과의 관계

디자인권자·전용실시권자 또는 통상실시권자는 그 등록디자인에 유사한 디자인이 그 디자인등록출원일 전에 출원된 타인의 등록디자인 또는 이와 유사한 디자인을 이용하거나 그 디자인권의 등록디자인에 유사한 디자인이 디자인등록출원일 전에 출원된 타인의 디자인권과 저촉되는 경우에는 그 디자인권의 허락을 얻지 아니하거나 통상실시권 허여의 심판에 의하지 아니하고는 자기의 등록디자인에 유사한 디자인을 업으로서 실시할 수 없다(법 45②).

또 디자인권자·전용실시권자·통상실시권자는 등록디자인과 유사한 디자인이 그 디자인등록출원일 전에 발생한 타인의 저작권을 이용하거나 저촉되는 경우에도 저작권자의 허락을 얻지 아니하고는 자기의 등록디자인과 유사한 디자인을 업으로서 실시할 수 없다(법 45③).

(v) 양 도

유사디자인의 디자인권은 이를 양도할 수 있다. 그러나 유사디자인의 디자인권의 양도는 기본디자인의 디자인권과 함께 하여야 함을 전제로 한다(법 46①). 이는 유사디자인의 디자인권은 그 기본디자인의 디자인권과 합체되어 운명을 같이 하면서 존속하기 때문이다.

(vi) 공 유

i) 디자인권이 공유인 경우에는 각 공유자는 다른 공유자의 동의를 얻지 아니하면 그 지분을 양도하거나 그 지분을 목적으로 하는 질권을 설정할 수 없다(법 46②).

ii) 디자인권이 공유인 경우에는 각 공유자는 계약으로 특별히 약정한 경우를 제외하고는 다른 공유자의 동의를 얻지 아니하고 그 등록디자인 또는 이와 유사한 디자인을 자신이 실시할 수 있다(법 46③).

iii) 디자인권이 공유인 경우에는 각 공유자는 다른 공유자의 동의를 얻지 아니하면 그 유사디자인권에 대하여 전용실시권을 설정하거나 통상실시권을 허락할 수 없다(법 46④).

iv) 위 i) iii)은 기본디자인의 디자인권과 함께 이루어져야 함을 전제로 한다. 이는 유사디자인권은 기본디자인의 디자인권과 합체되어 운명을 같이 하면서 존속하기 때문이다.

ii. 소 멸

기본디자인권이 이전되면 유사디자인도 따라서 이전되고 기본디자인권의 존속기간이 만료되거나 심판 또는 판결에 의하여 무효로 되어 소멸하면 유사디자인권도 함께 소멸하는 등 유사디자인권의 운명은 기본디자인권의 운명에 따라 좌우되는 종속관계에 놓이게 된다.

그러나 합체라고 해서 기본디자인권과 유사디자인권이 1개의 권리로 되는 것이 아니고 각각 독립된 권리로 존재하므로 등록료의 납부도 별개로 하여야 함은 물론 유사디자인권만을 무효로 하는 심판청구도 가능하다 할 것이다. 유사디자인에 관한 보다 자세한 설명은 앞 제3장 제3절 Ⅲ. 2. (5) 3) "유사성"을 참고하기 바란다.

2) 유사물품

유사디자인등록을 받을 수 있는 물품의 범위는 기본디자인과 동일물품 및 유사물품이다.

여기에서 유사물품이라 함은 용도가 동일하고 기능이 다른 것을 말한다. 이를 예시해 보면 볼펜과 만년필 등을 들 수 있다. 원래 비유사 물품이지만 양 물품의 형상·모양·색채 또는 이들의 결합이 유사하고 용도상으로도 혼동될 수 있는 것은 유사물품으로 간주한다. 이를 예시해보면 연필통과 수저통이 그것이다.

기본디자인의 물품명칭과 유사디자인 등록출원의 물품명칭이 다른 경우 다음과 같이 처리한다(특허청디자인심사기준 8④ 가, 나).

① 기본디자인의 물품명칭이 정당할 경우 유사디자인 등록출원디자인의 물품명칭을 기본디자인의 물품명칭과 일치되도록 한다.
② 유사디자인 등록출원의 물품명칭이 기본디자인의 물품명칭에 비해 보다 정당하거나 적합할 경우 기본디자인의 물품명칭에 일치시킬 필요가 없다.

3. 단독출원, 유사출원의 상호변경출원

디자인등록출원인은 출원보정에 의하여 유사디자인등록출원을 단독디자인 등록출원으로 단독디자인 등록출원을 유사디자인 등록출원으로 변경하는 보정을 할 수 있다(법 18②).

이러한 변경보정은 디자인등록여부 결정의 통지서가 송달되기 전까지 할 수 있다. 다만, 재심사를 청구하는 경우에는 재심사를 청구하는 때에 보정할 수 있다(법 18⑤). 또 그 변경보정이 최초의 디자인등록출원의 요지를 변경하는 것으로 디자인권의 설정등록이 있은 후에 인정된 때에는 그 디자인등록출원은 그 변경보정서를 제출한 때에 디자인등록출원을 한 것으로 본다(법 18⑥).

4. 디자인물품의 수에 의한 출원

(1) 1디자인 1출원

1) 1디자인 1출원의 원칙

디자인등록출원은 지식경제부령이 정하는 물품의 구분에 따라 디자인마다 하여야 한다. 즉 하나의 출원절차에는 하나의 물품구분에 의한 하나의 디자인을 표현하여야 한다. 이를 1디자인·1디자인등록출원(이하 "1디자인 1출원, 출원의 단일성, 디자인의 단일성"이라고도 한다)의 원칙이라 한다.

1디자인 1출원 즉 하나의 권리청구를 하나의 출원절차에 의하도록 한 것은 하나의 디자인에 하나의 권리를 발생시킨다는 데서 유래한 절차상의 편의주의에서 확립된 제도이다. 즉 1디자인 1출원은 1권리주의의 전제하에 그 권리의 내용과 그 권리의 내용에 포함되는 디자인을 명확히 이해하기 위한 편의상 또는 정리상의 필요에 따른 것이며 본질적 내지 내부적 이유에 따른 것과는 다른 절차상의 요구에 의한 것이다.[5]

2) 물품의 구분

디자인보호법은 물품의 형태를 객체로 하는 권리를 설정함에 있어 1디자인 성립의 기초가 되는 물품을 "물품의 구분"에 의해 관념한다. 물품의 구분에 관한 구체적 규정은 부령(디자인보호법 시행규칙)에 위임하고 부령은 그 물품의 구분을 구체적인 물품명칭으로서 표에 게기, 예시하였는 바, 이에 의하면 디자인보호법이 예정한 하나의 물품이란 이른바 단일물, 합성물을 기본으로 하고 다시 집합물에 대해서도 성립하는 경우가 있다.

일반적으로 상위개념의 "물"에 대해 형태를 기준으로 하는 분류는 단일물, 합성물, 집합물로 구분한다.

물품의 구분에 관한 자세한 설명은 "제5장 제1절 Ⅱ. 2. (2) 1) 물품의 구분"을 참고하기 바란다.

3) 1디자인

디자인등록출원은 1디자인마다 1디자인등록출원으로 한다(법 11①). 여기에서 1디자인마다 1출원을 한다 함은 하나의 물품에 관한 하나의 형태마다 하나의 출원을 말한다. 따라서 2 이상의 물품에 관한 하나의 형태 또는 하나의 물품에 관한 2 이상의 형태를 1출원으로 할 수 없다.

위에서 살펴본 바와 같이 디자인보호법에서의 1물품 성립의 범위는 형태적 단일성의 물품을 기본으로 하였지만 물의 성질과 상태에 있어서는 단일성이 결여된 것도 또 어떤 물품은 그 물품의 개념상 독립물품이라고 할 수 있는 것의 집합까지도 포함한다. 따라서 물품의 형태에 있어 물리적 성상(性狀 : 물의 성질과 상태)의 단일성을 뛰어 넘어 하나의 형태성립이 인식되는 경우가 있는 바, 이것이 바로 1물품의 성립과 함께 형태의 일체성이 문제가 되는 이유이다.

그러므로 이 경우의 1물품 1형태의 성립은 물품의 기능과 형태의 일체성, 통일성으

5) 清瀨一郎, 特許法原理, 昭和4年, 巖松堂, 312면 참조.

로 돌아가 결론을 내릴 수밖에 없을 것이다. 그것은 물품은 그 작용, 용도 및 기능상으로 어떤 형태의 개념을 수반하여 인식되고 또 그 형태상의 가치가 그들 여러 계기에 의해 규정되어 성립될 수 있는 통일적 전체에 있어 파악되기 때문이다.[6]

1디자인에 관한 자세한 설명은 "제5장 제1절 Ⅱ. 2. (3) 1디자인"을 참고하기 바란다.

(2) 복수디자인등록출원

1) 복수디자인 1출원

디자인 무심사등록출원은 20 이내의 디자인을 1디자인등록출원(이하 "복수디자인 등록출원"이라 한다)으로 할 수 있다. 이 경우 1디자인마다 분리하여 표현하여야 한다(법 11의 2①). 따라서 복수디자인 등록출원된 디자인이 20을 초과한 경우에는 거절이유가 되어 심사관으로부터 거절이유통지를 받은 경우에는 그 거절이유에 대한 의견서 제출기간 내에 20을 초과하는 디자인에 대하여 출원의 분할 또는 출원취하를 할 때에는 그 거절이유는 해소되어 등록결정을 받을 수 있다.

이때 복수디자인 등록출원 중 일부 디자인에 대한 출원취하는 삭제보정으로 할 수 있다. 그리고 출원서에 기재된 출원디자인의 수와 첨부된 도면상의 디자인의 수가 일치하지 아니할 경우에는 도면상 디자인의 수를 기준으로 출원서를 보정한다(특허청디자인심사기준 14. 1. 가. 나).

2) 복수디자인 등록출원 디자인의 범위

복수디자인 등록출원을 할 수 있는 디자인의 범위는 물품의 구분상 지식경제부령이 정하는 분류가 동일한 것으로 하여야 한다(법 11의 2②). 따라서 복수디자인 등록출원으로 할 수 있는 물품은 디자인 무심사등록 대상물품(법시행규칙 [별표 4])으로 지정된 물품에 한하여, 그 중 하나의 복수디자인 등록출원으로 할 수 있는 물품은 대분류가 동일한 것에 한한다. 만약 복수디자인 등록출원된 디자인의 물품이 동일한 대분류에 속하지 아니한 경우에는 거절이유가 되어 심사관으로부터 거절이유통지를 받은 때에는 그 거절이유에 대한 의견서 제출기간 내에 대분류가 상이한 물품에 대한 디자인을 출원분할하거나 출원취하를 할 때에는 그 거절이유는 해소되어 등록결정을 받을 수 있다(특허청디자인심사기준 14, 2).

3) 복수디자인 등록출원

① 유사디자인만의 복수디자인 등록출원

자기의 등록디자인 또는 디자인등록출원된 디자인의 유사디자인을 복수디자인 등

---

6) 齊藤瞭二 著, 鄭泰連 譯, 意匠法, 세창출판사, 1993. 10. 30., 305면 참조.

록출원하는 경우에는 1기본디자인에 속하는 유사디자인에 한하여 1복수디자인 등록출원으로 할 수 있다(법 11의 2④).

따라서 1기본디자인과 이에 유사한 여러 개의 유사디자인을 1복수디자인 등록출원을 한 경우, 2 이상의 기본디자인과 각각 이에 유사한 여러 개의 유사디자인을 1복수디자인 등록출원을 한 경우 및 이미 등록되었거나 출원중인 1기본디자인에 유사한 여러 개의 유사디자인을 1복수디자인 등록출원한 경우에는 디자인보호법 제11조의2 제4항의 적법한 출원으로 등록을 받을 수 있다(특허청디자인심사기준 14. 3, 가~다 참조).

그러나 이미 등록되었거나 출원중인 2 이상의 기본디자인에 각각 유사한 여러 개의 유사디자인을 1복수디자인 등록출원을 한 경우, 이미 등록되었거나 출원중인 1기본디자인에 유사한 수 개의 유사디자인과 별개의 단독디자인을 함께 1복수디자인 등록출원을 한 경우에는 위 같은 조항의 부적법한 출원으로 등록을 받을 수 없다(특허청디자인심사기준 14. 3. 라, 마).

② 기본디자인과 함께 그 유사디자인의 복수디자인 등록출원

복수디자인 등록출원을 하고자 하는 자는 위 1)과 같은 자기의 1기본디자인에 속하는 유사디자인에 한하여 출원할 수 있는 1복수디자인 등록출원과는 달리 기본디자인과 함께 그 기본디자인에 속하는 유사디자인을 복수디자인 등록출원할 수 있다(법 11의2 ③).

(3) 한 벌 물품의 디자인등록출원

1) 개 념

한 벌의 물품의 디자인이라 함은 1디자인 1등록출원원칙의 예외로 인정된 제도로서 2종 이상의 물품이 관습상 한 벌의 물품으로 판매되고 사용되는 경우 당해 한 벌을 구성하는 물품의 디자인이 한 벌 전체로서 통일성이 있을 때에는 1디자인으로 보는 것이다. 즉, 2 이상의 물품이 한 벌의 물품으로 동시에 사용되는 경우 그 한 벌의 물품의 디자인이 한 벌 전체로서 통일성이 있는 때에 1디자인으로 디자인등록을 받기 위한 출원절차이다. 따라서 한 벌 물품의 디자인등록출원은 위에서 설명한 복수디자인등록출원과 함께 분할출원이나 1디자인 1출원에 대응하는 개념이다.

여기에서 한 벌의 물품이라 함은 2 이상의 물품이 한 벌의 물품으로 동시에 사용되는 것으로서 디자인보호법 시행규칙 [별표 5]에 규정되어 있는 물품을 말한다. 또 여기에서 "동시에 사용된다"는 것은 언제든지 반드시 동시에 사용되는 것이 아니라 관념적으로 하나의 사용이 다른 것의 사용을 예상하게 하는 것을 의미하는 것으로 해석된다.[7]

2) 한 벌 물품디자인의 등록요건

① 디자인보호법 시행규칙 [별표 5]에서 정하는 한 벌 물품에 해당할 것.

② 구성물품이 적합할 것

한 벌의 구성물품은 디자인심사기준 [별표 1]에서 정하는 한 벌을 구성하는 물품의 적합성 요건을 구비하여야 한다. 다만, 정하여진 구성물품 이외의 물품이 포함된 경우에는 한 벌의 물품으로 정하여진 물품과 동시에 사용되는 것이 명백한 경우에 한하여 정당한 한 벌 물품으로 인정할 수 있다.

③ 한 벌 전체로서 통일성이 있을 것

한 벌 전체로서 통일성이 있는 것으로 인정되는 것은 다음과 같다.

i. 각 구성물품의 형상·모양·색채 또는 이들의 결합이 동일한 표현방법으로 표현되어 한 벌 전체로서 통일성이 있다고 인정되는 것.

ii. 각 구성물품이 상호 집합되어 하나의 통일된 형상·모양 등을 표현함으로써 한 벌 전체로서 통일성이 있다고 인정되는 것. 예를 들면 한 벌의 끽연용구세트에 있어서 재떨이, 담배갑, 라이터 및 받침대가 상호 집합되어 하나의 거북이 형상을 표현하는 것 등이 그것이다.

iii. 각 구성물품의 형상·모양·색채 또는 이들의 결합에 의하여 전설이나 관념적으로 관련이 있는 인상을 줌으로써 한 벌 전체로서 통일성이 있다고 인정되는 것. 예를 들면 "토끼와 거북이"의 동화를 그림으로 각 구성물품에 관련 있게 표현한 것 등이 그것이다.

④ 한 벌 물품디자인의 도면은 각 구성물품의 도면만으로 한 벌 물품의 디자인을 충분히 표현할 수 있는 경우에는 각 구성물품마다 1조의 도면을 제출하고 각 구성물품이 상호 집합되어 하나의 통일된 형상·모양 또는 관념을 표현하는 경우에는 구성물품이 조합된 상태의 1조의 도면과 각 구성물품에 대한 1조의 도면을 제출할 것.

3) 한 벌 물품디자인의 등록요건 판단

한 벌 물품의 디자인에 대하여는 한 벌 전체로서만 등록요건을 판단한다. 즉,

① 한 벌 물품의 디자인과 그 구성물품의 디자인 간에는 선출원주의(법 16)가 적용되지 않지만 확대된 선출원(법 5③)에 관하여는 적용된다.

② 디자인등록을 받을 수 없는 디자인인지에 관한 규정(법 6, 1~3)에 해당하는지의 여부를 판단함에 있어서는 한 벌 물품을 구성하는 일부의 구성물품에 관한 디자인만이 이에 해당하더라도 위 확대된 선출원의 규정 법 제5조 제3항이 적용되어 디자인등록을 받을 수 없다.

---

7) 디자인관련법령집(디자인심사기준), 특허청, 2005. 7., 382면.

4) 한 벌 물품디자인의 예시

한 벌 물품디자인에 대한 예를 들어보면 위에서 예시한 한 벌의 끽연용구세트에 있어서 재떨이·담배갑·라이터 및 받침대가 상호집합되어 하나의 거북이 형상을 표현한 것, 토끼와 거북이의 동화를 그림으로 각 구성물품에 관련 있게 표현한 것, 한 벌의 차세트, 한 벌의 순가락 및 젓가락, 한 벌의 반상기, 한 벌의 나이프 ·포크 및 스푼 등이다. 이러한 한 벌 물품디자인제도에 반하여 제출된 출원은 결국 1디자인 1출원주의에 위반한 것이므로 거절이유가 되고 만약 등록이 되었다 하더라도 무효사유가 된다.

5. 분할출원

(1) 서 설

1) 서 론

분할출원이라 함은 2 이상의 디자인을 1디자인등록출원으로 한 경우 그 디자인등록출원의 일부를 1 이상의 새로운 디자인등록출원으로 떼어내어 디자인등록출원(이하 "분할출원"이라 한다)을 하는 것을 말한다(법 19①). 따라서 분할출원은 ⅰ) 2 이상의 디자인을 1디자인으로 출원하거나, ⅱ) 복수디자인을 출원한 경우에 할 수 있다(법 19① 1, 2). 위 ⅰ)은 디자인심사 등록출원에서 1디자인 1출원주의에 반하여 출원한 경우이고 ⅱ)는 디자인무심사 등록출원에서 20 이내의 디자인을 1출원으로 한 경우이다.

위 ⅰ)의 경우와 같이 1디자인 1출원주의에 반하여 2 이상의 디자인을 1출원으로 한 경우의 분할출원은 디자인보호라고 하는 디자인보호제도의 취지에 따라 확립된 1디자인 1출원주의로의 회귀이므로 문제될 것이 없고 ⅱ)와 같이 20 이내의 디자인을 1출원으로 무심사등록출원으로 한 경우 적법한 출원으로 그 범위 안에서 그 일부를 떼어내어 1이상의 별개의 1디자인 1출원 또는 복수디자인 등록출원으로 나누는 것이므로 이 또한 문제는 없다.

이처럼 분할출원은 1디자인 1출원주의에 반하여 2 이상의 디자인을 1출원으로 한 경우나 또는 1디자인 1출원주의의 예외로 출원된 20 이내의 복수디자인을 1출원으로 한 경우 그 일부를 떼어내어 1이상의 별개의 출원으로 하는 제도이므로 분할출원을 하면 1출원에 2 이상의 디자인이나 또는 1출원에 20 이내의 복수의 디자인은 디자인별로 쪼개져 모두 1디자인 1출원으로 되거나 또는 일부디자인이 복수디자인 출원으로 되고 나머지 디자인은 축소된 복수디자인으로 유지된다.

분할출원은 1디자인등록출원의 범위를 벗어난 디자인이나 복수디자인 등록출원 내의 디자인이 그 대상이 되어 결과적으로 분할출원은 ⅰ) 1디자인 1출원의 범위나 ⅱ) 복수디자인 등록출원의 범위를 규정하고 있는 디자인보호법 제11조 및 제11조의 2의 규정에 위반한 것이거나 적법한 출원디자인이 된다. ii)의 경우 문제될 것이 없으나 i)의 경우가 문제인 바 이는 디자인보호법이 "디자인은 보호되어야 한다"는 디자인보호제도의 취지에 따라 그 출원에 2 이상의 디자인이 포함되어 있는 것이 명백한 경우에는 단순히 형식위반이라는 이유 때문에 디자인보호를 막는 것은 타당하지 않다.

그러한 의미에서 설정된 것이 분할출원제도인 바, 그 취지는 2 이상의 디자인을 포함하는 원디자인 등록출원의 일부를 새로운 디자인등록출원으로서 출원할 수 있는 기회를 주고 이 새로운 디자인등록출원이 적법한 것이면 원디자인 등록출원과 동시에 출원한 효과를 인정하여 1디자인등록출원의 범위를 위반하였거나 적정을 기하지 못한 디자인등록출원을 구제하는데 있다. 그러나 2 이상의 디자인을 1디자인등록출원으로 한 복수디자인 등록출원의 경우에는 그 출원 중에는 2 이상의 디자인을 포함하고 있음이 명백하므로 그 복수디자인 중 포함되어 있는 개개의 디자인에 대하여도 개별의 출원으로 분할할 수 있음은 당연하다(법 19① 2).

2) 의의 및 필요성

2 이상의 디자인을 1출원으로 출원하거나 20 이내의 복수출원으로 출원한 자가 당해 디자인등록출원의 일부를 1 이상의 새로운 디자인등록출원으로 나누어 디자인등록출원을 하는 것을 분할출원이라 하는 바(법 19①), 이는 디자인을 대상으로 하여 디자인의 일부분을 분할하는 것이 아니다. 이러한 분할출원제도는 심사관의 거절이유통지서에 대한 대응수단으로서의 중요한 의미를 갖는다.

2 이상의 디자인을 1출원으로 하여 1디자인 1출원주의에 위배되었다 하여 무조건 거절한다면 디자인을 보호·장려하여 산업의 발전을 도모한다는 법의 취지에도 반할 뿐만 아니라 특허청의 업무부담도 가중된다. 그러므로 디자인보호법은 원출원에 포함되어 있는 2 이상의 디자인을 1 이상의 디자인으로 떼어내어 새로운 디자인으로 분할할 수 있게 하여 출원일을 원출원일로 소급하게 함으로써 디자인의 보호를 도모함과 동시에 업무의 간소화를 기하려는 것이다. 복수디자인등록출원 또한 복수디자인의 대상이 되는 물품이 아니거나 대상은 된다 하더라도 디자인보호법 시행규칙 제9조 제4항에 의한 [별표 4]의 물품의 구분상 대분류가 동일한 물품디자인의 대상이 되는 물품이 적격성이 없어 복수디자인등록출원 전체가 거절될 경우, 이에 대응하기 위한 구제수단으로서의 필요성에 따른 것이다.

3) 분할출원의 대상

① 1출원에 2 이상의 디자인을 출원한 경우

1디자인등록출원은 1디자인마다 1디자인등록출원으로 하여야 하는 1디자인 1출원주의를 위반하여 2 이상의 디자인을 1디자인등록출원으로 한 경우 그 디자인등록출원의 일부를 1 이상의 새로운 디자인등록출원으로 나누어 출원할 수 있는 바, 이때의 분할출원의 대상은 1디자인등록출원에의 2 이상의 디자인이 된다.

② 1출원에 20 이내 디자인을 출원한 경우

디자인무심사 등록출원은 1디자인 1출원주의에 불구하고 20이내의 디자인을 1출원으로 할 수 있는 복수디자인등록출원의 경우 그 분할출원의 대상은 1디자인등록출원에의 20 이내의 디자인이 된다.

4) 분할출원의 유형

분할출원은 형식상 통상의 디자인등록출원의 분할과 복수디자인등록출원의 분할로 분류할 수 있으며 내용상으로는 1물품 다 디자인의 분할, 다 물품 1디자인의 분할, 다 물품 다 디자인의 분할 등으로 분류할 수 있다.

(2) 분할출원의 요건

1) 통상의 디자인등록출원의 분할요건

① 주체적 요건

분할출원인은 원출원인과 동일인이거나 원출원인으로부터 디자인등록을 받을 수 있는 권리를 이어받은 승계인이어야 한다.

② 객관적 요건

i. 원출원의 출원계속 중일 것

분할출원은 1디자인 1출원(출원의 단일성·디자인의 단일성)에 반하여 2 이상의 디자인을 1출원으로 한 경우 그 디자인등록출원의 일부를 1 이상의 새로운 디자인등록출원으로 떼어내어 별개의 출원으로 출원하는 절차이므로 분할출원의 시점에서 원디자인등록출원은 유효한 출원으로 심사계속 중에 있어야 한다. 분할출원 이후에 원출원이 무효·포기·취하 등이 되어 심사계속이 해제되어도 분할출원에는 영향을 미치지 아니한다.

ii. 1디자인 1출원주의에 위반될 것

디자인등록출원은 1디자인마다 1디자인등록출원으로 하여야 한다. 그럼에도 이러한 1디자인 1출원주의에 반하여 2 이상의 디자인을 1디자인등록출원으로 한 경우 그 디자인등록출원의 일부를 1이상의 새로운 디자인등록출원으로 나누어 분할출원을 할 수 있다. 따라서 분할의 대상이 되는 원출원은 2 이상의 디자인을 포함하여 1디자인 1출원주의를 위반하고 있어야 한다.

ⅲ. 원디자인등록출원의 범위 안에서의 분할일 것

분할출원에 기재된 디자인은 원디자인등록출원에 기재된 2 이상의 디자인 중 하나로서 서로 동일성을 유지하여야 한다.

ⅳ. 분할 후의 원출원과 분할출원은 동일하지 않을 것

분할출원 후의 원출원에 관한 디자인과 분할출원에 관한 디자인은 동일하여서는 아니된다. 다만, 분할출원에 관한 디자인이 분할출원 후의 원출원과 유사한 경우에는 분할출원과 동시에 이를 유사디자인등록출원으로 변경하는 보정을 하여야 한다.

③ 시기적 요인

디자인의 분할출원은 디자인등록여부 결정의 통지서가 송달되기 전까지이다. 다만, 재심사를 청구하는 경우에는 재심사를 청구하는 때에 할 수 있다(법 19③).

분할출원의 시기를 위와 같은 기간으로 한 것은 분할출원을 하면 원출원의 도면 등에 대한 보정이 뒤따라야 하고 또 위 ⅳ. 단서의 경우와 같이 분할출원에 관한 디자인이 분할출원 후의 원출원과 유사한 경우 분할출원과 동시에 이를 유사디자인등록출원으로 변경하여야 하는 바, 이때의 변경은 변경출원절차에 의하여 이루어지는 것이 아니고 변경보정절차에 의해서 이루어지므로 분할출원의 기간을 원출원에 대해 보정할 수 있는 기간과 같게 하고 있다.

2) 복수디자인 등록출원의 분할요건

1디자인 1디자인등록출원의 규정을 제외한 위 ①의 통상의 디자인등록출원의 분할요건을 충족시켜야 하며 그밖에 디자인보호법 시행규칙 제9조 제4항 [별표 4]의 물품의 구분상 대분류가 동일한 물품에 한하여 분할할 수 있다.

문제는 복수디자인 등록출원으로 출원하였으나 디자인보호법 시행규칙 제9조 제4항 [별표 4]의 물품이 아닌 경우 이를 분할하는 것이 통상의 디자인등록출원의 분할인지, 복수디자인등록출원의 분할인지의 여부이다. 이는 적법한 복수디자인 등록출원의 분할인 경우 원복수디자인 등록출원은 취하의제 되기 때문에 출원인의 이익에 영향을 미칠 수 있다.

복수디자인 등록출원의 분할은 일단 디자인보호법 제11조의 2 제1항에 의한 요건을 충족시켰으나 제2항에 의한 요건에 위반된 경우 또는 제2항에 의한 요건은 충족시켰으나 제1항에 의한 요건에 위반된 경우 그 구제를 위한 것을 주된 취지로 볼 수 있는 바, 비록 출원인이 복수디자인 등록출원으로 출원하였으나 디자인보호법 제11조의2 제1항·제2항을 위반한 경우의 복수디자인 등록출원의 분할은 통상의 디자인등록출원의 분할로 처리함이 타당할 것이다.

(3) 분할출원의 기간

분할출원을 할 수 있는 기간은 디자인 등록여부결정의 통지서가 송달되기 전까지 할 수 있다. 그러나 디자인등록출원에 관하여 거절결정등본을 송달받은 날부터 30일[디자인등록거절결정 또는 디자인등록취소결정을 받은 자가 불복하는 때에는 그 결정등본을 송달받은 날부터 30일 이내의 심판청구기간을 1회에 한하여 30일 이내의 기간이 연장(교통이 불편한 지역에 있는 자의 경우에는 그 횟수 및 기간을 추가로 연장할 수 있다)된 경우 그 연장된 기간을 말한다] 이내에 그 디자인등록출원서에 첨부된 도면, 도면의 기재사항 및 사진이나 견본을 보정하여 그 출원에 관하여 재심사(이하 "재심사"라 한다)를 청구하는 경우에는 재심사를 청구하는 때에 보정을 할 수 있는 바, 그 보정을 할 수 있는 기간에 분할출원을 할 수 있다(법 19③).

(4) 분할출원의 절차

1) 분할출원서의 제출 및 원출원서의 보정

분할출원인은 원출원내용을 하나의 디자인등록출원으로 삭제보정함과 동시에 분할되는 디자인에 대하여는 별지 제3호 서식의 디자인등록출원서에 도면(사진·견본) 1통, 대리인에 의하여 절차를 밟는 경우 그 대리권을 증명하는 서류 1통, 그밖에 법령에서 정한 증명서류 1통을 첨부하여 특허청장에게 제출하여야 한다(법시행규칙 11① 각호).

2) 서류의 원용

분할출원시 원출원서에 첨부하였던 위임장 그 밖의 증명서류 등에서 그대로 사용할 수 있는 것들은 분할출원서에 기재하고 원용할 수 있다.

3) 신규성 의제 주장 등

공지 등이 되지 아니한 디자인으로 보는 신규성 상실의 예외적용의 신규성 의제나 조약에 의한 우선권을 원출원에서 주장한 경우 분할출원에 대해서도 그러한 주장을 필요한 때에는 그 분할출원시 디자인등록출원서에 그 취지를 기재하여 특허청장에게 제출하고 이를 증명할 수 있는 서류를 디자인등록출원일부터 30일 이내에 특허청장에게 제출한다. 다만, 자기의 의사에 반하여 그 디자인이 공지 등이 된 경우에는 그러하지 아니하다(법 8②).

4) 복수디자인 등록출원의 분할

디자인마다 분리하여 표현한 복수디자인 등록출원에서 하나의 물품만을 등록받고자 하는 경우에는 그 물품에 대하여 분할출원하고 2 이상의 물품을 2 이상의 디자인으로 분할하고자 하는 경우에는 등록받고자 하는 각각의 물품에 대하여 분할출원한다.

(5) 분할출원의 효력

1) 적법한 분할출원

적법한 분할출원이 있는 경우 즉, 2 이상의 디자인을 1 디자인등록출원 한 경우나 복수디자인 등록출원을 한 경우 당해 디자인등록출원의 일부를 1 이상의 새로운 디자인등록출원으로 분할하여 디자인등록출원한 경우 그 분할출원은 최초에 디자인등록출원을 한 때에 출원한 것으로 본다. 그러나 다음의 경우에는 그러하지 아니하다(법 19②).

① 신규성 상실의 예외를 적용받고자 디자인등록출원시 디자인등록출원서에 그 취지를 기재하여 특허청장에게 제출하고 이를 증명할 수 있는 서류를 디자인등록출원일부터 30일 이내에 특허청장에게 제출하는 소위 신규성 의제의 경우(법 19②, 8②).

② 조약에 의한 우선권주장을 하는 자가 디자인등록출원시 디자인등록출원서에 기재한 최초출원의 연월일(법 19②, 23③).

③ 조약에 의한 우선권 주장과 관련하여 최초로 출원한 국가의 정부가 인정하는 서면 및 도면의 등본에 기재한 출원의 연월일(법 19②, 23④).

2) 부적법한 분할출원

분할출원이 위 1)과 같은 분할출원의 적법요건을 충족하지 못한 경우 그 분할출원의 출원일은 원출원의 출원일로 소급되지 아니하고 분할출원일에 출원한 것으로 본다. 그리고 분할할 수 있는 기간을 경과하여 제출한 분할출원서류 등은 부적법한 것으로 반려된다(법시행규칙 2① 7).

(6) 분할출원제도의 문제점

분할출원에 관하여 디자인보호법 제12조의 한 벌의 물품의 디자인의 요건을 충족한 적법한 디자인등록출원을 위 같은 법 제19조 제1항에 의해 분할할 수 있는가의 문제이다.

개정 전 구법에서는 한 벌의 물품의 디자인 1출원에 대하여도 분할출원을 할 수 있도록 명문의 규정을 두고 있었으나 개정법에서는 삭제하고 분할출원은 1디자인 1출원주의에 위반하여 2 이상의 디자인을 1출원으로 한 경우와 20 이내의 디자인을 1출원으로 한 복수출원의 경우에 할 수 있도록 규정하고 있다(법 19①1, 2).

그렇다면 디자인보호법상 한 벌의 물품의 디자인 1출원은 분할출원의 대상출원에서 삭제 개정되었기 때문에 법형식적으로는 분할출원은 불가능하다. 그러나 실질적으로 분할출원의 요건을 만족하고 있고 법상 분할출원을 적극적으로 부정하고 있지 아니하며 또 법 제19조 제1항 제1호 및 제2호가 분할출원 대상출원의 예시조항이라고까지는 할 수 없으나 그렇다고 한정(법정)열거조항이라고까지는 해석할 수 없으므로 분할출원은 가능하다고 봄이 타당하다. 여기에는 분할출원을 할 수 없다는 반대의 견해도 있다.

6. 변경출원

(1) 서 설

1) 서 론

변경출원이라 함은 디자인등록출원인이 유사디자인 등록출원과 단독디자인 등록출원 상호간의 변경 또는 디자인무심사 등록출원과 디자인심사등록출원 상호간의 변경출원을 말한다(법 18②④). 이러한 변경출원은 출원내용의 동일성을 유지하면서 출원의 형식을 변경하는 것이다. 만약 출원내용의 변경을 인정할 경우 변경출원의 효과인 출원일 소급효가 변경한 새로운 출원에도 미쳐 선출원주의에 반하기 때문에 출원내용 변경을 부정하는 것이다.

출원변경은 권리청구 형식의 변경 예를 들면 독립된 권리(단독디자인)가 합체된 권리(유사디자인)로의 변경과 같이 결과적으로 청구에 관한 권리내용의 변경을 수반하는 것이지만 이는 각각의 출원에 처음부터 포함되고 표현되어 있는 내용을 기초로 이루어진 것이다.

그리고 출원의 변경은 분할출원과 같이 출원절차에 의하는 것이 아니고 출원의 보정절차에 의하는 바, 이처럼 변경출원을 출원의 보정절차에 의하는 것은 당초 출원내용에 대한 요지변경이 없이 출원의 형식만을 바꾸는 것으로 충분하기 때문에 굳이 출원이라는 새로운 절차를 밟을 필요가 없기 때문이다.

2) 변경출원의 필요성

출원 후 출원변경을 인정하는 것은 물품의 디자인을 창작한 자는 그 창작디자인의 보호를 위한 법익의 선택에 어려운 점이 있을 것으로 그 출원형식의 선택이 잘못된 출원은 적합한 출원형식으로 변경출원을 할 수 있게 함과 아울러 선출원의 이익을 유지하도록 하여 선원의 지위를 계속 향유하도록 하여 출원인을 보호함은 물론 심사절차상의 편의와 행정업무의 간소화를 도모하여 심사의 촉진에 기여할 수 있기 때문이다.

(2) 변경출원의 유형

1) 유사디자인 등록출원과 단독디자인 등록출원 상호간의 변경출원

디자인등록출원은 유사디자인 등록출원을 단독디자인 등록출원으로, 단독디자인 등록출원을 유사디자인 등록출원으로 변경하는 보정을 할 수 있다(법 18②).

2) 무심사 등록출원과 심사 등록출원 상호간의 변경출원

디자인등록출원은 디자인무심사 등록출원을 디자인심사 등록출원으로, 디자인심사 등록출원을 디자인무심사 등록출원으로 변경하는 보정을 할 수 있다(법 18④).

(3) 변경출원의 요건

1) 주체적 요건

디자인등록출원인의 동일성 즉 변경출원인은 원출원인과 동일인이거나 그 승계인이어야 한다. 따라서 원출원의 출원인과 변경출원의 출원인간에 동일성이 유지되어야 한다. 변경출원은 원출원인의 보호제도이므로 원출원인의 동일성이 유지되면 충분하므로 원출원인의 승계인이 변경출원의 당사자가 되는 것은 당연하다.

2) 객관적 요건

변경출원된 디자인은 원출원디자인과 실질적으로 동일한 것이어야 한다. 다만, 출원변경은 첨부도면, 사진 또는 견본에 대해 원출원의 것을 원용하며, 그 제출을 생략하는 경우도 있으므로 객체의 동일성에 관한 요건은 실질적으로 큰 의미를 갖는 것은 아니다.

3) 시기적 요건

디자인등록출원의 변경을 위한 보정은 디자인등록여부 결정의 통지서가 송달되기 전까지 할 수 있다. 다만, 재심사를 청구하는 경우에는 재심사를 청구한 때에 출원변경에 관한 보정을 할 수 있다(법 18⑤).

(4) 변경출원의 절차

디지인등록출원인은 유사디자인 등록출원을 단독디자인 등록출원으로, 단독디자인 등록출원을 유사디자인 등록출원으로 변경출원하거나 디자인무심사 등록출원을 디자인심사 등록출원으로, 디자인심사 등록출원을 디자인무심사 등록출원으로 변경하고자 한 때에는 소정의 출원변경에 관한 보정서를 특허청장에게 제출하여야 한다(법 18②④).

유사디자인 등록출원을 단독디자인 등록출원으로 변경하는 보정을 함에 있어 신규성 의제를 받고자 하는 자는 그 보정을 하는 때에 보정서에 그 취지를 적어 특허청장에게 제출하고 이를 증명할 수 있는 서류를 보정서 제출일부터 30일 이내에 특허청장에게 제출하여야 한다(법 18③).

또 변경출원도 분할출원의 경우와 마찬가지로 조약 우선권주장의 이익이나 신규성 의제의 이익을 보유한 채 변경출원을 할 수 있으며 서류의 원용도 가능하다.

(5) 변경출원의 효과

1) 적법한 변경출원

적법한 변경출원은 그 출원일이 원출원의 출원일로 소급된다. 다만, 디자인보호법 제8조(신규성 상실의 예외, 신규성 의제) 제1항을 적용 받으려는 자는 그 출원변경에 관한 보정을 하는 때에 보정서에 그 취지를 적어 특허청장에게 제출하고 이를 증명할 수 있는 서류를 보정서 제출일부터 30일 이내에 특허청장에게 제출하여야 한다. 출원변경은 분할출원과는 달리 보정에 의하여 이루어지기 때문에 변경출원일은 보정의 기초가 된 원출원의 출원일이 됨은 당연하다. 다만, 변경출원의 보정이 최초의 디자인등록출원의 요지를 변경하는 것으로 디자인권의 설정등록이 있은 후에 인정된 때에는 그 변경출원은 그 보정서를 제출한 때에 출원을 한 것으로 본다(법 18⑥).

또 변경출원은 보정절차에 따른 보정서에 의해 이루어지기 때문에 분할출원과는 달리 변경출원에 대하여 출원수수료 납부 등의 절차를 밟을 필요가 없다.

2) 부적법한 변경출원

① 변경출원의 요건을 충족시키지 못한 변경출원은 원출원일로의 소급효가 인정되지 아니하고 변경출원에 관한 보정서를 제출한 때에 출원한 것으로 보고 심사가 진행된다. 그러나 그 후의 보정에 의해 적법한 변경출원이라고 인정되는 때에는 다시 원출원일로 변경출원된 것으로 인정된다.

② 변경출원에 관한 보정기간 즉, 디자인등록여부결정의 통지서가 송달되기 전(재심사를 청구하는 경우에는 재심사를 청구하는 때)에 출원을 변경하는 보정서를 제출하지 아니하고 이 기간 경과 후에 제출한 경우에는 그 출원변경에 관한 보정서류는 반려된다.

7. 조약에 의한 우선권 주장 출원

(1) 서 설

1) 의 의

조약에 의한 우선권(right of priority)이라 함은 어떤 동맹국 1국에서 최선(最先)의 정규의 출원을 한 자 또는 그 승계인이 일정기간 내에 다른 동맹국 2국에 동일 목적물에 대하여 출원을 하여 우선권을 주장하는 경우 2국 출원에 대한 출원의 순위 및 신규성 판단 등의 법규성 적용에 있어 1국의 출원일을 기준으로 하여 주는 출원일 등과 관련한 특별한 이익을 말한다.

이처럼 조약에 의한 디자인권 보호를 위한 상호주의에 의하여 우리나라 국민에게 출원에 대한 우선권을 인정하는 당사국 국민이 그 당사국 또는 다른 당사국에 디자인등록출원을 한 후 동일한 디자인을 우리나라에 디자인등록출원을 하면서 최초의 국가에 출원한 출원 연월일을 출원일로 하여 달라는 의사표시 즉 우리나라에 디자인등록출원을 하면서 우선권을 주장하는 때에는 신규성·창작성 등의 디자인등록요건이나 선원의 지위를 적용함에 있어서 그 당사국에 출원한 날을 우리나라에 출원한 날로 보는 제도를 말한다.

우리나라 국민이 조약에 의하여 우리나라 국민에게 출원에 대한 우선권을 인정하는 당사국에 출원한 후 동일한 디자인을 우리나라에 출원한 경우에도 또한 같다(법 23①).

이처럼 조약에 의한 우선권 주장제도를 채용하고 있는 것은 조약 당사국 국민의 디자인을 자국 국민의 디자인과 동일하게 인정, 취급함으로써 정보·통신·교통 및 교역의 발달에 따른 디자인의 급속한 전파·보급으로 인한 디자인의 확대형상은 수요자의 성향과 산업패턴의 변화를 가져와 자칫 이에 부응하는 디자인의 창작노력보다는 손쉬운 모방 쪽을 택하게 되어 급기야는 디자인의 창작 및 보호질서의 혼란과 파괴를 가져와 제도권으로의 유입은 국제적 보호 필요성의 현실적 요구가 되었다. 만약 이에 적절한 대응을 못할 경우 디자인의 보호를 통한 디자인 창작의 장려와 산업발전에의 기여라고 하는 디자인보호제도의 취지를 살릴 수 없으므로 이를 위한 입법정책적 차원에서 취한 제도적 조치가 바로 조약에 의한 우선권 주장 출원이다.

따라서 조약에 의한 우선권 주장출원제도는 당사국 1국에 출원하고 나머지 다른 체약국에 소정의 기간 내에 출원을 할 경우 그 1국에 출원한 날에 출원한 것으로 보고 모든 출원국에서의 보호를 받을 수 있는 국제출원의 위치에 선다.

2) 제도적 취지

조약 동맹국 1국에서 한 출원은 디자인독립의 원칙에 따라 그 1국내에서만 효력을 가지므로 동맹국의 국민이 다른 동맹국에서 디자인등록을 받고자 할 경우에는 그 다른 각각의 동맹국 별로 출원을 하여야 한다. 그러나 자국에 출원을 하고 그 후 다른 동맹국에 출원할 경우 그 사이에 출원의 내용이 공개되어 다른 동맹국에서의 출원은 신규성이 상실되거나 타 출원이 선원으로 존재할 경우 후출원으로 거절될 수가 있다. 이러한 문제를 해결하기 위하여는 동맹국 여러 나라에 동시에 출원을 하여야 하지만 이것은 출원인의 입장에서는 비용면에서나 절차면 및 언어면에서 부담이 크고 어려움도 많이 따른다.

우선권제도는 이와 같은 문제점을 해결하기 위하여 인정된 파리조약의 기본원칙 중의 하나로서 언어와 제도 등이 서로 다른 동맹국에의 동시출원에 따른 출원인의 부담을 덜어줌은 물론 1, 2국 출원간의 시간적 간격으로부터 출원인이 받게 될 위와 같은 불이익으로부터 구제하려는데 있는 것이다.

디자인보호법 제23조(조약에 의한 우선권 주장)의 우선권 주장에 관한 규정은 파리조약 제4조에 그 근거를 두고 있으며 이와 같은 파리조약에서 정한 우선권 주장의 조건과 효과는 특허협력조약(PCT)에서도 그대로 받고 있다(PCT 8(2)).

(2) 우선권의 특수성

조약에 의한 우선권의 본질적 특수성에 관하여는 여러 가지로 설명할 수 있으나 일반적으로 독립성·복수성·잠재성·부속성 등 4가지를 들고 있는 바, 이를 중심으로 살펴보고자 한다.

1) 독립성

우선권은 최초의 출원을 기초로 하여 발생하지만 그 발생과 함께 당해 최초 출원으로부터 분리되어 독립된다. 이를 우선권의 독립성이라고 한다. 이러한 우선권의 독립성 때문에 우선권만의 양도가 가능하게 된다.

2) 복수성

최초의 출원에 의해 우선권이 발생되면 그 우선권은 하나의 불가분적인 것이 아니라 파리조약 동맹국수와 같은 복수의 집합성을 가지며, 이를 우선권의 복수성이라고 한다.

3) 잠재성

우선권은 최초 출원으로부터 발생되고 파리조약 동맹국에 주장할 수 있는 복수성을 내포하고 있지만 이러한 우선권에 의해 파리조약 동맹국에 우선권 주장을 수반하는 출원을 현실적으로 하지 않을 때에는 그 우선권은 유보된 상태로 언제든지 주장할 수 있는 것으로 잠재되어 있거나 우선권 주장을 할 수 있는 기간의 경과로 소멸한다. 이때의 우선권을 우선권의 잠재성이라고 한다.

4) 부속성

우선권은 1국에의 출원으로 발생하여 독립성을 갖지만 일단 2국 출원의 기초로 행사된 때에는 우선권의 독립성은 상실되고 그 후에는 2국 출원의 부속물로서 출원국 디자인보호법에서의 출원과 운명을 같이 하게 된다. 이를 우선권의 부속성이라고 한다.

(3) 우선권 주장을 할 수 있는 자

1) 동맹국 국민

파리조약 상의 내외국인 평등의 원칙에 의하여 우리나라 국민에게 출원에 대한 우선권을 인정하는 당사국 국민이 그 당사국 또는 다른 당사국에 출원을 한 후 동일한 디자인을 우리나라에 디자인등록출원하여 우선권을 주장할 수 있으며 그 승계인도 또한 같다.

2) 준동맹국 국민

비동맹국 국민으로서 파리조약 동맹국 내에 주소나 영업소를 가진 자가 동맹국의 1국에 디자인등록출원을 하고 이를 기초로 하여 우리나라에 디자인등록출원을 하는 경우 파리조약에 의한 우선권을 주장할 수 있다(법 4의 24③, 파리조약 3(a)).

3) 우리나라 국민

우리나라 국민이 동맹국의 1국에 디자인등록출원을 하고 이를 기초로 하여 이와 동일한 디자인을 우리나라에 출원한 경우에 파리조약에 의한 우선권을 주장할 수 있다.

(4) 우선권 주장의 요건

1) 1국 출원의 요건

① 출원의 정규성

우선권 주장의 기초가 되는 1국에서의 최초의 출원은 그 나라에서 정규출원으로 인정된 것이어야 하며, 이를 출원의 정규성이라고 한다. 1국에서 일단 정규출원으로 인정된 후에는 그 출원이 무효·취하·포기·거절된다하더라도 이를 기초로 하여 우선권을 주장할 수 있다(파리조약 4(3)).

② 출원의 최선성

우선권 주장의 기초가 되는 출원은 동맹국 1국에서 제일 먼저 출원한 것이어야 하며, 이를 출원의 최선성이라 한다. 만약 그렇지 아니하고 2국의 출원에 대해서도 이를 우선권 주장의 기초로 할 수 있게 한다면 우선권 주장의 기간이 실질적으로 연장되어 결국 2국에서의 존속기간이 연장되는 불합리성이 발생하기 때문에 이를 방지하기 위함이다.

2) 우선권 주장 출원의 요건

① 디자인의 동일성

우선권 주장의 출원은 그 우선권 주장의 기초가 된 디자인등록출원과 동일하여야 하며, 이를 디자인의 동일성이라 한다. 즉 우선권주장의 기초가 된 동맹국 1국에서의 출원의 내용과 동맹국 2국에서의 출원 내용이 실질적인 요지에 동일성을 가져야 한다는 것이다. 따라서 동맹국 1국에서의 출원을 기초로 하여 우리나라에 우선권을 주장한 출원이 1국 출원디자인의 동일성을 넘는 유사한 디자인일 경우에는 우선권은 부인된다.

② 출원인의 동일성

동맹국 1국 출원인과 우선권 주장 출원인은 동일인 또는 그 승계인이어야 하며 이를 출원인의 동일성이라 한다. 여기에서 그 승계인은 디자인등록을 받을 수 있는 권리 뿐만 아니라 우선권까지도 승계되어야 하는 바, 이는 우선권의 독립성 때문이다.

③ 우선권 주장의 기간성

i. 2국 출원의 우선기간

2국에의 우선권 주장출원은 우선기간 내에 하여야 하는 바, 이를 우선권 주장의 기간성이라 한다. 디자인등록출원의 우선기간은 6월 이내이다.

ii. 신규성 의제 출원의 우선기간

조약에 의한 우선권 주장출원과 동시에 신규성 의제도 받고자 할 때에는 1국에서의 공지일부터 6월 이내에 우리나라에 디자인등록출원을 하여야 한다.

(5) 우선권 주장의 절차

1) 우선권 주장

우선권을 주장하고자 하는 자는 디자인등록출원시 디자인등록출원서에 그 취지, 최초로 출원한 국명 및 출원의 연월일을 기재하여야 한다(법 23③).

2) 우선권 증명서류의 제출

우선권을 주장한 자는 최초로 출원한 국가의 정부가 인정하는 출원의 연월일을 기재한 서면 및 도면의 등본을 디자인등록출원일부터 3월 이내에 특허청장에게 제출하여야 한다(법 23④). 우선권을 주장한 자가 위 기간 내에 위의 서류 및 도면의 등본을 제출하지 아니한 경우에는 그 우선권 주장은 효력을 상실한다(법 23⑤).

(6) 우선권 주장의 효력

1) 우선권 주장이 인정된 경우

2국에의 우선권 주장을 수반한 출원에 대하여 우선권 주장이 인정된 경우에는 2국 출원의 순위, 출원디자인의 신규성 등의 판단을 함에 있어 1국에 출원한 날을 2국에 출원한 날로 본다. 즉 1국에의 최초 출원일과 2국에의 우선권 주장을 수반한 출원일의 사이에 이루어진 타인의 출원, 출원디자인의 공개, 실시 등 행위에 의하여 불리한 취급을 받지 아니하며 이러한 행위는 제3자의 권리 또는 사용권능도 인정하지 아니한다(파리조약 4B).

다만, 위와 같은 우선권 주장의 효력은 출원일 자체의 소급을 의미하는 것이 아니고 다음과 같은 일정한 요건에서의 판단시점만의 소급을 의미한 것이다.

① 디자인등록요건에 있어서

ⅰ. 신규성(법 5①)

ⅱ. 창작성(법 5②)

② 선원지위에 있어서

선출원의 순위(법 16①②)

위와 같은 것의 판단시점이 1국 출원일로 소급되며 디자인권의 효력이 미치지 아니하는 범위(법 44), 타인의 등록디자인 등과의 관계(법 45), 선사용에 의한 통상실시권(법 50), 디자인권 등의 존속기간만료 후의 통상실시권(법 52) 등을 적용함에 있어서도 1국 출원일로 판단시점이 소급된다.

2) 우선권 주장이 인정되지 않는 경우

2국에서의 디자인등록출원 즉 1국 최초 출원을 기초로 한 우리나라에의 우선권 주장출원의 출원일을 기준으로 모든 등록요건 등을 판단한다. 따라서 1국 출원과는 별개의 출원으로서 모든 절차가 진행된다.

8. 비밀디자인 등록출원

(1) 의 의

비밀디자인 등록출원이라 함은 특정디자인에 대해 일정기간 공개로부터 보호하기 위하여 비밀로 유지하는 것을 말한다.

이를 위해 디자인등록출원인은 디자인등록출원시 서면으로 디자인권의 설정등록일부터 3년 이내의 기간을 정하여 그 디자인을 비밀로 할 것을 특허청장에게 청구하여 비밀디자인으로 등록을 하여야 한다. 다만, 복수디자인 등록출원된 디자인에 대한 청구는 출원된 디자인 전부에 대하여 청구하는 경우에 한한다(법 13①).

이처럼 비밀디자인은 출원디자인에 대하여 디자인권의 설정등록일부터 3년 이내의 기간을 정하여 그 디자인을 비밀로 할 것을 청구한 출원으로서 디자인권의 내용 그 자체는 통상의 디자인권과 다를 바는 없지만 그 취급에 있어서 비밀로 준수하여 유지하여야 하는 제약을 받는다.

(2) 청구기간

디자인등록출원인이 출원디자인에 대하여 비밀로 할 것을 청구할 수 있는 기간은 디자인등록출원을 한 날부터 최초의 디자인등록료를 납부하는 날까지 할 수 있다. 다만, 그 등록료가 면제된 때에는 디자인권을 설정하기 위한 등록을 하는 때까지 할 수 있다(법 13②). 이 청구기간은 법정기간으로 불변기간이기 때문에 이 기간을 해태할 때에는 비밀디자인으로 할 것을 청구할 수 있는 권리는 위 기간 만료일에 소멸한다.

(3) 비밀유지기간의 신축

디자인등록출원인 또는 디자인권자는 비밀디자인으로 지정한 기간(디자인권의 설정등록일부터 3년 이내의 기간에서 지정한 기간)을 청구에 의하여 단축하거나 연장할 수 있다. 이 경우 당해기간을 연장하는 경우에는 디자인권의 설정등록일부터 3년을 초과할 수 없다(법 13③).

(4) 디자인의 비밀유지

1) 원 칙

비밀디자인으로 등록이 되면 그 디자인권자 그 밖의 자는 그 디자인권의 내용을 열람·복사·대출 등을 할 수 없게 된다. 만약 이를 제3자에게 공개하였을 때에는 형사상의 처벌을 받는다.

2) 예 외

특허청장은 비밀디자인으로 등록이 되면 위의 1)의 원칙에 따라 그 디자인권의 내용을 비밀로 관리하여야 하나 예외적으로 다음과 같은 경우에는 비밀디자인의 열람청구에 응하여야 한다. 이와 같이 비밀디자인에 대하여 예외규정을 두어 제한적이나마 공개하는 것은 그 비밀디자인과 관련한 이해관계자들의 소명 및 대응 등을 원활히 할 수 있도록 관련 정보를 제공하기 위함이다.

① 디자인권자의 동의를 받은 자의 청구가 있는 경우
② 그 비밀디자인과 동일 또는 유사한 디자인에 관한 심사·디자인무심사등록 이의신청·심판·재심 또는 소송의 당사자나 참가인의 청구가 있는 경우
③ 디자인권 침해의 경고를 받은 사실을 소명한 자의 청구가 있는 경우
④ 법원 또는 특허심판원으로부터 청구가 있는 경우

(5) 비밀청구의 철회

디자인등록출원인이 그 디자인을 비밀로 할 것을 청구한 후 그 디자인에 대하여 출원공개신청을 한 경우에는 그 청구는 철회된 것으로 본다(법 13⑤).

(6) 비밀디자인의 등록효과

비밀디자인의 지정기간이 경과하면 그 비밀디자인은 디자인공보에 게재하여 공포한다. 디자인공보에 게재됨으로써 디자인권자 그 밖의 일반 제3자는 비로소 그 디자인권의 존재를 알게 된다. 그러나 비밀기간 중에 있어서도 제3자의 비밀디자인(유사디자인 포함)의 실시는 디자인권의 침해를 구성하게 되는가 이다. 그러한 경우 디자인권자는 디자인공보에 게재할 사항을 기재한 서면을 특허청장으로부터 증명을 받아 이를 침해자에게 제시하여 경고하지 않으면 제3자의 디자인실시에 대하여 디자인권 침해금지를 청구할 수 없을 것이다.

경고를 받은 침해자가 계속 당해 디자인권을 실시할 때에는 고의의 침해로 되어 침해금지청구의 대상이 된다 할 것이다.

(7) 손해배상청구에 대한 입증책임

비밀디자인권자는 침해자를 상대로 하여 손해배상을 청구할 수 있다. 그러나 비밀디자인은 디자인공보에 게재되지도 않고 또 열람도 할 수 없기 때문에 타인은 그 디자인이 등록되었는지를 알 수 없고 또 비밀디자인을 침해하였을 때에도 디자인권을

침해할시 적용되는 과실의 추정규정이 적용되지 아니하므로 비밀디자인권자는 침해자가 고의나 과실이 있음을 입증하여야 한다.

9. 신규성 의제의 출원

(1) 서 문

디자인등록요건 중 제일 비중이 높은 가장 기본적이고도 핵심적인 신규성에 관한 판단은 출원시를 기준으로 한다. 그리고 판단의 대상자료는 그 디자인등록출원 전에 국내 또는 국외에서 공지되었거나 공연히 실시된 디자인 또는 그 디자인등록출원 전에 국내 또는 국외에서 반포된 간행물에 게재되었거나 인터넷 등과 같은 전기통신회선을 통하여 공중이 이용가능하게 된 디자인으로서 이는 주체를 떠난 상태로 존재한다.

디자인등록은 신규성·창작성 등을 요건으로 하고 있고 그 중 가장 중요한 신규성이 출원전 공지 등에 의해 상실된 경우 그 출원디자인은 디자인등록 거절결정이 된다. 그러나 디자인보호법은 이러한 경우의 출원이라 하더라도 일정한 경우 구제할 수 있는 규정을 두고 있다. 즉, 디자인등록을 받을 수 있는 권리를 가진 자(창작자, 그 승계인) 스스로가 그 디자인을 실시하였거나 간행물·인터넷 등 각종 매체를 통해 출원전 공개함으로써 공지 등이 된 경우 그 디자인은 일정기간 내에 그 자가 출원한 때에는 공지 등이 되지 아니한 것으로 보는 신규성 의제에 관한 규정 즉, 신규성 상실의 예외에 관한 규정을 특별히 두고 있다(법 8).

따라서 여기에서의 "신규성 의제의 출원"은 디자인보호법상의 하나의 출원형식의 출원이 아니고 통상의 디자인등록출원 형식에 의하되 위 신규성 상실의 예외규정에 의해 디자인등록을 받을 수 있는 권리를 가진 창작자 또는 그 승계인 스스로의 출원전 공개에 의하여 공지 등이 된 것임을 소명(증명)하는 정도의 절차적 차이만이 추가될 뿐이다.

이처럼 여기에서의 신규성 의제의 출원은 통상의 디자인등록출원과 근본적으로 다른 별개 유형의 독립성격의 출원이 아님에도 본서에서 통상의 출원과는 별도로 하나의 출원형태를 취한 것은 디자인등록의 요건 중 가장 중요한 신규성이 창작자 또는 그 승계인의 공개에 의해 상실되었음에도 공지 등이 되지 아니한 디자인출원으로 보는 신규성 상실의 예외를 인정하는 출원이기 때문에 그러한 점에서 통상의 출원과 차별화되므로 신규성이 의제되는 출원으로 분류, 취급한 것이다.

(2) 의의 및 취지

신규성 의제의 출원이라 함은 디자인등록을 받을 수 있는 권리를 가진 자가 그의 디자인을 디자인등록출원 전에 국내 또는 국외에서의 상품성·시장성·경제성·경쟁력 등 사업성에 관한 일반 수요자 및 당업계, 학계 등 관련 분야 종사자들의 반응을 보기 위하여 디자인등록출원 전에 당해 디자인을 국내외에 공개하거나 실시하여 공지 등이 된 경우 그 디자인은 그 공지 등이 된 날부터 6개월 이내에 그 자가 디자인등록출원한 디자인에 대하여는 공지 등이 되지 아니한 것으로 보는 신규상 상실의 예외가 적용되는 바 이때의 출원을 신규성 의제의 출원이라고 한다.

이처럼 출원 전 공지 등이 된 디자인에 대하여 출원한 경우 그 디자인은 신규성이 상실되지 아니한 신규성 의제의 출원으로 인정하는 것은 창작디자인이라 하여 모두 산업화 되는 것은 아니다.

따라서 출원 전 그 디자인에 대한 시장성 등에 관한 정보 없이 디자인등록출원부터 하여 디자인등록결정을 받고 이에 의해 디자인권 설정등록을 한다 하더라도 그 디자인권은 자칫 산업화 실현이 어려워 사장될 수가 있다.

이러한 폐단을 막기 위하여 디자인등록을 받을 수 있는 자는 그 디자인에 대하여 출원 전에 공개 또는 실시하여 사업성·경제성 등을 파악한 연후 출원여부를 결정하는 것은 매우 중요하다. 따라서 창작자나 그 승계인 스스로의 그 디자인에 대한 공개 등을 통해 사업성 등에 관한 정보를 확보, 분석하여 출원여부를 결정하는 데는 적어도 공개 등에 의해 공지 등이 된 날부터 6개월 정도의 기간소요는 필요한 것으로 보고 디자인보호법은 창작자 또는 그 승계인 스스로의 공개에 의해 공지 등이 된 출원디자인에 대하여 신규성 상실의 예외규정을 두어 출원전 공지 등이 된 디자인등록출원에 대하여는 신규성을 의제하여 다른 디자인등록요건을 만족하는 한 디자인등록결정을 받을 수 있도록 하였다.

(3) 신규성 의제의 요건

출원디자인의 신규성 의제의 요건은 다음과 같다.

1) 디자인등록을 받을 수 있는 권리를 가진 자 즉, 그 디자인에 대한 창작자 또는 그 승계인이 공개한 디자인일 것.
2) 디자인등록출원 전에 공개에 의해 공지 등이 된 디자인일 것.
3) 국내 또는 국외에서 공지되었거나 공연히 실시된 디자인이거나 국내 또는 국외에서 반포된 간행물에 게재되었거나 인터넷 등과 같은 전기통신회선을 통하여 공중이 이용가능하게 된 디자인일 것.
4) 공지 등이 된 날부터 6개월 이내에 출원한 디자인일 것.

(4) 신규성 의제를 받을 수 있는 디자인

디자인보호법은 디자인등록을 받을 수 있는 권리를 가진 창작자나 그 승계인이 디자인등록출원 전에 그 디자인에 대한 일반수요자, 당업계 및 학계 등의 반응을 알아

보기 위하여 당해 디자인을 공개한 경우 공지 등이 되어 신규성 상실로 디자인등록을 받을 수 없게 되므로 이를 구제하기 위한 신규성 의제에 관한 신규성 상실의 예외규정을 두었다(법 8). 따라서 본 규정의 적용을 받을 수 있는 것은 공지 등이 된 디자인에 대하여 디자인등록을 받을 수 있는 권리를 가진 창작자나 그 승계인의 디자인이다.

따라서 공지 등이 된 디자인에 유사한 디자인에는 신규성 의제에 관한 규정(법 8①)은 미치지 않지만 이들 디자인은 공지된 당해 디자인의 등록 후 (관념적으로는 후, 현실적으로는 본디자인을 표시하여 동시적으로 출원하는 것을 포함한다) 유사디자인의 등록을 받을 수 있다고 해석된다. 그러므로 그러한 한도에서 디자인보호법 제8조에 의한 이익, 불이익에 직접적으로 관련이 없다.

(5) 신규성 의제에 관한 절차

1) 출원할 수 있는 기간

디자인등록을 받을 수 있는 권리를 가진 자의 디자인이 출원 전 공지 등이 된 경우 그 디자인의 등록출원은 출원 전 공지 등이 된 그 날부터 6개월 이내에 하여야 한다(법 8①).

2) 출원서류 등의 제출

공지 등이 된 디자인에 대하여 신규성 상실의 예외규정을 적용받고자 하는 자는 디자인등록출원시 디자인등록출원서에 그 취지를 기재하여 특허청장에게 제출하고 이를 증명할 수 있는 서류를 디자인등록출원일부터 30일 이내에 특허청장에게 제출하여야 한다. 다만 자기의 의사에 반하여 그 디자인이 공지 등이 되었거나 공지 등이 된 디자인에 유사하게 된 경우에는 그러하지 아니하다(법 8②).

① 출원서에의 취지 기재

디자인등록출원서에 그 취지를 기재하여야 한다 함은 출원 전 공지 등에 의해 신규성을 잃은 자기의 창작디자인에 대해 신규성 의제에 관한 디자인보호법 제8조 제2항의 신규성 상실의 예외규정의 적용을 받고자 하는 의사를 기재한다.

② 증명서류에의 기재

i. 디자인보호법 제5조 제1항 제1호 또는 제2호에 해당하게 된 그 디자인 즉 출원 전 공지 등에 이른 디자인(도면, 사진, 인쇄물 등 서면에 의해 제시할 수 있는 수단에 의해 표현된다)

ii. 공지 등이 된 날

iii. 공지 등이 된 지역
iv. 반포된 간행물 명
v. 전기통신회선 즉 인터넷(3G무선망 포함) 사이트 주소 등

위의 사실을 증명한다는 의사표현의 기재가 있어야 하는 바, 이러한 것에 대해서는 제3자의 증명이 필요하다. 이는 그 사실에 대한 증명력을 높여 객관적으로 입증을 제고하여야 하기 때문이다.

10. 디자인등록을 받을 수 있는 권리유무에 의한 출원

(1) 서 문

디자인등록을 받을 수 있는 권리를 가진 창작자나 그 창작자로부터 디자인등록을 받을 수 있는 권리를 이어 받은 승계인이 아닌 자(이하 "무권리자"라 한다)가 한 출원을 무권리자의 디자인등록출원이라 하고 디자인등록을 받을 수 있는 권리를 가진 창작자나 그 창작자로부터 디자인등록을 받을 수 있는 권리를 이어 받은 승계인(이하 "정당권리자"라 한다)이 한 출원을 정당권리자의 디자인등록출원이라고 한다.

이러한 출원은 디자인보호법상 하나의 독립된 출원형식이나 내용의 출원이 아니고 통상의 디자인등록출원과 같되 오직 출원인이 등록을 받을 수 있는 권리를 가졌느냐 갖지 않았느냐의 출원주체의 권리유무에 관한 차이뿐으로 전자를 정당권리자의 디자인등록출원이라고 하고 후자를 무권리자의 디자인등록출원이라고 한다. 그러므로 통상의 출원과 다른 별개의 출원이라고까지는 할 수 없으나 디자인보호법 제14조 및 제15조에서 무권리자의 디자인등록출원, 정당권리자의 디자인등록출원에 관한 법문을 두고 있으므로 등록을 받을 수 있는 권리를 가진 자의 출원과 갖지 않은 자의 출원 및 디자인권 설정 등록 후의 디자인권의 법적 효력 등을 살펴보는 것도 의미 있는 것으로 판단되어 여기에서 태양의 출원으로 검토한다.

(2) 무권리자의 디자인등록출원

1) 서 론

무권리자의 디자인등록출원이라 함은 디자인창작자가 아닌 자로서 디자인등록을 받을 수 있는 권리의 승계인이 아닌 자, 즉 디자인등록을 받을 수 없는 무권리자가 한 디자인등록출원을 말한다. 이러한 무권리자의 출원은 그 출원디자인의 창작자도 아니고 그렇다고 그 디자인의 창작자로부터 디자인등록을 받을 수 있는 권리를 이어 받은 승계인도 아닌 자가 한 출원이므로 당연히 등록거절 결정되어야 하고 만약 잘

못 등록결정되어 디자인권 설정등록을 받은 경우에도 그 디자인등록은 취소 또는 무효사유가 되어 결정 또는 심결에 의해 등록이 취소되거나 무효가 된다.

2) 무권리자의 디자인등록출원

무권리자의 디자인등록출원은 통상의 디자인등록출원의 방식과 절차에 따라 이루어진다. 따라서 무권리자의 디자인등록출원은 정당한 권리자의 디자인등록출원과 똑같은 형식과 절차에 의하여 이루어진다.

3) 효 력

무권리자가 한 디자인등록출원은 디자인등록을 받을 수 있는 권리를 가진 디자인을 창작한 자나 또는 그 승계인이 아닌 자의 출원이므로 이를 이유로 거절될 경우 그 무권리자의 출원 후에 한 정당권리자의 출원은 무권리자가 출원한 때에 출원한 것으로 본다. 그리고 무권리자의 출원은 등록거절결정이 되었다 하더라도 출원하지 아니한 것으로 되는 것은 아니고 출원사실은 그대로 존치하면서 선원의 지위를 보지한다.

(3) 정당한 권리자의 디자인등록출원

1) 서 론

정당한 권리자의 디자인등록출원이라 함은 디자인등록을 받을 수 있는 권리를 가진 디자인 창작자나 그 디자인 창작자로부터 디자인등록을 받을 수 있는 권리를 승계한 자(이하 "정당한 권리자"라 한다)가 한 디자인등록출원을 말한다. 여기에서의 정당한 권리자의 출원은 무권리자가 한 디자인등록출원이 디자인등록을 받을 수 있는 권리를 가지지 아니한 사유로 디자인등록을 받지 못하게 된 경우 그 무권리자의 디자인등록출원 후에 한 정당한 권리자의 디자인등록출원을 말한다.

2) 출원일의 소급

① 무권리자의 출원이 등록거절 결정될 경우

무권리자가 한 디자인등록출원이 디자인등록을 받을 수 있는 권리를 가지지 아니한 사유로 디자인등록을 받지 못하게 된 경우(디자인등록 거절결정)에는 그 무권리자의 디자인등록출원 후에 한 정당한 권리자의 디자인등록출원은 무권리자가 디자인등록출원 한 때에 디자인등록출원한 것으로 본다. 다만, 무권리자가 디자인등록을 받지 못하게 된 날부터 30일을 경과한 후에 정당한 권리자가 디자인등록출원한 경우에는 그러하지 아니하다(법 14).

② 디자인등록에 대한 취소결정·무효심결이 확정된 경우

디자인등록을 받을 수 있는 권리를 가지지 아니한 사유로 그 디자인등록에 대한 취소결정 또는 무효로 한다는 심결이 확정된 경우에는 그 디자인등록출원 후에 한 정당한 권리자의 디자인등록출원은 취소 또는 무효로 된 그 등록디자인의 디자인등록출원시에 디자인등록출원한 것으로 본다. 다만 취소결정 또는 무효심결이 확정된 날부터 30일을 경과한 후에 디자인등록출원을 한 경우에는 그러하지 아니하다(법 15).

③ 출원일 소급의 요건

정당한 권리자의 디자인등록출원의 출원일 소급은 다음과 같은 요건을 만족하여야 한다.

i. 정당한 권리자의 출원디자인이 무권리자의 출원디자인보다 먼저 창작된 디자인일 것(정당권리자 출원디자인의 선 창작성)

ii. 무권리자의 선원에 의한 디자인등록출원이 존재할 것(무권리자 출원의 선원성)

iii. 무권리자의 출원 후 정당권리자의 출원이 있을 것(정당권리자 출원의 후원성)

iv. 무권리자의 출원디자인 또는 등록디자인과 정당권리자의 출원디자인이 같을 것(디자인의 동일성)

v. 무권리자임을 사유로 디자인등록출원에 대하여 등록을 받지 못하게 되거나 디자인등록에 대한 취소결정 또는 무효심결이 확정될 것(출원인 및 등록권자 적격의 결격성, 출원 및 등록의 거부처분성)

vi. 정당한 권리자의 출원은 무권리자가 디자인등록을 받지 못하게 된 날부터 30일 이내, 디자인등록취소결정 또는 무효심결이 확정된 날부터 30일 이내에 할 것(정당권리자 출원의 기간성)

3) 효 력

① 무권리자의 디자인등록출원 등

i. 무권리자 출원의 등록거절결정

무권리자의 디자인등록출원은 디자인등록을 받을 수 있는 권리를 가지지 아니한 출원인 적격의 결격 즉, 출원주체의 흠결로 그 디자인등록출원의 거절이유가 되어 등록거절 결정이나 심결에 의해 디자인등록을 받을 수 없게 된다.

ii. 무권리자 디자인등록의 취소결정 등

무권리자의 디자인등록은 권리주체의 흠결로 디자인등록의 취소사유 또는 무효사유에 해당되어 취소결정이나 무효심결이 되고 그 확정에 의해 그 디자인등록은 취소 또는 무효가 된다. 따라서 무권리자의 디자인등록은 등록의 취소결정이다. 무효심결의 확정에 의해 디자인권의 설정등록시로 소급하여 등록이 없었던 것으로 된다.

② 정당한 권리자의 보호

i. 무권리자의 디자인등록출원의 등록거절결정

무권리자의 디자인등록출원이 디자인등록을 받을 수 있는 권리를 가지지 아니한 사유로 디자인등록을 받지 못하게 된 경우에는 그 무권리자의 디자인등록출원 후에 한 정당한 권리자의 디자인등록출원은 무권리자가 디자인등록출원한 때에 출원한 것으로 보는 출원의 소급효를 인정함으로써 정당한 권리자를 보호한다.

ii. 무권리자의 디자인등록의 취소결정 등

디자인등록을 받을 수 있는 권리를 가지지 아니한 사유로 그 디자인등록에 대한 취소결정 또는 무효로 한다는 심결이 확정된 경우에는 그 디자인등록출원 후에 한 정당한 권리자의 디자인등록출원은 취소 또는 무효된 그 등록디자인의 출원시에 디자인등록출원한 것으로 보는 출원의 소급효를 인정함으로써 정당한 권리자를 보호한다.

11. 심사여부에 의한 출원

(1) 서 문

심사여부에 의한 출원은 통상의 디자인등록출원과 다른 별개의 독립된 유형의 출원이 아니고 통상의 디자인등록출원과 동일한 형식과 내용의 출원이다. 다만, 디자인등록출원에 대하여 디자인등록요건의 충족여부에 관한 심사절차를 거쳐 등록여부를 결정하느냐 심사절차를 거치지 아니하고 등록을 허여하느냐의 차이뿐이다. 따라서 디자인등록출원에는 심사절차를 거쳐 등록여부를 결정하는 심사등록출원과 심사절차 없이 등록을 허여하는 무심사등록출원으로 나누어지는 바, 이에 대하여만 간략하게 설명하기로 한다.

(2) 디자인심사 등록출원

출원디자인에 관한 등록에는 소정의 등록요건의 충족여부에 관한 일련의 심사절차를 거쳐야 하는 경우와 이러한 심사절차 없이 등록이 되는 경우 두 가지가 있다. 물론 후자의 경우에도 일정한 방식(형식·요식) 심사를 거쳐야 함은 당연하다. 따라서 여기에서의 심사란 그 출원디자인의 디자인성(디자인의 성립성), 공업성(공업상 이용성)을 디자인등록요건의 전제로 그 출원디자인의 신규성·창작성 등과 같은 디자인등록요건의 충족여부 및 부등록사유에 해당하는 디자인 인지의 여부 등의 실질심사를 의미한다.

이처럼 디자인등록출원에는 소정의 심사절차를 거쳐 등록여부를 결정하는 전자의 디자인심사 등록출원이 있고 이에 대칭하는 출원으로 디자인무심사 등록출원이 있는 바, 전자의 디자인등록출원을 디자인보호법에서는 "디자인심사 등록출원"이라고 하고 (이하 "디자인심사 등록출원"이라고 한다) 이러한 심사(실질심사) 절차 없이 방식(요식) 심사만으로 등록을 허여하는 후자의 디자인등록출원을 "디자인무심사 등록출원"이라고 한다(법 9).

따라서 디자인심사 등록출원은 출원디자인에 대한 등록여부를 결정하기 위하여 등록요건 등의 성립여부 및 부등록디자인 등에 해당하는 지의 여부를 확인하기 위한 심사관(등록거절결정 불복심판청구의 경우 심판관)의 심사(심판관의 경우 심리)절차에 의하여 출원디자인의 등록여부가 결정된다.

디자인등록출원에 대한 심사관의 심사결과 등록결정이나 등록거절결정 불복심판청구에 대한 심판관의 심리결과 등록심결이 되고 그 등록결정이나 등록심결이 확정된 경우 그 결정 및 심결은 디자인권 설정등록의 원인행위가 된다.

(3) 디자인무심사 등록출원

디자인무심사 등록출원이라 함은 디자인등록출원에 대한 등록요건이나 부등록디자인에 해당하는지의 여부에 관한 실질심사를 하지 아니하고 출원절차에 관한 소정의 방식(요식, 형식) 심사만을 거친 후 출원요식에 흠결이 없는 한 그 출원디자인에 관하여 등록을 허여하는 출원제도로서 디자인심사등록출원에 대칭되는 출원을 말한다. 그러나 이처럼 출원디자인에 대한 실질심사를 생략한 대신 등록 후 이해관계자는 물론 제3자의 이의신청에 의한 이의사항에 대하여 사실상 실질심사를 하고 있다는 점에서 완전 무심사제도라고까지는 할 수 없다.

그럼에도 굳이 무심사주의를 채택하여 실질심사를 생략하고 방식심사만으로 등록을 허여한 것은, i) 출원에서 등록여부결정까지의 본안(실질) 심사기간 및 이의신청을 받기 위한 디자인권의 설정등록에 대한 등록공고기간이 통상 12개월 내지 15개월 정도가 소요되는데 반하여 일부 물품의 디자인에 대하여는 라이프 싸이클(물품의 수명주기, life cycle)이 짧아 짧게는 계절상품으로 3개월 내지 6개월 길게는 12개월 정도임을 감안할 때 이러한 물품의 디자인에까지 심사에 의한 등록은 디자인보호제도의 취지에 부합되지 않으므로 이러한 점을 고려하여 물품디자인의 수명이 위 심사기간보다 빨리 끝나는 단명물품의 디자인, ii) 비교적 의복류 등과 같은 유행에 민감하거나 생활필수품으로 신속한 권리화가 요구되는 물품의 디자인, iii) 일상용품으로 디자인의 창작범위가 그리 크지 않아 등록디자인의 권리범위가 비교적 좁은 물품의 디자인, iv) 긴요한 분야로써 누구나가 비교적 쉽게 안출할 수 있는 정도의 물품의 디자인 등에 대해서는 조기 또는 적기에 안정적으로 실시할 수 있도록 하는 것이 심사관의 심사절차에 의한 등록여부결정이나 심판관의 심판절차(등록거절결정에 대한 불복심판청구의 경우)에 의한 등록여부심결보다 무심사로 디자인권의 설정등록 후 제3자의 이의신청에 맡겨 사후적으로 등록유지여부를 결정하는 편이 디자인 물품의 공급자나 그 수요층 모두에게 유리함은 물론 산업의 발전에도 도움이 되기 때문이다.

이처럼 위 i) 내지 iv) 등과 같은 유형의 일부 디자인등록출원에 대한 무심사등록주의에 의한 신속한 디자인권의 설정등록은 비록 등록공고기간 이의신청이 있는 경우 심사를 하여야 하지만 적기 보호에 의해 얻은 이익보다 심사등록주의에 의한 적기보호의 실기로 잃은 손해가 크기 때문에 채용된 제도로 해석된다.

제 2 절 출원절차

Ⅰ. 서 설

1. 서 론

디자인을 창작하는 것만으로는 디자인등록을 받을 수 없다. 등록을 받을 수 있는 디자인을 창작함으로써 등록을 받을 권리가 발생하는데 이 권리에 의해서 디자인등록출원을 하고 또 그 후 필요한 일정한 절차를 이행함으로써 비로소 디자인등록을 받을 수 있다 이러한 일련의 절차는 디자인보호법 및 동법시행규칙에 의하여 밟아야 하고 만약 그렇지 않을 경우, 등록을 받을 수 없거나 등록을 받았다 하더라도 등록 후 여러 가지의 불이익을 받게 되므로 디자인등록을 받고자 하는 자는 동 법령에서 정하고 있는 절차를 잘 지켜야 한다. 그밖에도 디자인등록출원 전 디자인공보 등 선행디자인 문헌이나 디자인 또는 디자인품 등을 충분히 조사하여 무용의 출원이 되지 않도록 사전조사를 철저히 한 후 신규성이나 창작성 등에 저촉되어 거절당하는 일이 없도록 하는 것 또한 중요하다.

출원절차는 출원서에 디자인등록을 받고자 하는 디자인을 기재한 도면을 첨부하여 특허청장에게 제출하는 것으로 시작된다. 권리를 청구하는 자의 의사도 그 권리의 객체가 되는 내용도 모두 서면 또는 전자출원에 의해 제시되며 확정된다.

디자인등록출원은 디자인등록출원서 · 도면(디자인의 사진 또는 견본으로 도면을 갈음할 수 있다)을 서면으로 제출하여야 한다(법 9). 이러한 서면주의는 비단 출원에서 뿐만 아니고 출원중의 제반절차에 대해서도 원칙적으로 적용된다. 따라서 디자인등록을 받을 수 있는 절차는 서면 그 밖의 구두에 의한 설명 또는 디자인품 · 모형 · 견본 등의 제출로 서면의 제출을 생략하고 또 이미 제출한 서면의 정정이나 보완을 할 수 없다. 그리고 위의 출원서류를 소정의 방식에 따라 전자문서화하여 정보통신망을 이용하거나 플로피 디스크 또는 광디스크 등 전자적 기록매체에 수록하여 제출할 수 있다(법 4의 28).

전자문서에 의하여 디자인에 관한 절차를 밟고자 하는 자는 미리 특허청장 또는 특허심판원장에게 전자문서 이용신고를 하여야 하며, 특허청 또는 특허심판원에 제출하는 전자문서에 제출인을 식별할 수 있도록 전자서명을 하여야 한다. 전자문서에 의한 디자인에 관한 절차의 수행시 제출된 전자문서는 위 전자서명을 한 자가 제출한 것으로 본다.

전자문서이용신고절차, 전자서명방법 등에 필요한 사항은 지식경제부령으로 정한다(법 4의 29).

또 디자인등록에 관한 절차를 밟는 자는 특허청 또는 특허심판원에 자신의 고유번호의 부여를 신청하여야 하며, 만약 신청을 하지 아니한 경우에는 직권으로 부여하고 이를 통지한다(법 4의 27).

2. 의 의

디자인등록출원절차라 함은 디자인에 대하여 등록을 받기 위한 창작자 또는 그 승계인인 출원인이 특허청 또는 특허심판원에 대하여 밟아야 할 절차 일체를 말한다. 이러한 디자인등록출원절차에는 i) 출원절차, ii) 출원심사 청구절차, iii) 출원공개절차, iv) 출원보정절차, v) 등록거절결정 불복심판 청구절차 등이 있는 바, 이는 디자인등록을 받을 수 있는 권리를 가진 창작자 또는 그 승계인(이하 "출원인"이라 한다)에게는 그 디자인에 대하여 독점·배타적으로 실시하기 위한 권리를 확보하기 위한 절차로, 국가는 출원인에게 그 디자인에 대한 전용권(독점권)의 부여, 금지권(배타권)의 향유를 유인책으로 하여 디자인등록출원절차를 밟도록 하여 디자인의 보호·장려와 디자인의 공개·이용을 통해 산업발전에 기여하려는 수단으로서 최초 최중의 절차이다.

3. 특 색

디자인보호법상 등록을 받을 수 있는 절차에는 i) 서면("전자문서"를 포함한다. 이하 같다)에 의해야 하는 서면주의, ii) 출원후 보정은 일정한 범위 내에서만 허용하는 보정제한주의, iii) 1디자인마다 1디자인등록출원으로 하여야 하는 1디자인 1출원주의, iv) 디자인무심사등록출원의 경우 복수디자인(20개 이내의 디자인) 1출원주의, v) 2 이상의 물품이 한 벌의 물품으로 동시에 사용되는 경우 그 한 벌의 물품의 디자인이 한 벌 전체로서 통일성이 있는 때 1디자인으로 디자인등록을 받을 수 있는 한 벌의 물품의 디자인, vi) 2 이상의 디자인을 1디자인등록출원으로 한 경우의 분할출원, vii) 유사디자인등록출원을 단독의 디자인등록출원으로, 단독의 디자인등록출원을 유사디자인등록출원으로 또는 디자인무심사등록출원을 디자인심사등록출원으로, 디자인심사등록출원을 디자인무심사등록출원으로 바꾸는 변경출원, viii) 조약에 의하여 우리나라 국민에게 디자인등록출원에 대한 우선권을 인정하는 당사국 국민이 그 당사국 또는 다른 당사국에 디자인등록출원을 한 후 동일 디자인을 우리나라에 출원하면서 출원일을 그 당사국에 출원한 날을 우리나라에 출원한 날로 하여 달라는 조약에 의한 우선권주장출원, ix) 보상금지급청구권 확보를 위한 출원공개신청주의, x) 긴급처리가 필요하다고 인정되는 출원에 대한 우선심사주의, xi) 디자인등록출원에 대한 등록여부는 심사관·심판관 및 법관의 심사·심판 및 소송절차에 의해서만 결정되는 심사·심리강제주의, xii) 동일한 디자인의 출원이 경합된 경우 제일 먼저 출원한 디자인에 대해서만 등록을 허여하는 선출원주의, xiii) 출원디자인의 신규성, 창작성 판단의 지역적 범위의 국제주의, xiv) 디자인무심사등록 이의신청주의 등이 적용되고 있는 바 이는 디자인등록을 받을 수 있는 절차에서의 특색일 뿐만 아니라 디자인보호법의 특징이기도 하다.

Ⅱ. 출원서류의 작성, 제출

1. 의 의

디자인등록출원서라 함은 디자인을 창작한 자 또는 그 디자인에 대하여 등록을 받을 수 있는 권리를 승계한 자가 그 디자인에 대한 실시를 업으로 독점하고자 특허청장에게 제출하는 출원주체의 출원에 관한 의사표시절차로서 디자인에 대해 등록을 받을 수 있는 디자인등록출원절차 중 최초의 절차로서 디자인에 관한 절차 중 가장 중요한 절차이기도 하다. 출원서의 작성방식 및 기재사항은 디자인보호법 및 동법시행규칙에서 자세히 규정하고 있다(법 9①, 동법시행규칙 5).

2. 출원서의 서식

출원서의 서식은 디자인보호법 시행규칙 제5조에 의한 별지 제3호 서식에 따라 작성하여야 한다. 그리고 이 서식에는 그 형식(방식)과 기재하여야 할 사항을 자세히 규정하고 있다. 즉 출원서의 형식, 작성방식, 기재요령 및 방법은 물론 출원서 용지의 규격, 지종, 무게[210㎜×297㎜(보존용지(2종) 70g/㎡] 등에 이르기까지 상세히 규정하고 있다.

3. 출원서에 기재하여야 할 사항

(1) 서 문

출원서에 기재하여야 할 사항은 모든 디자인등록출원 즉, 디자인심사등록출원, 디자인무심사등록출원, 디자인심사등록분할출원, 디자인무심사등록분할출원, 정당한 권리자의 디자인심사등록출원, 정당한 권리자의 디자인무심사등록출원 등에서 기본적으로 요구되는 공통필수의 일반적인 기재사항(이하 본 항에서는 "일반적 기재사항"이라 한다)과 경우에 따라 반드시 기재하여야 할 사항(이하 본 항에서는 "필요적 기재사항"이라고 한다)이 있다.

(2) 일반적 기재사항

모든 출원의 출원서에 공통필수적으로 기재하여야 할 일반적 기재사항은 i) 디자인등록출원인의 성명 및 주소(법인인 경우 그 명칭, 영업소 소재지), ii) 디자인의 대상이 되는 물품, iii) 디자인을 창작한 자의 성명, 주소, iv) 수수료 등, v) 출원서에 첨부하는 서류 또는 사진이나 견본의 목록이다.

1) 출원인의 성명 등

디자인등록출원인은 그 디자인에 대하여 등록을 받을 수 있는 권리를 가진 창작자 또는 그 승계인으로서 자연인, 법인을 불문한다. 또 디자인등록을 받을 권리가 공유일 때에는 각 공유자는 다른 공유자와 공동으로 출원을 하지 아니하면 출원을 할 수 없으므로 공유자 전원이 공동으로 출원인이 되어야 한다.

출원인란에는 출원인의 성명·주소(법인인 경우 그 명칭, 영업소 소재지) 및 출원인의 고유번호(이하 "출원인코드"라 한다)를 기재하여야 한다(법 9① 1, 법시행규칙 2, 별지 제3호 서식).

2) 디자인의 대상이 되는 물품

디자인의 대상이 되는 물품은 디자인보호법 시행규칙에서 정하고 있는 [별표 4]의 물품의 구분에 속하는 물품이다.

디자인에 관한 물품은 디자인보호법 시행규칙 [별표 4]의 물품의 구분에 속하는 물품을 기재하되(법 11②, 법시행규칙 9①), 디자인무심사등록출원의 물품은 i) [별표 4]의 물품의 구분 중 A1류·B1류·C1류·F3류·F4류 및 M1류에 속하는 물품, ii) 액정화면 등 표시부에 일시적으로 도형 등이 표시되는 화상디자인에 관한 물품 중 어느 하나에 해당하는 물품을 기재한다(법 12②, 법시행규칙 9③).

그리고 한 벌 물품의 디자인에 대한 물품은 [별표 5]의 한 벌 물품의 구분에 해당되는 물품을 기재하고(법 12②, 법시행규칙 9②), 또 복수디자인의 물품은 [별표 4]의 물품의 구분상 대분류가 동일한 물품을 기재한다(법 11의2②, 법시행규칙 9④).

3) 창작자의 성명 등

창작자란에 기재하는 창작자는 자연인에 한한다. 창작은 오직 사고할 수 있는 자연인에 의해서만 이루어질 수 있는 성질의 것이어서, 사고할 수 없는 법률상으로 인격이 주어진 권리의무의 주체인 법인에 의해서는 디자인에 대한 창작을 할 수 없기 때문이다. 창작자는 출원에 관한 디자인에 관하여 디자인등록을 받을 수 있는 권리의 최초의 취득자이고 또 등록디자인에 대하여 지배할 수 있는 권원도 창작자로부터 나온다. 따라서 승계를 포함하여 그 등록을 받을 권리의 정당성은 그 권리의 원시적 취득자인 창작자를 기초로 하는 것이므로 창작자란에는 디자인을 창작한 자의 성명 및 주소와 출원인코드를 정확하게 기재하여야 한다(법 9①⑥, 법시행규칙 별지 제3호 서식).

4) 수수료 등

수수료란에는 특허료 등의 징수규칙 제4조 제1항을 참조하여 출원시에 납부하는 수수료의 내역 및 금액을 기재하고, 출원료란에는 디자인의 개수 및 출원료 금액을 기재하며, 아울러 출원공개를 신청하는 경우에는 "디자인등록출원 공개신청료"란을 비밀디자인을 청구하는 경우에는 "디자인 비밀보장청구료"란을, 우선권주장을 하는 경우에는 "우선권 주장료"란을 각각 만들어 각 해당금액을 기재하고 "합계"란을 만들어 그 합계액을 기재한다.

수수료 감면 또는 면제 대상자인 경우에는 "수수료"란의 "합계"란 다음 행에 "감면(면제) 사유" 및 "감면(면제) 후 수수료"란을 각각 만들어 해당 내용을 기재한다. 이 경우 특허료 등의 징수규칙 제7조를 참조하여 감면(면제) 사유, 감면(면제) 후 수수료를 기재하고 감면 또는 면제사유를 입증하는 서류를 출원서에 첨부한다.

수수료는 접수번호를 부여받은 후에 이를 납부자 번호로 하여 다음날까지 납부한다.

5) 첨부서류 등

첨부서류란에는 출원서에 첨부할 서류를 기재한다. 즉 디자인등록을 받고자 하는 디자인을 도시한 도면을 첨부하여야 하므로 원칙적으로 "(1) 도면 1통", "(2) 도면 부본 2통"이라고 기재한다. 도면 대용으로 사진, 견본 등을 제출하는 경우에는 "도면 및 도면의 부본"란에 "도면 대용 사진", "도면 대용 견본", "도면 대용 사진의 부본", "도면 대용 견본의 부본"과 같이 기재한다.

(3) 필요적 기재사항

다음의 경우에는 위의 일반적 기재사항 외에 각기 규정된 사항을 반드시 기재하여야 하는 필요적(필수적) 기재사항이다.

1) 대리인의 성명 등

디자인등록출원인의 대리인이 있는 경우에는 그 대리인의 성명 또는 주소나 영업소의 소재지(대리인이 특허법인인 경우에는 그 명칭, 사무소의 소재지 및 지정된 변리사의 성명)와 대리인의 고유번호(이하 "대리인코드"라 한다) 및 포괄위임등록번호(당해 출원인으로부터 포괄위임이 되어 특허청에 등록되어 있는 경우에 한한다)를 출원서의 대리인란에 기재한다(법 9①2, 법시행규칙 별지 제3호 서식).

2) 원출원의 출원번호

정당한 권리자의 디자인심사등록출원 또는 디자인무심사 등록출원의 경우 원출원(무권리자 출원)의 출원번호를 출원서의 해당란에 기재한다(법시행규칙 별지 제3호 서식).

3) 단독디자인 등록출원, 유사디자인 등록출원의 여부

이 란에는 위 해당여부를 "단독디자인" 또는 "유사디자인"과 같이 기재한다(법 9①4의 2, 법 시행규칙 별지 제3호식).

4) 기본디자인의 디자인등록번호, 디자인등록출원번호

이 기본디자인의 표시란에는 유사디자인 등록출원의 경우에만 기재하며 "출원(등록번호, 참조번호)"란에는 기본디자인출원의 출원번호, 등록번호, 참조번호 중 하나를 기재하고 기본디자인이 복수디자인 등록출원된 디자인 중 하나인 경우에는 추가로 "디자인 일련번호"란에 해당디자인 일련번호를 기재한다(법 9①5, 법시행규칙 별지 제3호 서식).

5) 1디자인, 복수디자인 여부

디자인무심사 등록출원의 경우에는 "기본디자인의 표시"란 다음 행에 "1디자인, 복수디자인 여부"란을 만들어 "1디자인", "복수디자인"과 같이 그 구분을 명시한다(법시행규칙 별지 제3호 서식).

6) 디자인의 수

이 란에는 i) 1디자인의 경우에는 디자인의 개수를 기재할 필요가 없으며, 복수디자인인 경우에만 디자인의 개수를 기재한다. ii) 디자인의 개수가 2 이상인 복수디자인 등록출원의 경우에는 "디자인의 수"란의 다음 행에 "디자인 일련번호"란을 만들고 디자인의 일련번호 순서대로 "디자인의 대상이 되는 물품", "부분디자인 여부", "단독디자인, 유사디자인 여부", "기본디자인의 표시", "창작자" 및 "우선권 주장"란을 디자인의 수만큼 만들어 모두 기재한다(법시행규칙 별지 제3호 서식).

7) 디자인의 대상이 되는 물품

이 란에는 i) 디자인보호법 시행규칙 [별표 4](물품의 구분)에 따라 1개의 물품을 기재하되 별표에 없는 물품은 그 디자인을 인식하는 데 적합한 명칭을 기재하며, 그 물품의 용도가 명확히 이해될 수 있는 일반적인 명칭을 사용한다. ii) 부분디자인을 출원하는 경우에도 "디자인의 대상이 되는 물품"란에는 다음의 예와 같이 위 같은 법 시행규칙 [별표 4]에 의한 1개의 물품명을 기재하며 물품의 부분의 명칭(예 : 커피잔의 손잡이)을 기재하여서는 안된다.

<예> [디자인의 대상이 되는 물품] 커피잔

iii) 한 벌 물품의 디자인은 위 같은 규칙 [별표 5](한벌물품의 구분)에 따라 기재한다(법시행규칙 별지 제3호식 ※기재요령 10).

8) 부분디자인 여부

부분디자인을 출원하는 경우에는 "디자인의 대상이 되는 물품"란 다음 행에 "부분디자인여부"란을 만들어 "부분디자인"이라고 기재한다. 부분디자인의 출원이 아닌 경우에는 이 란을 만들어서는 안된다(법시행규칙 별지 제3호식 ※기재요령 11).

9) 우선권 주장

출원서의 우선권 주장란에는 외국에 출원한 것으로서 최초에 출원한 "출원국명", "출원번호" 및 "출원일자"를 기재하며, 우선권주장서류를 출원과 동시에 제출하는 경우에는 "증명서류"란에 "첨부"라고 기재하고, 동서류를 추후에 제출하는 경우에는 "증명서류"란에 "미첨부"라고 기재한다. 우선권주장을 하지 않는 경우에는 기재하여서는 아니되며, 2 이상의 우선권주장을 하는 경우에는 다음 예와 같이 해당 식별항목을 만들어 모두 기재한다(법 9①7, 법시행규칙 별지 제3호 서식).

<예> [우선권 주장]
[출원국명] US
[출원번호] 99-123456
[출원일자] 1999.05.05
[증명서류] 첨부
[우선권 주장]
[출원국명] JP
[출원번호] 63-1234
[출원일자] 1999.07.07
[증명서류] 미첨부

10) 디자인등록출원 공개신청여부

디자인등록출원과 동시에 공개신청을 하는 경우 "기타사항"란의 다음 행에 "디자인등록출원공고 신청여부"란을 만들어 디자인등록출원 공개신청이라고 기재한다(법 23의 2, 법시행규칙 별지 제3호식 기재요령 14가).

11) 비밀디자인 보장청구

디자인을 비밀로 하여 줄 것을 청구하는 경우 "기타 사항"란의 다음 행에 "비밀디자인 청구", "청구이유" 및 "청구기간"란을 각각 만들어 해당내용을 기재하며, 청구기간은 디자인권의 설정등록일로부터 3년 이내의 기간으로 정하되 그 기재방식은 "등록일로부터 ○○월"과 같이 기재한다(법 13, 법시행규칙 별지 제3호 서식 ※기재요령 14 나).

12) 신규성 상실의 예외주장 여부

출원과 동시에 디자인보호법 제8조에 의한 신규성 상실의 예외를 주장하려는 경우에는 다음 예와 같이 "기타 사항"란의 다음 행에 "신규성 상실의 예외주장", "공개형태" 및 "공개일자"란을 각각 만들어 해당사항을 기재한다. "첨부서류"란에는 주장내용을 입증하는 서류명을 기재하고 이를 출원서에 첨부한다(법 8, 법시행규칙 별지 제3호 식 ※기재요령 14 다).

<예> [신규성 상실의 예외주장]
[공개형태] 간행물에의 발표
[공개일자] 2010. 12. 12

13) 첨부서류

ⅰ. 출원서에 첨부하여야 할 서류명과 부수를 기재하되 출원서와 함께 제출하지 않는 첨부서류는 기재하지 않는다.

<예> [첨부서류] 위임장 1통

ⅱ. 행정정보 공동이용망을 통하여 확인할 수 있는 서류(주민등록등·초본, 법인등기부등본 등)의 제출을 생략하려는 경우에는 그 서류명, 부수 및 서류확인에 필요한 정보를 기재한다.

<예 1> 주민등록표 등·초본 1통 [성명 : ○○○, 주민등록번호 : ○○○○○○-○○○○○○○]
<예 2> 법인등기부등본 1통 [성명 : ○○○, 주민등록번호 : ○○○○○○-○○○○○○○]
<예 3> 가족관계등록부증명서 1통 [성명 : ○○○, 주민등록번호 : ○○○○○○-○○○○○○○]
<예 4> 사업자등록증 사본 1통 [성명 : ○○○, 주민등록번호 : ○○○○○○-○○○○○○○]
<예 5> 국가유공자(유족) 확인원 1통 [성명 : ○○○, 주민등록번호 : ○○○○○○-○○○○○○○]

ⅲ. 서류의 원용

(ⅰ) 동시에 진행하는 2 이상의 디자인에 관한 절차에서 제출하는 증명서(「디자인보호법」 제4조의5(대리권의 증명), 제8조제2항(신규성 상실의 예외적용을 받고자 하는 자가 제출하여야 할 증명서류) 또는 제23조제4항(우선권 주장을 하는 자가 제출하여야 할 증명서류), 「디자인보호법 시행규칙」 제28조에서 준용하는 「특허법 시행규칙」 제6조부터 제9조까지에 규정된 증명서에 한함)가 같은 것일 경우에는 그 중 1건에만 증명

서의 원본을 제출하고, 다른 건에는 다음 예와 같이 원용에 관한 사항을 기재하고 사본을 제출할 수 있다.

<예> 위임장 1통 [동일자 제출서류에 첨부된 것을 원용]
[서류명] 디자인등록출원서
[출원번호] 30-2007-123456

(ii) 이미 특허청 또는 특허심판원에 제출한 증명서(「디자인보호법」 제4조의5, 제8조 제2항 또는 제23조 제4조, 「디자인보호법시행규칙」 제28조에서 준용하는 「특허법 시행규칙」 제6조부터 제9조까지의 규정된 증명서에 한함)와 동일한 내용의 증명서를 다시 제출하는 경우에는 다음 예와 같이 원용에 관한 사항을 기재하고 그 증명서의 제출을 생략할 수 있다.

<예> 위임장 1통 [이하에 명기한 제출서류에 첨부된 것을 원용]
[서류명] 심판청구서
[심판번호] 2007-당-123456

iv. 첨부서류를 전자적 이미지로 변환(스캐닝)하여 제출하는 경우 유의사항

(i) 첨부서류로 제출되는 전자적 이미지 형식은 해상도 300dpi로부터 400dpi까지(300dpi 권장)의 흑백 TIFF(Tagged Image File Format)이어야 한다.

(ii) 반드시 필요한 경우에는 그레이스케일 또는 칼라이미지로 제출가능하며, 제출되는 전자적 이미지 형식은 해상도 300dpi부터 400dpi까지(300dpi 권장)의 JPEG(Joint Photographic Experts Group)이어야 한다.

v. 첨부서류를 PDF(Portable Document Format)로 제출할 수 있다.

vi. 도면을 제출하는 경우에는 「디자인보호법 시행규칙」 별지 제4호 서식(입체디자인 도면), 별지 제5호 서식(평면디자인 도면) 또는 별지 제6호 서식(글자체디자인 도면)의 작성요령에 따라 도면을 작성하여 제출한다.

(4) 유의사항

1) 작성시 유의사항

서식은 출원인(대리인에 의하여 절차를 밟는 경우에는 대리인)이 기명을 한 후에 서명 또는 날인하여야 하며, 2명 이상의 출원인(대리인)이 있는 경우에는 모두 기명을 한 후에 서명 또는 날인하여야 한다. 서명 또는 날인시의 인감은 출원인등록(대리인이 변리사인 경우에는 변리사등록, 대리인이 특허법인인 경우에는 법인등록)시 사용한 것과 동일한 서명 또는 인감을 사용하며, 출원인코드 정보변경(경정)·정정신고서에 따라 서명 또는 인감을 변경한 경우에는 그 변경된 서명 또는 인감을 사용하여야 한다.

2) 기재시 일반적 유의사항

ⅰ. 용지의 규격 및 서류의 철

용지는 가로 210㎜, 세로 297㎜(보존용지(2종) 70g/㎡)의 A4용지를 세로로 하여 상단을 철한다.

ⅱ. 기재 등 요령

(ⅰ) 용 지

용지는 상단 40㎜, 좌단 25㎜, 하단 및 우단 20㎜의 여백을 두고 내용을 기재하며, 용지의 하단여백 중앙에 아라비아 숫자로 쪽번호를 기재한다.

(ⅱ) 식별항목의 기재

i) 서식에 규정된 각 표제는 식별기호([ ])와 식별항목명으로 구성된 식별항목으로 기재하며, 식별항목의 다음 행에 해당 내용을 기재한다.

ii) 식별기호
식별기호([ ])는 식별항목외의 용도로 사용할 수 없다.

Ⅱ. 도 면 등

1. 도 면

(1) 도면에 의한 디자인의 표현

1) 도면에 의한 표현

디자인등록출원은 디자인을 도면에 기재하고 이를 디자인심사 등록출원서 또는 디자인무심사 등록출원서에 첨부하여야 한다(법 9②).

기술적 사상과 같은 발명, 고안의 표현은 언어기호체계에 의해 행하여지는데 대해 형상의 표상(表象)은 도형기호에 의해 행하여진다. 이 도형기호라는 조형적 수단은 직감적·회화적 표현으로부터 일정한 작도법(도법)에 의한 도면에 이르기까지 다양하다. 오늘날 일반적으로 널리 쓰이고 있는 도법인 정면도, 평면도 등 복수의 투상면(投象面)으로 구성하는 도법은 비교적 최근의 것으로[8] 우리의 도법이기도 한 것은 도형기

8) P.J. 부카, 「製圖의 역사」(原正敏 역, 미스즈 書房), 24면, 39면 이하.

호에 의한 정보의 전달로서 가장 구체적이며 정확한 것이기 때문이다.[9)]

2) 도면에 의한 물품의 표현

도면에 의한 물품의 표현은 곧 디자인등록을 받을 수 있는 권리의 객체가 되는 물품의 형태이다. 그러므로 디자인등록출원서에 첨부된 도면의 물품디자인은 그 물품의 디자인이 표현된 도면 그 자체에 의해 구체화, 특정화된 물품의 형태로서 고정화, 외부화되기 때문에 권리청구절차에 따라 제시되는 서면에 의해 창작, 완성된 디자인이 명확히 기재되어 있어야 한다. 즉 권리청구의 실질적 내용을 이루는 그 등록을 받고자 하는 창작된 물품의 디자인이 도면이라는 서면 그 자체에 의해 완결적으로 명확히 도시되고 명시되어 있어야 한다. 그렇게 하기 위해서는 도면에 의한 표현이 직접적으로는 선을 나타내는 것이며, 면을 직접적으로 나타낼 수 없는 제약 하에 있다는 것 거기에다가 권리의 객체로 하는 물품의 형태는 (평면적 물품을 제외한다) 면(평면, 곡면, 특히 곡면)에 구성되는 입체라는 것에 대한 강한 인식과 굳은 의지를 갖지 아니하고서는 이루어질 수 없는 것이다.

(2) 도면의 서식

1) 도면의 작성 또는 생략

디자인등록출원서에 첨부하는 도면은 디자인보호법 제9조 제2항에 의하되 같은 법 시행규칙 제5조, 제2항 및 제3항에 의하여 작성 또는 생략할 수 있으며 그것은 같은 법 시행규칙 제5조 제2항에 의해 ⅰ) 입체디자인의 경우에는 별지 4호 서식의 입체디자인도면에 의하고, ⅱ) 평면디자인의 경우에는 별지 제5호 서식의 평면디자인 도면에 의하며, ⅲ) 글자체 디자인의 경우에는 별지 제6호 서식의 글자체 디자인에 의하여 작성하여야 한다. 다만, 위 ⅰ) 내지 ⅲ)의 도면 중 다음의 (ⅰ)(ⅱ)(ⅲ)의 어느 하나에 해당하면 해당도면을 생략할 수 있다.

(ⅰ) 정투상도법에 의한 6면도(정면도·배면도·좌측면도·우측면도·평면도·저면도)의 경우에는 다음의 A, B, C, D, E 중 그 어느 하나에 해당하는 도면
  A. 정면도와 배면도가 같거나 대칭인 경우에는 배면도
  B. 좌측면도와 우측면도가 같거나 대칭인 경우에는 일방의 측면도
  C. 평면도와 저면도가 같거나 대칭인 경우에는 저면도
  D. A부터 C까지 외에 같은 도면이 여러 개 있는 경우에는 그 같은 도면 중 1개를 제외한 나머지 도면
  E. 항상 설치 또는 고정되어 있어 저면을 볼 수 없는 경우에는 저면도

9) 意匠法, 齊藤瞭二 著, 鄭泰連 譯, 세창출판사, 1993년, 420면.

(ii) 액정화면 등의 표시부에 일시적으로 도형 등이 표시되는 화상디자인의 경우에는 정면도를 제외한 도면
(iii) 표면도와 이면도가 같거나 대칭인 경우 또는 이면도에 모양이 없는 평면디자인의 경우에는 이면도

그리고 도면은 1통을 제출한다. 다만, 복수디자인등록출원인 경우에는 각 디자인마다 1통을 제출한다.

2) 도면의 기본적 규정

① 도면의 기재사항

ⅰ. 입체디자인 도면

(ⅰ) 도면의 기재사항

입체디자인 도면에는 "디자인 일련번호", "디자인의 대상이 되는 물품", "디자인의 설명", "디자인 창작내용의 요점", "사시도", "정면도", "배면도", "좌측면도", "우측면도", "평면도", "저면도"를 기재하여 디자인심사 등록출원서, 유사디자인 등록출원서 또는 디자인무심사 등록출원서, 유사디자인 무심사 등록출원서에 첨부하여 제출한다 (법 9②).

ⅰ) 디자인의 대상이 되는 물품

디자인등록출원서와 동일하게 디자인의 대상이 되는 물품명(예 : 신사복)을 기재한다.

ⅱ) 디자인의 설명

디자인보호법 시행규칙 [별표 2](디자인 설명의 기재사항)에 따라 기재한다.

a) 디자인등록출원서에 첨부된 도면·사진 또는 견본판으로는 그 물품의 사용목적·사용방법·재질 또는 크기 등을 이해하기 어려울 경우에는 그에 관한 설명
b) 물품이 가지는 기능에 의하여 변화하는 디자인에 있어서 그 변화의 전후에 걸친 물품의 형상·모양·색채 또는 이들의 결합에 관하여 등록을 받고자 하는 경우에는 그에 관한 설명
c) 출원서에 첨부된 도면 또는 사진에 색채를 가하는 경우에 백색·회색 또는 흑색 중의 어느 하나를 생략할 수 있으며 이러한 경우에는 그에 관한 설명
d) 디자인의 대상이 되는 물품의 전부 또는 일부가 투명한 경우에는 그에 관한 설명
e) 도면에 길이가 생략된 경우에는 생략한 길이가 도면상의 몇 ㎝ 생략되었음을 표시
f) 물품부분에 관한 디자인(이하 "부분디자인"이라 한다)을 디자인등록출원하는 경우에는 디자인등록을 받고자 하는 부분을 도면·사진 또는 견본에서 특정하고 있는 방법에 대한 설명

iii) 디자인 창작내용의 요점

디자인보호법 시행규칙 [별표 3](창작내용의 요점의 기재방법)에 따라 기재한다.

a) 디자인등록출원하는 디자인창작내용의 요점을 쉽고 간결하며 명확하게 기재한다.

b) 가능한 공지된 디자인과 비교하여 독창적이고 창작된 내용을 중심적으로 기재한다.

c) 국내에 널리 알려진 형상·모양, 자연물, 유명한 저작물 및 건조물 등을 모티브로 하여 창작한 경우에는 가능한 이들 형태로부터 독창적으로 창작한 내용을 중점적으로 기재한다.

d) 문자수는 가능한 300자 이내로 작성한다.

e) 작성예문을 들어보면 다음과 같다.

ⓐ 디자인등록출원한 디자인이 디자인보호법 제5조 제1항 각호의 1에 해당하지 않음을 주장하는 예문

㉠ 예문 1.

본원 장롱디자인은 창작된 송학문양 손잡이를 포함한 전면부에 양각하여 한국적인 미와 병풍의 미적효과를 느낄 수 있도록 하였으며, 기존의 장롱디자인이 정면 좌·우측으로 연결되는 상부모서리를 직각형으로 처리하고 있는 것과 달리 본원디자인은 국화모양을 배치한 라운드형으로 처리하여 전체적으로 한국의 전통미와 곡선미가 창출되도록 한 것을 창작내용의 요점으로 함.

㉡ 예문 2.

본원 주전자 디자인은 종래 주전자 몸체의 형상인 직선면의 몸체 또는 곡면의 몸체의 단순한 형상을 탈피하여 상협하광의 안정된 형태를 취하면서 토출구를 제외한 주전자 몸체 외주면에 동심원상으로 삼각돌조를 형성하여 안정감과 입체감을 부각시킨 것을 창작내용의 요점으로 함.

㉢ 예문 3.

본원 향수병 디자인은 액체향수가 담겨진 원뿔대 형상의 용기의 상측에 투명한 유리재질로 만들어진 원구형상의 커버가 결합되어 있고 그 내부에 여인 형상의 소형인형을 수장하여 여인형상이 투과되어 보이게 한 것으로 용기와 완구의 결합을 통하여 기존의 공지디자인과는 다른 미감을 느끼도록 창작한 것을 창작내용의 요점으로 함.

ⓑ 디자인등록출원한 디자인이 위 같은 법 제5조 제2항에 해당하지 않음을 주장하는 예문

㉠ 예문 1.

본원 호랑이 완구의 디자인은 호랑이 형상을 모티브로 하여 창작하였으나 호랑이 형상을 그대로 이용한 것이 아니고 머리와 몸체를 일체형으로 하고 다리를 짧게 표현하는 등 호랑이의 형상을 독특하게 변형하였고, 쿠션으로 사용할 수 있도록 전체적인 형상을 둥글넓적하게 창작한 것을 창작내용의 요점으로 함.

㉡ 예문 2.

본원 재떨이 디자인은 소화기의 형상을 모티브로 하여 창작하였으나 재떨이 뚜껑은 소화기의 상단부분의 형상을 심플하게 변형하고 재떨이의 전체적인 비율의 구

성에 있어서도 실물 소화기와는 다르게 구성하는 등 소화기 형상의 변형에 창작내용의 요점이 있음.

(ii) 기본도면

입체를 나타내는 입체디자인의 기본도면은 정투상도법에 의해 작성한 각도(各圖) 동일축척(同一縮尺)의 정면도, 배면도, 좌측면도, 우측면도, 평면도, 저면도를 1조(1組)로 한다. 다만, 위 "①의 (i), (ii)"에 해당하는 경우에는 해당 도면을 생략할 수 있다. 이 경우 출원서 및 도면의 "디자인의 설명"란에 생략한다는 취지의 설명을 기재한다.

ii. 평면디자인 도면

(i) 도면의 기재사항

평면디자인 도면에는 "디자인 일련번호", "디자인의 대상이 되는 물품", "디자인의 설명", "디자인 창작내용의 요점"을 기재하여 디자인심사 등록출원서, 유사디자인 심사등록출원서 또는 디자인무심사 등록출원서, 유사디자인 무심사등록출원서에 첨부하여 제출한다(법 9②).

i) 디자인의 대상이 되는 물품

디자인등록출원서와 동일하게 디자인의 대상이 되는 물품명(예: 벽지)을 기재한다.

ii) 디자인의 설명

평면디자인 도면의 디자인 설명은 위 (i) 입체디자인 설명, i)의 B. 디자인의 설명, a)부터 f)까지를 참조하기 바란다.

iii) 디자인창작내용의 요점

디자인보호법 시행규칙 [별표 3](창작내용의 요점의 기재방법)에 따라 기재한다.

a) 디자인등록출원하는 디자인창작내용의 요점을 쉽고 간결하며 명확하게 기재한다.
b) 가능한 공지된 디자인과 비교하여 독창적이고 창작된 내용을 중심적으로 기재한다.
c) 국내에서 널리 알려진 형상·모양, 자연물, 유명한 저작물 및 건조물 등을 모티브로 하여 창작한 경우에는 가능한 이들 형태로부터 독창적으로 창작한 내용을 중점적으로 기재한다.
d) 문자수는 가능한 300자 이내로 작성한다.
e) 작성 예문을 들어보면 다음과 같다.
  ⓐ 디자인등록출원한 디자인이 디자인보호법 제5조 제1항 각호의 1에 해당하지 않음을 주장하는 예문
    ㉠ 예문 1.
    본원 벽지디자인은 하늘색 바탕에 연녹색의 추상적인 나무모양을 배치하여 자연미를 느끼도록 창작한 것을 창작내용의 요점으로 함.

㉡ 예문 2.

본원 직물지 디자인은 독창적인 모양을 창작내용의 요점으로 함.

ⓑ 디자인등록출원한 디자인이 디자인보호법 제5조 제2항에 해당하지 않음을 주장하는 예문

㉠ 예문 1.

본원 포장지 디자인은 물고기의 모양을 모양으로 표현하였으나 사실적으로 표현한 것이 아니고 독특하게 물고기의 모양을 변형한 것에 창작내용의 요점이 있음.

㉡ 예문 2.

본원 손수건 디자인은 사각형의 형상이나 추상적인 도형과 대나무잎 모양의 결합을 모양으로 배치하여 전체적으로 새로운 미감을 일으키도록 한 것을 창작내용의 요점으로 함.

(ii) 기본도면

평면적인 것을 나타내는 평면디자인 도면은 각도 동일축척으로 작성한 표면도 및 이면도를 1조로 한다. 다만 위 "①의 C."에 해당하는 경우 당해 도면 이면도를 생략할 수 있다. 이 경우 출원서 및 도면의 "디자인의 설명"란에 생략한다는 취지의 설명을 기재한다.

ⅲ. 글자체 디자인 도면

(i) 도면의 기재사항

글자체 디자인 도면에는 "디자인의 대상이 되는 물품", "디자인의 설명", "디자인창작내용의 요점", "지정글자 도면", "보기문장 도면", "대표글자 도면"을 기재하여 디자인심사 등록출원서, 유사디자인심사등록출원서, 디자인무심사 등록출원서, 유사디자인무심사 등록출원서에 첨부하여 제출한다(법 9②).

i) 디자인의 대상이 되는 물품

디자인의 대상이 되는 물품은 디자인등록출원서와 동일하게 디자인의 대상이 되는 물품명을 기재한다.

ii) 디자인의 설명

글자체의 등록요건을 판단하는데 충분하도록 도면에 기재하되 디자인보호법 시행규칙 [별표 6](글자체 디자인 도면)에서 정하는 지정글자, 보기문장 및 대표글자가 포함된 경우에는 등록요건을 판단하는데 충분한 글자체가 기재된 것으로 본다.

iii) 디자인 창작내용의 요점

이미 알려진 글자체 디자인과 비교하여 독창적으로 창작한 내용을 중점적으로 기재하며 등록요건을 판단하는데 도움이 되도록 창작한 글자체 디자인의 분류를 기재할 수 있다.

(ii) 기본도면

글자체 디자인 도면은 각 출원마다 디자인보호법 시행규칙 [별표 6]에서 정하는 지정글자, 보기문장 및 대표글자 디자인 도면을 도시한다.

② 정투상도법

정투상도법(正投象圖法)이라 함은 공간에 있는 물체에 대해 공간점으로부터(1점, 2점 또는 무한점 등) 몇 가지 조건에 따라 직선을 긋고 그 직선이 화면과 교차하는 점 및 그 점의 조작 내지 연속에 의해 얻는 도면의 작성법으로서 이는 여러 가지 규칙이나 방법에 의해 도시하는 작도법 중 하나의 도법으로 이러한 도법에 의해 작도된 도면상의 도형을 투상(投象, projection)이라고 한다. 이 경우에 그어지는 직선(projection line)이 화면에 수직인 투상을 정투상(orthogonal projection)이라 하며, 법에서 규정한 도면은 이 도법에 의해 작성하여야 한다(법시행규칙 별지 제4호 서식 ※ 기재요령 2, 나(1)).

정투상도법은 적어도 교점(交點)에서의 두 접선이 직각을 이루어서 교차될 때의 두 곡선의 교차(두 직선 또는 두 평면이 직각을 이루며 만나는 일) 즉 직교(直交)하는 2장의 화면을 상정하고[수직인 화면을 수직투상면 또는 입화면(vertical plane of projection : VP), 수평인 화면을 평투상면 또는 평화면(horizontal plane of projection : HP)이라고 하며, 이 면을 주투상면이라고 한다], 이들 직교하는 화면 즉 VP와 HP에 의해 만들어지는 4개의 공간[각각 제1사분면(第一四分面), 제2사분면, 제3사분면, 제4사분면이라고 한다. 여기에서 "사분면"은 구용어의 "상한(像限)"이다]에 물체를 놓고 투상하는 작도법이다. 정투상도법은 그 물체가 위치하는 분면(分面)에 의해 제1각법(第1角法), 제3각법으로 나뉘어지고[10] 위 제2분사면과 제4분사면은 특별한 경우 외에는 쓰지 않는다.

또 VP와 HP에 수직인 화면을 상정하고 이에 투상하여 부투상(副投象, auxiliary projection)을 얻는다. 이렇게 주투상면에 그려진 도면이 디자인보호법상의 정면도 및 배면도인 입면도와 평면도 및 저면도인 평면도이며 부투상면 도면이 좌측면도 및 우측면도인 측면도이다. 따라서 디자인보호법에 의한 정투상도법의 6면도[11]는 입체를 투상하여 그

---

10) 제1각법과 제3각법의 차이는 도면의 배치에 나타난다[제1각법은 입면도가 위에, 평면도가 아래에, 우측면도가 입면도의 왼쪽, 좌측면도가 입면도의 오른쪽에 배치되며 제3각법에서는 위에 평면도, 아래에 입면도와 양측면도(우측면도가 오른쪽, 좌측면도가 왼쪽)가 배치된다]. 이 각(各) 도면의 배치는 일반적으로 제도의 도법을 이해한 가운데 반드시 지켜야 하는 것이지만, 디자인보호법의 도면은 정투상도법에 의하여야 한다는 것만을 정하고 직접 도법을 정하지 않는다. 따라서 1각법, 3각법의 어느 것에 의해서도 가능하지만 심사의 편의상 이들의 어느 것에도 의하지 않는 독특한 배치가 실무상 장려되고 있다. 즉 용지의 왼쪽 반(半)부분에 정면도, 평면도, 측면도 중의 어느 하나 등 전체상 내지 형태의 특징을 나타내는 도면을 배치하고, 오른쪽 반 부분에 그 밖의 도면, 즉 배면도, 저면도, 다른 한쪽의 측면도, 단면도 등을 배치하는 것이 그것이다.

11) 예: 플로트밸브(디자인등록제134513호) 6면도

평면도

저면도

려진 도학상의 기본도형을 말한 것이기는 하나 이들 6면도만으로는 물품의 형태를 완전히 표현하기에는 역부족인 경우가 많다.

이러한 정투상도법의 도면은 주투상면에 그려진 도면 즉 디자인보호법에 의한 정면도와 평면도가 기준이 된다. 그러므로 물품의 어느 면을 정면 또는 평면으로 할 것인가는 도면에 의한 디자인표현에서 매우 중요한 요소가 된다.

일반적으로 물품은 각각의 속성에 의해 그 물품의 정면이 되는 곳이 있는데 그러한 경우에는 그에 따르고 물품의 속성에 의해 정해지지 않은 물품은 도면작성의 일반적 기준이 되는 판례에 따르며, 그 물품을 특징짓는 요소가 많은 면을 정면으로 하고 이를 기본으로 하여 평면도, 저면도, 좌측면도, 우측면도, 배면도 등을 작성한다.

③ 디자인의 충분한 표현

i. 서 론

입체를 나타내는 도면을 정투상도법에 의하여 작성한 각도 동일축적의 정면도, 배면도, 좌측면도, 우측면도, 평면도, 저면도의 6면도를 1조로 하는 도면(이하 이항에서 "사진"을 포함한다)만으로는 그 물품의 디자인을 완전히 표현할 수 없는 때에는 사시도, 전개도, 단면도, 절단부 단면도, 확대도, 사용상태도 그 밖의 필요한 도면을 추가하여 출원서에 첨부하여 제출할 수 있다.

물품의 디자인을 표현한 도면은 디자인권의 객체인 물품의 형태를 표현하는 것이므로 물품에 대한 객체적 내용을 규정한 것이라고 할 수 있다. 따라서 디자인의 도면에는 그 물품에 대한 객체적 내용이 명확하면서도 충분히 나타나 있어야 함은 당연하다.

디자인보호법은 이러한 표현방법을 정투상도법에 의한 1조의 도면 또는 표(表), 이면(裏面)에 의한 1조의 도면에 의한 것을 기본으로 하면서도 이에 의해서는 물품의 형태를 충분히 표현할 수 없음을 상정하고 여기에 보충적 도면을 기재함으로써 디자인을 충분히 표현하게 한 것이다.[12][13]

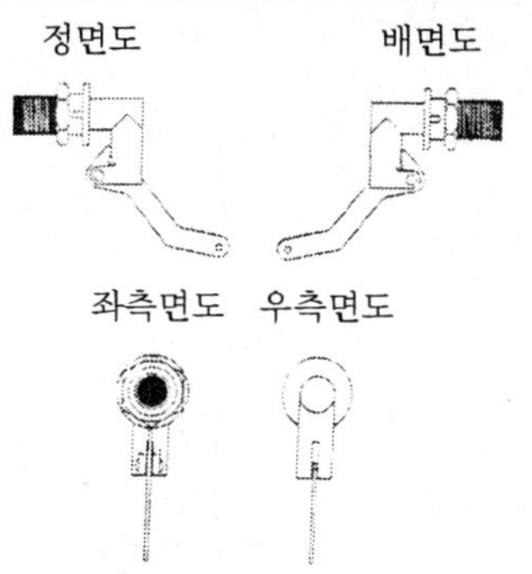

12) 정투상도법에 의한 1조의 도면을 기본으로 한 보충적 도면
- 당김고리가 연결된 병뚜껑 오픈구

등록디자인의 보호범위는 디자인등록출원서의 기재사항 및 그 출원서에 첨부한 도면·사진 또는 견본과 도면에 기재된 디자인의 설명에 표현된 디자인에 의하여 정하여진다(법 43). 그러므로 도면에 기재된 내용이 실물과 다르다 하더라도 그 디자인의 보호범위는 실물과는 전혀 관계없이 도면에 표현된 내용에 의해서만 결정된다. 따라서 디자인권의 효력은 도면에 도시되어 있는 범위에 한해서 미치고, 도면에 표현되어 있지 않은 부분에 대해서는 미치지 아니한다. 권리의 객체적 내용은 오직 도면에 의해서만 확정되고 고정화되기 때문이다.

디자인등록령은 디자인권의 설정등록이 되면 그 등록을 받은 디자인의 도면은 디자인등록원부의 일부로 보아 도면의 표현내용이 권리의 보호 및 효력범위임을 입법적으로 웅변해주고 있다(디자인등록령 2②). 그러기 때문에 출원서에 첨부된 도면 그 자체에 의해 그 내용이 자기 완결적으로 표현되어야 하는 이유가 여기에 있다.

디자인의 도면은 물품의 형상(물건의 외형과 생긴 모양)을 선으로 표현해내고 그 외형선 이외에는 면과 면이 교차하여 만드는 선을 표현하는 것이고 면 그 자체를 직접적으로 표현하는 것은 아니기 때문에 도면상 표현방법의 제약이기도 한 한계성이 있다. 그러므로 물품의 형상을 구성하는 면(물품의 형상은 선에 의해 구성되는 것이 아니다)도 직접적으로는 선에 의해 표현되어야 하는 제약 위에서 성립한다. 예를 들면 하나의 선에 의해 나타난 면이 평평한가, 오목한가, 볼록한가, 요철의 교차곡면에 의해 나타난 것인가는 다른 도면에 의해 특정가능한가의 여부에 달려있다. 그러므로 특정인만이 특정할 수 있는 것일 때에는 그것만으로는 완전한 디자인의 표현이라고 할 수 없다. 작도법의 기본은 선에 의한 도형의 표현이기 때문에 오목한 면, 볼록한 면, 굽은 면은 정부투상면에는 그릴 수 없는 경우가 많으므로 이 경우 입체를 잘라서 나타난 단면도는 디자인 도면에서 중요한 위치를 차지한다.

• 사시도, 사용상태도, A-A단면도(디자인등록출원 제91-5288호)

사시도 사용상태도 A-A단면도 평면도 평면도 저면도 좌측면도(우측면은 대칭임)

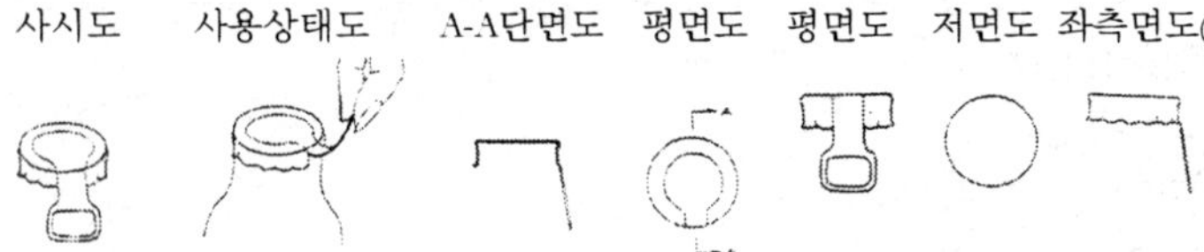

배면도

13) 표면·이면에 의한 1조의 도면을 기본으로 한 보충적 도면

- 초코렛 포장지

• 사용상태도(등록디자인 제109989호)

표면도(이면은 무모양임) 사용상태도

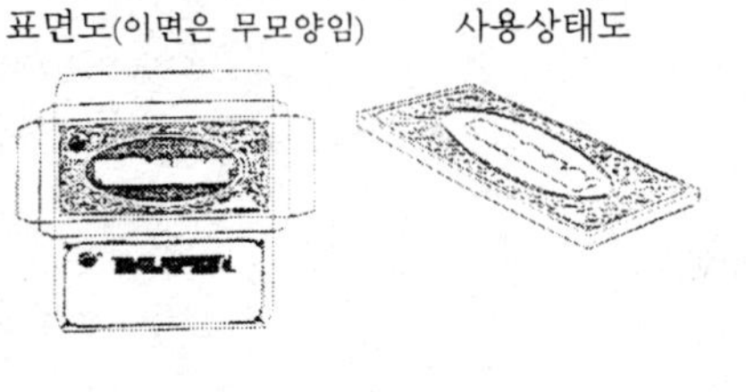

따라서 이를 정투상도법에 의한 불완전 표현부분을 보완하는 도면으로 많이 활용하는 것이 필요하다.

또 디자인의 도면은 물품의 상태를 외적 표현으로 도시하여야 하는 것은 도면 표현의 기본이지만 그 물품의 본래적 목적 및 기능을 나타내는 형태적 특성이 어느 정도 표현하는 것도 중요하므로 이 점 도면작성시 유념할 필요가 있다. 다음은 각 디자인에 따라 충분히 표현할 수 있는 방법에 관하여 예시해 보고자 한다.

ii. 입체디자인의 충분한 표현

입체디자인 내용을 충분히 설명하기 위하여 여러 벌의 사시도 및 6면도가 필요한 경우(움직이는 것, 열리는 것 등의 디자인으로서 변화 전·후의 상태를 각각의 도면에 표현하고자 할 경우 등)에는 다음의 예와 같이 각 도의 식별항목명에 영문자 대문자(A, B … 순)를 기재하여 구분하고 "디자인의 설명"란에 통상적인 디자인의 설명을 먼저 한 후에 "변화 전 상태의 도면은 A, 변화 후 상태의 도면은 B"라고 설명하는 방식으로 그 구분기준을 명시한다.

<예> "디자인의 대상이 되는 물품" "디자인 창작내용의 요점", "사시도A", "정면도A", "배면도A", "좌측면도A", "우측면도A", "평면도A", "저면도A", "참고도A-1", "참고도A-2", "사시도B", "정면도B", "배면도B", "좌측면도B", "우측면도B", "평면도B", "저면도B", "참고도B-1", "참고도B-2"

iii. 평면디자인의 충분한 표현

평면디자인 내용을 충분히 설명하기 위하여 여러 벌의 사시도 및 6면도가 필요한 경우(움직이는 것, 열리는 것 등의 디자인으로서 변화 전·후의 상태를 각각의 도면에 표현하고자 할 경우 등)에는 다음의 예와 같이 각 도의 식별 항목명에 영문자 대문자(A, B … 순)를 기재하여 구분하고 "디자인의 설명"란에 통상적인 디자인의 설명을 먼저 한 후에, "변화 전 상태의 도면은 A, 변화 후 상태의 도면은 B"라고 설명하는 방식으로 그 구분기준을 명시한다.

<예> "디자인의 대상이 되는 물품", "디자인의 설명", "디자인 창작내용의 요점", "표면도A", "이면도A", "참고도A-1", "참고도A-2", "표면도B", "이면도B", "참고도B-1", "참고도B-2"

iv. 글자체 디자인의 충분한 표현

글자체 디자인의 충분한 도면은 글자체의 등록요건을 판단하는데 충분하도록 도면에 기재하되, 디자인보호법 시행규칙 [별표 6](글자체 디자인 도면)에서 정하는 지정글자, 보기문장 및 대표글자가 포함된 경우에는 등록요건을 판단하는데 충분한 글자체가 기재된 것으로 본다.

<예> 1. 한글 글자체 도면 : 지정글자 500자, 보기문장, 대표글자

[지정글자 도면1]

[지정글자 도면2]

[지정글자 도면3]

[지정글자 도면4]

[지정글자 도면5]

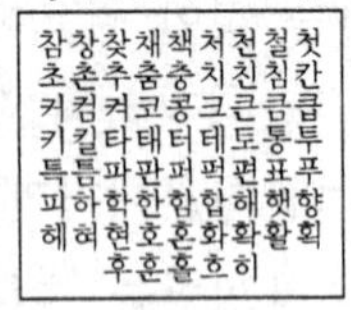

[보기문장 도면]

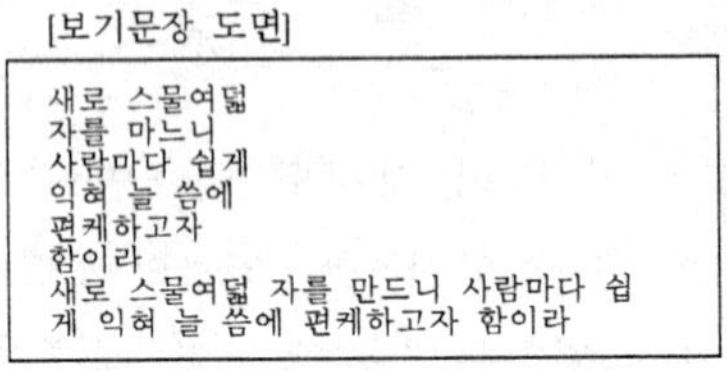

[대표글자 도면]

2. 영문자 글자체 도면 : 지정글자 52자, 보기문장, 대표글자

[지정글자 도면]

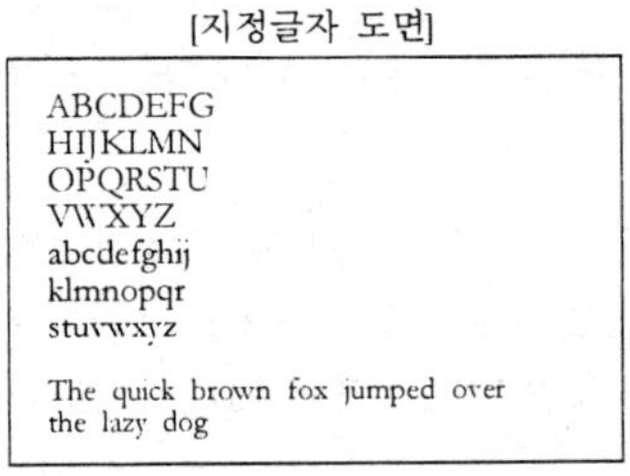

[보기문장 도면]

[대표글자 도면]

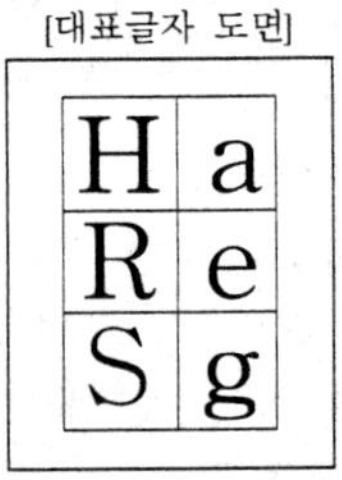

3. 숫자글자체 도면 : 지정글자 10자, 보기문장, 대표글자

[지정글자 도면]

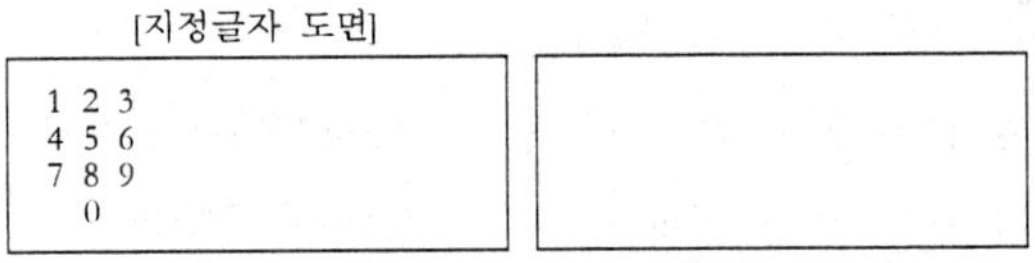

[보기문장 도면]

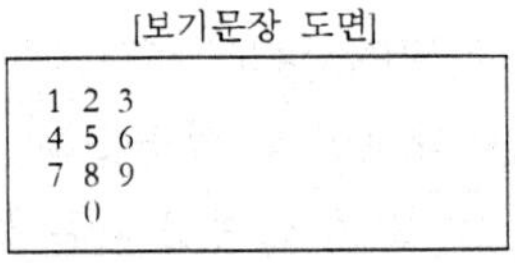

[대표글자 도면]

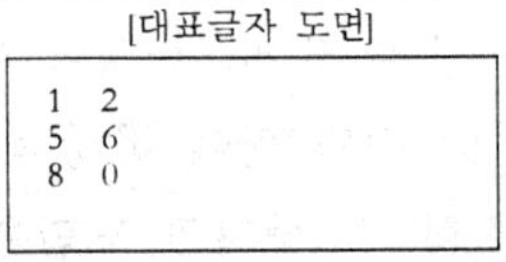

4. 특수기호 글자체 도면 : 지정글자 120자, 보기문장, 대표글자

[지정글자 도면]

[보기문장 도면]

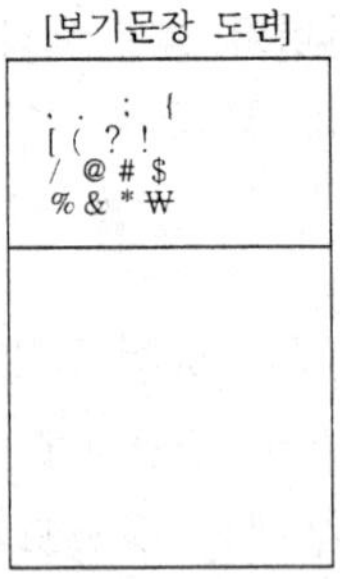

[대표글자 도면]

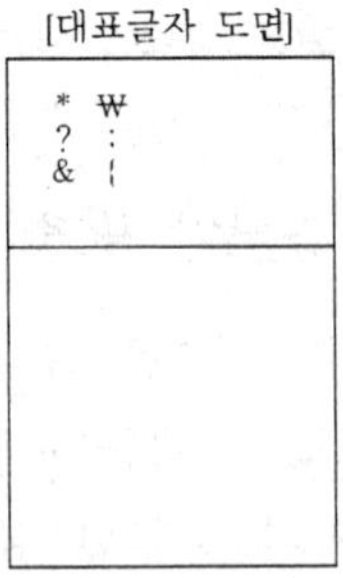

5. 한자 글자체 도면 : 지정글자 900자, 보기문장, 대표글자

[지정글자 도면1]

街佳假價加可家歌各
脚角干看間渴感敢減
甘甲强江講降個改皆
開客更去居巨擧車乾
健堅犬見決潔結京庚
慶敬景競經耕輕驚季
溪界癸計鷄古告固故
考苦高谷曲穀困坤骨
公共功工空果科課過
官觀關光廣交敎校橋
久九口句救求究舊國
君軍郡弓勸卷權歸貴

[지정글자 도면2]

均極勤根近今禁金及
急給其基己幾技旣期
氣記起吉暖難南男乃
內女年念怒農能多丹
但單短端達談答堂當
代大對待德刀到圖島
度徒道都獨讀冬動同
東洞童斗豆頭得燈登
等樂落卵浪郞來冷兩
凉良量旅力歷練連列
烈令領例禮勞老路露
綠論料聊流留六陸倫

[지정글자 도면3]

律利李理里林立馬莫
晩滿萬末亡忘忙望每
買賣妹麥免勉眠面名
命明鳴暮母毛木目卯
妙務戊武無舞茂墨問
文聞門勿物味尾未米
美民密朴半反飯發房
放方訪防拜杯白百番
伐凡法變別丙兵病保
報步伏復服福本奉逢
部否夫婦富扶浮父北
分不佛朋備悲比非飛

[지정글자 도면4]

鼻貧氷事仕使史四士
寺射巳師思死私絲舍
謝算山散産殺三上傷
商喪尙常想相賞霜色
生序暑書西夕席惜昔
石仙先善線船選鮮舌
設說雪城姓性成星盛
省聖聲誠世勢歲洗稅
細小少所消笑素俗續
速孫松送修受壽守愁
手授收數樹水秀雖須
首誰叔宿淑純順戌崇

[지정글자 도면5]

拾習乘勝承始市施是
時示視試詩式植識食
信新申神臣身辛失室
實心深甚十氏兒我惡
安案眼顔巖暗仰哀愛
也夜野弱約若藥揚洋
羊讓陽養於漁語魚億
憶言嚴業余如汝與餘
亦易逆然煙硏悅熱炎
葉榮永英迎藝五午吾
悟烏誤屋玉溫瓦臥完
日往王外要欲浴勇容

[지정글자 도면6]

用于又友右宇尤憂牛
遇雨云運雲雄元原圓
園怨遠願月位偉危威
爲唯幼有柔油猶由遊
遺酉肉育恩銀乙吟陰
音飮泣邑應依意矣義
衣議醫二以已異移而
耳益認人仁印因寅引
忍一日壬入姉子字慈
者自作昨場壯將章長
哉在才材栽財再爭低
著貯敵的赤適傳全典

[지정글자 도면7]

前展戰田錢電節絶店
接丁井停定庭情政正
淨精貞靜頂帝弟祭第
製諸除題兆助早朝祖
調造鳥族足存尊卒鍾
宗從種終坐左罪主住
宙晝朱注走酒竹中衆
重卽增曾證之只地志
持指支枝止知紙至直
盡眞辰進質執集且借
次此着察參唱昌窓採
菜冊責妻處尺千天川

[지정글자 도면8]

泉淺鐵晴淸聽請靑體
初招草寸村最推秋追
丑祝春出充忠蟲取吹
就治致齒則親七針快
他打脫探太泰宅土統
通退投特波破判八敗
貝便片篇平閉布抱暴
表品豊風彼皮匹必筆
下何夏河賀學寒恨漢
閑限韓合恒亥害海解
幸行鄕香向虛許革現
賢血協兄刑形惠乎呼

[지정글자 도면9]

好戶虎號湖或婚混紅
化和火畵花華話貨患
歡活皇黃回會孝效厚
後訓休凶胸黑興喜希

[보기문장 도면]

天地之道一陰
陽五行而已坤
復之間爲太極
而動靜之後爲
陰陽

天地之道一陰陽五行而已坤復
之間爲太極而動靜之後爲陰陽

[대표글자 도면]

王	講	示
買	道	人
永	多	武
女	明	街

3) 도면기재상의 일반적 규정

① 일반적 사항

i. 용 지

용지는 가로 210㎜, 세로 297㎜(보존용지(2종) 70g/㎡)의 A4용지를 세로로 하여 상단을 철한다.

ii. 여 백

용지는 상단 40㎜, 좌단 25㎜, 하단 및 우단 20㎜의 여백을 두고 내용을 기재하며, 용지의 하단여백 중앙에 아라비아 숫자로 쪽번호를 기재한다.

iii. 재 료

도면은 진한 먹물 또는 제도용 흑색 잉크로 선명(300dpi 이상의 해상도)하게 도시하며, 연필, 잉크(제도용 흑색 제외), 크레파스 또는 그림물감을 사용하여서는 안된다. 컴퓨터 프로그램을 이용하여 생산된 이미지파일인 경우에도 위에 준하여 도시한다.

ⅳ. 기재의 가부사항

도형 내에는 중심선, 기선, 수평선, 음영 등을 표시하기 위한 세선 또는 농담, 내용의 설명을 하기 위한 지시선, 부호 또는 문자를 기입할 수 없다. 다만, 사시도에 음영을 가할 경우에는 모양과 혼동되지 아니하는 범위 안에서 세선, 점 또는 농담 등을 제한적으로 사용할 수 있다.

이는 디자인공보(법시행령 1의 2)발행에 관계된 기술적·실제적 요청과 디자인등록을 받은 디자인의 도면은 디자인등록원부의 일부로 보며(디자인등록령 2②). 디자인권의 소멸등록을 한 경우에는 디자인등록원부를 폐쇄하여 폐쇄디자인등록원부로 한다(디자인등록령 5, 준용특허등록령 12). 즉 디자인등록원부를 폐쇄할 때에는 그 폐쇄의 원인, 취지 및 연월일을 기재하여 폐쇄디자인등록원부를 관리하고 폐쇄디자인등록원부의 보존기간인 폐쇄한 날로부터 20년이 경과한 후 이를 폐기할 수 있기 때문에(디자인등록시행규칙 4, 준용특허등록령 시행규칙 7, 8) 장기보존에 따른 대응으로 해석된다.

② 입체디자인 도면의 기재요령

ⅰ. 식별항목의 기재

(ⅰ) 서식에 규정된 각 표제는 식별기호(〔 〕)와 식별항목명으로 구성된 식별항목으로 기재하며, 식별항목의 다음 행에 해당내용을 기재한다. 식별기호(〔 〕)는 식별항목 외의 용도로 사용할 수 없다.

(ⅱ) 도면내용은 필요한 경우에 가로(횡)로 배치할 수 있으나 도면내용의 상단이 용지의 우측이 되도록 배치하며 "○○도" 식별항목은 가로(횡)로 기재하여서는 아니된다.

(ⅲ) 각 도면의 식별항목은 "사시도", "정면도", "배면도", "좌측면도", "우측면도", "평면도" 및 "저면도"란의 순으로 사시도와 6면도를 기재한다. 그밖에 사용상태도, 전개도, 단면도, 절단부 단면도, 확대도 그밖에 필요한 참고도를 추가하고자 하는 경우에는 "참고도1", "참고도2" … 순으로 식별항목을 만들어 기재하되, "사용상태도", "전개도", "확대도", "단면도", 등과 같은 참고도의 명칭은 다음 예와 같이 "참고도○"란 다음 행에 기재한다. 또한 "참고도"란을 제외한 도면의 식별항목은 최초출원시에 도면의 일부내용이 없는 경우에도 해당 식별항목을 삭제할 수 없다.

<예> "참고도 3"

절단부 단면도

해당 도면 내용

(ⅳ) 복수디자인 등록출원의 도면인 경우에는 다음 예와 같이 "디자인의 대상이 되

는 물품"란의 위에 "디자인일련번호"란을 만들어 해당 일련번호를 기재한다.

<예> "디자인 일련번호" MO3

"디자인의 대상이 되는 물품" 신사복

(v) 도면의 쪽수가 2쪽 이상 여러 쪽인 경우에는 "3-1, 3-2, 3-3"와 같이 각 디자인마다 각 페이지 하단의 여백 중앙에 도면의 총 쪽수와 해당 쪽과의 일련관계를 표시한다.

ii. 도면의 기초정보

(i) 디자인의 대상이 되는 물품란에는 디자인등록출원서와 동일하게 디자인의 대상이 되는 물품명을 기재한다.

(ii) 디자인의 설명란은 디자인보호법 시행규칙 [별표 2](디자인의 설명의 기재사항)에 따라 기재한다.

(iii) 디자인창작내용의 요점란은 디자인보호법 시행규칙 [별표 3](창작내용의 요점의 기재방법)에 따라 기재한다.

iii. 일반적 디자인의 도면

(i) 입체를 표현하는 도면은 사시도와 정투상도법에 의하여 동일한 축적으로 작성한 정면도·배면도·좌측면도·우측면도·평면도 및 저면도(이하 "6면도"라 함)를 하나의 디자인도로 하고, 사시도의 디자인과 6면도의 디자인을 동일하게 도시한다. 다만, 다음의 경우에 해당하는 때에는 일부도면을 생략할 수 있으며 이때에는 식별항목의 다음 행에 그 뜻을 다음의 기재방법과 같이 기재한다.

i) 정면도와 배면도가 동일 또는 대칭인 경우, "배면도"를 생략할 수 있고 "정면도와 동일(대칭)"이라고 기재한다.

ii) 좌측면도와 우측면도가 동일 또는 대칭인 경우, "일방의 측면도"를 생략할 수 있고 "좌측(우측)면도와 동일(대칭)"이라고 기재한다.

iii) 평면도와 저면도가 동일 또는 대칭인 경우, "저면도"를 생략할 수 있고 "평면도와 동일(대칭)"이라고 기재한다.

iv) A, B, C 이외에 6면도 중 동일한 도면이 여러 개인 경우, "동일한 도면 중 1개를 제외한 나머지 도면"을 생략할 수 있고 해당 내용을 설명 기재한다.

v) 대형의 기계 등으로 설치 또는 장치되어 있어서 상시 저면을 볼 수 없는 경우, "저면도"를 생략할 수 있고 해당 내용을 설명 기재한다.

vi) 화상디자인의 경우, "사시도, 배면도, 좌측면도, 우측면도, 평면도, 저면도"를 생략할 수 있고 해당 내용을 설명 기재한다.

<예> 정면도와 배면도가 동일하여 배면도를 생략하는 경우

[배면도]

정면도와 동일

여기에서 유념할 것은 출원시에는 도면의 일부생략이 가능한 경우를 제외하고는 원칙적으로 사시도와 6면도를 모두 제출하여야 한다. 출원시 일부도면을 제출할 수 없는 경우에는 해당 도면의 식별항목 다음행에 "추후제출"이라고 기재하고, 디자인보호법 시행규칙 별지 제2호 서식(보정서)에 따라 보정한다.

(ii) 물품이 입방체인 경우에는 반드시 그 물품의 디자인을 쉽게 파악할 수 있는 방향에서 본 사시도를 먼저 도시하여야 하며, 사시도로 파악이 곤란한 경우는 사용상태도를 참고도란에 도시하여야 한다. 사시도에 음영을 가할 경우에는 모양과 혼동되지 아니하는 범위 안에서 제한적으로 도시한다.

(iii) 위 i), ii)의 도면만으로 그 디자인을 충분히 표현할 수 없는 때에는 전개도·단면도·절단부 단면도·확대도 및 그 밖에 필요한 도면을 "참고도"란에 추가한다.[14]

(iv) 물품의 일부분의 도시를 생략하여도 디자인을 명백히 알 수 있거나, 도면 작성상 생략하지 아니할 수 없을 경우에는 1부분의 도시를 생략할 수 있으며, 이 경우에는 생략한 부분을 두선의 평행한 1점쇄선으로 절단한 것처럼 표시하고, 디자인 설명란에 그 취지 및 생략한 부분의 도면상 길이를 기재한다.

(v) 봉재, 선재, 판재, 관재 등과 같이 형상이 연속하는 것 또는 지물과 같이 모양

---

14) ◦ 전개도
- 세제 포장용 상자(디자인등록 제62553호)

전개도(도면의 무늬는 생략)

◦ 절단부 단면도
- 카세트테이프 시이트(91후1595 디자인등록무효사건, 인용디자인)

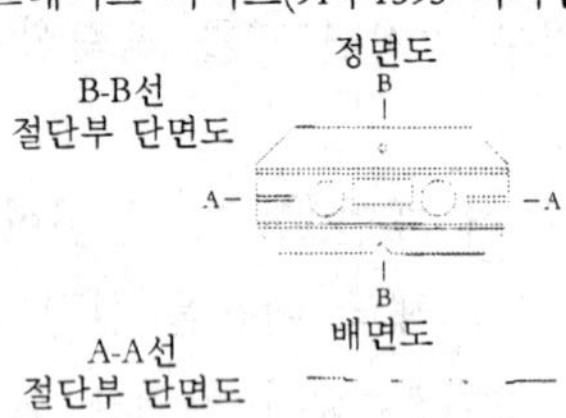

◦ 단면도
- 자연수자화구(디자인등록 제96721호)

A-A선 단면도

정면도(배면도 동일)

사시도

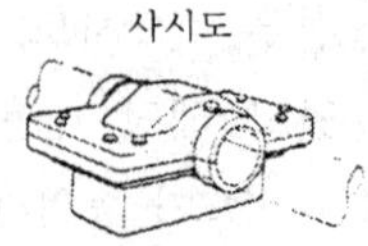

◦ 확대도
- 발판용 널판지(일본디자인등록 제631106호)

이 연속되거나 반복적으로 연속하는 것을 표시하는 도면은 그 연속 또는 반복적으로 연속하는 상태를 알 수 있게 도시하며, 디자인 설명란에 형상이나 모양이 한 방향 또는 상하좌우로 연속 또는 반복하는 것인지 등을 기재한다.

(vi) 단면도 또는 절단부 단면도의 절단면에는 평행사선을 긋고(이질의 결합에 따른 디자인적 표현을 나타내고자 할 때에는 각기 다른 방향의 평행사선을 긋는다), 그 절단된 부분을 그 밖의 도면에서 쇄선으로 표시하되, 쇄선의 양 끝에 부호를 붙이고 화살표로 절단면을 보는 방향을 표시한다.

(vii) 부분확대도를 그릴 경우에는 그 확대한 부분을 해당 부분확대도의 원래의 도면에 쇄선으로 표시한다. 이 경우에 쇄선은 도형 안에 들어가도록 표시하여서는 아니되며, 그 쇄선의 양단에는 부호를 표시하고 부분확대도를 그린 방향을 표시할 경우에는 화살표로 그 표시를 한다.

iv. 특수한 디자인의 도면

(i) 조립완구와 같이 그 구성물의 도면만으로는 사용의 상태를 충분히 표현할 수 없는 것은 그 만들어지는 상태 또는 완성된 상태를 표시하는 사시도를 첨부하고, 조립한 후 분해하는 것과 같이 조립한 상태의 도면만으로는 분해된 상태를 충분히 표현할 수 없는 것은 각 구성물의 사시도를 추가한다.

(ii) 움직이는 것, 열리는 것 등의 디자인으로서 움직임 또는 열림에 따라 디자인이 변화하는 것은 변화 전과 변화 후 상태의 도면을 각각 도시한다.

(iii) 물품의 전부 또는 일부가 투명한 디자인의 도면은 다음의 요청에 의하여 작성한다.

i) 바깥쪽 둘레가 무색하여 모양이 없는 경우에는 투명하게 보이는 부분은

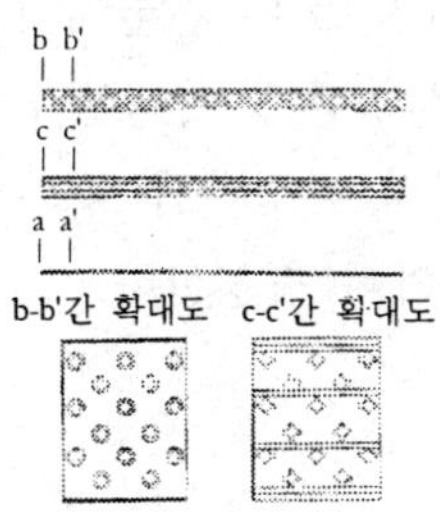

◦ 참고도

- 세제포장용 상자(디자인등록 제62553호)

참고도 정면도 (배면은 동일) 우측면도 (좌측면은 동일) 평면도 (저면은 동일)

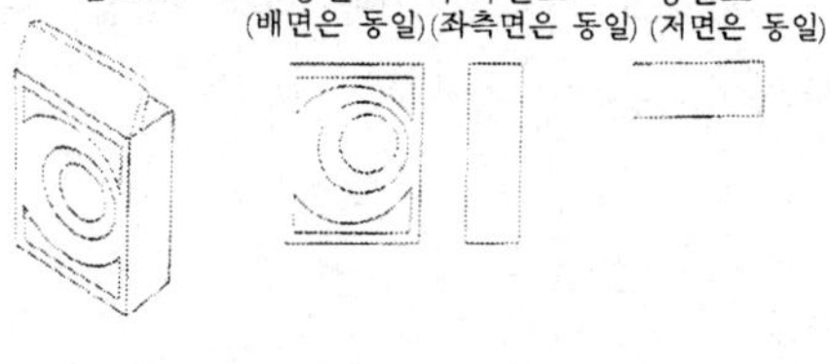

보이는 대로 표시한다.

ii) 바깥쪽 둘레의 외면·내면 또는 그 두께면의 어느 한 부분에 모양 또는 색채가 표시되어 있는 경우에는 뒷면 또는 밑바닥의 모양 또는 색채를 나타내지 아니하고 겉으로 나타나는 모양

iii) 바깥쪽 둘레의 외면·내면 또는 그 두께면이나 바깥쪽에 둘러싸인 내부의 어느 곳에 2 이상의 형상·모양 또는 색채가 표현되어 있는 경우에는 각각 그 형상·모양 또는 색채를 각 면에 표시한다.

v. 부분디자인의 도면

(i) 부분디자인을 도면에 도시하는 경우에는 해당 디자인의 대상이 되는 물품의 전체디자인 중 부분디자인으로 디자인등록을 받고자 하는 부분은 실선으로 표현하고, 그 외의 부분에 관한 형상은 파선으로 표현하여 부분디자인으로 등록받고자 하는 부분을 명확히 특정한다.

(ii) 부분디자인을 견본으로 출원하는 경우에는 해당 디자인의 대상이 되는 물품의 전체디자인 중 부분디자인으로 디자인등록을 받고자 하는 부분 이외의 부분에 대해서는 검정색 등 무채색으로 칠하여 부분디자인으로 등록받고자 하는 부분을 명확히 특정한다.

(iii) 부분디자인을 사진으로 출원하는 경우에는 해당 디자인의 대상이 되는 물품의 전체디자인 중 부분디자인으로 디자인등록을 받고자 하는 부분 외의 부분에 대해서는 검정색 등 무채색으로 칠하여 부분디자인으로 등록받고자 하는 부분을 명확히 특정한 다음 이를 촬영한 사진을 출원한다. 다만, 전체디자인이 검정색 등 무채색만으로 구성되어 있어 무채색으로 칠하여 부분디자인으로 등록받고자 하는 부분을 명확히 특정하기 곤란한 경우에는 유채색을 이용할 수 있다.

(iv) 부분디자인을 디자인등록출원하는 경우에는 도면·사진 또는 견본에서 해당 부분을 특정하고 있는 방법에 대한 설명을 디자인의 설명란에 기재한다.

(v) 그 밖의 작성방법은 이 서식의 기재요령 제2호 도면의 작성방법 중 나. 일반적 디자인의 도면 및 다. 특수한 디자인의 도면을 참조하여 작성한다.

vi. 참고사항

(i) 도면이 2면 이상으로 된 경우 처음 면 이외의 면에는 디자인의 대상이 되는 물품, 디자인의 설명 및 디자인창작내용의 요점란의 기재를 생략할 수 있다.

(ii) 복수디자인등록출원의 경우에도 이 서식의 기재요령에 따라 작성하나, 2개 이상의 디자인을 하나의 도면에 도시하여서는 아니된다.

vii. 전자문서 이용시 유의사항

(i) 입력가능문자 및 이미지 : 전기통신기본법 제29조에 따른 표준(KSC5601, KS 2바이트 완성형) 문자에 포함된 문자 및 기호만을 사용하여 작성하여야 하며, 이에 포함되지 아니한 특수문자 또는 도형 등은 이미지로 입력하여야 한다.

(ii) 이미지는 다음과 같은 요령에 따라 입력한다.

i) 도면 내용의 이미지 포맷은 해상도 300dpi부터 400dpi까지(300dpi 권장)의 흑백 TIFF(Tagged Image File Format)이어야 한다.

ii) 디자인의 내용을 표현하기 위하여 반드시 필요한 경우에는 그레이스케일 또는 칼라 이미지의 입력이 허용되며, 이들의 이미지 포맷은 300부터 400dpi까지(300dpi 권장)의 JPEG(Joint Photographic Experts Group)이어야 한다.

iii) 도면 내용의 이미지는 '삽입그림'의 형태로 완전히 삽입·저장되어야 하며, '객체 연결 및 삽입'(OLE) 또는 '동적 자료교환'(DDE)의 형태로 연결되어서는 아니된다.

③ 평면디자인 도면의 기재요령

i. 식별항목의 기재

(i) 서식에 규정된 각 표제는 식별기호(〔 〕)와 식별항목으로 구성된 식별항목으로 기재하며 식별항목의 다음 행에 해당 내용을 기재하여야 한다. 식별기호(〔 〕)는 식별항목 외의 용도로는 사용할 수 없다.

(ii) 도면내용은 필요한 경우에 가로(횡)로 배치할 수 있으나, 도면내용의 상단이 용지의 우측이 되도록 배치하며, "○○도" 식별항목은 가로(횡)로 기재하여서는 아니된다.

(iii) 각 도면의 식별항목은 "표면도", "이면도"란의 순으로 작성한다. 그밖에 사용상태도, 전개도, 단면도, 절단부 단면도, 확대도 그 밖의 필요한 참고도를 추가하려는 경우에는 "참고도1", "참고도2" … 순으로 식별항목을 만들어 기재하되, "사용상태도", "전개도", "확대도", "단면도" 등과 같은 참고도의 명칭은 다음의 예와 같이 "참고도○"란의 다음 행에 기재한다.

또한 "참고도"란을 제외한 도면의 식별항목은 최초출원시에 도면의 일부내용이 없는 경우에도 해당식별항목을 삭제할 수 없다.

<예> "참고도 3"

절단부단면도

해당도면 내용

(iv) 복수디자인등록출원의 도면인 경우에는 다음 예와 같이 "디자인대상이 되는 물품"란의 위에 "디자인 일련번호"란을 만들어 해당일련번호를 기재한다.

<예> "디자인일련번호" : MO3

"디자인의 대상이 되는 물품" : 신사복

(v) 도면의 쪽수가 여러 쪽인 경우 : 도면의 쪽수가 2쪽 이상 여러 쪽인 경우에는 "3-1. 3-2, 3-3"과 같이 각 디자인마다 각 페이지 하단의 여백 중앙에 도면의 총 쪽수와 해당 쪽과의 일련관계를 표시한다.

ii. 도면의 기초정보

도면의 기초정보의 기재에 관하여는 위 "i. (ii)의 i) 내지 iii)"과 같으므로 이를 참고하기 바란다.

iii. 일반적 디자인의 도면

(i) 평면적인 것을 표현하는 도면은 동일한 축적에 의하여 작성한 〔표면도〕와 〔이면도〕를 하나의 디자인으로 한다. 다만, 아래의 A. 내지 C.의 경우에 해당하는 때에는 이면도를 생략할 수 있으며, 이때에는 그 뜻을 생략하는 식별항목의 다음 행에 기재한다.

i) 도면의 생략이 가능한 경우

이면도와 표면도가 동일 또는 대칭이거나 이면도에 모양이 없는 경우

ii) 생략가능한 도면

〔이면도〕

iii) 기재방법

"표면도와 동일(대칭)" 또는 "모양이 없음"

<예> 표면도와 이면도가 동일하여 이면도를 생략하는 경우

〔이면도〕

표면도와 동일

여기에서 유념할 것은 출원시에는 도면의 일부생략이 가능한 경우를 제외하고는 원칙적으로 표면도와 이면도를 모두 제출하여야 한다. 출원시 일부 도면을 제출할 수 없는 경우에는 해당 도면의 식별항목 다음 행에 '추후제출"이라 기재하고 디자인보호법 시행규칙 별지 제2호 서식(보정서)에 따라 보정한다.

(ii) 평면도와 이면도만으로는 그 디자인을 충분히 표현할 수 없는 때에는 전개도·단면도·절단부 단면도·확대도 및 그 밖에 필요한 도면을 참고도란에 추가한다.[15]

---

15) 초코렛 포장지

(iii) 봉재, 선재, 판재, 관재 등과 같이 형상이 연속하는 것 또는 지물과 같이 모양이 연속되거나 반복적으로 연속하는 것을 표시하는 도면은 그 연속 또는 반복적으로 연속하는 상태를 알 수 있게 도시하며, 디자인의 설명란에 형상이나 모양이 한 방향 또는 상하좌우로 연속 또는 반복하는 것인지 등을 기재한다.

(iv) 부분확대도를 그릴 경우에는 쇄선은 도형 안에 들어가도록 표시하여서는 안되며, 그 쇄선의 양단에는 보호를 표시하고 부분확대도를 그린 방향을 표시할 경우에는 화살표로 그 표시를 한다.

ⅳ. 부분디자인의 도면

(i) 부분디자인을 도면에 도시하는 경우에는 해당 디자인의 대상이 되는 물품의 전체디자인 중 부분디자인으로 디자인등록을 받고자 하는 부분은 실선으로 표현하고, 그 밖의 부분에 관한 형상은 파선으로 표현하여 부분디자인으로 등록받고자 하는 부분을 명확히 특정한다.

(ii) 부분디자인을 디자인등록출원하는 경우에는 도면에서 해당하는 부분을 특정하고 있는 방법에 대한 설명을 디자인의 설명란에 기재한다.

(iii) 그 밖의 작성방법은 위 "(ii) 일반적 디자인의 도면"을 참조하여 작성한다.

ⅴ. 참고사항

(i) 도면이 2면 이상으로 된 경우 처음 면 이외의 면에는 "디자인대상이 되는 물품", "디자인의 설명" 및 "디자인 창작내용의 요점"란의 기재를 생략할 수 있다.

(ii) 복수디자인등록출원의 경우에도 이 서식의 기재요령에 따라 작성하나, 2개 이상의 디자인을 하나의 도면에 도시하여서는 아니된다.

ⅵ. 전자문서 이용시 유의사항

전자문서를 이용할 때에 유의하여야 할 사항에 관하여는 위에서 설명한 바 있는 "ⅱ. 입체디자인도면의 작성방법 (vii) 전자문서 이용시 유의사항 ⅰ), ⅱ)"를 참고하기 바란다.

- 사용상태도(디자인등록 제109989호)

표면도(이면은 무모양임) 사용상태도

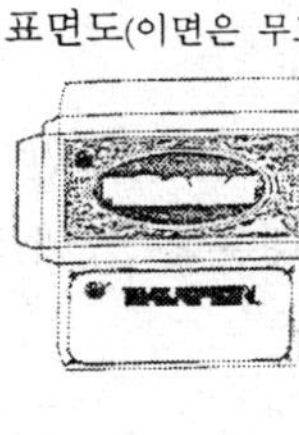

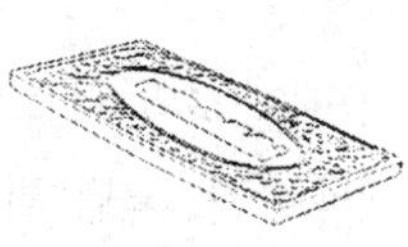

④ 글자체 디자인 도면의 기재요령 및 작성방법

ⅰ. 도면의 기재요령

(ⅰ) 글자체의 등록요건을 판단하는데 충분하도록 도면에 기재하되 디자인보호법 시행규칙 [별표 6](글자체 디자인 도면)에서 정하는 지정글자, 보기문장 및 대표글자가 포함된 경우에는 등록요건을 판단하는데 충분한 글자체가 기재된 것으로 본다.

(ⅱ) "디자인창작내용의 요점"란은 이미 알려진 글자체 디자인과 비교하여 독창적으로 창작한 내용을 중점적으로 기재하며, 등록요건을 판단하는데 도움이 되도록 창작한 글자체 디자인의 분류를 기재할 수 있다.

(ⅲ) 글자체 디자인의 경우에는 한글·영문자·그 밖의 외국문자·숫자·특수기호 또는 한자 글자체별로 구분하여 각각 출원하며 각 출원건마다 같은 법 시행규칙 [별표 6]에서 정하는 "지정글자 도면", "보기문장 도면", "대표글자 도면"을 도시한다.

ⅰ) 한글 글자체의 경우

한글 글자체의 경우는 [별표 6]의 "1. 한글 글자체 도면"에서 규정한 "지정글자 도면", "보기문장 도면", 및 "대표글자 도면"란의 내용을 그대로 도시한다.

ⅱ) 영문자 글자체의 경우

영문자 글자체의 경우는 [별표 6]의 "2. 영문자 글자체 도면"에서 규정한 "지정글자 도면", "보기문장 도면" 및 "대표글자 도면"란의 내용을 그대로 도시한다.

ⅲ) 영문자를 제외한 그 밖의 외국문자 글자체의 경우

영문자를 제외한 그 밖의 외국문자 글자체의 경우는 다음과 같이 도면을 작성한다.

A. 지정글자 도면 : 해당 외국문자의 알파벳 자모 전체를 기재한다.

B. 보기문장 도면 : 영문자의 대표문장을 해당 외국문자로 번역하여 기재한다.

C. 대표글자 도면 : 영문자의 대표글자에 준하여 해당 외국문자의 낱글자의 특성을 가장 잘 표현할 수 있는 대표글자를 기재한다.

ⅳ) 숫자 글자체의 경우

숫자글자체의 경우 [별표 6]의 "3. 숫자글자체 도면"에서 규정한 "지정글자 도면", "보기문장 도면" 및 "대표글자 도면"란의 내용을 그대로 도시한다.

ⅴ) 한자글자체의 경우

한자글자체의 경우는 디자인보호법 시행규칙 [별표 6]의 "5. 한자글자체 도면"에서 규정한 "지정글자 도면", "보기문장 도면" 및 "대표글자 도면"란의 내용을 그대로 도시한다.

ii. 도면의 작성방법

(i) 용지는 가로 210㎜, 세로 297㎜(보존용지(2종) 70g/㎡)의 A4용지를 세로로 하여 상단 40㎜, 좌단 25㎜, 하단 및 우단 20㎜의 여백을 두고 내용을 기재한다. 글자의 이미지가 표시되는 영역은 가로 165㎜, 세로 237㎜ 이내이며, 각 용지는 한 면에 하나의 도면만을 기재한다.

(ii) 글자체 디자인 도면을 서면으로 제출하는 경우에는 각 도면의 식별항목을 "지정글자 도면1", "지정글자 도면2" … "보기문장 도면" 및 "대표글자 도면"란의 순으로 작성하여 용지의 상단 여백 중앙에 기재한다. 다만, 글자체 디자인 도면을 전자문서로 제출하는 경우에는 각 도면의 식별항목을 기재하지 않는다.

(iii) "지정글자 도면"란은 글자의 이미지가 표시되는 영역의 네모서리에 가로 5㎜×세로 5㎜의 영역표시 보조선(선의 굵기 0.25pt)을 두고, 글자의 이미지가 표시되는 영역을 침범하지 않는 범위 내에서 가로 12줄×세로 9줄로 최대한 크게 작성하고 글자 사이 및 글줄 사이는 적절하게 조절한다.

(iv) "보기문장 도면"란의 글자의 이미지가 표시되는 영역의 네 모서리에 가로 5㎜×세로 5㎜의 영역표시 보조선(선의 굵기 0.25pt)을 두고 다음과 같이 도면을 작성한다.

i) 한글 · 영문자 · 한자의 경우

이 경우에는 큰 보기문장과 작은 보기문장을 1장으로 구성하며, 큰 보기문장과 작은 보기문장 사이는 최소한 10㎜ 이상의 간격을 둔다. 큰 보기문장은 작은 보기문장을 침범하지 않는 범위 내에서 최대한 크게 작성하고, 글자사이는 기본값을 0%로 하며, 글줄 사이는 적절하게 조절한다. 작은 보기문장의 글자의 크기는 20pt를 기준으로 하되 글줄이 3줄 이상으로 길어지는 경우에는 글자크기를 임의로 조절할 수 있으며 글자 사이는 기본값 0%로, 글줄 사이는 적절하게 조절한다.

ii) 숫자 · 특수기호의 경우

이 경우에는 글자의 이미지가 표시되는 영역을 침범하지 않는 범위 내에서 최대한 크게 작성하고 글자 사이 및 글줄 사이는 적절하게 조절한다.

(v) "대표글자 도면"란에는 한글 및 한자의 경우에는 가로 4줄×세로 3줄의 영역표시 보조선(선의 굵기 0.25pt)을, 영문·숫자·특수기호의 경우에는 가로 3줄×세로 2줄의 영역표시 보조선을 둔다. 각 대표글자는 영역표시 보조선 내의 각 사각형의 한 가운데 위치하도록 하고, 각 사각형으로부터 2㎜의 여백을 둔 상태에서 최대한 크게 표시하되 모든 글자의 크기가 동일하여야 한다.

(vi) "지정글자 도면", "보기문장 도면" 및 "대표글자 도면"은 특허청이 제공하는

이미지파일(파일의 확장자가 ai인 파일)을 수정하여 작성한 후 200dpi 이상의 JPEG (Joint Photographic Experts Group) 파일로 변환하여 제출한다.

(vii) 그 밖의 기재방법은 위의 "(1) 2) ③ iii. iv. v. (ii), ④ ii. (i), (iv), (v) 디자인 도면"의 기재요령 및 작성방법 등을 참조하기 바란다.

4) 도면 작성상의 통칙성 규정

① 서 문

디자인보호법상 공업상 이용할 수 있는 물품의 디자인은 디자인등록요건의 하나로 물품형태의 도면표현이지만 이는 공업일반에 공통적, 기본적으로 적용되고 있는 공업규격에 관한 제도(製圖)나 개개 공업에 개별적으로 적용되고 있는 공업규격에 관한 제도는 공업제품의 품질이나 모양·형상·치수 및 재질 등을 나타내는데 일정한 표준으로서 일반적으로 적용되고 있는 제도 작성상의 통칙과는 조금 다르다. 따라서 양자의 차이에 대하여 살펴본다. 설명의 편의상 본 항에서 전자를 "도면작성상의 통칙성 규정"이라 하고 후자를 "제도작성상의 통칙"이라 칭한다.

② 도면작성에 사용할 수 있는 선

디자인보호법 시행규칙상 도면작성에 사용할 수 있는 선(線)에 관한 적극적 규정은 형상표현시 사용하게 되는 실선(實線)16)과 단면도의 절단 개소를 나타낼 때 등에 사용하게 되는 쇄선17)뿐이고 이외의 다른 것에 대해서는 사용을 원칙적으로 금지하고 있다. 따라서 디자인을 표현하는 도면의 작성에 있어서는 일반적 도법을 기초로 금지하고 있는 것을 제외하고는 이에 의한다. 즉 디자인의 대상이 되는 물품의 형상을 나타내는 선은 실선을, 절단개소(切斷個所)·확대개소·생략개소의 지시선은 쇄선(鎖線)을 사용한다.

③ 도형과 지시선

도형 내에는 중심선, 기선, 수평선, 음영 등을 표시하기 위한 세선 또는 농담, 내용의 설명을 하기 위한 지시선, 부호 또는 문자를 원칙적으로 기입할 수 없다.18)

이는 도면의 기재가 직접적으로 디자인 인정의 자료를 구성하므로 도형 중에 디자

16) [점선에 대하여] 끊어진 곳 없이 이어진 선[반선(半線), 가는 선]

17) - 블로트 밸브

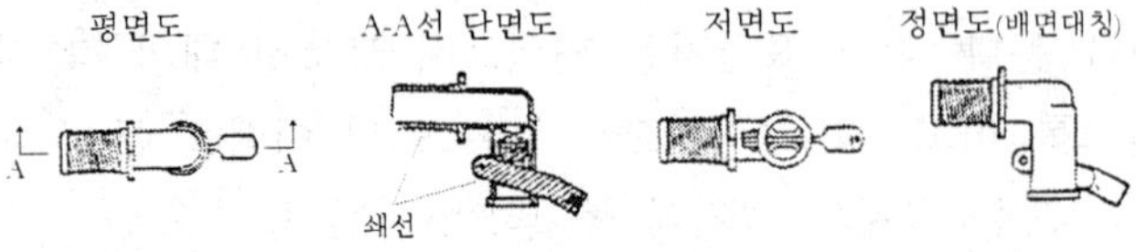

18) - 미국의 음영선을 도시한 의자디자인 특허(US Des 202, 775)

인 구성요소 이외의 것을 기입해서는 안되기 때문이다. 다만, 사시도에 음영을 가할 경우에는 모양과 혼동되지 아니하는 범위 안에서 세선, 점 또는 농담 등을 제한적으로 사용할 수 있다.

④ 도면 채색

디자인의 도면의 채색에 있어 백색 또는 흑색 가운데 어느 하나의 채색을 생략할 수 있다. 이 경우 디자인의 설명란에 그 취지를 기재한다.

⑤ 단면도·절단부 단면도 등

1조의 도면에 의해서는 그 디자인을 충분히 표현할 수 없을 때 도시하는 단면도, 절단부 단면도, 사용상태의 단면도, 확대 단면도 등은 그 절단면에 평행 사선(斜線: 빗금)을 그어 나타내며 그 절단개소(切斷個所)를 다른 도면에 쇄선으로 나타낸다. 이때 쇄선은 도형 중에 기입하지 아니하며 화살표에 의해 절단면이 그어진 방향을 나타낸다.

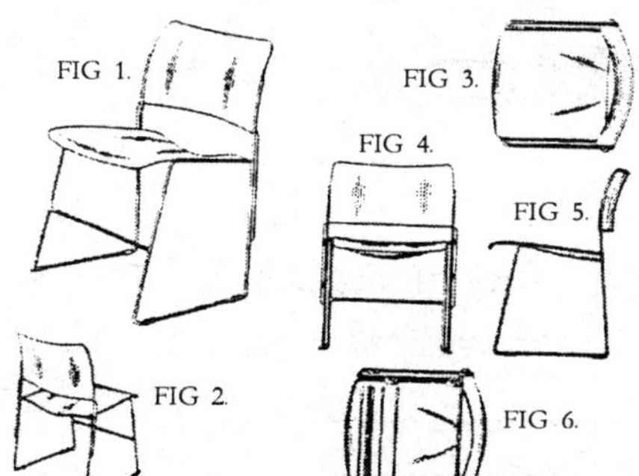

- 우리나라의 무음영선 의자디자인 도면

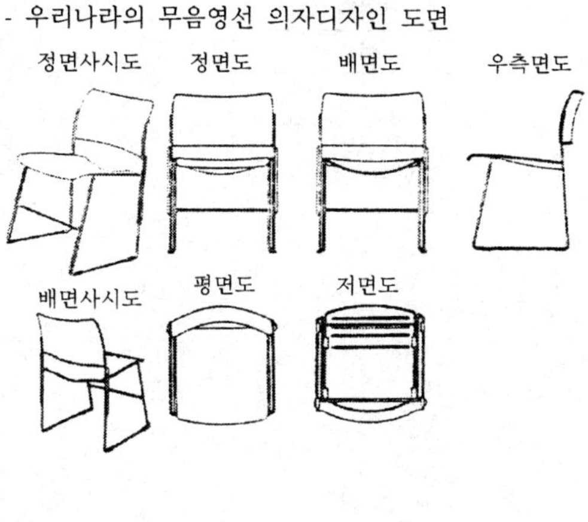

◦ 단면도

<예> – 캐스터(디자인등록 제79346호)

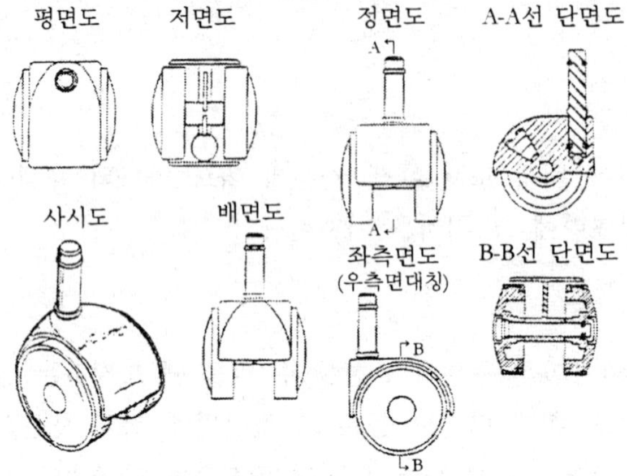

– 줄자케이스(디자인등록출원 제87-8838호, 대법원 1990. 7. 24. 선고 89후728 거절결정 파기환송)

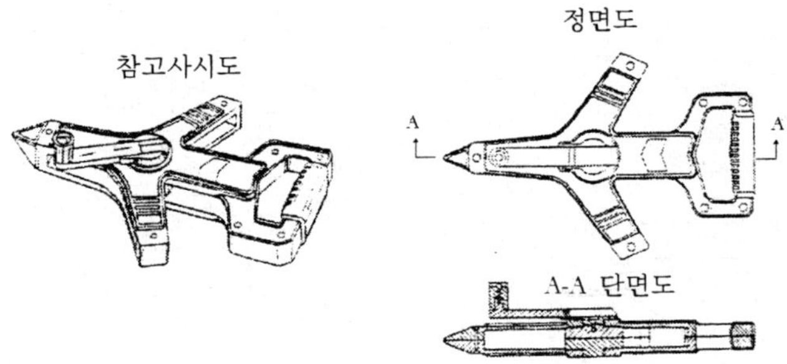

◦ 절단부 단면도

<예> – 카세트 테이프 시이트(91후1595 디자인등록무효사건, 인용디자인)

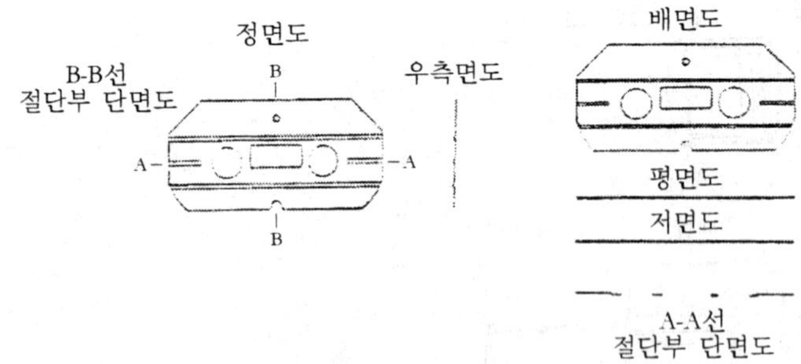

◦ 사용상태 단면도

<예> – 원심 펌프용 디스크(디자인등록 제69225-1호)

사용상태의 단면도 | 사용상태도 | 사시도

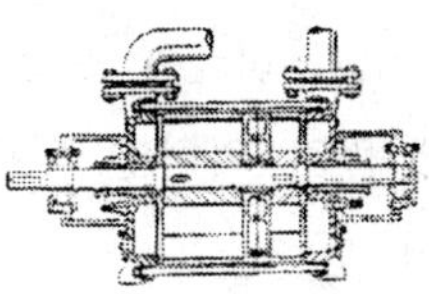
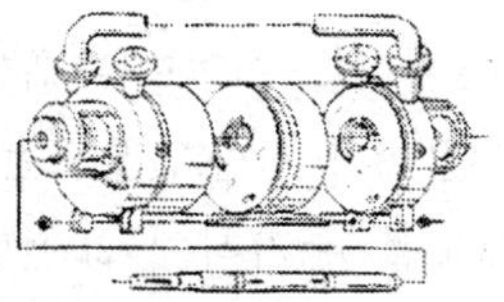
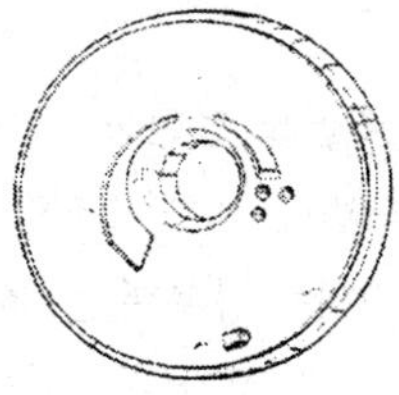

– 배수용 트랩(디자인등록 제68154호)

사용상태 단면도 | 참고사시도

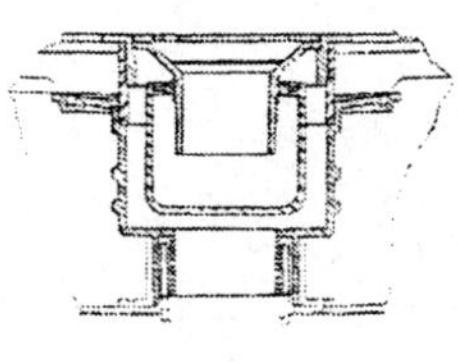
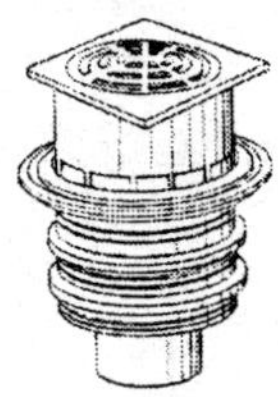

◦ 참고사용상태의 확대단면도

– 당김고리가 연결된 병뚜껑 오픈구(디자인등록출원 제85-2165호)

참고사용상태의 확대단면도

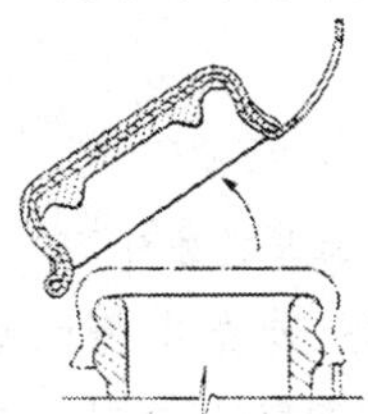

참고사시도

◦ 서류파일 결합부분 확대도 및 확대단면도

– 지철구(디자인등록 제67120호)

서류파일결합부분 확대도 | 서류파일결합부분 확대단면도 | 참고사시도 | 정면도 | 배면도

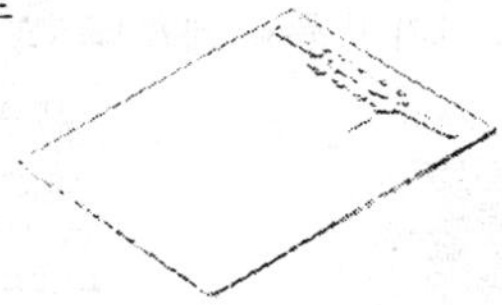
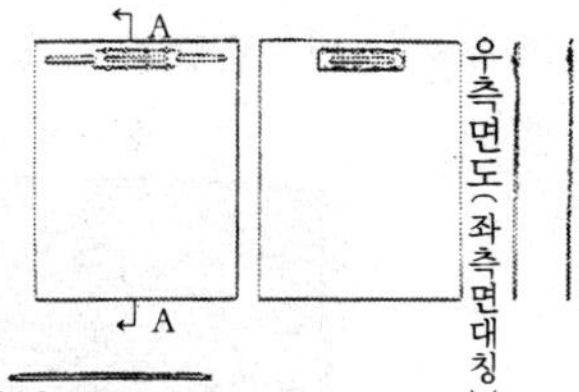

우측면도(좌측면대칭)

A–A선단면도

평면도(저면대칭)

◦ 확대단면도

– 플로트밸브(디자인등록 제134513호)

A-A'선 확대 단면도 | 우측면도 | 사시도

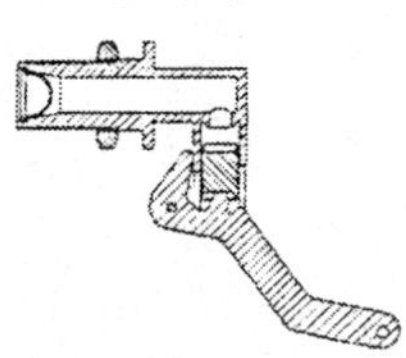

⑥ 전개도

정투상도법의 6면도(정면도·배면도·평면도·저면도·우측면도·좌측면도에 의한 1조의 도면, 이하 "정투상도법에 의한 1조의 도면"이라 한다)만으로는 물품의 외형인 외주면을 충분히 나타낼 수 없는 경우에는 전개도를 추가하여 표현한다.

<예> – 세제포장용 상자(디자인등록 제62553호>

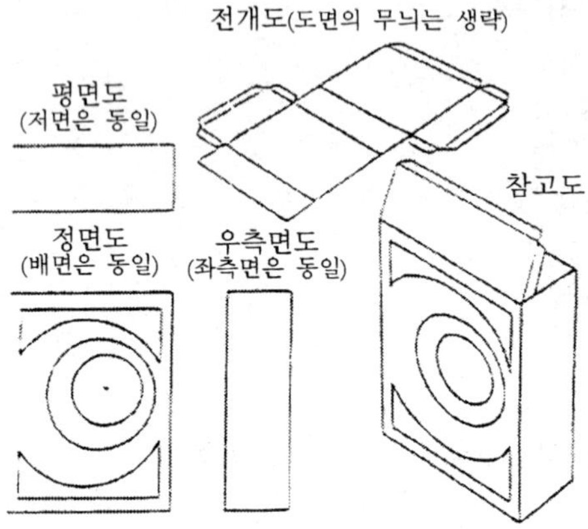

⑦ 확대도

디자인을 나타내는 도면의 용지는 가로 210㎜, 세로 297㎜(보존용지(2종) 70g/㎡)의 A4용지 1장에 1조의 도면을 작성하여야 하는 바, 그 규격에는 물품의 형태를 충분히 표현할 수 없는 경우 1조의 도면 외에 확대도(일부확대도를 포함한다. 이하 같다)를 추가하여 표현한다. 다만, 일부확대도를 추가할 때에는 그 확대개소를 당해 부분확대도의 원도면에 쇄선으로 나타내어야 하며 이때 쇄선은 도형 중에는 기입하지 아니한다.

◦ 일부확대사시도

<예> – 빙판깔판용 호오스(디자인등록 제99058호)

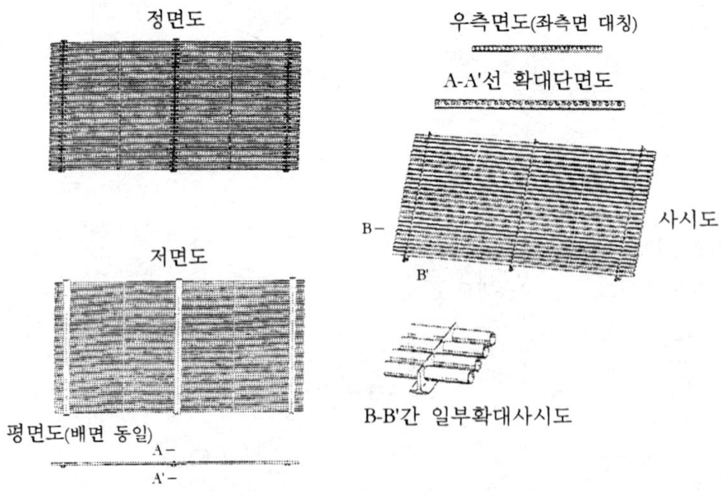

◦ 일부확대도

<예> – 등주(디자인등록 108613호)

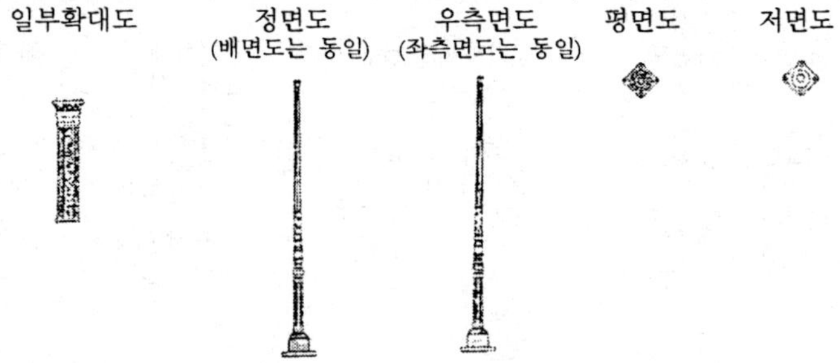

⑧ 사시도

디자인을 나타내는 도면은 수직인 투상(投象)에 의해 얻어지는 도면을 기본으로 하지만 그것만으로는 물품의 형태를 충분히 나타낼 수 없는 경우 또는 충분히 나타내기 위해서는 꽤 많은 도면을 필요로 하는 경우가 많다. 이러한 경우 물품의 형태를 경사진 방향으로 사시도를 추가하여 표현한다.

◦ 사시도

<예> – 프레임골조(디자인등록 제13973호)

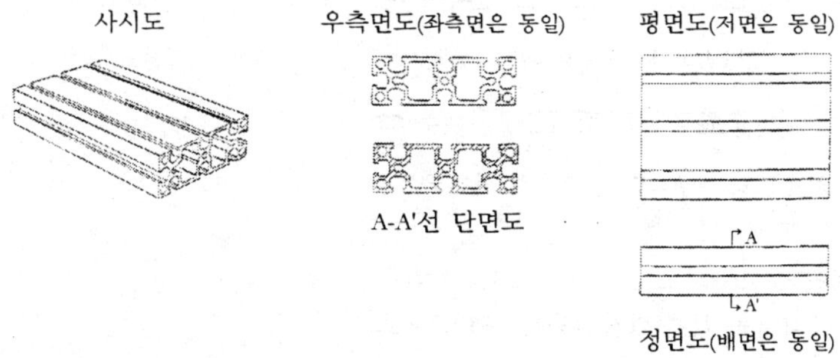

◦ 참고사시도 · 일부(분리) 참고사시도 등

<예> – 참고사시도 등

• 석쇠(디자인등록 제67709호)

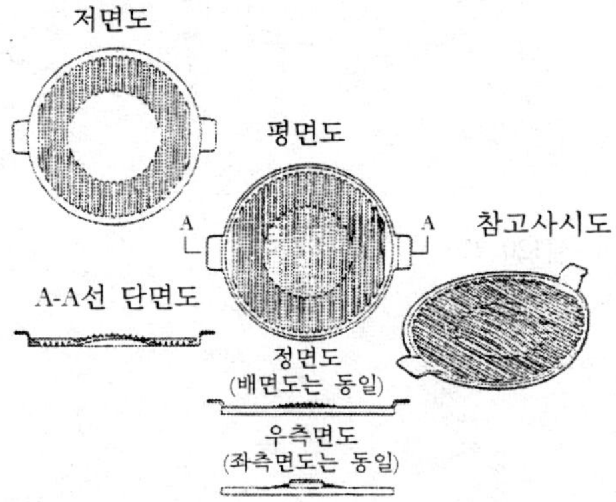

• 인형완구(디자인등록 제68513호)

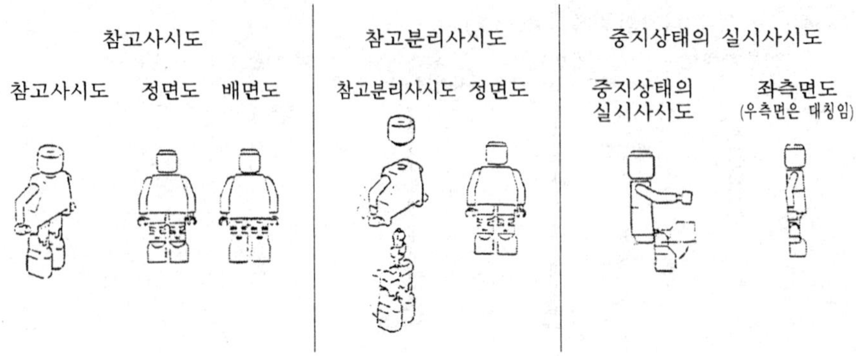

– 일부 절개한 참고사시도

• 식별구역 표시등(디자인등록 제122399호)

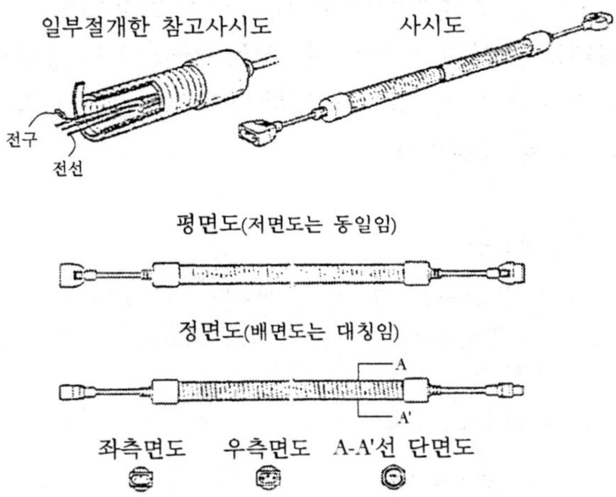

– 저면을 보인 참고사시도

• 실내 장식대용 블록(디자인등록 제102746호)

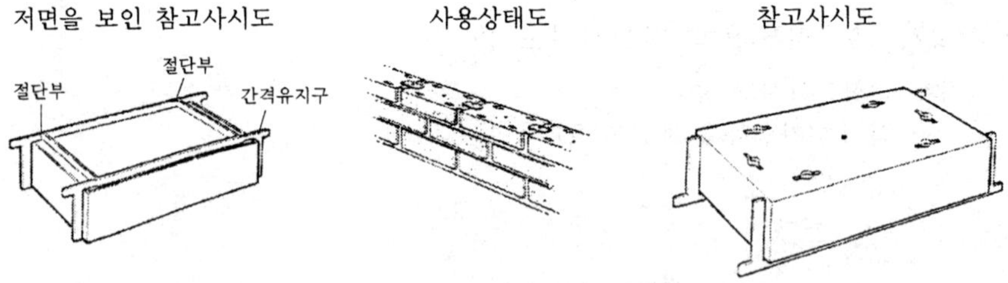

◦ 분해사시도

<예> – 지반구축용 파일(디자인등록 제120121호)

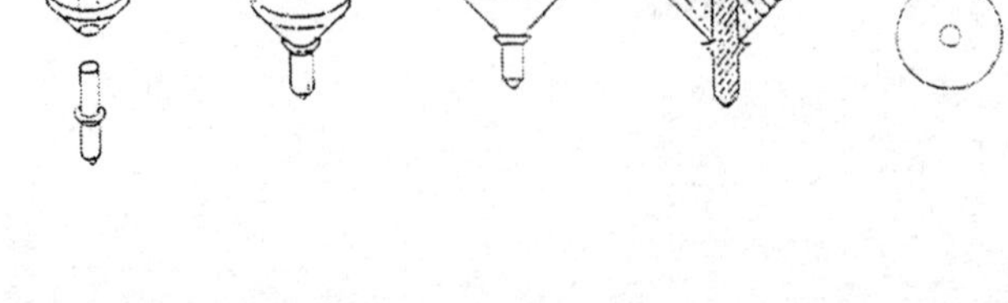

– 체육관 마루받침용 방진고무(디자인등록 제58156호)

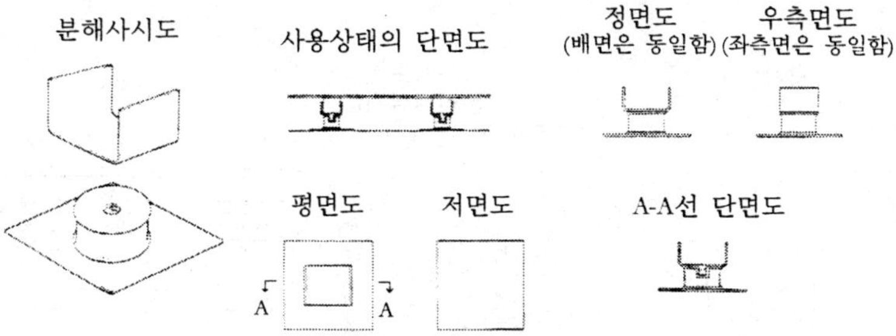

◦ 참고 사용상태 사시도

<예> – 플로트 밸브(97후1634 디자인등록무효사건, 인용디자인)

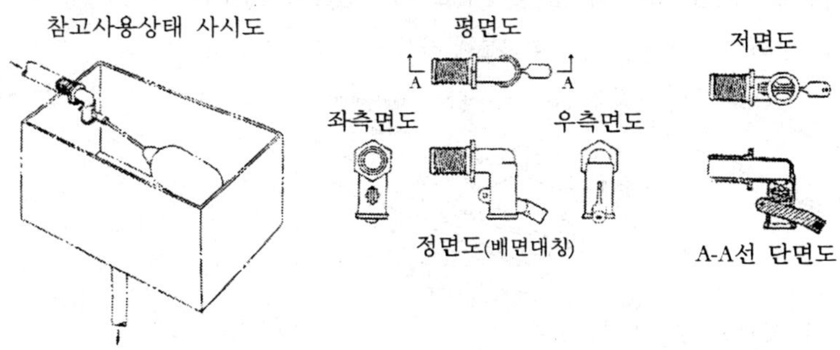

◦ 뚜껑을 닫은 상태인 사시도

<예> – 볼펜(디자인등록 제64724호)

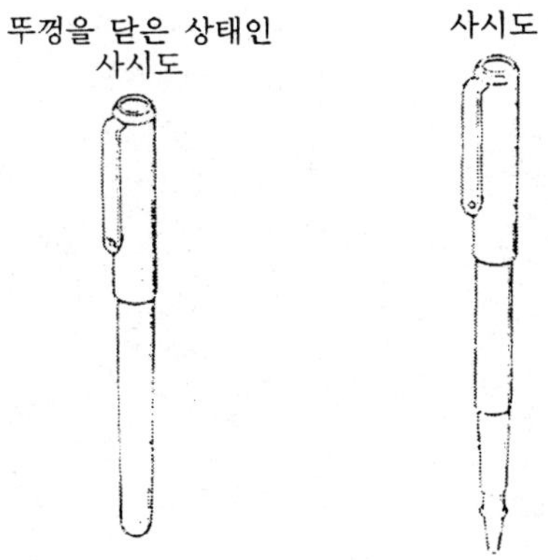

◦ 사시도(집합배열시) · 사시도(분리배열시)

<예> – 책상

사시도 (집합배열시) 사시도 (분리배열시) 정면도

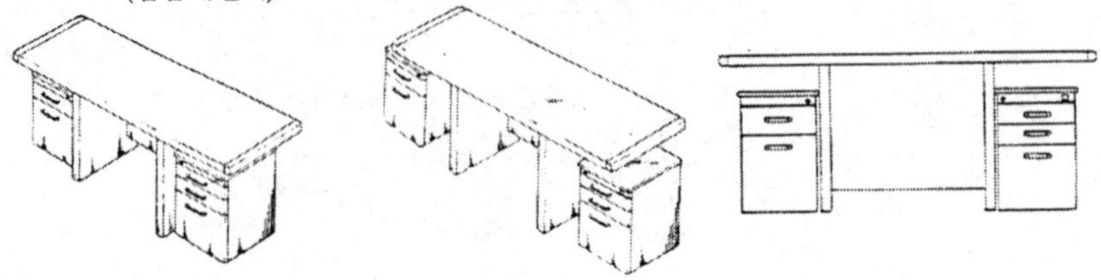

◦ 참고 분해 사시도

<예> – 전선보호관(97후891 디자인등록무효사건, 인용디자인)

사시도 참고분해 사시도

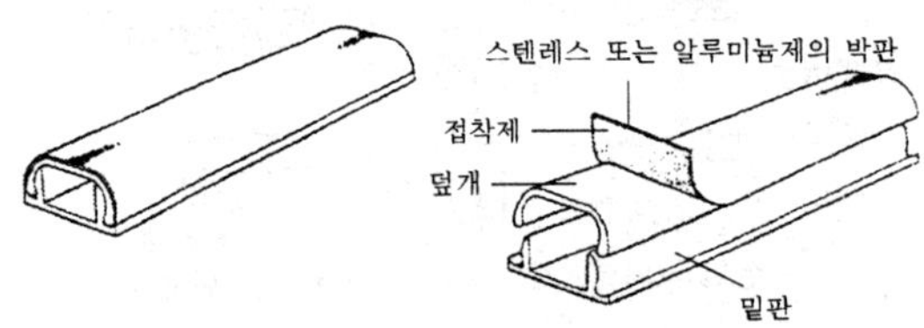

◦ 뚜껑이 열린 상태의 참고 사시도

<예> – 립스틱 용기

뚜껑이 열린 상태의 참고사시도 사시도

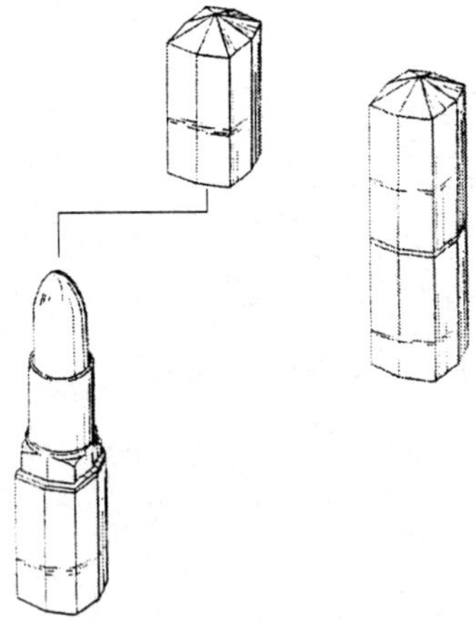

◦ 참고 분리 사시도

<예> – 양계용 급수기(디자인등록 제48427호)

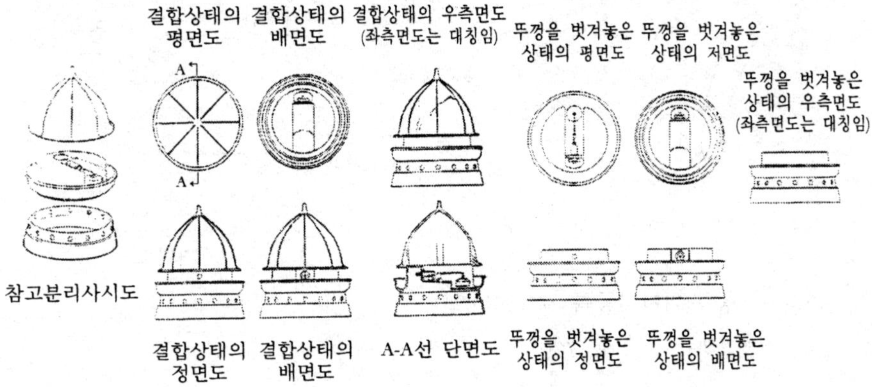

◦ 요부 확대 사시도

<예> – 폐류채취기[대법원 1994. 6. 28. 선고 93후756판결(적극적 권리범위 확인의 소판결 : 파기환송]

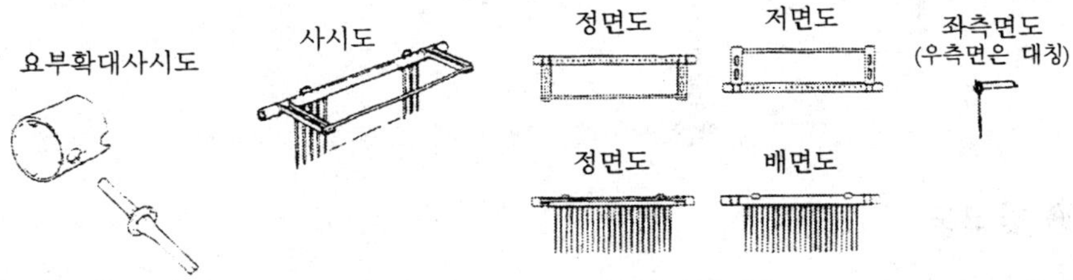

⑨ 상태도

정투상도법에 의한 6면도 또는 표면도·이면도에 의한 도시로는 디자인의 표현이 부족한 경우 단면도·확대도·전개도·사시도를 추가 도시하여 표현보충을 하였으나 그것만으로도 만족하지 않는 경우 디자인의 대상이 되는 물품의 사용상태를 그려 표현하는 것이 필요하다.

◦ 사용상태도

<예> – 울타리용 장식구

– 파일(디자인등록 제105588호)

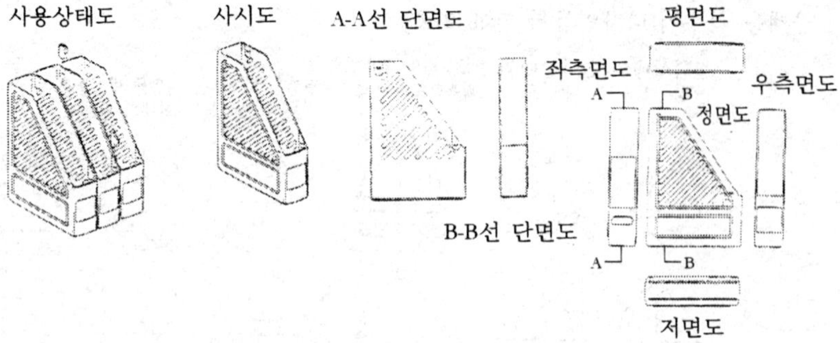

<예> – 등주(디자인등록 제108613호)

사용상태도 사시도

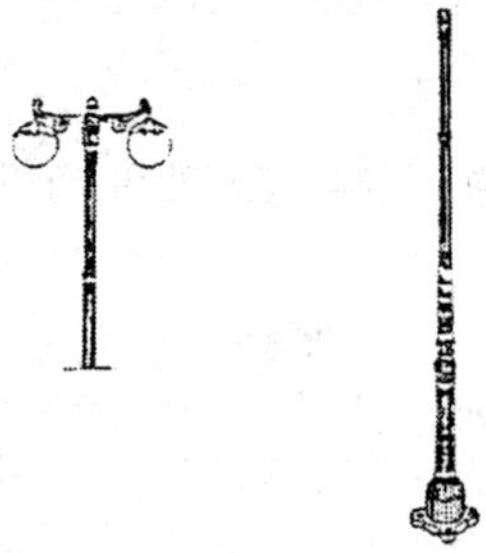

⑩ 참고도

참고도라 함은 디자인을 쉽게 파악, 이해하는 데 도움을 주기 위한 도면으로서 물품의 형태를 직접 규정하는 디자인의 형태상의 요부를 표현하는 도면을 의미하는 것은 아니다. 물품의 형태는 모두 위와 같이 1조를 이루는 ⅰ) 정투상도법의 6면도, ⅱ) 표면도·이면도의 2면도 또는 ⅲ) ⅰ), ⅱ)의 일부도면과 그 밖의 필요한 확대도·전개도·사시도·단면도·절단부 단면도 등에 의해 구성된다. 따라서 디자인의 이해를 돕기 위해 위 ⅰ) 내지 ⅲ)의 도면 외에 디자인등록출원서에 첨부도면으로 다음의 예시와 같이 디자인의 대상이 되는 물품의 사용상태를 나타내는 도면 그밖의 참고도를 추가할 수 있다.

◦ 당김고리가 연결된 병뚜껑 오픈구

– 사용상태를 나타내는 참고도(디자인등록출원 제91-5288호)

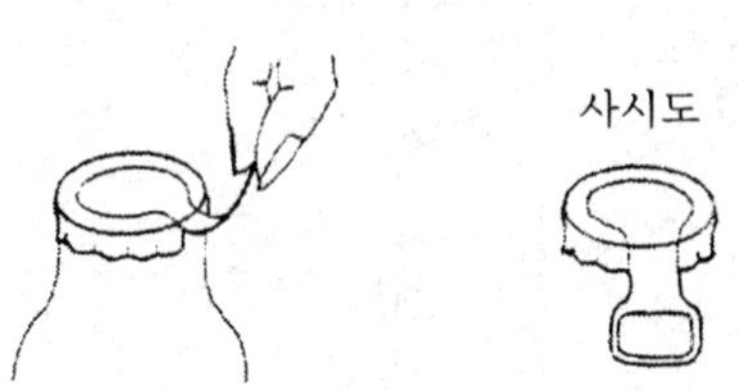

◦ 빙판깔판용 호오스

– 보관시 상태를 나타내는 참고도(디자인등록 제99058호)

사시도

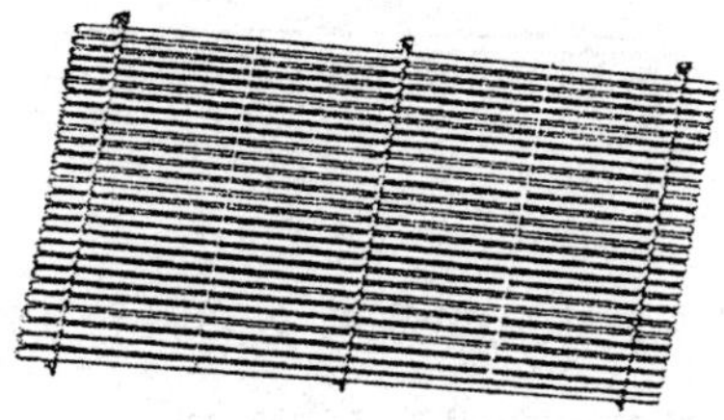

◦ 플로트 밸브

– 사용상태를 나타내는 참고도(디자인등록 제134513호)

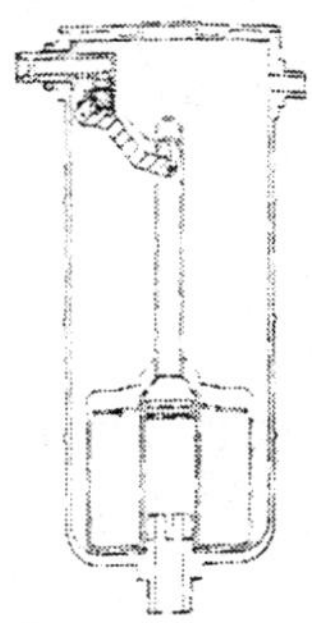

사시도

◦ 실내장식용 블럭

– 사용예시도(디자인등록 제102746-1호)

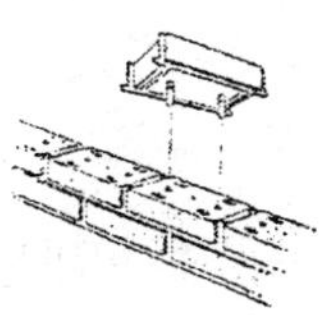

저면을 보인 참고사시도

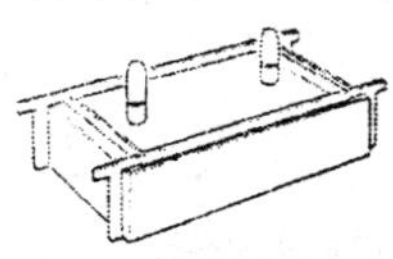

평면도

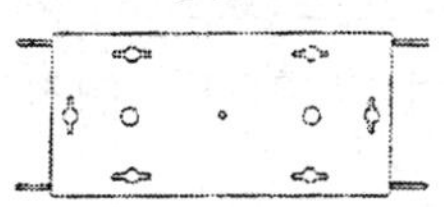

참고사시도

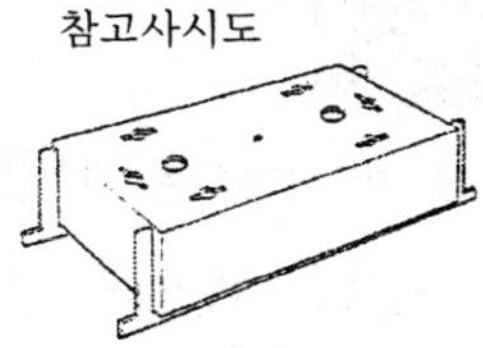

⑪ 생략도법

봉재(棒材), 선재(線材), 판재(板材), 관재(管材) 등의 형상이 연속되거나 또는 바탕모양이 반복하여 연속되는 것을 표현하는 도면은 그 연속 또는 반복하여 연속되는 상태를 분명히 구분되는 부분에 대하여 작성한다. 다만, 구분할 수 있는 부분이 분명하지 아니하고 연속되는 경우에는 예외로 할 수 있다.

즉 디자인의 대상이 되는 물품의 형상이 연속된 경우 다음의 예시와 같이 도시하고 그 취지를 디자인의 설명란에 기재한다. 이 경우 단위모양이 1.5회 이상 반복되어야 한다.

◦ 좌우연속 디자인의 생략도면

– 창틀용 골재(디자인등록 제77753호)

좌측면도 (우측면 대칭) 정면도 평면도 참고사시도

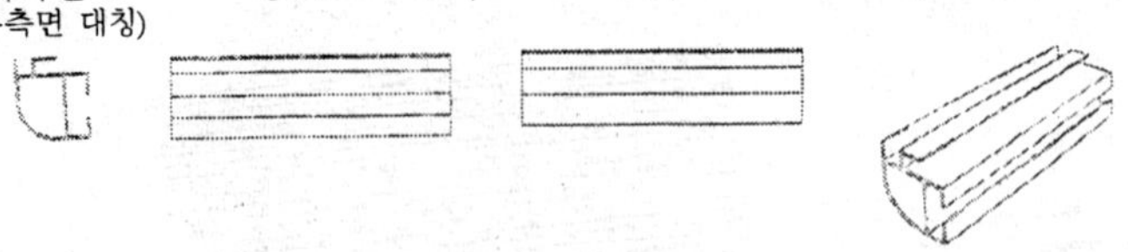

[디자인설명] 이 디자인은 정면도에 있어 좌우로 연속하는 것이다.

◦ 상하좌우 사방연속 디자인의 생략도면

– 직물지·벽지·비닐지

표면도

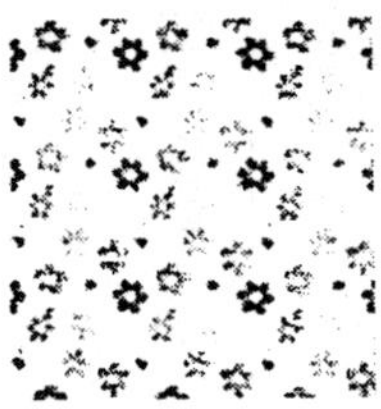

[디자인설명] 이 디자인은 표면도에 있어 상하좌우 사방으로 연속하는 것이다.

◦ 세폭레이스지(일본디자인등록 제617860호)

표면도

[디자인설명] 이 디자인은 상하로 연속하는 것이다.

◦ 평면적인 물품을 표현하는 도면이 2면도(표면도 및 이면도) 중 이면도가 무모양인 경우에는 이면도를 생략할 수 있으며 그 취지를 디자인의 설명란에 기재한다.

– 2면도중 무모양 이면도 생략

• 비닐지(디자인등록 제130006호)

표면도

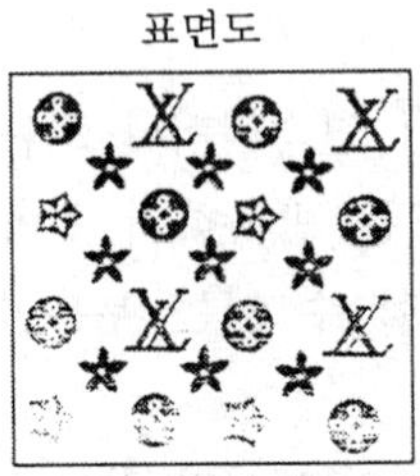

[디자인설명] 이 디자인의 이면도는 무모양이다.

◦ 입체적인 물품을 표현하는 도면이 정투상도법에 의한 6면도 중 그 일부인 저면도가 무모양인 경우에는 그 저면도를 생략할 수 있으며, 이 경우 그 취지를 디자인설명란에 기재하여야 한다.

– 6면도중 무모양 저면도 생략

• 아래 모양의 다공성 평직포를 부직포 위에 접착한 형상과 모양의 결합디자인

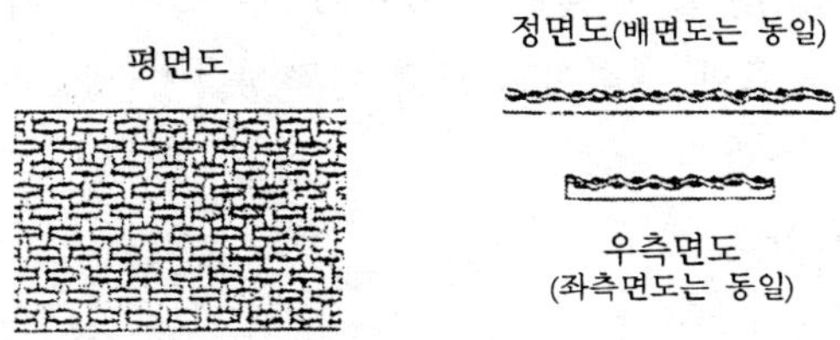

[디자인설명] 이 디자인은 저면도에 있어 무모양이다.

◦ 생략개소의 표시(1점 쇄선)

– 식물용 지주(디자인등록 제115137호) - 욕실천장판재(디자인등록 제114872호)

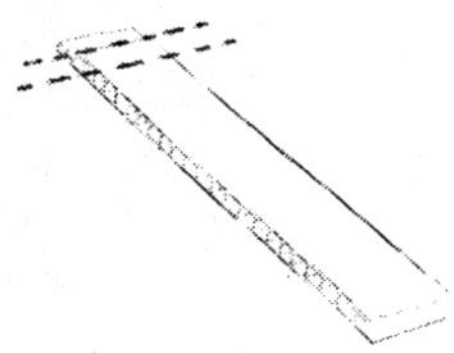

– 호오스(디자인등록출원 제87-12435호)

[디자인설명] 이 디자인은 연속 또는 반복하여 좌우(또는 상하)로 연속하는 것으로서 그 연속되는 상태를 분명히 알 수 있는 부분에 1점의 쇄선표시를 한 것이다.

– 호오스 – 식물용 지주(디자인등록출원 제93-12526호)

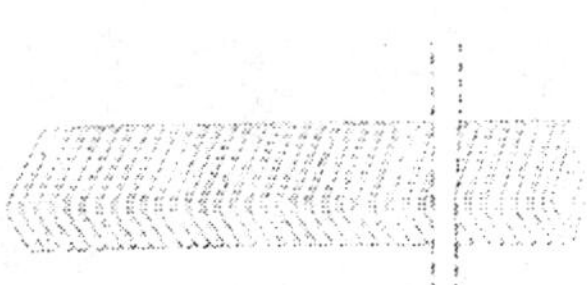

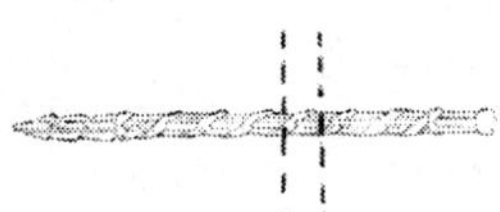

[디자인설명] 이 디자인은 연속되는 상태를 알 수 있는 부분이 분명하지 않아 그 연속부분에 1점의 쇄선표시를 한 것이다.

(3) 특수디자인의 표현

1) 분리할 수 있는 물품

루즈(rouge)와 뚜껑, 책상과 서랍, 쟁반과 그릇, 솥과 뚜껑과 같이 분리할 수 있는 물품으로서 그 조합된 상태에서는 디자인을 만족하게 표현할 수 없는 것에 대해서는 조합상태의 도면 외에 각각의 구성물품에 대하여도 도면을 작성하여 제출한다.

◦ 분리할 수 있는 물품 : 루즈와 뚜껑

조합상태도

분리상태도

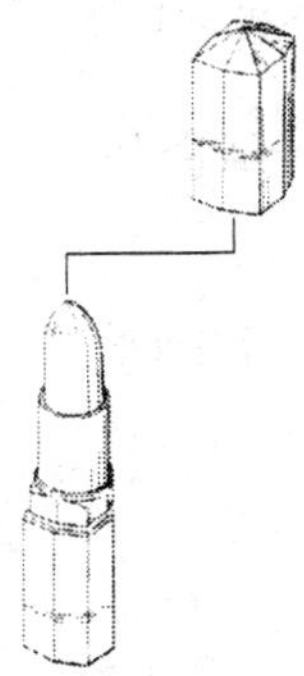

2) 연결, 적립하여야 하는 물품

ⅰ. 울타리의 장식물품처럼 그것을 구성하는 구성각편의 도면만으로는 사용상태를 만족하게 표현할 수 없는 것에 대해서는 그 완성된 상태를 나타내는 사용상태의 추가도면의 제출이 필요하다.

◦ 울타리용 장식구

사시도

사용상태도

(가)

(나)

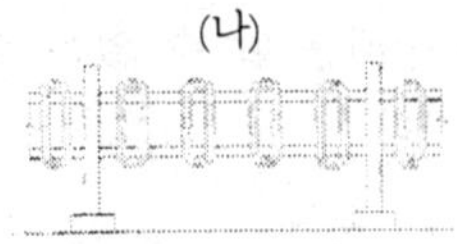

ⅱ. 블록이나 벽돌처럼 쌓는 것으로서 쌓은 상태의 도면만으로는 분해된 낱장의 상태를 만족하게 표현할 수 없는 것에 대해서는 그 구성 각편의 사시도를 추가 작성하여 제출하는 것이 필요하다.

◦ 실내장식용 블록

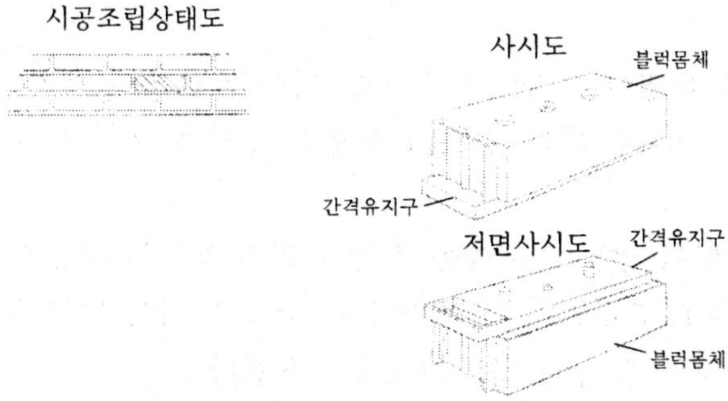

3) 동적, 개폐적 디자인

움직임, 열리고 닫힘 등의 디자인[19]으로서 그 움직임, 열리고 닫힘 등 디자인 변화의 전후상태의 도면이 없을 경우 그 디자인을 만족하게 표현할 수 없는 것에 대하여는 그 움직임, 열리고 닫힘 등의 변화의 전후상태를 표현한 도면을 작성하여 제출한다.

◦ 움직임, 열리고 닫힘 등의 카메라(일본디자인등록 제548348호)

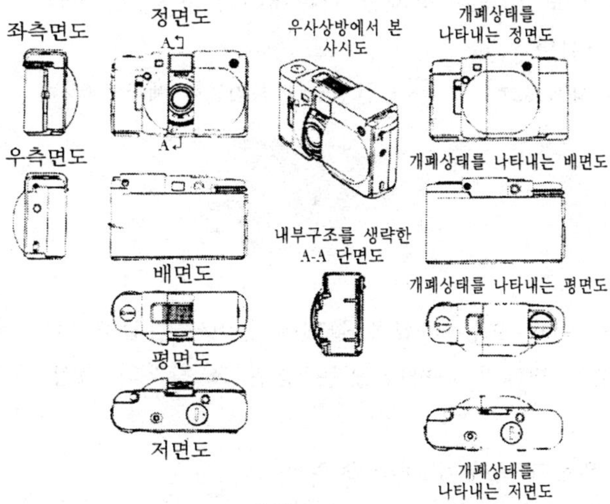

19) 여기에서 말하는 이른바 동적디자인은 그 물품의 형상 등 그 자체가 물품의 기능에 기초하여 변화하는 경우를 말하는 것으로서, 단순히 도면상의 표현(기재되는 도형)이 변하는 것이나 단순히 위치적 변화에 불과한 것은 해당되지 않는다.
디자인은 물품의 형태로서, 그 물품의 속성도 포함한 형태로서 관념되고 표현된다. 따라서 물품의 형태로서 용지 위에 기재, 고정된 도면(도형)은 결코 그것에 한정되는 고정적인 물품의 형태(외계적 존재방법)를 나타낸 것은 아니다. 그 도면은 그 물품의 속성에 의해 당연히 외계와 구획되는 형상의 변화(대개는 위치적인 변화)를 전제로 하고 있다(제3장 제2절 Ⅱ. 2. (2) 4) 형상의 정형성 참조). 따라서 그 물품의 속성에 의해 당연히 일어나는 형태의 변화(이를테면 찬장의 여닫이문이나 절첩식 의자처럼)까지 기재를 요하는 것으로 하고 있지는 않다. 여기서 규정하는 바는 이런 속성에 의한 변화를 넘는, 당해 디자인 고유의 변화 또는 당연히는 상도(想到)할 수 없는 형태의 변화가 나타나는 경우, 그 변화의 전후 상태까지도 나타내도록 요청하는 것이다.
동적 디자인에 있어서는 변화하는 형태 그 자체가 디자인의 요부를 이루고 또 창작의 요점이기도 하므로 이들이 변화하는 태양이 충분히 표현되어 있을 것이 요청된다(齊藤瞭二 著, 鄭泰連 譯, 意匠法, 1993, 세창출판사, 438~440면.

4) 투명한 디자인

물품의 전부 또는 일부가 투명한 디자인의 도면은 다음과 같은 요령에 따라 작성한다. 그리고 전부투명 또는 일부투명의 경우 그 투명한 부분에 대한 설명을 출원서에 기재한다.

i . 바깥쪽 둘레에 색, 모양이 없는 경우에는 속까지 환히 보이는 부분(이하 "투명한 부분"이라 한다)을 그대로 표현한다. 만약 바깥이 면으로 되어 있고 그 면에 환히 비쳐보이는 형상·모양 등이 있으면 그대로 표현한다.

◦ 분수대가 내장된 어항(디자인등록 제90207호) – 램프

ii. 바깥쪽 둘레의 바깥면, 안면 등의 어느 한 곳에 모양 또는 색채가 나타나 있는 경우 뒷면 또는 밑면의 모양 또는 색채를 나타내지 않고 앞면 또는 윗면의 모양 또는 색채만을 표현한다.

◦ 믹서용기(디자인등록 제49362호) – 천정등(디자인등록 제138586호)

iii. 바깥쪽 둘레의 바깥면, 안면 또는 바깥쪽 둘레에 둘러싸인 안쪽 어느 곳 2군데 이상에 형상, 모양 또는 색체가 나타나 있는 경우 그 각각의 형상, 모양 또는 색채를 표현한다.

◦ 조명용 확산투광판(일본디자인등록 제436796호)[20)]

정면도 우측면도 배면도 A-A선 단면도

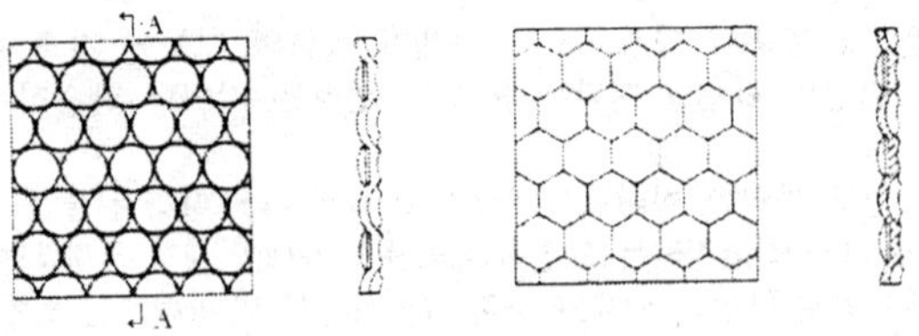

평면도

20) 齊藤暸二 著, 鄭泰連 譯, 意匠法, 세창출판사, 1993. 10., 441면 참조.

5) 그 밖에 관용에 따른 디자인의 표현

① 암수 1쌍인 물품의 표현

암컷과 수컷 1쌍이 하나의 물품을 구성하는 것은 통상 조합에 의한 물품이다. 따라서 조합된 상태를 기본으로 하여 도면을 작성하고, 그 밖에 암수 각각의 구성부분에 대해서도 도면을 작성하여야 한다. 그러나 실무상 암수 각각의 구성부분에 대한 도면만의 제출도 관용되고 있어 가능하다.

◦ 볼 펜(디자인등록 제64724호)

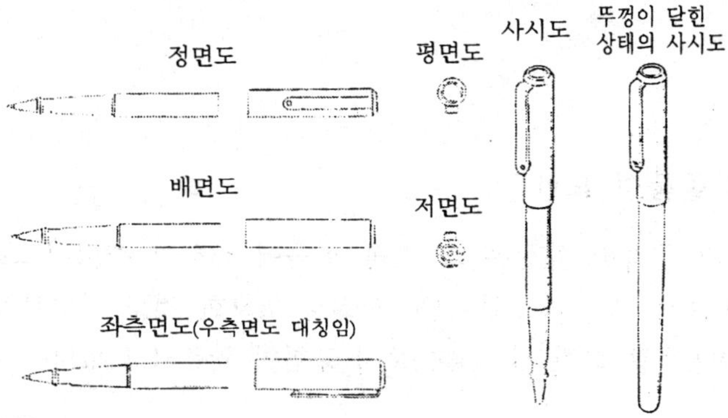

◦ 시계줄(일본디자인등록출원 제616308호)

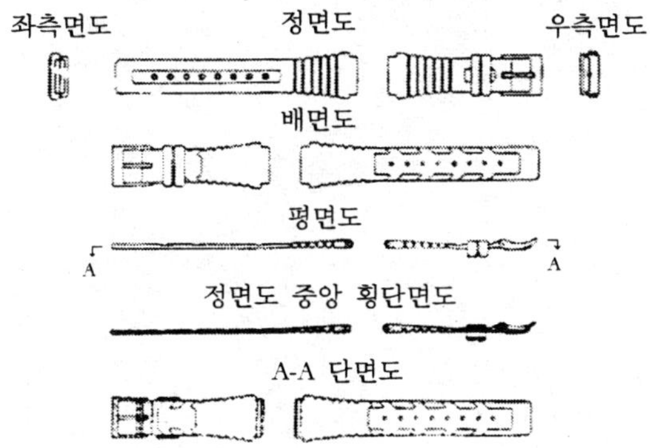

② 좌우 1쌍인 물품의 표현

신발, 장갑, 양말 등은 좌우가 하나의 물품이 되어 1디자인으로 표현되므로 이 경우 형태가 대칭적이므로 어느 한 쪽 만의 도면 제출이 관용되고 있다.

다만, 출원서에 이를 설명하여야 함은 물론이다.

◦ 운동화(디자인등록 제119097호)

◦ 골프용 장갑(출원 제93-211호)

◦ 슬리퍼(디자인등록 제151513-01호)

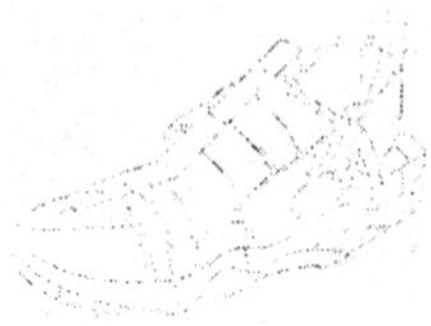

③ 망얽이, 털꽂이 물품의 표현

망얽이나 털꽂이 등의 물품의 표현은 그 한올 한올에 대하여 형상선으로 표현해 내기는 어려울 뿐만 아니라 그리 중요한 것도 사실상 필요한 것도 아니므로 선(점선, 쇄선을 포함한다. 이하 같다)으로 그린 선묘(線描)로의 표현이 관용되고 있다.

i. 망얽이 물품의 표현

◦ 광주리(디자인등록 제35546호)

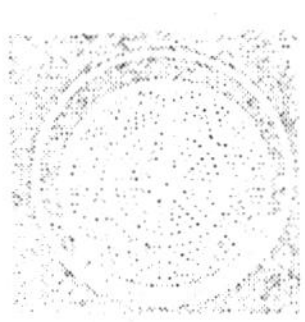

◦ 광주리(인용디자인 “가”호 디자인)

◦ 석쇠(디자인등록 제45308호)

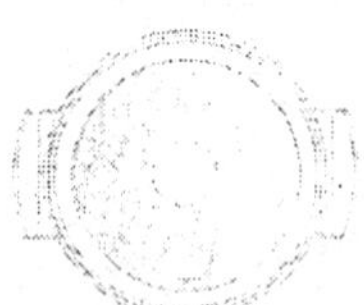

◦ 소쿠리

◦ 속옷 수장용 백(디자인등록 제140351-1호)

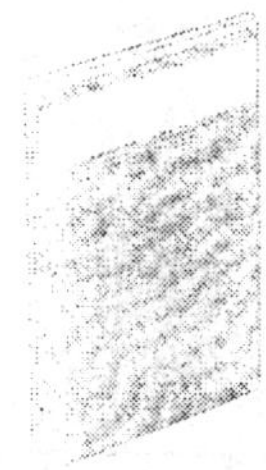

ⅱ. 털 심음(꽂이) 물품의 표현

◦ 칫솔(디자인등록출원 제91-15417호)

◦ 풀칠용 붓(일본디자인등록 제614827호)

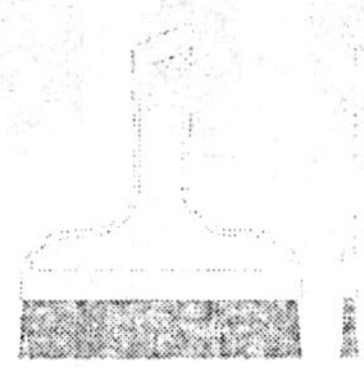

④ 포갬(겹침) 물품의 표현

아래 예시의 바구니와 같이 포갠(겹친) 부분이 있는 경우, 각각의 빈틈을 통해 보이는 부분을 표현할 경우 알기가 어려울 수도 있기 때문에 이러한 경우에는 전반의 정면도, 후반의 배면도 등과 같이 앞 또는 위의 형태만을 표현하는 각 도면의 작성제출이 관용되고 있다.21)

◦ 벌레바구니(벌레통)(일본디자인등록 제350465호)

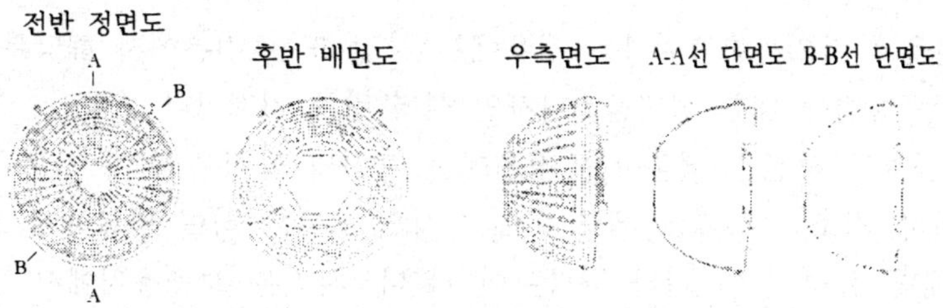

⑤ 트럼프 등의 표현

트럼프, 화투, 장기 등은 일정한 개수의 구성물품으로 되지만 그 형태는 공통이므로 그 구성물품 모두 도면으로 작성할 필요는 없고 공통되는 부분에 대해서는 생략하고 설명으로 갈음할 수 있다.

21) 齊藤瞭二 著, 鄭泰連 譯, 意匠法, 세창출판사, 1993년, 445면.

다음의 예와 같이 트럼프에 있어서는 1조 53매 가운데 스페이드, 클로버, 하트, 다이아몬드의 각 킹, 퀸, 잭, 에이스 및 조커의 표면과 1장의 이면을 도시하고 다른 도면은 설명하여 도면에 의한 표현을 생략한다.[22]

◦ 트럼프(일본디자인등록 제392701호)

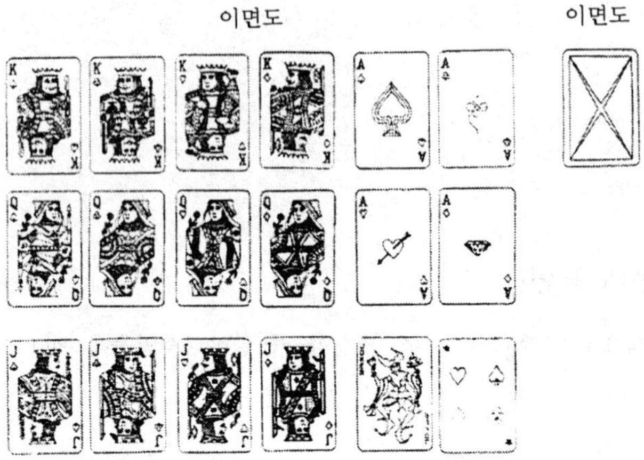

2. 사진·견본

디자인심사등록출원서 또는 디자인무심사등록출원서에는 각 디자인에 관한 i) 디자인의 대상이 되는 물품, ii) 디자인의 설명 및 창작내용의 요점, iii) 디자인의 일련번호(복수디자인 등록출원하는 경우에 한한다)를 기재한 도면을 첨부하여 제출하여야 하나, 그 도면에 갈음하여 디자인의 사진 또는 견본을 제출할 수 있다(법 9③).

(1) 입체디자인

1) 부분디자인을 디자인등록출원하는 경우에는 사진 또는 견본에서 해당부분을 특정하고 있는 방법에 대한 설명을 "디자인 설명"란에 기재한다.
2) 도면에 갈음하여 사진을 제출하는 경우에는 사진의 규격은 최대 가로 10㎝×세로 15㎝ 이하, 최소 가로 7㎝×세로 10㎝ 이상의 크기로 하여 명료하게 표현되도록 하며 배경·음영 등이 나타나서는 아니된다. 사진은 보조용지에서 떨어지지 아니하도록 부착하며 다음 예와 같이 해당 도면 식별항목의 다음 행에 "도면대용 ○○면 사진"이라고 기재한다.

   (예) 〔배면도〕

   도면대용 ○○면 사진

---

22) 齊藤瞭二 著, 鄭泰連 譯, 意匠法, 세창출판사, 1993년, 443~445면.

해당 사진

3) 도면에 갈음하여 사진 또는 견본을 제출하는 경우에는 i) 쉽게 파손되거나 변경·변질되지 아니할 것, ii) 취급 및 보존이 용이할 것, iii) 용지에 첨부할 경우 떨어질 염려가 없을 것, iv) 견본을 제출하는 경우 견본 1개와 견본의 사진(입체적인 것은 사시도와 6면도 사진, 평면적인 것은 표면도와 이면도 사진) 각 1통을 각각 별지 제4호 서식에 첨부할 것 등과 같은 요건을 갖추어야 한다.

(2) 평면디자인

1) 부분디자인

i. 부분디자인을 견본으로 출원하는 경우에는 해당 디자인의 대상이 되는 물품의 전체디자인 중 부분디자인으로 디자인등록을 받고자 하는 부분 이외의 부분에 대해서는 검정색 등 무채색으로 칠하여 부분디자인으로 등록을 받고자 하는 부분을 명확히 특정한다.

ii. 부분디자인을 사진으로 출원하는 경우에는 해당 디자인의 대상이 되는 물품의 전체디자인 중 부분디자인으로 디자인등록을 받고자 하는 부분 이외의 부분에 대해서는 검정색 등 무채색으로 칠하여 부분디자인으로 등록을 받고자 하는 부분을 명확히 특정한 다음 이를 촬영한 사진을 출원한다. 다만 전체디자인이 검정색 등 무채색만으로 구성되어 있어 무채색으로 칠하여 부분디자인으로 등록받고자 하는 부분을 명확히 특정하기 곤란한 경우에는 유채색을 이용할 수 있다.

iii. 부분디자인을 출원하는 경우에는 사진 또는 견본에서 해당 부분을 특정하고 있는 방법에 대한 설명을 "디자인의 설명"란에 기재한다.

2) 참고사항

i. 도면에 갈음하여 사진을 제출하는 경우에는 위의 "2. (1) 입체디자인 2)"의 방식 및 요령과 같으므로 이를 참고하기 바란다.

ii. 도면에 갈음하여 사진 또는 견본을 제출하는 경우에는 위의 "2. (1) 입체디자인 3)"의 요령(요건)과 같으므로 이를 참고하기 바란다.

즉, "디자인보호법 시행규칙 제4호 서식 및 제5호 서식 기재요령 1의 라"에 의하면 "도형 내에는 중심선, 기선, 수평선, 음영 등을 표시하기 위한 세선 또는 농담, 내용의 설명을 하기 위한 지시선, 부호 또는 문자를 기입할 수 없다. 다만, 사시도에 음영을 가할 경우에는 모양과 혼동되지 아니하는 범위 안에서 세선, 점 또는 농담 등을 제한적으로 사용할 수 있다"고 규정하고 있다. 따라서 디자인을 나타내는 도면의 작성에 있어서는 공업제품에 일반적으로 적용되고 있는 공업규격 제도법을 기초로 디자인보호법 시행규칙이 정하고 있는 위와 같은 사용금지선 등을 제외하고는 이에 따라 디자인의 도면을 작성할 수 있다.

iii. 사용할 수 없는 선

디자인보호법령에 의한 디자인도면의 작도법상 음영선을 사용하여 입체를 표현할 수 없다. 그러나 미국과 같은 나라에서는 우리나라, 일본 등 국가가 디자인 도면작성에 사용을 금지하고 있는 이러한 음영선을 사용하여 입체를 표현한다. 이처럼 도면의 작성에서 단면도의 절단개소를 나타낼 때 사용하는 선 이외의 선 등의 사용을 원칙적으로 금지하는 것은 도면의 기재가 직접적으로 디자인인정의 자료를 구성하기 때문에 도형 중에 디자인 구성요소 이외의 것을 기재해서는 아니되기 때문이다.

Ⅳ. 그 밖의 제출서류

디자인등록을 받기 위하여 특허청장에게 제출하는 서류는 기본적으로 앞에서 설명한 1. 디자인등록출원서, 2. 도면(사진, 견본을 포함한다. 이하 같다)이고 그 밖에도 법령에 의하여 반드시 제출하여야 하는 서류와 특허청장의 필요에 따라 요구되는 서류의 제출이 있다.

1. 법령에 따른 제출서류

(1) 공동출원인인 경우

디자인등록을 받을 수 있는 권리가 공유인 경우에는 공유자 전원이 공동으로 디자인등록출원을 하여야 한다(법 10). 이러한 공동출원의 경우에 공유자 지분에 관한 규정을 두었을 때(공유자의 지분을 규정하고 있을 때), 즉 공유자 각각의 지분에 차이가 있을 때, 또 디자인권 실시에 대해 별단의 규정을 두었을 때, 즉 각 공유자의 디자인(유사디자인을 포함한다. 이하 같다)의 실시에 다른 공유자의 동의를 필요로 하는 특약을 한 경우(법 46③) 이를 디자인등록출원서에 기재하고 그 사실을 증명하는 서면을 제출한다.

또 공동출원인 중 대표자를 선정하였을 때는 대표자 선정 신고서와 그 사실을 증명하는 서면을 제출한다.

(2) 대리인에 의한 출원절차를 밟는 경우

1) 위임대리인에 의한 출원절차의 수행

디자인등록출원에 관한 절차는 출원인의 위임에 의해 대리인이 행할 수 있다. 다만, i) 출원의 변경·포기 또는 취하, ii) 청구·신청의 취하, iii) 거절결정불복심판의 청구, iv) 복대리인의 선임에 관하여는 특별수권을 요한다.

2) 법정대리인에 의한 출원절차의 수행

디자인등록출원에 관한 절차를 법정대리인에 의해 밟도록 법률에서 규정하고 있는 경우, 그 출원에 관한 절차는 그 법정대리인에 의해 밟아야 한다. 즉 미성년자, 금치산자 등의 경우 법정대리인(법 4)이, 재외자의 경우 특허관리인(법 4의3)이 이들 출원인의 대리인으로 디자인등록출원에 관한 절차를 밟아야 한다. 그리고 이들의 경우에는 대리권을 증명하는 서류를 제출하여야 한다.

(3) 우선권 주장의 경우

파리 협약 제4조 D(1)에 따라 디자인등록출원에 대하여 우선권을 주장하고자 하는 자는 디자인등록출원시 디자인등록출원서에 그 취지와 최초로 출원한 국명 및 출원의 연월일을 기재하여야 한다(법 23③). 그리고 출원일부터 3월 이내에 최초로 출원한 국가의 정부가 인정하는 출원의 연월일을 기재한 서면 및 도면의 등본을 특허청장에게 제출하여야 한다(법 23④).

(4) 신규성 상실의 예외규정을 적용받고자 하는 경우

디자인 등록을 받을 권리를 가진 자에 의해 i) 출원전 국내 또는 국외에서 공지되었거나 공연히 실시된 디자인 또는 ii) 출원전 국내 또는 국외에서 반포된 간행물에 게재되었거나 인터넷과 같은 전기통신회선을 통하여 공중이 이용가능하게 된 디자인에 해당하게 된 디자인에 대하여 신규성 상실의 예외규정을 적용받고자 하는 자는 디자인등록출원시 디자인등록출원서에 그 취지를 기재하여 특허청장에 제출하고 이를 증명할 수 있는 서류를 출원일부터 30일 이내에 특허청장에게 제출하여야 한다. 다만, 자기의 의사에 반하여 그 디자인이 위 i) 또는 ii)에 해당하게 된 경우에는 그러하지 아니하다(법 8②).

2. 요구에 따른 제출서류

(1) 출원권 승계의 경우

특허청장은 디자인등록을 받을 수 있는 권리 즉 출원권을 승계한 자의 출원절차에 대하여 필요하다고 인정될 때에는 그 승계인임을 증명하는 서면(양도증과 같은 것)의 제출을 명할 수 있다.

(2) 외국인의 경우

특허청장은 외국인의 출원절차에 대하여 필요하다고 인정될 때에는 i) 그 국적을 증명하는 서면 및 ii) 다음의 서면 중 어느 하나의 서면제출을 명하여야 한다.

1) 그 외국인이 속하는 국가가 파리협약의 동맹국이 아닌 때 또는 우리나라와 디자인보호에 관한 상호보호의 약정국이 아닌 때 국내에 주소 또는 영업소가 있음을 증명하는 서면
2) 파리협약의 동맹국 중 1국의 영역 내에 주소 또는 영업소가 있음을 증명하는 서면
3) 또는 그 외국인이 속하는 국가가 우리나라 국민에 대하여 그 국민과 동일 조건으로 디자인권 그 밖의 디자인에 관한 권리의 향유를 인정하고 있는 국가(평등주의 국가)임을 증명하는 서면
4) 또는 우리나라가 그 국민에 대하여 디자인권에 관한 권리의 향유를 인정하는 경우 우리나라 국민에 대하여 그 국민과 동일 조건으로 권리의 향유를 인정하는 국가(상호주의 국가)임을 증명하는 서면

(3) 외국법인의 경우

외국법인인 경우 법인임을 증명하는 서면을 제출하여야 한다.

Ⅴ. 절차상의 통칙

1. 제출서류의 효력발생시기

디자인보호법 또는 디자인보호법에 의한 명령에 의하여 특허청 또는 특허심판원에 제출하는 출원서·청구서 그 밖의 서류(물건을 포함한다. 이하 이 조에서 같다)는 특허청 또는 특허심판원에 도달한 날부터 그 효력이 발생하는 도달주의를 원칙으로 한다(법

4의26①).

그러나 출원서·청구서 그 밖의 서류를 우편으로 특허청 또는 특허심판원에 제출하는 경우에는 우편물의 통신일부인에 표시된 날이 분명한 경우 그 표시된 날, 그 표시된 날이 불분명한 경우에는 우편물의 수령증에 의하여 증명한 날에 특허청 또는 특허심판원에 도달한 것으로 본다. 다만, 디자인권 및 디자인에 관한 권리의 등록신청서류를 우편으로 제출하는 경우에는 그러하지 아니하다(법 4의 26②).

2. 기간·기일

(1) 기간의 계산

기간의 계산은 다음의 1에 의한다(법 4의13).

1) 기간의 초일은 산입하지 아니한다. 다만 그 기간이 오전 영시부터 시작하는 때는 그러하지 아니하다.
2) 기간을 월 또는 연으로 정한 때에는 역(달력)에 의하여 계산한다.
3) 월 또는 연의 처음부터 기간을 기산하지 아니하는 때에는 마지막 월 또는 연에서 그 기산일에 해당하는 날의 전일로 기간이 만료한다. 다만, 월 또는 연으로 정한 경우에 마지막 월에 해당일이 없으면 그 월의 말일로 기간이 만료한다.
4) 디자인에 관한 절차에 있어서 기간의 말일이 토요일이나 공휴일(근로자의 날 제정에 관한 법률에 의한 근로자의 날을 포함한다)에 해당하면 기간은 그 다음날로 만료한다.

(2) 기간의 연장 등

기간에는 법률에서 정하고 있는 법정기간과 법령에 기초하여 특허청장·특허심판원장·심판장·심사관이 지정하는 지정기간이 있는 바, 이들 기간은 각각 청구에 따라 또는 직권에 의해 연장할 수 있다. 즉 i) 특허청장 또는 특허심판원장은 청구에 따라 또는 직권으로 디자인등록거절결정 또는 디자인등록취소결정에 대한 심판의 청구기간을 1회에 한하여 30일 이내에서 연장할 수 있다.

다만, 교통이 불편한 지역에 있는 자의 경우에는 그 횟수 및 기간을 추가로 연장할 수 있다. ii) 또 특허청장·특허심판원장·심판장 또는 심사관은 디자인보호법에 따라 디자인등록을 받을 수 있는 절차를 밟을 기간을 정할 때에는 청구에 따라 그 기간을 단축 또는 연장하거나 직권으로 그 기간을 연장할 수 있다.

이 경우 특허청장 등은 해당 절차의 이해관계인의 이익이 부당하게 침해되지 아니하도록 단축 또는 연장여부를 결정하여야 한다. iii) 그리고 심판장 또는 심사관은 디자인보호법에 따라 디자인에 관한 절차를 밟을 기일을 정할 때에는 청구에 의하여 또는 직권으로 그 기일을 변경할 수 있다(법 4의14 ① 내지 ③).

또 법정기간에 있어서도 특히 불변기간[23]이라고 정하여진 기간에 대해서는 부가기간[24]을 정할 수 있다(법 75).

3. 절차효력의 승계

디자인권 또는 디자인에 관한 권리에 관하여 밟은 절차의 효력은 그 디자인권 또는 디자인에 관한 권리의 승계인에게 미친다(법 4의17).

4. 절차의 속행

특허청장 또는 심판장은 디자인에 관한 출원·청구 그 밖의 절차(이하 "디자인에 관한 절차"라 한다)가 특허청 또는 특허심판원에 계속 중에 디자인권 또는 디자인에 관한 권리가 이전되면 그 디자인권 또는 디자인에 관한 권리의 승계인에 대하여 그 절차를 속행하게 할 수 있다(법 4의 18).

5. 절차의 정지 및 수계

(1) 절차의 정지

1) 절차의 중단

디자인에 관한 절차가 i) 당사자가 사망한 경우, ii) 당사자인 법인이 합병에 의하여 소멸한 경우, iii) 당사자가 절차를 밟을 능력을 상실한 경우, iv) 당사자의 법정대리인이 사망하거나 그 대리권을 상실한 경우, v) 당사자의 신탁에 의한 수탁자의 임무가 종료한 경우, vi) 2인 이상이 공동으로 디자인에 관한 절차를 밟는 때에는 디자인등록출원의 포기·취하, 신청의 취하, 청구의 취하, 보정각하결정·디자인등록거절결정 또는 디자인등록취소결정에 대한 심판청구를 제외하고는 각자가 전원을 대표하나

---

23) 법정기간의 일종이며 특히 법률(디자인보호법 75)이 불변기간이라고 명시한 기간. 이 불변기간은 소송절차의 질서있는 진행을 기하고자 소송관계인으로 하여금 법정된 기간 내에 소송행위를 행하게 하는 것이다. 만약 이 불변기간을 도과하였을 때에는 이후 당해 소송행위를 하지 못하게 하는 실권의 효과를 낳는다. 불변기간의 특색은 i) 법원이 재량에 의하여 신축할 수 없다는 점, ii) 법원은 재판으로써 부가기간을 정할 수 있다는 점, iii) 일정한 조건하에 소송행위의 추완이 허용되고 있는 점이다.

24) 소송법상(디자인보호법 75) 기간의 신축이 적용되지 않는 불변기간에 관하여 공평을 기하기 위하여 법원이 주소 또는 거소가 원격 또는 교통이 불편한 지역에 있는 자를 위하여 직권으로 불변기간이 붙은 재판과 더불어 또는 그 뒤에 결정으로 정한다. 그러나 당사자에게는 신청권이 없으므로 불복신청을 할 수 없다. 부가기간은 본래의 불변기간과 일체가 되어 민사소송법 제172조(디자인보호법 75)가 적용된다.

대표자를 선정하여 특허청장 또는 특허심판원장에게 신고하면 그 대표자가 전원을 대표하는 바, 이때의 대표자가 사망하거나 그 자격을 상실한 경우, vii) 파산관재인 등 일정한 자격에 의하여 자기이름으로 다른 사람을 위하여 당사자가 된 자가 그 자격을 잃거나 사망한 경우의 어느 하나에 해당하는 경우에는 특허청 또는 특허심판원에 계속중인 절차는 중단된다. 다만, 절차를 밟을 것을 위임받은 대리인이 있는 경우에는 그 절차는 중단되지 않는다(법 4의 19).

2) 절차의 중지

특허청장 또는 심판관이 천재지변이나 그 밖의 불가피한 사유로 인하여 그 직무를 수행할 수 없는 때에는 특허청 또는 특허심판원에 계속중인 절차는 그 사유가 소멸될 때까지 중지된다. 또 당사자에게 일정하지 아니한 기간 특허청 또는 특허심판원에 계속 중인 절차를 속행할 수 없는 장애사유가 생긴 경우에는 특허청장 또는 심판관은 결정으로 그 절차의 중지를 명할 수 있고 그 결정을 취소할 수도 있다.

위와 같은 중지 또는 취소를 한 때에는 특허청장 또는 심판장은 이를 각각 당사자에게 알려야 한다(법 4의 22).

3) 중단·중지 등 정지의 효과

디자인에 관한 절차가 중단되거나 중지된 경우에는 그 기간의 진행은 정지되고 그 절차의 수계통지를 하거나 그 절차를 속행한 때부터 전체기간이 새로이 진행된다(법 4의 23).

(2) 중단된 절차의 수계

1) 수계할 수 있는 자

특허청 또는 특허심판원에 계속 중인 절차가 중단된 때에는 그 중단된 절차를 수계할 수 있는 자는 다음의 어느 하나에 해당하는 자이다(법 4의 20).

i) 당사자가 사망한 경우에는 그 상속인·상속재산관리인 또는 법률에 따라 절차를 속행할 수 있는 자. 다만, 상속인은 상속을 포기할 수 있을 때까지 그 절차를 수계하지 못한다.

ii) 당사자인 법인이 합병에 따라 소멸한 경우에는 합병에 따라 설립되거나 합병한 후 존속하는 법인

iii) 당사자가 절차를 밟을 능력을 상실한 경우 및 당사자의 법정대리인이 사망하거나 그 대리권을 상실한 경우에는 절차를 밟을 능력을 회복한 당사자 또는 법정대리인이 된 자

iv) 당사자의 신탁에 의한 수탁자의 임무가 끝난 경우에는 새로운 수탁자
v) 2명 이상이 공동으로 디자인에 관한 절차를 밟는 때 즉 절차를 밟을 자가 2인 이상인 때 선정한 대표자가 사망하거나 그 자격을 상실한 경우에는 새로운 대표자 또는 각 당사자
vi) 파산관재인 등 일정한 자격에 따라 자기 이름으로 다른 사람을 위하여 당사자가 된 자가 그 자격을 잃거나 사망한 경우에는 같은 자격을 가진 자

2) 수계신청

위의 (1) 1) i)부터 vii)까지에 의해 중단된 절차에 관한 수계신청은 위의 (2) 1) i)부터 vi)까지의 어느 하나에 해당하는 자 및 상대방이 할 수 있다. 특허청장 또는 심판장은 중단된 절차에 관한 수계신청이 있는 때에는 이를 상대방에게 알려야 한다. 그리고 특허청장 또는 심판관은 중단된 절차에 관한 수계신청에 대하여 직권으로 조사하여 이유없다고 인정한 때에는 결정으로 기각하여야 한다.

특허청장 또는 심판관은 결정 또는 심결의 등본을 송달한 후에 중단된 절차에 관한 수계신청에 대하여는 수계하게 할 것인가의 여부를 결정하여야 한다. 그리고 위의 (2) 1) i)부터 vi)까지의 수계할 수 있는 자가 중단된 절차를 수계하지 아니하면 직권으로 기간을 정하여 수계를 명하여야 한다. 만약 그 지정기간에 수계하지 아니하면 그 기간이 만료되는 날의 다음날에 수계가 있는 것으로 보고 특허청장 또는 심판장은 이를 당사자에게 통지하여야 한다(법 4의 21 ①부터 ⑦까지).

6. 절차의 무효

(1) 지정기간의 도과

특허청장 또는 특허심판원장은 절차의 보정명령을 받은 자가 지정된 기간 이내에 그 보정을 하지 아니하면 디자인에 관한 절차를 무효로 할 수 있다(법 4의 15①).

(2) 무효처분의 취소

특허청장 또는 특허심판원장은 위 (1)에 의해 디자인등록에 관한 절차가 무효로 된 경우로써 지정된 기간을 지키지 못한 것이 보정명령을 받은 자가 책임질 수 없는 사유에 의한 것으로 인정되면 그 사유가 소멸한 날부터 14일 이내에 보정명령을 받은 자의 청구에 따라 그 무효처분을 취소할 수 있다. 다만, 지정된 기간의 만료일부터 1년이 지난 때에는 무효처분은 취소할 수 없다(법 4의 15②).

(3) 취소처분의 통지

특허청장 또는 특허심판원장은 위 (1)에 따른 무효처분 또는 (2)의 본문에 따른 무효처분의 취소처분을 할 때에는 그 보정명령을 받은 자에게 처분통지서를 송달하여야 한다(법 4의 15③).

7. 절차의 추후보완

디자인에 관한 절차를 밟은 자가 책임질 수 없는 사유로 인하여 보정각하결정·디자인등록거절결정 또는 디자인등록취소결정에 대한 불복심판 청구기간(그 결정등본을 송달받은 날부터 30일 이내) 및 재심청구기간(당사자가 심결확정 후 재심의 사유를 안 날부터 30일 이내)을 지킬 수 없을 때에는 그 사유가 소멸한 날부터 14일 이내에 지키지 못한 절차를 추후 보완할 수 있다. 다만, 그 기간의 만료일부터 1년이 경과한 때에는 그러하지 아니하다(법 4의 16).

8. 고유번호의 기재

(1) 디자인에 관한 절차를 밟는 자의 고유번호

1) 고유번호 부여의 신청 및 통지

디자인에 관한 절차를 밟는 자 중 제출인의 성명(법인의 경우 명칭) 및 고유번호를 부여받은 자를 제외하고는 특허청장 또는 특허심판원장에게 자신의 고유번호의 부여를 신청하여야 한다(법 4의 27①). 고유번호부여의 신청을 받은 특허청장 또는 특허심판원장은 신청인의 고유번호를 부여하고 이를 알려야 한다(법 4의 27②).

2) 고유번호의 직권부여 및 통지

특허청장 또는 특허심판원장은 고유번호의 부여신청을 하지 아니하는 자에 대하여는 직권으로 고유번호를 부여하고 이를 알려야 한다(법 4의 27③).

3) 고유번호의 기재

위의 1), 2)에 의하여 고유번호를 부여받은 자가 디자인에 관한 절차를 밟는 경우에는 디자인등록출원서·심판청구서 등 소정의 서류에 자신의 고유번호를 적어야 한다. 이 경우 디자인보호법 또는 이 법에 의한 명령의 규정에도 불구하고 해당 서류에 주소(법인인 경우에는 영업소의 소재지)를 적지 아니할 수 있다(법 4의 27④).

(2) 대리인의 고유번호

위의 1)부터 3)까지는 디자인에 관한 절차를 밟는 자의 대리인에 관하여도 이를 준용한다(법 4의 27⑤).

9. 전자문서에 의한 절차

(1) 전자문서의 제출

디자인에 관한 절차를 밟는 자는 디자인보호법에 따라 특허청장 또는 특허심판원장에게 제출하는 디자인등록출원서, 그 밖의 서류를 소정의 방식 즉, 특허청 또는 특허협력조약(이하 "조약"이라 한다) 제2조 (xix)에 따른 국제사무국(이하 "국제사무국"이라 한다)에서 제공하는 소프트웨어 또는 특허청 홈페이지를 이용하여 작성한 서류, 즉 전자문서화 서류를 정보통신망을 이용하여 제출(이하 "온라인 제출"이라 한다)하거나 플로피디스크 또는 광디스크 등 전자적 기록매체(이하 "전자적 기록매체"라 한다)에 수록하여 제출할 수 있다.

이처럼 제출된 전자문서는 디자인보호법에 따라 제출된 서류와 같은 효력을 가진다(법 4의 28①②).

(2) 온라인상의 접수번호확인시 파일기록내용으로 접수 간주

온라인제출(정보통신망을 이용하여 제출)된 전자문서는 당해 문서의 제출인이 정보통신망을 통하여 접수번호를 확인한 때에 특허청 또는 특허심판원에서 사용하는 접수용 전산정보처리조직의 파일에 기록된 내용으로 접수된 것으로 본다(법 4의 28③).

10. 전자문서의 이용신고 등

(1) 전자문서 이용신고 및 전자서명

전자문서에 의하여 디자인에 관한 절차를 밟고자 하는 자는 미리 특허청장 또는 특허심판원장에게 전자문서 이용신고를 하여야 하며, 특허청장 또는 특허심판원장에게 제출하는 전자문서에 제출인을 식별할 수 있도록 전자서명을 하여야 한다. 따라서 제출된 전자문서는 전자서명을 한 자가 제출한 것으로 본다(법 4의 29①②).

(2) 정보통신망의 이용 통지 등

특허청장·특허심판원장·심판장·심판관 또는 심사관은 전자문서 이용신고를 한 자에게 서류의 통지 및 송달(이하 "통지 등"이라 한다)을 하고자 하는 경우에는 정보통신망 즉 온라인을 이용하여 이를 행할 수 있다.

이처럼 정보통신망을 이용한 서류의 통지 등은 서면으로 한 것과 같은 효력을 가진다. 또 서류의 통지 등은 당해 통지 등을 받은 자가 사용하는 전산정보처리조직의 파일에 기록된 때에 특허청 또는 특허심판원에서 사용하는 발송용 전산정보처리조직의 파일에 기록된 내용으로 도달한 것으로 본다(법 4의 30 ①부터 ③까지).

제 3 절 보정제한주의

Ⅰ. 절차의 보정

1. 보정의 의의

디자인등록출원서·첨부도면 등은 권리청구의 절차에 의하여 권리청구의 주체와 내용이 표기되고 이러한 절차에 의해 디자인권 설정등록을 한 때에는 디자인등록원부의 일부가 됨은 디자인보호제도에서 절차가 얼마나 중요한지를 단적으로 보여주는 것이다.

따라서 이러한 절차는 법령에 절대 충실하여야 함은 물론 디자인에 관한 청구의 실질적 내용, 권리의 객체가 되는 디자인을 기재하여 절차의 핵심을 이루는 디자인등록출원서의 기재사항과 첨부도면은 충분하고도 명확한 기재가 요구된다. 그러나 이러한 충분조건들이 출원 초부터 만족될 수 있다면 더 할 나위 없겠지만 실제 이를 기대하고 절차가 이루어짐을 전제로 함은 현실적으로 어렵다 그러므로 디자인보호법은 출원 등이 심사, 심판 또는 재심에 계속되어 있는 경우에는 그 절차에 대하여 보정을 할 수 있도록 하여 절차의 흠결을 치유할 수 있도록 함으로써 완전한 절차에 의한 청구권리의 적법성을 확보하도록 한 것이다.

2. 보정의 유형

보정은 그 보정이 이루어지는 형식에 따라 명령보정과 자진보정으로 나누어볼 수 있다.

(1) 명령보정

명령보정이라 함은 특허청장 또는 특허심판원장의 명령에 의해 하는 보정을 말한다. 이러한 보정명령에는 디자인에 관한 절차가 디자인보호법 제4조(미성년자 등의 행위 능력) 제1항 또는 제4조의 4(대리권의 범위)에 위반된 경우, 디자인보호법 또는 디자인보호법에 의한 명령이 정하는 방식에 위반된 경우, 위 같은 법 제34조(수수료)의 규정에 의하여 납부하여야 할 수수료를 납부하지 아니한 경우에 특허청장 또는 특허심판원장은 기간을 정하여 보정을 명하고 그 명령에 의해 보정을 한다(법 17 각호).

1) 미성년자 등의 절차 행위

디자인등록에 관한 출원·청구 그 밖의 절차(이하 "디자인에 관한 절차"라 한다)는 행위능력이 있는 자만이 밟을 수 있다. 따라서 독립하여 법률행위를 할 수 없는 미성년자, 한정치산자, 금치산자는 법정대리인에 의하지 아니하면 디자인에 관한 절차를 밟을 수 없다(법 4①). 그럼에도 미성년자 등이 법정대리인에 의하지 아니하고 디자인에 관한 절차를 직접 밟은 경우이다.

2) 대리권의 범위를 벗어난 대리인 행위

국내에 주소 또는 영업소가 있는 자로부터 디자인에 관한 절차를 밟을 것을 위임받은 대리인은 특별히 권한을 위임받지 아니하면 i) 디자인등록출원의 포기·취하·디자인권의 포기, ii) 신청의 취하, iii) 청구의 취하, iv) 보정각하결정에 대한 심판청구, 디자인등록거절결정 또는 디자인등록취소결정에 대한 심판청구, v) 복대리인의 선임을 할 수 없다(법 4의 4). 그럼에도 위임대리인이 특별수권 없이 이러한 행위를 한 경우이다.

3) 방식의 위반

디자인 등록에 관한 출원·청구 그 밖의 절차는 소정의 방식에 의하여 밟아야 하는 요식행위이다. 그럼에도 이러한 디자인에 관한 절차가 디자인보호법 또는 이 법에 의한 명령이 정한 방식에 위반된 경우

4) 수수료의 불납

디자인등록에 관한 출원·청구 및 그 밖의 절차를 밟는 자는 소정의 수수료를 납부하여야 한다. 그럼에도 수수료가 소요되는 절차를 밟으면서 납부하여야 할 수수료를 납부하지 아니한 경우이다.

위 1)부터 4)까지의 경우 특허청장 또는 특허심판원장의 보정명령에 의해 이루어지는 보정이 명령보정 즉 명령에 의한 보정이다.

(2) 자진보정

자진보정이라 함은 특허청장 또는 특허심판장, 심판장, 심판관, 심사장, 심사관의 명령에 의한 보정이 아니고 출원인 등 디자인에 관한 절차를 밟는 자 스스로에 의해 이루어지는 보정을 말하는 바, 여기에는 출원인 등의 완전자율에 의한 자진보정이 있고 거절이유해소 등과 같은 위 특허청장 등의 절차거부처분 치유를 위한 자진보정이 있다.

3. 보정의 종류

디자인등록출원의 보정에는 다음과 같은 출원서의 기재사항 등의 보정과 출원의 변경 보정 등이 있다.

(1) 출원서의 기재사항 등의 보정

디자인등록출원인은 최초의 디자인등록출원의 요지를 변경하지 아니하는 범위 내에서 출원서의 기재사항, 출원서에 첨부한 도면, 도면의 기재사항 및 사진이나 견본을 보정할 수 있다.

(2) 출원의 변경보정

1) 디자인등록출원인은 유사디자인등록출원을 단독 디자인등록출원으로, 단독의 디자인등록출원을 유사디자인등록출원으로 변경하는 보정을 할 수 있다.
2) 디자인등록출원인은 디자인무심사등록출원을 디자인심사등록출원으로 변경하는 보정을 할 수 있다(법 18③). 이 경우 신규성 의제를 받고자 하는 자는 그 보정을 한 때에 보정서에 그 취지를 적어 특허청장에 제출하고 이를 증명하는 서류를 보정서 제출일부터 30일 이내에 특허청장에게 제출하여야 한다. 또 디자인등록출원인은 이와 반대로 디자인심사등록출원을 디자인무심사등록출원으로 변경하는 보정을 할 수 있다.

(3) 디자인무심사등록 이의신청이유 등의 보정

디자인무심사등록 이의신청인은 디자인무심사등록 이의신청한 날부터 30일 이내에 디자인무심사등록 이의신청서에 기재한 이유 또는 증거를 보정할 수 있다(법 29의3).

4. 보정의 내용

보정은 그 보정이 이루어지는 내용에 따라 형식적 요건에 관한 방식보정과 실질적 요건에 관한 실체적 보정이 있다.

(1) 방식보정

디자인등록에 관하여는 일정한 형식의 출원·청구 그 밖의 절차를 밟아야 한다. 이러한 일정한 형식은 법령에 의해 정해지는 바, 이를 방식이라고 하며 위에서 살펴본 특허청장 또는 특허심판원장 등이 보정을 명할 수 있는 사항은 모두 이 방식에 관한 것이다. 그러나 법령에 의한 방식은 형식이 그대로 실체를 이루는 경우가 적지 않다. 예를 들면 도면에 관한 방식상의 여러 규정은 실체 그 자체를 결정하게 된다. 이처럼 법령은 권리의 객체인 디자인을 표현하는 방식을 실질적으로 상세히 규정하고 있는 경우가 있으므로 여기에서의 방식보정은 절차에서의 기재상의 형식적 요건에 관한 보정에 대해서만 제한적으로 인정하는 한정적 의미의 보정을 말한다.

(2) 실체적 보정

디자인등록에 관한 출원, 청구, 그 밖의 절차 등에 의한 권리의 내용과 직접적으로 관계된 것에 대한 보정, 즉 출원의 실질적 요건에 관한 보정을 실체적 보정이라고 한다. 그 주된 내용은 디자인등록출원서의 기재사항, 디자인 등록출원서에 첨부한 도면, 도면의 기재사항 및 사진이나 견본에 대한 보정이 그것이다. 디자인보호법은 아무리 실체적 보정이라 하더라도 최초의 디자인등록출원의 요지를 변경할 수 없고, 반드시 최초 출원의 요지를 변경하지 아니하는 범위 내에서만 이루어져야 하는 보정제한주의를 채택하고 있다.

그렇지 않을 경우 출원 후 보정절차에 의한 보정의 내용이 최초 출원의 내용으로 되어 그 사이 제3자의 보정과 같은 출원이 있었을 경우 제3자의 출원일보다 빠른 출원이 되어 후출원이 선출원이 되는 모순을 가져오기 때문에 이를 배제하기 위하여 실체적 보정은 최초 출원의 요지를 변경하지 아니하는 범위 내에서만 인정하고 그 범위를 벗어난 보정은 거절이유가 되고 그 보정이 최초의 디자인등록출원의 요지를 변경하는 것으로 디자인권의 설정등록이 있은 후에 인정된 때에는 그 디자인등록출원은 그 보정서를 제출한 때에 출원한 것으로 본다(법 18⑥).

5. 보정의 방법

출원의 보정을 하고자 하는 자는 소정의 보정서(디자인보호법 시행규칙 별지 제2호 서식)에 보정내용을 증명하는 서류 1통, 대리인에 의하여 보정절차를 밟는 경우에는 그 대리권을 증명하는 서류 1통을 첨부하여 일정한 수수료(보정료)와 함께 특허청장 또는 특허심판장에게 제출하여야 한다(법 시행규칙 3).

6. 보정의 시기

디자인등록출원인은 위와 같은 종류의 보정은 디자인등록여부결정의 통지서가 송달되기 전까지 할 수 있다. 다만, 재심사를 청구하는 경우에는 재심사를 청구하는 때에 보정할 수 있다(법 18⑤). 이처럼 절차의 보정은 심사·심판 또는 재심에 계속되고 있는 경우에 한하여 할 수 있다. 따라서 심사청구제도를 채택하고 있는 특허법, 실용신안법이 보정에 대해 시기적으로 제한을 두고 있는데 반해 디자인보호법은 심사 등에 계속되고 있는 동안에는 언제든지 보정을 할 수 있도록 하고 있다.

7. 보정의 효과

절차의 보정은 출원내용에 관한 보정과는 달리 그 절차 자체에 대한 보정이므로 그 절차는 그 당초부터 보정된 절차에 의해 한 것과 같은 효력을 갖는다. 예를 들면 출원수수료의 납부를 출원 후에 하였다 하더라도 그 출원은 출원서를 특허청장에게 제출한 날부터 유효한 절차로 취급되고 또 출원서의 기재사항의 보정에 있어서도 그 보정된 기재에 의해 출원된 것으로, 첨부도면에 대한 보정에 있어서도 그 보정된 도면에 의해 출원된 것으로 그 절차의 보정에 의해 출원된 것과 같은 효과가 발생된다.

이러한 절차보정의 효과로 인하여 권리의 내용에 관한 절차로서 그 내용을 실질적으로 변경하는 요지변경의 보정은 각하되고 또 출원서의 기재사항, 출원서에 첨부한 도면, 도면의 기재사항 및 사진이나 견본에 대한 보정이 이들의 요지를 변경한 것으로 그 출원에 대한 디자인권의 설정등록이 있은 후에 인정된 때에는 그 출원은 그 보정서를 제출한 때에 출원한 것으로 보는 것이다(법 18⑥).

Ⅱ. 요지변경

1. 요지변경의 개념

디자인등록에 관한 출원·청구 그 밖의 절차를 밟은 자는 디자인등록출원이 심사·심판·재심에 계속되고 있는 한 그 출원에 대한 보정이 가능하다. 다만, 그 보정이 최초의 출원서의 기재사항, 출원서에 첨부한 도면, 도면의 기재사항 및 사진이나 견본의 요지를 변경하는 것인 때에는 디자인등록여부결정 전 또는 심결전에는 그 보정은 각하되고, 디자인권의 설정등록이 있은 후에 요지변경한 것으로 인정된 때에는 그 출원은 그 보정서를 제출한 때에 출원한 것으로 본다(법 18⑥).

따라서 출원의 보정은 최초의 디자인등록출원의 요지를 변경하지 아니하는 범위 안에서 이루어져야 함이 요구된다.

디자인등록출원에 있어서의 출원서의 기재사항, 출원서에 첨부한 도면, 도면의 기재사항 및 사진이나 견본은 디자인 그 자체를 표현한 것으로 디자인보호법 제18조 제1항에서의 출원의 요지변경은 출원절차에 표현되어 있는 디자인 그 자체의 요지를 변경함을 의미한다.

따라서 출원의 요지변경이란 최초의 디자인등록출원 즉 디자인등록출원서의 기재사항, 출원서에 첨부한 도면, 도면의 기재사항 및 사진이나 견본에 나타난 디자인의 본질에 변화를 일으키게 하고 그 디자인으로서의 동일성을 잃게 하는 것과 같은 변경을 가져오는 것을 말한다.

출원절차는 최초의 출원에서 완전무결하게 이루어지는 것이 바람직하지만 그것은 기대하기 어렵다. 그러므로 그 불완전한 출원을 완전한 출원으로 정정하거나 보충하기 위한 보정제도의 확립이 필요한 것이다. 그리하여 보정을 통해 불완전한 출원절차를 완전한 출원절차로 하고 권리의 객체를 직접 특정하는 출원서의 기재, 첨부도면, 도면의 기재 및 사진이나 견본에 나타난 디자인을 명확하게 그리고 완전하게 하여 권리설정을 하여야 한다는 제도상의 당위성을 전제로 한 요청에 의해 보정을 인정한 것이다.

이처럼 디자인보호법은 절차의 결함에 대한 보정을 인정하는 한편 절차에 의해 표현된 디자인본질의 동질성을 잃게 하는 내용의 보정은 이를 인정하지 않고 있다. 즉 디자인보호법은 디자인의 등록요건의 판단을 그 출원시로 하고 또 권리의 병존을 막기 위하여 복수의 출원인이 있을 때에는 최선의 출원인만이 등록을 받을 수 있도록 규정하고 있다. 요지변경은 이러한 출원절차의 실질적 요청과 법이념과의 조정을 꾀한 것이다. 그렇지 않을 경우 법이념에 반하게 됨은 물론 제3자의 이익을 저해하게 되므로 이를 인정하지 아니하고 그 보정을 각하하거나(법 18의2) 출원일이 늦춰진 것으로 간주하는 것이다(법 18⑥).

2. 요지변경의 기준

(1) 출원서의 기재사항

1) 디자인의 대상이 되는 물품

디자인의 대상이 되는 물품을 실질적으로 다르게 한 보정은 원칙적으로 출원의 요지변경이 된다. 디자인은 물품의 형상·모양·색채 또는 이들을 결합한 것으로서 시각을 통하여 미감을 일으키게 하는 것 즉 물품의 형태이며 물품과 형태는 함께 연관되어 일체불가분적이다. 그러므로 최초의 출원절차에 의해 기재된 디자인의 대상이 되는 물품이 보정을 통해 다른 물품으로 바뀔 때에는 출원초 물품에 대한 형태의 가치 그 자체에 변동을 주어 디자인의 본질이 달라지므로 이러한 보정은 인정할 수 없는 것이다.

그러나 물품에 대한 보정이 물품표현상의 차이일 뿐 실질적으로 물품 그 자체를 변경하는 것이 아닐 때, 예를 들면, 상위개념으로 기재한 물품의 명칭이나 하위개념으로 기재한 물품의 명칭 또는 관용명칭이나 생략명칭을 디자인보호법 제11조 제2항 및 같은 법 시행규칙 제9조의 물품의 구분 등에 의한 물품의 명칭으로 보정하는 것은 동일범위 내의 변경이며 물품 그 자체를 변경한 것은 아니므로 동일성이 상실되는 것은 아니다.

또 잘못된 물품명칭의 기재를 정정하는 경우의 보정, 분명하지 아니한 물품명칭의 기재를 명확하게 하는 경우의 보정도 출원초 물품을 바꾸는 것이 아니므로 요지변경이라 할 수 없다. 그러나 이러한 보정이라 하더라도 디자인의 본질에 영향을 미치지 않음을 전제로 보정을 인정하여야 할 것이다.

2) 디자인의 설명

디자인의 설명은 투명부분에 관한 설명, 동적 디자인에 관한 설명, 채색생략에 관한 설명 등 출원에 관한 디자인을 특정하는 사항, 디자인에 대한 이해를 돕기 위한 물품의 사용목적·사용방법·재질 또는 크기 등에 대하여 설명한다. 즉, 도면의 디자인의 설명란에는 다음과 같은 사항을 기재한다(법 9②, 법시행규칙 7①).

① 출원서에 첨부된 도면, 사진 또는 견본만으로는 그 물품의 사용목적, 사용방법, 재질 또는 크기 등을 이해하기 어려울 경우에는 그에 관한 설명

② 물품이 가지는 기능에 의하여 변화하는 디자인에 있어서 그 변화의 전후에 걸친 물품 형상·모양·색채 또는 이들의 결합에 관하여 등록을 받고자 하는 경우에는 그에 관한 설명
③ 출원서에 첨부된 도면 또는 사진에 색채를 가하는 경우에 백색, 회색 또는 흑색 중의 어느 하나를 생략할 수 있으며, 이러한 경우에는 그에 관한 설명
④ 디자인의 대상이 되는 물품의 전부 또는 일부가 투명한 경우에는 그에 관한 설명
⑤ 도면에 길이가 생략된 경우에는 생략한 길이가 도면 상의 몇 ㎝ 생략되었음을 표시
⑥ 물품부분에 관한 디자인(이하 "부분디자인"이라 한다)을 출원하는 경우에는 디자인등록을 받고자 하는 부분을 도면, 사진 또는 견본에서 특정하고 있는 방법에 대한 설명

예를 들면 투명부분에 관한 설명에 있어서 최초출원시 기재하지 않았을 뿐만 아니라 도면에도 투시하여 나타내지 않는 등의 경우에 이를 보정에 의해 새롭게 나타낼 경우 그것이 그 디자인이 속하는 분야에서 통상의 지식을 가진 자가 출원시의 기재사항 및 도면으로부터 용이하게 창작할 수 있는 디자인의 범위를 벗어난 것이라면 출원시의 기재 및 도면에 부가하여 새로운 부분을 나타낸 것으로 되어 최초출원디자인의 본질에 변경을 가져오는 것이라고 해석된다. 따라서 이러한 보정은 디자인보호법 제18조2 제1항에 의한 각하의 대상이 된다 할 것이다.

또 디자인의 대상이 되는 물품의 크기에 관한 설명은 디자인보호법에 의한 디자인의 구성요소가 아니면서도 물품과의 관련에서 중요하다. 형상은 본질적으로 크기가 따르는 개념이며, 또 전체와 부분, 바탕(地)과 그림의 관계에서 디자인의 구성요소를 직접적으로 규정한다. 모양을 나타내는 디자인에서 그 크고 작음이 형태적 특성에 큰 영향을 미치는 것은 경험적으로 잘 알려진 예이다.

이를 테면 연속하는 디자인의 크기에 대한 설명의 보충은 분명하지 아니한 기재를 명확하게 하기 위한 범위를 넘어 새로운 기재에 의해 특정되지 않은 디자인을 특정, 구체화하는 경우가 있다.[25] 디자인보호법 시행규칙 제7조 제1항 [별표 2] 1에서도 도면·사진 또는 견본만으로는 그 물품의 재질 또는 크기를 이해하기 어려울 경우에는 그에 관한 설명을 하도록 함으로써 요지의 인정에 있어 필요한 크기 또는 재질에 대해서는 출원할 때부터 기재를 요하고 있음을 간과해서는 아니된다.

이러한 디자인의 설명은 디자인의 요지인정의 기초적 정보가 되므로 디자인의 설명의 보정에 대해서는 출원서에 첨부된 도면, 도면의 기재사항 및 사진이나 견본과 일체적으로 해석하고 그 본질에 영향을 미치는 것인가의 여부를 판단하게 되는 기준 및 대상이 된다.

25) 齊藤瞭二 著, 鄭泰連 譯, 意匠法, 세창출판사, 1993년, 476면.

(2) 도면의 보정

1) 서 론

디자인등록출원서에 첨부한 도면은 디자인등록을 받고자 하는 물품에 관한 디자인 즉 객체의 실질적 내용을 기재하는 것이다. 디자인에서 그 객체는 물품의 형태로서 구체화, 특정화 되어 있기 때문에 디자인의 도면의 기재는 구체적 형태의 표현인 것이다. 따라서 도면의 보정으로 그 본질에서 동일성을 잃지 않는 범위는 특허·실용신안과 같은 기술적 사상의 표현에 비하여 좁을 수밖에 없다.

도면의 보정은 현재 심사계속 중의 출원서에 첨부된 도면의 기재의 잘못을 고쳐 바로 잡는 정정과 출원 당시 기재하지 아니하고 출원후 제출된 기재불비(미비)의 불완전 도면에 대하여 기재보완하여 완전한 도면으로 완성하는 보충에 의해 이루어진다. 보정에서 출원의 요지변경과 관련하여 문제가 되는 것은 정정보다는 주로 보충에서 발생하는 경우가 많은 바, 이에 대하여 상세히 살펴보고자 한다.

2) 도면의 정정

도면의 정정은 현재 심사계속 중에 있는 도면의 기재 잘못을 올바르게 잡는 것이다. 즉 i) 잘못된 기재를 정정하는 경우, ii) 분명하지 아니한 기재를 명확하게 하는 경우, iii) 어려운 표현을 쉬운 표현으로 바꾸는 경우 등이 정정의 범위에 속한다. 도면정정의 구체적 태양은 각도 불일치의 정정, 도법의 정정 등 도면작성상의 과오에 대한 정정, 문자 등 디자인구성요소 그 밖의 것의 기재의 삭제 정정 등이며 이들의 정정은 대부분 위 i)의 잘못된 기재를 정정하는 경우의 범위에 속한다. 위와 같은 정정의 태양이라 하더라도 최초출원의 범위를 벗어나 본질이 왜곡되거나 물품의 요부형상과는 다른 형상의 정정이 될 때에는 이를 요지변경이 되어 그 보정은 각하된다.

3) 도면 및 도면의 기재사항 보충

① 도면의 보충

도면의 보충은 최초출원시 기재하지 아니한 도면을 제출하는 것으로 그 태양은 제출된 도면(정투상도법에 의한 6면도)만으로는 디자인을 충분히 표현하는데 부족하고 새로운 다른 도면의 제출이 요구되는 경우 예를 들면 실시도, 사시도, 단면도, 절개도 등이 그것이다.

출원 당시 제출된 도면 등에서 그 형상을 일단은 미루어 알 수 있는 것이지만 보충도면 제출의 경우는 i) 더욱 물품의 디자인을 명확한 것으로 하기 위하여 새로운 도면을 제출하는 경우와 ii) 이미 제출된 도면에서 어느 부분의 형상 등이 명확히 표현되어 있지 않기 때문에 새로운 도면을 추가하여 구체적으로 특정하는 경우로 구분하여 생각할 수 있다. 위 i)의 경우 다른 도면에서 일단 미루어 알 수 있을 정도가 클수록 그것은 제도의 기능성을 담보하는 운용면에서 더욱 중요한 의의를 가지며 요지변경의 측면에서는 분명하지 아니한 기재를 명확하게 하는 경우의 범위에 포함되는 것으로 된다. 위 ii)의 경우 새로운 도면의 표현이 출원 당초의 도면의 표현을 기초로 그 디자인이 속하는 분야에서 통상의 지식을 가진 자의 수준에서 당연히 그렇게 추정하고 상도할 범위의 것이면 그것은 출원당초 공지된 것을 실질적으로 변경하는 것이 아니고, 따라서 새로운 도면에 의해 본질에 변화를 가져오는 것이 아니라고 해석된다.

반면에 새로운 도면의 표현이 당연히 그러한 상도의 범위를 넘은 것일 때에는 그 출원의 최초 도면에 표현 제시되어 있지 않은 부분을 부가 또는 출원 당초 분명하지 아니한 것을 명확히 하기 위하여 구체화한 것으로서 출원당초의 디자인과 다른 것이 되어 그 절차에 연속성이 인정되지 않으므로 그 보정은 각하한다.

위 i)의 예를 들어 보면 디자인의 대상이 되는 물품의 형상을 보다 쉽게, 정확하게, 빠르게 이해하기 위하여 정투상도법에 의해 작도한 6면도(정면도·배면도·평면도·저면도·우측면도·좌측면도) 외에 사시도·단면도 등을 보충도면으로 제출하는 경우 등이 이에 속한다.

특히 위 예시의 경우 정투상도법에 의해 도시된 도면은 물품의 외연선(외형선)과 물품의 형상을 구성하는 각 면의 교차선을 도형으로 나타낸 것에 지나지 않기 때문에 凹부가 있는 면과 곡면 등에 의해 구성되는 면도 투상면에 표현될 때는 외연선, 각 면의 교차선에 의해 나타내지 않는 한 그 凹부나 선으로 이루어지는 곡면은 표현되지 않기 때문에 1조의 도면(6면도)만으로는 그것들의 형상이 구체화, 특정화된 것으로 표현되지 않는 경우가 있다. 이 경우 보충도면에 의해 그 凹부의 형상이나 곡면이 명확하게 된 경우 그것에 표현된 형상이 출원당시의 도면으로부터 당연히 생각이 미칠 수 있는 상도의 범위를 벗어날 때는 요지불명인 디자인을 보정에 의해 명확하게 한 것과 다르지 않으며 그 본질에 변경을 초래하여 디자인으로서의 동일성이 결여된 것으로 된다.[26)]

여기에서 그 디자인이 속하는 분야에서 통상의 지식을 가진 자의 그 통상의 지식으로서 경험칙이 참작됨은 보정의 각하가 명백한 권리설정이라고 하는 제도상의 요청과 일반 제3자의 이익을 보정절차의 소급효를 전제로 하여 조정을 도모하는데 그 이유가 있다. 즉 형식상 공지된 것이 아니라고 하더라도 그것이 경험칙상 명확한 범위의 것이라면 실질적으로 제3자의 이익을 해하지 않으며 그 위에 창작자의 보호에

---

26) - 동경고재 소화 38년 4월 25일 선고 소화 34년(行나) 제28호 판결.
- 內田修 별책 주리스트 No.8 특허판례百選 19.

도 적정하기 때문에 다르지 않다는 것이다.

이러한 현상은 주로 ⅰ) 우선권주장을 수반하는 출원 등에서 흔히 볼 수 있는 바 출원당시 1면도를 제출하고 그 후 6면도를 보충도면으로 제출한 경우, ⅱ) 출원당시 6면도를 제출하고 그 후 사시도·단면도 등을 보충도면으로 제출한 경우 등에서 나타나고 있다.

② 형태구성요소의 변경

디자인보호법 제2조에서는 "물품의 형상·모양·색채 또는 이들을 결합한 것"이라고 하여 물품형태의 구성요소에 대해 형상·모양·색채를 규정하고 있고, 디자인등록출원은 이들 구성요소를 기재한 도면을 출원서에 첨부하도록 하고 있다. 즉 물품의 형상디자인은 형상만을 기재한 도면으로, 형상과 모양이 결합한 물품의 디자인은 형상과 모양을 기재한 도면으로, 형상과 색채가 결합한 물품의 디자인은 형상에 색채를 기재한 도면으로 물품의 디자인이 표현된다.

그런데 상황에 따라 형상디자인에 관한 출원을 형상과 모양이 결합한 디자인으로 보정하는 경우가 있는 바, 이는 주로 도면을 사진이나 견본으로 바꾸어 보정하는 경우에 나타난다. 이러한 객체구성자료의 변경은 권리청구형식을 변경하는 것임은 물론 내용의 변경도 가져오는 것이므로 엄격히 말하면 특정디자인 그 자체의 변경과 다를 바 없기 때문에 원칙적으로 그 보정은 각하되어야 할 것이다.

그러나 보정의 각하는 앞에서 설명한 바와 같이 제3자의 이익을 강하게 고려한 것이라고 볼 때 새로이 부가되는 모양 또는 색채가 새로운 특징을 표출하는 것이 아닌 한 경험칙 상 항상 행하여지는 범위로 디자인을 한정하는 것이면 출원인 자신의 불이익은 되어도 어떤 제3자의 이익을 해치는 것이 아니므로 이 보정을 각하하는데 아무런 이익도 없다.

그렇다면 이들 구성요소의 부가변경은 그에 의해 새로운 특징이 표출되는 등 본질에 변경을 가져오지 않는 한 객체구성자료의 형식상의 변경에 그치며 실질적인 디자인의 요지를 변경하지 않는 것이라고 하여도 무방하다.

그러나 그와는 반대로 모양과 색채를 기재하고 모양이나 색채를 한정한 출원을 그들을 한정하지 않는 출원으로 변경하는 것은 대부분의 경우 실질적으로 권리가 미치는 범위를 확대하게 되므로 허용되지 않는다. 요지변경이 아닌 것은 사진출원에서 나타난 짙음과 묽음(농담)의 모양이 그 디자인의 형태적 특성과 전혀 무관한 경우 이를 삭제하고 도면에 기재하여 보정하는 경우 등으로 한정되어야 할 것이다.[27)]

---

27) 齊藤暸二 著, 鄭泰連 譯, 意匠法, 세창출판사, 1993.10.30, 479~480면.

③ 도면의 기재사항 보충

디자인의 설명의 기재사항에서 다음과 같은 도면의 기재사항으로 정정 또는 보충할 수 있다. i) 디자인에 관한 물품의 사용목적, 사용방법, 재질 또는 크기 등에 관한 설명, ii) 물품이 가지는 기능에 의하여 변화하는 디자인의 경우 그 변화의 전후에 걸친 물품의 형상·모양·색채 또는 이들의 결합에 관한 설명, iii) 출원서에 첨부한 도면 또는 사진에 색채를 가하는 경우 백색, 회색 또는 흑색 중 어느 하나를 생략하는 경우에는 그에 관한 설명, iv) 디자인의 대상이 되는 물품의 전부 또는 일부가 투명한 경우 그에 관한 설명, v) 도면에서 길이가 생략된 경우 그 생략된 길이가 도면상의 몇 ㎝ 생략되었음을 표시한 경우, vi) 물품부분에 관한 디자인(이하 "부분디자인"이라 한다)을 디자인등록출원하는 경우 디자인등록을 받고자 하는 부분을 도면, 사진 또는 견본에서 특정하고 있는 방법에 대한 설명 등이다.

3. 요지변경출원의 처리

(1) 심사·심판·재심 계속 중 요지변경

1) 심사 계속 중 요지변경

심사관은 디자인등록여부결정의 통지서가 송달되기 전까지(재심사를 청구한 경우에는 재심사를 청구한 때) 한 출원의 보정이 최초의 디자인등록출원의 요지를 변경하는 것인 때에는 결정으로 그 보정을 각하하여야 한다(법 18의2 ①⑤).

심사관은 각하결정이 있는 때에는 당해 결정등본을 출원인에게 송달한 날부터 30일이 경과하기 전까지는 당해 출원에 대한 디자인등록여부 결정을 하여서는 아니된다(법 18의2 ②). 또 심사관은 디자인등록출원인이 각하결정에 대하여 심판을 청구한 때에는 그 심판의 심결이 확정될 때까지 그 디자인등록출원의 심사를 중지하여야 한다(법 18의 2 ③). 보정의 각하결정은 그 이유를 붙인 서면으로 하여야 한다(법 18의 2 ④).

2) 심판·재심 계속 중 요지변경

심판관은 보정각하결정을 받은 자가 그 결정에 불복하여 그 결정등본을 송달받은 날부터 30일 이내에 청구한 심판에 대하여 심결 전에 최초의 디자인등록출원의 요지를 변경한 것임이 명백한 때에는 결정으로 그 보정을 각하하여야 한다. 또 재심의 심결 전에 요지를 변경한 것임이 명백한 때에도 심판관은 결정으로 그 보정을 각하하여야 한다.

3) 심사·심판·재심 계속 중 요지변경

심사·심판 또는 재심 계속 중에 최초 출원의 요지변경이 발견된 때에는 그 보정은 결정에 의해 각하하여야 한다.[28] 보정의 각하결정은 그 이유를 붙인 서면으로 하여야 한다.

(2) 디자인권의 설정등록 후 요지변경 인정

출원의 보정이 최초의 디자인등록출원의 요지를 변경한 것으로 디자인권의 설정등록이 있은 후에 인정된 때에는 그 디자인등록출원은 그 보정서를 제출한 때에 디자인등록출원을 한 것으로 본다(법 18⑥).

이처럼 디자인권의 설정등록이 있은 후에는 요지를 변경하는 것이라고 "인정된 때"로 출원시기를 늦추는 효과가 발생하게 된다. 이는 이미 존재하는 권리의 성립요건에 관한 출원시기를 변동시키는 것이며 그것도 그 사실의 존부는 말하자면 출원일의 이동(異同)처럼 형식상 일견하여 명백하다고 보기 어려운데서, 이점에 관한 인정의 권한을 가진 기관에 의해 "인정된 때"에 그 출원은 그 보정에 대해 절차보정서를 제출한 때에 출원을 한 것으로 보는 것이다.

그런데 디자인보호법에서는 디자인권의 설정등록 후 요지변경이라고 인정할 수 있는 권한을 가진 기관에 대해서는 명문의 규정을 두고 있지 않다. 요지변경의 문제는 추상적인 일반론의 평면에 있어서가 아니라 출원시와 절차보정서 제출시의 사이에 무효원인이 존재하는 등 권리에 변동을 가져온다든가 또는 선사용, 이용저촉 등의 권리관계가 존재하는 등 구체적인 면에 있어서이다. 따라서 여기에서의 인정(판단) 주체는 이들 권리에 대한 청구 등 당해 사건(디자인등록의 무효심판청구사건 등)에 관하여 권한을 가지는 기관이라고 할 수 있다.

---

28) 東京高裁 소화 45년 5월 29일 선고, 소화 43년(行게) 제181호 판결 참조.

제6장 심 사

제1절 서 설

Ⅰ. 서 론

심사라 함은 디자인등록을 받을 수 있는 자로부터 제출된 출원디자인에 대하여 디자인등록을 받을 수 있는 요건을 갖추었는지 여부를 확인, 판단하기 위한 조사행위를 말한다. 그런데 특정의 디자인등록출원에 대하여 디자인등록여부를 결정하는 방법으로서는 현재 이러한 심사절차에 의하는 경우와 심사절차에 의하지 않는 경우 2가지의 방법이 운용되고 있다. 심사주의(디자인심사 등록제도)와 무심사주의(디자인무심사 등록제도)가 그것이다.

우리나라는 디자인제도 도입 이래 심사주의로 일관하여 왔으나 1997년 8월 22일 개정법(시행일 : 1998. 3. 1)에서 유행성이 강한 일부품목의 디자인에 대하여 디자인무심사등록제도를 도입함으로써 부분적으로나마 무심사주의를 채택하게 되어 현행 우리나라의 디자인보호법은 심사주의와 무심사주의가 병존하고 있는 법률체계를 가지고 있다. 따라서 디자인을 등록출원하려고 하는 자는 먼저 자기의 창작디자인이 디자인심사등록출원에 해당하는지 디자인무심사 등록출원에 해당하는지의 여부를 결정하여 디자인등록출원을 하여야 한다.

Ⅱ. 심사주의

1. 개 념

심사주의라 함은 출원디자인에 대하여는 반드시 출원요식에 관한 형식적 요건은 물론 디자인등록조건에 필요한 실질적 요건의 충족 여부를 확인하는 절차에 의해서만이 그 디자인등록출원에 대한 등록여부를 결정하는 디자인심사 등록제도를 말한다. 전자를 방식심사라 하고 후자를 실질심사라고 하는데 통상 심사라 함은 후자의 실질심사를 지칭한다. 따라서 심사주의제도 하에서의 디자인등록출원은 법정디자인등록요건에 대한 실질심사절차를 밟아 등록여부가 결정되기 때문에 심사는 디자인등록의 필수 과정이며 출원에서 디자인권의 설정등록에 이르는 절차의 중핵을 이루는 중요한 행정행위이다.

2. 심사의 장단점

심사주의는 등록디자인에 대한 신뢰도, 디자인권의 안정도를 높여 권리의 유·무효를 둘러싼 분쟁이 비교적 적은 반면 심사에 많은 인원과 비용이 소요되고 심사에 오랜 시일이 걸려 등록까지의 기간이 길어짐으로써 디자인의 보호와 공중에의 공개가 늦어져 실시의 적기를 놓칠 우려가 있고 중복창작과 중복투자의 우려가 있을 뿐만 아니라 단기 수명상품 즉 계절상품 특히 유행에 민감한 변화무쌍한 물품의 디자인(예 : 수영복, 벽지, 복지 등)은 심사기간동안 유행이 끝나 등록결정이 된다 하더라도 등록을 할 필요가 없게 되는 경우가 발생한다.

3. 심사관에 의한 심사

(1) 심사관과 심사

특허청장은 디자인등록출원 및 디자인 무심사등록 이의신청이 있을 때에는 심사관으로 하여금 심사하게 한다(법 25).

심사관은 법정권한의 한도 내에서 직무상 일정한 독립된 권한을 가진다. 그리고 심사결과 내린 최종처분인 디자인등록여부의 결정은 심사관이 자기 이름으로 행하는 독립된 행정상의 처분이다.

이러한 심사관의 심사는 출원디자인의 등록요건의 충족여부에 대한 확인행위로써 이는 특허청장의 심사관 또는 심판관의 심사, 심판에 대한 최종처분인 등록결정이나 등록심결의 등본을 등록원인으로 한 디자인권의 설정행위와는 다르다.

(2) 심사관의 자격

심사관이 될 수 있는 자는 특허청 또는 그 소속기관(특허심판원, 국제지식재산연수원, 이하 같다)의 5급 이상 일반직 국가공무원이나 고위 공무원단에 속하는 일반직 공무원으로서 국제지식재산연수원에서 소정의 심사관 연수과정을 수료한 자 또는 5급 이상의 일반직 공무원(고위공무원단에 속하는 일반직 공무원을 포함한다)으로서 변리사자격이 있는 자로 한다.

(3) 심사관의 제척

심사관은 다음의 1에 해당하는 경우에는 그 심사관여로부터 제척되는 바, 이는 정실심사를 배제하여 심사에 공정성을 확보함으로써 출원디자인에 대한 등록여부결정의 정진(正眞)을 기하기 위함이다.

① 심사관 또는 그 배우자나 배우자였던 자가 출원인인 경우
② 심사관이 출원인과 친족의 관계가 있거나 이러한 관계가 있었던 경우
③ 심사관이 출원인의 법정대리인 또는 이러한 관계가 있었던 경우
④ 심사관이 디자인등록출원에 대한 증인·감정인으로 된 경우 또는 이러한 관계가 있었던 경우
⑤ 심사관이 출원인의 대리인인 경우 또는 이러한 관계가 있었던 경우
⑥ 심사관이 디자인등록출원에 관하여 직접 이해관계를 가진 경우

Ⅲ. 무심사주의

1. 개 념

무심사주의라 함은 출원디자인에 대하여 디자인등록요건의 만족여부를 확인하는 실질심사를 하지 아니하고 출원요식의 형식적 요건에 관한 방식심사만으로 디자인등록을 허여하는 제도를 말한다. 즉 디자인등록에 관한 요건 중 비교적 간단히 할 수 있는 출원방식(요식)과 같은 출원에 관한 형식적 요건만을 심사(방식심사 또는 형식심사)하고 출원디자인의 신규성 및 창작성 등 디자인의 등록요건의 충족여부에 관한 확인, 판단에 시간을 요하는 실질심사는 하지 아니한 채 등록을 허여하는 것을 무심사주의라고 한다. 우리나라의 디자인보호법에서도 물품수명이 짧거나 유행성이 강한 일부 특수물품의 디자인에 관하여는 실질심사를 하지 아니하고 등록을 허여하는 무심사주의를 채택하고 있다. 그러나 여기에서의 무심사는 엄격히 말해 "심사유보"라는 말이 더 적정할 것 같다. 즉 실질심사를 유보한 채 등록을 허여하고, 디자인등록요건의 불비를 이유로 한 이의신청이 있을 때 심사관(3인의 심사관 합의체)은 출원등록시 유보하였던 디자인등록요건에 관한 실질심사를 심사절차에 따라 하여 등록의 유지여부를 결정하기 때문이다. 그렇다면 무심사는 출원디자인에 대하여 심사주체인 특허청이 심사를 하지 않는다는 것이지만, 제3자의 이의신청이 있을 때에는 심사를 한다는 것이

므로 자율무심사, 타율심사의 꼴이 된 것 만은 틀림이 없다. 따라서 사실상 심사유보와 같은 무심사라 할 수 있을 것이다. 어찌되었든 무심사주의는 이처럼 디자인등록요건에 관한 심사 없이 등록을 허여하고 등록의 유·무효는 디자인권의 설정등록이 있는 날부터 디자인무심사 등록공고일 후 3월이 되는 날까지 디자인무심사등록 이의신청에 대한 심사결과에 따라 결정하는 주의를 말한다.

2. 무심사의 장단점

무심사주의는 심사주의의 단점이 장점이 되고, 장점이 단점이 되어 양자의 이해는 표리관계에 있다. 즉 무심사주의는 심사주의에 비하여 디자인등록에 대한 신뢰성, 디자인권의 안정성이 낮아 권리의 유무를 둘러싼 분쟁이 많은데 반해 심사에 소요되는 시간·인원·비용 등이 들지 않고 디자인을 조기에 보호할 수 있고 신속한 공개에 의한 공중의 이용을 제고함으로써 기술혁신속도의 고속화에 따라 기술상품의 라이프사이클(life cycle)이 짧아지고 있는 상황에서 적시활용에 기여하여 산업발전을 촉진할 수 있는 등의 유리한 점이 있다.

제2절 심사절차

Ⅰ. 심사방식

1. 서면주의

디자인등록출원에 대한 심사는 서면으로 하여야 한다. 따라서 디자인등록출원에 대한 심사결과 내지는 디자인등록여부의 결정이나 디자인무심사등록 이의신청에 대한 심사결과 내지는 디자인무심사등록 유지여부의 결정도 당연히 서면으로 하여야 함은 물론이다(법 29①, 29의8①).

서면주의에 관한 자세한 설명은 전술한 "제5장 제1절 Ⅱ. 1. 서면주의"를 참조하기 바란다.

2. 직권주의

디자인등록출원에 대한 심사는 심사관의 직권에 의하여 거절이유 유무를 탐지하고 거절이유를 발견하지 못한 경우 등록결정을 하고, 발견한 경우 출원인에게 거절이유통지를 보내 그 거절이유에 대해 의견이나 또는 의견·보정의 방법으로 대응토록 한다. 그리고 이에 의해서도 거절이유가 해소되지 않는 경우 등록거절결정을 한다.

Ⅱ. 심사유형

특허청의 심사에는 일반적으로 방식심사와 실질심사로 나누어진다.

1. 방식심사

방식심사라 함은 디자인등록에 관한 출원·청구 그 밖에 밟는 절차(이하 "디자인에 관한 절차"라 한다)가 법령에서 정하고 있는 방식(요식)에 적합한가의 여부를 주로 형식적 측면에서 하는 심사를 말한다. 이는 디자인에 관한 절차의 요식행위가 적정하게 이루어졌는가의 여부에 대해 행정상 심사의 의미와 성질의 일반적 의의의 심사이다. 이러한 행정상 의미의 심사는 출원의 경우 특허청장, 청구의 경우 심판장에게 있다.

2. 실질심사

실질심사라 함은 출원디자인의 등록상 필요적 요건(등록성), 즉 등록조건으로서의 전제적 요건(디자인성·공업성), 실질적 요건(신규성·창작성) 및 절차적 요건(선원성·출원의 단일성)을 만족하고 있느냐의 여부에 관한 실체적 요건의 존부에 관한 심사를 말한다. 즉 디자인보호법은 심사관에 의한 심사와 심사내용 및 심사절차에 관하여 구체적으로 규정하고 있다.

여기에서 심사란 출원에 관한 디자인이 디자인권으로 성립하기 위한 실체적 요건을 갖추었느냐의 여부를 확인, 판단하는 것이며 그 판단의 결과로 나타난 것이 디자인등록 거절이유통지 및 디자인등록결정 또는 디자인등록거절결정이다.

Ⅲ. 심 사

1. 개 요

심사라 함은 디자인등록출원이 등록요건을 충족하였는지의 여부를 확인, 판단하는 행정상의 행위이다. 따라서 출원디자인의 심사에서 그 디자인등록출원이 다음에서 설명하는 디자인등록거절이유에 해당한 경우에는 디자인등록거절결정을 하여야 하는 바, 디자인보호법은 디자인등록거절결정 전에 그 디자인등록출원인에게 거절이유를 통지하고 기간을 정하여 의견서를 제출할 수 있는 기회를 주도록 규정하고 있다. 그리고 그 거절이유에 대한 출원인의 대응(의견서 또는 의견서·보정서의 제출)에 따라 거절이유가 해소된 경우에는 디자인등록결정을 하고, 해소되지 않은 경우에는 디자인등록거절결정을 한다. 출원인은 그와 같은 심사관의 거절결정에 불복이 있는 경우 그 거절결정등본을 송달받은 날부터 30일 이내에 거절결정에 대한 불복심판을 청구할 수 있다. 이 심판청구기간 내에 심판을 청구하지 아니한 때에는 디자인등록거절결정은 확정되어 심사절차는 종료되고 거절결정불복 심판청구권은 소멸된다.

이러한 심사관의 디자인등록출원에 대한 심사는 출원디자인을 등록할 수 있느냐의 여부를 심리하는 것이 아니라 디자인보호법에 열거하고 있는 디자인등록거절이유에 해당하느냐의 여부를 심사하는 것이다.

2. 디자인등록거절결정

심사관은 디자인등록출원이 다음의 어느 하나의 거절이유에 해당하는 경우에는 그 디자인등록출원에 대하여 등록을 거절한다는 취지의 디자인등록거절결정을 하여야 한다(법 26).

(1) 디자인심사등록출원의 디자인등록거절이유

1) 디자인심사등록출원이 다음의 어느 하나에 해당하는 경우(법 26①)
  ① 디자인보호법 제5조(디자인등록의 요건)에 따라 디자인등록을 할 수 없는 경우
  ② 같은 법 제6조(디자인등록을 받을 수 없는 디자인)에 따라 디자인등록을 할 수 없는 경우
  ③ 같은 법 제7조(유사디자인)에 따라 디자인등록을 할 수 없는 경우
  ④ 같은 법 제9조(디자인등록출원) 제6항에 따라 디자인등록을 할 수 없는 경우
  ⑤ 같은 법 제10조(공동출원)에 따라 디자인등록을 할 수 없는 경우
  ⑥ 같은 법 제11조(1디자인 1디자인등록출원)에 따라 디자인등록을 할 수 없는 경우
  ⑦ 같은 법 제11조의2(복수디자인 등록출원)에 따라 디자인등록을 할 수 없는 경우
  ⑧ 같은 법 제12조(한벌의 물품의 디자인)에 따라 디자인등록을 할 수 없는 경우
  ⑨ 같은 법 제16조(선출원) 제1항 및 제2항에 따라 디자인등록을 할 수 없는 경우
  ⑩ 같은 법 제4조의24(외국인의 권리능력)에 따라 디자인등록을 할 수 없는 경우

2) 디자인등록을 받을 수 있는 권리를 가지지 아니하거나 디자인등록을 받을 수 없는 경우(법 26①3)

3) 조약의 규정에 위반된 경우(법 26①4)

4) 유사디자인 무심사등록출원이 다음의 1에 해당하는 경우(법 26①5)

① 유사디자인등록 원디자인 또는 유사디자인 등록출원된 디자인을 기본디자인으로 표시한 경우
② 기본디자인의 디자인권이 소멸된 경우
③ 기본디자인에 관한 디자인등록출원이 무효·취하·포기되거나 디자인등록거절결정이 확정된 경우
④ 유사디자인 무심사등록출원인이 기본디자인의 디자인권자 또는 기본디자인에 관한 디자인등록출원인과 다른 경우
⑤ 유사디자인 무심사등록출원된 디자인이 기본디자인에 유사하지 아니한 경우

(2) 디자인등록 거절이유통지

심사관은 디자인등록출원에 대하여 디자인등록 거절결정을 하고자 할 때에는 그 디자인등록출원인에게 위 1. 1) ①부터 ⑩까지, 2), 3), 4) ①부터 ⑤까지의 어느 하나에 해당하는 거절이유(이하 "거절이유"라 한다)를 통지하고 기간을 정하여 의견서를 제출할 수 있는 기회를 주어야 한다(법 27①).

이는 심사관이 그 디자인등록출원에 대하여 거절이유를 발견한 때에는 그 거절이유를 출원인에게 통지하고 의견진술의 기회를 주는 것을 의무화 하는 것이다. 따라서 디자인등록거절결정은 이러한 의무이행의 후가 아니면 할 수 없다.

거절이유통지와 관련하여 "복수디자인 등록출원된 디자인 중 일부 디자인에 대하여 거절이유가 있는 경우에는 그 해당 디자인의 일련번호, 디자인의 대상이 되는 물품 및 거절이유를 명시하여야 한다(법 27②).

따라서 심사관은 그 출원에 관한 디자인이 위의 거절이유조항에 해당하느냐의 여부를 조사, 확인하여 어느 거절이유조항에 해당하는 것이라고 판단한 때에는 그 적용조문과 그 조항에 해당하게 된 원인을 구체적으로 기재하고 참증자료도 첨부한다. 예를 들면 디자인보호법 제5조 제1항 제1호 또는 제2호에 해당하는 디자인에 유사한 디자인인 경우에는 그 공지된 디자인의 공지일, 공지장소, 물품명 등 그 디자인을 특정하여 구체적으로 적시한다. 간행물에 기재된 디자인에 유사한 경우에는 그 간행물명, 그 간행물의 발행일, 기재면수 등 그 간행물과 간행물에 기재되어 있는 디자인을 구체적으로 적시하여 통지한다. 또 위 같은 조 제1항 본문에 따른 공업상 이용할 수 있는 디자인에 해당하지 아니한 경우 즉 디자인의 성립성(디자인성) 및 공업상 이용성(공업성)이 없는 디자인인 경우에는 그 디자인이 디자인성, 공업성의 디자인등록의 전제적 요건을 결여한 이유에 대해 구체적으로 기재한다. 이러한 거절이유통지에는 실무상 다음과 같은 두 가지의 유형이 있다.

1) 등록요건불비에 대한 거절이유통지

디자인등록출원이 디자인등록요건을 갖추지 못한 때에 거절이유를 통지하는 본래의 거절이유통지가 그것이다. 이 경우 출원인의 의견이나 보정에 의해 등록요건불비의 거절이유가 해소된 경우 등록결정이 되고 그렇지 아니한 경우 거절결정이 된다. 이러한 거절결정에 대하여는 심판절차에 의해 구제를 청구할 수 있다. 즉 거절결정등본을 송달받은 날부터 30일 내에 거절결정에 대한 불복심판을 청구할 수 있음은 위에서 설명한 바와 같다.

2) 사실상 보정명령과 같은 거절이유통지

디자인등록출원에 대해 등록결정을 전제로 그 출원절차의 불비, 출원내용의 흠결의 치유를 목적으로 보정하도록 하는 내용의 거절이유통지가 그것이다. 이 경우 출원인의 보정서 제출에 의해 그 거절이유가 된 흠결이 치유된 경우 그 출원은 등록결정되고 그렇지 아니할 경우 거절이유통지를 한다. 이러한 심사관의 거절이유통지에 대한 출원인의 의견이나 보정에 의하여 그 거절이유가 해소된 경우 그 출원에 대하여는 등록결정되고 그렇지 아니한 경우 거절결정이 되며, 거절결정에 대하여는 위 1)과 같이 불복하는 심판청구를 할 수 있다.

이 경우 디자인의 공업상 이용성의 성립요건이나, 물품의 구분 등 절차요건에 관한 거절이유통지의 형식을 취하지만, 예를 들면 도면의 기재불비 내지는 흠결에 대해서는 특정한 디자인을 표현하지 않으므로 공업상 이용성의 요건을 결여한다는 등으로 그 거절이유에 단서를 달아 실질적으로 절차의 보정을 유도, 종용한다.

그런데 도면의 기재에 대한 보정이 가능한 것과 실질적으로 성립요건이 결여되어 절차상의 보정으로는 치유가 불가능한 것(예를 들면 보정하면 요지불명의 디자인이 명확하게는 되나 요지변경이 되는 것이 그것이다)과는 거절이유의 내용이 다르다.

즉 최초출원서, 도면의 기재에 의하면 그 형태가 특정불가능한 것이라고 하더라도 그 디자인이 속하는 분야에서 통상의 지식을 가진 자의 지식에 의하면 일응 떠오를 형태가 그 출원시의 출원서, 도면의 기재에 나타나 있다고 인정되는 경우에는 그 형태를 특정하는 데 필요한 도면의 정정 또는 보충을 유도, 종용하고 그 보정에 의해 명확하게 된 때 등록결정을 한다. 그러나 그 보정이 그 분야의 통상의 지식을 가진 자가 당연히 추고할 수 있는 범위를 벗어난 것인 경우에는 요지변경이 됨은 이미 설명한 바와 같다.

한편 도면의 기재만으로는 그 분야에서 통상의 지식을 가진 자의 지식에 의해 그 형태를 당연히 추고할 수 없고 고도의 개연성에 의해 어떤 일정한 형태를 추고하여 특정할 수 없는 때에는 디자인의 성립요건의 결여로 그 디자인등록출원은 거절된다.

(3) 거절이유통지시 특허청장에게 보고

심사관은 디자인등록출원에 대하여 거절이유통지를 하고자 할 때에는 이를 특허청장에게 보고하고 그 통지서를 작성하여 기명날인한 후(법시행규칙 18①②) 출원인에게 송부하여야 한다.

(4) 의견서

디자인등록출원인은 디자인등록출원에 대하여 심사관으로부터 거절이유통지를 받은 때에는 그 통지에서 정하고 있는 기간 내에 그 거절이유에 대한 의견서를 제출할 수 있다(법 27①). 거절이유통지를 받은 출원인이 그 거절이유에 대하여 의견을 제출하고자 할 때에는 소정의 의견서(법시행규칙 별지 제1호 서식)에 ⅰ) 의견서 내용을 증명하는 서류 1통, ⅱ) 대리인에 의하여 절차를 밟는 경우 그 대리권을 증명하는 서류 1통을 첨부하여 특허청장에게 제출하여야 한다(법 시행규칙 18② 각호). 심사관은 제출된 의견서("보정서"를 포함한다. 이하 같다)를 심사하여 거절이유해소여부를 판단한다. 즉 거절이유가 출원인의 의견에 의해 해소된 경우에는 그 출원은 등록결정하고 의견이 거절이유를 해소하지 못한 경우에는 그 출원은 거절결정을 한다.

(5) 재심사

1) 재심사청구

디자인등록출원인은 그 디자인등록출원에 관하여 거절결정등본을 송달받은 날부터 30일[법 제4조의14(기간의 연장 등) 제1항에 따라 제67조의3(디자인등록 거절결정 또는 디자인등록 취소결정에 대한 심판)에 따른 기간이 연장된 경우 그 연장된 기간을 말한다] 이내에 그 디자인등록출원서에 첨부된 도면, 도면의 기재사항 및 사진이나 견본을 보정하여 해당 디자인등록출원에 관하여 재심사(이하 "재심사"라 한다)를 청구할 수 있다. 다만 재심사에 따른 디자인등록 거절결정이 있거나 디자인등록 거절결정 또는 디자인등록 취소결정에 대한 심판청구가 있는 경우에는 그러하지 아니하다(법 27의2 ①).

2) 재심사청구의 효력

① 재심사의무의 발생

디자인등록 거절결정등본을 송달받은 출원인으로부터 그 디자인등록출원에 관한 보정을 하여 재심사청구를 한 때에는 심사관은 그 출원보정에 대하여 다시 심사를 하여 그 출원에 대한 등록여부를 결정하여야 한다.

② 종전 디자인등록 거절결정의 취소

재심사청구가 있는 경우 해당 디자인등록출원에 대하여 종전에 이루어진 디자인등록거절결정은 취소된 것으로 본다.

3) 재심사청구의 취하불가

재심사의 청구는 취하할 수 없다. 따라서 그 디자인등록출원은 출원보정에 대한 재심사결과에 의해서만이 등록여부가 결정된다.

(6) 거절결정된 출원의 공보게재

디자인등록출원이 위 2. (1) 1) ⑨의 디자인보호법 제16조(선출원) 제2항에 해당되어 거절되는 경우, 즉 동일 또는 유사한 디자인에 대하여 같은 날에 2 이상의 출원이 있는 경우 출원인의 협의에 의하여 정하여진 하나의 출원인만이 그 출원디자인에 대하여 등록을 받을 수 있는 바, 이 때 협의가 성립되지 아니하거나 협의를 할 수 없을 때에는 어느 출원인도 그 출원디자인에 대하여 등록을 받을 수 없어 거절결정이나 거절한다는 취지의 심결이 확정된 때에는 그 디자인등록출원에 관한 사항을 디자인공보에 게재하여 공고하여야 한다. 다만, 디자인등록출원된 디자인이 주는 의미나 내용 등이 일반인의 통상적인 도덕관념인 선량한 풍속에 어긋나거나 공공질서를 해칠 우려가 있는 경우에는 출원공개를 하지 아니할 수 있다(법 23의6). 이처럼 같은 날 동일디자인의 복수출원에 대하여 선출원인 협의결정을 보지 못한 경우의 거절결정이나 심결에 대하여 출원공개하는 것은 디자인등록은 불허하더라도 선원의 지위를 확보, 유지하도록 하여 후출원으로부터의 보호는 물론 후창작·후출원을 배재하고, 이를 토대로 보다 진전된 디자인의 창작을 장려하려는데 그 취의가 있다.

3. 디자인등록결정

심사관은 디자인등록출원에 대하여 거절이유를 발견할 수 없거나 출원인의 거절이유에 대한 의견서 또는 의견서 및 보정서에 의하여 그 거절이유가 해소된 때에는 디자인등록을 한다는 의미의 결정을 한다(법 28).

4. 결정의 방식 등

(1) 결정의 방식

디자인등록여부결정은 서면으로 하여야 하며 그 이유를 붙여야 한다(법 29①). 이처럼 디자인등록여부결정에 이유를 붙인 서면으로 하도록 한 것은 심사결정은 심사관의 행정처분권의 표시작용이므로 마땅히 서면으로 하여야 할 뿐만 아니라 등록결정의 경우 디자인권 설정등록의 원인이 되고, 등록거절결정의 경우 거절결정불복심판청구의 원인이 되므로 서면형식의 근거가 필요하고 또 등록절차, 심판절차 모두 서면주의를 채택하고 있는 점 등도 결정을 서면으로 하도록 한 요인이 된다.

(2) 결정등본의 송달

특허청장은 디자인등록여부의 결정이 있는 때에는 그 결정의 등본을 그 출원인에게 송달하여야 한다(법 29②). 심사는 심사관의 확인행위로서 결정에 의해 종료되므로 당연히 그 결정은 출원인에게 송달되어야 한다. 그래야만 그 결정에 대한 후속절차, 즉 등록결정의 경우 디자인권의 설정등록을 하여야 하고 거절결정의 경우 이에 불복이 있는 자는 거절결정불복심판을 청구하여야 하기 때문이다.

(3) 결정의 확정

결정은 등록결정의 경우 그 등록결정등본의 송달이 있는 때에 확정되고, 거절결정의 경우 그 거절결정등본을 송달받은 날부터 30일의 기간을 도과한 때 확정된다. 거절결정에 대한 심판청구가 있는 경우에는 거절결정을 지지하는 취지 내지는 심판청구를 각하하는 취지의 심결이 확정된 때에 그 거절결정을 확정된다.

5. 보정각하의 결정

심사관은 디자인등록여부결정의 통지서가 송달되기 전(디자인등록거절결정에 대한 심판을 청구하는 경우에는 그 심판청구일부터 30일 이내)에 한 출원의 보정, 즉 출원서의 기재사항, 출원서에 첨부한 도면, 도면의 기재사항 및 사진이나 견본에 대해 한 보정이 디자인등록출원의 요지를 변경하는 것인 때에는 결정으로 그 보정을 각하하되 그 이유를 붙인 서면으로 하여야 한다(법 18의2①④).

보정이 각하된 때에는 그 보정은 처음부터 절차가 이루어지지 않은 것으로 된다. 따라서 심사절차는 그 보정이 없는 것으로 계속된다. 보정각하결정에 대해서는 심사의 중간적 절차로서 이루어지는 것이지만 그 보정각하결정에 대하여는 불복심판을 청구할 수 있으므로 그 심판청구기간 즉 각하결정등본을 출원인에게 송달한 날부터 30일이 경과하기 전까지는 당해 출원에 대한 디자인등록여부결정을 할 수 없다(법 18의2②).

또 심사관은 출원인이 보정각하결정에 대한 불복심판을 청구한 때에는 그 심판의 심결이 확정될 때까지 그 출원의 심사를 중지하여야 한다(법 18의2③).

출원의 보정 즉 ⅰ) 최초의 디자인등록출원의 요지를 변경하지 아니하는 범위 안에서의 보정(법 18①), ii) 유사디자인등록출원을 단독디자인등록출원으로 또 그 반대로의 변경보정(법 18②), iii) 디자인무심사등록출원을 디자인심사등록출원으로 또 그 반대로의 변경보정(법 18④)이 최초의 디자인등록출원의 요지를 변경하는 것으로 디자인권의 설정등록이 있은 후에 인정된 때에는 그 디자인등록출원은 그 보정서를 제출한 때에 디자인등록출원한 것으로 본다(법 18⑥).

따라서 보정각하의 결정을 받은 출원인의 대응은 i) 보정각하결정불복심판의 청구, ii) 보정전의 절차에 따른 계속이 되는 바, 이 경우 그 보정이 보정명령에 따라 또는 거절이유통지에 따른 거절이유해소를 목적으로 이루어진 때에는 새로운 보정이 필요하다. 왜냐하면 보정명령 또는 거절이유통지에 대응한 보정이 각하되면 그 보정이 없었던 것으로 되기 때문에 그대로 놓아두면 보정명령 또는 거절이유에 대응한 절차가 없었던 것으로 되어 무효 또는 거절결정이 되기 때문이다.

Ⅳ. 무심사

1. 서 설

(1) 의의 및 취지

무심사라 함은 디자인등록출원이 디자인등록출원에 필요한 방식을 갖추고 있는 지와 그 출원디자인이 공공의 질서나 선량한 풍속을 문란하게 할 염려가 있는지 등의 부등록사유에 해당하는지의 일부사항만을 심사하는 형식적 심사만으로 등록허여여부를 결정하고, 디자인등록의 실질적 요건인 디자인의 신규성, 창작성 등의 만족여부에 관한 실체심사는 하지 않는 심사절차의 한 유형이다.

이러한 무심사는 디자인등록을 받고자 하는 자의 임의에 의한 것이 아니고 법령에서 무심사물품으로 정하고 있는 것에 한한다. 이처럼 법령에서 특정물품에 대하여 특별히 무심사등록을 허여한 것은 다음과 같은 무심사대상이 되는 물품의 특징 등에 의해 물품의 수명주기가 짧거나 또는 유행에 민감하기 때문에 이러한 것들에 대해서까지 심사주의에 따라 심사등록을 할 경우 심사에 소요되는 기간이 길어(평균 12개월) 심사절차종료시점에 이르러서는 그 출원물품의 디자인은 거의 유통시장에서 퇴장이 되었거나 되고 있거나 가까워지고 있기 때문에 소기의 보호법익을 기대할 수 없게 되기 때문이다.

따라서 무심사주의에 따라 디자인무심사등록출원에 대해 조기에 디자인권을 확보하여 등록디자인을 실시하게 함으로써 디자인보호법이 이루고자 하는 디자인의 신속한 보호와 이용의 촉진을 통한 산업발전이라고 하는 목적달성에 기여하여 디자인보호제도가 추구하고 있는 이상을 실현하려는 것이다.

(2) 배 경

디자인무심사등록제도는 1998년 3월 1일부터 시행한 개정 의장법에서 채택한 새로운 제도로서 그 도입배경은 디자인이 물품의 형상·모양·색채 또는 이들을 결합한 것으로서 시각을 통하여 미감을 일으키게 하는 미적 창작물이라고 하는 특성 때문에 인간적 취향 및 기호, 사회적 유행과 다양화된 생활패턴, 통신교통수단의 발달에 따라 변화무쌍하게 그리고 빠른 속도로 바뀌어 가고 있는 가운데 특정물품의 경우 계절상품으로 상품수명이 불과 4~5개월에 끝나는 단명제품(예 : 직물류, 벽지)인 경우 디자인심사기간(2009년 말 현재 평균심사기간 1년 정도)에 비해 월등히 짧아 디자인보호법제도가 디자인을 보호하는 데 기여하지 못하는 것으로 지적되면서 그동안 심사기간 단축 등 다각도로 보완책을 강구하여 왔으나 이렇다 할 실효를 거두지 못하여 오다가 1995년 12월 29일 공포·시행한 개정 의장법에서 야심작으로 조기공개제도를 도입하여 출원인에게 디자인등록 후 보상금지급청구권을 부여하였으나 이 또한 만족스럽지 못하여 이를 근원적으로 해결하기 위하여 우선 유행성이 강한 물품을 대상으로 무심사제도를 도입하여 변화에 민감한 품목이 조기에 보호될 수 있도록 하고 향후 디자인무심사등록 대상물품을 단계적으로 확대하여 전체적인 디자인심사처리기간이 단축되도록 하기 위함이다.

2. 무심사등록 대상

(1) 무심사등록 대상물품의 특징

무심사의 대상이 되는 물품은 비교적 유행에 민감하거나, 물품의 라이프 싸이클(life cycle: 수명주기)이 짧거나, 끊임없이 진화하여 변환하고 있는 변화무쌍한 물품이거나, 비교적 물품의 형태가 단조로워 쉽게 실증이 나므로 인하여 이미지(image: 상(像)) 쇄신이 요구되는 물품, 일상용품으로 미적욕구가 큰 물품 등으로서 예를 들면 i) 케익장식용 초코하우스 등 제조식품 및 담배 등 기호품, ii) 유아복 등 의복, iii) 침구, 커튼 등, iv) 상품권, 우표, 그림엽서, 크리스마스 카드 등 사무용지 제품, v) 서적, 신문, 잡지, 안내서, 광고전단, 카탈로그, 팜플렛, 책갈피 등 인쇄물, vi) 장식용실 장식지 등 가공지, vii) 포장용 상자 등 포장용 용기, viii) 포장지, 포장용 판지 등 포장지 등, ix) 포장용 장식구, 광고판, 간판, 광고탑, 게시판, 애드벌룬, 기, 수기 등, x) 직물지, 벽지, 편물지, 합성수지지 등이 그것이다.

(2) 무심사등록대상의 물품

무심사등록대상의 물품은 법령에서 정하고 있는 물품에 한한다. 즉 디자인무심사등록출원을 할 수 있는 디자인은 디자인보호법 제11조(1디자인 1디자인등록출원) 제2항에 의한 물품의 구분 중 지식경제부령이 정하는 물품에 한한다. 이 경우 지정된 물품에 대하여는 디자인무심사등록출원으로만 출원할 수 있고(법 9⑥, 시행규칙 9③) 디자인심사등록출원으로는 할 수 없다. 즉 디자인무심사등록출원을 할 수 있는 물품은 디자인법 시행규칙 제9조 제3항 제1호 [별표 4]의 물품의 구분 중 A1류·B1류·C1류·F3류·F4류 및 M1류에 속하는 물품 및 액정화면 등 표시부에 일시적으로 도형 등이 표시되는 화상디자인에 관한 물품이다.

3. 무심사등록출원 – 복수디자인등록출원 –

(1) 출 원

디자인 무심사등록출원은 1디자인 1디자인등록출원에 불구하고 20 이내의 디자인을 1디자인등록출원(이하 "복수디자인등록출원"이라 한다)으로 할 수 있다. 이 경우 1디자인마다 분리하여 표현하여야 한다(법 11의2①). 이러한 복수디자인등록출원은 디자인등록출원은 1디자인마다 1디자인등록출원으로 하여야 한다는 1디자인 1출원주의 즉 출원의 단일성의 예외로 인정한 디자인등록출원제도로써 이는 물품의 구분상 소정의 대분류가 동일한 물품에 한하여 인정하고 있고, 이를 기본디자인으로 하여 그 기본디자인에 속하는 유사디자인출원을 할 수 있음은 1디자인 1출원의 경우와 같다.

(2) 출원디자인의 범위

복수디자인등록출원 할 수 있는 디자인의 범위는 디자인보호법 제11조 제2항에 의한 물품의 구분상 지식경제부령이 정하는 분류가 동일한 것으로 하여야 한다. 즉 디자인보호법시행규칙 [별표 4]의 물품의 구분상 대분류가 동일한 물품으로 하여야 한다(법시행규칙 9④). 그러므로 동일 대분류 내의 물품일 때에는 비록 중분류간의 물품이 다르고 물품구분상의 물품이 서로 다르다 하더라도 이들 물품을 하나의 출원서에 복수디자인으로 등록출원을 할 수 있다. 예를 들면,

대분류 B군(B1) 의복인 경우
중분류 (B1-10) 양복, 물품구분 원피스
중분류 (B1-10-1) 한복, 물품구분 한복치마
중분류 (B1-20) 일본옷, 물품구분 일본옷

중분류 (B1-30) 에이프런, 물품구분 턱받이(유아용)
중분류 (B1-40) 잠옷, 물품구분 나이트가운
중분류 (B1-60) 속옷, 브래지어
중분류 (B1-00) 기타의복, 비치가운과 같다.

(3) 유사디자인의 출원

복수디자인등록출원을 하고자 하는 자는 기본디자인과 함께 그 기본디자인에 속하는 유사디자인을 출원할 수 있다. 이처럼 기본디자인과 함께 그 기본디자인에 속하는 유사디자인의 출원에 불구하고 자기의 등록디자인 또는 디자인등록출원된 디자인의 유사디자인을 복수디자인 등록출원하는 경우에는 1기본디자인에 속하는 유사디자인에 한하여 1복수디자인 등록출원으로 할 수 있다(법 11의2 ③④).

4. 디자인무심사등록 이의신청

(1) 의의 및 취지

디자인무심사등록 이의신청이라 함은 출원디자인에 대하여 디자인등록요건 등을 충족하였는지에 관한 실질심사를 하지 아니하고 디자인등록출원에 필요한 요식(형식)을 갖추었는지의 방식심사와 그 디자인이 주는 의미나 내용 등이 일반인의 통상적인 도덕관념인 선량한 풍속에 어긋나거나 공공의 질서를 해칠 우려가 있는 디자인인지 등의 부등록사유에 해당하는 지의 일부사항만을 심사하여 디자인등록을 허여한 그 등록디자인에 대하여 누구나 등록요건불비 등의 흠결을 이유로 특허청장에게 이의를 제기하는 것을 말한다.

이러한 디자인무심사등록 이의신청에 대하여 심사관 합의체는 그 이의의 성립여부에 관한 결정을 하여야 한다. 이의가 성립될 경우 즉 이의신청이 이유 있다고 인정된 때는 그 등록디자인에 대하여 "디자인등록취소결정"을 하고 이의가 성립되지 아니한 경우 즉 이의신청이 이유 없다고 인정된 때는 그 등록디자인에 대하여 "디자인등록유지결정"을 한다.

이처럼 디자인무심사등록출원에 의해 등록된 디자인은 디자인의 성립성(디자인성)·공업상 이용성(공업성)·신규성·창작성·선원성 및 출원의 단일성 등의 디자인등록요건 등에 관한 실질심사 없이 등록된 디자인이기 때문에 등록요건 등이 불비된 흠결의 출원디자인이 등록된 경우도 있을 수 있다. 이러한 흠결의 등록디자인에 의해 전용권(독점권), 금지금(배타권)이 행사될 경우 그 등록디자인이 속하는 분야의 디자인창작활동의 위축 내지는 중단, 디자인등록출원의 포기 및 디자인실시사업의 중지 등 창작권, 출원권 및 실시권 등이 침해될 수 있는 등의 문제로 조기보호라는 취지에 따라

도입한 무심사주의가 오히려 디자인창작의 장려를 통한 산업발전에 기여라고 하는 법적 제도적 취지에 반하는 결과를 초래할 수 있기 때문에 이러한 폐해를 방지하기 위하여 그 흠결 있는 등록디자인과의 현재의 이해관계인은 물론 장래에 이해관계인이 될 수 있는 예비적 이해관계인 즉 잠재적 이해관계인에까지 누구나가 그 등록디자인의 하자를 주장할 수 있도록 하는 당사자의 지위를 갖게 하여 이의신청을 할 수 있도록 함으로써 잘못된 등록디자인을 정리하고 진정한 디자인만이 등록디자인으로 유지, 존속하여 보호받을 수 있도록 하기 위함이다.

(2) 이의신청기간 및 이유

1) 이의신청기간

디자인무심사등록공고가 있는 때에는 누구든지 디자인무심사등록출원에 의한 디자인권의 설정등록이 있는 날부터 디자인무심사등록공고일후 3월이 되는 날까지 그 디자인무심사등록이 다음의 2)의 어느 하나에 해당하는 것을 이유로 특허청장에게 디자인무심사등록 이의신청을 할 수 있다(법 29의2 ①).

2) 이의신청의 이유

디자인무심사등록 이의신청은 그 디자인무심사등록디자인이 다음과 같은 이유의 어느 하나에 해당한 때에 특허청장에게 할 수 있다. 이 경우 복수디자인 등록출원된 디자인등록에 대하여는 각 디자인마다 디자인무심사등록 이의신청을 할 수 있다(법 29의2 ①).

① 권리능력이 없는 외국인의 디자인무심사등록출원이 등록된 경우, 즉 재외자 중 디자인권 또는 디자인에 관한 권리를 향유할 수 없는 외국인의 무심사등록디자인, 즉 i) 그 외국인이 속하는 국가에서 우리나라 국민에 대하여 그 국민과 같은 조건으로 디자인권 또는 디자인에 관한 권리의 향유를 인정하지 아니한 경우, ii) 우리나라가 그 외국인에 대하여 디자인권 또는 디자인에 관한 권리의 향유를 인정하는 경우 그 외국인이 속하는 국가에서 우리나라 국민에 대하여 그 국민과 같은 조건으로 디자인권 또는 디자인에 관한 권리의 향유를 인정하지 아니한 경우, iii) 조약 및 이에 준하는 것(이하 "조약"이라 한다)에 따라 디자인권 또는 디자인에 관한 권리의 향유를 인정하고 있지 아니한 경우의 그 국가의 국민인 외국인의 무심사등록디자인인 경우(법 4의24).

② 디자인등록의 요건에 불비한 경우(법 5)

③ 디자인등록을 받을 수 없는 것인 경우(법6)

④ 기본디자인에만 유사한 디자인이 아닌 유사디자인 즉 유사디자인에만 유사한 디자인인 경우(법 7①②)

⑤ 디자인등록을 받을 수 있는 권리가 공유임에도 공유자 전원이 공동으로 출원하지 아니한 디자인무심사등록출원의 디자인이 등록된 경우(법 10)
⑥ 최선의 출원인이 아닌 자의 디자인무심사등록출원이 등록된 경우(법 16①)
⑦ 동일 또는 유사한 디자인에 대하여 같은 날에 2 이상의 디자인무심사등록출원이 있는 때에는 디자인무심사등록출원인의 협의에 의하여 정하여진 하나의 디자인무심사등록출원인만이 그 디자인에 대하여 등록을 받을 수 있고 만약 협의가 성립하지 아니하거나 협의를 할 수 없는 때에는 어느 출원인도 그 디자인에 대하여 등록을 받을 수 없다. 그럼에도 이에 의하지 아니한 자의 디자인무심사등록출원이 등록된 경우(법 16②)
⑧ 디자인의 창작자나 그 승계인이 아닌 자의 디자인무심사등록출원, 상속 또는 유증에 의하지 아니한 특허청 직원 및 특허심판원 직원의 재직중 디자인무심사등록출원이 등록된 경우(법 3)
⑨ 조약위반의 디자인무심사등록출원이 등록된 경우(법 29의2 ①3)

(3) 이의신청절차

1) 디자인무심사등록 이의신청서 등의 제출

디자인무심사등록 이의신청을 하는 자(이하 "디자인무심사등록 이의신청인"이라 한다)는 다음의 사항을 기재한 디자인무심사등록 이의신청서에 필요한 증거를 첨부하여 특허청장에게 제출하여야 한다(법 29의2 ②).

① 디자인무심사등록 이의신청인의 성명·주소(법인인 경우 그 명칭·영업소의 소재지)
② 디자인무심사등록 이의신청인의 대리인이 있는 경우 그 대리인의 성명·주소나 영업소의 소재지(대리인이 특허법인인 경우 그 명칭·사무소의 소재지 및 지정된 변리사의 성명)
③ 디자인무심사등록 이의신청의 대상이 되는 등록디자인의 표시
④ 디자인무심사등록 이의신청의 취지
⑤ 디자인무심사등록 이의신청의 이유 및 필요한 증거의 표시

2) 디자인무심사등록 이의신청서 등에 대한 보정서 등의 제출

디자인무심사등록 이의신청인은 디자인무심사등록 이의신청을 한 날부터 30일 이내에 디자인무심사등록 이의신청서에 기재한 이유 또는 증거를 보정할 수 있다(법 29의3). 다만, 디자인무심사등록 이의신청서에 기재한 디자인 무심사등록 이의신청의 취지에 대하여는 보정을 할 수 없다. 왜냐하면 이의신청의 요지가 변경되어 본래의 이의신청의 취의가 달라지거나 없어지기 때문이다.

3) 이의신청의 효력

디자인무심사등록 이의신청절차에서 밟은 디자인에 관한 절차는 디자인등록거절결정 또는 디자인등록취소결정에 대한 심판에서도 그 효력이 있다(법 72의 32).

(4) 이의신청의 처리절차

1) 이의신청서 부본의 송달 등

디자인무심사등록 이의신청이 있는 때에는 그 디자인무심사등록 이의신청에 대한 심사·결정을 하기 위하여 구성한 3인의 심사관 합의체의 심사장은 그 디자인무심사등록 이의신청서 부본을 디자인무심사등록 이의신청의 대상이 된 등록디자인의 디자인권자에게 송달하고 기간을 정하여 답변서를 제출할 기회를 주어야 한다(법 29의2 ③). 그러나 부적법한 디자인무심사등록 이의신청으로서 그 흠결을 보정할 수 없는 때에는 디자인권자에게 답변서 제출의 기회를 주지 아니하고 결정으로서 이를 각하할 수 있다(법 30의3, 72의 5).

2) 이의신청 취지의 통지

디자인무심사등록 이의신청이 있는 때에는 3인의 심사관 합의체의 심사장은 그 취지를 그 디자인권의 전용실시권자 그 밖의 디자인에 관하여 등록을 한 권리를 가지는 자에게 통지하여야 한다(법 29의2 ④, 68⑥).

(5) 이의신청의 심사 및 결정

1) 심사관 합의체의 구성, 운영

특허청장은 디자인무심사등록 이의신청에 대하여 심사·결정하기 위하여 3인의 심사관 합의체를 구성할 심사관을 지정하고 그 중 1인을 심사장으로 지정한다. 특허청장은 심사관 합의체를 구성하는 심사관 중 심사에 관여하는데 지장이 있는 자가 있는 때에는 다른 심사관으로 교체하여 이를 행하게 할 수 있다. 심사장은 이의신청에 관한 심사사건의 사무를 총괄한다. 심사관 합의체의 합의는 과반수에 의하여 결정하며 심사·결정의 합의는 공개하지 아니한다(법 29의4 각항).

2) 이의신청의 심사 등

① 개 설

디자인무심사등록 이의신청에 대한 심사는 3인의 심사관 합의체(이하 “심사관 합의체"라 한다)에서 이의신청인이 제출한 디자인무심사등록 이의신청 및 이 이의신청에 대한 디자인권자의 답변서를 중심으로 심사한다. 즉 이의신청이 디자인보호법 제29조 제1항 각호의 1에 해당하는 위의 (2) 2) 이의신청이유(이하 "디자인무심사등록 취소이유"라 한다)에 해당한 것인지의 여부와 이의신청에 대한 디자인권자의 대응이 이러한 디자인무심사등록 취소이유를 해소할 만한 내용의 답변인지를 심사하는 소극적 심사와 심사관 합의체가 디자인무심사등록 이의신청에 대하여 직권으로 심사할 수 있는 적극적 심사(이하 "이의신청심사에서의 직권심사"라 한다)가 있다.

디자인무심사등록 이의신청의 심사·결정에서는 2 이상의 디자인무심사등록 이의신청을 병합하거나 분리하여 심사·결정할 수 있고(이하 "이의신청의 병합·분리"라 한다) 당사자 등의 신청 또는 직권으로 증거조사나 증거보전을 할 수 있다. 심사관 합의체는 심사에서 직권으로 또는 당사자의 신청에 따라 당사자 본인을 신문할 수 있고(이 경우 당사자에게 선서를 하게 하여야 한다) 또 디자인권자·이의신청인 등 사건 당사자가 장애가 있는 사람인 경우 통역인이나 문자로 질문하거나 진술하게 할 수 있다.

② 이의신청에 의한 심사

디자인무심사등록에 대하여 디자인무심사등록 취소이유를 들어 디자인무심사등록 이의신청이 있는 때에는 심사관 합의체는 그 이의신청의 이유가 디자인보호법 제29조 제1항 각호의 디자인무심사등록 취소이유에 해당하는지의 여부와 이의신청에 대한 디자인권자의 답변서에서 그 이의신청이유를 해소할 만한 내용이 있는지의 여부를 심사한다.

이와 같은 심사에서 쌍방당사자가 제출한 증거서류의 증거력·증거능력은 물론 증거서류(물)의 진부(인부)에 관하여도 이의신청이유의 성립여부와 함께 심사한다. 심사결과 디자인무심사등록 이의신청이 이유가 있다고 인정될 때에는 그 등록디자인을 취소한다는 취지의 결정(이하 "디자인등록취소결정"이라 한다)을 하여야 하고 디자인무심사등록 이의신청이 이유 없다고 인정될 때에는 그 디자인등록을 유지한다는 취지의 결정(이하 "디자인등록 유지결정"이라 한다)을 하여야 한다. 디자인무심사등록 이의신청에 대한 각하결정(이의신청의 이유 및 증거를 제출하지 아니한 경우 이의신청한 날부터 30일이 경과한 후 결정으로 이의신청을 각하할 수 있는 바, 이를 각하결정이라 한다) 및 디자인등록 유지결정에 대하여는 불복을 할 수 없고 오직 디자인등록취소결정에 대해서만 불복을 할 수 있다. 이에 관한 자세한 설명은 뒤 "3) 이의신청에 대한 결정"을 참고하기 바란다.

③ 이의신청심사에서의 직권심사

심사관 합의체가 디자인무심사등록 이의신청에 관한 심사를 할 때에는 디자인권자나 디자인무심사등록 이의신청인이 신청하지 아니한 이유에 대하여도 심사할 수 있다. 이 경우 디자인권자나 디자인무심사등록 이의신청인에게 기간을 정하여 그 이유에 관하여 의견을 진술할 수 있는 기회를 주어야 한다(법 29의 5①). 그러나 디자인무심사등록 이의신청인이 신청하지 아니한 등록디자인에 관하여는 심사할 수 없다(법 29의 5②).

왜냐하면 디자인무심사등록 이의신청의 취지가 달라지거나 취지에 벗어날 수 있기 때문이다.

④ 이의신청의 병합 또는 분리심사·결정

심사관 합의체는 2 이상의 디자인무심사등록 이의신청이 있는 때에는 이를 병합하거나 분리하여 심사·결정할 수 있다(법 29의6).

i. 병합심사·결정

디자인보호법은 심사관 합의체에 계속된 수개의 디자인무심사등록 이의신청을 1개의 절차로 심사·결정하기 위하여 병합심사·결정에 관한 규정을 두고 있다(법 29의6) 병합되는 이의신청은 동일한 디자인 무심사등록에 관한 것이어야 하고 당사자 또는 이의신청의 점에서 어떠한 견연성이 있을 것이 필요하다.

이의신청의 병합은 심사관 합의체의 심사 지휘권의 행사로서 직권에 의하여 결정으로 행하여진다. 병합된 각 이의신청에 관하여는 심사를 병합하여야 함은 물론 동시에 전부결정을 하여야 한다.

ii. 분리심사·결정

디자인보호법은 심사관 합의체에 계속된 수 개의 디자인무심사등록 이의신청을 별개의 절차로 심사·결정하기 위하여 분리심사·결정에 관한 규정을 두고 있다(법 29의 6). 디자인무심사등록 이의신청에 대한 심사·결정의 분리는 심사관 합의체의 심사 지휘권의 행사로서 직권에 의하여 결정으로 행하여지며, 이 결정에 각 이의신청은 각 별개의 절차로 심사하게 되고 결정은 별개로 한다.

⑤ 당사자 신문

심사관 합의체는 직권으로 또는 당사자의 신청에 따라 당사자 본인을 신문할 수 있다. 이 경우 당사자에게 선서를 하게 하여야 한다(법 72의18 ⑦, 민사소송법 367).

다른 증거 없이 이의신청인 신문결과만으로는 이의신청인 주장의 사실을 인정할 수 없다.[1)]

⑥ 증거조사 및 증거보전

디자인무심사등록 이의신청에 대한 심사·결정에서는 당사자·참가인 또는 이해관계인의 신청에 의하여 또는 직권으로 증거조사나 증거보전을 할 수 있다. 이 경우 민

1) 대법원 1983. 6. 14, 83다카9 95 판결 참조.

사소송법 중 증거조사 및 증거보전에 관한 규정을 준용한다. 다만 심사관은 과태료의 결정을 하거나 구인을 명하거나 보증금을 공탁하게 하지 못한다.

이러한 증거보전신청은 이의신청 전에는 특허청장에게, 심사계속 중에는 그 사건의 심사장에게 하여야 한다. 특허청장은 이의신청 전에 증거보전신청이 있으면 증거보전의 신청에 관여할 심사관을 지정한다. 또 심사장은 직권으로 증거조사나 증거보전을 한 때에는 그 결과를 당사자·참가인 또는 이해관계인에게 송달하고 기간을 정하여 의견서를 제출할 수 있는 기회를 주어야 한다(법 30의3, 72의21).

⑦ 소명방법

소명은 즉시 조사할 수 있는 증거에 의하여야 한다(법 72의18 ⑦, 민사소송법 299①). 심사관 합의체는 당사자 또는 법정대리인으로 하여금 보증금을 공탁하게 하거나 그 주장이 진실하다는 것을 선서하게 하여 소명에 갈음할 수 있다(법 72의18⑦, 299②).

선서는 다음과 같은 선서의 방식에 의하여 하여야 한다(법 72의18⑦, 민사소송법 299③, 321①③④).

i. 선서는 선서서에 따라서 하여야 한다.

ii. 심사관 합의체 심사장은 증인으로 하여금 선서서를 소리 내어 읽고 기명날인 또는 서명하게 하며, 증인이 선서서를 읽지 못하거나 기명날인 또는 서명하지 못하는 경우에는 심사관으로 하여금 이를 대신하게 한다.

iii. 증인은 일어서서 엄숙하게 선서하여야 한다.

⑧ 통 역

이의신청심사에서의 디자인권자 또는 이의신청인 등 사건 당사자가 우리말을 하지 못하거나 듣거나 말하는데 장애가 있으면 통역인에게 통역하게 하여야 한다. 다만, 위와 같은 장애가 있는 사람에게는 문자로 질문하거나 진술하게 할 수 있다. 통역인에게는 민사소송법의 감정인에 관한 규정이 준용됨에 따라 이 역시 디자인무심사등록 이의신청에 대한 심사에도 준용된다(법 72의18⑦, 민사소송법 143).

3) 이의신청에 대한 결정

① 결정기간

심사관 합의체 심사장은 디자인무심사등록 이의신청에 대한 답변서 제출기간(법 29의2③) 및 디자인무심사등록 이의신청 보정기간(이의신청한 날부터 30일 이내 : 법 29의3)이 경과한 후에 디자인무심사등록 이의신청에 대한 결정을 하여야 한다(법 29의7①).

② 결정내용

ⅰ. 각하결정

(ⅰ) 이의신청의 이유 및 증거를 제출하지 아니한 경우

심사장은 디자인무심사등록 이의신청이 그 이유 및 증거를 제출하지 아니한 경우에는 이의신청에 대한 답변서 제출기간에 불구하고 이의신청보정기간(이의신청한 날부터 30일 이내)의 경과 후에 결정으로 디자인무심사등록 이의신청을 각하할 수 있다(법 29의 7②).

(ⅱ) 보정할 수 없는 이의신청인 경우

부적법한 디자인무심사등록 이의신청으로서 그 흠결을 보정할 수 없는 때에는 디자인권자에게 답변서 제출의 기회를 주지 아니하고 결정으로서 이를 각하할 수 있다(법 30의3, 72의5).

ⅱ. 디자인등록 취소결정

심사관 합의체는 디자인무심사등록 이의신청이 이유있다고 인정될 때에는 그 등록디자인을 취소한다는 취지의 결정(이하 "디자인등록취소 결정"이라 한다)을 하여야 한다(법 29의7③). 디자인등록취소결정이 확정된 때에는 그 디자인권은 처음부터 없었던 것으로 본다(법 29의 7④).

ⅲ. 디자인등록 유지결정

심사관 합의체는 디자인무심사등록 이의신청이 이유없다고 인정될 때에는 그 디자인등록을 유지한다는 취지의 결정(이하 "디자인등록 유지결정"이라 한다)을 하여야 한다(법 29의7⑤).

ⅳ. 불복의 불허

디자인무심사등록 이의신청에 대한 각하결정 및 디자인등록 유지결정에 대하여는 불복을 할 수 없다(법 29의7⑥). 그러나 디자인등록 취소결정에 대하여는 불복하여 디자인등록 취소결정에 대한 심판을 청구할 수 있다. 이 경우 디자인등록 취소결정등본을 송달받은 날부터 30일 이내에 청구하여야 한다(법 67의3).

③ 결정방식

디자인무심사등록 이의신청에 대한 결정은 다음의 사항을 적은 서면으로 하여야 하며, 결정을 한 심사관은 이에 기명날인하여야 한다(법 29의8①).

ⅰ. 디자인무심사등록 이의신청사건의 번호

ii. 디자인권자와 디자인무심사등록 이의신청인의 성명·주소(법인인 경우 그 명칭·영업소의 소재지)
iii. 디자인권자와 디자인무심사등록 이의신청인의 대리인이 있는 경우 그 대리인의 성명·주소나 영업소의 소재지(대리인이 특허법인인 경우 그 명칭, 사무소의 소재지 및 지정된 변리사의 성명)
iv. 결정에 관련된 디자인의 표시
v. 결정의 결론 및 이유
vi. 결정 연월일

④ 결정등본의 송달

심사장은 디자인무심사등록 이의신청에 대한 결정이 있는 때에는 그 등본을 디자인무심사등록 이의신청인과 디자인권자에게 송달하여야 한다(법 29의8②). 여기에서 "디자인무심사등록 이의신청에 대한 결정"이라 함은 디자인무심사등록 이의신청 각하결정, 디자인등록 취소결정, 디자인등록 유지결정을 말한다.

(6) 심사 또는 소송절차의 중지

디자인 무심사 등록 이의신청의 심사는 필요한 경우 심결이 확정될 때까지 또는 소송절차가 완결될 때까지 그 절차를 중지할 수 있고 법원 또한 필요한 경우 디자인무심사등록 이의신청에 대한 결정이 확정될 때까지 그 소송절차를 중지할 수 있다. 이러한 중지에 대하여는 불복을 할 수 없다(법 30의3, 30의2).

(7) 이의신청의 취하 등

1) 취 하

디자인무심사등록 이의신청은 취하할 수 있다. 그러나 디자인권자나 디자인무심사등록 이의신청인에게 기간을 정하여 그 이유에 관하여 의견을 진술할 수 있는 기회를 주기 위한 의견진술의 통지가 있거나 이의신청에 대한 결정등본의 송달이 있은 후에는 이를 취하할 수 없다(법 29의9①).

2) 취하의 효력

디자인무심사등록 이의신청을 취하하면 그 이의신청은 처음부터 없었던 것으로 본다(법 29의9②). 따라서 취하는 무효와 함께 소급효의 전형이라고 할 수 있다.

5. 중복 이의신청의 금지

특허청에 계속되어 있는 디자인무심사등록 이의신청사건에 대하여 당사자는 다시 이의신청을 하지 못한다(법 72의18⑦, 민사소송법 259).

중복이의신청의 금지는 이의신청 계속으로 인하여 당연히 발생하는 이의신청요건의 하나로써 이미 동일한 사건에 관하여 앞선 이의신청이 있었다면 설령 그 앞선 이의신청이 이의신청요건을 흠결하여 부적법하다고 할지라도 뒤의 이의신청의 심사종결시까지 취하·각하 등에 의하여 이의신청이 소멸되지 아니하는 한 뒤의 이의신청은 중복이의신청 금지에 위배하여 각하를 면치 못하게 된다.

제 7 장 디자인등록

제1절 서 설

Ⅰ. 서 론

디자인등록은 디자인에 관한 권리의 설정·변경·소멸·그 밖의 디자인에 관한 사항을 디자인등록원부에 기재하여 권리의 발생·이동·실효 등에 대한 공시의 원칙을 실현하는 수단, 즉 배타적인 권리의 발행과 변동은 등록과 같은 외형상 인식할 수 있는 표상(表象)을 갖추지 않으면 완전한 효력이 발생하지 않는다고 하는 법률상 공시의 일종이다.

이는 법률관계를 정서(整序)하여 거래의 안정을 도모하려는 근대법의 이상에서 출발한 것이다. 특히 권리의 발생·변경·소멸 등에 관하여 제3자에게 알 수 있는 기회를 주려고 하는 것으로서 등록은 등기 그 밖의 효력발생요건 및 대항요건과 함께 공시방법의 주요 종별을 이루고 있다.

Ⅱ. 의의 및 목적

디자인보호법에서 등록이라 함은 등록적격자의 신청, 특허청장의 직권 또는 법원의 촉탁 등에 의하여 특허청에 비치되어 있는 디자인등록원부에 디자인 등에 관한 사항 및 그 법률관계를 기재하는 것을 말한다. 이와 같은 등록제도의 목적은 디자인에 관한 권리의 발생·변경·소멸 등 권리의 존재와 이동 및 실효 등의 현황을 명확히 함으로써 권리의 보호와 거래의 안정은 물론 공유화 디자인의 자유로운 사용을 도모하고자 하는 데 있다. 이와 같이 등록은 디자인에 관한 효력의 발생요건인 동시에 이를 일반에게 널리 알리기 위한 공시(公示)의 수단이기도 하다.

Ⅲ. 성 질

디자인등록은 디자인에 관한 권리의 발생·변경·소멸 등 권리의 효력을 발생시키는 등의 형성적 성질과 제3자의 무단실시에 대항할 수 있는 배타성 및 일반 공중을 향해 공시성을 가짐으로써 부동산등기와 같이 거래의 안정을 도모하려는 공증적 성질을 가지고 있다. 따라서 당사자간의 권리관계를 명확히 하여야 한다는 의미도 있지만 제3자의 보호를 위한 공시적 의미도 있기 때문에 등기사항 법정주의를 채택하여 거래의 안정을 기하려는 것이다.

이처럼 디자인등록은 디자인권의 설정에 의한 존재뿐만 아니라 그 이전·변경·소멸 등 디자인에 관한 권리의 이동·실효에 대하여도 원칙적으로 등록은 효력발생요건이다(법 39①, 61).

그러나 여기에서 말하는 효력발생요건이란 민법상의 권리의 설정·변경 등에 필요한 실질적인 요건이 구비되어 있더라도 등록이라는 형식적인 요건이 구비되어 있지 않으면 디자인보호법상의 권리의 이동 등은 법률상 인정될 수 없다는 것이다. 그렇다고 등록이 있으면 실질적 요건이 구비되어 있지 않더라도 권리 이동 등의 효력이 있다는 것은 아니다. 디자인권의 변동에 대해서는 등록은 공시력이 있을 뿐이며 공신력은 없다.[1] 예를 들면 위조한 인감 증명에 의해 디자인권을 이전 등록한 경우 그 등록은 공시력은 있어도 공신력은 없다.

따라서 제3자가 디자인등록원부 상의 등록만을 믿고 그 위조한 인감증명에 의해 디자인권을 이전 등록한 외형상의 디자인권리자와 전용 실시권 설정계약을 체결함으로써 손해가 발생하였다 하더라도 디자인보호법상의 등록은 공시력만 있고 공신력이 없기 때문에 디자인등록 원부상의 등록만을 믿고 보게 된 손해에 대해서는 보호를 받을 수 없다. 다만, 손해의 원인이 등록 의무자의 인감 위조 및 동 행사, 즉 인감을 위조하여 디자인권을 이전 등록을 하므로 인하여 발생한 손해이기 때문에 그를 상대로 한 손해배상청구 등 민사적·형사적 구제수단의 행사는 등록과는 별개의 문제이다. 이는 부동산 등기법에서의 부동산 등기부의 등기가 공시력만 있고 공신력이 없는 것과 같은 것이다.

이와 같이 등록을 디자인권의 효력발생 요건으로 하여 일단 등록에 의하여 디자인에 관한 권리의 효력이 발생하면 모든 자가 특정인의 디자인권임을 아는 것으로 간주되는 공시제도를 디자인에 관한 등록절차에도 적용하고 있는 것이다. 따라서 등록후 제3자의 권리침해에 대해서는 고의 추정을 받아 입증책임이 침해자에게 전가된다.

---

1) 綱野誠저, 강동수 외 역, 『상표』, 도서출판 대광서림, 1992, 764면.

제2절 등 록

Ⅰ. 등록의 요건

디자인등록을 하는 데는 다음과 같은 요건이 동시에 충족되어야 한다.

1. 등록결정 등 등록원인의 존재

디자인등록에는 등록의 원인이 되는 심사관의 디자인등록출원에 대한 등록결정이나 심판관의 등록심결(디자인권의 설정등록의 경우), 가족관계서(종전 호적등본), 기본증명서(종전 호적초본), 법인등기부등·초본, 주민등록표 등·초본(등록명의인 표시변경 또는 경정등록의 경우), 디자인권자의 양도증(디자인권 이전등록의 경우), 디자인권자의 일부양도증·공유계약서(디자인권 일부이전(지분일부이전)등록의 경우), 전용실시권 설정계약서(전용실시권 설정등록의 경우), 허락서(통상실시권 설정등록의 경우), 질권설정계약서(질권설정등록의 경우), 변경계약서(질권이나 실시권의 변경등록의 경우), 포기서, 호적등·초본(외국인의 경우 국적증명서, 법인인 경우 법인증명서), 제권판결등본, 채권증서 및 채무변제서, 가등록명의인의 승낙서, 계약해제증서, 재판의 등본 등, 신청인의 인감증명서(인감증명제도가 없는 외국인의 경우에는 이에 준하는 증명서)(말소등록의 경우), 신탁계약서(디자인권·실시권·질권의 설정, 이전 및 신탁등록의 경우), 설정등록료납부서 및 출원인이 책임질 수 없는 사유로 설정등록료 납부기간을 해태하였음을 증명하는 서류(설정등록료 추납에 의한 디자인등록출원을 회복하고자 하는 경우), 연차등록료납부서 및 디자인권자가 책임질 수 없는 사유로 연차등록료 납부기간을 해태하였음을 증명하는 서류(연차등록료 추납에 의한 디자인권을 회복하고자 하는 경우), 등록료 보전서 및 출원인·디자인권자가 책임질 수 없는 사유로 등록료 납부기간을 해태하였음을 증명하는 서류(등록료 보전에 의한 디자인등록출원 및 디자인권을 회복하고자 하는 경우), 허가·인가·동의·승낙에 관한 증명서류(위 등록에 제3자의 허가·인가·동의·승낙이 필요한 경우) 등 등록원인을 증명하는 서류를 당해 등록신청서에 첨부하여 제출하여야 하며 또 그 등록원인을 증명하는 서류 등은 유효한 것이어야 한다.

2. 등록료 등의 납부 등

(1) 설정등록료의 납부·면제

디자인권의 설정등록은 디자인등록결정 또는 그 심결의 등본을 받은 날부터 3개월 이내에 최초 3년분의 등록료를 일시에 납부하거나(법 31①②, 특허료 등의 징수규칙 8⑤) 이 기간이 경과된 후에도 그 기간이 경과된 날부터 6개월 이내에 최초 3년분 등록료의 2배에 상당하는 금액을 납부한 때(징수규칙 8⑥) 또는 ⅰ) 국민기초생활수급자, ⅱ) 국가유공자와 유족 및 가족, 5·18 민주유공자와 유족 및 가족, 고엽제 후유증환자·고엽제 후유의증 환자 및 고엽제 후유증 2세 환자, 특수임무수행자와 유족 등의 어느 하나에 해당하는 자, ⅲ) 장애인복지법에 따른 등록된 장애인, ⅳ) 초·중등교육법, 고등교육법에 따른 학교의 재학생(대학원의 재학생은 제외한다), ⅴ) 기능대학법에 따른 기능대학의 재학생, ⅵ) 만 19세 미만인 자 중, 즉 위 ⅰ)에서 ⅵ)까지의 어느 하나에 해당하는 자가 연간 50건(반려나 1개월 이내 취하 또는 포기된 것을 제외한다)에 한하여 최초 3년분의 등록료를 면제받은 때에 할 수 있다(특허료 등 징수규칙 7① 각호).

(2) 연차등록료의 납부

디자인권자 또는 유사디자인권자(이하 "디자인권자"라 한다)는 제4년분부터의 등록료를 당해 권리의 설정등록일을 기준으로 하여 매년 1년분씩 그 전년도에 납부하여야 한다. 다만 그 납부기간 내에 납부하지 아니한 때에는 그 납부기간이 경과된 날부터 6개월 이내에 당해 등록료의 2배에 상당하는 금액을 납부하여야 한다(동 징수규칙 8⑧). 그러나 디자인권자는 제4년분부터의 등록료를 그 납부연차의 순위에 따라 수년분 또는 모든 연차분을 일괄하여 납부할 수 있다. 이 경우 납부 후에 등록료의 금액이 변경된 때에도 변경된 등록료를 납부한 것으로 본다(동 징수규칙 8⑪).

(3) 등록료의 납부

디자인등록에는 위의 등록료 외에 각종 등록원인에 따라 정하여진 등록료를 납부하여야 한다. 즉 디자인권의 이전등록료, 디자인권의 실시권 설정 또는 그 보존등록료, 디자인권·디자인권의 전용실시권·통상실시권을 목적으로 하는 질권의 설정등록 또는 처분의 제한등록료, 위 실시권 또는 질권의 이전등록료, 등록사항의 결정·변경(행정구역 또는 지번의 변경으로 인한 경우를 제외한다)·취소·말소 또는 회복등록료, 가등록료, 신탁등록 또는 그 변경등록료 등을 소정의 납부방법에 따라 납부하고 당해 등록신청서의 등록료란에 기재한다(동 징수규칙 2② 2 내지 8).

(4) 등록세의 납부

지방세법에 의한 등록세(지방교육세를 포함한다. 이하 같다)는 디자인등록료와 일괄하여 납부하여야 한다(동 징수규칙 8의2①).

3. 디자인등록원부에의 등록

특허청장은 디자인등록을 받고자 하는 자가 디자인권의 설정등록료나 연차등록료를 납부한 때, 디자인권의 이전·변경·소멸·회복 등을 위하여 제출한 등록신청서류에 흠결이 없는 때 이를 디자인등록원부에 기재하여 디자인권의 설정·변경·소멸·회복 등에 관한 등록을 한다(법 37).

디자인권의 설정등록의 경우 디자인등록증을 발급하여 디자인등록권자에게 교부하고(법 38) 디자인권의 설정등록사항은 디자인공보에 게재하여 등록공고를 하여야 한다(법 39③).

Ⅱ. 등록의 종류

1. 등록료 등의 납부 등에 따른 등록

디자인등록에 관한 등록료 및 수수료 또는 등록세(이하 "등록료 등"이라 한다)의 납부 또는 면제 및 감면(이하 "납부 등"이라 한다)에 따른 등록이 있는 바, 다음과 같다.

(1) 디자인권의 설정등록

특허청장은 디자인권의 설정등록을 받으려는 자가 디자인권의 설정등록을 받으려는 날(이하 "설정등록일"이라 한다)부터 3년분의 디자인등록료(이하 "등록료"라 한다)를 납부한 때(법 31①), 등록료를 추가납부한 때(법 33①), 등록료를 보전한 때(법 33의2②), 등록료를 납부하거나 보전한 때(법 33의3①) 또는 등록료가 면제된 때(법 35①1, ②)에는 디자인권을 설정하기 위한 등록을 하여야 한다(법 39②, 특허료 등의 징수규칙 8⑤).

(2) 디자인권의 연차등록

특허청장은 디자인권자 또는 유사디자인권자가 당해 디자인권의 설정등록일에 해당하는 날을 기준으로 하여 제4년부터의 등록료를 매년 1년분씩 납부하거나 그 납부

연차순서에 따라 수 년분 또는 모든 연차분을 함께 납부한 때에는 디자인권의 존속을 위한 등록을 하여야 한다(법 31②, 특허료 등의 징수규칙 8⑧⑪).

2. 신청 등에 따른 등록

(1) 디자인권 등의 등록신청

신청 등에 따른 등록이라 함은 디자인권 그 밖의 디자인에 관한 권리의 등록이 등록신청 적격자의 신청·청구·요청(이하 "신청 등"이라 한다)에 의하여 이루어지는 등록제도를 말한다. 여기에서 "등록신청 적격자"라 함은 등록권리자 및 등록의무자 등을 말하며, "등록권리자"란 등록에 의하여 실질적으로 권리관계상 이익을 받는 자로서 디자인등록원부에 표시된 자, 예를 들면 디자인권 이전등록에 있어서의 양수인을 말하며, "등록의무자"란 양도인을 말한다.

따라서 신청에 의한 등록은 i) 등록권리자·등록의무자 공동신청, ii) 등록권리자·등록의무자 중 일방신청, iii) 등록권리자 단독신청, iv) 등록의무자 단독신청, v) 가등록권리자 단독신청, vi) 등록명의인 단독신청, vii) 가등록명의인 단독신청, viii) 가등록이해관계자 단독신청, ix) 신수탁자·다른 수탁자 중 일방신청에 의해서 등록이 된다.

(2) 유사디자인권 등이 있는 디자인권의 등록신청

디자인권에 관하여 i) 이전이나 ii) 등록명의인의 표시의 변경 또는 경정의 등록을 신청하는 경우에 그 디자인권에 유사디자인권 또는 통상실시권이 있는 때에는 동시에 그 유사디자인권 또는 통상실시권에 대하여도 동일한 사항의 등록을 신청하여야 한다(동령 4 각호).

3. 직권 등록

(1) 직권등록사항

다음과 같은 사항의 등록은 특허청장이 직권으로 하여야 한다. 다만 3) 내지 7)의 사항의 등록은 특허심판원장의 통지가 있는 경우에 한한다(동령 3 각호).

1) 디자인권의 설정·소멸(포기로 인한 것을 제외한다)·회복
2) 디자인 무심사등록 이의신청의 확정결정
3) 보정각하결정에 대한 심판·디자인등록거절결정에 대한 심판·디자인등록취소결정에 대한 심판·디자인등록 무효심판·권리범위 확인심판·통상실시권 허여심판의 확정심결

4) 재심의 확정심결
5) 특허법원의 확정판결
6) 대법원의 판결
7) 혼동으로 인한 전용실시권·통상실시권 또는 질권의 소멸
8) 권리의 이전등록시 등록의무자의 주소의 변경(그 권리이전등록 신청시 제출한 읍·면·동 또는 등기관련기관의 장이 증명하는 서면에 의하여 등록의무자의 디자인등록원부상의 주소가 권리이전 등록신청서상의 주소로 변경된 사실을 확인할 수 있는 경우에 한한다)

(2) 직권에 의한 예고등록

특허청장은 다음의 어느 하나에 해당한 경우에 대한 신청·청구·소의 제기 또는 상고가 있는 때에는 직권으로 그 예고등록을 하여야 한다.

1) 디자인 무심사등록 이의신청이 있는 경우
2) 보정각하결정에 대한 심판청구, 디자인등록거절결정에 대한 심판청구, 디자인등록취소결정에 대한 심판청구, 디자인등록의 무효심판청구, 권리범위 확인심판청구, 통상실시권 허여의 심판청구 등이 있는 경우
3) 재심의 청구가 있는 경우
4) 특허법원에의 소가 있는 경우
5) 대법원에의 상고가 있는 경우

4. 촉탁의 등록

(1) 서 론

"촉탁등록"이라 함은 다른 관청 또는 공공기관의 등록의뢰에 의하여 디자인등록원부에 등재하는 것으로서 법원으로 부터의 촉탁에 의한 것이 대부분이다. 촉탁에 의한 등록으로서는 디자인권 등의 처분의 제한 등의 등록 촉탁, 예고등록의 촉탁, 디자인 신탁원부에의 등록촉탁, 신탁재산 관리방법의 변경으로 인한 등록촉탁 등이 있다.

(2) 디자인권 등의 처분의 제한 등의 등록촉탁

1) 법원은 디자인권 또는 그 디자인에 관한 권리에 관하여 처분을 제한하거나 그 제한을 해제한 경우에는 촉탁서에 재판의 등본을 첨부하여 처분의 제한의 등록 또는 그 등록의 말소를 특허청장에게 촉탁하는 것으로 한다(동령 5 준용, 특허등록 20①).
2) 위 1)의 경우에 필요한 때에는 법원은 등록명의인의 표시의 변경이나 경정 또는

상속·회사의 합병 등 일반승계에 의한 권리의 이전의 등록을 특허청장에게 촉탁하는 것으로 한다(동령 5 준용, 특허등록령 20②).

(3) 예고등록의 촉탁

법원은 등록의 원인의 무효나 취소로 인한 등록의 말소 또는 회복의 소가 제기된 경우(다만, 등록의 원인의 무효나 취소로써 선의의 제3자에 대항할 수 있는 경우에 한한다)에는 촉탁서에 소장의 등본 또는 초본을 첨부하여 그 예고등록을 특허청장에게 촉탁하는 것으로 한다(동령 5 준용, 특허등록령 22).

(4) 디자인신탁원부에의 등록촉탁

1) 법원 또는 주무관청은 신탁관리인을 선임하거나 해임하는 경우에는 디자인신탁원부에의 등록을 특허청장에게 촉탁하는 것으로 한다(동령 5 준용 특허등록령 59①).
2) 위 1)은 법원 또는 주무관청이 수탁자를 해임한 경우에 이를 준용한다(동령 5 준용, 특허등록령 59②).

(5) 신탁재산관리방법의 변경으로 인한 등록촉탁

법원은 신탁재산의 관리의 방법을 변경하는 경우에는 디자인 신탁원부에의 등록을 특허청장에게 촉탁하는 것으로 하며, 이는 주무관청이 신탁의 조항을 변경한 경우에 이를 준용한다(동령 5 준용, 특허등록령 60①②).

5. 가등록

(1) 가등록 사항

가등록은 ⅰ) 등록신청에 필요한 절차상의 요건이 구비되지 아니한 경우, ⅱ) 디자인권·전용실시권 및 통상실시권과 이를 목적으로 하는 질권의 설정·이전·변경 또는 소멸에 관하여 청구권을 보전하고자 할 경우, iii) 위 ⅱ)의 청구권이 시기부이거나 정지조건부인 경우 그밖에 장래에 있어서 확정될 것인 경우에 한한다(동령 5 준용, 특허등록령 2).

(2) 가등록사항에 대한 본등록의 순위

가등록을 한 사항에 대하여 본등록을 한 경우에 그 본등록의 순위는 가등록의 순위에 의한다(동령 5 준용, 특허등록령 7).

(3) 가등록의 방법

가등록은 등록원부의 당해 권리자란 중 사항란에 기재하여야 한다(동령 시행규칙 4 준용, 특허등록령 시행규칙 49).

(4) 가등록 후의 본등록 등

가등록을 한 후 본 등록의 신청이 있을 때에는 가등록의 아래에 가등록의 순위번호와 동일한 순위번호로 그 등록을 하여야 한다. 본등록을 하기 전에 가등록의 말소 신청이 있을 때에도 또한 같다(동령 시행규칙 4 준용, 특허등록령 시행규칙 51).

6. 예고등록

예고등록은 i) 등록의 원인의 무효나 취소로 인한 등록의 말소 또는 회복의 소가 제기된 경우 다만, 등록의 원인의 무효나 취소로써 선의의 제3자에 대항할 수 있는 경우에 한한다. ii) 보정각하결정에 대한 심판, 디자인등록거절결정에 대한 심판, 디자인등록취소결정에 대한 심판, 디자인등록의 무효심판, 권리범위확인심판, 통상실시권 허여의 심판의 청구가 있는 경우, iii) 재심의 청구가 있는 경우, iv) 특허법원에의 소가 있는 경우, v) 대법원에의 상고가 있는 경우에 한다(동령 5 준용, 특허등록령 3).

7. 부기등록

(1) 부기등록 사항

1) 등록명의인의 표시변경 또는 경정, 질권의 이전, 일부가 말소된 등록의 회복등록은 부기에 의하여야 한다(동령 5, 특허등록령 4①).
2) 디자인권 그 밖의 권리의 변경, 등록의 경정(등록명의인의 표시의 경정을 제외한다)의 등록은 등록상의 이해관계가 있는 제3자가 없는 경우 또는 등록신청서에 등록상의 이해관계가 있는 제3자의 승낙서 또는 그에 대항할 수 있는 재판의 등록을 첨부한 경우에 한하여 부기에 의하여 한다(동령 5 준용, 특허등록령 4②).

(2) 부기등록의 순서

부기등록의 순위는 주등록의 순위에 의하고, 부기등록 상호간의 순위는 그 전후에 의한다.

8. 그 밖의 등록

디자인등록의 종류에는 위와 같은 것 외에도 신탁에 의한 등록과 판결 등에 의한 등록을 따로 구분하는 경우가 있다. 전자의 "신탁"이라 함은 재산권의 이전 그 밖의 처분을 위하여 타인으로 하여금 일정한 목적에 따라 재산의 관리 또는 처분을 하는 것으로 i) 신탁의 등록은 신탁에 의한 디자인권의 이전 또는 디자인권 이외의 권리의 설정이나 이전의 등록의 신청과 동일한 신청서로 신청하여야 한다(동령 5 준용, 특허등록령 55①). 그러나 수익자 또는 위탁자가 수탁자에 대위하여 신탁의 등록을 신청하는 경우에는 예외이다. ii) 위 i)의 신탁재산에 속하는 디자인권 또는 그 디자인에 관한 권리의 신탁의 등록을 신청하거나 신탁재산의 회복을 청구하는 경우에도 이를 준용한다(동령 5 준용, 특허등록령 55②).

이러한 신탁의 등록에 있어서는 수탁자를 등록권리자로 하고 위탁자를 등록의무자로 한다(동령 5 준용, 특허등록령 51). 또한 신탁재산에 속하는 디자인권 또는 그 디자인에 관한 권리가 이전에 의하여 신탁재산에 속하지 아니하게 된 경우의 신탁등록의 말소는 디자인권 그 밖의 디자인에 관한 권리의 이전등록의 신청과 동일한 신청서로 신청하여야 한다(동령 56①). 이는 신탁의 종료에 의하여 신탁재산에 속하는 디자인권 그 밖의 디자인에 관한 권리가 이전된 경우에도 준용한다(동령 5 준용, 특허등록령 56②).

후자와 같은 판결 또는 상속·회사의 합병 등 일반승계에 의한 등록에 있어서는 판결에 의한 등록은 승소한 등록권리자 또는 등록의무자만으로, 상속·회사합병 등 일반승계에 의한 등록은 등록권리자만으로 단독신청 할 수 있다(동령 5 준용, 특허등록령 16).

Ⅲ. 등록절차 등

1. 등록신청 등

(1) 신청당사자 적격

1) 등록권리자

i) 디자인등록 결정·심결·판결을 받은 디자인등록 출원인, ii) 디자인권 이전(지분이전) 등록의 경우 양수인, iii) 디자인권 일부이전(지분 일부이전) 등록의 경우 양수인, iv) 전용실권·통상실시권 설정등록의 경우 전용실시권자·통상실시권자, v) 질권 설정등록의 경우 채권자, vi) 신탁에 의한 디자인권의 이전, 전용실시권·통상실시권·질권의 설정이나 이전등록의 경우 수탁자 등은 당해 등록의 등록권리자 적격을 가진다.

2) 등록의무자

ⅰ) 디자인권 이전(지분이전) 등록의 경우 양도인, ⅱ) 디자인권 일부이전(지분 일부이전) 등록의 경우 양도인, ⅲ) 전용실시권 설정등록의 경우 디자인권자, ⅳ) 통상실시권 설정등록의 경우 디자인권자 또는 전용실시권자, ⅴ) 질권설정등록의 경우 질권설정자, ⅵ) 신탁에 의한 디자인권의 이전, 전용실시권·통상실시권·질권의 설정이나 이전등록의 경우 위탁자 등은 당해 등록의 등록의무자 적격을 갖는다.

(2) 등록신청의 유형

1) 등록권리자·등록의무자 공동신청

ⅰ) 디자인권 전부이전(지분 전부이전) 등록신청, ⅱ) 디자인권 일부이전(지분 일부이전) 등록신청, ⅲ) 전용실시권·통상실시권 설정등록신청, ⅳ) 질권의 설정 또는 변경등록신청, ⅴ) 실시권의 변경등록신청, ⅵ) 계약해제의 경우의 말소등록신청, ⅶ) 신탁에 의한 디자인권의 이전, 전용실시권·통상실시권·질권설정이나 이전등록신청 즉 디자인권 또는 그 디자인에 관한 권리의 신탁등록신청, ⅷ) 디자인등록령 시행규칙에 의한 서류반환요청, ⅸ) 등록재신청 등은 디자인보호법령에 특별한 규정이 있는 경우를 제외하고는 등록권리자 및 등록의무자가 공동으로 신청하여야 한다(동령 5 준용, 특허등록령 15①).

2) 등록권리자·등록의무자 중 일방신청

판결에 의한 등록은 승소한 등록권리자 또는 등록의무자 중 어느 한 쪽만으로 이를 신청할 수 있다(동령 5 준용, 특허등록령 16).

3) 등록권리자 단독신청

ⅰ) 위 1)의 ⅰ) 내지 ⅸ)의 경우의 등록신청서에 등록의무자의 승낙서를 첨부한 경우의 등록신청, ⅱ) 상속·회사 합병 기타 일반승계에 의한 경우의 등록신청, ⅲ) 계약해제가 아닌 경우의 말소등록신청, ⅳ) 멸실된 디자인 등록원부의 회복등록신청, ⅴ) 디자인권 이외의 권리자의 사망으로 인한 등록말소신청(동령 5 준용, 특허등록령 46), ⅵ) 등록의무자의 소재불명의 경우의 등록말소신청(동령 5 준용, 특허등록령 47②), ⅶ) 등록의무자의 소재불명의 경우의 등록말소신청서에 채권증서 또는 원본의 영수증 및 등록된 채무의 변제증서를 첨부한 경우의 질권에 관한 등록의 말소신청(동령 준용 특허등록령 47③), ⅷ) 신탁재산에 속하는 디자인권 또는 그 디자인에 관한 권리의 신탁등록신청(동령 준용 특허등록령 52①), ⅸ) 신탁재산의 회복청구(동령 준용 특허등록령 52②),

x) 디자인등록령 제5조 준용 특허등록령 제53조 제1항 각호의 사항의 변경에 관한 디자인신탁원부에의 등록신청은 등록권리자만으로 신청한다.

4) 등록의무자 단독신청

i) 계약해제의 경우 말소등록 신청, ii) 디자인권 그 밖의 iii) 디자인에 관한 권리의 포기로 인한 등록말소신청은 등록의무자만으로 신청한다.

5) 가등록권리자 단독신청

가등록의 경우 신청서에 가처분명령의 정본을 첨부하면 가등록 권리자만으로 등록을 신청할 수 있다(동령 5 준용, 특허등록령 19).

6) 등록명의인 단독신청

i) 등록명의인의 표시변경이나 경정의 등록신청, ii) 디자인권 그 밖의 디자인에 관한 권리의 포기로 인한 등록말소신청은 등록명의인만으로 신청한다.

7) 가등록 명의인 단독신청

가등록의 말소신청은 가등록명의인 만으로 신청할 수 있다(동령 5 준용, 특허등록령 48①).

8) 가등록 이해관계인 단독신청

가등록 말소의 경우 신청서에 가등록 명의인의 승낙서 또는 재판의 등본을 첨부한 경우에는 등록상의 이해관계가 있는 자만으로 가등록의 말소를 신청할 수 있다(동령 5 준용, 특허등록령 48②).

9) 신 수탁자·다른 수탁자 중 일방 신청

수탁의 임무가 사망·파산·금치산·한정치산 또는 법원이나 주무관청의 해임명령에 의하여 종료한 경우 수탁자의 변경으로 인한 이전등록은 신수탁자 또는 다른 수탁자만으로 신청할 수 있다. 수탁자인 법인의 임무가 그 해산으로 인하여 종료한 경우에도 또한 같다(동령 5 준용, 특허등록령 58).

2. 등록신청의 방식

(1) 개 요

디자인등록의 신청은 법정기재사항을 기재(동령 5 준용, 특허등록령 24②)한 소정의 신청서(동령 5 준용, 특허등록령 24①, 동령 규칙 4 준용, 특허등록령 시행규칙 10① 내지 ⑥)에 기명날인(동령 5 준용, 특허등록령 24②)하고 일정한 서류를 첨부한다(동령 5 준용, 특허등록령 26① ④ ⑤). 그리고 소정의 등록료와 필요한 등록세를 납부한다. 이 경우 등록세는 등록료와 일괄하여 납부하거나 분리하여 납부할 수 있다.

(2) 신청서류

1) 신청서

위의 (1)의 등록사항에 관하여 등록을 받고자 하는 자(이하 "신청인"이라 한다)는 1건마다 i) 등록명의인의 표시변경·경정등록신청서, ii) 디자인권·전용실시권·통상실시권 또는 질권의 전부 또는 그 권리의 지분 전부의 이전등록신청서, 그 권리의 일부 또는 지분 일부의 이전등록 신청서, iii) 전용실시권 설정등록 신청서, iv) 통상실시권 설정등록 신청서, v) 질권설정 등록신청서, vi) 질권변경 등록신청서, vii) 실시권 변경등록 신청서, viii) 권리의 포기·사망·등록의무자의 소재불명·가등록 명의인의 등록말소에 대한 승낙·채권변제 또는 계약해제 등에 의한 디자인권 그 밖의 디자인등록에 관한 권리의 말소등록 신청서, ix) 디자인권 그 밖의 디자인에 관한 권리의 신탁등록신청서, x) 등록회복 등록신청서, xi) 불수리 이유를 통지받은 등록신청에 대하여 그 흠결을 보완하여 재신청(1회에 한한다)하는 경우에서의 등록재신청서, xii) 설정등록료 납부서, xiii) 연차등록료 납부서, xiv) 디자인등록료 보전서, xv) 가등록 신청서에 다음의 사항을 기재하고 기명·날인하여 특허청장에게 제출하여야 한다(동령 5 준용, 특허등록령 24 동령 시행규칙 4 준용, 특허등록령 시행규칙 10① 내지 ⑥).

① 디자인등록번호
② 등록의 목적이 디자인권 그 밖의 권리에 관한 것인 경우에는 그 권리의 표시
③ 신청인의 성명·주소(법인인 경우 그 명칭·영업소의 소재지)
④ 신청인의 대리인이 있는 경우에는 그 대리인의 성명 및 주소나 영업소의 소재지(대리인이 특허법인인 경우 그 명칭, 사무소의 소재지 및 지정된 변리사의 성명)
⑤ 등록권리자가 외국인인 경우 그 국적
⑥ 등록의 원인
⑦ 등록의 목적

⑧ 그 밖의 다른 규정에 의하여 기재할 사항

위의 신청은 하나의 디자인권 또는 그 디자인에 관한 권리의 등록신청이고 2 이상의 디자인권 또는 그 디자인에 관한 권리의 등록은 등록원인 및 목적이 동일한 경우에 한하여 동일한 신청서로 신청할 수 있는 병합신청을 할 수 있다(동령 5 준용, 특허등록령 25). 병합절차에 관한 자세한 설명은 후술하는 (6) 병합신청을 참고하기 바란다.

2) 신청에 필요한 첨부서류

① 위 1)의 신청서에는 다음의 1에 해당하는 서류를 첨부하여야 한다(동령 5 준용, 특허등록령 26①).

i. 등록원인을 증명하는 서류

ii. 등록원인에 대하여 제3자의 허가·인가·동의 또는 승낙을 필요로 할 경우에는 그 허가·인가·동의 또는 승낙을 받았음을 증명하는 서류

iii. 대리인에 의하여 등록을 신청하는 경우에는 그 대리권을 증명하는 서류

iv. 그 밖의 다른 규정에 의하여 첨부할 서류

② 위 i의 서류가 집행력 있는 판결인 경우에는 ii의 서류의 첨부를 요하지 아니한다(동령 5 준용, 특허등록령 26②).

③ 위 ii의 서류를 필요로 할 경우에는 그 제3자로 하여금 신청서에 기명날인하게 함으로써 그 서류의 첨부에 갈음할 수 있다(동령 5 준용, 특허등록령 26③).

④ 위 ①의 i 내지 iv에 불구하고 등록의 원인이 디자인권 그 밖에 디자인에 관한 권리를 포기하는 것인 경우에는 위의 신청서에 다음의 서류를 첨부하여야 한다(동령 5 준용 특허등록령 26④ 각호).

i. 위 ①의 i 내지 iv에 의한 서류

ii. 신청인이 외국인인 경우에는 그 국적증명서

iii. 신청인이 법인인 경우에는 법인임을 증명하는 서류

iv. 신청인의 인감증명서(작성 후 6월 이내의 것이어야 하며, 인감증명제도가 없는 외국인인 경우에는 이에 준하는 증명서)

⑤ 등록원인이 디자인등록령 제5조 준용 특허등록령 제34조 제1항 및 제3항의 규정에 따라 불수리이유를 통지받은 등록신청에 대하여 그 흠결을 보완하여 재신청하는 것인 경우에는 위의 ①의 i 내지 iv의 신청서에 첨부하여야 할 서류에 불구하고 위 1)의 신청서에 다름과 같은 서류를 첨부하여 신청할 수 있다(동령 5 준용 특허등록령 26⑤).

i. 등록의 원인에 대하여 제3자의 허가·인가·동의 또는 승낙을 필요로 할 경우에는 그 허가·인가·동의 또는 승낙을 받았음을 증명하는 서류

ii. 대리인에 의하여 등록을 신청하는 경우에는 그 대리권을 증명하는 서류

iii. 보완서류

(3) 신청서에의 특수사항 기재 등

1) 특수사항의 기재

① 권리의 소멸에 관한 사항의 기재

등록의 원인에 등록의 목적인 권리의 소멸에 관한 사항을 정하고 있는 경우에는 신청서에 그 사항을 기재할 수 있다(동령 5 준용 특허등록령 28).

② 지분 등의 기재

i. 등록권리자가 2인 이상인 경우에 등록의 원인에 지분에 관한 사항을 정하고 있는 때에는 신청서에 그 지분을 기재할 수 있다. 디자인권 또는 그 디자인에 관한 권리의 일부 이전의 등록을 신청하는 경우에도 또한 같다(동령 5 준용, 특허등록령 29①).

ii. 등록권리자가 2인 이상인 경우에 디자인보호법 제46조 제3항(같은 법 제47조 제5항에서 준용하는 경우를 포함한다)의 규정(디자인권이 공유인 경우에는 각 공유자는 계약으로 특별히 약정, 법 46③ 전단)에 의한 약정 또는 민법 제268조 제1항 단서의 규정(공유자는 공유물을 5년 내의 기간으로 분할하지 아니할 것을 약정할 수 있다)에 의한 약정이 있을 때에는 신청서에 이를 기재할 수 있다(동령 5 준용, 특허등록령 29②).

2) 특수사항 신청에 관한 첨부서류

① 채권자의 대위

채권자는 민법 제404조의 규정(채권자는 자기의 채권을 보전하기 위하여 채무자의 권리를 행사할 수 있다. 민법 404① 전단)에 의하여 채무자에 대위하여 등록을 신청하는 경우에는 신청서에 i) 채권자 및 채무자의 성명·주소(법인인 경우 그 명칭·영업소의 소재지), ii) 대위의 원인을 기재하고 그 대위의 원인을 증명하는 서류를 첨부하여야 한다(동령 5 준용 특허등록령 27 각호).

② 말소한 등록의 회복

말소한 등록의 회복을 신청하는 경우에 등록상의 이해관계가 있는 제3자가 있을 때에는 신청서에 그 승낙서 또는 그에 대항할 수 있는 재판의 등본을 첨부하여야 한다(동령 5 준용, 특허등록령 30).

③ 가족관계서(종전 호적등본)의 첨부

등본의 원인이 상속·회사합병 등 일반승계인 경우나 신청인이 등록권리자 또는 등록의무자의 상속인·회사합병 등 일반승계인 경우에는 신청인은 신청서에 가족관계서나 기본증명서(종전 호적초본) 그 밖의 당해 사실을 증명할 수 있는 서류를 첨부하여야 한다. 그러나 "전자정부 구현을 위한 행정업무 등의 전자화 촉진에 관한 법률" 제21조 제1항의 규정에 의한 행정정보의 공동이용을 통하여 첨부서류에 대한 정보를 확인할 수 있는 경우에는 그 확인으로 첨부서류를 갈음할 수 있다(동령 5 준용, 특허등록령 31 각호).

(4) 특허청장이 제출을 명하는 서류

1) 제출명령의 서류

특허청장은 위의 신청서 및 첨부서류를 검토한 결과 신청인에 대한 구체적인 확인이 필요하다고 인정되는 때에는 기간을 정하여 i) 신청인의 호적 등·초본, 주민등록표등·초본(외국인인 경우 국적증명서) 그 밖에 신청인을 확인할 수 있는 서류, ii) 신청인이 법인인 경우 법인임을 증명하는 서류, iii) 신청인의 인감증명서(작성후 6월 이내의 것이어야 하며, 인감증명제도가 없는 외국인인 경우 이에 준하는 증명서)의 제출을 명할 수 있다(동령 31의 2①).

특허청장은 위와 같은 서류의 제출을 명할 때에는 그 이유를 통지하고 기간을 정하여 소명할 수 있는 기회를 주어야 한다(동령 5 준용, 특허등록령 31의2③).

2) 서류 제출서

서류제출명령을 받은 자는 소정의 서류제출서(동령 시행규칙 별지 제24호 서식)에 지정받은 서류를 첨부하여 특허청장에게 제출하여야 한다. 그러나 위의 소명기간 내에 소정의 소명서(동령 시행규칙 별지 제25호 서식)를 제출하여 특허청장이 신청인에 대하여 확인을 한 경우에는 예외이다(동령 시행규칙 4 준용, 특허등록령 시행규칙 10의3).

3) 소명서 제출

특허청장으로부터 서류제출명령을 받은 자가 소명서를 제출하고자 할 때에는 소정의 소명서(특허등록령 시행규칙 별지 제25호 서식)를 특허청장에게 제출하여야 한다(동령 시행규칙 4 준용, 특허등록령 시행규칙 10의 4).

(5) 첨부서류 등의 생략

1) 동시에 2 이상의 신청서에 의하여 등록을 신청하는 경우에 각 신청서에 첨부할 서류의 내용이 동일한 때에는 하나의 신청서에 이를 첨부하고 다른 신청서에는 그 뜻을 기재하여 당해 서류의 첨부를 생략할 수 있다(동법 5 준용, 특허등록령 32①).
2) 신청서에 첨부할 서류를 이미 다른 사건에 관하여 특허청장에게 제출한 자는 그

사항에 변경이 없는 경우에는 신청서에 그 뜻을 기재하고 당해 서류의 첨부를 생략할 수 있다. 다만 특허청장은 특히 필요하다고 인정할 때에는 당해 서류의 제출을 명할 수 있다(동령 5 준용, 특허등록령 32②).

3) 2 이상의 사건에 관하여 제출명령을 받은 서류의 내용이 동일한 때에는 위의 1) 및 2)에 따라 당해 서류의 첨부를 생략하거나 예외적으로 특히 필요하다고 인정된 경우 당해 서류의 제출을 명할 수 있다(동령 5 준용, 특허등록령 32③).

(6) 병합신청

1) 출원인 정보변경(경정) 신고 및 등록명의인 표시변경(경정) 등록신청서

표시변경·경정등록신청을 하고자 하는 등록명의인(디자인권자에 한한다)과 디자인등록출원인 정보변경·경정신고를 하고자 하는 디자인등록출원인이 동일인이고 그 변경 또는 경정하고자 하는 내용이 동일한 경우에는 당해 표시변경·경정등록 신청과 디자인등록 출원인 정보변경·경정신고를 함께 할 수 있다.

이 경우 당해 신청 및 신고를 함께 하고자 하는 자는 소정의 출원인 정보변경(경정) 신고 및 등록명의인 표시변경(경정) 등록신청서(동령 시행규칙 별지 제21호 서식)를 특허청장에게 제출하여야 한다(동령 시행규칙 4 준용, 특허등록령 시행규칙 10의2①).

2) 출원인 변경신고 및 디자인권 전부이전(지분 전부이전) 등록신청서

디자인권의 등록의무자 및 등록권리자와 디자인등록을 받을 수 있는 권리의 양도인 및 양수인이 각각 동일한 경우에는 디자인권의 이전등록신청(2 이상의 디자인권의 이전등록신청인 경우에는 등록의 원인 및 목적이 동일한 경우에 한한다)과 디자인등록출원인 명의변경신고를 함께 할 수 있다.

이 경우 당해 신청과 신고를 함께 하고자 하는 자는 다음의 1의 구분에 따른 신청서를 특허청장에게 제출하여야 한다(동령 시행규칙 4 준용, 특허등록령 시행규칙 10의2② 각호).

① 디자인등록출원인 변경신고 및 디자인권의 전부 또는 지분 전부의 이전등록을 함께 신청하고자 하는 자는 소정의 출원인 변경신고 및 디자인권 전부이전(지분 전부 이전) 등록신청서(동령 규칙 준용 특허등록령 시행규칙 별지 제22호 서식)

② 디자인등록출원인 변경신고 및 디자인권의 일부 또는 지분 일부의 이전등록을 함께 신청하고자 하는 자는 소정의 출원인 변경신고 및 디자인권 일부 이전(지분 일부 이전) 등록신청서(동령 규칙 준용 특허등록령 시행규칙 별지 제23호 서식)

Ⅳ. 등록료·등록세 납부 등

1. 등록료의 납부 등

(1) 등록료의 납부

1) 서 론

디자인권의 설정등록을 받고자 하는 자는 소정의 설정등록료 납부서(동령 시행규칙 4 준용, 특허등록령 시행규칙 10③ 별지 제20호 서식)를 [등록결정시 특허청장이 부여한 납부자 번호(이하 "지정 납부자 번호"라 한다)로 등록료를 납부하는 경우에는 설정등록료 납부서의 제출을 요하지 아니한다], 제4년분부터의 등록료를 납부하고자 하는 자는 소정의 연차등록료 납부서(동령 시행규칙 4 준용, 특허등록령 시행규칙 10③ 별지 제20호의2 서식)를, 등록료를 보전하고자 하는 자는 소정의 등록료 보전서(동령 시행규칙 4 준용, 특허등록령 시행규칙 10③ 별지 제20호의3 서식)를 특허청장에게 제출하여야 한다(동령 시행규칙 4 준용, 특허등록령 10③, 10④, 10⑤).

2) 의의 및 성질

등록료의 납부는 디자인에 관한 권리를 설정 또는 존속시키기 위한 등록의 요건이다. 따라서 아무리 등록결정 또는 등록심결이 된 출원이라 하더라도 소정의 디자인권의 설정등록료를 납부하지 아니하면 등록을 받을 수 없으므로 디자인에 관한 권리는 발생하지 아니하고 그 출원 등은 포기한 것으로 간주되며, 제4년분부터의 연차등록료를 납부하지 않을 경우에는 그 디자인권은 소멸된다. 이러한 디자인에 관한 등록에서 납부하여야 할 등록료의 성질에 대해서는 조세설, 독점 대가설, 공익 보호설 등으로 나뉘어져 있으나 등록료는 조세와 같이 수익에 대한 강제징수방법이 동원된 것과는 다르므로 조세와는 다르고 또 등록료는 부여된 권리의 경제적, 재산적 가치하고도 아무런 관계없이 정해지므로 대가와도 다르다.

또한 등록료의 납부는 국가가 독점 배타권을 부여한 데 대한 조건이므로 특수한 납부금으로서 여러 가지 정책적 이유를 가미한 수수료의 성격에 가깝다고 볼 수 있다.

3) 납부할 수 있는 자

등록료를 납부할 수 있는 자는 디자인권의 설정등록을 받고자 하는 자 즉 디자인등록결정 또는 그 심결의 등본을 송달받은 출원인 또는 그 이해관계인이고, 연차등록료의 경우에는 디자인권자나 그 이해관계인이다(법 31①②, 32①).

등록료를 이해관계인이 납부한 경우에는 납부하여야 할 자가 현재 이익을 받는 한도에서 그 비용의 상환을 청구할 수 있다(법 32②).

여기에서 '이해관계인'이라 함은 ⅰ) 당해 출원이 등록될 경우 일부 이전이나 전용실시권 또는 통상 실시권 허여를 조건으로 출원절차에 소요되는 일체의 비용을 부담한 자, ⅱ) 당해 디자인과 관련하여 자금 등을 지원한 자, ⅲ) 출원인 또는 디자인권자와 당해 디자인 관련 영업에 공동 출자하기로 약정되어 있는 자, ⅳ) 당해 디자인 물품에 대한 생산계약을 한 후 생산 설비 등에 투자를 하거나 준비 중에 있는 자, ⅴ) 당해 디자인 물품에 대한 독점 공급계약을 체결하고 전국 일원에 유통망을 구축하고 있거나 그 준비 중에 있는 자, ⅵ) 당해 디자인의 물품에 대한 전국 총판 계약을 약정하고 판매 대리점 모집을 하고 있거나 하려고 준비 중에 있는 자 등을 말한다.

따라서 이해관계인의 등록료의 납부는 이와 같이 당해 디자인과 이해관계가 있기 때문에 이들을 보호하는 측면도 고려하여 당해 등록료를 납부하여야 할 자의 의사에 불구하고 등록료를 납부할 수 있도록 하여 디자인권을 설정, 존속시키려는 것이다.

4) 등록료의 납부 등

① 등록료의 납부 및 납부기간

ⅰ. 설정등록료의 납부 및 납부기간

디자인권의 설정등록을 받으려는 자 또는 그 이해관계인은 디자인등록결정 또는 디자인등록심결의 등본을 받은 날부터 3개월 이내에 설정등록을 받으려는 날(이하 "설정등록일"이라 한다)부터 3년분의 등록료(이하 "등록료"라 한다)를 일시에 납부하거나(법 31①②, 특허료 등 징수규칙 8⑤) 이 기간이 지난 후에도 그 기간이 지난 날부터 6개월 이내에 설정등록일부터 3년분 등록료의 2배에 상당하는 금액을 추가납부하거나(법 33①②, 동징수규칙 8⑥) 또는 설정등록일부터 3년분의 등록료의 면제 및 감면받은 때에 할 수 있다(법 35①②, 동징수규칙 7①②).

ⅱ. 연차등록료의 납부 및 납부기간

디자인권자 또는 그 이해관계인은 제4년분부터의 등록료를 해당 디자인권의 설정등록일에 해당하는 날을 기준으로 하여 매년 1년분씩 그 전년도에 납부하여야 한다. 다만, 그 납부기간 내에 납부하지 아니한 때에는 그 납부기간이 지난 후에도 그 기간이 지난 날부터 6개월 이내에 추가납부 할 수 있고, 추가납부할 때에는 납부하여야 할 등록료의 2배에 상당하는 금액을 납부하여야 한다. 제4년분부터의 연차등록료의 납부는 위와 같이 매년 1년분씩 납부하여야 하나 이에 불구하고 그 납부연차 순서에 따라 수년분 또는 모든 연차분을 함께하여 납부할 수 있다(법 31②, 33②, 동징수규칙 8⑧⑪).

이 경우 납부 후에 등록료의 금액이 변경된 때에도 변경된 등록료를 납부한 것으로 간주한다(동징수규칙 8⑪).

② 등록료의 납부방법 등

i. 납부기간 등

디자인권의 설정등록료는 설정등록일부터 3년분을 등록결정 또는 등록심결의 등본을 받은 날부터 3개월 이내의 납부기간에 등록결정시 특허청장이 부여한 납부자번호로 납부하거나 접수번호를 부여받은 날의 다음날까지 납부하여야 한다(동징수규칙 8①2).

ii. 납부방법

(i) 전자적 수단 등으로 납부

등록료의 납부는 인터넷 지로 등 정보통신망을 이용한 전자적 수단으로 납부하거나 소정의 납입영수증(납부자용)·영수증필 통지서(특허청통보용)·징수결정전 납입납부서(수납은행용 또는 한국은행용)(동징수규칙 별지 제1호 서식)에 기재사항을 기재하여 현금으로 납부하여야 한다.

이 경우 특허청장은 정보통신망을 이용한 전자적 수단으로 납부한 자에 대하여는 소정의 납입영수증(동징수규칙 별지 제2호 서식)을 발급할 수 있다(동징수규칙 8⑫).

(ii) 우편서류에 통상환 동봉제출

우편으로 등록료를 납부하여야 하는 서류를 제출하는 경우에는 통상환을 동봉하여 제출하여야 한다(동징수규칙 8⑬).

위와 같이 등록료의 납부를 i) 인터넷 지로 등 정보통신망을 이용한 전자적 수단으로 납부하거나, ii) 소정의 서식(특허료 등의 징수규칙 8⑫, 별지 제1호 서식)에 기재사항을 기재하여 현금으로 납부하거나, iii) 우편으로 등록료를 납부하여야 하는 서류를 제출하는 경우에는 등록결정시 특허청장이 부여한 납부자번호(이하 "지정납부자번호"라 한다)로 등록료를 납부한 경우를 제외하고는 소정의 설정등록료납부서(동령규칙 별지 제20호 서식) 및 연차등록료납부서(동령규칙 별지 제20호의 2 서식)를 특허청장에게 제출하여야 한다(동령규칙 10③).

(2) 등록료의 추납 및 보전

1) 등록료의 추납 등

디자인권의 설정등록을 받고자 하는 자 또는 디자인권자는 설정등록일부터 3년분의 등록료를 등록결정 또는 그 심결의 등본을 받은 날부터 3개월 이내에 일시에 납부하여야 하고, 제4년분부터의 등록료는 해당 권리의 설정등록일에 해당하는 날을 기준으로 하여 매년 1년분씩 그 전년도(이하 "납부기간"이라 한다)에 납부하여야 한다. 그러나 위 납부기간이 지난 후에도 6개월 이내(이하 "추납기간"이라 한다)에 등록료를 추가 납부(이하 "추납"이라 한다)할 수 있다. 등록료를 추납할 때에는 납부하여야 할 등록료 2배에 상당하는 금액을 납부하여야 한다(법 33①②, 동징수규칙 8⑤⑥⑧).

디자인권의 설정등록을 받고자 하는 자 또는 디자인권자가 추납기간 6개월 이내에 등록료를 납부하지 아니한 때(추납기간이 만료되더라도 등록료의 보전명령을 받은 자는 그 보전명령을 받은 날부터 1개월 이내의 보전기간이 만료되지 아니한 경우에는 그 보전기간 이내에 보전하지 아니한 때를 말한다)에는 디자인권의 설정등록을 받고자 하는 자의 디자인등록출원은 포기한 것으로 보며 디자인권자의 디자인권은 납부된 등록료에 해당되는 기간이 만료되는 날의 다음 날로 소급하여 그 디자인권이 소멸된 것으로 본다(법 33③).

2) 등록료의 보전

디자인권의 설정등록을 받으려는 자 또는 디자인권자가 디자인보호법 제31조 제3항에 따른 등록료의 납부기간 또는 제33조 제1항에 따른 6개월 이내의 등록료의 추납기간이내에 등록료의 일부를 납부하지 아니한 경우에 등록료의 보전을 명하여야 하고(법 33의 2①) 보전명령을 받은 자는 그 보전명령을 받은 날부터 1개월 이내에 등록료를 보전할 수 있다(법 33의 2②). 등록료를 보전하는 자는 i) 등록료를 디자인보호법 제31조 제3항에 따른 등록료의 납부기간이 지난 후 보전하는 경우, ii) 등록료를 위 같은 법 제33조 제1항에 따른 등록료의 추납기간이 지난 후 보전하는 경우, 위의 i), ii) 중 그 어느 하나에 해당하는 경우에는 납부하지 아니한 금액의 2배의 범위에서 지식경제부령으로 정한 소정의 금액을 납부하여야 한다(법 33의 2③, 동징수규칙 8⑨).

3) 등록료의 추납·보전에 의한 디자인등록출원 및 디자인권의 회복 등

① 등록료의 추납·보전

i. 디자인권의 설정등록을 받으려는 자 또는 디자인권자가 책임질 수 없는 사유로 인하여 추납기간이내에 등록료를 납부하지 아니하였거나 보전기간이내에 보전하지 아니한 경우에는 그 사유가 종료한 날부터 14일 이내에 그 등록료를 납부하거나 보전할 수 있다. 다만, 추납기간의 만료일 또는 보전기간의 만료일 중 늦은 날부터 6개월이 지난 때에는 그러하지 아니하다(법 33의 3①).

ii. 위 14일 이내에 등록료를 납부하거나 보전한 자는 그 디자인등록출원을 포기하지 아니한 것으로 보며, 그 디자인권은 계속하여 존속하고 있었던 것으로 본다(법 33의3②).

② 디자인등록출원·디자인권의 회복

디자인권의 설정등록을 받으려는 자 또는 디자인권자는 등록료 납부기간이 지난 후에도 6개월 이내에 등록료를 추가납부 할 수 있는 바, 이 추가납부기간 이내에 등록료를 납부하지 아니하였거나 보전기간 이내에 보전하지 아니하여 출원 계속 중인 디자인등록출원이 포기된 경우 및 실시 중인 등록디자인의 디자인권이 소멸한 경우 그 출원인 및 디자인권자는 추납기간 또는 보전기간 만료일부터 3개월 이내에 법 31조에 따른 등록료의 3배를 납부하고 그 포기된 디자인등록출원에 대한 등록을 받을 수 있는 권리 및 그 소멸한 권리의 회복을 신청할 수 있다. 이 경우 그 디자인등록출원은 계속하여 유지하고 있었던 것으로 보며, 그 디자인권 또한 계속하여 존속하고 있었던 것으로 본다(법 33의 3③④).

③ 디자인등록출원 및 디자인권의 효력 제한

위 ① 또는 ②에 따른 디자인등록출원 또는 디자인권의 효력은 등록료 추납기간이 지난 날부터 납부하거나 보전한 날까지의 기간(이하 이 항에서 "효력제한기간"이라 한다) 중에 다른 사람이 그 디자인 또는 이와 유사한 디자인을 실시한 행위에 대하여는 그 효력이 미치지 아니한다(법 33의 3④).

④ 효력제한기간 중 선의의 디자인실시자의 통상실시권

위 효력제한기간 중 국내에서 선의로 위 ① 또는 ②에 의한 디자인등록출원된 디자인, 등록디자인 또는 이와 유사한 디자인을 업으로 실시하거나 이를 준비하고 있는 자는 그 실시 또는 준비를 하고 있는 디자인 또는 사업의 목적의 범위 안에서 그 디자인권에 대하여 통상실시권을 가진다(법 33의 3⑤). 그리고 통상실시권을 가진 자는 디자인권자 또는 전용실시권자에게 상당한 대가를 지급하여야 한다(법 33의 3⑥).

여기에서 "상당한 대가"라 함은 등록디자인의 실시에 대한 대가를 의미하며, 통상 등록디자인에 대한 실시료[(로얄티), 매출액의 10%~20% 정도]의 상당액을 말한다.

(3) 디자인권의 설정등록료의 면제 및 감면

1) 면 제

① 면제대상

국가에 속하는 디자인등록출원에 관한 디자인권설정등록료(법 35①1) 및 다음의 하나에 해당하는 자가 디자인등록출원에 대하여 디자인권의 설정등록을 하는 경우에는 연간 10건(반려되거나 1개월 이내에 취하 또는 포기된 것을 제외한다)에 한하여 최초 3년분의 등록료를 면제한다(법 35①, 특허료 등 징수규칙 7①).

i. 국민기초생활보장법 제5조에 따른 수급권자
ii. 다음의 어느 하나에 해당하는 자
(i) 국가유공자 등 예우 및 지원에 관한 법률 제4조 및 제5조에 따른 국가유공자와 그 유족 및 가족
(ii) 5.18 민주유공자 예우에 관한 법률 제4조 및 제5조에 따른 5.18 민주유공자와 유족 및 가족
(iii) 고엽제 후유의증환자 지원 등에 관한 법률 제4조에 따라 등록된 고엽제 후유의증환자 및 고엽제 후유의증 2세 환자
(iv) 특수임무수행자 지원 및 단체설립에 관한 법률 제3조 및 제4조에 따른 특수임무수행자와 유족 등
iii. 장애인복지법 제32조 제1항에 따라 등록된 장애인
iv. 초·중등교육법 제2조 및 고등교육법 제2조에 따른 학교의 재학생(대학원의 재학생은 제외한다)
v. 기능대학법 제2조 제1호에 따른 기능대학의 재학생
vi. 만 19세 미만인 자

② 면제절차

디자인권의 설정등록시 납부하여야 할 최초 3년분의 등록료를 면제받고자 하는 자는 디자인권의 설정등록시 등록료납부서(동령 시행규칙 4 준용 특허등록령시행규칙 10③ 별지 제20호 서식)에 면제사유와 면제대상 등을 기재하고 다음의 각 1의 구분에 따른 서류를 첨부하여 특허청장에게 제출한다. 다만, 위 1) ①의 ii, iii에 해당함을 증명하는 서류를 특허청장에게 이미 제출한 경우에는 그 서류의 제출을 생략할 수 있다(법 35③, 특허료 등 징수규칙 7④).

i. 위 ①의 i부터 iii까지에 해당하는 경우 그 자격을 증명하는 서류 1통
ii. 위 ①의 iv 및 v에 해당하는 경우 재학증명서 1통

위 첨부하여야 하는 서류 중 전자정부법 제21조 제1항에 따른 행정정보의 공동이용을 통하여 담당공무원이 확인하도록 특허청장이 정하여 고시하는 서류는 첨부하지 아니할 수 있다. 다만, 신청인이 확인에 동의하지 아니하는 경우에는 해당 서류를 첨부하도록 하되 위 ①의 ii. (i) 또는 iii.에 해당함을 증명하는 서류는 특허청장에게 이미 제출한 경우에 한하여 첨부를 생략할 수 있다(동징수규칙 7⑤).

2) 감 면

① 감면대상 및 감면금액

다음의 어느 하나에 해당하는 자는 그 해당항에서 정하는 금액을 감면한다. 이 경

우 100만원 미만의 금액은 감면액에 포함하지 아니한다(특허료 등 징수규칙 7②)

ⅰ. 개인(창작자와 출원인이 같은 경우만 해당한다. 이하 같다), 소기업 또는 기업의 경우에는 최소 3년분의 등록료의 100분의 70

ⅱ. 기술의 이전 및 사업화 촉진에 관한 법률 제2조 제6호에 따른 공공연구기관 또는 같은 법 제11조 제1항에 따른 전담조직(이하 "전담조직"이라 한다)의 경우에는 최초 3년분의 등록료의 100분의 50

② 감면절차

디자인권의 설정등록료의 감면을 받고자 하는 자는 디자인권의 설정등록시의 등록료 납부서(동령 시행규칙 4 준용 특허등록령시행규칙 10③ 별지 제20호 서식)에 감면사유와 감면대상 등을 기재하고, 위 1) ① ⅱ, ⅲ 또는 위 2) ①의 ⅰ, ⅱ의 어느 하나의 감면대상에 해당하는 경우 그 사실을 증명하는 서류 1통을 첨부하여 특허청장에게 제출하여야 한다. 다만, 위 1) ①의 ⅱ, ⅲ 또는 2) ① ⅰ, ⅱ에 해당하는 자로서 감면대상에 해당함을 증명하는 서류를 특허청장 또는 특허심판원장에게 이미 제출한 경우에는 그 서류의 첨부를 생략할 수 있다(동징수규칙 7④).

위 첨부하여야 할 서류 중 전자정부법 제21조 제1항에 따른 행정정보의 공동이용을 통하여 담당공무원이 확인하도록 특허청장이 정하여 고시하는 서류는 첨부하지 아니할 수 있다. 다만, 신청인이 확인에 동의하지 아니하는 경우에는 해당서류를 첨부하도록 할 수 있다(동징수규칙 7⑤).

3) 기납 면제분·감면분 반환신청

디자인권의 설정등록료 납부서에 위 1) ②, 2) ②에 따른 면제 또는 감면사유와 그 대상 등을 적지 아니하거나 이를 증명하는 서류를 첨부하지 아니한 이유 등으로 위 1) ①부터 2) ①까지에 따른 면제 또는 감면을 받지 못하고 납부한 자가 면제분 또는 감면분을 반환받으려는 경우에는 디자인권 설정등록을 할 당시에 면제 또는 감면대상이었음을 증명하는 서류와 반환신청서를 그 반환의 대상이 되는 최초 3년분의 등록료를 납부한 날부터 5년 이내에 특허청장에게 제출하여야 한다(동징수규칙 7⑥).

4) 디자인권의 이전등록료의 감면

국공립학교 교직원이 창작하고 국공립학교 교직원, 국가 또는 지방자치단체가 소유하고 있는 디자인권을 전담조직으로 이전하는 경우의 이전등록료는 면제되어 징수하지 아니한다(동징수규칙 7③).

(4) 그 밖의 등록료의 납부 등

1) 등록료의 납부대상

디자인보호법상의 등록료에는 위에서 설명한 디자인등록료(설정등록료·연차등록료)외에 디자인권(유사디자인권을 포함한다. 이하 같다)의 이전등록료, 디자인권의 실시권설정 또는 그 보존등록료, 디자인권·디자인권의 전용실시권 또는 통상실시권을 목적으로 하는 질권의 설정등록 또는 처분의 제한등록료, 실시권 또는 질권의 이전등록료, 등록사항의 경정·변경·취소·말소 또는 회복등록료, 가등록료, 신탁등록 또는 그 변경등록료 등이 있다(특허료 등의 징수규칙 4②).

2) 등록료를 요하는 등록신청서류

등록료를 납부하여야 할 등록신청서류 등은 다음과 같다(동령 시행규칙 4 준용 특허등록령 시행규칙 10).

① 등록명의인의 표시변경·경정등록신청서(동령규칙 별지 제7호 서식)
이 경우 표시변경·경정등록신청을 하고자 하는 등록명의인(디자인권자에 한한다)과 디자인등록출원인 정보변경·경정신고를 하고자 하는 디자인등록출원인이 동일인이고 그 변경 또는 경정하고자 하는 내용이 동일한 경우에는 당해 표시변경·경정등록신청과 디자인등록출원인 정보변경·경정신고를 함께 할 수 있다. 이 경우 당해 신청 및 신고를 함께 하고자 하는 자는 별지 제21호 서식의 출원인정보변경(경정) 신고 및 등록명의인 표시변경(경정) 등록신청서를 특허청장에게 제출하여야 한다[동령 시행규칙 4 준용 특허등록령 시행규칙 10의2(병합의 절차)].

② 디자인권·전용실시권·통상실시권 또는 질권의 전부 또는 그 권리의 지분전부의 이전등록신청서(동령규칙 별지 제8호 서식)

③ 디자인권·전용실시권·통상실시권 또는 질권의 일부 또는 지분일부의 이전등록신청서(동령규칙 별지 제9호 서식)

④ 전용실시권 설정등록신청서(동령규칙 별지 제10호 서식)

⑤ 통상실시권 설정등록신청서(동령규칙 별지 제11호 서식)

⑥ 질권설정등록신청서(동령규칙 별지 제12호 서식)

⑦ 질권변경등록신청서(동령규칙 별지 제12호의 2 서식)

⑧ 실시권변경등록신청서(동령규칙 별지 제13호 서식)

⑨ 권리의 포기, 사망, 등록의무자의 소재불명, 가등록명의인의 등록말소에 대한 승낙, 채권변제 또는 계약해제 등에 대한 디자인권 그 밖의 디자인에 관한 권리의 말소등록신청서(동령규칙 별지 제17호 서식)

⑩ 디자인권 그 밖의 디자인에 관한 권리, 즉 디자인권·전용실시권·통상실시권·질권의 설정, 이전 및 신탁등록신청서(동령규칙 별지 제18호 서식)

⑪ 등록회복등록신청서(동령규칙 별지 제19호 서식)

3) 등록료의 납부기간 및 납부방법

① 위 2)의 ① 내지 ⑪의 등록신청에는 소정의 등록료(특허료 등의 징수규칙 4② 2 내지 8)를 납부하여야 하는바 그 납부방법은 당해 등록신청서류를 제출하여 접수번호를 부여받아 이를 납부자 번호로 하여 접수번호를 부여받은 날의 다음날까지 납부한다(동징수규칙 8① 본문).

② 위 등록료의 납부일이 공휴일(토요휴무일을 포함한다)에 해당하는 경우에는 그날 이후의 첫 번째 근무일까지 납부하여야 한다(동징수규칙 8②).

2. 등록세의 납부

(1) 등록세의 납부대상

위 (2)의 2) 권리의 전부이전등록이나 권리의 지분전부이전등록 및 3) 권리의 일부이전등록이나 권리의 지분일부이전등록의 경우에는 등록료 외에 등록세도 납부하여야 한다(동등록령시행규칙 별지 제8호 및 제9호 서식).

(2) 등록세의 납부방법

① 지방세법 제145조 및 제146조에 따른 등록세(지방세법 제260조의 3의 규정에 따른 지방교육세를 포함한다. 이하 같다)는 등록료와 일괄하여 납부하여야 한다(동징수규칙 8의 2 ①).

② 지방세법 제146조 제1호에 따른 등록세를 등록료와 함께 납부하고자 하는 자는 디자인등록결정 또는 그 심결의 등본을 받은 날부터 2개월 이내에 디자인등록결정시 특허청장이 부여한 납부자번호로 납부하거나 접수번호를 부여받아 이를 납부자번호로 하여 그 접수번호를 부여받은 날의 다음날까지 납부하여야 한다(동징수규칙 8의 2③ 전단).

위와 같이 등록세를 등록료와 일괄하여 납부한 때에는 등록세·등록료의 순서로 충당하고(동징수규칙 8의 2⑦) 특허청장은 등록세를 잘못 납부받은 때에는 이를 납부한 자에게 통지하여야 하며, 납부한 자의 청구에 따라 잘못 납부받은 등록세를 반환한다(동규칙 8의 2⑧).

③ 등록세를 납부하고자 하는 자는 인터넷지로 등 정보통신망을 이용한 전자적 수단으로 납부하거나 특허료 등 징수규칙 별지 제1호의2 서식에 기재사항을 기재

하여 현금으로 납부하여야 한다. 이 경우 특허청장은 정보통신망을 이용한 전자적 수단으로 납부한 자에 대하여는 소정의 납입영수증(특허료 등의 징수규칙 별지 제2호 서식)을 발급할 수 있다(동징수규칙 8의 2⑤).

④ 우편으로 등록세를 납부하여야 하는 서류를 제출하는 경우에는 통상환을 동봉하여 제출하여야 한다(동징수규칙 8의 2⑥).

Ⅴ. 등록료 등의 반환

1. 반환할 수 있는 등록료 등

납부된 등록료 및 수수료는 원칙적으로 반환하지 아니한다. 그러나 다음의 어느 하나에 해당하는 경우에는 예외적으로 납부한 자의 청구에 의하여 반환한다(법 36① 각호).

(1) 잘못 납부된 등록료 및 수수료

(2) 디자인등록 취소결정 또는 디자인등록을 무효로 한다는 심결이 확정된 연도의 다음 연도부터의 등록료 해당분

(3) 디자인등록출원(우선심사의 신청이 있는 디자인등록출원, 분할출원 또는 분할출원의 기초가 된 디자인등록출원을 제외한다) 후 1개월 이내에 해당 디자인등록출원을 취하하거나 포기한 경우에 이미 납부된 수수료 중 디자인등록출원료

2. 반환청구인 적격

등록료 등의 반환청구를 할 수 있는 자는 당해 등록료 등을 납부한 자이다. 즉 등록료 등을 납부한 자는 납부한 등록료 등이 위의 (1) 내지 (3)의 어느 하나에 해당함을 이유로 그 등록료 등의 반환을 청구할 수 있다.

3. 납부자에게 통지

특허청장은 납부된 등록료 등이 위의 (1) 내지 (3)의 어느 하나에 해당하는 경우에는 이를 납부한 자에게 통지(법 36②)하여 등록료 등의 반환을 청구할 수 있도록 한다. 따라서 이 경우의 통지는 특허청장의 통지의무이고 납부자에게는 등록료 등의 반환청구권의 발생요건이기도 하다.

4. 반환의 요건

(1) 청구성

등록료 등의 반환은 납부한 자의 청구에 의해서만 이를 반환한다(법 36① 단서). 따라서 납부자의 청구 없이 특허청장이 위의 (1) 내지 (3)의 어느 하나에 해당함을 이유로 하여 임의로 반환을 할 수 없는 것이다.

(2) 기간성

위 (1) 내지 (3)의 어느 하나에 대한 등록료 등의 반환은 그 통지를 받은 날부터 3년을 경과한 때에는 그 등록료 등의 반환을 청구할 수 없다(법 36③). 이와 같이 등록료 등의 반한청구에 일정기간을 두는 것은 잘못 등에 의해 납부된 등록료 등과 같은 수납금은 일정기간 경과 후에는 국고로 편입되는 회계상의 문제가 있을 뿐만 아니라, 무제한 언제든지 반환할 수 있도록 할 경우 미결업무의 적치로 인하여 업무의 번잡성을 초래하고 또 행사하지 아니한 권리는 보호하지 아니한다는 법원리에 따라 일정기간 반환청구를 하지 아니한 등록료 등은 반환하지 아니하고 국고로 귀속시키기 때문이다.

5. 반환할 등록료 및 등록세의 납부사항 정정

디자인보호법 제36조 및 특허료 등의 징수규칙 제8조의 2 제8항에 따라 반환을 청구할 수 있는 자는 납부일부터 1년 이내에 등록료 및 등록세 납부사항의 정정을 신청할 수 있다(동징수규칙 9).

Ⅵ. 등록의 절차

1. 디자인권의 설정등록

(1) 설정등록의 요건

특허청장은 디자인권의 설정등록을 받고자 하는 자(디자인등록결정 또는 그 심결의 등본을 송달받은 디자인등록출원인 또는 그 이해관계인)가 등록료를 납부한 때, 등록료를 추가납부한 때, 등록료를 보전한 때, 등록료를 납부하거나 보전한 때 또는 그 등록료가 면제된 때에는 디자인권을 설정하기 위한 등록을 하여야 한다(법 39②).

설정등록료의 납부·추납·보전절차 등 및 감면에 대하여는 위에서 살펴본 Ⅱ. 1. (1) 내지 (4)를 참고하기 바란다.

(2) 설정등록의 절차

1) 설정등록료납부서의 제출 등

디자인권의 설정등록은 디자인권의 설정등록을 받고자 하는 자로부터 제출된 소정의 등록료 납부서(디자인등록령 시행규칙 4 준용 특허등록령시행규칙 10③ 별지 제20호 서식)에 의한다. 다만 디자인보호법 제33조의 3에 의하여 등록료의 추납에 의한 디자인등록출원을 회복하고자 하는 경우에는 출원인이 책임질 수 없는 사유로 해태하였음을 증명하는 서류 1통을 첨부하여야 한다.

그러나 디자인등록결정시 특허청장이 부여한 지정납부자번호로 등록료를 납부하는 경우에는 설정등록료 납부서를 제출하지 아니한다(디자인등록령 시행규칙 4 준용 특허등록령시행규칙 10③).

2) 설정등록료 납부서의 불수리

디자인권의 설정등록료를 납부(등록료의 일부를 납부하지 아니한 경우를 포함한다)한 설정등록료납부서(지정납부자번호로 등록료를 납부하는 경우를 포함한다)가 다음의 어느 하나에 해당하는 경우에는 수리하지 아니한다. 다만, 납부서의 흠결이 보정될 수 있는 경우에 납부자가 그 납부서를 제출한 날에 이를 보정한 때에는 예외이다(디자인등록령 5 준용 특허등록령 34②).

① 납부서의 기재사항이 등록할 것이 아닌 경우
② 납부서의 기재사항이 불명확하여 등록의 대상을 확인할 수 없는 경우
③ 등록료를 전부 납부하지 아니한 경우
④ 등록료의 보전명령을 받은 자가 그 보전명령을 받은 날부터 1개월 이내에 등록료를 보전하지 아니한 경우
⑤ 납부에 필요한 서류를 첨부하지 아니한 경우

위와 같이 설정등록료의 납부서를 수리하지 아니하고자 하는 때에는 그 납부자에게 그 이유를 통지하고 기간을 정하여 소명할 수 있는 기회를 주어야 한다(동령 34③).

3) 설정등록의 방법

① 디자인권의 설정등록

특허청장은 특허청에 디자인등록원부를 비치하고 디자인권의 설정등록을 한다(법

37①). 즉 디자인권의 설정등록은 디자인등록원부에 다음의 사항을 기재하여 등록하고 (동령규칙 3①) 그 디자인등록사항을 디자인공보에 게재하여 등록공고를 한다(법 39③).

i. 디자인등록번호란에는 디자인등록번호

ii. 권리란 중 사항란에는 디자인등록출원의 연월일·출원번호·디자인의 수, 디자인의 대상이 되는 물품과 그 물품의 일련번호 및 분류번호

iii. 디자인권자란 중 사항란에는 디자인권자의 성명 및 주소(법인인 경우에는 그 명칭 및 영업소의 소재지)

② 부분디자인

물품의 부분에 관한 디자인(이하 "부분디자인"이라 한다)에 관하여 디자인권의 설정등록을 하는 때에는 위 ①의 사항 외에 디자인등록원부의 권리란 중 사항란에 부분디자인에 관한 디자인권이라는 취지를 기재하여야 한다(동령 시행규칙 3②).

4) 복수디자인 등록된 디자인권의 분할이전 등록방법

① 원디자인권

복수디자인 등록된 디자인권(이하 "원디자인권"이라 한다)을 각 디자인마다 분할하여 이전등록을 할 때에는 소정의 서식(별지 제1호의2)에 의한 디자인등록원부의 각 란에 다음의 사항을 기재하여야 한다(디자인등록령 시행규칙 3의 2①).

i. 디자인등록번호란 : 원디자인권의 디자인등록번호

ii. 분할이전등록번호란 : 분할이전등록되는 등록디자인의 순위번호

iii. 권리란 중 사항란 : (i) 원디자인권의 디자인등록출원의 연월일 및 출원번호, (ii) 공고의 연월일 및 공고번호, (iii) 디자인등록결정 또는 심결연월일, (iv) 디자인의 수, 분양이전 되는 디자인의 대상이 되는 물품과 그 물품의 일련번호 및 분류번호, (v) 디자인설정등록의 연월일 및 분할이전등록의 연월일

iv. 디자인권자란 중 사항란 : 디자인권자의 성명 및 주소(법인인 경우 그 명칭, 영업소의 소재지를 말한다)

② 디자인등록원부의 기재사항 등

위 ①의 등록을 할 때에는 원디자인권의 디자인등록원부의 권리란중 사항란에 다음의 사항을 기재하고 분할이전되는 디자인권의 일련번호 및 디자인의 대상이 되는 물품은 원디자인권 설정등록사항에서 이를 음영으로 지워야한다(동령 규칙 3의2②).

i. 디자인권에 대한 분할이전의 차수

ii. 분할이전번호 및 분할이전되는 디자인권의 일련번호

iii. 분할이전되는 디자인의 대상이 되는 물품 및 분할이전등록의 연월일

③ 원디자인권에 관한 권리제한 사항

위 ①의 등록을 하는 경우 원디자인권에 관한 권리제한사항(권리제한에 대한 예고등록사항을 포함한다)이 분할이전등록되는 디자인권에 승계될 때에는 분할이전등록되는 디자인등록원부에도 그 사항을 이기등록하여야 한다. 이 경우 이기등록함으로써 원디자인권에 대한 권리제한사유나 예고등록의 필요성이 해소된 때에는 그 취지를 기재하고 이를 음영으로 지워야 한다(동령 규칙 3의2③).

2. 연차등록료납부에 의한 등록

디자인권 또는 유사디자인권은 최초 3년분 등록료의 납부에 의한 설정등록에 의하여 발생되고 제4년분부터의 등록료의 납부에 의한 연차등록에 의하여 그 연차만큼 더 존속되어 유지되는 것이다. 따라서 디자인권을 존속, 유지시키고자 하는 디자인권자 또는 그 이해관계인이 연차등록료를 납부하면 특허청장은 이를 디자인등록원부에 기재하여야 한다. 이로써 당해 디자인권은 등록료를 납부한 연차만큼 늘어나 동록상의 디자인에 관한 모든 권리는 그대로 유지됨은 물론 디자인에 관한 설권적 형성행위의 원인이 되고 등록디자인에 대한 독점산업의 우위를 지속하게 되는 것이다.

연차등록료의 납부기간, 납부방법 및 보전절차 등에 관한 일련의 절차에 관하여는 앞에서 살펴본 Ⅱ. 1. (1)(2) 등록료의 납부 및 보전 등을 참고하기 바란다.

3. 디자인권의 변경등록 등 절차

(1) 등록신청서류의 제출 등

1) 신청등록의 경우

디자인권의 변경등록 등의 신청은 등록권리자 및 등록의무자가 공동으로 신청하여야 한다. 다만 신청서에 등록의무자의 승낙서를 첨부한 경우에는 등록권리자만으로 신청할 수 있다. 그러나 디자인보호법령에서 특별히 규정하고 있는 경우, 즉 i) 판결에 의한 등록은 승소한 등록권리자 또는 등록의무자만으로, ii) 상속·회사합병 그 밖의 일반승계에 의한 등록은 등록권리자만으로, iii) 등록명의인의 표시의 변경 또는 경정의 등록은 등록명의인만으로, iv) 가등록은 신청서에 가처분명령의 정본을 첨부한 경우에는 가등록권리자만으로, v) 멸실된 디자인등록원부이 회복의 등록은 등록권리자만으로 신청할 수 있다.

2) 촉탁등록의 경우

① 디자인권 또는 그 디자인에 관한 권리에 관하여 처분을 제한하거나 그 제한을 해제한 경우 촉탁서에 재판의 등본을 첨부하여 처분의 제한의 등록 또는 그 등록의 말소의 촉탁은 법원이, ② 등록의 원인의 무효나 취소로 인한 등록의 말소 또는 회복(등록의 원인의 무효나 취소로써 선의의 제3자에 대항할 수 있는 경우에 한한다)의 소가 제기된 경우 촉탁서에 소장의 등본 또는 초본을 첨부한 그 예고등록의 촉탁은 법원이 한다.

3) 직권등록의 경우

디자인권 그 밖의 디자인에 관한 권리에 대한 신청·청구·소의 제기 또는 상고가 있는 경우의 그 예고등록은 특허청장의 직권으로 한다. 그러나 심판청구·재심청구·특허법원에의 소 제기·대법원에의 상고에 대한 예고등록은 특허심판원장의 통지가 있는 경우에 한한다(동령 5 준용 특허등록령 23). 등록료 및 등록세의 납부 등에 관하여는 위에서 살펴본 Ⅱ. 2. 3을 참고하기 바란다.

(2) 등록신청 서류의 불수리 등

제출된 등록명의인의 표시변경·경정등록신청서, 디자인권·전용실시권·통상실시권 또는 질권의 전부 또는 권리의 지분 전부의 이전등록 신청서, 전용실시권 설정등록 신청서, 통상실시권 설정등록 신청서, 질권설정등록 신청서, 질권변경등록 신청서, 실시권변경 등록신청서, 권리의 포기·사망·등록의무자의 소재불명·가등록 명의인의 등록말소에 대한 승낙·채권변제 또는 계약해제 등에 의한 디자인권 그 밖의 디자인에 관한 권리의 말소등록신청서, 디자인권 그 밖의 디자인에 관한 권리의 신탁등록신청서, 등록회복등록신청서, 불수리신청 서류의 보완 후 제출한 등록재신청서, 설정등록료납부서, 연차등록료납부서 및 가등록 신청임을 표시하여 제출한 해당 등록신청서가 다음의 어느 하나에 해당하는 경우에는 등록의 신청을 수리하지 아니한다. 그러나 신청의 흠결이 보정될 수 있는 경우에 신청인이 그 신청을 한 날에 이를 보정한 때에는 예외이다(동령 5 준용 특허등록령 34).

1) 등록을 신청한 사항이 등록할 것이 아닌 경우
2) 신청서가 방식에 적합하지 아니한 경우
3) 신청서에 기재한 디자인등록번호 또는 등록의 목적인 권리의 표시가 디자인등록원부와 부합하지 아니한 경우
4) 신청서에 기재한 등록의무자의 표시가 디자인등록원부와 부합하지 아니한 경우. 다만, 신청인이 등록권리자 또는 등록의무자의 상속인 그 밖의 일반승계인인 경우를 제외한다.

5) 신청인이 등록명의인인 때는 그 표시가 디자인등록원부와 부합하지 아니한 경우. 다만, 등록명의인의 표시의 변경 또는 경정의 등록을 신청하는 경우를 제외한다.
6) 신청서에 기재한 사항이 등록의 원인을 증명하는 서류와 부합하지 아니한 경우
7) 신청서에 필요한 서류를 첨부하지 아니한 경우
8) 신청서 및 첨부서류를 검토한 결과 신청인에 대한 구체적인 확인이 필요하다고 인정된 ⅰ) 신청인의 호적등·초본, 주민등록표등·초본(외국인인 경우 국적증명서) 그밖에 신청인을 확인할 수 있는 서류, ⅱ) 신청인이 법인인 경우에는 법인임을 증명하는 서류, ⅲ) 신청인의 인감증명서(작성 후 6개월 이내의 것이어야 하며, 인감증명제도가 없는 외국인인 경우에는 이에 준하는 서류)의 제출명령을 받았음에도 불구하고 정당한 소명 없이 서류를 제출하지 아니한 경우
9) 등록세 및 등록료를 납부하지 아니한 경우
10) 불수리이유를 통지받은 신청인이 소명기간 내에 정당한 소명 없이 등록재신청서를 제출한 경우

위와 같은 이유로 등록신청을 수리하지 아니하고자 할 때에는 그 신청인에게 그 이유를 통지하고 기간을 정하여 소명할 수 있는 기회를 주어야 한다. 다만 위의 8) 및 10)의 경우에는 소명의 기회를 주지 아니할 수 있다(동령 5 준용 특허등록령 34③).

(3) 등록의 방법 및 등록필 통지

수리된 등록신청서의 기재사항 중 등록하여야 할 권리에 관한 사항은 디자인등록원부에 다음과 같이 기재한다.

1) 등록의 방법

① 사항란 등에의 등록

ⅰ. 권리란 중 사항란에 등록할 때에는 ⅰ) 등록신청서의 접수연월일 및 접수번호, ⅱ) 등록원인, ⅲ) 등록목적을 기재하여야 한다.

ⅱ. 각 권리자란 중 사항란에 등록할 때에는 ⅰ) 등록신청서의 접수연월일 및 접수번호, ⅱ) 등록권자의 성명 및 주소(법인인 경우에는 그 명칭 및 영업소의 소재지), ⅲ) 등록원인, ⅳ) 등록목적, ⅴ) 그 밖의 등록신청서에 기재된 사항 중 등록하여야 할 권리에 관한 사항을 기재하여야 한다.

ⅲ. 채권자가 채무자에 대위하여 한 등록신청, 수익자 또는 위탁자가 수탁자에 대위하여 한 신탁의 등록신청 또는 수익자 또는 위탁자는 수탁자에 대위하여 수탁자의 변경으로 인한 이전등록신청·수탁자의 임무종료로 인한 이전등록신청·디자인신탁원부에의 등록촉탁 및 신탁재산관리방법의 변경으로 인한 등록촉탁의 경우를 제외하고는 ⅰ) 위탁자·수탁자 및 수익자의 성명·주소(법인인 경우 그

명칭·영업소의 소재지), ii) 신탁관리인이 있는 경우에는 그 성명·주소(법인인 경우 그 명칭·영업소의 소재지), iii) 신탁의 목적, iv) 신탁재산의 관리방법, v) 신탁의 종료의 사유, vi) 그 밖의 신탁의 조항의 변경에 관한 신청 등에 의하여 각 사항란에 등록을 할 때에는 위 ii의 사항 외에 i) 채권자·수익자·위탁자의 성명·주소(법인인 경우 그 명칭·영업소의 소재지), ii) 대위의 원인을 기재하여야 한다(동령규칙 4 준용 특허등록령 시행규칙 44① 내지 ③).

② 포기로 인한 디자인권의 소멸등록

포기로 인한 디자인권의 소멸의 등록을 할 때에는 그 디자인권의 등록을 말소하여야 한다(동령규칙 4 준용, 특허등록령 시행규칙 45).

③ 질권의 순위의 양도 등의 경우에 있어서의 순위번호의 기재

등록되어 있는 질권의 순위, 양도 또는 포기로 인한 질권변경의 등록을 할 때에는 그 질권설정의 등록의 순위번호 밑에 질권변경의 등록의 순위번호를 기재하여야 한다(동령규칙 4 준용, 특허등록령 시행규칙 46).

④ 2 이상의 권리를 목적으로 하는 질권의 설정·소멸의 등록

2 이상의 디자인권 또는 디자인에 관한 권리의 등록은 등록의 원인 및 목적이 동일한 경우에 한하여 동일한 신청서로 신청할 수 있는 병합신청에 의하여 2 이상의 디자인권 또는 이에 관한 권리에 대하여 질권설정의 등록을 할 때에는 각각 디자인권의 등록원부 중 당해 권리자란의 사항란에 그 취지를 기재하고 그 당해 권리자란의 사항란에 다른 디자인권 또는 이에 관한 권리의 표시를 하여 이에 관한 권리가 다 같이 질권의 목적이라는 취지를 기재하여야 한다(동령규칙 4 준용, 특허등록령 시행규칙 47).

⑤ 2 이상의 권리를 목적으로 하는 디자인등록된 질권 중 1권리를 목적으로 하는 질권말소의 등록

위와 같은 병합신청에 의하여 2 이상의 디자인권 또는 이에 관한 권리를 목적으로 하는 질권의 설정의 등록을 한 경우에 있어서 그중의 1의 권리를 목적으로 하는 질권의 소멸등록을 할 때에는 다른 디자인권의 등록원부 중 당해 권리자란의 사항란에 그 권리를 표시하고 당해 권리를 목적으로 하는 질권이 소멸되었다는 취지를 기재하여 소멸에 관한 사항을 음영으로 말소하여야 한다(동령규칙 4 준용, 특허등록령 시행규칙 48).

⑥ 가등록

가등록은 등록원부의 당해 권리자란 중 사항란에 하여야 한다(동령규칙 4 준용, 특허등록령 시행규칙 49).

⑦ 가등록 후의 본등록 등

가등록을 한 후 본등록의 신청이 있을 때에는 가등록의 아래에 가등록의 순위번호와 동일한 순위번호로 그 등록을 하여야 한다. 본등록을 하기 전에 가등록의 말소신청이 있는 때에도 또한 같다(동령규칙 4 준용, 특허등록령 시행규칙 51).

2) 채권자 대위 등에 관한 등록필 통지

① 등록신청인에게 등록필 통지서 송부

신청에 의한 등록을 완료한 경우에는 접수연월일·접수번호·디자인등록번호·등록연월일 및 그 취지를 기재한 등록필 통지서를 신청인에게 송부하여야 한다(동령규칙 4 준용, 특허등록령 시행규칙 52①).

② 등록의무자에게 통지

채권자가 채무자에 대위하여 한 등록신청, 수익자 또는 위탁자가 수탁자에 대위하여 한 신탁의 등록신청 또는 등록권리자가 2인 이상인 경우 약정[디자인등록법 46③(동법 47⑤에서 준용하는 경우를 포함한다)에 의한 약정 또는 민법 268① 단서에 의한 약정]이 있을 때 이를 신청서에 기재한 신청에 의하여 등록을 완료한 경우에는 등록의무자에게 그 뜻을 통지하여야 한다. 등록의무자가 그 등록에 관한 디자인권 또는 그 디자인에 관한 권리의 공유자 중 1인인 경우에는 다른 공유자에게 통지하여야 한다(동령규칙 4 준용, 특허등록령 시행규칙 52②).

③ 수익자에게 통지

수탁자만으로 신청할 수 있는 신탁재산에 속하는 디자인권 또는 그 디자인에 관한 권리의 신탁등록신청, 신탁등록의 말소신청, 수탁자의 변경으로 인한 이전등록신청 또는 수탁자의 변경으로 인한 이전등록신청·수탁자의 임무종료로 인한 이전등록신청·디자인신탁원부에의 등록촉탁 및 신탁재산관리방법의 변경으로 인한 등록촉탁의 경우를 제외하고 i) 위탁자·수탁자 및 수익자의 성명·주소(법인인 경우 그 명칭·영업소의 소재지), ii) 신탁관리인이 있는 경우에는 그 성명·주소(법인인 경우에는 그 명칭·영업소의 소재지), iii) 신탁의 목적, iv) 신탁재산의 관리방법, v) 신탁의 종료사유, vi) 그 밖의 신탁의 조항의 변경에 관한 디자인신탁원부에의 등록신청에 의하여 등록을 한 때에는 디자인권 또는 그 디자인에 관한 권리의 표시·등록의 원인·등록권리자의 성명 및 주소(법인인 경우에는 그 명칭·영업소의 소재지)·등록의 목적과 그 등록필의 취지를 수익자에게 통지하여야 한다(동령규칙 4 준용 특허등록령 시행규칙 53).

제 3 절 등록사항

디자인에 관한 등록에는 본등록, 가등록, 예고등록, 부기등록 등이 있는 바, 이들 등록은 디자인등록원부에 하되 그 등록사항은 다음과 같다.

I. 본등록사항

1. 디자인보호법에 의한 등록사항

특허청장은 특허청에 디자인등록원부를 비치하고 다음의 사항을 등록한다(법 37① 1 내지 3).

(1) 디자인권의 설정·이전·소멸·회복 또는 처분의 제한
(2) 전용실시권 또는 통상실시권의 설정·보존·이전·변경·소멸 또는 처분의 제한
(3) 디자인권·전용실시권 또는 통상실시권을 목적으로 하는 질권의 설정·이전·변경·소멸 또는 처분의 제한

2. 디자인등록령에 의한 등록사항

디자인보호법 제37조 제3항의 규정에 의해 디자인등록령에 위임된 디자인에 관한 등록사항은 다음과 같다(법 37③, 동령 1의 2).

(1) 디자인무심사등록 이의신청의 확정결정
(2) 보정각하결정, 디자인등록 거절결정, 디자인등록 취소결정 또는 디자인등록무효·권리범위확인·통상실시권 허여 등에 관한 심판의 확정심결
(3) 재심의 확정심결
(4) 특허법원의 확정판결
(5) 대법원의 판결

3. 등록한 권리의 순위

동일한 디자인권 그 밖의 디자인에 관한 권리에 관하여 등록한 권리의 순위는 법령

에 특별한 규정이 있는 경우를 제외하고는 등록의 전후에 의한다. 여기에서의 "등록의 전후"는 등록용지 중 동일한 난에 등록된 것에 대하여는 순위번호에 의하고 다른 난에 등록된 것에 대하여는 접수번호에 의한다는 의미이다(동령 5 준용 특허등록령 5①②).

Ⅱ. 가등록사항 등

1. 가등록 사항

가등록은 다음의 경우에 한다(동령 5 준용 특허등록령 2 각호).

(1) 등록신청에 필요한 절차상의 요건이 구비되지 아니할 경우

(2) 디자인권·전용실시권 및 통상실시권과 이를 목적으로 하는 질권의 설정·이전·변경 또는 소멸에 관하여 청구권을 보전하고자 할 경우

(3) 위 (2)의 청구권이 시기부이거나 정지조건부인 경우 그 밖의 장래에 있어서 확정될 것인 경우

2. 가등록사항에 대한 본등록의 순위

가등록을 한 사항에 대하여 본등록을 한 경우에 그 본등록의 순위는 가등록의 순위에 의한다(동령 5 준용 특허등록령 7).

Ⅲ. 예고등록사항

예고등록은 다음의 경우에 한다(동령 5 준용 특허등록령 3 각호, 단 3호를 제외한다).

(1) 등록의 원인의 무효나 취소로 인한 등록의 말소 또는 회복의 소가 제기된 경우 다만, 등록의 원인의 무효나 취소로써 선의의 제3자에 대항할 수 있는 경우에 한한다.

(2) 디자인권의 수용·실시의 신청이 있는 경우

(3) 보정각하결정·디자인등록거절결정·디자인등록취소결정에 대한 심판의 청구 또는 디자인등록의 무효·권리범위의 확인·통상실시권 허여 등에 대한 심판의 청구가 있는 경우

(4) 재심의 청구가 있는 경우

(5) 특허법원에의 소가 있는 경우

(6) 대법원에의 상고가 있는 경우

Ⅳ. 부기등록사항

1. 등록사항

(1) 다음 1의 사항의 등록은 부기에 의하여야 한다(동령 5 준용 특허등록령 4① 각호).

1) 등록명의인의 표시변경 또는 경정

2) 질권의 이전

3) 일부가 말소된 등록의 회복

(2) 다음 1의 사항의 등록은 등록상의 이해관계가 있는 제3자가 없는 경우 또는 등록신청서에 등록상의 이해관계가 있는 제3자의 승낙서 또는 그에 대항할 수 있는 재판의 등본을 첨부한 경우에 한하여 부기에 의한다(동령 5 준용 특허등록령 4② 각호).

1) 디자인권 이외의 권리의 변경

2) 등록의 경정(등록명의인의 표시의 경정을 제외한다)

2. 부기등록의 순위

부기등록의 순위는 주등록의 순위에 의하고, 부기등록 상호간의 순위는 그 전후에 의한다(동령 5 준용 특허등록령 6).

제 4 절 등록의 효력

디자인에 관한 권리는 등록에 의하여 발생한다. 따라서 디자인의 등록은 디자인에 관한 권리의 효력발생요건임과 동시에 대항요건이다.

I. 효력발생요건

디자인권은 설정등록에 의하여 발생한다(법 39①). i) 디자인권의 이전(상속 그 밖의 일반승계에 의한 경우를 제외한다)·포기에 의한 소멸 또는 처분의 제한, ii) 전용실시권의 설정·이전(상속 그 밖의 일반승계에 의한 경우를 제외한다)·변경·소멸(혼동에 의한 경우를 제외한다) 또는 처분의 제한, iii) 디자인권 또는 전용실시권을 목적으로 하는 질권의 설정·이전(상속 그 밖의 일반승계에 의한 경우를 제외한다)·변경·소멸(혼동에 의한 경우를 제외한다) 또는 처분의 제한 또한 이를 등록하지 아니하면 그 효력이 발생하지 아니한다(법 48① 각호).

이는 디자인권·전용실시권 및 질권 등이 물권적 성질을 가지므로 권리의 변동은 이를 공시할 필요가 있는 것이다. 따라서 당사자간의 계약이나 합의에 의하여 사실상 권리변동의 법률행위가 성립되었다 하더라도 이를 등록하지 않으면 그 효력은 발생하지 않는 것으로 취급된다. 그러나 상속·회사합병 등 일반승계의 경우에는 등록을 하지 아니하여도 권리변동에 관한 효력이 발생한다. 왜냐하면 상속의 경우 사망과 상속인의 등록사이에 시간적 차이가 있기 때문에 이 경우 등록을 효력발생요건으로 한다면 권리의 공백이 생기기 때문이다. 또 일반승계, 즉 회사의 합병의 경우에서도 승계 전·후 사이에 권리내용의 변동 없이 권리·의무가 포괄적으로 이전되는 것이므로 등록을 하지 않아도 제3자에게 영향을 미치지 않기 때문이다.

디자인권·전용실시권 및 질권의 상속·회사합병 그 밖의 일반승계의 경우에는 지체 없이 그 취지를 특허청장에게 신고하여야 한다(법 48②). 만약 신고를 하지 않았을 경우에도 그 상속·회사합병 그 밖의 일반승계의 효력에는 영향을 미치지 않는다. 그러나 민법의 일반원칙에 따라 이를 신고하지 아니하면 이를 처분할 수 없다고 해석함이 타당하다(민법 187).

Ⅱ. 대항요건

등록주의를 채용하고 있는 우리나라와 같은 디자인보호법체계 하에서는 디자인권·전용실시권 및 이들 권리를 목적으로 하는 질권과 같이 물권적 성질의 권리는 등록을 하지 아니하면 그 효력이 발생하지 아니한다(법 48①). 그러나 통상실시권과 같은 채권적 성질의 권리의 효력은 그 원인의 성립과 동시에 발생한다. 즉 i) 당사자간의 설정행위에 의한 통상실시권 설정의 경우 그 설정계약이 성립되었을 때, ii) 법정실시권의 경우 그 법정요건이 성립되었을 때(선사용에 의한 통상실시권, 선출원에 따른 통상실시권, 무효심판청구등록 전의 실시에 의한 통상실시권, 디자인권 등의 존속기간 만료후의 통상실시권, 질권 행사로 인한 디자인권의 이전에 따른 통상실시권, 재심에 의하여 회복한 디자인권에 대한 선사용자의 통상실시권), iii) 강제실시권의 경우 그 심판의 심결이 확정되었을 때(통상실시권 허여의 심판) 그 통상실시권이 발생한 것으로 본다. 그러나 여기에서 주의할 것은 통상실시권이라 하여 모두 채권적 권리로서 등록을 하지 않아도 그 효력이 발생하는 것이 아니다.

통상실시권 중 법정실시권과 강제실시권은 허락실시권과는 달리 등록을 하지 않아도 그 발생원인의 성질상 당연히 제3자에게도 효력이 있다. 그러나 당사자간의 허락에 의한 허락실시권은 채권적 성질을 가지므로 등록은 효력발생요건이 아니라 대항요건이다.

즉 통상실시권은 채권으로서 권리주체의 변경은 없고 다만 권리의 효력에만 영향을 미치게 되므로 등록은 대항요건인 것이다. 따라서 당사자간의 설정행위에 의한 통상실시권의 설정이나 이전 등은 등록하지 아니하여도 당사자간에는 효력이 발생하나 이를 제3자에게는 대항할 수 없다. 예를 들면 B는 디자인권자 A와 통상실시권 허락에 관한 계약만을 체결하고 등록 없이 실시하여 오던 중 A가 C에게 디자인권을 양도하고 등록을 마쳤다. 이 경우 A와 B사이에는 통상실시권 설정등록 없이도 계약에 의해 실시할 수 있었으나 C에게는 A와의 계약의 효력이 미치지 않는다. 따라서 C가 B의 디자인권의 실시행위를 디자인권침해로 보고 디자인권침해금지를 요구할 경우 B는 A로부터 통상실시권을 허락받았다는 사실만으로서는 디자인권침해의 법률상 책임을 면할 수 없다. 그러므로 제3자에게 대항하기 위해서는 등록을 하여야 한다.

그러나 당사자의 의사와는 관계없이 통상실시권이 발생되는 법정실시권이나 강제실시권은 법률과 공권력에 의하여 설정되는 것이므로 등록을 하지 않아도 그 효력이 발생함과 동시에 제3자에게도 대항할 수 있다.

Ⅲ. 선의의 제3자의 보호

디자인등록이 되어 있다 하더라도 그 디자인등록원부에 기재되어 있는 등록사항과 사실적 법률관계가 일치하지 아니할 경우 그 등록사항의 법률적 효력은 인정되지 않는다.

이는 마치 등록의 공신력이 인정되지 않은 부동산등기의 경우와 마찬가지이다. 그러나 디자인등록원부에 기재되어 있는 등록사항만을 믿고 디자인권을 양수하거나 실시권 허락을 받은 선의의 제3자는 법률상 보호를 받는다.

그 보호방법으로서는 민법상의 부당이득반환청구권(민법 741)이나 불법행위에 의한 손해배상청구권(민법 750) 등을 행사할 수 있다.

제 5 절 디자인원부

Ⅰ. 디자인원부

1. 디자인등록원부 등

디자인등록에 관한 사항을 기재하기 위하여 특허청에 디자인원부를 비치한다. 디자인원부에는 디자인등록원부·디자인관계거절심결 재심청구원부 및 디자인신탁원부 등이 있다(동령 2①).

2. 도면의 디자인등록원부 간주

등록을 받은 디자인의 도면은 디자인등록원부의 일부로 본다(동령 2②).

3. 결정 등 원본의 디자인등록원부 간주

디자인무심사등록 이의신청에 대한 결정·심결 또는 판결에 의하여 디자인무심사등록 이의신청의 확정결정, 보정각하결정·디자인등록거절결정 또는 디자인등록취소결정·

디자인등록의 무효심판·권리범위확인·디자인보호법 제70조 제1항·제2항에 따른 통상실시권 허여 등 심판의 확정심결, 재심의 확정심결, 특허법원의 확정판결, 대법원의 판결에 관하여 디자인등록원부 또는 디자인관계거절심결 재심청구원부에 그 결정·심결 또는 판결의 요지를 등록한 경우에는 그 원본은 디자인등록원부 또는 디자인관계거절심결 재심청구원부의 일부로 본다(동령 2③).

Ⅱ. 디자인원부의 작성

디자인원부는 자기디스크 등으로 작성한다(동령 5 준용, 특허등록령 9).

1. 디자인등록원부

디자인등록원부의 작성은 소정서식(별지 제1호 서식)에 의하되 디자인권에 대하여 자기디스크 등으로 작성한다(동령규칙 4 준용, 특허등록령 시행규칙 1의2, 2).

2. 디자인관계 거절심결 재심청구원부

디자인관계 거절심결 재심청구원부의 작성은 소정의 서식(별지 제2호 서식)에 의하되 재심청구에 관한 디자인등록출원에 대하여 자기디스크 등으로 작성한다(동령 규칙 4 준용, 특허등록령 시행규칙 1의2, 2).

3. 디자인신탁원부

디자인신탁원부의 작성은 소정의 서식(별지 제3호 서식)에 의하되 신탁재산에 속하는 디자인권 그 밖의 디자인에 관한 권리에 대하여 자기디스크 등으로 작성한다(동령 규칙 4 준용, 특허등록령 시행규칙 1의2, 2).

Ⅲ. 디자인원부의 멸실 등

1. 멸 실

특허청장은 디자인원부의 전부 또는 일부가 멸실된 경우에는 3월 이상의 기간을 정하여 그 기간 내에 등록의 회복을 신청한 자는 그 멸실된 디자인원부에 있어서의 종전의 순위를 가진다는 뜻을 고시하여야 한다(동령 5 준용, 특허등록령 10).

2. 폐 쇄

디자인권의 소멸등록으로 인한 디자인등록원부의 폐쇄, 즉 특허청장은 디자인권의 소멸등록을 한 경우에는 해당 디자인등록원부를 폐쇄하여야 한다. 디자인등록원부를 폐쇄하고자 할 때에는 그 폐쇄의 원인·취지 및 연월일을 기재하여 폐쇄디자인등록원부로 관리하고 폐쇄디자인등록원부는 폐쇄한 날로부터 20년이 경과한 후 이를 폐기한다(동령 5 준용, 특허등록령 11, 12, 동령 시행규칙 4 준용, 특허등록령 시행규칙 7①).

폐쇄디자인등록원부를 폐쇄할 때에는 소정서식(동령 시행규칙 제4호 서식)에 의해 목록을 작성하여야 한다(동령 시행규칙 4 준용, 특허등록령).

제 6 절 디자인등록증의 교부 등

특허청장은 디자인권의 설정등록을 한 때에는 디자인권자에게 디자인등록증을 교부하여야 한다(법 38①). 그러나 디자인에 관한 권리가 이 디자인등록증에 의하여 발생한 것이 아니고 다만 등록디자인에 대한 권리증서로 발급한 것이다. 따라서 디자인등록증을 발급, 교부하지 않았다 하더라도 디자인권의 효력에는 영향을 미치지 않으므로 등록에 의해 발생한 그 권리가 배제되는 것은 아니다. 또한 디자인등록증이 디자인등록원부 그 밖의 서류와 부합되지 아니한 때에는 신청에 의하여 또는 직권으로 디자인등록증을 회수하여 정정교부하거나 새로운 디자인등록증을 교부하여야 한다(법 38②).

제 7 절 디자인등록공고

특허청장은 디자인등록결정 또는 그 심결의 등본을 받은 자가 그 등본을 받은 날부터 3월 이내에 설정등록일부터 최초 3년분의 등록료(이하 "최초 3년분의 등록료"라 한다) 또는 이 기간이 경과된 날부터 6월 이내에 최초 3년분의 등록료 2배에 상당한 금액을 i) 납부한 때, ii) 추가납부한 때, iii) 보전한 때, iv) 납부하거나 보전한 때, v) 국가에 속하는 디자인등록출원에 관한 등록료, 국민기초생활보장법 제5조에 의한 수급자 및 지식경제부령이 정하는 자가 한 디자인등록출원인 경우 디자인권의 설정등록을 받기 위한 최초 3년분의 등록료가 면제된 때에는 디자인등록원부에 디자인권을 설정하기 위한 등록을 하고 그 디자인에 관한 등록사항을 디자인공보에 게재하여 등록공고를 하여야 한다(법 39②③, 특허료 등의 징수규칙 8⑤⑥).

제 8 장 디자인권

제 1 절 서 설

I. 의 의

디자인권은 무체재산권의 성질을 가진 사권으로서 특허권·실용신안권·상표권과 함께 산업재산권(공업소유권)의 4대 종별을 이루고 이 산업재산권은 저작권과 함께 지적재산권의 2대 종별을 이룬다.

이러한 디자인권은 디자인보호법에 의하여 디자인권자가 독점배타적으로 등록디자인에 관하여 가지는 지배권으로서 디자인에 대하여 등록을 받을 수 있는 권리인 디자인등록출원권과 다르다. 디자인권은 디자인등록출원에 대한 소정의 심사절차에 의해 내려진 디자인등록결정이나 심판절차에 의해 내려진 디자인등록심결을 원인으로 디자인권의 설정등록을 함으로써 발생한다(법 39①). 즉, 디자인권자는 디자인권의 설정등록에 의해 발생한 디자인권에 따라 등록디자인의 물품을 생산·사용·양도·대여 또는 수입하거나 그 물품의 양도 또는 대여의 청약(양도나 대여를 위한 전시를 포함한다. 이하 같다)을 하는 등의 실시의 권리를 전유(專有)한다(법 2·6).

이와 같은 실시의 전유권에 의해 디자인권자는 업으로서 등록디자인 또는 이와 유사한 디자인을 실시할 독점적 전용권과 배타적 금지권을 갖는다. 다만, 그 디자인권에 관하여 전용실시권을 설정한 때에는 전용실시권자가 그 등록디자인 또는 이와 유사한 디자인을 실시할 권리를 독점하는 범위 안에서는 그러하지 아니하다(법 41).

이러한 디자인권은 무심사등록된 복수디자인등록의 이의신청에 대한 결정에 의해 일부 디자인이 무효가 되어 변경될 수 있고 제3자에게 이전이나 실시권을 허여할 수 있을 뿐만 아니라 질권 등 담보권 설정의 대상이 되기도 한다. 또 디자인권자는 디자인권의 침해자에 대하여 권리침해에 대한 금지청구권 등 외에 손해배상청구권·신용회복청구권·부당이득반환청구권 등을 가진다(법 29의2, 46, 47, 49, 56, 민법 741).

이처럼 막강한 디자인권을 디자인창작자나 그 승계인(이하 "창작자"라 한다)에게 부여한 것은 i) 지난한 창작노력, 오랜 기간, 많은 창작비 투입 등으로 안출된 창작물에 대한 사회적 보상임과 동시에, ii) 디자인에 대한 창작자 스스로의 업으로서의 실시와 디자인의 공개를 통해 일반 공중의 이용의 기회를 제공하여 디자인의 창작을 장려하여 산업발전에 기여한데 대한 국가적 대가로써 출원인에게 그 등록디자인에 대하여 일정기간 독점배타적으로 실시할 수 있는 권리를 부여한 것이다.

Ⅱ. 성 질

디자인권은 물품의 디자인이라는 무체물에 대한 독점적 전용권과 배타적 금지권이라고 하는 대세적 권리이다. 이러한 디자인권의 성질에 관해서는 종래부터 인격권설·소유권설·무체재산권설 등으로 나뉘어져 있다.

1. 인격권설

인격권설은 가장 오래된 설로서 창작자가 디자인에 대해 갖는 권리는 하나의 인격권이며 인격과 구별해서 존재할 수 없다는 설이다. 인격권설의 근거는 물품의 디자인은 사람의 두뇌 노동 즉 지적활동에 의해 창출된 것으로서 이는 생명·신체·자격·명예 등 창작자의 인격과는 떼어 놓을 수 없는 이익을 누리는 것을 목적으로 하는 권리라는 것이다.

2. 소유권설

소유권설은 17세기경 처음 주창되어 18·19세기에 걸쳐 대륙법학을 지배한 설로서 자연법학설에 근거를 두고 있다. 즉 유체물을 생산·제조·가공·조립한 자가 그 유체물에 대해 소유권을 취득하는 것과 마찬가지로 창작자 또한 정신적 노고의 결과 산출한 디자인에 대해 소유권을 인정해야 한다는 것이다. 그러나 디자인권은 유체물 위에 존재하는 소유권과는 달리 정신적 노력에 의한 것이므로 지적 소유권(Propriete Intellectuelle) 또는 정신적 소유권(Geistigeseigentum)이라고 칭하여 오고 있다.

3. 무체재산권설

디자인권은 사권의 분류에 의하면 재산권에 속하기는 하나 재산권에 있어 특정물을 직접 지배함을 내용으로 하는 물권과 특정인에 일정한 행위를 청구함을 내용으로 하는 채권과는 구별되는 무체재산권에 속한다. 특허권으로 대표되는 무체물을 지배하는 권리를 일반소유권과 구별하여 무체재산권이라고 하는 무체재산권설은 1875년 독일의 법학자 콜러(Joseph Kohler, 1849-1919)에 의해 처음 발표된 설로서 이 설은 무체물 위에 존재하는 권리를 소유권의 일종이라고 보는 종래설은 잘못이며 이것과 다른 새로운 권리, 즉 무체재산권(Immaterialguterrecht)으로 파악하여야 한다는 설이다. 발표 후 대륙에서 대대적인 지지를 받아 오늘날 통설로 되어 있다. 콜러가 무체재산권은 유체물에 관한 소유권과 다르다고 지적한 점은 다음과 같다.[1)]

(1) 디자인권은 시간적으로 반드시 유한하다는 것

디자인은 일정기간이 지나면 공유재산이 되며, 이에 개량을 통하여 산업의 발전을 도모하는 것이므로 그 성질상 이를 객체로 하는 권리는 기간의 제한을 받는다.

(2) 외형상의 소재지를 갖지 않는다는 것

무체재산권은 무형물로부터 출발하므로 외형상의 소재지가 없다. 그러나 법률은 그 소재를 정할 필요가 있고 오늘날 이 권리를 인정한 국가의 범위에 그 소재를 가지는 것으로 하고 있다. 따라서 동일디자인이라도 각국에서 그 권리가 인정된 때에는 그들 권리는 서로 다른 독립된 것이 된다. 즉 각국에서 별개의 권리가 부여된다는 것이다(1국 1등록주의).

(3) 형체상의 존재가 없어 점유할 수가 없다는 것

무체재산권의 객체는 유체물과는 달리 이를 점유할 수 없는 것이므로 유체물의 점유에 관한 법칙을 그대로 적용할 수 없다.

이러한 콜러의 무체재산권설은 그 후 여러 설에 의해 비판적으로 발전되면서 현재 디자인권, 특허권, 저작권 등의 성질을 해석하는 경우의 기본이 되어 있다.[2)] 위와 같은 설 외에 학설로서 무체재산권설을 불비로 하는 정신재경영권설, 고객권설 등이 있다.

(4) 결 어

위에서 살펴 본 바와 같이 디자인권은 지적소유권, 공업소유권이라고 하는 소유권 법적 체계 하에 있기는 하지만 사권상 분류에서는 소유권의 영역이 아니고 무체재산권의 위치에 있다. 따라서 디자인권은 무체물인 디자인을 보호객체로 직접적이고도

1) 清瀨一郎, 特許法 原理, 昭4, 嚴松堂, 13~14면 참조.

2) 豊崎光衛, 工業所有權法(新版), 昭 55, 有斐閣, 100면 이하 참조.

독점배타적으로 지배함을 내용으로 하는 권리이다.

즉 디자인권은 지적활동의 소산을 무형의 재화로서 승인하고 객체로 하는 점에 있어서 재산권이며, 그 객체를 직접적으로 자유로우면서도 전면적으로 사용·수익·처분할 권리의 작용에 대해 보면 지배권이며 그 효력이 사회에 존재하는 모든 사람에 대한 것인 점에 있어 절대권이다.

그러므로 디자인권은 무체재산권인 권리의 성질상 일정기간의 제한이 있고 또 사권의 대전제로서 산업의 발전을 존중하고 그 제약 하에 있음은 지극히 당연하다.[3)]

제 2 절 디자인권의 발생

Ⅰ. 디자인권의 설정등록

디자인권은 설정등록에 의하여 발생한다(법 39①). 즉 디자인권은 디자인창작의 완성·디자인등록출원·출원공개·심사·디자인등록결정 또는 디자인등록심결이나 판결·등록료 납부나 보전 또는 면제[4)] 등 일련의 절차를 거쳐 최종 디자인등록원부에 디자인권의 설정등록을 함으로써 비로소 디자인권이 발생한다.

강학상 심사관의 심사에서 디자인등록결정 또는 심판관의 심판에서 디자인등록심결까지를 준법률행위적 행정행위로서의 확인행위, 즉 심사 또는 심판을 통해 디자인보호법상의 디자인등록의 요건을 만족했다는 것을 확인해 주는 절차로서 이는 디자인권의 설정등록의 원인을 제공해주는 행정처분이고 등록공무원이 디자인권의 설정등록을 받고자 하는 자가 제출한 설정등록료 납부서 등이나 또는 등록료면제사유를 기재한 설정등록료 납부서에 의해 소정의 등록사항을 디자인등록원부에 기재하는 것은 법률행위적 행정행위인 형성적 행정행위로서의 설권행위, 즉 등록이라고 하는 행정처분에 의해 비로소 디자인권이 설정되어 디자인권으로서의 효력이 발생한다.

그러나 유의할 것은 디자인등록원부에 등록하기까지의 디자인등록출원인이 가지는

---

3) 齊藤瞭二 著, 鄭泰連 譯, 意匠法, 세창출판사, 1993년, 342~343면 참조.

4) 디자인권을 설정하기 위한 등록은 다음의 1에 해당하는 경우에 한한다.
  1. 디자인권의 설정등록료를 납부한 때(법 31)
  2. 디자인권의 설정등록료를 추가납부한 때(법 33)
  3. 디자인권의 설정등록료를 보전한 때(법 33의2)
  4. 디자인권의 설정등록료를 납부하거나 보전한 때(법 33의3)
  5. 디자인권의 설정등록료가 감면된 때(법 35)

권리의 성격은 등록을 받을 수 있는 권리에 해당된다는 점이다. 따라서 디자인등록원부에의 등록이란 디자인권의 효력발생요건(법 39①)일 뿐만 아니라 대항요건이기도 하다. 디자인등록은 특허청에 비치하고 있는 디자인등록원부에 소정의 등록사항을 특허청장 직권으로 기재하며(법 37) 특허청장은 디자인권의 설정등록을 하였을 때에는 그 디자인에 관하여 디자인공보에 게재하여 등록공고를 하여야 하고(법 39③), 디자인권자에게 디자인 등록증을 교부하여야 한다(법 38). 등록증은 마치 부동산등기법상의 등기권리증과 유사한 것으로 디자인 등록증이 없다 하더라도 그 권리를 주장할 수 있고 제3자가 디자인 등록증의 소지자를 디자인권자로 알고 디자인권에 대한 이전이나 실시권 또는 질권 설정계약 등을 체결하여 거래를 하였다 하더라도 보호되지 아니함은 물론이다.

Ⅱ. 디자인권의 존속기간

1. 의 의

(1) 개 념

디자인권의 존속기간이라 함은 디자인권자가 등록디자인을 독점적으로 실시할 수 있는 기간으로서 디자인권의 존속기간은 ⅰ) 디자인권의 설정등록이 있는 날부터 15년이다. 다만, 유사디자인의 디자인권의 존속기간만료일은 그 기본디자인의 디자인권의 존속기간만료일로 한다(법 40). ⅱ) 그러나 정당한 권리자의 디자인등록출원에 대하여 디자인권이 설정등록된 경우에는 위 ⅰ)의 디자인권의 존속기간은 무권리자가 한 디자인권의 설정등록일의 다음날부터 기산한다(법 40②).

(2) 디자인권의 존속기간의 유한성

디자인권은 창작자나 그 승계인에게 디자인에 대한 실시 및 공개를 대가로 일정기간 그 등록디자인에 대한 실시를 독점케 하는 권리이므로 그 존속기간이 유한적인 점에 특색이 있다. 따라서 동산·부동산 등과 같은 유체재산권은 무한한데 반해 디자인권과 같은 무체재산권(산업재산권)은 유한하다. 다만, 같은 산업재산권의 일종이라 하더라도 상표권의 존속기간은 일단 유한하지만 상표권의 존속기간 갱신등록제도에 의해서 그 존속기간은 무한해진다.

(3) 디자인권의 존속기간의 적정성

디자인권의 존속기간을 얼마로 하는 것이 적정하는가의 문제이다. 여기에서 우선 고려되어야 할 것은 i) 디자인의 보호 및 그 이용을 도모함으로써 디자인의 창작을 장려하여 산업의 발전에 이바지할 수 있는데 필요충분한 기간이고, ii) 디자인권이 이 기간이상 존속할 경우 오히려 디자인창작의 장려와 산업발전에 저해가 된다고 판단되는 기간이다. 존속기간을 너무 길게 하면 특정물품의 디자인에 대한 독점상태가 오래 계속되어 그 분야 산업이 침체될 수 있고, 존속기간을 너무 짧게 하면 디자인의 공개에 대한 충분한 보상을 받지 못할 뿐만 아니라 등록디자인에 대한 만족할만한 실시가 이루어지지 못해 창작의욕을 저하시킬 우려가 있으므로 존속기간을 어떻게 정할 것인가는 산업정책상 또는 디자인정책상 중요한 문제 중의 하나이다. 그러나 위의 i), ii)의 존속기간의 결정기준은 매우 추상적이다. 특히 오늘날과 같은 디자인혁신의 고속화시대에서는 그 타당성에 많은 논란의 여지가 있다. 존속기간은 각국의 역사적·산업정책적인 고려와 밀접한 관계를 가지고 있고 나라마다 상이한 규정을 가지고 운용하고 있다. 최근 선진국에서는 존속기간을 단축하려는 경향을 보이지 않고 있는데(다소 길게) 반해 개발도상국에서는 단축하려는 움직임을 보이고 있어(어느 정도 짧게) 선진국과의 사이에서 문제가 되고 있기도 하다. 그러나 1993년 12월 15일 타결된 우루과이라운드 트립스(UR/TRIPs)협정에서 선진국의 입장이 반영되어 결국 단축보다는 장기쪽으로 타결되었다(예 : 우리나라 디자인보호법의 경우 UR/TRIPs협정 타결 전 "디자인권의 설정등록일부터 10년"을 동협정 타결 후 "디자인권의 설정등록일부터 15년"으로 개정) 참고로 현재 진행 중에 있는 특허권 통일화 협상에서의 존속기간은 선진국의 주장이 크게 반영될 것으로 예상되는 가운데 개도국의 거센 항의를 받아 막판 조율에 들어간 실정이다.

2. 디자인권의 존속기간

(1) 디자인권의 존속기간

디자인권의 존속기간은 디자인권의 설정등록이 있는 날부터 15년으로 한다(법 40① 본문). 이에 반하여 일반적으로 특허권의 존속기간은 특허출원일 후 20년이라고 하지만 정확하지는 않다. 즉 특허권의 존속기간은 특허권의 설정등록이 있는 날부터 특허출원일 후 20년이 되는 날까지이기 때문에 특허권의 존속기간은 출원에서 설정등록까지의 심사시간의 장·단에 따라 각 특허의 존속기간은 일정하지 않다. 예를 들면 심사기간이 4년 소요된 특허권의 존속기간은 16년이 될 것이고, 3년이 소요된 경우

17년, 2년이 소요되었을 경우에는 18년이 되어 특허권마다 그 존속기간이 상이하다. 그러나 특허출원일부터 선원의 지위를 확보하고 또 특허출원인은 출원공개가 있은 후[출원일부터 1년 6월이 경과한 때 또는 1년 6월이 경과하기 전이라도 출원인의 신청이 있는 때에는 출원공개를 할 수 있다(특허법 64)]. 출원인의 경고를 받거나 출원공개된 발명임을 알고 그 특허출원된 발명을 업으로 실시한 자에게 그 경고를 받거나 출원공개된 발명임을 안 때부터 특허권의 설정등록시까지의 기간 동안 그 출원발명의 실시에 대하여 통상 받을 수 있는 금액에 상당하는 보상금의 지급을 청구할 수 있는 채권을 취득하기 때문에 특허권과 거의 같은 보호효력을 가지므로 특허권의 존속기간으로서는 원칙적으로 모두 20년이라고 할 수도 있을지 모르나 이는 어디까지나 정확한 의미에서의 존속기간은 아니다. 엄격한 의미에서의 존속기간은 특허권의 효력이 발생하는 특허권의 설정등록이 있는 날부터 그 기간 기산점은 특허출원일 후 20년이 되는 날까지라는 점에서 디자인권의 존속기간 기산점과 다르다.

(2) 유사디자인권의 존속기간

유사디자인의 디자인권의 존속기간 만료일은 그 기본디자인의 디자인권의 존속기간 만료일로 한다(법 40① 단서). 따라서 유사디자인권의 설정등록이 있는 날부터 그 기본디자인권의 존속기간 만료일인 15년이 되는 날까지이다. 그러므로 유사디자인 등록출원을 그 기본디자인 등록출원과 같은 날에 하고 같은 날에 등록결정 또는 그 심결이 되어 같은 날에 설정등록을 할 경우 유사디자인권의 존속기간은 그 기본디자인권의 존속기간과 같다. 즉 같은 날에 두 디자인에 대해 디자인권의 설정등록을 할 경우 양 디자인권의 존속기간은 다 같이 15년이고, 유사디자인권의 설정등록을 그 기본디자인권의 설정등록일 후에 할 경우 유사디자인권의 존속기간은 그 후의 기간만큼 짧아진다. 예를 들면 디자인권 설정등록이 있는 날부터 1년 후에 유사디자인권의 설정등록을 할 경우 유사디자인권의 존속기간은 14년이다.

이처럼 유사디자인권의 존속기간을 유사디자인권의 설정등록이 있는 날부터 15년으로 하지 아니하고 그 기본디자인의 디자인권의 존속기간만료일로 한 것은 유사디자인의 디자인권은 그 기본디자인의 디자인권과 합체하기 때문이다(법 42). 따라서 그 기본디자인권이 종속기간 만료로 인하여 소멸될 경우 그 기본디자인에 유사한 디자인의 디자인권은 그 기본디자인의 디자인권과 함께 소멸하는 것으로서 이는 유사디자인은 기본디자인과 합체이기 때문에 운명을 같이하여야 한다는 데 근거한 것이다.

그러므로 양도에 있어서도 기본디자인의 디자인권과 유사디자인의 디자인권은 함께 하여야 한다(법 44①). 이는 복수디자인 등록된 디자인권은 각 디자인권마다 분리하여 이전할 수 있는 것(법 46⑤)과는 전혀 다른 성질의 개념이다.

(3) 정당권리자의 디자인권의 존속기간

정당한 권리자의 디자인등록출원에 대하여 디자인권이 설정등록된 경우에는 디자인권의 설정등록이 있는 날부터 15년의 디자인권의 존속기간은 무권리자가 한 디자인권의 설정등록일의 다음날부터 기산한다(법 40②).

일반적으로 디자인권의 존속기간은 디자인권의 설정등록이 있는 날을 기산점으로 하여 15년인데 반하여, 정당권리자의 디자인권의 존속기간은 무권리자가 한 디자인권의 설정등록일의 다음날을 기산점으로 하여 15년인바, 이처럼 존속기간의 기산점을 전자가 디자인권의 설정등록이 있는 날부터 인데 대하여 후자가 디자인권의 설정등록일이 있는 날의 다음날로 한 것은, i) 무권리자의 디자인권이 디자인등록을 받을 수 있는 권리를 가지지 아니한 사유로 그 디자인등록에 대한 취소결정 또는 무효로 한다는 심결이 확정된 경우, 즉 무권리자의 디자인등록에 대한 취소결정이 확정된 경우에는 그 디자인권의 설정등록은 그 취소결정 확정일부터 장래를 향해 없는 것으로 보고, 무효심결이 확정된 경우에는 그 디자인권의 설정등록일로 소급하여 디자인권의 설정등록이 없었던 것으로 보기 때문에 양자 모두 무권리자가 한 디자인권의 설정등록이 이처럼 취소결정 또는 무효심결의 확정에 의해 없어졌기 때문에 정당권리자의 디자인권의 존속기간은 무권리자가 한 디자인권의 설정등록일의 다음날부터 기산하여 15년으로 한 것이다. 따라서 정상적인 디자인권의 존속기간(디자인권의 설정등록이 있는 날부터 15년)의 기산점과 정당권리자의 디자인권의 존속기간(무권리자가 한 디자인권의 설정등록일의 다음날부터 15년)의 기산점이 다른 것이다.

제 3 절 디자인권의 효력

I. 서 설

1. 서 문

디자인권은 디자인권의 설정등록에 의하여 발생하는 등록디자인에 관한 권리이다(법 39①). 디자인권자는 업으로서 그 등록디자인 또는 이와 유사한 디자인(이하 "등록디자인"이라 한다)을 실시할 수 있는 독점적 전용권(디자인권의 적극적 효력)을 가짐과 동시에 타인의 무단실시에 대한 배타적 금지권(디자인권의 소극적 효력)을 가진다. 전자를 권리범위라고 하고 후자를 보호범위라고 하기도 한다. 양자의 구별은 전자가 등록디자인에 관한 실시의 독점적 전용권을 갖는데 대하여 후자는 등록디자인은 물론 이와 유사한 디자인에까지 제3자의 실시에 대하여 배타적 금지권을 갖는다는데 차이가 있다. 따라서 전자는 디자인권자의 실시의 독점적 범위인데 반하여 후자는 제3자 실시의 금지적 범위로서 양자를 독점배타적 범위라고 하고, 이는 디자인권의 효력범위가 된다. 디자인보호법은 위 양자의 범위를 디자인권의 보호범위로 규정하고 있고(법 43) 실무에서는 위 양자의 권리범위, 보호범위 외에 효력범위까지를 혼용하고 있다. 그러므로 본서에서도 혼용하기로 한다.

2. 디자인권의 내용

디자인권은 업으로서 등록디자인 또는 이와 유사한 디자인을 실시할 권리를 독점한다(법 41 본문). 즉 디자인에 대한 디자인보호법상의 권리는 등록디자인과 함께 그 등록디자인에 유사한 디자인에 대하여도 독점 배타적으로 지배할 수 있는 내용을 가진다. 따라서 디자인권자는 업으로서 등록디자인 및 이와 유사한 디자인을 실시할 권리를 독점적으로 전용할 수 있는 적극적 권리의 내용뿐만 아니라 타인의 무단실시를 배타적으로 금지할 수 있는 소극적 권리의 내용도 함께 갖는다.

(1) 시기적 범위

디자인의 효력은 디자인권의 설정등록이 있는 날에 발생하여 15년이 되는 날에 소멸한다. 즉 디자인권은 존속기간 중에만 그 효력이 미친다(법 40①). 따라서 디자인권의 존속기간이 만료되거나 취소결정 또는 무효심결의 확정이나 취소 또는 무효판결의 확정 및 연차등록료의 불납 등으로 디자인권이 소멸된 때에는 그 때부터 디자인권의 효력도 상실된다.

(2) 지역적 범위

공업소유권 보호를 위한 파리협약(이하 "파리협약"이라 한다)상의 속지주의 원칙에 따라 지적소유권은 우리나라의 영역에서만 효력이 미친다. 따라서 디자인보호법에 의하여 발생되는 디자인권의 효력도 국내에만 미친다. 그러므로 국외에까지 디자인권의 효력이 미치기 위해서는 우리나라에서의 등록과는 별도로 등록을 받고자 하는 국가의 디자인보호법에 따라 디자인등록출원을 하여 등록을 받아야 하는 바, 외국의 디자인등록을 받기 위해서는 파리협약에 의해 개별국가마다 국제출원을 하거나, 우리나라 특허청에 하나의 디자인등록출원으로 2개국 이상의 국가에 등록을 받을 수 있는 PCT(특허협력조약) 국제출원을 하여야 한다.

(3) 내용적 범위

디자인권의 효력은 등록디자인 및 그 유사디자인에만 미치며, 그 등록디자인의 범위는 디자인등록출원서의 기재사항 및 그 출원서에 첨부된 도면·사진·견본과 그 도면에 기재된 디자인의 설명에 표현된 디자인에 의하여 정하여진다(법 43).

따라서 디자인권의 객체로서의 등록디자인은 권리내용 모두를 명시하고 있는 것이 아니고 보호받고자 하는 중요부분을 중심으로 명시하는 것이다. 디자인권의 객체인 등록디자인은 물품의 형태 즉 물품의 형상·모양·색체 또는 이들을 결합한 것으로서 지극히 구체적으로 표현하여 특정되는 것이지만 등록된 디자인에 관한 권리의 내용은 그 등록된 디자인을 중심으로 이와 유사한 디자인에까지 미쳐, 이의 실시를 독점 배타적으로 지배하고 있다. 즉 디자인권의 객체인 등록디자인의 외연(外延)은 그 등록디자인에 유사한 디자인에 있다.

이처럼 디자인보호법이 디자인권의 효력을 등록디자인과 유사한 디자인에까지 미치도록 하는 것은 그 본질에 있어 공통되는 이익을 창작자에게 귀속시키는 디자인에 효력이 미치지 않는다면 실질적인 디자인의 보호가 어려워 법목적 달성을 할 수 없게 되기 때문이다.

따라서 디자인보호법은 디자인을 구성하는 물품형태의 본질적 가치에 있어 공통되는 범위에 대해 유사라는 개념을 정립하고 그 범위도 보호의 대상으로 한 것이다. 유사에 대한 자세한 설명은 "제1장 제4절 Ⅳ. 1. 기본디자인과 유사디자인", "제3장 제3절 Ⅲ. 2. (5) 3) 유사성 및 제5장 제1절 Ⅲ. 2. (3) 1) 유사디자인, 2) 유사물품"을 참고하기 바란다.

Ⅱ. 디자인권의 적극적 효력

1. 등록디자인의 독점실시

디자인보호법은 디자인권의 효력에 대하여 "디자인권자는 업으로서 등록디자인 또는 이와 유사한 디자인을 실시할 권리를 독점한다"라고 규정함으로써 등록디자인에 대한 독점적 전용권을 인정하고 있다(법 41 본문). 이를 분설한다.

(1) 등록디자인

등록디자인이라 함은 등록출원디자인이 소정의 심사 또는 심판·판결(등록거절결정불복심판 또는 그 심판의 심결에 대한 특허법원의 판결, 특허법원의 판결불복에 대한 대법원 판결) 및 등록절차에 의해 디자인등록원부에 기재된 디자인을 말한다. 이러한 등록디자인은 디자인권의 보호객체로서 디자인권자의 독점실시의 대상이 된다.

(2) 실 시

1) 실시행위

디자인의 실시에는 그 디자인에 관한 물품을 생산·사용·양도·대여 또는 수입하거나 그 물품의 양도 또는 대여의 청약(양도나 대여를 위한 전시를 포함한다. 이하 같다)을 하는 행위를 말한다(법 2조 6호).

위의 각 실시행위에 대하여는 뒤에서 설명하는 "2) 실시행위의 유형"에서 살펴보기로 하고 여기에서는 위의 각 실시행위의 독립성에 관하여 검토하기로 한다.

① 실시행위 독립의 원칙

위 1)의 각 실시행위는 원칙적으로 디자인권의 효력상 서로 독립된 것이다. 따라서 각 실시행위는 상호 영향을 미치지 않는다. 즉 하나의 실시행위가 적법이라고 하여 다른 실시행위가 적법하다고는 할 수 없다(이하 "실시행위 독립의 원칙"이라 한다).

예를 들면 A가 위법하게 등록디자인이나 이와 유사한 등록디자인에 관한 물품(이하 "등록디자인품"이라 한다)을 업으로 생산하는 행위는 그 물품의 판매여부와는 관계없이 디자인권 침해행위가 구성된다. 그러나 B가 A로부터 그 물품을 업으로서 구입한 그 구입자체는 원칙적으로 위법은 아니다(수입인 경우 제외). 그러나 구입하여 이것을 업으로 사용하는 행위는 침해행위가 된다.

② 실시행위 독립의 예외

디자인권자나 적법한 생산·판매권을 가진 자가 판매한 등록디자인품을 구입한 자가 스스로 사용하거나 전매하여도 권리침해가 되지 않는다는 것이다. 이를 법률상 설명하는 데는 다음과 같은 설이 있다.

i. 소유권 이전설

타인이 적법하게 등록디자인품의 소유권을 취득한 이상 디자인권자나 전용실시권자 등의 권리범위에서 벗어난 것이라고 보는 설이다. 그러나 이 설은 디자인권 침해자로부터 침해품을 적법하게 구입하여 사용하고 있는 자도 디자인권 침해가 된다는 것에 대한 설명이 불가능하고 또 디자인권과 소유권을 혼돈하고 있다는 점에서 타당성이 희박하다.

ii. 묵시적 실시허락설

디자인권자 등은 등록디자인품을 판매할 때 구매하는 자에게 묵시의 실시허락을 한다(implied license)는 설로서 일시 미국에서 유력한 설이었다.

iii. 소진설 – 소모이론 –

소위 소모이론으로서 등록디자인품에 대한 판매가 정당하게 이루어진 후는 디자인권은 이미 소진(Erschopfung)되어 동일물에 대하여 다시 디자인권을 주장할 수 없다는 설로써, 콜러의 제창 후 많은 지지를 받아 오늘날 정설로 되어 있다. 그러나 이 소진설에도 문제가 없는 것은 아니다. 소진설에서 문제가 되는 것은 국제적 소진설이다. 예를 들어 외국에서 적법하게 구입한 등록디자인품(소진품)인 이상 우리나라의 디자인권에 대해서도 소진품이다라고 보는 설이다.

이에 대해서는 파리협약상의 "각국 등록독립의 원칙"(파리협약 4조의2)을 근거로 국제적 소진설을 긍정할 수 없다는 부정설과 그렇지 않다는 긍정설이 있다. 그러나 전자의 부정설이 지배적이며 또 국제적으로도 우세하다. 그러나 최근 급격한 글로벌기업화의 추세 하에서는 오히려 긍정설이 타당하다는 견해[5]가 설득력을 얻고 있다.

iv. 속지주의 이론

이 이론은 파리협약상의 각국 등록독립의 원칙(4조의2)을 근거로 위 iii. 의 국제적 소진설은 긍정할 수 없다는 설이다(부정설). 그러나 이 설에 반대하는 설이 있기는 하나 현재 일본 등을 위시하여 국제적으로 부정설이 우세한 실정이다. 즉 어느 1국의 디자인보호법에 이해 취득한 디자인권의 효력은 그 국가의 영역 내에만 미치므로 설령 그

5) 中山信弘, 工業所有權法上 特許法(第2版)[平 10, 弘文堂] 64면.

등록디자인의 실시가 이해관계자나 또는 제3자에 의해 국외에서 이루어지고 있다 하더라도 여기에서 디자인권의 침해가 구성되지 않는다는 것이다. 즉 디자인권이 설정되어 있는 국가에서 디자인에 관한 물품(이하 "디자인품"이라 한다)을 수입하여 제3국에서 판매하는 경우가 그 예이다. 따라서 일단 국경절차를 마침으로서 그 디자인품에 대한 권리는 소멸되므로 이러한 디자인품이 수입국 등 제2국에서 생산, 판매 등의 형식으로 실시되고 있다 하더라도 1국의 디자인권의 효력은 미치지 않는다는 것이다.

2) 실시행위의 유형

물품의 디자인의 실시라 함은 위에서 살펴본 바와 같이 그 디자인의 물품을 생산·사용·양도·대여 또는 수입하거나 그 물품의 양도 또는 대여의 청약(양도나 대여를 위한 전시를 포함한다. 이하 같다)을 하는 행위를 말한다(법 2조 6).

① 생 산

생산이라 함은 자연물에 인력을 가하여 재화를 만들어 내거나 증가시키는 것으로서 물품의 경우 일반적으로 제조라고 불리어지고 있다. 그러나 디자인보호법에서의 물품에는 물품뿐만 아니라 동식물도 포함되기 때문에 제조라고 하기에는 적당치 않으므로 현행 디자인보호법과 같이 보다 넓은 개념의 생산이라는 용어를 사용하는 것이 적합하다고 본다.

② 사 용

사용이라 함은 디자인의 목적의 실현이나 디자인의 창작의 내용을 구현시키는 일체의 행위를 말한다. 따라서 물품으로서는 동일하다 하더라도 등록디자인품과 다른 목적이나 효과를 나타내도록 사용하는 것은 여기에서 말하는 사용이 아니다. 그러나 다른 목적으로 사용하였다 하더라도 결과적으로나 객관적으로 등록디자인품과 동일한 효과를 나타내는 경우에는 여기에서 말하는 사용에 해당한다 할 것이다.

③ 양 도

양도라 함은 생산된 등록디자인품의 소유권을 타인에게 유상 또는 무상으로 이전하는 것을 말한다. 따라서 여기에서의 양도는 판매에 의한 유상이든 증여에 의한 무상이든 불문한다.

④ 대 여

대여라 함은 디자인품을 유상이든 무상이든 상관없이 일정한 시기에 반환할 것을 조건으로 타인에게 빌려주는 것을 말한다. 이때의 대여가 유상인 경우에는 임대차이며, 무상인 경우에는 통상 사용대차가 된다.

다만, 유념할 것은 여기에서의 대여는 디자인권자를 중심으로 한 대여행위를 말하며, 디자인권자로부터 물품을 구입한 제3자의 대여행위는 이에 포함되지 않으며 또 등록디자인품을 그냥 보관하는데 불과한 기탁도 대여에 포함되지 않는다.

⑤ 수 입

ⅰ. 수 입

수입이라 함은 외국에서 생산된 등록디자인품을 국내시장에 반입하는 국제상거래의 한 형태이다. 따라서 아무리 국제무역절차에 따라 수입되고 있는 등록디자인품이라고 하더라도 보세창고나 보세공장 등 보세구역 내에 있는 것은 수입품이라고는 할 수 없다. 다만, 보세공장 내에서 수입품을 부품이나 원료로 하여 등록디자인품을 생산하는 행위는 국내생산으로 보아야 한다. 그런데 수입에서 문제는 병행수입이 적법한가이다. 이에 대하여 살펴보기로 한다.

ⅱ. 병행수입

(ⅰ) 서 론

병행수입이라 함은 국내 디자인권자 또는 전용실시권자(이하 이 항에서 "국내권리자"라 한다)에 의해 외국의 등록디자인품이 독점 수입되고 있는 경우 제3자가 동일한 등록디자인품을 다른 유통경로를 통해 수입하는 경우 이를 병행수입이라고 한다. 이 경우 국내 권리자와 외국에서 진정한 등록디자인품을 수입하여 판매하는 자 사이에 권리침해문제가 최근 빈발하고 있어 진정 등록디자인품 병행수입이 권리침해가 되는지의 여부가 논란이 되고 있다.

이러한 병행수입이 국내 권리자의 독점실시권의 하나인 수입권을 침해하는가에 대하여는 종래부터 침해가 된다는 설과 되지 않는다는 설 등 여러 가지 설이 있어 왔는바, 이를 토대로 먼저 살펴본 다음 파리협약, 무역관련 지적재산권협정(WTO/TRIPs) 등 국제규범, 외국의 경향, 국내외법 및 판례동향 등을 종합적으로 검토하여 침해여부를 도출하기로 한다.

따라서 디자인권자가 등록디자인의 물품, 즉 등록디자인품을 일단 양도하거나 라이센스 한 후에는 그 디자인에 대해 권리자가 자기의 권리를 주장할 수 없으므로 병행수입은 허용되는 것이며, 이는 권리소진설에 근거하고, 1국 1특허원칙에 입각한 속지주의 이론 및 권리소진설의 예외가 적용된다면 병행수입은 금지되는 것이다.

(ⅱ) 병행수입 관련 제설

ⅰ) 소진설-병행수입 허용-

소진설은 일명 소모이론이라고도 하며 이는 판매가 적법하게 이루어진 후에는 디자인권은 소진(Erschopfung)되어 동일물에 대하여 다시 디자인권을 주장할 수 없다는 설로써 콜러의 제창후 오늘날 정설로 되어 있다.[6] 그렇다고 소진설이 문제가 없다는 것이 아니다. 소진설에 문제가 되는 것은 국제적 소진설, 즉 외국에서 적법하게 구매한 등록디자인품인 이상 우리나라의 디자인권에 대해서도 소진품이라는 설이다. 예를 들면 A가 1국, 2국에 각각 동일한 "볼링용 자동핀 세우기 장치"에 대한 디자인권을 가지고 양국에서 생산, 판매 등의 영업활동을 하고 있다. 제3자 B가 1국에서 A로부터 그 등록디자인품을 적법하게 구매하여 그 중 일부를 1국내에 C에게 판매하고 나머지는 2국으로 수입하여 영업용으로 활용하고 있다. 이 경우 소진설은 파리협약 제4조의2(1)의 각국 등록독립의 원칙에 따라 1국에서만 적용되고 2국에서는 적용되지 아니한다.

따라서 1국에서 B가 A로부터 구매한 등록디자인품을 C에게 판매하는 국내거래에서의 내수 등록디자인품에는 소진설(국내소진설)이 적용되어 B의 C에 대한 판매행위에는 디자인권 침해가 구성되지 않지만, 1국에서 B가 A로부터 구매한 등록디자인품이 2국으로 수입되는 국제거래에서의 수입등록디자인품에는 소진설(국제소진설)이 적용되지 아니하여 B의 수입행위는 디자인권 침해가 구성된다.[7]

비록 특허권침해사건이기는 하지만 소진설에 기초한 판례를 보면 "피고(국제약품공업주식회사)의 스트렙토마이세스 세티우스균주를 배양하여 제조한 항생물질인 아드리아마이신을 수입판매 또는 확포하여서는 아니된다는 취지의 청구에 대한 판결 및 가집행선고에서, 원고[파미타리아 칼로에바 쏘씨에타 피아 찌옴(FARMITALIA CARO ERBA S·P·A)] 주장과 같이 각국에서의 특허권은 서로 독립된 것이고 또 개개의 특허사실행위는 서로 독립된 것이라 하더라도 원고의 이 사건 특허권은 원고가 위 약품을 독점적으로 제조하여 적법하게 위 스위스국에 수출함으로써 이미 행사되어 소진된 것이고 그 후에 위 약품이 어떻게 유통 또는 소비되는가 하는 점은 원고의 제조, 판매행위에 기초를 두고 그 제품이 실수요자들에게 분배되는 과정에 불과하여 원고가 관여할 사항이 아니며, 위 약품을 피고가 원고로부터 직접 국내에 수입한 경우와는 달리 이미 적법하게 이를 수입한 위 스위스국으로부터 피고가 다시 수입하는 경우에까지 원고가 추급권을 행사하여 특허권자로서의 권리를 주장할 수는 없는 법리라 할 것이니 피고가 원고의 승낙 없이 제3국으로부터 위 약품을 수입하였다 하여 원고의 특허권이 침해되었다고 하는 위 주장도 이유 없다"라는 요지의 판시를 하였다.[8]

이러한 소진설에 대해서는 파리협약의 "각국 등록독립의 원칙"(파리협약 4의2)을 근거로 국제적 소진설을 긍정할 수 없다는 부정설(이 설에 따르면 병행수입은 권리침해가 된다)과 그렇지 않다는 긍정설(이 설에 따르면 병행수입은 권리침해가 되지 않는다)이 있으나 전자의 부정설이 지배적이며 국제적으로도 우세하다. 그러나 오늘날과 같은 다국

6) 最高判 平9.7.1(註6 참조)에서도 방론으로서 국내소진을 인정하고 있다.

7) 大阪地判 昭 44.6.9 無體集 1卷 160면 참조.

8) 서울지방법원 동부지원 1981. 7. 30. 81가합466(특허권 침해금지) 판결.

적 기업화, 산업의 글로벌화, 기술·자원의 공유화 및 디자인의 세계화의 추세 하에서는 오히려 후자의 긍정설이 타당하다는 견해[9]가 있는 바 매우 설득력이 있는 견해로 필자는 이에 동의한다.

ii) 속지주의이론-병행수입금지-

속지주의이론은 병행수입을 허용하지 않는다는 병행수입금지의 입장의 이론이다. 1국에서 인정된 디자인권의 효력은 그 국가의 영역 내에서만 미치므로(파리협약 6) 외국에서 적법하게 구매한 등록디자인품이라 하더라도 병행수입은 수입국 내의 디자인권의 침해가 구성된다. 이러한 속지주의 이론은 파리협약 상의 각 국 등록독립의 원칙(파리협약 4의2)을 근거로 위의 국제소진설은 긍정할 수 없다는 설로서(부정설) 이 이론에 반대하는 설이 있기는 하나 현재 일본 등을 위시하여 국제적으로 부정설이 유력한 실정이다. 즉 어느 1국의 디자인보호법에 의해 취득한 디자인권의 효력은 그 국가의 영역 내에만 미치기 때문에 설사 그 등록디자인의 실시가 이해관계자 또는 제3자에 의해 동일 디자인권이 설정되어 있는 국외에서 이루어지고 있다하더라도 여기에는 디자인권의 침해가 구성되지 않는다는 이론이다. 디자인권이 설정되어 있는 1국에서 등록디자인품을 수입하여 동일 디자인권이 설정되어 있는 제3국에서 판매하는 경우가 그 예이다. 따라서 일단 국경절차를 마침으로써 그 수입등록디자인품에 대한 권리는 소멸되므로 이러한 등록디자인품이 수입국 등 3국에서 생산, 판매 등의 형식으로 실시되고 있다 하더라도 1국의 디자인권의 효력은 미치지 않는다는 것이다.

iii) 묵시적 실시허락설

디자인권자, 전용실시권자 등은 등록디자인품을 양도(여기에서 판매를 지칭하고 수출을 포함한다)할 때 양수(여기에서 구매를 지칭하고 수입을 포함한다)하는 자에게 실시허락을 한다(implied license)는 설로써 일시 미국에서 우세한 설이었다.

iv) 소유권 이전설

타인이 적법하게 등록디자인품의 소유권을 취득하면 그 등록디자인품은 권리의 범위에서 벗어난 것이라고 보는 설이다. 그러나 이 설은 디자인권 침해자로부터 침해품을 적법하게 구입하여 사용하고 있는 자도 디자인권 침해가 된다는 것에 대한 설명이 불가능하고 또 디자인권과 소유권을 혼동하고 있다는 점에서 타당성이 희박하다.

(iii) 병행수입 관련 국제규범 등

i) 서 문

디자인이란 사유작용에 의한 미적(심미적) 사상의 창작이라는 점에서 넓은 의미의 자연법칙을 이용한 기술적 사상의 창작인 발명과 같은 범주에 속하는 지적재산권이

9) 中山信弘, 工業所有權法上 特許法(第2版)[平 10, 弘文堂] 64면 참조.

므로 특허발명품의 병행수입에 관한 규범 등은 등록디자인품의 병행수입에 유추적용할 수 있을 것이므로 여기에서 살펴보고자 하는 병행 수입관련 국제규범, 병행수입에 관한 외국의 경향 및 권리의 존재와 행사의 구별이론에 관하여 발명(특허발명·특허권)을 중심으로 하여 살펴보고자 한다.

ii) 국제규범

A. 파리협약

a) 타인의 수입특허발명품에 대한 수입국 특허권자의 권리유보

산품이 그 산품의 제조공정에 관한 특허가 존재하는 동맹국으로 수입된 경우에는 그 특허권자는 그 수입산품에 관하여 그 국가의 법령에 따라 그 공정특허를 근거로 하여 수입국에서 제조된 산품에 관하여 그에게 부여된 모든 권리를 유보함으로써(파리협약 5의4) 병행수입을 허용하고 있다.

개정전 파리협약 제5조의 4에서는 어느 제품이 그 제품의 제법특허가 존재하는 동맹국으로 수입된 경우 그 특허권자는 그 수입제품에 대하여 그 제법특허를 근거로 하여 수입국의 법령에 따라 수입국에서 제조된 제품에 관하여 그에게 부여된 모든 권리를 향유하도록 하여 병행수입을 불허하여 금지하였다.

여기에서 "부여된 모든 권리를 향유한다"라 함은 만일 제조공정에 대해서만 특허가 허여된다면 그러한 제법에 의해서 제조된 또는 직접 획득된 제품에까지 특허권의 효력이 미친다는 것으로 이는 제법의 실시(적용) 뿐만 아니라(not only the application of the process) 독립적으로 그 제법으로 제조한 제품의 판매나 사용도 특허침해를 구성한다(the sale and use of its produces will constitute patent infringement)는 것을 의미한다.

따라서 어느 국가가 이러한 제도를 채택하고 있으면 제법특허에 근거해서 그 나라에서 특허받은 제법에 따라 제조된 제품에 대하여 국내 법령이 부여한 모든 권리는 비록 그 제법을 특허받지 않은 다른 나라에서 동일제법으로 제조한 제품을 수입하는 경우에도 적용되어야 한다고 규정하고 있었으나 개정 협약에서는 수입국에서 제조된 제품에 관하여 수입국 특허권자에게 부여된 권리를 유보토록 하여 수입국 특허권자가 특허제품에 대하여 향유할 수 있는 특허에 관한 권리를 제한하려는 것으로서 이는 병행수입을 허용하려는 취지로 해석된다.

b) 각국 특허독립의 원칙

속지주의 이론은 파리협약상의 각국 특허독립의 원칙(파리협약 4조의2)을 근거로 국제적 소진설은 긍정할 수 없다는 부정설에 근거하고 있으며, 이 설에 대하여는 위 1) 하단의 긍정설과 같은 반대하는 설이 있기는 하나 현재 이 설은 국제적으로 유력한 설로 되어 있다. 즉 어느 1국의 특허법에 의해 취득한 특허권의 효력은 그 국가의 영역 내에만 미치므로 설사 그 특허발명의 실시가 이해관계자 또는 제3자에 의해 국외에서 이루어지고 있다 하더라도 여기에는 특허권의 침해가 구성되지 않는다는 것이

다. 예를 들면 특허권이 설정되어 있는 1국에서 특허발명품을 수입하여 2국에서 판매하는 경우와 같은 것이다. 따라서 일단 국경절차를 마침으로써 그 수입특허발명품에 대한 권리는 소멸되므로 이러한 특허발명품이 수입국 등 2국이나 3국에서 생산, 판매 등의 형식으로 실시되고 있다 하더라도 1국의 특허권의 효력은 미치지 않는다는 것이다.

B. 무역관련 지적재산권에 관한 협정

a) 권리소진

권리소진(exhaustion 혹은 first sale doctrine)의 원칙은 권리자가 특허발명품 혹은 특허기술 등을 양도 또는 라이센스 한 후 그 특허발명품 또는 특허기술에 대해 자기 권리를 다시 주장할 수 없다는 원칙을 말한다.[10)]

이러한 권리소진의 문제가 국제적인 권리소진의 인정여부와 관련될 때에는 대단히 복잡해지고 중요해진다. 왜냐하면 국제적인 권리소진의 인정여부는 병행수입(parallel importation) 허용여부와 밀접한 관계를 갖고 있기 때문이다. 만약 관련된 병행 특허(parallel patent)에 대해서 권리소진이 인정된다면 권리자가 일단 라이센스 한 후에 그 기술에 대해 권리자가 자기의 권리를 주장할 수 없으므로 이 병행수입은 허용되는 것이 되며, 1국 1특허원칙에 의한 권리소진의 원칙이 적용된다면 병행수입은 금지되는 것이 된다. 따라서 병행수입 허용여부는 수입국, 수출국 할 것 없이 중요하다.

b) 동 협정 규정의 권리소진문제에 대한 불적용

병행수입에 관하여는 특허권이 미약한 국가와 강한 국가간에 이해관계가 첨예화됨으로써 무역관련 지적재산권에 관한 협정서에서는 각 체약국이 자유롭게 권리소진, 즉 병행수입의 문제를 결정할 수 있으며 이는 분쟁해결절차의 대상이 되지 않는다. 위와 같은 협정에 따른 분쟁해결의 목적을 위하여 제3조(내국민대우)·제4조(최혜국대우)의 규정을 조건으로 위 같은 협정의 어떠한 규정도 특허권의 소진문제를 다루기 위하여 사용되지 아니한다(동협정 6). 그러나 양자 협의의 대상이 될 수 있음을 유념하여야 한다.

iii) 병행수입에 관한 외국의 경향

A. 미 국

파리협약상의 "각국 특허독립의 원칙"을 근거로 국제소진설을 긍정할 수 없다는 부정설에 의한 속지주의 이론에 의해 특허발명품의 병행수입을 금지하여 왔으나 최근 각국 특허독립의 원칙은 국제소진설을 부정하는 근거가 될 수 없다는 견해 등에 따라 일정한 조건 하에서 병행수입을 허용하고 있는 실정이다. 즉 i) 국내외 특허권이 동일인 또는 동일기업에 속하는 경우, ii) 각 특허권자가 모자회사 관계이거나 공

---

10) 파리협약의 1국 1특허주의에 의거하여 파리협약 가입국은 권리소진을 인정하고 있으나 저작권분야에서 대여권(rental rights)의 필요성이 대두되면서 국내적인 권리소진의 원칙도 제한되는 추세에 있다.

동의 소유나 지배하에 있는 경우, iii) 외국에서 제조된 특허발명품이 미국 특허권자의 허가를 받은 경우 병행수입이 허용되고 있다.

B. 독 일

1964년 Maja사건 판결에서 특허권자 또는 실시권자로부터 특허발명품을 적법하게 구매한 후 제3자에게의 전매는 더 이상 특허권의 침해가 되지 않는다는 국내소진설을 국가간의 국제거래에서도 적용하여 병행수입에 있어서도 국제소진설에 의해 이를 허용하여야 한다는 취지의 판시를 하였다.[11)]

C. 일 본

a) 병행수입의 제한적 금지

초기 속지주의 이론을 근거로 병행수입을 특허권 침해로 금지해 왔다. 그 후 판매가 적법하게 이루어진 후는 특허권은 소진된 것(Erschopfung)이 되어 이미 동일물에 대해 다시 특허권을 주장할 수 없다고 보는 병행수입과 관련한 이론에서의 국내소진이론인 국내소진설만 받아들이고 국제소진이론인 국제소진(worldwide exhaustion)설(외국에서 적법하게 구매한 특허발명품(소진품)인 이상 국내의 특허권에 대해서도 소진품이라고 보는 설)은 파리협약상의 "각국 특허독립의 원칙"(파리조약 4의 2)을 근거로 국제소진설은 긍정할 수 없다는 학설이나 판결[12)]이 주종을 이루었고 이에는 동의하지 않는 학설[13)]도 병존하고 있었다. 그 후 국제소진설도 일정한 요건 하에 병행수입 허용의 이론적 근거로서의 대세적 위치에 올랐다. 즉 국내외 특허권자가 넓은 의미에서의 동일인 또는 동일인과 계열관계에 있는 때 병행수입을 허용한다는 것이다.[14)]

이처럼 근래 파리협약상의 "각국 특허독립의 원칙"은 국제소진설을 부정하는 근거가 될 수 없다는 판결이 나오면서 그 동안 병행수입에 대한 부정설에 일대 변화가 있었는 바, 일정한 조건하에서만 병행수입을 금지할 수 있다고 판시한 최고재판소의 판결이 나오기까지의 일련의 판결이 그것이다.[15)]

---

11) 1964년 Maja사건 판결에서 상품이 상표권자 또는 사용권자에 의하여 적법하게 상표가 부착되어 일단 거래된 경우에는 그 후에 제3자에게의 전매는 더 이상 상표권 침해가 되지 않는다는 소진이론을 국가간에도 적용하여 병행수입을 허용하여야 한다고 판시하였는 바, 본 판결요지를 유추인용하였다.

12) 大阪地判 昭 44.6.9 無體集 1卷 160면 : 중고볼링용 자동핀 세우기 장치(외국특허품)를 외국에서 적법하게 구입하고 이것을 동 장치에 대해 특허권이 설정되어 있는 일본에 수입하여 영업용으로 사용하고 있는 경우에 소모이론은 그 외국에서 적용될 뿐이고 일본에서는 적용되지 않는다(각국 특허권은 독립이다)고 하여 중고품의 사용금지 등을 요구하는 특허권자(그 외국의 특허권자이기도 하다)의 소를 받아들였다.

13) 中山, 홍문당, 64면 이하 : 최근의 기업화·다국적화에서 보듯 경제의 국제화가 급격히 진행되는 상황하에서는 국제소진설을 긍정할 수 없다는 부정설이 의문이며, 오히려 이것을 재고하여 긍정하는 방향에서 검토해야 한다.

14) 1995.3.23 동경고등재판소는 소진설을 적용하여 특허관련 진정 특허발명품의 병행수입은 특허권을 침해하지 않는다고 판결하였다.

15) 最高判 平 9.7.1 判時 1612號 160면(BBS사건) : 본 사건의 제1심판결(東京地判 平6.7.22 知裁集 26卷 2號 733면)은 "특허독립의 원칙"은 국제소진설을 부정하는 근거가 될 수 없다고 하면서도 결론적으로 특허제품의 병행수입은 특허권의 침해행위를 구성한다고 판시하고, 이에 대한 항소심 판결(東京高判 平

b) 각국 특허독립의 원칙과 국제소진설

위 최고재판소의 상고심판결에서는 각국 특허독립의 원칙(파리협약 4의2)에 대해 "특허권의 상호의존을 부정하고 각국의 특허권이 그 발생, 변동, 소멸에 관해 상호 독립할 것, 즉 특허권 자체의 존립이 타국의 특허권의 무효, 소멸, 존속기간 등에 의해 영향을 받지 않는다고 정하고 있으므로 일정한 사정이 있는 경우 특허권자의 특허권의 행사여부에 관한 문제는 동조가 정하는 부분은 아니다"라고 판시하며, "권리행사의 대상이 되는 제품이 해당 특허권자 등에 의해 국외에서 양도되었다는 사정을 특허권자의 행사의 가부판단에 따라 어떻게 고려되는지는 오로지 일본특허법의 해석상의 문제라고 할 수 있고, 이 점에 대한 어떠한 해석을 내린다고 해도 파리협약 제4조의 2에 반하는 것은 아니다"라고 덧붙이며, 각국 특허독립의 원칙이 국제소진설을 부정하는 근거는 될 수 없다고 판시하였다. 다만, 동 판결에서는 국제소진설에 대해서는 "일본의 특허권자가 국외에서 특허제품을 양도한 경우에는 위와 동일하게 논할 수 없다. 즉 특허권자는 특허제품을 양도한 그 국가에서 반드시 일본에서 갖는 특허권과 동일한 발명에 대한 특허권(이하 "대응특허권"이라 한다)을 갖는다고 한정지을 수 없으며, 대응특허권을 갖는 경우라도 일본에서 갖는 특허권과 양도지가 소재하는 국가에서 갖는 대응특허권은 별개의 권리인 점에 비추어보면 특허권자가 대응특허권에 관계된 제품에 대해 일본에서 특허권에 기초한 권리를 행사하였다고 해도 그 사실만 가지고 이중의 이득을 얻는 것이라고 할 수 없다"라고 판시하고 국내 소진설과 동일하게 취급할 수 없다고 하였다.[16]

c) 병행수입 불인정 조건

위 최고재판소의 상고심 판결은 국제소진설 자체를 긍정한 것은 아니지만 병행수입을 방지하는 데에는 국제 거래에서 특허발명품의 유통과 특허권자의 권리의 조정에 고려하여 ⅰ) 특허권자와 양수인 사이의 해당 제품에 대해 판매선 내지 사용지역으로부터 일본을 제외한다는 의미의 합의의 성립, ⅱ) 양수인으로부터 특허제품을 양수받은 제3자 및 그 후의 전득자(轉得者)에 대해서는 위 ⅰ)의 합의의 성립에 부가하여 그 사실의 특허제품에 대한 명확한 표시의 2가지를 조건으로 하고 있으며, 이것으로 만족하지 않는 경우에는 특허권의 행사가 제한(병행수입용인)된다고 판시하고 있다.[17]

D. 영국 등

영국, 홍콩, 말레이시아, 싱가포르 등 국가에 있어서도 특허권 관련 병행수입을 허용하고 있으며, 말레이시아, 싱가포르 등 국가에서는 저작권 관련 병행수입도 허용하고 있다.

7.3.22 知裁集 27卷 1號 195면)도 위 1심판결취지와 같으나 결론적으로 특허제품의 병행수입은 특허권의 침해행위를 구성하지 않는다고 판시하였다.

16) 東京地判 平 6.7.22 知裁集 26卷 2號 733면.

17) 東京地判 平 7.3.22 知裁集 27卷 1號 195면.

E. 유럽연합

현재 EU는 EU회원국에 대해서는 모든 병행특허에 대해 권리소진설을 근거로 하여 특허발명품의 병행수입을 인정하고 있다. 그러나 EU회원국이 아닌 역외 국가로부터의 병행수입에 대해서는 각국의 법에 따라 결정하는 것이 원칙이나 일반적 추세는 특허권자 자신 또는 그 동의하에 판매(전매)된 특허발명품에 대한 제3자의 병행수입은 허용하고 있다.

ⅳ) 특허권의 존재와 행사의 구별 이론

이 이론은 특허권의 존재 그 자체는 로마조약상의 상품의 자유 이동과 경쟁에 관한 규정에 영향을 받지 않으나 그 행사는 이에 영향을 받는다고 하는 입장이다. 이 구별이론은 EU 각 회원국의 국내 지적 소유권 법제와 로마조약간의 충돌에 대한 해결책으로 EU 법원에 의해 확립된 원칙이고 회원국 내의 지적 소유권에 대한 EU 경쟁법의 적용시에 그 이론적 기초가 된다.

EU는 로마조약에 의해 지적 재산권의 보호를 이유로 한 수입의 금지 내지 제한을 합법적으로 인정하고 있다(로마조약 제36조). 또 본 조약은 EU 각 회원국의 지적 재산권 제도를 침해하지 아니한다고 규정하고 있으므로(로마조약 제22조) 결국 구별 이론의 핵심은 지적 재산권의 보호와 공동 시장의 효력에 대한 적절한 조화의 문제라고 할 수 있다.

아울러 EU에서의 지적 재산권에 관한 규정은 로마조약 제85조와 제86조를 근거로 하는 경쟁법적 차원에서의 규제와 함께 동 조약 제30조의 상품의 자유이동의 원칙 사이의 적용상의 모순을 EU 법원은 "권리의 존재는 로마조약에 의하여 보존되나 권리의 행사는 여전히 규제의 대상이다"라는 권리의 존재와 행사에 대한 구별이론을 통해 해결해 나가고 있다.

EU 법원은 Grundig Consten 판결[18]에서 원고측이 근거로 한 로마조약 제36조, 제222조 및 제234조가 가맹국 국내법상의 특허권의 행사에 대한 EU법의 영향을 배척하는 것은 아니라는 기본적인 입장에서, 병행 수입을 저지하기 위하여 가맹국의 특허법에 의하여 인정된 특허권을 행사해서는 안된다고 하는 EU위원회의 심결 중에 포함되어 있는 금지명령은 특허권의 성립과 저촉되는 것은 아니고 단지 로마조약 제85조 제1항의 금지를 실현하려는 행사만을 그 한도 내에서 제한하는 데 그칠 뿐이라고 판시하였다. EU의 경쟁법에 위반할 목적으로 금지권을 남용하는 것은 로마조약 제85조 제1항에 규정된 금지에 위반된다고 함으로써 특허권의 성립과 행사의 구별방식을 제시하였다.[19]

---

18) Etablissements Consten SARL and Grundig-Verkaufs-GambH v. Commission of the European Economic Community.(1966) ECR 299 참조.

19) 桑田三郎, 「國際商標法の研究－竝行輸入論」, 171-173면 참조.

이 사건에서 EU법원이 특허권의 본질을 수입국에서의 특허권자의 개인적 이익의 보호라기보다는 특허제품의 진정성의 확보에 의한 공정한 경쟁의 보장이라고 파악하고 있음이 주목된다.[20)]

(iv) 병행수입 허용여부에 관한 검토

등록디자인품 병행수입은 일응 권리의 소진이론에 의하면 허용가능다고 볼 수 있으나 속지주의 이론에 의하면 불가능하다고 보여진다. 또한 현행 디자인보호법 제2조 제6호, 제63조도 병행수입과 관련하여 모호할 뿐만 아니라 해석상으로도 난해한 면이 있다. 즉, 병행수입이라 해서 모두 금지되거나 모두 수입되는 것이 아니다. 병행수입의 유형에 따라 금지되는 것과 금지되지 않는 것이 있을 수 있기 때문이다.

등록디자인품 병행수입은 그 유형이 다양하므로 모든 병행수입에 대해서 일률적으로 허용여부를 판단하기가 그만큼 어렵다는 것이다. 따라서 그 유형은 사안별 소송에 따른 판결에 의해서 병행수입이 가능한 것과 가능하지 않은 것으로 유형설정이 될 것이다. 그러므로 개별사건에 따라 축적된 판례에 의해 확립된 법리에 따라 운용하거나 제도보완을 한 연후에 시행하는 것이 바람직하다.

다만, 병행수입을 금지함으로써 나타나는 사회적 문제(디자인권리자의 독점 : 가격, 품질 등)를 조속히 해결해야 할 필요성이 있다면 소송은 사안별로 재판결과가 상이하여 유형 설정에는 상당한 시간이 소요되므로 우선 디자인보호제도의 근본 취지에 반하지 않는 범위 내에서 다음과 같은 사항을 중심으로 검토해 볼 수 있다.

즉 디자인권자, 소비자 모두를 보호하기 위하여

i) 국내외 디자인권자의 동일관계성
  ① 국내외 디자인권이 동일인 또는 동일기업에 속하는 경우(예: 총판대리점)
  ② 각 디자인권자가 모자회사관계이거나 공동의 소유나 지배하에 있는 경우
ii) 등록디자인품의 동질성
iii) 등록디자인의 재산적 가치의 보호(로얄티, 운임, 관세, 보험료, 선전광고비, 고객관리, 유통관리, 상표관리 및 영업상의 신용 등)
iv) 소비자의 오인 및 저급품 수입방지와 디자인권자의 창작성 및 신용성에 편승하려는 병행수입방지 등을 위하여 수입국에서 디자인권자 또는 실시권자가 생산, 제조, 가공하고 있는 경우
v) 외국에서 제조된 등록디자인품이 수입국 디자인권리자의 허가(허락)를 받은 경우 등을 종합적으로 고려하여 일정한 기준설정을 전제로 허용하는 방안을 강구해 볼 수 있다.

위 병행수입 허용여부에 관한 기준은 법령이 아닌 관계부처의 내부지침 또는 고시의 형식으로 규정하는 것이 바람직하며, 병행수입이 가장 먼저 문제되는 관세청의 세관통관규정과 병행수입품의 유통문제를 규율할 공정거래위원회 고시에서 규정하는

---

20) 정상조, 「유럽공동체 경쟁법에 의한 지적 소유권 행사의 제한」, 발행처, 1991, 17면 참조.

것이 바람직하다. 현재 진정상품 병행수입절차업무를 처리하기 위해서 관세청 고시에 제정하여 운용하고 있으므로 이 또한 참고하기 바란다.[21)]

(v) 결 론

속지주의 원칙에 의한 국내 권리소진이론에 따르면 아무리 국내외 디자인권리자가 동일인이거나 동일 관계에 있는 자이거나 등록디자인품이 동일하다 하더라도 국경을 넘어 제2국에 수출될 때에는 디자인권 침해행위가 구성된다. 따라서 등록디자인품 병행수입이 금지되어야 하므로 이는 자유로운 국제교역화를 도모하려는 취지로 마련된 세계무역기구 무역관련 측면 지적재산권 협정(WTO Agreement on Trade-Related Aspects of Intellectual Property Rights, Including Trade in Counterfeit Goods: TRIPs)의 정신에 부합되지 않는 이론이다. 그러므로 국내외 디자인권리자가 동일인 또는 동일 관계에 있는 자의 병행수입 등록디자인품의 동일성을 유지하여 일반 수요자들로부터 물품, 즉 상품출처의 오인, 혼동을 줄 염려가 없다면 병행수입을 허용하는 것이 타당하다. 현재 우리나라에서 이 방향으로 상표권에 관련된 진정상품의 병행수입에 관한 "관세청 고시(1999. 8. 30 관세청 고시 제99-38호)"로 제도화하여 운용하고 있다함은 위의 (iv) 하단 및 주석 23)에서 설명한 바 있으므로 이를 참고하기 바란다. 그러나 위 (iv)에서 언급한 바 있는 병행수입 허용여부에 관한 검토를 통해 설정한 기준에 의하여야 함은 물론이다.

⑥ 양도 또는 대여의 청약

양도 또는 대여의 청약(Offering for Sale)이라 함은 등록디자인에 관한 물품을 양도·대여하려는 의사를 표시하는 행위를 말한다. 이는 디자인권보호를 강화하기 위하여 디자인권의 실시에 이를 포함하여 디자인권자의 독점적 실시행위의 확대를 꾀하기 위하여 1995년 12월 29일 개정디자인보호법에서 우루과이라운드(UR/Trips)협정 제28조의 내용을 반영한 것이다.

---

21) "지적재산권 보호를 위한 수출입 통관사무처리에 관한 고시(1999.8.30 관세청 고시 제99-38호)"를 제정하여 진정 상품병행수입 절차업무를 처리하고 있다. 동 고시에서는 지적재산권을 보호하기 위하여 지적재산권 관련 물품의 수출입 통관사무 처리지침을 정하고, 상표법에 의해 등록된 상표권을 침해하는 상표를 사용한 수출입물품에 대하여 적용하고 있다.
여기에서 "상표권을 침해하는 물품"이라 함은 타인의 등록상표와 동일한 상표를 그 지정상품과 동일 또는 유사한 상품에 사용하거나 타인의 등록상표와 유사한 상표를 그 지정상품과 동일 또는 유사한 상품에 사용하여 수출입되는 물품을 말한다. 다만, 세관장에게 상표권 보호신청을 한 상표와 동일한 상표가 부착된 물품을 당해 상표에 대한 권리가 없는 자가 수입신고한 물품으로서 당해 상표가 외국에서 적법하게 사용할 수 있는 권리가 있는 자에 의하여 부착되고, 국내외 상표권자가 다음의 1에 해당하는 경우에는 상표권을 침해하지 아니한 것으로 본다.
① 국내외 상표권자가 동일인이거나 계열회사 관계(주식의 30% 이상을 소유하면서 최다출자자인 경우), 수입 대리점 관계 등 동일인으로 볼 수 있는 관계가 있는 경우(이하 "동일인 관계"라 한다)
② 외국의 상표권자가 동일인 관계에 있는 국내 상표권자로부터 전용사용권을 설정받은 경우, 다만 국내 전용사용권자가 당해 상표가 부착된 물품을 제조, 판매만 하는 경우에는 국내 전용사용권자와 외국의 상표권자가 동일인 관계에 있는 경우에 한한다.

⑦ 전 시

전시라 함은 등록디자인에 관한 물품을 양도하거나 대여할 목적으로 일반공중이 인식할 수 있도록 펴놓은 상태를 말한다. 따라서 양도나 대여를 위한 전시가 아닌 것은 여기에서 말하는 전시가 아니므로 디자인보호법상의 물품의 디자인의 실시행위에 해당하지 않는다.

3) 실무상 문제가 될 수 있는 실시

위의 실시행위 중 어느 것에 해당하는지가 불분명한 것으로 물품의 소지(所持)·수출·수리 등이 있다.

① 소 지

디자인보호법상 물품의 소지는 단순한 소지이든, 양도나 대여할 목적으로 가진 소지(所持)이든 실시행위가 아님은 명백하다. 따라서 등록디자인에 관한 물품 소지 그 자체가 디자인권의 침해라고는 볼 수 없다. 그러나 소지는 실시의 전 단계 행위로서 실시할 우려가 있는 행위임은 분명하다. 즉, 그 소지하고 있는 물품이 등록디자인이나 이와 유사한 등록디자인에 관한 침해물품(이하 "등록디자인 침해물"이라 한다)일 경우 사용의 우려가 있고 등록디자인 침해품의 소지자가 판매업자인 경우 판매(양도)될 개연성이 높다고 할 수 있으므로 침해행위금지 또는 예방을 청구할 수 있다고 해석하여야 할 것이다(법 62①).

② 수 출

ⅰ. 수출 전 단계 행위로 보자는 견해

디자인보호법상 실시는 속지주의 원칙에 따라 국내에서만 이루어져야 하는데 수출행위가 자국영토 밖에서 이루어지고 있는 경우에(화물인도나 대금결재 등) 형식론적으로는 수출은 실시에 포함되지 않으나 실제문제에 들어가서는 수출을 위한 전제행위로서 생산·사용·양도나 수출용 원자재의 수입행위 등이 국내에서 이루어지고 있기 때문에 물품의 디자인의 실시에 해당되므로 등록디자인이나 이와 유사한 등록디자인의 침해여부는 수출을 위한 전 단계의 행위로서 판단하여야 한다는 견해이다.

ⅱ. 양도의 문제로 보자는 견해

디자인보호법상 물품의 수출은 실시는 아니나 실제문제에 있어서는 수출은 양도개념에 포함되는 경우가 대부분이므로 수출은 양도문제로 보면 된다는 견해이다. 이 경우 수출물품의 인도나 대금접수가 외국에서 이루어질 때는 양도에 해당하지 않는다는 것은 단순한 형식론으로 합리성이 없다는 것이다. 설령 양도개념에 포함되지 않는 수출(예 : 국내본사에서 해외지점 등으로 반출하는 경우)이라고 하더라도 디자인보호법상 실시가 아니라고 단정할 수 없다는 것이다. 즉 수출이 이루어지는 경우는 통상 수출용 물품은 국내에서 생산이나 수입되고 있으므로 생산이나 수입할 권원이 없는 자에 의한 수출은 생산이나 수입이라는 점에서 권리침해행위가 되기 때문이라는 것이다.

ⅲ. 결 어

디자인보호법상 명문의 규정은 없으나 수출행위도 실시행위에 포함되는 개념으로 보아야 할 것이다. 즉 수출을 하기 위해서는 수출용 물품을 생산하거나 수입 등의 방법에 의하여 확보하여야 하는바, 생산의 경우 국내제조과정을 거쳐야 하고, 그 제품에 소요되는 원자재가 국산이 되지 않을 경우 수출용 원자재를 수입하여 사용하여야 하는 등 생산·수입·사용 등의 행위가 국내에서 이루어진 연후에 비로소 수출행위가 행해진다는 점에서 뿐만 아니라 수출 또한 양도의 개념에 포괄될 수 있다는 측면도 고려될 수 있을 것이고 설령 양도개념에 포함되지 않는다 하더라도 통상 수출용 물품은 국내에서 생산 또는 수입되고 있으므로 이와는 전혀 관계가 없는 자에 의한 수출은 생산·수입이라는 점에서 권리침해행위가 구성되기 때문이다.

따라서 등록디자인에 관한 물품의 수출행위를 수출 전 단계의 실시행위로 보아 디자인보호법상의 실시로 보자는 견해나 이를 양도의 개념으로 보아 실시로 보자는 견해로 나뉘어져 있으나 이 두 견해 모두 수출을 실시로 보아야 한다는 데에는 견해를 같이 하고 있다. 다만, 어디에 중점을 두어 판단하느냐의 정도의 차이이나 결국 후자도 수출 전의 생산 및 수입을 요하는 경우를 간과하고 있지 않다고 하는 점에서는 양자의 견해가 일치하고 있다.

③ 수 리

수리란 원물품의 형태를 유지 또는 회복하기 위해 망가지거나 엉성한 데를 손질하여 고치는 행위를 말하며, 여기에는 부품을 교환하는 경우와 교환하지 않는 경우가 있다.

이와 같은 수리(修理)는 등록디자인품을 디자인권자(전용실시권자·통상실시권자를 포함한다)로부터 구입한 후 무단으로 그 등록디자인품의 일부 또는 전부를 업으로서 수리하는 행위도 경우에 따라서는 무단실시행위로서 생산으로 되는 때가 있다. 그러나 이는 당해 수리행위가 디자인권자 및 전용실시권자만이 업으로서 그 등록디자인을 실시할 권리를 독점하고 있는 생산행위의 개념에 포함되느냐, 그 수리가 등록디자인의 창작적 범위에 속하느냐의 여부에 따라 사회통념과 관계자의 이익조화의 관점에서 판단하여야 할 것인 바 다음과 같은 기준을 상정해 볼 수 있을 것이다.

ⅰ. 일반적 기준

수리가 물품의 디자인의 실시행위에 속하는 가의 문제를 해결하기 위한 기준으로 이를 다시 기본적 기준과 보조적 기준으로 나누어 생각해 볼 수 있다.

(ⅰ) 기본적 기준

이는 수리가 디자인권자만이 업으로서 그 등록디자인을 실시할 권리를 독점하고 있는 "생산"에 해당하는지의 여부를 기준으로 판단하는 것으로서, 생산에 해당한다고 인정되는 때에는 디자인권 침해행위가 구성된다고 한다.

(ⅱ) 보조적 기준

위의 기본적 기준에 의해 판단하기가 어려운 경우나 또는 기본적 기준을 보완하는 차원에서 다음과 같은 2가지의 기준을 생각해 볼 수 있다.

ⅰ) 소진설(소모이론)의 적용정도를 판단의 기준으로 생각해 볼 수 있을 것이다. 즉 디자인권자가 그 등록디자인품을 일단 판매한 후는 해당 등록디자인품에는 디자인권의 효력이 미치지 않는다는 효과가 수리하여야 할 등록디자인품에 어느 정도 남아 있는가를 기준으로 하여 판단하는 것이다. 소진설적 효과가 수리해야 할 등록디자인품에 많이 남아 있는 경우에는 생산에 해당되지 않는다고 본다.

ⅱ) 디자인권자의 이익과 구입자의 이익을 비교형량하여 어느 쪽이 사회통념상 인정되어야 할지를 고려하여 판단하는 것이다.

ⅱ. 구체적 기준

위의 일반적 기준을 적용함에 있어서는 자연스럽게 다음과 같은 구체적 기준이 고려될 수 있고 이것이 곧 문제해결의 판단기준이 될 것이다.

(ⅰ) 등록디자인품 중 등록부분22) 이외의 부분, 즉 등록디자인의 보호범위나 권리범위에 속하지 아니하여 디자인권의 효력이 미치지 아니한 부분의 수리는 디자인권 침해가 되지 않는다. 등록디자인의 보호범위에 속하지 아니한 부분은 통상 공지부분이므로 공지부분의 수리는 그 수리방법이 다른 디자인권에 관계되는 것이 아닌 한 누구에게나 허용되는 행위이지 등록권자에게만 독점되는 것은 아니다.

(ⅱ) 등록디자인의 보호범위나 권리범위에 속하는 부분(이하 "등록부분"이라 한다)의 수리내용 및 정도가 실시의 해당여부의 판단기준이 될 수 있다.

---

22) 등록부분이라 함은 디자인품 중 등록디자인으로서 특징지어지는 부분, 즉 심미감을 일으키게 하는 인상적인 부분을 말한다. 예를 들면 괘종시계가 디자인품이고 등록디자인의 특징이 "괘종시계"의 시판, 시·분·초침에 있는 경우는 디자인등록출원서의 기재사항 및 그 출원서에 첨부한 도면·사진 또는 견본과 도면에 기재된 디자인의 설명에 표현된 디자인 "괘종시계의 시판, 시·분·초침을 갖는 것을 특징으로 하는 괘종시계"라 하더라도 그 시판, 시·분·초침만을 등록디자인부분이라고 한다. 이는 특허발명에 있어서의 특허청구범위와 같은 의미로 보아도 무방할 것이다.

i) 등록부분을 점검하기 위하여 분해, 조립하는 경우 이는 등록부분의 새로운 변화를 주기 위한 생산행위가 아니므로 등록권침해가 되지 않는다고 해석하여야 할 것이다.

ii) 등록부분을 전체적으로 교환하는 경우는 물론 전체적 교환에 준하는 정도로 교환하는 경우는 등록부분의 새로운 생산행위에 해당한다고 인정하여 특별한 사정[23]이 없는 한 등록권침해가 된다고 해석하여야 할 것이다. 이와 같은 해석의 근거는 등록부분에 소진설적 효과가 실질적으로 잔존하고 있다고 볼 수 있기 때문이다.

iii) 등록부분의 과반수이하의 부품교환은 원칙적으로 등록권침해가 되지 않는다고 해석하여야 할 것이다. 이와 같은 해석의 근거는 아직 등록부분에는 소진설적 효과가 우세하게 잔존하고 있으므로 등록권자의 이익보다는 구입자의 이익에서 판단하는 것이 사회상규에 더 적합하기 때문이다. 그러나 위와 같은 판단기준은 각 부품의 디자인적 가치에 차이가 없는 경우를 전제로 한 일반적 원칙이고 이것에 차이가 있는 경우에는 예외[24]로서 그 차이가 당연히 고려되어 판단되어야 할 것이다.

iv) 등록부분이 다른 부분에 비해 현저하게 파손이나 마모가 심해 자주 교환을 하여야 하는 경우에는 일반고장과는 달리 애당초부터 예상된 소위 정상적인 것이라는 점에서 다르다고 할 수 있을 것이다. 그러나 최초의 형태를 그대로 유지할 수 없게 된다는 점에서는 일반고장과 다를 바가 없으므로 이점을 고려하여 일반수리에 적용하는 위의 ii)·iii)은 원칙적으로 마모품일 경우에도 적용할 수 있을 것이다. 그러나 마모일 경우는 다른 경우와는 달리 다음과 같은 견해가 있음을 유의할 필요가 있다.

즉, 고장이 필연적으로 빈번하게 발생하여 부품교환이 그때마다 당연히 예정되고 있음에도 불구하고 판매자와 구입자간에 계약[25]을 체결하지 아니하면 상관습이나 특별한 사정이 없는 한 구입자가 자유롭게 교환하는 것은 묵인하였다고 추인되어도 별 도리가 없을 것이라고 하는 것이다. 즉 부품이 마모된 때에는 그 판매자의 부품을 구입·사용한다는 취지의 계약을 체결하지 않는 한 구입자가 마모품을 자유롭게 교환할 수 있다고 해석할 수박에 없기 때문이다.

---

23) 특별한 사정
① 내용연수가 보증이 되어 있는 경우 그 기간 내에 고장이 났을 때는 판매자(생산자)에게 수리의무가 있다. 이와 같은 경우 사용자가 전면적으로 수리했다고 하더라도 디자인권침해가 구성되지 않는다고 보는 것이 타당할 것이다.
② 설령 내용연수에 대한 보증을 하지 않았다 하더라도 통상 기대되는 내용기간 내에 발생한 고장에 대한 수리라면 이 또한 등록권침해라고까지는 볼 수 없을 것이다.

24) 예외 : 각 부품의 디자인적 가치에 차이가 있는 경우에는 예외로 그 차이를 고려해야 하며, 그 결과 본문 iii)의 경우가 ii)인 경우에, ii)의 경우가 iii)인 경우에 상당하는 경우도 있을 것이다.

25) 판매자와 구매자간의 계약 : 부품이 마모되었을 때는 그 판매자(생산자)의 부품을 구입·사용한다는 취지의 계약

v) 수리정도가 위의 ii)·iii)·iv) 중 어느 것에 상당하는가라는 문제와 관련 없이 등록부분 일부가 등록디자인에만 사용되는 물건일 때에는 부품에 대해 소위 간접침해를 구성하여 등록권침해로 간주되는 경우가 있으므로 이점 또한 유의하여야 할 중요한 사항이다.

(3) 업

디자인권자는 업으로서 등록디자인 및 이에 유사한 디자인의 실시를 하는 권리를 독점한다. 즉 업으로서의 실시에는 디자인권자의 지배를 받지만 업으로서의 실시 이외의 실시에는 디자인권이 미치지 않는다. 여기에서 "업으로서"라 함은 개인적 또는 가정적인 실시를 제외하는 것으로 해석하며, 직접 또는 간접으로 불특정인의 수요 또는 편의를 제공할 목적의 실시[26] 또는 널리 사업으로서 하는 실시를 말하며, 반드시 영리를 목적으로 하는 경우에 한하지 않는다고 해석된다.[27] 따라서 "업"이라 함은 주관적으로는 계속적, 집단적으로 동종의 영리행위를 행하는 것이라고 해석되며, 일반적으로는 이윤추구를 목적으로 한 영리사업이 그 중심이 된다. 그러나 이윤이 발생하지 않는다 하더라도 수지타산을 목적으로 업을 반복계속하고 있는 사업이라면 영리사업과 동일하게 인정되므로 단순히 영리를 목적으로 하는 경우만이 되는 것이 아니고 널리 경제상 그 수지타산위에서 행해지고 있는 사업은 포함된다. 따라서 병원이나 주식회사, 재단법인 등의 영업활동만이 되는 것이 아니고 특수공익법인이 독립채산제(獨立採算制)하에서 행하는 사업이나 각종의 비영리단체, 협동조합, 개인의 사업활동도 수지타산을 목적으로 하는 한 영리에 포함된다고 보아야 할 것이다. 그러므로 여기에서의 "업으로서"도 사업으로서란 의미를 갖지만 반드시 영리를 목적으로 한 경우에 한하지 않고 그 수지타산 위에서 사회의 수요에 응하여 등록디자인을 사업으로 행하고 있는 경우에는 업으로서의 실시가 된다. 그러므로 가정용, 개인용 목적으로의 실시나 연구소, 회사 그 밖의 단체 등이 단순한 연구 또는 실험하기 위해 실시하는 것은 업으로서의 실시가 아니므로 디자인권의 효력이 미치지 않는다. 예를 들면 핸드백의 수요를 위해 등록된 디자인의 핸드백을 만들어 시장에 유상으로 공급하는 경우는 업으로서의 실시에 해당하지만 자기가 사용하기 위하여 만든 경우에는 업으로서의 실시가 아니다. 따라서 등록디자인에 관한 디자인권의 효력은 이에 미치지 않는다.

2. 권리의 독점

"권리의 독점"이라 함은 디자인권자가 그 등록디자인을 업으로서 실시할 권리를 전용함을

---

26) 織田季明, 石川義雄, 新特許法 詳解, 昭47, 일본 발명신문사, 增訂版, 272면.

27) 吉藤幸朔, 特許法 概說, 有斐閣, 297면.

말한다(법 41 본문). 따라서 타인이 전용실시권·통상실시권과 같은 정당한 권원(權原)이나 다음과 같은 이유 없이 등록디자인을 실시할 때에는 권리침해행위가 구성된다(법 44①②).

1) 연구 또는 시험을 하기 위한 등록디자인의 실시
2) 국내를 통과하는데 불과한 선박·항공기·차량 또는 이에 사용되는 기계·기구·장치 그 밖의 물건
3) 디자인등록출원시부터 국내에 있는 물건
4) 글자체가 디자인권으로 설정등록된 경우 그 디자인권의 효력은 i) 타자·조판 또는 인쇄 등의 통상적인 과정에서 글자체를 사용하는 경우, ii) 위 i)의 글자체의 사용으로 생산된 결과물인 경우에는 미치지 아니한다.

타인이 정당한 권원이나 이유 없이 등록디자인의 실시에 관한 독점권을 침해한 경우 등록권자는 그 실시를 금지할 것을 청구할 수 있고, 침해행위로 인하여 손해를 입은 때에는 손해배상을 청구할 수 있으며, 영업상 신용이 실추된 때에는 신용회복청구 등 민사상 청구를 구할 수 있다. 뿐만 아니라 침해행위에 따라서는 형사처벌에 의한 형사상 청구를 구할 수 있는 등 각종 구제조치를 취할 수 있다. 권리침해의 구제에 대한 상세한 설명은 후술하는 제10장 제1절 Ⅲ. 침해에 대한 구제수단을 참고하기 바란다.

Ⅲ. 디자인권의 소극적 효력

1. 서 문

디자인권의 소극적 효력이라 함은 정당한 권원(전용실시권·통상실시권 등) 없는 제3자가 디자인등록 출원서의 기재사항 및 그 출원서에 첨부된 도면·사진 또는 견본과 도면에 기재된 디자인의 설명에 표현된 디자인에 의하여 정하여진 등록디자인의 보호범위 내에서 업으로서 등록디자인을 실시하는 것을 금지시킬 수 있는 효력을 말한다. 따라서 디자인권의 적극적 효력이 디자인권자(전용실시권자 포함한다)가 그 등록디자인을 업으로서 실시할 권리를 독점할 수 있는 효력이라는 점에서 양자는 다르다. 그러나 여기에서 중요한 것은 디자인권의 소극적 효력이 등록디자인의 보호범위와 금지권 행사의 대상이 될 수 있는 제3자의 실시라는 점이다.

2. 등록디자인의 보호범위

디자인보호법은 등록디자인의 보호범위는 디자인등록출원서의 기재사항 및 그 출원서에 첨부한 도면·사진 또는 견본과 도면에 기재된 디자인의 설명에 표현된 디자

인에 의하여 정하여진다고 규정하고 있다(법 43). 따라서 출원인이 디자인등록출원서에 기재하지 아니한 사항 및 그 출원서에 첨부하지 아니한 도면·사진 또는 견본과 도면에 기재된 디자인의 설명에 표현되지 아니한 디자인은 당해 등록디자인의 보호범위에 속하지 아니한다.

이는 등록디자인의 보호범위 내지 권리범위를 출원서·도면(사진·견본을 포함한다. 이하 같다)에 표현한 디자인임을 명시하여 당해 등록디자인의 대상이 되는 물품을 업으로 실시하는 당업자와 등록디자인의 물품을 이용하는 일반 공중에게 그 권리의 한계를 명백히 함과 동시에 출원인이 그 출원에서 보호를 받고자 하는 디자인을 출원서 및 도면에 기재하지 아니한 것은 보호되지 아니한다는 원칙을 명백히 하고 있고 이 원칙은 오늘날 모든 나라가 다함께 채용하고 있는 보편적인 등록디자인의 보호범위와 권리범위의 해석방법이라고 할 수 있다.

제 4 절 디자인권 효력의 제한 등

디자인권자는 업으로서 그 등록디자인 또는 이와 유사한 디자인(이하 "등록디자인"이라 한다)을 실시할 권리를 독점한다. 다만, 그 디자인권에 관하여 전용실시권을 설정한 때에는 전용실시권자가 그 등록디자인을 실시할 권리를 독점하는 범위 안에서는 그러하지 아니하다(법 41). 이처럼 디자인권은 등록디자인을 지배하는 것을 내용으로 하는 절대권이지만 그 권리의 성질상 및 정책상 또는 공익에 대한 사권의 기본적 성질상 독점권이 제한을 받거나(이하 "디자인권 효력의 제한"이라 한다) 디자인권이 확장되는 경우(이하 "디자인권의 확장적 효력"이라 한다)가 있다.

Ⅰ. 디자인권 효력의 제한

디자인권자는 업으로서 그 등록디자인을 실시할 권리를 독점한다는 원칙에 대해 공공의 이익의 측면에서 여러 가지 많은 제한이 가해지고 있다. 즉 타인의 등록디자인의 실시를 그대로 인정할 수밖에 없는 경우의 타인실시의 인정(이하 "소극적 효력의 제한"이라 한다)과 자기의 등록디자인이면서도 자유롭게 실시할 수 없는 경우의 자기실시의 제한(이하 "적극적 효력의 제한"이라 한다)의 두 가지 유형으로 나누어 볼 수 있다.

1. 소극적 효력의 제한

(1) 디자인권의 효력이 미치지 아니하는 범위

1) 연구·시험을 하기 위한 등록디자인의 실시

① 입법취지

이는 타인의 등록디자인의 실시가 대부분의 경우 등록디자인을 기초로 하여 진보된 디자인을 창작하기 위한 연구나 등록디자인의 디자인적, 경제적 효과의 유무 및 정도 등을 시험하기 위해서이다. 이러한 실시는 디자인의 진흥을 통한 산업발전에 기여할 뿐만 아니라 디자인권자에게도 이해득실면에서 손해보다는 오히려 이익이 되는 측면이 많다. 즉 시험연구자가 시험연구결과 그 디자인의 가치를 인정하고 그 등록디자인을 업으로 실시하기 위해 전용실시권 또는 통상실시권을 희망하거나 시험연구과정에서 창작된 디자인을 이용디자인으로 실시하기 위해 디자인권자와 실시계약을 체결할 수 있는 등 디자인적, 사업적 파트너의 연을 맺을 수도 있기 때문이다. 따라서 디자인보호법에는 이러한 산업적 취지를 입법화하여 연구 또는 시험을 하기 위한 등록디자인의 실시에는 디자인권의 효력이 미치지 않는 것의 하나로 규정하고 있다(법 43①1).

② 시험결과물 판매의 디자인권 침해여부

i. 판 단

시험연구결과 제조된 물품 또는 취득된 물품(이하 "시험결과물"이라 한다)을 판매할 경우 디자인권 침해가 되는가이다. 여기에는 침해가 된다는 설과 정확하지 않다는 설이 있다. 당해 등록디자인 물품의 영업적 제조에 의해 얻어진 물품의 판매는 제조, 판매 모두 등록디자인의 실시가 되어 디자인권의 침해가 됨은 물론이지만 그 밖의 시험·연구과정 또는 실시결과 취득되거나 산출된 물품의 판매가 디자인권의 침해가 되느냐이다. 이는 비록 영업적 생산(산출)이 아니어서 디자인권 침해는 아니다 하더라도 그 시험결과물에 대한 업으로서의 판매는 디자인권의 침해가 된다고 해석된다.

ii. 주요국의 입법 및 판결례

(i) 미 국

특허법에 명문의 규정은 두고 있지 않지만 판례에 의해 법원리가 확립되어 있다. 지금까지의 판례에 나타나고 있는 판례의 기준을 보면 다음과 같다.[28)]

---

28) 헨리幸田, 미국특허법 축조해설, 昭 63, 발명협회, 206면 참조.

i) 침해가 되는 경우

A. 실험자의 의도가 자신의 경제적 이익에 있는 경우

B. 실험이 장래의 시장성 테스트를 목적으로 하는 경우

C. 실험이 상식을 넘어 장기간 소요되거나 다량의 물건을 사용하는 경우

D. 판매에 관한 실험은 명목여하를 불문하고 침해가 된다.

ii) 침해가 되지 않는 경우

A. 실험목적이 등록디자인으로 교시된 목적과 완전히 다를 경우

B. 실험이 침해가 되지 아니할 가능성이 있는 것은 생산·사용에 관한 경우뿐이다.

(ii) 일 본

i) 서 론

의장법에는 명문으로 "의장권의 효력은 시험 또는 연구하기 위한 등록의장의 실시에는 미치지 아니한다"라고 규정하고 있고(일본의장법 36, 특허법 준용 69①) 관련 판례도 나오긴 하였으나 다른 분야 판례에 비하여 그리 많지 않은 편이다.

ii) 판결례

A. "애자형 개폐기(碍子型 開閉器) 20개를 견본으로 시험하기 위해 대판시 전기국에 납입한 것은 상거래를 할 전제로서 자가제품을 채택받기 위한 소위 상품견본으로서의 제공이므로 견본품을 제작하는 것은 …… 시험을 하기 위한 등록디자인의 실시에 해당하지 않음은 물론이거니와 이 경우 디자인권의 효력을 배제할 수 있는 것은 아니다"라는 취지의 판시를 하였다.[29)]

B. "디자인의 창작을 위하여 타인의 등록디자인으로 물품을 시작(試作)하는 행위는 "시험이나 연구"에 해당한다"라는 취지의 판시를 하였다.[30)]

2) 국내를 통과하는 선박 등 또는 이에 사용되는 기계 등 물건

① 입법취지

이는 타인의 등록디자인의 실시가 국내, 즉 우리나라의 영토뿐만 아니라 영해 및 영공내(공해상이나 대기권 밖의 우주공간은 적용 밖이다)를 통과하는데 불과한 선박·항공기·차량 또는 이에 사용되는 기계·기구·장치 그 밖의 물건은 국제교통의 편의를 고려하여 디자인권의 효력이 미치지 아니한 것으로 하고 있다(법 44①2).

---

29) 대심판 昭 16.3.28 호외 23호, 75면(개폐기사건) 유추.

30) 浦和地判 昭 55.11.30 兼子·染野·判工 2305의 137, 1354면(인형머리의 제조형사건) 및 東京高判 항고심 판결, 昭 59.1.30 속보 105호 269면 유추.

② 관련 국제규범과의 비교 등

i. 파리협약과의 비교

파리협약 제5조의 3(이하 본 항에서 "파리협약규정"이라고 한다)과 디자인보호법 제44조 제1항 제2호(이하 본 항에서 "44조"라 한다)를 비교 검토하여 이동점(異同点)을 살펴보고 만약 국내법보다 국제규범인 조약내용이 넓은 경우에는 디자인보호법 제4조의25에 의하여 조약의 규정에 따른다.

(i) 파리협약규정은 동맹국의 선박 등만을 대상으로 하고 있는데 반하여 제44조는 파리협약 동맹국의 선박 등뿐만 아니라 동맹국이외의 선박 등까지도 대상으로 하고 있으므로 파리협약규정보다 넓다.

(ii) 파리협약규정(5조의 3 제1호)은 "오직 그 선박의 필요 때문에 사용하는 것"에 한한다고 분명히 하고 있는데 반하여 제44조는 그러한 제한적 표현을 하고 있지 않다. 따라서 항해 중에 사용하는 동력발생장치에 등록디자인이 있고 이것을 선박이 정지 중에 유전탐사 등 다른 목적에 이용할 시에는 그 동력발생장치에는 디자인권의 효력이 미치는가의 여부가 문제된다. 그러나 파리조약규정의 "오직 그 선박의 필요 때문에 사용하는 것"이라는 표현이나 디자인보호법에서의 "국내를 통과하는데 불과한 선박"이라는 표현의 취지로 보아 항해 중에는 디자인권의 효력이 미치지 않지만 정지 중에는 다른 목적에 사용하는 것이므로 디자인권의 효력은 미친다고 해석함이 타당하다.

(iii) 파리협약규정은 통과가 "일시적 또는 우발적"이라고 하고 있는데 반하여 디자인보호법은 "불과"라고 하고 있으나 같은 의미로 해석함이 타당하다. 일시적 입국에는 정기적 입국도 포함된다. 우발적 입국은 갑자기 고장을 일으켜 수리하기 위하여 또는 태풍 등 조난을 피하기 위하여 생기지만 일시적이 아니라도 상관없다고 해석된다.

(iv) 파리협약규정은 "사용"이라는 용어를 사용하고 있는데 반하여 제44조에서는 사용이라는 용어를 사용하고 있지는 않지만 물건의 제조·판매까지 인정하지 않고 있음은 조리상으로도 명백하다.

ii. 국제민간항공조약

동 조약 제27조(디자인권에 의해서 청구되는 압류의 면제)는 이 조약의 당사국으로서 파리협약 가맹국이거나 디자인보호법을 제정하고 있는 국가에만 적용된다(동 조약 제27조(c))고 하여 다음과 같이 규정하고 있다. (a) 국제항공에 종사하고 있는 한 체결국의 항공기가 허가를 받아 다른 체결국 영역으로 들어가는 경우 또는 허가를 받아 그 영역에 착륙하거나 무착륙횡단을 하는 경우는 그 국가나 그 국가에 있는 사람 또는 그들의 대리인은 항공기의 구조·기계장치·부품·부속품 또는 운항이 항공기가 들어간 영역에 속하는 국가에서 정당하게 허여되거나 등록된 디자인이나 모형의 침해라는 이유로 항공기의 압류나 억류, 항공기의 소유자나 운영자에 대한 청구 또는 항공기에 대한 기타 간섭을 해서는 안된다. 이 경우에 항공기의 압류나 억류면제에 관한 담보의 공여는 그 항공기가 들어간 국가에서는 어떠한 경우에도 요구되지 않는 것으로 한다.

3) 디자인등록출원시부터 국내에 있는 물건

① 입법취지

디자인권의 효력은 "디자인등록출원시부터 국내에 있는 물건"에는 미치지 아니한다(법 44①3). 이는 만약 기존의 물건까지 디자인권의 효력이 미친다고 하면 법적 안정성을 해치게 되는 한편 당해 디자인권에는 소급효가 인정된 셈이 되어 디자인권자에게는 부당할 정도로 이익을 볼 수 있는 모순이 발생할 수 있기 때문에 디자인등록출원시 존재하고 있던 물건에 대하여는 디자인권의 효력이 미치지 않도록 하는 효력제한규정을 둔 것이다.

② 디자인등록출원 및 물건에 관한 해석

ⅰ. 디자인등록출원

디자인등록출원시의 "디자인등록출원"은 우선일이 있는 것에 대해서는 제1국의 것을 말하는 것으로 해석된다. 왜냐하면 제2국의 것을 말한다고 하면 파리협약 제4조 B의 "제3자의 권리를 인정하는 것이 되기 때문이다. 즉 우선권주장기간의 만료 전에 타동맹국에 제출한 후출원은 그 기간 중에 행하여진 행위, 디자인등록, 타출원, 당해 디자인의 공표 또는 실시로 인하여 무효로 되지 아니하며 또한 이러한 행위는 제3자의 권리를 발생시키지 아니하기 때문이다(파리협약 4 A·B).

ⅱ. 물 건

국내에 있는 "물건"이란 유체물을 가리키며 디자인 그 자체와 같은 의장적 창작을 의미하지 않는다.[31] 이러한 유체물이라 하더라도 출원시 존재하고 있는 현물을 지칭하는 것이고 출원 후 제조한 물건은 여기에서 말하는 물건에 해당하지 아니한다. 이 점에서 선사용에 의한 통상실시권(법 50)과 다르다.

그 물건인한 양도·대여하거나 그 물건의 양도 또는 대여의 청약을 하는 행위 등에는 디자인권의 효력은 미치지 아니한다. 그 물건이 사용행위에 대해서도 원칙적으로 같다.

---

31) 東京地判, 昭 14.1.31 법률신문 4386호 10면 참조.

(2) 실시권의 존재에 의한 제한－허락·법정실시권자의 실시－

1) 허락실시권자의 실시

디자인권자는 그 디자인권에 대하여 타인에게 전용실시권을 설정하거나(법 47①) 통상실시권을 허락할 수 있다(법 49①). 전용실시권이 설정되면 전용실시권자는 그 설정행위로 정한 범위 안에서 업으로서 그 등록디자인을 실시할 권리를 독점하기 때문에 디자인권의 효력은 미치지 아니한다. 또 통상실시권이 허락되면 통상실시권자는 디자인보호법에 의하여 또는 설정행위로 정한 범위 안에서 업으로서 그 등록디자인을 실시할 수 있는 권리를 갖기 때문에 그 범위 내에서는 디자인권의 효력이 미치지 아니한다. 허락실시권에 대해서는 후술하는 제9장 제2절 전용실시권, 제3절 통상실시권을 참고하기 바란다.

2) 법정실시권자의 실시

공공의 이익을 위하여 디자인자(또는 전용실시권자)의 의사와는 관계없이 법률에 의해 당연히 발생하는 통상실시권자의 등록디자인의 실시에는 디자인권의 효력이 미치지 아니한다.

법정실시권에는 ⅰ) 선사용에 의한 통상실시권(법 50), ⅱ) 선출원에 의한 통상실시권(법 50의2), ⅲ) 무효심판청구등록 전의 실시에 의한 통상실시권(법 51), ⅳ) 디자인권 등의 존속기간 만료 후의 통상실시권(법 52), ⅴ) 질권행사로 인한 디자인권의 이전에 따른 통상실시권(법 58), ⅵ) 재심에 의하여 회복한 디자인권에 대한 선사용자의 통상실시권(법 74의2), ⅶ) 재심에 의하여 통상실시권을 상실한 원권리자의 통상실시권(법 74의3) 등이 있는 바, 이들 법정실시권에 대하여는 후술하는 제9장 제3절 Ⅳ. 2. 법정통상실시권 (2) (4) 내지 (9)를 참고하기 바란다.

3) 재심에 의하여 회복한 디자인권의 효력의 제한

ⅰ) 무효로 된 다지인권(디자인등록취소결정에 대한 심판에 의하여 취소가 확정된 디자인권을 포함한다)이 재심에 의하여 회복된 경우, ⅱ) 디자인권의 권리범위에 속하지 아니한다는 심결이 확정된 후 재심에 의하여 이와 상반되는 심결이 확정된 경우, ⅲ) 거절한다는 취지의 심결이 있었던 디자인등록출원에 대하여 재심에 의하여 디자인권의 설정등록이 된 경우, 이 세 경우의 어느 하나에 해당하는 경우에 디자인권의 효력은 당해심결이 확정된 후 재심청구의 등록 전에 선의로 수입 또는 국내에서 생산하거나 취득한 물품에는 미치지 아니한다(법 74①).

위의 ⅰ) 내지 ⅲ)의 어느 하나에 해당하는 경우의 디자인권의 효력은 다음의 1의 행위에 미치지 아니한다(법 74②).

① 당해 심결이 확정된 후 재심청구의 등록 전에 한 당해 디자인의 선의의 실시

② 등록디자인에 관련된 물품의 생산에만 사용하는 물품을 당해 심결이 확정된 후 재심청구의 등록 전에 선의로 생산·양도·대여 또는 수입하거나 양도 또는 대여의 청약을 하는 행위

이와 같은 경우들은 매우 드물지만 위와 같이 일단 무효로 되거나 권리범위에 속하지 아니한다거나 거절심결이 확정된 후 재심에 의하여 회복 또는 설정된 디자인권의 효력에 일정한 제한이 있음은 설명한 바와 같다. 이에 대한 자세한 설명은 후술하는 제9장 제3절 Ⅳ. 2. (8) 및 제12장 제6절 Ⅲ의 "재심에 의하여 회복한 디자인권에 대한 통상실시권"편을 참고하기 바란다.

2. 적극적 효력의 제한

(1) 자기실시의 불인정 －이용·저촉관계에 있는 디자인의 제한－

1) 이용디자인

① 서 론

디자인권자는 업으로서 그 등록디자인을 실시할 권리를 독점함으로써 등록디자인의 실시를 전유하게 된다. 그럼에도 실시의 전용이 허용되지 아니한 경우가 있는 바, 그것이 바로 자기의 등록디자인이 타인의 "이용디자인"에 해당하는 경우인데 이를 도외시하고 자기의 등록디자인이라 하여 실시할 때에는 선사용에 의한 통상실시권(법 50)이 있거나 위의 1. (2) 1) 내지 3)과 같은 사항에 해당하는 경우 등과 같은 정당한 권원(權原)이나 이유가 없는 한 그 타인의 권리를 침해하는 것으로 된다(법 45).

② 의 의

이용디자인이라 함은 디자인권자·전용실시권자 또는 통상실시권자는 등록디자인이 그 디자인등록출원일 전에 출원된 타인의 등록디자인 또는 이와 유사한 디자인·특허발명·등록실용신안 또는 등록상표를 이용하는 경우에는 그 디자인권자·특허권자·실용신안권자 또는 상표권자의 허락을 얻지 아니하거나 통상실시권 허여의 심판에 의하지 아니하고는 자기의 등록디자인을 업으로서 실시할 수 없는 바(법 45①) 이때의 후출원 등록디자인의 디자인권자·전용실시권자 또는 통상실시권자가 이용하는 그 타인의 선출원 등록디자인 또는 이와 유사한 디자인 등(특허발명·등록실용신안·등록상표를 포함한다, 이하 같다)을 이용하는 등록디자인 또는 이와 유사한 디자인, 예를 들면 AB형태로 된 볼펜에 대한 ABC형태(C는 클립)로 된 볼펜을 말한다. 이와 같은 선후원관계[동일(同日)관계 제외한다]를 이용관계라고 한다.

이용관계가 있으면 선출원디자인의 디자인권자는 후출원디자인의 실시를 권리침해라고 할 수 있으나 무엇을 이용관계라고 하는가에 대해서는 명문의 규정이 없기 때문에 이를 둘러싸고 여러 가지 견해가 있다.

특히 최근 들어 동종업계의 디자인경쟁이 치열해지면서 동일부문의 디자인이 상호 선후로 속출하면서 타인의 등록디자인 등과의 관계에서 분쟁이 급증하고 있는 추세여서 디자인보호법상 중요한 문제의 하나로 되고 있다.

③ 학 설

ⅰ. 실시 불가피설

디자인권자는 타인의 등록디자인 또는 이와 유사한 디자인·특허발명·등록실용신안·등록상표(이하 "등록디자인 등"이라 한다)를 실시하지 않으면 자기의 등록디자인을 실시할 수 없다는 견해로서 디자인보호법 제45조의 취지에 부합되는 것으로 해석된다.

ⅱ. 방임설

후출원 등록디자인이 선출원 등록디자인과 동일한 경우 후출원 등록디자인의 실시에는 선출원 디자인권자의 실시허락을 얻어야 하는가, 저촉을 이용의 하나라고 해석할 수 있는가에 관해서 선출원 디자인권자의 허락을 얻지 않아도 실시할 수 있다는 견해이다. 즉 디자인보호법 제45조는 이용디자인에 관한 사항만을 규정하고 있는 만큼 동일디자인(저촉디자인)의 등록이 무효가 되지 않는 한 디자인권 효력의 원칙(법 41 본문)에 따라 자유롭게 실시할 수 있어야 한다는 설이다.

ⅲ. 금지설

후출원 등록디자인이 선출된 등록디자인과 동일한 경우 후출원 등록디자인의 실시에 선출원 디자인권자의 실시허락을 얻어야 하는가, 저촉을 이용의 일종으로 해석할 수 있는가에 관해서 허락을 얻지 않으면 실시할 수 없다는 견해이다. 이는 위의 방임설과 대립되고 있다. 즉 ⅰ) 이용디자인에 대해서도 실시허락을 요하는데 하물며 저촉디자인(동일디자인)에 대해서는 당연히 실시허락이 필요하고, ⅱ) 무효심판청구등록전의 실시에 의한 통상실시권에 관한 규정(법 51)은 디자인보호법 제45조에서 규정하는 조건을 충족한 후출원 저촉디자인 등록만을 대상으로 하는데 불과하므로 후출원 저촉등록디자인은 당연히 자유롭게 실시할 수 있다고 하는 것은 불합리하며,[32] ⅲ) 후출원 디자인권자가 실시할 수 없다고 하는 것은 후출원 디자인등록의 무효를 판단하는 것이 아니고 단지 선출원 디자인권과의 관계에서 권리행사가 제한되는데 불과하다[33]고 한 설이다.

---

32) 水戸地判 48.2.22 判다 295호, 366면(발효콩 포장사건) 참조.

33) 全倉整, 공업소유권에 의거한 "금지"를 둘러싸고 昭 48, 判다 210호, 31면 참조.

ⅳ. 상위개념 보호설

타인의 등록디자인 등과의 관계를 규정하고 있는 디자인보호법 제45조는 산업정책상 이용되는 선출원디자인을 특히 보호하기 위하여 설정한 것이라고 하고 선출원디자인의 요지(구성의 요소)보다도 광범위한 기초적 개념을 중요시하여 그 개념을 그대로 사용하는 한 후출원디자인은 이용디자인이라는 견해를 상위개념 보호설이라고 한다.

상위개념보호설은 대표적인 것으로 "주요부설"이 있다. 선출원디자인의 구성의 필요적 사항의 주요부를 주요부로 하는 디자인을 이용디자인이라고 하는 설이다.

ⅴ. 모사설

디자인적 창작상의 이용디자인이 되는 후출원디자인은 선출원디자인의 요지전부를 그대로 구비할 필요가 있는가에 관하여 모사설(模寫說)에는 다음과 같은 2가지의 견해가 있다.

(ⅰ) 디자인보호법 제45조(타인의 등록디자인 등과의 관계)는 산업정책상 이용되는 선출원디자인을 특히 보호하기 위하여 설정된 규정이라고 하고 선출원디자인의 요지보다도 광범위한 기초적 개념을 중시하여 그 개념을 그대로 사용하는 한 후출원디자인은 이용디자인이라는 견해, 즉 상위개념보호설이다.[34)]

(ⅱ) 디자인보호법 제41조(디자인권의 효력) 본문에 의하여 각 디자인의 디자인권자가 전용권(독점권) 상호간에 발생하는 중복을 다음에서 설명하는 선출원우위의 원칙에 의해 조정하여 후출원 디자인권을 선출원 디자인권에 종속시키기 위하여 설정한 것에 지나지 않는다는 견해이다.

위 (ⅰ)의 견해는 원래 선출원 등록디자인의 권리범위에 속하지 않는 것임에도 이용관계가 있다고 함으로써 권리범위에 속하게 되므로 불합리하다. 이에 반해 (ⅱ)의 견해는 이용관계는 후출원 디자인을 실시하는 것이 그대로 선출원 등록디자인을 실시하는 것이 되는 경우에만 발생하므로 선출원 등록디자인의 요지, 즉 등록디자인의 보호범위에 기재된 디자인의 구성요소 전부를 포함한다. 그리고 다시 다른 창작적 요소를 부가하는 디자인은 이용디자인이다.

위와 같이 모사설에서 그대로라고 해도 선출원 등록디자인과 균등하다고 인정할 수 있는 것을 배제한다는 의미는 아니다. 그러한 의미에서 요지공통설 또는 요지포함

---

34) - 東京地判 昭 47.9.27 취소집(地) 昭 47, 341면(프로필 커버메이트사건) 참조.
동판결은 후원자는 그 특허발명을 실시할 수 없지만 제3자가 권원 없이 그 발명을 실시하고 있는 경우 또는 자기보다 더 후원인 동일발명에 관계되는 특허발명이 있는 경우에는 정당하게 그 금지를 청구할 권리가 있다는 취지의 판시를 하였다.
- 浦和地川 越支判 昭 48.10.5 뉴스 48.11.7(비타민B, 지방산 에스텔사건)
동판결은 후원자는 그 특허발명을 실시할 수 없지만 제3자가 권원 없이 그 발명을 실시하고 있는 경우 또는 자기보다 더 후원인 동일발명에 관계되는 특허발명이 있는 경우에는 정당하게 그 금지를 청구할 권리가 있다는 취지의 판시를 하였다.

설이라는 표현이 더 적합할 것으로 판단된다.

또한 선출원 등록디자인에 완전히 포함되고 그 총괄개념적 구성요건을 구체적으로 특정하는 것도 일종의 부가, 즉 선택적 부가(선택디자인)이므로 이용디자인이다. 여기에서 "선택디자인"이라 함은 구성요건 중 전부 또는 일부가 총괄적 개념(상위개념)으로 구성되어 있는 선행디자인에 대해 그 상위개념에 포함되는 개념(하위개념)이며 선행디자인의 출원서의 기재사항 및 그 출원서에 첨부한 도면·사진 또는 견본과 도면에 기재된 디자인의 설명의 표현 등에 구체적으로 기재되어 있지 않은 것을 구성요소로서 선택한 것에 상당하는 디자인을 말한다.[35)]

그러나 형식상 그대로의 부가일지라도 부가에 따라 선출원 디자인의 창작적 표현으로서 유기적 일체성이 상실될 때는 디자인을 창작적 표현으로 이용하고 있지 않은 것이므로 이용디자인이 되지 않음은 특히 유념하여야 한다. 예를 들면 "A+B" 선출원 디자인에 대해 "A+B+A"디자인이 반드시 이용디자인이 되지 않는다. A를 부가함으로써 "A+B"가 목적하는 미적 효과를 기대할 수 없는 경우는 선출원 디자인의 창작적 표현으로서의 유기적인 일체성이 상실되기 때문에 이용디자인으로는 되지 않는다.[36)]

④ 이용디자인에 관한 문제점과 해석

i. 이용관계가 성립하기 위해서는 선출원 디자인의 창작적 표현을 이용하지 않으면 안되는 관계에 있는 경우에 한 하는가 또는 후출원 디자인을 실시하는데 선출원 디자인을 실시하여야 하는 관계가 포함되는가 하는 문제에 대하여,

이 문제에 관하여는 후출원 디자인은 선출원 디자인을 창작적 표현상 이용하여야 하는 관계에 있는 경우에 한할 필요는 없고 또 후출원 디자인을 실시하는데 선출원 디자인을 실시하여야 하는 관계가 발생하는 것도 포함한다고 해석된다. 위 ii의 (i) "실시불가피설"을 참고하기 바란다.

ii. 후출원 등록디자인이 선출원 등록디자인과 동일(저촉)한 경우 후출원 등록디자인의 실시에 선출원 디자인권자의 실시허락을 받아야 하는가 하는 문제에 대하여,

이 문제에 관하여는 선출원 디자인권자의 허락을 얻지 않아도 실시할 수 있다는 방임설과 얻지 아니하고는 후출원 등록디자인을 업으로 실시할 수 없다는 금지설이 양립하고 있으나 후설이 타당하다고 해석되며(위 ②의 ii "방임설" 및 iii "금지설" 참조) 현행 디자인보호법 또한 후설에 근거한 규정이다(법 45① 후단).

iii. 창작적 표현상의 이용디자인인 후출원 디자인은 선출원 디자인의 구성요건, 즉 디자인의 요지 전부를 그대로 충족할 필요가 있는가라는 문제에 대하여,

이 문제에 관하여는 디자인보호법 제45조가 산업정책상 이용되는 선출원 디자인을

35) 吉藤幸朔 著, 특허법개설(제9판), 역, 유미특허, 대광서림, 1993년 366면 참조.

36) 東京地判 昭 38.9.14 判다 152호, 174면 참조.

특히 보호하기 위하여 설정된 규정이다. 그렇기 때문에 선출원디자인의 요지보다도 광범위한 기초적 개념을 중시하여 그 개념을 그대로 사용하는 한 후출원디자인은 이용디자인이라는 견해(위 ③의 iv "상위개념보호설" 참조)와 디자인보호법 제41조 본문은 각 디자인의 디자인권자가 가져야 할 전용권 상호간에 발생하는 중복을 선출원우위의 원칙에 따라 조정하여 후출원 등록디자인권을 선출원 등록디자인권에 종속시키기 위하여 설정한 규정에 지나지 않는다는 견해로 양분되어 있다. 그러나 전자의 견해는 본래 선출원 등록디자인의 권리범위에 속하지 않는 것임에도 이용관계에 있다고 함으로써 권리범위에 속한다는 설에 해당되게 하므로 불합리하여 타당하지 아니하며, 후자의 견해는 이용관계는 후출원디자인을 실시하는 것이 그대로 선출원 등록디자인을 실시하는 것이 되는 경우에만 발생하므로 선출원 등록디자인의 요지를 포함하며 다시 다른 창작적 요소를 부가하는 디자인은 이용디자인이라고 할 수 있어 타당하다고 해석되며 판례 또한 이 견해에 근거하여 나오고 있다.[37] 위 2)의 ⑤ "모사설"을 참고하기 바란다.

iv. 선택디자인은 이용디자인인가 하는 문제에 대하여,

이 문제에 관하여는 선택디자인과 이용디자인은 다른 디자인이므로 선택디자인은 이용디자인이 아니라는 반대의 견해, 즉 i) 선택디자인은 선행디자인의 단순한 1실시태양에 지나지 아니하므로 본래 디자인등록성이 없고, ii) 선택디자인에 디자인등록성이 있다고 하면 그 부분은 선행디자인에서의 디자인 미완성부분이므로 양 디자인은 다른 디자인이며, iii) 어느 디자인도 디자인등록성이 있다고 하는 경우는 서로 다른 효과와 목적물을 달리하는 경우에 한하기 때문에 양자는 다른 디자인이라는 견해와 선택디자인 전부를 위의 i) 내지 iii)의 어느 것이라고 하는 것은 디자인의 실질적 내용을 도외시한 발상으로 선택디자인 전부에 대해 이용관계를 부정하는 것은 부당하게 기초디자인의 보호를 제한하는 것으로서 디자인보호법 제45조의 취지에 반한다는 견해가 있다.

그러나 선택디자인의 내용에 따라 이용관계 유무를 판단하여야 한다는데 무게를 둔 후자의 견해가 타당하다고 해석된다.

v. 디자인권은 배타적 금지권인가, 독점적 전용권인가의 문제에 대하여,

이 문제에 관하여는 디자인권은 독점적 전용권이 아니고 단순한 배타적 금지권(금지적 배타권)에 지나지 않는다고 하는 소위 배타권설이 있다. 디자인보호법 제45조(타인의 등록디자인과의 관계)는 같은 법 제41조(디자인권의 효력)의 예외규정이라고 해석해서는 안 되고 같은 법 제70조(통상실시권 허여의 심판)과의 관계를 확실히 하는 규정에 지나지 않는다. 창작자는 디자인권 설정을 기다릴 것 없이 본래 자신의 디자인을 자유롭게 실시할 수 있는 권능을 가지므로 설정으로 발생하는 디자인권은 타인에게 실

37) 東京高判 昭 34.2.24 東高民時報 10권 2호, 30면 등 다수 참조.

시하지 못하도록 하는 배타권에 지나지 않는다는 것이다.[38)]

그러나 디자인권은 물권적 권리인 이상 금지적 효력을 갖는 배타권인 것은 당연하지만 이는 창작자는 본래 자기디자인을 자유롭게 실시할 수 있는 권능을 갖는 것을 근거로 한다. 다만 그 근거가 의문인 것은 동일디자인에 대해 창작자가 따로 있는 경우를 생각하면 분명할 것이다.[39)]

⑤ 이용디자인 등을 실시하기 위한 통상실시권 허여의 심판

ⅰ. 의의 및 취지

디자인권자·전용실시권자 또는 통상실시권자(이하 "디자인권자 등"이라 한다)라 하더라도 자기의 디자인이 타인의 선출원과 관계되는 등록디자인 또는 이와 유사한 디자인·특허발명·등록실용신안·등록상표(이하 "선출원 등록디자인 등"이라 한다)의 이용디자인 등인 경우에는 이를 실시할 수 없다. 따라서 실시하려면 상대방인 그 타인의 선출원 등록디자인권자 등의 실시허락을 받아야 한다.

그러나 후출원 등록디자인권자 등이 실시허락요청을 하였음에도 불구하고 그 선출원 디자인권자 또는 그 전용실시권자·특허권자·실용신안권자·상표권자(이하 "그 타인" 또는 "선출원 등록디자인권자 등"이라 한다)가 정당한 이유 없이 허락하지 아니하거나 허락을 받을 수 없는 때 문제이다.

실시허락에 대가지급, 크로스라이센스 등 정당하고도 합리적인 조건을 제시하였음에도 불구하고 그 타인이 부당하게 거절한 경우 이를 그대로 방치할 경우에는 공개된 디자인을 기초로 하여 진보된 디자인을 창작한 향상디자인이 사장되어 디자인의 창작을 장려하여 산업발전에 이바지하려는 디자인보호제도의 취지에 반하게 된다. 따라서 이러한 경우 그 타인이 어느 이유, 어떤 사정에서이든 법정허락사유에 대한 정당한 실시허락요청을 거부한 경우에는 이용디자인의 실시를 할 수 있도록 입법정책적으로 해결되어야 함은 당연하다.

디자인보호법은 위의 취지에 따라 이용디자인의 디자인권자·전용실시권자·통상실시권자(이하 "후출원 디자인권자 등"이라 한다)는 소정의 통상실시권 허여의 심판절차를 거쳐 선출원된 타인의 등록디자인 또는 이와 유사한 디자인·특허발명·등록실용신안·등록상표 등 특허·등록권에 대해 통상실시권을 취득하여 자기의 등록디자인 또는 이와 유사한 디자인을 실시할 수 있도록 입법적으로 제도화하고 있다(법 45).

---

38) 所田和彦, 特許의 知識, 昭 63, 다이아몬드시, 355면 참조.
三宅正雄,, 特許法雜感(개정판), 昭 51, 冨山房, 267면 참조.
吉田淸彦, 특허권의 본질이란 무엇인가, 페이턴트 36권 8호, 38면 참조.

39) 雨宮正彦, 실시계약론(상), 특허관리 21권 5호 참조.

ii. 내 용

(i) 당사자의 실시허락요청

i) 후출원 디자인권자 등의 실시허락요청

후출원 디자인권자, 전용실시권자 또는 통상실시권자(이하 "후출원디자인권자 등"이라 한다)는 당해 등록디자인이 타인의 선출원 등록디자인 등이나 선발생 저작권을 이용하지 아니하고서는 실시할 수 없는 경우(법 45 : 타인의 등록디자인 등과의 관계)는 그 선출원 등록디자인권자 등에게 자기의 등록디자인을 실시하기 위한 통상실시권의 허락을 요청할 수 있고(법 70① 전단) 선발생 저작권자에게도 자기의 등록디자인을 실시하기 위한 저작권 이용의 허락을 얻어야 한다(법 45③).

ii) 선출원 디자인권자 등의 실시허락 요청

자기의 등록디자인 등에 대하여 실시허락을 요청받아 통상실시권을 허여한 선출원 디자인권자 등은 그 통상실시권의 허여를 받은 자의 등록디자인의 실시를 필요로 하여 통상실시권(크로스라이센스)의 허락을 요청할 수 있다(법 70②). 단 이 경우 통상실시권의 범위는 후출원 등록디자인의 모든 범위가 아니고 후출원 디자인권자가 선출원 디자인권자 등으로부터 실시권허락을 받아 실시하려고 하는 후출원 등록권자의 등록디자인 또는 등록디자인에 유사한 디자인의 범위 내로 한정된다. 이것을 넘는 범위까지 인정하는 것은 양자 이익의 공평한 조정을 도모하기 위한 크로스라이센스 제도의 취지에 반하기 때문이다.

(iii) 통상실시권 허여의 심판청구

i) 후출원 디자인권자 등의 심판청구

후출원 디자인권자 등이 선출원 디자인권자 등의 등록디자인 등에 대해서 실시허락을 요청하였으나 정당한 이유 없이 허락하지 아니하거나 그들의 허락을 받을 수 없는 때에는 자기의 등록디자인 또는 등록디자인에 유사한 디자인의 실시에 필요한 범위 내에서 통상실시권 허여의 심판을 청구할 수 있고(법 70①) 심판에 의해 실시하고자 하는 등록디자인 또는 등록디자인에 유사한 디자인에 대해 통상실시권을 가진다.

ii) 선출원 디자인권자 등의 심판청구

통상실시권을 허여한 선출원 디자인권자 등은 그 통상실시권의 허여를 받은 자의 등록디자인 또는 등록디자인에 유사한 디자인의 실시를 필요로 하는 경우에 그 통상실시권을 허여받은 자가 실시를 허락하지 아니하거나 실시의 허락을 받을 수 없는 때에는 통상실시권의 허여를 받아 실시하고자 하는 등록디자인의 범위 안에서 통상실시권 허여의 심판을 청구할 수 있고(법 70②) 심판에 의해 실시하고자 하는 등록디자인 또는 등록디자인에 유사한 디자인에 대해 통상실시권을 가진다.

iii) 심판에 의한 디자인권 등의 효력제한

위의 i), ii)와 같은 통상실시권 허여의 심판에 의해 설정된 통상실시권자의 등록디자인 또는 등록디자인에 유사한 디자인의 실시에는 디자인권·특허권·실용신안권 또는 상표권의 효력이 미치지 아니한다. 통상실시권 허여의 심판에 의한 통상실시권에 관한 자세한 설명은 후술하는 제11장 제3절 Ⅱ. 6. "통상실시권 허여의 심판"편을 참고하기 바란다.

(iii) 통상실시권의 허여요건

특허심판원장은 후출원 디자인권자 등으로부터 통상실시권 허여의 심판청구가 있는 경우에는 그 후출원 등록디자인이 그 등록디자인의 출원일 전에 출원된 타인의 등록디자인 등에 비하여 상당한 경제적 가치가 있는 중요한 디자인적 창작성의 향상을 가져오는 것이 아니면 통상실시권의 허여를 하여서는 아니되는 것으로 판단된다.

이는 출원디자인은 신규성은 물론이지만 창작성 또한 중요한 등록요건의 하나이므로 디자인은 그 출원시를 기준으로 하여 신규성은 물론 선행디자인에 비하여 유용한 디자인의 창작적 향상이 있어야 디자인보호법이 지향하고 있는 디자인 창작의 장려를 통한 산업발전이라고 하는 이상을 실현할 수 있기 때문이다.

이처럼 통상실시권의 허여에는 일정한 조건이 전제되어야 한다. 즉 그 등록디자인이 그 등록디자인의 출원일 전에 출원된 타인의 등록디자인 등에 비하여 상당한 경제적·창작적·미적 가치가 있는 중요한 디자인의 창작적 향상을 가져오는 것이어야 함은 마치 특허권자 등의 당해 특허발명이 타인의 특허발명 등과의 관계에서 통상실시권 허여의 심판청구가 있는 경우 그 특허발명이 그 특허발명의 출원일 전에 출원된 타인의 특허발명 또는 등록실용신안에 비하여 상당한 경제적 가치가 있는 중요한 기술적 진보를 가져오는 것이 아니면 통상실시권의 허여를 하여서는 아니된다는 특허법(제138조 제2항)상의 법리와 같은 맥락에서 상정할 수 있다.

(iv) 대가의 지급 등

i) 통상실시권을 허여받은 후출원 디자인권자 등의 대가지급 등

A. 대가의 지급

통상실시권을 허여받은 후출원 디자인권자·전용실시권자 또는 통상실시권자는 통상실시권을 허여한 선출원 특허권자·실용신안권자·디자인권자 또는 그 전용실시권자에 대하여 대가를 지급하여야 한다(법 70③). 여기에서 "대가"라 함은 이용디자인실시에 따른 실시료(로얄티) 상당의 금액, 즉 디자인의 창작수준, 디자인의 창작내용(심미성), 디자인의 상품성·경제성·시장성 등에 따라 다르겠지만 통상적으로 매출액의 15% 정도 내외를 적정선으로 보는 것 같다.

대가지급이 통상실시권자가 책임질 수 없는 사유에 의하여 지급할 수 없는 때에는 그 대가를 공탁하여야 한다(법 70③ 단서).

여기에서 "책임질 수 없는 사유"라 함은 선출원 디자인권자 등의 수령거부·수령불능, 행방불명 및 통상실시권자의 과실 없이 통상실시권을 허여한 선출원 디자인권자 등을 알 수 없는 경우(민법 487) 등을 말한다. 또 "공탁"이라 함은 채무이행지의 공탁소에 임치(任置)하는 채무소멸을 위한 변제공탁으로서 통상실시권자가 통상실시권을 허여한 자의 협력 없이 채무를 면하는 수단으로 가장 중요한 실정법상의 의의를 가진다.

B. 대가의 미지급

통상실시권자가 그 대가를 지급하지 아니하거나 공탁을 하지 아니하면 그 특허발명·등록실용신안 또는 등록디자인이나 이와 유사한 디자인을 실시할 수 없다(법 70④).

디자인권 등과 같은 무체재산권은 물건, 채권 등과 함께 재산권의 3대종별을 이루고 있는 중요한 재산권이기 때문에 이의 실시대가를 지급하지 않는 경우 실시할 수 없음은 너무나도 당연할 귀결이다.

ii) 통상실시권을 허여받은 선출원 디자인권자 등의 대가지급 등

통상실시권을 허여받은 선출원 디자인권자·특허권자·실용신안권자 또는 상표권자는 통상실시권을 허여한 후출원 특허권자·실용신안권자·디자인권자 또는 그 전용실시권자에 대하여 대가를 지급하여야 한다. 다만, 자기가 책임질 수 없는 사유에 의하여 지급할 수 없는 때에는 그 대가를 공탁하여야 한다(법 70③). 만약 통상실시권자가 그 대가를 지급하지 아니하거나 공탁을 하지 아니하면 그 특허발명·등록실용신안 또는 등록디자인이나 이와 유사한 디자인을 실시할 수 없다(법 70④). 이에 대한 자세한 설명은 위 i)의 ㉠, ㉡을, 통상실시권 허여의 심판에 관한 상세한 설명은 후술하는 제12장 제3절 Ⅱ. 8을 참고하기 바란다.

2) 이용·저촉디자인 - 후출원 디자인권자 등의 자기 디자인 실시의 제한 -

① 타인의 디자인권 등과의 이용·저촉관계에 의한 등록디자인 또는 이와 유사한 디자인실시의 제한

디자인보호법은 타인의 등록디자인 등과의 관계에서 디자인권자·전용실시권자·통상실시권자는 등록디자인 또는 이와 유사한 디자인이 그 디자인등록출원일 전에 출원된 타인의 등록디자인 또는 이와 유사한 디자인·특허발명·등록실용신안 또는 등록상표를 이용하거나 디자인권이 그 디자인권의 디자인등록출원일 전에 출원된 타인의 특허권·실용신안권 또는 상표권과 저촉되는 경우에는 그 디자인권자·특허권자·실용신안권자 또는 상표권자의 허락을 얻지 아니하거나 통상실시권 허여의 심판에 의하지 아니하고는 자기의 등록디자인 또는 이와 유사한 디자인을 업으로서 실시할 수 없다(법 45①②).

② 타인의 저작권과의 이용·저촉관계에 의한 등록디자인 또는 이와 유사한 디자인 실시의 제한

디자인권자·전용실시권자·통상실시권자는 등록디자인 또는 이와 유사한 디자인이 그 디자인등록출원일 전에 발생한 타인의 저작권을 이용하거나 저촉되는 경우에는 저작권자의 허락을 얻지 아니하고는 자기의 등록디자인 또는 이와 유사한 디자인을 업으로서 실시할 수 없다(법 45③).

여기에서 유의할 점은 저작권자가 디자인권자의 실시허락요청을 불허한다 하여 위의 ①과 같이 통상실시권 허여의 심판이나 특허법에서와 같은 통상실시권 설정의 재정(裁定)에 의하여 실시할 수 있는 것이 아니고 저작권자가 불허하면 그것으로 끝이다. 즉 자기의 등록디자인 또는 이와 유사한 디자인은 실시에 제약을 받아 디자인권 등의 효력이 제한된다. 따라서 디자인권자는 실시허락을 받기 위하여 더욱 합리적인 조건을 제시하는 등의 성의와 노력을 계속 그리고 배가하여 실시허락을 얻을 수밖에 다른 도리가 없다. 여기에서 합리적인 조건이란 실시료(로얄티)의 적정, 디자인권의 공유, 실시권의 설정, 실시하고자 하는 그 타인의 저작권과 관련된 물품의 구입, 등록디자인 또는 이와 유사한 디자인 물품에 관한 생산·판매 등 영업권에 관한 사항 등을 말한다.

3) 선출원 디자인권자의 실시

위 2)의 반대현상이다. 즉 2)의 심판에 의하여 통상실시권을 허여한 자가 그 통상실시권의 허여를 받은 자의 등록디자인 또는 등록디자인에 유사한 디자인의 실시를 필요로 하는 경우에 그 통상실시권을 허여받은 자가 실시를 허락하지 아니하거나 실시의 허락을 받을 수 없는 때에는 통상실시권의 허여를 받아 실시하고자 하는 등록디자인 또는 등록디자인에 유사한 디자인의 범위 안에서 통상실시권 허여의 심판을 청구할 수 있고(법 70②) 심판에 의해 실시하고자 하는 등록디자인 또는 등록디자인에 유사한 디자인에 대해 통상실시권을 가진다.

위의 2), 3)과 같은 통상실시권 허여의 심판에 의해 설정된 통상실시권자의 등록디자인 또는 등록디자인에 유사한 디자인의 실시에는 디자인권의 효력이 미치지 아니한다. 통상실시권 허여심판에 의한 통상실시권에 관한 자세한 설명은 후술하는 제11장 제3절 Ⅱ. 6. “통상실시권 허여의 심판”편을 참고하기 바란다.

(2) 자기지분권행사의 제약-디자인권의 공유지분실시의 제한-

1) 디자인권의 공유

디자인권의 공유라 함은 1디자인권을 2인 이상이 공동으로 소유하는 것을 말한다.

여기에는 i) 공동으로 창작하여 공동명의로 출원하여 공동출원인에게 디자인등록결정 또는 그 심결이 되어 공동디자인·공동출원인이 그대로 디자인권자가 되는 경우, ii) 단독으로 창작한 디자인에 대하여 디자인등록을 받을 수 있는 권리의 일부 지분양도 또는 1디자인권에 대한 일부 지분양도에 의하여 디자인권이 공유되는 경우, iii) 공유의 디자인권에 대하여 일부 공유자가 자기의 공유지분 일부를 다른 공유자의 동의를 얻어 양도함으로써 디자인권의 공유자가 더욱 확대되는 경우, iv) 공동창작자가 각각 다른 사용자(회사 등)에 소속하여 복수사용자가 디자인권자가 되는 경우, v) 투자자와 창작자가 디자인권자가 되는 경우 등 여러 가지 형태로 디자인권이 공유된다. 그러나 단독 디자인권과는 달리 자기의 지분권행사에는 많은 제약이 따른다. 예를 들면 디자인권이 공유인 경우 각 공유자는 다른 공유자의 동의를 얻지 아니하면 그 지분을 양도하거나 그 지분을 목적으로 한 질권 설정을 할 수 없고 또 다른 공유자의 동의를 얻지 아니하면 그 지분에 대하여 전용실시권을 설정하거나 통상실시권을 허락할 수 없는 경우 등과 같이 자기의 공유지분실시에 제약을 받은 만큼 디자인권의 효력이 제한을 받는다. 이를 구체적으로 살펴본다.

2) 공유지분 실시제한의 유형

디자인권은 양도를 할 수 있다. 다만, 기본디자인의 디자인권과 유사디자인의 디자인권을 함께 양도하여야 한다(법 46①). 그러나 디자인권이 공유인 경우에는 각 공유자는 다른 공유자의 동의를 얻지 아니하면 그 지분을 양도하거나 그 지분을 목적으로 하는 질권과 같은 담보권을 설정할 수가 없고(법 46②) 또 그 공유지분의 디자인권에 대하여 전용실시권을 설정하거나 통상실시권을 허락할 수 없다(법 46④). 다만, 디자인권이 공유인 경우에도 각 공유자는 계약으로 특별히 약정한 경우를 제외하고는 다른 공유자의 동의를 얻지 아니하고 그 등록디자인 또는 이와 유사한 디자인을 자신이 실시할 수 있다(법 46③). 복수디자인등록된 디자인권은 각 디자인권마다 분리하여 이전할 수 있다(법 46⑤).

① 지분양도의 제한

디자인권이 공유인인 경우 각 공유자는 다른 공유자의 동의를 얻지 아니하면 그 지분을 양도할 수 없다(법 46② 전단).

이와 같이 지분의 양도를 제한하는 것은 등록디자인의 실시는 유체물의 사용과는 달리 공유자 1인이 실시하더라도 다른 공유자가 실시할 수 없게 되는 것은 아니지만 그 공유자 1인의 지분을 제3자에게 양도한 경우 새로운 공유자의 자본력·경영력 등의 여하에 따라 다른 공유자의 지분에 대한 경제적 가치의 감소 등 부정적으로 작용될 수 있다는 우려 때문이다.

② 실시권 설정 등의 제한

디자인권이 공유인 경우에는 각 공유자는 다른 공유자의 동의를 얻지 아니하면 그 디자인권에 대하여 전용실시권을 설정하거나 통상실시권을 허락할 수 없다. 다만, 각 공유자가 다른 공유자의 동의를 얻은 경우는 예외로 한다(법 46④).

디자인권자는 자기의 등록디자인의 실시에 대한 전용권(독점권)을 가진다. 다만, 전용실시권설정의 범위 안에서는 그러하지 아니하다. 그 디자인권이 공유인 경우에도 마찬가지이다(각 공유자가 계약으로 특별히 약정하는 경우를 제외한다).

이와 같이 디자인보호법이 디자인권이 공유인 경우 자기의 디자인권에 대하여 임의로 제3자에게 전용실시권을 설정하거나 통상실시권을 허락할 수 없도록 제한을 하고 있는 것은 전용실시권을 설정하면 타공유자도 실시할 수 없게 되므로 전용실시권의 설정은 타공유자에게 중대한 이해관계를 갖는다. 또 통상실시권을 허락하는 경우에도 허락받은 자의 수, 그 자본력, 신용력 또는 기술능력 및 경영능력 등의 여하에 따라 이해관계가 크게 발생하기 때문이다.[40]

③ 질권 설정의 제한

디자인권이 공유인 경우에는 각 공유자는 다른 공유자의 동의를 얻지 아니하면 그 지분을 목적으로 하는 질권을 설정할 수 없다(법 46②). 이는 타방의 공유지분 질권설정에 의하여 자기의 공유지분의 실시에 영향을 받을 수 있는 등의 문제가 발생할 수 있기 때문이다.

④ 심판청구의 제한

디자인권 또는 디자인등록을 받을 수 있는 권리의 공유자가 그 공유인 권리에 관하여 심판을 청구하는 때에는 공유자 전원이 공동으로 청구하여야 한다(법 72③). 그리고 공유인 디자인권의 디자인권자에 대하여 심판을 청구하는 때에는 공유자 전원을 피청구인으로 하여 청구하여야 한다(법 72②). 위의 청구인이나 피청구인 중 1인에 관하여 심판절자의 중단 또는 중지의 원인이 있는 때에는 전원에 관하여 그 효력이 발생한다(법 72④).

이와 같이 공유인 디자인권에 관한 심판청구인이나 피청구인을 공유자 전원으로 하는 것은 권리내용의 변경 등에 영향을 미칠 뿐만 아니라 각 공유자의 이해관계에도 심대한 영향을 미칠 수 있기 때문이다.

⑤ 침해소송청구 등의 제한

공유디자인권에 대한 침해의 경우 공유자 중 1인 단독으로 침해행위금지청구·손해

---

40) 織田季明·石川義雄 신특허법상해(증정판) 昭 47, 일본발명신문사, 306면 참조.

배상청구·신용회복청구·부당이득반환청구 또는 형사고소 등을 할 수 있는가에 대해서 디자인보호법상 명문의 규정은 두고 있지 않으나 1인 단독으로 청구를 할 수 있는 것으로 해석함이 타당할 것이다. 일본의 소송실무상 1인만의 청구 등을 용인하고 있고 학설도 이를 인정한다.[41)]

(3) 디자인권 등의 포기 제한

1) 디자인권 포기의 제한

디자인권자는 디자인권을 포기할 수 있다(법 53). 그러나 디자인권자는 전용실시권자·질권자 또는 통상실시권자[직무발명에 있어서의 사용자 등의 통상실시권자(발명진흥법 10①)·전용실시권자의 허락에 의해 설정된 통상실시권자(법 47④)·디자인권자의 허락에 의해 설정된 통상실시권자(법 49①)]의 동의를 얻지 아니하면 디자인권을 포기할 수 없다(법 54①). 그러한 면에서 디자인권의 효력이 미치지 아니한다.

2) 전용실시권 포기의 제한

전용실시권자는 질권자 또는 디자인권자의 동의를 얻어 설정한 통상실시권자의 동의를 얻지 아니하면 전용실시권을 포기할 수 없다(법 54②). 그러한 면에서 전용실시권의 효력이 미치지 아니한다.

3) 통상실시권 포기의 제한

통상실시권자는 질권자의 동의를 얻지 아니하면 통상실시권을 포기할 수 없다(법 54③). 그러한 면에서 통상실시권의 효력이 미치지 아니한다.

---

41) 공유에 관계되는 특허권의 침해소송에 대해 다음과 같이 논한다. 무체재산권의 합유적 성격에서 그 소송도 고유필요적 공동소송이라고 해석된다. 그렇다고 1인 단독으로 청구하는 것은 공유자의 일부탈락이 타공유자의 불이익이 된다. 그래서 저작권법에서는 이점 입법적 해결이 배려되고 있다. 즉, 각 공유자는 단독으로 금지청구권을 행사하고 자기지분에 대한 손해배상 혹은 지분에 대응한 부당이득반환청구를 할 수 있다는 취지가 규정되어 있다(저작권법 제117조). 공업소유권에 있어서도 금지청구권에 관해서는 그것이 보존행위의 성격을 갖는 점에서 위와 같이 해석할 수 있다(민법 제252조 단서 참조). 그러나 손해배상 혹은 부당이득반환청구권행사에 관해서는 그것이 단순히 보존행위에 그치지 않고 처분행위적 성격도 지니므로 문제가 남는다. 언젠가는 이점 입법적 해결이 꾀해지겠지만, 현행법 하에서도 불가분채권의 규정(민법 제428조)에 준해서 각 공유자가 단독으로 소송적격을 긍정해야 할 것이다(紋谷暢男, 무체재산법개론, 50면).

Ⅱ. 디자인권의 확장적 효력 - 간접침해금지 -

1. 개 요

타인의 실시행위가 등록디자인 그 자체의 실시에는 해당하지 않으나 그 실시에 직접 기여한다고 인정되는 행위로서 앞으로 그 등록디자인을 실시하게 될 우려가 있는 행위에 대하여 위법성을 구성하는 것으로 간주하려는 것으로서 이를 디자인권의 확장적 효력 또는 부가적 효력이라고도 하며, 이는 디자인권에 대한 간접침해에 속한다. 즉 현실적으로 침해라고는 보기 어려우나 침해행위의 전 단계에 있어 디자인권 또는 전용실시권의 침해로 보여지는 실시형태를 말한다. 디자인보호법은 일정한 실시유형을 특정하여 디자인권 또는 전용실시권의 침해로 의제하고 있다(법 63). 이러한 간접침해에 관해 미국은 일정한 조건하에서 침해방조자로서의 책임을 묻고 있으며, 독일은 명문의 규정은 없고 판례로서 이론적 구성을 하였고, 일본은 우리나라 디자인보호법과 같은 내용의 명문규정을 두고 있다(일본의장법 38).

2. 취 지

등록디자인의 실시란 권리일체의 원칙에 따라 등록디자인의 구성전체의 실시를 말하며 그 일부만의 실시를 의미하는 것이 아니다. 그러므로 등록디자인의 일부의 실시는 비록 제3자가 업으로 하는 것일지라도 그것만으로는 디자인권 또는 전용실시권의 침해가 구성되지 않는다. 그러나 이러한 원칙에도 다음과 같은 문제는 있다. ⅰ) 디자인권을 침해하는 정도는 아니나 이러한 상태를 방치하여 두면 침해가 될 우려가 높은 소위 예비적인 행위(협의의 "간접침해")를 한 자가 있을 때 이 행위를 효과적으로 금지할 수 없다. ⅱ) 디자인권 침해는 업을 요건으로 하므로 조립과 같은 최종공정만을 개인에게 하게 할 수 있는 물건에 대해서는 조립품의 생산업체 누구도 침해책임을 지지 않는다는 문제점이 있다.

따라서 이와 같은 광의의 간접침해행위를 유효하게 금지시키지 아니한다면 디자인권의 효력은 크게 위축되거나 축소될 수밖에 없다.

그러므로 디자인보호법은 위의 취지에 따라 디자인권을 간접침해로부터 강력하게 보호하기 위하여 일정한 조건하에 간접침해를 본래침해와 동일하게 취급할 수 있도록 하는 디자인권 또는 전용실시권을 침해한 것으로 보는 전용실시권 침해의제규정을 두고 있다(법 63). 이 규정에 따라 디자인권 또는 전용실시권의 효력에는 본래 효력 외에 다른 효력이 부가되게 되었으며 그러한 의미에서 디자인보호법 제63조의 규정에 의한 효력을 디자인권의 부가적 효력이라고 할 수 있다[42](동지).

3. 내 용

등록디자인이나 이와 유사한 디자인에 관한 물품의 생산에만 사용하는 물품을 업으로서 생산·양도·대여 또는 수입하거나 업으로서 그 물품의 양도 또는 대여의 청약을 하는 행위"를 간접침해대상으로 한다(법 63). 예를 들면 시판(時版)에 특징이 있는 탁상시계의 디자인이 등록된 경우 그 탁상시계에만 사용하는 부품으로서의 시판을 업으로서 제조하고 판매하는 행위는 탁상시계의 디자인권 침해로 본다. 그러나 그 시판이 다른 시계에도 사용하는 것일 때에는 그 시판은 그 물품의 생산에만 사용하는 것이 아니므로 위의 행위는 디자인권 침해로 보지 않음은 물론이다. 여기에서 유의할 점은 시판의 사용행위가 탁상시계의 디자인권의 간접침해로 볼 수 있는가 이다. 그러나 시판 사용행위는 곧 탁상시계 사용행위가 되므로 간접침해행위로 볼 필요는 없다. 그러나 등록디자인에 관한 쌍안경의 생산에만 사용하는 몰딩(molding, 금형)을 업으로서 생산, 판매하는 행위는 디자인권의 간접침해가 되는 것이다.

4. 간접침해에 관한 디자인보호법 제63조의 문제점

(1) 다른 용도유무의 판단시기의 문제

다른 용도의 유무판단은 디자인등록시만이 기준이 되는 것은 아니다. 디자인등록시에 실시하였다면 간접침해대상이 되는 행위일지라도 그 후 다른 용도가 발견되었을 때에는 발견 후의 행위는 간접침해대상이 되지 않는다는 것은 입법취지로 보아 알 수 있다.

(2) 다른 용도의 실용적 용도의 문제

다른 용도는 단지 학문적·기술적 또는 실험적 사용가능성이 있다는 정도로는 부족하고 실용적인 용도임을 요한다. 왜냐하면 경제적 유용성 등에 사용할 가능성이 없다면 아무도 다른 용도로는 사용하는 일이 없을 것이기 때문이다. 판례도 매직파스너사건 판결에서 "대개 어떤 것이라도 다른 것에 적용되지 않는 것은 없다"라고 하여 다른 용도에 사용한 사실을 엿볼 수 있는 기재가 있어도 "만"에 사용하는 물로 인정하고 있는 판시를 하였다.[43]

42) 大阪地判 昭 47.1.31 無体集 4권 1호, 9면(튜브메트사건) 참조.
東京地判 昭 56.2.25 無体集 13권 1호, 139면(교환렌즈사건) 참조.

따라서 다른 용도는 i) 단지 달리 사용할 가능성이나 ii) 경제적·상업적 내지는 실용적인 사용가능성으로는 부족하고 iii) 실질적으로 경제적·상업적 내지는 실용적인 사용사실이 있어야 한다.44)

(3) 실시행위가 간접침해인지 직접침해인지의 문제

부품의 결합에 의해 완성되는 물품의 디자인인 경우 소요부품일체를 제조한 다음 이들 부품들을 하나로 하거나 또는 부품별로 수출한 다음 수입선에서 조립하여 완성품으로 하는 경우에는 간접침해의 대상인지, 직접침해의 대상인지가 문제가 된다.

이 경우에는 수출하기 전 이들 부품들을 조립하여 완성품으로 한 다음에 해체하여 수출하는 것이 일반적 경향이라고 해석된다. 그러므로 등록디자인의 생산과 동일하므로 직접침해의 대상이 된다.

또 특정용도의 등록디자인품의 재료를 생산하여 내수판매는 하지 아니하고 전량 수출하는 경우 디자인보호법 제63조에 의한 "양도"에 해당되어 간접침해의 유형에 속하기 때문에 다음의 (4)에서 설명하는 독립설인가 종속설인가의 문제인 것같이 보이나 실제는 그러하지 않다. 내수판매용이 아니고 수출용으로만 생산하여 전량 수출하여 외국에서 판매하는 행위자체는 등록디자인의 실시는 아니지만 이 행위를 하기 전 물품의 등록디자인의 실시인 생산은 직접침해의 대상자체이기 때문이다.

(4) 간접침해의 성립에 직접침해의 존재가 전제되어야 하는지의 문제

이 문제와 관련하여 학설상 종속설·독립설·수정설로 나뉘어져 있고 판례 또한 일관되어 있지 않은 실정이다.

1) 종속설

간접침해의 성립에는 직접침해의 실행이 있어야 한다는 설이다.45)

2) 독립설

간접침해의 구성에는 직접침해의 존재를 필요로 하지 않는다는 독립설,46) 즉 종속

---

43) 大阪地判 昭 49.1.3 判다 311호, 242면.

44) 大阪地判 昭 54.2.16 無体集 11권 1호, 48면, 前掲東京地判 昭 56.2.25, 東京地判 昭 63.2.29 無体集 20호 1호, 76면 등 다수.

45) 학설 : 松本重敏, 特許發明의 保護範囲, 昭 5~6, 有斐閣, 694면 참조.
(예) i) 방송방법에만 사용하는 방송기계를 일본국내에서 제조하고 이것을 모두 특허권이 없는 외국에만 수출하는 경우는, 종속설에 따르면 간접침해는 성립하지 않는 것이 된다. ii) 구성요건 ABC중 C가 물일 때 수출업자가 AB를 제조하여 용기에 넣고 레이블에 물을 가하도록 주기하여 특허권이 없는 국가에 수출하는 경우도 마찬가지이다.
판결 : 大阪地判 平元 4.24 관례시보 1315호, 120면(제초기(製砂機의 해머사건)) 참조.

설은 문리해석상 난점이 있을 뿐 아니라 디자인권 침해는 업을 요건으로 하므로 최종조립만을 개인적으로 하게 할 수 있는 물품에 대해서는 조립용 부품생산업체를 포함한 누구도 침해에 대한 책임을 지지 않는다는 결점이 발생한다. 따라서 간접침해행위를 유효하게 금지시키지 못할 경우 디자인권의 효력은 실질적으로 감소될 수밖에 없게 되므로 이러한 문제의 발생을 방지하기 위하여 설정된 디자인보호법 제63조의 취지에 반하므로 직접침해유무를 문제 삼아서는 안된다는 이 독립설이 타당하다고 해석된다.

3) 수정설

위의 종속설, 독립설 중 어느 한 설만을 순수하게 적용하면 불합리한 결과가 생기므로 양설 모두 일정한 이론 하에 수정을 가해야 한다는 설이다.[47)]

(5) 범용물 사용이 간접침해에 해당하는지의 문제

여기에서 문제가 되는 것은 디자인보호법 제63조(침해로 보는 행위)의 "… 디자인에 관한 물품의 생산에만…"에 대한 해석이다. 일설에 의하면 "만"이란 특정디자인의 용도에만 사용할 수 있고 그 특정디자인 이외의 용도로는 사용될 수 없는 소위 특정디자인의 전유물에 한한다는 견해가 있으나 이 설은 타당성이 희박하다. 즉 그 용품이 특정디자인 이외에 다른 용도가 있는 범용물의 경우도 일반적으로 시장에서 구입할 수 있는 제조물의 경우를 별개로 간접침해의 대상에서 제외하더라도 디자인보호법 제63조(침해로 보는 행위)의 적용을 받을 수 있는 경우가 있기 때문이다. 예를 들면 백을 디자인의 본질적, 핵심적 구성요소로 하는 에어백을 차내에 설치한 경우 백 자체는 통상의 것일지라도 그 백이 자동차 내에 설치할 수 있는 필요적 특성상 길이, 폭, 넓이 등 규격, 형상 등이 특정되어 자동차의 안전장치 이외의 용도에는 사용할 수 없는 것인 경우에는 그 백은 간접침해의 대상이 되는 데는 이론(異論)이 없을 뿐만 아니라 디자인보호법 제63조의 입법취지로 보아도 이는 "만"에 해당하는 것으로 해석함이 타당하다.

이처럼 간접침해의 대상이 되는 수단을 디자인의 본질적 구성요소에 관한 것이어야 함으로써 간접침해의 대상은 특정디자인 이외의 것들에도 사용되는 범용물이 아니라 그 특정디자인에만 사용되는 특정디자인에의 전유물만을 그 대상으로 하고 있음은 분명하다.

---

46) 학설 : 織田季明·石川義雄, 신특허법상해(증정판) 昭 47, 일본발명신문사, 276면 참조.
三宅正雄, 특허쟁송집감(개정판), 昭 51, 冨山房, 9면 참조.
판결 : 上揭 東京地判 昭 56.2.25(교환렌즈사건) 참조.

47) 牧野利秋編, 工業所有權訴訟法, 昭 60, 靑林書院, 258면.
吉井參也, 특허권 침해소송대요, 平2, 발명협회, 88면.
古田淸彦, 특허권 소모원칙에 대한 기초적 고찰, 페이턴트 34권 12호, 69면.

(6) 통상실시권자의 전유물사용이 간접침해의 대상이 되는지의 문제

통상실시권자가 등록디자인의 본질적, 핵심적 구성요소인 "만"에 해당하는 물(이하 "전유물"이라 한다)을 스스로 제조하거나 제3자의 주문에 의해 제조하는 행위가 간접침해에 해당하는가의 문제이다. 그러나 이는 간접침해의 대상이 될 수 없다고 해석함이 타당하다. 왜냐하면 통상실시권자는 디자인보호법의 규정에 의하여 또는 설정행위로 정한 범위 안에서 업으로서 그 등록디자인을 실시할 수 있는 권리를 갖기 때문에, 그 등록디자인의 실시에는 전유물이든 비전유물이든 구별의 실익이 없기 때문이다. 즉 통상실시권자의 완성행위가 침해대상이 될 수 없는 이상 미완성행위가 침해대상이 된다는 것은 불합리하기 때문이다. 다만, 그 생산량은 특약이 없는 한 완성행위에 필요한 범위로 한정하는 것이 타당할 것이다.

(7) 전유물만을 통상실시권으로 설정할 수 있는지의 문제

이는 양 당사자의 설정계약에 의해 전유물만을 대상으로 한 통상실시권을 설정하는 것은 위법은 아니므로 문제가 없으나 다만, 등록디자인의 실시가 아니기 때문에 디자인보호법상의 통상실시권 설정등록은 받을 수 없다고 할 것이다. 그러나 미국특허법에서는 전유물에 대한 실시허락을 인정하는 명문의 규정을 두고 있다(미특허법 271(d)(2)).

제 5 절 디자인권의 변경

I. 디자인권의 이전

1. 양도이전

디자인권은 양도나 상속·회사합병 등 일반승계에 의하여 이전이 이루어진다. 양도는 자기가 실시하는 것보다는 타인에 의해 실시되거나 타인과 함께 실시하는 것이 더 효과적이거나 아예 실시할 의향이나 사업기질·자본력·기술력·신용력·영업력 등 제반사업 능력이 없어 처음부터 양도를 기획하고 실행하는 경우 또는 실시 중에 더 이상 계속할 수 없는 사정발생 등 여러 가지 형태에 의해 양도가 이루어진다.

양도에는 전부양도와 일부양도가 있다. 전자의 경우 양수인이 디자인권자가 되어 디자인권을 전유하여 독점실시하나 후자의 경우에는 양도인·양수인이 디자인권자가 되어 디자인권을 공유하여 공동실시하게 된다.

2. 양도의 제한

디자인권의 양도는 원칙적으로 자유롭게 할 수 있다(법 46①). 그러나 예외적으로 제한되는 경우가 있다. 즉 디자인권이 공유인 경우에는 각 공유자는 다른 공유자의 동의를 얻지 아니하면 그 지분을 양도할 수 없다(법 46②).

3. 이전등록

(1) 등 록

디자인권의 이전은 상속·회사합병 그 밖의 일반승계를 제외하고는 등록하지 아니하면 그 효력이 발생하지 아니한다(법 48①1). 그러므로 양도계약을 체결하였을 때에는 신속하게 특허청장에게 디자인권 전부이전(지분전부이전) 또는 일부이전(지분일부이전)등록신청서를 제출하여 이전등록을 하는 것이 본래 양도의 취지를 살릴 수 있는 것이다. 그러나 디자인권의 상속 그 밖의 일반승계에 의한 경우에는 이전등록을 하지 않아도 그 효력이 발생하지만 그 대신 그 취지를 지체 없이 특허청장에게 신고하여 디자인등록원부에 그 취지를 기재하도록 하여야 한다. 이와 같이 양도의 경우의 이전등록, 상속 그 밖의 일반승계의 경우의 신고절차는 권리자보호는 물론 선의의 제3자를 보호하는데 그 의의가 있다.

(2) 등록의 효력

양도에 의한 이전은 특허청에 비치하고 있는 디자인등록원부에 등록(이하 여기에서 "등록"이라 한다)한다(법 37①1).

그런데 여기에서의 등록은 효력발생요건이기는 하지만 그 등록에는 공신력은 없다. 이는 민법에서 부동산에 관한 소유권의 이전에 대해 등기의 공신력이 인정되지 않는 것과 같은 것이다. 따라서 디자인권에 관한 거래를 디자인등록원부상의 등록사항만을 믿고 하였을 경우에는 자칫 낭패를 볼 수 있으므로 유념할 필요가 있다.

예를 들면 디자인권자 A와 B간에는 디자인권의 양도계약을 체결하지 않았음에도 불구하고 B가 양도증을 위조하여 등록을 하였다 하더라도 그 이전등록의 원인이 된 양도증이 허위로 작성되어 유효한 계약이 아니므로 A에서 B로 디자인권 이전이 된 것은 아니다.

이 경우 디자인등록원부상에는 디자인권자가 B명의로 등록되어 있어 B를 진정한 디자인권자로 믿고 B와 디자인권의 양도계약을 체결하여 디자인권의 이전등록한 C의 디자인권 취득 또한 디자인등록제도상 이를 인정하고 있지 않다. 따라서 등록만을 믿고 무권리자로부터 디자인권을 양도받아도 아무런 소용이 없다.

이 경우 C는 B를 상대로 형사상 사기죄로 고소하거나 민사상 손해배상청구와 같은 구제수단에 의하여 피해보전을 꾀하는 것은 등록과는 별개의 문제이다. 디자인보호법상의 등록은 공시력은 있지만 공신력이 없기 때문이다.

Ⅱ. 질권의 설정

1. 의 의

디자인권은 양도할 수 있는 재산권이므로(법 46①) 디자인권을 목적으로 하는 질권을 설정할 수 있음은 당연하다(법 56).

여기에서 "질권"이라 함은 채권의 담보로서 채무자인 디자인권자 또는 제3자(물상보증인)로부터 받은 목적물인 디자인권을 채무의 변제시까지 유치하고 변제가 없을 때에는 그 목적물인 디자인권에 의하여 우선변제를 받는 담보무체물권이다. 저당권과 더불어 약정담보물의 하나이고 물적 신용의 수단이다. 질권은 우선변제를 받는 방법이 원칙적으로 경매이고 유질계약(流質契約)은 금지되어 있고(민법 339)[48] 또 질권의 물상대위성이 있다(법 57)는 것도 다른 담보물권[(유치권·저당권·질권(민법), 재단저당·담보부사채(擔保附社債)·자동차 저당·항공기 저당(상법)]과 같으며 또 질권자는 그 질물인 디자인권을 가지고 자기의 채무의 담보로 전질(轉質)할 수 있다.

그러나 디자인권을 목적으로 하는 질권은 질권자에게 유리한 것만은 아니다. 즉 i) 질권자는 계약으로 특별히 정한 경우를 제외하고는 그 등록디자인을 실시할 수 없고(법 56 후단), ii) 권리질 중 채권질은 유치적 기능은 적으나 환가에 편리하기 때문에 중요한 경제적 가치를 가지나 등록디자인에 대한 가치평가는 극히 어려워 금융기관으로 하여금 융자액을 결정하기가 쉽지 않으며, iii) 디자인권자는 질권설정 후에도 질권자의 승낙 없이 전용실시권이나 통상실시권을 설정할 수 있다는 점 등에서 불리하여 그 이용이 매우 저조한 실정이다.

---

48) 질권설정자는 채무변제기 전의 계약으로 질권자에게 변제에 갈음하여 질물의 소유권을 취득하게 하거나 법률에 정한 방법에 의하지 아니하고 질물을 처분할 것을 약정하지 못한다.

2. 질권설정의 제한

(1) 디자인권이 공유인 경우에는 각 공유자는 다른 공유자의 동의를 얻지 아니하면 그 지분을 목적으로 하는 질권을 설정할 수 없다(법 46②).

(2) 전용실시권자는 디자인권자의 동의를 얻지 아니하고서는 그 전용실시권을 목적으로 하는 질권을 설정할 수 없다(법 47④).

(3) 심판에 의하여 허여된 통상실시권(법 70)외의 통상실시권은 디자인권자(전용실시권에 관한 통상실시권에 있어서는 디자인권자 및 전용실시권자)의 동의를 얻지 아니하면 그 통상실시권을 목적으로 하는 질권을 설정할 수 없다(법 49⑤).

3. 디자인권자의 등록디자인의 실시

디자인권자는 질권자의 질권행사로 인한 디자인권의 이전에 따른 통상실시권, 즉 디자인권자가 디자인권을 목적으로 하는 질권설정 이전에 그 등록디자인 또는 이와 유사한 디자인을 실시하고 있는 경우에는 그 디자인권이 경매 등에 의하여 이전되더라도 그 등록디자인에 대하여 통상실시권을 가진다. 이 경우에는 디자인권자는 경매 등에 의하여 디자인권을 이전받은 자에게 상당한 대가를 지급하여야 한다(법 58).

4. 질권자의 등록디자인 실시의 제한

디자인권·전용실시권 또는 통상실시권을 목적으로 하는 질권을 설정한 때에는 질권자는 계약으로 특별히 정한 경우를 제외하고는 그 등록디자인을 실시할 수 없다. 그 이유는 질권이란 우선변제를 받는 방법이 원칙이며 실시를 원칙으로 한 것이 아니기 때문이다. 그러나 특별약정이 있는 경우에는 물론 예외이다(법 56).

5. 질권의 물상대위

질권은 디자인보호법에 의한 보상금 또는 등록디자인의 실시에 대하여 받을 대가나 물건에 대하여도 이를 행사할 수 있는 바, 이를 질권의 물상대위라고 한다.

즉, 질권의 물상대위라 함은 출원인으로부터 질권의 목적물인 출원디자인에 대하여 출원디자인임을 서면경고를 받거나 출원공개된 디자인임을 알고 출원디자인을 업으로 실시한 자에게 그 실시에 따른 출원인의 보상금 청구권, 질권의 목적물인 등록디자인의 실시에 대하여 받을 디자인권자(전용실시권자를 포함한다)의 대가(로열티) 청구권을 취득한 경우 그 질권이 이 청구권 위에 효력을 미치는 것을 말한다. 다만 그 지급 또는 인도전에 이를 압류하여야 함을 조건으로 한다(법 57).

질권은 그 목적물인 등록디자인(이하 여기에서 "목적물"이라 한다)의 교환가치 지배에 의한 우선변제를 그 목적으로 하기 때문에 그 목적물이 어떠한 형식으로 그 교환가치를 현실화하여 금전 그 밖의 것으로 변형한 경우에 질권이 이들의 위에 그 효력을 미친다는 것은 가치를 지배하는 질권으로서의 본질상 당연한 것이다.

6. 질권 설정의 등록

디자인권 또는 전용실시권을 목적으로 하는 질권의 설정은 이를 등록하지 않으면 그 효력이 발생하지 아니한다(법 48①3). 그러나 디자인권 또는 전용실시권을 목적으로 하는 질권의 상속·회사합병 그 밖의 일반승계의 경우에는 등록에 의하여 그 효력이 발생하는 것이 아니고 승계함으로써 그 효력이 발생한다. 다만 그 취지를 지체 없이 특허청장에게 신고하여야 한다(법 48②). 이는 특허청장으로 하여금 질권이 상속 그 밖의 일반승계 등 변동사항을 디자인등록원부에 등록하여 공시하도록 하기 위함에 있다. 등록 및 등록의 효력에 관한 자세한 설명은 앞 제5절 Ⅰ. 3. 이전등록 (1) 등록, (2) 등록의 효력을 참고하기 바란다.

제 6 절 디자인권의 소멸

디자인권은 포기·취소·무효·존속기간의 만료·연차등록료의 불납 등으로 소멸한다.

Ⅰ. 디자인권 등의 포기 등

1. 디자인권 등의 포기 및 포기의 제한

디자인권자는 디자인권을 포기할 수 있다(법 53). 그러나 디자인권자는 전용실시권자, 질권자 또는 디자인권자의 동의를 얻은 전용실시권자의 허락에 의하여 그 전용실시권에 설정된 통상실시권자, 디자인권자의 허락에 의하여 그 디자인권에 설정된 통상실시권자 또는 발명진흥법 제10조 제1항의 규정에 의한 통상실시권자의 동의를 얻지 아니하면 디자인권을 포기할 수 없다(법 54①).

또 전용실시권자는 질권자 또는 디자인권자의 동의를 얻은 전용실시권자의 허락에 의하여 그 전용실시권에 설정된 통상실시권자의 동의를 얻지 아니하면 전용실시권을 포기할 수 없다(법 54②).

통상실시권자 또한 질권자의 동의를 얻지 아니하면 통상실시권을 포기할 수 없다(법 54③).

2. 디자인권 등의 포기제한의 취지

디자인권 등에 대한 포기의 제한은 실시권 또는 질권의 설정계약 등에 의하여 취득한 등록디자인에 관한 전용실시권·질권 또는 위와 같은 통상실시권이므로 디자인권자·전용실시권자 또는 통상실시권자 어느 일방에 의해 그 권리가 포기되어 소멸될 경우 발생되는 사회적(수요자), 산업적(생산공급), 경제적·정신적(피해당사자) 위해를 방지하기 위하여 디자인권 등을 포기할 경우 기히 설정되어 있는 등록디자인 관련 권리자의 동의를 받도록 하여 자기의 권리이지만 임의로 포기할 수 없도록 제한을 하는 것이다.

3. 디자인권 등의 포기의 효과

디자인권·전용실시권 및 통상실시권의 포기가 있는 때에는 그 디자인권·전용실시권 및 통상실시권은 그때부터 소멸된다(법 55).

Ⅱ. 디자인등록의 취소

1. 서 론

디자인등록취소는 디자인무심사등록에 대하여만 적용되고 디자인심사등록에 대해서는 적용되지 않는다. 디자인무심사등록이 다음의 3의 어느 하나에 해당함을 사유로 한 이해관계인은 물론 제3자의 디자인무심사등록 이의신청에 의해 3인의 심사관 합의체가 심사하고 그 결정에 의해 취소된다.

2. 디자인무심사등록의 이의신청기간

디자인무심사등록 이의신청은 디자인무심사등록출원에 의한 디자인권의 설정등록이 있는 날부터 디자인무심사등록 공고일 후 3개월이 되는 날까지 해당 디자인무심사등록이 다음의 3의 어느 하나에 해당하는 것을 이유로 특허청장에게 디자인무심사

등록 이의신청을 할 수 있다.

3. 디자인무심사등록의 이의신청 사유

디자인무심사등록에 대한 이의신청사유는 다음과 같다.

(1) 디자인보호법 제4조의24(외국인의 권리능력), 제5조(디자인등록의 요건), 제6조(디자인등록을 받을 수 없는 디자인), 제7조(유사디자인) 제1항, 제10조(공동출원) 및 제16조(선출원) 제1항·제2항에 위반된 경우

(2) 위 같은 법 제3조(디자인등록을 받을 수 있는 자) 제1항 본문에 의한 디자인등록을 받을 수 있는 권리를 가지지 아니하거나 같은 조 같은 항 단서에 의하여 디자인등록을 받을 수 없는 경우

(3) 조약에 위반된 경우

4. 디자인무심사등록 이의신청

위 (1)부터 (3)까지의 사유 중 어느 하나에 해당함을 이유로 같은 법 제29조의2 제2항에 의한 디자인무심사등록 이의신청서에 필요한 증거를 첨부하여 특허청장에게 제출한다. 이 경우 복수디자인 등록출원된 디자인등록에 대하여는 각 디자인마다 디자인무심사등록 이의신청을 할 수 있다(법 29의2①).

5. 디자인무심사등록 이의신청의 심사·결정

디자인무심사등록 이의신청은 3인의 심사관 합의체가 심사·결정한다(법 29의4①). 심사관 합의체는 심사결과 무심사등록 이의신청이 이유있다고 인정될 때에는 그 등록디자인을 취소한다는 취지의 결정(이하 "디자인등록 취소결정"이라 한다)을 하여야 한다(법 29의7③).

디자인무심사등록 이의신청에 대한 디자인등록 취소결정에 대하여는 불복을 할 수 있다. 그러나 각하결정에 대하여는 불복을 할 수 없다.

6. 디자인등록 취소결정의 확정효력

디자인등록 취소결정이 확정된 때에는 그 디자인권은 처음부터 없었던 것으로 본다(법 29의7④). 따라서 디자인권의 설정등록시로 소급하여 디자인권은 소멸된다. 이에 반해 특허권의 취소가 있는 때에는 그 특허권은 그때부터 소멸한 것(특허법 116③)과는 다르다. 또 디자인등록 취소결정의 확정효력은 디자인등록을 무효로 한다는 심결확정

의 효력과 다를 바가 없는 바, 이처럼 같은 취소임에도 그 취소의 효력이 왜 다른지에 대하여 살펴보기로 한다.

(1) 디자인등록취소의 효력과 특허권취소의 효력이 다른 점

위에서 살펴본 바와 같이 디자인등록이 취소된 때에는 그 디자인권은 처음부터 없었던 것으로 보아 디자인권의 설정등록시로 소급하여 소멸되는데 반하여 특허권이 취소된 때에는 그 특허권은 그 때부터 소멸되는 바, 이처럼 양 권리에 대한 같은 취소처분임에도 그 취소의 효력이 다른 것은 디자인등록은 심사등록주의에 의해 원칙적으로 그 디자인등록출원에 대한 등록요건 충족여부에 관한 심사절차를 거쳐 등록요건에 만족한 출원디자인에 대해서만이 등록이 되어야 한다.

그러나 디자인은 물품의 외형적 형태이므로 모방이 쉽고 또 미감에 호소하는 심미성 때문에 유행에 민감하여 비교적 디자인 물품의 라이프 사이클(life cycle)이 짧아 조기보호가 관건인 디자인의 특성상 심사절차에 소요되는 기간만큼이라도 단축할 수 있는 무심사등록제도는 자못 의의가 크다 할 것이다. 그러나 출원디자인에 대한 심사절차에서 적출되었어야 할 등록요건 불비 등의 등록거절이유가 무심사로 인하여 적출되지 아니한 채 그대로 등록됨으로써 그 등록디자인에는 등록요건 등을 갖추지 아니한 디자인도 있을 수 있기 때문에 이러한 등록요건불비 등의 디자인이 제3자의 이의신청에 의해 제기될 경우 심사관 합의체가 이 무심사등록디자인에 대하여 디자인등록 유지여부를 심사, 결정한다(이 경우 무심사는 심사유보가 되고, 이의신청에 의해 유보하고 있었던 심사를 하게 된 것이다).

심사결과 이의신청이 이유가 있다고 인정될 때에는 디자인등록 취소결정을 하여야 하는데 이때의 등록취소는 디자인등록요건 등의 불비로 내린 결정이다. 따라서 무심사등록을 하지 아니하고 출원디자인에 대하여 심사를 하였다면 이는 당연히 거절결정이 되어 등록을 받을 수 없었을 것이다.

그러므로 이 무심사등록디자인은 처음부터 등록될 수 없는 디자인이 등록된 것이므로 등록취소에 의하여 그 디자인권을 처음부터 없었던 것으로 보아 디자인권 설정등록시로 소급하여 소멸시키는 것은 당연한 것이다.

그러나 특허권에 대한 취소의 효력을 취소한 때부터 소멸된 것으로 보는 것은 출원발명에 대한 심사절차에서 특허거절이유를 발견할 수 없어 특허가 결정되었기 때문에 특허권의 성립에는 아무런 흠결이 없는 특허권이 특허권의 존속기간 중에 발생한 특허취소사유에 의해 취소결정을 한 것이기 때문에 취소가 있는 때로부터 소멸한 것이다.

따라서 양 권리의 취소의 효력이 다른 것이다. 즉 디자인권인 경우 설정등록시로 소급 소멸되고, 특허권인 경우 취소결정이 있는 때부터 소멸되는 것이다.

(2) 디자인등록의 취소효력과 무효효력이 같은 점

디자인등록의 취소는 무심사등록출원의 디자인등록에 대해서만 해당되는 것이고, 심사등록출원의 디자인등록에 대해서는 디자인등록의 취소는 없다. 이에 반해 디자인등록의 무효는 심사등록출원의 디자인등록에 대해서만 해당되는 것이고 무심사등록출원의 디자인등록에 대해서는 디자인등록의 무효는 없다.

전자는 이의신청에 따른 심사절차에 의한 등록의 취소처분인데 반하여 후자는 무효심판청구에 따른 심판절차에 의한 등록의 무효처분이라는 점에서 처분의 절차와 형태가 다르나 양자 모두 처분의 효력이 디자인권의 설정등록시로 소급하여 소멸된다는 점에서는 같다. 그렇다면 왜 양자구별을 한 것이며, 구별의 실익은 있는 것인가가 의문이다.

위에서 살펴본 바와 같이 디자인등록취소는 출원디자인에 대하여 하여야 할 디자인의 등록요건에 관한 심사를 하지 아니하고 등록이 되었기 때문에 애당초 무효이유의 부존재로 인하여 무효의 대상이 되지 아니하고, 다만 등록디자인에 대한 제3자의 하자발견에 의한 이의신청에 의해서 비로소 등록유지여부에 관한 심사를 하게 되고 그 심사결과 이의신청을 인용할 때에는 무심사등록처분을 취소하여 그 디자인권을 설정등록시로 소급 소멸시키는 것이다.

이에 반해 디자인등록무효는 심사절차를 거쳐 출원디자인이 등록되기는 하였으나 심사의 잘못으로 등록디자인에서 등록요건 불비 등과 같은 중대하고도 명백한 하자가 발견되므로 인하여 디자인등록결정에 의한 디자인권의 설정등록을 무효로 하여 그 디자인권의 설정등록시로 소급 소멸시키는 것이다.

전자가 심사에 의한 등록결정 없이 무심사등록된 디자인권이기 때문에 무효할 처분행위가 없는데 반해 후자는 심사에 의한 등록결정에 의해 등록된 디자인권이기 때문에 무효로 할 처분행위가 있다. 따라서 전자의 무심사등록에 대해서는 무효가 아닌 취소이고 후자의 유심사등록에 대해서는 취소가 아닌 무효이다. 그러나 전자의 취소나 후자의 무효의 효력은 다 같이 디자인권의 설정등록시로 소급하여 소멸됨은 위에서 설명한 바와 같다.

Ⅲ. 디자인등록의 무효

디자인등록이 다음의 어느 하나의 무효이유에 해당하는 때에는 그 디자인권은 디자인등록의 무효심판에 의하여 소멸된다(법 68① 각호).

1. 디자인등록의 무효이유

(1) 디자인권 또는 디자인에 관한 권리를 향유할 수 없는 외국인의 디자인등록출원에 대하여 등록된 경우(법 4의24).

(2) 디자인의 공업상 이용성·신규성·창작성 등의 디자인등록의 요건을 충족하지 못한 디자인이 등록된 경우(법 5).

(3) 디자인등록을 받을 수 없는 디자인에 대하여 디자인등록을 받은 경우 즉 i) 국기·국장·군기·훈장·포장 그 밖의 공공기관 등의 표장과 외국의 국기·국장 또는 국제기관 등의 문자나 표지와 동일 또는 유사한 디자인, ii) 디자인이 주는 의미나 내용 등이 일반인의 통상적인 도덕관념인 선량한 풍속에 어긋나거나 공공질서를 해칠 우려가 있는 디자인, iii) 타인의 업무에 관계되는 물품과 혼동을 가져올 염려가 있는 디자인, iv) 물품의 기능을 확보하는데 불가결한 형상만으로 된 디자인 등이 등록된 경우(법 6)

(4) 기본디자인에만 유사한 디자인의 등록이 아니고 유사디자인에 유사한 디자인이 등록된 경우(법 7①)

(5) 디자인등록을 받을 수 있는 권리가 공유임에도 공유자 전원이 공동으로 출원하지 아니한 출원디자인이 등록된 경우(법 10)

(6) 후출원 또는 선출원의 결정방식 등에 위반한 출원디자인이 등록된 경우(법 16①②)

(7) 디자인을 창작한 자 또는 그 승계인이 아닌 자의 출원디자인이 등록된 경우(법 3① 본문)

(8) 특허청 직원 및 특허심판원 직원의 재직 중 출원한 디자인에 대하여 등록된 경우(상속 또는 유증의 경우를 제외한다)(법 3① 단서)

(9) 조약에 위반된 출원디자인에 대하여 등록된 경우(법 68①3)

(10) 디자인등록 후 그 디자인권자가 디자인보호법 제4조의24(외국인의 권리능력)에 따라 디자인권을 향유할 수 없는 자로 되거나 그 디자인등록이 조약에 위반된 경우(법 68①4)

2. 심판청구취지의 통지

심판장은 이해관계인 또는 심사관으로부터 위의 어느 하나에 해당함을 이유로하는 무효심판의 청구가 있는 때에는 디자인권자에게 그 심판청구의 취지를 통지하여야 한다. 다만 제3자(디자인무심사등록출원에 의한 디자인권의 설정등록이 있는 날부터 디자인무심사등록공고일 후 3월이 되는 날까지 누구든지)로부터 위의 (5)(7)을 제외한 어느 하나에 해당한다는 이유로 무효심판의 청구가 있는 때에는 그 취지를 당해 디자인권의 전용실시권자, 통상실시권자, 질권자 그 밖의 디자인등록에 관하여 등록을 한 권리를 가지는 자에게 통지하여야 한다(법 68⑥).

3. 무효심결확정의 효력

i) 디자인등록(유사디자인의 디자인등록을 제외한다)을 무효로 한다는 심결이 확정된 때에는 그 디자인권은 처음부터 없었던 것으로 보아 디자인권의 설정등록시로 소급하여 디자인권은 소멸된다. 다만 위의 (10)의 경우로 인하여 디자인등록을 무효로 한다는 심결이 확정된 때에는 디자인권은 그 디자인등록이 위 (10)에 해당하게 된 때부터 없었던 것으로 보고(법 68③), ii) 기본디자인의 디자인등록을 무효로 한다는 심결이 확정된 때에는 그 유사디자인의 디자인등록은 무효로 된다(법 68④). 그리고 iii) 유사디자인의 디자인등록을 무효로 한다는 심결이 확정된 때 또는 위 ii)에 의하여 유사디자인의 디자인등록이 무효가 된 때에는 유사디자인의 디자인권은 처음부터 없었던 것으로 본다. 다만, 위의 (10)의 경우로 인하여 유사디자인의 디자인등록을 무효로 한다는 심결이 확정된 때에는 유사디자인의 디자인권 그 유사디자인의 디자인등록이 위의 (10)에 해당하게 된 때부터 없었던 것으로 본다(법 68⑤).

디자인권의 무효에 관한 보다 자세한 설명은 후술하는 제11장 제3절 Ⅱ. 4. "디자인등록의 무효심판"편을 참고하기 바란다.

Ⅳ. 디자인권의 존속기간 만료

디자인권은 그 존속기간은 디자인권의 설정등록이 있는 날부터 15년이다. 다만, 유사디자인의 디자인권의 존속기간만료일은 그 기본디자인의 디자인권의 존속기간만료일로 한다(법 40①). 따라서 디자인권의 존속기간이 만료되면 그 디자인권은 소멸한다.

Ⅴ. 연차등록료의 불납

디자인권의 설정등록은 최초 3년분 디자인등록료의 일시납부에 의하고 제4년분부터의 등록료는 당해 권리의 설정등록일에 해당하는 날을 기준으로 매년 1년분씩 또는 그 납부연차순서에 따라 수년분 또는 모든 연차분을 함께 납부하거나 그 납부기간(디자인권의 설정등록료 또는 연차등록료 납부기간) 내에 납부하지 아니한 때에는 그 납부기간이 경과된 날부터 6개월 이내에 당해 등록료의 2배의 범위에서 소정의 금액을 납부하여야 한다(법 31①②, 33①②).

만약 위의 등록료 납부기간 또는 추가납부기간이 경과하였다 하더라도 이 기간 이내에 등록료의 일부만을 납부하고 일부를 납부하지 아니한 자에 대하여 특허청장의 등록료 보전명령을 받은 자는 그 보전명령을 받은 날부터 1월 이내에 잔여등록료를 보전할 수 있다(법 33의2①②). 이 경우 부족하게 납부된 금액의 2배의 범위에서 소정의 금액을 납부하여야 한다(법 33의2③, 특허료 등의 징수규칙 8⑤⑥⑧⑨). 위의 납부기간 내에 소정의 등록료를 납부하지 아니하면 디자인권은 소멸된다.

이와 같이 디자인권은 설정등록료의 납부에 의해 설정되고 연차등록료의 납부에 의해 유지된다. 따라서 디자인등록료는 디자인권의 발생·유지·소멸의 관건이므로 디자인등록출원에 대하여 디자인등록결정이 되었다 하더라도 설정등록료를 납부하지 아니하면 디자인권은 발생하지 아니하고 연차등록료를 납부하지 아니하면 디자인권은 소멸되는 것이다.

Ⅵ. 상속인의 부존재

디자인권에 대하여 상속인이 없는 경우 그 디자인권은 소멸한다. 즉 디자인권은 상속이 개시된 때 상속인이 없는 경우에는 소멸된다(법 59).

제 7 절 디자인권자의 의무

디자인권자는 등록디자인을 업으로 실시할 권리를 독점하는 전용권(독점권)과 타인의 등록디자인의 무단실시를 배척할 수 있는 금지권(배타권)을 갖는 한편 이러한 권리에 상응하는 다음과 같은 디자인권에 수반된 의무도 진다.

Ⅰ. 등록디자인의 실시

디자인보호법은 디자인을 보호해주는 대신 디자인의 이용(실시)을 디자인창작의 장려수단으로 하여 산업발전을 도모함을 목적으로 하고 있으므로(법 1) 그러한 의미에서 디자인자는 등록디자인을 실시할 의무가 있다.

등록디자인의 실시는 디자인권권자 자신의 직접실시 또는 타인에게 실시권을 허여하여 그 타인으로 하여금 실시하게 함으로써 이루어진다.

그런데 문제는 이용등록디자인의 경우이다. 디자인권자는 자기의 등록디자인이 타인의 선출원에 관계되는 등록디자인 또는 이와 유사한 디자인·특허발명·등록실용신안·등록상표(이하 "선출원 등록권자 등"이라 한다)의 이용디자인인 경우에는 이것을 실시할 수 없다. 만약 실시하면 권리침해가 된다. 이 경우 선출원 등록권자 등의 실시허락을 받아 실시한 때에는 그러하지 아니하다. 그러나 당사자간의 통상적인 교섭으로 실시허락을 받을 수 없거나 선출원 등록권자 등이 정당한 이유 없이 실시허락을 하지 아니할 경우 이용디자인의 디자인권자는 자기의 등록디자인을 업으로 실시할 수 없기 때문에 이를 그대로 방치해 둘 때는 결국 기본디자인에 대한 개량디자인의 실시가 불가능하게 되어 디자인의 창작을 장려하여 산업발전을 도모하려는 디자인보호제도의 취지에 반하게 되는 것이다. 따라서 기본디자인의 선출원 등록권자 등의 실시허락을 받을 수 없는 경우라도 이용디자인의 실시를 할 수 있도록 하는 제도적 법적 장치를 마련하는 것은 너무나도 당연하다. 그러나 현행 디자인보호법에서는 선출원 등록권자 등의 실시허락거부에 대한 강제실시의 규정을 직접 두고 있지 않음은 물론 특허법 제107조(통상실시권 설정의 재정)와 같은 재정에 의한 통상실시권(강제실시권)과 같은 규정도 두고 있지 않아 선출원 등록권자 등이 실시허락을 하지 않을 경우 이용디자인의 실시는 어렵다.

Ⅱ. 공정한 권리의 행사

특허권은 공정하게 행사되어야 한다. 그러나 때로는 특허권이 불공정하게 행사되는 경우가 있는 바, 이 경우 특허법에서는 불공정거래행위로 판정된 사항의 시정을 위하여 필요한 경우 재정에 의하여 타인의 실시가 강제된다(법 107①4). 즉 사법적 절차 또는 행정적 절차에 의하여 불공정거래행위로 판정된 사항을 시정하기 위하여 특허발명을 실시할 필요가 있는 경우 재정에 의해 타인의 사용이 강제된다. 그러나 디자인보호법에서는 이러한 규정을 두고 있지 않다. 불공정거래행위는 독점규제 및 공정거래에 관한 법률(이 항에서 "독금법"이라 한다)에 의하여 금지되며(독금법 23) 이에 위반한 때에는 공정거래위원회의 행정조치(독금법 24) 외에 민사상의 책임 및 형사상의 책임을 진다(독금법 56, 67·2). 형사적 책임에 관하여는 공정거래위원회의 고발이 있어야 공소를 제기할 수 있는 친고죄로 하고 있다(독금법 71②).

독금법 제59조(무체재산권의 행사행위)에는 "특허법, 실용신안법, 디자인보호법 또는 상표법에 의한 권리의 행사라고 인정되는 행위에 대하여는 적용하지 아니한다"라는 취지의 규정을 두고 있는 바, 이는 확인적 규정에 불과하다고 할 수 있다.

독금법과 디자인보호법 각 제1조에서 규정하고 있는 목적조항의 취지가 모순 충돌되는 것은 아니다. 그러나 디자인권은 배타적 독점권으로서 타인의 경업을 배제한다는 점에서 형식적으로는 사적독점의 하나로 해석되어지고 있으므로 독금법상의 문제를 만들지 않기 위하여 독금법 제59조는 디자인보호법에 의한 권리행사에 대해서는 독금법을 적용하지 않는다는 취지를 선언하기 위하여 명백히 하고 있다고 할 수 있다.

독금법에서 말하고 있는 "권리의 행사"라 함은 공정한 권리행사를 의미함은 물론이다. 그러면 무엇이 권리행사로 인정될 수 있는 공정한 권리행사이고 무엇이 권리행사로 인정될 수 없는 불공정거래의 우려가 있는 행위이며, 무엇이 불공정거래행위에 해당될 우려가 높은 행위인가에 대해서 일반적인 라이선시계약을 중심으로 살펴보고자 한다.

1. 공정거래행위에 해당하는 권리행사

(1) 등록디자인의 실시를 생산, 사용, 양도, 대여 또는 수입, 등록디자인품의 양도 또는 대여의 청약 등으로 구분하여 실시를 허락하는 경우의 등록디자인실시의 제한
(2) 디자인권의 유효기간 안에서 기간을 정하여 실시를 허락하는 경우의 기간의 제한
(3) 디자인권이 미치는 지역 내에서 일정지역을 정하여 실시를 허락하는 경우의 지역의 제한
(4) 등록디자인의 실시를 일정 디자인분야로 정하여 실시를 허락하는 경우의 디자인분야의 제한
(5) 등록디자인품의 최저생산·판매수량의 제한
(6) 등록디자인의 실시허락을 받은 자(이하 "라이선시"라 한다)가 실시허락된 디자인권의 유효성에 관하여 다툰 경우의 그 라이선스계약의 해제
(7) 라이선시에 대하여 계약등록디자인의 실시를 위하여 최선의 노력경주의무의 부과를 불공정거래행위에 해당하지 아니한 권리행사로 예시해 볼 수 있는 바, 이는 등록디자인 라이선스계약에서 디자인권의 본래적인 행사에 해당한다고 생각되는 또는 경업질서에 미치는 영향이 크지 않다고 판단되기 때문에 원칙적으로 위 (1) 내지 (7)의 불공정행위에 해당하지 않는다고 판단되어야 한다.

2. 불공정거래행위에 해당될 우려가 있는 권리행사

(1) 라이선시가 등록디자인의 실시허락을 한 등록디자인에 관한 권리를 가진 자(이하 "라이선서"라 한다)에게 실시허락디자인의 실시과정에서 습득한 지식, 경험 등의 보고의무의 부과 또는 라이선시에 의한 개량디자인, 응용디자인 등에 대하여 라이선

서에 그 비독점적 실시를 허락하는 의무의 부과, 다만 라이선서가 라이선시가 지는 의무와 같은 의무를 부담하고 그 내용 또한 균형이 잡혀있는 경우에는 예외이다.

(2) 등록디자인 제품, 원재료, 부품 등의 품질제한, 다만 라이선스 계약대상 등록디자인의 보호를 위한 영업비밀 유지의무 및 등록디자인품의 품질보증을 위한 디자인 훈련실시의 의무 또는 상표(서비스표를 포함한다)관리를 통한 영업상의 신용유지를 위한 상표관리기법 개발의 의무를 부과하는 경우에는 예외로 한다.

(3) 프랜트시설, 원재료, 부품 등의 구입선 제한. 다만, 라이선스계약대상 등록디자인의 실시, 품질의 유지, 신용의 보증 등을 위하여 라이선시에게 이러한 의무를 부과하는 경우에는 예외이다. 그러나 이 경우에도 필요한 최소한의 범위 내에서의 의무부과를 원칙으로 한다.

(4) 라이선스 계약대상 등록디자인품의 반출지역의 제한. 여기에서 "반출지역"이라 함은 국내지역은 물론 수출국을 말한다. 다만, 라이선서의 디자인권이 등록된 지역이나 라이선서에 의해 이미 지배되고 있는 영업지역 또는 라이선서가 제3자의 독점적 판매지역으로 전용실시권을 허락한 지역 또는 라이선스계약대상 디자인권 또는 전용실시권을 목적으로 하는 질권이 설정되어 있는 지역에 대한 제한의 경우에는 예외로 한다.

(5) 판매가(내수가는 물론 수출가를 포함한다), 판매량(내수물량은 물론 수출물량을 포함한다) 등의 제한. 다만, 위 (4) 후단 단서의 어느 하나의 지역을 라이선시가 판매(수출을 포함한다)할 수 있는 지역으로 허용한 경우 그 제한 또는 의무의 내용이 합리적인 범위 내에서 이루어진 경우에는 예외로 한다.

(6) 라이선서가 라이선시에게 복수의 등록디자인에 대하여 일괄실시토록 하는 일괄실시허락에 대한 수락의무의 부과. 다만, 라이선스 계약대상 등록디자인의 효용을 증대하고 보증하기 위하여 필요한 최소한의 범위 내에서 의무를 부과하는 경우에는 예외이다.

(7) 라이선스 계약기간 중 라이선스 계약대상 등록디자인 및 등록디자인제품과 경합하고 있는 경쟁디자인 및 경쟁품의 사용 및 취급 등의 제한

(8) 라이선시에게 등록디자인제품에 대하여 라이선서가 지정하는 자를 통해서만 판매하도록 하는 라이선서 지정자 판매의무의 부과 또는 라이선서가 지정하는 자에게 판매하지 않도록 하는 라이선서 지정자 비매의무의 부과

(9) 라이선시에게 등록디자인제품에 사용할 라이선서의 지정상표(서비스표, 상호 등을 포함한다) 사용의무의 부과

(10) 등록디자인 관련 훈련·교육의 실시, 훈련인원, 훈련기간, 훈련비용 등에 관한 사항의 라이선시에의 부담의무 부과. 다만, 등록디자인의 연마 및 디자인력 향상, 등록디자인 제품의 품질유지 및 신용제고, 생산성 제고 및 국제경쟁력 강화를 위한 경우에는 예외로 한다. 이 경우에도 필요 최소한의 한도 내에서만 인정되어야 한다.

(11) 향후 변수의 고려 없이 목표량 제조, 판매의 미달, 실시료(Royalty)지불지연 등

을 해약사유로 하는 막무가내식 라이선스계약의 체결. 다만, 이 경우에도 미달 제조, 판매수량 및 미지불 로얄티 금액을 합리적으로 정하고 있거나 원재료의 품귀, 신디자인상품으로의 급속한 수요이동, 홍수·지진·테러·전쟁 등으로 인한 시장기능의 마비 등과 같은 불가항력적 사유가 발생한 경우 또는 로얄티 지불 지연시 일정기간 지불유예기간을 두는 등의 경우에는 예외로 하는 단서를 둔 경우에는 그 라이선스계약은 유효한 것으로 볼 수 있다.

(12) 라이선시에게 실시허락한 디자인권의 유효성에 대해 다투지 않을 의무의 부과, 이는 라이선시가 실시허락된 등록디자인의 실시과정에서 디자인등록을 받을 수 없는 디자인으로 확인된 경우에도 계속 라이선서에게 디자인권을 유지시켜 제3자의 자유로운 이용을 방해하고 또 부당하게 당해 등록디자인에 대한 로얄티를 챙겨 라이선시에게 불이익을 주는 것 등과 같은 문제가 발생하기 때문이다.

위의 각 항과 같은 라이선서의 권리행사를 불공정거래행위에 해당될 우려가 있는 권리행사로 예시해볼 수 있는 바, 이는 불공정거래행위의 위 (1) 내지 (12)에 해당여부는 그 제한의 내용만이 아니고 라이선서·라이선시의 관련시장에서의 지위, 관련시장의 상황, 제한기간의 장단 등을 종합적으로 참작하여 판단되어야 한다.

3. 불공정거래행위에 해당될 우려가 높은 권리행사

(1) 판매가격의 제한

(2) 라이선스 계약기간 만료 후 경쟁품 등의 취급제한

(3) 디자인권의 유효성상실, 즉 추납등록료의 불납, 디자인등록의 무효, 디자인등록의 취소(디자인 무심사등록에 대한 이의신청의 성립(인용)시 발생), 디자인권의 포기 등에 의한 디자인권의 소멸 후 경쟁품의 취급제한 또는 로얄티 지불의무의 부과

(4) 라이선스 계약대상 등록디자인 또는 그 등록디자인과의 경쟁디자인의 연구개발 제한

(5) 라이선스 계약대상 등록디자인에 대한 라이선시의 개량다자인 또는 응용디자인 등의 양도 또는 그 권리자체의 귀속 등 독점적 실시에 관한 허락의무의 부과

위 각항과 같은 라이선서의 권리행사를 불공정거래행위에 해당될 우려가 높은 권리행사의 전형으로 예시해볼 수 있다.

Ⅲ. 디자인등록료 등의 납부

디자인권의 설정등록을 받고자 하는 자 또는 디자인권자는 등록료를 납부하여야 한다(법 31①). 만약 소정의 등록료 납부기간 이내에 등록료를 납부하지 아니한 때에는

디자인권의 설정등록을 받고자 하는 자의 디자인등록출원은 포기한 것으로 보며, 디자인권자의 디자인권은 납부된 등록료에 해당하는 기간이 만료되는 날의 다음날로 소급하여 그 디자인권이 소멸된 것으로 본다(법 33③).

디자인등록료의 납부에 관한 자세한 설명은 전술한 제7장 제2절 Ⅳ. “등록료·등록세납부 등”을 참고하기 바란다.

Ⅳ. 디자인등록의 표시

1. 의의 및 취지

디자인권자는 등록디자인품 등에 디자인등록표시를 하여 수요자에게는 검증된 신디자인, 독점품임을 알림과 동시에 복제품 및 유사품에 대한 우려를 불식시켜 안정적 소비를 유도하고 업계에는 디자인등록품이라는 것을 인식시켜 불필요한 디자인개발 및 투자를 계획하거나 추진 중인 것을 중단하도록 하고 모방품의 생산·출하를 막아 소비자를 보호함은 물론 디자인권 침해의 우를 범하지 않도록 한다. 더 나아가서는 디자인등록표시 등록디자인을 기초디자인으로 하여 보다 향상된 디자인의 창작동기와 초석을 제공하여 디자인보호제도가 추구하고 있는 디자인창작의 장려를 통한 산업의 발전이라는 이상을 실현하려는 것이다.

2. 표시방법 등

(1) 표시할 곳

디자인등록의 표시는 물품 또는 그 물품의 용기나 포장 등에 그 표시를 할 수 있다(법 79).

(2) 표시방법

디자인등록 표시는 디자인등록을 받은 디자인품임을 나타내는 것이기 때문에 여러 가지 형태로 표시할 수 있으나 “디자인등록 제○○○호”라고 표시하는 것이 일반적 표시방법이라고 할 수 있다. 그러나 다음과 같은 유형으로 표시하는 경우도 적지 않다.

디자인등록 제○○○호 디자인권자 홍길동	·	디자인등록 제○○○호 디자인등록 2011.11.11 디자인권자 홍길동	·	2011 디자인등록 제○○○호 디자인권자 홍길동

V. 허위표시의 금지

1. 의의 및 취지

디자인권자는 등록디자인품 등에 디자인등록 표시를 할 수 있으나 허위표시를 하여서는 아니되는 허위표시의 금지의무를 진다. 허위표시는 비단 디자인권자뿐만 아니라 등록디자인에 관한 권리를 가진 전용실시권자·통상실시권자·질권자는 물론 누구든지 준수하여야 할 의무이다(법 80).

이와 같이 허위표시금지를 의무화한 것은 수요자에게 디자인보호제도에 의해 디자인적 특징이 검증된 신디자인 상품임을 인식시켜 수요를 창출, 신장하여 산업발전에 기여하는 한편 경쟁업체를 위시하여 관심 있는 모든 자에게 모방을 할 수 없도록 함과 동시에 등록디자인을 기초로 하여 새로운 디자인안출의 계기를 제공하고 거래질서를 확립하기 위함이다.

2. 금지행위

누구든지 다음의 어느 하나에 해당하는 행위를 하여서는 아니된다(법 80 각호).

(1) 디자인등록된 것이 아닌 물품, 디자인등록출원 중이 아닌 물품 또는 그 물품의 용기나 포장에 디자인등록 표시 또는 디자인등록 출원표시를 하거나 이와 혼동하기 쉬운 표시를 하는 행위

(2) 위 (1)의 표시를 한 것을 양도·대여 또는 전시하는 행위

(3) 디자인등록된 것이 아닌 물품·디자인등록출원 중이 아닌 물품을 생산·사용·양도나 대여를 위하여 광고·간판 또는 표찰에 그 물품이 디자인등록 또는 디자인등록출원된 것으로 표시하거나 이와 혼동하기 쉬운 표시를 하는 행위

3. 금지위반행위의 제재

위의 (1) 내지 (3)의 허위표시행위를 한 자에게는 허위표시죄가 구성되어 3년 이하의 징역 또는 2천만원 이하의 벌금에 처한다(법 84). 또 법인의 대표자나 법인 또는 개인의 대리인, 사용인, 그 밖의 종업원이 그 법인 또는 개인의 업무에 관하여 허위표시를 하면 그 행위자를 벌하는 외에 그 법인에게는 6천만원 이하의 벌금형을, 그 개인에게는 2천만원 이하의 벌금형을 과(科)한다. 다만, 법원 또는 개인이 허위표시를 방지하기 위하여 해당업무에 관하여 상당한 주의와 감독을 게을리 하지 아니한 경우에는 그러하지 아니하다[법 87(양벌규정)].

제9장 실시권

제1절 서 설

Ⅰ. 서 론

등록디자인 또는 이와 유사한 디자인을 업으로 실시할 수 있는 권리는 디자인권자가 독점하지만(만약 디자인권자가 그 디자인권에 대하여 타인에게 전용실시권을 설정한 경우에는 전용실시권의 설정을 받은 전용실시권자도 그 설정행위로 정한 범위 안에서 업으로서 실시할 권리를 독점한다) 디자인보호법은 디자인권자 이외의 자에게도 등록디자인을 업으로 실시할 수 있는 권리(이하 여기에서 "실시권"이라 한다)를 허용하고 있다.

이러한 실시권은 디자인권자 자신의 필요에 따라 설정되는 경우가 대부분이나 산업정책 등 공익차원에서 디자인권자의 의사와는 관계없이 인정되는 경우가 있다.

이와 같은 등록디자인의 실시는 그 실시의 권능에 따라 전용실시권과 통상실시권으로 나뉘어진다(법 47, 49).

Ⅱ. 성 질

실시권이란 디자인권자 이외의 자가 디자인보호법의 규정에 의하여 또는 설정행위로 정한 범위 안에서 업으로서 등록디자인 또는 이와 유사한 디자인을 실시할 수 있는 권리를 말한다(법 49②).

디자인권은 디자인권자가 그 등록디자인에 대해 업으로서의 실시를 독점하는 권리이지만 그 디자인권에 대해 제3자가 일정한 범위 내에서 실시할 권리를 요청하거나 청구에 의해 허락 또는 용인에 의해 그 범위 내에서 실시를 독점하거나 (전용실시권) 실시를 할 수 있는 (통상실시권) 권리이기도 하다.

Ⅲ. 종 류

실시권은 그 효력의 범위와 권능에 의해 i) 전용실시권과 ii) 통상실시권으로 구별된다.

또 그 발생원인에 의해 i) 허락실시권, ii) 심결 또는 판결실시권(이하 "심결실시권"이라 한다), iii) 법정실시권으로 구별된다.

전용실시권은 모두 디자인권자의 설정행위에 의해서 발생하는 것이므로 허락실시권 뿐이며, 통상실시권은 허락·심결·법정의 어느 것에 의해서도 발생한다.

제 2 절 전용실시권

Ⅰ. 의 의

전용실시권이라 함은 디자인권자와 타인(제3자)간에 그 등록디자인의 전용실시에 관한 설정행위로 정한 범위 안에서 그 타인이 업으로서 그 등록디자인 또는 이와 유사한 디자인을 독점적으로 실시할 수 있는 권리를 말한다. 따라서 아무리 디자인권자가 업으로서 그 등록디자인 또는 이와 유사한 디자인을 실시할 권리를 독점하지만 그 디자인권에 관하여 전용실시권을 설정한 때에는 그 설정의 범위 내에서 전용실시권자가 그 등록디자인 또는 이와 유사한 디자인을 실시할 권리를 독점하기 때문에 그 범위 안에서는 디자인권자의 독점적 실시권이 배제되어(법 41 단서) 디자인권자라 할지라도 실시할 수가 없다. 만약 디자인권자가 전용실시권을 설정한 범위 안에서 업으로서 그 등록디자인 또는 이와 유사한 디자인을 실시하면 전용실시권의 침해가 되어 전용실시권자는 디자인권자를 상대로 전용실시권 침해에 대한 금지 또는 예방청구, 손해배상청구, 신용회복청구, 부당이득반환청구 및 가처분 신청 등과 같은 민사적 구제와 고소 등 형사적 구제를 할 수 있다.

또 전용실시권이 설정되면 후술하는 통상실시권과는 달리 동일범위에 전용실시권을 중복하여 설정할 수 없다(법 41 단서).

Ⅱ. 성 질

전용실시권은 설정행위로 정한 범위 안에서 업으로서 그 등록디자인 또는 이와 유사한 디자인의 실시를 독점하는 권리이다(법 47②). 즉 전용실시권자는 정해진 범위 안에서 이들 디자인을 독점 배타적으로 지배하는 권능을 가진다. 따라서 전용실시권자가 그 등록디자인 또는 이와 유사한 디자인을 실시할 권리를 독점하는 범위 안에서는 디자인권자도 실시할 수 없다.

이처럼 디자인권이 절대적 지배권임에 대하여 전용실시권은 마치 토지의 소유권에 대한 지상권과 유사하다고 할 수 있다. 그러므로 전용실시권은 동일 범위 즉 동일 기간, 동일 지역, 동일 내용으로 1 이상의 권리를 중복하여 설정할 수 없다(법 47②).

Ⅲ. 전용실시권의 범위

1. 총 설

전용실시권의 범위는 디자인권자가 업으로서 실시할 수 있는 등록디자인 또는 이와 유사한 디자인 전 범위로 할 수도 있고 일부 범위로 할 수도 있는 바, 그 범위는 디자인권자와 그 등록디자인을 업으로서 실시하고자 하는 자간의 협의에 의한 설정행위에 의하여 정하여진다. 즉 전용실시권은 디자인권자와 그 등록디자인의 전용적 실시를 희망하는 자의 자유로운 의사에 의한 설정계약에 의해 그 범위가 정하여 지는데, 그 범위는 디자인권자의 등록디자인 또는 이와 유사한 디자인을 업으로 실시하는 권리의 모든 범위에 걸쳐 설정할 수도 있고 또 그 범위를 기간·지역·내용을 한정하여 설정할 수도 있다.

그리고 전 범위에 걸쳐 전용실시권을 설정하는 경우에는 아무리 디자인권자라 하더라도 그 등록디자인 및 이와 유사한 디자인에 대한 실시의 권능을 상실한다. 만약 실시하고자 할 때에는 전용실시권자의 허락을 받아야 하고, 허락 없이 실시할 경우에는 전용실시권 침해가 된다.

그러나 전 범위에 걸쳐 전용실시권을 설정하는 경우에도 디자인권자는 침해에 대한 소권, 전용실시권의 이전, 통상실시권의 설정 및 질권의 설정에 대한 허락 등의 권능을 갖는다. 이에 대한 자세한 것은 다음의 "2. 전 범위의 전용실시권"을 참고하기 바란다.

2. 전 범위의 전용실시권

전용실시권 범위가 일부 범위가 아니라 전 범위일 때에는 그 등록디자인 또는 이와 유사한 디자인에 대한 실시권을 전용실시권자가 전유하기 때문에 디자인권자에게는 i) 디자인권자라는 명의적 지위, ii) 디자인권 침해에 대한 소권[1], iii) 전용실시권 이전(실시 사업과 같이 이전하는 경우 또는 상속 그 밖의 일반 승계의 경우를 제외한다), 전용실시권을 목적으로 하는 질권의 설정 및 통상실시권 허락에 대한 동의권, iv) 디자인권의 상속 그 밖의 일반 승계의 경우 그 취지의 특허청장에의 신고의무 등 만이 있다.

3. 범위의 설정

전용실시권의 범위는 기간·지역·내용 면에서 설정할 수 있다.

(1) 기간의 설정

등록디자인 또는 이와 유사한 디자인에 대하여 전용실시권자가 전용적으로 실시할 수 있는 기간적 개념의 범위, 예를 들면 전용실시권 설정등록일부터 7년이나 10년 또는 디자인권의 존속기간만료일까지처럼 전용실시권자가 그 등록디자인 또는 이와 유사한 디자인을 실시할 수 있는 기간을 설정하는 것을 말한다.

(2) 지역의 설정

등록디자인 또는 이와 유사한 디자인에 대하여 전용실시권자가 전용적으로 실시할 수 있는 지역적 개념의 범위, 예를 들면 전용실시권을 실시할 수 있는 지역을 전국일원이나 부산광역시처럼 설정하는 것을 말한다.

(3) 내용의 설정

등록디자인 또는 이와 유사한 디자인에 대하여 전용실시권자가 전용적으로 사용할 수 있는 디자인의 실시유형적 개념의 범위, 예를 들면 디자인에 관한 물품을 생산·양도에만 한하는 경우 또는 생산한 물품을 사용·대여·수입에만 한하는 경우 또는 생산·수입한 물품을 양도나 대여의 청약(양도나 대여를 위한 전시를 포함한다)에만 한하는 경우 또는 디자인의 구체적인 실시형태의 하나만을 한정하는 경우, 예를 들면 디자인

---

1) 東京地判 昭39.3.18 判ダ(夕) 160호 133면(바지허리 안감사건).
山口地判 昭 38.2.28 下民集 14권 2호 331면(合成浮子 사건).

에 관한 물품의 생산량을 연간 일만 개로 한정하고 그중 6천개는 수출하고 나머지 4천개는 내수공급으로 설정하는 것이 그것이다.

Ⅳ. 전용실시권의 설정

전용실시권의 설정은 디자인권자와 전용실시권의 설정을 받고자 하는 자간의 전용실시권 설정에 관한 쌍무계약(다음에서 설명하는 "제3절 Ⅳ. 1. (1) 실시계약 체결시 유의사항" 참조)이나 유언 또는 유증 등 단독의사표시에 의하는 경우가 대부분이다. 그러므로 후술하는 통상실시권과는 달리 법률에 의하여 강제 성립되는 경우는 없다. 전용실시권의 설정은 설정계약의 체결만으로 성립되는 것이 아니고 특허청에 비치되어 있는 디자인등록원부에 등록함으로써 비로소 그 효력이 발생한다(법 48①2). 그러한 점에서 설정계약의 체결만으로 계약에서 정하는 임의의 날로부터 성립하는 통상실시권과는 다르다.

그렇다면 전용실시권의 설정계약을 체결한 후 등록시까지의 실시를 무단실시로 볼 것인가, 통상실시권의 설정계약에 의한 실시로 볼 것인가에 대하여 견해가 나뉘어져 있다. 이에 관한 별단의 합의가 없었던 한 후자의 견해로 해석함이 타당하다.[2]

또 전용실시권설정은 통상실시권의 존부(등록유부불문)와는 관계없이 할 수 있다(법 52의2① 참조).

이 경우 통상실시권의 설정등록이 되어 있는 때에는 그 통상실시권은 그 등록 후에 취득한 전용실시권자에 대항할 수 있으나(법 52의2①) 통상실시권 설정등록이 없는 경우는 통상실시권자는 전용실시권자로부터 공격을 받을 우려가 있다.

그러나 디자인권자는 통상실시권 허락 후 전용실시권의 설정계약을 체결하는 경우에는 후발의 전용실시권자의 공격에서 선발의 통상실시권자를 방위하는 의무를 진다.[3]

Ⅴ. 전용실시권의 효력 등

1. 전용실시권의 효력

전용실시권의 효력은 디자인권의 효력과 같이 전용실시권자는 그 전용실시권의 설정행위로 정한 범위 안에서 업으로서 그 등록디자인 또는 이와 유사한 디자인을 실

---

2) 野口良光, 國內實施契約의 實務 昭 54, 발명협회, 35면 참조.

3) 野口良光, 國內實施契約의 實務 昭 54, 발명협회, 37면 참조.

시할 권리를 독점한다(법 47②).

따라서 전용실시권이 침해된 경우에도 전용실시권침해에 대한 금지 등 청구, 손해배상청구, 신용회복청구와 같은 민사적 구제방법은 물론 고소와 같은 형사적 구제방법 등에 의해 전용실시권자의 보호가 디자인권자의 보호와 같이 강구되고 있다(법 62·64·66·82).

2. 상대방의 동의 등을 요하는 사항

디자인권자와 전용실시권자는 서로 디자인권과 전용실시권에 영향을 미치는 사항을 하고자 할 때에는 미리 상대방의 동의를 필요로 한다. 이를 열거해 보면 다음과 같다.

(1) 디자인권자의 동의를 요하는 사항

1) 전용실시권자는 디자인권자의 동의를 얻지 아니하면 그 전용실시권을 이전할 수 없다. 다만 실시사업과 같이 이전하는 경우 또는 상속 그 밖의 일반승계의 경우를 제외한다(법 47③).
2) 전용실시권자는 디자인권자의 동의를 얻지 아니하면 그 전용실시권을 목적으로 하는 질권설정을 할 수 없다(법 47④).
3) 전용실시권자는 디자인권자의 동의를 얻지 아니하면 그 전용실시권에 대하여 통상실시권을 허락할 수 없다(법 47④).

(2) 전용실시권자의 동의를 요하는 사항

디자인권자는 전용실시권자의 동의를 얻지 아니하면 디자인권을 포기할 수 없다(법 54①).

(3) 공유자의 동의를 요하는 사항 등

1) 동의를 요하는 사항

① 전용실시권이 공유인 경우(공유전용실시권)에는 각 공유자는 다른 공유자의 동의를 얻지 아니하면 그 지분을 양도하거나 그 지분을 목적으로 하는 질권을 설정할 수 없다(법 47⑤).

② 전용실시권이 공유인 경우에는 각 공유자는 다른 공유자의 동의를 얻지 아니하면 그 전용실시권에 대하여 통상실시권을 허락할 수 없다(법 47⑤).

2) 동의를 요하지 않는 사항

전용실시권이 공유(공유디자인권)인 경우에는 각 공유자는 계약으로 특별히 약정한 경우를 제외하고는 다른 공유자의 동의를 얻지 아니하고 그 등록디자인 또는 이와 유사한 디자인을 자신이 실시할 수 있다(법 47⑤).

Ⅵ. 전용실시권의 이전

1. 서 론

전용실시권의 이전에는 i) 실시사업과 같이 이전하는 경우, ii) 상속 그 밖의 일반승계에 의하여 이전하는 경우, iii) 디자인권자의 동의를 얻어 이전하는 경우 등이 있다(법 47③).

또 전용실시권은 위의 ii)의 경우를 제외한 i)·iii) 경우의 이전의 경우에는 이를 등록하지 아니하면 그 효력이 발생하지 아니한다(법 48①2). 따라서 i)·iii)의 경우 등록은 전용실시권이전의 효력발생요건이다.

그리고 ii)의 경우에는 등록을 하지 아니하여도 전용실시권 이전의 효력은 발생하나 그 이전의 원인이 된 상속, 회사의 합병 등과 같은 일반승계가 있는 경우 그러한 취지를 지체 없이 특허청장에게 신고하여야 한다(법 48②).

이처럼 신고의무를 부과하는 것은 전용실시권의 이동사항을 디자인등록원부에 기재하여 공시함으로써 선의의 피해자가 발생하지 않도록 함과 아울러 이해관계인의 전용실시권 이전에 따른 업무상에 혼란을 예방하고 업무의 계속성을 유지하기 위함이다.

2. 전용실시권 이전에 디자인권자의 동의를 요하지 않는 경우

(1) 실시사업과 같이 이전하는 경우

1) 전용실시권자의 입장에서

등록디자인 또는 이와 유사한 디자인의 실시사업상 불가피한 사정에 의해 실시사업을 전용실시권과 함께 이전할 수밖에 없는 경우 디자인권자가 동의를 해주지 않을 때에는 당해 생산설비는 무용지물이 될 뿐만 아니라 기술진용을 위시한 전 종업원의 진로가 어렵게 되며 더욱 등록디자인 또는 이와 유사한 디자인의 실시사업을 위해 차입한 금융기관 등에의 채무변제가 불가능하게 되는 폐단이 있어 국가산업경제상 손실이 발생하기 때문이다.

이 경우 디자인권자의 동의를 얻어 전용실시권을 목적으로 하는 질권 설정이 된 경우에는 전용실시권 설정의 범위 안에서의 그 등록디자인 또는 이와 유사한 디자인에 대하여 경매 등을 통해 제3자에게 넘어갈 수도 있기 때문에 이러한 점 등이 고려된 입법조치로 해석된다.

2) 디자인권자의 입장에서

전용실시권을 실시사업과 같이 이전하는 경우 전용실시권자의 영업상의 모든 것, 즉 생산·제조설비, 기술진 등 현역종사원, 거래선 등을 그대로 넘기기 때문에 굳이 디자인권자의 동의를 구하지 않아도 전용실시권자의 영업상태가 온전히 존치되므로 디자인권자에게는 어떠한 피해도 가지 않기 때문이다. 즉 생산설비(제조설비), 기술진, 원료공급선이 같으므로 등록디자인품의 품질의 동일성이 유지되므로 디자인권자 입장에서는 전용실시권자가 바뀌더라도 등록디자인의 실시사업에는 어떠한 변동도 일어나지 않는다는 점.

그리고 전용실시권을 이전받은 자 또한 막대한 투자를 하여 치열한 산업경쟁에 뛰어든 이상 품질·가격·원가 등에서 생산성을 향상하여 국제경쟁력을 제고하려고 노력하려는 것은 사업가의 본연이기 때문에 전 전용실시권자의 실시사업보다는 손색이 없을 것이라는 점 등을 고려하여 실시사업과 같이 이전하는 경우에는 디자인권자의 동의 없이도 전용실시권을 이전할 수 있도록 하는 규정을 둔 것으로 해석된다.

(2) 상속 그 밖의 일반승계에 의한 이전의 경우

피상속인 또는 합병전회사와 설정된 전용실시권의 내용의 변동 없이 그대로 영업과 같이 상속인 또는 합병회사에 승계되고 다만, 그 주체만이 바뀔 뿐이기 때문에 이 경우 디자인권자에게는 하등 영향을 미치지 않으며, 또 전용실시권의 상속 그 밖의 일반승계의 경우에는 상속인 등에게 지체 없이 그 취지를 특허청장에게 신고하도록 하는 신고의무를 부과하여 특허청장으로 하여금 특허청에 비치되어 있는 디자인등록원부에 등록토록 하여 일반 공중에게 공시되므로 주체의 변동에 따른 어떠한 혼동도 야기되지 않기 때문이다.

3. 전용실시권 이전에 디자인권자의 동의를 요하는 이유

위의 (1), (2)의 경우를 제외하고 디자인권자의 동의를 얻지 아니하고 전용실시권의 이전을 인정한다면 공유디자인권인 경우에 지분의 자유양도를 인정하는 경우와 같은 불편함이 따르기 때문이다.

Ⅶ. 전용실시권의 소멸 등

1. 전용실시권의 소멸

전용실시권은 i) 디자인권의 소멸, ii) 전용실시권의 설정기간의 만료, iii) 전용실시권 설정계약의 해제, iv) 디자인권의 취소, v) 디자인권 또는 전용실시권의 포기, vi) 혼동[4]인 경우에 소멸한다.

2. 전용실시권의 소멸등록

전용실시권의 소멸은 위의 i), iv), vi)의 경우를 제외하고는 등록하지 아니하면 그 효력이 발생하지 아니한다(법 48①2).

3. 전용실시권의 포기

전용실시권자는 질권자 또는 디자인권자의 동의를 얻어 통상실시권을 허락한 통상실시권자의 동의를 얻어 전용실시권을 포기할 수 있다(법 54②). 전용실시권의 포기가 있는 때에는 전용실시권은 그 때부터 효력이 소멸된다(법 55).

4) 서로 대립하는 2개의 법률적 지위가 동일인에게 귀속되는 것, 즉 채권과 채무가 동일한 주체에 귀속한 때에는 채권은 소멸한다(민법 507 본문). 이 경우는 전용실시권자가 디자인권자로 되기 때문에 전용실시권은 소멸되는 것이다.

제 3 절 통상실시권

Ⅰ. 의의 및 성질

통상실시권이란 등록디자인 또는 이와 유사한 디자인을 실시할 수 있는 권리를 말한다. 그러나 전용실시권과 같이 실시하는 권리를 독점하여 전유하는 것은 아니다(법 47②, 49②). 따라서 디자인권자는 통상실시권설정 후에도 자신의 실시는 물론 복수의 제3자에게 동일한 범위의 통상실시권을 허락할 수 있다. 그러한 점에서 통상실시권은 전용실시권과는 달리 채권적인 권리라고 할 수 있다. 그 이유는 통상실시권이라는 객체는 무체물이기 때문에 점유를 할 수 없어 동일한 내용의 실시권을 별개로 설정해도 채권에서와 같은 채무불이행의 문제가 발생하지 않기 때문이다. 따라서 통상실시권은 채권의 일종이라기보다는 채권적 권리라고 함이 타당하다. 따라서 통상실시권은 전용실시권과 같이 등록에 의하여 발생하는 물권과는 달리 당사자간의 계약만으로 발생하는 채권적 권리이므로 당사자간에서는 등록의 유무를 불문하고 계약성립시에 그 효력이 발생한다. 그러나 계약만으로는 통상실시권자는 디자인권 양수인이나 전용실시권자에 대하여 통상실시권을 주장할 수 없고, 통상실시권의 설정등록을 한 경우에만 그 등록 후 디자인권을 승계한 자나 전용실시권을 취득한 자 등 제3자에게 대항할 수 있는 통상실시권의 효력이 발생한다(법 52의①). 이는 마치 민법 제618조 및 제622조의 임대차에 관한 규정과 같은 취지의 규정이다. 따라서 디자인권이나 전용실시권이 이전되거나 전용실시권이 설정된 경우에는 통상실시권에 관한 채권관계가 구 디자인권자 등으로부터 신 디자인권자 등에 이전하여 구 디자인권자 등은 채권적 권리를 가질 수 없다.

Ⅱ. 통상실시권의 설정

통상실시권의 설정은 디자인권자 또는 전용실시권자(통상실시권 허락에 관하여 디자인권자의 동의를 얻은 전용실시권자를 말한다. 이하 같다)와 통상실시권의 설정을 받고자 하는 자간의 설정계약에 의하는 경우가 대부분이고 그 밖에 법률에 의하여 성립되는 경우도 있다. 통상실시권 설정은 설정계약을 체결함으로써 계약에서 정하는 임의의 날로부터 성립한다. 이 점에서 특허청에서 비치하고 있는 디자인등록원부에 등록하지 않으면 그 효력을 발생하지 않은 전용실시권의 경우와 다르다.

또 통상실시권은 하나의 디자인권에 대하여 동일범위·동일내용으로 다수의 제3자에게 복수의 통상실시권을 설정할 수 있고, 설정계약에서 특별히 제한을 두고 있지 않는 한 통상실시권을 허락한 디자인권자 또는 전용실시권자(이하 여기에서 "디자인권자 등"이라 한다)도 사용할 수 있음은 물론이다.

Ⅲ. 통상실시권의 내용 및 범위

통상실시권의 내용과 범위는 디자인권자 등과 그 등록디자인 또는 그와 유사한 디자인(이하 "등록디자인 등"이라 한다)을 실시하고자 하는 자와의 약정에 의하여 정하여지고 그 약정에 의하여 설정된 범위 안에서 업으로서 그 등록디자인 등을 실시할 수 있는 권리를 가진다. 그리고 당사자를 구속하는 효력이 발생하며, 등록을 하면 그 등록 후에 디자인권 또는 전용실시권(이하 "디자인권 등"이라 한다)을 취득한 자에게 대항할 수 있는 효력이 생긴다.

이와 같은 통상실시권은 채권적 성질의 권리이므로 디자인권자 또는 전용실시권자는 동일한 내용의 통상실시권을 다수인에게 설정할 수 있고 또 통상실시권 설정 후에도 자기가 직접 사용할 수 있음은 물론 디자인권자는 전용실시권을 설정할 수도 있다.

또한 디자인권은 무체물에 관한 권리이므로 동일한 내용의 실시권이 다수 병존할 수 있어 동일한 내용의 통상실시권을 다수 설정하더라도 채권불이행이라는 문제가 일어나지 않는다는 점에서 임대차와 같은 유체물에 관한 채권과는 다르다.

통상실시권의 내용 및 범위에 관한 자세한 설명은 앞서 기술한 제9장 제2절 "Ⅲ. 전용실시권의 범위 3. 범위의 설정 (1) 내지 (3)을 참고하기 바란다.

Ⅳ. 통상실시권의 종류

통상실시권에는 허락통상실시권·법정통상실시권·강제통상실시권이 있다.

1. 허락통상실시권

디자인권자는 그 디자인권에 대하여 타인에게 통상실시권을 허락할 수 있으며(법 47①) 통상실시권 중 허락에 의한 통상실시권 설정의 경우가 대부분이다. 일반적으로 통상실시권 허락에 의한 설정계약 체결시 유의하여야 할 전형으로 다음과 같은 것들이 관행적으로 이루어지고 있다.

(1) 실시계약 체결시 유의사항

1) 일반적 사항

등록디자인의 실시계약은 일반계약과는 달리 물품의 디자인(이하 "디자인"이라 한다)을 대상으로 하기 때문에 매우 어려운 점이 있다. 그러므로 디자인의 라이프사이클(Life cycle), 디자인의 산업적·경제적 가치, 디자인의 경쟁력 정도, 대체디자인의 출현가능성, 디자인 물품의 원재료조달의 난이성, 그 분야 전문인력의 확보가능성, 디자인 물품의 시장성 및 사업전망 그 밖의 상정가능한 예상문제점에 대한 대응방안의 예비적 강구에 관한 사항 등을 면밀히 검토, 고려하여 이를 사전에 충분히 협의하여 합의된 사항을 계약서 작성에 반영한다. 이때 계약서에 사용하는 용어는 사전상의 용어를 사용하되 디자인보호법령의 취지에 부합되어야 함은 물론 다른 법률(예 : 독점규제 및 공정거래에 관한 법률, 부정경쟁방지 및 영업비밀보호에 관한 법률)의 규정에 위배되지 않도록 유의한다. 이와 관련하여 보다 자세한 설명은 전술한 제8장 제7절 "Ⅱ. 1. 공정거래행위에 해당하는 권리행사 (1) 내지 (7), 2. 불공정거래행위에 해당될 우려가 있는 권리행사 (1) 내지 (12), 3. 불공정거래행위에 해당될 우려가 높은 권리행사 (1) 내지 (5)"를 참고하기 바란다.

2) 사전조사·확인

통상실시권 설정계약의 대상인 디자인권의 흠결 등의 유무를 조사, 확인하여 유효성 및 경제성을 판단하여 실시계약체결에 참작한다. 즉 그 디자인권에 다음과 같은 경우가 발생되어 있는지를 특허청에 비치되어 있는 디자인등록원부에 의해 사전 조사, 확인하고 또 이러한 경우가 향후 발생할 우려는 없는지를 조사한다.

① 디자인권의 취소·포기
② 디자인등록의 무효심판청구·통상실시권 허여의 심판청구
③ 재심청구
④ 심결 등에 대한 소의 제기
⑤ 질권 설정
⑥ 디자인권 이전(지분이전을 포함한다)
⑦ 허락실시권 설정
⑧ 디자인권의 잔여존속기간 또는 존속기간만료 등 디자인권의 소멸여부 등
⑨ 등록디자인 또는 이와 유사한 디자인의 실시가 선출원된 타인의 등록디자인 또는 이와 유사한 디자인·특허발명·등록실용신안·등록상표를 이용하거나 디자인권이 선출원된 타인의 특허권·실용신안권 또는 상표권과 저촉되는 등 침해하게 되지는 않을까 하는 점 등을 조사, 확인하는 것은 실시계약 체결에 매우 중요하다.

3) 실시료의 산정

등록디자인에 대한 실시료는 디자인권자나 그 등록디자인을 실시하려고 하는 자 모두에게 중요한 사항이기 때문에 실시계약 체결시 주요 협의사항으로 제기되고 있다.

때문에 오래전부터 실시료의 산정에는 여러 방식이 제시되어 왔다. 여기에서는 이 모두를 다 소개할 수는 없고 관행적으로 사용해온 보편적 방식을 중심으로 살펴보고자 한다.

① 실시료산정의 요소

실시료의 산정에는 적어도 다음과 같은 요소들이 고려될 필요가 있다.

i. 디자인의 창작성

그 실시대상 등록디자인이 기본디자인이냐 유사디자인이냐의 여부, 대용·대체디자인의 존부, 창작디자인의 수명주기 또는 대체디자인의 출현전망 등을 고려하여 디자인의 창작성의 유무 및 그 정도 등을 파악하여 디자인의 중요성 척도의 요소로 한다.

ii. 디자인의 완성도

그 실시대상 등록디자인이 완성된 디자인인가 미완성된 창작단계의 디자인인가 등을 고려하여 디자인의 완성도 등을 파악하여 디자인의 창작정도 척도의 요소로 한다.

iii. 디자인창작 착수에서 디자인등록까지의 소요경비

디자인권자가 디자인창작 착수에서부터 완성까지 소요비용(예 : 디자인창작자 급여·디자인창작 기자재의 구입·실험의뢰 등)와 그 디자인에 대한 등록출원에서부터 디자인권 설정등록까지의 비용[예 : 출원수수, 대리인에 의하여 출원절차를 밟을 경우 대리인 선임수수료·선임수수료에 대한 부가세·성공사례금, 디자인권 설정등록료(1년차에서 3년차까지의 3년분 등록료)·지방세 및 지방교육세 등]이 얼마나 들어갔는지 그 소요경비의 파악은 실시료산정에 좋은 자료가 된다.

iv. 수요의 예측

등록디자인품의 수요예측은 실시료 산정에 중요한 요소가 된다. 따라서 실시계약체결 전 등록디자인품에 대한 시장조사를 충분히 하여 수요예측을 하는 것은 그 등록디자인품의 시장성·산업성·경제성 유무의 판단자료가 되므로 이러한 수요예측은 실시료 산정의 중요한 요소가 된다.

v. 디자인의 대체성

그 실시대상 등록디자인의 대용(대체) 디자인의 존부, 창작디자인의 수명주기 또는 대체디자인의 출현여부의 전망 등을 고려하여 디자인의 대체성 유무 등을 파악하여 대체 창작디자인의 유무를 실시료 산정의 요소로 한다.

ⅵ. 전문인력의 확보여부

즉각 디자인에 관한 물품의 생산라인에 투입할 수 있는 기술인력을 확보할 수 있는가의 여부는 실시료 산정에 중요한 요소가 된다. 만약 그 실시대상 등록디자인이 기본디자인으로서 디자인적 창작성이 높은 물품 경우에는 그 분야 인력확보가 어려우므로 디자인권자 또는 등록디자인 물품 생산자로부터 이에 대한 지도를 받아 가동에 들어가거나 창작훈련을 통해 인력을 양성하여야 하기 때문에 여기에 소요되는 비용이 발생하므로 전문인력의 확보여부는 실시료산정의 요소가 되는 것이다.

ⅶ. 생산(제조·가공·조립)시설의 구입가능 여부 등

예를 들면 그 실시대상 등록디자인은 물품의 디자인이므로 그 물품을 생산할 수 있는 시설이 현재 있거나 없을 경우 제작할 수 있는 능력은 있는지 제작에 소요되는 기간, 소요예산 등을 파악하여 생산시설의 구입가능성 등을 판단해보는 것은 실시료 산정의 요소가 된다.

ⅷ. 실시의 전용성

그 실시대상디자인에 대한 실시가 디자인권처럼 독점적인가(전용성) 비독점적인가(비전용성)는 실시료 산정의 요소가 된다. 즉 실시대상 디자인에 대하여 동일한 내용·범위 및 기간으로 다수의 제3자에게 실시허락을 한 경우와 1사람만이 전용적으로 실시할 수 있도록 하는 단독 실시허락의 경우는 실시의 이익액에 큰 영향을 미치기 때문이다.

ⅸ. 실시의 내용·범위 및 기간

그 실시대상의 디자인에 관한 물품을 생산·사용·양도·대여 또는 수입하거나 그 물건의 양도 또는 대여의 청약(양도 또는 대여를 위한 전시를 포함한다) 등에 대하여 모두 실시허락을 할 것인가, 그중 생산·판매에 대해서만 실시허락을 할 것인가 또 실시지역의 광협, 실시기간의 장단 등은 실시료산정에 요소가 된다.

ⅹ. 생산량 등의 설정여부

등록디자인 실시에 따른 디자인에 관한 물품의 생산능력(예 : 생산규모 년산/1,000개), 가동률(稼動率), 생산량, 판매량 등의 설정(제한)여부는 실시의 이익액에 큰 영향을 미치기 때문에 이는 실시료산정에 중요한 요소가 된다.

ⅺ. 실시 중 개량디자인의 귀속여부

등록디자인의 실시 중 실시디자인의 물품에 대한 생산성 향상운동, 실시과정에서 나타난 결함의 개선, 실시디자인을 기초한 연구창작 등을 통하여 취득한 개량디자인을 등록권자의 것으로 할 것인가 통상실시권자의 것으로 할 것인가는 실시료산정에 요소가 된다.

xii. 노하우 등 영업비밀의 보호여부

그 실시대상디자인에 관한 물품과 관련한 노하우 등 영업비밀의 보호의무를 통상실시권자에게 부가할 것인가의 여부는 실시료산정의 요소가 된다. 즉 영업비밀보호가 통상실시권 설정의 허락요건으로 수반된 때 통상실시권자는 새롭게 비밀관리시스템을 구축하여야 하는데 여기에 비용·인력·시간 등이 소요되기 때문에 이러한 점을 실시료산정에 감안하여야 하기 때문이다.

xiii. 실시의 이액액 추산

위의 요소 등을 감안하여 실시이익액을 추산하여 실시료 산정에 기초로 한다.

xiv. 보증조항의 유무

(i) 생산보증조항

실시계약서에는 그 실시대상이 되는 등록디자인의 생산에 관한 보증조항을 두는 것이 필요하다. 즉 등록디자인품의 생산규모(생산능력 : Producing Capacity)·생산비율(수율)·품질·성능 등에 대하여 일정한 보증을 하는 것이다.

(ii) 디자인등록 보증조항

i) 보상부여보증

그 실시대상의 등록디자인의 실시가 그 등록디자인의 출원 전 출원된 타인의 등록디자인이나 이와 유사한 디자인·특허발명·등록실용신안·등록상표를 이용하거나 출원 전 출원된 타인의 특허권·실용신안권 또는 상표권과 저촉되어 침해가 되었을 경우 실시허락자인 등록권자 또는 전용실시권자는 보상한다는 취지의 소위 보상부여보증과 같은 사항을 계약상 고려하는 것이 중요하다.

ii) 침해구제보증

디자인권자 등인 실시허락자는 통상실시권자에 대해 디자인의 실시를 완벽하게 한다는 의미에서 제3자가 디자인권을 침해하거나 침해할 우려가 있을 때 실시허락자인 등록권자 등은 그 침해의 금지 또는 예방청구와 같은 침해구제조치를 취한다는 취지의 소위 침해구제보증과 같은 사항을 계약상 고려하는 것이 중요하다.

iii) 디자인등록의 유효성 보증

실시계약체결 당시의 디자인권은 완전무결하나 장래 등록디자인의 흠결을 이유로 디자인등록이 무효되거나 또는 디자인권자의 의무라 할 수 있는 연차등록료(4년차분부터 존속기간만료일까지 매년 1년분 또는 등록료납부 연차순서에 따라 수년분 또는 모든 연차분을 함께 해당 권리의 설정등록일에 해당하는 날을 기준으로 납부하는 등록료)를 납부하지 않아 디자인권이 소멸되어 디자인등록의 유효성을 상실할 경우 지불한 실시료의 반환문제가 제기될 수 있으므로 반환가부에 관한 조항을 계약서상에 명시해두는 것도 중요한 고려사항이다.

② 실시료 산정의 방식

실시료를 산정하는 방식은 일반적으로 산업계에서 관행적으로 적용해오고 있는 실시요율을 기준으로 하는 방법(이하 "시세액 방식"이라 한다)과 당해 디자인의 실시에 의해 얻어진 이익액을 기준으로 하여 산정한 실시요율을 기준으로 하는 방법(이하 "이익액 방식"이라 한다) 2가지가 있다.

i . 시세액 방식

산업계에서 오랜 경험의 축적에 의해 정해진 일정폭의 관행적 실시요율을 기준으로 한다. 비교적 적용이 간단하여 많은 자들이 선호하고 있는 방식이기는 하지만 유념하여야 할 점도 없지 않다. 즉 그 폭이 업종에 따라서는 단순히 등록디자인만을 실시허락한 경우, 비교적 디자인적 창작성이 낮은 등록디자인의 실시허락인 경우 순매출액의 0.1%에서 복잡한 경우, 비교적 디자인적 창작성이 최고도인 등록디자인의 실시허락인 경우, 또는 기본디자인인 경우 65%까지 크게 차이가 있으므로 실시계약 체결시 어떤 율로 할 것인가가 문제가 된다. 이 경우 위 i) 내지 xiv)의 요소를 종합적으로 참작하여 결정한다. 시세액 방식에는 위와 같은 순매출액을 기준으로 하여 산정하는 경우와 총매출액을 기준으로 하여 산정하는 경우가 있는데 전자를 기준으로 한 산정방식을 많이 사용하고 있는 실정이다.

ii . 이익액 방식

등록디자인의 실시로 얻어진 순이익액은 디자인권을 포함하는 위의 iii 또는 iv의 요소의 종합적 성과이므로 등록디자인의 실시에 의하여 얻은 이익액은 이들을 기준으로 하여야한다는 설이다(이하 요소를 iii으로 하는 것을 "3분설"이라 하고, iv로 하는 것을 "4분설"이라고 한다).

(i) 3분설

이익은 자금력·영업력·디자인권의 3가지 요소의 종합적 성과이기 때문에 디자인권에 의한 이익이 타요소에 비해서 어떤 비율을 갖는가를 개개의 기업실정 등에 따라 정하는 것으로 한다[5]는 견해이다.

또한 판례는 3분설을 택함에 있어 등록디자인이 소자본으로 간단히 실시할 수 있다는 점을 고려하여 위의 자금력 2 : 영업력 4 : 디자인권 4로 하고 이것에 장래 경영자가 출현할 것을 고려하여 수정(계수치 0.2)을 가하고 있다.[6]

(ii) 4분설

이익은 자본·조직·노동(기업노력)·디자인권의 대등적인 4가지 요소의 종합적 성과이기 때문에 디자인권에 의한 이익은 그 약 1/4로 하지만 개개의 디자인의 상업적 실시가능성에 따라 10~40%의 폭을 갖게 해야 한다는 견해이다.[7]

그러나 실시료 산정을 이익액 방식의 3분설 또는 4분설의 기준에 의해 산정한다 하더라도 일률적으로 1/3 또는 1/4로 하는 것이 아니고 위의 i) 내지 xi) 및 xiii)·ivx)의 요소들을 종합적으로 참작하여 적절히 수정하여 적용하여야 함은 당연하다.

③ 양 방식의 장단점

기업이 실시료를 부담하면서까지 타인의 등록디자인을 실시하려는 것은 그 디자인의 창작적 가치보다는 그 디자인을 실시함으로써 얻을 수 있는 이익, 즉 경제적 가치를 추구하려는 것이다. 그러한 관점에서 시세액 방식과 이익액 방식의 장단점을 살펴보면 다음과 같다.

i. 시세액 방식의 장단점 및 보완

시세액을 기준으로 하는 시세액 방식은 실시료 산정이 용이하고 특별한 경우를 제외하고는 동종업종 간에 균형을 유지할 수 있다는 점 등으로 합리적이라고 할 수 있으나 동종의 업종이라 하더라도 그 등록디자인의 창작력·시장력, 실시자의 자금력·영업력에 따라 경제적 이익이 다를 것인 바 이러한 이익이 도외시될 수 있다는 단점이다. 그러나 이러한 단점은 이익액 방식에 의하여 이익이 도외시되었는지의 여부를 확인하여 반영하는 방안으로 보완, 운영하면 해결될 수 있을 것이다.

ii. 이익액 방식의 장단점 및 보완

위에서 설명한 바와 같이 본래 등록디자인의 실시는 실시에 의해 얻을 수 있는 이익을 추구하려는 것이기 때문에 실시료 산정은 이익액을 기준으로 하는 이익액 방식이 합목적적이라고 할 수 있으나 실제 이익의 산정에는 어려운 점이 많다. 따라서 이러한 단점을 극복하기 위해서 시세액 방식에 의하여 실시료율의 고저여부를 점검하여 반영하는 방안으로 보완, 운영하면 해결될 수 있을 것이다.

---

5) 蕚優美, 改訂工業所有權法 解說 昭 57, 時量, 229면 참조.

6) 東京地判 昭 37.5.7 下民集 13권 5호 972면(가스壓接工業事件).

7) 五月女正三, 라이센싱·비지니스 昭 47 日本發明新聞社, 151면 참조.

iii. 양 방식의 절충

위에서 검토한 바와 같이 시세액 방식이나 이익액 방식 다 같이 단점이 있다. 따라서 양방식의 단점을 양방식의 장점 등으로 교환보완하여 적용할 수 있는 바, 이는 결과적으로 양방식의 절충형태의 실시료산정방식이 되는 셈이 되는 것이다.

2. 법정 통상실시권

(1) 의 의

아무리 디자인권이 독점·배타적인 전용권이라 하더라도 공공의 이익을 위하여 필요한 경우에는 디자인권자 또는 전용실시권자(이하 "디자인권자 등"이라 한다)의 의사와는 관계없이 당연히 법률에 따라 그 등록디자인을 실시할 수 있는 통상실시권의 효력이 발생한다(이하 "법정실시권이라 한다). 이러한 법정실시권에는 i) 선사용에 의한 통상실시권(법 50), ii) 선출원에 따른 통상실시권(법 50의2), iii) 무효심판청구등록 전의 실시에 의한 통상실시권(법 51), iv) 디자인권 등의 존속기간만료 후의 통상실시권(법 52), v) 질권행사로 인한 디자인권의 이전에 따른 통상실시권(법 58), vi) 재심에 의하여 회복한 디자인권에 대한 선사용자의 통상실시권(법 74의2), vii) 재심에 의하여 통상실시권을 상실한 원권리자의 통상실시권(법 74의3) 등이 있다.

(2) 선사용에 의한 통상실시권

1) 의 의

디자인등록출원시에 그 디자인 등록출원된 디자인의 내용을 알지 못하고 그 디자인을 창작하거나 그 디자인을 창작한 자로부터 지득하여 국내에서 그 디자인의 실시사업을 하거나 그 사업의 준비를 하고 있는 자는 그 실시 또는 준비를 하고 있는 디자인 및 사업의 목적의 범위 안에서 그 디자인등록출원된 디자인에 대한 디자인권에 대하여 통상실시권을 가진다(법 50).

이는 디자인권자의 디자인과 같은 내용을 그 디자인등록출원 전부터 선의로 실시하고 있는 자(이하 "선사용자"라 한다)에 대해 일정한 조건하에서 주어지는 실시권으로서 산업육성정책 등의 차원에서 채택된 제도이다.

2) 학설·판례

선사용권에 대한 이론적 배경에는 종래부터 선디자인보호설, 교사설(教師說), 공평설, 경제설 및 노하우 보호설 등이 있어 왔다.

① 선디자인보호설

선출원주의제도를 운용함으로써 발생하는 불합리한 점들을 개선하기 위하여 선출원주의 그 자체가 갖고 있는 결함을 시정하고 선디자인창작자와 선출원자의 보호의 균형을 도모하려는 것이라는 설이다.[8]

② 교사설

디자인창작자는 국민의 교사라는 이론에 근거한 것으로서 선사용자는 디자인권자의 디자인에서 배운 것이 없기 때문에 디자인권에 하등 기속될 필요가 없다는 설이다.

③ 공평설

디자인등록출원시에 이미 그 디자인의 실시사업을 하거나 그 사업의 준비를 하고 있는 선의의 자가 그 후의 디자인등록출원된 디자인에 대한 디자인권 때문에 실시를 계속할 수 없게 된다는 것은 출원 전 디자인을 이미 점유하고 있는 것이 객관적으로 명백한 선의의 선사용자를 희생시키고 디자인권자를 과보호하는 것이 되어 현저하게 공평관념에 반한다는 설이다.[9]

④ 노하우 보호설

노하우와 같은 영업비밀에 대하여는 법적 보호가 필요한데 선사용권은 바로 그 하나의 표시라고 보아야 한다는 설이다.

⑤ 경제설

디자인등록출원시에 그 디자인등록출원된 디자인의 실시사업을 하거나 그 사업의 준비를 하고 있는 것을 중단하게 하는 것은 그 선의의 디자인의 실시사업자에게 가혹할 뿐만 아니라 국민경제상 또는 산업정책상 바람직하지 않다는 설이다.[10]

⑥ 결 어

선디자인보호설은 디자인의 선후가 출원의 전후와 반드시 일치하지 않는다는 문제점이 있다. 실제로 출원인이 선디자인창작자인 경우도 있고 선사용자가 후디자인창작자인 경우도 적지 않기 때문이다. 교사설은 선사용권자를 디자인등록출원시 실제로 그 디자인등록출원된 디자인의 실시사업을 하거나 그 사업의 준비를 한 자만으로 국한한 데 대한 이유를 설명할 수 없다는 문제점이 있다. 그리고 노하우 보호설은 선사용디자인이 영업비밀인 경우 성립되는 이론이다. 따라서 그 디자인의 실시 및 준비사업이 공

---

8) 兼子一·染野義信, 判例工業所有權法(加除式) 昭 29, 第一法規出版社, 2583의 6면 참조.

9) 大阪地判 昭 41.6.29 下民集 17권 5·6호, 586면, 同昭 42.7.10 동 18권 7·8호 784면 참조.

10) 大審判 昭 13.2.4 民集 17권 37면 참조.

연히 알려져 있지 않은 영업비밀이다라고 말할 수 있는가에 대한 문제점이 있다.

공평설 및 경제설 또한 그 나름대로 선사용권에 대한 이론적 근거를 제시하고는 있으나 양설을 통합한 공평·경제설이 타당하다고 해석된다.

3) 선사용권의 성립요건

선사용에 의한 통상실시권(이하 "선사용권"이라 한다)이 성립하기 위해서는 디자인등록출원시 그 디자인등록출원된 디자인의 실시사업을 하거나 그 사업의 준비를 하고 있는 선의의 자가 있어야 함이 필요하다.

① 출원시

디자인의 실시사업 또는 그 실시사업의 준비는 디자인등록출원시이어야 함이 필요하다. 따라서 디자인등록출원 전에 실시하였다는 것만으로는 선사용권의 대상이 되지 않는다. 그렇지만 디자인등록출원 후에 실시사업 또는 그 실시사업의 준비가 중단(일정기간 경과 후 재개한다)된 경우에는 선사용권의 대상이 될 수 있다고 해석된다. 이는 실시사업 폐업이 아닌 일시중단이기 때문에 실시사업 폐업(포기간주로 해석할 수 있다)에 따른 소멸과는 근본적으로 다르기 때문이다.

② 국내에서의 사업실시 또는 준비

i. 국내에서의 사업실시

이는 선의의 자가 출원시 그 디자인등록출원된 디자인의 내용을 알지 못하고 그 디자인을 창작하거나 그 디자인을 창작한 자로부터 지득하여 국내에서 그 디자인의 실시사업을 하고 있는 것을 말한다. 여기에서 "실시사업"이라 함은 디자인에 관한 물품을 생산·사용·양도·대여 또는 수입하거나 그 물품의 양도 또는 대여의 청약(양도 또는 대여를 위한 전시를 포함한다. 이하 같다)을 하는 행위를 말한다.

ii. 국내에서 사업실시준비

이는 선의의 자가 출원시 그 디자인등록출원된 디자인의 내용을 알지 못하고 그 디자인을 창작하거나 그 디자인을 창작한 자로부터 지득하여 국내에서 그 디자인의 실시사업의 준비를 하고 있는 것을 말한다. 여기에서 "실시사업 준비"라 함은 디자인을 실시하기 위하여 A) 실시사업계획(자본금규모 및 자금조달방법·계획 포함은 당연하다)을 수립하고 그 디자인이 속하는 업종으로 사업자등록 또는 법인등기를 한 후 공장부지를 매입한 경우, B) 공장을 건설하였을 경우, C) 생산설비의 구입 및 전문인력확보의 경우, D) 그 밖의 홍보용 광고팜플렛의 제작·배포, 국내·국외 총판대리점 설치, 설계도면의 완성, 시작품의 제작 등과 같은 사업실시 준비사실을 객관적으로 입증할 수 있는 증거를 제시할 수 있는 경우 등을 말한다.

그런데 종종 a) 홍보용 광고팜플렛 등과 같은 선전물이 제작단계에 있거나, b) 설계도면의 작성단계, c) 플랜트의 발주, d) 총판대리점 모집광고 등과 같이 최종완성단계에 이르지 못한 시작 또는 중간단계의 진행 중에 있는 것들이 논란이 되고 있다.

그러나 이러한 경우 원칙적으로는 사업준비라고 할 수 없으나 예외적으로 생산설비, 기술인력 등 사업요소에 종전의 것과 호환성이 있어 기존의 것을 그대로 사용할 수 있는 경우에는 사업의 준비로 해석함이 타당하다.

그렇지만 이 경우에도 사업준비의 시작 또는 중간진행단계에서 중단하고 향후 하지 않을 것인지는 알 수 없다.

왜냐하면 당초 디자인의 실시사업의 사업성 검토의 잘못이나 시행착오임이 발견됨으로써 그 사업의 준비를 중지할 수 있으므로 이러한 경우에는 여기에서 말하는 사업의 준비가 아님을 유의하여야 한다.

설령 이러한 시작 또는 중간단계의 것이 완성되었다 하더라도 그 디자인의 실시사업을 끝내 할 것인가는 최종의사결정자(개인의 경우 대표자, 법인인 경우 이사회 또는 주주총회)의 결정 또는 의결에 따라 좌우되기 때문에 이러한 점 등을 아울러 고려하는 신중성이 요구되는 사안임도 유념할 필요가 있다.

③ 선의자

디자인등록출원된 디자인의 내용을 알지 못하고 스스로 그 디자인을 창작하거나 또는 디자인등록출원된 디자인의 내용을 알지 못하고 그 디자인을 창작한 자로부터 지득하여 그 디자인의 실시사업을 하거나 그 사업의 준비를 하고 있는 자를 말한다. 즉 디자인등록출원에 관계되는 디자인내용을 모르고 자기 또는 타인이 한 디자인을 실시하거나 그 실시를 준비하는 것은 "선의"라고 하고 그 자를 "선의자"라고 하는데 반하여 디자인등록출원에 관계되는 디자인내용을 알고 자기 또는 타인이 한 디자인을 실시하거나 그 실시를 준비하는 것은 "악의"라고 하고 그 자를 "악의자"라고 한다. 전자의 경우 그 디자인등록출원된 디자인에 대한 디자인권에 대하여 통상실시권을 가지나 후자의 경우는 디자인권 침해가 구성된다. 여기에서 "디자인을 창작한 자로부터 지득"이라 함은 디자인을 창작한 자가 1인일 필요는 없으며 또 몇 명인지는 더욱 알 필요가 없다. 왜냐하면 그 디자인이 이미 공지된 공유디자인이어서 누구든지 자유롭게 실시할 수 있는 것일 때에는 굳이 디자인의 창작자가 몇 사람인지 분명하지 않아도 "디자인을 창작한 자로부터의 지득"이라고 해석하여야 하기 때문이다.

4) 선사용권의 범위

① 실시 또는 준비하고 있는 디자인의 범위 내

선사용자의 통상실시권의 범위는 디자인등록출원시 그 디자인의 실시 또는 준비를 하고 있던 디자인을 그대로 계속 실시할 수 있으면 충분하기 때문에 그 디자인의 실시범위가 등록디자인의 전범위의 일부인 경우에는 그 사용권은 그 일부범위에 그치고 전범위에 확대되지 않는다. 굳이 그럴 필요가 없기 때문이다. 그러나 그 디자인의 실시범위가 등록디자인의 전범위인 경우에는 선사용권은 그 전범위에 미친다.

② 디자인의 실시사업 목적의 범위 내

선사용자는 실시하고 있던 사업의 목적을 계속 이행할 수 있으면 충분하기 때문에 굳이 사업목적의 범위를 벗어날 필요는 없는 것이다. 그러나 사업목적의 범위 내인한 실시의 규모는 출원시와 동일할 필요는 없고 이를 사업목적의 범위까지 확장 실시해도 무방하다.

5) 선사용권의 문제점

① 실시형태의 변경

ⅰ. 실시형태설

디자인등록출원시 디자인사업의 실시형태(예 : 디자인에 관한 물품의 시방서, 생산시설의 설계도면 등)를 변경하는 것은 선사용권의 범위 내의 행위인가에 대하여 종래의 실시형태설은 선사용자는 디자인등록출원시의 실시형태를 그대로 유지하여야 하므로 굳이 이를 변경, 확대할 필요도 없고 또 선사용권제도의 취지에도 반한다는 이유로 실시형태의 변경에 대하여 부정적이었다.[11)]

ⅱ. 디자인범위설

디자인보호법 제50조의 "범위"란 선사용자가 창작한 디자인의 범위 및 디자인실시사업 목적의 범위를 선사용자가 한 형식의 범위가 아니므로 그 형식을 통해 출원시의 그 창작수준에 비추어 그 분야에서 통상의 지식을 가진 자가 당연히 알 수 있을 정도로 디자인적 창작의 범위는 디자인의 범위라고 해석하여야 한다. 따라서 형식의 변경은 선사용권의 범위 내의 행위로 인정하여야 한다는 것이 디자인보호법 제50조의 문리적 해석이며 선사용권제도의 취지라는 이유로 실시형식의 변경에 대하여 긍정적이다.

ⅲ. 결 어

실시형식의 변경을 선사용권의 범위 내의 행위로 인정할 것인가에 대한 위의 양설 중 디자인범위설이 타당하고 또 오늘날의 학설, 판례의 경향이기도 하다.[12)]

---

11) 大審判 昭 13.4.5 民集 17권 642면 ; 실시형식설에 따른 판결(써레사건) 참고.

12) 兼子一·染野義信 判例 工業所有權法(加除式) 昭 29, 제일법규출판사, 214면 참조.
豊崎光衛 工業所有權法(新版·增補)(法律學全集) 昭 55, 有斐閣, 247면 참조.
名古屋地判 昭 59.2.27 무체집 16권 1호, 91면, 最高判 昭 61.10.3 민집 40권 6호 1068면(③의 上告案) 참조.

② 선사용권자의 생산디자인에 관한 물품의 제3자 사용

선사용권자가 생산한 디자인에 관한 물품을 제3자가 업으로 사용, 판매, 대여, 판매·대여를 위한 전시 등 실시사업을 하거나 그 실시사업을 준비하고 있는 행위가 선사용권자의 사용(실시)범위에 속하는가의 문제이다. 이는 디자인권자로부터 실시허락을 받은 통상실시권자의 디자인에 관한 생산제품을 제3자가 업으로 사용하거나 판매 등을 하는 경우와 마찬가지로 그 통상실시권자의 사용범위내의 실시로 보아야 하며, 따라서 적법한 것으로서 디자인권의 침해행위가 구성되지 아니한다. 이는 마치 병행수입에서의 권리소진설의 이론적 논거와 같은 이치이다. 권리소진설에 관한 설명은 전술한 제8장 제3절 Ⅱ. 1. (2) 1) ② iii. "소진설－소모이론－" 및 2) ⑤ ii. "병행수입"을 참고하기 바란다.

③ 디자인권의 설정등록 전의 선사용자의 지위

선사용권은 디자인권에 대한 것이므로 디자인권의 설정등록 후의 선사용자의 법적 지위는 명백하나 디자인권의 설정등록 전의 선사용자의 지위에 대해서는 어떠한 명문의 규정도 두고 있지 않아 분명하지가 않다. 그러나 선사용권제도의 취지로 보아 선사용자는 장래 실시권자의 지위를 갖기 때문에 선사용권자와 동일한 지위를 갖는다고 해석하여야 하며, 그 지위는 디자인권의 설정등록 후와 같이 이전할 수 있다.[13)]

6) 선사용권제도의 개선

선사용권제도는 스스로 디자인을 창작하거나 공연히 알려진 공유의 디자인을 타인의 디자인등록출원당시 업으로 실시하고 있거나 그 실시를 준비하고 있는 자에게 사용권을 인정하여 선사용권자를 보호하려는 취지로 창설된 제도이면서 또 다른 한편으로는 선출원주의에서 오는 선디자인창작자 비보호문제를 다소나마 해소할 수 있는 제도라고도 할 수 있다. 그러나 반드시 선사용자가 선디자인의 창작자가 되는 것은 아니고 또 선사용자가 선출원자가 될 수 없는 것도 아니다. 따라서 이점은 여전히 선출원제도의 난제로 남는다.

위와 같은 취지로 창설된 선사용권제도이지만 선사용입증이 어려워 결국 선사용권을 주장할 수 없는 경우가 적지 않다. 그리하여 선사용권제도를 이용하기 보다는 방어적으로 디자인등록출원을 하는 경향으로 흘렀고 이는 결국 출원증가를 초래하여 심사기간이 장기화되면서 디자인등록기간이 평균 12개월 내지 18개월이 소요되는 부작용이 나타났다.

이러한 문제점들을 해결하기 위하여 방어출원억제책을 겸한 출원공개제도(법 23의2)를 입법적으로 창설하였는바, 이 제도는 선사용권제도의 난점이라고 할 수 있는 선사

---

13) 札幌高判 昭 42.12.26 下民集 18권 11·12호, 1187면 참조.

용입증의 어려움을 우회적으로 해결해준 것으로 매우 현실적이고 효과적인 제도라고 평가할 수 있다.

위에서 살펴본 바와 같이 선사용권제도의 취지를 입법적으로 유지하면서 선사용 입증의 곤란성 극복의 일환으로 그동안 신규성·창작성 등 디자인성에 회의를 가지고 디자인등록출원을 하지 않았거나 권리화 할 것까지는 없다고 생각하여 출원을 하지 않았던 디자인이라 할지라도 선사용권의 대상이 될 가능성이 있는 것은 방어적 차원에서 일단 출원을 한다. 그리고 권리화에 필요한 디자인등록결정이나 등록한다는 취지의 심결이 없다 하더라도 선사용권 이상의 효력이 있는 선출원(법 16)이나 확대된 선원의 지위(법 5)를 갖게 된다.

(3) 효력제한기간 중 실시에 의한 통상실시권

디자인등록출원 또는 디자인권의 효력은 등록료 추가납부기간이 지난 날부터 납부하거나 보전한 날까지의 기간(이하 여기에서 "효력제한기간"이라 한다) 중에 다른 사람이 그 디자인 또는 이와 유사한 디자인을 실시한 행위에 대하여는 그 효력이 미치지 아니한다(법 33의 3④). 즉 효력제한기간 중 국내에서 선의로 디자인등록출원된 디자인, 등록디자인 또는 이와 유사한 디자인을 업으로 실시하거나 이를 준비하고 있는 자는 그 실시 또는 준비를 하고 있는 디자인 또는 사업의 목적의 범위 안에서 디자인권에 대하여 통상실시권을 가진다(법 33의 3 ⑤).

여기에서 "추가납부기간"이라 함은 디자인권의 설정등록의 경우 최초 3년분의 등록료를 디자인등록결정 또는 디자인등록심결의 등본을 받은 날부터 3월 이내에 납부하여야 하고 제4년분부터의 등록료는 당해 디자인권의 설정등록일에 해당하는 날을 기준으로 하여 매년 1년분씩 납부(이하 본란에서 "등록료납부기간"이라 한다)하여야 하는 바, 이 등록료납부기간이 지난 후에도 그 기간이 지난 날부터 6개월 이내에 당해 등록료의 2배의 범위에서 소정의 금액을 추가납부할 수 있는데(법 33①②) 이 6개월의 기간을 말한다. 또 "보전기간"이라 함은 디자인권의 설정등록료 또는 연차등록료의 납부기간 및 동 등록료의 추가납부기간 이내에 당해 등록료의 일부를 납부하지 아니한 경우 특허청장의 그 등록료에 대한 보전명령을 받은 날부터 1월 이내에 그 등록료의 2배의 범위에서 소정의 금액을 보전할 수 있는 바(법 33의2①②), 그 1월의 기간을 말한다.

이와 같이 효력제한기간 중 그 디자인등록출원된 디자인, 등록디자인 또는 이와 유사한 디자인의 실시사업 또는 그 사업준비를 하고 있는 자에게 그 실시 또는 준비를 하고 있는 디자인 또는 사업의 목적의 범위 안에서 그 디자인등록출원된 디자인에 대한 디자인권에 대하여 통상실시권을 갖도록 하는 것은 디자인등록출원 또는 디자인권의 효력이 미치지 아니한 등록료추가납부기간이 경과한 날부터 납부하거나 보전한 날까지의 기간, 즉 디자인권의 효력제한기간 중에 당해 디자인에 대한 실시 또는 준비를 하고 있던 선의의 자가 등록료추가납부기간 또는 보전기간 경과 후의 디자인등록출원에 관계되는 디자인권 때문에 실시사업을 계속할 수 없게 된다는 것은 디자인권의 효력제한기간 내에 디자인을 이미 실시 또는 준비를 하고 있는 것이 객관적으로 명백한 선의의 사용자를 희생시키고 디자인권자를 과보호하는 것이 되어 현저하게 공평관념에 반한다(공평설). 뿐만 아니라 디자인권의 효력제한기간 중에 이미 실시하거나 그 준비를 하고 있던 사업실시를 못하도록 하는 것은 선의의 실시자에게 너무 가혹하고 또 경제적, 산업정책적 측면에서도 소망스럽지 못하다는 것이다(경제설).

(4) 선출원에 따른 통상실시권

타인의 디자인권이 설정등록되는 때에 그 디자인등록출원된 디자인의 내용을 알지 못하고 그 디자인을 창작하거나 그 디자인을 창작한 자로부터 지득하여 국내에서 그 디자인 또는 이와 유사한 디자인의 실시사업을 하거나 그 사업의 준비를 하고 있는 자(법 제50조에 해당하는 선사용자를 제외한다)는 다음의 1의 요건을 갖춘 경우에 한하여 그 실시 또는 준비를 하고 있는 디자인 및 사업의 목적범위 안에서 그 디자인권에 대하여 통상실시권을 가진다(법 50의2 각호).

1) 타인이 디자인권을 설정등록받기 위하여 디자인등록출원을 한 날 이전에 그 디자인 또는 이와 유사한 디자인에 대하여 디자인등록출원을 하고 그 디자인등록출원에 관한 디자인의 실시사업을 하거나 그 사업의 준비를 하였을 것
2) 위 1) 중 먼저 디자인등록출원한 디자인의 다음의 어느 하나에 해당하여 디자인등록거절결정이나 거절한다는 취지의 심결이 확정되었을 것
   ① 디자인등록출원 전에 국내 또는 국외에서 공지되었거나 공연히 실시된 디자인
   ② 디자인등록출원 전에 국내 또는 국외에서 반포된 간행물에 게재되었거나 전기통신회선(예 : 인터넷)을 통하여 공중이 이용가능하게 된 디자인
   ③ 위의 ① 또는 ②에 해당하는 디자인에 유사한 디자인

(5) 무효심판청구등록전 실시에 의한 통상실시권

1) 의 의

디자인등록에 대한 무효심판청구의 등록[14] 전에 자기의 등록디자인이 무효사유에 해당되는 것을 알지 못하고 국내에서 그 디자인 또는 이와 유사한 디자인의 실시사

14) 디자인등록의 무효심판이 청구된 경우 당해 디자인권이 등재되어 있는 디자인등록원부에 예고등록을 하는 것을 말한다. 이는 디자인등록의 원인의 무효로써 선의의 제3자에 대항할 수 있는 경우에 한하여 하는 주의적 성격의 공시라고 할 수 있다.

업을 하거나 그 사업의 준비를 하고 있는 경우에는 그 실시 또는 준비를 하고 있는 디자인 및 사업의 목적의 범위 안에서 그 디자인권 또는 디자인등록을 무효로 한 당시에 존재하는 디자인권에 대한 전용실시권에 대하여 통상실시권을 가진다(법 51①).

이는 자기의 등록디자인에 대하여 무효사유가 있는 줄 모르고 그 디자인에 대한 사업을 실시하거나 또는 그 사업의 준비 중에 무효심판이 청구되어 비록 무효가 되었다 하더라도 무효심판청구의 예고등록 전까지는 당해 등록디자인 등에 어떠한 무효원인도 없는 적법한 것으로 알고 실시 또는 준비를 하고 있었기 때문에 이러한 경우의 선의자에게는 계속 사용권을 인정하여 보호하여야 한다는 취지의 입법조치로 해석된다.

2) 통상실시권을 가질 수 있는 자

무효심판청구등록 전의 실시에 의한 통상실시권을 가질 수 있는 자는 다음의 1에 해당하는 자이다. 즉 디자인등록에 대한 무효심판청구의 등록 전에 다음의 어느 하나에 해당하는 자가 등록디자인이 무효사유에 해당하는 것을 알지 못하고 국내에서 그 디자인 또는 이와 유사한 디자인의 실시사업을 하거나 그 사업의 준비를 하고 있는 경우에는 그 실시 또는 준비를 하고 있는 디자인 및 사업의 목적의 범위에서 그 디자인권 또는 디자인등록을 무효로 한 당시에 존재하는 전용실시권에 대하여 통상실시권을 가진다(법 51① 각호).

① 동일 또는 유사한 디자인에 대한 2 이상의 디자인등록 중 그 하나의 디자인등록을 무효로 한 경우의 원디자인권자

② 디자인등록을 무효로 하고 동일 또는 유사한 디자인에 관하여 정당한 권리자에게 디자인등록을 한 경우의 원디자인권자

③ 위 ① 및 ②의 경우에 있어서 그 무효로 된 디자인권에 대하여 무효심판청구의 등록 당시에 이미 전용실시권이나 통상실시권 또는 그 전용실시권에 대한 통상실시권을 취득한 자로서 다음의 어느 하나에 해당하는 자

i. 해당 통상실시권 또는 전용실시권의 등록을 받은 자(법 51①3가)

ii. 디자인보호법 제52조의2 제2항에 해당하는 통상실시권을 취득한 자(법 51①3나)

(i) 효력제한기간 중 선의로 디자인의 실시사업을 하거나 그 사업의 준비를 하고 있는 자(법 33의3⑤)

(ii) 출원시에 선의로 디자인의 실시사업을 하거나 그 사업의 준비를 하고 있는 선사용자(법 50)

(iii) 타인이 디자인권의 설정등록을 받기 위한 디자인등록출원일 전에 선의로 그 디자인 또는 이와 유사한 디자인에 대하여 출원을 하고, 그 출원디자인에 대하여 실시사업을 하거나 그 사업의 준비를 하고 있는 선출원 실시자(법 50의2)

(iv) 무효심판청구등록 전에 선의로 등록디자인의 실시사업을 하거나 그 사업의 준비를 하고 있는 자(법 51)

(ⅴ) 등록디자인에 유사한 디자인이 출원전 또는 출원일과 같은 날에 출원되어 등록된 디자인권(이하 "원디자인권"이라 한다)과 저촉되는 경우 원디자인권의 존속기간이 만료되는 때의 원디자인권자(법 52)

(ⅵ) 질권설정 이전에 디자인을 실시하고 있는 디자인권자(법 58)

(ⅶ) 디자인보호법 제74조 제1항 각호의 어느 하나에 해당하는 경우에 해당 심결이 확정된 후 재심청구등록 전에 선의로 그 디자인의 실시사업을 하거나 그 사업의 준비를 하고 있는 자(법 74의2)

(ⅷ) 통상실시권을 허여한다는 심결이 확정된 후 재심에 의하여 이에 상반되는 심결의 확정이 있는 경우에 재심청구등록 전에 선의로 그 디자인의 실시사업을 하거나 그 사업의 준비를 하고 있는 자(법 74의3)

(ⅸ) 종업원 등의 직무발명에 대한 사용자 등(발명진흥법 10①)

3) 통상실시권의 성립요건

무효심판청구 전의 실시에 의한 통상실시권을 갖기 위해서는 다음의 요건을 충족하여야 한다(법 51①).

① 등록디자인이 존재할 것

② 무효심판청구의 예고등록이 될 것

③ 위의 예고등록 전 그 등록디자인이 무효사유에 해당되는 것을 알지 못하였을 것(선의)

여기에서 "알지 못하였을 것"이라 함은 상당한 주의를 하였음에도 불구하고 무효사유에 해당되는지를 알지 못하였음을 말한다.

④ 그 등록디자인 또는 이와 유사한 디자인이 국내에서 실시사업을 하거나 그 사업의 준비를 하고 있을 것

4) 통상실시권의 범위

디자인등록에 대한 무효심판청구의 예고등록 전에 자기의 등록디자인이 무효사유에 해당되는 것을 알지 못하고 국내에서 그 디자인 또는 이와 유사한 디자인의 실시사업을 하거나 그 사업의 준비를 하고 있는 경우에는 그 실시 또는 준비를 하고 있는 디자인 및 사업의 목적의 범위 안에서 그 디자인권에 대하여 통상실시권을 가지거나 디자인등록을 무효로 한 당시에 존재하는 디자인권에 대한 전용실시권에 대하여 통상실시권을 가진다(법 51①).

5) 통상실시권을 가진 자의 대가지급

위 2)의 ① 내지 ③의 통상실시권을 가진 자는 디자인권자 또는 전용실시권자에게

상당한 대가를 지급하여야 한다(법 51②). 따라서 통상실시권을 가진 자는 디자인권자 또는 전용실시권자에게 상당한 대가를 지불하지 않으면 안된다. 이는 이미 앞에서 설명한 바 있는 선사용권과 같이 공평을 기하려는 것이 아니고 오직 선의자의 기존의 사업을 보호하여야 한다는 취지에 따른 것이다.

본란에서의 사업의 실시, 사업실시의 준비, 선의 및 문제점, 개선방안 등에 관한 자세한 설명은 전술한 "제3절 2. 법정통상실시권 (2) 3) 내지 6)"을 참고하기 바란다.

(6) 디자인권 등의 존속기간만료후의 통상실시권

1) 원디자인권자의 통상실시권

등록디자인에 유사한 디자인이 그 디자인등록출원일 전 또는 디자인등록출원일과 같은 날에 출원되어 등록된 디자인권(이하 "원디자인권"이라 한다)과 저촉되는 경우 그 원디자인권의 존속기간이 만료되는 때에는 그 원디자인권자는 원디자인권의 범위 안에서 그 디자인권에 대하여 통상실시권을 가지거나 원디자인권의 존속기간만료 당시에 존재하는 그 디자인권에 대한 전용실시권에 대하여 통상실시권을 가진다(법 52①).

특허권 및 실용신안권과 디자인권은 특허권과 실용신안권과는 달리 권리내용에서 저촉이 된다 하더라도 출원의 전후에 관계없이 별개의 권리로 설정된다는 점에서 이와 같은 통상실시권을 인정하는 것이다.

이는 원디자인권자는 그 특허권 등의 존속에도 불구하고 자기의 디자인을 실시할 수 있게 하기 위해 인정되는 통상실시권이다.

이 경우 통상실시권자는 특허권자 및 실용신안권자 또는 전용실시권자에게 상당한 대가를 지급할 필요가 없다.

여기에서의 "디자인권의 존속기간만료"에는 만료 전에 연차등록료의 불납이나 포기로 인하여 소멸한 디자인권에 대해서는 이와 같은 통상실시권은 인정되지 않는다. 왜냐하면 자기의 디자인을 실시할 의사가 없다고 한 자의 것까지 통상실시권을 인정하는 것은 무의미하기 때문이다.

2) 존속기간만료 당시의 실시권자의 통상실시권

디자인권의 존속기간이 만료되었을 때의 전용실시권자 또는 등록된 통상실시권자도 원디자인권자에 대해 인정되는 통상실시권자와 마찬가지로 원권리의 범위 안에서 통상실시권이 인정된다.

즉 위 1)의 경우에 있어서 원디자인권의 만료 당시에 존재하는 원디자인권에 대한 전용실시권자 또는 등록된 통상실시권자는 원 권리의 범위 안에서 그 디자인권에 대하여 통상실시권을 가지거나 원디자인권의 존속기간만료 당시에 존재하는 그 디자인권에 대한 전용실시권에 대하여 통상실시권을 가진다(법 52②).

3) 1) 및 2)의 준용

위의 1) 및 2)는 등록디자인 또는 이와 유사한 디자인이 그 디자인등록출원일 전 또는 디자인등록출원일과 같은 날에 출원되어 등록된 특허권·실용신안권과 저촉되고 그 특허권 또는 실용신안권의 존속기간이 만료하는 경우에 관하여 이를 준용한다(법 52③).

4) 디자인권자 또는 전용실시권자에의 대가지급

위 2)(위 3)에서 준용하는 경우를 포함한다)에 의하여 통상실시권을 가지는 자는 그 디자인권자 또는 그 디자인권에 대한 전용실시권자에게 상당한 대가를 지급하여야 한다(법 52④). 여기에서 "상당한 대가"라 함은 그 디자인권 등의 실시에 따른 실시료 상당액을 말하는 바, 이에 대하여는 앞에서 살펴본 "제3절 Ⅳ. 1. (1) 3) 실시료의 산정 ① 내지 ③"을 참고하기 바란다.

(7) 질권행사로 인한 디자인권의 이전에 따른 통상실시권

디자인권자가 디자인권을 목적으로 하는 질권설정 이전부터 그 등록디자인 또는 이와 유사한 디자인을 실시하고 있는 경우에는 그 디자인권이 경매 등에 의하여 이전되더라도 그 디자인권에 대하여 통상실시권을 가진다. 이 경우 디자인권자는 경매 등에 의하여 디자인권을 이전받은 자에게 상당한 대가를 지급하여야 한다(법 58). 여기에서의 "상당한 대가"라 함은 그 디자인권 등의 실시에 따른 실시료 상당액을 말하는 바, 이에 대한 자세한 설명은 앞에서 설명한 "제3절 Ⅳ. 1. (1) 3) 실시료의 산정 ① 내지 ③"을 참고하기 바란다.

(8) 재심에 의하여 회복한 디자인권에 대한 선사용자의 통상실시권

확정된 심결에 의하여 무효 등이 된 디자인권이 재심에 의하여 회복하였다 하더라도 그 회복한 디자인권에 대한 선사용자에게는 통상실시권을 인정한다. 즉 다음의 1에 해당하는 경우에 당해 심결이 확정된 후 재심청구의 예고등록 전에 선의로 국내에서 그 디자인의 실시사업을 하고 있는 자 또는 그 사업의 준비를 하고 있는 자는 그 실시 또는 준비를 하고 있는 디자인 및 사업의 목적의 범위 안에서 그 디자인권에 관하여 통상실시권을 가진다(법 74의2).

1) 무효로 된 디자인권(디자인등록취소결정에 대한 심판에 의하여 취소가 확정된 디자인권을 포함한다)이 재심에 의하여 회복된 경우
2) 디자인권의 권리범위에 속하지 아니한다는 심결이 확정된 후 재심에 의하여 이와 상반되는 심결이 확정된 경우
3) 거절한다는 취지의 심결이 있었던 디자인등록출원이 재심에 의하여 디자인권의

설정등록이 된 경우

이와 같이 재심에 의하여 회복한 디자인권에 대한 선사용자의 통상실시권을 인정한 취지 등에 관한 자세한 설명은 전술한 "2. (2) 선사용에 의한 통상실시권 2) 학설·판례, 3) 선사용권의 성립요건"을 참고하기 바란다.

그리고 위의 1) 내지 3)의 어느 하나에 해당하는 경우의 디자인권의 효력은 ⅰ) 당해 심결이 확정된 후 재심청구의 등록(재심청구의 예고등록) 전에 한 당해 디자인의 선의의 실시, ⅱ) 등록디자인에 관련된 물품의 생산에만 사용하는 물품을 당해 심결이 확정된 후 재심청구의 등록(재심청구의 예고등록) 전에 선의로 생산·양도·대여 또는 수입하거나 양도 또는 대여의 청약을 하는 행위에 미치지 아니한다(법 74②).

(9) 재심에 의하여 통상실시권을 상실한 원권리자의 통상실시권

통상실시권을 허여한다는 심결이 확정된 후 재심에 의하여 이에 상반되는 심결의 확정이 있는 경우에는 재심청구의 예고등록 전에 선의로 국내에서 그 디자인의 실시사업을 하고 있는 자 또는 그 사업의 준비를 하고 있는 자는 원통상실시권의 사업의 목적 및 디자인의 범위에서 그 디자인권 또는 재심의 심결의 확정이 있는 당시에 존재하는 전용실시권에 대하여 통상실시권을 가진다. 이 통상실시권을 가진 자는 디자인권자 또는 전용실시권자에게 상당한 대가를 지급하여야 한다(법 74의3①②).

이와 같이 재심에 의하여 통상실시를 상실한 원권리자의 통상실시권을 인정하는 취지 등에 관한 자세한 설명은 전술한 "제3절 Ⅳ. 2. (2) 선사용에 의한 통상실시권 2) 학설·판례, 3) 선사용권의 성립요건"을 참고하기 바란다.

3. 강제통상실시권

통상실시권에는 위의 허락통상실시권, 법정통상실시권 외에 행정처분에 의하여 설정되는 강제통상실시권이 있는 바, 이를 디자인보호법상 심판에 의한 통상실시권 즉 통상실시권 허여의 심판에 의하여 설정되는 통상실시권이라 한다. 이를 살펴본다.

디자인권자·전용실시권자 또는 통상실시권자가 자기의 등록디자인이 그 디자인등록출원일 전에 출원된 타인의 등록디자인 또는 이와 유사한 디자인·특허발명·등록실용신안 또는 등록상표(이하 " 등록디자인 등"이라 한다)를 이용하여야 하거나 자기의 디자인권이 그 디자인권의 디자인등록출원일 전에 출원된 타인의 특허권·실용신안권 또는 상표권(이하 "특허권 등"이라 한다)과 저촉되어 자기의 등록디자인 및 디자인권이 타인의 등록디자인 등 및 특허권 등과 이용·저촉관계에 있어 실시의 허락을 받고자 하는 경우에 그 타인이 정당한 이유 없이 허락하지 아니하거나 그 타인의 허락을 받을 수 없는 때에는 자기의 등록디자인을 업으로써 실시할 수 없다(법 45①).

또 디자인권자·전용실시권자 또는 통상실시권자가 그 등록디자인에 유사한 디자인이 그 디자인등록출원일 전에 출원된 타인의 등록디자인 또는 이와 유사한 디자인·특허발명·등록실용신안 또는 등록상표를 이용하여야 하거나 그 디자인권의 등록디자인에 유사한 디자인이 디자인등록출원일 전에 출원된 타인의 디자인권·특허권·실용신안권 또는 상표권과 저촉되어 자기의 그 등록디자인에 유사한 디자인 및 그 디자인권의 등록디자인에 유사한 디자인과 이용·저촉관계에 있어 실시의 허락을 얻고자 하는 경우에는 그 타인이 정당한 이유 없이 허락하지 아니하거나 허락을 얻을 수 없는 때에는 자기의 등록디자인에 유사한 디자인을 업으로서 실시할 수 없다(법 45②).

이처럼 등록디자인 또는 이와 유사한 디자인이 타인의 등록디자인 등이나 특허권 등과 이용·저촉관계에 있는 경우 디자인권자의 그 타인에 대한 실시허락요청이 정당한 이유 없이 거부되거나 허락받을 수 없는 경우에는 자기의 등록디자인 또는 이와 유사한 디자인의 실시에 필요한 범위 안에서 통상실시권 허여의 심판을 청구하여 그 심판의 심결에 의해 그 타인의 등록디자인 등이나 특허권 등에 대하여 실시권을 갖는 바(법 70①②) 이 심판에 의하여 취득한 실시권을 심판에 의한 통상실시권이라고 하고 이러한 심판을 통상실시권 허여의 심판이라 한다.

이 경우의 통상실시권의 허여는 심판청구인의 등록디자인 또는 이와 유사한 디자인이 그 디자인등록출원 전에 출원한 타인의 등록디자인 등에 비하여 상당한 경제적 가치가 있는 중요한 디자인적 창작을 가져올 수 있는 것에 한하여 인정되기 때문에 이는 디자인의 이용을 도모함으로써 디자인의 창작을 장려하여 산업발전에 기여하려는 디자인보호법의 목적구현의 수단으로 채택된 제도라고 할 수 있다.

따라서 이러한 제도가 확립되어 있지 않는다면 타인의 등록디자인 등이나 특허권 등과의 이용·저촉관계 있는 공업상 유용한 디자인을 실시할 수 없게 되어 그 만큼 디자인의 장려를 통한 산업발전을 이룰 수 없게 되는 것이다.

통상실시권 허여의 심판과 관련하여 심판청구의 요건, 심판청구의 범위, 심판당사자 적격, 심판청구의 방식 등, 심판절차 등, 대가의 지급 등에 관한 설명은 후술하는 제11장 제3절 Ⅱ. 6. (2)부터 (7)까지를 참고하기 바란다.

Ⅴ. 통상실시권의 효력

통상실시권은 업으로서 등록디자인 또는 이와 유사한 디자인을 실시할 수 있는 권리이지만 채권적인 권리로서의 성질상 그 효력은 물권적인 권리로서의 전용실시권과는 다르다. 그러나 등록권자와의 관계에서 전용실시권자와 같은 지위를 갖게 되는 사항도 적지 않다.

1. 소 권

통상실시권자에게 소권이 있는지에 대해서는 학설상 견해가 나뉘어져 있다. 즉 통상실시권은 채권적인 권리이므로 배타성이 없다. 따라서 제3자의 권리침해도 없으므로 통상실시권자에게는 소권이 없다는 견해의 부정설과 통상실시권이 비록 채권적인 권리라 하더라도 권리인 이상 제3자의 권리침해도 있을 수 있으므로 인한 불가침성으로 배타성이 있어 소권이 있다는 견해의 긍정설이 있다. 그러나 적어도 디자인권자와의 관계로 전용실시권자와 같은 독점적 통상실시권자의 지위를 갖게 된 통상실시권에 대해서는 소권을 인정해주는 것이 타당하다고 해석되며 판례도 이를 지지하고 있다.[15] 그러나 이에 반대하는 판례도 있다.[16]

2. 통상실시권의 이전

통상실시권 허여의 심판에 의하여 설정되는 강제통상실시권 외의 허락통상실시권·법정통상실시권은 실시사업과 같이 이전하는 경우 또는 상속 그 밖의 일반승계의 경우에는 임의이전 할 수 있고 그 외의 통상실시권에 관한 이전은 디자인권자(전용실시권자에 관한 통상실시권에 있어서 디자인권자 및 전용실시권자)의 동의를 받아야만 이전할 수 있다(법 49④).

3. 질권의 설정

통상실시권자는 통상실시권 허여심판에 의하여 설정되는 통상실시권과 같은 강제통상실시권 외의 허락실시권·법정통상실시권에 대해서는 질권을 설정할 수 있다. 다만 디자인권자(전용실시권에 관한 통상실시권에 있어서는 디자인권자 및 전용실시권자)의 동의를 얻은 경우에 한한다(법 49⑤).

4. 디자인권 등의 포기 등에 관한 동의

디자인권자의 디자인권 포기 및 전용실시권자의 전용실시권 포기에는 통상실시권자의 동의를 필요로 한다(법 54②).

---

15) 東京地判 昭 30.12.24 下民集 6권 12호, 2690면(긍정설 채택).
東京地判 昭 40.8.31 無体集 1권, 222면(긍정설 채택) 등 다수.

16) 大阪地判 昭 59.12.20 無体集 16권 3호, 803면(완전독점적 통상실시권에 부정설 채택).

5. 통상실시권자의 통상실시권 포기

통상실시권자는 자기의 통상실시권을 자유롭게 포기할 수 있다. 다만, 통상실시권을 목적으로 하는 질권이 설정되어 있는 경우에는 질권자의 동의를 얻어야만 그 통상실시권을 포기할 수 있다(법 54③).

6. 타인의 등록디자인 등과 이용·저촉관계 등에 있는 경우 그 타인의 허락

통상실시권자는 그 등록디자인 또는 그와 유사한 디자인이 그 디자인등록출원일 전에 출원된 타인의 등록디자인 또는 이와 유사한 디자인·특허발명·등록실용신안 또는 등록상표를 이용하거나 그 디자인권이 그 디자인권의 디자인등록출원일 전에 출원된 타인의 특허권·실용신안권 또는 상표권과 저촉되는 경우 또는 그 디자인권의 등록디자인에 유사한 디자인이 디자인등록출원일 전에 출원된 타인의 디자인권·특허권·실용신안권 또는 상표권과 저촉되는 경우에는 그 디자인권자·특허권자·실용신안권자 또는 상표권자의 허락을 얻지 아니하거나 통상실시권 허여의 심판에 의하지 아니하고는 자기의 등록디자인 또는 그 등록디자인에 유사한 디자인을 업으로서 실시할 수 없다(법 45①②).

이처럼 통상실시권자는 그 통상실시권에 의한 등록디자인 또는 이와 유사한 디자인의 실시에 타인의 등록디자인 또는 이와 유사한 디자인·특허발명·등록실용신안 또는 등록상표를 이용해야 하거나 그 통상실시권이 설정되어 있는 디자인권 또는 그 디자인권의 등록디자인에 유사한 디자인이 타인의 특허권·실용신안권 또는 상표권과 저촉되는 경우 또는 타인의 디자인권·특허권·실용신안권이나 상표권과 저촉되는 경우 그 타인의 허락을 얻어야 한다.

7. 통상실시권의 효력

(1) 무등록 통상실시권의 효력

다음의 통상실시권은 등록이 없더라도 그 통상실시권 설정계약 체결, 실시후 디자인권 또는 전용 실시권을 취득한 자에 대하여도 그 효력이 발생한다(법 52의2②).

1) 실시통상실시권

효력제한기간(디자인보호법 제33조의3 제2항 또는 제3항에 따른 디자인등록출원 또는 디자인권의 효력은 등록료 추가납부기간이 지난 날부터 납부하거나 보전한 날까지의 기간)

중 국내에서 선의로 디자인보호법 제33조의3 제2항 또는 제3항에 의한 디자인등록출원된 디자인·등록디자인 또는 이와 유사한 디자인을 업으로 실시하거나 이를 준비하고 있는 자는 그 실시 또는 준비를 하고 있는 디자인 또는 사업목적의 범위 안에서 그 디자인권에 대하여 통상실시권을 가진다(법 52의2②, 33의3⑤).

2) 선사용에 의한 통상실시권(법 52의2②, 50)
3) 선출원에 따른 통상실시권(법 52의2②, 50의2)
4) 무효심판청구등록(예고등록) 전의 실시에 의한 통상실시권(법 52의2②, 51)
5) 디자인권 등의 존속기간만료 후의 통상실시권(법 52의2②, 52)
6) 질권행사로 인한 디자인권의 이전에 따른 통상실시권(법 52의2②, 58)
7) 재심에 의하여 회복한 디자인권에 대한 선사용자의 통상실시권(법 52의2②, 74의2)
8) 재심에 의하여 통상실시권을 상실한 원권리자의 통상실시권(법 52의2②, 74의3)
9) 종업원등의 직무디자인에 대하여 디자인등록을 받았거나 디자인등록을 받을 수 있는 권리를 승계한 자가 디자인등록을 받은 경우 사용자 등이 그 디자인등록에 의한 디자인권에 대하여 가진 통상실시권(법 52의2②, 발명진흥법 10①)

(2) 등록통상실시권의 효력

통상실시권은 등록이 없더라도 위의 (1)과 같은 효력이 발생하나 통상실시권을 등록한 때에는 그 등록 후에 디자인권 또는 전용실시권을 취득한 자에 대하여도 그 효력이 발생한다(법 52의2①).

특히 통상실시권의 이전·변경·소멸 또는 처분의 제한, 통상실시권을 목적으로 하는 질권의 설정·이전·변경·소멸 또는 처분의 제한은 등록을 하지 아니하면 제3자에게 대항할 수 없다(법 52의2③).

Ⅵ. 통상실시권의 이전

1. 동의를 요하는 이전

통상실시권 중 허락통상실시권, 법정통상실시권(효력제한기간 중 사용자의 통상실시권·무효심판청구등록 전의 통상실시권·디자인권 등의 존속기간만료 후의 통상실시권·질권행사로 인한 디자인권의 이전에 따른 통상실시권·재심에 의하여 회복한 디자인권에 대한 선사용자의 통상실시권·재심에 의하여 통상실시권을 상실한 원권리자의 통상실시권)은 디자인권자(전용실시권자에 관한 통상실시권에 있어서는 디자인권자 및 전용실시권자)의 동의를 얻어야만 이전할 수 있다. 다만, 실시사업과 같이 이전하는 경우 또는 상속 그 밖의 일반승계의 경우에는 동의 없이 이전할 수 있다(법 49④).

2. 디자인권과의 동반이전

통상실시권 허여의 심판에 의한 통상실시권은 그 통상실시권자의 당해 디자인권과 함께 이전되고 해당 디자인권이 소멸된 때에는 함께 소멸된다(법 49③).

Ⅶ. 통상실시권에의 질권 설정 등

1. 통상실시권에의 질권 설정

위 Ⅵ. 1의 통상실시권은 디자인권자(전용실시권에 관한 통상실시권에 있어서의 디자인권자 및 전용실시권자)의 동의를 얻어 그 통상실시권을 목적으로 하는 질권을 설정할 수 있다(법 49⑤).

2. 질권자의 등록디자인 실시제한

통상실시권을 목적으로 하는 질권을 설정한 때에는 질권자는 계약으로 특별히 정한 경우를 제외하고는 당해 등록디자인을 실시할 수 없다(법 56).

3. 질권의 물상대위

통상실시권을 목적으로 설정한 질권은 디자인보호법에 의한 보상금 또는 통상실시권에 의한 등록디자인의 실시에 대하여 받을 대가나 물품에 대하여도 이를 행사할 수 있다. 다만, 그 지급 또는 인도 전에 이를 압류하여야 한다(법 57).

Ⅷ. 통상실시권의 공유

통상실시권이 공유인 경우에는 각 공유자는 다른 공유자의 동의를 얻지 아니하면 그 지분을 양도하거나 그 지분을 목적으로 하는 질권을 설정할 수 없다. 또 통상실시권이 공유인 경우 각 공유자는 계약으로 특별히 약정한 경우를 제외하고는 다른 공유자의 동의를 얻지 아니하고 그 등록디자인 또는 이와 유사한 디자인을 자신이 실시할 수 있다(법 49⑥).

Ⅸ. 디자인권 등의 포기 등 및 포기의 효과

1. 디자인권의 포기 및 디자인권 등의 포기의 제한

디자인권자는 디자인권을 포기할 수 있다(법 53). 그러나 다음의 경우에는 통상실시권자의 동의를 얻지 아니하고는 포기할 수 없다(법 54① 내지 ③).

(1) 디자인권자는 전용실시권자·질권자 또는 전용실시권자가 디자인권의 동의를 얻어 허락한 통상실시권(법 47④), 그 디자인권에 대하여 타인에게 허락한 통상실시권(법 49①) 또는 직무발명에 대한 사용자 등의 통상실시권(발명진흥법 10①)에 대하여는 그 통상실시권자의 동의를 얻지 아니하면 디자인권을 포기할 수 없다(법 54①).

(2) 전용실시권자는 질권자 또는 디자인권자의 동의를 얻어 허락한 통상실시권에 대하여는 그 통상실시권자의 동의를 얻지 아니하면 전용실시권을 포기할 수 없다(법 54②).

(3) 통상실시권자는 질권자의 동의를 얻지 아니하면 그 통상실시권을 포기할 수 없다(법 54③).

2. 포기의 효과

통상실시권의 포기가 있는 때에는 통상실시권은 그 때부터 효력이 소멸된다(법 55).

Ⅹ. 통상실시권의 소멸

1. 허락통상실시권

허락통상실시권은 ⅰ) 통상실시권 설정기간의 만료, ⅱ) 통상실시권 설정계약의 해제, ⅲ) 통상실시권의 포기 이 경우 통상실시권에 질권이 설정되어 있는 때에는 질권자의 동의를 얻어야만 포기할 수 있다(법 54③). ⅳ) 혼동 이는 통상실시권자가 통상실시권이 설정되어 있는 디자인권 또는 전용실시권을 취득함으로써 발생되는 실시의 중복으로 인한 혼동을 방지하기 위한 소멸의 경우를 말한다.

2. 법정통상실시권

법정통상실시권은 그 법정통상실시권, 즉 선사용에 의한 통상실시권·선출원에 의한 통상실시권·무효심판청구등록 전의 실시에 의한 통상실시권, 디자인권 등의 존속기간 만료 후의 통상실시권·질권행사로 인한 디자인권의 이전에 따른 통상실시권, 재심에 의하여 회복한 디자인권에 대한 통상실시권, 재심에 의하여 통상실시권을 상실한 원권리자의 통상실시권의 실시사업의 폐지에 의하여 소멸한다.

3. 강제통상실시권 – 심판통상실시권 –

통상실시권자는 당해 등록디자인 또는 그 등록디자인에 유사한 디자인이 그 등록디자인의 출원일 전에 출원된 타인의 특허발명·등록실용신안·등록디자인이나 이와 유사한 디자인 또는 등록상표를 이용하거나 디자인권 또는 그 디자인권의 등록디자인에 유사한 디자인이 그 등록디자인의 디자인등록출원일 전에 출원된 타인의 디자인권·특허권·실용신안권 또는 상표권과 저촉되는 경우에는 그 디자인권자·특허권자·실용신안권자 또는 상표권자의 허락을 받아야 자기의 등록디자인을 업으로 실시할 수 있는 바, 이 경우 통상실시권자가 자기의 통상실시권에 의한 등록디자인 또는 등록디자인에 유사한 디자인을 실시하기 위하여 그 타인에게 실시허락을 받고자 하는 경우에 그 타인이 정당한 이유 없이 허락하지 아니하거나 그 타인의 허락을 받을 수 없는 때에는 자기의 등록디자인 또는 등록디자인에 유사한 디자인의 실시에 필요한 범위 안에서 통상실시권 허여의 심판을 청구하여 그 심판에 의하여 통상실시권을 취득하기 때문에 그 타인의 디자인권 등이 소멸된 때에는 통상실시권 허여의 심판에 의하여 설정된 통상실시권도 함께 소멸된다. 즉 통상실시권 허여의 심판에 의하여 설정된 통상실시권은 그 통상실시권자의 당해 디자인권이 소멸된 때에는 함께 소멸된다(법 49③).

제 10 장 디자인권의 침해·구제 및 방어 등

제 1 절 디자인권의 침해

Ⅰ. 서 설

1. 의 의

등록된 디자인에 대하여는 디자인권자(전용실시권자를 포함한다. 이하 같다)가 독점적으로 실시할 수 있는 전용권(독점권)과 권원 없는 타인의 실시를 금지시킬 수 있는 배타권(금지권)을 갖는다. 이와 같이 디자인보호법이 창작자(그 승계인을 포함한다. 이하 같다)에게 일정기간(디자인권의 존속기간) 그 등록디자인이나 이와 유사한 디자인에 대하여 독점권은 물론 배타권까지 허여하여 타인의 무단실시를 디자인권(전용실시권을 포함한다. 이하 같다)의 침해로 규정하면서까지 등록디자인에 관한 권리를 보호하려는 것은 i) 디자인 창작자의 지난한 창작의 고뇌, 오랜 기간, 많은 창작비의 투입에 의해 창출된 지적재산이므로 보호적 당위성이 있고, ii) 창작자의 디자인의 공개와 실시를 통하여 제3자에게 디자인의 이용을 도모함으로써 디자인의 창작을 장려하여 산업발전에 기여함과 아울러 인류문명의 발달에 공헌한 것에 대한 보은적, 보상적 의미에서이다. 따라서 타인이 정당한 권한 없이 등록디자인을 실시하는 경우에는 독점·배타권인 디자인권의 침해가 된다. 이 법(민법을 포함한다. 본 항에서 이하 같다)에서는 디자인권의 침해로부터 디자인권자를 보호하기 위한 수단으로서 권리침해에 대한 금지 또는 예방청구권(법 62), 손해배상청구권(민법 750·법 64), 신용회복청구권(법 66), 부당이득반환청구권(민법 741) 등과 같은 민사적 구제수단을 두고 있고 또 그 침해행위의 형태가 반윤리적인 경우에는 처벌할 수 있는 형사적 제재수단을 두고 있다. 이와 같은 법적 구제는 모든 디자인권 침해에 대하여 적용되는 것이 아니고 일정한 침해요건에 충족된 행위유형에 대해서만 가능하다.

2. 디자인권 침해의 특수성

등록된 디자인(이하 "등록디자인"이라 한다)은 지적재산권(이하 "디자인권 또는 재산권"으로 혼용한다)의 하나로 보호되어야 함은 위에서 설명한 바와 같다. 따라서 디자인권이 침해되거나 침해될 우려가 있는 경우에는 그 침해행위의 금지 또는 예방을 명하고 침해로 인하여 발생한 손해를 배상하도록 하며 경우에 따라서는 형사상의 제재를 가하는 등 여러 형태의 법적 조치에 의해 재산권의 불가침성을 보장하는 수단이 강구되어야 함은 당연하다.

그러므로 디자인권에 대해서는 재산권 일반에 대한 법적 조치가 적용되어야 함은 물론이지만 디자인권은 무체물권이기 때문에 유체물권의 경우와는 달리 권리의 객체를 사실상 점유할 수 없어 침해가 용이한 한편 침해사실의 적발이 그리 쉽지 않을 뿐만 아니라 더욱 침해여부의 판단이 매우 어렵다는 점 등에서 디자인권의 보호 및 행사에 어려움이 수반되고 많은 경우 분쟁사건으로 비화되어 쟁송절차에 의한 해결을 호소하고 있는 실정이다.

3. 디자인권 침해의 판단

디자인권의 침해여부에 대한 판단은 등록디자인의 보호범위인 디자인등록출원서의 기재사항 및 그 출원서에 첨부된 도면·사진 또는 견본과 도면에 기재된 디자인의 설명에 표현된 디자인 즉 디자인의 대상이 되는 물품, 디자인의 설명 및 창작내용의 요점 등을 기준으로 하여 판단하되 디자인권 침해소송이 제기되었을 때 판단하게 되며 그 판단은 법원의 관할이다. 그러나 디자인권 분쟁을 해결하기 위한 하나의 수단으로서 디자인권 침해소송에 앞서 또는 디자인권 침해소송과 함께 권리범위 확인심판을 청구할 수 있으며 그 심판은 특허심판원의 전속관할이다.

4. 디자인권 침해의 요건

디자인권의 침해행위가 구성되기 위해서는 타인이 실시하고 있는 그 디자인이 디자인권자의 등록디자인과 형상·모양·색채 또는 이들을 결합 것으로서 시각을 통하여 미감을 일으키게 하는 것과 동일 또는 유사한 의장적 영상(意匠的 映像)의 창작이여야 하고(디자인의 동일·유사성) 그 타인의 등록디자인의 실시가 단순한 연구나 개인적 목적이 아닌 업으로서 실시되어야 하며(영업성) 또 정당한 권한 없이 실시할 경우(권원성)에 비로소 구성된다. 이를 구체적으로 살펴본다.

(1) 디자인의 동일·유사성

디자인의 동일·유사성이라 함은 디자인권자의 등록디자인 또는 이와 유사한 디자인(이하 "등록디자인 등"이라 한다)과 타인의 실시디자인이 i) 그 디자인의 창작의 목적(목적성), ii) 디자인의 대상이 되는 물품(물품성), iii) 그 물품의 형상·모양·색채 또는 이들을 결합한 물품의 형체, 즉 디자인의 구성요소에 따른 물품디자인의 형상(형태성), iv) 이들에 대한 시각적 심미성(미감성), v) 디자인의 기능(기능성) 및 vi) 디자인의 효과(효과성) 등 면에서 동일하거나 이와 유사한 것을 말한다. 여기에서 i) 목적성이란 디자인이 추구하고 있는 지향성의 동일·유사여부를 중심으로 판단하는 것을 말하나 디자인이 지향하고 있는 목적이 동일·유사하다고 하여 양자가 반드시 동일 또는 유사한 디자인이라고만 볼 수 없다. ii) 물품성이란 디자인의 대상이 되는 물품의 성질 즉 물품이 본디부터 가지고 있는 다른 것과 구별되는 특징으로서 그 물품의 작용이나 활용 등의 동일·유사여부를 중심으로 판단하는 것을 말하는 바, 디자인의 대상이 되는 물품의 성질이 동일하거나 유사한가를 살펴보아야 한다. 물품의 동일은 물품이 같은 것(예 : 쿠키와 쿠키, 크래커와 크래커, 마카로니와 마카로니)으로 문제될 것이 없으나 문제는 유사물품이다. 디자인보호법 시행규칙에서는 동일군의 물품의 대분류는 물론 중분류가 같고 같은 중분류 내의 물품구분상의 물품 상호간을 유사물품이라 한다. 예를 들면 디자인보호법 시행규칙 [별표 4] 물품의 구분 A군의 대분류(A1) 제조식품 및 기호품 중 중분류(A1-10) 제조식품의 물품구분의 햄, 베이컨, 소시지, 훈제육, 소금저림육, 버터, 치즈, 마가린, 생선묵들은 상호유사물품이 된다.

그리고 대분류 물품이 다른 경우[예 : (A1) 제조식품 및 기호품과 (B1) 의복]에는 물론 중분류 물품이 다를 경우[예 : (A1-10) 제조식품과 (B1-10) 양복]에도 이들 물품은 상호 이종물품이 된다. iii) 형태성이란 물품에 표현되어 있는 물품의 형상(모양, 색채, 형상·모양·색채의 결합을 포함한다)을 그 물품의 평면·저면·정면·배면·좌측면·우측면 등을 중심으로 하여 동일·유사여부를 판단하는 것을 말하고, iv) 미감성이란 물품의 형태에 대한 시각적 심미성 즉 눈을 통한 아름다움의 식별가늠의 동일·유사여부를 중심으로 판단하는 것을 말하며, v) 기능성이란 디자인 물품 즉 동일물품의 디자인의 기능·작용·작동과 그 효과의 동일·유사 여부를 중심으로 판단하는 것을 말한다. 여기에서 동일물품의 디자인이란 디자인의 본바탕을 이루는 물품을 형성하는 것으로 공간의 일부를 차지하며 관성·밀도·탄성 등의 물리적 성질을 갖는 것 즉 디자인의 기초를 이룬 물품의 동일·유사 여부를 중심으로 판단하는 것을 말한다. vi) 효과성이란 물품의 디자인에서 얻어지는 성과를 말한다. 그러나 디자인 효과가 동일 또는 유사하다고 하여 양자 반드시 동일 또는 유사한 디자인이라고는 볼 수는 없는 바, 이는 디자인의 창작적 방법은 달리하더라도 동일한 디자인의 효과가 나타날 수 있기 때문이다. 디자인의 유사성에 관한 자세한 설명은 앞 "제3장 제3절 Ⅲ. 2. (5) 3) 유사성" 및 "제5장 제1절 Ⅲ. 2. (3) 1) 유사디자인, 2) 유사물품"을 참고하기 바란다.

(2) 디자인실시의 영업성

"디자인실시의 영업성"이란 타인의 등록디자인의 실시가 업으로서 실시되어야 하며 만약 업으로서의 실시가 아닌 개인적 실시나 순수한 연구목적만을 위한 실시인 경우에는 그 실시를 영업성으로 볼 수 없기 때문에 디자인권 침해라고는 볼 수 없다. 여기에서 "영업"이란 주관적으로는 계속적·집단적으로 동종의 영리행위를 행하는 것을 말하며 일반적으로는 이윤추구를 목적으로 한 영리사업이 그 중심이 된다.

그러나 이윤이 발생하지 않는다 하더라도 수지타산을 목적으로 영업을 반복, 계속하고 있는 사업이라면 침해행위로부터의 보호의 필요성은 영리사업과 동일하게 인정되므로 단순히 영리를 목적으로 하는 경우만이 되는 것이 아니고 널리 경제상 그 수지계산위에서 행해지고 있는 사업도 포함되는 것이다.

따라서 병원, 공익법인 등의 영업활동만이 되는 것이 아니고 특수법인이 독립채산제 하에서 행하는 사업이나 각종의 비영리단체, 협동조합, 개인의 사업활동도 수지타산을 목적으로 하는 한 영업에 포함된다고 해석하여야 할 것이다.

(3) 디자인실시의 권원성

"디자인실시의 권원성"이란 타인의 등록디자인의 실시를 정당화하는 법률상의 요인, 즉 디자인권에 대한 전용실시권이나 통상실시권 등과 같은 실시권의 설정에 의해 형성된 권한을 디자인실시의 권원이라고 한다. 이러한 정당한 권원 없이 타인의 등록디자인을 실시할 경우에는 고의 또는 과실을 불문하고 디자인권 침해가 된다.

Ⅱ. 침해의 유형

1. 개 관

디자인권 침해에는 타인의 디자인의 실시가 디자인권자의 등록디자인과 동일·유사한 범위 내에서 실시되고 있거나 이용·저촉관계에서 또는 인접범위 내에서 실시되고 있음으로써 그 실시행위가 등록디자인의 실시행위라고 볼 수 있는 등록디자인의 직접침해와 타인의 디자인의 실시가 디자인권자의 등록디자인을 실시하고 있는 것으로는 볼 수 없지만 등록디자인의 실시행위에 직접 기여한다고 인정되는 실시행위로서 침해행위의 전 단계에 있는 예비행위라고 할 수 있는 등록디자인의 간접침해가 있다. 디자인보호법은 일정한 실시유형을 특정하여 디자인권 침해로 의제[1]하고 있다(법 63).

(1) 직접침해

1) 동일형태 내에서의 실시

실시하는 디자인이 등록디자인의 대상이 되는 물품과 그 디자인의 설명 및 창작내용의 요점을 기재한 도면이나 디자인의 성립요소나 요건 중 중요한 사항을 그대로 사용하는 경우 디자인권 또는 전용실시권(이하 "디자인권 등"이라 한다)을 침해하는 것으로 본다. 따라서 디자인의 구성요건의 특징이 아니거나 디자인권의 요건 중 중요하지 아니한 사항을 삭제하거나 부가하여 실시하는 경우 동일 범위 내의 실시로 되어 디자인권 침해가 된다. 즉 그 등록디자인의 도면의 구성요소인 형상·모양·색채 또는 이들 요소를 결합한 것이거나 혹은 글자체의 기록이나 표시 또는 인쇄 등에 사용하기 위하여 공통적인 특징을 가진 형태로 만들어진 한 벌의 글자꼴(숫자·문자부호 및 기호 등의 형태)을 가진 디자인의 실시는 곧 등록디자인의 동일 범위 내에서의 실시로 되어 디자인권 등의 침해가 되지만 그 밖의 비창작적 요소의 부분에 대해서는 침해가 되지 아니한다.

예를 들면 시각적 미감에 영향을 미치지 아니한 범위 내에서의 단순한 무게의 경양화·부피의 소형화·재질의 변경 등 물품의 디자인적 형상에 변경을 주지 아니한 범위 내에서의 실시편의(들기 좋고 사용이 편리하게 하는 등) 등에서의 경미한 변형이나 상업적 변형 정도와 같은 경우에는 침해라고까지는 할 수 없다.

2) 이용·저촉관계에 의한 실시

이용이란 디자인권자·전용실시권자 또는 통상실시권자가 그 등록디자인이 그 디자인등록출원일 전에 출원된 타인의 등록디자인 또는 이와 유사한 디자인의 시각적 미감, 특허발명·등록실용신안의 기술적 사상 또는 등록상표의 표장적 이미지(이하 "등록디자인 등"이라 한다)를 이용하여 성립한 디자인을 말하며, 이와 같이 타인의 선원에 관련된 등록디자인 등과 이용관계에 있는 디자인 또는 이와 유사한 디자인은 그것이 비록 디자인등록을 받았다 하더라도 이를 그 선원의 디자인권자 등의 허락을 얻지 아니하거나 통상실시권 허여의 심판에 의하지 아니하고 무단 실시할 경우 디자인권 등의 침해가 된다.

또한 저촉이란 디자인권이 그 디자인권의 디자인등록출원일 전에 출원된 타인의 특허권·실용신안권 또는 상표권(이하 "특허권 등"이라 한다)과 충돌되는 경우를 말하는

---

1) 등록디자인 또는 이와 유사한 디자인에 관한 물품의 생산에만 사용하는 물품을 업으로서 생산·양도·대여 또는 수입하거나 업으로서 그 물품의 양도 또는 대여의 청약을 하는 행위는 당해 디자인권 또는 전용실시권을 침해한 것으로 본다.

데, 여기에서 충돌이라 함은 타인의 등록디자인의 심미적(審美的) 형상, 특허발명·등록실용신안의 기술적 내용, 등록상표의 표장적 이미지와 표상적 형태와의 완전동일을 의미하며, 이와 같이 타인의 선원에 관련된 특허권 등과 저촉되는 경우에는 그것이 비록 디자인등록을 받았다 하더라도 이를 그 선원의 디자인권자·특허권자·실용신안권자 또는 상표권자의 허락을 얻지 아니하거나 통상실시권 허여의 심판에 의하지 아니하고 무단실시하면 디자인권·특허권·실용신안권 또는 상표권 침해가 구성된다.

3) 인접범위 내에서의 실시

① 전 용

등록디자인을 다른 디자인분야에 전용하여 창작을 완성한 경우로서, 이와 같은 전용디자인의 경우 일반적으로 디자인성이 부정되고 있어 전용에 다른 특별한 의장적 창작성이 없는 한 디자인권 침해가 된다.

② 용 도

등록디자인의 물품의 용도를 다른 용도의 물품의 디자인으로 사용한 경우로서, 이와 같이 등록디자인의 물품을 단순히 등록디자인의 물품의 용도와는 다른 분야의 물품의 디자인으로 사용한 경우 일반적으로 창작성이 부정되고 있어 용도변경에 특별한 의장적 창작성이 없는 한 디자인권 침해가 된다.

③ 기 능

물품의 기능을 확보하는데 필요한 형상과 그 물품의 기능확보와는 아무런 관련이 없는 물품의 형상으로 된 등록디자인을 다른 분야의 물품의 기능확보에 불가결한 형상과 그 물품의 기능과는 전혀 관계가 없는 물품의 형상으로 된 디자인으로 실시한 경우로서, 이와 같이 등록디자인을 등록디자인의 물품의 기능확보와 그 물품의 형상보호를 위한 디자인으로 실시한 경우, 아무리 다른 형상의 물품의 디자인일지라도 선원의 등록디자인과 동일하여 그 실시디자인은 창작성 및 디자인성이 부정되므로 이처럼 실시디자인에 특별한 의장적 창작성이 없는 것을 권리자의 허락 없이 무단 실시한 때에는 디자인권 침해가 구성된다.

여기에서 유의할 것은 물품의 기능은 디자인보호법상 디자인의 구성(성립)요소가 아니므로 디자인의 대상이 아니라는 것이다. 그러나 물품의 기능이 그 물품의 형태로 표출되어 작용할 때, 예를 들면 요철(凹凸) 부분이 두 개의 벽돌의 연결, 결합기능을 할 때 그 기능적 요철형태, 만년필 뚜껑에 달린 포켓에 끼우는 쇠의 기능을 클립형태의 물건의 형상으로 표출한 것 등이 그것이므로 이는 디자인보호법 제2조 제1호의 디자인의 구성요소와는 관계없이 그 물품의 기능이 디자인에 의해 보호된다. 다만, 물품의 기능을 확보하는데 불가결한 형상만으로 된 디자인은 사실상 그 물품의 기능만을 보호하기 위한 기능적 디자인에 불과하기 때문에(법 6, 4) 이는 물품의 형상·모양·색채 또는 이들 요소를 결합한 것을 디자인으로 규정한 이 법의 규정(법 2, 1)에 반하므로 이를 인정하지 않는다.

(2) 간접침해

등록디자인 또는 이와 유사한 디자인에 관한 그 물품의 생산에만 사용하는 물품을 업으로서 생산·양도·대여 또는 수입하거나 업으로서 그 물품의 양도 또는 대여의 청약을 하는 행위는 디자인권 또는 전용실시권에 대한 간접침해에 해당한다(법 63).

여기에서 "디자인에 관한 그 물품의 생산에만 사용하는 물품"이란 그 물품의 생산에만 사용할 수 있고 다른 물품의 생산에는 일체 사용할 수 없는 물품을 말한다. 디자인에 관한 물품의 생산에만 사용하는 물품에 해당한다는 점에 관해서는 디자인권자가 주장·입증하여야 한다.[2]

여기에서의 물품은 구체적으로 통상 부품, 재료, 형틀, 공작기계 그 밖의 설비 등이라 해석된다.[3](이하 "등록디자인이나 이와 유사한 디자인에 관한 물품"이라 한다)

2. 침해행위의 유형

(1) 생산행위

등록디자인이나 이와 유사한 디자인에 관한 물품의 생산에만 사용하는 물품을 업으로서 그 물품을 생산하는 행위는 당해 디자인권 또는 전용실시권(이하 "디자인권 등"이라 한다)을 침해한 것으로 된다. 예를 들면 헬리콥터(helicopter)의 생산에만 사용하는 회전익(回轉翼)을 생산하는 경우이다.

(2) 양도행위

등록디자인이나 이와 유사한 디자인에 관한 물품의 생산에만 사용하는 물품을 업으로서 그 물품을 양도하는 행위는 당해 디자인권 등을 침해한 것으로 된다. 예를 들면 선박의 생산·수리에만 사용하는 프로펠러(propeller) 즉 선박에서 발동기에 의한 날개의 회전력을 추진력으로 바꾸는 장치인 추진기를 판매, 수출하는 경우이다.

(3) 대여행위

등록디자인이나 이와 유사한 디자인에 관한 물품의 생산에만 사용하는 물품을 업

---

2) 대법원 2001. 1. 30. 선고 98후2580 판결.

3) 高田, 意匠, 1996, 465면.

으로서 그 물품을 대여하는 행위는 당해 디자인권 등을 침해한 것으로 된다. 예를 들면 수은의 열팽창을 이용한 액체 온도계의 하나인 수은 온도계에만 사용하는 수은한난계(水銀寒暖計)를 대급(貸給), 즉 빌려주거나 꾸어주는 경우이다.

(4) 수입행위

등록디자인이나 이와 유사한 디자인에 관한 물품의 생산에만 사용하는 물품을 업으로서 그 물품을 수입하는 행위는 당해 디자인권 등을 침해한 것으로 된다. 예를 들면 반도체 생산에만 사용하는 반도체 집적회로배치 설계도면, 반도체 생산시설에만 사용하는 반도체 제조설비를 수입하는 경우가 이에 속한다.

(5) 청약행위

청약이라 함은 등록디자인이나 이와 유사한 디자인에 관한 물품이나 그 물품의 생산에만 사용하는 반제품·부품·재료·설비 등의 양도 또는 대여계약을 신청하거나 위 물품의 양도나 대여를 위한 전시계약의 신청행위를 말한다.

1) 양도청약

등록디자인이나 이와 유사한 디자인에 관한 물품을 남에게 넘겨주기 위한 계약을 신청하는 행위를 양도청약이라 한다. 예를 들면 권원 없는 자("디자인권자나 전용실시권자가 아닌 자"를 말한다. 이하 같다)가 등록디자인이나 이와 유사한 디자인인 미용마스크 팩을 제3자인 C에게 넘겨주기 위해 계약체결을 그 C에게 요청하는 것과 같은 경우이다.

2) 대여청약

등록디자인이나 이와 유사한 디자인에 관한 물품에 대하여 임대료를 받고 남에게 빌려주거나 꾸어주는 소위 리스(lease) 계약체결을 요청하는 행위를 대여청약이라 한다. 예를 들면 권원 없는 자가 등록디자인이나 이와 유사한 디자인인 안경테 금형을 안경제조업체에 빌려주기 위해 임대계약체결을 그 안경제조업체에 요청하는 것과 같은 경우이다.

3) 전시계약

전시계약이라 함은 등록디자인이나 이와 유사한 디자인에 관한 물품의 양도나 대여를 위한 전시를 위해 전시계약을 신청하는 행위를 말한다. 예를 들면 권원 없는 자가 등록디자인이나 이와 유사한 디자인인 스포츠카의 양도나 대여를 위한 전시를 하기 위해 전시회장 측에 전시계약을 신청하는 것과 같은 경우이다.

3. 침해의 유형

(1) 문언 침해

1) 등록디자인 출원서류

등록된 디자인의 출원서류는 디자인등록원부의 일부로 본다. 따라서 등록디자인의 출원서류의 기재내용과 동일하거나 이와 유사한 물품의 생산에만 사용하는 물품을 업으로서 생산·양도·대여 또는 수입하거나 업으로서 그 물품의 양도 또는 대여의 청약을 하는 행위는 당해 디자인권 또는 전용실시권을 침해한 것으로 간주한다.

2) 디자인등록원부

디자인등록원부의 기재사항 내용과 동일하거나 이와 유사한 물품의 생산에만 사용하는 물품을 업으로서 생산·양도·대여 또는 수입하거나 업으로서 그 물품의 양도 또는 대여의 청약을 하는 행위는 당해 디자인권 또는 전용실시권을 침해한 것으로 간주한다.

3) 도 면

디자인의 대상이 되는 물품을 도시한 도면 및 그 도면에 개재된 디자인의 대상이 되는 물품, 디자인의 설명 및 창작내용의 요점과 동일하거나 이와 유사한 물품의 생산에만 사용하는 물품을 업으로서 생산·양도·대여 또는 수입하거나 업으로서 그 물품의 양도 또는 대여의 청약을 하는 행위는 당해 디자인권 또는 전용실시권을 침해한 것으로 간주한다.

(2) 사진 침해

등록디자인의 대상이 되는 물품을 피사체로 한 사진과 그 물품의 디자인이 동일하거나 이와 유사한 물품의 생산에만 사용하는 물품을 업으로서 생산·양도·대여 또는 수입하거나 업으로서 그 물품의 양도 또는 대여의 청약을 하는 행위는 당해 디자인권 또는 전용실시권을 침해한 것으로 간주한다.

(3) 물품 침해

1) 견본 침해

등록디자인의 대상이 되는 물품의 품질이나 상태 등을 알아볼 수 있도록 본보기로 보이는 물품의 일부 또는 그러한 목적으로 만든 물건·간색(看色)·샘플(sample), 즉 등록디자인에 관한 물품의 본보기가 되는 물건과 동일하거나 이와 유사한 물품의 생산에만 사용하는 물품을 업으로서 생산·양도·대여 또는 수입하거나 업으로서 그 물품의 양도 또는 대여의 청약을 하는 행위는 당해 디자인권 또는 전용실시권을 침해한 것으로 간주한다.

2) 실물 침해

등록디자인의 대상이 되는 물품의 견본이나 모형, 사진 등이 아닌 디자인의 대상이 되는 실제의 물품, 즉 생산·출하되어 거래시장에 유통되고 있는 물건과 동일하거나 이와 유사한 물품의 생산에만 사용하는 물품을 업으로서 생산·양도·대여 또는 수입하거나 업으로서 그 물품의 양도 또는 대여의 청약을 하는 행위는 당해 디자인권 또는 전용실시권을 침해한 것으로 간주한다.

(4) 이용 침해

1) 개 념

이용침해라 함은 디자인권자·전용실시권자 또는 통상실시권자가 등록디자인 또는 그 등록디자인에 유사한 디자인이 그 디자인등록출원일 전에 출원된 타인의 등록디자인 또는 이와 유사한 디자인·특허발명·등록실용신안·등록상표 또는 출원일 전에 발생한 타인의 저작권을 이용하는 경우에는 그 디자인권자·특허권자·실용신안권자·상표권자 또는 저작권자 허락을 얻지 아니하고는 자기의 등록디자인 또는 그 등록디자인에 유사한 디자인을 업으로서 실시할 수 없고(법 45①②③) 만약 허락 없이 실시할 경우에는 권리침해가 되는 것을 말한다.

이용침해에 대한 통설인 요지공통설에 의하면 이용침해란 선출원 등록디자인 등의 기본구성요소를 모두 그대로 가지고 있고 새로운 디자인적 구성요소를 부가하여 디자인 등록성을 취득한 경우를 말하며, 이러한 이용디자인의 실시는 이용대상이 되는 등록디자인 또는 이와 유사한 디자인·특허발명·등록실용신안 또는 등록상표(이하 "등록디자인 등"이라 한다)의 침해행위에 해당한다.[4]

2) 이용침해의 성립요건

선등록디자인 등과 후등록디자인이 이용관계에 있는 경우 후등록디자인은 선등록

---

4) - Festo Corporation v. Shoketsu Kinzoku Kogyo Kabushiki Co. LTD., ET AL., 00-1543, U.S. Supreme Court. 참조.
- 특허법원, 특허재판실무, 과천인쇄, 2002. 12. 198면 참조.

디자인 등의 권리범위에 속하게 되고 이러한 이용관계는 후등록디자인이 선등록디자인 등의 요지에 새로운 디자인적 요소를 부가하는 것으로서 후등록디자인이 선등록디자인 등의 요지를 전부 포함하고 이를 그대로 이용하면 성립하되[5] 후등록디자인 내에 선등록디자인 등이 디자인으로서의 일체성을 유지하는 경우에 성립한다.[6]

후등록디자인이 선등록디자인 등과 동일한 디자인을 이용하는 경우에도 마찬가지이다.[7]

3) 예 시

<예시 1> 이 사건등록디자인인 녹즙기에 손잡이만을 부착한 확인대상디자인의 녹즙기의 실시는 디자인권자의 허락을 얻지 아니하거나 통상실시권 허여의 심판에 의하지 아니하고는 이용침해가 된다.

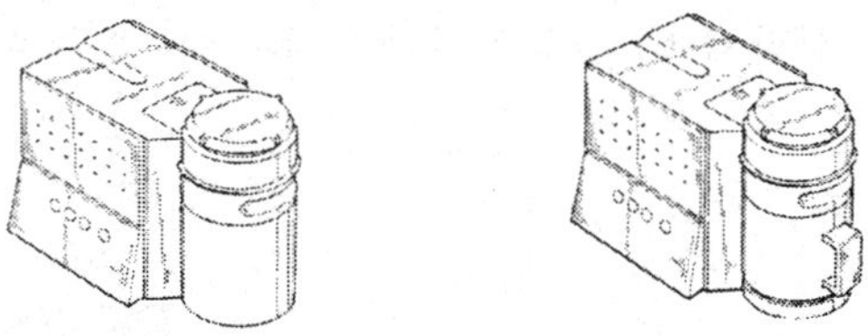

이 사건등록디자인　　　　확인대상디자인

<예시 2> 이 사건등록디자인인 숟가락의 숟가락 총에 꽃문양만을 한 확인대상디자인의 숟가락의 실시는 디자인권자의 허락을 얻지 아니하거나 통상실시권 허여의 심판에 의하지 아니하고는 이용침해가 된다.

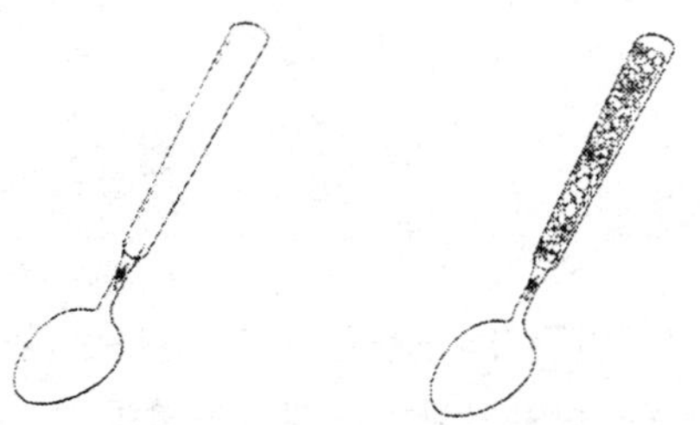

이 사건등록디자인　　확인대상디자인

<예시 3> 이 사건등록디자인인 열쇠고리용 장신구에 수술만을 붙인 확인대상디자인의 열쇠고리용 장신구의 실시는 디자인권자의 허락을 얻지 아니하거나 통상실시권 허여의 심판에 의하지 아니하고는 이용침해가 된다.

5) 대법원 1995. 12. 5. 선고 92후1660 판결 참조.
6) 대법원 1995. 12. 5. 선고 92후1160 판결 참조.
7) 대법원 2001. 9. 7. 선고 2001후393 판결 참조.

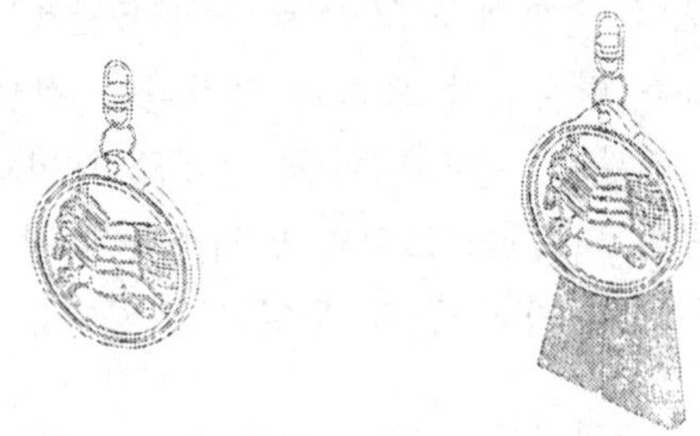

이 사건등록디자인 확인대상디자인

<예시 4> 아래 도면에서 본 바와 같이 이 사건등록디자인인 포장용 병 앞면 중앙에 7개의 종선을 그린 확인대상디자인의 포장용 병은 이 사건 디자인을 바탕으로 하여 7개의 선만을 추가 도시한 것에 불과하므로 이는 이용디자인에 해당하여 이 사건등록디자인의 디자인권자의 허락을 얻지 아니하거나 통상실시권 허여의 심판에 의하지 아니하고 실시할 경우 디자인권 침해가 된다.

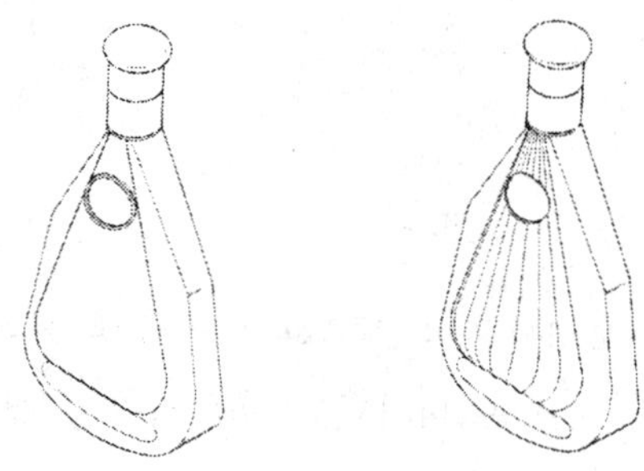

이 사건등록디자인 확인대상디자인

(5) 저촉침해

1) 개 념

저촉침해라 함은 디자인권자·전용실시권자 또는 통상실시권자의 등록디자인 또는 그 등록디자인에 유사한 디자인이 그 디자인권의 디자인등록출원 전에 출원된 타인의 특허권·실용신안권·상표권 또는 출원일 전에 발생한 타인의 저작권과 저촉되는 경우에는 그 디자인권자·특허권자·실용신안권자·상표권자 또는 저작권자의 허락을 얻지 아니하거나 통상실시권 허여의 심판에 의하지 아니하고는 자기의 등록디자인 또는 그 등록디자인에 유사한 디자인을 업으로서 실시할 수 없고(법 45①②③), 만약 허락 없이 실시할 경우에는 침해가 되는 것을 말한다.

저촉이란 디자인권자·전용실시권자 또는 통상실시권자의 등록디자인 또는 이와 유사한 디자인과 그 디자인등록출원일 전에 출원된 타인의 등록디자인 또는 이와 유사한 디자인·특허발명·등록실용신안·등록상표 또는 그 출원일 전에 발생한 타인의 저작권이 동일한 것을 말하며, 여기에서의 동일은 양자의 외관상 형태가 시각적으로 동일하게 감지되는 것으로 충분하며, 실질적 동일까지를 의미하는 것은 아닌 것으로 해석된다.

2) 저촉침해의 성립요건

선등록디자인 등과 후등록디자인이 저촉관계에 있는 경우 후등록디자인은 선등록디자인 등의 권리범위에 속하게 되고, 이러한 저촉관계는 후등록디자인이 선등록디자인 등의 형태와 동일한 것으로 후등록디자인이 선등록디자인 등의 외관적 형상을 그대로 표현하고 이를 실시하면 일응 침해요건상 저촉침해는 구성되나 후등록디자인 내에 선등록디자인 등이 디자인으로서의 일체성을 유지하는 경우에 성립한다고 해석된다.[8]

3) 예 시

<예시 1> 이 사건등록디자인인 생약증숙포장기와 확인대상 특허발명의 생약증숙포장기는 그 형태가 동일하여 이 사건등록디자인인 후등록디자인 내에 확인대상 특허발명인 선특허발명(이하 본 항 예시에서 "확인대상 특허발명"이라 한다)이 디자인으로서의 일체성을 유지하므로 양자는 저촉관계가 성립되어 후등록디자인권자의 이 사건등록디자인(이하 본 항 예시에서 "이 사건등록디자인"이라 한다)의 실시는 확인대상 특허발명의 특허권자의 허락을 얻지 아니하거나 통상실시권 허여의 심판에 의하지 아니하고는 확인대상 특허발명과 저촉되어 특허권 침해가 된다.

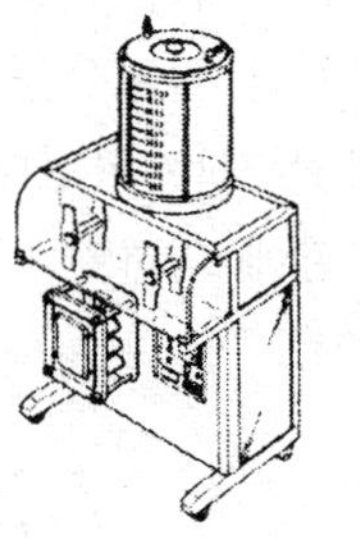

이 사건등록디자인

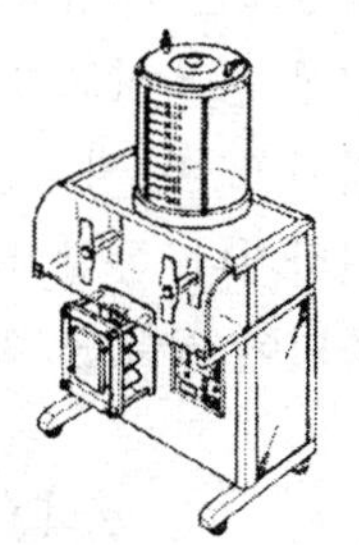

확인대상 특허발명

<예시 2> 이 사건등록디자인인 전지가위와 확인대상 등록실용신안의 전지가위는 그 형태가 동일하여 이 사건등록디자인 내에 확인대상 등록실용신안이 디자인으로서의 일체성을 유지하므로 양자는 저촉관계가 성립되어 이 사건등록디자인의 실시는 확인대상 등록실용신안권자의 허락을 얻지 아니하거나 통상실시권 허여의 심판에 의하지 아니하고는 확인대상 등록실용신안과 저촉되어 실용신안권 침해가 된다.

8) 대법원 1995. 12. 5. 선고 92후1660 판결 참조.

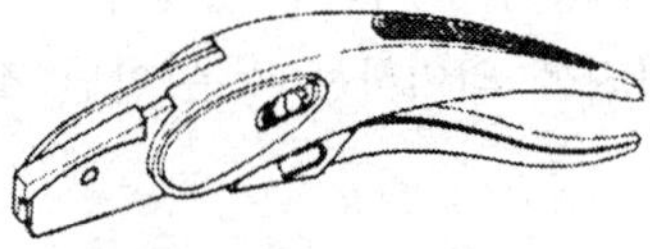

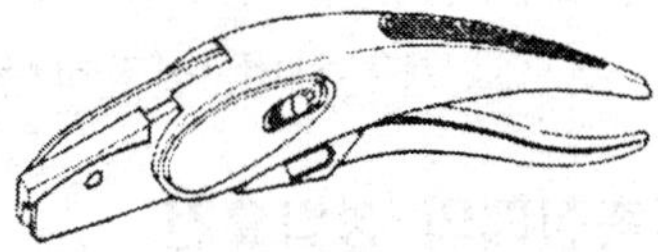

이 사건등록디자인　　　　　확인대상 등록실용신안

<예시 3> 이 사건등록디자인인 냉각타워용 열교환 충전제와 확인대상 등록디자인의 냉각타워용 열교환 충전제는 그 디자인의 형태가 동일하여 이 사건등록디자인 내에 확인대상 등록디자인이 디자인으로서의 일체성을 유지하므로 양자는 저촉관계가 성립되어 이 사건등록디자인의 실시는 확인대상 등록디자인권자의 허락을 얻지 아니하거나 통상실시권 허여의 심판에 의하지 아니하고는 확인대상 등록디자인과 저촉되어 디자인권 침해가 된다.

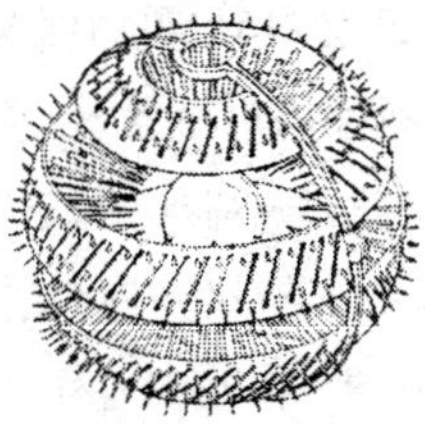

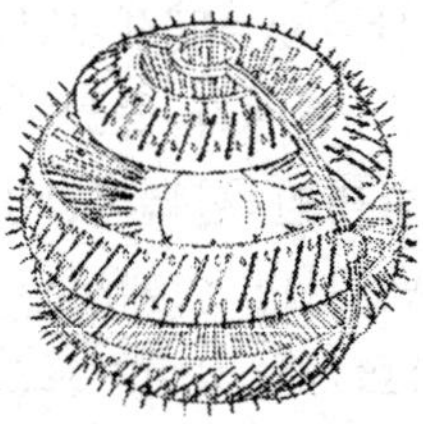

이 사건등록디자인　　　　　확인대상 등록디자인

<예시 4> 이 사건등록디자인인 손목시계용 문자판과 시계를 지정상품으로 한 확인대상 등록상표는 외형상 그 디자인의 형태가 동일하여 이 사건등록디자인 내에 확인대상 등록상표가 디자인으로서의 일체성을 유지하므로 양자는 저촉관계가 성립되어 이 사건등록디자인의 실시는 확인대상 등록상표권자의 허락을 얻지 아니하거나 통상실시권 허여심판에 의하지 아니하고는 확인대상 등록상표와 저촉되어 상표권 침해가 된다.

이 사건등록디자인　　　　　확인대상 등록상표

<예시 5> 이 사긴 등록디자인인 벽지문양과 벽지에 표현한 무늬의 확인대상저작물은 외관상 그 디자인의 형태가 동일하여 이 사건등록디자인 내에 확인대상저작물이 디자인으로서의 일체성을 유지하므로 양자는 저촉관계가 성립되어 후등록한 이 사건등록디자인의 실시는 선표현 확인대상저작물의 저작권자의 허락을 얻지 아니하거나 통상실시권 허여의 심판에 의하지 아니하고는 확인대

상저작물과 저촉되어 저작권침해가 된다.

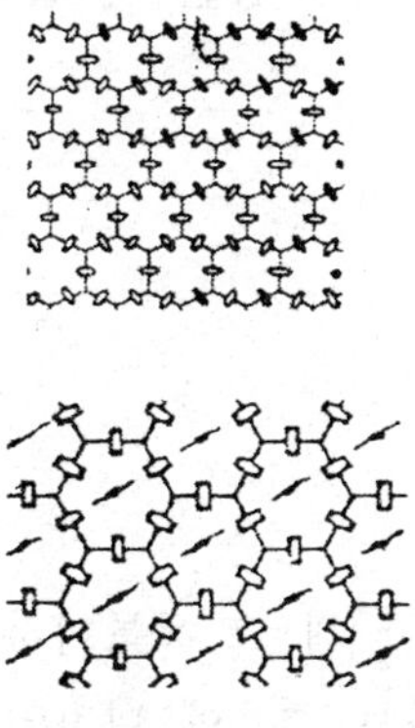 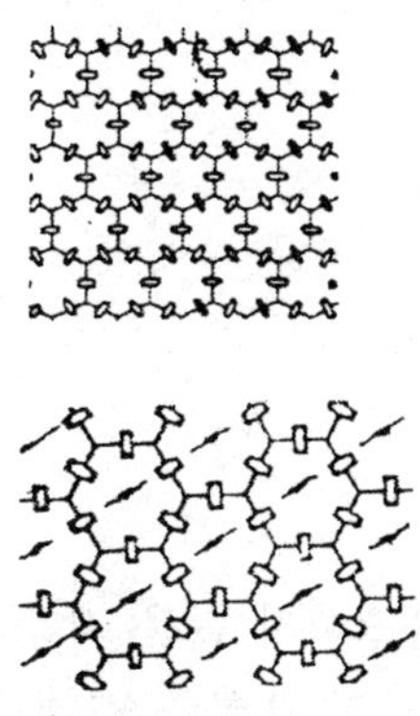

이 사건등록디자인 확인대상 저작물

<예시 6> 이 사건등록디자인인 화장품 용기와 확인대상 디자인은 비록 규격면에서는 용기의 높이, 둘레에서 차이는 있으나 후등록인 이 사건등록 디자인 내에 선등록인 확인대상 디자인이 디자인으로서의 일체성을 유지하므로 양자간에는 저촉관계가 구성되어 후등록한 이 사건등록디자인의 실시는 선등록된 확인대상 디자인권자의 허락을 얻지 아니하거나 통상실시권 허여의 심판에 의하지 아니하고는 확인대상 디자인과 저촉되어 디자인권 침해가 성립한다.

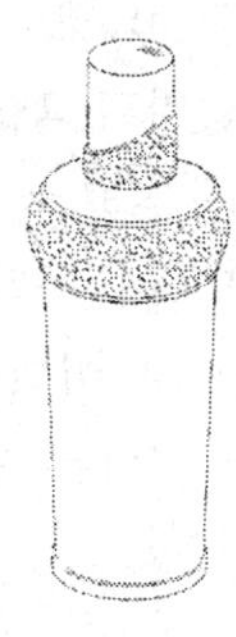 

이 사건등록디자인 확인대상 디자인

(6) 생략침해, 불완전 이용침해

1) 서 설

확인대상 디자인이 등록디자인의 구성요소 중 비교적 중요성이 낮은 구성요소를 생략하여 등록디자인의 효과보다 덜하거나 동일한 효과를 가져오는 이른바 생략디자인은 디자인권 침해에 해당하는가, 또 이러한 생략디자인에 일정한 구성요소를 부가한 이른바 불완전 이용디자인 또한 디자인권 침해에 해당하는가이다.

앞에서 살펴본 문언침해의 경우는 확인대상디자인에 등록디자인의 구성요소가 그

대로 있을 것을 요건으로 하고 있으므로 구성요소의 일부를 결여한 생략디자인이나 불완전디자인은 문언침해에 해당되지 않음은 분명한 것 같다. 그러나 학설은 양립되어 있다.

2) 학 설

① 생략침해

ⅰ. 긍정설

본질적으로 중요하지 않은 요소만 생략한 채 그 등록디자인의 미감을 일으키게 하는 디자인의 창작적 표현을 그대로 이용하는 경우에 디자인권 침해로 되지 않는다면 디자인권자의 보호에 소홀하고 침해자는 부당한 이득을 얻게 되므로 디자인권 침해로 보아야 한다는 견해이다.

이 경우 등록디자인과 동일한 창작적 표현에 의한 것으로서 디자인의 구성요소 중에서 비교적 중요도가 낮은 요소가 생략된 것, 그 구성요소가 공지되어 있어 생략이 매우 용이할 것, 생략에 의해 등록디자인 보다 디자인의 효과가 열등한 것이 명백할 것, 생략에 의해서도 등록디자인의 종래 디자인에 비해 효과가 특히 뛰어날 것을 요건으로 하여야 한다는 것이다.[9)]

예를 들면 이 사건등록디자인인 슬리퍼(그림-1) 뒷부분 양 옆 중앙 상하부에 표현된 사선형 대각선을 생략한 확인대상디자인인 슬리퍼(그림-2)는 비록 좌우 선형을 생략하기는 하였으나 그 선형은 슬리퍼 디자인의 구성요소 중 그다지 중요성이 높은 요소라고 할 수 없고 또 그 선형이 생략되더라도 이 사건등록디자인의 효과보다 덜하거나 동일한 효과를 가져올 수 있다고 보여지므로 이러한 경우에서는 디자인에 있어서도 생략디자인에 의한 생략침해가 성립될 수 있다는 것이다.

〈그림-1〉

〈그림-2〉

ⅱ. 부정설

디자인의 구성요소는 모두 필수적 구성요소로 보아야 하는 바, 이들 구성요소를 다시 중요한 요소와 중요하지 않은 요소로 나누어 디자인권 침해를 판단하는 것은 물

9) - 吉藤幸朔, 特許法 概說, 有斐閣, 1998, 532면 참조.
- 황의창·황광연 공저, 특허법 정해, 법문사, 2009. 7. 944면 참조.

품의 형태를 표현한 도면 기준의 원칙에 맞지 아니하고 법적 안정성을 저해하는 결과로 된다는 이유로 디자인권 침해가 아니라는 견해이다.10)

② 불완전 이용침해

생략디자인에 일정한 디자인의 구성요소를 부가한 소위 불완전 이용디자인 즉 선등록디자인의 구성요소에 새로운 구성요소를 부가한 후등록디자인이 선등록디자인의 디자인권 침해가 되는가에 대한 이른바, 불완전 이용디자인이 선등록디자인의 디자인권 침해가 되는가에 대하여는 종래부터 양립되어 있다.

ⅰ. 긍정설

디자인이란 물품의 형상·모양·색채 또는 이들을 결합한 것으로서 시각을 통하여 미감을 일으키게 하는 것인 바, 대비되는 두 디자인이 동일한 디자인의 구성요소로 표현되어 있지 아니하고 선등록디자인에서 생략된 구성요소를 후등록디자인에 부가한 불완전 이용디자인이라 하더라도 ⅰ) 그 부가구성요소는 디자인의 요부가 아니고 또 전디자인의 극히 일부로서 미미하여 전체적 디자인에서의 미치는 디자인성이 낮아 전체디자인에 주는 영향이 거의 없고, ⅱ) 전체 외관에서의 시각적 미감이 거의 같으며, ⅲ) 양 디자인의 형태적 일체성이 유지되는 때에는 불완전 이용침해를 인정하여야 한다는 견해이다.

예를 들면 이 사건등록디자인인 손잡이 없는 불완전한 신발밑창코팅용 밑창협착지그(그림-3)의 선등록디자인에 손잡이 정도의 구성요소를 부가한 후등록디자인인 확인대상디자인인 신발밑창코팅용 밑창협착지그(그림-4)의 디자인권자의 허락 없는 실시는 불완전한 선등록의 이용으로 디자인권 침해가 된다는 것이다.

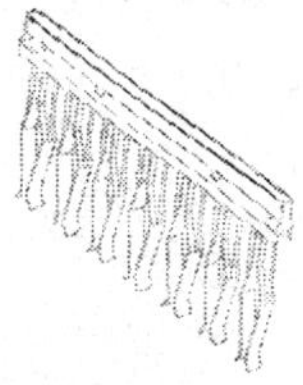

〈그림-3〉

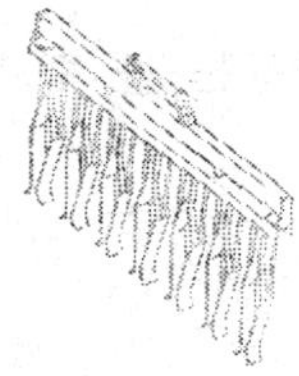

〈그림-4〉

즉 손잡이 없는 이 사건등록디자인과 손잡이를 부가한 확인대상디자인은 위 긍정설에서 제시하고 있는 3요건을 모두 만족하고 있기 때문에 불완전 이용침해가 성립된다고 주장한다.

---

10) - MINORU TAKEDA, 知的財産權侵害要論, 發明協會, 1997. 114면.
- 홍광식, 특허권 등 침해의 제유형, 지적재산권에 관한 제문자(상), 재판자료 제56집, 297면 참조.
- 황의창·황광연, 특허법 정해, 법문사, 2009. 7. 944면.

ii. 부정설

디자인권의 침해는 i) 선등록디자인을 구성하고 있는 요소와 후등록디자인의 구성요소가 동일하여 양디자인의 형태가 일치하여 일체성이 유지되고, ii) 선등록디자인권자의 허락을 얻지 아니한 후등록디자인권자의 실시에 의해 성립된다는 것이다.

따라서 위 i)의 요건에 충족되지 아니한 불완전 이용침해는 성립되지 아니한다는 것이다. 즉 이 사건등록디자인인 선등록디자인에서 아무리 경미한 디자인의 구성요소를 생략하고, 그 생략구성요소를 그 선등록디자인에 부가하여 후등록디자인으로 표현할 경우 양디자인은 부가구성요소만큼 동일하지 아니하고 상이하므로 (위 예시 신발밑창코팅용 밑창협착지그의 "손잡이"만큼) 불완전 이용침해는 성립될 수 없다는 견해이다.

③ 생략디자인·불완전 이용디자인은 인정하나 확인대상디자인에의 적용은 부정

생략디자인이나 불완전 이용디자인의 법리자체는 인정하면서도 확인대상 디자인은 여기에 해당하지 않는다는 견해가 있는 바, 이를 예시에 의해 살펴본다.

이 사건등록디자인인 오수받이(그림-5) 특유의 디자인적 창작 내지 표현하고자 하는 형상은 바퀴에 있는 것이 아니라 오수받이통에 있는 것이기는 하나, 디자인의 각 구성요소는 자신이 보호받고자 하는 물품의 형태를 구체적으로 표현하는 필수적 구성요소를 이루고 있는 것으로 보아야 한다. 따라서 어떤 구성요소가 디자인적으로 아무런 의미가 없는 무가치한 표현을 하고 있는 것이 아니라면 본질적 부분이 아니라는 이유로 그 구성요소를 무시하여 그와 동일한 것에 해당하는 요소를 가지고 있지 않는 바퀴 없는 확인대상디자인(그림-6)에 까지 권리범위를 확장할 수는 없다고 보아야 하고 이 사건등록디자인의 바퀴가 이동이 용이하도록 하는 기능을 수행하고 있는 이상 무가치한 표현이라고는 볼 수 없다 할 것이다.11)

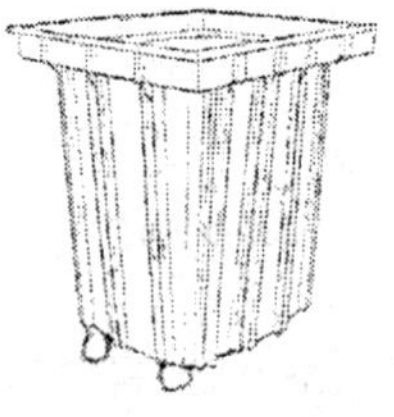

〈그림-5〉

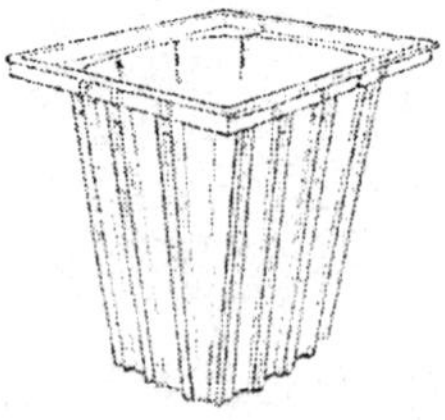

〈그림-6〉

11) 특허법원 2000. 9. 7. 선고 99허9755 판결(확정) 외 1999. 12. 23 선고 98허8014 판결(확정), 1999. 8. 26. 선고 99허2389 판결(확정), 1998. 12. 18. 선고 98허5312 판결(확정), 1998. 11. 26. 선고 98허1747 판결(확정) 등 다수 참조.

3) 결 어

생략디자인이나 불완전 이용디자인을 디자인권 침해의 한 유형으로 보려는 것은 구체적 타당성의 관점에서 등록디자인의 보호범위를 보다 넓게 설정할 필요가 있다는 인식에서 비롯되었으나 이에 관한 법리는 학계에 의해 정립된 이론에 의한 것이라기보다는 주로 판례의 축적에 의해 확립된 법리인 것으로 판단된다. 그러나 위에서 본 바와 같이 생략디자인이나 불완전 이용디자인의 법리를 디자인권 침해의 한 유형으로서 인정하는지 여부에 관하여 판례의 입장이 일관되게 정리되었다고 보기 어렵다. 따라서 이 부분에 관하여는 학계의 연구나 대법원의 판례를 통하여 보다 명쾌한 정리가 되었으면 하는 바램이다.

(7) 선택침해

1) 개 념

선택디자인이라 함은 선행디자인을 상위개념으로 할 때 하위개념의 관계에 있고 선행디자인에 구체적으로 표현되어 있지 않아 선행디자인이 인식하지 못하였으며, 선행디자인의 미감에 비하여 더 아름답게 느껴지는 심미적 효과를 가져오는 디자인을 말한다.

선행디자인 A의 도면에는 a☆, a☆☆에 대해서만 표현되어 있었는데 후에 A의 개념에 포함되는 a☆☆☆를 선택하여 a☆이나 a☆☆에 비하여 뛰어난 미적 효과를 달성하였을 때 a☆☆☆의 디자인을 선택디자인이라고 한다.[12)]

이러한 선택디자인이 기본디자인에 대한 침해가 되는 지에 관하여는 학설, 판례 모두 이를 부정하고 있고 이를 긍정하는 학설, 판례는 아직 나오지 않은 것으로 알고 있다.

2) 선택디자인의 기본디자인 이용관계 부정

① 이용관계의 존재부정설

선택디자인은 기본디자인의 구성요소 전부를 포함하고 여기에 선택구성요소를 부가한 것이므로 이용디자인의 일태양이 될 수 있으나, 모든 선택디자인이 이용관계를 가지는 것은 아니고 선원의 등록디자인의 출원당시의 공지공용된 디자인 등을 참작하여 선원의 등록디자인의 권리범위와 그 표현된 디자인의 구성요소에 따라 이용관계여부가 판단되어야 한다.

그러므로 선원의 디자인권자가 그 등록디자인의 출원당시 인식하지 못했던 디자인

---

12) 특허법원, 특허재판실무편람, 과천인쇄, 2002. 12, 214면 참조.

의 구성요소의 선택과 그에 의하여 선원의 등록디자인이 예측하지 못했던 새로운 또는 놀랄만한 미적 효과를 발휘하는 미적 이론에 대해서까지 등록디자인의 권리범위가 확장될 수 없음은 명백하므로 양자는 원칙적으로 별개의 것이고 이용관계도 존재하지 않는다고 하여야 한다는 견해가 선택발명에 관한 학설[13])을 유추하여 있다.

② 이용관계의 성립부정설

등록디자인과 그 선택디자인은 각각 별개의 디자인이고 상호독립적이라거나 선택디자인이 성립한 부분은 등록디자인에는 처음부터 포함되어 있지 않았다거나 등록디자인이 보호되는 표현의 범위 즉 보호의 범위는 창작자가 출원시에 의식한 범위에 한하므로 선택디자인은 등록디자인의 창작자가 표현한 물품의 의장적 표상과 다른 것이어서 이용관계가 존재하지 않는다는 등의 이유로 이용관계의 성립자체를 부정하는 견해가 그것이다.[14])

3) 선택디자인의 기본디자인 침해 부정

확인대상디자인이 이 사건등록디자인의 보호범위에 표현된 상위형상(상위개념)에 포함되는 것이라 하더라도 확인대상디자인에 있어서 이 사건등록디자인에 비하여 차이가 있다면 이는 확인대상디자인이 이 사건등록디자인에 존재하지 않는 현저히 향상된 심미적 표상효과를 표현하고 있는 것이므로 확인대상디자인과 이 사건등록디자인은 서로 다른 별개의 디자인이라 할 수 있다. 따라서 확인대상디자인(선택디자인)은 이 사건등록디자인(기본디자인)의 침해가 되지 않는다.

<예시 1> 이 사건등록디자인과 확인대상 디자인은 모두 열쇠고리용 장신구로서 확인대상 디자인이 이 사건등록디자인의 보호범위에 표현된 상위형상에 포함되어 있기는 하나 이 사건등록디자인의 둘레가 원형인데 반하여 확인대상디자인의 둘레는 파상원형(波象圓形)이어서 이는 이 사건등록디자인에 있지 않은 현저한 미적 표상효과를 표현하고 있으므로 양자는 서로 다른 디자인으로서 확인대상디자인은 이 사건등록디자인의 침해가 되지 않는다는 것이다.

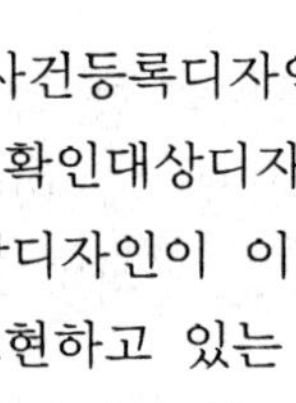

이 사건등록디자인

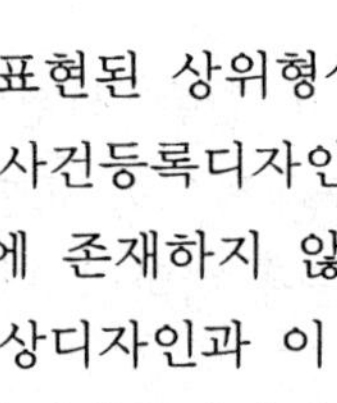

확인대상 등록디자인

13) 강동세, "이용발명에 관한 연구", 특허소송연구 제1집, 59면.

14) 특허법원, 특허재판실무편람, 과천인쇄, 2002. 12. 215면 참조.

<예시 2> 이 사건등록디자인과 확인대상 등록디자인은 모두 장신용 악세사리 연결소자로서 확인대상디자인이 이 사건등록디자인의 보호범위에 표현된 상위형상에 포함되어 있기는 하나 이 사건등록디자인의 연결소자가 악세사리 몸통에 있는데 반하여 확인대상디자인의 연결소자는 별도의 고리를 악세사리 몸통으로부터 돌출되게 부착시킨 것으로서 이는 이 사건등록디자인에 있지 않은 현저한 미적 표상효과를 표현하고 있으므로 양자는 서로 다른 디자인으로서 확인대상 등록디자인은 이 사건등록디자인의 침해가 되지 않는다는 것이다.

이 사건등록디자인　　　　확인대상등록디자인

4) 결 어

선택침해의 성립여부는 선택디자인이 그 기본디자인의 의장적 창작성을 모두 그대로 이용한 것으로 판단할 수 있는지의 여부가 관건이다. 그러므로 선택디자인은 그 선택디자인의 기본이 되는 등록디자인과는 별개의 독립된 권리로 성립할 수 있다는 이유만으로 그 침해를 부정하는 것은 설득력이 약하다고 할 수 있으므로 그러한 관점에서 그동안의 학설, 판례의 입장에 대한 재검토가 요망된다.

(8) 우회침해

1) 개 념

우회디자인이라 함은 선행의 등록디자인과 의장적 창작성을 같이 하는 것이면서도 그 보호범위를 벗어나기 위하여 무용의 형상이나 모양을 부가하여 고의로 궤도를 수정하여 우회로 가는 것으로서 결국 디자인으로서는 동일한 것으로 귀착되는 관계에 있는 것을 말한다. 우회디자인은 예를 들면 이 사건등록디자인인 손잡이 달린 투명한 컵의 외주면의 무늬를 간결하게 하여 문양의 간결미를 살린데 반하여(그림-7) 우회디자인(확인대상디자인)은 동일무늬를 여럿 뒤섞음으로써 이 사건등록디자인에 비하여 너저분한 느낌의 표상으로 비쳐지고 있는 바(그림-8), 이는 단순히 이 사건등록디자인의 보호범위를 벗어나기 위하여 우회한 것에 지나지 아니하므로 이러한 확인대상디자인을 우회침해라고 한다.

〈그림-7〉　　　　〈그림-8〉

2) 우회침해 긍정설

우회디자인은 등록디자인과 균등하므로 그 의장적 범위 또는 보호범위에 속한다는 견해가 있는 바, 이는 이론구성상에 문제가 별도 있기는 하나 오늘날에는 유력설이다. 이 설의 이론적 근거는 만약 우회디자인을 의장적 범위에 속하지 않는다고 하여 우회디자인에 대한 제3자의 무단실시를 방치할 경우, 현저하게 정의와 공평에 반하여 디자인의 보호를 통하여 산업발전을 도모하려는 디자인보호법의 목적과 취지에 반함을 물론 우회디자인이 디자인인 한 등록디자인과 등가관계에 있음을 부정하게 되어 우회디자인에 균등이론의 성립이 배제되며(이에 대하여는 앞으로 검토의 여지가 있는 부분이다. 앞의 4) 결어 참조) 또 문리해석상으로도 의장적 범위 또는 보호범위는 디자인 등록출원서의 기재사항 및 그 출원서에 첨부한 도면·사진 또는 견본과 도면에 기재된 디자인의 설명에 표현된 디자인에 의하여 정하여지므로 이 점에서도 우회디자인이 균등하다는 명백한 사실을 부인하게 되어 도면에 기재된 우회디자인의 침해를 디자인권 침해로 보지 않게 되는 우를 범하게 된다는 것이다.

3) 결 어

위의 학설의 취지를 보면 선행의 등록디자인과 의장적 창작성을 같이 하는 것이면서 그 보호범위를 벗어나기 위하여 무가치한 형상이나 모양을 부가하여 우회하는 확인대상 디자인이 등록디자인의 침해가 된다는 점에 대해서는 거의 이의가 없는 것 같다. 다만, 균등침해를 문언침해와 같은 반열의 침해로 인정하는 마당에 과연 우회침해를 균등침해의 한 유형으로 볼 것인가, 균등침해와는 별개의 독립된 법리로 취급할 것인가의 문제이다. 이에 관하여는 균등론에서의 대비대상이 되는 요소를 무엇으로 볼 것인가의 문제와 관련하여 앞으로 깊은 연구검토가 있어야 할 사항이다.

4. 침해의 판단기준

(1) 서 론

양 디자인이 동일하거나 유사한 경우 디자인권 또는 전용실시권의 침해가 된다. 침해가 되는 양 디자인의 동일, 유사는 등록디자인 또는 이와 유사한 디자인(이하 "이 사건등록디자인"이라 한다)과 이 사건등록디자인을 침해하였다고 주장한 디자인(이하 "확인대상 디자인 또는 인용디자인이라 하고, 이하 혼용한다)의 대비관찰을 통하여 판단하게 된다.

이러한 디자인의 동일, 유사여부는 디자인이 표현된 물품의 동일성이 인정되는 경우에만 판단이 가능한 것이며, 여기에서의 동일, 유사물품이란 용도와 기능이 동일한 것을 말한다.[15] 디자인보호법상 디자인은 물품의 형상·모양이나 색채 또는 이들의 결합이 시각을 통하여 미감을 일으키게 하는 것으로서 물품을 떠나서는 존재할 수 없고 물품과 일체불가분의 관계에 있으므로 물품에 동일성이 없을 때에는 그 물품의 표현인 디자인 또한 동일·유사성이 없다고 보아야 할 것인 바, 물품의 동일성 여부는 물품의 용도, 기능 등에 비추어 거래통념상 동일 종류의 물품으로 인정할 수 있는 지의 여부에 따라 결정해야 한다.[16]

또 유사여부판단에서 디자인의 신규성 판단이나 선행디자인과의 유사여부판단에 있어 그 판단의 대상인 디자인은 반드시 형태전체를 모두 명확히 한 디자인뿐만 아니라 그 자료의 표현부족을 경험칙에 의하여 보충하여 그 디자인의 요지파악이 가능한 한 그 대비판단의 대상이 될 수 있다. 그러나 인용된 디자인만으로는 디자인의 요지파악이 불가능한 경우에는 그 대비판단을 할 수 없다.[17]

(2) 디자인의 동일여부 판단기준

디자인의 동일여부는 이를 구성하는 각 요소를 분리하여 개별적으로 대비할 것이 아니라 그 외관을 전체적으로 대비 관찰하여 보는 사람으로 하여금 동일한 심미감을 느끼게 하는 지의 여부에 따라 판단하여야 한다.

설령 디자인의 구성요소 중 공지형상부분이 있다고 하여도 그것이 특별한 심미감을 불러일으키는 요소인 한 이것까지 포함하여 전체로서 관찰하여 느껴지는 장식적 심미감에 따라 판단하여야 한다.[18]

따라서 점·선·면·입체·색 등 그 디자인의 개별구성요소 그 자체의 기하학적 동일이나 그 구성요소별 심미감까지를 대비할 필요도 없이 포착되는 외적 형태에서 동일한 미감을 느끼게 하는지의 여부를 기준으로 판단한다.

두 디자인이 심미감이 동일한 경우 확인대상디자인은 이 사건등록디자인을 침해한 것으로 된다.

(3) 디자인의 유사여부 판단기준

1) 유사여부 판단기준

디자인의 유사여부는 이를 구성하는 각 요소를 분리하여 개별적으로 대비할 것이 아니라 그 외관을 전체적으로 대비 관찰하여 보는 사람으로 하여금 상이한 심미감을 느끼게 하는 지의 여부에 따라 판단하여야 한다.[19]

---

15) 대법원 1990. 9. 28. 선고 89후2076 판결 참조.

16) 대법원 1991. 7. 12. 선고 90후1994 판결 참조.

17) 대법원 1995. 11. 24. 선고 93후114 판결.

18) 대법원 1995. 11. 21. 선고 94후965 판결, 1991. 6. 14. 선고 90후663 판결 등.

디자인의 구성요소 중 공지형상부분이 있다고 하여도 그것이 특별히 심미감을 불러일으키는 요소인 한 이것까지 포함하여 전체로서 관찰하여 느껴지는 장식적 심미감에 따라 판단하여야 한다.[20]

이 경우 디자인을 보는 사람의 주의를 가장 끌기 쉬운 부분을 요부로서 파악하고 이것을 관찰하여 심미감에 차이가 생기게 하는지 여부의 관점에서 그 유사여부를 판단하여야 한다.[21]

그리하여 그 지배적인 특징이 유사하다면 세부적인 점에 다소 차이가 있을지라도 유사하다고 보아야 한다.[22]

양 디자인의 유사여부 판단에서 설사 정면과 배면에서 관찰할 때에는 유사하더라도 다른 각도에서 볼 때에는 전혀 다른 경우도 있으므로 여기 각도에서 형상을 서로 비교하여 보기 전에는 쉽게 그 유사여부를 단정하기 어렵다.[23] 이처럼 디자인에 따라서는 보는 방향에 따라 같기도 하고 다르기도 할 경우에는 그 미감이 같게 느껴지는 방향으로 두고 대비하여 유사여부를 판단하여야 한다.[24]

또 유사여부 판단에서 양 디자인의 공통되는 부분이 그 물품으로서 당연히 있어야 할 부분 내지 디자인의 기본적 또는 기능적 형태인 경우에는 그 중요도를 낮게 평가하여야 한다. 그러므로 이러한 부분들이 동일·유사하다는 사정만으로는 곧바로 양 디자인이 서로 동일·유사하다고 할 수 없다.[25]

2) 유사여부 판단기준 사례

① 탁상시계

디자인이 표현될 물품이 "탁상시계"인 경우 문자판이 있는 디자인 정면이 요부를 이룬다고 보여 지고 탁상시계는 옛날부터 여러 가지의 디자인이 고안되었으므로 인용디자인에 대한 유사의 폭을 좁게 보아야 한다.[26]

② 주방기구 수납통

식기보관대에 관한 등록디자인과 '주방기구 수납통'에 관한 확인대상디자인을 대비

19) 대법원 2001. 6. 29. 선고 2000후3388 판결, 2001. 5. 15. 선고 2000후129 판결, 1995. 11. 24 선고 93후114 판결 등.

20) 대법원 1995. 11. 21. 선고 94후965 판결, 1991. 6. 14. 선고 90후663 판결 등.

21) 대법원 1996. 1. 26. 선고 95후1135 판결, 2006. 6. 29. 선고 2004후2277 판결 등.

22) 대법원 1996. 11. 12. 선고 96후443 판결, 1992. 11. 10. 선고 92후490 판결 등.

23) 대법원 1991. 10. 20. 선고 90후1987 판결.

24) 대법원 1992. 11. 10. 선고 92 후 490 판결.

25) 대법원 2005. 10. 14 선고 2003후1666 판결.

26) 대법원 1993. 2. 9. 선고 92후1110 판결.

하면, 양 디자인은 그 요부를 이루는 부분의 형상, 모양이 상이하고, 다만 양 디자인은 모두 상부가 반원형이고 관체로 된 양측 지지틀 사이에 그 하측으로 바닥면에 다수의 배수 구멍이 있는 직사각형의 식기 수납통을 형성하고 있는 점에서 서로 유사하기는 하나, 이는 위 등록디자인의 출원 전부터 공지된 고안의 형상·모양과 동일 또는 유사한 것으로서 디자인의 특징적인 요부라고 할 수 없는 부분이어서, 양 디자인은 전체적으로 대비할 때 일반 수요자들이 느끼는 미감이 다른 비유사한 디자인이다.[27]

③ 마요네즈 용기 대 합성고무 및 폴리비닐알콜 접착제 용기

등록디자인이 표현되는 물품은 마요네즈 용기이고, 인용디자인이 표현된 물품은 합성고무 및 폴리비닐알콜 접착제 용기라고 인정되며 인용디자인이 표현된 물품도 액체에 가까운 상태의 제품을 담아서 보존시키는 포장용의 용기라는 점에서 등록디자인이 표현된 물품과 그 기능 및 용도가 동일, 유사하므로 사회통념상 동일·유사물품에 해당한다.[28]

(4) 디자인의 유사여부 및 창작성 유무의 판단기준

1) 디자인의 유사여부 및 객관적 창작성의 인정기준

디자인의 본체는 이를 보는 사람의 마음에 어떤 미감을 환기시키는 것에 있으므로 디자인의 유사여부를 판단함에 있어서는 이를 구성하는 각 요소를 부분적으로 분리하여 대비할 것이 아니라 전체와 전체를 대비 관찰하여 보는 사람의 마음에 환기될 미감과 인상이 유사한 것인지의 여부에 따라 판단하여야 하고, 또한 디자인보호법이 요구하는 객관적 창작성이란 엄격한 의미의 창작성을 말하는 것이 아니고 과거 및 현존의 것을 기초로 하여 거기에 고안자의 새로운 미감을 주는 미적 고안이 결합되어 그 전체에서 종전의 디자인과는 다른 미감적 가치가 인정되는 정도면 충분하다.[29]

2) 디자인의 유사여부 및 창작성 유무의 판단기준

디자인의 유사여부는 앞에서 살펴본 바와 같이 이를 구성하는 각 요소를 분리하여 개별적으로 대비할 것이 아니라 그 외관을 전체적으로 대비 관찰하여 보는 사람으로 하여금 상이한 심미감을 느끼게 하는지의 여부에 따라 판단하여야 하므로 그 지배적인 특징이 유사하다면 세부적인 점에 다소 차이가 있을지라도 유사하다고 보아야 하고, 또한 디자인보호법이 요구하는 객관적 창작성이란 위에서 설명한 바와 같이 고도

27) 대법원 1998. 7. 24. 선고 97후1900 판결.
28) 대법원 1992. 4. 24. 선고 91후1144 판결.
29) 대법원 1996. 6. 28. 선고 95후1449 판결.

의 창작성, 즉 과거 또는 현존의 모든 것과 유사하지 아니한 독특함은 아니므로 과거 및 현존의 것을 기초로 하여 거기에 새로운 미감을 주는 미적 고안이 결합되어 그 전체에서 종전의 디자인과는 다른 미감적 가치가 인정되는 정도이면 디자인보호법에 의한 디자인등록을 받을 수 있다. 그러나 부분적으로는 창작성이 인정된다고 하여도 전체적으로 보아서 과거 및 현재의 디자인들과 다른 미감적 가치가 인정되지 아니한다면 그것은 단지 공지된 고안의 상업적, 기능적 변형에 불과하여 창작성을 인정할 수 없다.[30)]

위 디자인의 유사여부에 관한 보다 자세한 설명은 앞에서 살펴본 제3장 제3절 Ⅲ. 2. (5) 3) 유사성, (6) 4) 신규성 상실의 예외에서의 동일·유사성, Ⅴ. 2. 유사디자인 (1), (2) 1부터 4)까지 및 제5장 제1절 Ⅲ. 2. (3). 1) 유사디자인, 2) 유사물품을 참고하기 바란다.

5. 침해의 입증책임

민법상의 손해배상청구에서의 그 고의 또는 과실에 대한 입증책임은 손해배상청구인이 져야 하는 것이 일반적이나 디자인권의 경우는 그 등록디자인의 내용이 디자인공보 등에 공시되어 있기 때문에 디자인보호법에서는 디자인권 또는 전용실시권을 침해한 자는 그 침해행위에 대하여 과실이 있는 것으로 추정하는 규정을 두어 과실의 입증책임을 침해자에게 전환토록 하고 있다(법 65① 본문). 다만, 비밀디자인으로 설정등록된 디자인권 또는 전용실시권의 침해에 대하여는 그러하지 아니하다(법 65① 단서).

이때의 침해한 자는 디자인무심사 등록디자인의 디자인권자·전용실시권자 또는 통상실시권자를 말하며, 이 디자인무심사 등록디자인의 디자인권자·전용실시권자 또는 통상실시권가 타인의 디자인권 또는 전용실시권을 침해한 경우 그 침해한 자의 침해행위에 대하여 과실이 있는 것으로 추정하여 과실의 입증책임을 침해자에게 지우고 있다.

Ⅲ. 침해에 대한 구제수단

1. 개　설

디자인보호법에서는 등록디자인에 대한 권리침해행위를 민법상 불법행위의 특수한 형태의 침해행위로 보고 민법상 구제수단의 특칙으로서 권리침해에 대한 금지 또는 예방을 청구할 수 있다. 이러한 침해의 금지 또는 예방을 청구할 때에는 침해행위를 조성한 물품의 폐기, 침해행위에 제공된 설비의 제거 그 밖의 침해의 예방에 필요한

30) 대법원 1998. 12. 22. 선고 97후2828 판결.

행위를 청구할 수 있다(법 62①③). 그리고 권리침해에 의해 입은 손해의 배상을 청구할 수 있는 민법상의 손해배상청구에서의 손해액의 산정이 디자인창작이기 때문에 일반 손해액 산정에 비하여 까다롭고 어려우므로 디자인보호법에서는 특별히 손해액의 추정규정을 두고 있다. 또 이 법에서는 고의 또는 과실에 의하여 디자인권 또는 전용실시권을 침해함으로써 디자인권자 또는 전용실시권자(이하 "디자인권자 등"이라 한다)의 업무상의 신용을 실추하게 한 자에 대하여 디자인권자 등은 손해배상에 갈음하거나 손해배상과 함께 신용회복을 청구할 수 있는 등의 민사적 구제수단과 함께 그 침해행위가 반윤리적인 때에는 처벌을 할 수 있도록 하는 형사적 구제수단도 아울러 두고 있다.

이와 같은 디자인보호법에 의한 권리보호 이외에도 민법, 민사소송법, 민사집행법 등에 의한 손해배상청구, 부당이득반환청구나 권리침해에 대한 금지가처분신청 등도 권리보호의 중요한 구제수단이 된다.

2. 민사적 구제수단

(1) 권리침해에 대한 금지청구권 등

1) 침해의 금지 또는 예방청구권

① 의 의

침해금지 또는 예방청구권이라 함은 디자인권 또는 전용실시권이 침해되거나 침해될 우려가 있을 때 디자인권자 또는 전용실시권자가 자기의 권리를 침해한 자 또는 침해할 우려가 있는 자에 대하여 그 침해의 금지 또는 예방을 법원에 청구할 수 있는 권리를 말한다.

그러나 비밀로 할 것을 청구한 디자인에 관한 디자인권자 및 전용실시권자는 그 디자인에 관한 다음의 사항 즉, i) 디자인권자 및 전용실시권자(전용실시권자가 청구하는 경우에 한한다)의 성명 및 주소(법인인 경우에는 그 명칭 및 주된 사무소의 소재지를 말한다), ii) 디자인등록출원번호 및 출원일, iii) 디자인등록번호 및 등록일, iv) 디자인등록출원서에 첨부한 도면·사진 또는 견본의 내용에 대하여 특허청장에게 비밀디자인등록증명신청서(디자인보호법 시행규칙 20의4, 준용특허법 시행규칙 별지 제19호 서식의 증명신청서)를 제출하여 특허청장으로부터 증명을 받은 서면을 제시하여 경고한 후가 아니면 디자인권자 또는 전용실시권자는 자기의 권리를 침해한 자 또는 침해우려가 있는 자에 대하여 그 침해의 금지 또는 예방을 청구할 수 없다(법 62②).

i. 우려의 내용

"우려"의 정도가 현실적으로 권리가 침해받는 것을 요하지 않고 장래에 권리가 침해받을 확정적 관계 내지 권리침해의 발생가능성이 상당히 있으면 충분하다고 본다. 예를 들면 디자인의 실시사업계획의 수립, 공장부지의 확보, 제조설비의 발주·구입, 전문 인력의 모집·채용, 판매대리점 모집 등 객관적으로 침해의사가 표현된 것을 의미하는바 단순한 주관적인 우려만으로는 침해의 우려가 있다고는 볼 수 없을 것이다. 또한 침해될 우려가 있으면 충분하므로 현실적으로 권리가 침해되지 아니하여도 앞으로 권리침해가 발생할 상당한 가능성이 있으면 충분히 금지 또는 예방청구권이 인정된다 할 것이다. 즉 현시점에서는 침해가 없어도 장래 침해행위의 가능성이 상당정도로 높은 경우이면 "권리가 침해될 우려"로서 금지 또는 예방청구권이 인정된다고 할 것이다.

ii. 침해한 자 또는 침해할 우려가 있는 자에 대하여

"침해한"이란 등록디자인에 대한 침해가 현실적으로 계속하여 행해지고 있을 때 금지청구가 중심적 지위를 점하고 있는 것을 의미하며 "침해할 우려가 있는"이란 등록디자인에 대한 침해행위에 의하여 권리가 장래 침해받을 우려가 있을 때 예방청구가 중심적 지위에 놓인 것을 의미한다. 이때의 "침해할 우려가 있는 자"란 등록디자인을 침해하려고 하는 자 뿐만 아니라 침해행위를 하도록 하는 자나 침해행위를 용이하게 하도록 도와주는 자, 즉 교사적(敎唆的) 또는 방조적 위치(幇助的 位置)에 있는 자도 포함되는 것으로 해석된다. 이와 같은 해석의 근거로서는 민법이 불법행위를 교사한 자나 이를 방조한 자를 "공동불법행위자"로 보아 책임을 묻고 있다(민법 760③). 이는 이들이 당해 불법행위와는 아무런 관계가 없는 자에게 불법행위를 하도록 하였거나, 하도록 도와줌으로써 불법행위를 하게 되었으므로 이들 모두는 불법행위의 연루자로써 공동불법행위자의 지위에 서게 된다. 따라서 디자인보호법상의 디자인권 침해행위에 관한 규정은 민법상의 불법행위규정의 특칙이므로 디자인보호법에 특별히 제한하는 규정이 없는 한 디자인보호법상의 디자인권 침해행위에는 민법상의 불법행위의 법원리가 그대로 적용될 수 있기 때문이다.

여기에서 "행위"란 실제로 실행에 착수한 것에 국한하지 않고 금지청구의 실효성 확보를 위하여 실행의 착수를 기다릴 필요 없이 착수의 우려가 인정되는 단계에 이르면 행위요건은 충족되었다고 본다.

여기에서 "착수의 우려가 인정되는 단계"란 보다 구체적으로는 실행의 착수가 가능한 객관적 상황 하에서 실행에 관한 주관적 결의가 되어 있는 때를 말한다고 해석된다. 그러므로 착수가 가능한 객관적 상황이 조성되어 있는 것만으로 충분한 것이 아니고 또 주관적 결의가 되어 있는 것만으로도 충분하지 않다는 것이다.

즉 주관적으로도 객관적으로도 침해의 개연성이 높을 때에만 착수의 우려가 있는 단계에 있다고 본다.

② 침해의 금지·예방청구권자

디자인권 및 전용실시권을 침해한 자에 대한 침해금지청구 등을 할 수 있는 청구권자는 등록디자인침해로 인하여 디자인권 또는 전용실시권이 침해되거나 침해될 우려가 있는 디자인권자나 전용실시권자이다.

③ 침해의 금지·예방청구의 요건

침해금지 등의 청구요건은 i) 디자인권자 또는 전용실시권자의 권리일 것. 따라서 통상실시권자나 질권설정자의 권리에 의해서는 침해금지 등의 청구권을 행사할 수 없다. ii) 디자인권 또는 전용실시권이 침해되고 있거나 침해될 우려가 있을 것. 따라서 현실적 침해뿐만 아니라 장래에 침해될 염려가 있는 경우에도 침해금지 등의 청구를 할 수 있다. iii) 타인의 등록디자인이 업으로서 실시될 것. 따라서 업으로서의 실시가 아닌 단순한 시험연구나 사적목적으로의 실시는 디자인권 침해가 구성되지 않는다. iv) 침해자의 주관적 요소는 불문한다.

따라서 디자인권의 침해는 침해자의 고의·과실이나 선의·무과실을 묻지 아니하고 침해를 하거나 하려고 할 때에 침해의 금지 또는 예방청구권을 행사할 수 있다.

④ 침해금지·예방청구의 내용

권리(디자인권·전용실시권) 침해에 대한 금지 또는 예방을 할 수 있는 구체적인 내용은 그 침해행위의 태양에 따라 다르지만, 예를 들어 물품의 생산이라면 생산시설가동의 정지, 송전의 단전, 급수의 단수 등의 처분을 요구할 수 있을 것이다. 물론 이때의 금지 등의 청구는 필요 최소한이어야 할 것이다. 이와 같은 금지 등은 장래를 향해 일정한 기간[31]동안 일정한 부작위를 명하는 경우가 대부분이다.

만약 피청구인인 권리침해자가 이와 같은 법원의 명령을 위반한 경우에는 간접강제[32]의 수단에 의할 수밖에 없다 할 것이다.

⑤ 피청구기관

디자인권자 또는 전용실시권자인 청구권자는 권리가 침해되거나 침해될 우려가 있을 때에는 법원에 그 침해행위에 대한 금지 또는 예방을 청구하고 법원의 판결에 따라 등록디자인 침해행위 등의 금지 등의 여부가 결정된다.

---

31) 예를 들면, 등록디자인에 관한 권리침해행위로 인하여 침해자가 경쟁상의 우위를 지킬 수 있는 선도기간(先導期間, leading period) 등을 말한다.

32) 예를 들면, 그 부작위명령을 위반한 자에 대하여 법원이 일정한 금액의 배상을 명령하는 등의 수단에 의한다(민사집행법 261①).

2) 물품 등의 폐기·제거청구권 등

① 의 의

물품 등의 폐기·제거청구권 등이라 함은 디자인권자 또는 전용실시권자가 등록디자인에 관한 권리를 침해하거나 침해할 우려가 있는 자에게 그 침해의 금지 또는 예방을 청구할 때에 침해행위를 조성한 물품의 폐기, 침해행위에 제공된 설비의 제거 그 밖의 침해의 예방에 필요한 행위를 법원에 청구할 수 있는 권한을 말한다. 이는 권리침해의 금지 또는 예방의 실효적 청구행위로써 침해의 재발방지, 즉 장래의 침해방지를 위하여 등록디자인을 실시하여 만들어진 제품 또는 등록디자인의 실시행위에 제공된 생산설비 등의 제거를 청구할 수 있도록 하여 이를 침해행위의 금지·예방의 수단으로 하고 있다.

그러나 이러한 물품 등의 폐기·제거청구권은 등록디자인을 선의로 취득한 후 상당한 투자를 하여 실질적인 지위의 변경이 이루어진 경우 또는 등록디자인의 사용이 전제조공정이나 영업활동의 일체불가분의 일부를 이루는 경우에는 민법상 권리남용이 되지 않는 범위 내에서 극히 제한적으로 행사되어야 한다. 즉 권리자가 제품, 설비 등의 폐기·제거청구권의 행사로 인하여 얻게 된 이익과 제품·설비 등이 폐기·제거됨으로써 침해자가 입게 될 손실을 비교형량하여, 민법상 권리자의 권리남용이 되지 않는 범위 내에서 제한적으로 인정되어야 한다.

이처럼 디자인보호법이 침해행위의 금지 또는 예방청구를 할 때에는 물품 등의 폐기·제거 그 밖의 침해의 예방에 필요한 행위를 청구할 수 있도록 한 것은 등록디자인에 대한 침해행위에 대하여 금지 또는 예방을 청구할 때에 그 침해가 의연한 상태로 방치되어 있는 경우에는 침해행위의 부작위를 명하는 것만으로는 금지청구의 실효성이 희박할 경우도 있을 것이고, 아예 금지청구의 실효성을 확보할 수 없는 경우도 있을 것이다. 따라서 장래에 있어서 등록디자인에 대한 침해행위의 방지를 확실하게 하고 실효성 있는 금지청구를 확보하기 위해서는 그 물적 상태를 제거하는 청구권도 인정하는 것이 필요하기 때문에 금지청구권에 부대하여 물품 등의 폐기·제거청구권을 인정한 것이다.

한편 디자인보호법 이외의 특허법, 실용신안법, 상표법, 부정경쟁방지 및 영업비밀보호에 관한 법률, 저작권법 등 다른 지적재산권법에 있어서도 침해행위의 금지 또는 예방청구권제도를 두고 그 실효성 확보라는 관점에서 침해행위를 조성한 물건(품)의 폐기, 침해행위에 제공된 설비의 제거 그 밖의 침해예방에 필요한 행위를 부대청구권으로 인정하고 있다.

② 내 용

이 법에서는 위에서 설명한 바와 같이 등록디자인을 권리침해행위로부터 확실히 보호하기 위해서 권리침해에 대한 금지청구권 등에 관한 명문의 규정을 둠과 동시에 등록디자인 보호의 실효성 확보를 위하여 침해행위를 조성한 물품의 폐기, 침해행위에 제공된 기계, 기구나 제조라인 등 제조설비의 제거, 그 밖의 침해행위의 금지 또는 예방을 위하여 필요한 조치, 즉 장래에 등록디자인에 대한 침해행위를 하지 않는다는 보장을 담보한다든가 공탁을 하게 하는 것 등의 권리침해에 대한 재발방지 규정을 두고 있다.

3) 가처분신청

① 의 의

가처분신청이라 함은 권리관계의 분쟁이 있을 경우 본안소송으로 판결을 받기 전에 이것과 같은 효과를 얻을 수 있도록 잠정적인 조치를 취하는 것으로서 디자인권자 또는 전용실시권자는 자기의 권리를 침해한 자를 상대로 하여 본안소송을 제기하기에 앞서 또는 본안소송과 병행하여 법원에 침해금지가처분신청을 하는 것을 말한다.

이와 같은 가처분은 디자인보호법에서 규정한 것이 아니고 민사소송법에서 규정하고 있는 구제수단으로서 쟁의 있는 권리관계에 관하여 임시의 지위를 정함을 목적으로 하는 (임시의 지위를 정하는 가처분) 판결(민사집행법 제300조)이다. 그러나 이는 임시의 지위를 정하는 가처분이므로 방해예방청구권을 피보전권리로 하는 것은 허용되지 않는다.

② 가처분의 요건 등

우선 i) 다툼이 있는 권리관계 및 피보전권리가 존재하며, ii) 가처분의 필요성이 객관적으로 존재하여야 할 것이 필요하다. 따라서 디자인권을 양도한다든가 디자인권 침해를 이유로 하는 가처분사건의 계속 중에 그 디자인권을 무효로 하는 심결이 행해지고 그 심결이 특허법원 또는 대법원에서 유지될 것으로 예상되는 경우에는 필요성이 없다고 해석되고 있다. 한편 가처분명령은 사정변경 등을 이유로 취소될 수 있고 또 당초부터 부당한 경우 이의제기의 대상이 될 수 있다.[33)]

③ 가처분 판결의 효력

가처분신청에 따른 보전처분의 재판은 보전목적의 범위 내에서 잠정적·가정적으로 행해지는 것이므로 기판력이나 다른 사건을 기속할 수 있는 구속력 등은 없다.

---

33) 黃宗煥 著, 특허법, 1995년, (주)한빛지적소유권센터, 591~592면 참고.

(2) 손해배상청구권

1) 서 설

① 의 의

여기에서 손해배상청구권이라 함은 디자인권 또는 전용실시권이 고의 또는 과실에 의하여 침해됨으로써 손해를 입은 경우에는 디자인권자 또는 전용실시권자는 자기의 권리를 침해한 자에 대하여 민법 제750조의 규정(고의 또는 과실로 인한 위법행위로 타인에게 손해를 가한 자는 그 손해를 배상할 책임이 있다)에 의해 손해배상을 청구할 수 있는 것을 말하며 디자인보호법에서는 제64조에서 손해액의 추정 등에 관한 사항만을 규정하고 있다. 또한 디자인보호법에서는 타인의 권리를 침해한 자는 그 침해행위에 대하여 과실이 있는 것으로 추정한다. 그러나 비밀디자인으로 설정등록된 디자인권 또는 전용실시권의 침해에 대하여는 예외로 한다(법 65①). 이러한 과실의 추정은 디자인무심사등록디자인의 디자인권자·전용실시권자 또는 통상실시권자가 타인의 디자인권 또는 전용실시권을 침해한 경우에도 적용된다(법 65②).

② 취 지

디자인보호법이 손해액의 추정규정을 특별히 두고 있는 것은 디자인권 등은 유체물과는 달리 침해시 입증이 어려운 손해액 산정을 쉽게 하게 하기 위하여 침해자의 양도(판매)수량에 디자인권자 또는 전용실시권자의 원가계산에 의한 물품당 이익액을 곱한 것을 디자인권자 등의 손해액으로 할 수 있도록 하여 판매수량만을 확인하면 손해액을 용이하게 산정할 수 있도록 함이다.

여기에서 손해액의 산정이 용이하다는 것은 침해자의 양도(판매)수량의 확인이 쉽고 간편하다는 것이다.

예를 들어 보면 침해 전 디자인권자 등의 등록디자인품의 연간매출물량이 100,000개이던 것이 침해 후 70,000개로 감소하였다면 침해자가 그 침해행위를 하게 한 물품의 판매수량은 30,000개이므로 침해자의 양도수량의 확인이 쉬워 손해액산정을 쉽게 할 수 있다는 것이다.

그러나 종전법 하에서는 디자인권자 등이 침해소송에서 손해액을 산정하기 위해서는 침해자가 가지고 있는 자료가 필요한데 침해자가 관련 자료를 제출하지 아니할 경우 디자인권자 등이 손해액을 산정하기란 사실상 불가능하여 손해배상제도의 실효를 크게 거두지 못하였던 점을 고려하여 침해자의 판매수량만을 확인하면 쉽게 손해액을 산정할 수 있도록 함으로써 그 손해에 대한 배상을 용이하게 받을 수 있도록 하여 디자인권자 등의 권익보호를 강화하려는 것으로서 보다 효율적이고도 합리적인 손해액 산정기준으로 평가되어 손해배상 청구제도의 활성화에도 크게 기여할 것으로 기대된다.

2) 손해배상청구의 요건

디자인권 침해로 인한 손해배상청구권의 행사는 민법 제750조에 의한 불법행위의 일반적 요건에 따라

① 침해자에게 주관적 요건인 고의 또는 과실에 의한 행위가 있을 것. 따라서 선의 무과실에 의한 침해행위는 손해배상청구의 요건이 되지 아니한다. 그러므로 손해배상 또는 부당이득반환을 청구할 수 없다. 그러나 그 행위를 금지할 것을 청구할 수는 있다.

② 타인(디자인권자 또는 전용실시권자, 이하 본 항에서 "타인"이라 한다)에게 손해가 발생할 것

③ 당해 손해가 그 타인의 권리를 위법으로 침해한 일이 있다고 평가되는 것. 즉 위법행위가 있을 것

④ ①의 행위에 의하여 ②③의 손해가 생겼다고 하는 관계(사실적 인과관계의 문제) 및 ①의 행위자에게 ②③의 손해를 배상하게 하는 것을 사회적으로 타당하다고 인정될만한 상호관련성이 있을 것(보호의 범위, 소위 "상당인과관계의 문제")을 들 수 있으나,[34] 이와 같이 민법 750조에 의한 불법해위의 일반적 성립요건에 대하여 특칙을 설치한 규정은 다음과 같은 유형으로 분류가 가능하다.[35]

i. 권리침해행위에 해당하는 불법행위를 명시하는 것(권리침해행위 특칙형)

ii. "고의 또는 과실"이란 요건을 변경하면서 과실의 추정규정을 설치하는 등 주관적 요건에 관하여 특칙을 설정하는 것(주관적 요건 특칙형)

iii. "그로 인하여 생긴 손해"라는 불법행위에 의하여 생긴 손해의 내용에 대하여 특칙을 설치하는 것(피침해이익 특칙형)

---

34) 幾代通 [不法行爲] 17~18면.

35) 이와 같은 특칙형의 규정례 및 그 특칙의 유형을 열거하면 다음과 같다.

○ 부정경쟁방지 및 영업비밀보호에 관한 법률 제11조
- 주관적 요건 특칙형, 권리침해행위 특칙형, 피침해이익 특칙형(영업비밀 침해행위로 영업상 이익을 침해)라고 규정하고 있다.

○ 특허법 제128조, 실용신안법 제31조, 디자인보호법 제64조, 상표법 제67조
- 주관적 요건 특칙형(과실의 추정규정임)

이러한 규정의 가운데 부정경쟁방지 및 영업비밀보호에 관한 법률 제11조에 있어서는 부정경쟁행위에 대한 금지청구권을 인정함과 동시에 당해 행위가 민법 제750조의 권리침해행위에 해당됨을 분명하게 함과 동시에 주관적 요건 및 피침해이익에 있어서의 특칙이 충족된다면 손해배상의 책임이 발생된다는 것을 정한 규정으로 생각된다. 즉 입법정책상 민법 제750조의 적용에 대하여 의문이 있는 행위유형에 대하여 특칙을 정하여 손해배상책임을 명확히 하기 위하여 민법 제750조의 특칙규정을 설치한 것이라고 생각된다. 한편, 무체재산권에 대해서는 권리로 확립한 것이기 때문에 이것에 대한 침해는 민법 제750조의 규정상 [권리]침해에도 해당하는 것이 분명하기 때문에 민법 제750조에 대한 권리침해행위 특칙형의 규정으로 할 필요는 없고 손해액의 입증에 대한 특칙인 손해액의 추정 등(디자인보호법 제64조)의 규정만을 설치한 것이라고 생각된다.

3) 손해액의 추정 등

디자인권 또는 전용실시권이 침해된 경우 그 손해액의 산정은 현실적으로 어려운 것이 사실이지만 이는 결국 법원의 판례를 통하여 발전될 문제라고 본다. 현재 손해배상에 관해서는 디자인보호법에서 손해액의 추정규정(법 64)만을 두고 있고 손해배상청구에 관하여는 민법의 불법행위(위법행위)자의 손해배상책임에 관한 규정(민법 750)에 의한다. 디자인보호법이 정하고 있는 손해액추정방법은 다음과 같다.

① 침해물품 등의 양도수량에 단위수량당 이익을 곱한 금액

i. 손해액의 산정

디자인권 또는 전용실시권(이하 "디자인권 등"이라 한다)을 침해한 자가 그 침해행위를 하게 된 물품을 양도한 때에는 그 물품의 양도수량에 디자인권자 또는 전용실시권자(이하 "디자인권자 등"이라 한다)가 당해 침해행위가 없었다면 판매할 수 있었던 물품의 단위수량당 이익액을 곱한 금액을 디자인권자 등이 입은 손해액(법 64① 본문 전단)으로 하여 그 배상을 법원에 청구할 수 있다(민법 750).

ii. 손해액의 한도

위 i 의 손해액은 디자인권자 등이 생산할 수 있었던 물품의 수량에서 실제 판매한 물품의 수량을 뺀 수량에 단위수량당 이익액을 곱한 금액을 한도로 한다(법 64① 본문 후단). 그러나 디자인권자 등이 침해행위외의 사유로 판매할 수 없었던 수량에 따른 금액을 빼야 한다(법 64① 단서).

② 침해행위에 의하여 얻은 이익의 액

디자인권 등을 침해한 자가 그 침해행위에 의하여 이익을 받은 때에는 그 이익의 액을 디자인권자 등이 받은 손해의 액으로 추정한다(법 64②).

③ 피침해 등록디자인의 실시료 상당의 액

디자인권 등의 침해에 의한 손해배상액은 그 등록디자인의 실시에 대하여 통상 받을 수 있는 금액에 상당하는 액을 디자인권자 등이 받은 손해의 액으로 하여 그 손해배상을 청구할 수 있다(법 64③).

그러나 그 손해의 액이 실시료에 상당하는 금액을 초과하는 경우에는 그 초과액에 대하여도 손해배상을 청구할 수 있다. 이 경우 디자인권 등을 침해한 자에게 고의 또는 중대한 과실이 없는 때에는 법원은 손해배상의 액을 정하는데 이를 참작할 수 있다(법 64④).

④ 변론전체의 취지 등을 기초로 한 상당한 액

법원이 디자인권 등의 침해소송에서 손해가 발생된 것은 인정되나 그 손해액을 입증하기 위하여 필요한 사실을 입증하는 것이 해당 사실의 성질상 극히 곤란한 경우에는 변론전체의 취지와 증거조사의 결과에 기초하여 상당한 손해액을 인정할 수 있다(법 64⑤).

4) 손해액 계산에 필요한 서류의 제출명령

법원은 디자인권 등의 침해소송에서 당사자의 신청에 의하여 타 당사자에 대하여 당해 침해행위로 인한 손해의 계산을 하는 데에 필요한 서류의 제출을 명할 수 있다. 다만 그 서류의 소지자가 그 서류의 제출을 거절할 정당한 이유가 있는 때(예: 영업비밀보호법에 의하여 영업비밀로 분류·관리하고 있는 정보서류)에는 예외로 한다(법 67).

5) 손해배상 청구절차

① 보통재판적

디자인권 등의 침해행위에 의하여 입은 손해에 대한 배상청구의 소는 피고의 보통재판적(普通裁判籍)이 있는 곳의 법원이 관할한다(민사소송법 2). 따라서 특허법원이 아님을 유의하여야 한다.

② 소의 제기방식

디자인권 등에 대한 침해행위에 의하여 손해를 받은 디자인권자 등은 소정의 소장에 당사자와 법정대리인, 청구의 취지와 원인을 기재하여 침해자(피고)의 보통재판적이 있는 곳의 법원에 제출한다(민사소송법 248·249).

이후 소송진행절차, 즉 변론과 그 준비, 증거 및 상소, 재심, 독촉절차, 공시최고절차, 판결의 확정·집행정지등에 관하여는 후술하는 제13장 제3절(심결 등에 대한 취소소송) Ⅲ. 3, 4 및 제5절(상고), 제6절(재심)의 "소송"편을 참고하기 바란다.

6) 손해배상 청구권의 소멸시효

디자인보호법에서는 디자인권자 또는 전용실시권자의 손해배상 청구권의 소멸시효에 대하여 규정하고 있지 않으나 민법 제766조에서는 침해행위로 인한 손해배상의 청구권은 디자인권자 등이나 그 법정대리인이 그 손해 및 침해자(배상의무자)를 안 날로부터 3년간 이를 행사하지 아니하면 시효로 인하여 소멸한다. 불법행위를 한 날로부터 10년을 경과한 때도 또한 같다고 규정하고 있는 바, 디자인권 침해로 인한 손해배상청구권의 시효도 이에 의하여 완성된다.

(3) 신용회복청구권

신용회복청구권이라 함은 고의 또는 과실에 의하여 특허권 또는 전용실시권을 침해함으로써 디자인권자 또는 전용실시권자의 업무상의 신용을 실추하게 한 자에 대하여 법원에 신용회복조치를 청구할 수 있는 권리를 말한다. 이와 같은 권리자의 청구에 의하여 법원은 손해배상에 갈음하거나 또는 손해배상과 함께 디자인권자 또는 전용실시권자의 업무상의 신용회복을 위하여 필요한 조치를 명할 수 있다(법 66).

디자인보호법에서는 등록디자인에 대한 침해에 대한 사후적인 구제조치로서 위와 같은 손해배상청구권을 인정하고 있지만 침해행위의 결과 품질이 조악(粗惡 : 거칠고 나쁨)한 물품이 출하되는 등 업무상의 신용에 손상을 입힐 경우도 있을 것이므로 이에 대한 적절한 보호책 강구의 필요성이 있어 창설된 피해자의 구제권이라 할 수 있다.

예를 들면 등록디자인을 이용하여 만든 물품이 조악품이며 그 조악품의 생산자가 권리자의 등록디자인을 이용하여 만든 것처럼 선전하고 있는 경우 또는 조악품의 외관 등이 진정한 등록디자인품의 외관 등과 혼동을 일으키게 하는 경우 등 조악품과 진정한 등록디자인품과의 혼동 때문에 업무상의 신용훼손이 일어날 수 있으므로 이러한 경우 권리자(피해자)를 보호하기 위한 수단으로서 확립된 것이 바로 이 신용회복청구권이라고 하는 구제제도이다.

그러나 민법 제764조에서 규정하고 있는 불법행위에 의하여 타인의 명예를 훼손한 경우의 명예는 [인격권적 가치]에 있어서의 사회적인 평가인데 반해 디자인보호법 제66조나 부정경쟁방지법 및 영업비밀보호에 관한 법률 제6조 및 제12조에서 규정하고 있는 침해행위에 의하여 타인의 업무(영업)상의 신용을 실추하게 한 경우의 업무(영업)상 신용은 [경제적 가치]에 있어서의 사회적 평가이다. 따라서 등록디자인에 대한 침해행위로부터 실추된 업무상의 신용을 회복하기 위해서는 침해자로부터 받은 사죄각서 또는 합의각서, 판결문 등의 신문광고 등에의 공개 등 필요한 조치를 청구할 수 있다.

(4) 부당이득 반환청구권

1) 의 의

부당이득 반환청구권이라 함은 법률상의 원인 없이 디자인권자 또는 전용실시권자의 등록디자인으로 인하여 이익을 얻고 그로 인하여 권리자에게 손해를 가한 자는 그 이익을 권리자에게 반환하여야 하는데(민법 741) 그 손해를 가한 자가 그 이익을 반환하지 아니한 경우 권리자는 그 손해보전을 위하여 손해를 한도로 이익의 반환을 법원에 청구할 수 있는 권리를 말한다. 즉 부당이득 반환청구권은 정당한 법률상의 이유가 없는 데도 타인의 손해로 재산적 이익을 얻은 자에 대해 손해를 본 자는 최대한 자기가 입은 손해를 한도로 하여 그 이익의 반환을 청구할 수 있는 권리이다. 이와 같은 부당이득반환청구권은 디자인보호법에서 규정하고 있지 않고 민법에서 규정하고 있는 구제수단으로서 이는 "누구라 할지라도 정당한 이유 없이 타인의 손해로 이익을 보아서는 안된다"는 공평(형평)의 이념에 입각한 당사자간의 이익의 조절이라고 하는 원칙(당사자간의 공평 도모)에 따라 이득자에게 이익반환의무를 과하는 것이다. 예를 들어 보면 무효인 전용실시권 설정계약에 의하여 등록디자인을 실시함으로써 얻어진 이익에 대해서는 부당이득이기 때문에 디자인권자 또는 전용실시권자에게 반환하여야 한다는 것이다. 즉 "A사"의 등록디자인품인 21세기 냉장고의 연간 매출액이 1,000억원(이익금 : 10%, 100억원)이었다. "B사"와 체결했던 21세기 냉장고의 등록디자인에 대한 전용실시권 계약이 무효가 되었음에도 불구하고 "B사"가 동 냉장고를 생산, 판매함으로 인하여 "A사"의 매출은 연간 500억원으로 감소하여 50억원의 손해를 보게 되었다. 이때의 50억원이 "B사"의 부당이득이 되기 때문에 "A사"는 "B사"를 상대로 50억원의 이익의 반환을 법원에 청구한다. 여기에서 유념해 볼 것은 디자인권이 침해될 경우, 그 침해자에게 고의나 과실이 없었던 것이 증명되면 손해배상은 청구할 수 없다. 그러나 이 경우에도 디자인권자 등이 권리로서 침해자에게 청구할 수 있는 것에 부당이득 반환청구권이 있다.

2) 부당이득 반환청구의 요건

디자인권 또는 전용실시권 침해에 대한 부당이득 반환청구권의 발생은 i) 침해자에게 고의, 과실이 없을 것, ii) 법률상의 원인이 없을 것, iii) 디자인권자 또는 전용실시권자의 디자인권 또는 전용실시권으로 인하여 재산상의 이익을 얻을 것, iv) 디자인권자 또는 전용실시권자에 손해를 입힐 것 등의 요건이 충족되어야 한다. 이와 같은 요건은 상호밀접 불가분의 관계가 있는 것으로서 개개로 분리될 수 있는 것이 아니다. 따라서 이 중 어느 하나의 요건이라도 결여된 경우에는 부당이득 반환청구권은 발생하지 않는다.

3) 부당이득의 반환

디자인권 또는 전용실시권 침해행위로 인하여 부당하게 이익을 얻은 자는 그로 인하여 손해를 본 권리자에게 그 이익을 반환하여야 하며 이때의 반환은 현물반환이 원칙이나 현물반환이 어려울 때에는 금액으로 환산하여 반환하여야 한다.

2. 형사적 구제수단

(1) 벌 칙

디자인보호법은 벌칙으로 침해죄·위증죄·허위표시의 죄·사위행위의 죄·비밀누설죄(법 82 내지 86) 및 과태료·몰수(법 88·89) 등의 벌칙을 두고 있다.

1) 침해죄

디자인권 또는 전용실시권(이하 "디자인권 등"이라 한다)을 침해한 자는 7년 이하의 징역 또는 1억원 이하의 벌금에 처한다. 이러한 침해죄는 다음에 설명하는 다른 죄와는 달리 고소가 있어야 공소할 수 있는 친고죄[36]이다(법 82①②). 고소에 관한 수속절차는 형사소송법 제236조 내지 제239조의 규정에 의한다. 디자인권 등의 침해죄가 구성되기 위해서는 다음과 같은 요건이 동시에 충족되어야 하며 만약 이중 어느 것 하나라도 결여된 때에는 디자인권 등에 대한 침해죄는 성립되지 아니한다.

① 범죄구성요건에 해당할 것. 즉 실시디자인이 등록디자인과 동일하거나 등록디자인의 보호범위에 속함을 말한다.

② 침해가 고의에 의한 것일 것. 즉 권리자로부터 통고나 경고장을 받고 그 이후에 한 행위에 대하여는 특별한 경우를 제외하고는 고의가 인정된다. 고의는 등록디자인에 디자인등록무효의 이유가 있어도 무효의 심결이 확정되기까지는 유효하므로 무효라고 믿고 있었던 것만으로는 저각(沮却)되지 않는다. 물론 디자인등록무효의 심결이 확정되면 디자인권이 처음부터 존재하지 않았던 것으로 간주되므로 행위자의 범죄는 구성되지 않음은 당연하다. 다만, 여기에서 유념할 것은 디자인권 등의 존재를 알고 있으면서도 자기의 행위가 디자인권 등을 침해하지 않는다고 확신하고 그 확신에 합리적인 근거가 있는 경우에는 고의는 저각된다 할 것이다. 예를 들면, 그 분야 전문가의 소견 또는 감정결과에 따라서 특별한 의심을 두지 않고 자신의 제품이 타인의 등록디자인의 의장적 범위에 속한다고 보지 않았을 경우에는 고의는 저각된다.[37]

---

36) 親告罪

1) 意義 : 친고죄라 함은 공소제기에 피해자 등의 고소를 필요로 하는 범죄를 말한다. 디자인보호법에서는 디자인권 침해에 관한 형사처벌에 있어 그 처벌의 가능성여부를 디자인권자 또는 전용실시권자의 고소 유무에 의존케 하는 親告罪로 하여 양 당사자가 등록디자인의 침해여부에 관한 다툼을 민사적으로 해결하여 형사적 처벌을 바라지 않는 경우 형사소추를 할 수 없도록 하였다.

2) 친고죄의 고소기간 : 원칙적으로 권리자가 그 침해자를 알게 된 날로부터 6월을 경과하면 고소를 하지 못한다. 단, 고소를 할 수 없는 불가항력의 사유가 있는 때에는 그 사유가 없어진 날로부터 기산한다(형소법 230①).

3) 공소시효의 기간 : 침해행위가 있은 날로부터 5년이 경과하면 공소시효가 완성되어 검찰이 공소를 제기할 수 없다(형사법 249①4).

③ 행위자에게 책임능력이 있을 것. 즉 행위자의 형사책임능력, 예를 들면 자신이 하는 행위가 어떤 결과를 가져오는지를 알 수 있는 정도의 지능을 구비하고 있어야 한다. 바꾸어 말하면 행위자에게 책임이 있어야 한다는 것이다.

2) 위증죄

디자인보호법에서는 선서한 증인·감정인 또는 통역인이 특허심판원에 대하여 허위의 진술·감정 또는 통역을 한 때에는 5년 이하의 징역 또는 1천만원 이하의 벌금에 처하도록 규정하고 있다(법 83①). 이러한 위증 등에 관한 죄는 형법 제152조 내지 제154조에도 있는데 이는 디자인보호법상의 위증죄 등과 거의 동일한 내용이고 다만 다른 것은 형법 제153조는 재판 또는 징계처분이 확정되기 전에 자백 또는 자수한 때에 그 형을 감경 또는 면제하도록 규정하고 있는 데 반해 디자인보호법 제83조는 위의 위증죄를 범한 자가 그 사건의 심결의 확정 전에 자수한 때에는 그 형을 감경 또는 면제할 수 있도록 규정하고 있다(법 83②)는 점이다.

3) 허위표시의 죄

① 양 형

등록디자인과 관련하여 허위표시를 한 자, 즉 디자인보호법 제80조의 "허위표시의 금지"의 규정에 위반한 자는 3년 이하의 징역 또는 2천만원 이하의 벌금에 처한다(법 228).

② 허위표시의 태양

디자인보호법은 다음과 같은 행위를 허위표시행위로 보고 허위표시의 금지규정을 두고 있다(법 80).

i. 디자인등록된 것이 아닌 물품, 디자인등록출원 중이 아닌 물품 또는 그 물품의 용기나 포장에 디자인등록표시 또는 디자인등록출원표시를 하거나 이와 혼동하기 쉬운 표시를 하는 행위

ii. i 의 표시를 한 것을 양도·대여 또는 전시하는 행위

iii. 디자인등록된 것이 아닌 물품 또는 디자인등록출원중이 아닌 물품을 생산·사용·양도 또는 대여하기 위하여 광고·간판 또는 표찰에 그 물품이 디자인등록 또는 디자인등록출원된 것으로 표시하거나 이와 혼동하기 쉬운 표시를 하는 행위

③ 허위표시의 문제점

허위표시와 관련하여 발생되고 있는 문제를 중심으로 살펴보고자 한다.

---

37) 兼子一·染野 判例工業所有權法(加除式), 昭 29, 第一法規出版社, 2455의 53면.

ⅰ. 과장디자인 등록표시

이는 과장표시가 허위표시가 되느냐의 문제이다. 예를 들면 물품의 부분에 관한 디자인 즉 부분디자인에 관하여 디자인등록을 받았음에도 그 물품 자체에 대해서 디자인등록을 받은 것처럼 표시하는 행위가 디자인보호법상의 허위표시금지행위에 해당하는 가이다. 이러한 과장표시여부는 표시의 과장도 정도, 풍기는 인상 및 수요자의 인식의 정도 등에 따라 판단하여야 할 것이다. 즉 자전거 바퀴를 돌려서 앞으로 나아가게 한 "페달(pedal)"이 등록디자인의 물품인데도 불구하고 디자인등록 자전거라고 표시하여 자전거 그 자체가 등록디자인품인 것처럼 인식될 수 있도록 자전거에 표시하거나 광고하는 경우에는, 등록디자인에 관계되는 물품이 페달이고 자전거가 아닌 이상 등록디자인에 관계되는 물품 이외의 물품에 디자인등록과 관계되는 요지를 표시하는 것이 되어 이는 과장광고에 해당하여 여기에서 말하는 허위표시에 속한다고 보아야 할 것이다.

ⅱ. 디자인등록출원 중의 디자인등록 출원표시

이는 디자인등록출원 후 결정전까지의 디자인등록출원에 대하여, 예를 들어 "디자인등록출원 2010-1000호"라고 표시한 것이 허위표시에 해당하느냐의 문제이다. 그러나 그러한 표시는 디자인등록출원을 몇 년도 몇 호로 출원한 사실을 분명하게 표시한 것에 불과하기 때문에 허위표시라고는 할 수 없을 것이다. 그러나 문제는 디자인등록 거절결정 확정 후의 그러한 표시가 허위표시에 속하는가이다. 여기에 대해서는 1설은 위의 예시와 같이 출원년도와 출원번호를 표시한 경우, 이는 출원사실을 그대로 표시한 것에 지나지 않기 때문에 허위표시라고까지는 볼 수 없고 다만, 출원년도 없이 "디자인등록출원 제1000호"라고만 표시한 경우가 문제가 될 수 있으나 이 또한 출원사실에 관한 표시임에는 틀림이 없다. 다만, 최근 년도에 출원하여 현재 출원사실에 관한 표시임에는 틀림이 없다. 다만, 최근 년도에 출원하여 현재 출원계류 중에 있는 것으로 오인을 일으키게 할 수 있을지는 모르나 허위표시라고 까지는 볼 수 없다는 견해가 주류를 이루고 있다. 다른 1설은 사실적 측면보다는 수요자 오인의 측면에 무게를 두어, 디자인등록 거절결정 확정 후에도 출원 중의 디자인표시를 하는 경우에는 현재 출원계속 중으로서 앞으로 디자인등록이 될 것으로 오인을 일으킬 수 있으므로 이러한 점에서 디자인등록 거절결정 확정 후의 디자인등록출원 중의 디자인표시는 허위표시로 보아야 한다는 견해이다. 타당한 설로 많은 지지를 얻고 있다.

ⅲ. 디자인등록번호 없는 디자인등록표시

이는 디자인등록번호를 생략하고 디자인등록이라는 문자표시만을 한 것이 허위표시에 해당하는가의 문제이다. 디자인보호법 시행규칙 제27조에 의하면 디자인등록의 표시는 물품 또는 그 물품의 용기나 포장 등에 "디자인등록"이라는 문자와 그 "등록번호"를 표시하여야 한다고 규정함으로써 디자인보호법상 디자인등록표시란 "디자인등록"이라는 문자 외에 디자인등록번호까지 붙인 것을 말한다. 그러나 이 경우 디자인등록번호는 제3자가 디자인등록에 관한 서류 등 즉 디자인등록의 대상이 되는 물품, 디자인의 설명 및 창작내용의 설명을 기재한 도면이나 사진 또는 견본 등을 조사할 때의 편의를 위한 것에 지나지 않으므로 디자인등록번호의 유무는 디자인등록표시상 제이의적(第二義的)인 사항에 불과하다. 그러나 디자인등록에 관계없는 물품 등에 디자인등록이라는 문자만을 표시한 경우에는 디자인등록표시와 혼동되기 쉬우므로 이는 허위표시라고 보아야 할 것이다.

ⅳ. 디자인권 소멸 후의 디자인등록표시

이는 디자인권이 무효, 존속기간의 만료 등으로 인하여 소멸된 후에도 원권리자가 계속 원등록디자인품에 디자인등록표시를 하는 것이 허위표시에 해당하는가의 문제이다. 디자인등록표시는 디자인등록에 관계되는 물품 등에만 표시하여야 한다. 따라서 디자인권이 소멸된 후 등록디자인에 관계되는 물품이 아닌 것에 디자인등록표시를 하는 것은 허위표시에 속한다 할 것이다. 다만, 디자인권 존속기간에 만들어 재고 중에 있는 등록디자인품을 존속기간만료 후에 출하하면서 디자인등록표시를 하여 유통시킬 경우가 문제될 수 있으나 이는 허위표시라고는 볼 수 없을 것이다(디자인보호법 80조 1호 참조). 다만, 디자인보호법 제80조 제2호에 해당하는지의 여부가 문제가 된다. 그러나 같은 조 제2호는 같은 조 제1호에 해당하는 것만 적용이 된다고 해석된다. 따라서 이러한 경우에는 제2호에도 해당되지 않는다고 해석한다면 디자인권 소멸 후에 판매되는 것을 알면서 디자인권 존속기간 중에 디자인등록표시를 한 자가 벌칙의 적용을 받지 않게 되어 불합리하다 할 것이다.

ⅴ. 특허품 등에의 디자인등록표시

이는 특허나 등록실용신안에 관한 물건 등에 디자인등록표시를 하는 것이 허위표시에 해당하는가의 문제이다. 예를 들면 특허나 실용신안등록을 받은 손톱깎이에 디자인등록 손톱깎이라고 표시하는 경우이다. 넓은 의미에서 특허하면 등록실용신안, 등록디자인, 심지어 등록상표까지를 포함하는 경우가 많은 바, 그 예를 들어보면 실용신안특허, 디자인특허, 상표특허라고 표시하는 경우가 허다하다. 그러나 디자인권은 특허권·실용신안권·상표권과는 전혀 별개의 산업재산권이므로 등록디자인이 아닌 물품 등에 디자인등록표시를 하는 것은 허위표시에 해당한다고 보아야 할 것이다. 다만, "실용신안특허"나 "디자인특허" 또는 "상표특허"라고 표시하는 경우는 당연히 허위표시라고까지는 보기 어렵다 할 것이다. 왜냐하면 실용신안이나 디자인 또는 상표에서의 "등록"이나 발명에서의 "특허"는 실용신안권자·디자인권자·상표권자·특허권자가 모두 각각 등록실용신안·등록디자인·등록상표·특허발명을 일정기간 업으로 실시할 수 있는 권리를 독점하고 타인의 무단사용을 배척할 수 있는 배타권을 갖는다는 점에서는 동일하기 때문이다.

vi. 침해품의 디자인등록표시

이는 각종의 침해행위에 의하여 확보한 그 침해품인 등록디자인품 등에 디자인등록표시를 하는 경우 이것이 허위표시에 해당하는가의 문제이다. 디자인보호법 제80조의 규정에 의한 허위표시금지의 입법취지가 비등록디자인품을 등록디자인품으로 표시함으로써 거래상 우월적 지위를 확보하려는 부정행위의 방지에만 있다고 해석한다면 이러한 침해품에 디자인등록표시를 하는 것은 아예 처음부터 허위표시의 문제가 발생하지 않을 것이다. 그러나 등록디자인품이나 그 용기 또는 포장 등에 디자인등록의 표시는 디자인권자·전용실시권자 또는 통상실시권자 등 권리자만이 할 수 있다(법 79). 따라서 등록디자인에 대한 권리자가 아닌 침해자는 그 침해품인 등록디자인품에 대하여 디자인등록표시를 할 수 없다. 침해자가 침해품에 디자인등록표시를 하는 것은 그 표시를 함으로써 수요자로 하여금 정당한 물품으로 인식하게 하여 판매를 증가해 보려는 의도로 해석하는 것이 타당할 것이다. 그러한 의미에서 침해품에 대한 디자인등록표시가 허위표시의 문제가 아니라고 하여 이를 방치한다면 이는 디자인보호법 제80조의 규정에 의한 허위표시금지의 취지와도 부합되지 않을 것이다. 따라서 침해품에 대한 침해자의 디자인등록표시는 등록디자인품 등에 디자인등록표시를 할 수 있는 권리자의 디자인등록표시가 아니므로 허위표시에 해당한다고 보는 것이 타당할 것이다.

vii. 외국어 표기의 디자인등록표시

우리나라 등록디자인품에 외국문자의 디자인등록표시를 한 경우, 예를 들면 "디자인등록 제100호"를 "DR. NO 100"으로 표시한 경우, 이것이 허위표시에 해당하는가의 문제이다. 이는 디자인보호법상의 표시방법은 아니나, 그렇다고 허위표시라고까지는 볼 수 없다. 왜냐하면 외국문자를 표시한 상품이 등록디자인품임에 틀림이 없을 뿐만 아니라 그 표시의 의미 또한 같기 때문이다. 다만, 국어로 표시해야 하는 것을 외국어로 표시하였다는 정도의 차이에 불과하고 또 이러한 차이로 인하여 그 상품의 내용이 달라지는 것은 더욱 아니기 때문이다. 그러나 외국의 등록디자인품에 한글로 디자인등록표시만을 한 경우, 예를 들면 "Japan, DR. NO 100" 또는 "DR. NO 100"을 한글로 "디자인등록 제100호"라고만 표시한 경우가 문제될 수 있으나(우리나라 등록디자인품으로 오인) 이 또한 한글로 표시한 상품이 일본의 등록디자인품이 틀림없고 그 표시의 의미도 같기 때문에 허위표시라고까지는 볼 수 없다.

4) 사위행위의 죄

디자인보호법은 사위(詐僞) 그 밖의 부정한 행위로써 디자인등록 또는 심결을 받은 자는 3년 이하의 징역 또는 2천만원 이하의 벌금에 처한다고 규정하고 있다(법 85).

여기에서 "사위"라 함은 타인을 기만하여 착오에 빠뜨려 디자인등록요건을 결한 디자인에 대하여 디자인등록을 받거나 유리한 심결이나 결정 등을 받는 행위로써 형법 제347조의 사기와 마찬가지이다. 다만 여기에서는 형법과는 달리 진실의 은폐 등과 같은 소극적 행위는 포함되지 않는다는 설이 있다.[38] 또한 여기에서 유의할 것은 사위행위의 대상은 디자인등록 또는 심결만이고 판결, 재심 등은 그 대상이 아니라는 점이다.

또 사위로 얻은 디자인등록은 사위를 이유로 하여 취소하거나 무효로 할 수 없을 뿐만 아니라(법적 근거는 없다) 또 그 디자인등록은 물품이 아니므로 몰수의 대상도 되지 않는다(형법 48 참조).

디자인심사 등록출원서 또는 디자인무심사 등록출원서에 첨부된 도면에 기재한 디자인의 대상이 되는 물품, 디자인의 설명 및 창작내용의 요점, 도면과 같은 디자인의 미적효과가 없음에도 불구하고 허위의 비교예 등을 들거나 허위의 감정서 등과 같은 자료를 제출하여 디자인등록을 받은 경우 또는 디자인등록출원 전에 반포된 미국 디자인정보지에 게재되어 반포된 디자인임을 알면서도 이런 사실을 숨기고 스스로 창작한 것처럼 심사관을 기만하여 디자인등록을 받은 경우 등이다. 그러나 현행 디자인보호법은 이러한 사위행위에 의하여 얻은 디자인권에 대하여 무효화 등에 관한 어떠한 규정도 두고 있지 않으므로 사위행위로 얻은 디자인등록은 사위를 이유로 하여 무효로 할 수 없다. 또 그 등록디자인품은 사위행위를 조성한 물품이나 그 사위행위로부터 생긴 물품이 아니므로 몰수의 대상도 되지 않는다(법 87의2 참조).

5) 비밀누설죄 등

① 의의 및 취지

디자인보호법은 특허청 직원·특허심판원 직원 또는 그 직에 있었던 자가 디자인등록출원 중인 디자인 또는 비밀로 할 것을 청구한 디자인에 관하여 직무상 지득한 비밀을 누설하거나 도용[39]한 때에는 5년 이하의 징역 또는 5천만원 이하의 벌금에 처한다고 규정하고 있다(법 86).

국가공무원법(지방공무원법을 포함한다) 또한 공무원은 재직 중은 물론 퇴직 후에도

---

38) 石川惣太郎, 特許刑事法, 243면.

39) 도용 : 출원공개 전에 도용디자인을 업으로서 실시하거나 그 디자인에 관계되는 이용디자인을 창작하여 이에 대해 디자인등록출원, 특허출원, 실용신안 등록출원을 하는 것 등을 말한다.

직무상 지득한 비밀을 엄수하여야 할 의무를 규정하고 있고(국가공무원법 60), 이러한 직무상의 의무를 위반하였을 때에는 징계처분을 행하도록 규정하고 있다(국가공무원법 78조 2호). 그러나 특허청 직원·특허심판원 직원 또는 그 직에 있었던 자에게는 이와 같은 징계 외에 특별히 디자인보호법에서 위와 같은 형사처벌규정을 두고 있는 것은 디자인등록출원 중의 디자인의 비밀유지가 디자인보호제도의 기본적 전제이기 때문에 이를 누설하는 것은 출원인의 이익을 침해할 뿐만 아니라 디자인등록 행정의 신뢰성을 떨어뜨려 디자인보호제도를 근본적으로 부정하는 결과를 가져오기 때문이다.

② 비밀누설의 주체

비밀누설의 주체는 특허청 직원·특허심판원 직원 또는 그 직에 있었던 자(법 86)와 전문기관 및 디자인문서 전자화업무의 대행기관 또는 등록디자인문서 전자화기관의 임원·직원 또는 그 직에 있었던 자이다.[40] 여기에서의 전문기관 또는 등록디자인문서 전자화기관의 임원·직원 또는 그 직에 있었던 자는 비밀누설죄 등을 적용함에 있어서 특허청 직원 또는 그 직에 있었던 자로 본다(법 86의2).

여기에서 직원 또는 그 직에 있었던 자라 함은 정규직(일반직·별정직·기능직·고용직 등)뿐만 아니라 임시직(계약직·기간제직·인턴직·촉탁직·아르바이트·시간제근무자·일용직 등)으로 종사한 자 모두 포함한다.

---

40) 전문기관 및 대행기관의 지정기준 등

1. 전문기관의 지정기관(법 25의2①, 법시행령 3, 준용특허법시행령 8의2 각항)
   (1) 특허청장은 다음 각호의 요건을 모두 갖춘 법인을 전문기관으로 지정할 수 있다.
      1) 선행디자인의 조사업무 또는 국제디자인분류의 부여업무에 필요한 문헌 및 장비를 확보할 것
      2) 선행디자인의 조사업무 또는 국제디자인분류의 부여업무를 수행할 수 있는 전담인력 및 조직을 확보할 것
      3) 임·직원 중 변리사법 제2조에 따른 업무를 행하는 다른 기관의 임·직원을 겸하는 자 또는 같은 법 제5조에 따라 등록한 변리사가 없을 것
      4) 선행디자인의 조사업무 또는 국제디자인분류의 부여업무와 관련된 임·직원, 시설 및 장비에 대한 보안체계를 갖출 것
   (2) 위 "(1)"에 따라 지정된 전문기관이 선행디자인의 조사업무 또는 국제디자인분류의 부여업무 외의 업무를 행하는 경우에는 그 업무를 행함으로써 선행디자인의 조사업무 또는 국제디자인분류의 부여업무가 불공정하게 되어서는 아니된다.
   (3) 전문기관으로 지정받고자 하는 자는 전문기관 지정신청서에 위 "(1)의 각호"의 요건을 모두 갖춘 사실을 증명할 수 있는 서류를 첨부하여 특허청장에게 제출하여야 한다.
   (4) 위 "(1)의 각호"에 의한 문헌·장비·전담인력 및 조직의 확보에 관한 세부적인 기준, 보안체계의 구체적인 기준 및 전문기관의 운영에 관하여 필요한 사항은 특허청장이 정하여 고시한다.
2. 디자인문서 전자화업무의 대행기관의 지정 등(법 77의2, 법시행규칙 28 준용특허법 시행규칙 120의2)
   (1) 디자인등록출원 중인 디자인에 관한 비밀유지에 적합할 것
   (2) 데이터 입력장치, 데이터 저장장치 등 디자인문서 전자화업무의 효율적인 수행에 적합한 장비와 학사학위를 가진 자로서 9년 이상 전산정보처리분야의 업무를 수행한 자 1인 이상을 보유할 것
   (3) 임·직원 중 변리사법 제2조에 의한 업무를 행하는 다른 기관의 임·직원을 겸하는 자 또는 같은 법 제5조에 의하여 등록한 변리사가 없을 것
   (4) 법인일 것

③ 비밀누설의 대상

비밀누설의 대상은 위 ②의 비밀누설의 주체가 그 직무상 지득한 디자인등록출원 중의 디자인 또는 비밀로 할 것을 신청한 디자인이다(법 86). 따라서 위 ②의 비밀누설의 주체가 아닌 자의 절취·기망 등 부정한 방법에 의하여 알게 된 디자인등록출원 중의 디자인 또는 비밀로 할 것을 신청한 디자인이나 이미 출원공개되었거나 등록공고됨으로써 비밀성이 상실된 디자인은 비밀누설의 대상이 되지 아니한다.

④ 벌 칙

위 ②의 비밀누설의 주체가 그 직무상 지득한 디자인등록출원 중의 디자인 또는 비밀로 할 것을 신청한 디자인에 관하여 누설하거나 도용한 때에는 5년 이하의 징역 또는 5천만원 이하의 벌금에 처한다(법 86).

⑤ 벌칙적용의 행위유형

디자인보호법상의 벌칙이 적용되는 것은 i) 디자인등록출원 중인 디자인 또는 비밀로 할 것을 신청한 디자인에 관하여 비밀을 누설하는 경우와, ii) 디자인등록출원 중의 디자인 또는 비밀로 할 것을 신청한 디자인을 도용한 경우에 한정한다. 그러므로 이미 출원공개 또는 등록공고됨으로써 디자인등록출원디자인이나 비밀로 할 것을 청구한 디자인에 대한 비밀성이 상실되었을 경우에는 그 디자인의 내용을 스스로 이용하거나 제3자에게 공개하더라도 이는 아예 처음부터 비밀누설의 문제가 발생하지 아니한다.

⑥ 국가공무원법 등 다른 법률과의 관계

특허청 직원 등 위 ②의 비밀누설의 주체가 그 직무상 지득한 비밀을 누설하였을 때에는 국가공무원법(제60조·제78조 제2호)[41] 및 형법(제127조)[42]에 따라 징계 또는 처벌되어야만 하나 디자인보호법은 특별히 직무상 지득한 디자인등록출원 중의 디자인 등에 관하여 비밀을 누설한 때에는 5년 이하의 징역 또는 5천만원 이하의 벌금에 처하도록 하는 규정을 두어(법 86) 일반 공무원의 경우의 징계보다 무겁게 하고 있다. 이는 디자인등록출원 중인 디자인 등의 비밀유지는 디자인보호제도의 기본적 전제이

---

41) 국가공무원법
- 제60조(비밀엄수의 의무) : 공무원은 재직 중은 물론 퇴직 후에도 직무상 지득한 비밀을 준수하여야 한다.
- 제78조 제2호 : 직무상의 의무에 위반하거나 직무를 태만히 하였을 때 징계의결을 요구하여야 하고 동징계의결의 결과에 따라 징계처분을 행하여야 한다.

42) 형법
제127조(공무상 비밀의 누설) : 공무원 또는 공무원이었던 자가 법령에 의한 직무상 비밀을 누설한 때에는 2년 이하의 징역이나 금고 또는 5년 이하의 자격정지에 처한다.

므로 이를 누설하는 것은 출원인의 이익을 침해함은 물론 디자인보호제도의 신뢰를 실추시키기 때문이다.

6) 양 벌

디자인보호법은 디자인권에 관한 범죄행위의 방지를 강화하기 위하여 실제 행위자를 벌하는 외에 법인 또는 개인에 대해서도 벌금형을 과하는 벌칙을 두고 있다. 즉 법인의 대표자, 법인 또는 개인의 대리인·사용인·그 밖의 종업원이 그 법인 또는 개인의 업무에 관하여 침해죄(법 82①)·허위표시의 죄(법 84) 또는 사위행위의 죄(법 85)의 어느 하나에 해당하는 죄를 범한 때에는 그 행위자를 벌하는 외에 그 법인에게는 다음 각호의 어느 하나에 해당하는 벌금형을, 그 개인에게는 해당 조문의 벌금형을 과(科)한다. 다만, 법인 또는 개인이 그 위반행위를 방지하기 위하여 해당업무에 관하여 상당한 주의와 감독을 게을리 하지 아니한 경우에는 그러하지 아니하다(법 87). 이러한 단서는 개정전(2008.12.26 개정) 양벌규정이 문언상 영업주가 종업원 등에 대한 관리·감독상 주의의무를 다하였는지 여부에 관계없이 영업주를 처벌하도록 하고 있어 책임주의 원칙에 위배될 소지가 있으므로 영업주가 종업원 등에 대한 관리·감독상 주의의무를 다한 경우에는 처벌을 면하게 함으로써 양벌규정에도 책임주의 원칙이 관철되도록 함이 타당하다고 보아 개정법에서는 책임주의 원칙의 양벌규정을 두었다.

① 제82조 제1항의 경우 : 3억원 이하의 벌금

② 제84조 또는 제85조의 경우 : 6천만원 이하의 벌금

7) 몰수 등

디자인보호법은 디자인권(전용실시권을 포함한다)에 대한 침해행위의 재발방지는 물론 침해행위에 의하여 취득한 부정한 물건 등을 유통으로부터 단절, 추방시켜 건전한 거래질서의 유지를 확보하고 또 권리자 및 수요자를 보호한다는 취지의 규정을 두고 있다. 즉 법원은 침해행위를 조성한 물건 또는 그 침해행위로부터 생긴 물건은 이를 몰수하거나 피해자의 청구에 의하여 그 물건을 피해자에게 교부할 것을 선고하여야 한다고 규정하고 있다(법 87의2①). 피해자는 법원의 선고에 의하여 물건의 교부를 받은 때에는 그 물건의 가액을 초과하는 손해의 액에 한하여 배상을 청구할 수 있다(법 87의2②).

8) 과태료

① 의 의

과태료는 금전죄의 일종으로서 형벌인 벌금·과료와는 달리 디자인보호법상의 질서를 유지하기 위하여 디자인보호법은 법령위반자에 대하여 제재로서 과하는 소위 질

서벌에 관한 규정을 두고 있다. 즉 디자인등록에 관한 업무를 원활히 추진하기 위하여 다음의 1에 해당하는 자에게는 50만원 이하의 과태료에 처한다(법 88① 각호). 과태료는 특허청장이 부과·징수한다(법 88②).

i. 민사소송법 제299조 제2항 및 같은 법 제367조의 규정에 의하여 선서를 한 자로서 특허심판원에 대하여 허위의 진술을 한 자

ii. 특허심판원으로부터 증거조사 또는 증거보전에 관하여 서류 그 밖의 물품의 제출 또는 제시의 명령을 받은 자로서 이유 없이 그 명령에 응하지 아니한 자

iii. 특허심판원으로부터 증인·감정인 또는 통역인으로 소환된 자로서 정당한 이유 없이 소환에 응하지 아니하거나, 선서·진술·증언·감정 또는 통역을 거부한 자 등이다.

② 과태료의 부과

i. 부과절차

특허청장은 다음의 하나에 해당하는 자에게 50만원 이하의 과태료를 부과한다(법 88②, 법시행령 2).

(i) 과태료를 부과할 때에는 당해 위반행위를 조사·확인한 후 위반사실과 과태료의 금액 등을 명시하여 이를 납부할 것을 과태료처분대상자에게 서면으로 통지하여야 한다.

(ii) 과태료를 부과할 때에는 10일 이상의 기간을 정하여 과태료처분대상자에게 구두 또는 서면(전자문서를 포함한다)에 의한 의견서 진술의 기회를 주어야 한다. 이 경우 지정된 기일까지 정당한 사유 없이 의견진술이 없는 때에는 의견이 없는 것으로 본다.

(iii) 과태료의 금액을 정함에 있어서는 당해 위반행위의 동기와 그 결과 등을 참작하여야 한다.

ii. 부과기준

과태료의 부과기준은 다음의 별표와 같다. 다만, 특허청장은 위반행위의 정도, 위반횟수, 위반행위의 동기와 그 결과 등을 고려하여 그 금액의 2분의 1의 범위에서 경감하거나 가중할 수 있되, 가중하는 때에는 특허법 제88조 제1항에 따른 과태료 금액의 상한을 초과할 수 없다.

[별표]

위반행위	근거법령	과태료금액
가. 「민사소송법」 제299조 제2항 및 같은 법 제367조에 따라 선서를 한 자로서 특허심판원에 대하여 허위의 진술을 한 자	법 제88조 제1항 제1호	50만원
나. 특허심판원으로부터 증거조사 또는 증거보전에 관하여 서류 그 밖의 물건의 제출 또는 제시의 명령을 받은 자로서 정당한 이유 없이 그 명령에 응하지 아니한 자	법 제88조 제1항 제2호	50만원
다. 특허심판원으로부터 증인·감정인 또는 통역인으로 소환된 자로서 정당한 이유 없이 소환에 응하지 아니하거나 선서·진술·증언·감정 또는 통역을 거부한 자	법 제88조 제1항 제4호	50만원

③ 과태료의 징수

특허청장의 과태료 징수는 세입징수관 사무처리 규정에 의하여 징수한다(법시행규칙 28, 준용특허법 시행규칙 122).

(2) 고소기간 및 공소시효기간

형사소송법 제230조(고소기간)의 규정에 의하여 친고죄(디자인보호법 82: 침해죄)에 대하여는 원칙적으로 권리자가 그 침해자를 알게 된 날로부터 6월을 경과하면 고소하지 못한다. 단, 고소할 수 없는 불가항력의 사유가 있는 때에는 그 사유가 없어진 날로부터 기산한다.

또한 형사소송법 제249조(공고시효의 기간) 제1항 제4호의 규정에 의한 침해행위(디자인보호법 제82조: 침해죄)가 있은 날로부터 5년, 위 같은 조 제1항 제5호에 의한 침해행위(디자인보호법 제83조 : 위증죄, 동 제84조 : 허위표시의 죄, 동 제85조 : 사위행위의 죄, 동 제86조 : 비밀누설죄)가 있은 날로부터 3년이 경과하면 공소시효가 완성되어 검찰이 공소를 제기할 수 없게 된다.

제 2 절 침해주장에 대한 방어방법

Ⅰ. 서 론

위에서 설명한 권리침해에 대한 구제방법은 디자인권, 전용실시권의 불가침성을 보장하기 위한 것이지만 권리자가 때로는 이 구제방법을 오용하거나 남용하는 경우가 적지 않다. 예를 들면 침해가 되지 아니한 사실을 침해라고 하여 소송 등을 통해 제3자를 공격하는 일이 적지 않다. 이와 같은 부당한 공격에 대해서는 사실을 부인하고 정당한 방어방법을 강구하여 효과적으로 대응할 필요가 있다. 이와 같은 것으로서 i) 등록디자인의 보호범위에 속하지 아니한다는 주장, ii) 디자인등록무효의 주장, iii) 실시권 존재 등의 주장, iv) 권리남용 또는 실효이론 등의 주장이 있다. 그러나 이와 같은 방어방법을 강구하기 전에 상대방의 침해주장이 정당한지의 여부에 대해 충분한 조사를 하고, 만약 그것이 정당한 주장인 때에는 침해를 인정하고 상응한 조치를 취하며, 그것이 정당하지 않은 경우에 비로소 위의 방어방법에 의한 대응이 바람직하다.

Ⅱ. 등록디자인의 보호범위에 속하지 아니한다는 주장

권리침해자로 된 피고는 자기가 실시하고 있는 물품을 생산·사용·양도·대여 또는 수입하거나 그 물품의 양도 또는 대여의 청약(양도 또는 대여를 위한 전시를 포함한다)을 하는 행위는 상대방의 등록디자인의 보호범위에 속하지 아니하므로 권리침해가 되지 않는다는 취지를 주장함으로써 원고인 권리자의 공격을 물리칠 수 있다. 그리고 이 경우에는 제3자의 학식, 경험이 풍부한 자나 변리사와 같은 전문가에 의한 감정서 또는 특허심판원에 의한 권리범위 확인심판서류를 법원에 제출하는 방식을 취하는 것이 좋다.

또 상대방이 소송제기 등을 하기에 앞서 상대방의 경고내용정도 등에 따라 자기의 실시행위가 상대방의 등록디자인의 보호범위에 속하지 아니한다는 주장하에 침해금지청구권 등의 부존재확인의 소제기 또는 물품, 설비의 폐기, 제거 등의 방해배제의 가처분신청을 할 수도 있다.

Ⅲ. 디자인등록의 무효 주장

디자인등록에 무효사유가 있는 경우에는 이를 이유로 하여 침해성립을 부정할 수 있다. 다만 침해금지청구소송이나 손해배상청구소송 등에서 이와 같은 주장을 하여도 법원은 일반적으로 이 주장에 대해서는 판단하지 않는다. 디자인등록을 무효로 하는 처분은 우리나라의 법제상 특허심판원의 디자인등록의 무효심판의 심결에 의해서만 할 수 있으므로 재판상 디자인등록의 무효를 주장하여도 디자인등록의 무효심결의 확정이 없는 한 법원은 일반적으로 디자인등록은 유효하다는 것을 전제로 하여 심리하고 판단하기 때문이다.

그러나 무효사유를 갖는 디자인등록에 대해 침해소송이 제기된 경우에는 피고는 즉시 특허심판원에 디자인등록 무효심판을 청구하고 그 취지를 법원에서 진술하는 것이 바람직하다. 침해소송이 제기될 우려가 있기 때문에 상대방의 침해소송 제기 전에 먼저 무효심판을 청구했던 경우에도 마찬가지다. 법원은 필요하다고 인정되면 무효심판의 심결확정시까지 소송절차를 중지할 수 있기 때문이다.

Ⅳ. 실시권 존재 등의 주장

1. 서 론

자기가 실시하고 있는 디자인에 대하여 실시권이 있는 경우나 디자인권의 효력이 미치지 아니하는 범위 내의 실시인 경우에는 이를 주장하여 입증함으로써 디자인권리자로부터의 공격을 방어할 수 있다.

2. 방어조치

침해금지청구 등이나 손해배상청구의 소가 있는 경우에는 항변으로 선사용자에게 통상실시권이 존재한다는 취지의 주장을 할 수 있음(법 50)과 동시에 침해금지청구 등의 우려가 있는 경우에는 이에 앞서 침해금지청구권 등의 부존재확인의 소나 선사용에 의한 통상실시권 존재확인의 소 또는 손해배상채무부존재확인의 소를 제기할 수 있다.

Ⅴ. 권리남용의 주장

디자인권자 또는 전용실시권(이하 "디자인권자 등"이라 한다)자가 권리를 행사하는 것은 권리자로서 당연한 행위이지만 디자인권자 등의 권리행사가 권리남용에 해당하는 경우에는 이를 주장함으로써 디자인권자 등의 공격을 방어할 수 있다. 권리남용은 침해금지청구 등의 소송에서 피고에 의해 흔히 주장되고 있는 것이지만 지금까지 이를 인정한 판례는 적다. 그러나 당해 디자인등록이 무효로 될 것이 분명한 경우 등에서의 침해금지청구권 등의 행사는 권리남용이라고 인정해도 좋을 것으로 판단된다. 권리남용을 인정하는 이론으로서는 i) 당연무효설, ii) 공유재산론 또는 자유로운 사용범위의 항변, iii) 권리실효이론 등이 있다.

Ⅵ. 실효이론

실효(Verwirkung)이론은 디자인권자 등이 장기간 권리를 행사하지 않은 경우에는 권리행사를 허용하지 않는다는 이론으로 독일학설, 판례에 의해 발전한 것으로서 신의칙에 입각한 이론이며, 권리남용의 일종으로 되어 있다.

현행 디자인보호법에서는 이와 같은 취지의 법리규정은 없으나 특허법에서는 두고 있다. 즉, 특허법 제116조 제1항에 의한 특허권의 취소, 즉 "특허청장은 특허발명이 천재·지변 그 밖의 불가항력 또는 특허법 시행령이 정하는 정당한 이유 없이 계속하여 3년 이상 국내에서 실시되고 있지 아니한 경우의 사유로 인한 재정이 있은 날부터 계속하여 2년 이상 그 특허발명이 국내에서 실시되고 있지 아니하는 경우에는 이해관계인의 신청에 의하여 또는 특허청장의 직권으로 그 특허권을 취소할 수 있다"는 특허법상의 특허권의 취소취지의 법리와 부합되는 면이 있다.

제 3 절 화해·조정 등에 의한 분쟁해결

Ⅰ. 화해 등에 의한 분쟁해결

1. 서 문

디자인권의 침해에 대한 위와 같은 사법적 대응에는 소송절차상 일반적으로 오랜 시간과 많은 비용 및 노고를 필요로 한다. 따라서 이에 경주하거나 치중할 경우 타 업무추진에 영향을 미칠 수도 있으므로 이를 평화적으로 해결하는 방법, 즉 화해와 조정 등에 의해 조기에 타결하는 것이 현명한 대처방법일 수도 있다. 그러므로 다툼이 생길 경우 호혜적 정신을 발휘하여 원만히 해결해보려는 노력의 선행이 필요하다.

2. 화 해

화해에는 제소 전 화해(민사소송법 제385조 내지 제389조)와 제소 후 법원·수명법관 또는 수탁판사의 결정에 의한 화해권고(민사소송법 제225조)가 있다.

(1) 제소 전 화해

1) 화해신청 등

디자인권에 대한 다툼에 관하여 당사자는 청구의 취지·원인과 다투는 사정을 밝혀 상대방의 보통재판적이 있는 곳의 지방법원에 화해를 신청한다(민사소송법 385①). 화해가 성립된 때에는 법원사무관 등은 조서에 당사자, 법정대리인, 청구의 취지와 원인, 화해조항, 날짜와 법원을 표시하고 판사와 법원사무관 등이 기명날인한다(민사소송법 386). 만약 신청한 화해가 성립되지 아니한 경우는 당사자는 소제기신청을 할 수 있다. 적법한 소제기신청은 화해신청을 한 때에 소가 제기된 것으로 본다. 소제기신청은 위의 화해불성립조서등본이 법원사무관 등에 의해 송달된 날부터 2주 이내에 하여야 한다. 다만, 조서등본이 송달되기 전에도 신청할 수 있다. 위의 기간은 불변이다(민사소송법 387① 내지 ④).

2) 화해의 효력

화해를 조서에 적은 때에는 그 조서는 확정된 판결과 같은 효력을 가진다(민사소송법 220). 이와 같이 재판상의 화해를 조서에 기재한 때에는 그 조서는 확정판결과 동일한 효력이 있고 당사자간에 기판력이 생기는 것이므로 재심의 소에 의하여 취소 또는 변경이 없는 한 당사자는 그 화해의 취지에 반하는 주장을 할 수 없다.[43]

그러나 재판상 화해가 준재심의 소에 의하여 취소되고 그 준재심재판이 확정되면 재판상 화해의 효력은 소멸되고, 따라서 그 재판상 화해로 인하여 생긴 모든 법률효과는 당연히 실효된다.[44]

3) 화해의 비용

화해비용은 화해가 성립된 경우에는 특별한 합의가 없으면 당사자들이 각자 부담하고, 화해가 성립되지 아니한 경우에는 신청인이 부담한다. 다만, 소제기신청이 있는 경우에는 화해비용을 소송비용의 일부로 한다(민사소송법 389).

(2) 제소 후 화해

1) 화해권고결정 및 이의신청

법원·수명법관 또는 수탁판사는 소송에 계속 중인 디자인권에 관한 분쟁사건에 관하여 직권으로 당사자의 이익 그 밖의 모든 사정을 참작하여 청구의 취지에 어긋나지 아니하는 범위 안에서 사건의 공평한 해결을 위한 화해권고결정을 할 수 있다(민사소송법 225①). 법원사무관 등은 위의 결정내용을 적은 조서 또는 결정서의 정본을 당사자에게 송달하여야 한다(민사소송법 225② 본문). 당사자가 법원의 화해권고결정의 내용을 적은 조서 또는 결정에 대하여 이의가 있을 때에는 그 결정에 대한 조서 또는 결정서의 정본을 송달받은 날부터 2주 이내에 이의를 신청할 수 있다. 다만, 그 정본이 송달되기 전에도 이의를 신청할 수 있다. 위의 기간은 불변이다(민사소송법 226①②).

2) 화해권고결정의 효력

화해권고결정은 i) 화해권고결정에 대하여 그 조서 또는 결정서의 정본을 송달받은 날부터 2주 이내에 이의신청이 없는 때, ii) 이의신청에 대한 각하결정이 확정된 때, iii) 당사자가 이의신청을 취하하거나 이의신청권을 포기한 때, 위 세 가지 가운데 어느 하나에 해당하면 재판상 화해와 같은 효력을 가진다(민사소송법 231).

---

43) 대법원 1962. 2. 15. 선고 4294민상914 판결.

44) 대법원 1981. 12. 22. 선고 78다2278 판결.

3. 조 정

조정이란 디자인권에 관한 분쟁을 간편한 절차에 따라 당사자사이의 상호양해를 통하여 조리를 바탕으로 실정에 맞게 해결함을 목적으로 확립된 제도이다(민사조정법 1). 따라서 분쟁해결을 위하여 제3자인 조정위원회[45]가 양당사자 사이에 들어 양자의 주장을 조정하고 중재하여 당사자의 호혜에 의해 법적 구속을 받지 아니하고 조리에 맞도록 해결하는 것이므로 소송에 의한 해결보다도 원만한 해결을 평화적으로 구할 수 있다. 조정제도는 희망하는 경우에 이용된다.

이러한 조정신청은 조정담당판사가 사건의 성질상 조정을 함에 적당하지 아니하다고 인정되거나 당사자가 부당한 목적으로 조정의 신청을 한 것임을 인정하는 때에는 조정을 하지 아니하는 결정으로 사건을 종결시킬 수 있다(민사조정법 26①). 이와 같은 결정에 대하여는 불복의 신청을 할 수 없다. 그러나 제소신청은 할 수 있다(민사조정법 26②).

조정은 당사자사이에 합의된 사항을 조정절차에 참여한 법원사무관 등에 의해 조서에 기재함으로써 성립한다(민사조정법 28). 성립된 조정은 재판상의 화해와 같은 효력이 있다(민사조정법 29).

Ⅱ. 산업재산권 분쟁조정제도에 의한 해결

1. 서 설

(1) 의 의

산업재산권[46] 분쟁조정제도라 함은 날로 급증하고 있는 디자인권 등 산업재산권에 대한 분쟁을 사법적 절차나 분쟁당사자간의 합의에 의하여 해결하기에는 너무 오랜 시간, 많은 비용 및 노력을 필요로 하고 자율에 의한 합의 또한 이해조정이 어려워 그리 쉽지 않음에 따라 산업재산권 분야 전문가에 의한 간이중재·조정제도의 필요성이 더욱 요청되고 있는 이러한 현실을 감안하여 보다 전문적이고 보다 쉽게 부담 없이 해결할 수 있도록 하기 위하여 채택한 제도이다.

---

45) 조정위원회는 조정장 1인과 조정위원 2인 이상으로 구성한다(민사조정법 8). 조정장은 지방법원장 또는 지방법원지원장이 관할법원의 판사 중에서 지정한다. 다만, 지방법원순회심판소의 경우에는 순회명령을 받은 판사가 조정장이 된다.

46) 특허권·실용신안권·디자인권 및 상표권 등 지적(무체)재산권 4권을 말한다.

(2) 배 경

급속한 디자인경쟁의 국제화 추세에 따라 디자인분야에서의 분쟁이 날로 급증하고 있는 반면 이를 해결하기 위한 수단은 민사적·형사적·사법적 절차에 의하거나 분쟁당사자간의 자율화해와 같은 고전적 방법에 의존할 수밖에 없다. 그러나 그러한 사법절차에는 인력, 시간(2~4년), 비용면에서 큰 부담이 되며 기업비밀유지에도 문제가 있고 자율화해 또한 감정까지 개입되어 있어 해결이 쉽지 않다.

뿐만 아니라 사법적 절차에 의한다 하더라도 치열한 경쟁에 의한 생산성제고로 인하여 상품의 Life-Cycle이 짧아져 디자인수명이 날로 단축되어가는 지금은 사법적 절차가 종료된 시점에서는 디자인권 보호의 실익이 상실된다. 기업입장에서는 짧은 기간에 적은 비용으로 힘든 분쟁을 해결하기를 바라고 있고 이러한 요청에 부응하여 보다 간편하고 보다 효율적으로 해결하기 위한 방법을 법적 제도적으로 확립한 것이 소위 "산업재산권 분쟁조정"제도이다.

(3) 특 징

산업재산권 분쟁조정 제도의 특징은 특히 쟁송능력이 부족한 개인 디자인창작자, 중소기업을 비롯한 영세기업들이 편리하게 부담 없이 이용할 수 있게 다음과 같은 사항에 역점을 두어 마련하였다는 점이다.

1) 심판이나 재판에 비하여 신청절차를 간편하게 하였다는 점
2) 조정신청비용을 무료로 하였다는 점. 다만, 당사자의 필요에 의해 선임할 수도 있는 대리인, 감정인의 비용 등은 당사자가 부담한다.
3) 모든 절차를 비공개로 진행하기 때문에 기업의 비밀이 공개되지 아니하고 유지된다는 점
4) 조정신청 후 3개월 이내라고 하는 비교적 짧은 기간에 결론을 낸다는 점
5) 조정위원회가 화해를 권유하는 과정에서 양 당사자가 소유한 등록디자인의 Cross-License계약, 디자인협력계약 등 전략적 제휴를 할 수 있도록 유도하는 중개자의 역할도 맡아 "분쟁당사자 관계"를 "디자인파트너 관계"로 엮어 기업의 경쟁력제고에 기여할 수 있을 것으로 기대된다는 점
6) 상대방과의 화해를 주선하여 서로 웃으면 다툼을 해결하도록 한다는 점

2. 조정신청대상이 되는 분쟁

조정신청대상의 분쟁은 i) 산업재산권의 침해로 인하여 발생된 분쟁, ii) 산업재산권의 양도 또는 실시에 관련된 분쟁, iii) 직무발명보상에 관련된 분쟁, iv) 그 밖의

산업재산권에 관련된 분쟁이 그 대상이 되나 다음과 같은 분쟁사건은 조정신청의 대상으로 더욱 적합하다.

(1) 당사자의 상호양보를 통하여 중간타협적인 해결이 필요하거나 판례의 축적 등을 통하여 법률적 기준이 어느 정도 정해진 분쟁사건
(2) 대기업간에 자존심 싸움으로 진행되는 분쟁이나 당사자간에 악감정을 남기지 않고 분쟁해결을 하고자 하는 분쟁사건, 즉 인간관계가 중요한 친척·친구사이의 분쟁사건
(3) 산업재산권의 이용에 관련된 상거래관계 분쟁사건
(4) 산업재산권의 침해행위가 의도적이거나 악의적이 아닌 분쟁사건
(5) 소송으로 해결시 승소로 얻는 이익보다 송사로 인한 시간과 비용의 손해가 오히려 클 가능성이 있는 분쟁사건

3. 조정신청대상이 될 수 없는 사항

다음의 다상은 조정신청의 대상이 될 수 없다.

(1) 분쟁 중 산업재산권의 무효 및 취소여부, 권리범위의 확인 등에 관한 판단만을 요청하는 사항(발명진흥법 44)
(2) 조정신청일 현재 특허청에 등록되어 있지 않은 산업재산권에 대한 분쟁
(3) 그밖에 화해의 알선·조정을 하기에 적절하지 못하다고 판단되는 사항

4. 조정의 신청 등

(1) 신청인 적격

산업재산권의 권리자(디자인권자), 실시권자(전용실시권자·통상실시권자), 직무디자인창작자 및 당해 권리의 실시에 직접적인 이해관계가 있는 자는 디자인권 등 산업재산권에 관한 분쟁을 비사법적, 비자발적 해결에 의하지 아니하고 제3자의 조정에 의한 해결을 필요로 할 경우, 즉 등록디자인에 관한 분쟁의 조정을 산업재산권 분쟁조정위원회에 신청할 수 있다.

(2) 신청 및 조정

분쟁의 조정을 받고자 하는 자는 신청취지와 원인을 기재한 소정의 조정신청서[47]를 산업재산권 분쟁조정위원회에 제출하여 그 분쟁의 조정을 신청한다(발명진흥법 43①).

---

47) 발명진흥법 제43조 제1항, 동시행령 제15조 제1항 및 산업재산권분쟁조정위원회 운영세칙 제20조 별지 제13호서식 "산업재산권 분쟁조정신청서"

위원회는 조정신청이 있는 날부터 3월 이내에 조정을 하여야 한다. 다만, 특별한 사유가 있는 경우에는 양 당사자의 동의를 얻어 1월의 범위 내에서 1회에 한하여 그 기간을 연장할 수 있다(발명진흥법 43③).

위 기간이 경과한 경우에는 조정이 성립되지 아니한 것으로 본다(발명진흥법 43④).

5. 조정의 성립 및 효력

조정은 당사가간에 합의된 사항을 조서에 기재함으로써 성립한다. 성립된 조서는 재판상 화해와 동일한 효력이 있다. 다만, 당사자가 임의로 처분할 수 없는 사항에 관한 것은 그러하지 아니하다(발명진흥법 46①②).

6. 소멸시효의 중단 등

조정신청은 시효중단의 효력[48]이 있다. 조정이 성립되지 아니한 경우에는 그 불성립이 확정된 날부터 1월 이내에 소를 제기하지 아니하면 시효중단[49]의 효력이 없다(발명진흥법 47①②).

48) 시효중단은 당사자 및 그 승계인간에만 효력이 있다(민법 169). 여기에서 "승계인"이라 함은 시효중단에 관여한 당사자로부터 중단의 효과를 받는 권리를 그 중단효과 발생 이후에 승계한 자를 가리킨다(대법원 1994. 6. 24. 선고 94다7737 판결).

49) 시효의 기초인 사실상태와 부합하지 않는 사실의 발생으로 인하여 시효의 진행이 중절(中絕)되어 이미 경과한 시효시간이 효력을 상실하는 것. 시효의 중지와 더불어 시효완성의 장애라 불린다. 중단이 있으면 이미 진행한 시효기간은 전혀 효력을 잃고, 중단사유의 종료시부터 새로 시효기간이 진행한다. 시효의 중단은 당사자 및 그 승계인간에만 효력이 있다(민법 169).

제 4 절 디자인권 침해가 되지 않는 행위

Ⅰ. 공지 등의 디자인의 실시

당해 i) 디자인등록출원 전에 국내 또는 국외에서 공지·공용된 디자인이나 ii) 디자인등록출원 전에 국내 또는 국외에서 반포된 간행물에 게재되거나 전기통신회선[50]을 통하여 공중이 이용가능하게 된 디자인의 실시, iii) 위 i) 또는 ii)에 해당하는 디자인에 유사한 디자인의 실시(법 5①1 내지 3).

그러나 디자인등록을 받을 수 있는 권리를 가진 자에 의하여 또는 디자인등록을 받을 수 있는 자의 의사에 반하여 그 디자인이 위와 같이 국내 또는 국외에서 공지·공용되거나 이용가능하게 된 경우에는 공지 등이 되지 아니한 디자인으로 봄으로(법 8①②) 이러한 디자인의 실시는 디자인권의 침해가 된다.

Ⅱ. 실시권자의 등록디자인의 실시

1. 실시권 설정행위로 정한 범위 내의 실시

전용실시권자·통상실시권자의 등록디자인의 실시는 디자인권 침해가 되지 않는다. 즉 디자인권자로부터 실시권의 설정을 받은 전용실시권자 및 통상실시권자는 그 설정행위로 정한 범위[실시내용(디자인에 관한 물품을 생산·양도·대여·수입하거나 그 물품의 양도 또는 대여의 청약(양도나 대여를 위한 전시를 포함한다. 이하 같다) 행위의 전부 또는 일부의 실시행위, 실시지역, 실시기간, 그밖에 실시에 필요한 사항 등] 안에서 업으로서 그 등록디자인 또는 이와 유사한 디자인을 실시할 권리를 독점하거나(전용실시권의 경우) 실시할 권리를 갖기 때문에(통상실시권의 경우) 전용실시권자나 통상실시권자의 등록디자인의 실시는 디자인권 침해가 되지 않는다(법 47②, 49②).

---

50) 전기통신회선이라 함은 다음의 어느 하나에 해당하는 자가 운영하는 전기통신회선을 말한다.
① 정부·지방자치단체, 외국의 정부·지방자치단체 또는 국제기구
② 고등교육법 제3조에 따른 국·공립학교 또는 외국의 국·공립대학
③ 우리나라 또는 외국의 국·공립연구기관
④ 디자인 등록정보와 관련된 업무를 수행할 목적으로 설립된 법인으로서 특허청장이 지정하여 고시하는 법인

2. 이용·저촉관계의 등록디자인 등에 대한 디자인권자 등의 허락·심판에 의한 실시

(1) 타인의 등록디자인 등과의 이용관계

디자인권자·전용실시권자 또는 통상실시권자의 등록디자인 또는 그 등록디자인에 유사한 디자인이 그 디자인등록출원일 전에 출원된 타인의 등록디자인 또는 이와 유사한 디자인·특허발명·등록실용신안·등록상표(이하 "등록디자인 등"이라 한다)를 이용하는 경우에는 그 디자인권자·특허권자·실용신안권자·상표권자의 허락을 얻었거나 통상실시권 허여의 심판에 의하여 자기의 등록디자인 또는 그 등록디자인에 유사한 디자인을 실시하는 경우에는 디자인권 등의 침해가 되지 않는다(법 45①②).

(2) 타인의 디자인권 등과의 저촉관계

디자인권자·전용실시권자 또는 통상실시권자의 디자인권 또는 그 디자인권의 등록디자인에 유사한 디자인이 그 디자인등록출원일 전에 출원된 타인의 디자인권·특허권·실용신안권·상표권(이하 "디자인권 등"이라 한다)과 저촉되는 경우에 그 디자인권자·특허권자·실용신안권자·상표권자(이하 "디자인권자 등"이라 한다)의 허락을 얻었거나 통상실시권 허여의 심판에 의하여 자기의 등록디자인을 실시하는 경우에는 디자인권 등의 침해가 되지 않는다(법 45①②).

(3) 타인의 저작권과의 이용·저촉관계

디자인권자·전용실시권자·통상실시권자는 등록디자인 또는 이와 유사한 디자인이 그 디자인등록출원일 전에 발생한 타인의 저작권을 이용하거나 저촉되는 경우 저작권자의 허락을 얻지 아니하고 자기의 등록디자인 또는 이와 유사한 디자인을 업으로 실시하는 경우에는 저작권의 침해가 된다(법 45③). 따라서 자기의 등록디자인 또는 이와 유사한 디자인이 타인의 저작권과의 이용·저촉관계에 있는 경우에는 그 저작권자의 허락을 얻어 실시(업으로 실시)하면 저작권 침해가 되지 않는다.

3. 선사용에 의한 실시

디자인등록출원시에 그 디자인등록출원된 디자인의 내용을 알지 못하고 그 디자인을 창작하거나 그 디자인을 창작한 자로부터 지득하여 국내에서 그 등록디자인 또는 이와 유사한 디자인의 실시사업을 하거나 그 사업의 준비를 하고 있는 자는 그 실시 또는 준비를 하고 있는 디자인 및 사업의 목적의 범위 안에서 그 디자인등록출원된 디자인에 대한 디자인권에 대하여 통상실시권을 가지는 바(법 50) 이에 의한 등록디자인 또는 이와 유사한 디자인의 실시는 디자인권의 침해가 되지 않는다.

4. 선출원에 의한 실시

타인의 디자인권이 설정등록되는 때에 그 디자인등록출원된 디자인의 내용을 알지 못하고 그 디자인을 창작하거나 창작한 자로부터 지득하여 국내에서 그 디자인 또는 이와 유사한 디자인의 실시사업을 하거나 그 사업의 준비를 하고 있는 자(선사용에 의한 통상실시권자를 제외한다)가 i) 타인이 디자인권을 설정등록을 받기 위해 디자인등록출원을 한 날 이전에 그 디자인 또는 이와 유사한 디자인에 대하여 디자인등록출원을 하고 그 디자인등록출원에 관한 디자인의 실시사업을 하거나 그 사업의 준비를 하였고 또, ii) i) 중 먼저 디자인등록출원한 디자인이 ⓐ 출원 전 국내 또는 국외에서 공지공용된 것, ⓑ 출원 전에 국내 또는 국외에서 반포된 간행물에 게재되었거나 인터넷과 같은 전기통신회선을 통하여 공중이 이용가능하게 된 것, ⓒ 위 ⓐ 또는 ⓑ의 디자인에 유사한 것 이 셋 중 어느 하나에 해당하여 거절결정이나 거절한다는 취지의 심결이 확정되었을 경우에 한하여 그 실시 또는 준비를 하고 있는 디자인 및 사업의 목적 범위 안에서 그 디자인권에 대하여 통상실시권을 가지는 바(법 50의2) 이에 의한 등록디자인 또는 이와 유사한 디자인의 실시는 디자인권의 침해가 되지 않는다.

5. 무효심판 청구등록 전의 실시

디자인등록에 대한 무효심판청구의 등록전(예고등록)에 i) 동일 또는 유사한 디자인에 대한 2 이상의 등록디자인 중 그 하나의 디자인등록을 무효로 한 경우의 원디자인권자, ii) 디자인등록을 무효로 하고 동일 또는 유사한 디자인에 관하여 정당한 권리자에게 디자인등록을 한 경우의 원디자인권자, iii) 위의 i) 및 ii)의 경우에 있어서 그 무효로 된 디자인권에 대하여 무효심판청구의 등록당시에 이미 전용실시권이나 통상실시권 또는 그 전용실시권에 대한 통상실시권을 취득한 자로서, a) 해당 통상실시권 또는 전용실시권의 등록을 받은 자나 또는 b) 디자인보호법 제33조의3(등록료의 추가납부 또는 보전에 의한 디자인등록출원과 디자인권의 회복 등) 제5항, 제50조(선사용에 의한 통상실시권), 제50조의2(선출원에 따른 통상실시권), 제51조(무효심판청구등록 전의 실시에 의한 통상실시권), 제52조(디자인권 등의 존속기간만료 후의 통상실시권), 제58조(질권행사로 인한 디자인권의 이전에 따른 통상실시권), 제74조의2(재심에 의하여 회복한 디자인에 대한 선사용자의 통상실시권), 제74조의3(재심에 의하여 통상실시권을 상실한 원권리자의 통상실시권) 및 발명진흥법 제10조 제1항(직무발명에 대하여 종업원 등이 디자인등록을 받았거나 디자인등록을 받을 수 있는 권리를 승계한 자가 디자인등록을 받은 경우에 사용자 등은 그 디자인권에 대하여 통상실시권을 가진다)에 의하여 통상실시권을 취득한 자가 등록디자인이 무효사유에 해당하는 것을 알지 못하고 국내에서 그 디자인 또는 이와 유사한 디자인의 실시사업을 하거나 그 사업의 준비를 하고 있는 경우에는 그 실시 또는 준비를 하고 있는 디자인 및 사업의 목적의 범위에서 그 디자인권 또는 디자인등록을 무효로 한 당시에 존재하는 전용실시권에 대하여 통상실시권을 가지는 바(법 51①), 이에 의한 등록디자인 또는 이와 유사한 디자인의 실시는 디자인권의 침해가 되지 않는다.

6. 디자인권 등의 존속기간 만료 후의 실시

(1) 등록디자인에 유사한 디자인이 그 디자인등록출원일 전 또는 디자인등록출원일과 같은 날에 출원되어 등록된 디자인권(이하 "원디자인권"이라 한다)과 저촉되는 경우 원디자인권의 존속기간이 만료되는 때에는 원디자인권자는 원디자인권의 범위 안에서 그 디자인권에 대하여 통상실시권을 가지거나 원디자인권의 존속기간 만료 당시에 존재하는 그 디자인권에 대한 전용실시권에 대하여 통상실시권을 가지는 바(법 52①) 그 통상실시권에 따른 등록디자인 또는 이와 유사한 디자인의 실시는 디자인권의 침해가 되지 않는다.

(2) 위 (1)의 경우에 있어서 원디자인권의 만료 당시에 존재하는 원디자인권에 대한 전용실시권자 또는 등록된 통상실시권자는 원권리의 범위에서 그 디자인권에 대하여 통상실시권을 가지거나 원디자인권의 존속기간만료 당시에 존재하는 그 디자인권에 대한 전용실시권에 대하여 통상실시권을 가지는 바(법 52②) 그 통상실시권에 따른 등록디자인 또는 이와 유사한 디자인의 실시는 디자인권의 침해가 되지 않는다.

(3) 등록디자인 또는 이와 유사한 디자인이 그 디자인등록출원일 전 또는 디자인등록출원일과 같은 날에 출원되어 등록된 특허권·실용신안권과 저촉되고 그 특허권 또는 실용신안권의 존속기간이 만료하는 경우에 관하여는 위의 (1) 및 (2)를 준용한다(법 52③).

7. 질권행사로 인한 디자인권의 이전에 따른 실시

디자인권자는 디자인권을 목적으로 하는 질권설정 이전에 그 등록디자인 또는 이와 유사한 디자인을 실시하고 있는 경우에는 그 디자인권이 경매 등에 의하여 이전되더라도 그 디자인권에 대하여 통상실시권을 가지는 바(법 58) 그 통상실시권에 따른 등록디자인 또는 이와 유사한 디자인의 실시는 디자인권의 침해가 되지 않는다.

8. 심판에 의하여 허여된 실시

(1) 통상실시권 허여의 심판에 의한 디자인권자 등의 실시

디자인권자·전용실시권자 또는 통상실시권자(이하 "디자인권자 등"이라 한다)가 당해 등록디자인 또는 이와 유사한 디자인의 실시를 위해 타인의 선출원 등록디자인 또는 이와 유사한 디자인·특허발명·등록실용신안 또는 등록상표(이하 "선출원 등록디자인 등"이라 한다)를 이용하거나 자기의 디자인권이 타인의 선출원 특허권·실용신안권 또는 상표권과 저촉되는 경우 그 타인이 정당한 이유 없이 실시허락을 하지 아니하거나 실시허락을 받을 수 없는 때에는 자기의 등록디자인 또는 이와 유사한 디자인의 실시에 필요한 범위 안에서 통상실시권 허여의 심판을 청구할 수 있고, 그 심판의 심결에 의해 통상실시권을 가지는 바(법 70①), 그 통상실시권에 의한 등록디자인 또는 이와 유사한 디자인의 실시는 디자인권의 침해가 되지 않는다.

(2) 통상실시권 허여자의 심판에 의한 실시

심판에 의하여 통상실시권을 허여한 자가 그 통상실시권의 허여를 받은 자의 등록디자인 또는 그 등록디자인에 유사한 디자인의 실시를 필요로 하는 경우에 그 통상실시권을 허여받은 자가 실시를 허락하지 아니하거나 실시의 허락을 받을 수 없는 때에는 통상실시권의 허여를 받아 실시하고자 하는 등록디자인 또는 그 등록디자인에 유사한 디자인의 범위 안에서 통상실시권 허여의 심판을 청구할 수 있고, 그 심판의 심결에 의해 통상실시권을 가지는 바(법 70②), 그 통상실시권에 의한 등록디자인 또는 이와 유사한 디자인의 실시는 디자인권의 침해가 되지 않는다.

9. 재심에 의하여 회복한 디자인권에 대한 선사용자의 실시

i) 무효로 된 디자인권(디자인등록 취소결정에 대한 심판에 의하여 취소가 확정된 디자인권을 포함한다)이 재심에 의하여 회복된 경우, ii) 디자인권의 권리범위에 속하지 아니한다는 심결이 확정된 후 재심에 의하여 이와 상반되는 심결이 확정되는 경우, iii) 거절한다는 취지의 심결이 있었던 디자인등록출원에 대하여 재심에 의하여 디자인권의 설정등록이 된 경우 이 셋 중 그 어느 하나에 해당하는 경우에 해당 심결이 확정된 후 재심청구등록 전(예고등록)에 선의로 국내에서 그 디자인의 실시사업을 하고 있는 자 또는 그 사업의 준비를 하고 있는 자는 그 실시 또는 준비를 하고 있는 디자인 및 사업의 목적의 범위에서 그 디자인권에 관하여 통상실시권을 가지는 바(법 74의2) 그 통상실시권에 의한 등록디자인 또는 이와 유사한 디자인의 실시는 디자인권의

침해가 되지 않는다.

10. 재심에 의하여 통상실시권을 상실한 원권리자의 실시

통상실시권을 허여한다는 심결이 확정된 후 재심에 의하여 이에 상반되는 심결의 확정이 있는 경우에는 재심청구등록(예고등록) 전에 선의로 국내에서 그 디자인의 실시사업을 하고 있는 자 또는 그 사업의 준비를 하고 있는 자는 원통상실시권의 사업의 목적 및 디자인의 범위에서 그 디자인권 또는 재심의 심결의 확정이 있는 당시에 존재하는 전용실시권에 대하여 통상실시권을 가지는 바(법 74의3) 그 통상실시권에 의한 등록디자인 또는 이와 유사한 디자인의 실시는 디자인권의 침해가 되지 않는다.

Ⅲ. 디자인권의 효력이 미치지 아니한 범위 내의 실시

1. 디자인권의 효력은 다음의 하나에 해당하는 사항에는 미치지 아니하므로 디자인권 침해가 되지 아니한다(법 44① 각호).

(1) 연구 또는 시험을 하기 위한 등록디자인의 실시

(2) 국내에 통과하는데 불과한 선박·항공기·차량 또는 이에 사용되는 기계·기구·장치 그 밖의 물건

(3) 디자인등록출원시부터 국내에 있는 물건

2. 글자체가 디자인권으로 설정등록된 경우 그 디자인권의 효력은 다음의 하나에 해당하는 경우에는 디자인권의 효력은 미치지 아니하므로 디자인권 침해가 되지 아니한다(법 44② 각호).

(1) 타자·조판 또는 인쇄 등의 통상적인 과정에서 글자체를 사용하는 경우

(2) 위 (1)에 따른 글자체의 사용으로 생산된 결과물인 경우

Ⅳ. 재심청구의 등록 전 선의의 실시

1. 물품에 대한 효력의 제한

다음의 하나에 해당하는 경우에 디자인권의 효력은 당해 심결이 확정된 후 재심청구의 등록 전에 선의로 수입 또는 국내에서 생산하거나 취득한 물품에는 미치지 아니한다(법 74①).

(1) 무효로 된 디자인권(디자인 무심사등록출원의 디자인등록 취소결정에 대한 심판에 의하여 취소가 확정된 디자인권을 포함한다)이 재심에 의하여 회복된 경우
(2) 디자인권의 권리범위에 속하지 아니한다는 심결이 확정된 후 재심에 의하여 이와 상반된 심결이 확정된 경우
(3) 거절한다는 취지의 심결이 있었던 디자인등록출원이 재심에 의하여 디자인권의 설정등록이 된 경우

2. 실시행위에 대한 디자인권의 효력의 제한

위 1의 (1) 내지 (3)의 각호에 해당하는 경우의 디자인권의 효력은 다음의 1의 행위에는 미치지 아니한다(법 74②).

(1) 당해 심결이 확정된 후 재심청구의 등록 전에 한 당해 디자인의 선의의 실시
(2) 등록디자인에 관련된 물품의 생산에만 사용하는 물품을 당해 심결이 확정된 후 재심청구의 등록 전에 선의로 생산·양도·대여 또는 수입하거나 양도 또는 대여의 청약을 하는 행위

제11장 심 판

제1절 서 설

I. 의 의

심판이라 함은 심사관의 최초 디자인등록출원에 대한 보정의 요지변경을 이유로 한 보정각하결정이나 디자인등록출원에 대한 디자인등록 거절결정 또는 디자인무심사등록에 대한 디자인등록의 취소결정 등에서의 심사의 미진·착오·오류 등 및 법조항 적용의 잘못으로 그 보정의 각하결정, 디자인등록 거절결정, 디자인등록 취소결정에 흠결이 있다고 판단한 출원인 및 디자인권자가 이에 불복을 하고자 하거나 이해관계인 또는 당해 심사관이 디자인등록의 무효를 주장하고자 할 때, 디자인권자 또는 전용실시권자와 이해관계인간의 권리범위에 대한 분쟁이 있을 때, 디자인권자·전용실시권자 또는 통상실시권자(이하 "디자인권자 등"이라 한다)가 당해 등록디자인이 타인의 등록디자인 등과의 이용·저촉관계에 있어 실시허락을 구하였으나 불허한 경우 청구하는 디자인등록 무효심판, 권리범위 확인심판, 통상실시권 허여심판 등에 의해 이를 해결하기 위한 행정쟁송절차를 말한다.

따라서 심판은 i) 심사의 정확성·공정성 및 완전성에 대한 사후적 보장수단이고 또 부실권리의 정리수단이기도 하며, ii) 권리분쟁의 해결수단 및 iii) 실시허락 강제수단이라고도 할 수 있다.

이와 같은 심판은 심사관의 심사결정에 대한 불복해결수단으로 민사소송이나 일반행정소송과는 구별되는 특별한 행정쟁송절차로써 대법원의 최종심을 전제로 하여 특허심판원 심판관의 합의체로 운영되는 행정심판의 한 유형이다.

Ⅱ. 취 지

심사관의 디자인등록출원에 대한 심사의 잘못으로 디자인등록을 받을 수 있는 디자인이 디자인등록을 받지 못하게 되거나 그와는 반대로 디자인등록을 받을 수 없는 디자인이 디자인등록을 받게 된 경우 그 심사상의 흠결여부의 판단, 디자인권의 권리범위에 관한 다툼에서 실시주장디자인이 확인대상디자인에 속하는지 여부의 판단 및 타인의 선출원 등록디자인 등과의 이용·저촉관계에서의 자기의 후출원 등록디자인의 실시허락과 관련한 사건에서의 통상실시권 허여여부의 판단 등이 심판에 의해서, 즉 디자인등록 거절결정 등에 대한 불복심판, 디자인등록의 무효심판, 권리범위 확인심판, 통상실시권 허여의 심판이라는 절차에 따라 심판관에 의해 이루어진다. 따라서 심판은 부실심사에 의해 거절된 디자인을 보호하며, 불완전 디자인에 부여된 흠결 있는 디자인권의 존속을 막고, 디자인등록의 요건을 만족한 디자인만이 디자인권으로 존속될 수 있도록 한다. 또 디자인권 분쟁사건에 관한 심결에 의해 제3자의 권리침해로부터 권리자의 보호와 동시에 디자인권자 등의 등록디자인의 실시·디자인등록에 관한 권리행사의 적정을 기하도록 하며, 선출원 디자인권자 등의 부당한 권리행사를 제어, 등록디자인의 공정한 실시를 유도하고 제3자의 정당한 실시를 촉진하여 디자인의 보호 및 이용을 도모함으로써 디자인의 창작을 장려하여 산업발전에 기여하려는 것으로 디자인보호법은 바로 이를 위한 입법조치로서 잘못된 심사에 의해 디자인등록 거절결정 또는 심결된 출원디자인을 구제하고, 잘못된 결정 또는 심결에 의해 설정된 디자인권을 무효로 하며, 등록디자인의 보호범위에 대한 디자인권의 권리범위의 침해시비에 관한 분쟁을 종결한다. 그리고 디자인권자 등의 부당한 권리행사로부터 적법하게 실시하려는 자를 보호하기 위한 목적 등으로 심판제도를 두고 있다. 즉 심판제도는 진정한 출원디자인의 등록거부, 흠결 및 부실권리의 존속, 디자인권에 관한 분쟁 및 실시불가 등과 같은 상태를 방치할 경우 그로 인한 이들 당사자, 이해관계인 및 제3자가 입을 피해, 디자인보호제도 취지의 훼손 및 사회적 폐해 등 이루 헤아릴 수 없는 폐단이 발생하므로 이러한 폐단이 발생하지 않도록 이를 시정하는 수단을 마련할 필요성에 따라 창설된 제도가 심판이다.

Ⅲ. 성 질

심판의 법적 성질에 관하여는 사법행위설·행정행위설·준사법적 행정행위설이 대립하고 있으나 심판은 형식적으로는 행정기관의 행정행위로서의 성질을 가지지만 실질적으로는 심판관의 직무상의 독립, 민사소송절차의 준용, 심판에 대한 일사부재리의 원칙 등이 적용되고 있는 점 등으로 보아 심판은 준사법적 행정행위, 즉 준사법적 쟁송절차로 보는 것이 타당하고 또 오늘날의 다수설이기도 하다.

따라서 디자인등록에 관한 심판은 행정심판의 특수유형으로서의 디자인보호법 관계쟁송이고 이러한 디자인보호법 관계쟁송은 특허심판원의 전속관할로 하고 있다.

제 2 절 심판절차 일반

Ⅰ. 심판청구

1. 심판청구의 방식

(1) 심판청구서의 제출

1) 디자인등록의 무효 등의 심판청구서의 제출

① 디자인등록의 무효심판, 권리범위 확인심판, 통상실시권 허여의 심판 등을 청구하고자 하는 자는 다음과 같은 사항을 기재한 심판청구서를 특허심판원장에게 제출하여야 한다(법 72의2①).

ⅰ. 당사자의 성명·주소(법인인 경우 그 명칭 및 영업소의 소재지)

ⅱ. 대리인이 있는 경우 그 대리인의 성명·주소나 영업소의 소재지(대리인이 특허법인인 경우 그 명칭, 사무소의 소재지 및 지정된 변리사의 성명)

ⅲ. 심판사건의 표시

ⅳ. 청구의 취지 및 그 이유

② 권리범위확인심판을 청구하고자 하는 자는 위 ①의 심판청구서에 등록디자인과 대비될 수 있는 도면을 첨부하여야 한다(법 72의2③).

③ 통상실시권 허여의 심판의 청구서에는 위 ①의 ⅰ 내지 ⅳ 사항 외에 다음 사항을 더 기재하여야 한다(법 72의2④).

ⅰ. 실시하려는 자기의 등록디자인의 번호 및 명칭

ⅱ. 실시되어야 할 타인의 특허발명·등록실용신안이나 등록디자인의 번호·명칭 및 특허나 등록의 연월일

iii. 특허발명·등록실용신안 또는 등록디자인의 통상실시권의 범위·기간 및 대가

2) 디자인등록 거절결정 등의 심판청구서의 제출

보정각하결정·디자인등록 거절결정 또는 디자인등록취소결정에 대한 심판을 청구하고자 하는 자는 다음과 같은 사항을 기재한 심판청구서를 특허심판원장에게 제출하여야 하며 특허심판원장은 디자인등록 취소결정에 대한 심판이 청구된 경우에는 그 취지를 디자인무심사등록 이의신청인에게 통지하여야 한다(법 72의3① 각호).

i. 청구인의 성명·주소(법인인 경우 그 명칭·영업소의 소재지)
ii. 대리인이 있는 경우 그 대리인의 성명·주소나 영업소의 소재지(대리인이 법인인 경우 그 명칭·사무소의 소재지·지정된 변리사의 성명)
iii. 출원일자와 출원번호(디자인등록 취소결정에 대하여 불복한 경우에는 디자인등록일자와 디자인등록번호)
iv. 디자인의 대상이 되는 물품
v. 디자인등록거절 결정일자, 디자인등록 취소결정일자 또는 보정각하 결정일자
vi. 심판사건의 표시
vii. 청구의 취지 및 그 이유

(2) 심판청구서의 보정제한 - 보정제한주의 -

1) 보정제한의 필요성

심판청구서의 보정은 할 수 있다. 그러나 그 보정은 보정할 수 있는 기간 안에서 심판청구서의 요지를 변경하지 아니하는 범위에서만 할 수 있다.

심판청구서의 보정을 언제나 자유롭게 할 수 있을 경우 다음과 같은 여러 가지 폐단이 발생할 수 있으므로 디자인보호법은 이러한 폐해를 막기 위하여 내용과 시기면에서 제한을 두고 있다.

① 내용적 제한

당초 기재하지 아니한 사항을 추가하거나 기재하였던 사항의 요지를 변경하여 심판청구 당시의 청구의 취지와 다르게 될 경우 그 보정의 효과는 출원시로 소급하기 때문에 출원시에 그러한 보정이 있었던 것으로 되는 이상 선원주의에도 반할 뿐만 아니라 또 출원시의 출원서류에 기재되어 있는 디자인이지만 디자인등록을 받을 때는 좁은 범위의 것으로 청구하고 권리가 발생한 후에는 넓은 범위의 것으로 보정하여 권리범위를 확대할 수 있다고 하면 이는 법적 안정성을 해칠 수 있기 때문이다.

② 시기적 제한

보정내용이 위와 같은 폐해가 없다 하더라도 심판청구인이 어느 때나 마음대로 보정을 할 수 있다고 한다면 특허심판원의 심판업무의 진행에 혼란을 일으켜 심판처리를 지연시키는 결과를 가져오기 때문에 위와 같은 심판청구서에 대한 보정제한의 당위성이 여기에 있는 것이다.

2) 보정제한사항

① 디자인등록의 무효 등의 심판청구서

특허심판원장에게 제출된 심판청구서에 기재된 i. 당사자의 성명 및 주소(법인인 경우 그 명칭 및 영업소의 소재지), ii. 대리인이 있는 경우에는 그 대리인의 성명 및 주소나 영업소의 소재지(대리인이 특허법인인 경우 그 명칭, 사무소의 소재지 및 지정된 변리사의 성명), iii. 심판사건의 표시, iv. 청구의 취지 및 그 이유, v. 권리범위확인심판청구서에 첨부한 등록디자인과 대비될 수 있는 도면, vi. 통상실시권 허여의 심판청구서에 기재한 a) 실시하려는 자기의 등록디자인의 번호 및 명칭, b) 실시되어야 할 타인의 특허발명·등록실용신안이나 등록디자인의 번호·명칭 및 특허나 등록의 연월일, c) 특허발명·등록실용신안 또는 등록디자인의 통상실시권의 범위·기간 및 대가에 대한 보정은 그 요지를 변경할 수 없다. 그러나 다음의 하나에 해당하는 경우에는 그러하지 아니하다(법 72의2② 각호).

i) 위 i의 "당사자" 중 디자인권자의 기재를 바로잡기 위하여 보정(추가하는 것을 포함한다) 하는 경우

ii) 위 iv의 "청구의 이유"를 보정하는 경우

iii) 디자인권자 또는 전용실시권자가 청구인으로서 청구한 권리범위 확인심판에서 심판청구서의 확인대상디자인(청구인이 주장하는 피청구인의 디자인을 말한다)의 도면에 대하여 피청구인이 자신의 실제로 실시하고 있는 디자인과 비교하여 다르다고 주장하는 경우에 청구인이 피청구인의 실시디자인과 같게 하기 위하여 심판청구서의 확인대상디자인의 도면을 보정하는 경우

따라서 심판청구서의 보정은 요지를 변경하지 아니하거나 위의 i)에서 iii)까지 해당하는 경우에만 할 수 있는 심판청구서 보정제한주의를 채택하고 있다.

그러므로 심판청구서의 보정은 a) 잘못된 기재의 정정, 분명하지 아니한 기재의 석명 및 공격방어방법 등 청구의 이유나, b) 적극적 권리범위확인심판에서 디자인권자인 청구인이 피청구인의 실시주장디자인과 동일하게 하기 위하여 심판청구서의 확인대상디자인의 도면의 보정만이 허용되는데 반하여 청구의 취지와 같이 청구의 요지가 변경되는 심판청구서의 보정은 허용되지 않는다.

즉 심판청구서에 기재된 청구취지의 변경, 권리범위확인 심판청구서에 첨부된 확인대상디자인의 도면(위 b)의 경우는 제외한다)이나 통상실시권 허여심판청구서의 기재사항 등이 보정제한의 그 예이다.

청구취지의 변경에 관한 예를 들어보면 무효심판청구를 권리범위 확인심판청구로 변경하거나 심판청구의 취지 중 심판사건의 표시인 "디자인등록 제100호"를 무효로 한다라는 심결을 구하는 심판청구에서 "디자인등록 제1000호"를 무효로 한다는 심결을 구하는 경우가 그것이다.

② 디자인등록거절결정 등의 심판청구서

특허심판원장에게 제출된 보정각하결정, 디자인등록거절결정 또는 디자인등록취소결정에 대한 심판청구서를 보정하는 경우 그 요지를 변경할 수 없다. 다만, 다음의 하나에 해당하는 경우에는 그러하지 아니하다(법 72의3② 각호).

ⅰ) 위 2) ⅰ의 "청구인"의 기재를 바로잡기 위하여 보정(추가하는 것을 포함한다)하는 경우

ⅱ) 위 2) ⅶ의 "청구의 이유"를 보정하는 경우

따라서 심판청구서의 보정은 요지를 변경하지 아니하거나 위의 ⅰ) ⅱ)에 해당하는 경우에만 할 수 있는 심판청구서 보정제한주의를 채택하고 있다.

청구인 또는 피청구인의 추가나 변경이 요지변경이냐의 여부에 관하여는 공동심판규정(법 72)의 해석과 관련하여 다음과 같이 요지변경설과 요지변경부정설이 대립되고 있다.

3) 요지변경에 대한 학설·판례

① 학 설

ⅰ. 요지변경설

디자인보호법 제72조 제3항은 "디자인권의 공유자가 그 공유인 권리에 관하여 심판을 청구하는 때에는 공유자 전원이 공동으로 청구하여야 한다"고 규정하고 있어 청구인 또는 피청구인의 추가나 변경은 심판청구서의 요지변경이 되므로 필수적 공동소송인에 관한 민사소송법 제67조 제1항의 법리와 필수적 공동소송인의 추가를 허가하고 있는 같은 법 제68조 제1항의 규정은 공동심판의 청구에 적용할 여지가 없다는 견해이다.[1)]

---

1) 판례 : 東京高判 昭 48.4.13 취소집 昭 48년 3면 및 最高裁 昭 53.3.24 취소집 昭 53년 125면(공동출원인 중의 한사람 만에 의한 심판청구를 부적법으로 한 심결을 지지하고 있다) 참조.

심판실무 : 청구인 또는 피청구인의 추가를 부적법한 심판청구라 하여 각하하고 있고 또 특허거절결정 심판청구에 대해서도 대리권이 있는 출원대리인이 심판청구서에 공동출원인 전원을 기재하지 않았을 경우 특허법 제133조 제1항(우리나라 특허법 141①)에 의해 보정을 명해야 한다는 판결(동경고판

ii. 요지변경부정설

디자인보호법상의 공동심판규정의 해석과 관련하여 청구인 또는 피청구인의 추가나 변경은 요지변경이 아니라는 견해이다.

심판목적이 공동심판인 모두에게 합일적으로 확정되어야 할 공동심판의 경우에 공동심판인 가운데 한사람의 심판행위는 모두의 이익을 위하여서만 효력을 가지며 또 청구인 또는 피청구인 가운데 한사람에 관하여 심판절차의 중단이나 중지의 원인이 있는 때에는 전원에 관하여 그 효력이 발생한다. 이러한 필수적 공동심판에서 공동심판청구인 또는 공동심판 피청구인 가운데 일부가 누락된 경우에는 심결종결시까지 청구인의 신청에 따라 결정으로 청구인 또는 피청구인의 추가를 허가할 수 있는데 이 경우 청구인의 추가는 추가될 사람의 동의를 전제로 한다는 견해이다.

판례 또한 전권리자를 피청구인으로 하는 무효심판청구는 비록 디자인보호법 제72조 제1항 제1호의 심판청구방식에 관한 요건을 구비하지 아니한 부적법한 것이기는 하지만 심판청구서의 요지변경이라고까지는 할 수 없어 이에 해당하지 아니하고 또 보정에 의해 그 흠결이 치유될 수도 있으므로 청구인 또는 피청구인의 추가나 변경은 심판청구서의 요지변경이 되지 않는다고 판시하였다.[2)]

iii. 결 어

(i) 요지변경설에 대하여

공유디자인권에 관한 심판은 공유자 전원이 공동으로 청구하여야 하기 때문에 이후 심판당사자를 추가 또는 변경하는 것은 요지변경이라는 요지의 요지변경설을 요지변경의 문제로 파악할 것이 아니라 민사소송법상의 당사자의 적격이나 확정, 당사자 변경, 표시정정 등 및 성격은 조금 다르겠으나 디자인보호법상의 디자인등록출원서에 대한 서지사항 보정절차에 의해 출원인이나 디자인창작자의 추가인정 등의 문제로 보아 요지변경의 문제와는 달리 보아야 할 것으로 해석함이 타당하다.

그러나 심판청구서를 보정하면서 청구인 또는 피청구인을 추가하거나 실질적으로 변경하는 것은 민사소송법상에서도 허용되지 아니하므로 심판에서도 허용될 수 없다고 보아야 한다.

昭 53.10.25 무체집 10권 2호 471면, 東京高判 昭 54.11.20 무체집 11권 2호 608면)에 따라 보정을 명하고 있다.

2) 동경고판 소 47.10.24 무체집 4권 2호 598면, 동경고판 소 53.3.30 무체집 10권 1호 130항.
<요지> 본래 피청구인이어야만 하는 자는 등록을 한 특허청이나 심판결과에 직접 이해관계가 있는 권리자이다. 따라서 이를 무시한 것은 이치에 부합되지 않으므로 그 자를 당사자로 절차를 추행(追行)시키려고 하는데 있다고 해석함이 타당할 것이다. 그러한 맥락에서 볼 때 무효심판절차에서의 피청구인은 소위 절차상의 당사자에 불과하다.

(ii) 요지변경부정설에 대하여

공동심판인 적격을 가진 자가 심판청구시 일부가 누락된 경우에 청구인 또는 피청구인을 추가하거나 잘못 기재한 심판당사자를 바로잡기 위한 변경정도의 보정은 요지변경이 아니라고 본 요지변경부정설은 타당하다.

그러나 청구서를 보정하면서 심판당사자를 새롭게 추가하거나 실질적으로 변경하는 것은 허용될 수 없다. 이는 민사소송법에서도 마찬가지이다.

② 예시 - 판례 -

i. 요지변경 정의에 관한 예시

요지변경이라 함은 디자인의 대상이 되는 물품, 디자인의 설명 및 창작내용의 요점 등을 기재한 도면이나 사진 또는 실물(견본)에 의한 등록디자인의 보호범위를 증가, 감소 또는 변경함을 말하는 것으로 최초 출원된 출원디자인의 보호범위에 새로운 요지가 추가·변경되는 등 그 내용에 동일성을 인정할 수 없는 정도의 실질적인 변화를 가져온 것을 뜻하고, 따라서 그 정도에 이르지 아니하는 변경이라면 요지변경에 해당하지 않는다.[3)]

결국 요지변경되는 경우란 i) 보정 전의 도면에 기재된 사항과 보정 후의 도면에 기재된 사항을 대비할 때 그 분야 통상의 지식으로 자명하지 않는 사항의 보정을 하여 등록디자인의 보호범위가 보정된 것으로 인정되는 경우, ii) 등록디자인의 보호범위의 변경이 없다 하더라도 도면에 기재한 디자인의 대상이 되는 물품, 디자인의 설명 및 창작내용의 요점이나 도면을 보정함으로써 등록디자인의 보호범위에 기재된 의장적 표현이 실질적으로 변경되는 보정을 한 경우, iii) 미완성부분의 디자인을 보정에 의하여 완성시키는 경우 등을 들 수 있다.

ii. 요지변경으로 본 예시

보정서에 의하여 보정된 등록디자인의 보호범위 중 비교선박에 관한 정면도는 최초도면에 기재된 디자인의 설명 및 창작내용의 요점에는 없던 설명을 새로이 보정한 데다 그 보정내용이 최초디자인등록출원서에 첨부된 정면도로는 이 분야에서 통상의 지식을 가진 자가 위 비교선박의 형상에 대한 시각적 심미감을 용이하게 일으킬 수 없는 의장적 사항을 보정한 것임이 분명하여 이는 기재요건의 불비로 불명했던 디자인의 요지를 변경한 것에 해당한다.[4)]

---

3) 대법원 1989. 2. 28. 선고 86후113 판결(공 1989, 533), 1994. 9. 27. 선고 93후800 판결(공 1994, 2865) 참조.

4) 대법원 1989. 12. 12. 선고 88후28 판결(공 1990, 264) 참조.

iii. 요지변경으로 보지 않은 예시

(i) 편향요크대에 관한 도면의 표현을 삭제하고 전자총의 공통전극(G3) 및 (G4)의 구조에 관한 사항의 도면을 추가한 것은 당초의 디자인등록출원서에 첨부된 도면에 표현된 사항의 범위 내에서 등록디자인의 보호범위를 변경한 것이다.5)

(ii) 프로그램 가능한 다주파 톤 수신기의 디자인등록출원서에 첨부된 도면에 대한 디자인의 설명에서 제1도에서부터 제7도까지의 도면설명을 기재하고 있을 뿐 본원디자인의 구체적 도면이 첨부되어 있지 않았으나 보정서를 제출하면서 누락된 제1도 내지 제7도의 도면을 첨부한 경우 요지변경에 해당되지 않는다.6)

(iii) 종전의 도면에 신규디자인의 창작적 내용을 기재하는 것이 아니라 단지 종래의 공지된 디자인을 기재함에 불과하고 등록디자인도 이와 같은 기술방법(記述方法)에 의한 것임을 전제로 하고 있음이 명백한 경우는 불완전한 디자인의 도면의 오기의 정정 또는 불명료한 기재의 석명에 해당하고 이로 인하여 등록디자인의 보호범위를 확장변경하는 요지의 변경을 가져오는 것은 아니다.7)

(3) 공동심판의 청구 등

1) 심판을 청구하는 자가 2인 이상인 경우

동일한 디자인권에 관하여 디자인등록의 무효심판 또는 권리범위확인심판을 청구하는 자가 2인 이상이 있는 때에는 그 전원이 공동으로 심판을 청구할 수 있다(법 72①).

2) 공유디자인권자에 대한 심판청구의 경우

공유인 디자인권의 디자인권자에 대하여 심판을 청구하는 때에는 공유자 전원을 피청구인으로 하여 청구하여야 한다(법 72②).

3) 권리의 공유자가 공유권리에 관한 심판청구의 경우

디자인권 또는 디자인등록을 받을 수 있는 권리의 공유자가 그 공유인 권리에 관하여 심판을 청구하는 때에는 공유자 전원이 공동으로 청구하여야 한다(법 72③).

4) 필수적 공동심판에 대한 특별규정

위의 1) 또는 3)의 청구인이나 2)의 피청구인 중 1인에 관하여 심판절차의 중단 또

---

5) 대법원 1983. 6. 14. 선고 83후11 판결(공 1983, 1085) 참조.

6) 대법원 1989. 2. 28. 선고 86후113 판결(공 1989, 533) 참조.

7) 대법원 1986. 1. 21. 선고 85후67 판결(공 1986, 378) 참조.

는 중지의 원인이 있는 때에는 전원에 관하여 그 효력이 발생한다(법 72④). 이는 "공동소송에서 공동소송인 가운데 한사람에게 소송절차를 중단 또는 중지하여야 할 이유가 있는 경우 그 중단 또는 중지는 모두에게 효력이 미친다"는 민사소송법 제67조 제3항의 규정과 마찬가지이기도 하다.

(4) 심판청구의 예고등록

보정각하결정·디자인등록 거절결정 또는 디자인등록 취소결정에 대한 불복심판청구(법 72의3①), 디자인등록의 무효심판청구, 디자인권의 권리범위 확인심판청구, 통상실시권 허여의 심판청구(법 72의2①③④)가 있는 경우에는 특허청장은 특허심판원장의 통보에 의해 이를 디자인등록원부의 권리란 중 사항란에 심판의 번호 및 연월일, 심판의 취지 및 청구인을 기재하는 예고등록을 한다(디자인등록령 5, 동규칙 4).

예고등록은 부동산소송의 예고등기와 마찬가지의 효력이 있다고 판단되고, 주로 제3자에게 경고를 할 목적으로 등록한 것이며 효력발생요건이나 대항력을 부여하기 위한 것은 아니다.

2. 답변서 제출 등

심판장은 심판의 청구가 있는 때에는 청구서의 부본을 피청구인에게 송달하고 기간을 정하여 답변서를 제출할 수 있는 기회를 주어야 한다(법 72의10①). 심판장은 피청구인으로부터 위 지정기간 내에 제출된 답변서를 수리한 때에는 그 부본을 청구인에게 송달하여야 한다(법 72의10②).

그리고 심판장은 심판에 관하여 당사자를 심문할 수 있다(법 72의10③).

Ⅱ. 중복된 심판청구의 금지

특허심판원에 계속되어 있는 사건에 대하여 당사자는 다시 심판을 청구하지 못한다(법 72의18⑦, 준용민사소송법 259). 중복심판청구금지는 심판계속으로 인하여 당연히 발생하는 심판요건의 하나로서, 이미 동일한 사건에 관하여 전심판이 청구되었다면 설령 그 전심판이 심판청구요건을 흠결하여 부적법하다고 할지라도 후심판청구의 심리종결시까지 취하·각하 등에 의하여 심판계속이 소멸되지 아니하는 한 후심판청구는 중복심판청구의 금지에 위배하여 각하를 면치 못하게 된다.

이와 같은 법리는 질권의 물(디자인보호법에 의한 보상금 또는 등록디자인의 실시에 대하여 받을 대가나 물품)상 대위권에 의한 심판을 청구한 경우 시간적으로 나중에 계속하게 된 심판은 중복청구금지의 원칙에 위배하여 청구된 부적법한 심판이 되는 바, 이처럼 질권자의 물상대위심판청구가 특허심판원에 계속 중 다른 질권자가 같은 물상을 대위하여 동일한 심판물에 관하여 심판을 청구한 경우에도 적용된다.[8)]

Ⅲ. 심판청구의 취하

1. 심판청구는 심결이 확정될 때까지 취하할 수 있다(법 72의25① 본문). "소는 판결이 확정될 때까지 그 전부나 일부를 취하할 수 있다"고 규정하고 있는 민사소송법 제266조 제1항의 규정의 경우와 마찬가지이다.

이는 오랜 기간, 많은 비용이 소요되는 심결·판결에 의한 타율적 해결보다는 당사자의 화해에 의한 자율적 해결이 분쟁의 조기종식에 기여하여 영업에 전념할 수 있고 심판·소송경제상 유리하며 제3자에게는 일사부재리(동일사실·동일증거)에 의한 금지효력도 발생하지 않는다는 점 등이 작용된 것으로 해석된다.

다만, 상대방에 의한 답변서의 제출이 있는 때에는 그 상대방의 동의를 얻어야만 취하를 할 수 있는 바(법 72의25① 단서) 이 또한 "소의 취하는 상대방이 본안에 관하여 준비서면을 제출하거나 변론준비기일에서 진술하거나 변론을 한 뒤에는 상대방의 동의를 받아야 효력을 가진다"고 규정하고 있는 민사소송법 제266조 제2항의 규정의 경우와 마찬가지로서 이는 상대방이 이미 심판사건에 대한 대응을 한 상태이기 때문에 사건전개의 유불리를 떠나서 심판청구의 취하에는 상대방의 동의가 필요함은 당연한 것이다.

2. 심판청구의 취하가 있는 때에는 그 심판청구는 처음부터 없었던 것으로 간주한다(법 72의25②).

심판청구의 취하는 민사소송의 소 취하와 거의 같은 취지라고 판단이 된다. 결정계사건에 있어서는 당사자간의 화해에 의한 취하는 있을 수 없지만 당사계사건과 달리 취급할 하등 이유도 없기 때문에 위 규정은 결정계사건에도 동일하게 적용된다.

---

8) 대법원 1998. 2. 27. 선고 97다45532 판결, 1994. 2. 8. 선고 93다53092 판결 등.

Ⅳ. 심 리

1. 심판주체

(1) 심판관

심판은 특허심판원 심판관에 의하여 행하여진다(법 72의6). 특허심판원장은 각 심판사건에 대하여 3인 또는 5인의 합의체를 구성할 심판관을 지정하고 그 중에서 1인을 심판장으로 지정하며(법 72의7①, 72의8①, 72의9①) 심판장은 그 심판사건에 관한 사무를 총괄한다(법 72의8②).

심판관은 직무상 독립하여 심판하되(법 72의6) 결정은 과반수에 의하고(법 72의9) 심판의 합의는 공개하지 아니한다(법 72의9③).

(2) 심판관 등의 자격

1) 심판관의 자격

i) 특허청 또는 그 소속기관의 4급 이상의 일반직 국가공무원 중 특허청에서 2년 이상 심사관으로 재직한 자나 ii) 산업행정 또는 과학기술에 관한 사무(연구를 포함한다)에 10년 이상 종사한 자로서 그 중 3년 이상 특허청 또는 그 소속기관에서 심사 또는 심판사무에 종사한 자 또는 iii) 특허청에서 심사관으로 재직한 기간과 5급 이상의 일반직 국가공무원으로서 특허심판원에서 심판업무에 직접 종사한 기간 및 특허법원에서 기술심리관으로 재직한 기간을 통산하여 2년 이상인 자로서 국제지식재산연수원에서 소정의 심판관연수과정을 수료하여야 한다(법시행령 3②).

2) 심판장의 자격

특허청 또는 그 소속기관의 3급 이상의 일반직 국가공무원으로서 i) 특허심판원에서 2년 이상 심판관으로 재직한 자나, ii) 산업행정 또는 과학기술에 관한 사무(연구를 포함한다)에 15년 이상 종사한 자로서 그 중 3년 이상 특허청 또는 그 소속기관에서 심사 또는 심판사무에 종사하고 국제지식재산연수원에서 소정의 심판관연수과정을 수료하여야 한다(동법시행령 3②).

3) 특허심판원장의 자격

특허심판원장의 자격은 위 1)의 심판관의 자격과 같다(동법시행령 3②).

4) 그 밖의 심판관 등의 자격

위 1) 내지 3)의 심판관·심판장·특허심판원장의 자격의 직급에 해당하는 공무원으로서 변리사의 자격이 있는 자는 1) 내지 3)에 불구하고 심판관·심판장·특허심판원장이 될 수 있다(동법시행령 3②).

(3) 심판관의 제척 등

1) 심판관의 제척

심판관은 다음의 어느 하나에 해당하는 제척원인이 있는 경우에는 그 심판관여로부터 제척되어(법 72의11) 법률상 당연히 당해 심판업무에서 손을 떼어야 한다.

① 제척의 원인

i. 심판관 또는 그 배우자나 배우자이었던 자가 사건의 당사자 또는 참가인인 경우
ii. 심판관이 사건의 당사자 또는 참가인의 친족의 관계에 있거나 이러한 관계에 있었던 경우
iii. 심판관이 사건의 당사자 또는 참가인의 법정대리인 또는 이러한 관계에 있었던 경우
iv. 심판관이 사건에 대한 증인·감정인으로 된 경우 또는 감정인이었던 경우
v. 심판관이 사건의 당사자 또는 참가인의 대리인인 경우 또는 이러한 관계가 있었던 경우
vi. 심판관이 사건에 대하여 심사관 또는 심판관으로서 디자인등록여부결정 또는 심결에 관여한 경우
vii. 심판관이 사건에 관하여 직접 이해관계를 가진 경우

② 제척의 신청 및 소명 등

위의 제척원인이 있는 때에는 당사자 또는 참가인은 제척신청을 할 수 있다(법 72의12). 제척신청은 그 원인을 기재한 서면을 특허심판원장에게 제출하여야 하며(구술심리에 있어서는 구술로 할 수 있다)(법 72의14①). 제척의 원인은 신청한 날부터 3일 이내에 소명하여야 한다(법 72의14②). 제척의 신청을 당한 심판관은 의견은 진술할 수 있으나 그 제척에 대한 심판에는 관여할 수 없다(법 72의15②). 그리고 제척신청이 있는 때에는 긴급을 요하는 경우를 제외하고는 그 신청에 대한 결정이 있을 때까지 심판절차를 중지하여야 한다(법 72의16).

③ 제척에 관한 결정

제척신청이 있는 때에는 심판에 의하여 결정하여야 하되(법 72의15①) 그 이유를 붙인 서면으로 하여야 하고(법 72의15③) 그 결정에는 불복을 할 수 없다(법 72의15④).

2) 심판관의 기피

① 기피의 신청 및 소명 등

심판관에게 심판의 공정을 기대하기 어려운 사정이 있는 때에는 당사자 또는 참가인은 기피신청을 할 수 있다(법 72의13①). 그러나 당사자 또는 참가인은 사건에 대하여 심판관에게 서면 또는 구두로 진술을 한 후에는 심판관을 기피할 수 없다. 다만, 기피의 원인이 있는 것을 알지 못한 때 또는 기피의 원인이 그 후에 발생한 때에는 예외로 한다(법 72의13②).

기피의 신청은 그 원인을 기재한 서면을 특허청장에게 제출하여야 한다. 다만 구술심리에 있어서는 구술로 할 수 있다(법 72의14①). 기피의 원인은 신청한 날부터 3일 이내에 소명하여야 한다(법 72의14②). 기피의 신청을 당한 심판관은 의견은 진술할 수 있으나 그 기피에 대한 심판에는 관여할 수 없다(법 72의15②). 기피신청이 있는 때에는 긴급을 요하는 경우를 제외하고는 결정이 있을 때까지 심판절차를 중지하여야 한다(법 72의16).

② 기피신청에 관한 결정

기피신청이 있는 때에는 심판에 의하여 결정하되 그 이유를 붙인 서면으로 하여야 하며(법 72의15①③) 결정에는 불복을 할 수 없다(법 72의15④).

3) 신판관의 회피

심판관이 제척원인 또는 기피원인에 해당하는 경우에는 특허심판원장의 허가를 받아 당해 사건에 대한 심판을 회피할 수 있다(법 72의17).

위에서 살펴본 바와 같이 심판관의 자격은 법령(대통령령)으로 정하고 있으나(법 72의6②) 구체적 사건에 있어 심판관은 일정한 경우에 직무로부터 제척되고(법 72의11 각호) 또 심판의 공정을 기대하기 어려운 사정이 있다고 인정될 때에는 당사자 또는 참가인은 기피할 수 있다(법 72의13). 그러나 심판관은 직무상 특허심판원장 및 특허청장의 지휘명령에서 독립하여 직무를 수행할 수 있기는 하지만 법률상의 신분보장규정이 없고 제척·기피의 신청을 기각한 결정에 대하여 독립적으로 불복을 신청하는 규정이 없다(법 72의15④).

2. 방식심사 등

(1) 방식심사

1) 심판청구방식 위반여부에 관한 심사

심판장은 심판청구서가 디자인보호법에 의한 심판청구방식(법 72의 2① 각호, 72의3① 각호)에 위반하였는지, 권리범위확인심판청구의 경우 심판청구서에 등록디자인과 대비될 수 있는 도면을 첨부하였는지(법 72의2③), 그리고 디자인의 내용을 특정하기 위한 디자인의 설명 및 창작내용의 요점을 기재한 확인대상디자인, 실시주장디자인을 별지에 작성하여 제출하였는지, 통상실시권 허여의 심판청구서에 디자인보호법 72의2 제1항 각호의 사항 외에 i) 실시하려는 자기의 등록디자인의 번호 및 명칭, ii) 실시되어야 할 타인의 특허발명·등록실용신안이나 등록디자인의 번호·명칭 및 특허나 등록의 연월일, iii) 특허발명·등록실용신안 또는 등록디자인의 통상실시권의 범위·기간 및 대가를 기재하였는지(법 72의2④) 등 심판청구방식에 관하여 심사한다.

2) 심판절차 위반여부에 관한 심사

미성년자·한정치산자·금치산자가 법정대리인에 의하지 아니하고 심판에 관한 절차를 밟았는지의 여부(법 4① 본문), 특별수권을 얻은 대리인에 의해 심판에 관한 절차를 밟은 것인지의 여부(법 4의4), 심판에 관한 절차를 밟는 자가 소정의 수수료를 납부하였는지의 여부(법 34) 및 디자인보호법 또는 디자인보호법에 의한 명령이 정하는 방식에의 위반여부 등에 관하여 심사한다.

(2) 보 정

위 1), 2)에 관한 심사결과 이에 위반하였다고 인정된 경우에는 청구인에 대하여 1월 이내에 그 흠결을 보정할 것을 명하여야 한다(법 72의4①, 법시행규칙 28, 준용특허법 시행규칙 16①).

심판장의 방식심사나 보정명령의 대상은 위와 같은 심판청구서의 필수적인 기재사항의 기재누락이나 필요적 심판절차의 불이행 등 극히 형식적인 사항에 한정되고 그 밖의 실체적인 요건의 심리에는 미치지 않는 것이라고 해석된다.[9]

---

9) 대법원 1997. 5. 21. 자 97호1 결정 참조 : 특허법 141조 1항이나 2항에 의하여 보정을 명하거나 심판청구를 각하하려면 심판청구서에 특허법 140조의 규정에 의한 기재의 흠결이 있는 경우에 한한다고 할 것이고, 따라서 심판청구서의 기재요건이 미비되어 있지 아니한데도 불구하고 위법에 따른 보정명령이나 그 미보정을 이유로 한 각하결정을 하였다면 이는 위법이다.

(3) 심판청구서의 각하

심판장은 보정명령을 받은 자가 지정된 기간이내에 보정을 하지 아니한 경우에는 그 이유를 붙인 서면으로 심판청구서를 각하하는 결정을 하여야 한다(법 72의4②③).

이러한 각하결정도 심결각하와 같이 합의체 심판부에서 행함은 물론이다. 그런데 위 규정은 민사소송법의 소장각하명령과 같이 명령으로 하여야 한다는 설이 있다.[10]

심판청구서나 재심청구서의 각하결정에 불복이 있는 자는 특허법원에 소송을 제기할 수 있다(법 75①).[11]

3. 적법성 심리

(1) 개 요

제출된 심판청구서의 방식 및 심판에 관한 절차에 대한 방식심사의 결과 그 형식적 요건에 아무런 흠결이 없거나 또는 흠결이 있었다 하더라도 보정명령에 의한 보정절차에 의해 치유된 경우, 이를 수리함으로써 방식심사절차는 모두 끝난다. 그리고 다음 절차인 심판청구의 적법성 여부를 심리하는 실질심리(이하 "적법성 심리"라 한다)로 들어가 청구취지의 성립여부에 관한 결정 또는 심결을 함으로써 비로소 적법성 심리절차는 모두 종료된다.

위 심판청구방식 및 절차에 관한 방식심사에서의 심판장의 심판청구서의 심사는 일정한 방식, 즉 형식적 사항에 한정하므로 청구서로서의 방식을 갖추고만 있으면 부적법하거나 이유가 없더라도 수리하여 심리를 하여야 한다.[12]

그러므로 심판청구방식 또는 심판에 관한 절차가 부적법하고 그 흠결을 보정할 수 없는 때, 즉 보정할 수 없는 심판청구인 때에는 적법성 심리단계에서 피청구인에게 답변서 제출의 기회를 주지 아니하고 심결로써 이를 각하할 수 있다(법 72의5).

따라서 부적법한 청구라 하더라도 보정할 수 있는 것(예 : 청구의 이유가 기재되어 있지 않은 심판청구서)은 보정을 명하고 그 보정명령에 응하지 아니하였을 때 비로소 심결에 의한 각하를 하여야 한다. 그러므로 이 경우 보정을 명한 후가 아니면 각하를 할 수 없는 것이다.

---

10) 특허소송실무, 법원행정처, 1998. 2. 20, 64면.

11) 대법원 1995. 5. 26. 선고 90누7010 판결, 1991. 8. 13 선고 90누9414 판결 등 다수.

12) 대법원 1997. 5. 21. 자 97호 결정 참조.
특허법 141조 1항이나 2항에 의하여 보정을 명하거나 심판청구를 각하하려면 심판청구서에 특허법 140조의 규정에 의한 기재의 흠결이 있는 경우에 한한다고 할 것이고, 따라서 심판청구서의 기재요건이 미비되어 있지 아니한데도 불구하고 위법에 따른 보정명령이나 그 미보정을 이유로 한 각하결정을 하였다면 이는 위법이다.

심결각하도 심결의 일종이므로 이에 대하여는 특허법원에 심결취소소송을 제기할 수 있음은 물론이다.

(2) 심판청구서의 송달 등

1) 심판청구서의 송달 및 답변서 제출기회의 부여

심판장은 당사자계 심판에 있어서 심판청구서를 수리한 때에는 그 청구서의 부본을 피청구인에게 송달하고 기간을 정하여 답변서를 제출할 수 있는 기회를 주어야 한다(법 72의10①). 여기에서의 "지정기간"은 심리의 촉진과 편의를 도모하려는 것이고, 답변서제출을 금지하려는 것이 아니기 때문에 지정기간경과 후라도 심결종결통지를 할 때까지는 답변서를 제출할 수 있다고 해석함이 타당하다.

제출된 답변서를 수리한 때에는 그 부본을 청구인에게 송달하여 방어의 기회를 주어야 한다(법 72의10②). 또한 심판장은 청구인의 심판청구서, 피청구인의 답변서에 의한 서면심리 또는 구술심리 외에도 심판에 관하여 당사자를 심문할 수 있다(법 72의10③).

여기에서의 "심문"은 민사소송법상의 "석명권"의 행사와 유사한 것이며, 일본의 심판관의 "면접"과 같은 것으로 해석되는데, 심문은 구두는 물론 서면에 의해서도 이루어진다.

2) 심판관의 지정통보

특허심판원장은 심판청구서를 수리한 때에는 이에 심판번호를 부여하고 그 사건에 대하여 합의체를 구성할 심판관을 지정하여야 한다. 특허심판원장은 합의체를 구성할 심판관을 지정하거나 지정된 심판관의 변경이 있는 때에는 그 사실을 당사자에게 서면 또는 모사전송기로 통지하여야 한다(법시행규칙 28, 준용특허법시행규칙 58①②).

이와 같이 심판관을 당사자에게 통지하도록 하는 것은 당사자에게 심판관의 자격에 대한 이의신청, 제척이나 기피신청을 할 수 있도록 기회를 제공하려는 것이므로 이러한 통지규정은 훈시규정이라고 할 수 있다. 따라서 심판관의 성명을 당사자에게 통지하지 아니한 채 심결을 한 것은 잘못이라고는 할 수 있지만 이 잘못이 심결결과에 영향을 미치는 위법이라고까지는 할 수 없다.[13)]

3) 심판청구취지의 통지

심판장은 심판의 청구가 있는 때에는 그 취지를 당해 디자인권의 전용실시권자 그 밖에 디자인에 관하여 등록을 한 권리를 가지는 자에게 통지하여야 한다(법 68⑥). 이는 전용실시권자 등에게 자기의 디자인에 관한 권리 등의 기초가 된 디자인권에 이

---

13) 대법원 1996. 9. 24 선고 96후856 판결(공 1996 하, 3205) 참조.

상이 있음을 알려 이에 적절히 대비할 수 있도록 함은 물론 심판참가인, 증거제공 등 자위권의 행사를 할 수 있도록 기회를 주기 위함이다.

(3) 심리방식

1) 서면심리와 구술심리

심판은 구술심리 또는 서면심리로 한다. 다만 당사자가 구술심리를 신청한 때에는 서면심리만으로 결정할 수 있다고 인정되는 경우 외에는 구술심리를 하여야 한다(법 72의18①).

① 서면심리

서면심리는 청구인으로부터 제출된 심판청구서의 청구의 취지 및 그 이유와 청구의 이유를 입증할 수 있는 증거서류, 피청구인이 제출한 답변서와 그 답변에 필요한 증거서류 등 공격방어의 서류에 의하여 심리하는 방식을 서면심리라고 한다.

② 구술심리

구술심리는 청구인 및 피청구인, 증인, 감정인, 통역 등의 구술을 토대로 하여 심리하는 방식을 구술심리라고 한다. 구술심리는 공공의 질서 또는 선량한 풍속을 문란하게 할 염려가 있는 경우를 제외하고는 원칙적으로 공개하여야 한다(법 72의18②).

ⅰ. 구술심리의 절차

(ⅰ) 기일 등의 통지

심판장은 구술심리에 의한 심판을 할 경우에는 그 기일 및 장소를 정하고 그 취지를 기재한 서면을 당사자 및 참가인에게 송달하여야 한다. 다만 당해 사건에 출석한 당사자 및 참가인에게 알린 때에는 예외이다(법 72의18③).

(ⅱ) 조서의 작성 등

심판장은 구술심리에 의한 심판을 할 경우에는 특허심판원장이 지정한 직원에게 기일마다 심리의 요지 그 밖의 필요한 사항을 기재한 조서를 작성하고 심판장 및 조서를 작성한 직원이 기명날인하여야 한다(법 72의18④⑤).

조서에 관한 ⅰ) 형식적 기재사항, ⅱ) 실질적 기재사항, ⅲ) 서면 등의 인용·첨부, ⅳ) 관계인의 조서낭독 등 청구권, ⅴ) 조서의 증명력, ⅵ) 변론의 속기와 녹음 및 ⅶ) 다른 조서에 준용하는 규정은 각각 민사소송법 제153조·제154조·제156조 내지 제160조의 규정을 준용한다(법 72의⑥).

통역, 소명의 방법 및 당사자 신문에 대한 민사소송법 제143조·제259조·제299조·

제367조의 규정은 심판에 관하여도 이를 준용한다(법 72의⑦).

ii. 양 심리방식의 장단점

(i) 서면심리의 장단점

서면심리에 의하면 그 내용이 명확하고 이해하기 쉬우며 언제든지 다시 확인할 수 있어 편리하다는 장점이 있으나 서류가 많아지고 시간도 많이 소요된다는 단점이 있다.

(ii) 구술심리의 장단점

구술심리에 의하면 심리가 활기를 띠고 의문점을 즉시 파악하여 쟁점을 정리하기가 쉽다는 장점이 있으나 진술이 빠지기 쉽고 복잡한 사실관계는 구술만으로 정확하게 이해하기가 어렵다는 단점이 있다.

(iii) 결 어

위에서 살펴본 바와 같이 양 심리방식에는 다 같이 장단점이 있다. 그러므로 심판사건 중 청구인과 피청구인의 공격방어에 의하여 심판절차가 진행되는 당사계 심판에서는 구술심리를 토대로 하여 서면심리로 그 단점을 보충하게 하고 결정계 심판에서는 서면심리를 원칙으로 하고 예외적으로 구술심리에 의할 수도 있게 하는 것이 타당하다고 본다.

디자인보호법은 심판은 구술심리 또는 서면심리로 하되 당사자가 구술심리를 신청한 때에는 서면심리만으로 결정할 수 있다고 인정되는 경우 외에는 구술심리를 하도록 규정하고 있다(법 72의18①).

2) 직권심리

① 직권탐지주의

i. 의 의

심판에 있어서는 민사소송법상의 원칙인 변론주의에 의하지 아니하고 직권탐지주의에 의하고 있다. 즉 당사자나 참가인의 주장에 반드시 구속되지 아니하고 적극적으로 직권에 의해 사실을 탐지하고(법 72의23①) 증거조사나 증거보전을 할 수 있게 하였다(법 72의21①). 심판사건은 민사소송사건과는 달리 당사자뿐만 아니라 이해관계인은 물론 널리 제3자의 이해에 관한 문제를 극복하고 공공의 이익의 보호 및 증진의 관점에서 국가적으로 해결해야할 필요성이 있기 때문이다.

ii. 신청하지 아니한 청구이유에 대한 심리

심판에서는 당사자 또는 참가인이 신청하지 아니한 이유에 대하여도 이를 심리할 수 있다(법 72의23① 전단).

이러한 불신청청구의 이유에 대한 직권심리는 공공의 이익을 위하여 필요한 경우에 당사자나 참가인이 주장하지 아니한 사실에 관한 판단을 할 수 있다는 의미이고, 심판관이 적극적으로 탐지할 의무가 있는 것은 아니다. 더욱 심판에서는 청구인이 신청하지 아니한 청구의 취지에 대하여는 어떠한 경우에도 심리를 할 수가 없는 것이다(법 72의23②). 심판에서 당사자 또는 참가인의 불신청 청구이유에 대한 직권심리의 경우에도 이를 곧바로 심결하여서는 아니되고 당사자 및 참가인에게 기간을 정하여 그 이유에 대하여 의견을 진술할 수 있는 기회를 주어야 한다(법 72의23① 후단).

이는 심판의 공정성을 담보하기 위한 강행규정으로 보아야 한다.[14)]

ⅲ. 증거조사 및 증거보전

(ⅰ) 총 설

심판에서는 당사자·참가인 또는 이해관계인의 신청에 의하여 또는 직권으로 증거조사나 증거보전을 할 수 있다(법 72의21①).

이는 당사자 등이 주장하지 아니한 증거조사 및 증거보전에 대하여도 당해 심판사건의 진실발견을 위해서 직권으로 할 수 있는 권능을 부여한다는 취지이고 심판관에게 적극적으로 증거조사 의무를 부가한다는 의미는 아닌 것으로 해석된다. 그러나 심판의 귀추에 영향을 주는 중요한 증거를 조사하지 아니하면 위법이 된다.[15)]

심판에서의 신청 또는 직권에 의한 증거조사나 증거보전에 관하여는 민사소송법 중 증거조사 및 증거보전에 관한 규정을 준용한다. 다만 심판관은 과태료의 결정을 하거나 구인을 명하거나 보증금을 공탁하게 하지는 못한다(법 72의21②). 뿐만 아니라 자백에 관한 규정 또한 직권탐지주의의 속성상 당연한 귀결로서 준용되지 아니한다.[16)]

증거조사를 신청할 때에는 증명할 사실을 표시하여야 하며 증거의 신청과 조사는 심리전에도 할 수 있다(법 72의21②, 민사소송법 289①②).

심판관은 당사자가 신청한 증거를 필요하지 아니하다고 인정한 때에는 조사하지 아니할 수 있다. 다만 그것이 당사자가 주장하는 사실에 대한 유일한 증거인 때에는 예외로 한다(법 72의21②, 민사소송법 290).

여기에서 "유일한 증거"라 함은 "당사자가 입증책임이 있는 사항에 관한 유일한 증거를 말하는 것인 바, 유언의 존재 및 내용이 입증사항인 이상 유서에 대한 필적과 무인의 감정은 반증에 불과하여 유일한 증거에 해당하지 않는다"라고 판시하였다.[17)]

또 심판관은 신청한 증거조사에 대하여 증거조사를 할 수 있을지, 언제 할 수 있을지 알 수 없는 경우에는 그 증거를 조사하지 아니할 수 있다(법 72의21②, 민사소송법 291).

---

14) 대법원 1987. 3. 24. 선고 86후20 판결 등 다수.

15) 특허소송실무, 법원행정처, 1998. 2. 20 발행, 68면.

16) 특허소송실무, 법원행정처, 1998. 2. 20 발행, 68면.

17) 대법원 1998. 6. 12. 선고 97다38510 판결.

증거보전신청은 심판청구 전에는 특허심판원장에게, 심판계류 중에는 그 사건의 심판장에게 하여야 한다(법 72의21③).

특허심판원장은 심판청구 전에 증거보전신청이 있는 때에는 증거보전의 신청에 관여할 심판관을 지정한다(법 72의21④).

(ii) 직권에 의한 증거조사

i) 직권증거조사의 요건

심판관은 당사자가 제출한 증거에 의하여 심증을 얻을 수 없거나 그밖에 필요하다고 인정한 때에는 직권으로 증거조사를 할 수 있다(법 72의21①②, 민사소송법 292).

ii) 직권증거조사의 방법

A. 촉탁에 의한 조사

a) 공공기관 등의 업무에 속하는 사항의 증거조사

심판관은 공공기관·학교 그 밖의 단체·개인 또는 외국의 공공기관에게 그 업무에 속하는 사항에 관하여 필요한 조사 또는 보관 중인 문서의 등본·사본의 송부를 촉탁할 수 있다(법 72의21②, 민사소송법 294).

b) 외국에서 시행하는 증거조사

외국에서 시행할 증거조사는 그 나라에 주재하는 대한민국 대사·공사·영사 또는 그 나라의 관할 공공기관에 촉탁한다(법 72의21②, 민사소송법 296①). 외국에서 시행한 증거조사는 그 나라의 법률에 어긋나더라도 민사소송법에 어긋나지 아니하면 효력을 가진다(법 72의21②, 민사소송법 296②).

c) 특허심판원 밖에서의 증거조사

심판관은 필요하다고 인정할 때에는 특허심판원 밖에서 증거조사를 할 수 있다. 이 경우 합의체원에게 명할 수 있다(법 72의21②, 민사소송법 297①).

B. 당사자 불출석시의 증거조사

구술심리에서 당사자가 기일에 출석하지 아니한 경우 증거조사를 할 수 있다(법 72의21②, 민사소송법 295).

iii) 의견서 제출기회의 부여 등

심판장은 직권으로 증거조사를 한 때에는 그 결과를 당사자·참가인 또는 이해관계인에게 송달하고 기간을 정하여 의견서를 제출할 수 있는 기회를 주어야 한다(법 72의21⑤).

(iii) 직권에 의한 증거보전

i) 증거보전의 결정 등

심판에서는 직권으로 증거보전을 할 수 있다(법 72의21①). 심판관은 필요하다고 인정한 때에는 심판이 계속된 중에 증거보전을 결정할 수 있고(법 72의21②, 민사소송법 379) 이 결정에 대하여는 불복을 할 수 없다(법 72의21②, 민사소송법 380).

ii) 의견서 제출기회의 부여 등

심판장은 직권으로 증거보전을 한 때에는 그 결과를 당사자·참가인 또는 이해관계인에게 송달하고 기간을 정하여 의견서를 제출할 수 있는 기회를 주어야 한다(법 72의21⑤).

(iii) 직권에 의한 증거보전

i) 증거보전의 결정 등

심판에서는 직권으로 증거보전을 할 수 있다(법 72의21①). 심판관은 필요하다고 인정한 때에는 심판이 계속된 중에 증거보전을 결정할 수 있고(법 72의21②, 민사소송법 379) 이 결정에 대하여는 불복을 할 수 없다(법 72의21②, 민사소송법 380).

ii) 의견서 제출기회의 부여 등

심판장은 직권으로 증거보전을 한 때에는 그 결과를 당사자·참가인 또는 이해관계인에게 송달하고 기간을 정하여 의견서를 제출할 수 있는 기회를 주어야 한다(법 72의21⑤).

iii) 증거보전의 비용

증거보전에 관한 비용은 소송비용의 일부로 한다(법 72의21②, 민사소송법 383).

② 직권신문

특허심판원은(심판관 합의체) 직권으로 또는 심판당사자의 신청에 따라 당사자 본인을 신문할 수 있다. 이 경우 당사자에게 선서하게 하여야 한다(법 72의18⑦, 준용민사소송법 367).[18] 만약 당사자가 정당한 사유 없이 출석하지 아니하거나 선서 또는 진술을 거부한 때에는 신문사항에 관한 상대방의 주장을 진실한 것으로 인정할 수 있을 것이다(관련 민사소송조항 참조). 그리고 당사자를 신문한 때에는 선서의 유무와 진술내용을 조서에 적어야 한다(민사소송법 371 참조).

③ 직권진행주의

i. 의 의

심판사건은 당사계 심판사건이건, 결정계 심판사건이건 당사자 누구에게나 디자인의 실시사업과 관련되어 있고 또 권리자와 이해관계자 간의 디자인권 또는 실시권 등에 관한 분쟁사건이므로 어느 형태로든지 조기결정을 바라는 공통성이 있는데 반하여 심판의 특성상 심판에는 오랜 기간이 소요되고 비교적 일반 행정절차에 비하여

18) 대법원 1983. 6. 14. 선고 83다카95 판결 : 다른 증거 없이 원고 본인 신문결과만으로는 원고주장의 사실을 인정할 수 없다.

기간 내 밟아야 할 절차가 많고 복잡하며 심판기일출석 및 전문성 등을 요하므로 이를 당사자의 자유에 맡겨서는 원활하고도 능률적인 처리를 기대할 수가 없다. 따라서 심판의 절차를 심판관의 주도하에 진행하도록 하는 것이 바람직하기 때문에 우리나라 디자인보호법은 심판절차를 심판관이 직권에 의해 진행하도록 하는 직권진행주의를 채택하고 있다(법 72의22).

ii. 심판의 진행

심판장은 당사자 또는 참가인이 법정기간 또는 지정기간 내에 절차를 밟지 아니하거나 구술심리에 의한 심판기일에 출석하지 아니하여도 심판을 진행할 수 있다(법 72의22).

당사자 또는 참가인이 이러한 절차를 태만히 하여 불리한 판단을 받을 가능성은 있지만 민사소송에서의 변론기일불출석으로 인한 의제자백(민사소송법 150③), 소 취하간주(민사소송법 266⑥) 등과 같은 불이익처분은 받지 아니한다.[19]

iii. 심리·심결의 병합 또는 분리

(i) 심리·심결의 병합

i) 의 의

심리·심결의 병합이라 함은 2 이상의 심판사건을 동일한 심판절차로 심리 또는 심결하는 것을 말한다. 심리·심결의 병합은 당사자 쌍방이 동일한 경우와 당사자 일방이 동일한 경우에 할 수 있다(법 72의24).

심리 또는 심결을 병합하느냐의 여부는 전적으로 심판관의 직권에 의하여 결정되며 이는 심리·심결의 편의에 따라 진행되는 절차이다.

ii) 병합심리·심결의 이점

병합심리·심결의 이점은 심리 또는 심결의 중복을 피하고 심리 또는 심결 상호간의 모순을 방지하는 것이다. 그러므로 이러한 이점이 있는 한 당사자계 심판이든 결정계 심판이든 그 심판의 종류나 서면심리이든 구술심리이든 그 심리의 종류와는 관계없이 한다.

iii) 병합사건의 심결

병합된 사건에 대한 심결문의 결론과 이유는 사건마다 구분하여 기재한다. 이 경우 심결은 사건마다 하기 때문에 불복이 있는 심결에 대해 소가 제기되었다 하더라도 남은 심결의 확정에는 영향을 받지 않는다.

(ii) 심리·심결의 분리

심리·심결의 분리라 함은 당사자 쌍방 또는 당사자 일방의 동일한 2 이상의 심판

---

19) 특허소송실무, 법원행정처, 1998.2.20 발행, 69면 참조.

사건을 상이한 심판절차로 심리 또는 심결하거나 또는 그 동일한 2 이상의 심판사건을 동일한 심판절차로 심리 또는 심결을 병합한 경우 이를 분리하여 상이한 심판절차로 심리 또는 심결하는 것을 말한다. 심리·심결의 분리는 당사자 쌍방이 동일한 경우와 당사자 일방이 동일한 경우에 할 수 있다(법 72의24). 심리 또는 심결을 분리하느냐의 여부도 병합과 같이 전적으로 심판관의 재량권에 속하며 이는 심리·심결의 편의에 따라 진행되는 절차이다.

ⅳ. 기일 등의 지정 등

심판장은 심판에 관한 절차를 밟을 기일을 지정·변경하거나 기간의 연장 등을 할 수 있고(법 4의14②③, 법 72의18③ 등) 또 심판절차의 중지와 그 절차의 속행을 명할 수 있다(법 4의18, 4의22, 법시행규칙 28, 특허법시행규칙 18).

(4) 소명의 방법

심판에서 당사자가 주장하는 사실이 확실한 것 같다는 생각을 심판관으로 하여금 가지게 하거나 또는 그만한 증거를 제시하여야 한다. 이와 같은 소명은 즉시 조사할 수 있는 증거에 의하여야 한다. 특허심판원(심판관의 합의체)은 당사자 또는 법정대리인으로 하여금 그 주장이 진실하다는 것을 선서하게 하여 소명에 갈음할 수 있다.

이 선서에는 민사소송법 제320조(위증에 대한 벌의 경고), 제321조(선서의 방식) 제1항·제3항·제4항 및 제322조(선서무능력)의 규정이 준용된다(법 72의18⑦, 준용민사소송법 299① 내지 ③).

(5) 통 역

심리에 참여하는 사람이 우리말을 하지 못하거나 듣거나 말하는데 장애가 있으면 통역인에게 통역하게 하여야 한다. 다만, 위와 같은 장애가 있는 사람에게는 문자로 질문하거나 진술하게 할 수 있다. 통역인에게는 민사소송법의 감정인에 관한 제333조부터 제342조까지의 규정이 준용된다(법 72의18⑦, 준용민사소송법 143).

Ⅴ. 심판절차에 관한 기간 등의 지정 및 절차중지 등의 명령

1. 기간의 지정 등

심판장은 디자인보호법에 따라 심판에 관한 절차를 밟을 기간을 정한 때에는 청구에 따라 그 기간을 단축 또는 연장하거나 직권으로 그 기간을 연장할 수 있다. 이 경우 그 심판절차의 이해관계인의 이익이 부당하게 침해되지 아니하도록 단축 또는 연장여부를 결정하여야 한다(법 4의14②).

2. 기일의 지정 등

(1) 기일의 변경

심판장은 디자인보호법에 의하여 심판에 관한 절차를 밟을 기일을 정한 때에는 청구에 의하여 또는 직권으로 그 기일을 변경할 수 있다(법 4의14③).

(2) 구술심리기일 등의 지정

심판장은 구술심리 또는 서면심리 중 구술심리에 의한 심판을 할 경우에는 그 기일 및 장소를 정하고 그 취지를 기재한 서면을 당사자 및 참가인에게 송달하여야 한다. 다만, 당해 사건에 출석한 당사자 및 참가인에게 알린 때에는 그러하지 아니하다(법 72의18③).

3. 심판절차중지 등 명령

(1) 절차의 중지

심판관이 천재·지변 그 밖의 불가피한 사유로 인하여 그 직무를 수행할 수 없을 때에는 특허심판원에 계속 중인 심판절차는 그 사유가 소멸될 때까지 중지된다(법 4의22①).

그리고 심판관은 당사자가 부정기간(不定期間)의 장애로 특허심판원에 계속 중인 심판절차를 속행할 수 없는 때에는 결정으로 그 중지를 명할 수 있고 그 중지결정을 취소할 수도 있다(법 4의22②③).

심판절차의 중지(위의 천재·지변 그 밖의 불가피한 사유로 인한 중지 및 결정에 의한 중지명령으로 인한 중지를 모두 말한다) 또는 취소를 한 때에는 심판장은 당사자에게 통지하여야 한다(법 4의22④).

이렇게 심판에 관한 절차가 중지된 경우에는 그 기간의 진행은 정지되고 그 절차의 수계(受繼)통지를 하거나 그 절차를 속행한 때부터 다시 모든 기간, 즉 전체기간이 새로이 진행된다(법 4의23).

(2) 절차의 속행

심판장은 심판에 관한 절차가 특허심판원에 계속 중에 디자인권 또는 디자인등록에 관한 권리의 이전이 있는 때에는 그 디자인권 또는 디자인등록에 관한 권리의 승계인에 대하여 그 절차를 속행하게 할 수 있다(법 4의18).

Ⅵ. 참 가

1. 의 의

참가라 함은 심판의 계속 중에 제3자가 그 심판당사자의 일방에 참가하여 그 심판절차를 진행하는 것을 말한다(법 72의19①③). 원래 심판참가에는 동일한 디자인권에 관하여 심판을 청구할 수 있는 자가 2인 이상이 있는 때(예 : 이해관계인이 2인 이상인 경우 등) 그 중 한사람의 심판청구에 참가하여 공동심판청구인(법 72①)과 같은 입장에서 심판절차를 진행하는 당사자참가(법 72의19①)와 심판결과에 이해관계를 가진 자(예 : 실시권자·질권자 등)가 그 심판당사자 일방의 심판절차를 보조하기 위하여 참가하는 보조참가가 있다.

(1) 당사자 참가

당사자 참가라 함은 심판을 청구할 수 있는 자가 자기 독자적으로 심판을 청구하지 아니하고 다른 자의 심판청구에 참여하여 공동심판청구인의 입장(위치)에서 심판절차를 진행하는 것을 말한다. 예를 들면 어느 디자인권에 대한 이해관계인이 A, B, C 3인이 있는 경우 그 중 A의 디자인등록의 무효심판청구에 B, C는 디자인등록의 무효심판청구 대신 A의 디자인등록의 무효심판청구에 참가하여 공동심판청구인과 동일한 지위와 권한을 가지고 심판절차를 진행하는바 이때의 B, C를 당사자 참가라 한다.

(2) 보조참가

보조참가라 함은 심판결과에 이해관계를 갖는 자가 심판당사자 어느 일방의 심판청구에 참여하여 심리가 종결될 때까지 일체의 심판절차의 진행을 보조하기 위하여 심판에 참가하는 것을 말한다. 예를 들면 전용실시권(A), 통상실시권(B), 질권(C) 설정등록이 되어 있는 디자인권에 대하여 디자인등록의 무효심판이 청구된 경우 디자인권자인 피청구인(P)에 참가하여 (P)의 심판절차의 진행을 도와주는 (A), (B), (C)를 보조참가라 한다.

2. 취 지

참가제도는 동일한 디자인권에 대하여 이해관계가 있는 제3자 등 심판을 청구할 수 있는 자가 2인 이상이 있는 경우 각자가 심판청구를 할 경우 동일사건에 대하여 동일절차를 밟게 되므로 절차비용의 과다소요는 물론 그만큼 심판행정수요의 증가와 중복심판 또는 심리·심결의 병합 등 심판절차의 번거로움 등을 가져와 심판력의 낭비·심판업무의 지연처리, 공정심판의 저해 등 부정적인 요소가 발생하므로 이를 제거하여 심판의 공정·공평의 확보, 유지를 기하고 중복절차의 생략으로 절차경제에 기여하는 한편 심판력의 낭비를 막아 심판업무의 신속한 처리에 이바지 하는 한편 판단의 모순을 방지하려는데 그 취지가 있다.

3. 참가의 요건

심판계속 중의 심판사건에 참가할 수 있는 자가 그 심판에 참가하기 위해서는 다음과 같은 요건을 갖추어야 한다.

(1) 동일한 디자인권일 것

(2) 한사람의 심판청구에 의해 심판계속 중에 있을 것

(3) 심판을 청구할 수 있는 자가 2인 이상일 것

(4) 심판결과에 대하여 이해관계를 가진 자가 있을 것(보조참가의 경우에 적용)

(5) 심리종결시까지 참가할 것

4. 심판청구인의 지위·권한

(1) 공동심판적 당사자 참가

1) 공동심판적 당사자 참가인은 당사자 적격이 있는 자이다. 즉 원래 당사자로서 심판을 청구할 수 있는 자가 심판을 청구하는 대신 다른 자가 청구한 심판에 가담하여 참가한 것이므로(법 72의19①) 그 지위·권한은 다른 청구인의 지위·권한과 하등 다름이 없다. 따라서 공동심판적 당사자 참가인은 디자인보호법 제72조의 규정에 의한 공동심판청구인과 동일한 지위·권한을 가지고 일체의 심판절차를 행할 수 있다.[20)]

2) 참가인은 피참가인, 즉 피참가인인 심판청구인이 그 심판의 청구를 취하한 후에도 심판절차를 속행할 수 있다(법 72의19②).

20) 대법원 1973. 10. 23. 선고 71후14 판결 참조.

3) 참가인에게 심판절차의 중단 또는 중지의 원인이 있는 때에는 그 중단 또는 중지는 피참가인에 대하여도 그 효력이 발생한다(법 72의19⑤).

(2) 공동심판적 보조참가

1) 보조참가인에게도 심판의 심결의 효력이 미치므로 그 참가인은 일체의 심판절차를 진행할 수 있다(법 72의19④). 그러나 보조참가는 당사자 일방을 보조하기 위한 참가이므로 그 당사자가 심판의 청구를 취하하였을 때에는 당사자 참가의 경우와는 달리 심판절차를 속행할 수 없다.
2) 참가인에게 심판절차의 중단 또는 중지의 원인이 있는 때에는 당사자 참가와 같이 그 중단 또는 중지는 피참가인에게도 그 효력이 발생한다(법 72의19⑤).

5. 참가가 인정되는 심판

특허심판에서 참가가 인정되는 심판은 디자인등록 취소결정에 대한 심판·디자인등록의 무효심판·권리범위 확인심판·통상실시권 허여의 심판 등 당사자계 심판과 이들 심판의 확정심결에 대한 재심에 한한다. 보정각하결정에 대한 심판, 디자인등록 거절결정에 대한 심판 등 결정계 심판사건에서는 참가가 허용되지 아니한다.[21)]

6. 참가의 절차

(1) 참가신청서의 제출

심판에 참가하고자 하는 자는 참가신청서를 심판장에게 심리가 종결될 때까지 제출하여야 그 심판에 참가할 수 있다(법 72의19①, 72의20①).

이와 같이 디자인보호법상 참가는 민사소송법에서와 같이 참가를 구두 또는 서면으로 신청할 수 있는 것과는 달리 반드시 참가신청서라고 하는 서면에 의하여야 한다.

(2) 참가신청서 부본의 송달 등

심판장은 참가신청이 있는 경우에는 참가신청서의 부본을 당사자 및 타 참가인에게 송달하고 기간을 정하여 의견서를 제출할 수 있는 기회를 주어야 한다(법 72의20②).

(3) 참가여부의 결정

참가신청이 있는 경우에는 심판에 의하여 그 참가여부를 결정하여야 한다(법 72의20

---

21) 대법원 1997. 7. 8 선고 97후75 판결, 1995. 4. 25. 선고 93후1834 전원합의체 판결 참조.

③). 당사자가 이의를 신청한 때에 한하여 그 결정을 하고 있는 민사소송법과는 달리 디자인보호법에서는 당사자의 이의유무에 관계없이 모든 참가신청에 대하여 심판에 의하여 결정한다.

참가여부의 결정은 그 이유를 붙인 서면으로 하여야 한다(법 72의20④).

(4) 불복의 제한

참가여부결정에 관하여는 불복을 할 수 없다(법 72의20⑤). 참가여부결정에 대하여 즉시항고를 인정하고 있는 민사소송법과는 다르다.

Ⅶ. 심 결

1. 의 의

심결이라 함은 합의체 심판관의 심판에 관한 종결처분이다. 즉 심판사건에 대한 합의체 심판관의 최종적인 판단에 의해 그 심판을 완결시키는 공권적 의사표시이며 재판에 있어서의 종국판결에 상당하는 것이다. 따라서 디자인등록심판의 판단을 심판장 단독으로 행하는 결정과는 다르다.

심결은 합의체로서의 심판관이 행하는 판단표시이며 단독의 심판관 또는 심판장이 행하는 것이 아니다.

심결에 불복이 있는 자는 특허법원에 심결취소소송을 제기할 수 있다. 이 경우 심판을 청구할 수 있는 사항에 관한 소는 심결에 관한 것이어야 하고 심결은 모든 심결을 포함하므로 부적법한 심판청구를 각하하는 심결과 재심의 심결을 포함한다. 따라서 부적법한 심판청구로서 흠결을 보정할 수 없는 경우에는 심결각하하여야 하는데(법 72의5) 이러한 심결에 대하여는 즉시항고가 아니라 심결취소소송을 청구하여야 한다.

2. 심결의 종류

심결의 종류는 심판의 종류에 따라 디자인등록의 무효심결·권리범위확인심결(적극적 및 소극적)·통상실시권 허여심결·보정각하결정에 대한 심결·디자인등록거절결정에 대한 심결·디자인등록취소결정에 대한 심결 등 및 이들 심결들에 대한 재심심결이 있다.

보정각하결정에 대한 심결·디자인등록거절결정에 대한 심결 등과 같은 결정계 사건에 있어서는 그 결정을 취소하는 심결(청구인용)이나 파기환송심결에 대하여는 취소소송을 제기할 수 없다고 봄이 상당하다. 이는 청구인에게 불리한 심판이 아닐 뿐만 아니라 상대방은 특허청자체(엄격히는 심사관)이므로 스스로 보정각하결정이나 디자인 등록거절결정 등이 위법하다고 하여 이를 취소해놓고 다시 그 취소가 불법이나 또는 부당하다고 하여 불복을 하는 것은 상당하지 않기 때문이다.[22)]

3. 심결의 기재사항

(1) 필요적 기재사항

심결은 i) 심판의 번호, ii) 당사자 및 참가인의 성명·주소(법인인 경우 그 명칭·영업소의 소재지), iii) 대리인이 있는 경우 그 대리인의 성명·주소나 영업소의 소재지(대리인이 특허법인인 경우 그 명칭·사무소의 소재지 및 지정된 변리사의 성명), iv) 심판사건의 표시, v) 심결의 주문(통상실시권 허여의 심판에 있어서는 통상실시권의 범위·기간 및 대가를 포함한다), vi) 심결의 이유(청구의 취지 및 그 이유의 요지를 포함한다), vii) 심결연월일을 기재한 서면으로 하여야 하며 심결한 심판관은 이에 기명날인하여야 한다(법 72의26② 각호).

(2) 심결의 이유기재

1) 취 지

디자인보호법은 심결서에는 심결의 이유(청구의 취지 및 그 이유의 요지를 포함한다)를 기재하여야 한다고 규정하고 있다(법 72의26②6).

이는 심판관의 판단의 신중성·정확성·합리성을 담보하고 주관적 판단을 억제하여 심결의 객관성·공정성을 확보하는 것, 당사자가 심결에 대한 취소소송을 제기할 것인가에 대한 판단자료를 제공하는 것, 법원의 심결의 적부에 관한 심사대상을 명확하게 하는 것 등에 있다.

2) 심결서에 기재하여야 할 이유

심결서에 기재하여야 할 이유로서는 해당디자인이 속하는 분야에서의 보통의 지식을 갖는 자의 디자인상의 상식이나 또는 디자인수준이 되는 사실 등 이들에게 있어서 현저한 사실에 대한 판단을 나타내는 경우 등 특별한 사유가 없는 한 심판에 있어서의 최종적인 판단으로서 그 판단의 근거를 증거에 의한 인정사실에 기인하여 구체적으로 명시하는 것을 요한다고 하겠다.[23)]

---

22) 특허소송실무, 법원행정처, 1998. 2. 20, 74면 참조.

23) 대법원 1985. 12. 24. 선고 85후28 판결 참조.

4. 심리종결통지 등

(1) 심리종결통지

심판장은 사건이 심결을 할 정도로 성숙한 때에는 심리의 종결을 당사자 및 참가인에게 통지하여야 한다(법 72의26③).

이는 심결종결통지를 받은 당사자 등이 당해 심판사건에 대하여 미처 개진하지 못한 주장이 있거나 제출하지 못한 증거 등이 있는 경우 이를 심리에 반영하고자 심리재개신청을 할 수 있도록 하는 계기를 부여함과 동시에 심리기간을 마냥 끌 수 없도록 하기 위함이다.

(2) 심리재개

심판장은 필요하다고 인정할 때에는 심리종결을 통지한 후에도 당사자 또는 참가인의 신청에 의하여 또는 직권으로 심리를 재개할 수 있다.

이는 당사자 등의 입장에서 또는 심판장의 입장에서 당해 심판사건에 대하여 새로운 주장의 제기, 새로운 사실의 발견, 새로운 증거의 제시 등 및 기히 한 주장, 이미 제시한 증거 등의 허구의 발견 등 심판사건과 관련한 새로운 사정발생으로 인하여 다시 심리를 하여야 할 필요성이 대두하였기 때문이다.

5. 심결기간

심결은 심리종결통지를 한 날부터 20일 이내에 한다(법 72의26⑤).

이는 심판의 지연을 피하려는 훈시규정에 불과하므로 이 규정에 위반하여도 위법이 아니므로 심결통지를 한 날 또는 그 다음날 심결을 선고하였다 하더라도 무방하고 심지어 이러한 통지가 없다 하더라도 위법은 아니다.[24)]

6. 심결·결정등본의 송달

심판장은 심결 또는 결정이 있는 때에는 그 등본을 당사자·참가인 및 심판에 참가신청을 하였으나 그 신청이 거부된 자에게 송달하여야 한다(법 72의26⑥).

---

24) 대법원 1984. 8. 14. 선고 84후20 판결, 1984. 1. 31. 선고 83후71 판결, 1976. 10. 10. 선고 79후35 판결 등 다수 참조.

7. 확정심결의 효력

(1) 서 설

1) 의 의

디자인보호법 제72의27은 "디자인보호법에 의한 심판의 심결이 확정된 때에는 그 사건에 대하여는 누구든지 동일사실 및 동일증거에 의하여 다시 심판을 청구할 수 없다. 다만 확정된 심결이 각하심결인 경우에는 그러하지 아니하다"라고 규정하고 있는 바, 이를 일사부재리의 효력이라고 한다.

이와 같이 확정된 심결에 대하여 일사부재리의 효력을 인정하는 것은 i) 상호모순 또는 저촉되는 심결의 발생을 방지하여 동일한 확정심결의 신뢰와 권위를 유지하고, ii) 남소를 방지하여 동일심판에 대하여 상대방이 다시 심판에 응하여야 하는 번잡스러움을 면하도록 함으로써 심판절차의 경제성을 도모하는 한편 특허심판원으로 하여금 반복하여 다시 심판을 하여야 하는 심리의 중복으로 인한 심판력 및 심판경제의 낭비는 물론 심판기간의 지연 등 부정적인 점을 극복하기 위해서이다.

디자인등록의 사건에서의 일사부재리의 효력은 "동일사실 및 동일증거"에 의한 경우에만 발생한다. 이는 상반된 이익을 조화시켜 타당한 해결을 도모하기 위한 것이다. 즉 심결이 확정되면 당사자뿐만 아니라 당해 심판절차에 직접 관여하지 아니한 일반 제3자에 대하여도 심결의 대세적 효력이 생긴다. 그러므로 디자인보호법은 동일한 사실에 관한 심판청구라도 그것이 동일한 증거에 의한 것이 아닌 때에는 이를 허용한다. 만약 이를 허용하지 아니할 경우 당사자가 심판의 수행을 제대로 못하여 필요한 증거를 제출하지 못함으로써 그 디자인등록의 무효심판청구가 배척된 경우에도 새로운 증거를 갖추어 무효임을 충분히 입증할 수 있는 제3자의 심판청구를 봉쇄하는 것은 제3자의 이익을 해할 뿐만 아니라 공지공용에 속하는 디자인에 대하여 디자인등록을 하여서는 아니되는 국가의 공익 내지 디자인보호제도의 취지에도 반하기 때문이다.

2) 대 상

일사부재리의 효력이 인정되는 것은 디자인보호법에 의한 심판의 심결이 확정된 때이다(법 72의27).

① 심 결

일사부재리의 효력이 인정되는 심판의 심결은 보정각하결정에 대한 심판, 디자인등록거절결정에 대한 심판, 디자인등록취소결정에 대한 심판, 디자인등록의 무효심판, 권리범위확인심판, 통상실시권 허여의 심판의 심결 등이다. 그러나 심판의 심결이 아닌 참가여부의 결정(법 72의20③)이나 또는 확정된 심결이 각하심결인 경우(법 72의27 단서) 등에는 일사부재리의 효력이 인정되지 아니한다.

② 확정된 심결

2001.2.3 개정되기 이전의 구의장법은 심결이 확정되어 "등록"되었을 때에 일사부재리의 효력이 발생하는 것으로 규정하고 있었으므로 확정심결은 등록사항에 관한 것이 아니면 안되었다. 그러나 2001.2.3 개정으로 "등록"요건을 삭제하였으므로 이러한 제한이 해소되었다. 따라서 일사부재리의 효력은 확정심결에 대한 등록과는 관계없이 심결의 등본을 송달받은 날부터 30일이 경과한 날부터 발생한다.

(2) 일사부재리의 효력요건

1) 개 요

일사부재리의 효력은 "동일사실 및 동일증거"에 의하여 다시 심판을 청구할 수 없는 경우에 미친다(법 72의27 본문). 따라서 동일사실에 관한 심판청구라도 다른 증거에 의하여 하는 것이나 이와 반대로 동일한 증거에 의한 것이라도 다른 사실에 관하여 새로운 심판청구를 하는 것은 금지되지 아니한다.

"동일사실 및 동일증거"라 함은 당해 디자인권과의 관계에서 확정이 요구되는 구체적인 사실이고 그 사실과 관련성을 가진 증거를 말한다.[25] 그 구체적인 의미에 대하여는 학설, 판례가 혹은 넓게 혹은 좁게 해석하여야 한다[26]고 하여 반드시 일치하고 있지 아니하다. 또한 "사실"과 "증거"의 관계에 대하여도 이를 명확하게 구별하지 아니하고 양자를 일체로서 "동일사실"로 보아야 한다는 설[27]과 양자는 일응 구분되는 것으로 보아야 한다는 설[28]이 대립되고 있는 실정이다.

그러나 여기에서 유의할 것은 이러한 사실 및 증거는 심결이유에서 거론되어 부정되었던 것에 한정되어야 할 것이라는 점이다. 심결이유 중에 거론되지 않았던 사실 및 증거와의 관계에서는 심결의 모순, 저촉이라고 하는 문제는 발생하지 않기 때문이다. 이 경우에서의 사실 및 증거를 당사자가 제출한 것인가 참가인이 제출한 것인가를 불문한다.

---

25) 대법원 1976. 6. 8. 선고 75후18 판결(집 24(2)행 042, 공 1976 9259) 참조.

26) 특허재판실무편람, 특허법원, 2002. 12. 27, 59면 참조.
"동일사실 및 동일증거"를 넓게 해석하느냐 좁게 해석하느냐에 따라 재심판청구를 허용하는 범위가 결정되는데 이를 너무 넓게 해석하면 재심판청구를 사실상 봉쇄하는 결과가 되고 반대로 이를 너무 좁게 해석하면 재심판청구를 금지하는 취지가 몰각되어버리게 된다.

27) 出願·審査·審判·訴訟, 特許法 セミナー(二), 717면(原增司發言) 참조.

28) 中山信弘, 工業所有權法 上, 弘文堂(1998), 254면 참조.

2) 동일사실

① 동일사실에서의 사실의 일반적 개념

동일사실에서의 "사실"이라 함은 일반적으로 동일권리에 대하여 동일한 원인을 이유로 하는 특정한 사실을 지칭하는 것을 말한다.[29] 따라서 디자인등록무효심판에서 무효의 효과를 발생시키는 사유로서 디자인보호법 제5조 소정의 "공지", "공연실시" 및 "반포간행물기재"는 동일한 신규성의 흠결이라는 원인을 이유로 하는 것이므로 이를 통틀어 동일사실을 구성한다고 보게 된다.[30] 반면에 같은 무효의 효과를 발생시키는 사유라도 신규성의 흠결, 창작성의 결여, 공업상 이용가능성의 결여 등은 각각 별개의 사실을 구성한다.[31] 그러므로 확정심결이 이건등록디자인은 특정간행물기재디자인과 동일하다는 이유에 의한 디자인등록무효심판청구에 대하여 행하여진 경우 다시 이건등록디자인이 같은 간행물기재디자인으로부터 용이하게 창작할 수 있다는 이유를 들어 무효심판청구를 하는 것은 다른 사실에 의한 심판청구가 되어 허용된다.[32]

권리범위 확인심판사건에 있어서도 (가)호 디자인과 이에 대비되는 등록디자인에 의하여 동일사실인지여부가 판단될 것이므로 그중 하나라도 상이한 경우에는 동일사실이라고 볼 수 없다.[33]

② 사 례

디자인보호법 제72조의27에 의한 소정의 동일사실이라 함은 청구원인 사실의 동일성을 말하며…."[34] "이미 심판청구기각심결이 확정된 사건에서의 심판청구인의 청구이유는 이건등록디자인이 출원 전 공지의 창작이라는 점이었고 이 사건 심판청구에서는 공지의 창작이라는 주장 외에 다시 이 분야에 통상의 지식을 가진 자가 용이하게 창작할 수 있는 것임을 그 청구이유로 하고 있고 원심의 이건디자인의 등록을 무효라고 판단한 이유도 위 용이하게 창작할 수 있는 것이라는데 있으므로 위 확정된 심결에서의 소송물과 이 사건에서의 소송물은 서로 상이하다 할 것이므로 원심결에

---

29) 대법원 1976. 12. 28. 선고 76후4 판결 참조, 1987. 7. 7. 선고 86후107 판결 참조.
內田修 先生 喜壽記念, 判例特許訴訟法(昭 61 發明協會), 469면 이하.
中山信弘, 工業所有權法 上, 弘文堂(1998), 255면에서 위 판례특허소송법 재인용 참조.
"동일사실이라고 하는 경우의 사실은 무효의 효과를 발생시키는 사유를 규정한 각 법규의 한계 내의 특정한 사실"이라고 할 수 있고, 中山信弘 위의 책 254면에서는 "일응 사실이라 함은 심판청구서에 기재되어 있는 이유에 해당하는 사실을 지칭하지만…"이라고 기술하고 있다.

30) 中山信弘 編著, 註解特許法(第2版 增補) 下卷, 青林書院, 1216면 참조.

31) 本渡諒一, 김영길, 송영식, 남계영 공저, 신특허법, 고시계(1987), 348면 참조.

32) 조영원, 특허법주해, 세창출판사, 제468면 참조.

33) 특허재산실무편람, 특허법원, 2002년, 60면 참조.

34) 대법원 1987. 7. 7. 선고 86후107 판결 참조.

일사부재리의 원칙에 위배된 위법이 있다는 논지는 이유 없다"[35], "본조에서 말하는 동일사실이라 함은 청구원인의 동일성을 말한다고 해석하여야 할 것이므로 공지공용의 사실이 있다고 하여 청구되었던 심판사건에 대하여 그 확정판결 후에 간행물에 의한 공지의 사실이 있다는 사유를 들어 심판청구를 할 수 없다"[36], "당해 상표권과의 관계에서 확정이 요구되는 구체적 사실이 동일함을 말하고…"[37]라고 하여 같은 취지로 판시하였다.

③ 결 어

일사부재리의 효력에서 동일사실에 관한 문제는 민사소송에서의 동일사실과는 달리 이를 논할 실익이 그리 크지 않다. 왜냐하면 다음에서 살펴보는 동일증거에 의한 제한 내에서만 인정되고 동일사실은 구체적인 특정의 증거에 의하여 특정되게 되기 때문이다.[38]

3) 동일증거

① 학 설

동일증거에 있어서 완전히 동일한 증거가 아니고 조금이라도 다르면 새로운 증거로 보아 다시 심판청구를 할 수 있는가에 관하여는 동일사실과는 달리 중요증거설·동일법규내 증거설·증거동일성설·형식증거설·쟁점증거설 등의 여러 학설과 판례가 대립하고 있으나 판례는 중요증거설[39]의 입장에서 "동일증거"란 앞의 확정심결을 뒤집을 수 있을 정도로 중요한 새로운 증거가 아닌 증거라고 해석하고 있다.[40]

② 사 례

"동일증거라 함은 그 사실과 관련성을 가진 증거로서 전에 확정된 심결의 증거와 동일한 증거뿐만 아니라 그 확정된 심결을 번복할 수 있을 정도로 유력하지 아니한 증거까지 포함한다."[41]

이처럼 동일증거에는 "전에 확정된 심결의 증거와 동일한 증거가 부가되는 것도 포함하는 것이므로 확정된 심결의 결론을 번복할 말한 유력한 증거를 새로이 제출할

35) 대법원 1976. 12. 28 선고 76후4 판결 참조.

36) 일본대심원 대정(大正) 9. 10. 19 선고판결 참조.

37) 대법원 2001. 6. 26 선고 99후2402 판결 참조.

38) 本渡諒一, 김영길, 송영식, 남계영 공저, 앞의 책, 358면 참조.

39) 중요증거설 : "동일증거"라 함은 단지 증거자체가 동일한 경우만을 말하는 것이 아니라 전에 확정된 심결을 번복할 수 있을 정도로 유력하지 아니한 증거를 부가한 것도 포함한다고 보아 동일증거의 개념을 넓게 해석함으로써 증거가치를 중시하는 입장의 견해이다.

40) 특허재산실무편람, 특허법원, 2002년, 62면.

41) 대법원 2001. 6. 26 선고 99후2402 판결.

경우에는 일사부재리의 원칙에 저촉된다고 할 수 없다"[42], "심결의 결론에 영향을 미칠 수 있는 새로운 증거를 부가한 경우에는 일부 동일증거가 있더라도 일사부재리의 원칙에 저촉되지 아니한다"[43], "이른바 동일증거라 함은 단지 증거자체가 동일한 것만을 말하는 것이 아니라 심결에 영향을 미치는 영향이 동일한 경우도 포함한다."[44]

③ 결 어

중요증거설에 대하여는 재심판청구의 적부에 관한 형식상의 심리(일사부재리)와 심판당부에 관한 실질상의 심리를 혼동하고 있다. 따라서 동일사실 및 동일증거여부를 확인하여 일사부재리의 적용여부를 가리는 데는 사실상 본안의 심리가 거의 끝나야 하기 때문에 소송경제면에서 크게 도움이 되지 아니한다는 비판이 있다.[45]

4) 동일심판

디자인보호법 제72조의27 본문은 "심판의 심결이 확정된 때에는 그 사건에 대하여는 동일사실 및 동일증거에 의하여 다시 심판을 청구할 수 없다"고 규정하고 있는바, 여기에서의 "심판"은 청구취지가 동일한 심판, 즉 청구취지의 대상이 되어 있는 권리(예: 디자인권)가 동일하고 종류(예: 무효심판)가 동일한 심판을 말하는 것으로 해석된다. 판례는 "이건 권리범위확인심판사건에 있어 건외 확정심결과 비교해보면 비록 본건의 심판청구는 소극적 확인심판이고 건외 사건은 적극적 확인심판이기는 하나 양자는 본건 디자인에 대한 동일한 (가)호 도면과의 확인심판사건이므로 양자는 동일사실과 동일증거에 의한 청구로 귀결되는 것"이라고 판시하여 동일한 심판의 범위를 넓게 보고 있다.[46]

(3) 일사부재리의 판단의 기준시점

1) 판단의 기준시점

디자인보호법 제72조의27 본문은 "심판의 심결이 확정된 때에는 동일사실 및 동일증거에 의하여 다시심판을 청구할 수 없다"고 규정하고 있는 바, 여기에서의 "심결이 확정"되었는지의 여부는 심판청구 당시에 의하여 판단하는 것이 아니고 심결당시를 기준으로 하여 판단하여야 한다.

---

42) 대법원 1991. 11. 26. 선고 90후1840 판결, 1991. 1. 15. 선고 90후212 판결, 1990. 2. 9. 선고 89후186 판결 등 다수.

43) 대법원 1989. 5. 23. 선고 88후73 판결.

44) 일본대심원 대정(大正) 11. 10. 19. 선고 판결.

45) 특허재판실무편람, 특허법원, 2002년, 62면.

46) 대법원 1976. 6. 8. 선고 75후18 판결 참조.

따라서 디자인보호법 제72조의27에서 규정하고 있는 심결이 확정되었는지의 여부는 심판청구당시를 기준으로 하여 판단하는 것이 아니고 심결당시를 기준으로 하여 판단하여야 한다. 그러므로 심판청구시에는 일사부재리의 원칙에 해당되지 않는 경우라 하더라도 심결시에 이에 해당하면 일사부재리의 원칙에 위반되어 당해 심판청구는 각하되어야 한다. 또 두개의 동일한 심판청구가 중복하여 동시에 계속되어 있다가 후에 제기된 심판청구에 관하여 심결이 먼저 확정된 경우에도 먼저 제기된 다른 심판청구는 각하되어야 한다. 더 나아가 심판청구기각심결이 소송에서 취소되어 다시 심판단계에 계속 중에 다른 동일한 심판청구에 대한 심결이 기각되어 확정된 경우에 있어서도 마찬가지로 앞의 심판청구는 일사부재리의 원칙을 적용받아 각하되어야 한다.

2) 사　례

판례에서도 "디자인보호법 제72조의27에 정한 일사부재리의 원칙에 해당하는지의 여부는 심판의 청구시가 아니라 그 심결시를 기준으로 판단되어야 하는 것이므로 일사부재리의 원칙은 어느 심결의 확정등록이 있거나 판결이 확정된 후에 청구되는 심판에 대해서만 적용되는 것은 아니고, 심결시를 기준으로 하여 동일사실 및 동일증거에 의한 심결의 확정등록이 있거나 판결이 확정된 경우에는 그 심판의 청구시기가 확정된 심결의 확정등록이나 판결의 확정 전이었는지 여부를 묻지 않고 적용되는 것이다"[47]라고 판시하였다.

3) 문제점

① 일사부재리의 심결취소소송에의 적용여부

두개의 동일한 심판청구가 중복하여 계속 중에 있는 경우 그 중복하는 심판청구의 한 개에 대하여 이미 심결이 있어 그 심결취소소송이 법원에 계속 중에 있는 동안 그 나머지 심판청구에 대한 무효심결이 확정된 경우 위 심결취소소송을 여하히 처리할 것인가가 문제이다. 이에 대하여는 두 가지의 견해가 있다.

ⅰ. 부정설

디자인보호법 제72조의27의 규정은 특허심판원의 심판절차에만 적용되고 법원의 소송절차에까지는 미치지 아니하므로 중복하는 심판청구의 일방에 대한 심결의 확정은 법원에 계속 중인 심결취소소송사건에는 영향을 주지 않는다는 것이다.

ⅱ. 긍정설

일사부재리의 원칙에 위배되지 않는다는 것은 심판청구가 적법하기 위한 요건에 해당

---

47) 대법원 2000. 6. 23. 선고 97후3661 판결 참조.

하는 것이고, 모순되는 심결의 확정을 막으며, 동일사건에 대한 중복심판이나 소송절차의 진행을 방지한다는 일사부재리의 제도적 취지에 비추어보면 이러한 경우에도 나머지 법원에 계속 중인 심결취소소송사건은 그 심판청구가 일사부재리의 원칙에 위배되어 부적법하게 된다고 보아야 하므로 이 경우 일사부재리의 원칙이 적용된다는 것이다.

iii. 결 어

긍정설이 타당하다. 왜냐하면 일사부재리의 원칙의 적용을 받지 않는다는 것은 심판의 적법요건이기 때문에 이해관계나 심판대상권리의 존재 등 심판청구가 적법하기 위하여 필요한 다른 요건과 같이 심결이후에 발생한 사항도 참작하여 심판의 적법여부를 판단하는 것이 타당하기 때문이다.

② 심결취소소송에 대한 일사부재리의 요건충족시점

심결취소소송에 대한 특허법원의 변론종결일 이후, 나아가 상고심에 계속 중에 특허심판원에 계속 되어 있던 다른 심판의 심결이 확정된 경우 위 법원에 계속 중에 있는 심결취소소송을 여하히 할 것인가가 문제이다.

일사부재리에 해당하지 않는다는 것이 심결취소소송의 소송요건은 아니나 심판청구자체가 부적법하게 되면 심결취소소송에서는 본안에 관하여 판단할 필요가 없게 된다. 그러므로 심판청구의 적법요건은 곧 심결취소소송의 본안심리를 위한 요건으로 볼 수 있다. 따라서 소송의 어느 단계에서나 소송의 대상이 된 심판청구가 일사부재리의 원칙에 위배되어 부적법하게 되면 본안에 관하여 판단을 한 심결이나 판결은 더 이상 유지될 수 없다고 보는 것이 타당하다.[48)]

특허에 관한 판례이기는 하나 판례는 "특허를 무효로 한 심결에 대한 심결취소소송에서 원고의 청구가 기각되어 상고심에 계속 중 제3자가 제기한 특허무효심판에서 특허를 무효로 하는 심결이 확정된 때에는 그 특허권은 처음부터 없었던 것으로 보게 되므로 결과적으로 존재하지 않는 특허를 대상으로 판단한 심결은 위법하게 되나 특허가 무효로 확정된 이상 심결취소를 구할 법률상 이익도 없어졌다고 봄이 상당하여 이 사건 소는 부적법하게 되었다는 이유로 원심판결을 파기하고 직접 판결하여 소를 기각하였다.[49)]

이와 같이 소송요건의 존부는 일반적으로 사실심 변론종결시를 기준으로 하여 판단하는 것이 원칙이나 사실심 변론종결 이후에 소의 이익 등 소송요건이 흠결되는 경우에는 그러한 사정도 고려하여 소의 이익이 없다고 보는 것이 대법원판례의 일반적 경향이다.[50)]

48) 특허재판실무편람, 특허법원, 2002년 64면.

49) 대법원 2001. 5. 8. 선고 98후1921 판결.

50) 특허재판실무편람, 특허법원, 2002년, 11면.

(4) 일사부재리의 효력범위

1) 주관적 범위

심판의 심결에서의 일사부재리의 효력은 심판당사자는 물론 당해 권리의 승계인을 포함한 제3자에게도 그 효력이 인정된다. 이와 같이 일사부재리의 효력이 당사자뿐만 아니라 제3자 누구에게나 미치게 하는 것은 특허심판의 심결이 행정처분적, 공익적 성질을 가지고 있음을 감안한 것으로 해석된다.

2) 객관적 범위

① 동일사실 및 동일증거

일사부재리의 효력이 미치는 객관적 범위는 확정적 심결의 기초가 된 것과 동일사실 및 동일증거의 전부에 미친다. 이에 관한 자세한 것은 앞에서 설명한 바 있는 "(2) 일사부재리의 효력요건"을 참고하기 바란다.

② 신규추가 증거

일사부재리의 효력의 객관적 범위와 관련하여 앞의 심판에서 제출된 증거와 다른 새로운 증거를 추가하여 다시 디자인등록무효심판청구를 한 경우 재심판청구가 가능하다. 그러나 위의 신규추가 증거와 관계없이 앞의 심판에서 판단되었던 증거만으로 디자인등록의 무효가 될 수 있는가가 문제이다. 이 점에 관하여는 가능하다는 견해와 불가능하다는 견해로 나뉘어져 있다.

i. 가능설

이 경우 일단 일사부재리의 원칙에 반하지 아니하여 재심판청구가 가능한 이상 앞의 심판청구에 관계없이 재심판청구에 제출된 모든 증거를 판단하여 디자인등록의 무효여부를 심리할 수 있으므로 가능하다는 입장의 견해이다.[51)]

ii. 불가능설

이 경우 재심판청구가 가능하다고 하는 것은 재심판청구가 부적법 각하되지 아니한다는 소극적인 의미에 불과한 것으로서, 적극적으로 앞의 심판에서 판단된 증거도 재심판청구에서 다시 판단하여 그 증거만에 의해서도 디자인등록을 무효로 할 수 있다는 의미는 아니므로 불가능하다는 입장의 견해이다.[52)]

---

51) 東京高裁 昭 44.6.28 판결 참조.

52) 東京高裁 昭 54.2.28 판결 참조.

iii. 결 어

위에서 살펴본 바와 같이 학설은 물론 판례 또한 서로 다른 입장을 취하는듯하여 통일되어 있지 아니한 듯하다. 그러나 후자의 불가능설이 이론적으로는 일사부재리의 취지에 부합되는 것으로 해석된다.

(5) 일사부재리에 반한 경우의 효력

1) 부적법 각하

심판의 심결이 확정된 때에는 그 사건에 대하여는 누구든지 동일사실 및 동일증거에 의하여 다시 심판을 청구할 수 없다(법 72의27 본문). 따라서 동일사실 및 동일증거에 의한 재심판청구는 부적법하므로 피청구인에게 답변서 제출의 기회를 주지 아니하고 심결로써 각하하여야 한다(법 72의5).

2) 중복심판청구의 병합심결각하 중 일부만의 취소소송의 효력

중복심판청구에 대한 병합심리에서 두개의 심판청구가 모두 기각되고 그중 일부청구인만이 심결취소소송을 제기하고 나머지 청구인은 제기하지 아니하여 심결이 확정된 경우 위 심결취소소송은 여하히 되는가가 문제가 된다.

이 점에 관하여는 심결취소소송을 제기하지 않은 자에 대하여도 심결이 확정되지 않는다고 보아야 한다.[53)]

그렇다면 위와 같은 문제는 아예 생기지 않는다.[54)]

---

53) 특허법원 2000. 10. 12. 선고 99허9571 판결 (확정) 참조.
"동일한 실용실안권에 관하여 무효심판을 청구하는 자가 2인 이상이 있는 때에는 그 전원이 공동으로 심판을 청구할 수 있고(구 실용신안법 제35조, 특허법 제139조 제1항), 위 공동심판청구인 중 1인에 관하여 심판절차의 중단 또는 중지의 원인이 되는 때에는 전원에 관하여 그 효력을 발생하는 바(특허법 제139조 제4항), 이와 같은 공동심판은 심판청구시부터 성립될 수도 있지만 심리를 병합하는 것(특허법 제160조)에 의하여도 생길 수 있다. 이러한 특허심판절차에서의 공동심판은 민사소송법 소정의 통상 공동소송적 성격을 가진다기 보다는 소위 유사필요적 공동소송의 성격을 가진다고 보는 것이 상당하므로 위 공동심판에 있어서의 심결의 개수는 합일확정의 필요에 따라 형식적 및 실질적으로 하나라고 보아야 할 것이다"라고 판시함으로써 취소소송을 제기하지 않은 자에 대하여도 심결이 확정되지 않는다는 취지의 판결을 하였다.

54) 東京高裁 昭 54.2.28 관결, 昭 46年(行ケ) 第128號 참조.
"특허무효심판에 있어서 특허를 무효로 하는 심결이 확정된 때에는 특허권은 처음부터 없었던 것으로 본다(이른바 대세적 효력)고 규정한 특허법 제125조(우리나라 특허법 제133조) 및 확정심결의 등록이 있는 때에는 누구라도 동일사실 및 동일증거에 기하여 무효심판청구를 할 수 없다(이른바 일사부재리의 원칙)고 규정한 같은 법 제167조(우리나라 특허법 제163조)의 법의에 비추어보면 병합하여 심리된 특허무효심판청구에 대하여 무효심결이 있고 이에 대한 취소소송이 제기된 경우에는 그 심판청구가 동일사실 및 동일증거에 의한 것인 한, 그 특허의 효력에 관한 법률관계는 복수의 심판청구인에 대하여 합일적으로 확정할 필요가 있고 따라서 그 소송형태는 이른바 유사필요적 공동소송에 해당하는 것으로 해석한다"고 판시하였다.

Ⅷ. 결 정

결정이라 함은 특허법원의 소송대상이 되는 보정각하결정, 디자인등록거절결정, 디자인등록취소결정 및 심판청구서나 재심청구서의 각하결정을 말한다.

여기에서 심판청구서나 재심청구서의 각하결정이란 당해 청구서 등이 방식에 위반하고 있는 경우에 하는 각하결정이다.

디자인보호법에서 특허법에는 없는 보정각하결정 불복심판제[55]를 두고 있는 것은 보정각하결정이 비록 중감심결이기는 하나 도면의 기재사항 및 도면의 보정이 디자인등록출원서에 최초로 첨부된 도면 및 도면에 기재된 사항의 범위 안에서 하였는지 여부는 출원인이나 제3자에게 중대한 이해관계가 있으며 또 그 판단은 전문적 지식을 요하는 것이므로 독립적으로 불복할 수 있도록 한 것이다.

Ⅸ. 심판의 종결

심판은 심결(법 72의26), 심판청구의 취하(법 72의25), 심판청구서의 각하결정(법 72의4②) 등에 의하여 종결한다. 심판절차는 심결에 의하여 종결되는 것이 보통이다(법 72의26①).

심판장은 사건이 심결을 할 정도로 성숙한 때에는 심리의 종결을 당사자 및 참가인에게 통지하여야 한다(법 72의26③). 심결은 심리종결통지를 한 날부터 20일 이내에 하여야 한다(법 72의26⑤). 이는 심판의 지연을 피하기 위한 훈시규정에 불과하므로 이 규정에 위반하여도 위법이 아니므로 심리종결통지를 한 날 또는 그 다음날 심결을 선고하였다 하더라도 무방하고 심지어 이러한 통지가 없더라도 위법은 아니다.[56]

심리의 종결을 통지한 후에 당사자 또는 참가인이 제출한 서류는 이를 심결에 참작하지 아니하며 그 서류는 신청이 있는 경우에 한하여 당사자 또는 참가인에게 반환한다. 다만 그 반환 전에 심리를 재개한 경우에는 그러하지 아니하다(동법시행규칙 28, 준용특허법시행규칙 66①).

---

55) 구특허법에서 심판장의 명세서 또는 도면의 보정에 대한 보정각하결정에 대하여 독립한 불복방법을 마련하고 있었으나(구특허법 169 삭제, 1995. 1. 5) 현행법에서는 이를 정정심판에 의하도록 하였다(법 136). 즉 보정각하결정에 대한 심판의 취지 및 내용은 정정심판에서 그대로 구현되어 있기 때문에 실질적으로 바뀌어진 것은 없다.

56) 대법원 1976. 10. 10. 선고 79후35 판결, 1984. 1. 31. 선고 83후71 판결, 1984. 8. 14. 선고 84후20 판결 등 다수 참조.

서류의 반환신청을 하고자 하는 당사자 또는 참가인은 소정의 서류반한신청서(법시행규칙 별지 제8호 서식)를 특허심판원장 또는 심판장에게 제출하여야 한다(법시행규칙 28, 준용특허법시행규칙 66②).

심판장은 필요하다고 인정할 때에는 심결종결을 통지한 후라도 당사자 또는 참가인의 신청에 의하여 또는 직권으로 심리를 재개할 수 있다(법 72의26④).

심결은 i) 심판의 번호, ii) 당사자 및 참가인의 성명 및 주소(법인인 경우 그 명칭·영업소의 소재지), iii) 대리인이 있는 경우 그 대리인의 성명·주소나 영업소의 소재지(대리인이 특허법인인 경우 그 명칭, 사무소의 소재지 및 지정된 변리사의 성명), iv) 심결의 주문(통상실시권허여의 심판에 있어서는 통상실시권의 범위·기간 및 대가를 포함한다), v) 심결이유(청구의 취지 및 그 이유의 요지를 포함한다), vi) 심결의 연월일을 기재한 서면으로 하여야 하며 심결한 심판관은 이에 기명날인하여야 한다(법 72의26②).

심판장은 심결 또는 결정이 있는 때에는 그 등본을 당사자·참가인 및 심판에 참가신청을 하였으나 그 신청이 거부된 자에게 송달하여야 한다(법 72의26⑥). 심판의 심결이 확정된 때에는 일사부재리의 효력이 발생하여 그 사건에 대하여는 누구든지 동일사실 및 동일증거에 의하여 다시 심판을 청구할 수 없게 된다(확정심결이 각하심결인 경우를 제외한다)(법 72의27).

X. 심판비용

1. 의 의

심판비용이라 함은 특허심판원 심판부와 당사자 또는 참가인 등이 심판절차에서 지출한 비용을 말한다.

심판비용의 부담은 심판이 심결에 의하여 종결할 때에는 그 심결로써, 심판이 심결에 의하지 아니하고 종결할 때에는 결정으로서 정하여야 한다(법 72의29①).

심판비용을 누가 부담하는가만을 심결하거나 결정하였을 때에는 그 심결 또는 결정이 확정된 후 당사자의 청구에 의하여 특허심판원장이 이를 결정한다(법 72의29 ⑤). 특허심판원장의 심판비용액 결정에 불복이 있는 자는 일반 행정처분에 대한 불복방법인 행정심판, 행정소송 등을 할 수 있다.[57]

57) 특허소송실무, 법원행정처, 1998. 2. 20, 73면.

2. 심판비용의 부담 등

(1) 심판비용부담의 원칙 및 예외

1) 원 칙

심판비용은 패심한 당사자가 부담한다(법 72의29②, 민사소송법 98).

2) 예 외

① 특허심판원장은 사정에 따라 승심한 당사자로 하여금 그 권리를 늘리거나 지키는데 필요하지 아니한 행위로 말미암은 심판비용 또는 상대방의 권리를 늘리거나 지키는데 필요한 행위로 말미암은 심판비용의 전부나 일부를 부담하게 할 수 있다(법 72의29②, 민사소송법 99).

② 당사자가 적당한 시기에 공격이나 방어의 방법을 제출하지 아니하였거나 기일이나 기간의 준수를 게을리 하였거나 그밖에 당사자가 책임져야할 사유로 소송이 지연된 때에는 특허심판원장은 지연되므로 말미암은 심판비용의 전부나 일부를 승심한 당사자에게 부담하게 할 수 있다(법 72의29②, 민사소송법 100).

(2) 일부 패심의 경우

일부 패심의 경우에 당사자들이 부담할 심판비용은 특허심판원장이 정한다. 다만 사정에 따라 한쪽 당사자에게 심판비용의 전부를 부담하게 할 수 있다(법 72의29②, 민사소송법 101).

이는 일부 패심의 경우에 각 당사자가 부담할 심판비용은 특허심판원장이 그 재량에 의하여 정할 수 있다는 취지의 규정이다.[58)]

(3) 공동심판의 경우

1) 공동심판인은 심판비용을 균등하게 부담한다. 다만 특허심판원장은 사정에 따라 공동심판인에게 심판비용을 연대하여 부담하게 하거나 다른 방법으로 부담하게 할 수 있다(법 72의29②, 민사소송법 102①).
2) 그러나 1)에 불구하고 특허심판원장은 권리를 지키는데 필요하지 아니한 행위로 생긴 심판비용은 그 행위를 한 당사자에게 부담하게 할 수 있다(법 72의29②, 민사소송법 102②).

---

58) 대법원 1996. 10. 25. 선고 95다56996 판결 참조.

(4) 참가심판의 경우

참가심판비용에 대한 참가인과 상대방사이의 부담과 참가이의신청의 심판비용에 대한 참가인과 이의신청대상자 사이의 부담에 대하여는 위 (1) 내지 (3)을 그대로 적용한다(법 72의29②, 민사소송법 103).

(5) 제3자의 비용상환

1) 법정대리인·심판대리인·심판행정실직원 등이 고의 또는 중대한 과실로 쓸데없는 비용을 지급하게 한 경우에는 특허심판원장은 직권으로 또는 당사자의 신청에 따라 그에게 비용을 갚도록 명할 수 있다(법 72의29②, 민사소송법 107①).
2) 법정대리인 또는 심판대리인으로서 심판행위를 한 사람이 그 대리권 또는 심판행위에 필요한 권한을 받았음을 증명하지 못하거나 추인을 받지 못한 경우에 그 심판행위로 말미암아 발생한 심판비용에 대하여는 위 1)에 의한다(법 72의29②, 민사소송법 107②).

(6) 무권대리인의 비용부담

위 (5) 2)의 경우에 심판청구가 각하된 경우에는 심판비용은 그 심판행위를 한 대리인이 부담한다(법 165②, 민사소송법 108).

(7) 청구인 등의 부담

보정각하결정, 등록거절결정 또는 디자인등록취소결정에 대한 심판, 통상실시권 허여의 심판의 심판비용은 청구인 또는 디자인무심사등록 이의신청인의 부담으로 한다(법 72의29③). 공동심판의 경우 공동심판청구인 또는 디자인무심사등록 이의신청인의 심판비용은 위 (3)의 1), 2)와 같다(법 72의29④, 민사소송법 102①②).

3. 상대방에 대한 최고

(1) 특허심판원장은 심판비용액을 결정하기 전에 상대방에게 비용계산서의 등본을 교부하고 이에 대한 진술을 할 것과 일정한 기간이내에 비용계산서와 비용액을 소명하는데 필요한 서면을 제출할 것을 최고(催告)하여야 한다(법 72의29②, 민사소송법 111①).

(2) 상대방이 위 (1)의 서면을 기간이내에 제출하지 아니한 때에는 특허심판법원장은 신청인의 비용에 대하여서만 결정을 할 수 있다. 다만 상대방도 심판비용액의 확정결정을 신청할 수 있다(법 72의29②, 민사소송법 111②).

4. 부담비용의 상계

특허심판원장이 심판비용을 결정하는 경우에 당사자들이 부담할 비용은 대등한 금액에서 상계(相計)된 것으로 본다. 다만, 위 3. (2)의 경우에는 예외로 한다(법 72의29②, 민사소송법 112).

5. 비용의 예납

비용을 필요로 하는 심판행위에 대하여 특허심판원장은 당사자에게 그 비용을 미리 내게 할 수 있다(법 72의29②, 민사소송법 116①).

비용을 미리 내지 아니하는 때에는 특허심판원장은 그 심판행위를 하지 아니할 수 있다(법 72의29②, 민사소송법 116②).

6. 심판비용의 범위 등 및 심판절차상 필요비용의 지급 등

심판비용의 범위·금액·납부 및 심판에서 절차상의 행위를 하기 위하여 필요한 비용의 지급에 관하여는 그 성질에 반하지 아니하는 한 민사소송비용법 중 해당 규정의 예에 의한다(법 72의29⑥).

7. 변리사의 보수

심판의 대리를 한 변리사에게 당사자가 지급한 또는 지급할 보수는 특허청장이 정하는 금액의 범위 안에서 이를 심판비용으로 본다. 이 경우 수인의 변리사가 심판의 대리를 한 경우라도 1인의 변리사가 심판대리를 한 것으로 본다(법 72의29⑦).

8. 심판비용액 또는 대가에 대한 집행명의

디자인보호법에 의하여 특허심판원장이 정한 심판비용액 또는 심판관이 정한 대가에 관하여 확정된 결정은 집행력 있는 집행명의와 동일한 효력을 가진다. 이 경우 집행력 있는 정본은 특허심판원 공무원이 이를 부여한다(법 72의30).

XI. 불복의 제한 등

1. 보정각하결정·디자인등록여부결정·디자인등록취소결정·심결·심판청구서나 재심

청구서의 각하결정에 대하여는 다른 법률(예 : 행정심판법, 행정소송법)에 의한 불복을 할 수 없으며, 디자인보호법의 규정에 의하여 불복을 할 수 없도록 규정되어 있는 처분에 대하여는 다른 법률의 규정에 의한 불복을 할 수 없다(법 81①). 그러나 위의 결정·심결 등과 같은 처분외의 처분의 불복에 대하여는 행정심판법 또는 행정소송법에 의하여 불복을 할 수 있다(법 81②).[59] 보정각하결정에 대하여 심판을 청구한 때에는 그 심판의 심결이 확정될 때까지 그 디자인등록출원의 심사를 중지하여야 한다(법 18의2③).

2. 디자인보호법 제70조의 규정에 의한 통상실시권 허여의 심판에 있어서는 대가의 심결 및 같은 법 제72조의29 제1항의 규정에 의한 심판비용의 심결 또는 결정에 대하여는 독립하여 취소소송을 제기할 수 없고(법 75의⑥), 심판관의 제척 또는 기피신청에 대한 결정에 대하여는 불복할 수 없으며(법 75의15④) 참가신청에 대한 결정에 대하여도 불복할 수 없다(법 72의20③). 심판장의 직권증거조사나 증거보전(법 72의21⑤)에 대하여는 본안에 대한 불복만이 허용되고, 별도로 이 결정에 대하여는 불복을 할 수 없다. 따라서 이러한 결정이나 심결에 대하여는 불복이 허용되지 아니하므로 특허법원에의 취소소송이나 행정심판법 등 다른 법률에 의한 행정심판을 제기할 수 없다.

3. 디자인보호법 제75조의5의 규정에 의한 대가에 대하여 심결·결정을 받은 자가 그 대가에 불복이 있는 경우에는 법원에 소송을 제기할 수 있다. 이 경우의 법원은 특허법원이 아니라 행정소송을 담당하는 일반법원을 가리킨다.

XII. 소송과의 관계 등

1. 심결 등에 대한 소

심결에 대한 소와 결정에 대한 소, 즉 출원보정의 각하결정(디자인등록출원서에 첨부한 도면, 도면의 기재사항 및 사진이나 견본보정의 요지변경으로 인한 보정각하결정) 및 심판청구서나 재심청구서의 각하결정에 대한 소는 특허법원의 전속관할로 한다(법 75①). 위와 같이 심판을 청구할 수 있는 사항에 관한 소는 심결 등에 대한 것만을 인정하고 있기 때문에 심결 등에 대한 것이 아니면 소를 제기할 수 없고(법 75⑥), 소를 제기

59) 특허관련판례는 "보정각하결정과 취소결정에 대하여는 불복심판을 청구할 수 있고 특허결정에 대하여는 특허무효심판으로 다루어야 하며 특허거절결정에 대하여는 불복심판을 청구할 수 있고 심결에 대하여는 확정 전에는 심결취소소송을, 확정 후에는 재심의 절차에 의하여야 하며, 청구서의 각하결정에 대하여는 특허법원에 소송을 제기할 수 있으나, 특허법의 규정에 의하여 불복을 할 수 없도록 규정되어 있는 처분에 대하여는 행정심판법 등 다른 법률에 따른 불복을 할 수 없고 이를 이유로 심판 또는 심결취소소송을 제기할 수 있을 뿐이다"라고 판시하였다(대법원 1995. 5. 26. 선고 90누7010 판결, 1991. 8. 13. 선고 90누9414 판결, 1991. 8. 13. 선고 88누10138 판결, 1962. 3. 15. 자 4294행상8 결정 참조).

할 경우에는 부적법한 소로 각하의 대상이 된다. 이처럼 심결 등에 대한 소를 제기할 수 있지만 통상 실시에 따른 대가의 심결 및 심판비용의 심결 또는 결정에 대하여는 독립하여 소를 제기할 수 없다(법 75⑦). 심결 등에 대한 특허법원의 판결에 대하여는 대법원에 상고할 수 있다(법 75⑧).

2. 절차진행의 조정

(1) 의의 및 내용

심판사건과 다른 심판사건 또는 심판사건과 소송사건과의 사이에 밀접한 관계가 있어 이들 심리의 진행을 조정할 필요가 있는 경우가 있다. 예를 들면 디자인등록무효심판과 권리범위 확인심판, 디자인등록 무효심판과 디자인권 또는 전용실시권 침해소송이 각각 계속되고 있는 경우 등이 그것이다.

이러한 경우 다른 절차를 도외시하고 절차를 진행할 경우 전체로서의 심리 및 소송경제를 무시하게 되어 재심청구의 이유가 되기도 한다. 따라서 디자인보호법은 필요한 때에는 심판절차의 중지나 소송절차의 중지를 할 수 있도록 하는 규정을 두고 있다(법 72의28).

1) 심판에 있어서 필요한 때에는 당해 심판사건과 관련되는 디자인무심사등록 이의신청에 대한 결정 또는 다른 심판의 심결이 확정되거나 소송절차가 완결될 때까지 그 절차를 중지할 수 있다(법 72의28①).
2) 소송절차에 있어서 필요하다고 인정된 때에는 법원은 디자인등록에 관한 심결이 확정될 때까지 그 소송절차를 중지할 수 있다(법 72의28②).
3) 법원은 디자인권 또는 전용실시권의 침해에 관한 소가 제기된 경우에는 그 취지를 특허심판원장에게 통보하여야 한다. 그 소송절차가 종료된 때에도 마찬가지이다(법 72의28③).
4) 특허심판원장은 위 3)의 디자인권 또는 전용실시권의 침해에 관한 소에 대응하여 그 디자인권에 관한 무효심판 등이 청구된 경우에는 그 취지를 위 3)에 해당하는 법원에 통보하여야 한다. 그 심판청구서의 각하결정·심결 또는 청구의 취하가 있는 때에도 마찬가지이다(법 72의28④).

(2) 절차의 중지

1) 의의 및 취지

동일한 디자인권에 대하여 디자인등록무효심판이 특허심판원에, 디자인권 또는 전용실시권 침해소송이 특허법원에 계속 중인 경우 각각 여기에서 발생하는 차이를 조정할 필요가 있다. 또 디자인등록에 관한 전문기관인 특허심판원의 심결이 있은 후 소송사건을 처리하는 것이 재판의 공정성과 객관성을 확보할 수 있을 뿐만 아니라 선의의 피해자를 줄일 수도 있다. 특허심판원 또한 당해 심판사건과 관련하여 법원에 소송사건이 계속 중에 있을 때에는 소송절차가 완결될 때까지 심판을 중지함으로써 심판의 공정성과 객관성을 확보할 수 있다.

따라서 절차의 중지는 재판·심판 및 심사의 공정성과 객관성을 기하고 선의의 피해자를 보호하기 위한 수단 및 조치라고 할 수 있다.

그러나 이러한 절차의 중지에 관한 규정은 임의규정이므로 인용디자인등록에 대한 등록무효심결이 법원에 계속 중이라고 하더라도 그 심사 또는 심리절차를 중지하지 아니하고 심사 및 심리를 한 것은 위법이 아니다.[60]

2) 디자인보호법상의 규정

① 법원은 소송에 있어서 필요한 경우에는 디자인등록출원에 대한 결정이 확정될 때까지 그 소송절차를 중지할 수 있다(법 30의2②). 이러한 법원의 소송절차중지에 대하여는 불복을 할 수 없다(법 30의2③).

② 소송절차에 있어서 필요하다고 인정된 때에는 법원은 디자인등록에 관한 심결이 확정될 때까지 그 소송절차를 중지할 수 있다(법 72의28②).

3) 절차중지의 내용

① 재량권

디자인보호법 제30조의2 제2항 및 제72의28의 규정에 의한 소송절차 중지에 관한 사항은 법원의 직권사항이므로 법원의 재량권에 속한다. 즉 법원이 소송절차 중지의 결정을 할 것인지의 여부는 법원이 합리적인 재량에 의하여 직권으로 정하는 것으로서 그 소송절차를 중지한다는 결정에 대하여는 당사자가 불복할 수 없다(법 30의2③).[61]

② 중지결정의 취소

중지결정에 대하여 취소할 수 있느냐에 대하여는 종래부터 양설이 대립되고 있다. 1설은 중지결정을 취소하는 명문의 규정이 없기 때문에 사정변경이 발생하였다 하더라도 이를 취소하여서는 안된다는 설이고, 또 다른 설은 사정변경이 있거나 재판의 신속을 기한다는 측면에서 중지결정을 취소할 수 있다고 보아야 한다는 설이다.

그러나 소송절차의 중지결정은 위에서 살펴본 바와 같이 법원의 재량권에 속하므

---

60) 대법원 1990. 3. 23. 선고 89후2168 판결 참조.

61) 대법원 1992. 1. 15. 자 91마 612 결정 참조.
법원이 소송절차중지의 결정을 할 것인지의 여부는 법원이 합리적인 재량에 의하여 직권으로 정하는 것으로서 그 소송절차를 중지한다는 결정에 대하여는 당사자가 항고(재항고)에 의하여 불복할 수 없다.

로 그 취소도 당연히 법원의 재량이라고 하여야 하기 때문에 중지결정을 취소할 수 있다고 보는 후자의 설이 타당하다.

제 3 절 심판의 종류 및 내용

Ⅰ. 심판의 종류

현행 디자인보호법상 인정되고 있는 심판은 그 분류기준에 따라 여러 가지로 나누어질 수 있다. 그러나 일반적으로 심판의 종류는 심판의 독립성여부, 심판의 구조, 청구의 이유, 심급 등의 기준에 따라 분류되고 있다.

1. 심판의 독립성 여부에 따른 분류

(1) 독립적 심판

독립적 심판이라 함은 심판의 청구취지가 독립되어 있는 심판으로서 통상적으로 심결의 형식으로 판단된다. 일반적으로 심판이라고 할 때에는 독립적 심판을 의미하는데 보정각하결정에 대한 심판, 디자인등록거절결정에 대한 심판, 디자인등록취소결정에 대한 심판, 디자인등록의 무효심판, 권리범위 확인심판, 통상실시권 허여의 심판 등이 여기에 속한다.

(2) 부수적 심판

부수적 심판이라 함은 그 자체만으로는 독립적 심판의 대상이 되지 못하고 독립적 심판에 부수된 심판으로서 여기에는 제척·기피신청에 대한 심판, 참가신청에 대한 심판, 증거조사 및 증거보전심판, 심판비용심판, 심판청구서 및 재심청구서의 각하결정 등이 여기에 속한다.

2. 심판구조에 따른 분류

(1) 결정계 심판

결정계 심판이라 함은 당사자가 대립하는 심판구조가 아니고 심판관이 심판청구인의 청구의 취지·이유 및 내용의 당부(當否)를 심리하는 심판으로서 여기에는 청구인(디자인등록출원인·디자인권자)만 있고 피청구인은 없다. 현행디자인 보호법에서의 보정각하결정에 대한 심판, 디자인등록거절결정에 대한 심판, 디자인등록취소결정에 대한 심판이 이에 속한다.

(2) 당사자계 심판

당사자계 심판이라 함은 디자인권의 설정등록에 의해 일단 디자인권의 효력이 유효하게 발생한 후에 당사자간에 분쟁이 발생하여 디자인등록의 요건의 적부를 판단·심리하는 심판으로서 일반의 소송절차와 마찬가지로 당사자가 대립하는 심판구조를 가진 심판으로서 여기에는 청구인과 피청구인이 다함께 존재한다. 현행디자인보호법에서의 디자인등록의 무효심판·권리범위확인심판·통상실시권 허여의 심판 등이 이에 속한다.

(3) 겸병계 심판

겸병계 심판(兼併系 審判)이라 함은 위의 결정계 심판구조와 당사자계 심판구조가 병용되어 있는 심판으로서 이는 이론상 가능하나 현행디자인보호법상 여기에 속하는 심판은 없다.

3. 청구이유에 따른 분류

이는 심판의 청구원인, 즉 청구이유에 따라 분류한 것으로서 디자인등록의 무효를 구하는 심판과 권리범위확인을 구하는 심판 그 밖에도 통상실시권 허여를 구하는 심판 등이 있다. 각종 유형의 무효심판이 전자에 속한다.

4. 심급에 따른 분류

개정 전 의장법에서는 심급별 구분으로 초심과 그 초심의 심결이나 결정에 대한 불복심판인 항고심판, 즉 항고심이 있었다. 초심은 특허청 소속 심판소의 관장사항이고 항고심은 항고심판소의 소관사항이었다. 그러나 1998년 1월부터 시행된 개정의장법에 의해서 심판소와 항고심판소를 통폐합하여 특허심판원으로 발족하여 심판소의 기능을 관장하고 항고심판소의 업무와 기능은 1998년 1월 설립된 특허법원에 이관되어 소송절차에 의해 처리한다. 따라서 현행 심판의 심급은 단심만으로 운용되는 단일 심급제도이다.

Ⅱ. 심판의 내용

1. 보정각하결정에 대한 심판

(1) 의 의

보정각하결정에 대한 심판이라 함은 디자인등록출원인의 디자인등록출원에 대한 보정이 최초의 디자인등록출원의 요지를 변경하지 아니하는 범위 안에서 이루어지지 아니하고 최초 디자인등록출원의 요지를 변경한 경우 결정으로 그 보정을 각하하여야 하는 바, 이때의 보정각하에 불복하여 그 각하결정의 취소를 구하는 심판구조의 심판을 말한다. 여기에서 요지란 디자인등록출원에서 권리로 보호를 받고자 하는 사항, 즉 등록을 받고자 하는 디자인의 대상이 되는 물품, 물품의 디자인, 디자인등록출원인, 디자인창작자를 말하고, 변경이란 위 요지사항 외에 디자인등록출원서의 기재사항, 디자인등록출원서에 첨부한 도면, 도면의 기재사항(디자인의 설명 및 창작내용의 요점 등) 및 사진이나 견본을 바꾸어 고치는 것을 말한다.

이러한 보정각하심판제도는 정당한 출원의 보정이라고 확신하고 있는 출원인으로 하여금 심사관의 보정각하결정에 대하여 불복의 기회를 주어 소기의 디자인등록을 받을 수 있도록 하기 위함이다. 즉 심사관의 잘못된 보정각하결정으로부터 출원보정의 디자인등록출원을 구제하기 위함이다.

(2) 제도적 취지

디자인등록출원 보정각하결정에 대한 심판제도의 창설은 심사관의 심사 잘못이나 부실심사 등으로 인하여 진정한 디자인이 보호를 받을 수 없는 경우에 이를 구제하기 위함으로써 이는 디자인을 보호·장려하고 그 이용을 도모함으로써 디자인의 창작을 장려하여 산업발전에 기여하려는 디자인보호법의 목적을 구현하는데 그 취지가 있다.

무릇 항고적 사건이 그러하듯 진실이 묻힐 경우 그 사실 자체에 대한 경제적 손해는 물론이지만 그에 따른 정신적 충격·고통·분노·억울함 등 마음의 상처, 사회적·국가적 손실 및 국가공신(권)력에 대한 불신 등 이루 헤아릴 수 없는 부작용이 발생하기 때문에 이를 극복하기 위하여 항고적 절차를 통하여 그 진실을 밝히려는 노력을 하게 되는 것이고 이러한 노력은 각 분야별 제도권에서 상당 수용, 보장을 하고 있다.

디자인분야에서도 진정한 디자인이 심사관의 심사 잘못에 의하여 억울하게 디자인등록출원의 기재사항, 디자인등록출원서에 첨부한 도면, 도면에 기재한 디자인의 대상이 되는 물품·디자인의 설명 및 창작내용의 요점 등과 같은 사항 및 사진이나 견본의 보정이 각하된 경우 이를 구제받을 수 있는 수단의 제도적 창설의 필요성에 따라 입법차원에서 확립된 것이 디자인보호법 상의 보정각하결정에 대한 불복심판제도이다. 따라서 보정각하결정에 대한 불복심판제도는 진정한 디자인이 억울하게 디자인등록을 받지 못하는 일이 없고 반드시 진정한 디자인이 보호를 받을 수 있도록 하기 위한 취지에서 마련된 제도라고 할 수 있다.

(3) 성 질

보정각하결정에 대한 심판은 심사에 대한 속심(續審)으로서의 성질을 갖는다. 디자인보호법 제71조(심사규정의 디자인등록거절결정에 대한 심판에의 준용), 제72조의3(디자인등록거절결정에 대한 심판의 특칙), 제72조의32(심사 또는 디자인무심사등록 이의신청절차의 효력)의 규정은 심사와 심판이 속심관계에 있음을 의미하는 것이다. 따라서 심사부에서의 심사절차나 결과를 백지로 하고 다시 처음부터 심리를 하는 복심(覆審)과는 달리 심사절차를 바탕으로 심리를 속행하며 새로운 참증도 보충하여 원 결정의 유지여부, 즉 디자인등록출원에 대한 보정의 성립여부를 심리하는 것이다.

그러므로 원 결정과 보정각하결정에 대한 심판의 관계는 심판절차와 소송절차가 전혀 다른 새로운 절차에 의해 하게 되는 심결과 그 취소소송의 관계와는 다르다.[62]

(4) 심판청구대상 및 당사자

1) 심판청구대상

보정각하결정 불복심판청구의 대상은 "출원보정각하결정"이다(법 67의2). 즉 디자인등록출원서의 기재사항, 디자인등록출원서에 첨부한 도면, 도면의 기재사항(디자인의 대상이 되는 물품·디자인의 설명 및 창작내용의 요점 등) 및 사진이나 견본 등의 보정이 최초의 디자인등록출원의 요지를 변경하였다는 이유를 들어 그 출원의 보정을 각하시켜 출원보정을 거부하는 결정을 심판청구의 대상으로 하고 있다.

따라서 심사관이 디자인등록출원의 보정을 원 출원(최초출원)의 요지변경이라는 이유를 들어 그 출원보정을 각하결정을 할 경우 원출원은 그대로 존속하고 원출원을 대상으로 심사가 진행되는데 반하여, 디자인등록거절결정은 디자인등록출원에 대해 디자인등록요건 등의 불비를 이유로 디자인등록출원 그 자체를 거부하는 결정이므로 디자인등록거절결정과 함께 그 출원은 존재하지 아니하게 되고 심사도 종료된다.

---

62) 심판사건소송절차는 특허법원을 제1심으로 하기 때문에 특허심판원 심판부에 제출한 증거라 하더라도 특허법원에 다시 제출하여야 한다.

2) 심판청구인

보정각하결정 불복심판청구인은 보정각하결정을 받은 자이다(법 67의2).

① 보정각하결정을 받은 자는 디자인등록출원인이다. 즉 보정각하결정된 디자인에 대하여 디자인등록을 받을 권리를 가진 자 또는 그 승계인이다.

② 디자인등록을 받을 수 있는 권리의 공유자가 그 공유인 권리에 대해(즉 공동출원) 심판을 청구할 때에는 공유자 전원이 공동으로 청구하여야 한다(법 72③). 따라서 공동으로 청구되지 아니한 심판청구는 부적법한 것으로 심결로서 각하된다(법 72의5).

3) 참 가

보정각하결정 불복심판에 대해서는 참가규정(법 72의19) 및 신청규정(법 72의20)이 적용되지 아니하므로 참가가 인정되지 아니한다. 이에 관한 자세한 설명은 다음에서 설명하는 "(6) 심판 3) ② ⅱ. (ⅱ) 보정불능한 심판청구의 심결각하"편을 참고하기 바란다.

(5) 심판의 청구기간 등

1) 심판청구기간

보정각하결정에 대한 불복심판은 그 결정등본을 송달받은 날부터 30일 이내에 청구할 수 있다(법 67의2). 따라서 보정각하결정등본을 송달받은 날 전에 심판을 청구한 경우에는 이를 심결로서 각하한다. 여기에서 "송달받은 날"이라 함은 보정각하결정의 등본을 현실적으로 송달한 날이라고 해석하는 송달일설과 송달할 서류를 특허청 또는 특허심판원에서 당사자 또는 대리인이 이를 직접 수령하는 경우 수령일자 및 수령자의 성명이 기재된 수령증, 정보통신망을 이용하여 수령하는 경우에는 특허청·특허심판원이 운영하는 발송용 전산정보처리조직의 파일에 기록된 내용에 표시된 일자를 송달받은 날로 볼 수 있으므로 보정각하결정등본의 송달은 발송시에 있었던 것으로 간주할 수 있다는 발송일설이 있다.

그러나 송달할 서류는 직접 수령하거나 정보통신망을 이용하여 수령하는 경우를 제외하고는 등기우편으로 발송하여야 하고(법시행령 3, 준용특허법시행령 18①) 등기우편으로 발송하는 경우에는 등기우편물 수령증을 보관하여야 한다(법시행령 3, 준용특허법시행령 18②3). 서류의 송달에 관한 디자인보호법 또는 같은 법 시행령에 특별한 규정이 있는 경우를 제외하고는 송달을 받은 자에게 그 서류의 등본을 교부하여야 하며, 송달할 서류의 제출에 갈음하여 조서를 작성한 때에는 그 조서의 등본이나 초본을 교부하므로(법시행령 3, 준용특허법시행령 18④) 그 수령증에 표시되어 있는 수령일자와 교부일자는 송달받은 날을 말하고 특허청·특허심판원 실무에서도 보정각하결정의 등본을 실질적으로 송달한 날로 해석, 운용하고 있으며 판례 또한 전설을 지지하고 있어[63] 송달일설이 타당하다.

특히 심판·재심에 관한 심결문 또는 결정문을 송달할 경우에는 우편법령에 의한 특별송달방법에 의하여 직접 송달한 날을 송달받은 날로 하고 있다(법시행령 3, 준용특허법시행령 18②③).

그리고 송달할 장소는 송달할 서류를 받을 자의 주소 또는 영업소로 한다. 다만, 송달을 받고자 하는 자가 송달을 받고자 하는 장소(국내에 한한다)를 특허청장 또는 특허심판원장에게 미리 신고한 경우에는 그 장소로 한다(법시행령 3, 준용특허법시행령 18⑧). 송달받은 자가 그 장소를 변경한 때에는 지체 없이 그 취지를 특허청장에게 신고하여야 한다(법시행령 3, 준용특허법시행령 18⑨).

송달을 받은 자가 정당한 사유 없이 송달받기를 거부함으로써 송달할 수 없게 된 때에는 발송한 날에 송달된 것으로 본다(법시행령 3, 준용특허법시행령 18⑩).

법에 따라 송달할 서류 외의 서류의 발송 등은 특허청장이 정하는 방법에 따른다(법시행령 3, 준용특허법시행령 18⑪).

2) 심판청구기간의 연장

특허청장 또는 특허심판원장은 보정각하결정 불복심판의 청구기간(보정각하결정 등본을 송달받은 날부터 30일 이내)을 청구에 따라 또는 직권으로 1회에 한하여 30일 이내에 연장할 수 있다. 다만 교통이 불편한 지역에 있는 자의 경우에는 그 횟수 및 기간을 추가로 연장할 수 있다(법 4의14①).

3) 절차의 추후보완기간

디자인등록출원인이 책임질 수 없는 사유로 인하여 보정각하결정에 대한 심판의 청구기간을 준수할 수 없을 때에는 그 사유가 소멸한 날부터 14일 이내에 지키지 못한 절차를 추후 보정할 수 있다. 다만 기간의 만료일부터 1년이 경과한 때에는 그러하지 아니하다(법 4의16).

4) 심판청구권의 소멸

위 1), 2)의 심판의 청구기간 이내나 그 청구기간의 연장기간 이내 또는 위 3)의 절차의 추후보완기간 이내에 보정각하결정에 대한 심판청구를 하지 않을 때에는 그 보정각하결정은 확정되고 이후 보정각하결정에 대한 심판청구권은 소멸된다.

---

63) 東京高判 昭 53.5.2 無体集 10巻 1號 154面(벤츠아미드 유도체사건).

5) 기간의 계산

심판청구기간의 30일은 1개월이라고 하는 의미가 아니다. 초일불산입(법 4의13)이므로, 예를 들면 5월 1일에 송달시킨 경우에는 5월 2일부터 5월 31일까지 심판청구의 절차를 밟아야 한다. 5월 31일이 일요일인 경우에는 그 익일인 6월 1일까지 절차가 가능한 기간이 연정된다. 디자인보호법 제4조의14 제1항의 규정에 의해 그 기간이 연장되는 때에는 그 연장된 기일까지 절차를 밟으면 된다.

(6) 심 판

1) 심판의 합의체의 합의결정 등

심판은 3인 또는 5인의 심판관으로 구성되는 합의체(이하 "심판의 합의체"라 한다)가 이를 행한다. 따라서 특허심판원장은 보정각하결정에 대한 심판사건에 대하여 합의체를 구성할 심판관을 지정하고 지정된 심판관 중에서 1인을 심판장으로 지정하여야 한다(법 72의7①, 72의8①).

지정된 심판장은 그 심판사건에 관한 사무를 총괄한다(법 72의8②). 심판의 합의체의 합의는 과반수에 의하여 결정하며 심판의 합의는 공개하지 아니한다(법 72의9②③).

2) 심판청구서의 부본송달 등 규정의 적용제외

보정각하결정에 대한 심판에는 그 청구서의 부본송달, 답변서의 제출 및 답변서 부본의 송달을 하지 아니하고 그 심판에 참가신청이나 참가신청서 부본의 송달 등을 하지 아니한다(법 72의31). 즉 보정각하결정 불복심판에는 디자인보호법 제72조의10(답변서 제출 등) 제1항·제2항, 제72조의19(참가) 및 제72조의20(참가의 신청 및 결정)을 적용하지 아니한다.

이는 상대방이 있는 당사자계 심판사건이 아니라 청구인만 있고 피청구인이 없기 때문에 심판청구서를 송달할 대상자가 없고 따라서 답변서를 제출할 자도 없으며 또 심판을 청구할 수 있는 자만이 심판에 참가할 수 있는 심판참가제도에 비추어 보정각하결정 불복심판을 청구할 수 있는 자는 당해 디자인등록출원인 뿐이므로 그 디자인등록출원인 외에 심판을 청구할 수 있는 자로서의 참가인은 없기 때문이다.

3) 보정각하결정 불복심판청구의 절차

① 심판청구서의 제출

ⅰ. 청구서의 기재사항

보정각하결정 불복심판을 청구하고자 하는 자는 ⅰ) 청구인의 성명·주소(법인인 경우 그 명칭·영업소의 소재지), ii) 대리인이 있는 경우 그 대리인의 성명·주소나 영업소의 소재지(대리인이 특허법인인 경우 그 명칭·사무소 소재지·지정된 변리사의 성명), iii) 출원일자·출원번호, iv) 디자인의 대상이 되는 물품, v) 보정각하결정일자, vi) 심판사건의 표시, vii) 청구의 취지 및 그 이유를 기재한 소정의 심판청구방식에 의한 심판청구서(법시행규칙 23, 준용특허법시행규칙 제31호 서식)를 특허심판원장에게 제출하여야 한다(법 72의3①, 법시행규칙 24②).

심판청구서는 그 요지를 변경하지 아니하는 범위 안에서 보정을 할 수 있다. 다만, 위 i.에 따른 청구서의 기재를 바로 잡기 위하여 보정(추가하는 것을 포함한다)을 하는 경우 또는 위 xii)에 따른 청구의 이유를 보정하는 경우에는 그러하지 아니하다(법 72의3②).

ii. 청구의 취지

청구의 취지에는 청구인이 어떠한 내용의 심결을 구하는 것인가를 기재하고 청구의 대상으로서 디자인등록출원이 특정되어야 한다.

"청구의 취지"란에는 통상 "원 결정을 취소한다. 2010년 디자인등록출원 제○○○○호는 디자인등록결정을 한다. 라는 심결을 구한다"라고 기재한다.[64)]

iii. 청구의 이유

(i) 청구의 이유에는 청구의 취지에 대응하여 보정각하결정을 취소할 이유를 기재한다.

"청구의 이유"란에는 먼저 보정각하결정까지의 경과 및 보정각하결정의 이유를 정리기재하고 보정각하결정을 취소할 이유를 구체적으로 명확하게 기재한다.[65)]

(ii) 심판청구시에 디자인등록출원서의 기재사항, 디자인등록출원서에 첨부한 도면, 도면의 기재사항 및 사진이나 견본을 보정한 경우에는 심판청구시 보정된 것

---

64) - 항고심판청구의 취지에는 제1심 심결에 대한 불복의 취지를 기재하면 족하고 심판청구의 취지나 이에 대한 답변의 취지를 되풀이하여 기재하지 아니하였다 하여 부적법하다 할 수 없다(대법원 1966. 11. 22. 65후30 판결).
- 청구의 내용인 일정의 신청은 심판청구서 기재의 신청 내용 만에 의하여 정할 것이 아니고, 그 신청 내용과 신청의 이유 및 이에 대한 증거방법의 내용 등을 종합하여 합리적인 판단으로 정하여야 할 것이다(대법원 1968. 2. 6, 67후34 판결).
- 청구취지의 특정여부는 직권조사사항이라고 할 것이므로 청구취지가 특정되지 않은 경우에는 법원은 피고의 이의 여부에 불구하고 직권으로 그 보정을 명하고 그 보정명령에 응하지 않을 때에는 소를 각하하여야 한다(대법원 1981. 9. 8. 80다2904 판결).
- 이 사건심판청구인의 심판청구에 대한 기각 심결을 구한다는 기재가 누락되어 있으나 그 전체의 문면(文面)으로 보아 심판청구인이 심판청구에 대한 기각 심결을 구하고 있음이 뚜렷하므로 위 항고심판청구서가 부적법한 것이라고 할 수는 없고, 따라서 원심결이 이에 대한 보정을 명하거나 이를 각하하지 아니하고 본안에 대한 판단을 하였다고 하여 위법이라 할 수 없다(대법원 1987. 11. 10, 85후72, 73 판결).

65) 심판청구이유의 기재는 그 청구원인이 특정될 수 있는 정도로 기재하면 족한 것이고 반드시 그 청구이유를 도출하게 된 과정을 상세히 기재하여야만 하는 것은 아니다(대법원 1998. 6. 25, 98후1259 판결).

에 기초하여 각하결정을 취소할 이유를 기재한다.

(iii) 디자인등록출원에 대해 심사과정 중에 행해진 보정각하결정에 대해서 불복을 신청하고 심판청구시에 디자인등록출원서의 기재사항, 디자인등록출원서에 첨부한 도면, 도면의 기재사항 및 사진이나 견본에 대해 보정을 하지 않는 경우는 보정각하결정에 불복하는 취지 및 보정각하결정을 취소하여야 하는 이유를 기재하고 당해 보정이 이루어진 디자인등록출원서의 기재사항, 도면, 도면의 기재사항 및 사진이나 견본에 기초하여 각하결정을 취소할 이유를 기재한다.

(iv) 디자인등록출원에 대한 심사과정에서 행하여진 보정각하결정에 대해서 불복을 신청하고, 또한 심판청구시 디자인등록출원서의 기재사항, 도면, 도면의 기재사항 및 사진이나 견본에 대해 보정을 한 경우에는 심판청구시 보정한 디자인등록출원서의 기재사항, 도면, 도면의 기재사항 및 사진이나 견본에 기초하여 각하결정을 취소할 이유를 기재한다.

② 심판청구서 등의 심리

ⅰ. 보정명령 등

(ⅰ) 심판청구서에 관한 보정명령

심판장은 보정각하결정 불복심판청구서에 대한 심리결과 그 심판청구서가 앞의 “① ⅰ. (ⅰ) 심판청구서의 기재사항 ⅰ) 내지 vii)” 중 그 어느 하나에 해당하는 사항이 기재되어 있지 아니한 경우(법 140의2①)에는 기간을 정하여 그 보정을 명하여야 한다(법 72의4①1 후단).

(ⅱ) 심판절차에 관한 보정명령

심판장은 청구인이 밟은 그 심판에 관한 절차가 다음의 어느 하나에 해당하는 경우에는 기간을 정하여 그 보정을 명하여야 한다(법 72의4①2).

ⅰ) 행위능력 없는 미성년자·한정치산자 또는 금치산자가 밟은 경우. 다만, 미성년자·한정치산자가 독립하여 법률행위를 할 수 있는 경우에는 예외로 한다.

ⅱ) 국내에 주소 또는 영업소를 가진 자로부터 디자인등록에 관한 절차를 밟을 것을 위임받은 대리인이 특별한 수권을 얻지 아니하고 밟은 경우

iii) 디자인보호법 또는 디자인보호법에 의한 명령이 정하는 방식에 위반된 경우

iv) 납부하여야 할 소정의 수수료를 납부하지 아니한 경우

(iii) 보정불명령

심판장은 보정각하결정 불복심판의 청구가 심판청구서의 심판청구방식이나 또는 그 심판에 관한 절차(법 72의4①1 후단, 2)에는 위반하지 않았으나 부적법한 청구로서

그 흠결을 보정할 수 없는 심판청구에 대하여는 보정불능의 심판청구로서 보정명령을 하지 아니한다(법 72의5).

ii. 각 하

(i) 심판청구서의 결정각하

심판장은 위 i의 (i)이나 (ii)에 따른 보정명령을 받은 자가 지정된 기간 내에 보정을 하지 아니한 경우에는 결정으로 심판청구서를 각하하여야 한다(법 72의4②). 심판청구서의 각하결정은 그 각하의 이유를 붙인 서면으로 하여야 한다(법 72의4③).

(ii) 보정불능한 심판청구의 심결각하

보정각하결정 불복심판청구서가 심판청구방식 및 그 심판에 관한 절차 등에는 위반하지 않았으나 청구에서 부적법하여 그 흠결을 보정할 수 없는 때에는 청구인에게 이에 대한 변명의 기회를 주지 아니하고 심결로써 청구를 각하할 수 있고, 또 부적법한 디자인무심사등록 이의신청·심판청구로서 그 흠결을 보정할 수 없는 때에는 피청구인에게 답변서 제출의 기회를 주지 아니하고 심결로써 이를 각하할 수 있다(법 72의5). 예를 들면 심판청구기간을 도과한 후의 심판청구, 디자인등록을 받을 권리의 공유자 전원이 공동으로 청구하지 않은 심판청구 등이 이에 속한다.

iii. 심판청구서의 보정

보정각하결정 불복심판이 특허심판원에 계속 중인 경우 심판청구서를 보정할 수 있지만 그 보정은 청구서의 요지를 변경할 수 없다. 다만, 청구의 이유를 보정하는 경우에는 그러하지 아니하다(법 72의2②).

여기에서 청구이유의 보정에 있어서는 청구의 취지를 변경하지 아니하는 한 심판청구시의 청구 이유의 일부 또는 전부를 보정하고 다시 새로운 이유를 추가할 수 있다.

심판청구사건이 심결을 할 정도로 성숙한 때에는 심리종결을 당사자 및 참가인에게 통지하여야 한다(법 72의26③). 이러한 심리종결통지 후에 당사자 또는 참가인이 제출한 청구이유보정서 등의 서류는 이를 심결에 참작하지 아니하며 그 서류는 신청이 있는 경우에 한하여 당사자 또는 참가인에게 반환한다(법시행규칙 28, 준용특허법 시행규칙 66① 본문).. 다만, 그 반환 전에 심리를 재개한 경우에는 그러하지 아니하다(법시행규칙 28, 준용특허법시행규칙 66① 단서). 즉 심판장은 심리종결통지 후에 제출된 청구이유보정서 등 서류에 대하여는 그 내용에 따라 심리재개의 필요가 있는지의 여부를 검토하고 필요하다고 인정할 때에는 심리종결을 통지한 후에도 당사자 또는 참가인의 신청에 의하여 또는 직권으로 심리를 재개할 수 있다(법 72의26④).

4) 보정각하결정 불복심판청구에 대한 심리

① 심판의 심리대상

심판의 심리대상은 디자인등록출원 후 출원디자인의 등록여부에 관한 심사과정에서 출원인이 한 출원의 보정이 최초의 디자인등록출원의 요지를 변경하였는지의 여부를 살펴보는 것이므로 그 청구에 대한 심판의 심리대상은 보정을 한 디자인등록출원서의 기재사항, 디자인등록출원서에 첨부한 도면, 도면의 기재사항 및 사진이나 견본이 된다.

② 심판청구이유 등의 심리

심판의 심리는 위의 심판의 심리대상을 중심으로 하게 된다. 그 이유 등이 정당하여 적법한 경우 청구는 기각되고 그 이유 등이 정당하지 아니하여 부적법한 경우 청구를 인용하고 보정각하결정을 취소한다.

또 심판장은 앞에서 살펴본 바와 같이 심판청구서가 소정의 심판청구방식이나 심판에 관한 절차에 위반한 때에는 그 심판청구를 각하한다.

i. 심판청구서의 각하

앞 2) ② ii. (i)에서 살펴본 바와 같이 심판청구서의 심리결과 심판청구방식 등의 기재요건에 적합한 경우 이를 수리하여 본안 심판의 심리에 회부하고 심판청구방식 등의 기재요건에 위반된 경우에는 그 심판청구서는 결정으로 각하한다.

ii. 심판청구의 기각 등

심판의 심리결과 출원의 보정이 그 디자인등록출원의 요지를 변경하지 아니하는 범위 안에서 이루어지지 아니한 경우, 즉 디자인등록출원의 보정이 최초의 디자인등록출원의 요지를 변경하지 아니하는 범위 안에서 디자인등록출원서의 기재사항, 디자인등록출원서에 첨부한 도면, 도면의 기재사항 및 사진이나 견본에 대한 보정이 이루어지지 아니한 경우 그 보정각하 불복심판청구를 기각하는 심결을 한다.

청구의 기각심결에 대해 불복이 있는 경우 그 기각심결의 등본을 송달받은 날부터 30일 이내에 특허법원에 항소를 제기할 수 있다. 위의 기간은 불변기간이다.

iii. 청구의 인용

심판관은 보정각하결정에 대한 심판이 청구된 경우에 그 청구가 이유 있다고 인정하여 이를 인용할 때에는 심결로써 보정각하결정을 취소하여야 한다(법 72의33①). 심판에서 보정각하결정을 취소할 경우에는 심사에 붙일 것이라는 심결을 할 수 있다(법 72의33②).

이와 같이 보정각하결정의 이유가 부당하여 원 결정의 유지가 되지 않을 때에는 바로 결정을 취소하고 다시 디자인등록출원을 심사에 붙여야 한다는 환송심결을 하거나, 다시 심리를 계속하여 그 디자인등록출원에 대해 디자인등록을 인정하여야 할 것인가의 여부에 대해서도 판단하여 심결을 한다.

위 심결에 있어서 취소의 기본이 된 이유는 그 사건에 대하여 심사관을 기속한다(법 72의33③).

여기에서의 "기속"에 관한 자세한 설명은 후술하는 "제12장 제3절 확정된 심결취소판결의 기속력"을 참고하기 바란다.

(i) 디자인등록결정－보정각하결정의 취소 등

심판관은 보정각하결정에 대한 심판의 심리결과 그 청구가 이유 있다고 인정한 때에는 심결로써 보정각하결정을 취소한다. 이 경우에는 심판관이 직접 디자인등록결정을 하거나 심사에 붙일 것이라는 심결을 하여 특허청 심사국에 환송할 수 있다(법 72의33②).

(ii) 특허청에의 환송

i) 근 거

민사소송법에는 필요적 환송에 관한 명문의 규정을 두고 있으나(민사소송법 418 본문) 디자인보호법에는 모두 심판관의 재량에 맡겨져 있다(법 77의33②).

ii) 환송의 범위

보정각하결정에 대한 심판의 심리에 있어서 원결정의 각하이유에 의하여는 각하할 수 없다고 판단한 경우, 심판에 있어서는 심사에 관한 절차가 준용되어 심사를 진행할 수 있도록 되어 있으므로(법 71) 그 때 즉시 원결정을 취소하고 특허청 심사국에 환송하는 것은 심판에서 행할 수 있는 판단 및 절차를 심사에서 행하도록 하는 것이 되어, 행정경제상 바람직하지 아니하므로 이러한 경우에는 심판에서 다시 심리를 하여야 한다.[66]

그러나 다음의 경우에는 자판하는 것이 타당하지 아니하거나 또는 할 수 없기 때문에 원결정을 취소하고 특허청 심사국에 환송하여야 한다고 해석된다.

a) 자판을 하면 심사, 심판이라고 하는 심급을 두고 있는 실질적 의의가 상실되는 경우
b) 디자인에 대한 실질적 판단이 심사에서 행하여지지 아니하였거나 또는 형식적 이유로서 각하된 경우

---

66) 민사소송법 제388조(필요적 환송) 소가 부적법하다고 각하한 제1심판결을 취소한 경우에는 항소법원은 사건을 제1심법원에 환송하여야 한다. 다만 제1심에서 본안판결을 할 수 있을 정도로 심리가 된 경우 또는 당사자의 동의가 있는 경우에는 항소법원은 스스로 본안판결을 할 수 있다.

c) 인용례의 표시에 잘못이 있고 올바른 인용례가 불명인 경우

5) 심판진행중 출원의 취하 등

보정각하결정에 대한 심판청구 계류 중에 그 출원을 취하하거나 또는 포기한 때에는 그 심판절차는 종료하는 것으로 한다.

이 경우의 심판절차는 심결에 의하여 심판청구를 각하함으로써 종료된다(법 72의5).

출원의 취하, 포기 등으로 인하여 심판청구를 심결각하 할 때에는 그 심결의 이유로 "이 사건 심판청구는 2011. 11. 11 이 사건의 출원에 대하여 취하(포기)하였으므로 이 사건 심판청구는 목적물이 없어진 부적법한 청구로 귀결되는 것이어서 각하를 면할 수 없다. 따라서 주문과 같이 심결한다"라고 기재한다.

6) 보정각하결정 불복심판절차 일반

위의 심판절차 외에 심판청구·취하, 심리, 심결, 심판의 종결 등, 소송과의 관계 등에 관한 설명은 앞에서 설명한 "제2절 심판절차 일반 Ⅰ·Ⅲ·Ⅳ·Ⅶ·Ⅸ·Ⅻ"을 각기 참고하기 바란다. 다만, 답변서 제출 등에 관한 디자인보호법 제72조의10 제1항 제2항, 참가에 관한 디자인보호법 제72조의19 및 참가신청 및 결정에 관한 제72조의20의 규정은 보정각하결정에 대한 심판에는 이를 적용하지 아니한다(법 72의31).

이는 보정각하결정에 대한 심판은 상대방이 있는 당사자계 심판사건이 아니고 상대방이 없는 디자인등록출원인인 심판청구인만이 있는 결정계 심판사건이기 때문에 심판청구서의 부본을 송달할 대상은 물론 답변서를 제출할 심판피청구인도 없기 때문이며, 또 보정각하결정에 대한 심판청구는 동일한 디자인등록출원에 관하여 디자인등록일 출원하는 자가 2인 이상이 있는 때에는 그 전원이 공동으로 출원을 하여야 하기 때문에 그 심판청구에 있어서도 출원인 전원이 공동으로 심판을 청구하여야 하는 공동심판청구이므로 더 이상 심판에 참가할 자가 없기 때문이다. 따라서 보정각하결정에 대한 심판에는 참가의 신청 및 결정에 관한 규정도 적용되지 아니함은 물론이다.

2. 디자인등록거절결정에 대한 심판

(1) 의 의

디자인등록거절결정에 대한 심판이라 함은 디자인등록출원이 심사관으로부터 그 출원이전부터 공지되었거나 그 공지로부터 그 디자인이 속하는 분야에서 통상의 지식을 가진 자가 용이하게 창작할 수 있는 것이라는 등 디자인보호법이 정하고 있는 거절이유에 해당함을 이유로 하여 디자인등록거절결정을 받은 디자인등록출원인이 그 거절결정에 대하여 불복이 있는 경우에 청구할 수 있는 심판을 말한다. 여기에서

"디자인등록거절결정"이라 함은 디자인등록출원이 다음의 1에 해당하는 경우(이하 "거절이유"라 한다)(법 26)에 그 출원에 대하여 디자인등록을 불허한다는 심사관의 결정을 말한다. 이러한 디자인등록거절결정에 대한 불복심판에서는 디자인등록거절결정의 적부에 관하여 심리, 심결한다.

1) 디자인등록거절결정

심사관은 디자인등록출원이 다음과 같은 거절이유에 해당하는 경우에는 디자인등록거절결정을 하여야 한다(법 26① 각호).

① 거절이유

ⅰ. 디자인등록요건 불비의 디자인등록출원

디자인등록출원 디자인이 공업상 이용성, 신규성, 창작성 등 디자인보호법 제5조의 규정에 의한 디자인등록요건을 충족하지 못한 경우 그 디자인등록출원(법 26, 5)

ⅱ. 디자인등록을 받을 수 없는 디자인의 디자인등록출원

ⅰ) 국기·국장·군기·훈장·포장·기장 그 밖의 공공기관 등의 표장과 외국의 국기·국장 또는 국제기관 등의 문자나 표지와 동일 또는 유사한 디자인, ⅱ) 디자인이 주는 의미나 내용 등이 일반인의 통상적인 도덕관념인 선량한 풍속에 어긋나거나 공공질서를 해칠 우려가 있는 디자인, ⅲ) 타인의 업무에 관계되는 물품과 혼동을 가져올 염려가 있는 디자인, ⅳ) 물품의 기능을 확보하는데 불가결한 형상만으로 된 디자인인 경우의 그 디자인등록출원(법 26, 6)

ⅲ. 기본디자인에만 유사한 디자인이 아닌 디자인등록출원

디자인권자 또는 디자인등록출원인의 디자인등록출원이 자기의 등록디자인 또는 디자인등록출원한 디자인(이하 "기본디자인"이라 한다)에만 유사한 디자인(이하 "유사디자인"이라 한다)이 아닌 경우의 그 디자인등록출원, 즉 등록을 받은 유사디자인 또는 디자인등록출원된 유사디자인에만 유사한 디자인등록출원(법 26, 7)

ⅳ. 소정의 물품이 아닌 물품을 대상으로 한 디자인등록출원

디자인무심사등록출원이 소정의 물품의 구분 중 지식경제부령이 정하는 물품이 아닌 물품을 지정한 경우의 디자인등록출원(법 26, 9⑥)

ⅴ. 공유자 전원에 의하지 아니한 디자인등록출원

디자인등록을 받을 수 있는 권리가 공유임에도 공유자 전원이 공동으로 출원을 하지 아니한 디자인등록출원(법 26, 10)

vi. 출원의 단일성 등에 반한 디자인등록출원

디자인등록출원은 디자인등록출원의 단일성인 1디자인 1디자인등록출원 즉 1디자인마다 1디자인등록출원과 소정의 물품구분에 따른 디자인등록출원으로 하여야 하는 바 이에 반한 디자인등록출원(법 26, 11①②)

vii. 복수디자인등록출원에 반한 디자인등록출원

(i) 디자인무심사등록출원은 20 이내의 디자인을 1디자인등록출원(이하 "복수디자인등록출원"이라 한다)으로 할 수 있고, 이 경우 1디자인마다 분리하여 표현하여야 하는 바, 이러한 복수디자인등록출원에 반한 디자인무심사등록출원(법 26, 11의2①)
(ii) 복수디자인등록출원을 할 수 있는 디자인의 범위는 소정의 물품구분상의 분류가 동일한 것으로 하여야 하는 바 그렇지 아니한 복수디자인등록출원(법 26, 11의2②)
(iii) 복수디자인등록출원은 기본디자인과 함께 그 기본디자인에 속하는 유사디자인을 출원할 수 있는 바 이에 반한 복수디자인등록출원(법 26, 11의2③)
(iv) 자기의 등록디자인 또는 디자인등록출원된 디자인의 유사디자인을 복수디자인등록출원하는 경우 1기본디자인에 속하는 유사디자인에 한하여 1복수디자인등록출원으로 할 수 있는 바 이에 반한 1복수디자인등록출원(법 26, 11의2④)

viii. 한 벌의 물품의 디자인에 반한 1디자인등록출원

2 이상의 물품이 한 벌의 물품으로 동시에 사용되는 경우(예 : 한 벌의 끽연용구세트에 있어서 재떨이·담배갑·라이터 및 받침대가 상호 집합되어 하나의 거북이 형상을 표현한 것 등) 당해 한 벌의 물품의 디자인이 한 벌 전체로서 통일성이 있는 때에는 1디자인으로 디자인등록을 받을 수 있는 바, (이 경우 한 벌의 물품의 구분은 지식경제부령으로 정한다) 이에 반한 디자인등록출원(법 26, 12)

ix. 후출원디자인 등록출원

선출원주의에 반한 디자인등록출원은 거절된다. 즉 동일 또는 유사한 디자인에 대하여 다른 날에 2 이상의 디자인등록출원이 있는 때에는 먼저 출원한 자만의 디자인이나 또는 같은 날에 2 이상의 디자인등록출원이 있는 때에는 출원인의 협의에 의하여 정하여진 하나의 출원인의 디자인만이 디자인등록출원을 받을 수 있는 바, 이에 반한 디자인등록출원(법 26, 16①②)

x. 권리능력 없는 외국인의 디자인등록출원

재외자 중 외국인은 다음의 1에 해당하는 경우를 제외하고는 디자인권 또는 디자인등록에 관한 권리를 향유할 수 없다(법 4의24).

(i) 그 자가 속하는 국가에서 우리나라 국민에 대하여 그 국민과 같은 조건으로

디자인권 또는 디자인에 관한 권리의 향유를 인정하는 경우

(ii) 우리나라 국민이 그 외국인에 대하여 디자인권 또는 디자인에 관한 권리의 향유를 인정하는 경우 그 자가 속하는 국가에서 우리나라 국민에 대하여 그 국민과 같은 조건으로 디자인권 또는 디자인에 관한 권리의 향유를 인정하는 경우

(iii) 조약 및 이에 준하는 것(이하 "조약"이라 한다)에 따라 디자인권 또는 디자인에 관한 권리의 향유를 인정하고 있는 경우

xi. 무권리자의 디자인등록출원

디자인등록을 받을 수 있는 권리를 가지지 아니하거나 디자인등록을 받을 수 없는 자의 그 디자인등록출원, 즉 창작자 또는 그 승계인이 아닌 자나 재직 중 특허청 및 특허심판원 직원의 상속 또는 유증에 의하지 아니한 디자인등록출원(법 26①3)

xii. 조약위반의 디자인등록출원

조약의 규정에 위반된 디자인등록출원(법 26①4)

xiii. 잘못 표시된 경우 등의 유사디자인 무심사등록출원

유사디자인 무심사등록출원이 다음의 1에 해당하는 경우에는 디자인등록거절이유가 되어 디자인등록거절결정이 된다(법 26①5 각목).

(i) 유사디자인 등록된 디자인 또는 유사디자인 등록출원된 디자인을 기본디자인으로 표시한 경우

(ii) 기본디자인의 디자인권이 소멸된 경우

(iii) 기본디자인에 관한 디자인등록출원이 무효·취하·포기되거나 디자인등록거절결정이 확장된 경우

(iv) 유사디자인 무심사등록출원인이 기본디자인의 디자인권자 또는 기본디자인에 관한 디자인등록출원인과 다른 경우

(v) 유사디자인 무심사등록출원된 디자인이 기본디자인에 유사하지 아니한 경우

② 거절이유통지

i. 디자인등록거절결정시 거절이유통지

심사관은 위 ①의 거절이유에 의하여 디자인등록거절결정을 하고자 할 때에는 먼저 그 디자인등록출원인에게 거절이유통지를 하고 기간을 정하여 의견서를 제출할 수 있는 기회를 주어야 한다(법 27①).

ii. 복수디자인 등록출원의 일부 디자인에 대한 거절이유통지

복수디자인 등록출원된 디자인 중 일부 디자인에 대하여 거절이유가 있는 경우에

는 그 해당 디자인의 일련번호, 디자인의 대상이 되는 물품 및 거절이유를 명시하여 통지하여야 한다(법 27②).

2) 디자인무심사등록출원에의 일부거절이유의 불적용

디자인등록출원에 디자인보호법 제26조 제1항 각호의 디자인등록거절이유가 있는 경우 디자인등록 거절결정을 하여야 함에도 불구하고 디자인무심사등록출원에 대하여는 위 같은 법 제5조(디자인등록의 요건), 제7조(유사디자인), 제16조(선출원) 제1항(다른 날에 동일 또는 유사한 디자인이 2 이상 출원된 경우 최선 출원자만이 디자인등록을 받을 수 있다. 제2항(같은 날에 동일 또는 유사한 디자인이 2 이상 출원된 경우에는 출원인의 협의에 의하여 정하여진 하나의 출원인만이 그 디자인에 대하여 등록을 받을 수 있다. 만약 협의가 되지 아니하거나 협의를 할 수 없는 때에는 어느 출원인도 디자인등록을 받을 수 없다)의 규정은 이를 적용하지 아니한다(법 26② 본문). 다만, 디자인무심사등록출원된 디자인이 공업상 이용할 수 없는 것이거나 국내에서 널리 알려진 형상·모양·색채 또는 이들의 결합에 의하여 용이하게 창작할 수 있는 것인 경우에는 디자인등록거절결정을 하여야 한다(법 26② 단서). 또 심사관은 이해관계자나 제3자로부터 정보 및 증거의 제공이 있는 디자인무심사등록출원에 대하여는 위의 디자인등록요건 등의 불적용원칙에 불구하고 그 정보 및 증거에 근거하여 디자인등록거절결정을 할 수 있다(법 26③).

(2) 제도적 취지

디자인등록거절결정에 대한 심판제도의 창설은 심사관의 심사 잘못이나 부실심사 등으로 인하여 진정한 디자인이 보호를 받을 수 없는 경우에 이를 구제함으로써 디자인을 보호하고 그 이용을 도모함으로써 디자인의 창작을 장려, 촉진하여 산업발전에 기여하려는 디자인보호법의 목적을 구현하려는데 그 취지가 있다.

무릇 항고적 사건이 그러하듯 진실이 묻혀질 경우 그 사실 자체에 대한 경제적 손해는 물론이지만 그에 따른 정신적 충격·고통·분노·억울함 등 마음의 상처, 사회적·국가적 손실 및 국가공신(권)력에 대한 불신 등 이루 헤아릴 수 없는 부작용이 발생하기 때문에 이를 극복하기 위하여 항고적 절차를 통하여 그 진실을 밝히려는 노력을 하게 되는 것이고 이러한 노력은 각 분야별 제도권에서 상당수용, 보장을 하고 있다.

디자인등록분야에서도 진정한 디자인이 심사관의 심사 잘못에 의하여 억울하게 디자인등록이 거절된 경우 이를 구제받을 수 있는 수단의 제도적 창설의 필요성에 따라 입법차원에서 확립된 것이 디자인보호법상의 디자인등록거절결정에 대한 불복심판제도이다. 따라서 디자인등록거절결정에 대한 불복심판제도는 진정한 디자인이 억울하게 디자인등록을 받지 못하는 일이 없고 반드시 진정한 디자인이 보호를 받을 수 있도록 하기 위한 취지에서 마련된 제도라고 할 수 있다.

(3) 성 질

디자인등록거절결정에 대한 심판은 심사에 대한 속심(續審)으로서의 성격을 가진다. 디자인보호법 제71조(심사규정의 디자인등록거절결정에 대한 심판에의 준용), 제72조의31(디자인등록거절결정에 대한 심판의 특칙), 제72조의32(심사 또는 디자인무심사등록 이의신청절차의 효력)의 규정은 심사와 심판이 속심관계에 있음을 의미하는 것이다. 따라서 심사부에서의 심사절차나 결과를 백지로 하고 다시 처음부터 심리를 하는 복심(覆審)과는 달리 심사절차를 바탕으로 심리를 속행하며 새로운 참증도 보충하여 원 결정의 유지여부, 즉 디자인등록출원에 대한 디자인등록여부를 심리하는 것이다. 그러므로 원 결정과 디자인등록거절결정에 대한 심판의 관계는 심판절차와 소송절차가 전혀 다른 새로운 절차에 의해 하게 되는 심결과 그 취소소송의 관계와는 다르다.[67]

(4) 심판청구대상 및 당사자

1) 심판청구대상

디자인등록거절결정 불복심판청구의 대상은 "디자인등록거절결정"이다(법 67의3). 즉 디자인등록출원에 대하여 그 디자인등록출원디자인이 그 출원일 전에 공지되어 있거나(신규성이 없는 디자인) 그 공지되어 있는 디자인에 의해 당업자가 쉽게 창작할 수 있는 것(창작성이 없는 디자인) 등과 같은 디자인등록요건을 충족하지 아니한 디자인임을 들어 법정거절이유에 적용시켜 디자인등록을 거부하는 결정을 심판의 청구대상으로 한다.

2) 심판청구인

디자인등록거절결정 불복심판청구인은 디자인등록거절결정을 받은 자이다(법 67의3).

① 디자인등록거절결정을 받은 자는 디자인등록출원인, 즉 디자인등록거절결정된 디자인에 대하여 디자인등록을 받을 권리를 가진 자 또는 그 승계인이다.

② 디자인등록을 받을 권리의 공유자가 그 공유에 관계된 권리에 대해(즉 공동출원) 심판을 청구할 때에는 전원이 공동으로 청구하여야 한다(법 72③). 따라서 공동으로 청구되지 아니한 심판청구는 부적법한 것으로 심결로서 각하된다(법 72의5).

3) 참 가

디자인등록거절결정 불복심판에 대해서는 참가(법 72의19) 및 참가의 신청규정(법 72의20)이 준용되지 아니하므로 참가가 인정되지 아니한다. 이에 관한 자세한 설명은 다

67) 심판사건소송절차는 특허법원을 제1심으로 하기 때문에 특허심판원 심판부에 제출한 증거라 하더라도 특허법원에 다시 제출하여야 한다.

음에서 설명하는 "(7) 심판 6) 디자인등록 거절결정 불복심판절차 일반"편을 참고하기 바란다.

(5) 심판의 청구기간 등

1) 심판 청구기간

디자인등록거절결정에 대한 불복심판은 그 결정등본을 송달받은 날부터 30일 이내에 청구할 수 있다(법 67의3). 따라서 디자인등록거절결정 전에 심판을 청구한 경우에는 이를 심결로서 각하한다. 여기에서 "송달받은 날"이라 함은 디자인등록거절결정의 등본을 현실적으로 송달한 날이라고 해석하는 송달일설과 디자인보호법시행령 제3조, 준용특허법시행령 제18조 제1항 및 제2항 제1호 및 제2호의 규정에 의하여 송달할 서류를 특허청 또는 특허심판원에서 당사자 또는 그 대리인이 이를 직접 수령하는 경우 수령일자 및 수령자의 성명이 기재된 수령증, 정보통신망을 이용하여 수령하는 경우에는 특허청·특허심판원이 운영하는 발송용 전산정보처리조직의 파일에 기록된 내용에 표시된 일자를 송달받은 날로 볼 수 있으므로 디자인등록거절결정등본의 송달은 발송시에 있었던 것으로 간주할 수 있다는 발송일설이 있다.

그러나 송달할 서류는 직접 수령하거나 정보통신망을 이용하여 수령하는 경우를 제외하고는 등기우편으로 발송하여야 하고(법시행령 3, 준용특허법시행령 18①) 등기우편으로 발송하는 경우에는 등기우편물 수령증을 보관하여야 한다(법시행령 3, 준용특허법시행령 18②3). 서류의 송달에 관한 디자인보호법 또는 같은 법 시행령에 특별한 규정이 있는 경우를 제외하고는 송달을 받는 자에게 그 서류의 등본을 교부하여야 하며, 송달할 서류의 제출에 갈음하여 조서를 작성한 때에는 그 조서의 등본이나 초본을 교부하므로(법시행령 3, 준용특허법시행령 18④) 그 수령증에 표시되어 있는 수령일자와 교부일자는 송달받은 날을 말하고 특허청·특허심판원 실무에서도 디자인등록거절결정의 등본을 실질적으로 송달한 날로 해석, 운용하고 있으며 판례 또한 전설을 지지하고 있어[68] 송달일설이 타당하다. 특히 심판 및 재심에 관한 심결문 또는 결정문을 송달할 경우에는 우편법령에 의한 특별송달방법에 의하여 직접 송달한 날을 송달받은 날로 하고 있다(법시행령 3, 준용특허법시행령 18②③).

그리고 송달할 장소는 송달할 서류를 받을 자의 주소 또는 영업소로 한다. 다만, 송달을 받고자 하는 자가 송달을 받고자 하는 장소(국내에 한한다)를 특허청장 또는 특허심판원장에게 미리 신고한 경우에는 그 장소로 한다(법시행령 3, 준용특허법시행령 18⑧). 송달을 받은 자가 그 장소를 변경한 때에는 지체 없이 그 취지를 특허청장에게 신고하여야 한다(법시행령 3, 준용특허법시행령 18⑨).

---

68) 東京高判 昭 53.5.2 無体集 10巻 1號 154面(벤츠아미드 유도체사건).

송달을 받는 자가 정당한 사유 없이 송달받기를 거부함으로써 송달할 수 없게 된 때에는 발송한 날에 송달된 것으로 본다(법시행령 3, 준용특허법시행령 18⑩).

법에 따라 송달할 서류외의 서류의 발송 등은 특허청장이 정하는 방법에 따른다(법시행령 3, 준용특허법시행령 18⑪, 2007.6.28 신설).

2) 심판 청구기간의 연장

디자인등록거절결정의 등본을 송달받은 날부터 30일 이내의 심판청구기간은 특허청장 또는 특허심판원장이 청구에 따라 또는 직권으로 1회에 한하여 30일 이내에서 연장할 수 있다. 다만, 교통이 불편한 지역에 있는 자의 경우에는 그 횟수 및 기간을 추가로 연장할 수 있다(법 4의14①).

3) 절차의 추후 보완기간

디자인등록출원인이 책임질 수 없는 사유로 인하여 디자인등록거절결정에 대한 심판의 청구기간을 준수할 수 없을 때에는 그 사유가 소멸한 날부터 14일 이내에 지키지 못한 절차를 추후 보완할 수 있다. 다만 기간의 만료일부터 1년이 지난 때에는 그러하지 아니하다(법 4의16).

4) 심판청구권의 소멸

위 1) 2)의 심판의 청구기간 이내나 그 청구기간의 연장기간 이내 또는 위 3)의 절차의 추후보완기간 이내에 디자인등록거절결정에 대한 심판청구를 하지 않을 때에는 그 디자인등록거절결정은 확정되고 이후 디자인등록거절결정에 대한 심판청구권은 소멸된다.

5) 기간의 계산

기간의 30일은 1개월이라고 하는 의미가 아니다. 초일불산입(법 4의13)이므로 예를 들면 5월 1일에 송달시킨 경우에는 5월 2일부터 5월 31일까지 심판청구의 절차를 밟아야 한다. 5월 31일이 일요일인 경우에는 그 익일인 6월 1일까지 절차가 가능한 기간이 연장된다. 디자인보호법 제4조의14 제1항의 규정에 의해 그 기간이 연장되는 때에는 그 연장된 기일까지 절차를 밟으면 된다.

(6) 심판절차에서의 심사절차의 효력

심사에서 밟은 디자인등록에 관한 절차는 디자인등록거절결정에 대한 심판에서도 그 효력이 있다(법 72의32).

이는 심판에서 그 심사에서 밟은 디자인등록에 관한 절차의 효력을 인정하지 않을 경우 디자인등록거절결정 자체를 부정하게 되는 결과가 되어 심판대상의 부존재로 각하결정을 할 수밖에 없고 또 디자인등록거절결정에 대한 심판이 심사에 대한 속심으로서의 성질을 갖기 때문이다. 즉 제2심격인 심판은 제1심격인 심사에서의 심사절차나 그 결과를 완전히 무시하고 새로 처음부터 다시 심리하는 복심이 아니고 심사에서 한 절차를 바탕으로 심리를 속행하여 그 심사절차에 흠결유무를 심리하고 새로운 참증도 보충하여 원결정의 유지여부를 심리하는 것이다.

따라서 심사에서 밟은 디자인등록에 관한 절차를 인정하고 디자인등록의 성립여부를 심결로 심판하려는 것으로서 원결정과 이 심판의 관계는 심결과 그 심결의 취소소송의 관계와는 다르다.

(7) 심 판

1) 심판관의 지정 및 심판의 합의체 구성

심판은 3인 또는 5인의 심판관으로 구성되는 합의체(이하 "심판의 합의체"라 한다)가 이를 행한다. 따라서 특허심판원장은 디자인등록거절결정에 대한 심판사건에 대하여 합의체를 구성할 심판관을 지정하여야 한다(법 72의7①).

그리고 디자인등록거절결정에 대한 심판에는 그 청구서의 부본송달, 답변서 제출기회의 부여 및 수리답변서 부본의 송달에 관한 디자인보호법 제72조의10 제1항·제2항, 심판에의 참가에 관한 같은 법 제72조의19, 참가의 신청 및 결정에 관한 같은 법 제72조의20의 규정은 이를 적용하지 아니한다(법 72의31).

이는 상대방이 있는 당사자 심판사건이 아니라 청구인만 있고 피청구인이 없기 때문에 심판청구서를 송달할 대상자가 없고, 따라서 답변서를 제출할 자도 없으며 또 심판을 청구할 수 있는 자만이 심판에 참가할 수 있는 심판참가제도에 비추어 디자인등록거절결정 불복심판을 청구할 수 있는 자는 당해 디자인등록출원인 뿐이므로 그 디자인등록출원 외에 심판을 청구할 수 있는 자로서의 참가인은 없기 때문이다.

2) 디자인등록거절결정 불복심판청구의 절차

① 심판청구서

ⅰ. 일반사항 – 디자인등록거절결정에 대한 심판청구방식

디자인등록거절결정 불복심판을 청구하고자 하는 자는 ⅰ) 청구인의 성명·주소(법인인 경우 그 명칭·영업소의 소재지), ⅱ) 대리인이 있는 경우 그 대리인의 성명·주소나 영업소의 소재지(대리인이 특허법인인 경우 그 명칭, 사무소의 소재지, 지정된 변리사의 성

명), iii) 출원일자·출원번호, iv) 디자인의 대상이 되는 물품, v) 디자인등록거절 결정일자, vi) 심판사건의 표시, vii) 청구의 취지 및 그 이유를 기재한 소정의 심판청구방식에 의한 심판청구서(법시행규칙 24, 준용특허법시행규칙 57④, 별지 제31호서식)에 대리인에 의하여 절차를 밟는 경우 그 대리권을 증명하는 서류 1통을 첨부하여 특허심판원장에게 제출하여야 한다(법 72의3①).

ii. 청구의 취지

청구의 취지에는 청구인이 어떠한 내용의 심결을 구하는 것인가를 기재하고 청구의 대상으로서 디자인등록출원이 특정되어야 한다.

"청구의 취지"란에는 통상 "원결정을 취소한다. 2010디자인등록출원 제○○○○호는 디자인등록결정한다. 라는 심결을 구한다"라고 기재한다.[69]

iii. 청구의 이유

(i) 청구의 이유에는 청구의 취지에 대응하여 디자인등록거절결정을 취소할 이유를 기재한다.

"청구의 이유"란에는 먼저 디자인등록거절결정까지의 경과 및 디자인등록거절결정의 이유를 정리기재하고 디자인등록거절결정을 취소할 이유를 구체적으로 명확하게 기재한다.[70]

(ii) 심판청구시에 디자인등록출원서의 기재사항, 디자인등록출원서에 첨부한 도면, 도면의 기재사항 및 사진이나 견본에 대해서 보정을 하는 경우는 심판청구시 그 보정된 디자인등록출원서의 기재사항, 도면, 도면의 기재사항 등에 기초하여 거절결정을 취소할 이유를 기재한다.

(iii) 디자인등록출원에 대해 심사과정 중에 행해진 보정각하결정에 대해서 불복을 신청하고, 심판청구시에 디자인등록출원서의 기재사항, 도면, 도면의 기재사항

---

69) - 항고심판청구의 취지에는 제1심 심결에 대한 불복의 취지를 기재하면 족하고 심판청구의 취지나 이에 대한 답변의 취지를 되풀이하여 기재하지 아니하였다 하여 부적법하다 할 수 없다(대법원 1966. 11. 22. 선고 65후30 판결).

- 청구의 내용인 일정의 신청은 심판청구서 기재의 신청내용만에 의하여 정할 것이 아니고 그 신청내용과 신청의 이유 및 이에 대한 증거방법의 내용 등을 종합하여 합리적인 판단으로 정하여야 할 것이다(대법원 1968. 2. 6. 선고 67후34 판결).
- 청구취지의 특정여부는 직권조사사항이라고 할 것이므로 청구취지가 특정되지 않은 경우에는 법원은 피고의 이의여부에 불구하고 직권으로 그 보정을 명하고 그 보정명령에 응하지 않을 때에는 소를 각하하여야 한다(대법원 1981. 9. 8. 선고 80다2904 판결).
- 이 사건 심판청구인의 심판청구에 대한 기각심결을 구한다는 기재가 누락되어 있으나 그 전체의 문면(文面)으로 보아 심판청구인이 심판청구에 대한 기각심결을 구하고 있음이 뚜렷하므로 위 항고심판청구서가 부적법한 것이라고 할 수는 없고, 따라서 원심결이 이에 대한 보정을 명하거나 이를 각하하지 아니하고 본안에 대한 판단을 하였다고 하여 위법이라고 할 수 없다(대법원 1987. 11. 10. 선고 85후72, 73 판결).

70) 심판청구이유의 기재는 그 청구원인이 특정될 수 있는 정도로 기재하면 족한 것이고 반드시 그 청구이유를 도출하게 된 과정을 상세히 기재하여야만 하는 것은 아니다(대법원 1998. 6. 25. 선고 98허1259 판결).

및 사진이나 견본에 대해 보정을 행하지 않는 경우는 보정각하결정에 불복하는 취지 및 보정각하결정을 취소해야 하는 이유를 기재하고 당해 보정이 행해진 디자인등록출원서의 기재사항, 도면, 도면의 기재사항 및 사진이나 견본에 기초하여 거절결정을 취소할 이유를 기재한다. 보다 자세한 설명은 다음 "3) ① 심판의 심리대상"을 참고하기 바란다.

(iv) 디자인등록출원에 대한 심사과정에서 행하여진 보정각하결정에 대해서 불복을 신청하고, 또한 심판청구시 디자인등록출원서의 기재사항, 도면, 도면의 기재사항 및 사진이나 견본에 대해 보정을 행한 경우는 심판청구시 보정한 디자인등록출원서의 기재사항, 도면, 도면의 기재사항 및 사진이나 견본에 기초하여 거절결정을 취소할 이유를 기재한다. 보다 자세한 설명은 다음 "3) ① 심판의 심리대상"을 참고하기 바란다.

② 심판청구서 등의 심리

i. 보정명령 등

(i) 심판청구서에 관한 보정명령

심판장은 디자인등록거절결정 불복심판청구서에 대한 심리결과 그 심판청구서가 앞의 "① i 일반사항-디자인등록거절결정에 대한 심판청구방식 i) 내지 vii)" 중 그 어느 하나에 해당하는 사항이 기재되어 있지 아니한 경우(법 72의3①)에는 기간을 정하여 그 보정을 명하여야 한다(법 72의4①1 후단).

(ii) 심판절차에 관한 보정명령

심판장은 청구인이 밟은 심판청구에 관한 절차가 다음의 어느 하나에 해당되는 경우에는 기간을 정하여 그 보정을 명하여야 한다(법 72의4①2).

i) 행위능력 없는 미성년자·한정치산자 또는 금치산자가 밟은 경우, 다만 미성년자·한정치산자가 독립하여 법률행위를 할 수 있는 경우에는 예외로 한다.
ii) 국내에 주소 또는 영업소를 가진 자로부터 디자인등록에 관한 절차를 밟을 것을 위임받은 대리인이 특별한 수권을 얻지 아니하고 밟은 경우
iii) 디자인보호법 또는 디자인보호법에 의한 명령이 정하는 방식에 위반된 경우
iv) 납부하여야 할 소정의 수수료를 납부하지 아니한 경우

(iii) 보정불명령

심판장은 디자인등록거절결정 불복심판의 청구가 심판청구서의 심판청구방식이나 또는 그 심판에 관한 절차(법 72의4① 후단, 2)에는 위반하지 않았으나 부적법한 청구로서 그 흠결을 보정할 수 없는 심판청구에 대하여는 보정불능의 심판청구로서 보정명령을 하지 아니한다(법 72의5).

ii. 각 하

(i) 심판청구서의 결정각하

심판장은 각각 위 i의 (i), (ii)에 의한 보정명령을 받은 자가 지정된 기간이내에 보정을 하지 아니한 경우에는 결정으로 심판청구서를 각하하여야 한다(법 72의4②). 심판청구서의 각하결정은 그 각하의 이유를 붙인 서면으로 하여야 한다(법 72의4③).

(ii) 보정불능한 심판청구의 심결각하

디자인등록거절결정 불복심판청구서가 심판청구방식 및 그 심판에 관한 절차 등에는 위반하지 않았으나 부적법한 청구로서 그 흠결을 보정할 수 없는 때에는 피청구인에게 답변서 제출의 기회를 주지 아니하고 심결로써 그 보정불능한 심판청구를 각하한다(법 72의5). 예를 들면 심판청구기간을 도과한 후의 심판청구, 디자인등록을 받을 권리의 공유자 전원이 공동으로 청구하지 않은 심판청구 등이 이에 속한다.

iii. 심판청구서의 보정

디자인등록거절결정 불복심판이 특허심판원에 계속 중인 경우 심판청구서의 기재사항, 즉 i) 청구인의 성명·주소(법인의 경우 그 명칭 및 영업소의 소재지), ii) 대리인이 있는 경우 그 대리인의 성명 및 주소나 영업소의 소재지(대리인이 특허법인인 경우 그 명칭, 사무소의 소재지 및 지정된 변리사의 성명), iii) 출원일자 및 출원번호, iv) 디자인의 대상이 되는 물품, v) 디자인등록거절결정일자, vi) 심판사건의 표시, vii) 청구의 취지 및 그 이유를 보정할 수 있지만 그 보정은 청구서의 요지를 변경할 수 없다. 다만, 심판청구서의 보정이 위 i)의 청구인의 기재를 바로 잡기 위하여 보정(추가하는 것을 포함한다)하는 경우, vii)의 청구의 이유를 보정하는 경우의 어느 하나에 해당하는 경우에는 그러하지 아니하다(법 72의3②).

여기에서 청구이유의 보정에 있어서는 청구의 취지를 변경하지 아니하는 한 심판청구시의 청구이유의 일부 또는 전부를 보정하고 다시 새로운 이유를 추가할 수 있다.

심판청구사건이 심결을 할 정도로 성숙하여 심리종결을 통지한 후에 당사자 또는 참가인이 제출한 청구이유보정서에 대하여는 이를 심결에 참작하지 아니하며 그 청구이유보정서는 신청이 있는 경우에 한하여 당사자 또는 참가인에게 반환한다(법 72의26, 동법시행규칙 28, 준용특허법시행규칙 66① 본문). 다만, 그 반환 전에 심리를 재개한 경우에는 그러하지 아니하다(법시행규칙 28, 준용특허법시행규칙 66① 단서). 즉 심판장은 심리종결통지 후에 청구이유보정서가 제출된 때에는 그 내용에 따라 심리재개의 필요가 있는지의 여부를 검토하고 필요하다고 인정할 때에는 심리종결을 통지한 후에도 당사자 또는 참가인의 신청에 의하여 또는 직권으로 심리를 재개할 수 있다(법 72의26④). 심판청구서의 보정에 관한 보다 자세한 설명은 위의 "제2절 I. 1. (2) 심판청구서의 보정제한－보정제한주의－ 1)부터 3)까지를 참고하기 바란다.

3) 디자인등록거절결정 불복심판청구에 대한 심리

① 심판의 심리대상

ⅰ. 심판청구에 관한 디자인등록출원서 및 도면의 기재사항이나 도면 등

디자인등록거절결정에 대한 심판에 있어서 심판청구시에 보정을 한 경우와 하지 않는 경우 등 그 각각의 경우마다 심리의 대상이 되는 디자인등록출원서의 기재사항, 디자인등록출원서에 첨부한 도면, 도면의 기재사항 및 사진이나 견본이 다르게 된다.

(ⅰ) 심판청구시에 보정을 하지 아니한 경우

심판청구시에 보정을 하지 아니한 경우 디자인등록거절결정의 대상이 된 디자인등록출원서 및 도면의 기재사항, 도면 또는 사진이나 견본이 심리의 대상이 된다. 그러나 심판청구시 보정을 하는 경우에는 보정 후 디자인등록출원서 및 도면의 기재사항이나 도면 등이 심리의 대상이 된다.

(ⅱ) 심판청구시에 보정을 하는 경우

심판청구시의 보정은 그 심판청구시의 보정에 의한 디자인등록출원서 및 도면의 기재사항이나 도면 등을 심리대상으로 하여 심판청구시의 보정의 적법성을 판단한다. 심리결과 심판청구시의 보정이 성립되지 아니할 경우 디자인등록거절결정시의 디자인등록출원서 및 도면의 기재사항 또는 도면 등을 대상으로 하여 그 후의 심리를 진행한다.

ⅱ. 심판청구시 또는 심판청구 후의 보정

심판청구시 또는 심판청구 후에 그 디자인등록거절결정 불복심판청구에 관한 디자인등록출원서 및 도면의 기재사항 또는 도면 등의 보정은 최초의 디자인등록출원의 요지를 변경하지 아니하는 범위 안에서 할 수 있다(법 18①⑤ 단서).

이처럼 심판청구시 또는 심판청구 후의 보정의 범위를 엄격히 제한하는 소위 보정제한주의를 취한 것은 심판의 구조가 디자인등록의 거절결정에 대한 불복심판이기 때문에 그 거절결정의 대상이었던 출원서·도면의 기재사항, 도면 및 사진이나 견본의 요지범위 안에서 이루어져야 하며, 만약 그렇지 아니할 경우 디자인등록결정의 대상 및 그 대상의 심리와는 다르게 될 뿐만 아니라 선원주의 원칙에도 반하여 선출디자인이 배제되고 후출원디자인이 등록될 수 있는 경우가 발생할 수 있으므로 이러한 경우 등을 방지하기 위해서이다.

② 심판청구이유 등의 심리

심판관의 심판의 심리는 위의 심리대상을 중심으로 하게 된다. 그 거절이유 등이 정당하여 적법한 경우 그 청구는 기각되고 그 거절이유 등이 정당하지 아니하여 부적법한 경우 청구를 인용하여 디자인등록거절결정을 취소한다. 또 심판장은 앞 (7) 2) ① i. "일반사항－디자인등록거절결정에 대한 심판청구방식", ② iii. "심판청구서의 보정"에서 살펴본 바와 같이 심판청구서가 소정의 심판청구방식이나 심판청구서의 보정제한주의에 관한 절차에 위반한 때에는 그 심판청구서를 각하한다.

i. 심판청구서의 각하

앞 2) ② ii. (i)에서 살펴본 바와 같이 심판청구서의 심리결과 심판청구방식 등의 기재요건에 적합한 경우 이를 수리하여 본안 심판의 심리에 회부하고 심판청구방식 등의 기재요건에 위반된 경우에는 그 심판청구서는 결정으로 각하한다. 심판청구서의 각하결정에 대하여는 불복을 할 수 없다.

ii. 심판청구의 기각 등

(i) 청구의 기각

심판관은 디자인등록거절결정 불복심판청구에 관한 심리결과 심사관이 다음과 같은 사항에 관한 거절이유 유무의 심사에서 판단의 착오나 심사의 미진 등 심사나 그 심사절차 등에 잘못이 없어 디자인등록거절결정의 이유가 정당하다고 인정된 경우에는 그 디자인등록거절결정 이유의 흠결을 이유로 제기한 그 심판청구는 성립되지 아니한 것으로 하여 청구를 기각한다.

i) 외국인의 디자인등록출원이 우리나라에서 디자인권 또는 디자인에 관한 권리를 향유할 수 있는 권리능력을 가진 외국인의 디자인등록출원인지의 여부(법 4의24)
ii) 디자인등록출원디자인의 공업상 이용성, 신규성, 창작성 등 디자인등록요건의 충족여부(법 26①1, 5)
iii) 디자인등록을 받을 수 있는 디자인인지의 여부(법 26①1)
iv) 기본디자인에만 유사한 디자인인지의 여부(법 26①1, 7)
v) 디자인무심사등록출원인지의 여부(법 26①1, 9⑥)
vi) 디자인등록을 받을 수 있는 권리가 공유인 경우, 공유자 전원이 공동 출원하였는지 여부(법 26①1, 10)
vii) 출원(또는 디자인)의 단일성 즉 1디자인 1디자인등록출원인지의 여부(법 26①1, 11)
viii) 복수디자인 등록출원인지의 여부(법 26①1, 11의2)
ix) 한 벌의 물품의 디자인인지의 여부(법 26①1, 12)
x) 선출원 등의 디자인인지의 여부(법 26①1, 16①②)

xi) 디자인등록을 받을 수 있는 권리를 가지지 아니한 자(디자인의 창작자나 그 승계인이 아닌 자)나 디자인등록을 받을 수 없는 자(상속 또는 유증을 받지 않은 특허청, 특허심판원 재직공무원)에 의한 출원인지의 여부(법 26①3, 3① 본문 및 단서)

xii) 조약의 규정에 위반한 출원인지의 여부(법 26①4)

xiii) 유사디자인 무심사등록출원의 경우 다음의 어느 하나에 해당하는지의 여부(법 26①5 각목)

A. 유사디자인 등록된 디자인 또는 유사디자인 등록출원된 디자인을 기본디자인으로 표시한 경우

B. 기본디자인의 디자인권이 소멸된 경우

C. 기본디자인에 관한 디자인등록출원이 무효·취하·포기되거나 디자인등록거절결정이 확정된 경우

D. 유사디자인 무심사등록출원인이 기본디자인의 디자인권자 또는 기본디자인에 관한 디자인등록출원인과 다른 경우

E. 유사디자인 무심사등록출원된 디자인이 기본디자인에 유사하지 아니한 경우

(ii) 청구의 인용 및 디자인등록거절결정의 취소

심판관은 디자인등록거절결정 심판청구에 대한 심리결과 디자인등록거절결정의 이유가 정당하지 아니하다고 판단된 때, 즉 그 심판청구가 이유 있다고 인정하여 이를 인용할 때에는 심결로써 디자인등록거절결정을 취소하여야 한다(법 72의33①).

심판에서 디자인등록거절결정을 취소할 경우에는 심사에 붙일 것이라는 심결을 할 수 있다(법 72의33②).

이와 같이 디자인등록거절결정의 이유가 부당하여 원 결정의 유지가 되지 않을 때에는 바로 결정을 취소하고 다시 디자인등록출원을 심사에 붙여야 한다는 환송심결을 하거나(법 72의33②) 다시 심리를 계속하여 그 디자인등록출원에 대해 디자인등록을 인정하여야 할 것인가의 여부에 대해서도 판단하여 심결을 한다.

위의 심결에 있어서 취소의 기본이 된 이유는 그 사건에 대하여 심사관을 기속한다(법 72의33③). 여기에서의 “기속”에 관한 자세한 설명은 후술하는 “제13장 제3절 Ⅴ. 확정된 심결 등에 대한 취소판결의 기속력”을 참고하기 바란다.

4) 디자인등록결정

① 디자인등록거절결정의 취소 등

심판관은 디자인등록거절결정에 대한 심판청구의 심리결과 그 청구가 이유 있다고 인정한 때에는 심결로써 디자인등록거절결정을 취소한다. 이 경우에는 심판관이 직접 디자인등록결정을 하거나 심사에 붙일 것이라는 심결을 하여 특허청 심사국에 환송할 수 있다(법 72의33②).

② 특허청에의 환송

i. 근 거

민사소송법에는 필요적 환송에 관한 명문의 규정을 두고 있으나(민사소송법 418 본문[71]) 디자인보호법에는 모두 심판관의 재량에 맡겨져 있다(법 72의33②).

ii. 환송의 범위

디자인등록거절결정에 대한 심판의 심리에 있어서 원결정의 거절이유에 의하여는 거절할 수 없다고 판단한 경우, 심판에 있어서는 심사에 관한 절차가 준용되어 심사를 진행할 수 있도록 되어 있으므로(법 71) 그때 즉시 원결정을 취소하고 특허청 심사국에 환송하는 것은 심판에서 행할 수 있는 판단 및 절차를 심사에서 행하도록 하게 하는 것으로서 이는 행정경제상 비효율적이므로 이러한 경우에는 심판에서 다시 심리(자판)를 하여야 한다.

그러나 다음의 경우에는 자판하는 것이 타당하지 아니하거나 또는 할 수 없기 때문에 원결정을 취소하고 특허청 심사국에 환송하여야 한다고 해석된다.

(i) 자판을 하면 심사, 심판이라고 하는 심급을 두고 있는 실질적 의의가 상실되는 경우

i) 디자인에 대한 실질적 판단이 심사에서 행하여지지 아니하였거나 또는 형식적 이유로서 거절된 경우

ii) 인용례의 표시에 잘못이 있고 올바른 인용례가 불분명한 경우

(ii) 자판하면 위법이 되는 경우

의견진술의 기회를 주지 아니하고 거절결정을 한 경우(법 76①, 27), 즉 디자인거절결정에 대한 심판청구사건의 심판단계에서 원디자인 등록거절결정의 이유와 다른 거절이유를 발견한 경우 이에 대해 거절이유통지를 하여 의견서를 제출할 수 있는 기회를 주어야 하는 바(법 71①, 27① 본문) 그리하지 아니하고 그 다른 거절이유에 의해 디자인등록거절결정을 한 것은 명백한 잘못으로 위법이다.

여기에서의 "다른 거절이유"는 원디자인 등록거절결정의 이유가 아닌 새로운 거절이유에 해당하므로 최초의 디자인등록출원의 요지를 변경하지 아니하는 범위 안에서의 보정이라는 출원보정의 요건 등의 위반으로 보정각하결정을 하지 아니하는 한 반드시 청구인에게 그 다른 거절이유를 통지하고 기간을 정하여 의견을 진술할 수 있는 방어의 기회를 주어야 하는 바,[72] 그렇지 아니하고 그 다른 거절이유를 근거로 한

---

71) 소가 부적법하다고 각하한 제1심판결을 취소하는 경우에는 항소법원은 사건을 제1심법원에 환송하여야 한다. 다만, 제1심에서 본안판결을 할 수 있을 정도로 심리가 된 경우 또는 당사자의 동의가 있는 경우에는 항소법원은 스스로 본안판결을 할 수 있다.

72) 원결정에서 인용례를 표시하고 신규성이 없다는 이유로 거절결정한 출원의 거절결정에 대한 심판에서 그 출원디자인을 원결정에서의 인용례에 의한 공지사실에 의하여 쉽게 창작할 수 있는 것이라고 인정하는 것이 적당하다고 판단될 경우에는 원결정의 이유와 다른 거절이유를 발견한 경우라고 해석되므로

디자인등록거절결정에 대한 자판은 위법임은 앞에서 설명한 바와 같다.

③ 디자인등록결정 후의 절차

디자인등록결정이 있는 경우 심판장은 그 원본을 다른 기록물과 함께 포대에 넣어 심판행정실에 보내고 등본은 심판청구인에게 송달한다. 그리고 특허심판원장은 그 디자인등록결정포대를 특허청장에게 송부한다.

5) 심판진행 중 출원의 취하 등

디자인등록거절결정에 대한 심판진행 중에 그 출원을 취하하거나 또는 포기한 때에는 그 심판절차는 종료하는 것으로 한다.

이 경우의 심판절차는 심결에 의하여 심판청구를 각하함으로써 종료된다(법 72의5).

출원의 취하, 포기 등으로 인하여 심판청구를 심결각하할 때에는 그 심결의 이유로 "이 사건 심판청구는 2010. 10. 10. 이 사건의 출원에 대하여 취하(포기)하였으므로 이 사건 심판청구는 목적물이 없어진 부적법한 청구로 귀결되는 것이어서 각하를 면할 수 없다. 따라서 주문과 같이 심결한다"라고 기재한다.

6) 디자인등록거절결정 불복심판절차 일반

위의 심판절차 외에 심판청구·취하, 심리, 심결, 심판의 종결 등 및 소송과의 관계 등에 관한 설명은 앞에서 설명한 "제2절 심판절차 일반"의 Ⅰ·Ⅲ·Ⅳ·Ⅶ·Ⅸ·Ⅻ를 각기 참고하기 바란다. 다만, 답변서제출 등에 관한 디자인보호법 제72조의10 제1항 제2항, 참가에 관한 같은 법 제72조의19 및 참가의 신청 및 결정에 관한 제72조의20의 규정은 디자인등록거절결정에 대한 심판에는 이를 적용하지 아니한다(법 72의31).

이는 디자인등록거절결정에 대한 심판은 상대방이 있는 당사자계 심판사건이 아니고 상대방이 없는 디자인등록출원인인 심판청구인만이 있는 결정계 심판사건이기 때문에 심판청구서의 부본을 송달할 대상은 물론 답변서를 제출할 심판 피청구인도 없기 때문이다. 또 디자인등록거절결정에 대한 심판청구는 동일한 디자인등록출원에 관하여 디자인등록을 출원하는 자가 2인 이상이 있는 때에는 그 전원이 공동으로 출원을 하여야 하기 때문에 그 심판청구에 있어서도 출원인 전원이 공동으로 심판을 청구하여야 하는 공동심판청구이므로 더 이상 심판에 참가할 자가 없기 때문이다. 따라서 디자인등록거절결정에 대한 심판에는 참가의 신청 및 결정에 관한 규정도 적용되지 아니함은 물론이다.

다시 거절이유를 통지한다.
이와 같은 경우에 신규성을 부정한 원결정의 거절이유와 심판에서의 창작성 부정의 거절이유와는 동일한 취지의 것이어서 원결정의 이유와 다른 거절이유를 발견한 경우라고 해석되지 아니하므로 즉시 심결을 하여도 좋다는 견해가 있으나 합당하다고 할 수 없다.

3. 디자인등록취소결정에 대한 심판

(1) 서 설

1) 의 의

디자인등록취소결정 불복심판이라 함은 3인의 심사관 합의체(이하 "심사관 합의체"라 한다)가 등록디자인에 대한 디자인무심사등록 이의신청이 있는 경우 이를 심사하여 그 이의신청이 이유가 있다고 인정할 때 그 디자인등록을 취소한다는 취지의 결정(이하 "디자인등록취소결정"이라 한다)을 하여야 하는 바, 이때의 심사관 합의체의 디자인등록취소결정에 불복하여 제기하는 심판을 말한다.

이처럼 유독 무심사등록디자인에 대하여만 이의신청제도를 두어 이의신청이유의 성립여부에 따라 그 디자인등록의 유지여부 또는 취소여부를 결정하는 것은 무심사등록디자인은 무심사등록출원에 대한 디자인의 등록요건 등의 충족여부에 관한 실질적 심사를 하지 아니하고 디자인등록출원방식에 관한 형식적(요식적) 심사(형식적 요건 불비의 출원에 대하여는 각하 결정한다)만으로 디자인권의 설정등록을 하기 때문에 디자인의 등록요건 등을 만족하지 못한 출원디자인이 등록될 수 있다. 그러므로 이러한 흠결있는 등록디자인의 유지, 존속을 막아야 할 당위성에 따라 디자인권의 설정등록 후 이해관계인은 물론 제3자에 이르기까지 누구나가 참여하는 이의신청제도를 두어 출원디자인에 대한 실질적 심사 없이 등록된 디자인에 대하여 사후적으로 심사하여 그 등록디자인의 유지여부와 취소여부를 결정한다. 즉 디자인무심사등록 이의신청의 심사결과 그 이의신청이 이유가 있다고 인정될 때 "그 디자인등록을 취소한다"는 취지의 결정을 하고 그렇지 않은 경우에는 "그 디자인등록을 유지한다"는 취지의 결정을 한다. 디자인무심사등록 이의신청에 대한 각하결정 및 디자인등록유지결정에 대하여는 불복을 할 수 없고 디자인등록취소결정에 대해서만 불복하여 심판을 청구할 수 있다(법 29의7⑥).

2) 제도적 취지

디자인등록을 받고자 하는 자는 소정의 디자인심사등록출원서 또는 디자인무심사등록출원서에 디자인의 대상이 되는 물품, 디자인의 설명 및 창작내용의 요점 등을 기재한 도면이나 도면에 갈음하여 디자인의 사진 또는 견본을 특허청장에게 제출하여야 한다.

제출된 디자인심사등록출원서는 출원방식에 관한 형식적(요식적)심사는 물론 디자인등록요건 등의 충족여부에 관한 실질적 심사도 하여 출원디자인의 등록여부를 결정하고, 등록결정된 출원디자인에 대해서만 소정의 등록절차에 의해 디자인권의 설정등록이 되는데 반하여 디자인무심사등록출원서는 출원방식에 관한 요식적 심사만을 하고 디자인의 등록요건 등의 충족여부와 같은 실질적 심사를 하지 아니하고 소정의 등록절차에 의해 디자인권의 설정등록이 되기 때문에 디자인의 등록요건 등을 갖추지 못한 흠결 있는 부적법한 디자인이 디자인권으로 존속할 수 있어 이를 막고 진정한 디자인만이 보호될 수 있도록 함으로써 디자인의 창작을 장려하여 산업발전에 기여하려는데 디자인등록취소결정에 대한 심판제도의 취지가 있다.

3) 성 질

디자인등록취소결정에 대한 심판은 디자인무심사등록에 관한 디자인무심사등록 이의신청에 대해 심사관 합의체가 그 이의신청이 이유가 있다고 인정할 때 내리는 디자인등록취소결정에 불복하여 제기하는 심판이기 때문에 이 역시 보정각하결정이나 디자인등록거절결정에 대한 불복심판과 같이 속심으로서의 성질을 갖는다. 이에 관한 자세한 설명은 앞 "제3절 Ⅱ. 심판의 내용 1. 보정각하결정에 대한 심판 (3) 성질"을 참고하기 바란다.

(2) 심판청구대상 및 당사자

1) 심판청구대상

디자인등록취소결정 불복심판청구의 대상은 "디자인등록취소결정"이다(법 67의3). 즉 디자인무심사등록출원서의 기재사항, 디자인무심사등록출원서에 첨부한 도면, 도면의 기재사항 및 사진이나 견본이 공업상 이용성·신규성 및 창작성 등의 디자인등록요건을 충족하지 못하였거나 국기·국장 기타 공공기관 등의 표장과 외국의 국기·국장 또는 국제기관 등의 문자나 표지와 동일 또는 유사한 디자인, 디자인이 주는 의미나 내용 등이 공서양속을 해칠 우려가 있는 디자인, 타인의 업무와 관련된 물품과 혼동을 가져올 염려가 있는 디자인, 물품의 기능을 확보하는데 불가결한 형상만으로 된 디자인인 경우, 타인의 등록디자인 또는 디자인등록출원(이하 "기본디자인"이라 한다)한 디자인이나 그 타인의 기본디자인에 유사한 디자인(이하 "유사디자인"이라 한다)과 동일 또는 유사한 경우 및 선출원주의에 반한 후출원디자인이 등록된 경우 등이 디자인등록취소사유가 되고 그 취소사유에 의해 그 디자인등록은 심판에 의해 취소결정이 된다.

2) 심판청구인

디자인등록취소결정 불복심판청구인은 디자인등록취소결정을 받은 자이다(법 67의3).

① 디자인등록취소결정을 받은 자는 디자인무심사등록출원을 하여 디자인등록을 받은 자이다. 즉 디자인등록취소결정된 디자인에 대하여 디자인권을 가진 자 또는 그 승계인이다.

② 디자인권이 공유인 경우의 심판은 공유자 전원이 공동으로 청구하여야 한다. 따라서 공동으로 "청구하지 아니한 심판청구는 부적법한 것으로 심결로서 각하된다(법 72의5).

③ 디자인등록취소결정 불복심판에 대해서는 참가규정(법 72의19) 및 신청규정(법 72의20)이 적용되지 아니하므로 참가가 인정되지 아니한다. 이에 관한 자세한 설명은 다음에서 설명하는 "(5) 심판"편을 참고하기 바란다.

(3) 심판의 청구기간 등

1) 심판청구기간

디자인등록취소결정에 대한 불복심판은 그 디자인등록 취소결정등본을 송달받은 날부터 30일 이내에 청구할 수 있다(법 67의3). 따라서 디자인등록 취소결정등본을 송달받은 날 전에 심판을 청구한 경우에는 이를 심결로서 각하한다. 심판청구기간에 관한 자세한 설명은 위에서 설명한 "제3절 Ⅱ. 심판의 내용 1. (5). 1) 심판청구기간"을 참고하기 바란다.

2) 심판청구기간의 연장

특허청장 또는 특허심판원장은 디자인등록취소결정 불복심판의 청구기간(그 결정등본을 송달받은 날부터 30일 이내)을 청구에 따라 또는 직권으로 1회에 한하여 30일 이내에서 연장할 수 있다. 다만, 교통이 불편한 지역에 있는 자의 경우에는 그 횟수 및 기간을 추가로 연장할 수 있다(법 4, 67의2, 4의14①).

3) 절차의 추후보완기간

디자인등록에 관한 절차를 밟은 자가 책임 질 수 없는 사유로 인하여 디자인등록취소결정 불복심판의 청구기간을 준수할 수 없는 때에는 그 사유가 소멸한 날부터 14일 이내에 지키지 못한 절차를 추후 보완할 수 있다. 다만, 그 기간의 만료일부터 1년이 경과한 때에는 그러하지 아니하다(법 4의16).

4) 심판청구권의 소멸

위 1), 2)의 심판청구기간 이내나 그 청구기간의 연장기간 이내 또는 위 3)의 절차의 추후보완기간 이내에 디자인등록취소결정에 대한 심판청구를 하지 않을 때에는 그 디자인등록취소결정은 확정되고 이후 디자인등록취소결정에 대한 심판청구권은 소멸한다.

5) 기간의 계산

심판청구기간의 30일은 1개월이라고 하는 의미가 아니다. 초일불산입(법 4의13)이므로, 예를 들면 5월 1일에 송달시킨 경우에는 5월 2일부터 5월 31일까지 심판청구의 절차를 밟아야 한다. 5월 31일이 일요일인 경우에는 그 익일인 6월 1일까지 절차가 가능한 기간이 연장된다. 디자인보호법 제4조의14 제1항에 의해 그 기간이 연장되는 때에는 그 연장된 기일까지 절차를 밟으면 된다.

(4) 심판절차에서의 심사절차의 효력

심사에서 밟은 디자인등록에 관한 절차는 디자인등록취소결정에 대한 심판에서도 그 효력이 있다(법 72의32). 이에 관한 자세한 설명은 “제11장 제3절 Ⅱ. 2. 디자인등록거절결정에 대한 심판 (6) 심판절차에서의 심사절차의 효력”을 참고하기 바란다.

(5) 심 판

1) 심판의 합의체의 합의결정 등, 2) 심판청구서의 부본송달 등 규정의 적용제외, 3) 디자인등록취소결정 불복심판청구의 절차 ① 심판청구서의 제출 ⅰ. 청구서의 기재사항, ⅱ, 청구의 취지, ⅲ. 청구의 이유, ② 심판청구서 등의 심리 ⅰ. 보정명령 등, ⅱ. 각하, ⅲ. 심판청구서의 보정, 4) 심판청구에 대한 심리 ① 심판의 심리대상, ② 심판청구이유 등의 심리 ⅰ. 심판청구서의 각하, ⅱ. 심판청구의 기각 등, ⅲ. 청구의 인용 (ⅰ) 디자인등록결정-디자인등록취소결정의 취소 등, (ⅱ) 특허청에의 환송, 5) 심판진행 중 디자인등록의 취하 등에 관한 설명은 앞 “제3절 심판의 종류 및 내용 Ⅱ. 심판의 내용 1. 보정각하결정에 대한 심판 (6) 심판”을 참고하기 바라며, 6) 디자인등록취소결정 불복심판절차 일반(심판청구·취하, 심리, 심결, 심판의 종결 등, 소송과의 관계 등)에 관한 설명은 앞 “제2절 심판절차의 일반 Ⅰ, Ⅲ, Ⅳ, Ⅶ, Ⅸ, Ⅻ”을 각각 참고하기 바란다. 다만, 답변서 제출 등에 관한 디자인보호법 제72조의10 제1항 제2항, 참가에 관한 디자인보호법 제72조의19 및 참가신청 및 결정에 관한 제72조의20은 디자인등록취소결정에 대한 심판에는 이를 적용하지 아니한다(법 72의31).

이는 디자인등록취소결정에 대한 심판은 상대방이 있는 당사자계 심판사건이 아니고 상대방이 없는 디자인등록 이의신청인인 심판청구인만이 있는 결정계 심판사건이기 때문에 심판청구서의 부본을 송달할 대상은 물론 답변서를 제출할 심판피청구인도 없기 때문이며, 또 디자인등록취소결정에 대한 심판청구는 동일한 디자인등록에 관하여 디자인등록을 한 자가 2 이상이 있는 때에는 그 전원이 공동으로 등록을 하여야 하기 때문에 그 심판청구에 있어서도 디자인등록인 전원이 공동으로 심판을 청구하여야 하는 공동심판청구이므로 더 이상 심판에 참가할 자가 없기 때문이다. 따라서 디자인등록취소결정에 대한 심판에는 참가의 신청 및 결정에 관한 규정도 적용되지 아니함은 물론이다.

4. 디자인등록의 무효심판

(1) 의 의

디자인등록의 무효심판이라 함은 디자인등록출원에 대한 심사관의 심사의 잘못이나 디자인등록거절결정 불복심판청구에 대한 심판관의 심리의 잘못으로 인하여 디자인등록의 요건을 갖추지 아니한 디자인이나 디자인등록을 받을 수 없는 디자인 또는 디자인등록을 받을 수 있는 디자인이기는 하나 디자인등록을 받을 수 없는 자에게 디자인등록이 되어 그대로 존재하고 있는 흠결의 등록디자인에 대하여 그 등록디자인과 이해관계에 있는 자 또는 디자인등록결정을 하였던 심사관에게 디자인등록무효를 주장할 수 있는 당사자 적격을 인정하여, 이들로 하여금 디자인등록의 무효심판청구권의 행사가 있는 경우 3인 또는 5인의 심판관으로 구성되는 심판의 합의체의 심리에 의해서 디자인등록의 무효여부를 결정하는 등록디자인에 관한 심판의 일종이다.

(2) 제도적 취지

디자인권자는 업으로서 그 등록디자인을 실시할 권리를 독점한다. 따라서 흠결 있는 등록디자인의 존재는 그 권리자에게 부당한 권리를 주고 또 그 권리에 의해 등록디자인에 대한 적극적 권리인 전용권(독점권)과 소극적 권리인 금지권(배타권)을 행사할 경우 원래 일반 공중의 공유재산으로 누구나가 자유롭게 실시할 수 있는 것을 금지시키는 것이기 때문에 이러한 폐단을 없애기 위하여 잘못 디자인등록된 흠결 있는 디자인권을 무효로 하여 그 존재를 처음부터 없었던 것으로 함으로써 장래는 물론 과거 행사로 손해를 입힌 자에게까지도 책임을 지도록 하려는 것이다.

(3) 심판의 청구 등

1) 심판의 청구

이해관계인 또는 심사관은 디자인등록이 다음의 "(6) 디자인등록 무효심판청구의 이유"의 어느 하나에 해당된 때에는 무효심판을 청구할 수 있다. 이 경우 복수디자인등록출원된 디자인등록에 대하여서는 각 디자인마다 청구할 수 있다(법 68① 각호).

2) 심판청구취지의 통지

심판장은 디자인등록의 무효심판의 청구가 있는 때에는 그 취지를 당해 디자인권의 전용실시권자와 그 밖의 디자인에 관하여 등록을 한 권리를 가지는 자에게 통지하여야 한다(법 68⑥).

3) 심판의 청구기간

디자인등록의 무효심판은 디자인권의 존속기간 중은 물론 디자인권이 소멸된 후에도 청구할 수 있다(법 68②). 따라서 무효심판의 청구에는 제척기간[73]이 없다.

이는 당해 디자인권에 따른 새로운 법률관계가 형성되고 또 일정기간 다툼이 없이 당해 등록디자인이 평온하게 실시되고 있다 하더라도 그 디자인자체의 명백하고도 중대한 흠결로 원천적으로 디자인등록이 될 수 없는 것이 디자인등록이 된 것이므로 이를 그대로 존치시켜 디자인등록에 관한 법률생활의 안정성과 디자인의 실시사업을 유지할 수 없다는 취지이다.

(4) 심판의 당사자

1) 청구인

디자인등록의 무효심판을 청구할 수 있는 자는 이해관계인 또는 심사관이다(법 63①). 이와 같이 제3자 누구나가 할 수 있도록 하지 아니하고 특정인으로 제한하고 있는 것은 디자인등록을 무효화하는데 이익이 없는 자는 청구할 수 없도록 하기 위한 취지인 것으로 해석된다. 이러한 해석이 가능한 것은 심판은 준사법적 쟁송절차의 성격을 가지고 있으므로 민사소송에서의 "이익이 없으면 소권 없다"는 원칙이 그대로 적용하여야 하기 때문이다.

따라서 민사소송법상의 소의 이익의 개념으로 볼 수 있는 디자인등록의 무효심판 등이 당사자계 사건에 있어서 이해관계인인지 여부는 디자인등록심판단계에 있어서의 심판의 이익의 문제로 다루어져야 한다. 즉 어느 사건에 대하여 디자인등록심판단계에서 심판의 이익이 없다고 인정되면 심판청구각하의 심결을 하여야 하고 만약 심판의 이익이 있다고 인정되면 본안에 대하여 심결을 하여야 하기 때문이다.

2) 피청구인

디자인등록무효심판의 피청구인은 디자인권자이다. 디자인권자는 디자인등록원부에 현재 디자인권자로 등재되어 있는 자이다. 따라서 전 디자인권자를 피청구인으로 한 심판청구는 부적법하여 심판장의 보정명령을 받아 현재의 디자인권자로 변경을 하여야 한다. 만일 심판장의 보정명령을 받고도 그 지정기간이내에 보정을 하지 아니한

---

73) 일정한 권리에 대해서 권리관계를 단기간에 확정하기 위해서 법률에 정하고 있는 존속기간을 말한다. 소멸시효와 유사한 제도이나 시효와 달리 중단이 없어 당사자가 원용(援用)하지 않아도 당연히 권리소멸의 효력을 발생한다.

경우에는 결정으로 심판청구서를 각하하여야 한다(법 72의4①1, ②).

(5) 심판청구의 대상

디자인등록의 무효심판청구의 대상은 디자인등록된 디자인이고, 복수디자인 등록출원에 의한 디자인등록의 경우에는 각 디자인마다 심판청구의 대상이 된다(법 68① 본문). 따라서 디자인등록의 디자인이 2 이상의 복수의 디자인인 때에는 각 디자인마다 해당 디자인에서 파악되는 디자인에 의하여 디자인등록성의 유무 등이 판단된다.

(6) 디자인등록 무효심판청구의 이유

이해관계인 또는 심사관은 디자인등록이 다음의 1) 내지 4)의 어느 하나에 해당하는 경우에는 무효심판을 청구할 수 있다. 이 경우 복수디자인 등록출원된 디자인등록에 대하여는 각 디자인마다 청구할 수 있다(법 68① 각호).

1) 디자인보호법 제5조(디자인등록의 요건), 제6조(디자인등록을 받을 수 없는 디자인), 제7조(유사디자인) 제1항, 제10조(공동출원) 및 제16조(선출원) 제1항·제2항 또는 제4조의24(외국인의 권리능력)에 위반된 경우
2) 위 같은 법, 제3조(디자인을 받을 수 있는 자) 제1항 본문에 의한 디자인등록을 받을 수 있는 권리를 가지지 아니하거나 같은 조 같은 항 단서에 의하여 디자인등록을 받을 수 없는 경우
3) 조약에 위반된 경우
4) 디자인등록 후 그 디자인권자가 디자인보호법 제4조의24(외국인의 권리능력)에 의하여 디자인권을 향유할 수 없는 자로 되거나 그 디자인등록이 조약에 위반된 경우

(7) 디자인등록의 무효이유

디자인등록의 무효이유는 디자인보호법 제68조(디자인등록의 무효심판) 제1항 제1호 내지 제4호에서 규정하고 있는 것에 한하는 법정열거주의(또는 제한열거주의)를 채택하고 있다. 따라서 그 밖의 것에 대해서는 디자인등록의 무효이유로 할 수 없다. 이러한 디자인등록의 무효이유는 디자인등록거절결정이유와 거의 같다. 그러므로 디자인등록의 무효이유에 대하여는 전술한 “제8장 제6절 Ⅲ. 디자인등록의 무효 1. 디자인등록의 무효이유 (3) 3) 디자인등록거절이유의 발견”을 참고하기 바란다. 다만, ⅰ) 기본디자인에만 유사디자인이 아닌 유사디자인에만 유사한 디자인(법 7②), 디자인무심사등록출원으로만의 디자인의 물품(법 9⑥), 유사디자인 무심사등록출원이 a) 유사디자인등록된 디자인 또는 유사디자인등록출원된 디자인을 기본디자인으로 표시한 경우, b)

기본디자인의 디자인권이 소멸된 경우, c) 기본디자인에 대한 디자인등록출원이 무효·취하·포기되거나 디자인등록거절결정이 확정된 경우, d) 유사디자인 무심사등록출원인이 기본디자인의 디자인권자 또는 기본디자인의 디자인권자 또는 기본디자인에 관한 디자인등록출원인과 다른 경우의 어느 하나에 해당하는 경우(법 26① 각호)는 디자인등록거절이유는 되나 디자인등록무효이유는 되지 아니한다. 이는 단순히 법률시행상의 문제이고 또 디자인자체에 흠결이 없고 단순히 절차상의 흠결에 지나지 아니하기 때문에 ⅰ)의 a) 내지 c)를 이유로 하여 디자인등록을 무효로 하는 것은 너무 가혹하기 때문이다. ⅱ) 그러나 디자인등록 후 그 디자인권자가 디자인보호법 제4조의24(외국인의 권리능력)에 의하여 디자인권을 향유할 수 없는 자로 되거나 그 디자인등록이 조약에 위반된 사유가 발생한 경우에는 디자인등록무효이유(법 68①4)는 되나 디자인등록거절이유는 되지 아니한다. 이는 디자인등록 후에 발생한 이유이기 때문이다.

(8) 심리방식

디자인등록의 무효심판은 심판관의 직권에 의한 증거조사 및 증거보전, 직권심리, 판단의 적정성과 합리성, 심리의 공정성과 객관성 확보를 보장하기 위하여 당사자 대립구조의 심리방법을 채택하여 운용하고 있다. 이는 당사자 대등의 원칙에 의해 당사자 쌍방에게는 변명의 기회를 균등하게 제공하고 심판관에게는 공정하고도 합리적인 판단을 하게 하기 위함이다. 이에 관한 자세한 설명은 전술한 “제11장 제2절 Ⅲ. 심리 3. 적법성 심리 (3) 심리방식 1) 서면심리와 구술심리, 2) 직권심리”를 참고하기 바란다.

(9) 디자인등록무효의 효과

1) 소급효 등

디자인등록(유사디자인의 디자인등록을 제외한다)을 무효로 한다는 심결이 확정된 때에는 그 디자인권은 처음부터 없었던 것으로 본다(법 68③ 본문). 다만, 디자인등록된 후 그 디자인권자가 재외자 중 외국인으로서 디자인권을 향유할 수 없는 자로 되거나 그 디자인등록이 조약에 위반되는 사유의 발생으로 인하여 디자인등록을 무효로 한다는 심결이 확정된 때에는 디자인권은 그 디자인등록이 그러한 사유에 해당하게 된 때부터 없었던 것으로 본다(법 68③ 단서).

또 기본디자인의 디자인등록을 무효로 한다는 심결이 확정된 때에는 그 유사디자인의 디자인 등록은 무효로 된다(법 68④). 유사디자인의 디자인등록을 무효로 한다는 심결이 확정된 때 또는 기본디자인의 디자인등록을 무효로 한다는 심결이 확정됨으로써 유사디자인의 디자인등록이 무효가 된 때에는 유사디자인의 디자인권은 처음부터 없었던 것으로 본다. 다만, 유사디자인의 디자인권자가 재외자 중 외국인으로서 유사디자인의 디자인권을 향유할 수 없는 자로 되거나 그 유사디자인의 디자인등록이 조약에 위반되는 사유의 발생으로 인하여 유사디자인의 디자인등록을 무효로 한다는 심결이 확정된 때에는 유사디자인의 디자인권은 그 유사디자인의 디자인등록이 이에 해당하게 된 때부터 없었던 것으로 본다(법 68⑤).

위와 같은 디자인등록무효의 소급효 등으로 인하여 계속 중인 디자인권이나 전용실시권 침해에 관한 민사·형사소송은 그 목적물을 상실하게 되어 민사소송의 경우 청구기각, 형사소송의 경우 무죄판결이 되고, 이미 청구인용 또는 유죄판결이 확정되었을 때에는 재심사유가 된다(민사소송법 451①8, 형사소송법 420·6).

2) 등록디자인 실시료의 반환

등록디자인의 실시계약 체결시 디자인등록무효가 된다 하더라도 이미 지불한 실시료에 대하여는 반환을 청구하지 아니한다는 취지의 규정을 두는 것이 통례인 바, 이 경우에는 반환문제가 생기지 않지만 이러한 규정을 두지 않은 경우가 문제이다.

그러나 일반적으로 실시권자는 등록디자인에 대한 전용실시권에 의해 보호 내지는 이익을 받고 있었으며, 통상실시권 또한 실시이익을 얻고 있었기 때문에 디자인권자는 실시권자에게 손해를 입힌 자라고 할 수 없으므로 이들 실시권자에게 실시료를 반환할 필요가 없다. 다만 권리자가 실시권설정 계약시 계약의 목적을 달성하기가 매우 어려울 것이라는 것을 알고 있었고 실제 실시권자가 등록디자인의 공업상 유용성, 의장성 등에서 효용가치가 별무하여 실시권설정 계약시의 기대치인 적어도 실시료상당액 이상의 적정이윤의 목표달성이 매우 곤란한 이상 받은 실시료는 법률상 원인없는 이득임을 인식하고 있었다고 할 수 있으므로 악의의 수익자에 해당하여 실시권자가 입은 손해를 배상할 의무가 있기 때문에 권리자는 실시권자에게 법률원인 없이 실시권자에게 손해를 가한 자로서 수령했던 그 실시료는 부당이득으로서 이를 실시권자에게 반환하여야 할 것이다(민법 741 참조).[74]

3) 손해배상금의 반환

① 권리침해로 인한 손해배상금의 반환

디자인권자 또는 전용실시권자가 자기의 디자인권이나 전용실시권침해를 이유로 타인에게 받은 손해배상금은 실시료와는 달리 그 타인에게 손해를 가한 자이므로 그 손해배상금을 반환하여야 한다. 전용실시권자의 반환손해배상금에 대하여는 디자인권자에게 구상할 수 있는가에 대하여 의문이 생기나 구상할 수 있다고 해석함이 타당하다.

---

74) 東京高判 昭 52.4.26 速報 37호 848(素材電解鍍金의 처리방법사건) 참조.

② 금지청구권 등으로 인한 손해배상금의 반환

디자인권자 또는 전용실시권자가 자기의 권리를 침해한 자 또는 침해할 우려가 있는 자에 대하여 그 침해의 금지 또는 예방, 침해행위를 조성한 물건의 폐기, 침해행위에 제공된 설비의 제거 그 밖의 침해의 예방에 필요한 행위의 청구로 인하여 타인에게 손해를 입힌 것이 고의나 과실에 의한 경우에는 민법 제750조의 규정에 의해 디자인권자 또는 전용실시권자는 그 타인에게 손해를 배상할 책임이 있다. 전용실시권자의 반환손해배상금에 대하여는 디자인권자에게 구상할 수 있는가에 대해서는 위에서 설명한 바와 같이 구상할 수 있다고 봄이 타당하다.

권리자의 디자인권 행사는 일반적으로 그 디자인등록이 유효한 때에만 적법한 것이므로 고의나 과실의 문제가 발생하지 않지만 언제나 그런 것만은 아니다. 예를 들면 당해 디자인등록이 무효로 될 개연성이 매우 높음에도 금지청구권 등을 행사하여 상대방에게 손해배상을 받았을 경우에는 디자인등록무효의 심결확정 후 그 상대방은 그 손해배상의 청구를 할 수 있고 권리자는 이를 반환하여야 한다.

(10) 심판절차 등

디자인등록의 무효심판의 심판절차 등에 관하여는 전술한 제11장 제2절 “심판절차 일반 Ⅰ. 심판청구, Ⅲ. 심판청구의 취하, Ⅳ. 심리, Ⅵ. 참가, Ⅶ. 심결, Ⅷ. 결정, Ⅸ. 심판의 종결, Ⅹ. 심판비용, Ⅻ. 소송과의 관계 등”에서 이미 설명하였으므로 여기에서는 생략하니 각 해당편을 참고하기 바란다.

5. 권리범위 확인심판

(1) 서 설

1) 의 의

디자인보호법은 디자인권자·전용실시권자 또는 이해관계인은 등록디자인의 보호범위를 확인하기 위하여 디자인권의 권리범위 확인심판을 청구할 수 있다고 규정하고 있다(법 69). 여기에서 디자인권의 권리범위 확인심판이라 함은 등록디자인과 제3자가 실시하고 있는 디자인(이하 “확인대상 디자인”이라 한다) 사이에 저촉이 있는 경우 디자인권의 효력이 미치는 등록디자인의 보호범위를 확인하여 확인대상 디자인이 등록디자인의 권리에 속하는 것인지를 판단하여 디자인권에 관한 분쟁을 예방 또는 해결하려는데 그 의의가 있다.

즉 권리자는 권리침해에 대한 금지 등 청구, 손해배상청구 또는 신용회복청구의 소를 법원에 제기하고자 하는 경우 이를 소제기의 판단자료로 활용할 수 있고, 제3자는 현재 실시하고 있거나 장래 실시하려고 하는 확인대상 디자인이 디자인권의 권리범위에 속하여 등록디자인의 보호범위와 저촉되는지를 확인하여 계속 실시 또는 향후 실시할 것인지 및 권리자의 침해주장에 여하히 대처할 것인지에 대한 판단자료로 활용할 수 있다.

또한 권리범위 확인심판은 단순히 창작적 범위를 확인하는 사실관계의 확정을 목적으로 하는 것이라기보다는 그 창작적 범위를 기초로 하여 구체적으로 문제된 실시형태에 대하여 권리의 효력이 미치는지 여부를 확인하는 권리관계의 확정을 목적으로 한다.[75]

2) 법적 성질

디자인보호법상의 권리범위확인심판의 법적 성질에 대하여는 그 확인이라는 문자표현과 심판의 내용으로 종래부터 두 견해가 첨예하게 대립되어 오고 있다. 그 하나가 등록디자인의 현재에 있어서의 존재 또는 부존재를 주장하여 그 확정을 구하는 민사소송에서 확인의 소의 성격을 가진다는 견해이고, 다른 하나가 청구가 판결에 의한 기존의 법률상태의 변경 또는 새로운 권리관계의 발생의 요건존재를 주장하는 형성의 소(창설의 소 또는 권리변경의 소라고도 한다)의 성격을 가진다는 견해이다.

전자의 견해는 권리범위의 확인을 법원에 확인의 소나 특허심판원에 심판의 청구를 선택적으로 할 수 있다는 입장으로 양자가 상호모순 충돌될 때에는 디자인보호법 제72조의28(소송과의 관계)에 의한 절차의 중지규정에 의해 해결할 수 있다는 것이다.[76] 이에 대해 후자의 견해는 성질상 소급효가 수반된다는 점과 일사부재리의 원칙의 적용 등으로 보아 형성적 효과를 가져오는 것, 즉 디자인의 등록행위라고 하는 행정행위를 권리범위확인심판이라는 형식을 취했다는 입장이다.[77]

살펴보건대 권리범위 확인심판은 침해사실의 유무나 이용관계의 유무에 관한 공적 판단이라는 점에서 실질적으로 확인의 소와 같은 성격을 가졌다고 할 수 있다. 그러나 확인의 소설은 특허심판원에 권리범위 확인심판을 청구하지 아니하고 법원에 확인의 소로 제기하여야 한다는 점에서 권리범위확인에 대한 심판은 특허심판원의 전속관할이고(정부조직법 37⑤) 또 권리범위의 확인은 디자인권의 효력이 미치는 범위를 확인하여 확정하는 특허심판원의 구체적 형성행위인 형성처분의 성질을 가지는 것으로 권리범위 확인심판을 민사소송법상의 확인의 소라는 전제 하의 논지는 설득력이 없다.[78] 또 권리범위 확인심판의 심결이 확정되면 그 사건에 대하여는 누구든지 동일

75) 대법원 1991. 3. 27. 선고 90후373 판결 참조.

76) 尊優美編, 總覽, 729面 참조.

77) 尹鐘廉, 意匠法, 593面 참조.

78) 대법원 1963. 8. 31. 선고 63후18 참조.

사실 및 동일증거에 의하여 다시 심판을 청구할 수 없다는 일사부재리의 효력과 소급효가 인정되지 않는다는 민사소송의 확인의 소와는 달리 권리의 설정등록시점으로 소급하여 당초부터 그 확정심결에 판시된 내용의 권리가 확인된 것으로 해석된다.[79] 이러한 관점에서 볼 때 권리범위 확인심판은 형성적 효력을 지니고 있으며 디자인의 등록처분은 확인심판이라는 방향에서 보완해 나가는 부차적인 행정처분이라고 볼 수 있다.[80]

(2) 당사자 적격

1) 서 론

디자인보호법은 권리범위확인심판청구의 적격자로 디자인권자·전용실시권자 또는 이해관계인을 규정하고 있다. 즉 디자인권자·전용실시권자 또는 이해관계인은 등록디자인의 보호범위를 확인하기 위하여 디자인권의 권리범위확인심판을 청구할 수 있다고 규정함으로써(법 69) 디자인권자·전용실시권자 또는 이해관계인이 아닌 자는 심판청구를 할 수 없도록 규정하고 있다.

이와 같이 권리범위확인심판의 청구를 디자인권자·전용실시권자 또는 이해관계인으로 제한한 것은 "이익 없으면 소권 없다"라는 민사소송법상의 원칙에 따른 것이며, 이는 심판청구의 남발로 인한 심판 및 심판행정력의 낭비를 방지하고 권리의 안정성을 도모하려는 것이다.

2) 디자인권자

권리범위 확인심판청구의 적격자로서의 디자인권자에 대하여는 자기의 디자인권을 보호하기 위하여 제3자의 확인대상 디자인이 디자인권의 권리범위에 속하는지 디자인권의 효력이 미치는 등록디자인의 보호범위를 확인할 필요가 있기 때문에 당사자 적격을 가짐은 당연하다.

3) 전용실시권자

권리범위확인심판청구의 적격자로서의 전용실시권자에 대하여는 자기의 전용실시권을 보호하기 위하여 제3자의 확인대상 디자인이 전용실시권의 권리범위에 속하는

---

79) 권리범위확인심판에 소급효·형성적 효력이 있다는 견해로는 鄭寅鳳, 특허법, 59면; 李秀雄, 487면; 梁承斗, 313면 등 참조. 이에 반해 형성적 효력이 없다고 보는 견해는 安永植, 권리범위확인심판에 관한 판례연구, 법률신문, 1986. 12. 17(상), 12.22(中), 1987. 1. 5(下) 참조.

80) - 일본특허법은 종래의 이 제도를 판정제도로 개정하였으나(일본특허 71) 상기와 같은 권리범위 확인심판의 심결의 성질상 불투명한 점을 입법적으로 완전히 해결한 것으로 보기 어렵다(豊山崎, 工業所有權, 有斐閣, 1975, 131면).
- 黃宗煥, 意匠法, (주)한빛지적소유권센터, 1997. 1. 3, 766면 참조.

지 전용실시권의 효력이 미치는 범위를 확인할 필요가 있기 때문에 당사자 적격을 가짐은 당연하다.

4) 이해관계인

디자인보호법은 권리범위 확인심판을 청구할 수 있는 자로 디자인권자·전용실시권자 또는 이해관계인이라고 규정하고 있다(법 69①). 그러나 이해관계인이 누구인가에 대해서는 규정을 두고 있지 않고 있으므로 이해관계인의 청구적격에 대하여 자세히 살펴보기로 한다.

① 이해관계인이 될 수 있는 자

이해관계인이 될 수 있는 자는 다음의 1에 해당하는 자이다.

i. 당해 등록디자인의 실시, 즉 등록디자인을 실시하여 등록디자인에 관한 물품을 생산·사용·양도·대여 또는 수입하거나 그 물품의 양도 또는 대여의 청약(양도나 대여를 위한 전시를 포함한다. 이하 같다)함을 업으로 하는 자 또는 그 업무의 성질상 당해 등록디자인을 실시하리라고 추측이 가는 자[81]

ii. 디자인권자로부터 권리의 대항을 받을 염려가 있어 현재 직무상 손해를 입고 있거나 앞으로 손해를 입을 우려가 있는 자[82]

iii. 권리자로부터 경고나 침해중지요청을 받은 자[83]

iv. 권리자로부터 그 권리의 대항을 받을 염려가 있어 현재 업무상 손해를 받고 있거나 후일 받을 염려가 있는 자를 포함하는 것이므로 당해 영업을 폐지한 자도 이해관계인이 된다.[84]

v. 권리자와 동종의 업에 종사하는 자[85]

vi. 동업자 단체가 회원을 대표하여 심판청구를 하는 경우 그 개개의 구성원이 이해관계가 있으면 그 단체로서도 이해관계가 있다.[86]

② 이해관계인으로 인정될 수 없는 자

다음의 경우에는 이해관계인으로 인정되지 아니한다.

i. 특정의 이해관계인이 권리자와 디자인등록에 관한 분쟁을 하지 않기로 화해한 경우에는 그들간의 다툼이 없어져 그 이해관계인이 권리자로부터 그 권리의 대항을

---

81) 대법원 85후46 판결, 67후9 판결 참조.

82) 대법원 62후14 판결 참조.

83) 대법원 67후6 판결 참조.

84) 대법원 1981. 1. 13. 선고 80후72 판결 참조.

85) 대법원 74후19 판결, 75후15 판결 참조.

86) 대법원 1990. 2. 19. 선고 89후1271 판결 참조.

받을 염려가 없게 되었다고 볼 수 있으므로 권리자와 일체의 분쟁을 하지 않는다는 화해각서에 서명한 자는 이해관계인이 아니다. 그러므로 심판청구당시 이해관계가 있는 당사자라 하더라도 다투지 않기로 합의하였다면 이해관계가 취소되는 것이다.[87)]

그러나 등록디자인의 권리자 갑과 그로부터 디자인권침해의 고소를 당한 을 사이에 을이 그 등록디자인의 권리를 인정하고 그 권리에 위반되는 행위를 하지 않는다는 내용의 약정을 하였다 하더라도 문언상으로는 그 합의의 취지가 을이 갑의 등록디자인에 대한 정당한 권리를 인정하고 그 권리에 위반되는 행위를 하지 아니하기로 한 것으로 볼 수 있을 뿐이어서 그 합의로써 곧바로 을이 자신이 실시했던 특정디자인이 그 등록디자인의 권리범위에 속함을 인정하였다거나 그 등록디자인의 권리범위를 확인하는 심판청구권까지를 포기하기로 한 것으로 볼 수 없으므로 그와 같은 합의가 있었다는 사정만으로 심판청구인의 권리범위 확인심판에 관한 이해관계가 소멸되었다고 볼 수 없다.[88)]

따라서 디자인권자와 일체의 분쟁을 하지 않기로 합의한 것과 권리침해를 하지 않기로 합의한 것은 다르다 할 것이다.

ii. 전용실시권자나 통상실시권자는 디자인권이 유효하게 존재하고 있는 것을 알고 실시계약을 체결한 자로서 계약기간 내에는 그 권리의 대항을 받을 염려가 없어 업무상 손해를 받거나 받을 염려가 없는 디자인권자와 법률적 신뢰관계에 있는 자이므로 당해 디자인권을 대상으로 다투는 것은 신의칙에 반하므로 전용실시권자 및 통상실시권자는 이해관계인이 아니다.[89)]

이에 반해 “통상실시권을 허여받은 사실만으로는 이해관계가 상실되었다고 볼 수 없고”[90)] 또 “심판청구인이 특허청으로부터 본건 등록디자인의 통상실시권을 허여받았다고 하여도 제품 순판매액의 3%에 해당하는 대가의 지불조건이 붙어 있어 통상실시권에 수반하는 업무이행을 하여야 한다면 위 실시권 허여 자체만으로 당사자간의 모든 이해관계가 소멸되었다고 볼 수 없다[91)]고 한 판례도 있다.

그러나 실시권자는 디자인권자와 같이 등록디자인에 관하여 완전 독점적 지위에서 자유롭게 실시할 수 있는 것이 아니기 때문에 심판청구가 가능하다 할 것이다.[92)] 그리고 또 등록디자인으로서 보호받을 수 없는 창작은 일반의 공유재산이기 때문에 실시권자는 당해 디자인의 유효성을 다툴 충분한 경제적 이해관계가 있으며, 만일 실시권자의 쟁송을 허용하지 아니하면 일반인은 정당한 이유 없이 부당독점에 대한 대가를 지급하여야 하므

87) 대법원 77후50 판결 참조.

88) 대법원 1996. 12. 6 선고 95후1050 판결 참조.

89) 대법원 1981. 7. 28 선고 80후77 판결, 1983. 1. 18 선고 82후58 판결 등 다수 참조.

90) 대법원 1980. 5. 13 선고 79후74 판결 참조.

91) 대법원 1984. 5. 29 선고 82후30 판결 참조.

92) 東京高判 昭 38.1.31 판결 참조.

로 실시권자가 등록디자인의 유효성을 다툴 수 있다고 해석하는 것이 타당하다.[93)]

(3) 심판청구기간

디자인보호법에서는 권리범위 확인심판의 청구기간에 대하여 규정하고 있지 않다. 그러나 권리범위 확인심판의 성질상 현존하는 디자인권의 권리범위의 확정에 그 목적이 있기 때문에 디자인등록의 무효심판과는 달리 디자인권이 소멸된 후에는 권리범위확인의 이익이 없으므로 청구할 수 없다는 것이 판례의 입장이며[94)] 특허심판원 실무도 이와 같다.

그러나 권리가 소멸된 후에도 디자인권 소멸 전의 침해로 인한 손해배상청구, 신용회복청구 등의 권리행사와 관련하여 권리범위 확인심판청구의 이익이 있는 경우가 있을 것이므로 권리소멸이 되었다 하더라도 심판청구를 인정하여야 한다는 견해가 있고 필자 또한 이 견해를 지지한다.

(4) 심판청구대상

권리범위 확인심판청구의 대상은 1디자인을 1디자인등록출원한 디자인등록의 경우는 그 1등록디자인이 되고, 복수디자인(20디자인 이내)인을 1디자인등록출원(이하 "복수디자인등록출원"이라 한다)한 디자인등록에 대해서는 각 디자인마다 청구의 대상이 된다. 또 등록디자인 또는 디자인등록출원한 디자인(이하 "기본디자인"이라 한다)에만 유사한 디자인(이하 "유사디자인"이라 한다)인 경우에는 그 유사디자인만으로 디자인등록된 그 유사디자인등록이 심판청구의 대상이 된다. 그런데 문제는 권리 대 권리간의 권리범위 확인심판을 청구할 수 있는가이다.

1) 권리대 권리간의 적극적 권리범위 확인심판의 청구

① 원칙적으로 불허

적극적 권리범위 확인심판에 있어서 상대방의 실시디자인이 등록디자인인 경우에는 그것이 심판청구인의 선출원 등록디자인과 동일 또는 유사한 것이라 하더라도 상대방의 디자인이 심판청구인의 등록디자인의 보호범위, 즉 디자인권의 권리범위에 속한다고 하는 권리 대 권리간의 적극적 권리범위확인심판의 청구는 상대방의 권리를 부정하는 결과가 된다. 그러므로 먼저 상대방의 디자인등록의 무효심결이 확정되기까지는 그 무효를 주장할 수 없고, 따라서 상대방의 등록디자인이 심판청구인의 디자인권의 권리범위에 속한다는 확인을 구하는 적극적 권리범위 확인심판의 청구는 부적법하여 이를 인정할 수 없으므로 이러한 경우에는 원칙적으로 각하되어야 한다.[95)]

---

93) 1969년 Lear Inc. v. Adkins사건 참조.

94) 대법원 1970. 3. 10. 68후21 판결, 1996. 11. 15. 96후740 판결, 1996. 9. 10. 94후2223 판결 등 다수 참조.

문제는 심판 계속 중 또는 심결취소소송 계속 중에 확인대상디자인이 등록된 경우이다. 이 경우에는 그 권리범위 확인심판은 부적법한 것으로 되지만 심결이 있은 후에 그 심결에 대한 취소소송 계속 중에 확인대상디자인이 등록된 경우에는 그 심판 자체가 부적법한 것으로 되는 것은 아니게 된다.[96]

② 예외적으로 허용 – 두 디자인이 이용관계에 있는 경우 –

권리 대 권리간의 적극적 권리범위확인심판청구라 하더라도 두 디자인이 이용관계[97]에 있는 때에는 이를 부적법하다고 할 수 없다. 왜냐하면 후출원 등록디자인을 확인대상디자인으로 하여 선출원 등록디자인의 권리범위에 속한다는 확인을 구하는 적극적 권리범위 확인심판은 후출원 디자인등록에 대한 무효심판의 확정 전에 그 권리의 효력을 부정하는 결과로 되기 때문에 원칙적으로 허용되지 않는다. 다만, 두 디자인이 이용관계에 있어 확인대상디자인의 디자인권의 효력을 부정하지 아니하고 권리범위의 확인을 구할 수 있는 경우에는 예외적으로 권리 대 권리간의 적극적 권리범위 확인심판의 청구가 허용된다.[98] 따라서 두 디자인간에 이용관계가 성립되는 경우에는 적극적 권리범위 확인심판을 청구할 수 있다 할 것이다.

2) 권리 대 권리간의 소극적 권리범위 확인심판의 청구

두 권리간의 소극적 권리범위 확인심판청구를 받아들인다 하더라도 심판청구인의 등록디자인에 관한 권리가 심판피청구인의 등록디자인에 관한 권리의 효력을 부인하는 것은 아니기 때문에 하등 부적법하다고 할 이유가 없다.[99] 그러나 이에 대하여는 부정적 시각의 견해도 있다. 즉 이 경우 심판청구가 기각된 때에는 심판청구인의 등록디자인에 관한 권리가 심판피청구인의 디자인권의 권리범위에 속한다는 결론에 이르게 되므로 이렇게 될 경우 결국 적극적 권리범위 확인심판과 다를 바 없게 되어 위와 같은 구별은 부적합하다는 비판이 있다.

---

95) 대법원 1976. 11. 23. 선고 73후47 판결, 1984. 4. 29. 선고 83후105 판결, 1985. 5. 28. 선고 84후5 판결, 1986. 3. 25. 선고 84후6 판결 등 다수 참조.

96) 특허심판원의 심결취소소송에서 심결의 위법여부는 심결당시의 법령과 사실상태를 기준으로 판단하여야 하고, 원칙적으로 심결이 있은 후 비로소 발생한 사실을 고려하여 판단의 근거로 삼을 수는 없으므로, 이 사건 심결 후에 원고가 실시하고 있는 디자인이 디자인등록되었다고 하여 이 사건 심판청구가 결과적으로 부적법한 것으로 되는 것은 아니다(대법원 2004. 11. 12. 선고 2003후1420 판결).

97) "이용관계는 후디자인이 선등록디자인에 새로운 창작적 요소를 부가하는 것으로서 후디자인이 선등록디자인의 요지를 전부 포함하고 이를 그대로 이용하되, 후디자인에 선등록디자인이 디자인으로서의 일체성을 유지하는 경우에 성립하는 것이며, 이는 선등록디자인과 동일한 디자인을 이용하는 경우도 마찬가지이다"라고 판시하고 있다(대법원 2002. 6. 28. 선고 99후2433 판결 참조).

98) 대법원 2002. 6. 28. 선고 99후2433 판결 참조.

99) 대법원 1992. 4. 28. 선고 91후1748 판결, 1996. 7. 30. 선고 96후375 판결, 2001. 9. 7. 선고 2001. 9. 7. 선고 2001후393 판결 등 다수 참조.

(5) 심판청구 및 청구방식

1) 심판의 청구

디자인권자, 전용실시권자 또는 이해관계인은 등록디자인의 보호범위를 확인하기 위하여 디자인권의 권리범위 확인심판을 청구할 수 있다(법 69). 그리고 디자인권의 권리범위 확인심판을 청구하는 경우에 위에서 설명한 바와 같이 디자인이 2 이상 20 이내인 때에는 1 디자인마다 청구를 할 수 있고 또 전 디자인을 하나로 묶어 청구할 수도 있다.

2) 심판의 청구방식

① 심판청구서 등 제출

디자인권의 권리범위 확인심판을 청구하고자 하는 자는 ⅰ) 당사자의 성명 및 주소(법인인 경우에는 그 명칭 및 영업소의 소재지), ⅱ) 대리인이 있는 경우 그 대리인의 성명·주소나 영업소의 소재지(대리인이 특허법인인 경우에는 그 명칭·사무소의 소재지 및 지정된 변리사의 성명), ⅲ) 심판사건의 표시, ⅳ) 청구의 취지 및 그 이유를 기재한 디자인권의 권리범위 확인심판 청구서(법 24, 준용특허법시행규칙 별지 제31호 서식)에 등록디자인과 대비될 수 있는 설명서 및 도면과 대리인에 의하여 심판절차를 밟는 경우 그 대리권을 증명하는 서류 1통을 첨부하여 특허심판원장에게 제출하여야 한다. 이 경우 복수디자인인 등록출원에 의하여 등록된 디자인에 대하여는 심판청구의 대상이 되는 등록디자인마다 심판청구서를 제출할 수 있다(법시행규칙 24① 후단). 그러나 1심판청구서에 이를 하나로 묶어 청구할 수도 있음은 앞에서 설명한 바와 같다(법 72의2①③, 법시행규칙 24①).

② 심판청구서의 보정

ⅰ. 심판청구인의 자진보정

디자인권의 권리범위확인심판청구서의 보정은 할 수 있되 그 요지는 변경할 수 없다. 다만, 위 ①의 심판청구서의 기재사항 중 ⅰ)의 당사자 중 디자인권자의 기재를 바로잡기 위하여 보정(추가하는 것을 포함한다)하는 경우, ⅳ)의 청구의 이유를 보정하는 경우, 디자인권자 또는 전용실시권자가 청구인으로서 청구한 권리범위확인심판에서 심판청구서의 확인대상디자인(청구인이 주장하는 피청구인의 디자인을 말한다)의 설명서 및 도면에 대하여 피청구인이 자신이 실제로 실시하고 있는 디자인과 비교하여 다르다고 주장하는 경우에 청구인이 피청구인의 실시디자인과 동일하게 하기 위하여 심판청구서의 확인대상디자인의 설명서 및 도면을 보정하는 경우에는 그러하지 아니하다(법 72의2②1, 2). 심판청구서의 보정에 관한 자세한 설명은 앞의 제11장 제2절 심판절차일반 Ⅰ. 1. (2) 심판청구서의 보정제한－보정제한주의－1)부터 3)까지를 참고하기 바란다.

ii. 심판장 명령에 의한 보정

(i) 보정사항

심판장은 다음의 어느 하나에 해당하는 경우에는 기간을 정하여 심판청구서의 보정을 명하여야 한다(법 72의4①).

i) 심판청구서가 제72조의2(심판청구방식) 제1항·제3항 내지 제4항의 규정에 위반되는 경우

ii) 심판에 관한 절차가 다음의 1에 해당하는 경우

A. 제4조(미성년자 등의 행위능력) 제1항 또는 제4조의4(대리권의 범위)의 규정에 위반되는 경우

B. 납부하여야 할 수수료를 납부하지 아니한 경우

C. 이 법 또는 이 법에 의한 명령이 정하는 방식에 위반된 경우

(ii) 심판청구서 각하

심판장은 위의 보정사항에 대하여 보정명령을 받은 자가 지정된 기간 이내에 보정을 하지 아니한 경우에는 결정으로 심판청구서를 각하하여야 한다. 심판청구서의 각하결정은 그 이유를 붙인 서면으로 하여야 한다(법 72의4②③).

(6) 심리방식

권리범위 확인심판의 심리방식은 당사자 대립의 구조를 채택하고 있다. 이는 심판관의 직권심리에서의 직권탐지 및 판단의 합리성과 심리의 객관성 확보의 보장에서이다. 즉 당사자 쌍방에게 변명의 기회를 평등하게 주기 위한 소위 당사자 대등의 원칙에 의한 것이다. 이에 관한 자세한 설명은 전술한 "제11장 제2절 심판절차일반 Ⅳ. 심리 3. 적법성 심리 (3) 심리방식 1) 서면심리와 구술심리, 2) 직권심리"를 참고하기 바란다.

(7) 확인대상 디자인 등의 특정

1) 확인대상 디자인의 특정

적극적 권리범위 확인심판을 청구하기 위해서는 우선 심판청구의 대상인 확인대상 디자인의 창작적 내용이 당해 등록디자인과 서로 대비할 수 있을 만큼 구체적으로 특정되어야 한다.

2) 실시주장 디자인의 특정

소극적 권리범위 확인심판을 청구하기 위해서는 우선 심판청구의 대상인 실시주장 디자인의 구성내용이 당해 등록디자인과 서로 대비할 수 있을 정도로 구체적으로 특정되어야 한다.

3) 특정미흡시의 보정명령

위 1) 2)의 특정에 미흡한 점이 있는 경우 심판절차에서는 요지변경이 되지 아니하는 범위 내에서 위 1) 2) 각각 디자인의 설명, 창작내용 등 도면의 기재사항 및 도면 등에 대한 보정을 명하는 등의 조치를 취하여야 할 것이고, 그럼에도 불구하고 권리범위 확인심판에서 확인대상 디자인 또는 실시주장 디자인의 구성요소가 등록디자인과 대비할 수 있을 정도로 특정이 되지 않았다면 그 심판청구는 부적법하여 각하되어야 한다.[100)]

(8) 심결의 유형

권리범위 확인심판의 심리결과는 두 가지의 유형으로 나타나는데 그 하나는 "확인대상 디자인은 등록디자인의 권리범위에 속한다"라는 심결이고 다른 하나는 "확인대상 디자인은 등록디자인의 권리범위에 속하지 아니한다"라는 심결인 바, 전자를 구하는 심판을 "적극적 권리범위확인심판"이라고 하고 후자를 구하는 심판을 "소극적 권리범위확인심판"이라고 한다. 이에 대하여 살펴보기로 한다.

1) 확인대상 디자인이 등록디자인의 권리범위에 속하는 경우 - 적극적 권리범위 확인심판 -

① 확인대상 디자인이 등록디자인의 구성요소를 모두 포함하고 있는 경우

i. 단일물품 디자인인 경우

확인대상 디자인이 등록디자인의 디자인등록 출원시 보호를 받고자 하는 사항을 명확히 하기 위하여 디자인의 특정에 필요한 디자인의 대상이 되는 물품[물품의 부분(한 벌의 물품을 제외한다) 및 글자체를 포함한다. 이하 같다]의 형상·모양·색채 또는 이들을 결합한 것 등(이하 "등록디자인의 구성요소 또는 성립요소"라 하며, 이를 혼용한다)을 모두 포함하고 있으면 등록디자인의 권리범위에 속하는 것으로 된다.[101)]

---

100) 대법원 2005. 4. 29. 선고 2003후656 판결, 2004. 2. 13. 선고 2002후2471 판결 및 2001. 8. 21. 선고 99후2372 판결 등 다수 및 디자인보호법 72의2 제3항 참조.

101) 대법원 1998. 9. 26. 선고 98후2160 판결 참조.

즉 디자인의 신규성 판단이나 선행디자인과의 유사여부 판단의 대상인 디자인은 반드시 형태 전체를 모두 명확히 한 디자인뿐만 아니라 그 자료의 표현부족을 경험칙에 의하여 보충하여 그 디자인의 요지파악이 가능한 한 그 대비판단 대상이 될 수 있다고 보아야 할 것이다.[102] 따라서 등록디자인의 구성요소를 하나라도 결여하고 있으면 등록디자인의 권리범위에 속하지 않는 것으로 된다.[103] 이러한 등록디자인의 구성요소는 디자인등록출원서의 기재사항 및 그 출원서에 첨부한 도면·사진 또는 견본과 도면에 기재한 디자인의 설명 및 창작내용의 요점(이하 "디자인의 설명"이라 한다)에 표현된 디자인에 의하여 정하여진다.

따라서 확인대상디자인이 등록디자인의 권리범위에 속하는가는 두 디자인의 구성요소의 동일 또는 유사여부의 판단에 의해 결정된다.

두 디자인의 구성요소의 동일은 양자의 완전일치 여부의 관점에서 판단하므로 권리범위에 속하는지의 여부판단이 용이한데 반하여 유사는 디자인을 구성하는 각 요소(디자인을 구성하는 개개의 형상, 모양, 색채 또는 이들 요소를 결합한 것)를 부분적으로 분리하여 대비할 것이 아니라 그 외관 전체와 전체를 대비 관찰하여 보는 사람의 마음에 환기될 미감과 인상이 유사한 것인지의 여부에 따라 판단하여야 하고, 이 경우 디자인을 보는 사람의 주의를 가장 끌기 쉬운 부분을 요부로서 파악하고 이것을 관찰하여 일반수요자의 심미감에 차이가 생기게 하는지 여부의 관점에서 판단하여야 한다. 양 디자인 대비결과 그 지배적인 특징이 유사하다면 세부적인에 다소 차이가 있을지라도 유사하다고 보아야 한다. 또한 양 디자인의 공통된 부분이 그 물품으로서 당연히 있어야 할 부분 내지 디자인의 기본적 또는 기능적 형태인 경우에는 그 중요도를 낮게 평가하여야 하므로 이러한 부분들이 동일·유사하다는 사정만으로는 곧바로 양 디자인이 서로 동일·유사하다고 할 수 없다.[104]

ⅱ. 복수물품의 디자인인 경우

두 디자인의 유사여부판단은 통상적으로 전체 대 전체의 대비관찰방법에 의하나 복수의 구성요소(구성부재)로 이루어진 디자인인 경우에도 전체 대 전체의 관찰방법에 의해 유사판단을 하여야 하는가이다. 그러나 반드시 그러한 것만은 아니다.

예를 들면 용기와 뚜껑이 결합되어 있는 이 사건등록디자인(<그림-1>)의 권리범위는 용기만으로 이루어진 확인대상디자인(<그림-2>)에도 미치는지의 여부에 관한 권리범위 확인심판(적극)청구사건에서 특허심판원은 미친다고 본 반면 특허법원은 미치지 아니한다고 보았다.

---

102) 대법원 1995. 11. 24. 선고 93후114 판결 참조.

103) 대법원 1991. 6. 11. 선고 90후1024 판결 참조.

104) 대법원 2001. 6. 29. 선고 2000후3388 판결, 2006. 6. 29. 선고 2004후2277 판결, 1996. 11. 12. 선고 96후443 판결, 2005. 10. 14. 선고 2003후1666 판결 등 다수 참조.

〈그림-1〉 이 사건 등록디자인

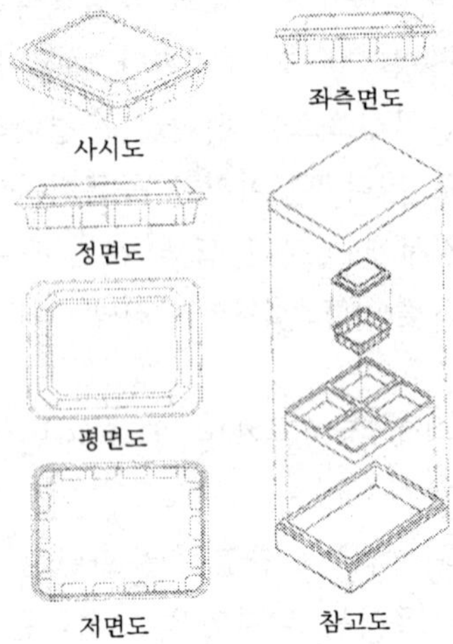

〈그림-2〉 확인대상 디자인

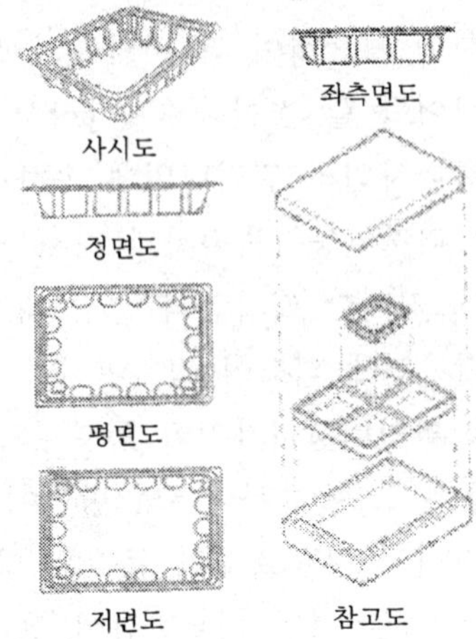

- 이 사건 등록디자인은 건과자, 건어물 등의 건과류를 담는 용기로서, 참고도에 도시한 바와 같이 건과류가 담긴 용기는 포장상자 내에 삽입되는 것이다. 이 사건 등록디자인은 용기와 뚜껑으로 형성되며 용기의 측면에는 다수의 엠보싱을 형성한 “건과류 포장용기”의 형상과 모양의 결합을 창작내용의 요점으로 하고, 그 형상과 모양은 위 <그림-1>과 같다.

- 확인대상 디자인의 물품은 “용기만으로 구성된 포장용기”로서, 그 형상과 모양은 위 <그림-2>와 같다.

〈그림-3〉 비교대상디자인

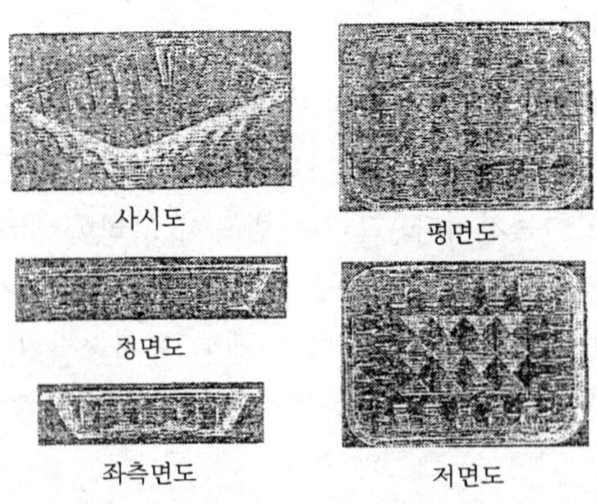

비교대상디자인 1은 1978. 1. 17. 출원되어(출원번호 : TH53-43722) 1979. 11. 20. 등록된 일본 의장공보이고, 물품은 ‘포장용 용기’로서 그 형상과 모양은 위 <그림-3>과 같다.

〈그림-4〉 비교대상디자인

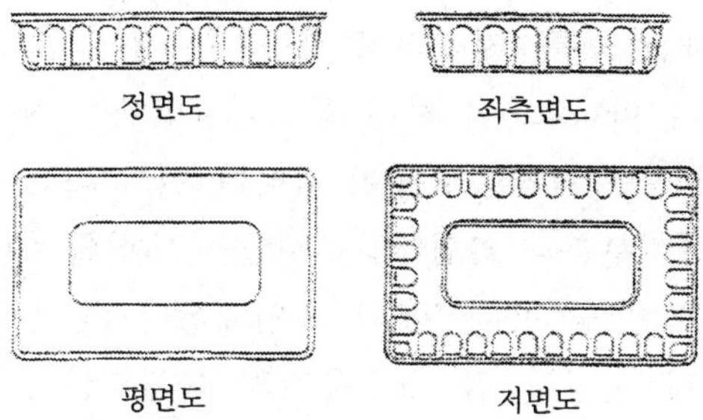

비교대상디자인 2는 1968. 8. 2. 출원되어(출원번호 : 소43-23422호) 1975. 3. 11. 등록된 일본 의장공보이고, 물품은 '포장용 용기'로서 그 형상과 모양은 위 <그림-4>와 같다.

〈그림-5〉 비교대상디자인

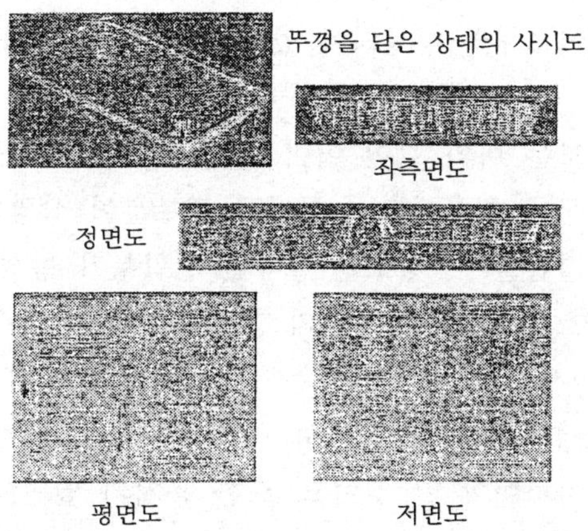

비교대상디자인 3은 1978. 10. 9. 출원되어(출원번호 : 소53-42954호) 1979. 11. 20. 등록된 일본 의장공보이고, 물품은 "포장용 용기"로서 그 형상과 모양은 위 <그림-5>와 같다.

즉, 특허심판원은 이 사건 등록디자인에는 부분품인 용기의 형상과 모양이 참고도에 의하여 명확하게 알 수 있을 정도로 표현되어 있어 이 사건 등록디자인에서 뚜껑을 제외한 채로 그 대응부분만으로도 확인대상디자인과 유사여부를 판단하는 것이 상당하다고 전제한 후, 확인대상디자인과 이 사건 등록디자인 중 상응하는 용기부분의 디자인이 서로 유사하므로 확인대상디자인은 이 사건 등록디자인의 권리범위에 속한다는 이유로 피고의 청구를 인용하는 심결을 하였다.[105]

원고는 이에 대하여 특허법원에 위 심결의 취소를 구하는 소를 제기하였으며 특허법원은 다음과 같은 이유로 이 사건 심결을 취소하는 판결을 선고하였다.[106]

105) 특허심판원 2009. 2. 27. 심결 2008당2027호.

(ⅰ) 이 사건 등록디자인은 용기와 뚜껑이 결합된 포장용기를 표현대상으로 한 디자인이고, 확인대상디자인은 용기만으로 이루어진 포장용기에 관한 디자인이다. 그런데 이 사건 등록디자인의 포장용기는 용기와 뚜껑이 불가분적으로 결합되어 있는 것이 아니고, 이 사건 등록디자인에는 용기의 형상과 모양을 알 수 있는 도면(평면도를 제외한 도면)이 나타나 있으므로 이 사건 등록디자인에서 뚜껑을 제외한 용기부분과 확인대상디자인을 대비할 수 있다.[107)]

(ⅱ) 이 사건 등록디자인 중 용기부분과 확인대상디자인은 ⅰ) 전체적으로 직육면체 형태의 바구니 형상인 점, ⅱ) 용기의 몸체부분이 상광하협의 형상인 점, ⅲ) 용기의 상단에 뚜껑과 결합할 수 있도록 절곡된 결합부가 형성되어 있는 점, ⅳ) 용기의 사방 옆면에는 상단부에서부터 바닥면의 가장자리까지 다수의 엠보싱을 형성하여 돌출된 면과 그 사이에는 들어가 있는 면이 일정한 크기로 규칙적으로 형성되어 있는 점, ⅴ) 용기의 긴 쪽에는 돌출된 면이 5개씩, 들어가 있는 면이 4개씩 형성되어 있고, 용기의 짧은 쪽에는 돌출된 면이 4개씩, 들어가 있는 면이 3개씩 형성되어 있는 점 등에서 유사하다.

(ⅲ) 그러나 이 사건 등록디자인의 출원 전에 이미 공지된 비교대상디자인들의 형상과 모양에서 보는 바와 같이 이미 여러 개의 디자인들에서 전체적으로 직육면체 형태의 바구니 형상이고 용기의 몸체부분이 상광하협의 형상이며 용기의 상단에 뚜껑과 결합할 수 있도록 절곡된 결합부가 형성되어 있고, 용기의 사방 옆면에는 상단부에서부터 바닥면의 가장자리까지 다수의 엠보싱을 형성하여 돌출된 면과 그 사이에 들어가 있는 면이 일정한 크기로 규칙적으로 형성되어 있는 형상과 모양이 나타나 있어서 위와 같은 ⅰ) 내지 ⅳ)의 유사점은 그 중요도를 낮게 평가하여야 할 것이고, 또한 용기의 옆면에 형성된 엠보싱의 개수가 비교대상디자인들에는 이 사건 등록디자인 및 확인대상디자인보다 다소 많게 형성되어 있으나(비교대상디자인 1에는 1개씩 더 형성되어 있을 뿐이다), 위와 같은 엠보싱의 개수는 통상의 기술자가 단지 공지된 디자인을 이용하여 손쉽게 변형할 수 있는 것에 불과하다 할 것이어서, 위와 같은 ⅴ)의 유사점도 그 중요도를 높게 평가하여야 한다고 할 수 없다.

(ⅳ) 한편, ⅰ) 용기의 상단 결합부가 이 사건 등록디자인은 <그림-6>, <그림-7>과 같이 내측으로 단차되게 절곡한 후 네 모서리를 라운드 처리한 반면, 확인대상디자인은 <그림-8>, <그림-9>와 같이 외측으로 차단되게 절곡한 후 네 모서리를 직각으로 형성한 점, ⅱ) 용기바닥면의 가장자리에 형성된 엠보싱의 형상에서 이 사건 등록디자인은 <그림-10>과 같이 거의 직사각형의 형상인 반면, 확

106) 특허법원 2009. 6. 11. 선고 2009허2029 판결(상고).
107) 대법원 1990. 7. 10. 선고 89후902 판결 참조.

인대상대자인은 <그림-11>과 같이 라운드를 형성하여 거의 반원의 형상인 점, iii) 용기의 하단 네 모서리부분이 확인대상디자인은 <그림-12>, <그림-13>과 같이 모따기가 되어 있는 반면, 이 사건 등록디자인은 아래와 같은 모따기가 되어 있지 않은 점 등에서 차이가 있다.

〈그림-6〉

〈그림-7〉

〈그림-8〉

〈그림-9〉

〈그림-10〉

〈그림-11〉

〈그림-12〉

〈그림-13〉

(v) 위 대비결과에 의하면 이 사건 등록디자인과 디자인은 위 (ii)의 i) 내지 v)와 같은 유사점이 있으나, 이 사건 등록디자인의 출원 전에 공지된 비교대상디자인들에 비추어보면, 위 (ii)의 i) 내지 iv)의 유사점은 그 중요도가 낮게 평가되고, 위 (ii)의 v)의 유사점도 그 중요도가 높게 평가된다고 할 수 없는 점을 감안할 때, 위와 같은 유사점에도 불구하고 앞에서 본 바와 같이 용기의 상단 결합부의 형상, 용기 바닥면의 가장자리에 형성된 엠보싱의 형상, 용기의 하단 네 모서리부분에 모따기가 형성되어 있는지 여부 등 구체적인 형상과 모양이 달라서 전체적으로 대비, 관찰하면 보는 사람으로 하여금 상이한 심미감을 느끼게 한다.

(vi) 따라서 확인대상디자인은 이 사건 등록디자인과 동일, 유사하지 아니하다. 그러므로 이 사건 등록디자인의 권리범위에 속하지 아니한다.

② 확인대상디자인과 등록디자인 간에 다소의 차이가 있는 경우

i. 디자인구성상 다소의 차이

디자인의 유사여부를 판단함에 있어서는 위 ①의 i에서 살펴본 바와 같이 이를 구성하는 각 요소를 부분적으로 볼 것이 아니라 그 요소들을 전체적으로 대비 관찰하여야 하는데 이 경우 구체적으로는 디자인을 보는 사람의 주의를 가장 끌기 쉬운 부분의 지배적인 특징이 서로 유사하여 일반 수요자들이 느끼는 미감에 차이가 없다면 세부적인 특징에 있어서 다소 차이가 있을 지라도 두 디자인은 유사하다고 판단할 수 있을 것이다.[108]

이처럼 디자인은 보는 사람으로 하여금 시각을 통하여 미감을 일으키게 하는 물품의 형상, 모양이나 색채 또는 이들의 결합에 의한 것임을 그 본질적 요소로 하는 것이고, 이와 같은 미감의 형성은 디자인을 구성하는 개별적인 요소에 의해 결정된다.

108) 대법원 1985. 11. 26. 선고 85후38 판결, 1991. 8. 13. 선고 90후1185 판결, 1991. 9. 10. 선고 90후 2072, 2089 판결, 1992. 10. 27. 선고 92후469 판결 등 다수 참조.

그러므로 디자인의 유사여부는 이를 구성하는 각 요소들을 부분적으로 관찰하여 비교판단 하는 것이 아니고 전체 대 전체의 관계에서 수요자에게 주는 미감의 지배적인 특징이 유사하느냐의 여부를 판단하는 것이다. 따라서 그 지배적인 특징이 유사하다면 비록 세부적인 것에서 다소 차이가 있는 경우라도 양 디자인은 유사하다고 보아야 한다.[109)]

즉 디자인의 본체는 이를 보는 사람의 마음에 어떤 미적 취미감을 환기시키는 것에 있는 것이므로 디자인의 유사여부를 판단함에 있어서는 이를 구성하는 각 요소를 부분적으로 분리 대비하는 것이 아니고 전체와 전체를 대비 관찰하여 보는 사람의 마음에 환기될 미감과 인상이 유사한 것인지의 여부에 따라 판단하여야 한다. 또한 디자인보호법이 요구하는 객관적 창작성이란 엄격한 의미의 창작성을 말하는 것이 아니고 과거 및 현존의 것을 기초로 하여 거기에 창작자의 새로운 미감을 주는 미적 의장이 결합되어 그 전체에서 종전의 디자인과는 다른 미감적 가치가 인정되는 정도면 충분하다.[110)]

따라서 디자인의 유사여부는 디자인을 구성하는 요소들을 전체적으로 대비 관찰하여 그 각 디자인이 보는 사람으로 하여금 서로 상이한 심미감을 느끼게 하는 것인지의 여부를 가려서 판단하여야 하고, 이 경우 그 구체적인 판단기준으로서는 보는 사람의 주의를 가장 끌기 쉬운 부분을 요부로 파악하고 그 각 요부를 대비 관찰할 때 일반 수요자들이 느끼는 미감에 차이가 생길 수 있는 지의 관점에서 그 유사성 여부를 결정하여야 한다.[111)]

그러므로 일반적으로 확인대상디자인과 등록디자인의 구성상의 다소의 차이가 등록디자인의 구성의 단순한 변경 즉 디자인을 보는 사람의 주의를 가장 끌기 쉬운 부분(보는 사람의 마음에 환기될 미감과 인상적인 부분 : 요부)이 아닌 부분의 변경에 불과하고 그 차이로 인하여 확인대상디자인이 등록디자인의 미감 이외의 다른 특별한 미감효과를 얻고 있지 못한다면 확인대상디자인은 등록디자인의 권리범위에 속한다.

디자인 구성상 다소의 차이를 기준으로 하여 판시한 사례를 들어 본다.

〈사례 1〉

기록에 의하면 피심판청구인의 이 사건 등록의장(등록 제87041호)과 심판청구인의 (가)호의장의 유사여부에 관하여 살펴보면, 이 사건 등록의장에 있어 사람의 주의를 가장 끌기 쉬운 지배적인 특징은 이 사건 원통형 쓰레기통의 윗부분인 절곡테의 일부분을 약간 돌출시켜 그곳에 손잡이를 만들어 넣도록 한 형상과 모양에 있는 것으로 이 부분의 형상과 모양은 각각의 정면도에 잘 나타나 있는 바, 이 사건 등록의장의 경우는 <그림-1>과 같은 형태를, (가)호 의장의 경우는 <그림-2>와 같은 형태를

109) 대법원 1991. 3. 22. 선고 90후1628 판결, 1992. 7. 10. 선고 92후32 판결 등 다수 참조.
110) 대법원 1994. 10. 14. 선고 94후609 판결, 1995. 11. 21. 선고 94후920 판결 등 다수 참조.
111) 대법원 1987. 2. 24. 선고 85후101 판결, 1990. 5. 8. 선고 89후2014 판결 등 다수 참조.

취하고 있어 대체적인 윤곽이 유사한 마감을 준다 할 것인데, 원통 바깥면의 세로선이 그 폭이나 구성에 있어서 약간의 차이가 있고, 그 선의 윗부분이 이 사건 등록의장의 경우에는 절곡테까지 계속 이어지는 형태임에 대하여 (가)호 의장의 경우에는 약간의 간격을 남겨놓고 가로선으로 마감하는 등 그 표현에 있어서 약간의 차이가 있으며, 또한 손잡이가 이 사건 등록의장의 경우에는 1개로서 테두리가 없음에 대하여 (가)호 의장의 경우에는 2개이며 별도의 테두리를 넣은 차이가 있기는 하나, 그 정도의 차이들은 이 사건 등록의장의 특징적 요부의 창작성 정도에 비추어 보면, 상업적 기능적 변형 정도인 미차에 불과하다 할 것이므로 양 의장은 전체적으로 유사하여 이 사건 등록의장의 권리범위는 (가)호 의장에도 미친다고 할 것이다.[112)]

〈그림-1〉

〈그림-2〉

〈사례 2〉

원심판결 이유에 의하면 원심은 등록의장의 구이기의 석쇠의 형상과 모양에 관한 것이고, (가)호 의장은 고기구이기의 형상과 모양에 관한 것으로서, 양 의장의 석쇠부분을 대비하여 보면, 양 의장은 다 같이 원형 몸체의 양쪽에 2개의 손잡이가 붙어 있는 점이 유사하나, 등록의장은 전체의 약 3/4에 해당하는 가장자기 부분을 석쇠에서 주지되었다 할 수 있는 봉형의 석쇠살을 평면으로 구성하고 전체의 약 1/4에 해당하는 중앙부분만을 타원형으로 볼록하게 솟아오르게 구성하였음에 반하여, (가)호 의장은 석쇠의 중앙부분과 가장자리의 전체면을 볼록하게 솟아오르게 구성하고 있어 정면에서 본 전체적인 윤곽이 다르고, 양 의장에 있어서 요부라 할 수 있는 중앙부분의 형상모양을 보면, 등록의장은 여섯 개의 주연부 하나하나의 가운데 부분을 뚫어 장공(長孔)을 형성하고 있음에 반하여 (가)호 의장은 주연부 하나하나에는 장공이 없이 "U"자형 홈을 구성하고 그 주연부를 양쪽 가장자리까지 연결하였으며 그 사이를 아주 좁은 세공으로 구성한 점에서 차이가 있을 뿐만 아니라 석쇠의 양손잡이 부분도 장공을 형성한 모양 등의 차이가 인정되는 바, (가)호 의장은 전체적으로나 부분적으로 보아 감득되는 심미감이 등록의장과 다르고 등록의장의 단순한 상업적 변형에 불과한 것이라고 할 수도 없으므로 등록의장의 권리범위에 속하지 아니한다고 판단하였다.[113)]

〈사례 3〉

기록에 의하면 이건 의장과 (가)호 의장이 표현될 물품인 실내장식대용블럭은 사용할 때 사용되는 것이 아니고 동일한 형상 및 모양으로 된 것을 횡방향으로 나열시키면서 일반 벽돌과 같이 적재하여 사용하는 것이고 이건 의장의 직육면체로 된 블록몸체의 하단에 결합된 기판형태의 간격유지구(블럭받침판)를 절단하여 사용할 수 있고

112) 대법원 1994. 4. 12. 선고 93후923 판결.

113) 대법원 1992. 7. 10. 선고 92후32 판결.

또 통상 절단되어 사용하는 것인 바, 위 간격유지구(블록받침판)를 절단 사용하여 시공을 하였을 때 이건 실내장식용 대용블럭의 외부에 나타나는 주요부분은 정면의 형상과 모양으로서 이 부분이 실내장식적 요소를 지녀 이건 의장의 구조적인 특징을 가장 잘 나타내는 부분이라고 할 수 있는데 그 부분은 <그림-3>과 같아 (가)호 의장과 그것과 극히 유사하고 한편 두 의장의 다른 부분에 차이가 있으나 이는 미세한 차이로서 흔히 취할 수 있는 변형에 불과한 것이라고 하겠으므로 결국 두 의장은 그 지배적인 특징이 극히 유사하여 두 의장은 심미감에 있어 다르다고 할 수 없을 것이다.

〈그림-3〉

그렇다면 (가)호 의장은 이건 의장과 유사한 의장이라고 할 것이다.[114]

〈사례 4〉

원심심결은 그 이유에 의하면 원심은 이 사건 등록의장과 (가)호 의장을 전체적으로 대비하여 볼 때 양 의장은 모두 정면도에서 전체적인 형상이 직사각형이 유사한 형상으로서 우측하단은 바퀴가 삽입되는 굴곡단턱부와 로울러축이 끼워지는 긴구멍이 형성되고 상단 좌축에는 요홈부가 형성되었고 좌, 우측면도에서 각 그 상단 중앙에 요홈부가 형성되고 그 상단 좌우 끝부분에는 내향 절곡부가 형성되어 있으며 몸체 하단 중앙부의 바퀴가 보이는 부위가 상측으로 요홈부를 이루고 있고 우측면도에서 보아 몸체의 좌우측면이 하측방향으로 좁게 대향절곡되고 그 사이에 바퀴가 설치된 점 등에서 양 의장은 서로 유사하고, 다만 정면도의 굴곡단턱부에 있어서 이 사건 등록의장은 직사각형의 형상인데 비하여 (가)호 의장은 직사각형의 형상에서 좌측상측부가 좌측하단으로 경사지어 절곡된 형상을 하고 있고, 평면도에 의하여 바퀴를 설치한 직사각형의 몸체 및 지지체는 같으나 단지 바퀴의 형상 모양에 있어서의 약간의 차이 및 그 축설된 위치가 (가)호 의장의 것은 이 사건 등록의장보다 약간 바깥쪽으로 나온 점 등 부분적으로 차이가 있으나 이는 단순한 상업적 변화에 불과한 것으로 양 의장은 전체적인 형상, 모양이 유사하여 감득되는 심미감에 별다른 차이가 없는 것이라고 할 것이므로 (가)호 의장은 이 사건 등록의장의 권리범위에 속하고, 한편 이 사건 등록의장은 그 출원전에 공지된 을 제1호증 내지 제6호증 기재의 각 인용의장들과는 그 전체적인 형상, 모양이 다른 것이어서 이 사건 등록의장이 그 출원전에 공지되었다고 볼 수 없다고 판단하였다.[115]

〈사례 5〉

기록에 의하여 이 사건 등록의장과 (가)호 의장 및 피심판청구인의 정인명의 선등록의장(1991.7.20. 제117956호로 의장등록, 이하 선등록의장이라고만 한다), 선출원의장(1998.8.2 제88-10962호 및 제88-10963호로 각 의장등록출원, 이하 선출원의장이라고만 한다)의 유사여부를 판단하건대, 이 사건 등록의장의 사시도와 정면도 및 저면도의

114) 대법원 1992. 10. 27. 선고 92후476 판결.

115) 대법원 1995. 5. 26. 선고 94후2124 판결.

<그림-4>, <그림-5>, <그림-6>과 같고, (가)호 의장의 그것은 각각 <그림-7>, <그림-8>, <그림-9>와 같으며, 선등록의장의 그것은 각각 <그림-10>, <그림-11>, <그림-12>와 같고, 선출원의장들의 각 사시도와 우측면도는 각각 <그림-13>, <그림-14> 및 <그림-15>, <그림-16>과 같은 바, 위 의장들은 모두 상부에는 4각형의 상판 위에 온수관을 끼워 넣을 수 있는 C자형 홀더를 설치하고, 하부에는 고정관체에 미끄러지게 이동할 수 있도록 부착판을 설치하여 구성된 점 등에서 서로 유사한 점이 있으나, 하부구조에 있어서 이 사건 등록의장이나 (가)호 의장에서는 부착판이 1개로 넓적하게 되어 있는 반면, 선등록의장과 선출원의장들에서는 모두 넓적한 부착판은 없고 상판의 4각형 각 모서리 부분에 4개의 길쭉하거나 짧은 발을 형성하여 그 발의 끝부분이 구부러지게 하여 그 구부러진 부분이 고정관체에 부착되도록 한 것인바, 선출원의장이나 선등록의장들은 모두 4개의 발을 형성하여 그 발의 끝부분이 구부러지게 하여 그 구부러진 부분이 고정관체에 부착되도록 한 것인바, 선출원의장이나 선등록의장들은 모두 4개의 발이 형성되어 있는 점에서 발이 없고 넓적한 1개의 부착판이 설치된 이 사건 등록의장이나 (가)호 의장과는 외관의 형상과 모양 등의 구성에 있어서 명백히 서로 달라 양 의장들을 전체로서 관찰할 대 일반수요자들에게 주는 장식적 심미감이 다르므로 유사의장이라고 할 수 없고, 따라서 이 사건 등록의장이 공지 공용의 의장만으로 된 것이라거나, 그러한 공지 공용의 의장들의 결합에 의하여 용이하게 창작할 수 있는 것으로서 객관적 창작성이 없는 의장이라고 할 수도 없으며, 한편 (가)호 의장은 이 사건 등록의장과는 달리 하부 부착판 한가운데가 +자형의 빈

〈그림-4〉

〈그림-5〉

〈그림-6〉

〈그림-7〉

〈그림-8〉

〈그림-9〉

〈그림-10〉

〈그림-11〉

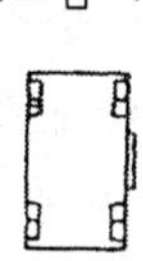
〈그림-12〉

〈그림-13〉

〈그림-14〉

〈그림-15〉

〈그림-16〉

공간을 이루도록 네 개의 판으로 분할되어 있으나 이 정도의 차이는 상업적 변형에 불과하여 전체 대 전체의 관계에서 볼 때 양 의장은 동일한 심미감을 주는 유사한 의장이라 할 것이어서 (가)호 의장은 이 사건 등록의장의 권리범위에 속한다고 할 것이다.[116]

116) 대법원 1995. 12. 22. 선고 95후590 판결.

〈사례 6〉

원심결 이유에 의하면 원심은 본원의장과 인용의장을 대비하여 보면 양 의장 모두 동체가 정팔각기둥 형태로서 동일하고 다만 립스틱 용기 맨 윗부분의 형태가 본원의장은 상면이 사각형이고 팔면의 경사면으로 형성되어 있는 데 비하여 인용의장은 높이가 아주 낮은 팔각의 추(錐) 형태로서 다소 차이가 있으나 이와 같은 차이점은 극히 보통으로 알려져 있는 범위 내에서의 변형에 불과하여 의장 전체로서 유사하므로 본원의장은 의장법 제16조 제1항의 규정에 의하여 등록을 받을 수 없다고 판단하였다.[117)]

③ 확인대상디자인이 등록디자인의 이용디자인인 경우

디자인보호법은 디자인권자·전용실시권자 또는 통상실시권자는 등록디자인이 그 디자인등록출원일 전에 출원된 타인의 등록디자인 또는 이와 유사한 디자인을 이용하는 경우에는 그 디자인권자의 허락을 얻지 아니하고는 자기의 등록디자인을 업으로서 실시할 수 없다고 규정함으로써(법 45①) 이용디자인이 존재한다는 것과 이용디자인은 피이용디자인의 권리범위에 속한다는 것을 명백히 하고 있다. 그러나 이용디자인이 무엇인가에 대해서는 별도의 규정을 두고 있지 않다. 판결 또한 선행디자인과 후디자인이 이용관계에 있는 경우 후디자인은 선행디자인의 권리범위에 속하게 되는데 이러한 이용관계는 후디자인이 선행디자인의 요지를 전부 포함하면서 여기에 새로운 디자인적 요소(디자인의 구성요소)를 가하는 경우에 성립된다고 판시함으로써[118)] 다수설인 그대로설의 취지를 따르고 있다.

④ 확인대상디자인이 등록디자인으로부터 용이하게 창작할 수 있는 것인 경우

확인대상디자인이 등록디자인으로부터 그 디자인이 속하는 분야에서 통상의 지식을 가진 자가 용이하게 창작할 수 있는 것인 때에는 확인대상디자인은 등록디자인의 권리범위에 속한다. 이와 관련한 사례를 들어보면,

확인대상디자인이 등록디자인의 6각 연필을 7각 연필 또는 5각 연필로 한 경우 이는 6각 연필과 미차가 있는 정도의 차이뿐인 확인대상디자인은 그 분야에서 통상의 지식을 가진 자가 등록디자인으로부터 용이하게 창작할 수 있는 것이며 이와 같은 구성의 추가나 삭제의 변경에 의해 미감에 차이가 생기는 것도 아니므로 확인대상디자인은 등록디자인의 권리범위에 속한다.[119)] 그러나 이에 대해서는 반대의 견해도 있음을 유념하여야 한다.

---

117) 대법원 1994. 5. 27. 선고 93후1759 판결.

118) 대법원 1995. 12. 5. 선고 92후1660 판결 참조.

119) 대법원 1986. 12. 9. 선고 96후22 판결 참조.

2) 확인대상디자인이 등록디자인의 권리범위에 속하지 않는 경우 - 소극적 권리범위 확인심판 -

① 확인대상디자인이 등록디자인의 구성요소를 결여한 경우

확인대상디자인이 등록디자인의 구성요소 중 일부를 결여하고 있고 그 부분이 등록디자인에 있어서는 목적을 달성하기 위한 필수적 구성요소인 경우 양 디자인은 동일성의 범주를 벗어난 디자인으로서 확인대상디자인은 이건 등록디자인의 불완전이용디자인에도 해당되지 않으므로 등록디자인의 권리범위에 속하지 않는다.[120]

② 확인대상디자인이 공지의 디자인인 경우

확인대상디자인이 등록디자인의 출원 전에 i) 공지공용된 디자인이거나 ii) 국내 또는 국외에서 반포된 간행물에 게재되거나 인터넷(전기통신회선)을 통하여 공중이 이용가능하게 된 디자인에 해당되는 경우, 즉 확인대상디자인이 이러한 공지의 디자인만으로 이루어진 경우 이는 일반인의 공유재산이기 때문에 어느 누구도 독점배타적 권리를 주장할 수 없으므로 양 디자인의 동일여부와는 관계없이 확인대상디자인은 등록디자인의 권리범위에 속하지 아니한다.[121]

③ 확인대상디자인이 공지된 디자인에 의하여 용이하게 창작할 수 있는 것인 경우

확인대상디자인이 공지된 디자인으로부터 용이하게 창작할 수 있는 것이라면 등록디자인과 대비할 필요도 없이 확인대상디자인은 등록디자인의 권리범위에 속하지 아니한다.[122] 즉 확인대상디자인이 공지의 디자인으로부터 쉽게 창작할 수 있는 경우 이러한 디자인은 창작성이 없는 디자인으로 디자인등록을 받을 수 없기 때문에 누구나가 자유롭게 실시할 수 있는 공유재산으로 어느 특정인에 독점배타권을 부여할 수 없으므로 확인대상디자인은 등록디자인과 비교할 필요도 없이 등록디자인의 권리범위에 속하지 아니한다.

④ 디자인등록 요건상의 흠결이 있는 등록디자인

등록디자인이 중대하고도 명백한 무효이유를 지니고 있는 경우에는 확인대상디자인이 등록디자인과 동일하다 하더라도 확인대상디자인은 등록디자인의 권리범위에 속하지 아니한다. 이는 등록디자인이 명백하게 무효인 것을 알면서도 확인대상디자인이 등록디자인과 동일하다는 이유로 확인대상디자인이 등록디자인의 권리범위에 속

120) 대법원 1998. 9. 18. 선고 97후13 판결 참조.
121) 대법원 1992. 2. 25. 선고 91후1649 판결 참조.
122) 대법원 1997. 7. 22. 선고 96후1699 판결 참조.

한다고 하는 것은 디자인보호제도의 취지에 부합되지 않기 때문이다. 등록디자인을 무효이유별로 살펴본다.

ⅰ. 등록디자인이 공지된 경우

등록디자인이 출원당시 그 전부가 공지·공용의 것인 경우에는 그 일부가 공지·공용의 경우와는 달리 확인대상디자인은 등록디자인과 대비할 필요도 없이 등록디자인의 권리범위에 속하지 아니한다.[123)]

ⅱ. 등록디자인이 창작성이 없는 경우

등록디자인이 창작성이 결여된 경우 이는 디자인보호법 제5조 제2항의 규정(디자인등록출원 전에 그 디자인이 속하는 분야에서 통상의 지식을 가진 자가 공지된 디자인의 결합에 의하거나 국내에 널리 알려진 형상·모양·색채 또는 이들의 결합에 의하여 용이하게 창작할 수 있는 것일 때에는 그 디자인에 대하여 신규성에 불구하고 디자인등록을 받을 수 없다)에 의한 창작성의 디자인등록요건을 만족하지 못하였으므로 무효에 해당된다(법 68① 1, 5②). 따라서 확인대상디자인은 등록디자인과 대비할 필요도 없이 등록디자인의 권리범위에 속하지 아니한다.

그렇지만 이에 관하여는 그동안 찬반양론이 있어 왔고 법원의 판결도 상반된 결론에 이른 것들이 적지 않다.[124)]

그러나 최근 판결에서는 "권리범위 확인심판에서는 등록디자인의 창작성 결여를 이유로 확인대상디자인이 등록디자인의 권리범위에 속하지 않는다는 주장을 할 수 없다"[125)]고 판시한 이후 대법원, 특허법원이 이러한 입장을 일관되게 견지하고 있고 또 실무에서도 이에 따르고 있는 것 같다.

ⅲ. 등록디자인에 그 밖의 무효이유가 있는 경우

디자인등록을 받을 수 없는 디자인(예 : 공서양속을 문란하게 하거나 타인의 업무에 관계되는 물품과 혼동을 가져올 염려가 있는 디자인, 물품의 기능을 확보하려는데 불가결한 형

---

123) 대법원 1983. 7. 26. 선고 81후56 판결 참조.

124) 창작성 판단에 관한 대법원 판례간의 모순
대법원 1986. 12. 9. 선고 86후22 판결, 1989. 12. 12. 선고 88후1434 판결, 1997. 10. 24. 선고 96후1996 판결(참조)에서는 확인대상디자인은 등록디자인으로부터 용이하게 창작할 수 있는 것이어서 등록디자인의 권리범위에 속한다고 판시하고 있고, 대법원 1997. 7. 22. 선고 96후1699 판결(참조)에서도 확인대상디자인이 공지디자인로부터 용이하게 창작할 수 있는 것인지를 살핀 다음 확인대상디자인이 등록디자인의 권리범위에 속하는지를 판단하는 것이 옳았다고 판시하고 있는 바, 이는 디자인의 창작성 판단면에서 볼 때 등록디자인의 창작성을 판단하는 것과 확인대상디자인의 창작성을 판단하는 것은 그 본질이 동일하다. 그러므로 권리범위확인심판에서 디자인의 창작성을 판단할 수 없다고 판시한 다음의 대법원 1998. 10. 27. 선고 97후2095 판결(참조)과는 명백한 모순이 있다.

125) 대법원 1998. 10. 27. 선고 97후2095 판결 참조
권리범위확인심판에서 등록디자인의 신규성 판단과는 달리 창작성은 판단해서는 안되는 이유에 대하여는 구체적으로 설시하고 있지 않다.

상만으로 된 디자인, 기본디자인이 아닌 유사디자인에 유사한 디자인, 후출원디자인이나 같은 날의 복수출원에 대한 출원인의 협의결정된 자에 의한 출원이 아닌 디자인의 등록디자인, 재외자 중 디자인권 또는 디자인에 관한 권리를 향유할 수 없는 외국인의 등록디자인, 조약에 위반된 등록디자인, 재외자 중 외국인으로서 디자인권을 향유할 수 없는 자로 되거나 그 디자인 등록이 조약에 위반되게 된 디자인), 디자인등록을 받을 수 없는 자에 의하여 출원된 디자인(예 : 창작자 또는 그 승계인이 아닌 자에 의해 출원된 디자인·상속 또는 유증에 의하지 아니한 특허청직원 및 특허심판원직원의 재직 중 출원한 디자인·공동창작디자인에 대하여 창작자 전원에 의하지 아니한 출원디자인) 등에 해당되는 등록디자인의 경우, 확인대상디자인이 이들 등록디자인의 권리범위에 속한다고 할 것인가에 대하여 찬반양론이 있으나 위에서 살펴본 바와 같이 등록디자인의 신규성 및 창작성은 판단할 수 있으므로 (단, 위 ii에서 본 바와 같이 판례·실무에서는 창작성에 대하여 부정적 입장을 취하고 있다) 등록디자인에 그 밖의 무효이유가 있는 경우에도 이와 마찬가지로 권리범위 확인심판에서 판단할 수 있다고 보아야 할 것이다. 다만, 신규성·창작성이 디자인 자체의 흠결에 의한 무효이유라는 점을 감안할 때 등록디자인의 그 밖의 무효이유 전반에 일률적으로 판단, 적용이 가능하다고는 할 수 없고 개개의 무효이유별로 검토, 결정되어야 할 것으로 판단된다.

즉 디자인 자체의 흠결이 아니고 디자인 외적 요건(예 : 창작자 또는 그 승계인 아닌 자에 의해 출원된 디자인·상속 또는 유증에 의하지 아니한 특허청직원 및 특허심판원직원의 재직 중 출원한 디자인·공동창작디자인에 대하여 창작자 전원에 의하지 아니한 출원디자인)이 무효이유인 경우 권리범위심판에서 판단할 수 있을 것이다.

(9) 심판절차 등

권리범위확인심판의 절차 등에 관한 설명은 전술한 "제11장 제2절 Ⅰ. 심판청구, Ⅲ. 심판청구의 취하, Ⅳ. 심리, Ⅵ. 참가, Ⅶ. 심결, Ⅸ. 심판의 종결, Ⅹ. 심판비용, Ⅻ. 소송과의 관계 등"편을 참고하기 바란다.

(10) 심판의 효과

디자인권의 권리범위확인심판의 심결이 확정되면 그 확정심결에 의해 디자인권의 효력범위(등록디자인의 보호범위)를 확인하기 위한 디자인권의 권리범위가 확인되고 형성적 효력도 가지게 된다. 그러나 권리범위확인심판에 의한 디자인권의 권리범위가 확인되면 제3자도 그 권리범위확인심판의 심결에 구속을 받느냐 하는 대세적 효력에 대해서는 다툼이 있으나 심판의 심결이 확정된 때에는 그 사건에 대하여는 누구든지 동일사실 및 동일증거에 의하여 다시 심판을 청구할 수 없는 일사부재리의 원칙(법 72의27 본문)이 적용되는 범위 내에는 그와 같은 효력을 인정할 수 있다고 해석된다.

다만, 확정된 심결이 각하심결의 경우에는 그러하지 아니하다(법 72의27 단서).

(11) 권리범위확인심판의 문제점

1) 서 문

권리범위확인심판 청구의 대상은 디자인권 존속기간 내의 디자인권이다. 그러므로 그 권리가 소멸된 후에는 그 권리에 대한 권리범위확인의 이익이 없으므로 하등 권리범위확인심판의 청구를 할 필요도 없고 또 할 수도 없다.

권리범위확인심판의 태양은 일반적으로 비권리에 대한 현존의 디자인권, 현존의 디자인권에 대한 비권리의 권리범위의 확인으로 나타난다. 그렇다면 디자인권의 권리범위에 공지사실이 포함되어 있는 경우 권리범위는 그 공지부분에도 미치는가와 현존하는 디자인권 대 디자인권의 권리범위확인심판은 허용될 수 있는가에 대한 문제가 제기된다.

2) 현행 디자인보호법 제도 하에서 제기되고 있는 문제점

① 권리범위확인심판에서의 공지사실의 지위

권리범위확인심판에 대한 공지사실의 지위와 관련하여 사안에 따라 공지사실 포함 또는 공지사실 제외취지의 판시가 있어 왔는 바, 여기에서는 심판의 성격이 유사한 특허권·실용신안권에 대한 권리범위확인심판 청구사건에 있어서의 대법원판례 위주로 살펴보기로 한다.

i. 공지사실포함설 - 공지사실인정설 -

권리범위에 비록 공지·공용사실이 포함되었다 할지라도 일단 등록이 된 이상 그 권리의 무효심결이 확정되기까지는 그 등록의 무효를 주장할 수 없다. 따라서 무효심판의 심결이 확정되기까지는 그 권리의 적법한 것으로 인정하여야 하며, 출원 당시의 공지·공용여부는 권리범위확인심판의 심리대상이 될 수 없다는 입장이다.[126)]

ii. 공지사실제외설 - 공지사실부인설 -

등록은 신규의 창작에만 독점배타적 권리를 부여하는 것이므로 비록 공지·공용사실이 잘못 등록되었다고 하더라도 권리의 효력이 미치는 범위를 구체적인 사실에 대한 관계에서 확정을 하는 데 있어 신규성이 있는 창작부분에 대하여서만 배타적 권리를 인정하여야 하며, 신규성이 있는 창작이 유기적으로 결합된 것으로 볼 수 없는

---

126) 황종환, 의장법, (주)한빛지적소유권센터, 1997. 1. 3. 769면.
 - 대법원 1968. 11. 26. 선고 68후16 판결, 1968. 11. 26. 선고 68후38 판결, 1969. 3. 4. 선고 68후56 판결, 1970. 7. 24. 선고 70후19 판결, 1971. 5. 28. 선고 68후5 판결, 1974. 7. 23. 선고 73후66 판결 등 다수 참조.

공지·공용부분에 대하여서까지 배타적 권리를 인정할 수 없다는 입장이다.[127] 이 견해는 무효심판의 제척기간(5년)이 사유에 관계없이 존재하였던 1973년 이전법의 시대에 공용부분을 출원하여 권리를 취득하고 교묘하게 제척기간을 경과하여 제3자에게 손해를 끼쳤던 때의 법의 해석과 운용에 있어서 가장 설득력 있는 이론으로 통용되어 왔었다.[128]

ⅲ. 절충설

대법원 판례는 공지사실을 포함한 디자인권의 권리범위에 있어 그 사안의 구체적 사실에 따라 절충적 태도를 취한 경우도 있다. 즉 종전의 대법원 판례 중 1964. 10. 22, 63후45 판결 이후의 공지사실제외설의 입장은 등록된 권리에 일부의 공지부분이 있는 경우에 그 부분에 대해서는 배타적 권리로서 인정할 수 없다는 취지이지 등록된 권리의 전부가 공지된 경우에는 적용될 수 없는 경우로서 등록된 권리가 출원 전에 그 전부가 공지·공용된 경우라면 그 일부가 공지·공용된 경우와는 달리 무효심결이 확정되기까지는 등록된 권리의 권리범위에 속한다는 입장이다.[129]

ⅳ. 검 토

위와 같이 대법원 판례는 공지부분이 포함된 권리에 대한 권리범위의 해석에 있어서는 서로 엇갈린 견해를 취해 오다 드디어 대법원 합의부 판결인 1983. 7. 26, 81후56 판결에서는 등록된 권리에 출원 전 전부 또는 일부의 공지부분이 있는 경우에는 모두 권리범위에 속하지 않는다는 판결을 함으로써 종전의 상반된 판례를 모두 파기하였다.[130] 그 요지를 살펴보면 다음과 같다.

실용신안권은 신규성 있는 기술적 고안에 대하여 부여되는 것이며 그 구체적·기술적 범위를 정함에 있어서는 출원당시의 기술수준이 무료심판의 유무에 구애됨이 없이 고려되어야 하며 공지·공용의 사유까지 포함한 출원이 있고, 그 출원에 의한 등록이 있었다 하여도 전연 신규성이 있는 기술적 효과가 인정될 수 없는 공지와 공용의 부분까지도 명세서나 도면에 기재되어 있다는 그 사실 하나만으로 권리범위라고 하여 독점적인 실시권이 부여되어 기왕부터 널리 사용되고 있는 공지의 부분에 대하여까지도 배타적 권리를 인정케 하는 결과는 오히려 기술의 진보향상을 도모하여 산업발전에 기여하고자 하는 실용신안법의 정신에 정면 배치된다 할 것이며, 실용신안권이 신규성

---

127) 황종환, 의장법, (주)한빛지적소유권센터, 1997. 1. 3. 769면.
 - 대법원 1964. 10. 22. 선고 63후45 판결, 1967. 2. 28. 선고 66후10 판결, 1969. 2. 28. 선고 68후40 판결, 1971. 3. 31. 선고 70후6 판결, 1971. 3. 23. 선고 70후28 판결, 1971. 11. 23. 선고 71후18 판결, 1973. 10. 10. 선고 73후45 판결, 1977. 2. 22. 선고 76후19 판결 등 다수 참조.

128) - 황종환, 의장법, (주)한빛지적소유권센터, 1997. 1. 3. 769면
 - 李炳均, 權利範圍確認審判의 得失과 課題(Ⅰ), 發明特許, 1985. 5. 8. 25면.

129) 대법원 1970. 7. 24. 선고 70후19 판결 참조.

130) 대법원 1983. 7. 26. 선고 81후56 판결 참조.

있는 기술고안에 대하여만 부여되고, 신규성 있는 기술적 효과발생에 유기적으로 결합된 것으로 볼 수 없는 공지사유에 대하여까지 권리범위를 확장할 수 없다. 그러므로, 등록된 특허의 일부에 그 발명의 기술적 효과발생에 유기적으로 결합된 것이 아닌 공지사유가 포함되어 있는 경우 그 공지부분에까지 권리범위가 확장되는 것이 아닌 이상 그 등록된 특허발명의 전부가 출원당시 공지·공용의 것이었다면 그러한 경우에도 특허무효의 심결에 관계없이 그 권리범위를 확정할 근거가 상실된다는 것은 논리상 당연한 이치이고, 이를 구별하여 원심과 같이 그 일부에 공지사유가 있는 경우에는 권리범위가 미치지 아니하고 전부가 공지사유에 해당하는 경우에는 그 권리범위에 속한다고 해석하여야 할 근거도 찾아볼 수 없다라고 판시하였다.

따라서 디자인권의 권리범위의 일부 또는 전부에 출원 전의 공지·공용 부분이 포함되어 있는 경우 그 부분에 대해서까지 등록디자인의 보호범위로 확장하여 디자인권의 효력이 미치는 권리범위로 될 수 없다는 법리가 위 판례에 의해 확립되어 이론적 해석이 가능하게 되었다.

원래 공지부분은 누구나가 자유로이 실시할 수 있는 공유재산이기 때문에 어느 특정인에게의 전용은 허용될 수 없음은 당연하다 그러나 디자인이 시각을 통해 미감을 일으키게 하는 물품의 형태라는 점에서 자연법칙을 이용한 고도의 기술적 사상의 창작인 발명과는 공지사실제외설의 적용에 있어 분명히 차이가 있다.

(ⅰ) 특허사건에서의 공지사실제외설의 적용

특허발명이 공지부분을 포함한 경우를 다음의 세 가지로 구분해 볼 수 있다.

i) 특허발명의 전부가 출원전 공지인 경우

이는 잘못 등록된 경우이며, 특허의 무효심판의 대상이 되고 무효심판의 심결에 의해 무효가 된다.

ii) 특허발명 중 하위개념의 공지발명이 포함된 경우

예컨대, “A+B+C+X+Y로 구성된 상위개념의 기술적 사상의 발명에서 유기적 결합을 한 하위개념의 기술적 사상 $A+B+C+X^1+Y^1$는 공지이었으나, $A+B+C+X^2+Y^2$는 반드시 공지는 아니었다”는 것과 같은 경우이다.

이는 대개의 경우 신규성은 인정되나 진보성이 부정되어 무효로 될 것이다. 그러나 특허발명의 명세서 또는 도면의 정정심판의 청구에 의해 공지부분을 제외하는 특허청구범위의 감축으로 유효한 특허발명으로 유지할 수가 있다(특허법 136①). 다만, 공지부분 등으로 인한 진보성 부정으로 특허의 무효심판이 특허심판원에 계속되고 있는 경우에는 정정심판을 청구할 수 없고 특허무효심판절차에서의 공지부분 삭제(특허청구범위의 감축)정정을 위한 특허발명의 명세서 또는 도면의 정정을 청구하여야 한다(특허법 133의2①).

iii) 특허발명의 구성요소 일부가 공지인 경우

예컨대 "A+C+C+Z로 구성된 발명에서 A, B, C는 공지의 구성요소이고 Z가 신규의 구성요소다"라는 것과 같은 경우이다. 이는 권리의 유효·무효와는 직접적인 관련은 없다. 설령 부분적으로 보면 발명의 구성요소 전부가 공지요소의 조합에 관계되는 발명이라 하더라도 특허요건을 충족하면 특허가 가능하다.

특허사건에서 공지사실제외설이 적용되는 것은 ii)의 경우뿐이다. i)의 경우에는 '부분'공지가 아니라 '전부'공지이기 때문에 무효로 됨은 위에서 설명한 바와 같다. 그런데 무효심결확정까지의 사이에 공지부분이 포함된 특허발명의 존재 및 그 권리의 행사로 인한 문제점을 해결하기 위하여 제창된 이론이 있는 바, 권리남용설, 자유로운 기술수준 항변론, 당연무효론, 실시례한정론 등이 그것이다. iii)의 경우에는 이와 같은 일반론은 전개할 수 없다. 개개의 경우에 공지요소의 중요성 정도에 대응하여 특허성이 긍정되거나 진보성 결여를 이유로 무효원인으로 된다거나, 구성요소 중의 다른 부분도 공지기술과 실질적으로 동일하다고 하는 이유로 i)이나 ii)에 흡수된 것이 될 것이다.[131]

(ii) 디자인 사건에서의 공지사실제외설의 적용

등록디자인은 특허발명에 비하여 많은 부분에서 특수성이 있다. 따라서 특허발명에서의 공지사실제외설이 그대로 등록디자인에 적용될 수 없는 특수성을 가지고 있다.

디자인권의 권리범위(등록디자인의 보호범위, 디자인권의 효력범위)는 디자인등록출원서의 기재사항 및 그 출원서에 첨부한 도면, 사진 또는 견본과 도면에 기대된 디자인의 설명에 표현된 디자인에 의하여 정하여지는 성질의 것이기 때문에 상위개념, 하위개념 구분의 필요성이 거의 없어 이에 익숙하지 않아 위와 같은 구분에서 ii)의 경우는 아예 발생하지 않는다. i)의 경우도 특허사건과 마찬가지로 공지사실제외설의 문제는 발생하지 않는다. 그러나 디자인은 특허와는 달리 물품의 형상·모양·색채 또는 이들의 결합에 의해 표현되는 구체적 형태에 의해 특정되고 기술적 사상에 의해 특정되는 것이 아니기 때문에 동일 범위는 비교적 좁고 전부공지라는 경우는 거의 없을 것이다. 따라서 디자인 사건에서는 공지사실의 적용분야로서 iii)의 경우가 주로 남는다.[132]

특허사건의 공지사실제외설과 어떠한 상위가 있을까? 특허에서는 문자대로 공지부분을 '제외'하여 마치 존재하지 않는 것처럼 생각하면 되었으나 디자인에서는 그렇게 할 수 없다. 디자인에 있어 요부만을 추출하고 그 밖의 공지부분을 문자대로 '제외'하는 것은 디자인이 전체적인 통일체임을 망각한 결론이다. 이 점은 바로 위의 특허의

131) 황종환, 의장법, (주)한빛지적소유권센터, 1997. 1. 3. 772면 참조.

132) 황종환, 의장법, (주)한빛지적소유권센터, 1997. 1. 3. 772면 참조.

경우 iii)에서 공지구성요소를 무시해서는 아니라는 것과 매우 흡사하다.

결국 디자인에 있어 공지사실제외설이란 권리의 형식적인 유효성을 전제로 하면서 제3자의 권리와 공평을 확보하기 위하여 예외적으로 법원에 의해 내려지는 판단이며, 공지부분을 제외하는 것은 아니지만 그것에 거의 중요성을 두지 아니하고, 역으로 공지부분 이외의 부분을 요부로 불러 이것을 중시하는 설이라고 할 수 있다. 여기에서 말하는 요부는 반드시 창작성이나 수요환기력 또는 상품혼동 방지능력을 필요로 하지 않아도 좋다.[133)]

(iii) 공지사실제외설의 확장

위에서 검토한 바와 같이 공지디자인은 디자인권의 권리범위에서 제외되나 공지디자인과 유사한 디자인의 경우도 이와 마찬가지로 디자인권의 권리범위에서 제외되느냐가 문제이다.

그러나 디자인등록출원 전 공지·공용의 디자인에 유사한 디자인은 디자인의 등록요건인 신규성의 상실로 디자인등록을 받을 수 없다는 디자인보호법 제5조 제1항 제3호에 의하여 당연히 공지사실제외설의 적용에 의해 디자인권의 권리범위에서 제외하여야 함이 명백하므로 여기에는 이론(異論)이 없다.

② 권리 대 권리의 권리범위확인심판의 가부

이는 선출원등록디자인권 등과 후출원등록디자인권 등 상호간에 후출원등록권리는 선출원등록권리의 범위에 속한다는 확인을 구하는 적극적 권리범위확인심판 또는 후출원등록권리는 선출원등록권리의 범위에 속하지 아니한다는 확인을 구하는 소극적 권리범위확인심판이 성립될 수 있느냐이다.

일반적으로 전자의 경우 선출원등록권리자 등은 후출원등록권리자 등을 상대로 디자인등록의 무효심판을 청구할 수 있고, 그 청구가 인용되면 후출원등록권리자 등의 권리는 선출원등록권리의 범위에 속한다는 의미가 되고, 그 청구가 기각되면 양 권리는 서로 달라 권리범위에 속하지 아니한다는 뜻이므로 권리범위확인심판청구의 취지와 같은 심결을 구할 수 있고 또 후출원디자인등록의 무효심판청구가 선출원등록권리의 안정적 확보를 위한 길이기도 하기 때문이다. 즉 권리범위확인심판 만으로는 후출원등록권리의 효력을 부인할 수 없고 오직 권리범위에 속한다는 것만을 확인해줄 뿐이기 때문이다.

후출원등록디자인 또한 무효심판의 심결확정에 의해 무효가 되지 않는 한 그 권리는 존속되어 디자인권의 효력이 유지되어 등록디자인의 실시에 하등 지장이 없으므로 구태여 소극적 권리범위확인심판을 청구할 필요가 없기 때문이다. 따라서 종래 학설, 판례는 권리 대 권리의 권리범위확인심판을 부정하여 왔으나 최근 소극적 권리범

133) 意匠における要部と類否判斷, かに風味かまぼこ事件, 岡本昭二, 特許管理 Vol. 40. No. 2, 129면 이하.

위확인심판에서 이를 긍정하는 판결이 나오고 있는바, 이러한 권리 대 권리의 권리범위확인심판의 가부에 관하여 살펴본다.

i. 부정설

종래의 권리범위확인심판은 권리 대 권리 간에 일어나는 경우가 일반적으로 권리 상호간에 일어난 경우는 극히 드물었다. 그러나 권리 상호간에 있어서도 서로 상대방이 자기의 권리를 침해하였다는 분쟁이 발생하여 심리를 한 결과 두 권리의 내용이 동일한 경우라면 두 권리 중 어느 하나는 잘못 등록된 것이 분명하다. 이 경우 권리범위확인심판이 두 권리 중 어느 한 권리의 성립자체를 처음부터 소급시켜 무효로 하는 형성력은 없으므로 권리 대 권리의 권리범위확인심판은 불가능하다는 입장이다.134)

ii. 긍정설

권리범위확인심판은 그 심판의 성격상 디자인권과는 아무런 관계가 없는 제3자가 자기의 디자인권의 권리범위에 속하는 디자인과 동일한 디자인을 실시한다 하더라도 이를 권리침해라고 주장할 수 없다는 점을 보더라도 권리 대 권리의 권리범위확인심판을 인정할 실익이 있다는 주장이다. 긍정설의 입장을 취한 판례로는 상표권에 관한 것이 있다.135) 그러나 권리 대 권리의 권리범위확인심판의 사례가 디자인과 실용신안의 경우에도 그대로 적용될 수 있느냐 하는 데에는 의문이라는 견해도 있다.136)

iii. 절충설

이 설은 원래 부정설의 입장에서 권리 대 권리의 권리범위확인심판은 인정될 수 없으나 권리 대 권리가 서로 충돌하지 않는다는 소극적 사실만을 확인하는 경우에는 그러한 확인행위가 상대방의 등록된 권리의 효력을 부인하는 결과로 되는 것은 아니기 때문에 소극적 권리범위확인심판에 있어서는 권리 대 권리의 권리범위확인심판도

134) 디자인권의 권리범위확인심판은 등록된 디자인을 중심으로 어떠한 미등록디자인이 적극적으로 등록디자인의 권리범위에 속한다거나 소극적으로 이에 속하지 아니함을 확인하는 것으로 디자인권의 효력이 미치는 범위를 구체적인 사실에 대한 관계에 있어서 확인하는데 불과하고 디자인 자체의 내용범위의 확인이라는 내재적 요인의 존부를 확정하는 것이 아니므로 상대방의 디자인이 등록디자인인 경우에는 설령 그것이 자기의 선등록디자인과 동일 또는 유사한 것이라 하더라도 그 경우에 상대방의 디자인 내용이 자기의 등록디자인의 권리범위에 속한다 함은 곧 상대방의 디자인권의 효력을 부정하는 결과가 되므로 먼저 상대방의 그 등록이 디자인보호법의 소정의 절차에 따라 무효심결이 확정되기까지는 그 무효를 주장할 수 없다(대법원 선고 68후56 판결, 70후19 판결).

135) 상표권의 권리범위확인심판에 관하여 특정의 상표 또는 등록상표가 어느 다른 등록상표의 권리범위에 속한다는 것은 이 권리범위에 전속한다는 것이 아니며 권리범위에 속한다는 심결이 있을 때에는 상대방의 등록상표를 그 지정상품에 사용한다 하여도 이를 사용하지 말 것을 청구하지 못한다는 이익이 있는 것이므로 본 건 (가)호 상표가 등록된 상표라 하여도 청구인은 그것이 등록 제6050호 상표의 권리범위에 속한다는 심판을 청구할 이익이 있다 할 것이고 원심결이 (가)호 표장이 등록된 상표인지의 여부를 심리판단하지 아니하였다 하여 위법이라고 할 수 없다(대법원 1963. 8. 31, 선고 63후18 판결).

136) - 이에 대한 상세한 것은 李炳均, 權利範圍確認審判의 得失과 課題(2), 發明特許, 1985. 9, 37면 참조.
- 黃宗煥, 意匠法, (주)한빛지적소유권센터, 1997. 1. 3, 775면 참조.

가능하다는 입장이다.[137)]

그러나 절충설은 권리 대 권리의 적극적 권리범위 확인심판청구를 부적법한 심판청구로 보고 각하대상이 된다고 해석할 수도 있어(절충설은 반대로 해석할 경우) 다음과 같은 문제점이 발생하게 된다.

(i) 심판은 그 청구의 적법여부에 따라 청구취지의 심리, 심리불요의 두 유형으로 진행되는 바, 전자는 청구취지의 인용 또는 기각으로, 후자는 청구의 각하로 종결된다. 그런데 형식적으로 소극적 권리범위 확인심판청구를 하였으나 심리결과 두 권리가 동일한 경우 그 청구는 결과적으로 부적법한 적극적 권리범위 확인심판청구가 된다. 따라서 심판청구의 적법성(부적법성) 여부는 심리 후에나 알 수 있다는 문제점이 발생하게 된다.

(ii) 위 "(1)"과는 반대로 형식적으로 적극적 권리범위 확인심판청구로 한다 하더라도 심리결과 두 권리가 상이한 경우 그 청구는 결과적으로 소극적 권리범위 확인심판청구가 된다는 문제점이 발생하게 되므로 권리 대 권리의 소극적 권리범위 확인심판만을 인정하고 적극적 권리범위확인심판을 부정하는 것은 논리상 모순이므로 양자의 경우를 모두 인정하는 것이 합리적이라고 보며 이는 이용·저촉관계시의 판단에 있어서 더욱 그 실익이 크다.[138)]

③ 이용·저촉관계의 판단문제

디자인보호법은 등록디자인 대 등록디자인 또는 등록디자인 대 특허발명·등록실용신안·등록상표와의 이용관계나 디자인권 대 특허권·실용신안권·상표권과의 저촉관계를 규정하고 있다(법 45①). 즉 등록디자인이 그 디자인등록출원일 전에 출원된 타인의 등록디자인 또는 이와 유사한 디자인·특허발명·등록실용신안 또는 등록상표를 이용하거나 디자인권이 그 디자인권의 디자인등록출원 전에 출원된 타인의 특허권·실용신안권·상표권과 저촉관계에 있을 때에는 그 디자인권자·특허권자·실용신안권자·상표권자의 허락을 얻지 아니하거나 통상실시권 허여의 심판에 의하지 아니하고는 자기의 등록디자인을 업으로 실시할 수 없다는 의미이다.

이처럼 자기의 권리가 타인의 권리와 이용·저촉관계, 즉 충돌관계에 있는지의 여부에 관한 판단은 현행 디자인보호법제 하에서는 권리범위확인심판에 의할 수 밖에 없다. 그러한 면에서 권리 대 권리의 권리범위확인심판의 당위성이 있고, 따라서 이를 인정하는 것은 극히 당연한 것으로 해석된다.

---

137) 이 사건 심판청구는 심판청구인의 등록실용신안이 피심판청구인의 등록실용신안의 권리범위에 속하지 않는다는 소극적 확인을 구하는 것으로서 그 청구의 이유는 양자의 기술고안이 상이하다고 함에 있음이 명백한 바, 이러한 소극적 권리범위확인심판청구는 만일 용인된다 하더라도 심판청구인의 등록실용신안이 피심판청구인의 등록실용신안의 권리범위에 속하지 않음을 확정하는 것뿐이고 이로 말미암아 피심판청구인의 등록실용신안권의 효력을 부인하는 결과가 되는 것은 아니므로 이러한 청구를 부적법하다고 볼 이유가 없다(대법원 1985. 4. 23, 선고 84후19 판결).

138) 黃宗煥, 意匠法, (주)한빛지적소유권센터, 1997. 1. 3, 776면 참조.

6. 통상실시권 허여의 심판

(1) 의의 및 취지

디자인권자·전용실시권자 또는 통상실시권자는 당해 등록디자인 또는 등록디자인에 유사한 디자인이, i) 그 디자인등록출원 전에 출원된 타인의 등록디자인 또는 이와 유사한 디자인·특허발명·등록실용신안·등록상표를 이용하거나 디자인권이 그 디자인권의 디자인등록출원일 전에 출원된 타인의 특허권·실용신안권·상표권과 저촉되어 그 디자인권자·특허권자·실용신안권자·상표권자에게 자기의 등록디자인을 업으로 실시할 수 있도록 실시의 허락을 받고자 하는 경우 또는 ii) 디자인권자·전용실시권자 또는 통상실시권자는 그 등록디자인에 유사한 디자인이 그 디자인등록출원일 전에 출원된 타인의 등록디자인 또는 이와 유사한 디자인·특허발명·등록실용신안·등록상표를 이용하거나 그 디자인권의 등록디자인에 유사한 디자인이 그 디자인등록출원일 전에 출원된 타인의 디자인권·특허권·실용신안권·상표권과 저촉되어 그 디자인권자·특허권자·실용신안권자·상표권자에게 자기의 등록디자인에 유사한 디자인을 업으로 실시할 수 있도록 실시의 허락을 받고자 하는 경우(이하 "타인의 등록디자인 등과의 이용·저촉관계"라 한다)에 그 타인이 정당한 이유 없이 허락하지 아니하거나 그 타인의 허락을 받을 수 없는 때에는 자기의 등록디자인 또는 등록디자인에 유사한 디자인의 실시에 필요한 범위 안에서 통상실시권 허여의 심판을 청구할 수 있다(법 70①).

이와는 반대의 경우로서 통상실시권 허여의 심판에 의하여 통상실시권을 허여한 자가 그 통상실시권의 허여를 받은 자의 등록디자인 또는 등록디자인에 유사한 디자인의 실시를 필요로 하는 경우에 그 통상실시권을 허여받은 자가 실시를 허락하지 아니하거나 실시의 허락을 받을 수 없는 때에는 통상실시권의 허여를 받아 실시하고자 하는 등록디자인 또는 등록디자인에 유사한 디자인의 범위 안에서 통상실시권 허여의 심판을 청구할 수 있다(법 70②).

이처럼 등록디자인 중에는 타인의 선출원등록디자인 등을 이용하지 아니하거나 저촉된 경우에는 실시할 수 없는 소위 타인의 등록디자인 등과의 이용·저촉관계에 있는 디자인이 있다.

이와 같이 자기의 등록디자인 또는 이와 유사한 디자인이 타인의 디자인 등과 이용·저촉관계에 있는 경우 자기의 등록디자인 또는 이와 유사한 디자인을 실시하기 위하여 그 타인에게 실시허락을 구하였으나 정당한 이유 없이 허락을 거부당하거나 허락을 받을 수 없을 때에는 그 타인의 등록디자인 등과의 이용·저촉관계에 있는 등록디자인 또는 이와 유사한 디자인은 무위로 되어 디자인의 이용을 도모하여 디자인의 창작을 장려함으로써 산업발전에 기여하려는 디자인보호제도의 취지에 반하게 된다.

따라서 디자인보호법은 타인의 등록디자인 등과의 이용·저촉관계에 있는 등록디자인 또는 이와 유사한 디자인의 실시를 위하여 그 타인의 실시허락을 받고자 하는 경우 그 타인이 정당한 이유 없이 허락하지 아니하거나 허락을 받을 수 없는 때에는 자기의 등록디자인 또는 이와 유사한 디자인의 실시에 필요한 범위 안에서 통상실시권 허여의 심판청구제도를 두고 그 심판에 의하여 실시할 수 있도록 하여 실시불허로 인한 등록디자인 또는 이와 유사한 디자인의 사장을 막음으로써 타인의 등록디자인 등과의 이용·저촉관계에 있는 등록디자인 또는 이와 유사한 디자인의 실시를 도모하여 산업발전에 이바지하려는 것이다.

(2) 당사자 적격

1) 타인의 등록디자인 등과의 이용·저촉관계에 있는 디자인권자 등의 심판청구

① 청구인 적격

타인의 등록디자인 등과의 이용·저촉관계에 있는 디자인권자·전용실시권자·통상실시권자는 통상실시권 허여의 심판을 청구할 수 있는 청구인적격을 갖는다.

② 피청구인 적격

타인의 등록디자인 등과의 이용·저촉관계에 있는 디자인권자 등의 심판청구의 경우의 피청구인의 적격은 다음과 같다.

i. 타인의 등록디자인 등과의 이용관계에 있는 등록디자인 또는 그 등록디자인에 유사한 디자인이 그 디자인등록출원일 전에 출원된 타인의 등록디자인 또는 이와 유사한 디자인·특허발명·등록실용신안 또는 등록상표의 권리자, 즉 그 디자인권자·특허권자·실용신안권자 또는 상표권자가 피청구인 적격을 갖는다.

ii. 타인의 특허권·실용신안권 또는 상표권과의 저촉관계에 있는 디자인권이 그 디자인권의 디자인등록출원일 전에 출원된 타인의 그 디자인권자·특허권자·실용신안권자 또는 상표권자가 피청구인 적격을 갖는다.

2) 통상실시권 허여자의 심판청구

① 청구인 적격

타인의 등록디자인 등과의 이용·저촉관계에 있는 등록디자인 또는 이와 유사한 디자인의 디자인권자·전용실시권자 또는 통상실시권자에게 통상실시권을 허여한 디자인권자·특허권자·실용신안권자·상표권자는 통상실시권 허여의 심판을 청구할 수 있는 청구인 적격을 갖는다.

② 피청구인 적격

통상실시권을 허여한 디자인권자·특허권자·실용신안권자·상표권자의 통상실시권 허여의 심판청구는 통상실시권의 허여를 받은 디자인권자·전용실시권자·통상실시권자를 피청구인 적격으로 한다.

(3) 심판청구의 요건

통상실시권 허여의 심판은 다음의 경우에 청구할 수 있다.

1) 타인의 등록디자인 등과의 이용·저촉관계에 있는 자의 심판청구

① 타인의 등록디자인 등과의 관계에서 그 타인의 등록디자인 등을 이용하지 아니하고서는 자기의 등록디자인을 업으로 실시할 수 없는 경우

② 타인의 특허권·실용신안권 또는 상표권과 저촉되어 그 타인이 허락을 받지 아니하고서는 자기의 등록디자인을 실시할 수 없는 경우

③ 위 ①, ②의 경우 그 타인이 정당한 이유 없이 허락하지 아니하거나 그 타인의 허락을 받을 수 없는 경우

2) 통상실시권 허여자의 심판청구

통상실시권을 허여한 자가 통상실시권의 허여를 받은 자의 등록디자인 또는 등록디자인에 유사한 디자인의 실시를 필요로 하는 경우 그 통상실시권 허여를 받은 자가 실시를 허락하지 아니하거나 실시의 허락을 받을 수 없는 경우

(4) 심판청구의 범위

1) 타인의 등록디자인 등과의 이용·저촉관계에 있는 자의 심판청구의 범위

자기의 등록디자인 또는 이와 유사한 디자인의 실시에 필요한 범위 안에서 통상실시권 허여의 심판을 청구할 수 있다.

2) 통상실시권 허여자의 심판청구의 범위

실시허락 또는 심판에 의하여 통상실시권을 허여한 자가 그 통상실시권의 허여를 받은 자의 등록디자인 또는 이와 유사한 디자인의 실시를 필요로 하는 경우 그 통상실시권의 허여를 받아 실시하고자 하는 등록디자인 또는 이와 유사한 디자인의 범위 안에서 통상실시권 허여의 심판을 청구할 수 있다.

(5) 심판청구의 방식 등

1) 심판청구의 방식

통상실시권 허여의 심판을 청구하고자 하는 자는 ⅰ) 당사자의 성명 및 주소(법인의 경우에는 그 명칭 및 영업소의 소재지), ⅱ) 대리인이 있는 경우에는 그 대리인의 성명 및 주소나 영업소의 소재지(대리인이 특허법인인 경우에는 그 명칭, 사무소의 소재지 및 지정된 변리사의 성명), ⅲ) 심판사건의 표시, ⅳ) 청구의 취지 및 그 이유, ⅴ) 실시를 요하는 자기의 디자인등록의 번호 및 디자인등록의 번호 또는 유사디자인의 대상이 되는 물품, ⅵ) 실시되어야 할 타인의 등록디자인 또는 이와 유사한 디자인·특허발명·등록실용신안이나 등록상표의 번호·디자인의 대상이 되는 물품, 발명(고안)의 명칭, 상품류 및 등록이나 특허의 연월일, ⅶ) 등록디자인 또는 이와 유사한 디자인·특허발명·등록실용신안 또는 등록상표의 통상실시권의 범위·기간 및 대가를 기재한 소정의 통상실시권 허여심판청구서(법시행규칙 24, 준용특허법시행규칙 별지 제31호 서식)에 대리인에 의하여 절차를 밟는 경우 그 대리권을 증명하는 서류 1통을 첨부하여 특허심판원장에게 제출하여야 한다(법 70①②, 72의2①④).

2) 심판청구서의 보정

위 1)의 심판청구의 방식에 따라 제출된 심판청구서의 보정은 그 요지를 변경할 수 없다. 다만, ⅰ) 위 ⅰ)의 당사자 중 디자인권자의 기재를 바로 잡기 위하여 보정(추가하는 것을 포함한다)하는 경우, ⅱ) 위 ⅳ)에 따른 청구의 이유를 보정하는 경우, 이 둘 중 어느 하나에 해당하는 경우에는 그러하지 아니하다(법 72, 72의2②). 심판청구서의 보정에 관한 자세한 설명은 앞의 제11장 제2절 Ⅰ. 1. (2) 심판청구서의 보정제한－보정제한주의－를 참고하기 바란다.

(6) 대가의 지급 등

1) 대가의 지급

위 (3)의 1) 및 2)의 통상실시권자는 특허권자·실용신안권자·디자인권자 또는 그 전용실시권자에 대하여 대가를 지급하여야 한다(법 70③ 본문).

2) 대가의 공탁

위 (3)의 1) 및 2)의 통상실시권자가 책임질 수 없는 사유에 의하여 그 특허권자·실용신안권자·디자인권자 또는 그 전용실시권자에 대하여 대가를 지급할 수 없는 때에는 그 대가를 공탁하여야 한다(법 70③ 단서).

3) 대가의 지급·공탁의 불이행

위 (3)의 1) 및 2)의 통상실시권자는 특허권자·실용신안권자·디자인권자 또는 그 전용실시권자에 대하여 그 실시에 대한 대가를 지급하지 아니하거나 공탁을 하지 아니하면 그 특허발명·등록실용신안 또는 등록디자인이나 이와 유사한 디자인을 실시할 수 없다(법 70④).

(7) 심판절차 등

통상실시권 허여의 심판절차 등에 관한 설명은 전술한 "제11장 제2절 심판절차일반 Ⅰ. 심판청구, Ⅲ. 심판청구의 취하, Ⅳ. 심리, Ⅵ. 참가, Ⅶ. 심결, Ⅸ. 심판의 종결, Ⅹ. 심판비용, Ⅻ. 소송과의 관계 등" 편을 참고하기 바란다.

제12장 재 심

제1절 서 설

Ⅰ. 의 의

디자인보호법은 "당사자는 확정된 심결에 대하여 재심을 청구할 수 있다"고 규정하고 있다(법 73①). 재심은 확정 심결에 의해서 종결된 사건에 대하여 당사자로부터 그 심결이 중대한 흠결이 있음을 이유로 하여 심결을 취소하고 심판을 심결전의 원상으로 회복시켜 다시 심리할 것을 요구하는 비상 불복 신청방식을 말한다.

그러나 그 절차나 확정심결은 법적 안정성의 요구상 쉽게 불복을 인정하지 않는 것이 원칙이지만 심결에 중대한 흠결이 있음에도 그 효력을 유지시키는 것은 심판의 권위에 관계되고 당사자에게도 가혹하므로 현행법은 한정된 경우에 다시 심리해서 그 하자의 제거를 허용하고 있다. 이는 법적 안정성과 구체적 타당성의 서로 상반되는 요청을 조화시키기 위하여 마련된 제도이다.

Ⅱ. 당사자 적격

1. 심판당사자

당사자는 확정된 심결에 대하여 재심을 청구할 수 있다(법 73①). 즉 재심을 청구할 수 있는 자는 사해심결에 대한 불복청구의 경우를 제외하고는 심결을 받은 당사자이다.

2. 제3자

심판의 당사자가 공모하여 제3자의 권리 또는 이익을 사해(詐害)할 목적으로 심결을 하게 한 때에는 제3자는 그 확정된 심결에 대하여 재심을 청구할 수 있다. 이 경우 심판의 당사자를 공동피청구인으로 한다(법 73의2①②).

Ⅲ. 재심의 관할

재심은 재심을 제기할 심결을 한 특허심판원의 전속관할로 한다(법 73②, 민사소송법 453①). 그러나 특허심판원과 특허법원이 같은 사건에 대하여 내린 심결 및 판결에 대한 재심을 병합으로 제기하는 경우에는 대법원이 관할한다. 다만, 특허법원의 판결과 대법원의 판결에 각각 독립된 재심사유가 있는 때에는 그러하지 아니하다(법 73②, 민사소송법 453②).[1]

Ⅳ. 재심청구의 기간 등

1. 재심청구기간

재심의 청구는 당사자가 심결확정 후 재심의 사유를 안 날부터 30일 이내에 청구하여야 한다(법 73의3①). 그러나 대리권의 흠결을 이유로 하여 재심을 청구하는 경우의 재심청구의 기간은 청구인 또는 법정대리인이 심결등본의 송달에 의하여 심결이 있는 것을 안 날의 다음날부터 기산한다(법 73의3②).

2. 재심청구권의 소멸시효

재심을 청구할 수 있는 기간은 심결확정 후 3년이다(법 73의3③). 따라서 심결확정 후 3년간 이를 행사하지 아니하면 시효로 인하여 재심청구권은 소멸한다. 그러나 재심사유가 심결확정 후에 생긴 때에는 위의 3년의 기간은 그 사유가 발생한 날의 다

---

1) 재심의 소가 재심제기기간 내에 제1심법원에 제기되었으나 재심이유 등에 비추어 항소심판결을 대상으로 한 것이라 인정되어 위 소를 항소심법원에 이송한 경우에 있어서 재심제기기간의 준수여부는 민사소송법 제36조 제1항의 규정에 비추어 제1심법원에 제기된 때를 기준으로 할 것이지 항소법원에 이송된 때를 기준으로 할 것은 아니다(1984. 2. 28. 전원합의체판결 83다카1981).

음날부터 기산한다(법 73의3④).

3. 재심청구기간 적용의 제외

위의 1, 2의 전단의 재심청구기간 및 소멸시효기간, 즉 당사자가 심결확정후 재심의 사유를 안 날부터 30일 이내의 재심청구기간 및 심결확정 후 3년이 지난 때에는 재심을 청구할 수 없는 소멸시효기간은 해당 심결 이전에 행하여진 확정심결과 저촉한다는 이유로 재심을 청구하는 경우에는 적용하지 아니한다(법 73의3⑤).

제 2 절 재심사유 - 재심청구의 요건 -

Ⅰ. 흠결이 있는 심결

당사자는 확정된 심결이 다음 중 어느 하나의 재심 사유에 해당하면 그 확정심결에 대한 취소와 이에 대신하는 심결을 구하기 위하여 그 심결을 받은 자가 특허 심판원에 재심의 심판을 청구할 수 있다(법 73①②, 준용민사소송법 451① 본문). 이러한 재심사유에 해당하는 사실은 대부분 원심판의 종료하기까지에 발생한 사실(예외 : 민사소송법 451①10)이기 때문에 당사자가 특허법원에의 항고에 의하여 그 사유를 주장하였거나 이를 알고도 주장하지 아니한 때에는 재심을 청구할 수 없다(법 73②, 준용민사소송법 451① 단서).

① 디자인보호법에 의하여 심판의 합의체를 구성하지 아니한 때(법 72의9①), 즉 3인 또는 5인의 정족수 미달의 합의체 구성
② 디자인보호법상 그 심판에 관여하지 못할 심판관이 관여한 때, 즉 제척, 기피 사유가 있는 심판관이 심판에 관여한 때
③ 대리인의 수권에 흠결이 있을 때, 다만 당사자나 법정 대리인의 추인이 있는 경우에는 예외로 한다.
④ 심판에 관여한 심판관이 그 사건에 관하여 직무에 관한 죄를 범한 때(예 : 수뢰죄)
⑤ 형사상 처벌을 받을 타인의 행위로 인하여 자백을 하였거나 심결에 영향을 미칠 공격 또는 방어 방법의 제출이 방해된 때(예 : 형사상 협박에 의한 경우)
⑥ 심결의 증거로 된 문서 기타 물건이 위조나 변조된 것인 때
⑦ 증인, 감정인, 통역인 또는 선서한 당사자나 법정 대리인의 허위진술이 심결의

증거로 된 때

⑧ 심결의 기초로 된 민사나 형사의 판결 기타 재판 또는 행정처분이 다른 재판이나 행정 처분에 의하여 변경된 때

⑨ 심결에 영향을 미칠 중요한 사항에 관하여 판단을 유탈한 때

⑩ 재심을 제기한 심결이 전에 심판한 확정 심결과 저촉되는 때

⑪ 당사자가 상대방의 주소 또는 거소를 알고 있었음에도 불구하고 소재 불명 또는 허위의 주소나 거소로 하여 소를 제기한 때

위의 "① 내지 ⑪"의 재심 사유 중 "①부터 ③까지"는 심리 기구의 중대한 흠결이며, "④부터 ⑪까지"는 심결의 기초 자료 또는 판단 그 자체에 중대한 흠결이 있는 경우이다. 위의 "④ 내지 ⑦"의 경우에는 처벌받을 행위에 대하여 유죄의 판결이나 과태료의 판결이 확정된 때 또는 증거 부족 외의 이유로 유죄의 확정 판결이나 과태료 부과의 확정 판결을 할 수 없을 때에만 재심의 청구를 할 수 있다(법 73②, 준용민사소소송법 451②).

또 특허법원 항고심에서 사건에 대하여 본안 판결을 한 때에는 특허 심판원의 심판의 심결에 대하여 재심을 청구하지 못한다(법 73②, 준용민사소송법 451③).[2)]

Ⅱ. 사해에 의한 심결

심판의 당사자가 공모하여 제3자의 권리 또는 이익을 사해(詐害)할 목적으로 심결을 하게 한 때에는 제3자는 그 확정된 심결에 대하여 재심을 청구할 수 있다(법 73의2①).

---

2) 민사소송법 제422조 제1항 제3호 소정의 재심사유는 무권대리인이 대리인으로서 본인을 위하여 실질적인 소송행위를 하였을 경우 뿐만 아니라 대리권의 흠결로 인하여 본인이나 그의 소송대리인이 실질적인 소송행위를 할 수 없었던 경우도 이에 해당한다(1994. 1. 11, 92다47632).
민사소송법 제422조 제1항 제9호가 정하는 재심사유인 '판결에 영향을 미친 중요한 사항에 관하여 판단을 유탈한 때'라고 함은 당사자가 소송상 제출한 공격방어방법으로서 판결에 영향이 있는 것에 대하여 판결 이유 중에 판단을 명시하지 아니한 경우를 말하고, 판단이 있는 이상 그 판단에 이르는 이유가 소상하게 설시되어 있지 아니하거나 당사자의 주장을 배척하는 근거를 일일이 개별적으로 설명하지 아니하더라도 이를 위 법조에서 말하는 판단유탈이라고 할 수 없다(1998. 2. 24, 97재다278).

제 3 절 재심청구의 절차

심판에 대한 재심의 절차에 관하여는 그 성질에 반하지 아니하는 한 심판의 절차에 따른다(법 74의4).

Ⅰ. 재심청구 방식

1. 당사자계 심판에 대한 재심청구 방식

(1) 재심청구서의 제출

당사자계 심판에 대한 재심청구는 소정의 재심청구서에 i) 당사자(청구인, 피청구인)의 성명과 주소(법인인 경우 그 명칭 및 영업소의 소재지), ii) 대리인이 있는 경우 그 대리인의 성명 및 주소나 영업소의 소재지(대리인이 특허법인인 경우에는 그 명칭, 사무소의 소재지 및 지정된 변리사의 성명), iii) 심판사건의 표시(디자인등록번호, 디자인의 대상이 되는 물품), iv) 청구의 취지 및 그 이유, v) 증거방법, vi) 재심사유를 안 날, vii) 디자인의 수, viii) 취지(디자인보호법 제73조의 규정에 의하여 위와 같이 청구합니다)를 기재하여 특허심판원장에게 제출한다(법 73①, 법시행규칙 26). 제출된 재심청구서의 보정은 위의 iv) 중 청구의 이유를 제외하고는 그 요지를 변경할 수 없다.

(2) 필요적 서류의 첨부

재심청구서에는 청구서 부분 1통(상대방이 있는 경우에는 그 상대방에게 송부함에 필요한 수 만큼을 첨부한다)과 대리인에 의하여 절차를 밟는 경우에는 그 대리권을 증명하는 서류 1통을 첨부한다.

2. 결정계 심판에 대한 재심청구 방식

(1) 재심청구서의 제출

결정계 심판에 대한 재삼청구는 소정의 재심청구서에 i) 청구인, 피청구인(디자인등록 취소결정의 심판에 대한 재심청구의 경우에만 해당된다)의 성명과 주소(법인인 경우에는 그 명칭 및 영업소의 소재지), ii) 대리인이 있는 경우에는 그 대리인의 성명 및 주소나 영업소의 소재지(대리인이 특허법인인 경우에는 그 명칭, 사무소의 소재지 및 지정 변리사의 성명), iii) 출원(등록)일자 및 출원(등록)번호, iv) 심사관의 거절결정일자·보정각하결정일자 또는 디자인등록 취소결정일자, v) 사건의 표시(디자인등록번호, 디자인의 대상이 되는 물품), vi) 청구의 취지 및 그 이유, vii) 증거방법, viii) 재심사유를 안 날, ix) 디자인의 수, x) 취지(디자인보호법 제73조의 규정에 의하여 위와 같이 청구합니다)를 기재하여 특허심판원장에게 제출한다(법 73①, 법시행규칙 26).

(2) 필요적 서류의 첨부

재심청구서에는 청구서 부분 1통(상대방이 있는 경우 그 수만큼 첨부한다)과 대리인이 있는 경우 그 대리권을 증명하는 서류 1통을 첨부한다.

3. 수수료의 납부

재심청구에는 소정의 수수료를 납부하여야 한다. 수수료의 납부는 재심청구서에 소정의 수수료 금액을 기재하여 특허심판원 또는 특허청에 이를 제출하고 접수번호를 부여받아 이를 납부번호로 하여 접수번호를 부여받은 날의 다음날까지 지정 국고은행에 납부하는 방식으로 이루어진다(특허료 등의 징수규칙 8①). 우편으로 재심청구서류를 제출하는 경우의 수수료의 납부는 통상환을 동봉하여 제출한다(특허료 등의 징수규칙 8⑬). 또 인터넷 지로 등 정보통신망을 이용한 전자적 수단으로도 납부한다(특허료 등의 징수규칙 8⑫). 만약 납부일이 공휴일(토요휴무일을 포함한다)에 해당하는 경우에는 그 날 이후의 첫 번째 근무일까지 납부하면 된다(특허료 등의 징수규칙 8②).

Ⅱ. 재심청구서 등의 각하

1. 재심청구서의 각하

심판장은 다음의 1에 해당하는 경우에는 기간을 정하여 그 보정을 명하고 만약 보정명령을 받은 자가 그 지정기간 이내에 보정을 하지 아니한 경우에는 결정으로 재심청구서를 각하하여야 한다. 각하결정은 그 이유를 붙인 서면으로 한다(법 72의4① 내지 ③).

(1) 재심청구서가 디자인보호법 제72조의2(심판청구방식) 제1항·제3항 내지 제4항 또는 제72조의3(보정각하결정·디자인등록 거절결정 또는 디자인등록 취소결정에 대한 재심청구방식) 제1항의 규정에 위반되는 경우

(2) 재심에 관한 절차가 다음의 1에 해당되는 경우
 1) 디자인보호법 제4조(미성년자 등의 행위능력) 또는 제4조의4(대리권의 범위)의 규정에 위반된 경우
 2) 디자인보호법 제34조(수수료)의 규정에 의하여 납부하여야 할 수수료를 납부하지 아니한 경우
 3) 디자인보호 또는 디자인보호법에 의한 명령이 정한 방식에 위반된 경우

2. 보정불능한 심판청구의 심결각하

부적법한 재심청구로서 그 흠결을 보정할 수 없는 때에는 피청구인에게 답변서 제출의 기회를 주지 아니하고 심결로써 이를 각하할 수 있다(법 72의5).

제 4 절 재심의 심판 및 범위

재심의 심판은 확정심결의 취소와 이에 대신하는 심결을 구하는 두 가지의 목적을 가진 심판제도로서 이는 확정심결의 취소여부와 본안심결 등 두 단계 심판구조로 구성되어 있다. 그러나 실무상으로는 양자를 명확하게 구별하지 않고 하나의 심판절차 내에서 병합심리하고 있는 것이 통례이다.

재심의 심판은 재심청구 이유의 범위 안에서 하여야 한다(법 74의5, 민사소송법 459①). 이는 원 심판에서 당사자 또는 참가인이 신청하지 아니한 이유에 대하여도 이를 심리할 수 있는 직권심리주의의 예외에 해당하는 것이다(법 72의23).

제5절 재심절차

I. 심리 등

재심은 구술심리 또는 서면심리로 한다. 다만, 당사자가 구술심리를 신청한 때에는 서면심리만으로 결정할 수 있다고 인정되는 경우 외에는 구술심리를 하여야 한다(법 72의18①). 구술심리는 공공의 질서 또는 선량한 풍속을 문란하게 할 염려가 있는 경우를 제외하고는 이를 공개하여야 한다(법 72의18②). 심판장은 구술심리에 의한 심판을 할 경우에는 당해 사건에 출석한 당사자 및 참가인에게 알린 때를 제외하고는 그 기일 및 장소를 정하고 그 취지를 기재한 서면을 당사자 및 참가인에게 송달하여야 한다(법 72의③). 심판장은 구술심리에 의한 심판의 경우 특허심판원장이 지정한 직원에게 기일마다 심리의 요지와 그밖에 필요한 사항을 기재한 조서를 작성하게 하고 심판의 심판장 및 조서를 작성한 직원이 기명날인하여야 한다(법 72의18④⑤). 위 조서에 관하여는 민사소송법 제153조·제154조 및 제156조부터 제160조까지의 규정을 준용하고(법 72의18⑥) 재심에 관하여는 민사소송법 제143조·제259조·제299조 및 제367조의 규정이 준용된다(법 72의18⑦).

재심의 심리 등에 관한 자세한 설명은 전술한 "제11장 제2절 Ⅲ. 심리 2. 방식심사 등, 3. 적법성심리, Ⅳ. 심판절차에 관한 기간 등의 지정 및 절차중지 등의 명령"을 참고하기 바란다.

Ⅱ. 참 가

1. 재심을 청구할 수 있는 자의 참가

재심을 청구할 수 있는 자는 재심심리가 종결될 때까지 그 재심에 참가할 수 있다. 참가인은 피참가인이 그 재심의 청구를 취하한 후에도 재심절차를 속행할 수 있다(법 72의19①②).

2. 재심결과에 대한 이해관계자의 참가

재심의 결과에 대하여 이해관계를 가진 자는 재심심리가 종결될 때까지 당사자의 일방을 보조하기 위하여 그 재심에 참가하여 모든 재심절차를 행할 수 있다(법 72의19③④).

3. 참가인에 대한 재심절차의 중단·중지의 효력

위 1 또는 2에 따른 참가인에 대하여 재심절차의 중단 또는 중지의 원인이 있는 때에는 그 중단 또는 중지는 피참가인에 대하여도 그 효력이 발생한다(법 72의19⑤).

4. 참가의 신청 및 결정

재심에 참가하고자 하는 자는 소정의 참가신청서를 심판장에게 제출하여야 한다. 심판장은 참가신청이 있는 경우에는 참가신청서의 부본을 당사자 및 다른 참가인에게 송달하고 기간을 정하여 의견서를 제출할 수 있는 기회를 주어야 한다. 그리고 참가신청이 있는 경우에는 재심심판에 의하여 그 참가여부를 결정하되 결정은 그 이유를 붙인 서면으로 하여야 한다. 이러한 결정에 관하여는 불복을 할 수 없다(법 72의20① 내지 ⑤).

재심참가 등에 관한 자세한 설명은 전술한 "제11장 제2절 Ⅴ. 참가"를 참고하기 바란다.

Ⅲ. 증거조사 및 증거보전

재심에서는 당사자·참가인 또는 이해관계인의 신청에 의하여 또는 직권으로 증거조사나 증거보전을 할 수 있다(법 72의21①). 증거보전신청은 재심청구 전에는 특허심판원장에게, 재심 계속 중에는 그 사건의 심판장에게 하여야 한다(법 72의21③). 특허심판장은 재심청구 전에 증거보전신청이 있는 때에는 증거보전의 신청에 관여할 심판관을 지정한다(법 72의21④). 그리고 심판장이 직권으로 증거조사나 증거보전을 한 때에는 그 결과를 당사자·참가인 또는 이해관계인에게 송달하고 기간을 정하여 의견서 제출의 기회를 주어야 한다(법 72의21⑤).

민사소송법 중 증거조사 및 증거보전에 관한 규정은 재심에서의 증거조사 및 증거보전에 관하여 이를 준용한다. 다만, 심판관은 과태료의 결정을 하거나 구인을 명하거나 보증금을 공탁하게 하지 못한다(법 72의21②).

Ⅳ. 심판의 진행 및 직권심리 등

1. 심판의 진행

심판장은 당사자 또는 참가인이 법정기간 또는 지정기간에 절차를 밟지 아니하거나 구술심리 지정기일에 출석하지 아니하여도 심판을 진행할 수 있다(법 72의22).

2. 직권심리

재심에서는 당사자 또는 참가인이 신청하지 아니한 이유에 대하여도 심리할 수 있다. 이 경우 당사자 및 참가인에게 기간을 정하여 그 이유에 대하여 의견을 진술할 수 있는 기회를 주어야 한다. 그러나 청구인이 신청하지 아니한 청구의 취지에 대하여는 심리할 수 없다(법 72의23①②).

3. 심리·심결의 병합 또는 분리

심판관은 당사자 쌍방 또는 일방의 동일한 2 이상의 심판에 대하여 심리 또는 심결을 병합하거나 분리할 수 있다(법 72의24). 이에 관한 자세한 설명은 전술한 제11장 제2절 Ⅲ. 심리 3. 적법성 심리 (3) 심리방식 2) ② iii. "심리·심결의 병합 또는 분리" 편을 참고하기 바란다.

Ⅴ. 재심청구의 취하

재심청구는 심결이 확정될 때까지 취하할 수 있다. 다만, 답변서가 제출된 후에는 상대방의 동의를 받아야 한다(법 72의25①). 20이내의 디자인을 1디자인등록출원한 복수디자인 등록출원에 관하여 무효심판 또는 권리범위확인심판을 청구한 때에는 1디자인마다 취하할 수 있다 취하가 있을 때에는 그 재심청구는 처음부터 없었던 것으로 본다(법 72의②).

재심청구의 취하에 관한 자세한 설명은 "제11장 제2절 Ⅱ. 심판청구의 취하"를 참고하기 바란다.

Ⅵ. 재심의 심결 등

1. 재심의 심결

재심은 특별한 규정이 있는 경우를 제외하고는 재심심결로써 종결한다. 재심심결은 ⅰ) 심판의 번호, ⅱ) 당사자 및 참가인의 성명 및 주소(법인인 경우 그 명칭 및 영업소의 소재지), ⅲ) 대리인이 있는 경우 그 대리인의 성명 및 주소나 영업소의 소재지(대리인이 특허법인인 경우 그 명칭, 사무소의 소재지 및 지정된 변리사의 성명), ⅳ) 재심사건의 표시, ⅴ) 재심심결의 주문(통상실시권 허여의 재심심판에 있어서는 통상실시권의 범위·기간 및 대가를 포함한다), ⅵ) 재심심결의 이유(청구의 취지 및 그 이유의 요지를 포함한다), ⅶ) 재심심결연월일을 기재한 서면으로 하여야 하며 재심심결한 심판관은 이에 기명날인하여야 한다.

심판장은 사건이 재심심결을 할 정도로 성숙한 때에는 재심심결의 종결을 당사자 및 참가인에게 통지하여야 한다. 그러나 재심심리종결 후에도 필요하다고 인정할 때에는 당사자 또는 참가인의 신청에 의하여 또는 직권으로 재심심리를 재개할 수 있다. 재심심결은 재심심리 종결통지를 한 날부터 20일 이내에 한다.

재심심리 또는 재심결정이 있는 때에는 그 등본을 당사자, 참가인 및 재심에 참가신청을 하였으나 그 신청이 거부된 자에게 송달하여야 한다(법 72의26① 내지 ⑥).

2. 일사부재리

디자인보호법에 의한 재심의 심결이 확정된 때에는 그 사건에 대하여는 누구든지 동일 사실 및 동일 증거에 의하여 다시 재판을 청구할 수 없다. 다만, 확정된 심결이 각하심결인 경우에는 그러하지 아니하다(법 72의27). 이에 관한 자세한 설명은 "제11장 제2절 Ⅶ. 7. 확정심결의 효력 (1) 내지 (5)"를 참고하기 바란다.

3. 소송과의 관계

(1) 재심에 있어서 필요한 때에는 그 재심사건과 관련되는 다른 심판의 심결 또는 다른 재심의 심결이 확정되거나 소송절차가 완결될 때까지 그 절차를 중지할 수 있고, 이와는 반대로 소송절차에 있어서 필요하다고 인정될 때에는 법원은 디자인등록에 관한 재심의 심결이 확정될 때까지 그 소송절차를 중지할 수 있다.

(2) 법원은 디자인권 또는 전용실시권의 침해에 관한 소가 제기된 경우에는 그 취지

를 특허심판원장에게 통보하여야 한다. 그 소송절차가 종료된 때에도 또한 같다.

(3) 특허심판원장은 디자인권 또는 전용실시권의 침해에 관한 소에 대응하여 그 디자인권에 관한 무효심판 등이 청구된 경우에는 그 취지를 위 (2)에 해당하는 법원에 통보하여야 한다. 그 재심청구서의 각하결정, 심결 또는 청구의 취하가 있는 때에는 또한 같다(법 72의28① 내지 ④).

재심절차에서의 소송과의 관계에 관한 자세한 설명은 전술한 제11장 제2절 XI. 소송과의 관계 등을 참고하기 바란다.

제 6 절 재심심결의 효력

I. 기속력 등의 발생

재심의 심결이 확정되면 다른 심판에 있어서의 심결과 마찬가지로 재심심결의 기속력이나 일사부재리의 효력이 발생한다. 여기서 '기속력'이라 함은 재심의 심결이 한번 확정되면 심결의 안정성을 확보하기 위하여 심결한 특허 심판원도 스스로 취소, 변경할 수 없고 그 내용을 존중하여야 한다는 것을 원칙으로 하는데 이를 재심심결의 기속력이라고 한다. 기속력에 관한 자세한 설명은 후술하는 "제13장 제3절 V"를 참고하기 바란다.

또 여기에서 "일사부재리"라 함은 디자인보호법에 의한 재심의 심결이 확정되거나 판결이 확정된 때에는 누구든지 동일 사실 및 동일 증거에 의하여 다시 그 재심을 청구할 수 없는 것을 말한다(법 72의27). 그러나 민사소송법상에서는 확정판결에 일사부재리의 효과는 없다. 왜냐하면 민사소송의 소송물인 법률효과는 판결이 있은 뒤에도 새로이 발생하며, 또는 소멸할 가능성이 있으므로 엄격하게 동일 사건이라고 하는 것은 생각할 수 없는 것이기 때문이다. 따라서 기판력의 효과는 뒷 소송에 있어서 법원은 앞서 한 판결과 다른 판단을 할 수 없다는 것에 불과하다. 그러나 최근 민사소송법에 있어서도 일사부재리를 인정할 수 있다는 설이 신소송물론의 입장에선 학자를 중심으로 대두되고 있다. 일사부재리에 관한 자세한 설명은 전술한 "제11장 제2절 VI. 7. (1) 내지 (5)"를 참고하기 바란다.

Ⅱ. 재심에 의하여 회복된 디자인의 효력의 제한

1. 재심의 심결이 확정되면 심결의 기속력이나 일사부재리의 효력이 발생하나 디자인보호법은 특별히 재심에 의하여 회복한 디자인권의 효력을 제한하는 규정을 두고 있다. 즉 다음의 하나에 해당하는 경우에 디자인권의 효력은 당해 심결이 확정된 후 재심청구의 등록 전에 선의로 수입 또는 국내에서 생산하거나 취득한 물품에는 미치는 아니한다(법 74① 각호).

i) 무효로 된 디자인권(디자인등록취소결정에 대한 심판에 의하여 취소가 확정된 디자인을 포함한다)이 재심에 의하여 회복된 경우
ii) 디자인권의 권리범위에 속하지 아니한다는 심결이 확정된 후 재심에 의하여 이와 상반되는 심결이 확정된 경우
iii) 거절한다는 취지의 심결이 있었던 디자인등록출원에 대하여 재심에 의하여 디자인권의 설정등록이 된 경우

2. 위 1의 i) 내지 iii)의 어느 하나에 해당하는 경우의 디자인권의 효력은 다음의 1의 행위에는 미치지 아니한다(법 74② 각호).

i) 당해 심결이 확정된 후 재심청구의 등록전에 한 당해 디자인의 선의의 실시
ii) 등록디자인에 관련된 물품의 생산에만 사용하는 물품을 당해 심결이 확정된 후 재심청구의 등록 전에 선의로 생산·양도·대여 또는 수입하거나 양도 또는 대여의 청약을 하는 행위

Ⅲ. 재심에 의하여 회복한 디자인권에 대한 선사용자의 통상실시권

위 1의 i) 내지 iii)의 어느 하나에 해당하는 경우에 당해 심결이 확정된 후 재심청구의 등록 전에 선의로 국내에서 그 디자인의 실시사업을 하고 있는 자 또는 그 사업의 준비를 하고 있는 자는 그 실시 또는 준비를 하고 있는 디자인 및 사업의 목적 범위 안에서 그 디자인권에 관하여 통상실시권을 가진다(법 74의2).

Ⅳ. 재심에 의한 통상실시권을 상실한 원권리자의 통상실시권

통상실시권을 허여한다는 심결이 확정된 후 재심에 의하여 이에 상반되는 심결의 확정이 있는 경우에는 재심청구등록 전에 선의로 국내에서 그 디자인의 실시사업을 하고 있는 자 또는 그 사업의 준비를 하고 있는 자는 원통상실시권의 사업의 목적 및 디자인의 범위 안에서 그 디자인권 또는 재심의 심결의 확정이 있는 당시에 존재하는 전용실시권에 대하여 통상실시권을 가진다(법 74의3①).

이 경우의 통상실시권을 가진 자는 디자인권자 또는 전용실시권자에게 상당한 대가를 지급하여야 한다(법 74의3②).

제 7 절 재심비용 등

Ⅰ. 재심비용

1. 디자인등록의 무효심판 및 권리범위확인심판에 대한 재심비용의 부담은 재심이 심결에 의하여 종결할 때에는 그 심결로써, 재심이 심결에 의하지 아니하고 종결할 때에는 결정으로서 정하여야 한다(법 72의29①). 민사소송법 제98조 내지 제103조, 제107조 제1항·제2항, 제108조, 제111조, 제112조 및 제116조는 재심비용에 관하여 이를 준용한다(법 72의29②).

2. 보정각하결정에 대한 심판, 디자인등록거절결정에 대한 심판 또는 디자인등록취소결정에 대한 심판, 통상실시권 허여의 심판에 대한 재심비용은 청구인 또는 디자인무심사등록 이의신청인의 부담으로 하며(법 72의29③), 이들이 부담하는 비용에 관하여는 민사소송법 제102조를 준용한다(법 72의29④).

3. 재심비용액은 재심심결 또는 재심결정이 확정된 후 당사자의 청구에 따라 특허심판원장이 결정한다(법 72의29⑤).

4. 재심비용의 범위·금액·납부 및 재심에서 절차상의 행위를 하기 위하여 필요한 비용의 지급에 관하여는 그 성질에 반하지 아니하는 한 민사소송법 중 해당 규정의

예에 따른다(법 72의29⑥).

5. 재심의 대리를 한 변리사에게 당사자가 지급한 또는 지급할 보수는 특허창장이 정하는 금액의 범위 안에서 이를 재심비용으로 본다. 이 경우 여러 명의 변리사가 재심의 대리를 한 경우라도 1명의 변리사가 재심대리를 한 것으로 본다(법 72의29⑦). 재심비용에 관한 자세한 설명은 전술한 “제11장 제2절 Ⅸ. 심판비용”을 참고하기 바란다.

Ⅱ. 재심비용액 또는 대가에 대한 집행명의

디자인보호법에 따라 특허심판장이 정한 재심비용액 또는 심판관이 정한 대가에 관하여 확정된 결정은 집행력 있는 집행명의와 동일한 효력을 가진다. 이 경우 집행력 있는 정본은 특허심판원 공무원이 이를 부여한다(법 72의30). 이에 관한 자세한 설명은 전술한 “제11장 제2절 Ⅸ. 8. 심판비용액 또는 대가에 대한 집행명의”를 참고하기 바란다.

제13장 소 송

제1절 서 설

Ⅰ. 서 문

소송이라 함은 법원에 의한 법규의 적용·실현, 즉 공권력의 판단으로서 구체적인 법률상태를 확정(재판)하거나 공권력에 의하여 이에 대응하는 사실상태를 강제적으로 실현(집행)함을 목적으로 한다. 이에 관하여 이해관계가 대립하는 주체(소송당사자)를 관여시키는 법률적 절차, 여기에는 i) 민사소송, ii) 형사소송, iii) 특허소송, iv) 행정소송 등의 국내법상의 소송과 국제사법재판과 같은 국제법상의 소송이 있다.

소송의 본질에 관하여는 소송을 하나의 법률현상으로 고찰하여 법원 및 양당사자간의 법률관계(소송법률관계)라고 하는 견해와 이에 대립하는 당사자간에 발전하는 법률적 상태(소송법률상태)라고 주장하는 견해도 있다.

위의 i) 내지 iv)의 소송 중 i) 민사소송(권리침해에 대한 금지청구소송·손해배상청구소송·신용회복청구소송 등) 및 ii) 형사소송(권리침해죄 등에 관한 소송)에 대해서는 이미 제10장 제1절 Ⅲ. 2. 민사적 구제사단, 3. 형사적 구제수단에서 설명한 바 있으므로 여기에서는 이를 생략하고 iii) 심결 등에 대한 소를 중심으로 살펴보기로 한다.

Ⅱ. 디자인에 관한 소송

1. 의 의

일반적으로 디자인에 관한 소송이라 하면 디자인보호법 제75조 제1항에서 정하고 있는 심결에 대한 소, 디자인등록출원의 요지변경에 따른 보정각하결정(재심에서의 보정각하결정을 포함한다. 이하 같다) 및 심판청구서나 재심청구서의 각하결정에 대한 소와 같은 제1심사건(법원조직법 28의4 1호), ii) 다른 법률에 의하여 특허법원의 권한에 속하는 사건(법원조직법 28의4 2호), iii) 디자인보호법 제62조의 권리침해에 대한 금지청구소송, iv) 민법 제750조·디자인보호법 제64조의 손해배상청구소송, v) 디자인보호법 제66조의 디자인권자 등의 신용회복청구소송, vi) 디자인보호법 제75조의5의 통상실시권 허여대가에 관한 불복소송, vii) 민법 제741조에 따라 법률상 원인 없이 타인의 등록디자인으로 인하여 이익을 얻고 이로 인하여 등록디자인의 권리자에게 손해를 가한 자에게 그 이익의 반환을 요구하는 부당이득반환청구소송, viii) 특허청장의 디자인등록 행정처분에 관한 소송, ix) 등록디자인에 관한 권리의 귀속에 관한 분쟁사건 등을 모두 포함하는 광의의 디자인등록소송을 지칭한다.

이 중 특허법원의 전속관할로 한 i) ii)를 협의의 디자인소송이라 한다. 이하에서는 협의의 디자인소송(이하 "디자인소송"이라 한다)을 중심으로 살펴본다.

2. 성 질

디자인소송은 기본적으로 행정소송의 일종으로 보는 것이 통설적 견해[1]이나 여기에는 반대의 견해도 있다.

즉 디자인소송 중 특허청장을 피고로 하는 결정계 및 처분계 사건은 행정소송법 제3조 제1호 소정의 항고소송이라는데는 이견이 없으나 디자인권자 또는 이해관계인을 상대로 하는 당사자계 사건에 관하여는 결정계 및 처분계 사건과 마찬가지로 항고소송이라고 보는 견해[2]와 당사자 소송에 속한다고 보는 견해[3]로 나뉘어져 있다.

그러나 디자인소송 중 당사계 사건은 외형상으로는 민사소송의 구조를 띄고 있으나 그 실질에 있어서는 특허심판원 심판관의 심결·결정에 대한 위법성의 다툼이므로 항고소송과 유사하게 직권탐지, 직권증거조사나 증거보전 등 심리에 있어서 민사소송과는 다른 특수성을 인정할 필요가 있으므로 이를 항고소송으로도 볼 수 있다.

그러나 실제 실무에서는 항고소송과 당사자 소송을 별로 구분하여 사용하고 있지 않다.[4]

---

1) 법원행정처, 특허소송실무, 1998년 3면 참조.

2) 전병서, "특허심결취소소송에 있어서 변론주의", 인권과 정의 1996년, 11면.
紋谷暢南, 註釋 特許法, 有斐閣, 1986, 361면 참조.
舟本信光, 井上繁規, 特許訴訟の實務, 新日本法規, 1991. 279면 참조.

3) 多田貞治, "審判と訴訟の關聯性についての一問題", 原增司判事退官記念 工業所有權の基本的 課題(上), 有斐閣, 1984, 647면 참조.

4) 특허재판실무편람, 특허법원, 2002. 12, 2면 참조.
대법원 2002. 6. 25. 선고 2000후1306 판결(공 2002하, 2816) 참조.

3. 디자인소송과 민사소송 등의 관계

(1) 디자인소송과 민사소송·행정소송의 구분

이들 소송사건의 구분은 디자인보호법 등에서 특허법원의 전속관할로 특별히 규정하고 있는 것만이 디자인소송사건이 되고 그 밖에는 아무리 소송물은 디자인등록에 관한 사항이라 하더라도 디자인소송사건으로 취급되지 않는다. 즉 i) 디자인권·전용실시권 침해에 대한 금지청구소송, ii) 디자인권·전용실시권 침해에 대한 손해배상청구소송, iii) 디자인권자·전용실시권자의 신용회복청구소송, iv) 통상실시권 허여대가에 관한 불복소송 등은 민사소송사건이 되고 i) 디자인등록에 관한 서류의 불수리, ii) 절차의 무효에 관한 불복의 소는 행정소송사건이 된다.

(2) 디자인소송의 민사소송·행정소송절차의 준용

디자인소송은 위에서 살펴본 바와 같이 기본적으로는 행정소송의 일종이기 때문에 디자인보호법에 규정하고 있지 않은 사항은 행정소송법이 준용되고, 행정소송법에도 규정되어 있지 아니한 사항은 민사소송법이 준용된다.

4. 디자인소송의 종류

디자인소송에는 결정계 소송사건과 당사계 소송사건으로 나뉘어진다. 특허청장을 피고로 하는 디자인소송을 결정계 심결 등 취소소송이라고 하고 디자인권자 또는 이해관계인을 피고로 하는 디자인소송을 당사계 심결 등 취소소송이라고 한다.

(1) 결정계 심결 등 취소소송

1) 보정각하결정, 디자인등록거절결정에 대한 심판의 심결 및 이들 심판의 심결에 대한 재심의 심결(법 67의2, 67의3, 74의4)
2) 심판청구서에 대한 심판장의 결정각하 및 그 심판장의 결정각하에 대한 재심의 결정(법 72의4, 74의4)

(2) 당사계 심결 등 취소소송

1) 디자인무심사등록 이의신청이 이유가 있는 때 내리는 디자인등록 취소결정에 대한 심판의 결정 및 그 심판의 결정에 대한 재심의 결정(법 67의3, 74의4)
2) 디자인등록의 무효심판의 심결, 권리범위 확인심판의 심결, 통상실시권 허여심판

의 심결 및 이들 심판의 심결에 대한 재심의 심결(법 68, 69, 70, 74의4)

3) 부적법한 디자인무심사등록 이의신청·심판청구로서 그 흠결을 보정할 수 없는 심판청구의 심결각하 및 그 심결각하에 대한 재심의 심결(법 72의5, 74의4)

제2절 특허법원

Ⅰ. 관 할

1. 심급관할

법원조직법, 디자인보호법 등의 개정에 따라 1998. 3. 1.부터 고등법원급의 전문법원인 특허법원이 설치되고 특허청의 항고심판소와 심판소를 통합하여 특허심판원을 설치하였다.

이에 따라 종전 항고심판소의 기능이 특허법원으로 이관되고 심판소의 기능은 신설된 특허심판원이 그대로 관장하게 됨으로써 특허심판원의 심결 등에 대한 불복의 소는 특허법원의 전속관할로, 특허법원의 판결에 대한 불복은 대법원에 상고하는 새로운 심급체계가 확립되었다.

그러나 특허심판원의 심결은 재판이 아니기 때문에 특허법원이 제1심이 된다. 따라서 특허심판원의 심판절차와 특허법원의 소송절차 사이에 심급관계가 있는 것이 아니다.

그러므로 디자인소송에 관하여는 특허법원에서 대법원으로 이어지는 2심제가 되는 셈이다.

2. 토지관할

특허법원은 지방법원이나 고등법원과는 달리 전국을 관할하고(각급 법원의 설치와 관할구역에 관한 법률 4) 그 소재지는 대전광역시가 된다(동법률 2① 단서).

3. 전속관할

전속관할이라 함은 법정관할 가운데 특히 고도의 공익적 요구 때문에 특허법원에서만 재판권을 행사하게 하는 관할로서 임의관할[5]과는 반대되는 개념이다.

디자인보호법 제75조 제1항에 의한 심판의 심결에 대한 소(재심의 심결을 포함한다)와 같은 법 제71조 제1항에 따라 준용되는 제18조의2에 따른 디자인등록출원의 요지변경에 대한 보정각하결정 및 심판청구서나 재심청구서의 각하결정에 대한 소는 특허법원의 전속관할로 한다고 규정하고 있고 법원조직법 제28조의4 1호에는 특허법원은 ① 특허법 제186조 제1항, 실용신안법 제56조, 디자인보호법 제75조 제1항, 상표법 제86조 제2항이 정하는 제1심 사건과 ② 다른 법률에 의하여 특허법원의 권한에 속하는 사건을 담당한다라고 규정하고 있다.

이는 특허법원 관할의 전속성에 관한 문제로써 특허법원에 특허침해금지 등 관련 청구소송이 병합될 경우 민사법원과 특허법원 간의 판결의 저촉을 피하는 범위 내에서 민사항소심에 계속 중인 관련사건에 한하여 특허법원에서 병합 심리할 수 있도록 제한적으로 운용함이 타당하다고 본다.[6]

그러나 특허청이 한 행정상의 처분에 관한 소송은 행정법원을 전속 관할로 하고, 디자인권리침해에 대한 금지 등 청구소송, 손해배상청구소송, 신용회복청구소송 등 소위 디자인권침해소송, 창작자의 특정, 상속, 양도 등의 승계에 관계되는 디자인권 등의 귀속에 관한 소송, 디자인권 및 전용실시권의 침해죄 등 징벌에 관한 소송 등은 지방법원을 전속관할로 한다.

특허법원, 행정법원의 판결에 대하여는 대법원에 상고할 수 있고, 지방 법원의 판결에 대하여는 관할 고등법원에 항소할 수 있다. 고등법원의 판결에 불복이 있는 자는 대법원에 상고할 수 있다. 그런데 위와 같이 심결에 대한 소, 심판청구서나 재심청구서의 각하결정에 대한 소 및 보정각하결정에 대한 소와 같은 제1심 사건(법원조직법 제28조의4 제1호)의 소송을 제1심 법원인 지방법원이 아닌 특허법원을 전속관할로 하는 것은 1심급이 생략되는 것으로 보는 것이 정설이다. 디자인에 관한 심판은 전문적 관청으로서의 특허심판원에 의해 민사소송에 유사한 준사법적인 절차를 거쳐 하게 되는 것이므로 심결 등 취소소송의 "전심적(前審的)" 성격을 갖는다고 할 수 있다. 따라서 심결 등 취소소송의 제1심 법원을 일반사건과 같이 지방법원으로 하는 것은

---

5) 소송당사자가 관할이 없는 법원을 합의하는 것에 의하여 그 법원에 관할을 발생시키거나 원고가 관할을 잘못하여 제소하고 피고가 관할이 잘못되었다는 항변을 제출하지 않고 응소하는 것에 의하여 그 법원에 관할권이 생기는 것 등을 임의관할이라 한다.

6) 행정소송법 제10조 제2항, 제38조 제1항·제2항, 제44조 제2항은 소송경제를 도모하고 서로 관련되는 사건 간의 모순·저촉되는 판결을 피하기 위하여 취소소송·무효확인소송·부작위 위법확인소송·당사자소송에 있어서 관련 청구소송을 처음부터 병합하여 제소하거나 추가하여 병합 제소할 수 있고 관련 청구소송이 다른 법원에 계속 중일 경우에는 당사자의 신청 또는 직권에 의하여 이를 주된 소송이 계속된 법원으로 이송하여 병합 심리할 수 있도록 규정하고 있다.
민사소송법 제25조(관련 재판적)에도 ① 하나의 소로 여러 개의 청구를 하는 경우에는 그 여러 개 가운데 하나의 청구에 대한 관할권이 있는 법원에 소를 제기할 수 있고 ② 소송목적이 되는 권리나 의무가 여러 사람에게 공통되거나 사실상 또는 법률상 같은 원인으로 말미암아 그 여러 사람이 공동소송인으로서 당사자가 되는 경우에도 준용한다고 규정하고 있다.

소송경제상 바람직하지 못할 뿐만 아니라 실제상으로도 그럴 필요가 없기 때문에 이를 생략한 것이다.

이는 행정소송에 있어서의 행정청의 행정처분 등이나 부작위에 대한 취소소송 등의 관할법원을 행정법원으로 하고 있는 것과 같은 2심제의 유형이다.

Ⅱ. 소장의 이송

심판심결의 취소소송, 심판심결에 대한 재심심결의 취소소송, 출원의 요지변경에 따른 보정각하결정의 취소소송 및 심판청구서나 재심청구서의 각하결정의 취소소송 (이하 "심결 등에 대한 소 또는 심결 등 취소소송"이라 한다)(법 75①)

그런데 위의 심결 등 취소소송에 관한 소장이 특허법원이 아닌 서울중앙지방법원이나 서울고등법원 또는 대법원 등에 잘못 제출된 경우 그 접수된 소장을 직접 각하할 것인지, 특허법원으로 이송할 것인지가 문제이다.

그러나 소장접수법원은 비교적 짧은 제소기간[7]을 참작하여 각하보다는 민사소송법 제36조(지적재산권 등에 관한 소송의 이송) 제1항을 준용하여 특허법원으로 이송함이 타당하다고 해석된다.

제3절 심결 등에 대한 소송

Ⅰ. 심결에 대한 소

1. 소의 요건

심판을 청구할 수 있는 사항에 관한 소는 심결에 대한 것이 아니며 이를 제기할 수 없다(법 75⑥). 따라서 특허법원에의 디자인에 관한 소는 심판의 심결 등에 대한 소이어야 한다. 이러한 심결 등에 대한 소는 다음과 같은 요건을 만족하여야 하고 이

---

7) 심결 등에 대한 소는 심결 등의 등본을 송달받은 날부터 30일 이내에 제기하여야 한다(법 75③). 위의 기간은 불변기간이며(법 75④) 이 불변기간에 대하여는 부가기간(附加期間)을 정할 수 있다(법 75⑤). 이에 반하여 행정소송의 제소기간은 90일 이며(행정소송법 20), 특허청장의 디자인에 관한 행정처분에 대한 취소소송의 제기기간은 여기에 속한다.

중 어느 하나의 요건이라도 결여된 때에는 소는 성립되지 아니한다.

① 특허심판원의 심판청구에 관한 심결이 있을 것
② 특허심판원의 심판청구에 관한 심결 불복이 있을 것
③ 특허심판원의 심결이 심리의 미진, 사실 심리의 잘못, 법규의 해석 및 적용의 잘못 등으로 사실문제와 법률문제가 있음을 이유로 할 것
④ 당사자 적격일 것
⑤ 소의 이익이 있을 것 등이다.

2. 소송물

(1) 개 념

소송물이라 함은 심판의 대상을 이루는 사항으로서 소송의 목적 또는 객체라고도 한다. 소송물에 관한 원고의 주장이 소송상의 청구인데 그 당부가 재판에 의하여 확정됨으로써 분쟁이 해결된다. 따라서 소송물은 원고가 청구함으로써 법률적 주장을 하는 것이 되며, 일반적으로는 특정한 실체법상의 권리 또는 법률관계가 소송물이 된다. 그러나 이에 대하여는 소송물을 실체법적인 구성요건과 관련시켜 생각할 것이 아니라 실체법적 범위에서 해방되어 소송법적 견지에서 구성하여야 한다는 신 소송물론이 대두되고 있다. 이처럼 소송물에 관하여는 크게 구 실체법설(구 소송물이론)과 소송법설(신 소송물이론)로 나뉘어 진다. 구 실체법설은 실체법상의 권리 또는 법률관계의 주장을 소송물로 보고 실체법상의 권리마다 소송물이 별개로 된다는 견해이고, 소송법설은 실체법적 측면에서 소송물을 정의하려고 하지 않고 소송법적 요소의 측면에서 정의하려고 하는 입장으로서 소위 신청(청구 취지)만으로(일분지설) 또는 신청(청구 취지)과 사실관계에 의하여(이분지설) 청구를 구성하여야 한다는 견해이다. 실체법상의 권리는 소송물의 요소가 아니며 소송물이 이유 있는가를 가리는 데 전제가 되는 법률적 관점 내지는 공격 방어방법에 지나지 않는 것으로 본다.[8)]

항고소송의 일종인 심결 등에 대한 취소소송에서의 소송물은 심결의 위법성 일반이라는 것이 통설이다. 이는 i) 심판절차의 위법 즉, 심결이라는 행정처분의 절차상 위법, ii) 실체상의 위법 즉, 심결의 실질적 판단의 위법이라는 견해로서 이에 의하면 심결의 개개의 위법사유는 공격 방어 방법에 지나지 아니한다.[9)] 또 심결 등에 대한 취소소송에서의 소송물은 i) 절차의 개시에서 청구의 특정과 그 범위의 결정 기준, ii) 절차의 진행과정에서 소의 병합, 소의 변경, 중복소송, 처분권주의 위배를 판단하는 기준, iii) 절차의 종결과정에서 기판력의 범위, 제소금지의 범위를 정하는 기준이 된다.

8) 특허법원, 특허재판실무편람(2002. 12), 3면 참조.
9) 이상경, "지적재산권 소송법", 육법사, 1998. 78면.

(2) 특정의 기준

등록디자인의 보호범위, 즉 디자인권의 효력(권리)범위에 2개 이상의 디자인이 있는 경우(20개 이내의 복수디자인 등록디자인인 경우) 그 디자인 전체에 대하여 하나의 심판으로 청구할 수 있고 또 디자인마다 청구할 수도 있다.

그런데 2개 이상의 복수디자인이 하나의 심판으로 청구되어 1개의 심판절차에서 수 개의 심판물에 대하여 심결하였을 경우 소송물의 개수에 관하여 ⅰ) 하나의 심결에 하나의 소송물을 인정하는 견해, ⅱ) 심판물의 수에 따라 수개의 소송물을 인정하는 견해 등 두 가지 견해가 있다.

동일한 소송물에 대하여 동일한 당사자가 이중으로 소송을 제기한 때에는 중복제소금지원칙에 따라 후소를 각하한다(민사소송법 259). 그런데 심판단계에서 수 개의 디자인으로 이루어진 심판의 경우와 같이 복수의 심판물이 병합 청구되어 하나로 심결되고 각 심판물에 대하여 별개로 심결취소소송이 제기된 경우 그 처리는 위의 ⅰ), ⅱ)의 견해에 따라 달라진다.

예를 들면 1디자인과 그 2디자인에 대한 무효심판청구 전부에 대하여 무효심결이 있고 심판피청구인이 1디자인과 2디자인을 독립하여 심결취소소송을 제기한 경우 위의 ⅱ)의 견해에 따라 소송물이 심판물에 따라 별개라고 하면 중복제소 금지원칙에 반하지는 않을 것이지만 ⅰ)의 견해에 따라 하나의 소송물이라고 하면 후소는 중복제소금지의 원칙에 반하여 각하를 면할 수 없고 전소의 원고는 청구취지를 확장하여 심결 전부의 취소를 구할 수 있을 것이다. ⅱ)의 견해와 같이 심판물에 따라 수개의 소송물을 인정하는 경우에는 1디자인, 2디자인에 대한 무효심결이 있고 1디자인에 대해서만 소제기가 있는 경우 2디자인에 대해서는 심결이 확정되는 것인지, 심결 전체에 확정차단의 효력(차단적 효력)이 발생하는 것인지, 제소기간은 각각 계산을 하여야 할 것인지 등의 문제가 발생한다. 그러나 심결취소소송의 제기는 디자인보호법상의 신소의 제기이기 때문에 민사소송법상의 "이심(移審)의 효력(차단적 효력 또는 확장차단의 효력)에 의한 항소불가분의 원칙"[10]이 적용될 수 없다고 할 것이다.

특허법원의 실무는 대체로 ⅱ)의 견해에 따라 1디자인과 2디자인 전부에 대하여 무효의 심결이 있고 1디자인에 대해서만 소제기가 있는 경우에는 2디자인에 대해서는 심결이 확정되는 것으로 취급하고 있는 것 같다.[11]

---

10) 민사소송법상 상소의 효과로서 소송사건의 계속이 원심법원으로부터 상소법원에 옮겨지는 것. 항소장 또는 상소장 제출시에 이 효력이 발생한다. 이심의 효력은 확정차단(確定遮斷)의 효력[차단적 효력(遮斷的 效力)]과 같이 원심판결의 소송물의 전부에 미친다. 이것은 소의 객관적 병합, 소의 추가적 변경, 변론의 변합 등의 경우 혹은 본소(本訴) 및 반소(反訴)에 대하여 1개의 전부 판결이 있는 경우에 있어서도 다르지 않다. 그러나 통상 공동소송에 있어서 1개의 전부 판결이 있을 때에는 민사소송법 제65조의 결과 실질적으로는 수 개의 전부판결이 있다고 보아야 할 것이고 이심 및 차단적 효력은 상소의 신청이 있는 부분에만 한한다.

3. 소의 이익

(1) 의 의

소의 이익이라 함은 당사자가 소송을 할 만한 정당한 이익, 즉 당사자가 소송을 이용한 정당한 이익 또는 필요성을 말하는 바, 이는 중요한 소송요건의 하나이다. 이러한 소의 이익은 특히 행정처분 등의 취소를 구하는 취소소송에서 법률상 이익이 있는 자가 소를 제기하였는지 원고 적격이 중요한 소송요건이 된다.

따라서 심결 등 취소소송에 있어서도 마찬가지로 소의 이익이 있어야 하며 소의 이익이 없다면 그 소송은 부적법한 것으로서 소각하 판결이 된다.

그러나 심결 등 취소소송이 특허심판원의 심결 등에 대한 불복의 소이어서 실질적으로는 특허심판원의 심결에 대한 항소심의 역할을 하고 있어 심결 등 취소소송에 있어서의 소의 이익은 민사소송법 상의 일반적인 소의 이익보다는 항소의 이익이라는 면이 강하고 원고적격 또한 법정되어 있으므로 민사소송이나 행정소송의 소제기에서 발생하는 소의 이익에 관한 문제는 거의 일어나지 않는다.

문제는 디자인등록의 무효심판 등과 같은 당사자계 사건에서의 소의 이익이다. 이는 특허심판단계에서 심판의 이익 유무가 다루어졌고, 여기에서 심판의 이익이 없다고 인정되면 심판청구각하의 심결을 할 것이고 심판의 이익이 있다고 인정되면 본안에 대하여 심결할 것이다. 당사자가 이에 불복하여 소를 제기하면 이때 비로소 특허법원은 그 사건이 심판의 이익이 있는지 여부에 대하여 판단하게 되는 것이다. 그러므로 위의 경우 심판의 이익이 문제이고 심결 등 취소소송 자체의 소의 이익은 문제가 되지 아니한다.

그런데 특허심판에서 승소한 당사자가 소를 제기할 수 있는가이다. 디자인보호법 제75조 제2항의 규정에 의하면 "심결에 대한 소와 출원의 요지변경에 대한 보정각하결정(심판의 심결에 대한 재심의 심결을 포함한다) 및 심판청구서나 재심청구서의 각하결정에 대한 소는 당사자, 참가인 또는 당해 심판이나 재심에 참가신청을 하였으나 그 신청이 거부된 자에 한하여 이를 제기할 수 있다"고 규정하고 있고 특허심판단계에서의 심결에서 패소심결을 받은 당사자에 한하여 불복하는 소를 제기할 수 있다고는 규정하고 있지 않다.

그러나 승소한 당사자는 심결 등 취소소송을 제기할 소의 이익이 없으므로 심결등에 대한 소를 제기할 수 없다고 봄이 상당하다. 즉 디자인등록의 무효심판사건에서 피청구인이 청구인의 동 심판청구에 대한 이해관계가 없음을 주장하는 경우에서 특허심판원이 청구인의 이해관계가 있다라는 주장은 받아들이고 본안에 들어가 청구인

---

11) 특허법원, 특허재판실무편람(2002. 12), 6~8면 참조.

의 등록디자인이 무효사유에 해당한다는 주장에 대하여는 이를 인정하지 아니하고 "청구인의 심판청구를 기각한다"라는 심결을 한 경우 결과적으로 청구인은 불리한 심결을 받은 당사자임이 불명하기 때문에 이를 불복하는 소의 이익이 있는 원고적격을 갖는다는 데에는 이견이 없다.

그런데 이 경우 피청구인의 원고적격문제이다. 비록 피청구인의 "청구인은 이 사건 심판청구에 대한 이해관계가 없다"라는 주장이 부정되었지만 결과적으로는 "청구인의 심판청구를 기각한다"라는 유리한 심결을 받았기 때문에 심결에 대한 소의 법률상 이익이 없다 할 것이므로 원고적격은 부정되어야 함이 상당하다고 판단된다.

(2) 소의 이익의 판단시점

소의 이익의 유무는 변론종결시점에서 판단한다. 그러므로 소제기의 시점에서는 소의 이익이 있었다 하더라도 변론종결의 시점에서 소의 이익이 없어졌다면 그 소송은 부적법한 것으로서 각하되어야 한다. 따라서 심결 등 취소소송의 소제기의 시점에서는 소의 이익이 있었으나 그 후 발생한 사유에 의하여 소의 이익이 없어진 경우 소의 이익에 대하여 문제를 제기할 수 있는 경우에 해당된다.

(3) 소의 이익의 판단 시기 및 문제점

소의 이익 유무의 판단은 변론종결시를 기준으로 한다. 그러므로 소제기시에는 소의 이익이 있다 하더라도 변론종결시에 소의 이익이 소멸하였다면 그 소송은 부적법한 것으로 각하를 하여야 한다. 문제는 소 제기시에는 소의 이익이 있었으나 그 후에 소의 이익이 없어진 경우이다. 즉 심결취소소송의 계속 중에 디자인등록 거절결정불복심판의 심결취소소송의 경우 출원의 포기, 취하 등으로 청구취지 및 청구의 원인이 소멸하거나 디자인등록의 무효확정 및 당사자간의 심판 취하의 합의(당사자 사이에 심판을 취하하기로 한 내용의 합의가 이루어진 경우 그 취하서를 제출하지 않았다 하더라도 특별한 사정이 없는 한 소송을 계속 유지할 법률상의 이익은 소멸됨) 등과 같은 사유의 발생으로 인하여 소의 이익이 소멸하는 경우인데 이 경우에는 특별한 사정이 없는 한 소의 이익이 없게 되고 당해 소는 각하하여야 한다.[12)]

그러나 심결취소소송의 계속 중에 디자인권의 존속기간의 만료와 같이 소멸에 소급효가 없는 경우에는 소의 이익이 없다고 할 수 없다. 따라서 그 소송은 존속기간이 만료되었다 하더라도 계속 유지할 법률상의 이익을 가지고 있는 것이다. 디자인보호법 제68조 제2항에서 디자인등록의 무효심판은 디자인권이 소멸된 후에도 이를 청구할 수 있다고 규정하고 있다. 이는 소멸에 소급효가 있다 하더라도 무효심결확정 전

---

12) 대법원, 1990. 10. 23. 선고 89후2151 판결, 1980. 9. 30. 선고 79후95 판결, 1979. 3. 13. 선고 77후50 판결, 1997. 9. 5. 선고 96후1743 판결, 1989. 9. 12. 선고 88후1281 판결 참조.

까지의 디자인 권리행사로 인한 손해배상 등의 민사침해소송이나 형사처벌의 문제는 남기 때문에 소의 이익이 있는 것으로 규정하고 있으므로, 그 심결에 대한 불복의 취소소송도 소의 이익이 있다고 할 수 있다.

그러나 권리범위확인심판의 경우에는 디자인등록무효심판에서의 디자인보호법 제68조 제2항과 같은 내용의 규정을 두고 있지 않고 있으나, "디자인권의 권리범위확인 심판의 청구는 현존하는 디자인권의 범위를 확정하는 것을 목적으로 하는 것이기 때문에 일단 적법하게 발생한 디자인권이라 하더라도 그 권리가 소멸되는 경우 그 소멸 이후에는 권리범위확인의 이익이 없어진다 할 것이다."[13]라고 판시함으로써 소의 이익이 없음을 분명히 하고 있다.

그러나 디자인등록취소결정에 대한 심판 및 디자인등록취소판결은 디자인등록무효심판 및 디자인등록무효판결과는 달리 소급효가 인정되지 않으므로 디자인등록취소결정에 대한 심판이 확정되기 이전에 디자인권이 존속되는 기간 동안의 권리범위확인심판을 구할 법률상의 이익까지 없다고 할 수 없다는 견해의 판결이 있다.[14] 일반적으로 소의 이익의 존부는 사실심 변론종결시를 기준으로 하여 판단함이 원칙이다. 그러나 사실심 변론종결 후에 소의 이익 등 소송요건에 흠결이 발생한 경우에는 이러한 점도 참작하여 소의 이익이 없다고 보는 것이 판례의 경향이다.[15]

(4) 심판 이익과 소의 이익의 관계

심판의 이익 유무의 판단은 심결시를 기준으로 하고 소의 이익 유무의 판단은 심결취소소송의 변론종결시를 기준으로 한다. 따라서 심판단계에서 당사자간의 합의가 이루어질 경우에는 심판의 이익이 없으므로 심판청구를 각하하여야 한다. 그럼에도 이러한 심판청구에 대하여 실체 판단을 한 심결은 위법이므로 그 심결은 취소되어야 함이 원칙이고,[16] 심결 이후에 당사자간의 합의가 있으면 소의 이익이 없으므로 소를 각하하여야 한다.[17] 또 등록디자인의 보호범위를 확인하기 위하여 디자인권의 효력범위, 즉 디자인권, 전용실시권 등의 권리범위확인심판의 심판단계에서 그 권리가 소멸한 경우 심판청구를 각하하지 아니한 심결은 위법이므로 취소되어야 하고, 그 권리가 심결취소소송단계에서 소멸한 경우에는 소의 이익이 없어 소를 각하하여야 한다.[18]

또 심판청구를 기각한 심결을 대상으로 한 심결취소소송의 경우에는 당해 심결취

---

13) 대법원 2002. 2. 22. 선고 2001후2474 판결, 2001. 6. 15. 선고 99후1706 판결, 1996. 9. 10. 선고 94후2223 판결, 1995. 3. 10. 선고 94후1091 판결 등 참조.

14) 대법원 1994. 3. 22. 선고 93후1117 판결.

15) 대법원 2001. 5. 8. 선고 98후1921 판결 참조.

16) 특허법원 1999. 4. 8. 선고 98허9607 판결 참조.

17) 특허법원 1999. 5. 27. 선고 98허8359 판결(확정) 참조.

18) 특허법원 1999. 9. 17. 선고 98허6292 판결(확정), 1998. 6. 18. 선고 98허2177 판결(확정) 참조.

소소송을 각하하여 그 심판청구를 기각한 심결이 확정된다 하더라도 별다른 문제가 없으므로 이러한 경우 굳이 심결을 취소한다는 판결을 하여 특허심판원으로 하여금 다시 심리를 열어 심판청구를 각하하도록 할 필요는 없다.[19] 판례도 심판청구를 기각하는 심결에 대한 취소소송에서 소의 각하가 주류를 이루고 있다.[20]

그러나 심판청구를 인용하는 심결을 대상으로 하는 심결취소소송의 경우에는 당해 심결취소소송의 대상이 되는 심결을 취소한다는 판결을 하지 아니하고 각하할 경우 디자인등록무효심판을 인용하는 심결이 확정되므로 이러한 경우에는 당해 심결을 취소한다는 판결을 하여 특허심판원에 의해 심판청구를 각하하도록 하는 것이 타당하다고 해석된다.

그러나 소의 이익 유무는 위와 같은 심판청구의 기각 심결이냐 인용 심결이냐의 여부에 따라 결정될 수만은 없고 개별사건의 구체적인 사정에 따라 결정되어야 한다.

4. 소송의 당사자 적격

(1) 당사자 본인

1) 원고 적격 등

① 원고 적격

심결취소소송에서 원고적격을 가지는 자는 심판 및 재심사건의 당사자, 참가인 또는 당해 심판이나 재심에 참가신청을 하였으나 그 신청이 거부된 자에 한한다(법 75②). 이와 같이 디자인보호법이 일반 행정처분의 취소소송에 있어서는 이해관계가 있는 제3자에게까지 원고적격을 인정하는 것과는 달리 심결취소소송에서 원고적격을 가지는 자의 범위를 제한하고 있는 것은 디자인권과 같이 대세적 권리에 관계되는 소송에서는 이해관계가 있는 제3자의 범위가 너무 넓기 때문에 재판의 지연이 우려되기 때문으로 해석된다. 그러나 이는 재판 편의주의의 소산으로서 "모든 국민은 헌법과 법률이 정한 법관에 의하여 법률에 의한 재판을 받을 권리를 가진다"는 헌법 제27조 제1항의 국민의 재판청구권에 위반되는 것이 아닌가라는 문제가 제기될 수 있다.

i. 원고로 될 수 있는 당사자

여기에서 '원고로 될 수 있는 당사자'라 함은 디자인보호법 제75조 제2항에 의한 심결취소소송의 원고가 될 수 있는 자, 즉 심판절차에서의 당사자로 심결의 명의인으로 된 자를 말한다.

---

19) 특허법원, 특허재판실무편람, 2002, 12면.

20) 특허법원 1998. 9. 24. 선고 98허171 판결(확정), 1997. 7. 1. 선고 99허1379 판결(확정) 등 참조.

거절결정 불복심판, 보정각하결정 불복심판 등과 같은 상대방이 없는 결정계 심판에서는 심판청구를 한 자, 디자인등록의 무효심판, 디자인등록의 취소결정에 대한 심판, 권리범위 확인심판, 통상실시권 허여의 심판 등과 같은 상대방이 있는 당사자계 심판에서는 심판청구인 또는 피심판청구인이 심결취소소송의 원고가 된다.

즉 결정계 심판에서의 심판청구를 한 자와 당사계 심판에서의 심판청구인은 당해 심판청구를 기각한다고 한 심결의 취소를 구하는 심결취소소송의 원고가 되고, 당사자계 심판에서의 피심판청구인은 디자인등록의 무효 또는 취소한다. 통상실시권을 허여한다. 권리범위에 속한다고 한 심결의 취소를 구하는 심결취소소송의 원고가 된다.

(i) 디자인권 등의 공유

i) 공유자 전원의 소제기

공유권에 대한 심결취소소송은 공유자 전원이 제소하여야 한다는 견해이다. 즉 등록디자인에 관한 권리의 공유자가 제기하는 심결취소소송은 고유필요적 공동소송이기 때문에 공유자 전원이 공동으로 제소하여야 하며, 따라서 공유자 중 1인의 소제기는 각하하여야 한다는 견해로서 이는 디자인권의 대상인 디자인은 하나의 물품의 의장적 표현 또는 하나의 물품의 창작적 형태이므로 이것이 공유인 경우에는 그것의 유무효 여부는 항상 공유자 전원에게 획일적으로 확정되어야 한다는 데 근거를 둔 이론이다.

그러나 이러한 견해는 다른 공유자의 동의를 얻지 못하거나 얻을 수 없을 때에는 소송을 제기하지 못함으로써 출소기간의 만료, 심결의 확정, 권리의 소멸로 이어져 불이익을 볼 수 있다는 점에서 문제가 있다.

ii) 공유자 중 1인의 소 제기

공유권에 대한 심결취소소송은 공유자 중 1인만의 제소로 가능하다는 주장으로서 여기에는 약간 다른 두 견해가 있다.

A. 등록디자인에 관한 권리의 공유자가 제기하는 심결취소소송은 유사 필요적 공동소송으로 볼 수 있기 때문에 디자인권 내지 디자인등록을 받을 수 있는 권리의 공유는 본질적으로 민법상 공유이고 공유자 1인이 소를 제기하는 것은 일종의 방해배제청구소송으로 보아 공유지분권에 의한 보존행위이므로 공유자 1인의 단독제소는 허용되어야 한다는 견해이다.

그러나 이러한 견해는 디자인권이 공유인 경우에는 각 공유자는 다른 공유자 전원의 동의를 얻지 아니하면 그 지분을 양도하거나 그 지분을 목적으로 하는 질권을 설정할 수 없고(법 46②) 또 그 디자인권에 대하여 전용실시권을 설정하거나 통상실시권을 허락할 수 없으므로(법 46④) 디자인권의 공유관계는 민법상의 공유라기보다는 합유에 준하는 개념, 즉 합유물은 조합원간의 공동사업을 수행한다는 공동목적에 의해 통제되는 것이므로 합유자는 전원의 동의 없이는 그 지분을 처분하거나 합유물의 분할을 청구하지 못한다(민법 273)는 합유에 준하는 개념으로 보아야 한다는 점에서 문제가 있다.

B. 등록디자인에 관한 권리의 공유자가 제기하는 심결취소소송은 고유 필요적 공동소송의 유형이기는 하지만 공유자 전원의 공동청구만이 인정되고 있는 심판(법 72③)과 같이 심결취소소송도 공유자 전원의 공동제소만이 고집할 하등의 이유가 없으므로 심판절차와 소송절차의 실질적 연계성을 인정하여 구 민사소송법 제63조(현행 민사소송법 67)를 유추적용하여 심결취소소송의 목적이 공유자 전원에 대하여 합일적(合一的)으로 확정될 경우에는 그 1인에 의한 소제기는 전원의 이익을 위하여 그 효력이 있으므로 공유자 1인의 단독제소는 적법하다는 견해이다.

그러나 이러한 견해는 심판과 심결취소소송의 관계를 제1심과 항소심의 관계와 같이 심급제를 인정하는 것을 전제로 하는 것인바, 현행법상 심판과 소송은 전심과 속심의 관계에 있는 심급제가 아니고 독립된 절차로 해석하여야 한다는 점에서 타당성이 희박하다.

위와 같이 공유권에 대한 심결취소소송은 공유자 전원 또는 공유자중 1인의 제기설이 대립하고 있으나 2인 이상 공유의 디자인권 심결에 대한 취소소송은 그 소송의 목적이 공유자 전원에게 합일적으로 확정될 필요가 있기 때문에 고유 필요적 공동소송으로 보아 공유자 전원이 공동으로 제기하여야 한다고 해석된다.

이러한 해석은 a) 디자인권이 공유인 경우에는 각 공유자는 다른 공유자 전원의 동의를 얻지 아니하면 그 지분을 양도하거나 그 지분을 목적으로 하는 질권을 설정할 수 없고, 전용 실시권을 설정하거나 통상실시권을 허락할 수 없다는 디자인보호법 제46조 제2항 및 제4항과, b) 합유자는 전원의 동의 없이 합유물에 대한 지분의 처분과 합유물의 분할을 하지 못한다는 합유지분의 처분과 합유물의 분할금지의 원칙을 규정하고 있는 민법 제273조 제1항 및 제2항 및, c) 법원은 구 민사소송법 제63조 제1항(현행 민사소송법 67①)의 규정에 의한 공동소송인 중 일부가 탈루된 경우에는 제1심의 변론종결시까지 원고의 신청에 의하여 결정으로 원고 또는 피고의 추가를 허가할 수 있고[구 민사소송법 63의2① 본문(현행 민사소송법 68① 본문)] 공동소송인의 추가가 있는 때에는 처음의 소가 제기된 때에 추가된 당사자와의 사이에 소가 제기된 것으로 본다는 구 민사소송법 제63조의2 제1항 및 제3항(현행 민사소송법 68①③)의 유추적용에 의한 것이다.[21]

---

21) 일반적으로 당사자표시 정정신청을 하는 경우에도 실질적으로 당사자가 변경되는 것은 허용할 수 없고 필요적 공동소송이 아닌 사건에서 소송 도중에 당사자를 추가하는 것 역시 허용될 수 없으므로, 회사의 대표이사가 개인 명의로 소를 제기한 후 회사를 당사자로 추가하고 그 개인 명의의 소를 취하함으로써 당사자의 변경을 가져오는 당사자추가신청은 부적법한 것이다(대법원 1998. 1. 23. 96다41496 판결 참조).

(ii) 권리의 승계 및 원고 적격

i) 일반 승계 및 원고 적격

A. 디자인등록을 받을 수 있는 권리의 승계

디자인등록출원 후에 디자인등록을 받을 수 있는 권리의 승계가 상속, 회사의 합병 등 일반승계의 경우에는 그 사유의 발생에 의하여 당연히 승계의 효력이 발생하며, 그 승계인은 지체 없이 그 취지를 특허청장에게 신고를 하여야 한다(법 24④⑤). 이때의 신고는 승계의 효력발생요건이 아니라 단순한 승계사실의 보고이다. 따라서 승계인이 보고를 하지 않았다 하더라도 승계의 효력은 발생한다.

B. 디자인권 등의 승계

디자인권, 전용실시권, 통상실시권 및 이들 권리를 목적으로 하는 질권 등의 승계가 상속, 회사의 합병 등 일반 승계의 경우에는 그 사유의 발생에 의하여 당연히 디자인권 등의 승계의 효력이 발생하고 그 승계인은 지체 없이 그 취지를 특허청장에게 신고하여야 한다(법 48②). 여기에서 신고는 승계인의 승계 사실의 보고이고 승계의 효력발생요건은 아니다.

C. 일반승계인의 원고적격

디자인보호법은 위의 A, B와 같은 디자인권 등 또는 디자인등록을 받을 수 있는 권리에 대한 일반 승계의 신고에 의해 명의변경이 된 권리가 심판 계속 중인 때, 이전에 의한 특정 승계와 같이 권리의 승계인에게 그 절차를 속행하게 할 수 있는 지에 대하여는 아무런 규정을 두고 있지 않아 해석상 권리의 승계인에게 속행하게 할 수 있다는 견해와 없다는 견해로 양분되어 있으나 전자의 견해가 타당하다고 해석된다.

그 이유는 권리자의 사망에 의한 상속, 회사 합병에 의한 승계 등에 의해 전 권리인, 합병 전 회사는 권리자로서 존재하고 있지 않고 상속인, 합병회사가 권리를 승계하여 디자인에 관한 권리를 향유하고 있기 때문이다. 즉 심판절차 중에 위의 A, B와 같이 디자인등록을 받을 수 있는 권리 또는 디자인권 등이 상속 또는 회사의 합병에 의하여 일반 승계가 이루어진 경우 그 심판 절차를 밟을 것을 위임받은 대리인이 있는 경우를 제외하고는 특허 심판원에 계속 중인 심판절차는 중단되고(법 4의19) 그 상속인·상속재산 관리인·법률에 의하여 절차를 속행할 자(다만, 상속인은 상속을 포기할 수 있을 때까지 그 절차를 수계하지 못한다) 또한 합병에 의하여 설립되거나 합병 후 존속하는 법인이 그 절차를 수계하게 된다(법 4의20 1·2).

따라서 이러한 경우에는 당연히 수계한 당사자가 심결취소소송의 원고가 되고, 피상속인, 합병 후 소멸한 법인은 존재하지 않으므로 원고가 될 수 없다.

대법원 판례에서도 "심판 절차 중 종전 권리자가 사망함으로써 그 당사자로서의 자격을 상실한 때에는 그 때부터 그 당사자의 지위를 당연히 승계하는 상속인과 사이에 심판절차가 존속하는 것이고, 다만 상속인이 심판수계절차를 밟을 때까지 심판절차가 중단되는 것이므로 심판관이 이와 같은 중단사유를 알지 못하고 구 권리자를 명의자로 하여 심결한 경우에는 그 심결은 심판절차에 관여할 수 있는 적법한 수계인의 권한을 배제한 결과가 되는 절차상의 위법은 있지만 그 심결이 당연 무효라 할 수는 없으므로 상속인이 수계 신청을 하여 심결 등본을 송달받고 특허소송을 제기할 수 있을 뿐 아니라, 상속인이 사실상 심결등본을 송달받고 특허소송을 제기한 다음에 그 소송절차에서 수계절차를 밟은 경우에도 그 수계와 소제기는 적법한 것이라고 보아야 할 것이다."[22]라고 판시하고 있다.

ii) 특정승계 및 원고적격

A. 디자인등록을 받을 수 있는 권리승계

디자인등록출원 후에 디자인등록을 받을 수 있는 권리의 승계가 양도 등 특정승계의 경우에는 그 사유를 피승계인(양도인)과 승계인(양수인)은 공동명의로 특허청장에게 출원인 변경신고를 하여야 한다(법 24④). 이때의 출원인 변경신고는 승계의 효력발생요건이다.

B. 디자인권 등의 승계

디자인권, 전용실시권, 통상실시권 및 이들 권리를 목적으로 하는 질권 등의 승계가 양도 등에 의한 특정 승계의 경우에는 피승계인(등록의무자)과 승계인(등록권리자)은 공동명의로 특허청장에게 디자인권 이전등록신청서를 제출한다. 이때의 등록은 승계된 디자인권 등의 효력발생요건이다(법 48②).

C. 특정승계인의 원고적격

심판절차 계속 중에 위의 A, B와 같이 디자인등록을 받을 수 있는 권리 또는 디자인권 등이 양도 등에 의한 특정승계에 의하여 출원인변경신고나 디자인권 이전등록신청에 의해 명의변경이 된 권리에 관하여는 심판장은 디자인권 등 또는 디자인등록을 받을 수 있는 권리의 승계인에게 그 절차를 속행하게 할 수 있다(법 4의18). 따라서 이러한 경우에는 당연히 승계한 당사자가 심결취소소송의 원고가 되고, 종전의 당사자(양도인)는 존재하지 않으므로 원고가 될 수 없다. 그러나 위의 A, B와 같이 디자인등록출원 후에 디자인등록을 받을 수 있는 권리나 디자인권 등의 승계는 상속 또는 회사 합병에 의한 일반 승계의 경우에는 그 사유의 발생에 의하여 당연히 승계의 효력이 생기고 승계인은 지체 없이 그 취지를 특허청장에게 신고할 의무를 부담하게 되지만(법 24④, 48②), 권리의 양도 등 특정승계의 경우에는 특허청장에 대한 신고나 등록이 효력발생요건이므로 디자인등록출원인이 특허청장에게 명의변경신고를 하지 아니하면 의사표시만으로는 그 효력이 발생하지 아니하고(법 24④), 디자인권 등의 승

---

22) 대법원 1995. 5. 23. 선고 94다28444 전원합의체 판결.

계도 상속 기타 일반승계에 의한 경우를 제외하고는 이전등록을 하지 아니하면 그 효력이 발생하지 아니한다(법 48① 각호). 따라서 이와 같이 디자인권 등의 이전등록이나 디자인등록을 받을 수 있는 권리의 특정승계의 명의인 변경신고가 된 권리에 관하여 심판이 계속되고 있는 경우에 이후의 절차를 종전의 양도인에게 그대로 수행시키고 심판의 효력을 권리의 승계인에게 미치게 할 것인지, 아니면 승계인에 인계하여 수행하게 할 것인지는 입법 정책적으로 결정할 문제이다. 디자인보호법은 디자인등록에 관한 절차가 특허심판원에 계속 중에 디자인등록을 받을 수 있는 권리 또는 디자인권 등에 관한 권리의 이전이 있는 때에는 그 권리의 승계인에 대하여 그 절차를 속행하게 할 수 있다고 규정하고 있는데(법 4의18) 통설은 이를 승계 후에는 승계인에 대하여 절차를 속행하여도 되고, 혹은 구 권리자에 대하여 속행하여도 지장이 없다는 취지로 해석하고 있다.[23] 또 판례도 "디자인등록 무효심판 계속 중 피심판청구인의 등록권리가 제3자에게 이전되었다고 하더라도 당사자로서의 지위에는 아무런 영향이 없다"라고 판시함으로써 통설의 입장을 취하고 있다.[24]

그러한 의미에서 디자인보호법 제4조의18의 규정은 기본적으로 후자의 입장을 채택하고 있는 것이고, 특허청장 또는 심판장이 그 재량으로 권리의 승계인에게 인계시킬 것인지 여부를 결정할 수 있다고 정한 것이다.[25] 관련 판례는 "심사 또는 심판이 종결의 단계에 이르러 권리 승계인을 절차에 관여시킬 구체적인 필요성이 거의 없거나 권리의 특정 승계의 신고에 관하여 방식심사가 끝나지 않아 구 권리자로 하여금 그대로 절차를 수행하게 하는 것이 적당한 경우 등 당해 사건에 대한 심사 또는 심판의 상황에 비추어 적당하다고 인정하는 때에는 종전의 당사자로 하여금 절차를 수행하게 할 수 있고, 한편으로 특허청장 또는 심판장이 상당하다고 인정하는 때에는 권리의 승계인에게 절차를 인계하도록 할 수도 있다고 볼 것이며, 이는 비교적 폭넓게 직권주의를 채택하고 있는 디자인보호법의 원칙에도 부합되는 것으로 생각된다."[26]고 판시하고 있다. 따라서 심판절차 중에 권리의 이동에 대하여 종전의 당사자(구 권리자)에게 그대로 절차를 수행하게 할 경우 종전 당사자는 절차를 수행할 권능을 보유함과 동시에 종전 당사자에 대한 결정 또는 심결 등의 효력은 권리의 승계인에게도 미치며 디자인보호법 제4조의18은 위와 같은 취지를 포함하는 것으로 해석하여야 한다는 견해와[27] 소송승계주의는 실체법상의 권리귀속 주체와 절차상의 당사자를

---

23) 송영식 외, 지적소유권법(제4전정판), 394면.

24) 대법원 1967. 6. 27. 선고 67후1 판결.

25) 대법원 행정처, 특허소송실무, 1998, 31면 참조.

26) 동경고등재판소, 소화 62. 5. 7. 판결.

27) 법원행정처, 특허소송실무, 1998, 32면 참조.
兼子一, 條解民事訴訟法, 212면 : 민사소송법상으로도 소송승계가 이루어질 때까지 사이에는 종전의 당사자가 승계인을 위하여 소송수행의 권능을 유지하도록 하는 당사자 항정의 방법을 보충적으로 도입하여야 할 것이라는 입법론이 유력하게 제창되고 있다.

가능한 일치시키는 것을 이상으로 하고 있으므로 심판장은 권리 이전의 등록이나 신고가 있는 경우에는 신속하게 속행 명령을 발하여야 하는 것이고 승계인이 행방불명되어 승계인에 의한 속행이 사실상 불가능한 특별한 사정이 있는 경우를 제외하고는 심판 절차의 편의에서 구 권리자에 대하여 절차를 속행하는 것은 허용되지 않으므로(다만, 심판장이 이러한 의무에 위반하여 구 권리자를 당사자로 하여 본안에 관하여 심결을 하여도 그러한 경우에는 당사자 항정주의가 적용되므로 심결이 위법하게 되는 것은 아니다) 이전등록 또는 명의인 변경신고가 된 이상 특허청은 승계인을 당사자로 취급하여야 하는 것으로 해석하여야 한다는 견해가 있다.[28)]

전자의 견해는 특허청장 또는 심판장이 심판절차 중에 권리의 이전이 있는 때 그 승계인에 대하여 그 절차를 속행하게 하지 않는 때 심결에 대한 소를 제기할 수 있는 자는 오직 심결의 명의자인 종전의 당사자뿐이므로 종전 당사자만이 원고로서의 당사자 적격을 가진다. 따라서 승계인은 종전 당사자가 소를 제기한 후 승계 참가의 신청에 의해 소송당사자의 지위를 취득하게 된다고 한다. 이는 소제기 단계에서 소송당사자를 심결의 명의자로 한정함으로써 승계 절차의 명확성을 기할 수 있어 그러한 점에서는 합리성이 있는 해석론이라 할 수 있다.

이에 대하여 후자의 견해는 심판절차 중 이루어진 권리의 이전에 대하여 심판장은 권리 승계인에게 심판절차의 속행을 명령하여야 하므로(법 4의18) 종전 당사자의 명의로 심결이 되어도 심판절차 중의 권리승계인은 디자인보호법 제75조 제2항의 당사자에 포함된다고 한다. 이는 심판장이 심리종결의 통지(법 72의 26③)를 한 후 심결취소소송 제기 전에 권리승계가 있었던 경우에는 심판청구인이 소를 제기할 것이지만, 권리양도에 관하여 특허청장에 대하여 신고가 된 경우[29)]에 권리 승계인이 소를 제기할 수 있는지에 관하여는 심리종결통지 전에 승계의 신고가 되었지만 승계인에 대하여 절차가 속행되지 않는 경우와 마찬가지의 문제가 남는다는 견해의 해석론이다.

ii. 원고로 될 수 있는 참가인

여기에서 '참가인'이라 함은 당사자 이외의 제3자가 타인의 심판절차의 계속 중에 어느 일방에 참가하여 심판절차를 수행하는 자를 말한다.

심판절차의 참가에는 동일한 디자인권에 관하여 디자인등록의 무효심판 또는 권리범위확인심판을 청구하는 자가 2인 이상이 있는 때에는 그 전원이 공동으로 심판을 청구할 수 있다. 이는 임의적 공동심판을 청구할 수 있는 자가 심리의 종결까지 청구인으로서 그 심판에 참가하는 민사소송법상의 공동소송참가와 유사하다(임의적 공동심판청구, 법 72①, 72의19①).

28) 瀧川叡一, 前揭論文, 民事訴訟法 雜誌 17권, 163면 : 舟本信光·井上繁規, 特許訴訟の實務, 284면.

29) 동경고등재판소 소화 58. 11. 17. 판결 취소집 612면 : 위 신고 전에 양수인이 소를 제기한 경우 위 소송은 부적법하고 소제기 기간 경과 후에 그 신고가 되어도 그 흠결은 보정되지 않는다.

그러나 이러한 임의적 공동심판을 청구할 수 있는 자가 공동으로 심판을 청구하지 아니하고 타인의 심판청구에 의하여 계속 중인 심판절차에 당해 심리가 종결될 때까지 참가할 수 있는 공동심판참가(법 72의19①)와 심판의 결과에 대하여 이해관계를 가진 자가 심리가 종결될 때까지 당사자의 일방을 보조하기 위하여 그 심판에 참가할 수 있는 공동심판 보조참가가 있다(법 72의19③).[30)]

이러한 디자인보호법상의 참가제도에 대하여는 민사소송법상 명문의 규정은 없으나 해석상 인정되고 있는 공동보조참가가 있다.[31)]

위의 공동심판참가나 공동심판 보조참가는 물론 일체의 타인의 심판절차에 참가하지 아니하고 그 심판절차와는 관계없이 별도로 독립하여 심판청구를 할 수 있다.

공동심판청구의 경우와 단독심판청구의 경우의 심결에 대하여는 그 자가 당사자적격으로서 심결취소소송을 제기할 수 있지만 타인의 심판절차에 참가한 경우에도 참가인으로서 원고적격을 가지게 된다.

또 심판의 당사자 부적격자라 하더라도 심판의 결과에 대하여 법률상 이해관계를 가지는 경우(예 : 디자인등록의 무효심판이 청구된 디자인권에 대하여 전용실시권을 가진 자)에는 당사자 일방을 보조하기 위하여 심판에 참가할 수 있는 바, 이 경우의 참가인은 피참가인이 심결취소소송을 제기하지 않는 경우에도 독자적으로 심결취소에 대한 소를 제기할 수 있다.

(i) 공동심판 참가인

동일한 디자인권에 관하여 디자인등록의 무효심판 또는 권리범위 확인심판을 청구하는 자가 2인 이상이 있는 때에는 그 전원이 공동으로 심판을 청구할 수 있지만(임의적 공동심판 청구인, 법 72①) 공동으로 심판을 청구하지 아니하고, 타인의 심판청구에 의하여 계속 중인 심판절차에 참가할 수 있는 바, 이것이 디자인보호법 제72조의19 제1항에 의한 공동심판 참가인이다.

위의 임의적 공동심판 청구인이 공동심판청구나 공동심판참가를 하지 아니하고 그

30) 특정소송사건에서 당사자의 일방을 보조하기 위하여 보조참가를 하려면 당해 소송의 결과에 대하여 이해관계가 있어야 하고, 여기에서 말하는 이해관계라 함은 사실상, 경제상 또는 감정상의 이해관계가 아니라 법률상의 이해관계를 가리킨다(대법원 1999. 7. 9. 99다12796 판결 참조).

31) 행정소송법 제8조의 해석으로 상표소송에서도 민사소송법 제65조(개정법 제71조)의 준용에 의한 보조참가의 규정이 준용된다고 보아야 할 것이다[대법원 1997. 3. 25. 선고 96후313, 320 판결(공보 1997 상-1231)은 개정 전의 상표법 하에서 대법원에서의 상표등록무효심결에 대한 상고사건에서 보조참가를 인정하고 있다] 이 경우 참가적격을 가지는 자는 소송의 결과에 관하여 이해관계를 가지는 제3자이고, 보조참가의 요건인 이해관계란 행정소송법 제16조에서 말하는 "소송의 결과에 따라 권리 또는 이익의 침해를 받을 제3자"보다는 넓지만, 소송의 결과 즉 당해 소송의 본안 판결인 주문에 표시된 소송물의 존부를 전제로 참가인의 법률상의 지위가 직접 또는 간접으로 결정되는 관계를 말하는 것이다. 다만 판결이유 중의 법률상 및 사실상의 판단에 대하여 이해관계가 있는 것만으로는 부족하다고 할 것인 바, 상표소송에서 법률상의 지위에 직접 또는 간접으로 결정된 관계라는 것이 어떠한 경우인가는 사안에 따라 개별적, 구제적인 검토가 필요하다(법원행정처, 특허소송실무, 1998, 52면 참조).

심판절차와는 관계없이 별도로 심판청구를 할 수 있는 바, 이는 병합심리를 할 수 있는 것과는 별개의 문제이다.

공동으로 심판을 청구할 수 있는 임의적 공동심판 청구인이 공동 또는 단독으로 심판을 청구한 경우의 심결에 대하여는 그 자가 디자인보호법 제75조 제2항의 당사자가 되어 심결 등 취소소송을 제기할 수 있다. 그러나 타인의 심판절차에 참가한 경우에는 참가인으로서 원고적격을 가진다.

(ii) 공동심판 보조참가인

동일한 디자인권에 관하여 위의 무효심판 또는 권리범위 확인심판의 당사자가 될 수 없는 자라 하더라도 심판의 결과[32]에 대하여 이해관계를 가진 자, 예를 들면 디자인등록거절결정 불복심판청구가 있는 경우 그 디자인등록거절결정된 디자인등록출원을 선출원으로 하여 거절이유통지서를 받은 자(법 27)나, 그 거절결정된 디자인등록출원인의 손실보상금 지급청구권 확보를 위한 경고를 받은 자(법 23의3), 디자인등록의 무효심판이 청구된 경우 그 디자인권에 관하여 전용실시권, 통상실시권 또는 디자인권, 전용실시권, 통상실시권을 목적으로 하는 질권을 가진 자 등은 심리가 종결될 때까지 당사자의 일방을 보조하기 위하여 그 심판에 참가할 수 있다(법 72의19③). 그런데 이러한 참가인은 피참가인이 심결취소소송을 제기하지 아니한 경우에도 독자적으로 심결취소소송을 제기할 수 있다.

(iii) 독립당사자 참가

소송목적의 전부나 일부가 자기의 권리라고 주장하거나 소송결과에 따라 권리가 침해된다고 주장하는 제3자는 당사자의 양쪽 또는 한쪽을 상대방으로 하여 당사자로서 소송에 참가할 수 있다. 이 경우 독립당사자로 참가한 제3자의 소송행위는 모두의 이익을 위해서만 효력을 가지며 상대방의 소송행위는 모두에게 효력을 미친다. 또 독립당사자로 참가한 제3자에게 소송절차를 중단 또는 중지하여야 할 이유가 있는 경우 그 중단 또는 중지는 모두에게 효력이 미친다(민사소송법 79①② 유추).[33]

이러한 독립당사자 참가(민사소송법 79)는 삼면소송(三面訴訟)의 구조를 가지고 있어 참가인은 피고뿐만 아니라 원고에 대한 청구도 하여야 하는데[34] 심결취소소송에서는

---

32) 심판의 결과라 함은 디자인등록의 유효, 무효라는 최종 결론을 말하고, 심결이유 중의 판단이나 사실에 대하여 이해관계를 의미하는 것은 아니다(법원행정처, 특허소송실무, 1998. 36면 주석 참조).

33) 독립당사자참가는 소송목적의 전부나 일부가 자기의 권리임을 주장하거나 소송의 결과에 의하여 권리침해를 받을 것을 주장하는 제3자가 당사자로서 소송에 참가하여 3당사자 사이에 서로 대립하는 권리 또는 법률관계를 하나의 판결로써 서로 모순 없이 일시에 해결하려는 것이므로, 참가인은 참가하려는 소송의 원, 피고에 대하여 본소청구와 양립할 수 없는 별개의 청구를 하여야 하고, 그 청구는 소의 이익을 갖추는 이외에 주장 자체에 의하여 성립할 수 있음을 요한다(대법원 1993. 4. 27. 93다5727 판결 참조).

34) 3당사자 이상이 서로 정립하는 지위에 있는 구조의 소송.
민사소송에서 분쟁의 상대적 해결을 목적으로 하기 위하여 2당사자주의에 의하여 원고·피고를 대립시켜서 그 사이에 판결을 하는 것을 원칙으로 한다. 그러나 3당사자가 서로 입장을 달리하여 3파쟁(三巴

원고·피고 적격, 제소기간 준수 등 제반 소송요건의 구비를 필요로 하고 있는 점 등으로 보아 독립당사자 참가는 심결취소소송에 친숙하지 않으므로 인정되지 않는다 할 것이다.[35]

ⅲ. 심판·재심에 참가신청을 하였으나 거부된 자

심결 등 취소소송에서 원고적격을 이해관계 있는 제3자까지 확대, 인정할 경우 디자인권과 같이 대세적 권리에 관계되는 소송에서는 이해관계 있는 제3자의 범위가 너무 넓어져 재판이 지연될 우려의 측면이 있고, 그렇다고 이해관계가 있는 제3자의 제소권을 제한하는 것도 재판을 받을 권리를 침해하는 측면이 있어 이러한 양 측면의 절충안으로 디자인보호법 제75조 제2항은 심결취소소송은 당사자, 참가인 이외에 당해 심판이나 재심에 참가신청을 하였으나 그 신청이 거부된 자도 제기할 수 있도록 하였다.

② 원고적격과 소의 이익

디자인보호법 제75조 제2항의 당사자, 참가인 또는 당해 심판이나 재심에 참가신청을 하였으나 그 신청이 거부된 자라면 의당 원고적격을 가지는지 아니면 일반행정처분에 대한 취소를 구하는 경우와 마찬가지로 심결의 취소를 구할 법률상의 이익을 가져야 하는지에 대해서는 견해가 갈리어 있다. 통설은 특허법원의 심결취소소송은 항고소송으로서의 취소소송이고 특허심판원에서의 심판과 특허법원에서의 심결취소소송의 사이에는 절차상 전심, 속심의 관계를 인정할 수 없기 때문에 심결취소소송의 원고적격을 가진 자로도 심결의 취소를 구하는 법률상의 이익을 가지지 않는 자의 소는 부적법하다고 한다.[36]

상표에 관한 판례도 "상표등록출원에 대한 상표등록거절결정을 유지한 심결에 대한 심결취소소송이 계속 중 원고(출원인)가 본원 상표등록출원을 연합상표 등록출원으로 변경하고, 원래의 독립출원절차가 취하된 것으로 간주됨으로써 위 심결의 효력은 당연히 소멸하고 원고가 출원인으로서의 지위도 잃었으므로 원고는 심결취소소송을 제기할 법률상의 이익을 가지고 있지 않다"[37]고 판시하고 있다. 또 "디자인보호법 제68조 제2항에 의한 디자인등록의 무효심판은 디자인권이 소멸된 후에도 청구할 수 있다고 규정하고 있으나 심판청구의 이익이 있어야만 하므로 디자인권이 소멸된 후 수십 년이 경과한 경우, 원 디자인권자가 손해배상청구권이나 고소권이 시효에 의하

爭)을 할 경우에 이 분쟁을 한 번에 해결할 수 있는 소송구조를 인정하는 것도 이론상 불가능한 것은 아니다. 민사소송법 제79조에 의한 독립당사자 참가소송이 이러한 유(類)에 속한다. 학설에 따라서는 민사소송의 2당사자주의를 고집하여 삼면소송형태를 무시한다.

35) 특허소송실무, 법원행정처, 1998, 55면.

36) 법원행정처, 특허소송실무, 1998, 38면.

37) 동경고등재판소, 소화 58. 4. 28. 판결 無体集 15권 1호, 365면.

여 소멸된 경우에는 청구의 이익이 없다는 이유로 각하되어야 한다"[38]고 설시하였다. 위 판결은 학설로 확립된 손해배상청구권, 고소권이 소멸된 경우와 마찬가지라는 판단에서 나온 것으로 해석된다.

2) 피고적격

① 피고적격의 한정

심결 등 취소소송에서의 피고 적격은 결정계 심판 및 재심사건의 경우 특허청장을 피고로 하고, 당사자계 심판 및 재심사건의 경우 그 청구인 또는 피청구인을 피고로 한다. 즉 심결 등 취소소송에서 피고 적격을 가지는 자는 디자인등록 거절결정에 대한 심판·출원의 요지변경에 따른 그 보정의 각하결정에 대한 심판(심판의 심결에 대한 재심의 심결을 포함한다) 및 심판청구서나 재심청구서의 각하결정에 대한 심판과 같은 상대방이 없는 결정계 심판에 대한 불복의 소에서는 특허청장이고, 디자인등록취소결정에 대한 심판·디자인등록의 무효심판·권리범위 확인심판·통상실시권 허여의 심판과 같이 상대방이 있는 당사자계 심판의 심결에 대한 불복의 소에서는 그 심판 또는 재심의 청구인이나 피청구인이다(법 75의2).

ⅰ. 특허청장

심판관의 거절결정에 대한 심판, 출원보정각하결정에 대한 심판(심판심결의 재심에 대한 경우를 포함한다), 심판청구서나 재심청구서의 각하결정에 대한 심판과 같은 결정계 심판의 결정에 대한 취소를 구하는 결정취소소송의 피고는 특허청장이다(법 75의2 본문).

이와 같이 결정계 심판의 결정취소를 구하는 소송에서 결정한 심판관을 피고로 하지 않고 특허청장에게 피고적격을 인정하는 것은 취소소송의 소송물인 결정이 특허심판원의 심판관 합의체에서 된 것이지만 심판관은 특허 심판원장이 심판 합의체를 구성하기 위하여 지정된 자이고(법 72의7) 직무상 독립하여 심판할 수 있지만(법 72의6) 법률상 독립하여 직권을 행사할 수 있도록 보장되어 있지 않은 점 등으로 보아 심리관이나 확인관적 행정청이라고 할 수 있으며, 각 심판 사건에 대하여 구성된 심판관의 합의체가 많아 각각의 소송에서 심판관 합의체를 피고로 표시하는 것이 번잡하기 때문에 특허청이라는 관서의 대표자인 특허청장을 피고로 한 것으로 해석된다.[39]

ⅱ. 심판 및 재심의 청구인·피청구인

디자인등록의 무효심판, 디자인등록취소결정에 대한 심판, 통상실시권 허여의 심판, 권리범위 확인심판 등과 같은 당사자계 심판의 심결이나 그 재심심판의 심결에 대한

---

38) 동경고등재판소, 평성 2. 12. 26. 판결 無体集 22권 3호, 864면 참조.

39) 특허법원, 특허재판실무편람(2002. 12), 23면 참조.

심결취소소송의 피고는 그 심판 또는 재심심판의 청구인 또는 피청구인이 된다(법 75의2 단서).

이와 같은 당사자계 심판에서 심판 또는 재심의 청구를 기각한다라는 심결을 받은 심판 또는 재심심판청구인(이해관계인, 적극적 권리범위 확인심판의 경우 디자인권리자)이 그 심결 등에 대한 취소소송을 제기한 때에는 원고가 되고 심판 또는 재심심판의 피청구인(디자인권리자, 적극적 권리범위 확인심판의 경우 이해관계인)은 피고가 된다. 이에 반하여 심판 또는 재심심판의 청구를 인용한다라는 심결을 받은 심판 또는 재심심판의 피청구인(디자인권리자, 적극적 권리범위 확인심판의 경우 이해관계인)이 그 심결 등에 대한 취소소송을 제기한 경우에는 원고가 되고 심판 또는 재심심판의 청구인(이해관계인, 적극적 권리범위 확인심판의 경우 디자인권리자)은 피고가 된다.

② 공유자의 피고적격

공유인 디자인권의 디자인권자에 대하여 심판을 청구한 때에는 공유자 전원을 피청구인으로 하여 청구하여야 한다(법 72②).

따라서 디자인권자를 피고로 하여야 한 심결취소소송도 공유자 전원을 피고로 하여야 하는 고유 필요적 공동소송이다.

심결취소소송의 피고인 디자인권의 공유자는 법률에 의하여 형식적으로 피고의 적격이 부여된 것에 불과하고 원고에 대하여 어떠한 의무도 부담하지 않으며 위의 공유자의 원고적격에서 본 바와 같이 등록디자인 소유관계는 민법 제273조에 규정된 합류에 준하는 것으로 보아야 할 것이다.[40]

그러므로 심결취소소송에서 공유자 전원에 피고를 하여야 하는 고유 필요적 공동소송이라고 해석하더라도 공유자가 원고가 되는 경우와 달리 특별히 부당한 결과가 발생하는 것도 아니기 때문이다.

공동피청구인 중 1에 관하여 긴급을 요하는 경우를 제외하고는 제척 또는 기피의 신청이 있는 때에는 그 신청에 대한 결정이 있을 때까지 심판절차를 중지하여야 하는데 이때에는 전원에 관하여 그 효력이 발생한다.

③ 피고의 경정

ⅰ. 서 설

디자인등록소송에서 원고가 피고적격자(결정계 심판에 대한 심결취소소송 : 특허청장, 당사자계 심판에 대한 심결취소소송 : 심판청구인·피청구인) 이외의 자를 피고로 표시하여 제기한 심결에 대한 취소소송은 소송요건 불비의 위법소로 각하한다.

---

40) 대법원 1982. 6. 22. 선고 81후43 판결.
의장의 공유관계는 민법 제273조에 규정된 합류에 준하는 이른바, 준공유관계라 할 것이다라고 판시하였다.

심결취소소송에는 소의 제소기간이 심결 또는 결정의 등본을 송달받은 날부터 30일 이내(불변기간, 단 원격 또는 교통불편 지역에 있는 자를 위하여 심판장 직권으로 불변기간에 대하여 부가기간을 정할 수 있다)로 정하여져 있으므로 피고지정 잘못으로 각하될 경우 원고가 피고적격자로 다시 소를 제기하려고 하여도 그 때에는 제소기간 경과로 적법하게 소를 제기할 수 없게 되어 권리구제를 받을 수 없게 된다.

이러한 불이익을 구제하기 위한 수단인 행정소송법 상의 피고경정에 관한 규정(행정소송법 14②)이 디자인등록 소송에도 그대로 적용될 수 있다고 해석되므로 디자인등록 소송에 있어서 원고가 피고를 잘못 지정한 경우 법원은 원고의 신청에 의하여 결정으로서 피고의 경정을 허가할 수 있다.

피고의 경정결정이 있는 때에는 제소기간에 관하여 새로운 피고에 대한 소송은 처음에 소를 제기한 때에 제기한 것으로 간주한다. 이에 대하여는 피고를 특허청장으로 표시하여 소를 제기한 경우에 관하여 행정청을 잘못 지정한 것이 아니므로 제소기간 경과 후의 변경이 허용되지 않는다는 반대의 견해도 있지만 행정소송의 경우 원처분 행정청이 피고로 되는 것이 보통이므로 특허청장을 피고로 오인 혼동하기가 쉽다는 점 등을 감안할 때 위 규정에 의하여 피고의 경정을 인정하여 구제할 수 있다고 해석함이 타당하다.

위 행정소송법 제14조 제2항의 제정목적과 취지도 원고로서 소를 제기하는 자가 복잡하고 어려운 행정법규, 행정조직을 충분히 이해하지 못하고 피고를 잘못 지정하여 행정소송을 제기한 경우를 구제하는 규정이라고 할 수 있다. 따라서 디자인등록소송을 제기한 경우에 있어서도 만약 원고의 피고의 지정이 잘못된 경우에는 특허법원으로서는 석명권을 행사하여 피고를 경정하게 하여 소송을 진행하여야 할 것이다.[41)]

ii. 피고경정의 요건

피고경정은 다음과 같은 요건을 갖추어야 피고의 경정이 성립된다.

(i) 디자인등록소송이 계속되어 있을 것

행정소송법 제14조 제2항의 취지가 제소기간을 준수하지 못하게 되는 불이익을 구제하기 위한 것이므로 계속 중인 당초의 디자인소송이 이미 제소기간을 도과하고 있는 경우에는 피고경정의 이익이 없다.[42)]

(ii) 피고지정 잘못이 명백할 것

이에 대한 판단의 기준에 대하여는 의견이 분분하지만 위 규정의 취지 및 문언으로 보아 객관적으로 피고가 잘못 지정되어 있는 경우에 한정된다. 따라서 소장의 피고표시뿐만 아니라 청구원인(이유) 등 소장기재 전체를 통틀어 정당한 피고적격자가

---

41) 대법원 1990. 1. 12. 선고 89누1032 판결, 1997. 2. 28. 선고 96누1757 판결 참조.

42) 특허소송실무, 법원행정처, 1998. 2. 46면.

아닌 피고부적격자(예 : 당사자계 심판에 대한 디자인등록소송의 피고를 특허청장으로 지정한 경우)를 피고로 하고 있는 경우와 같은 것이다. 그러나 예컨대 결정계 심판에 대한 디자인소송의 피고를 특허청장으로 하여야 할 것을 특허청 또는 특허심판원, 특허심판원장, 심판관 등으로 표시한 경우에는 단순한 당사자 표시의 잘못으로 보아 피고의 표시에 관하여 특허청장으로 당사자 표시를 정정하도록 석명권을 행사하여 정정하는 것으로 충분하고 굳이 피고경정절차에 의할 필요가 없는 것이다. 왜냐하면 이러한 경우에는 위 경정에 의한 피고를 잘못 지정한 때에 해당하지 않기 때문이다.

(iii) 사실심 변론종결시까지 할 것

디자인등록소송 절차상 피고경정시기에 대하여 명문의 규정은 없으나 사실심인 특허법원의 변론종결시까지만 가능하고 상고심에서는 허용되지 않는다.[43]

ⅲ. 피고경정의 절차

(i) 원고의 신청

원고는 피고를 잘못 지정한 경우 특허법원에 서면에 의한 피고경정신청을 하여야 한다. 이러한 피고경정신청은 법원에 대하여 피고의 변경을 구하는 취지의 재판을 구하는 소송행위이다.

즉 법원은 원고의 신청에 의하여 피고경정의 허부를 재판하는 것이다. 따라서 신청이 없는 경우 직권으로 피고경정을 할 수 없다.

피고경정의 신청은 당초의 디자인등록소송이 제소기간을 도과하여 부적법한 경우에는 할 수 없다고 해석된다.

피고경정신청이 인용되었다 하더라도 신 피고 역시 당해 디자인등록소송의 피고적격을 가지지 않는 경우에는 원고는 다시 피고경정신청을 할 수 있고, 그 신청회수에는 제한이 없다.

(ii) 피고경정에 대한 재판

법원은 원고로부터 계속 중인 디자인소송에 관하여 피고의 경정신청이 있는 경우에는 직권으로 피고경정요건의 충족여부를 조사한 후 결정으로 그 허용여부를 결정하여야 한다.

피고경정요건을 충족하고 있다고 판단된 경우에는 이를 허가한다는 취지의 결정을 서면으로 하고 그 정본을 신·구 피고에게 송달한다.

피고결정을 허가하는 결정은 새로운 피고에 대하여는 중간적 재판의 성질을 갖는 것이므로 특별항고의 대상이 되는 불복을 신청할 수 없는 결정에 해당하지 않으므로 불복을 신청할 수 없다.[44] 그러나 종전 피고에 대하여는 불복을 신청할 수 없는 결정

43) 대법원 1996. 1. 23. 자 95누1378 결정(공보 1996-682).

에 해당하므로 특별항고를 할 수 있다 할 것이다.[45]

그러나 법원이 피고경정의 요건을 갖추지 못하였다고 판단하여 신청을 각하하는 결정을 하는 경우에는 그 결정은 신청인 및 상대방의 쌍방에 대하여 상당하다고 인정되는 방법으로 고지하면 된다.[46] 이 결정에 대하여는 즉시 항고할 수 있다.[47]

ⅳ. 피고경정의 효과

(ⅰ) 신 피고에 대한 소의 제기

피고경정신청을 허가한다는 취지의 결정등본을 신·구 피고에게 송달함으로써 피고경정의 효력이 발생하고 그 시점으로부터 새로운 피고에 대하여 신소가 제기된 것으로 된다. 그러나 당해 소의 제기시점은 당초에 소를 제기한 것으로 의제된다(행정소송법 14④).

만약 그렇지 않고 피고경정의 허가결정이 있는 때에는 새로운 피고에 대한 소가 제기된 것으로 한다면 제소기간 준수의 문제가 발생할 우려, 즉 피고경정의 허가결정시를 기준으로 한다면 제소기간이 경과된 경우에도 위 규정에 의하여 제소기간이 준수된 것으로 되기 때문에 그러한 점을 입법적으로 해결하기 위한 것이다.

(ⅱ) 구 피고에 대한 소의 취하

피고경정 허가결정이 있는 때에는 구 피고에 대한 소송은 취하된 것으로 간주된다(행정소송법 15④, 민사소송법 261④).

본래 피고가 본안에 관하여 준비서면을 제출하거나 변론준비 기일에서 진술하거나 변론을 한 뒤에는 피고의 동의를 받지 아니하면 원고는 일방적으로 소를 취하할 수 없지만(민사소송법 260① 단서) 피고경정의 경우에는 피고의 동의여부와는 관계없이 구 피고에 대한 소는 취하의 효과가 발생한다.

(ⅲ) 종전의 소송자료 등의 효력

종전의 소송자료가 피고경정 후 신 피고와의 관계에서 승계되는 지에 관하여는 승계긍정설과 승계부정설로 나뉘어져 있다.

ⅰ) 승계긍정설

디자인소송의 소송물에는 변경이 없으므로 종전의 소송자료는 원용을 기다릴 필요가 없이 신 피고에게 당연히 승계되고 소장부본을 신 피고에게 송달할 필요가 없다는 견해이다.

---

44) 대법원 1994. 6. 29. 자 93프3 결정(공보 1994-2138).

45) 대법원 1994. 6. 29. 자 93두48 결정(공보 1994-2138).

46) 특허소송실무, 법원행정처, 1998. 2, 47면.

47) 행정소송법 제14조 제3항.

ii) 승계부정설

종전의 소송상태가 승계되지 않고 따라서 소송자료도 승계되지 않는다는 견해이다.

iii) 결 어

변경전 소와 변경후 소는 별개의 소이고 그 사이에는 소송상태의 승계는 없고 각각 다른 당사자로 취급되고 있으므로 승계부정설이 타당하지만 주장에 관하여 반복을 피하는 의미에서 원용하는 것은 지장이 없다 할 것이다. 따라서 실무상으로는 새로운 피고에 대하여 피고경정결정의 정본, 기일소환장을 송달할 때에 종전의 소장부분, 피고경정신청서, 답변서 최고장을 송부하는 이외에 원용이 이루어지는 때에 대비하여 이미 제출한 서증의 사본도 송부하는 것이 좋을 것이다.

(iv) 준비절차에 회부하는 결정의 효력

피고경정허가의 결정 전에 이루어진 준비절차 회부결정 등의 재판이 경정결정 후의 소송에서 효력을 가지는가에 관하여도 적극설과 소극설로 견해가 나뉘어져 있으나 경정결정 후 준비절차에 회부하는 경우에는 다시 그 결정을 하여야 할 것이다.

(v) 경정신청을 각하하는 결정의 효력

법원이 구 피고가 정당한 피고라고 판단한 때에는 피고경정신청을 각하하여야 한다. 이 경우의 각하결정의 효력에 대하여 두 견해가 대립되어 있다.

i) 제1설의 견해

피고경정신청 각하결정은 구 피고를 정당하다고 확정하는 것이고 법원은 이와 다른 결론에 도달하더라도 소를 각하할 수 없다는 견해이다.

ii) 제2설의 견해

피고경정신청 각하결정은 당사자가 누구인가를 확정하는 것에 불과할 뿐이고 당사자 적격의 점에 관하여 구속되지 않으므로 구 피고의 정당성을 최종적으로 확정하는 것이 아니다. 그러므로 법원이 다른 결론에 도달한 때에는 종국판결로서 소를 각하할 수 있다는 견해이다.

iii) 결 어

제2설의 견해가 타당하다고 판단된다.[48] 그러나 법원이 피고를 잘못 지정한 소에서 잘못 지정된 것이 아니라고 판단하여 피고경정신청을 각하결정하는 경우는 거의 없을 것이고 또 피고적격이 없는 자가 피고경정이 허가되었다 하더라도 그 경정허가가 경정 후 피고적격취득의 이유는 될 수 없으므로 당해 소는 피고적격의 흠결로 각하되어야 한다.

---

48) 재판실무대계 1(행정소송법) 80면.

④ 소송승계

i. 일반승계와 피고적격

심결 등 취소소송 계속 중에 피고인인 디자인권리자가 상속, 회사합병 등 일반승계 사유의 발생으로 인하여 바뀌었을 때에는 당연히 상속인, 합병회사가 디자인권리를 승계하여 피고적격을 가지게 된다. 왜냐하면 디자인 권리자의 사망에 의한 상속, 회사의 합병에 의하여 전 권리인, 합병 전 회사는 권리자로서 존재하지 아니하고 상속인, 합병회사가 디자인권리를 승계하여 소유하고 있기 때문이다.

ii. 특정승계와 피고적격

디자인등록출원 후 디자인등록을 받을 수 있는 권리 또는 심결 등 취소소송 계속 중 디자인에 관한 권리가 양도 등에 의한 특정 승계에 의해서 피고인인 디자인권리자가 바뀌었을 때 그 디자인 권리를 양수한 승계인이 피고 적격을 가질 수 있는 지에 대해서는 특정 승계의 원고적격과 같은 디자인보호법상 명문의 규정은 없으나 이를 유추 적용하여 양도 등 특정승계의 피고적격을 인정하는 것이 타당하다.

(2) 법정대리인

1) 의 의

민법상 법정대리권을 가진 자, 즉 본인의 의사에 의하지 아니하고 직접 법률의 규정이나 본인 이외의 사람 또는 법원의 선임에 의하여 대리권이 부여되는 자를 말한다. 따라서 본인의 신임에 의하여 대리권이 부여되는 자인 임의대리인에 반대되는 개념이다. 양자구별의 실익은 복임권(複任權)에 있으므로(민법 120 내지 122) 통설은 구별의 표준을 본인의 신임의 유무에 두고 있다(이설(異說)이 있다).

즉 법정대리인은 법정대리인의 복임권과 그 책임으로 복대리인을 선임할 수 있다. 그러나 부득이한 사유로 인한 때에는 본인에 대하여 그 선임감독에 관한 책임만이 있다(민법 122). 이에 반하여 대리권이 법률행위에 의하여 부여된 경우의 임의대리인은 본인의 승낙이 있거나 부득이한 사유가 있는 때가 아니면 복대리인을 선임하지 못한다(민법 120). 임의대리인이 복대리인을 선임한 때에는 본인에게 대하여 그 선임감독에 관한 책임이 있다(민법 121).

법정대리인의 주요한 것은 친권자(민법 909, 911, 920)[49]·후견인(민법 931 내지 936)[50]이

49) 부모는 미성년자인 자의 친권자가 된다. 양자의 경우에는 양부모(養父母)가 친권자가 된다(민법 909①). 친권은 부모가 혼인 중인 때에는 부모가 공동으로 이를 행사한다. 그러나 부모의 의견이 일치하지 아니한 경우에는 당사자의 청구에 의하여 가정법원이 이를 정한다(민법 909②). 부모의 일방이 친권을 행사할 수 없을 때에는 다른 일방이 이를 행사한다(민법 909③).

지만 법원이 선임한 부재자의 재산관리인(민법 23, 24) 및 상속재산관리인(민법 1023, 1053)도 법정대리인에 속한다.

법정대리인이 선정되는 방법으로서는 i) 일정한 지위에 있는 자가 법률상 당연히 법정대리인으로 되는 경우[미성년자에 대하여 친권을 행사하는 부 또는 모(법 3 본문, 민법 911)], ii) 본인 이외의 사인(私人)의 지정에 의하는 경우[미성년자에 대하여 친권을 행사하는 부모의 유언에 의한 후견인 지정(민법 931)], iii) 법원이 선임하는 경우[후견인이 될 자가 없는 경우 법원이 피후견인의 친족 그밖에 이해관계인의 청구에 의하여 후견인을 선임하는 경우(민법 936)] 등이 있다.

민사소송법상 미성년자·한정치산자 또는 금치산자는 법정대리인에 의하여서만 소송행위를 할 수 있도록 법정 강제하고 있다(민사소송법 55 본문). 법정대리인이 없는 경우 또는 대리권을 행사할 수 없는 경우에 미성년자·한정치산자·금치산자를 상대로 소송행위를 하고자 하는 사람은 소송절차의 지연으로 인하여 손해를 받을 염려가 있음을 소명하여 수소법원(受訴法院)에 특별대리인의 선임을 구한다(민사소송법 62). 법정대리권의 소멸원인은 민법의 규정에 의하지만 그 소멸은 상대방에 통지하지 않으면 효력이 발생하지 않는 소위 통지는 법정대리권 소멸의 효력발생요건이다(민사소송법 63).[51] 법정대리권의 증명, 그 흠결의 효과 등은 후술하는 소송대리권의 경우와 같다.

2) 법정대리인 적격

① 친권자

부모는 미성년자인 자의 친권자가 되고(민법 909① 전단), 친권을 행사하는 부 또는 모는 미성년인 자의 법정대리인이 된다(민법 911). 따라서 의사능력이 없는 미성년자에 대하여는 그 법정대리인이 당연히 이를 대리하여 법률행위를 할 수 있는 것이므로 법정대리인인 초등학생의 아버지가 발명의 날 학생디자인전에서 수상한 등록디자인

---

50) 후견사무를 직접 행하는 기관. 미성년자에게 친권자가 없거나 친권자가 법률행위의 대리권과 재산관리권을 가지지 않은 경우 금치산·한정치산 선고가 있는 경우에 후견인을 붙이며 그 수는 1인에 한한다(민법 928~930). 미성년자의 후견인은 제1순위가 지정후견인, 제2순위가 법정후견인, 제3순위가 선임후견인이다. 후견인은 충분한 능력을 갖추고 피후견인의 이익을 꾀할 수 있어야 하기 때문에 미성년자·금치산자·한정치산자·파산자·자격정지 이상의 형의 선고를 받고 그 형기 중에 있는 자·법원에서 해임된 법정대리인 또는 친족회원·행방불명자·피후견인에 대하여 소송을 하였거나 하고 있는 자 또는 그 배우자와 직계혈족 등은 후견인이 될 수 없다(민법 937).

51) 민사소송법 제60조(현행 제64조), 제59조 제1항(현행 제63조 제1항)의 취지는 법인(법인 아닌 사단도 포함, 이하 같다)대표자의 대표권이 소멸하였다고 하더라도 당사자가 그 대표권의 소멸사실을 알았는지의 여부, 모른 데에 과실이 있었는지의 여부를 불문하고 그 사실의 통지유무에 의하여 대표권의 소멸여부를 획일적으로 처리함으로써 소송절차의 안정과 명확을 기하기 위함에 있으므로, 법인대표자의 대표권이 소멸된 경우에도 그 통지가 있을 때까지는 다른 특별한 사정이 없는 한 소송절차상으로는 그 대표권이 소멸되지 아니한 것으로 보아야 하므로, 대표권 소멸사실의 통지가 없는 상태에서 구 대표자가 한 소취하는 유효하고, 상대방이 그 대표권 소멸사실을 알고 있었다고 하여 이를 달리 볼 것은 아니다(대법원 1998. 2. 19. 95다52710 판결).

에 대한 심결취소 소송사건에서 초등학생인 아들을 대리하여 심결에 대한 소를 제기하였다 하여 그 제소가 무효라고 할 수 없고, 소장 상에 법정대리인 표시가 없다고 하여 결론을 달리 할 바가 아니다.[52]

② 후견인

i. 유언에 의한 후견인의 지정

미성년자에 대하여 친권을 행사하는 부모는 유언으로 미성년자의 후견인을 지정할 수 있다. 그러나 법률행위의 대리권과 재산관리권 없는 친권자는 이를 지정하지 못한다(민법 931).

후견인의 지정이 없는 때에는 미성년자의 직계혈족, 3촌 이내의 방계혈족의 순위로 후견인이 된다(민법 932).

ii. 법원에 의한 후견인의 선임

후견인이 될 자가 없는 경우 즉 i) 후견인의 지정이 없는 때에는 미성년자의 직계혈족, 3촌 이내의 방계혈족의 순위로 후견인이 되고(민법 932), ii) 금치산 또는 한정치산의 선고가 있는 때에는 그 선고를 받은 자의 직계혈족, 3촌 이내의 방계혈족의 순위로 후견인이 되며(민법 933), iii) 기혼자가 금치산 또는 한정치산의 선고를 받은 때에는 배우자가 후견인이 되는데 만약 배우자마저도 금치산 또는 한정치산의 선고를 받은 때에는 위 ii)의 순위에 따라 후견인이 되는데 이러한 후견인이 될 자가 없는 경우에는 법원은 피후견인의 친족 그 밖의 이해관계인의 청구에 의하여 후견인을 선임하여야 한다(민법 936①).

후견인이 사망, 결격 그 밖의 사유로 인하여 흠결된 때에 위와 같은 후견인이 될 자가 없는 경우에도 법원은 피후견인의 친족 그 밖의 이해관계인의 청구에 의하여 후견인을 선임하여야 한다(민법 936②).

(3) 소송대리인

1) 개 관

민사소송법상 소송대리권을 가진 자, 즉 소송을 수행하기 위한 당사자의 임의대리인[53] 여기에는 본인의 업무에 관하여 포괄적 대리인이 법률상 부여되어 있고 그 내

---

52) 대법원 1976. 12. 14 선고 76다2191 판결 참조.

53) 본인의 의사(신임)에 의한 대리를 임의대리라 하고 그 대리인을 임의대리인이라고 한다. 법정대리인에 반대되는 개념이다. 임의대리는 본인과 대리간의 자발적인 수권행위에 의하여 발생한다. 수권행위는 위임계약과 합체하여 있는 일이 많으므로 구 민법은 임의대리를 "위임으로 인한 대리"(위임대리)라고 불렀지만(구 민법 104 등) 그것은 조합계약·고용계약 등과도 합체할 수 있고 대리권의 수여만이 별도로 행하여질 수도 있으므로 이 용어는 정당치 않다. 그러므로 민법은 "위임으로 인한 대리"라는 말을 쓰지

용으로서 재판상의 행위를 하는 권한도 포함하고 있는 법률상의 대리인 예를 들면 지배인의 대리권(상법 11① : 지배인은 영업주에 갈음하여 그 영업에 관한 재판상 또는 재판 외의 모든 행위를 할 수 있다), 선박관리인의 권한(상법 761① : 선박관리인은 선박의 이용에 관한 재판상 또는 재판 외의 모든 행위를 할 권한이 있다), 선장의 대리권의 범위(상법 773① : 선적항 외에는 선장은 항해에 필요한 재판상 또는 재판 외의 모든 행위를 할 권한이 있다)와 어떤 사건의 소송수행상 수권되는 소송위임에 대한 대리인이 있다. 이 밖에 국가가 당사자인 경우에는 법무부장관 또는 행정청이 지정하는 자가 소송대리인이 된다(국가를 당사자로 하는 소송에 관한 법률 7).

소송위임에 의한 소송대리인은 원칙적으로 변호사 또는 변리사(심결 등에 의한 소의 경우에 한한다)와 같이 법률에 따라 재판상 행위를 할 수 있는 대리인이어야 하나 지방법원 단독사건에 한해 법원의 허가가 있으면 변호사가 아니라도 할 수 있다(민사소송법 88①).

소송위임을 할 수 있는 것은 당사자 본인(무능력자인 때에는 그의 법정대리인)과 법률상의 대리인이며, 소송위임에 의한 대리인은 특별수권이 없는 한 복대리인을 선임할 수 없다. 또한 법원이 당사자를 위하여 변호사 또는 변리사를 소송대리인으로 선임할 수 있다.

소송대리인이 소송행위를 하려면 미리 대리권의 존재와 권한을 서면으로 증명하여야 한다(민사소송법 89).

그 권한범위는 법률상의 대리인은 일체의 재판상의 행위를 할 수 있으므로 문제가 없으나 소송위임에 의한 대리인에 관하여는 그 권한의 범위는 법정되어 있다(민사소송법 90).

그리고 소송대리인은 소송상 제3자로서 취급되므로 증인이 될 수 있다. 본인이 대리인과 같이 출정하였을 때에는 대리인의 사실상의 진술에 한하여 본인이 이를 즉시 취소하거나 경정하면 효력을 상실한다(민사소송법 95). 개별대리의 원칙에 따라 수인(數人)의 대리인이 있어도 각자 당사자를 대리한다(민사소송법 93).

소송위임에 의한 대리인은 사건마다 수권되고 그 권한도 법정되어 있으므로 민법상의 위임에 의하는 대리와 달라서 수권자가 사망하거나 자격을 상실하여 당사자가 되지 않게 되는 경우라도 소송의 속행이 필요하는 한 소송대리권이 소멸되지 아니한다(민사소송법 95, 96).

또한 대리권은 심급대리의 원칙에 따라 심급마다 수여된다고 해석하는 것이 보통 판례의 태도이다.

않고 "법률행위에 의하여 수여된 대리권"(민법 128 참조)이라는 용어를 사용하고 있다(법률학 사전 1964. 5. 10. 법문사, 756면).

2) 심결 등에 대한 소에서의 소송대리인

① 의 의

심결 등에 대한 소에서의 소송대리인이라 함은 디자인보호법 제75조 제1항에 의한 심결에 대한 소와 출원보정각하결정(재심의 결정을 포함한다)에 대한 소 및 심판청구서나 재심청구서의 각하결정에 대한 소의 당사자·참가인 또는 해당 심판이나 재심에 참가신청을 하였으나 그 신청이 거부된 자의 성명으로 이러한 자의 대리인임을 표시하고 그들을 대리하여 자신의 의사에 의하여 소송행위를 하는 자 또는 소송행위를 받는 자를 말한다. 이와 같이 심결 등에 대한 소에서도 행정소송이나 민사소송과 마찬가지로 소송대리인이 인정되나 행정소송법에는 이에 관한 특별한 규정을 두고 있지 않으므로 원칙적으로 민사소송법상의 소송대리인에 관한 규정이 준용된다.

앞에서 살펴본 바와 같이 소송대리인에는 법정 소송대리인과 위임 소송대리인이 있다.

후자의 위임 소송대리인은 특정 소송사건 처리의 위임에 의하여 대리권이 주어진 대리인이다. 현행법은 변리사·변호사 강제주의가 아니기 때문에 소송대리인 선임 없이 사건 당사자 등이 직접 소송수행 할 수 있다.

소송대리인의 권한은 서면으로 증명하여야 하는 바(민사소송법 89①) 통상 소송위임장의 제출에 의해 증명하고 있다. 특허심판원 심판단계 절차에서 위임받은 경우에도 특허청에서의 절차와 특허법원에서의 절차는 별개이므로 당사자가 특허법원에 소를 제기하려면 다시 위임장을 제출하여야 한다.

대리권은 심급대리의 원칙에 따라 심급마다 수여된다고 해석하는 것이 보통 판례의 태도이다.

② 소송대리인 적격

심결 등에 대한 소송대리인은 변리사, 변호사가 아니면 소송대리인이 될 수 없다. 다만, 디자인보호법 제4조의3에 의해 재외자의 수권의 범위 안에서 디자인보호법 또는 이 법에 의한 명령에 의하여 행정청이 한 처분에 관한 소송에 대하여 대리를 할 수 있는 디자인 관리인, 국가를 당사자 또는 참가인으로 하는 소송 및 행정소송에서 법률에 의하여 국가 또는 행정청의 소송대리인으로 되는 소송수행자인 지정대리인도 소송대리인이 될 수 있다.

ⅰ. 변리사·변호사

소송위임에 의한 소송대리인의 선임은 소송대리인이 될 수 있는 자격이 있는 변리사(디자인 등의 변리업무를 행하는 변리법인을 포함한다) 또는 변호사(변호사의 업무를 행하는 법무법인을 포함한다)이다. 즉 각각 변리사법 제8조, 변호사법 제38조의 규정에 의하여 특허, 실용신안, 디자인 또는 상표에 관한 사항에 관하여 소송대리인이 될 수 있다. 그러나 변리사는 상대방의 대리인으로 취급한 사건에 대하여는 그 업무를 행하지 못한다(변리사법 7).

ii. 디자인관리인

(i) 관계규정

국내에 주소 또는 영업소를 가지지 아니한 자(이하 "재외자"라 한다)는 재외자(법인의 경우에는 그 대표자)가 국내에 체재하는 경우를 제외하고는 그 재외자의 디자인에 관한 대리인으로서 국내에 주소 또는 영업소를 가지는 자(이하 "디자인관리인"이라 한다)에 의하지 아니하면 디자인에 관한 절차를 밟거나 디자인보호법 또는 이 법에 의한 명령에 의하여 행정청이 한 처분에 대하여 소를 제기할 수 없다(법 4의3①). 따라서 디자인관리인은 수여된 범위 안에서 디자인에 관한 모든 절차 및 디자인보호법 또는 이 법에 의한 명령에 의하여 행정청이 한 처분에 관한 소송에 대하여 본인을 대리한다(법 4의3②).

(ii) 소송대리인의 성격

디자인보호법상 디자인관리인도 소송대리권을 가지는 자, 즉 소송을 수행하기 위한 당사자의 임의대리인의 자격을 갖는다. 그러한 의미에서 디자인관리인이 가지는 대리권과 위임대리인이 가지는 대리권은 차이가 없다. 따라서 디자인관리인은 어떤 사건의 소송수행상 수권되는 소송위임에 의한 대리인의 성격을 가진 소송대리인이라 할 수 있다. 그러므로 본인의 업무에 관하여 포괄적 대리인이 법률상 부여되어 있고 그 내용으로서 재판상의 행위를 하는 권한도 포함하고 있는 법률상의 대리인[예 : 지배인(상법 11), 선박관리인(상법 761), 선장(상법 773)]과는 다르다.

(iii) 디자인관리인의 소송범위

디자인관리인은 위임에 의한 대리인이 가지는 대리권에 비하여 포괄적인 대리권한을 갖는다는 견해는 타당하지 아니하다. 그 이유는 "디자인관리인은 특히 수여된 권한의 범위 안에서 디자인에 관한 모든 절차 및 이 법 또는 이 법에 의한 명령에 의하여 행정청이 한 처분에 관한 소송에 대하여 본인을 대리한다"라고 규정하고 있기 때문이다(법 4의3②).

그런데 여기에서 "행정청이 한 처분에 관한 소송"에 특허심판원의 심결 등 취소소송이 포함되는가이다. 행정청의 처분에 관한 소송은 행정소송법 제3조 제1호의 "항고소송(행정청의 처분 등이나 부작위에 대하여 제기하는 소송)"을 의미하므로 결정계 소송은 이에 해당하나 당사자계 소송은 이에 해당하지 않는다는 견해가 있다.[54]

(iv) 결 어

디자인관리인은 소송수행상의 법정대리인도 아니고 또 소송대리권을 가진 임의대리이기는 하지만 법률상의 대리인도 아니며 오로지 이 법 또는 이 법에 의한 명령에 의하여 행정청이 한 처분에 대하여 소송수행상 당사자로부터 수여된 범위 안에서 수권되는 소송위임에 의한 대리인이다.

여기에서 "행정청"이라 함은 특허청장, 특허심판원장과 같은 행정관청뿐만 아니라 차장 이하의 행정관청의 보조기관도 행정관청의 위임에 의하여 행정처분권이 부여되었을 경우 그 범위 내에서 행정관청의 지위를 갖는다. 따라서 "행정관청의 처분"이란 특허청장, 특허심판원장 및 차장 이하의 보조기관이 한 디자인등록출원·등록·심판 서류 등의 반려 및 각하, 디자인등록에 관한 출원·청구 그 밖의 절차의 취소·무효 등과 같은 행정처분에 대한 행정소송법상의 행정소송의 대리는 물론 특허심판원의 심판관의 결정계 심판의 결정에 대한 디자인보호법 및 민사소송법상의 민사소송대리의 적격도 갖는다. 그러나 당사자계 심결에 대한 소송대리는 할 수 없다고 보는 것이 지배적인 견해이다. 즉 디자인관리인이라 하더라도 심결에 대한 소를 제기하거나 응소할 권한을 당연히 보유한다고는 할 수 없고 재외자의 특별수권을 필요로 한다는 것이다. 이에는 반대의 견해도 적지 않다. 즉 결정계나 당사자계 모두 심판관의 심리결과라는 점에서 동일하고 결정계, 당사자계 또한 특허청장·특허심판원장을 상대로 한다는 점에서 일방당사자 적격을 가지므로 사실상 당사자계 심결과 다를 바 없으므로 굳이 양자를 구별하여 달리 해석할 필요가 없다는 것이다. 그러한 의미에서 디자인관리인의 소송대리권의 범위는 디자인보호법 또는 이 법에 의한 명령에 의하여 행정청이 한 처분, 즉 디자인등록에 관한 출원·청구 그 밖의 절차에 대한 특허청장·특허심판원장 등 행정관청의 처분에 관한 사항뿐만 아니라 특허심판원 심판관의 심판에 대한 결정 또는 심결에 관한 소송에 대하여도 그 당사자로부터 수여된 범위 안에서 본인을 대리할 수 있는 소송대리인 적격을 갖는다는 것이다.

따라서 디자인보호법 제4조의3의 입법취지 및 그 배경으로 보아 이 견해가 타당한 것으로 해석된다. 이는 앞과 같은 견해에 일리가 없다는 것은 물론 아니다.

iii. 지정대리인

지정대리인이라 함은 국가를 당사자 또는 참가인으로 하는 소송 및 행정소송에서 법률에 의하여 국가 또는 행정청의 소송대리인으로 되는 소송수행자를 말한다. 이러한 지정대리인은 법률에 따라 재판상 행위를 할 수 있는 대리인(민사소송법 87)이지만 소송위임에 의한 소송대리인의 실질을 갖는다.

행정소송의 당사자로 된 행정청의 장은 그 행정청의 직원 또는 상급행정청의 직원

54) 中山信弘編, 註解 特許法上[昭58·平元(2版) 青林書院新社, 73면].

을 지정하여 행정소송을 수행할 수 있다(국가를 당사자로 하는 소송에 관한 법률 5①). 따라서 결정계 심판의 결정, 즉 디자인등록거절결정, 출원보정각하결정(심판의 결정에 대한 재심의 결정을 포함한다), 심판청구서나 재심청구서의 각하결정의 취소를 구하는 결정의 취소소송의 피고로 된 특허청장은 그 특허청의 직원을 지정하여 결정취소소송을 수행하게 할 수 있다. 특허청장은 특허법원으로부터 소장의 송달을 받은 때에는 소송수행자를 지정하거나 소송대리인을 선임하고 지체 없이 관할 서울고등검찰청 검사장에게 통보 또는 보고하여야 한다(국가를 당사자로 하는 소송에 관한 법률시행령 6③).

지정대리인은 그 소송에 관하여 대리인의 선임 외의 일체의 재판상의 행위를 할 수 있는 포괄적인 대리권이 있다. 따라서 지정대리인은 민사소송법 제90조 제1항 제4호의 대리인의 선임을 제외한 제1호(반소의 제기), 제2호(소의 취하·화해·청구의 포기·인낙 또는 독립당사자 참가소송에서의 탈퇴), 제3호(상소의 제기 또는 취하)와 같은 특별수권사항에 대하여도 권한을 가진다(국가를 당사자로 하는 소송에 관한 법률 7). 단, 위 제2호의 화해·인낙은 디자인보호법의 특성상(디자인의 보호 및 이용이라는 사익성 뿐만 아니라 디자인의 창작을 장려하여 산업발전을 이룩하려는 공익성 때문에) 일반 민사소송과는 달리 심결 등 취소소송에서는 인정되지 아니한다.

그러나 소송수행자는 소송수행자 지정서 뒷면에 기재된 "소송수행자에 대한 지시사항[55])을 준수하여야 한다(국가를 당사자로 하는 소송에 관한 법률 시행령 8).

③ 소송대리권의 증명

ⅰ) 소송대리인의 권한은 서면으로 증명하여야 하고 그리고 이를 소송기록에 붙여야 한다(민사소송법 89①, 97). 만약, ⅱ) 서면이 사문서인 경우에는 법원은 공증인 그 밖의 공증업무를 보는 사람(이하 "공증사무소"라 한다)의 인증을 받도록 소송대리인에게 명할 수 있다(민사소송법 89②). 그러나 당사자가 말로 소송대리인을 선임하고 법원사무관 등이 조서에 그 진술을 적어 놓은 경우에는 ⅰ) 및 ⅱ)를 적용하지 아니한다(민사소송법 89③).[56]

④ 소송대리권의 범위

소송대리인은 위임을 받은 사건에 대하여 반소(反訴)[57] 참가·강제집행·가압류·가처분에 관한 소송행위 등 일체의 소송행위와 변제의 영수를 할 수 있다(민사소송법 90①). 그러나 다음의 어느 하나의 사항에 대하여는 특별한 권한을 따로 받아야 한다(민사소송법 90② 각호).

---

55) 소송수행자가 소송탈퇴, 상고의 제기·포기 또는 취하, 불상고합의 등 소송행위를 할 때에는 사전에 보고하여 특별위임 또는 지시를 받아야 한다.

56) 소송대리권을 증명하는 서면이 사문서인 때는 반드시 인증을 명하여야 하는 것이 아니고 다른 증거에 의하여 그 진정한 것이 인정된다면 소송대리인의 소송수행을 허용하여야 한다(대법원 1967. 1. 24. 선고 66다2180 판결).

57) 소송 계속 중에 피고가 원고에 대하여 제기하는 소송. 맞소송.

i. 반소의 제기

ii. 소의 취하, 청구의 포기[58] 또는 독립당사자 참가소송에서의 탈퇴[59]

iii. 상소의 제기 또는 취하

iv. 대리인의 선임

통상 소송위임장이라는 것은 민사소송법 제81조 제1항에 따른 소송대리인의 권한을 증명하는 전형적인 서면이라고 할 것인데, 여기에서의 소송위임(수권행위)은 소송대리권의 발생이라는 소송법상의 효과를 목적으로 하는 단독 소송행위로서 그 기초관계인 의뢰인과 변호사 사이의 사법상의 위임계약과는 성격을 달리하는 것이고, 의뢰인과 변호사 사이의 권리의무는 수권행위가 아닌 위임계약에 의하여 발생한다.[60]

소송상 화해나 청구의 포기에 관한 특별수권이 되어 있다면, 특별한 사정이 없는 한 그러한 소송행위에 대한 수권만이 아니라 그러한 소송행위의 전제가 되는 당해 소송물인 권리의 처분이나 포기에 대한 권한도 부여되어 있다고 봄이 상당하다.[61]

⑤ 개별대리의 원칙 등

여러 소송대리인이 있는 때에는 각자가 당사자를 대리한다. 만약 당사자가 이에 위반하는 약정을 한 경우 그 약정은 효력을 가지지 못한다(민사소송법 93①②). 또 소송대리권은 제한하지 못한다. 다만, 변리사, 변호사가 아닌 소송대리인에 대하여는 그러하지 아니하다(민사소송법 91). 그리고 소송대리인의 사실상 진술은 당사자가 이를 곧 취소하거나 경정을 한 때에는 그 효력을 상실한다(민사소송법 94). 이러한 소송대리권은 다음의 어느 하나에 해당하더라도 소멸되지 아니한다(민사소송법 95 1 내지 4, 96①②).

i. 당사자의 사망 또는 소송능력의 상실
ii. 당사자인 법인의 합병에 의한 소멸
iii. 당사자인 수탁자(受託者)의 신탁임무의 종료
iv. 법정대리인의 사망, 소송능력의 상실 또는 대리권의 소멸·변경
v. 일정한 자격에 의하여 자기의 이름으로 남을 위하여 소송당사자가 된 사람에게 소송대리인이 있는 경우에 그 소송대리인의 대리권은 당사자가 자격을 상실하

---

58) 청구의 포기를 변론조서·변론준비기일 조서에 적은 때에는 그 조소는 확정판결과 같은 효력을 가진다(민사소송법 220).

59) 소송목적물이 전부나 일부가 자기의 권리라고 주장하거나, 소송결과에 따라 권리가 침해된다고 주장하는 제3자는 당사자의 양쪽 또는 한쪽을 상대방으로 하여 당사자로서 소송에 참가할 수 있다(민사소송법 79①). 이 경우 자기의 권리를 주장하기 위하여 소송에 참가한 사람이 있는 경우 그가 참가하기 전의 원고나 피고는 상대방의 승낙을 받아 소송에서 탈퇴할 수 있다. 다만 판결은 탈퇴한 당사자에 대하여도 그 효력이 미친다(민사소송법 80).

60) 대법원 1997. 12. 12. 선고 95다20775 판결.

61) 대법원 2000. 1. 31. 선고 99마6205 판결.

더라도 소멸되지 아니한다(민사소송법 96①).

vi. 공동의 이해관계를 가진 여러 사람이 법인이 아닌 사단이나 재단의 당사자 능력을 갖지 아니한 경우(사단이나 재단에 대표자 또는 관리인이 없는 경우)에는 이들은 그 가운데에서 모두를 위하여 당사자가 될 한 사람 또는 여러 사람을 선정하거나 이를 바꿀 수 있다. 소송이 법원에 계속된 뒤 당사자를 바꾼 때에는 그 전의 당사자는 당연히 소송에서 탈퇴한 것으로 본다(민사소송법 53①②).

따라서 위 (가칭) 신기술 보호위원회를 대표할 권한이 없는 자로부터 소송대리권을 위임받은 소송대리인이 소를 제기하여 소송을 수행하다가 항소심에 이르러 신기술보호위원회의 적법한 대표자로부터 다시 소송대리권을 위임받아 신기술 보호위원회의 대표자를 정정하는 당사자 표시 정정서를 제출하고 계속하여 신기술 보호위원회의 소송대리인으로 소송을 수행하였다면 종전에 신기술보호위원회의 소송대리인으로 한 소송행위는 추인되었다고 보아야 한다.[62]

그러므로 당사자가 소송행위 당시 또는 변리사·변호사를 선임할 당시에 미성년자였던 경우에도 성년이 된 후에 묵시적으로 추인하였다고 보여 지는 경우에는 소송능력의 흠결은 없어졌다고 한 것이다.[63]

공동의 이해관계를 가진 여러 사람이 법인이 아닌 사단이나 재단의 당사자능력이 없는 경우(대표자 또는 관리인이 없는 비법인사단이나 재단의 경우에는 그 사단이나 재단의 이름으로 당사자가 될 수 없다)에는 이들은 그 가운데에서 모두를 위하여 당사자가 될 사람 또는 여러 사람을 선정하거나 이를 바꿀 수 있는 바, 여기에서 선정된 당사자가 그 자격을 상실한 경우에도 그 소송대리인의 대리권은 소멸되지 아니한다(민사소송법 96②).

⑥ 소송능력 등의 흠에 대한 조치 등

소송능력, 법정대리권·소송대리권 또는 소송행위에 필요한 권한의 수여에 흠이 있는 경우에는 법원은 기간을 정하여 이를 보정하도록 명하여야 하며, 만일 보정하는 것이 지연됨으로써 손해가 생길 염려가 있는 경우에는 법원은 보정하기 전의 당사자 또는 법정대리인·소송대리인으로 하여금 일시적으로 소송행위를 하게 할 수 있다(민사소송법 97, 59)[64]

그러나 (가칭) 신기술 보호위원회의 대표자를 자처하면서 소송을 제기한 자에게 적법한 대표권이 없다는 사실이 밝혀지면 법원은 이 사유를 들어 소를 각하하면 충분하고 신기술 보호위원회에 대표자 표시정정을 촉구할 의무는 없다.[65] 또 소송능력, 법정대리권·소송대리권 또는 소송행위에 필요한 권한의 수여에 흠이 있는 사람이 소

62) 대법원 1991. 5. 28. 선고 91다10206 판결 참조.

63) 대법원 1970. 12. 22. 선고 90다2297 판결 참조.

64) 대법원 1993. 3. 12. 선고 92다48789 판결 참조.

65) 대법원 1993. 3. 12. 선고 92다48789·48796 판결 참조.

송행위를 한 뒤에 보정된 당사자나 법정대리인·소송대리인이 이를 추인한 경우에는 그 소송행위는 이를 한 때에 소급하여 효력이 발생한다(민사소송법 97, 60).

⑦ 소송대리권의 소멸통지

소송절차가 진행되는 중에 법정대리권·소송대리권이 소멸한 경우에는 본인 또는 대리인이 상대방에게 소멸된 사실을 통지하지 아니하면 소멸의 효력을 주장하지 못한다. 다만, 법원에 법정대리권·소송대리권의 소멸사실이 알려진 뒤에는 그 법정대리인·소송대리인은 소의 취하, 청구의 포기 또는 독립당사자 참가소송에서의 탈퇴와 같은 소송행위를 하지 못한다(민사소송법 97, 63①). 또 선정당사자를 바꾸는 경우에도 위와 같다(민사소송법 97, 63②).

민사소송법 제60조, 제59조제1항의 취지는 법인(법인 아닌 사단도 포함, 이하 같다) 대표자의 대표권이 소멸하였다고 하더라도 당사자가 그 대표권의 소멸 사실을 알았는지 여부, 모른 데에 과실이 있었는지의 여부를 불문하고 그 사실의 통지유무에 의하여 대표권의 소멸여부를 획일적으로 처리함으로써 소송절차의 안정과 명확을 기하기 위함에 있으므로, 법인 대표자의 대표권이 소멸된 경우에도 그 통지가 있을 때까지는 다른 특별한 사정이 없는 한 소송절차상으로는 그 대표권이 소멸되지 아니한 것으로 보아야 하므로, 대표권 소멸사실의 통지가 없는 상태에서 구 대표자가 한 소취하는 유효하고, 상대방이 그 대표권 소멸사실을 알고 있었다고 하여 이를 달리 볼 것은 아니다.[66)]

Ⅱ. 공동소송 참가

1. 서 설

(1) 의 의

소송목적이 한 쪽 당사자와 제3자에게 합일적으로 확정되어야 할 경우 그 제3자는 공동소송인으로 소송에 참가할 수 있다(민사소송법 83). 이러한 공동소송참가는 타인간의 소송의 목적이 한 쪽 당사자와 제3자에 대하여 합일적으로 확정될 경우 타인간의 소송의 판결의 효력이 제3자에게도 미치게 되는 경우에 한하여 제3자에게 허용되는 제도이다.[67)] 예를 들면 공유디자인권에서 그 공유지분디자인권자 한 사람이 디자인권 침해자를 상대로 하여 디자인권 침해소송을 제기한 경우에 다른 공유지분 디자인권자가 공동원고로서 참가하는 소송과 같은 경우가 있고 또 당해 등록디자인이 디자인

66) 대법원 1998. 2. 19. 선고 95다52710 판결.

67) 대법원 1986. 7. 22. 85다620 판결.

등록출원 전에 공연히 실시되고 있었던 공유의 재산임에도 디자인등록을 허여한 경우 당해 등록디자인의 디자인등록출원 전 공연히 실시하고 있었던 자 중 한 사람이 디자인등록출원 전 신규성 상실을 이유로 청구한 디자인등록 무효심판에서 기각심결을 받아 이에 불복하는 심결취소소송을 제기한 경우 당해 등록디자인의 출원전 공연히 실시하고 있었던 다른 제3자가 공동소송인으로 그 소송에 참가하는 경우가 있다.

이와 같은 공동소송참가는 한쪽 당사자의 행위로 인하여 권리 또는 이익의 침해를 받거나 받을 우려가 있는 자가 제기한 소송의 목적과 같은 지위(위치)에 있는 제3자의 소송절차에 참가를 인정하여 소송절차의 수행을 원활하게 하기 위한 취지에서 채택된 제도이다.

(2) 공동소송참가에 관한 제설

심결취소소송에 관하여도 공동소송참가가 인정될 수 있는지에 관하여 견해가 나뉘어져 있다.

1) 부정설

공동소송참가를 할 수 있는 경우에는 소송의 결과에 따라 권리 또는 이익의 침해를 받을 제3자를 소송에 참가시킬 수 있는 경우(행정소송법 16)가 일반적이므로 이러한 요건에 해당되지 아니한 심결취소소송에는 공동소송참가를 인정할 필요가 없다는 견해이다.

즉 출원 전 국내 또는 국외에서 공지공용된 물품의 형태에 대하여 디자인등록을 허여한 경우 출원 전 공지의 물품의 형태를 업으로 실시하고 있던 공유재산 실시자들이 그 실시사업을 중단하여야 하는 상황을 맡게 될 경우 그 실시사업자 중 어느 누군가가 출원 전 공지의 물품의 형태임을 이유로 디자인등록무효심결을 구하는 디자인등록무효심판 청구사건에서 내린 청구기각심결에 대한 심결취소소송에서 디자인등록을 무효로 한다는 청구의 취지를 받아들이는 청구인용 판결이 내려진 경우 그 재판의 효력은 소송당사자뿐만 아니라 소송목적을 같이 한 다른 제3자에게까지 미치므로 굳이 이러한 심결취소소송에서는 공동소송참가를 인정할 필요가 없다는 견해이다.

2) 긍정설

공동소송참가는 독자적인 청구권을 가지는 당사자로서 참가하는 것이므로 심결취소소송은 그 소송상 지위에 있어서 위 행정소송법 제16조에 의한 경우와 차이가 있으므로 이를 인정할 필요성이 있다는 견해이다.

즉 당해 등록디자인에 대하여 디자인등록출원 전 국내외에서 공지공용을 이유로 청구한 디자인등록무효심판 청구사건에서의 기각심결에 대한 심결취소 청구소송에서 그 청구가 인용되지 아니하고 기각된 경우 당해 등록디자인의 출원 전 공연히 실시된 공유재산의 실시가 디자인권 침해로 되어 부당하게 이익이 침해되므로 이들 중 어느 누군가가 디자인등록 무효심판청구에 대한 기각심결에 대하여 심결취소소송을 청구하고 나머지 다른 자들이 이 소송에 참가하여 상호이익보호라고 하는 공동의 목적을 달성하기 위한 심결취소소송절차에 참여하는 것은 소송법상의 공동소송참가의 취지에도 어긋나지 아니하므로 심결취소소송에 관하여도 공동소송참가가 인정될 필요가 있다는 견해이다.

3) 결 어

공동소송참가란 위에서 살펴본 바와 같이 당사자 이외의 제3자가 타인의 소송절차의 계속 중에 그 소송의 당사자의 일방에 들어가 심리의 종결시까지 당사자로서 그 소송절차를 수행하는 것을 말하는 바, 심결취소소송에서도 이러한 공동소송참가가 인정되는가에 관하여는 오래전부터 위 긍정설과 부정설로 견해가 나뉘어져 왔다.

즉 긍정설은 당해 등록디자인의 출원 전 공연히 실시된 신규성 상실의 것임을 이유로 한 디자인등록무효심판 청구사건에서의 청구기각심결에 대한 심결취소소송의 당사자 적격은 당해 등록디자인의 출원 전 이미 그 등록디자인과 같은 물품의 형태를 업으로 실시하고 있었던 자이다.

따라서 이들의 소송목적은 자기들이 이미 실시하고 있었던 공지의 디자인에 대한 디자인등록으로 인하여 실시사업을 중단하여야 하는 어처구니 없는 사태를 방지하여야 한다는 청구의 이유에 따라 이건 심결취소소송을 제기했던 한 쪽 당사자와 같으므로 이건 심결취소소송절차에의 공동소송참가를 인정할 필요가 있다는 견해이다. 이에 반하여 부정설은 심결취소소송에서 한 쪽 당사자의 청구의 취지를 받아들이는 청구인용판결 혹은 청구기각판결에 대한 재판의 효력은 한 쪽 당사자와 소송목적을 같이 한 제3자에게까지 미치므로 심결취소소송에 공동소송참가를 인정할 필요가 없다는 견해이다.

위와 같은 두 설이 있으나 심결취소소송의 특성상 심결취소소송에는 공동소송참가를 인정할 필요가 없다는 부정설이 타당하다.

2. 공동소송참가의 요건

공동소송의 참가는 다음과 같은 요건을 충족하여야 성립될 수 있다.

(1) 타인 간에 소송이 계속 중일 것

(2) 그 소송의 판결의 기판력 혹은 형성력이 참가인과 한 쪽의 당사자에게도 발생하는 경우일 것

(3) 참가인이 당사자 적격을 가질 것 등이다.

3. 참가신청의 방식

참가신청은 참가의 취지와 이유를 밝혀 참가하고자 하는 소송이 계속된 법원에 제기하여야 한다.

서면으로 참가를 신청하는 경우에는 법원은 그 서면을 양 쪽 당사자에게 송달하여야 한다.

참가신청은 참가인으로서 할 수 있는 소송행위와 동시에 할 수 있다(민사소송법 72).

4. 참가인의 소송행위

참가인은 소송에 관하여 공격·방어·이의·상소 그 밖의 모든 소송행위를 할 수 있다. 다만, 참가할 때의 소송의 진행정도에 따라 할 수 없는 소송행위는 그러하지 아니하다.

참가인의 소송행위가 피참가인의 소송행위에 어긋나는 경우에는 그 참가인의 소송행위는 효력을 가지지 아니한다(민사소송법 76①②).

5. 참가에 대한 재판의 효력

재판은 다음 중 어느 하나에 해당하지 아니하면 참가인에게도 그 효력이 미친다(민사소송법 77).

(1) 참가인이 위의 "3. 참가인의 소송행위"를 할 수 없거나 그 소송행위가 효력을 가지지 아니하는 때

(2) 피참가인이 참가인의 소송행위를 방해한 때

(3) 피참가인이 참가인이 할 수 없는 소송행위를 고의나 과실로 하지 아니한 때

Ⅲ. 심결 등 취소소송의 절차

1. 소의 제기방식

(1) 개 요

심결 등 취소소송에서의 소제기의 방식에 관하여는 디자인보호법이나 행정소송법

에서 특별히 정한 바가 없으므로 민사소송법에서 정한 바에 따른다(민사소송법 248).

소는 소장을 작성(민소규 23, 24)하여 특허법원에 제출함으로써 제기된다. 소장에는 원고·피고, 청구의 취지, 청구의 원인, 입증방법(있는 경우에 한한다), 참고자료(있는 경우에 한한다), 첨부서류(예 : 소송위임장(소송대리인에 위임한 경우에 한한다), 회사 국적증명서, 법인 등기부등본, 납부서 등)를 기재하고 입증방법의 서증목록을 작성하여 함께 제출한다. 만약 소송대리인에 위임하여 소송절차를 진행할 경우에는 소송대리인이 소장을 작성하여 서명날인하고 소송위임장을 첨부한다.

(2) 소 장

1) 소장의 작성

소는 법원에 소장을 제출함으로써 제기된다(민사소송법 248). 따라서 소송절차는 소장의 제출에 의하여 소송이 개시되고 소장을 중심으로 하여 공격과 방어가 전개된다. 그러므로 심결 등 취소소송에서는 소장이 가장 중요한 서면이 되는 것이다.

소장을 작성함에 있어서는 사건의 사실관계, 법률관계, 예상되는 공격 및 방어방법까지 검토한 다음 간명하고 정확하게 기재하여야 한다.

2) 소장의 기재사항

① 필요적 기재사항 등

소장에는 필요적 기재사항으로 당사자와 법정대리인, 청구의 취지와 원인을 기재하여야 한다(민사소송법 249①). 그리고 소장에는 준비서면에 관한 규정이 준용되므로 민사소송법 제274조 제1항 제1호 내지 제8호의 사항도 기재하여야 한다(민사소송법 249②, 274①). 여기에서 같은 법 제274조 제1항 제4호 및 제5호의 사항에 대하여는 사실상 주장을 증명하기 위한 증거방법과 상대방의 증거방법에 대한 의견을 함께 기재하여야 한다(민사소송법 249②, 274②).

강학상 소장의 기재사항 중 민사소송법 제249조 제1항의 것을 "필요적 기재사항"이라고 하고 같은 조 제2항의 것을 "준비서면적 기재사항"이라고 하나 어느 것이나 누락하여서는 아니되는 사항들이기는 하지만 실무상 구별의 실익은 없다.

소장의 기재사항에는 위와 같은 필요적 기재사항, 준비서면적 기재사항 그밖에 "관행적 기재사항"도 있다. 표제(標題) 및 입증방법의 기재가 그것이다. 이 중 당사자, 법정대리인, 사건의 표시, 청구취지 및 청구원인 만을 살펴보기로 한다.

소장의 기재사항을 항목에 따라 순차적으로 표시하면 다음과 같다.

순차	필요적 기재사항	준비서면적 기재사항	관행적 기재사항
1			표제
2	당사자	성명, 명칭 또는 상호와 주소	
3	법정대리인	성명 및 주소	
4		사건의 표시	
5	청구취지	공격 또는 방어방법	
6	청구원인	상대방의 청구와 공격방법에 대한 진술	
7			입증방법의 표시
8		부속서류의 표시	
9		연, 월, 일	
10		작성자의 기명, 날인	
11		법원의 표시	

ⅰ. 당사자

(ⅰ) 당사자 본인

ⅰ) 당사자 표시에서의 유의점

당사자 표시에서의 유의점은 먼저 당사자 능력과 소송능력의 존부와 당사자 적격의 유무를 검토하는 것이다. 특히 법인 아닌 사단이나 재단을 당사자로 할 때에는 민사소송법 제52조에 의하여 당사자능력 자체가 있는 지의 여부를 신중히 검토하여야 한다.[68]

일단 소를 제기하면 원칙적으로 당사자의 변경은 인정되지 않는다. 그러나 필수적 공동소송인의 추가(민사소송법 68① 내지 ③), 피고의 경정(민사소송법 260, 행정소송법 14)의 경우에는 예외로 한다.

ⅱ) 당사자 표시방법 일반

재판의 효력이 미치는 인적 범위를 확정하고 강제집행의 대상이 되는 자이므로 성명과 주소를 정확하게 기재하여 특정하여야 한다. 성명은 한글로 표시하고 한자명이

68) 민법상의 조합과 법인격은 없으나 사단성이 인정되는 비법인 사단을 구별함에 있어서는 일반적으로 그 단체성의 강약을 기준으로 판단하여야 하는 바, 조합은 2인 이상이 상호간에 금전 기타 재산 또는 노무를 출자하여 공동사업을 경영할 것을 약정하는 계약관계에 의하여 성립하므로 어느 정도 단체성에서 오는 제약을 받게 되는 것이지만 구성원의 개성이 강하게 드러나는 인적 결합체인데 비하여, 비법인 사단은 구성원의 개성과는 별개로 권리·의무의 주체가 될 수 있는 독자적 존재로서의 단체적 조직을 가지는 특성이 있다하겠는데, 어떤 단체가 고유의 목적을 가지고 사단적 성격을 가지는 규약을 만들어 이에 근거하여 의사결정기관 및 집행기관인 대표자를 두는 등의 조직을 갖추고 있고 기관의 의결이나 업무집행방법이 다수결의 원칙에 의하여 행하여지며 구성의 가입, 탈퇴 등으로 인한 변경에 관계없이 단체 그 자체가 존속되고 그 조직에 의하여 대표의 방법, 총회나 이사회 등의 운영, 자본의 구성, 재산의 관리 기타 단체로서의 주요사항이 확정되어 있는 경우에는 비법인사단으로서의 실체를 가진다고 할 것이다(대법원 1999. 4. 23. 99다4504 판결).

있으면 괄호 안에 병기하여도 무방하다. 당사자가 외국인이면 괄호 안에 영문 기타 외국어의 표시를 하여야 하는 경우도 있다.

피고의 주소가 없거나 알 수 없을 때에는 거소를 기재한다. 또 거소도 없거나 알 수 없을 때에는 "주소불명" 또는 "소재불명"이라고 기재하고 아울러 최후의 주소를 표시한다.

위와 같이 피고의 소재가 불명인 때에는 공시송달의 방법으로 소송이 진행되므로 공시송달의 요건(민사소송법 194)에 관한 소명을 갖추어야 한다.[69]

iii) 심결 등 취소소송의 당사자

A. 결정취소소송 당사자

결정계 사건에 관하여는 특허심판원에서 거절결정을 유지시키는 심판의 결정 또는 그 재심의 결정을 할 경우 심판청구인이 이에 불복하여 결정취소소송을 제기하면 심판청구인이 원고가 되고 특허청장이 피고가 된다(법 75의2 본문).

이 경우의 피고표시는 "특허청장"으로만 기재하면 되고 그 직에 있는 자연인의 성명은 기재할 필요가 없다.

B. 심결취소소송 당사자

당사자계 사건에 관하여는 심결취소를 구하는 적극적 당사자를 원고로, 이에 대하여 방어적 입장에 있는 소극적 당사자를 피고로 하여야 한다(법 75의2 단서). 따라서 당사자계 심결취소소송에 있어서는 특허심판원에서 패소심결을 받은 자가 심결취소소송에서 원고가 되고, 승소심결을 받은 자가 피고가 된다.

C. 당사자의 잘못 기재

당사자계 사건의 소장에서 착오로 피고를 특허청장으로 표시하거나 결정계 사건에서 디자인무심사등록 이의신청인을 피고로 표시한 경우가 있을 것인 바, 이 경우에는 원고가 피고를 잘못 지정한 것이 명백한 때로 보아 민사소송법 제260조 및 행정소송법 제14조 소정의 피고경정절차에 의하여 정당피고로 경정할 수 있다. 이에 대한 자세한 설명은 앞서 살펴본 바 있는 "제3절 Ⅰ. 4. (1) 2) 피고적격 ③ 피고의 경정"편을 참고하기 바란다.

(ii) 법정대리인

소장에는 법정대리인의 표시를 필요적 기재사항으로 하고 있다. 법정대리인의 표시는 당사자의 특정을 위한 것이라기보다는 소송이 대리권(소송수행권) 있는 대리인에

---

69) 민사소송법 제179조(현행 제194조) 소정의 공시송달의 요건이 갖추어지지 아니하였다 하더라도 재판장의 명에 의하여 공시송달이 된 이상 원칙적으로 공시송달의 효력에는 영향이 없는 것이나 법원에 대한 송달은 같은 법 제60조(현행 64조 : 법인 등 단체의 대표자의 지위) 및 제166조(현행 제179조 : 소송무능력자에게 할 송달)에 따라서 그 대표자에게 하여야 되는 것이므로 법인의 대표자가 사망하여 버리고 달리 법인을 대표할 자도 정하여지지 아니하였기 때문에 법인에 대하여 송달을 할 수 없는 때에는 공시송달도 할 여지가 없는 것이라고 보아야 할 것이다(대법원 1991. 10. 22. 선고 91다9985 판결).

의하여 적법하게 이루어짐을 명백하게 나타냄과 아울러 송달을 용이하게 하기 위한 것이다(민사소송법 179).[70]

법정대리인은 당사자의 표시 아래에 소송법상 및 실체법상의 대리자격을 표시하여 성명과 주소를 기재한다. 그러나 법정대리인의 주소가 본인의 주소와 같거나 본인의 변리사 또는 변호사가 선임되어 있는 경우에는 법정대리인의 주소를 기재할 필요가 없다.

(iii) 법인 등의 대표자

법인이나 형식적 당사자 능력이 인정되는 사단 또는 재단[민사소송법 52(법인이 아닌 사단 등의 당사자능력)]은 자연인에 의하여 소송을 수행할 필요가 있으므로 그 대표기관은 법정대리인과 같이 취급된다[민사소송법 64(법인 등 단체의 대표자의 지위)].[71] 따라서 소장에는 대표자를 표시하여야 한다.

법인에게 공동대표의 정함이 있을 때(상법 208, 389②)에는 공동대표자 전원을 기재하여야 하나 그렇지 않은 때에는 각자 대표권이 있으므로 현실적으로 소송을 수행할 1인을 기재하면 된다.

(iv) 소송대리인

i) 소송대리인의 표시는 실제의 소송수행자를 명백히 하고 송달을 용이하게 하기 위한 것이므로 소송대리인의 성명, 주소를 함께 기재한다.
소송대리인이 변리사나 변호사인 경우에는 반드시 "변리사" 또는 "변호사"임을 기재하여 자격을 밝혀두어야 한다. 그러나 소송수행대리인이 비변리사나 비변호사인 경우에는 자격을 기재할 필요가 없다.
원고가 다수인이나 원고들의 소송대리인이 1인일 때에는 소송대리인을 중복하여 기재하지 아니하고 끝부분에 일괄 기재한다.

ii) 소송대리권이 위임에 의하여 발생하지 아니하고 법령의 규정에 의하여 발생하는 경우가 있다. 즉 상법상의 지배인(상법 11), 농업협동조합의 전무와 상무(농업협동조합법 57의2④), 특허청장을 당사자로 하는 소송에 있어서의 소송수행자(국가를 당사자로 하는 소송에 관한 법률 7), 각종 특수법인의 등기된 대리인(한국산업은행법 15, 농업협동조합법 151 등) 및 그밖에도 여러 형태의 소송대리인(상법 733, 761 등)이 그것이다.

70) 법원에 의하여 부재자 재산관리인의 선임이 있는 경우에는 부재자를 위하여 그 재산관리인만이 또는 그 재산관리인에게 대하여서만 송달 등 소송행위를 할 수 있다(대법원 1968. 12. 24. 선고 68다2021 판결) 참조.

71) 비법인사단과 그 대표자 사이의 이익이 상반되는 사항에 관한 소송행위에 있어서는 위 대표자에게 대표권이 없으므로, 달리 위 대표자를 대신하여 비법인사단을 대표할 자가 없는 한 이해관계인은 민사소송법 제60조, 제58조의 규정에 의하여 특별대리인의 선임을 신청할 수 있고 이에 따라 선임된 특별대리인이 비법인사단을 대표하여 소송을 제기할 수 있다(대법원 1992. 3. 10. 선고 91다25208 판결).

위와 같은 소송대리인은 자격, 지위 등과 함께 성명을 기재하며 주소는 기재하지 아니한다.

ii. 사건의 표시

사건명은 청구취지 및 원인과 아울러 청구의 성격을 특정시켜 주는 역할을 하고 또한 법원에서 사건명을 부여하거나 분류하는데 도움을 주는 것이므로 일반적으로 기재하고 있다.

법원에서는 대개 소장에 기재된 사건명에 따라 그대로 사건명을 부여하고 있는 실정이므로 사건명은 정확하고 간결하게 표시하여야 한다.

수 개의 청구가 병합되어 있는 경우에는 주된 청구 또는 대표적인 청구 중 하나만을 선정하여 그것으로 사건명을 붙인 다음 "등"으로 표시한다.

iii. 청구취지

(i) 청구취지의 표시

i) 의 의

청구취지는 소송상의 청구로서 원고가 주장하는 권리 또는 소송물(법률관계)의 성립 원인인 사실, 즉 원고가 소장에서 소송의 목적인 권리 또는 법률관계에 관하여 어떠한 재판을 구하는 것인가를 표시하는 부분으로서 소의 핵심을 이루고 그 결과를 나타내는 필요적 기재사항이다. 따라서 판결의 주문은 소장의 청구취지에 대응하는 것이다.

ii) 표시방법

소송의 유형은 청구취지에 따라 정하여 지는 것이므로 청구취지는 청구의 형태와 범위를 분명히 하고 확정할 수 있도록 특정하여야 하므로 간결하게 표시하는 것이 중요하다. 따라서 청구취지의 내용이 복잡하거나 다수의 목적물을 표시하여야 할 사건에서는 별지 또는 별표를 작성하여 그것을 청구취지에서 인용하는 방법을 활용할 수 있다. 이때의 별지 또는 별표는 청구취지의 일부분을 구성한다. 그러므로 오기나 탈루가 없도록 정확하게 기재하여야 한다.

(ii) 심결 등에 대한 소의 청구취지

디자인보호법 제75조의4 제1항은 "법원은 심결에 대한 소, 보정각하결정(심판의 심결에 대한 재심의 심결을 포함한다)에 대한 소 및 심판청구서나 재심청구서의 각하결정에 대한 소가 제기된 경우에 그 청구가 이유있다고 인정한 때에는 판결로써 당해 심결 또는 결정을 취소하여야 한다"고 규정하고 있다. 따라서 청구취지는 "특허심판원이 2010. 10. 10. 2010 당원 1234호 사건에 관하여 한 심결(또는 결정)을 취소한다"라고 기재하면 된다.

그밖에 "소송비용은 피고의 부담으로 한다"라는 취지의 소송비용의 부담에 관한 부분을 부가할 수 있는 바, 이는 법원의 직권을 촉구하는 정도에 불과한 것이다.

(iii) 청구취지의 변경

원고는 청구의 기초가 바뀌지 아니하는 한도 안에서 변론을 종결할 때(변론 없이 한 판결의 경우에는 판결을 선고할 때)까지 청구의 취지를 바꿀 수 있다. 다만, 소송절차를 현저히 지연시키는 경우에는 그러하지 아니하다(민사소송법 262①).

그러나 구 청구를 취하한다는 명백한 표시가 없이 신 청구를 한 경우에 신청구가 부적법하여 법원의 판단을 받을 수 없는 청구인 경우까지도 구 청구가 취하되는 교환적 변경이라고 볼 수는 없다.[72)]

청구취지의 변경은 서면으로 신청하여야 하며(민사소송법 262②) 그 서면은 상대방에게 송달하여야 한다(민사소송법 262③).

(iv) 청구취지변경의 불허

법원이 청구의 취지의 변경이 옳지 아니하다고 인정한 때에는 직권으로 또는 상대방의 신청에 따라 변경을 허가하지 아니하는 결정을 하여야 한다(민사소송법 263).[73)]

청구취지의 변경을 불허한 결정에 대하여는 독립하여 항고할 수 없고 종국판결에 대한 상소로써만 다툴 수 있다.

iv. 청구원인

(i) 총 설

청구원인은 원고가 심결 등 취소소송에 있어서 그 청구를 하게 된 원인 즉 소송물인 권리 또는 법률관계를 발생시키는 구체적인 사실관계를 말하는 것인 바, 이는 소송물인 권리 또는 법률관계를 특정함에 필요한 사항이다.

청구는 청구취지만으로는 반드시 특정되는 것이 아니고 원칙적으로 청구원인에 의하여 특정되는 것이므로 원고가 어느 청구에 관하여 소를 제기하는 것인가를 처음부터 명확히 할 필요가 있다. 따라서 민사소송법에서는 청구원인을 소장의 필요적 기재사항으로 규정을 한 것이다.

청구는 일정한 권리 또는 법률관계의 주장으로서 이를 특정하려면 디자인권과 같은 배타적 권리관계에서는 주체 및 내용을 표시하면 이로서 충분하다.

그러나 청구원인으로서 사실을 어느 범위에서 어느 정도로 기재하느냐는 매우 중요한 문제이기는 하지만, 정형이 따로 있을 수 없는 것이므로 구체적인 사건에 따라 연구와 경험을 축적해 나아가는 수밖에 없다.

---

72) 대법원 1975. 5. 13. 선고 73다1449 판결.

73) 대법원 1992. 9. 25. 선고 92누5096 판결.

청구원인사실은 청구를 특정 식별하는 표준으로서 처분권주의, 청구의 병합 또는 변경의 유무, 사건의 동일성, 중복된 소제기의 금지, 기판력의 객관적 범위, 기속력의 객관적 범위 등을 판정하는데 중요하다.

i) 처분권주의

법원의 판결은 당사자가 신청한 사항에 대해서만 할 수 있고 당사자가 신청하지 아니한 사항에 대해서는 판결하지 못한다(민사소송법 203)는 이론적·법리적 당위성의 논리이다.

ii) 청구의 병합 · 변경의 유무

A. 소의 객관적 병합

여러 개의 청구는 같은 종류의 소송절차에 따르는 경우에만 하나의 소로 제기할 수 있다(민사소송법 253). 따라서 디자인등록거절결정 불복심판청구와 디자인등록 무효심판청구의 심결에 대한 소의 청구는 서로 양립할 수 없는 청구로서 주의적·예비적 청구로서만 병합이 가능하고 선택적 청구로서의 병합이나 단순병합은 허용되지 아니한다.[74)]

B. 청구원인의 변경

원고는 청구의 기초가 바뀌지 아니하는 한도 안에서 변론을 종결할 때(변론 없이 한 판결의 경우에는 판결을 선고할 때)까지 청구의 원인을 바꿀 수 있다. 다만 소송절차를 현저히 지연시키는 경우에는 그러하지 아니하다(민사소송법 262①).

그러나 판례는 "구 청구를 취하한다는 명백한 표시가 없이 신 청구를 한 경우에 신 청구가 부적법하여 법원의 판단을 받을 수 없는 청구인 경우까지도 구 청구가 취하되는 교환적 변경이라고 볼 수는 없다"라고 판시하였다.[75)]

iii) 사건의 동일성

발전하는 소송절차 상의 두 개의 시점, 즉 소제기의 시점과 그 후의 발전단계의 어느 시점과를 비교하였을 때 사건이 전후 동일한 것. 이것은 소송절차의 발전면에 착안하여 종단적·동적으로 검토한 경우에 사건이 전후 동일하다는 것을 의미한다.

사건이 동일하기 위해서는 피고의 동일과 소송사실의 동일을 필요로 한다. 소송사실은 각 사실(구성요건에 해당된 사실)의 중요한 부분이 중첩되었을 경우에 동일하다.

기본적 사실동일설과 같이 구성요건 이외의 사실이 중첩된 것만으로는 부족하고, 그렇다고 내용적 사실동일설과 같이 구성요건 자체의 사실이 실질적으로 동일할 필요는 없다. 법원은 사건의 동일성을 넘어서 심판을 할 수 없고, 청구원인의 추가·철회·변경도 그 범위 안에서만 허용된다(민사소송법 262).

---

74) 대법원 1999. 8. 20. 선고 97누6889 판결 참조.

75) 대법원 1975. 5. 13. 선고 73다1449 판결.

iv) 중복된 소제기의 금지

법원에 계속되어 있는 사건에 대하여 당사자는 다시 소를 제기하지 못한다(민사소송법 259). 중복제소금지는 소송계속으로 인하여 당연히 발생하는 소송요건의 하나로서 이미 동일한 사건에 관하여 전소가 제기되었다면 설령 그 전소가 소송요건을 흠결하여 부적법하다고 할지라도 후소의 변론종결시까지 취하·각하 등에 의하여 소송계속이 소멸되지 아니하는 한 후소는 중복제소금지에 위배하여 각하를 면치 못하게 된다. 이와 같은 법리는 채권을 확보하기 위하여 디자인권을 목적으로 하는 질권을 설정한 질권자가 채무자인 디자인권자를 대위하여 제3채무자를 상대로 제기한 채권자 대위소송이 법원에 계속 중 다른 채권자가 같은 채무자를 대위하여 제3채무자를 피고로 하여 동일한 소송물에 관하여 소송을 제기한 경우에도 적용된다.[76]

또 소취하의 효과로 취하된 부분에 대하여는 소가 처음부터 계속되지 아니한 것으로 본다(민사소송법 267①). 그리고 본안에 대한 종국판결이 있은 뒤에 소를 취하한 사람은 같은 소를 제기하지 못한다(민사소송법 267②). 이와 같은 재소금지의 원칙이 적용되기 위해서는 소송물이 동일한 외에 권리보호의 이익도 동일하여야 한다.[77]

v) 기판력의 객관적 범위

판결은 당사자가 심판을 신청한 사항에 대한 응답이기 때문에 확정판결은 주문에 포함된 것에 한하여 기판력[78]을 가진다(민사소송법 216①). 이와 같이 기판력의 객관적 범위를 판결 중 기판력이 생기는 사항의 범위, 물적 한계라고도 한다.

따라서 이유 중의 판단은 기판력을 낳지 않지만 주문에서 어떠한 사항에 대하여 판단한 것인가는 판결이유를 참작하여야 명백히 되는 경우가 많다. 소에 대한 본안판결에서는 기판력은 청구의 당부에 대하여 생기고, 그 범위는 소송물의 범위와 같기 때문에 청구원인이 다르면 원칙적으로 청구취지는 동일하여도 기판력은 미치지 아니한다(신 소송물론에서는 원칙적으로 청구취지만으로써 소송물이 특정된다고 보기 때문에 청구취지가 같은 때에는 기판력의 효력을 받는다고 한다).

이러한 기판력은 기속력과 비슷하나 기판력은 그 내용인 판단이 일반적으로 동일문제에 대하여 장래 계속될 소송에 있어서 법원 또는 당사자를 구속하는 효력임에 반하여 기속력은 그 재판을 한 법원을 구속하는 효력을 의미하는 점에서 서로 다른

---

76) 대법원 1998. 2. 27. 선고 97다45532 판결 참조.

77) 대법원 1993. 8. 24. 선고 93다22074 판결 참조.

78) 재판이 확정된 경우에 동일 사항이 다시 소송이 되면 동일 법원은 물론 다른 법원도 그 내용인 판단에 배치되는 판단을 할 수 없고, 당사자 또는 이와 상반되는 내용을 주장·답변할 수 없다는 효력이 발생한다. 이를 기판력 또는 실체적 확정력이라 한다. 그 본질을 어떻게 이해할 것인가에 관해서는 i) 실체 관계의 변경이 생긴다는 실체법설, ii) 단지 소송법상의 평면으로 법원이 구속한다는 소송법설, iii) 추상적 법규가 구체적 현실적인 규범으로 전화하는 것이라는 구체적 법규설, iv) 일사부재리라고 하는 신소송법설 등이 있는데, ii)의 소송법설이 다수설이다. 확정, 종국판결이면 모두 기판력을 가진다(金曾漢, 法律學辭典, 1964, 법문사, 217면).

개념이다. 또 기속력은 행정소송법상의 구속력과 같은 뜻으로 쓰였으나 최근에는 기속력이라고 말하는 것이 일반적이다.

vi) 기속력의 객관적 범위

디자인보호법은 특허법원의 심결에 대한 소와 출원보정의 요지변경에 대한 보정각하결정 및 심판청구서나 재심청구서의 각하결정에 대한 소의 판결에 있어서 "취소의 기본이 된 이유는 그 사건에 대하여 특허심판원을 기속한다"고 규정하고 있다(법 75의 4③). 여기에서 "취소의 기본이 된 이유"가 무엇을 의미하는가에 따라서 취소판결의 기속력의 객관적 범위가 달라질 수 있다.

통상적으로 행정소송법상의 기속력에 관하여는 "기속력은 취소판결 등의 실효성을 도모하기 위하여 인정된 효력이므로 판결주문 및 그 전제로 된 요건사실의 인정과 효력의 판단에만 미치고 판결의 결론과 직접 관계없는 방론(obiter dictum)이나 간접사실의 판단에는 미치지 아니한다"[79]고 하고 있다. 여기에서 "판결주문 및 그 전제로 된 요건사실의 인정과 효력의 판단"을 디자인보호법의 "취소의 기본된 이유"와 같은 것으로 보는 것이 일반적이다.[80]

기속력은 심결의 위법성 일반에 대해서가 아니라 심결 또는 결정의 개개의 위법원인에 대하여 생기는 것이므로[81] 판결에 표시한 위법사유와 다른 이유에 의하여 동일한 심결 또는 결정을 하는 것도 무방하다.

취소된 종전의 심결의 기본이 된 거절, 무효사유와 다른 새로운 공지사항, 선원 등의 거절·무효사유에 의하여 거절이유통지, 의견서 제출 기회부여 등 소정의 절차를 거친 이상 다시 거절결정을 유지하는 심결이나 권리를 무효로 하는 심결을 할 수 있고, 특허심판원은 심결 등 취소판결의 사실변론종결 이후에 발생한 새로운 사유를 내세워 다시 종전과 같은 심결 등을 하여도 무방하다.[82]

---

79) 천병태, 행정법2, 형설출판사, 327면.

80) 특허소송실무, 법원행정처(1988), 339면.
本間 崇, 特許訴訟讀本(增補新版, 1993), 信山社, 280면은 "구속력은 취소판결의 주문 중의 판단 외에 그 판단에 불가분적으로 필요한 전제문제에 대한 이유 중의 판단(법률상 내지 사실상)에까지 미치지만 판결의 방론이나 간접사실에까지는 미치지 아니한다"고 하고 있다.

81) 대법원 1997. 2. 11. 선고 96누13057 판결 참조 : 이 사건에서 대법원은 "행정처분에 위법이 있어 행정처분을 취소하는 판결이 확정된 경우 그 확정판결의 기판력은 거기에 적시된 위법사유에 한하여 미치는 것이므로 행정관청이 그 확정판결에 적시된 위법사유를 보완하여 행한 새로운 행정처분은 확정판결에 의하여 취소된 종전의 처분과는 별개의 처분으로서 확정판결의 기판력에 저촉된다고 할 수 없다"라고 판시하여 취소판결의 기판력범위에 관하여 설시하고 있기는 하지만 이 사건은 기존 처분이 취소되고 나서 새로운 처분을 한 경우이므로 기판력을 기속력으로 봄이 타당하다(특허재판실무편람, 특허법원, 2002. 70면).

82) 특허재판실무편람, 특허법원(2002), 70면.
특허소송실무, 법원행정처(1988), 339~340면.
대법원 1999. 12. 28. 선고 98두1895 판결, 1997. 2. 4. 자 96두70, 1985. 3. 12. 선고 84후61 판결, 1985. 4. 9. 선고 84후83 판결 등 다수.

대법원판결은 "기속력은 취소의 이유가 된 심결의 사실상 및 법률상 판단이 정당하지 않다는 점에 있어서 발생하는 것이므로 취소 후의 심리과정에서 새로운 증거가 제출되어 기속력 판단의 기초가 되는 증거관계에 변동이 생기는 등의 특단의 사정이 없는 한 특허심판원은 위 확정된 취소판결에서 위법이라고 판단된 이유와 동일한 이유로 종전의 심결과 동일한 결론의 심결을 할 수 없다"고 하였다.[83)]

특허법원 판결은 "특허심판원은 종전 심결을 취소하는 판결이 확정된 경우 취소판결의 취지에 따라 재심리를 하여 다시 심결을 하여야 할 의무가 있고 이 경우 취소판결에 있어서 취소의 기본이 된 이유에 기속되므로 특허심판원은 취소판결에서 위법이라고 판단된 심결의 이유와 동일한 이유로 취소된 종전의 심결과 동일한 결론의 재심결을 할 수 없으나, 다만 취소의 기본이 된 이유와 다른 재심리과정에서 새로이 제출된 사실과 증거에 의하여 새로이 발견된 이유에 의해서는 취소된 종전의 심결과 동일한 결론의 재심결을 할 수 있다"고 판시하고 있다.[84)]

(ii) 기재사항 및 요령

청구원인은 소송상의 청구로서 원고가 주장하는 권리 또는 법률관계(소송물)의 성립원인인 사실을 말한다. 따라서 심결 등 취소소송은 심결 또는 결정을 대상으로 하는 것이므로 먼저 디자인심판절차에 관한 설명이 있어야 하고 본안에 들어가서 이 사건 디자인과 인용디자인 등에 관한 사실관계를 살펴본 다음 특허심판원의 심결이유의 요지를 기재하고 이어서 위 심결의 취소사유에 관한 원고의 주장을 하는 순서와 방식으로 기재한다. 따라서 심결 등 취소소송에서 청구원인은 대체로 i) 디자인심판절차의 경위, ii) 디자인 등의 요지, iii) 심결 등 이유의 요지, iv) 심결 등 취소사유 등으로 나누어 볼 수 있다. 그러나 청구원인은 청구의 취지에 대응하여 법률에 규정되어 있는 심결 등 취소원인 및 사실을 적시하여야 하므로 통상 i) 사건의 개요, ii) 경위에 대한 설명, iii) 이해관계에 대한 기재, iv) 취소사유로 되는 조항, v) 그것에 대응하는 증거방법, vi) 취소로 되어야 하는 설명 등으로 나누어 볼 수 있다는 견해도 있다.

② 임의적 기재사항

소장에는 준비서면에 관한 규정을 준용하므로(민사소송법 249②) 소장에는 준비서면의 기재사항으로 규정된 사항(민사소송법 274)을 기재한다. 따라서 소장에는 i) 당사자의 성명·명칭 또는 상호와 주소, ii) 대리인의 성명과 주소, iii) 사건의 표시, iv) 공격 또는 방어의 방법, v) 상대방의 청구와 공격 또는 방어의 방법에 대한 진술, vi) 덧붙인 서류의 표시, vii) 작성한 날짜, viii) 법원의 표시를 적고 당사자 또는 대리인이 기명날인 또는 서명한다.

---

83) 대법원 2002. 1. 11. 선고 99후2860 판결.

84) 특허법원 2000. 10. 13. 선고 99허9366 판결(확정).

위 ⅳ) 및 ⅴ)의 사항에 대하여는 사실상 주장을 증명하기 위한 증거방법과 상대방의 증거방법에 대한 의견을 함께 적어야 한다.

이러한 임의적 기재사항은 모두 기재하여야 하는 것이 소송관행이나 그렇다고 일부 기재사항 누락이 재판장의 소장각하명령의 사유가 되는 것은 아니다. 이점에서 앞의 필요적 기재사항과 다르다.

③ 입증방법

소장에 첨부하여 제출하는 증거서류를 기재한다. 서증 가운데 제소 당시 예상되는 상대방의 방어방법과 관련하여 필요한 것이거나 청구원인 사실로 기재한 신분관계 등을 입증함에 필요한 것은 반드시 소장에 첨부하여 제출하는 것이 좋다.

입증방법의 표시는 소장의 필요적 기재사항이 아니므로 그것을 누락하였다 하여 소장의 기재요건에 위배되는 것은 아니나 가능한 한 이를 기재하고 첨부하여야 한다(민사소송규칙 23②, 49의2).

입증방법은 소장에 서증목록을 표시하는 방법으로 기재하며 입증취지까지 기재하지는 않는다.

서증이 많고 이에 따라 입증취지의 기재가 필요한 때에는 꼭 필요한 서증만을 표시하고 나머지 서증은 따로 증거설명서와 함께 소송진행 과정에서 작성, 제출하는 것이 좋다.

소장에 서증을 첨부하지 아니할 때나 서증의 일부만을 첨부할 때는 물론이고 제소 당시 모든 입증방법을 첨부한 때에도 소송진행 과정에서 새로운 입증방법의 제출이 필요하게 되는데다가 입증방법으로 반드시 서증만이 있는 것이 아니므로 입증방법을 표시함에 있어서는 다른 입증방법을 추가 제출할 여지가 있음을 덧붙여 기재하는 것이 실무관행이다. 그 밖의 입증방법은 변론기일에 제출하겠습니다. 또는 그 밖의 입증방법은 변론의 진행에 따라 수시로 제출하겠습니다. 라고 기재한다.

④ 첨부서류

ⅰ. 소장 부본

소장에 첨부하여 제출하는 서류명과 그 통수를 기재한다. 소가 제기되면 법원은 소장 부본을 피고에게 전달하여야 하는 것이므로(민사소송법 255①) 소를 제기하는 원고는 반드시 피고의 수에 상응하는 소장 부본을 부속서류로서 첨부하여야 하며, 예고등기를 필요로 하는 사건에서는 그밖에 예고등기용 부본까지 첨부하여야 한다(민사소송규칙 43의4).

ⅱ. 소송당사자 등의 자격증명서

소송당사자 또는 소송대리인의 권한을 증명하는 서류, 즉 당사자가 소송능력이 없는 때에는 법정대리인의, 당사자가 법인인 때에는 대표자의, 당사자가 법인 아닌 사단이나 재단인 때에는 대표자 또는 관리인의 각 자격을 증명하는 서면(예 : 호적등본, 법인등기부등본이나 초본, 대표자 증명서 등)을 첨부하여야 한다(민사소송규칙 49②).

ⅲ. 소송대리권 증명서

소송대리인에 의하여 소를 제기할 때에도 소송위임장을 첨부하는 방법으로 소송대리권을 증명하여야 한다. 즉 소송대리인에 의하여 소송절차를 밟을 경우, ⅰ) 소송대리인의 권한은 서면으로 증명하여야 한다(민사소송법 89①). ⅱ) 위 서면이 사문서인 경우에는 법원은 공증인 그 밖의 공증업무를 보는 사람(이하 "공증사무소"라 한다)의 인증을 받도록 소송대리인에게 명할 수 있다(민사소송법 89②). 그러나 소송대리권을 증명하는 서면이 사문서인 때에는 반드시 인증을 명하여야 하는 것이 아니고 다른 증거에 의하여 그 진정한 것이 인정된다면 소송대리인의 소송수행을 허용하여야 한다.[85] ⅲ) 또 당사자가 말로 소송대리인을 선임하고 법원사무관 등이 조서에 그 진술을 적어 놓은 경우에는 위 ⅰ) 및 ⅱ)를 적용하지 아니한다(민사소송법 89③). 소송대리권의 증명은 통상 위임장의 형식으로 소장에 1통을 첨부한다. 특허심판절차에서 위임장을 제출하였다 하더라도 특허법원에 다시 제출하여야 한다.

ⅳ. 송달료 납부

소장에는 대법원장이 특허법원으로 지정한 은행(송달료 수납은행)에 소정액의 현금을 송달료로 납부하고 그 은행으로부터 송달료 납부서를 사건번호 등록표와 함께 교부받아 이를 첨부하여야 한다(송달료 처리의 특례에 관한 규칙 3①②).

⑤ 작성 연월일

소장의 말미에 소를 제기하는 연, 월, 일을 기재한다. 그러나 당사자가 작성하는 소송서류는 법원에 제출하여 접수되지 않는 한 의미가 없으므로 법원에 접수한 날을 작성일로 기재하여야 한다.

⑥ 작성자의 기명·날인

소장 등 소송서류에는 작성자가 기명, 날인하여야 한다. 만약 작성자의 기명·날인이 없으면 작성자 및 진정 작성여부를 확인할 방법이 없게 된다.

또한 소장 등 소송서류에는 작성자의 기명·날인 이외에 작성자의 간인도 필요하다.

⑦ 법원 표시

소장에 표시하는 법원은 당해 소송의 전속관할 법원으로서 소장을 제출하는 특허

---

85) 대법원 1967. 1. 24. 선고 66다2180 판결.

법원이다(법 75①).

법원을 표시함에 있어서는 법원명 뒤에 "귀중"이라는 기재를 덧붙인다.

⑧ 인지의 첩부

위와 같은 소장이 작성되어도 그것이 유효하려면 그밖에 소장의 내용에 따라 요구되는 수입인지의 첩부 또는 인지액 상당액의 현금납부가 있어야 한다.[86] 그러나 첩부하여야할 인지액이 20만원을 초과하는 때에는 그 전액을 현금으로 납부하여야 한다(민사소송 등 인지규칙 27①②).

민사소송 등 인지법에 의한 인지를 납부하지 아니하거나, 인지액 상당의 현금을 납부하지 아니한 신청은 부적법하다(민사소송 등 인지법 13). 인지는 소송서류의 정본에 첩부한다.

(3) 심결 등에 대한 소의 제기기간

1) 의 의

심결 등에 대한 소는 심결 또는 결정의 등본을 송달받은 날부터 30일 이내에 제기하여야 하는 바(법 75③), 이는 행정소송법 제20조에 상응하는 규정으로서 심결 등 취소소송의 제소기간을 정한 것이다.

행정소송법 제20조 제1항 본문은 "취소소송은 처분 등이 있음을 안 날로부터 90일 이내에 제기하여야 한다"고 규정하고 있어 개개의 사건에 있어서 당사자가 처분 등이 있음을 안 날을 일일이 구체적으로 따져보아 제소기간 준시여부를 확인하여야 함에 반하여 디자인보호법 제75조 제3항에 의한 제소기간은 당사자가 심결 또는 결정의 등본을 송달받은 날을 기준으로 하기 때문에 일률적인 기준에 의하여 제소기간을 산정하게 되어 디자인보호법에서의 제소기간 심리가 행정소송법에서의 제소기간 심리보다 간단하고 정확하다.

위 제소기간의 계산은 기간의 초일은 산입하지 아니하기 때문에(법 4의13, 1) 심결 등을 송달받은 당일은 계산하지 아니하고 그 익일을 기산일(起算日)로 한다. 그런데 기간의 만료일이 공휴일(근로자의 날 제정에 관한 법률에 의한 근로자의 날을 포함한다)에 해당하는 때에는 기간은 그 다음날로 만료한다(법 4의13, 4).

위 제소기간은 불변기간(不變期間)이며(법 75④) 불변기간에 대하여는 부가기간(附加期間)[87]을 정할 수 있다(법 75⑤).

---

86) 소장에는 소정의 수입인지를 첩부하거나 또는 첩부할 인지에 대신하여 인지액 상당액의 현금을 납부하는 경우 특허법원 지정 송달료 수납은행으로부터 교부받은 영수필 확인서 및 영수필 통지서를 첨부하여야 한다(민사소송 등 인지규칙 29②).

87) 디자인보호법상 기간의 신축(伸縮)이 적용되지 않는 불변기간에 관하여 공평을 기하기 위해 심판장이

2) 불변기간

① 총 설

심결 또는 결정의 등본을 송달받은 날부터 30일 이내의 소제기기간은 불변기간으로 한다(법 75④). 불변기간에 대하여는 법원은 그 기간을 늘리거나 줄일 수 없다(민사소송법 172①). 그러나 불변기간이라 하더라도 원격 또는 교통이 불편한 지역에 있는 당사자를 위하여 심판장은 직권으로 불변기간에 대하여 부가기간을 정할 수 있다(법 75⑤). 상고기간의 불변기간에 대하여 부가기간을 정할 수 있는 기관은 당해 판결을 한 특허법원이 될 것이다. 그러나 부가기간 설정사유와는 달리 당사자가 책임질 수 없는 사유[88]로 인하여 불변기간을 지킬 수 없었던 경우에는 그 사유가 없어진 날부터 2주일 내에 게을리 한 소송행위를 보완할 수 있다(다만, 그 사유가 없어질 당시 외국에 있던 당사자에 대하여는 이 기간을 30일로 한다).

위 소송행위의 추후보완을 할 수 있는 기간(이하 "소송행위 추완기간"이라 한다)에 대하여는 부가기간을 정할 수 없다(민사소송법 173①②). 그런데 위 소송행위의 추완기간에 관한 민사소송법 제173조가 심결 등 취소소송사건에도 그대로 적용될 수 있는가에 대해서는 찬반양론이 있다.

i . 적용긍정설

비록 디자인보호법에서 민사소송법 제173조와 같은 "소송행위의 추완기간"과 같은 규정은 두고 있지는 않지만 디자인보호법 제4조의14에서 "디자인에 관한 절차를 밟은 자가 책임질 수 없는 사유로 인하여 같은 법 제67조의3에 의한 심판청구기간, 같은 법 제73조의3 제1항에 의한 재심의 청구기간을 준수할 수 없을 때에는 그 사유가 소멸한 날부터 14일 이내에 지키지 못한 절차를 추후보완할 수 있다"고 규정하고 있으며, 같은 조에서의 "디자인에 관한 절차"는 같은 법 제4조 제1항에서의 "디자인등록에 관한 출원·청구 기타의 절차(이하 "디자인에 관한 절차"라 한다)를 말하는 바, 이러한 디자인에 관한 절차의 추후보완기간에 대한 규정의 입법취지로 보아 소송행위의 추후보완기간의 설정에도 이를 유추·적용할 수 있을 뿐만 아니라 디자인보호법의 구조에서도 같은 법 제4조의16이 제1장 총칙편에, 제75조 제4항 및 제5항이 제8장 소송편

주소 또는 거소가 원격지에 있어서 또는 교통이 불편한 지역에 있는 자를 위하여 특히 부가하는 기간을 부가기간이라고 한다(법 75⑤).

부가기간은 직권으로, 불변기간이 붙은 심판의 심결과 더불어 또는 그 뒤에 결정으로 정한다. 그러나 당사자에게 신청권이 없으므로 불복신청은 할 수 없다. 부가기간은 본래의 불변기간과 일체가 되어, 이에 관하여는 디자인보호법 75조 제5항이 적용된다.

88) "당사자가 책임질 수 없는 사유"라 함은 당사자가 그 소송행위를 하기 위하여 일반적으로 하여야 할 주의를 다 하였음에도 불구하고 그 기간을 준수할 수 없었던 사유를 가리키고, 그 당사자에게 당사자 본인뿐만 아니라 그 소송대리인 및 대리인의 보조인도 포함한다(대법원 1999. 6. 11. 선고 99다9622 판결)

에 규정되어 있는 점에 비추어 총칙편의 규정인 제4조의16이 소송편에 당연히 적용되어야 하고 또 비록 특허심판원의 심판과 특허법원의 소송이 심급제(복심제)는 아니지만 사실상 심결 등에 대한 소의 제기는 특허심판원의 심결에 대한 항소적 관계와 성격을 띠고 있으므로 디자인보호법 제75조 제4항의 심결 등 취소소송의 제기기간인 이 불변기간에도 디자인보호법 제4조의16의 입법취지에 따라 민사소송법 제173조에 의한 소송행위의 추완기간에 관한 규정이 당연히 유추·적용된다는 견해이다.

ii. 적용부정설

종래 디자인보호법에서는 불변기간에 대한 부가기간 허여의 근거조문을 두고 있지 아니하였다. 다만 디자인보호법 제4조의14 제2항에서 "특허청장·특허심판원장·심판장 또는 심사관은 디자인보호법에 따라 디자인에 관한 절차를 밟을 기간을 정한 때에는 청구에 의하여 또는 직권으로 그 기간을 연장할 수 있다"라고 규정하고 있으나 같은 조 제1항에서 "특허청장 또는 특허심판원장은 교통이 불편한 지역에 있는 자를 위하여 청구에 의하여 또는 직권으로 같은 법 67조의2에 따른 보정각하결정에 대한 심판, 제67조의3에 따른 디자인등록거절결정 또는 디자인등록취소결정에 대한 심판의 청구기간을 1회에 한하여 30일 이내에서 연장할 수 있다"라고 하는 규정을 두고 있는 입법취지에 비추어 볼 때 위 규정 중의 "디자인에 관한 절차" 속에는 디자인소송의 제기는 포함되어 있지 않다고 해석함이 상당하다. 그러므로 위 같은 법 제4조의14 제2항을 불변기간에 대한 부가기간의 근거조문으로 하기에는 적당하지 않다. 따라서 민사소송법의 불변기간에 관한 규정이 유추·적용되어야 한다는 견해이다.

그러나 이러한 적용부정설은 개정디자인보호법(1998. 9. 23, 법률 제5576호)에 의해 "심판장은 원칙 또는 교통이 불편한 지역에 있는 자를 위하여 직권으로 심결 또는 결정에 대한 소의 제기기간(심결 또는 결정의 등본을 송달받은 날부터 30일 이내)인 불변기간에 대하여 부가기간을 정할 수 있다"는 제75조 제5항의 신설로 인하여 그 논거를 잃었다 할 것이다.

② 의 의

불변기간이라 함은 법정기간의 일종이며 특히 법률이 불변기간이라고 명시한 기간을 말한다. 디자인보호법은 "심결에 대한 소, 보정각하결정(재심을 포함한다) 및 심판청구서나 재심청구서의 각하결정에 대한 소는 심결 또는 결정의 등본을 송달받은 날부터 30일 이내에 제기하여야 하고 이 기간은 불변기간으로 한다"라고 규정하고 있다(법 75③④).

이 불변기간은 소송절차의 질서 있는 진행을 위하여 소송관계인으로 하여금 법정된 기간 내에 소송행위를 행하게 하는 것이며 만약 이 불변기간을 도과하였을 때에는 이 후 당해 소송행위를 못하게 하는 실권(失權)의 효과를 낳게 한다.

③ 특 색

불변기간의 특색은 i) 심판장 및 법원이 재량에 의하여 신축할 수 없다는 점(민사소송법 172① 단서), ii) 심판장은 직권으로 법원은 재판으로써 불변기간에 대하여 부가기간을 정할 수 있다는 점(법 75⑤, 민사소송법 172), iii) 일정한 조건 하에 소송행위의 추가보완이 허용되고 있다는 점(민사소송법 173)이다.

3) 부가기간

부가기간이란 특허법상 또는 민사소송법상 제소기간의 신축이 적용되지 않은 불변기간에 관하여(법 75④, 민사소송법 172①) 공평을 기하기 위하여 특허심판원의 심판장 또는 특허법원이 주소나 거소가 원격 또는 불편한 지역에 있는 자를 위하여 특히 부가하는 기간(법 75⑤, 민사소송법 172②)을 말한다.

부가기간은 직권으로 불편기간이 붙은 심판 또는 재판과 더불어 또는 그 뒤에 결정으로 정한다. 그러나 당사자에게 신청권이 없으므로 불복신청을 할 수 없다. 부가기간은 본래의 불변기간과 일체가 되어 "당사자가 책임질 수 없는 사유로 인하여 불변기간을 지킬 수 없었던 경우에는 그 사유가 없어진 날부터 14일 이내에 게을리 한 절차(소송행위)를 추후 보완할 수 있다"(법 4의16, 민사소송법 173① 본문). 위 부가기간에 대하여는 디자인보호법 제75조 제5항 및 민사소송법 제172조의 규정을 적용하지 아니한다(민사소송법 173②).

그러나 디자인보호법에서는 이와 상응하는 규정을 두고 있지 않아 위 민사소송법상의 "소송행위의 추후 보완" 규정이 그대로 적용될 수 있는가이다. 이에 대하여는 앞에서 살펴본 바와 같이 찬반양론이 있으므로 이를 참고하기 바란다.

4) 근로자의 날

기간의 만료일에 대하여 디자인보호법 제4조의13은 "이 법 또는 이 법에 의한 명령에 의한 기간의 계산은 다음 각호에 의한다"고 규정하고, 같은 조 제4호는 "디자인에 관한 절차에 있어서 기간의 말일이 공휴일(근로자의 날 제정에 관한 법률에 의한 근로자의 날을 포함한다)에 해당하는 때에는 기간은 그 다음날로 만료한다"고 규정하고 있는 한편 민법 제161조가 "기간의 말일이 공휴일에 해당한 때에는 기간은 그 익일로 만료한다"라고 규정하고 있다.

민사소송절차의 기간 계산은 민법의 기간 계산에 따르기 때문에 제소기간 계산도 민법의 규정에 따랐고 위 민법 제161조가 적용되었는데 디자인보호법 제4조의13에서 일반의 휴일이 아닌 근로자의 날이 말일인 경우 그 기간은 그 다음날로 만료한다고 규정하고 있어 디자인보호법 제4조의13 제4호의 규정이 디자인소송의 제소기간 계산에도 적용될 것인가가 문제가 된다.

이러한 위 문제에 대하여 민법규정이 기간계산에 일반법이고 디자인보호법의 규정은 특별법의 관계에 있는 것으로 해석하여야 하고 또 디자인소송의 제소기간에 관한 규정이 디자인보호법에 규정되어 있는 한 디자인소송의 제소기간의 계산에는 위 디자인보호법 제4조의13 제4호가 적용된다고 해석하여야 한다.

(4) 심결 등에 대한 소의 제기효과

1) 효 과

디자인소송에 있어서 소가 제기되면 소송법상 소송계속의 효과가 발생하고 민사소송에 있어서와 같이 소송법상 소송계속의 효과 외에 실체법상 시효중단 및 제척기간 준수 등의 효과는 논의의 대상이 되지 않는다.

여기에서 소송계속이라 함은 특정한 청구에 대하여 법원에 판결절차가 현실적으로 존재하는 상태, 즉 법원이 판결하는데 필요한 행위를 할 수 있는 상태를 말한다.

이는 특히 민사소송상 중복제소금지의 원칙과 관련하여 중요한 개념이다. 그러나 디자인소송에 있어서는 중복제소를 이론상 가정은 할 수 있으나 디자인소송은 민사소송과는 달리 제소기간이 정하여져 있고 원고적격 또한 법정되어 있어 채권자 대위소송이 제기될 가능성도 없으므로 현실적으로 찾아보기 어렵다. 이는 민사소송에서 2중항소를 찾아보기 어려운 것과 같은 이치이다.[89]

2) 상소제기 효과의 일종

① 개 요

디자인소송은 특허심판원의 심결 등에 대한 실질적인 항소심 역할을 한다. 즉 디자인보호법 제75조 제6항에 의하여 심판을 청구할 수 있는 사항에 관한 소는 심결 등에 대한 것이 아니면 이를 제기할 수 없으므로 특허심판원의 심결 등을 거친 사건에 대해서만 디자인소송을 제기할 수 있고 같은 조 제2항은 심결 등에 대한 소는 당사자, 참가인 또는 당해 심판이나 재심에 참가신청을 하였으나 그 신청이 거부된 자에 한하여 원고적격을 가진 것으로 정하고 있으므로 그 점에서 디자인소송은 민사소송에 있어서의 소 제기와는 달리 민사소송에 있어서의 항소의 제기와 유사한 면이 있다.

그렇다면 그 면에서 디자인소송이 민사소송에서의 상소의 효력과 유사한 효력, 즉 민사소송에서와 같은 확정차단의 효력 및 이심의 효력이 있는 지를 검토해 볼 필요가 있다.

---

89) 특허소송실무, 법원행정처, 1998. 112면.

② 확장차단의 효력

디자인소송에서도 민사소송에서와 마찬가지로 제소는 심결 등의 확정을 차단하는 효력이 발생된다. 따라서 디자인등록무효의 심결이 있다 하더라도 디자인권자인 당사자가 이에 불복하여 디자인소송을 제기하면 당해 디자인등록은 무효로 확정되지 아니한다. 민사소송법 제498조는 "판결은 상소를 제기할 수 있는 기간 또는 그 기간 이내에 적법한 상소제기가 있을 때에는 확정되지 아니한다"라고 규정하여 상소가 제기되면 그에 의하여 하급심 판결의 확정이 차단되고 상소기간이 경과되어도 판결은 확정되지 아니한다는 것으로서 이것이 제소의 확정차단의 효력이다.

③ 이심의 효력

디자인소송에서도 민사소송에서와 마찬가지로 제소는 이심의 효력이 발생하기는 하나 소송물이 단일한 경우가 대부분이므로 민사소송에서와 같이 관련 청구가 수개일 때 이심의 효력이 논란의 대상이 되지만 디자인소송에 있어서는 특히 이심의 효력을 논할 실익이 없다.

④ 제소시 소송자료의 제출

특허심판원은 특허법원의 하급심 법원이 아니다. 따라서 특허법원은 제1심으로서 민사소송이나 행정소송과 같이 당사자로부터 소송자료를 제출받을 수 있다. 이 점에서 당사자의 입장에서는 동일한 자료를 특허심판원과 특허법원에 중복하여 제출하는 셈이 되어 당사자에게 상당한 부담을 준다.

(5) 소제기 후 법원의 조치

1) 소장 심사

소장이 제출되면 재판장은 소장 심사권에 의해 그 소장에 당사자, 법정대리인, 청구의 취지와 원인과 같은 필요적 기재사항이 기재되어 있는 지의 여부를 심사한다. 심사결과 이러한 필요적 기재사항이 기재되어 있지 아니한 경우에는 재판장은 상당한 기간을 정하여 그 기간 내에 흠결을 보정할 것을 명한다. 소장에 인지를 붙이지 아니한 경우에도 또한 같다. 만약 원고가 지정기간 내에 그 흠결을 보정하지 아니한 때에는 명령으로 소장을 각하한다(민사소송법 254②).

위의 재판장의 소장각하 명령에 대하여는 즉시항고를 할 수 있다(민사소송법 254③).

재판장은 소장을 심사하면서 필요하다고 인정한 경우에는 원고에게 청구하는 이유에 대응하는 증거방법을 구체적으로 적어 내도록 명할 수 있으며, 원고가 소장에 인용한 서증(書證)의 등본 또는 사본을 붙이지 아니한 경우에는 이를 제출하도록 명할 수 있다(민사소송법 254④).

또 제소기간이 경과한 소는 판결로서 각하한다. 소각하 또는 소장각하의 경우에는 특허심판원의 심결은 확정된다.

2) 소장 부본의 송달

특허법원은 소가 제기되면 그 소장 부본을 상대방 피고인에게 송달하여야 한다(민사소송법 255①).

만약 소장에 당사자와 법정대리인, 청구의 취지와 원인을 기재하지 아니하였거나 법정인지를 붙이지 않아 소장의 부본을 송달할 수 없는 경우에는 재판장은 상당한 기간을 정하여 그 기간 이내에 흠결을 보정하도록 명하고 그 기간 이내에 그 흠결을 보정하지 아니한 경우에는 명령으로 소장을 각하하여야 한다(민사소송법 255②, 254①②③).

재판장의 소장각하명령에 대하여는 즉시항고를 할 수 있다(민사소송법 255②, 254③).

이점은 민사소송의 실무와 동일하다. 다만 디자인소송에서는 소장이 각하되면 특허심판원의 심결은 확정되므로 유의하여야 한다.

3) 소제기 통지·재판서 정본 송부

특허법원은 심결에 대한 소와 보정각하결정(심판의 심결에 대한 재심의 심결을 포함한다) 및 심판청구서나 재심청구서의 각하결정에 대한 소(이하 "심결 등에 대한 소"라 한다)의 제기 또는 특허법원의 판결에 대하여 대법원에 상고가 있는 때에는 지체 없이 그 취지를 특허심판원장에게 통지하여야 한다(법 75의3①).

이는 만일 이와 같은 통지가 없는 경우에는 당해 심결 등에 대하여 소를 제기하였는지 여부를 알 수 없으므로 심결 등이 있었다 하더라도 그 확정여부를 알 길이 없기 때문에 특허법원에서 소를 제기하였음을 통지하도록 하여 그 심결 등의 확정이 차단됨을 알 수 있도록 한 것이다.

또 특허법원은 디자인등록의 무효심판·권리범위 확인심판·통상실시권 허여의 심판 또는 그 재심의 심결에 대한 소에 관하여 소송절차가 완결된 때에는 지체 없이 그 사건에 대한 각 심급의 재판서 정본을 특허심판원장에게 송부하여야 한다(법 75의3②).

2. 답변서

(1) 서 설

1) 서 론

답변서는 피고가 제출하는 준비서면으로 소제기에 의한 원고의 주장에 대하여 피고의 신청과 답변을 기재한 최초의 준비서면이다. 상고장에 대하여 제출하는 최고의 준비서면도 답변서가 되지만 여기에서는 설명의 편의상 항고심(특허법원), 즉 제1심에서의 답변서를 중심으로 살펴보기로 한다. 그리고 답변서에는 준비서면에 관한 규정이 준용된다(민사소송법 256③④).

2) 답변서 작성의 동기 및 배경

원고로부터 소장이 법원에 제출되면 제1심의 소송절차가 개시된다. 법원은 소장을 접수한 후 담당법관에게 회부한다.

재판장은 소장을 심사하고(민사소송법 254) 기일을 지정하여 제1회 변론기일통지서를 양 당사자에게 송달한다. 이 때 피고에게는 소장 부본도 함께 송달한다.

소장 부본과 변론기일통지서를 받은 피고가 변리사·변호사에게 소송을 위임한 때에 피고 소송대리인의 활동은 시작된다. 수임변리사·변호사는 소장에 기재된 원고의 주장사실에 대하여 피고가 말하는 주장 즉 사실관계와 증거관계를 소상하게 듣고 조사해 본 후 피고대리인으로서 답변서를 작성한다.

3) 의의 및 성질

답변서는 피고 또는 피상소인이 원고 또는 상소인의 소장·상소장(또는 상고이유서)에 대응하여 신청의 배척을 구하는 취지의 반대신청 혹은 그 이유를 기재한 준비서면의 성질을 가진 서면이다.

따라서 답변서는 피고가 제출하는 준비서면으로, 소제기에 의한 원고의 주장에 대하여 피고의 신청과 답변을 기재한 최초의 준비서면이다.

준비서면이란 당사자가 변론에서 진술하고자 하는 사항을 미리 서면에 기재하여 법원과 상대방에게 통지하고 그에 대한 준비를 할 기회를 주는 서면이다.

변론에서 당사자가 뜻밖에 예상하지 않았던 공격·방어방법을 제출하게 되면 법원이나 상대방이 그 즉석에서 그 취지를 완전히 이해하여 응답함에는 어려움이 있을 것이므로 기일의 횟수를 줄이기 위해서 미리 준비서면을 제출하도록 한 것이다(민사소송법 273, 274).

답변서에 기재된 사실도 변론에서 진술하여야만 판결의 기초자료가 되는 것이 원칙이지만, 변론기일에 결석하면 답변서 그 밖의 준비서면의 기재사실은 진술한 것으로 간주되고(민사소송법 148①) 또 상고심에서는 답변서 그 밖의 소송기록에 의하여 곧바로 상고심의 종국판결을 할 수 있다(민사소송법 430①). 그러나 상고법원이 소송관계를 분명하게 하기 위하여 필요한 경우에는 특정한 사항에 관하여 변론을 열어 참고인의 진술을 들을 수 있다(민사소송법 430②).

4) 답변서의 제출의무

피고가 원고의 청구를 다투는 경우에는 소장의 부본을 송달받은 날부터 30일 이내에 답변서를 제출하여야 한다. 다만, 피고가 공시송달의 방법에 따라 소장의 부본을 송달받은 경우에는 그 예외이다(민사소송법 256①).

법원은 소장 부본을 송달할 때에 답변서를 제출하여야 한다는 취지를 피고에게 알려야하고 또 답변서의 부본을 원고에게 송달하여야 한다(민사소송법 256②③). 그러나 상고심에서는 상고이유서 부본이나 등본을 송달받은 날부터 10일 이내에 답변서를 제출할 수 있다. 상고법원은 이 답변서의 부본이나 등본을 상고인에게 송달하여야 한다(민사소송법 428②③).

(2) 답변서의 내용

최초의 변론기일에서의 당사자의 변론은 먼저 원고의 소장에 의한 청구취지와 원인의 진술로 시작된다. 이에 대하여 피고는 어떠한 판결을 구하는 것인가를 신청하고 원고의 주장사실 중 인정할 것은 인정하고 반박할 것은 반박하는 진술을 한다.

1) 청구취지에 대한 답변

이는 원고의 청구취지에 대응한 것인데 본안 전의 신청과 본안의 신청으로 나뉘어진다. 여기에서 "본안"이라 함은 청구의 당부에 관한 사항을 말한다(민사소송법 30, 266② 참조).

① 본안 전의 신청 - 본안 전 항변 또는 소송상 항변 -

관할위반을 주장하여 소송이송을 구하는 신청과 같은 경우는 심결에 대한 소와 보정각하결정(심판에 대한 재심의 결정을 포함한다) 및 심판청구서나 재심청구서의 각하 결정에 대한 소는 "특허법원"을 전속관할로 하기 때문에 발생하지 아니한다(법 75①).

② 소 각하의 신청

ⅰ. 제기된 소송에 소송요건의 흠결이 있으면 소 각하의 신청, 즉 "이 사건 소를 각하한다"는 판결을 구한다.

소송요건의 존부는 원칙적으로 법원의 직권조사 사항으로서, 법원이 소 각하 판결을 하는데 있어 피고의 주장이나 신청을 필요로 하는 것은 아니다. 이 경우 피고의 주장은 법원의 직권조사를 촉구하는 의미에 불과하나 소송요건의 흠결이 있다고 판단된 때에는 피고는 소 각하의 판결을 신청할 것이다.

ii. 소송요건은 법원에 관한 것, 당사자에 관한 것, 소송물에 관한 것으로 분류할 수 있다.

(i) 법원에 관한 것

피고 및 그 심결 등에 대한 소가 특허법원의 재판권에 속하는 것이어야 한다.

(ii) 당사자에 관한 것

i) 당사자가 실존하는 또 당사자 능력을 갖고 있어야 한다.

ii) 당사자가 당사자 적격을 갖고 있어야 한다.

iii) 심결 등에 대한 소의 제기와 소장의 송달이 적법 유효하게 이루어져야 한다.

(iii) 소송물에 관한 것

i) 권리보호의 이익이 있어야 한다.

ii) 동일 사건에 대하여 따로 소송이 계속되어 있지 않아야 한다.

iii) 분쟁이 전후 동일한 것으로 인정되는 경우 기판력 있는 재판이 존재하지 않아야 한다.

iv) 본안에 대한 종국판결[90]이 있은 뒤에 소를 취하한 사람은 같은 소를 제기할 수 없는 소위 재소의 금지(민사소송법 267②)에 저촉되지 아니하여야 한다.

위의 소송요건 중 당사자 적격, 소의 이익에 관한 문제에 관하여는 그것이 인정되지 않을 경우 소를 각하할 것인가 또는 청구기각을 할 것인가에 대하여 양론이 첨예하게 대립하고 있으나 학설로서는 전자가 통설이다.

③ 본안의 신청

i. 청구기각의 신청

원고의 청구가 이유 없을 경우 피고는 청구취지에 대한 답변으로 "원고의 청구를 기각한다"는 판결을 구한다. 원고가 동일 피고에 대하여 여러 개의 청구를 병합청구한 경우에는 "원고의 청구를 모두 기각한다"는 신청을 한다.

원고의 청구 중 일부분은 이유가 있고 나머지 부분만 이유가 없는 경우에는 그 이유 없는 부분에 대하여서만 청구기각을 신청하는 것이 타당할 것이다. 그러나 실무에서는 다음과 같이 "전면적으로 인낙"을 하는 경우를 제외하고는 원고청구를 전부 기각하라는 신청을 하는 경우가 대부분이다.

ii. 청구의 인낙

원고의 소장에서의 권리주장을 모두 정당하다고 인정할 경우에는 청구의 인낙(請求의

---

90) - 법원이 소송의 심리를 마치고 한 판결을 종국판결이라고 한다(민사소송법 198).
- 원래 종국판결이라 함은 소 또는 상소에 의하여 계속 중인 사건의 전부 또는 일부에 대하여 심판을 마치고 그 심급을 이탈시키는 판결이라고 하여야 할 것이다. 대법원의 환송판결도 당해 사건에 대하여 재판을 마치고 그 심급을 이탈시키는 판결인 점에서 당연히 제2심의 환송판결과 같이 종국판결로 보아야 할 것이다(대법원 1995. 2. 14. 전원합의체판결, 선고 93재다27·34 판결).

認諾)을 하게 된다. 이 경우 그 인낙이 조서에 기재되면(인낙조서) 그 소송은 종료된다.

이와 같이 청구의 인낙을 기재한 조서는 청구를 이유 있다고 인정한 청구인용의 확정판결과 동일한 효력을 가진다. 즉 청구의 인낙을 변론조서·변론준비 기일조서에 적은 때에는 그 조서는 확정판결과 같은 효력을 가진다(민사소송법 220).[91] 그러나 청구의 인낙은 일반 민사소송과는 달리 심결 등 취소소송이 지니고 있는 특성(디자인보호법 제1조 후단에 의한 전단의 디자인의 보호 및 이용이라는 사익성 뿐만 아니라 "디자인의 창작을 장려하여 산업발전에 이바지함을 목적으로 한"공익성)상 인정되지 아니한다 함은 앞에서 설명한 바와 같다.

④ 소송비용부담의 신청

피고가 원고청구기각의 신청을 하는 경우 "소송비용을 원고의 부담으로 한다"는 신청을 한다. 앞에서 살펴본 바와 같이 법원은 직권으로 소송비용 부담에 관한 재판을 하게 되어 있으므로 이 신청은 반드시 필요한 것은 아니다. 그렇지만 소장에서 원고가 이 신청을 하는 것에 대응하여 피고도 답변서에서 이 신청을 하는 것이 실무관례이다.

2) 청구원인에 대한 답변

① 의 의

원고가 주장하는 소송요건 사실에 관하여 피고가 어떠한 점을 다투고 어떠한 점을 인정할 것인가를 밝히는 것이 청구원인에 대한 답변이 되는 것이다. 따라서 원고가 주장하는 권리는 발생할 수 없고, 설령 발생하였다 하더라도 소멸하였다고 하는 것과 같은 사유가 있으면 그것에 해당하는 사실을 요건에 맞추어 기재하여야 한다. 이것을 "항변"이라고 하고, 이에 대한 주장 및 입증책임은 피고가 진다.

② 답변의 태양

원고의 청구원인 사실에 대한 피고의 답변은 자백, 부인, 부지, 침묵과 같은 네 가지의 유형으로 이루어진다.

ⅰ. 자 백

피고가 원고의 주장사실을 다투지 아니하고 시인하는 형식의 진술이다. 즉 당사자

---

91) - 재판상의 청구의 인낙을 조서에 기재한 때에는 그 조서는 확정판결과 동일한 효력이 있고 당사자간에 기판력이 생기는 것이므로 재심의 소에 의하여 취소 또는 변경이 없는 한 당사자는 그 청구의 인낙의 취지에 반하는 주장을 할 수 없다(대법원 1962. 2. 15. 선고 4294민상914 판결 참조).
- 재판상 청구의 인낙이 준재심의 소에 의하여 취소되고 그 준재심 재판이 확정되면 재판상 청구인낙의 효력은 소멸되고, 따라서 그 재판상 청구의 인낙으로 인하여 생긴 모든 법률효과는 당연히 실효된다(대법원 1981. 12. 22. 선고 78다2278 판결 참조).

가 자기에게 불리한 법률관계의 기초가 되는 사실을 긍인(肯認)하는 행위를 말한다. 여기에는 다시 재판 외에서 상대방 또는 제3자에 대하여 하는 재판 외의 자백과 재판상의 자백이 있다. 소송법상 문제가 되는 것은 주로 후자이다. 전자에 관하여는 소송에서 상대방이 이를 원용하여도 1개의 증빙으로서의 의미를 가짐에 그친다.

재판상의 자백은 그 소송의 변론 또는 수명법관·수탁판사의 심문절차에서 상대방이 주장하는 자기에게 불리한 사실을 인정하는 진술을 말한다. 이때에 쌍방의 진술의 선후 여하는 문제가 되지 않는다. 일방이 선행적 자백을 하고 그 철회 전에 상대방이 원용하여도 좋다.

상대방의 진술이 전체의 취지로서 틀리는 점이 있다 하더라도 일치되는 부분에 대하여는 자백이 성립된다[이유부 부인(理由符 否認)·제한부 부인(制限附 否認)].

법원에서 당사자가 자백한 사실과 현저한 사실은 증명을 필요로 하지 아니한다(민사소송법 288 본문). 자백이 있을 때에는 변론주의가 행하여지는 범위 내에서는 법원은 그 진술의 진부를 판단할 필요가 없고 또 이에 반하는 인정을 할 수 없다. 그러나 법규나 경험법칙에 관하여는 쌍방의 진술이 일치하여도 법원은 구속받지 않는다. 왜냐하면 자백은 사실에 관해서만 인정되기 때문이다. 문제는 자백이 현저한 사실에 반하는 때 구속력을 가지는가 하는 것이다. 여기에는 학설이 갈려 있지만 이러한 사실을 재판의 기초로 한다는 것은 변론주의의 과장이라고 할 수 밖에 없기 때문에 그 구속력을 인정하지 않음이 타당하다.

자백한 당사자는 임의로 이를 철회할 수 없으나 상대방이 동의한 때에는 철회할 수 있다. 그러나 진실에 어긋나는 자백은 그것이 착오로 인한 것임을 증명한 때에는 취소할 수 있다(민사소송법 288 단서). 이와 같이 사실에 반한다는 입증을 하면 착오의 증명도 있었던 것으로 간주하여 이 요건을 경감한다.

자백이 증거에 의하여 진실에 부합되지 않는 사실이 증명되고 변론의 전 취지에 의하여 그 자백이 착오에 기인한 것으로 인정되는 경우에는 법원은 그 자백의 취소를 허용하여야 하고, 재판상 자백의 취소는 반드시 명시적으로 하여야만 하는 것은 아니고 종전의 자백과 배치되는 사실을 주장함으로써 묵시적으로도 할 수 있다.[92)]

또 재판상 자백의 일종인 소위 선행자백은 당사자 일방이 자기에게 불리한 사실상의 진술을 자진하여 한 후 그 상대방이 이를 원용함으로써 그 사실에 관하여 당사자 쌍방의 주장이 일치함을 요하므로 그 일치가 있기 전에는 전자의 진술을 선행자백이라 할 수 없고, 그러므로 일단 자기에게 불리한 사실을 진술한 당사자도 그 후 그 상대방의 원용이 있기 전에는 그 자인한 진술을 철회하고 이와 모순되는 진술을 자유로이 할 수 있으며 이 경우 앞의 자인진술은 소송자료로부터 제거된다.[93)]

---

92) 대법원 1996. 2. 23. 선고 94다31976 판결.

93) 대법원 1986. 7. 22. 선고 85다카944 판결.

ii. 부 인

피고가 원고의 주장사실을 인정하지 아니하고 또 그렇지 아니하다고 다투고 부정하는 진술이다. 이와 같이 부인(否認)한 사실에 대하여는 원고가 입증책임을 지게 된다. 실무에서는 "그러한 사실은 다툰다"라고 하거나 "그러한 사실은 사실과 다르다"라고 쓴다.

부인이란 상대방의 주장사실이 진실이 아니거나 존재하지 않는다는 사실상의 진술로 다음과 같은 두 가지가 있다.

(i) 상대방이 주장하는 사실이 진실이 아니라고 하는 데 그치는 경우인데 여기에는 직접 부인·소극 부인·단순 부인이 있다.

(ii) 상대방이 주장하는 사실과 양립할 수 없는 별개의 사실을 주장함으로써 간접적으로 상대방의 주장을 부인하는 경우인데 여기에는 간접 부인·적극 부인·이유부 부인이 있다.

위 ii의 경우 부가된 반대사실이 증거에 의하여 인정되면 자연히 상대방이 주장한 사실은 부존재 내지 허위로 판명된다.

iii. 부 지

피고가 원고의 주장사실이 진실인지 아닌지 알 수 없다고 하는 진술이다. 부지(不知)의 진술은 부인으로 추정된다. 즉 상대방이 주장한 사실에 대하여 알지 못한다고 진술한 때에는 그 사실을 다툰 것으로 추정한다(민사소송법 150②).

자기가 관여하지 아니한 제3자의 행위에 대하여는 부지라는 진술이 가능하나, 자기의 행위나 자기명의의 문서 등에 대하여는 이를 인정하거나 부인하는 것만 가능하고 부지라는 진술은 할 수 없다.

iv. 침 묵

당사자가 변론에서 상대방이 주장하는 사실을 명백히 다투지 아니한 경우 또는 아무런 진술을 하지 아니한 경우를 말한다.

이 경우에는 상대방이 주장한 사실을 자백한 것으로 간주한다(민사소송법 150① 본문). 즉 당사자의 다른 일체의 진술 그 밖의 변론의 전 취지로 보아 그 사실을 부인하는 의사가 인정되지 않는 한 다투지 아니한 것으로 보아 자백한 것으로 간주한다. 이것을 의제자백(擬制自白)이라고 한다.

침묵에는 위와 같은 아무런 진술이나 상대방의 주장사실을 명백히 다투지 않는 경우뿐만 아니라 피고가 변론기일에 출석하지 아니하고 답변서나 준비서면도 제출하지 않은 경우에도 의제자백으로 처리한다.

자백한 후 이를 부인하는 것은 자백의 취소가 되어 그것이 진실에 반하여 착오에 기인한 것임을 증명하여야 하는 부담이 생긴다(민사소송법 288). 그러나 부인하였다가 후에 자백하는 것은 어렵지 않다. 그렇지만 법관의 심증형성에 좋지 않은 영향을 미칠 수 있으므로 자백과 부인을 처음부터 명백히 하는 것이 좋다.

③ 인부기재의 방법

원고가 청구원인으로 주장한 순서에 따라 "제1항은 인정한다. 제2항은 부인한다"고 하거나 "제1항 중 …의 사실은 인정하고 그 나머지 사실은 모두 부인한다"고 하거나 이와는 반대로 "제1중 …의 사실은 부인하고 그 나머지 사실은 인정한다"고 하거나 또는 청구원인사실 중 "인정하는 부분만을 발췌하여 적시하고 그 밖의 사실은 부인한다"고 하거나 이와는 반대로 "부인하는 부분을 발췌하여 적시하고 그 밖의 사실은 인정한다"는 방식으로 정리, 기재하기도 한다.

그러나 위와 같은 기재방식이 인부기재의 일반적인 전형이라고는 하지만 그것은 원고가 기재한 청구원인의 기재내용에 따라서 달리 기재할 수 있고 사실의 내용과도 무관하지 않으므로 일률적으로 반드시 그렇게 기재하여야 한다고는 할 수 없다. 따라서 다양한 방식으로 기재할 수 있는 소지가 있는 것이 바로 인부기재방식이라고 할 수 있다. 따라서 인부의 기재는 법관이나 상대방이 쟁점을 쉽게 파악, 이해하여 정리할 수 있도록 기재하는 것으로 충분하다.

④ 인부에 관한 유의점

i. 원고의 주장이 소장에 분명하지 않은 점이 있으면 그 부분에 대하여는 우선 석명(釋明)을 구하고 해명이 있은 후에 답변한다. 왜냐하면 청구원인이 불명료함에도 이를 추측하여 답변을 할 경우 후일 원고가 석명한 결과와 피고의 답변이 다르게 될 경우 피고의 답변을 전혀 다른 것에 대한 답변으로 만들어버릴 수 있기 때문이다. 따라서 청구원인이 불분명한 경우에는 청구취지에 대한 답변만 하고 청구원인에 대한 답변은 원고의 석명이 있은 뒤에 하는 것이 좋다.

ii. 실무상 답변서를 작성, 제출하지 아니하고 변론기일에 구술로 답변하는 경우가 있으나 그러한 경우에도 그 답변은 변론조서에 기재되는 데 녹취(錄取)가 잘못될 경우 엉뚱한 답변의 결과가 될 수 있으므로 가급적 구술답변을 피하고 서면으로 작성한 답변서를 제출하는 것이 좋다. 그러나 불가피하게 구술로 답변을 하는 경우에는 반드시 변론조서에 정확히 녹취가 되었는지를 확인해 보는 것이 중요하다.

iii. 원고의 주장사실에 대하여 일단 자백을 하면 그 취소는 상대방의 동의가 있거나 또는 자백이 진실에 어긋나고 착오에 기인한 것임을 증명한 경우에 한하여 할 수 있다. 그리고 당사자가 적시제출주의, 즉 공격 또는 방어의 방법은 소송의 정도에 따라 적절한 시기에 제출하여야 하는 것을 어기고 고의 또는 중대한 과실로 공격 또는 방어방법을 뒤늦게 제출함으로써 소송의 완결을 지연시키게 하는 것으로 인정할 때에는 법원은 직권 또는 상대방의 신청에 따라 결정으로 이를 각하할 수 있다(민사소송법 149①). 따라서 자백취소의 시기를 놓치면 실기한 공격·방어방법이라 하여 각하될 수 있으므로 사실의 인부는 신중하게 하는 것이 좋다.

⑤ 항 변

ⅰ. 의 의

방어방법의 일종으로서 상대방의 신청 또는 주장의 단순한 부인이 아니고 상대방의 신청 또는 주장의 배척을 구하기 위하여 별개의 사항을 주장하는 것, 즉 원고의 주장사실에 대하여 피고가 그것을 부인하지 아니하고 그 사실을 인정하면서 그 사실로부터 생기는 법률효과를 배척하기 위하여 별개의 사실을 주장하는 것을 항변이라고 한다. 항변은 상계의 항변을 제외하고는 판결이유 중에서 판단되는데 그치므로 기판력은 발생하지 않는다. 항변을 배척하기 위하여 다시 원고 측으로부터 재항변이 제출된다. 항변이 부인과 효과상 다른 점은 항변사실에 대한 입증책임이 항변제출자에게 있다는 점이다.

ⅱ. 항변의 유형

실체법상의 효과에 관계없는 이른바 소송상의 항변과 실체법상의 효과에 관계있는 항변이 있다.

(ⅰ) 소송상의 항변

소송상의 항변에는 다시 소송요건 흠결의 항변(본안전 항변)과 증거항변이 있다. 전자 가운데 소송계속의 항변, 기판력의 항변 등은 직권조사사항이며 반드시 피고의 주장을 필요로 하지 아니하므로 진정한 의미의 항변이라고 할 수 없다. 증거항변이라 함은 상대방의 증거신청에 대하여 그 부적법 또는 증거능력·증거력의 흠결을 주장하여 그 불채용(不採用)을 구하는 진술을 말한다.

(ⅱ) 실체법상의 효과에 관한 항변

실체법상의 효과에 관계있는 항변은 원고주장의 법률효과의 발생에 장애가 되고(통정허위표시) 또는 일단 발생한 효과를 멸각(滅却)시키는 사실(변제·경정·면제)의 진술이다. 그 효과가 실체법상의 형성권의 행사에 의해 비로소 발생하는 경우에는 그 행사가 있었다는 진술이 항변이 된다.

iii. 항변의 내용

(i) 실무상 활용되는 항변의 내용은 다음과 같다.

i) 권리의 발생을 장애하는 항변. 예를 들면 의사표시의 요소의 착오·통정(通情)허위표시의 항변 등이 있다.

ii) 발생한 법률효과를 소멸시키는 항변. 예를 들면 변제·소멸시효 원용의 항변·상계(相計)의 항변 등이 있다.

iii) 발생한 법률효과를 배제하는 항변. 예를 들면 법률행위의 취소·계약의 해제 등이 있다.

(ii) 변제·면제 등의 항변은 이것을 구성하는 사실관계의 진술이 있으면 훌륭한 항변이 된다. 이것을 사실항변이라고 한다. 그렇지만 원고가 주장하는 법률관계나 권리관계의 소멸 또는 변경이 취소권 등의 행사에 의하여 생기는 경우에는 그 형성권의 발생원인이 되는 사실관계의 진술만으로는 부족하고 권리행사의 의사표시가 있었다는 사실까지도 진술하여야 한다. 이것을 권리항변이라고 한다.

(iii) 가정적 항변

원고의 주장사실에 대한 피고의 주위적 주장(主位的 主張, 원고주장의 부인)이 법원에 의하여 받아들여지지 아니할 경우에 대비하여 그 원고의 주장사실이 진실인 것으로 가정하고 그에 대비한 항변을 미리 제출하는 것을 말한다. 예를 들면 원고가 주장하는 확정심결의 재심사유의 존재를 부인하면서 가령 재심사유가 있다 하더라도 심결확정 후 3년을 경과하여 재심을 청구하였기 때문에 시효소멸하였다고 주장한 것이 그 예이다.

(iv) 항변의 기재방법

원고가 소장에서 청구원인 사실을 정리하는 것과 같은 요령으로 기재한다.

답변서에는 가능한 한 요건사실만을 간명하게 기재하고 그 밖의 사실상의 주장은 준비서면으로 별도 제출하는 것이 이상적이다.

제출하는 항변이 여러 개일 때에는 논리적으로 앞서는 것을 먼저 기재하고 논리적인 선후가 없는 것은 시간적 선후에 따라 정리하면 좋다. 또 소송전부를 해결할 항변과 일부분을 해결할 항변이 있을 때에는 전부를 해결할 항변을 먼저 기재한다.

(3) 답변서의 제출

소장부본과 최초 변론기일통지서가 송달되면 가능한 한 속히 답변서를 작성, 제출하는 것이 원활한 소송진행을 위해서 소망스럽다. 특히 준비명령이 있는 경우에는 그 지정된 기일 내에 답변서를 제출하여야 한다. 그러나 소송수행대리인으로서는 준비명령 지정기일 직전에 사건을 수임하는 경우도 있고 그 밖의 사정으로 피고와 협의를 거쳐야 할 시간적 소요로 인하여 기일직전에 답변서를 제출하거나 답변서 제출 없이 기일에 출석하여 구술로 청구의 취지에 대한 답변만을 하고 청구원인에 대한 답변은 차회기일까지 준비서면으로 제출하겠다고 하고 기일의 속행을 구하는 경우도 있다. 부득이한 경우 최초기일에 대하여는 변경신청을 내는 경우도 있다.

그리고 답변서의 제출에는 답변서 원본에 부본을 첨부하여 제출한다. 상대방인 원고가 여러 사람이라 하더라도 그 대리인이 한 사람이면 부본은 1통으로 충분하다. 그러나 대리인이 개별적으로 있는 경우는 당사자 수만큼 부본을 첨부한다. 답변서는 물론 증거신청서 및 법원의 직권발동을 촉구하는 의미의 신청서에는 인지를 붙이지 아니한다(민사소송법 등 인지법 10 단서).

(4) 답변서 제출의 효과

1) 피고가 변론기일에 출석하지 아니하거나 출석하고서도 본안에 관하여 변론을 하지 아니한 때에는 그가 제출한 답변서에 적혀 있는 사항을 진술한 것으로 본다. 즉 답변서를 미리 제출하여 두면 출석한 원고에게 변론을 명할 때에는 그 답변서는 피고의 진술로 간주한다(민사소송법 148①).

2) 피고가 답변서 그 밖의 준비서면을 제출하지 아니하고 변론기일에 출석하지 아니하거나 본안에 관하여 변론하지 아니한 때에는 의제자백으로 간주처리 되어 피고 패소판결을 받을 수 있음은 앞에서 설명한 바 있다.

3) 답변서나 준비서면에 적지 아니한 사실은 상대방이 출석하지 아니한 때에는 변론에서 주장하지 못한다는 제약을 받는다(민사소송법 276 본문).

4) 답변서나 준비서면을 제출한 뒤에는 상대방인 피고의 동의를 받지 아니하면 원고는 소 취하를 할 수 없다(민사소송법 226②).

(5) 그 밖의 답변서와 관련된 사항

1) 서증의 인부

서증의 사본을 소장부본이나 준비서면에 첨부하여 상대방 피고에게 송달하였다 하더라도 이는 서증의 제출로 볼 수 없고, 서증의 원본을 법관에게 제출하는 것이 서증의 제출로 되는 것이다(민사소송법 355①). 그러므로 아직 그 단계에서는 서증이 제출되었다고 할 수 없다. 그리고 서증의 인부를 실수 없이 하려면 서증의 원본을 보고 필체·인형·지질 그 밖의 정황을 충분히 검토하고 사본이 정확한가의 여부까지 확인한 후에 하는 것이 바람직하다.

그러나 실무에서는 원고가 소장부본이나 준비서면에 첨부하여 제출한 서증의 사본을 송부하고 있고 그에 대하여 피고가 그 서증의 인부를 답변서에 기재하는 예가 허다히 있어 주의가 요망된다.

2) 증거방법

을 제○호증으로서의 번호를 붙이고(예 : 을 제10호증) 답변서 기재내용에 원용한다. 예를 들면 원고가 주장하는 디자인권에 대한 전용실시권 설정계약은 ○년 ○월 ○일 쌍방간 합의로 해제되었다(을 제10호증 합의서 참조)라고 원용한다. 그리고 답변서 말미에 을 제○호증 목록을 기재하고 사본을 첨부한다.

그런데 더러 답변서에는 서증목록 이외에 신청한 증인·검증·감정 등을 일괄 기재하는 예가 있다. 그러나 그러한 증거신청들은 각각 소정의 방식에 의해 신청서를 별도로 작성하여 제출하여야 하므로 답변서에 기재는 의미가 없다.

3) 위임장

위임장을 답변서 제출 전 별도로 제출하지 아니한 경우에는 답변서 제출시 답변서에 첨부하여 제출한다. 피고대리인 소송위임장에 다음과 같은 사항을 기재하여야 한다.

① 사건명 : 변론기일통지서나 준비명령서에 기재되어 있는 사건번호, 사건명을 기재한다.
② 당사자의 표시
③ 위임사항(내용) : 예를 들면 "위 사건에 관하여 서울 서초구 반포동 747-13의 변리사 ○○○을 소송대리인으로 선임하고 다음 사항을 위임함"이라고 기재한다.
④ 수권사항의 표시 : 일반 수권사항 예를 들면 일체의 소송행위, 특별수권사항 예를 들면 복대리인의 선임권·소취하·청구의 포기·목적물의 수령·공탁물의 납부·공탁물 및 이자의 반환청구와 수령·담보권 행사·최고신청·담보취소신청·동 신청에 대한 동의·담보취소결정·정본의 수령·동 취소결정에 대한 항고권 포기·반소 및 응소·상소 또는 취하 등에 관한 수권도 함께 받아두는 것이 경우에 따라서는 편리하다.
⑤ 위임 년월일
⑥ 위임자의 주소·성명·날인

3. 변론과 그 준비 등

변론은 집중되어야 하며, 당사자는 변론을 서면으로 준비하여야 한다(민사소송법 272①).

(1) 변 론

1) 의의 및 필요성

변론이란 협의로는 수소법원(受訴法院)의 변론기일에 있어서 당사자간 구술로써 신청 및 공격방어방법에 관하여 진술하는 것을 말하고, 광의로는 이와 결합된 법원의 소송지휘·증거조사 및 재판의 선고도 포함하는 절차를 의미한다. 상고심 판결절차를 제외한 판결절차는 원칙적으로 변론을 거쳐야 한다(필요적 변론)(민사소송법 134① 본문). 그렇지만 결정으로 완결할 사건에 대하여는 법원이 변론을 열 것인지 아닌지를 임의로 정하여야 한다(임의적 변론)(민사소송법 134① 단서). 변론을 열지 아니할 경우에, 법원은 당사자와 이해관계인 그 밖의 참고인을 심문할 수 있다(민사소송법 134②).

항고심 심판에 있어 변론여부와 이해관계인의 심문여부는 항고법원의 자유재량에 속하므로 변론 내지 심문을 하여 항고인에게 증거제출의 기회를 주지 아니하였다 하더라도 위법이라고는 할 수 없다.[94)]

변론은 미리 지정된 변론기일에 당사자 쌍방 또는 일방이 출석하여 재판장의 지휘에 의하여 공개된 법정에서 하는 것을 원칙으로 한다. 이를 변론공개주의라고 한다.

우리나라 소송법은 소송의 해결 또는 심리자료의 수집을 당사자의 권능과 책임으로 하는 변론주의를 채택하고 있으므로 당사자는 소송에 대하여 법원에서 변론을 하여야 한다. 다만 결정으로 완결한 사건에 대하여는 법원이 변론을 열 것인지 아닌지를 정하는데, 만약 법원이 변론을 열지 아니할 경우엔 법원은 당사자와 이해관계인 그 밖의 참고인을 심문할 수 있다(민사소송법 134①).

2) 변론주의

① 의 의

소송의 해결 또는 심리자료의 수집을 당사자의 권능과 책임으로 하는 주의를 변론주의라 한다. 그밖에도 변론주의는 넓은 의미로는 "당사자 대등의 원칙"이나 "처분권주의"도 포함한다. 좁은 의미 또한 본래의 변론주의의 내용을 이루는 것은 i) 주요사실의 존부는 당사자의 어느 누구이든 간에 진술이 없는 한 법원으로서는 이를 판결의 기초로 삼을 수 없는 것, ii) 변론에 있어서 당사자 사이에 다툼이 없는 것은 그대로 채용되어야 할 구속을 받는 것, iii) 계쟁사실을 인정할 증거자료도 당사자의 신청에 의한 증거방법으로부터 얻지 않으면 안되는 것 등이다. 그러나 이것은 사실자료에 한하여 법규 또는 경험법칙의 인식 및 적용은 법관의 직책이므로 이 점에 관하여 법관을 구속하는 것은 아니다.

---

94) 대법원 1961. 7. 27. 선고 4291 민재항 372 판결.

② 변론주의 인정의 이유

대체로 변론주의가 인정되는 이유는 심결 등에 대한 소의 대상이 디자인에 관한 사적 분쟁이므로 반드시 객관적 사실의 확정을 목적으로 하는 것이 아니기 때문이다. 그러나 실체적 진실주의와 배치되는 것은 아니며 도리어 당사자의 이익추행(利益追行)에 맡기는 편이 일반적으로 진실을 얻기 쉬우며, 또 법원의 부담도 경감되고 공평에 적합하다는 점 등이 변론주의를 인정하게 된 요인이다. 따라서 당사자 또는 대리인이 고의나 중대한 과실로 진실에 어긋나게 문서의 진정을 다투거나 선서한 당사자의 거짓진술에 대하여는 인정되지 아니하며, 법원은 이에 대하여 결정으로 소정의 과태료에 처한다(민사소송법 363, 370).

여기에서 선서한 당사자가 허위의 진술을 하였음을 이유로 상대방 당사자가 법원에 대하여 과태료 제재의 신청을 한 경우, 과태료의 제재에 처할 것인가는 법원의 재량에 맡겨져 있는 것으로서 상대방 당사자에게는 법원의 직권발동을 촉구하는 의미 외에 과태료 재판을 할 것을 신청할 권리는 없다.[95]

또한 변론주의는 공익에 관한 소송(예 : 행정소송법 9) 또는 직권조사사항에 관하여는 당사자의 이익추행에만 방임할 수 없으므로 현저히 배제된다. 또 변론주의를 채용하는 경우에도 당사자의 능력·경험 등은 대등하지 아니하므로 이를 보충하기 위하여 법원의 후견적 기능이 요청된다. 석권명·구문권(민사소송법 136), 변리사[96]·변호사 선임의 명령(민사소송법 144②), 보충적인 직권에 의한 증거조사(민사소송법 292) 등은 그 예이다.

③ 심결 등 취소소송에서의 변론주의

ⅰ. 변론주의의 원칙적 적용

심결취소에 대한 소와 보정각하결정(심판의 심결 등에 대한 재심의 심결 등을 포함한다)에 대한 소 및 심판청구서나 재심청구서에 대한 각하결정에 대한 소(이하 "심결 등 취소소송"이라 한다)에 있어서도 원칙적으로 변론주의가 적용된다. 따라서 법률효과의 판단에 직접 필요한 주요(요건) 사실은 당사자가 변론에 의하여 재판상 주장하여 현출시키지 아니하는 한 소송자료로 삼을 수 없고(이 경우에도 주장 공통의 원칙은 물론 인정된다), 증거상 명백한 사실이라 하더라도 당사자가 변론에 현출시키지 아니한 것은 법원이 이를 채택하여 판결의 기초로 할 수 없다.

따라서 심결 등 취소소송의 심리과정에서 원고가 주장하는 심결 등 취소사유(소송자료) 이외에 심결 등이 취소되어야 할 흠결이 새롭게 발견된 경우에도 원고가 그 흠결을 변론을 통해 주장하지 아니하는 한 법원은 위 흠결을 이유로 하여 심결 등을

95) 대법원 1998. 4. 13. 선고 98마413 판결.

96) 특허법원의 존속관할인. 디자인소송 즉 심결에 대한 소와 보정각하결정에 대한 소 및 심판청구서나 재심청구서의 각하결정에 대한 소 등의 경우에 한한다.

취소할 수 없다.

또한 심결 등 취소소송 자료의 존재를 입증하기 위한 증거자료는 당사자가 신청한 자료에서 채택한다.

결국 심결 등 취소소송은 특허심판원의 심판 등의 절차와는 아무런 관계가 없는 절차이므로 당사자가 심판 등에서 한 주장·입증이더라도 다시 소송에서 주장·입증하지 아니하면 이들 판결의 자료가 되지 못한다.97)

ii. 변론주의의 보충 등

디자인보호법이 가지는 사법에 대한 특색으로 인하여 민사소송의 원리가 그대로 심결 등 취소소송에 타당하다고는 할 수 없다. 그러므로 민사소송의 원리 내지 규정의 적용 혹은 준용은 제한 또는 변용되어 구체적 진실의 발견에 보다 중점이 두어져야 한다.98)

따라서 심결 등 취소소송이 지니고 있는 특색으로 인하여 일반 민사소송과는 달리 직권증거조사, 재판상 자백의 구속력 등이 인정된다. 그러나 소송상 화해, 청구의 인낙은 심결 등 취소소송에서는 인정되지 아니한다.

(ⅰ) 직권증거조사 인정

i) 의 의

심결 등 취소소송은 디자인보호법에 규정이 있는 경우 디자인보호법에 따르고, 디자인보호법에 특별히 규정하고 있지 아니한 사안에 대하여는 행정소송법에 따르며, 행정소송법에도 규정이 없는 경우에는 법원조직법 및 민사소송법을 준용한다함은 이미 앞에서 설명한 바와 같다.

그런데 행정소송법 제26조(직권심리)는 법원이 필요하다고 인정할 때에는 직권으로 증거조사를 할 수 있다는 취지의 규정인 바, 이 규정에 대하여는 행정소송법이 증거조사 및 심리에 있어서 직권탐지주의를 채택한 것으로 보는 설과, 이를 당사자의 입증활동이 불충분하여 심증형성이 어려울 경우 당사자의 증거신청이 없이도 직권으로 증거조사를 할 수 있도록 한 것으로 보아 변론주의를 보충하기 위하여 직권증거조사를 허용한 것으로 보는 설이 대립하고 있다.99)

---

97) 법원행정처, 특허소송실무, 삼화인쇄주식회사(1998. 2), 271면 참조.

98) 일반 민사소송은 사인 상호간의 내부적인 관계에 관한 것임에 반하여, 행정소송은 직접적으로 공공복리와 밀접한 관련이 있고 그 결과가 직접적으로 국가나 공공단체 일반의 공익에 관한 것이므로 법원이 어느 정도 적극적으로 소송에 개입하여 재판의 적정을 확보할 필요가 있다. 특히 디자인보호법 제1조는 「이 법은 디자인의 보호 및 이용을 도모함으로써」라고 하여 먼저 국민의 권리보호를 내세우고, 다음에 디자인의 창작을 장려한 후 그리고 「산업발달에 이바지함을 목적으로 한다」고 규정하여 공익목적 실현에 이바지하여야 함을 표방하고 있다. 이와 같이 디자인보호법이 가지는 사법에 대한 특색이 명백한 이상, 민사소송의 원리가 그대로 심결 등 취소소송에 타당하다고 할 수는 없고, 그 원리 내지 규정의 적용 혹은 준용은 제한 또는 변용되어 구체적 진실의 탐구에 보다 중점이 놓여져야 할 것이다(本間 崇, 特許訴訟讀本(增補新版), 信山社(1993), 81면 이하 참조).

그러나 위 규정은 당사자가 주장한 사실에 대한 당사자의 입증이 충분하지 못하여 심증을 얻기가 어려운 경우에 당사자의 증거신청에 의하지 아니하고 직권으로 증거조사를 할 수 있는 규정으로 해석되고 직권탐지주의를 규정한 것으로는 해석되지 아니한다.

따라서 위 규정은 변론주의에 대한 보충으로 직권증거조사주의를 가미한 조문이라 할 수 있다.

ii) 직권증거조사 등 범위

당사자 주장의 불명료, 원고의 청구내용의 불분명, 원고표시의 오류, 피고지정의 잘못 등이 있을 때에는 법원에 석명의무가 있으나 여기에는 한계가 있다. 판례는 "행정소송법 제26조는 법원이 필요하다고 인정할 때에는 직권으로 증거조사를 할 수 있고 당사자가 주장하지 아니한 사실에 대하여 판단할 수 있다고 규정하고 있으나, 이는 행정소송법에 있어서 원고의 청구범위를 초월하여 그 이상의 청구를 인용할 수 있다는 뜻이 아니라 원고의 청구범위를 유지하면서 그 범위 내에서 필요에 따라 주장 외의 사실에 관하여 판단할 수 있다는 뜻이고 또 법원의 석명권은 당사자의 진술에 모순 흠결이 있거나 애매하여 그 진술의 취지를 알 수 없을 때 이를 보완하여 명료하게 하거나 입증책임이 있는 당사자에게 입증을 촉구하기 위하여 행사하는 것이지 그 정도를 넘어 당사자에게 새로운 청구를 할 것을 권유하는 것은 석명권의 한계를 넘어서는 것이다.[100]

(ii) 재판상 자백의 구속력 인정

현저한 사실이 증명을 요하지 않는다는 점은 심결 등 취소소송에 있어서도 일반 민사소송과 마찬가지로 타당하다 할 것이다. 그러나 재판상 자백의 구속력을 인정할 것인가의 여부는 행정소송법 제26조의 직권증거조사주의와의 관계에서 특히 문제가 되는 바, 위 규정이 변론주의에 대한 보충으로 직권증거조사주의를 인정하고 있다는 점에서 심결 등 취소소송에서도 원칙적으로 자백의 구속력은 인정된다 할 것이다. 이에 대한 상세한 설명은 후술하는 Ⅳ. 2. (4) 5) 자백·자백간주에 의한 심결 등 취소판결의 기속력을 참고하기 바란다.

(iii) 소송상 화해 · 청구의 인낙의 불인정

소송상 화해·청구의 인낙은 "법원은 당사자가 신청하지 아니한 사항에 대하여는 판결하지 못한다"는 민사소송법 제203조의 처분권주의에서 유래된다. 그러므로 소송

---

99) 대법원은 "행정소송법 제26조는 법원은 필요하다고 인정할 때에는 직권으로 증거조사를 할 수 있고 당사자가 주장하지 아니한 사실에 대하여도 판단할 수 있다고 규정하고 있기는 하나, 이는 행정소송의 특수성에서 연유하는 당사자주의, 변론주의의 일부 예외규정일 뿐 법원이 아무런 제한 없이 당사자가 주장하지 아니한 사실을 판단할 수 있다는 것은 아니고, 일건 기록상 현출되어 있는 사항에 관하여만 직권으로 증거조사를 하고 이를 기초로 하여 판단할 수 있을 따름이다"라고 일관되게 판시하여 직권증거조사에도 한계가 있음을 인정하고 있다(대법원 1994. 4. 26. 선고 92누17402 판결 외 다수).

100) 대법원 1992. 3. 10. 선고 91누6030 판결.

상 화해·청구의 인낙은 당사자인 특허청장이나 당사자계 소송의 피고가 실체법상의 소송물에 대한 처분권한, 즉 청구의 대상인 원판결의 취소에 관한 권한을 가지고 있지 아니하므로 심결 등 취소소송에서도 이를 인정될 수 없음이 당연하다. 또 심결 등 취소소송에서의 화해·청구의 인낙은 일반 민사소송과는 달리 심결 등 취소소송이 지니고 있는 특성(디자인보호법 제1조 전단의 디자인의 보호 및 이용이라는 사익성 뿐만 아니라 후단에 의한 "디자인의 창작을 장려하여 산업발전에 이바지함을 목적으로 한" 공익성)상 인정되지 아니한다함은 앞에서 설명한 바와 같다.

이처럼 화해, 청구의 인낙은 심결 등 취소소송의 특성상 인정되지 아니하나 참고로 살펴보면 "화해"라 함은 소송의 당사자가 서로 양보하여 당사자 사이의 분쟁을 종지(終止)할 것을 약정함으로써 성립하는 계약을 말한다. 따라서 화해는 당사자 쌍방의 양보를 요하며 일방은 조금도 양보하지 않는 권리의 확인 또는 포기와 다르고, 당사자가 서로 분쟁해결에 나서지 않고 제3자에게 맡기는 중재와 구별된다. 화해계약은 분쟁의 종지를 위하여 당사자 쌍방이 자기의 주장을 부분적으로 변경 또는 포기할 채무를 부담하고 양보로써 서로가 손해를 보게 되므로 쌍무 유상계약이라고 할 수 있다.

또 "청구의 인낙"이라 함은 민사소송법상 피고가 소송상 원고의 청구로서의 권리주장을 전면적으로 긍정하는 진술을 말한다. 원고의 청구의 포기에 대립되는 말이다. 인낙은 원고의 청구 그 자체를 긍정하는 진술이라는 점에서 자기의 불이익한 사정을 긍정하는 진술인 자백과 구별된다.

인낙은 그 소송의 변론 또는 준비절차에서의 진술이어야 하며, 재판 외에서 진술하는 것은 직접 소송법상의 효력이 없다. 청구를 직접 무조건으로 인정하는 진술이면 충분하고, 이 진술을 하는 피고의 의사 여하는 아무 상관이 없다.

명백히 이유 없는 청구라도 인낙이 가능하다. 왜냐하면 피고가 인낙한 이상 원고는 그 청구에 이유를 붙일 필요가 없기 때문이다. 그러나 원고의 청구 그 자체가 법률상 존재할 수 없는 것일 때에는 즉 법이 인정하지 않는 권리의 주장은 별문제이다.

(iv) 공격·방어방법의 제한

심결 등 취소소송에서 당사자가 제출할 수 있는 공격·방어방법은 무제한이 아니고 일정한 경우 제한될 수 있다. 즉 공격·방어방법은 심결 등 취소소송의 "청구취지"의 범위 내에서 이루어져야 하는 유한성의 제약 때문이다. 이처럼 청구취지는 소송상의 청구로서 원고가 주장하는 권리 또는 소송물(법률관계)의 성립원인인 사실, 즉 원고가 소장에서 소송의 목적인 권리 또는 법률관계에 관하여 어떠한 재판을 구하는 것인가를 표명한 것이므로 소의 핵심을 이루고 그 결과를 나타내는 필요적 사항인 것이다. 따라서 당사자는 청구취지의 성립, 불성립을 주장하는 내용의 공격·방어방법은 소송절차의 정확, 신속을 위해서도 무제한일 수 없고 일정한 경우 제한될 수 있다.

④ 주장책임의 분배

주장 책임의 분배에 관하여는 다음에서 설명하는 "Ⅳ. 입증책임"편에서 살펴보기로 하니 이를 참고하기 바란다.

⑤ 당사자의 변론 – 준비절차를 밟을 경우 –

특허나 실용신안 관계사건은 그 쟁점이 주로 전문성을 요하는 기술적 사안과 밀접한 관계가 있으므로 원활한 재판진행을 위해서 원칙적으로 변론을 거치지 아니하고 바로 준비절차에 넘겨 당사자의 주장, 증거를 정리해 두는 것이 재판절차 진행상 타당하지만 디자인이나 상표의 경우는 이와는 달리 그 쟁점이 물품의 형상이나 문자·기호·도형으로 외관적 관찰·판단이 기술적 사상인 발명·고안과는 비교적 전문성을 크게 요하지 아니하기 때문에 변론 전 준비절차를 거치지 아니하고(생략) 바로 변론에 들어가는 경우가 대부분이다.

특별히 디자인의 심결 등 취소소송에서 위와 같은 준비절차를 거친 경우 그 준비절차에서 증인신문이나 감정의 신청이 채택될 경우 별도로 그 증거조사 기일이 지정되어 기일이 속행되는 경우 외에는 비교적 1, 2회로써 변론이 종결되고 판결선고일이 지정되게 될 것이나 준비절차를 거치지 아니한 사건은 1, 2회의 변론으로는 끝나지 아니하고 변론기일이 속행될 것이다.

따라서 준비절차는 그 쟁점이 복잡한 디자인인 경우 변론 전에 당사자의 주장, 증거를 정리함으로써 변론의 회수를 줄이는 등 재판의 경제적 효과가 기대되는 절차이다.

3) 변론의 내용

① 심결 등 취소소송에서의 변론방식[101)]

심결 등 취소소송에서의 당사자의 변론진행은 원고의 경우 소장을 진술하고 심결 등 취소사유를 주장한 다음 증거를 제출한다. 이에 반하여 피고는 소각하 판결이나 또는 청구기각판결을 구하고 원고주장의 심결 등 취소사유에 대한 반론을 하며 증거를 제출하는 방식으로 이루어진다.

이는 준비절차에 회부된 사건의 경우 그 준비절차에서 하는 소송행위의 내용과 동일하다. 이를 구체적으로 살펴본다.

ⅰ. 1단계 변론방식

(ⅰ) 원고의 변론방식

원고는 ⅰ) 소장에 의한 청구취지를 진술한다. ⅱ) 그리고 재판장의 심결 등 취소사

---

101) – 艺崎博, 山村悟, "特許審決等取消訴訟の手續", 社團法人 發明協會(1991), 119면 이하 참조.
– 법원행정처, "특허소송실무", 삼화인쇄주식회사(1998), 220~222면 참조.

유를 제외한 청구원인으로서 a) 특허심판원에서의 절차경위, b) 본원디자인의 요지 및 c) 심결 등 이유의 요지에 대한 진술의 요구가 있고, d) 또 a) b) c)에 불명료한 점이 있어 석명요구가 있는 경우 그 석명, iii) 심결 등 이유에 대한 인부를 한다. 원고의 심결 등 이유에 대한 인부는 심결 등의 어느 점을 인정하고 어느 점을 부정하여 다툴 것인가를 명확히 하기 위한 것이다.

예를 들면 이건 등록디자인과 인용례의 일치점의 인정을 다투는 것인가 아닌가, 상위점의 인정이나 또는 판단을 다투는 것인가 아닌가를 진술하는 것이다.

또 원고는 그 다투는 점에 대하여 주장하는 것이 무엇인지를 개별적이고도 구체적으로 주장하야여 한다.

(ii) 피고의 변론방식

피고는 i) 원고의 청구취지진술에 대한 답변을 한다(통상 "청구기각판결을 구하고 소송비용은 원고의 부담으로 한다"라고 진술한다), ii) 그리고 재판장의 인부요구가 있는 경우 그 인부, 인부에 보통 제출된 심결 등 등본, 이건 등록디자인에 관한 도면 및 도면기재사항의 성립에 대한 절차적인 인부가 될 것이다. 만약 그 인부절차에서 모두 성립 인정한다는 진술을 할 때에는 1단계 변론에서는 적어도 심결 등 취소 사유를 제외한 청구원인은 당사자간에 다툼이 없는 사실로서 확정된다.

ii. 2단계 변론방식

원고는 i) 재판장의 변론지시에 의해 심결 등 취소에 관한 구체적 주장과 이에 대한 입증으로서 갑 제○호증을 제출하고, ii) 또 심결 등 취소소송의 소송물(심결)의 위법에 연결지워지는 심결 등의 인정판단의 잘못에 한하여 주장한다. 예를 들면 디자인 등록거절결정 불복심판 심결취소소송의 경우 설령 인용례의 기재에 잘못이 있다 하더라도 그것이 이건 등록디자인과의 일치점, 상이점에 연결되지 않는 경우에는 이를 취소사유로 기재한 준비서면을 그대로 진술시키고 이에 대한 피고의 반론을 허용하면 심결 등 취소사유와는 직접 관계없는 중요하지 아니한 문제로 인하여 재판절차를 지연시키는 원인이 된다.

iii. 3단계 변론방식

피고는 i) 재판장에 의해 원고가 주장하는 심결 등 취소사유에 대한 인부, ii) 그리고 반론이 요구되면 준비서면을 진술하는 형식으로 변론하고 그 반론의 입증으로서 을 제○호 증을 제출한다.

iv. 4단계 변론방식

원고가 피고의 반론에 대하여 재반론하고 변론절차를 모두 마친다.

위와 같이 변론의 방식은 원고로 하여금 먼저 심결 등 취소사유를 주장하게 하고 그 주장에 대한 입증서류를 제출하게 하는 방식으로 심리하는 것이 본래의 입증책임의 소재를 불문하고 심리의 편의상 보다 효율적이라고 할 수 있다.

② 집중심리

심결 등 취소청구사건은 대부분의 경우 심결 등 취소사유 구성의 기초가 되는 구체적 사실의 정리, 법원에 대한 정확한 주장에 많은 시간이 소요된다. 따라서 위 4단계 중 2단계, 3단계의 원고의 심결 등 취소사유의 주장과 이에 대한 피고의 반론의 단계에서 변론기일이 거듭하게 되므로 집중심리가 크게 요구된다. 이는 변론 전 준비절차를 거치는 사건의 경우의 그 준비절차에서도 마찬가지이다.

민사소송법은 이러한 요구에 부응할 수 있는 제도 확립을 위하여 "변론의 집중과 준비"에 관한 규정을 두고 있다(민사소송법 272① : 변론은 집중되어야 하며, 당사자는 변론을 서면으로 준비하여야 한다).

4) 변론의 능력

① 의 의

법원의 소송절차에 관여하여 현실적으로 소송행위를 하기 위하여 요구되는 능력, 연술능력(演述能力)이라고도 한다.

이는 소송절차의 원활·신속을 도모하여 사법제도의 건전한 운용을 기하는 견지에서 법원에 대한 소송행위, 특히 변론을 하는 자의 능력을 한정하는 것에 의한 관념이다. 주로 당사자보호의 관점에서 인정되는 소송능력과 구별된다.

심결 등에 대한 소에서의 변리사·변호사 강제주의를 채용하고 있는 법제에 있어서는 변리사·변호사만이 이 능력을 가지며 당사자는 소송능력자라도 변리사·변호사에 의뢰하지 않으면 현실적으로 소송에 관여할 수 없다. 우리 현행법에서는 본인 소송이 허용된다. 따라서 변론능력이 문제되는 경우는 극히 적다.

② 변론능력이 없는 사람에 대한 조치

법원은 심결 등에 대한 소송관계를 분명하게 하기 위하여 필요한 진술을 할 수 없는 당사자 또는 대리인의 진술을 금지하고 변론을 계속할 새 기일을 정할 수 있다. 당사자 또는 대리인의 진술을 금지하는 경우에 필요하다고 인정하면 법원은 변리사·변호사를 선임하도록 명할 수 있다(민사소송법 144①②). 법원은 대리인에게 진술을 금지하거나 변리사·변호사를 선임하도록 명하였을 때에는 본인에게 그 취지를 통지하여야 한다(민사소송법 144③). 소 또는 상소를 제기한 사람이 변리사·변호사 선임명령을 받고도 위 변론을 계속할 새기일까지 선임하지 아니한 때에는 법원은 결정으로

소 또는 상소를 각하할 수 있고(민사소송법 144④) 선임명령을 받은 소제기자는 법원의 소각하결정에 대하여 즉시항고 할 수 있다(민사소송법 144⑤).

5) 변론의 일체성

변론결과 불가분의 원칙에 따라 변론은 일체성을 가져야 한다. 즉 1사건에 변론이 수 회에 걸쳐 행해져도 일체를 이룬 것으로 되는 원칙 이를 변론불가분의 원칙이라고도 한다.

이에 의하여 각 변론기일에서 종전 변론을 경신하거나 그 결과를 진술할 필요가 없게 된다. 다만, 법관이 바뀐 경우에 당사자는 종전의 변론결과를 진술하여야 한다(민사소송법 204②).

또 이 원칙에 의하면 변론에 제출된 소송자료는 어떠한 기일에 제출되어도 변론의 종결시에 있어서 동시에 제출된 것으로 간주되기 때문에 변론의 일체성은 소송자료를 제출하는 당사자 측에서 보면 변론이 종결되기까지는 어느 때나 공격·방어방법을 제출할 수 있다고 하는 수시제출주의를 의미하는 것으로 된다. 이를 수시제출주의라고 한다.

6) 변론의 병합·분리

① 변론의 병합

동일 법원에 계속되는 수 개의 소송을 1개의 절차로 심판하기 위하여 법원은 변론의 병합을 명하거나 그 명령을 취소할 수 있다(민사소송법 141). 병합되는 소송은 동종 또는 동일 심급의 소송절차에 의해 심리될 수 있어야 하고(민사소송법 253) 당사자 또는 청구의 점에서 어떠한 견연성이 있어야 한다(민사소송법 65).

변론의 병합은 법원의 소송지휘권의 행사로서 직권에 의하여 결정으로 행하여지며 이것에 의하여 처음부터 1개의 병합소송으로서 제기된 경우와 같은 관계가 생긴다. 병합된 각 소송에 관하여는 변론·증거조사를 병합하여야 함은 물론 동시에 전부 판결을 하여야 한다. 그러나 다만 변론을 병합한 여러 개의 소송 가운데 한 개의 심리를 마친 경우와 본소나 반소의 심리를 마친 경우, 즉 그 소송 중 그 일부에 대한 심리를 마친 경우에는 그 일부에 대한 종국판결을 할 수 있다(민사소송법 200②). 법원은 변론의 병합명령을 언제든지 취소할 수 있는 것이 원칙이나(민사소송법 141) 법률이 변론의 병합을 요구하고 있는 경우(상법 188, 240 등)에는 예외이다.

② 변론의 분리

1개의 절차에 병합된 수 개의 청구를 별개의 절차로 심판하기 위하여 법원은 변론의 분리를 명하거나 그 명령을 취소할 수 있다(민사소송법 141). 이와 같이 병합된 수

개의 청구에 관한 변론은 원칙적으로 분리할 수 있으나 필요적 공동소송이나 독립당사자 참가소송과 같은 것은 성질상 분리할 수 없다. 변론의 분리는 법원의 소송지휘권의 행사로서 직권에 의하여 결정으로 행하여지며, 이 결정에 각 청구는 각 별개의 절차로 심판하게 되고 판결은 별개로 한다. 변론분리의 명령은 언제든지 심판하게 되고 판결은 별개로 한다. 변론분리의 명령은 언제든지 취소할 수 있으며(민사소송법 141) 이것에 의해 분리전의 상태로 복귀된다.

7) 변론의 재개

법원은 종결된 변론을 다시 열도록 명할 수 있다(민사소송법 142). 이와 같이 법원이 일단 변론을 종결한 뒤(종심) 다시 심리를 개시하고 변론의 재개를 명하는 것은 일단 종심한 뒤라도 심리가 불완전하여 석명(釋明)할 필요가 있거나 기본된 변론에 참여한 법관이 합의 전에 사망하였거나 또는 전직·퇴직·전임 등으로 인하여 재판을 할 수 없는 경우가 발생하였기 때문이다.

변론의 재개는 법원이 필요하다면 소송지휘권에 의하여 결정으로서 명한다. 따라서 당사자의 변론의 재개신청은 법원의 직권발동을 촉구하는 의미 밖에 없으므로 변론의 재개여부는 법원의 직권사항이고 당사자에게 신청권이 없으므로 이에 대한 허부의 결정을 할 필요가 없으며 또한 변론 재개신청이 있다고 하여 법원에 재개의무가 있는 것도 아니다.[102)]

변론재개의 결과 소송은 변론종결 전의 상태로 돌아간다. 즉 당사자는 모든 공격·방어방법을 제출할 수 있게 되어 있다.

8) 변론의 전 취지

변론의 과정에 나타난 일체의 자료·모양·상황 등으로 증거조사의 결과와 더불어 증거원인이 된다(민사소송법 202). 당사자 또는 대리인의 진술내용(예 : 전후모순된 진술)은 물론 그 진술의 태도(예 : 모호한 태도, 진술의 정정), 그 시기, 진술 그 밖의 행위(예 : 석명을 명하였는데 응하지 않는다든가, 특히 본인출석명령에 불응한 때)도 이에 속하며, 법원이 석명처분으로서 한 검증·감정·조사의 촉탁(민사소송법 140① 4, 5)의 결과도 이에 속한다.

법원은 변론 전체의 취지와 증거조사의 결과를 참작하여 자유로운 심증으로 사회정의와 형평의 이념에 입각하여 논리와 경험의 법칙에 따라 사실주장이 진실한지 아닌지를 판단한다. 이를 자유심증주의라 한다(민사소송법 202).

그런데 계쟁사실에 대하여 증거조사를 하지 아니하고 변론의 전 취지만으로 사실인정을 할 수 있는가에 대하여 의문이 있으나 판례는 소극적이다. 여기에서의 변론의 전 취지라는 말은 변론전체의 취지를 가리키는 경우도 있다(민사소송법 150① 단서, 202 전단).

102) 대법원 1998. 9. 18. 선고 97다52141 판결.

당사자가 부지로서 다툰 서증에 관하여 거증자가 특히 그 성립을 증명하지 아니한 경우라도 법원은 다른 증거에 의하지 않고 변론의 전 취지를 참작하여 자유심증으로서 그 성립을 인정할 수 있다.[103]

또 당사자 일방이 상대방으로부터 제출된 증거를 자기의 이익으로 원용하지 아니한 이상 법원이 그 증거를 판단하지 아니하였다 하여도 증거공통의 원칙에 저촉되지 않으므로 증거판단을 유탈한 것이라고 볼 수 없다.[104]

여러 개의 증거를 종합 판단하는 경우에 그 각 증거 중 모순된 부분과 불필요한 부분은 제거하고 그 중 필요하며 공통된 부분만을 모아서 이를 판단자료에 공용하는 것이므로 각 증거내용 중 그 인정사실과 저촉되거나 서로 모순되는 부분은 특히 명시가 없어도 채택하지 않는 것이라고 봄이 타당하다. 따라서 법원이 각 거시증거 중 그 인정사실에 저촉되는 부분을 배척함을 명시하지 아니하였다 하여 위법이 있다고 할 수 없다.[105]

9) 변론의 지휘

소송지휘권의 일부로서 변론은 재판장이 지휘한다. 이를 재판장의 지휘권이라고 한다(민사소송법 135①). 이러한 변론의 지휘는 넓은 의미로는 준비절차를 주재하는 것도 포함한다. 이 경우에는 준비절차를 담당하는 법관이 행한다.

변론의 지휘내용은 변론의 개시를 명하고 변론 중에는 그것이 질서 있고 신속·완전하게 행할 수 있도록 그 정리를 하고 소송이 재판을 하기에 성숙하면 이를 종결하는 것이다. 그 수단으로서 당사자 또는 대리인의 발언을 허가하거나 그 명령에 따르지 아니하는 사람의 발언을 금지할 수 있다(민사소송법 135②).

만일 이러한 금지에 따르지 않고 그 태도가 심리에 방해하는 정도에 이르면 재판장은 법정경찰권의 발동에 의하여 그 퇴정을 명할 수 있다(법원조직법 54).

10) 변론조서 등

① 변론조서

법원사무관 등이 변론기일마다 변론의 경과를 명확히 하기 위하여 작성한 조서를 변론조서라 한다(민사소송법 152① 본문).

ⅰ. 변론조서의 작성

변론조서에는 민사소송법 제153조의 형식적 기재사항과 같은 법 제154조의 실질적

103) 대법원 1982. 3. 23. 선고 80다1857 판결.

104) 대법원 1982. 12. 28. 선고 82누461 판결.

105) 대법원 1993. 11. 12. 선고 93다 18129 판결.

기재사항을 갖추어 작성자인 법원사무관 등 및 변론의 지휘권자인 재판장이 기명날인한다. 이를 충족하지 못한 조서는 무효로 되고 조서로서의 증명력을 가질 수 없다. 다만, 재판장이 기명날인할 수 없는 사유가 있는 때에는 합의부원이 그 사유를 적은 뒤에 기명날인하며 법관 모두가 기명날인 할 수 없는 사유가 있는 때에는 법원사무관 등이 그 사유를 적는다(민사소송법 153 단서).

(i) 변론조서는 위의 방식에 따라 작성하는 것이 원칙이지만 예외적으로 변론을 녹음하거나 속기하는 경우 그밖에 이에 준하는 특별한 사정이 있는 경우에는 법원 삼무관 등을 참여시키지 아니하고 변론기일을 열 수 있다(민사소송법 152① 단서).

(ii) 또 재판장은 필요하다고 인정하는 경우 법원 사무관 등을 참여시키지 아니하고 변론기일 및 변론준비기일 외의 기일을 열 수 있다(민사소송법 153②).

(iii) 위의 (i) 및 (ii)의 경우에는 법원사무관 등은 그 기일이 끝난 뒤에 재판장의 설명에 따라 조서를 작성하고 그 취지를 덧붙여 적어야 한다(민사소송법 152③).

ii. 변론조서에 기재사항

변론조서에는 변론의 요지를 적되 특히 i) 청구의 포기·소의 취하와 자백, ii) 증인·감정인의 선서와 진술, iii) 검증의 결과, iv) 재판장이 적도록 명한 사항과 당사자의 청구에 따라 적는 것을 허락한 사항, v) 서면으로 작성되지 아니한 재판, vi) 재판의 선고 등을 분명히 기재하여야 하지만(민사소송법 154) 변론의 내용을 빠짐없이 기재할 필요는 없다.

민사소송법 제155조에서는 변론방식에 관한 규정의 준수, 청구의 포기, 소의 취하와 자백을 제외하고(민사소송법 155②) 원칙적으로 조서에 적을 사항은 대법원 규칙이 정하는 바에 따라 생략할 수 있다. 다만 당사자의 이의가 있으면 그러하지 아니하다고 규정하고 있다(민사소송법 155①).

iii. 조서에는 서면, 사진 그밖에 법원이 적당하다고 인정하는 것을 인용하고 소송기록에 붙여 이를 조서의 일부로 삼을 수 있다(민사소송법 156).

iv. 관계인의 조서낭독 등 청구권

변론조서는 관계인이 신청하면 그에게 읽어주거나 보여주어야 한다(민사소송법 157). 그리고 변론조서의 기재에 관하여 불복이 있으면 민사소송법 제146조 제2항의 규정에 의한 이의의 방법에 의하여야 하고 이를 상고이유로 삼을 수 없다.[106] 조서에 적힌 사항에 대하여 관계인이 이의를 제기한 때에는 조서에 그 취지를 적어야 한다(민사소송법 164).

---

106) 대법원 1995. 7. 14. 선고 95누5097 판결.

ⅴ. 비밀보호를 위한 열람 등의 제한

소송기록 중에 당사자의 사생활에 대한 중대한 비밀이 적혀있고 제3자에게 비밀기재부분의 열람 등을 허용하면 당사자의 사회생활에 지장이 클 우려가 있는 때나 또는 소송기록 중에 당사자가 가지는 영업비밀(부정경쟁방지 및 영업비밀보호에 관한 법률 제2조 제2호에 규정된 영업비밀을 말한다)이 적혀 있는 때에 소명이 있는 경우에는 법원은 당사자의 신청에 따라 결정으로 소송기록 중 비밀이 적혀있는 부분의 조서 중 비밀이 적혀있는 부분의 정본·등본·초본의 교부를 신청할 수 있는 자를 당사자로 한정할 수 있다(민사소송법 163① 1, 2).

ⅵ. 신청 또는 진술의 방법

신청 그 밖의 진술은 특별한 규정이 없는 한 서면 또는 말로 할 수 있고, 말로 하는 경우에는 법원사무관 등의 앞에서 하여야 한다(민사소송법 161①②). 법원사무관 등은 신청 또는 진술의 취지에 따라 조서 또는 그 밖의 서면을 작성한 뒤 기명날인하여야 한다(민사소송법 161③).

ⅶ. 조서의 증명력

변론방식에 관한 규정이 지켜졌다는 것은 조서로만 증명할 수 있다. 다만, 조서가 없어진 때에는 그러하지 아니하다(민사소송법 158).

소송절차의 안정·명확을 기하기 위하여 민사소송법 제147조(현행 제158조)에서 변론의 방식에 관한 규정의 준수는 조서에 의하여서만 증명할 수 있다고 규정하여 조서기재내용에 절대적 신용을 두어 이에 대한 반증을 들어 조서기재내용과 다른 사실주장을 할 수 없다.[107)]

따라서 변론조서가 존재하는 한 변론의 방식에 관한 사항은 조서의 기재에 의해서만 증명할 수 있고, 그에 대해 다른 증거방법으로 보충하거나 또는 반증을 들어 다툴 수 없다. 여기에서 변론의 방식이라 함은 변론의 시간·장소·공개유무, 관여법관, 당사자의 출결(出缺), 재판의 선고, 변론결과의 진술 등과 같은 변론의 외부적 형식을 말한다. 이에 반해 당사자의 변론의 내용, 증인의 진술 등은 여기에 들어가지 않기 때문에 이에 대해서는 조서의 기재도 일응 증거로 됨에 그친다.

또 소송대리인이 선임된 경우에 변론기일 불출석으로 인한 불이익을 그 당사자에게 귀속시키려면 그 당사자 본인과 소송대리인 모두가 변론기일에 출석하지 아니함을 요건으로 하고 그 출석여부는 변론조서의 기재에 의하여 증명하여야 한다. 따라서 변론조서에 소송대리인 불출석이라고만 기재되어 있고 당사자 본인의 출석여부에 대하여 아무런 기재가 없다면 당사자의 변론기일에의 불출석은 증명되지 아니한다.[108)]

---

107) 대법원 1965. 3. 23. 선고 64다1828 판결.

② 변론의 속기와 녹음

i. 법원은 필요하다고 인정하는 경우에는 변론의 전부 또는 일부를 녹음하거나 속기사로 하여금 받아 적도록 명할 수 있으며, 당사자가 녹음 또는 속기를 신청하면 특별한 사유가 없는 한 이를 명하여야 한다(민사소송법 159①).

ii. 이러한 녹음테이프와 속기록은 조서의 일부로 삼는다(민사소송법 159②).

iii. 위 i 및 ii에 따라 녹음테이프 또는 속기록으로 조서의 기재를 대신한 경우에, 소송이 완결되기 전까지 당사자가 신청하거나 그 밖에 대법원 규칙이 정하는 때에는 녹음테이프나 속기록의 요지를 정리하여 조서를 작성하여야 한다(민사소송법 159③).

iv. 위의 iii에 따라 조서가 작성된 경우에는 재판이 확정되거나 양쪽 당사자의 동의가 있으면 법원 녹음테이프와 속기록을 폐기할 수 있다. 이 경우 당사자가 녹음테이프와 속기록을 폐기한다는 통지를 받은 날부터 2주일 내에 이의를 제기하지 아니하면 폐기에 대하여 동의한 것으로 간주한다(민사소송법 159④).

(2) 준비서면

1) 의 의

준비서면은 변론의 준비를 위해 당사자가 변론에서 진술하고자 하는 사항을 예고적으로 미리 기재하여 법원에 제출하는 서면을 말한다. 따라서 준비서면은 변론은 당사자의 시간과 노력을 요하기 때문에 그 집약화를 기하려는 수단으로서 인정되고 있다. 준비서면은 변론기일에서 진술하여야 비로소 소송자료가 되므로 그 이전에는 당사자가 이를 철회, 변경할 수도 있다.

준비서면 중에서 특히 피고 또는 피상소인이 본안의 신청을 기재하여 최초에 제출하는 서면을 답변서라고 하며(민사소송법 148, 428②, 430, 민사소송인지법 10) 이에 대하여는 이미 설명하였다.

소장에는 준비서면에 관한 규정이 준용되는 결과(민사소송법 249②, 274) 소장에 준비서면에 기재할 사항을 기재하는 수도 있다. 그렇다고 하여 소장이 준비서면으로 되는 것은 아니나 그 한도에서는 준비서면의 성격을 함께 가진다.

그리고 청구의 변경에 관한 서면(민사소송법 262②), 반소장(민사소송법 269, 270) 등은 비록 표제가 준비서면이라고 되어 있어도 어느 것이나 모두 소장에 준하는 서면이고 준비서면은 아니다. 또 상고이유서(민사소송법 427)도 준비서면은 아니다.

---

108) 대법원 1982. 6. 8. 선고 81다817 판결.

2) 준비서면의 기재

① 표제의 기재사항

준비서면에는 민사소송법 제274조 제1항 제1호 내지 제8호 및 같은 조 제2항에 의한 준비서면의 기재사항을 기재하고 당사자 또는 그 대리인이 기명날인 또는 서명한다. 그런데 이 규정은 준비서면의 기재사항을 정한 필요적 규정이라기 보다는 훈시적 규정으로 해석함이 타당하다.

따라서 그 기재사항이 불비하거나 하나, 둘 정도 탈루하였다 하더라도 그로 인하여 준비서면으로서의 실체를 인정할 수 없다면 모르되 그렇지 않는 한 그 효력에는 영향이 없다. 그리고 조문에는 기명날인하여야 한다고 되어 있으나 기명만 있고 날인이 없어도 효력은 있다고 보아야 할 것이다.109)

그러나 준비서면에의 날인규정을 둔 것은 작성자가 누구인가를 명확히 하여 준비서면의 진정을 담보하려는 목적이므로 서면 또는 기명한 후 반드시 날인하여야 한다.

준비서면에는 그 기재에 신청사항이 포함되어 있지 않는 한(민사소송등 인지법 10) 인지를 첨부하지 아니한다.

준비서면의 기재사항을 어떠한 순서로 기재하느냐 하는 것은 법령에서 정한 바 없다. 현재의 관행에 의하면 서류의 표제, 사건번호, 사건명, 당사자의 표시 순으로 기재한 다음 어느 당사자가 그 준비서면을 작성, 제출하는가를 밝히는 문언과 변론준비의 내용을 기재한 다음 작성 연월일, 작성자의 기명날인 또는 서명을 한 다음에 제출처인 법원을 표시하고 있다.

② 실질적 기재요소

준비서면의 기재사항 중 공격 또는 방어방법 등에 대한 주장이 준비서면의 실질적 내용에 해당하므로 이에 대한 기재가 없다면 비록 준비서면의 표제가 있더라도 그것은 준비서면이라고 할 수 없다.

ⅰ. 공격 또는 방어방법의 기재

공격 또는 방어방법에는 사실상 주장을 증명하기 위한 증거방법과 상대방의 증거방법에 대한 의견을 함께 적어야 한다(민사소송법 274①4, ②).

여기에서 공격방법이라 함은 원고가 그 청구를 유지하기 위하여 제출하는 일체의 소송자료를 말하고, 방어방법이라 함은 피고가 그 방어적 신청을 유지하기 위하여 제출하는 일체의 소송자료를 말한다.

따라서 그것은 공격 또는 방어방법으로서 사실상의 주장과 증거의 신청, 법률상의

---

109) 대법원 1978. 12. 26. 선고 77다1362 판결 참조.

주장, 증거방법 그 밖의 소송절차의 방식과 소생행위의 효력 등 소송상의 사항에 관한 진술을 포함한다. 이를 사항별로 분설한다.

(i) 사실상의 주장

i) 요건사실과 사정

사실상의 주장이라 함은 구체적인 사실의 존부에 관한 주장, 즉 사실의 인식에 관한 진술을 말한다. 이러한 사실의 주장에는 청구를 이유 있게 뒷받침할 사실과 항변사실에 관한 것, 즉 주요사실 또는 요건사실에 관한 주장이 대부분이다. 준비서면에서 위의 주장 외에 그러한 사실들을 추인할 수 있는 간접사실에 관한 주장도 포함하는 것이 보통이고 그러한 사실을 소위 사정이라고 하여 판결서의 사실적시에 적지 않은 경우가 많다.

변론주의 하에서는 요건사실은 당사자가 변론에서 주장하는 것이 아니면 판결의 기초로 삼을 수 없지만 간접사실은 당사자의 진술이 없더라도 판결의 기초로 할 수 있다. 반면에 당사자가 주장한 것이라도 무진술로 방기하더라도 무방한 것이기 때문이다. 그러나 실무관계는 주요사실과 간접사실 또는 요건사실과 사정을 명확히 구별하여 정연하게 기재한 준비서면은 드물고, 요건사실과 사정을 서로 관련시켜 함께 기재하는 것이 통례이다.

당사자로서는 사실을 있는 그대로 법원에 제출하고 싶어 할 것이다. 그러나 사실이라는 것은 여러 가지 사실이 서로 연관되어 인과의 연쇄로 엉켜있으므로 어떤 사실을 제대로 드러내 보이려면 자연히 사정에 관한 진술이 필요하게 된다.

이에 반해 법원은 위의 당사자 사정진술(사실주장) 중에서 소송의 목적이 된 권리 또는 법률관계의 존부에 직접 관계가 있는 사실, 즉 요건사실만이 필요한 것이다. 그러므로 당사자의 사실주장에 있어서도 요건사실과 사정진술을 되도록 구별하는 것이 좋다.

그러나 당사자로서는 요건사실을 있는 그대로 전부 드러내 보이기 위해서는 사정에 관한 진술을 상세히 하는 것이 불가피하기 때문이다. 예를 들면 증인의 증언에서 사소한 인접사정까지 증언을 하여야 그 신빙성이 높아지는 것과 같은 경우이다.

ii) 사실주장의 방법

요건사실의 주장으로서 구체적으로 어느 정도의 사실을 주장하여야 하는가 하는 것은 일률적으로 말하기 어렵다. 당해 실체법규가 정하고 있는 법률요건을 충분히 분석, 검토하여 그에 해당하는 사실을 빠짐없이 주장하여야 하는데, 실제에 있어서는 구체적인 사실관계로부터 요건사실에 해당하는 사실만을 추출하여야 한다.

사실상의 주장은 적법한 입증자료에 의한 뒷받침을 받아야 진정한 사실로 인정받게 되므로 준비서면에 사실상의 주장을 기재할 때에는 가능한 한 그에 대한 증거방법을 부기하는 것이 중요하다(민사소송규칙 23②).

iii) 예비적 주장

예비적 주장이라 함은 어떤 사실 주장이 법원에 의하여 받아들여지지 아니할 경우를 가정하고 그 주장과 함께 그와 다른 사실주장을 예비적으로 하는 것을 말한다. 예를 들면 이건 등록디자인은 그 디자인등록출원 전 국내공지에 의해 신규성이 상실된 디자인이 잘못 등록된 것임을 이유로 디자인등록의 무효를 주장하고, 예비적으로 설령 이건 등록디자인이 디자인등록출원 전 공지에 의해 신규성이 상실되지 않았다 하더라도 디자인등록출원 전 국외에서 반포된 선행기술문헌(갑 제11호증 참조)에 게재된 디자인에 의하여 그 디자인이 속하는 분야에서 통상의 지식을 가진 자가 용이하게 창작할 수 있는 디자인임을 주장하는 경우와 같은 것으로 실무상 흔히 그 예를 볼 수 있다.

이 경우 법원은 양 주장 중 어느 한 주장을 채택하여 그 당사자를 승소시켜도 무방하다.

(ii) 법률상의 주장

i) 당사자의 법률상의 주장은 그 당사자의 법률상의 의견에 불과하므로 법원은 이에 구속되지 않는다.

여기에서 법률상의 주장이라 함은 당사자가 그 주장사실에 의하여 법률상 일정한 효과가 발생하였다고 주장할 경우, 그 효과에 관한 법률상의 견해는 당사자의 권리인식의 진술이기 때문에 법원을 구속하지 않는 것이다. 예를 들면 시효기간이나 법률행위의 성질에 관한 것, 즉 등록디자인 "죽창신호등"은 디자인보호법 제6조 제2호에 의한 공공의 질서 또는 선량한 풍속에 반한 것임을 이유로 디자인보호 제68조 제1항 제1호의 규정에 의해 디자인등록의 무효를 구하는 당사자의 주장은 법률상의 의견에 지나지 아니하므로 법원이 당사자의 의견과 다른 의견으로 판단하더라도 전혀 이상할 것이 없다. 왜냐하면 당사자가 주장한 사실에서 어떠한 법률효과가 발생하는가 하는 것은 법률적용의 문제로서 법원의 직권사항에 속하기 때문이다. 그렇다고 하여 당사자가 법률상의 주장을 할 필요가 없다는 것은 아니고 소의 요건으로서 일정한 권리의 주장이 필요하고 상고, 재항고 등 법률심에 대한 불복신청의 경우에는 그 불복의 이유로서 법률상의 주장을 하여야 하는 것은 당연한 것이다.

ii) 법률상의 주장을 하는 것이 동시에 청구를 특정시킴에 필요한 경우 예를 들면 동일한 사실관계로부터 2개 이상의 청구권이 경합적으로 발생하는 경우 법률상의 주장을 요하는 것은 그 청구를 특정함에 필요한 요소가 되므로 법원은 그 주장에 구속된다 할 것이다.

iii) 때에 따라서는 법률상의 의견진술이 동시에 사실상의 진술을 포함하는 경우가 있는 바, 이러한 경우 상대방이 이를 인정하면 재판상 자백이 성립된다. 예를 들면 텔레비전의 디자인인 경우에 그 디자인물품을 "양도·대여·청약"이라는 단어는 법률상의 의견의 진술임과 동시에 매매·차입·승낙까지를 포괄하고 있는 매매 등의 사실관계를 총괄적으로 표현하는 사실주장은 포함된다고 해석할 수가 있는 것이다.

(iii) 증거에 관한 주장

당사자는 준비서면으로 증거의 신청, 제출증거자료에 대한 설명, 상대방 증거의 증명력을 다투는 취지의 진술을 할 수 있다.

i) 증거의 신청

변론주의 하에서의 증거조사는 당사자의 신청에 의함이 원칙이다. 따라서 직권에 의한 증거조사는 보충적으로만 허용된다.

증거신청은 당사자가 일정한 입증사항에 대하여 일정한 증거방법을 지정하고 그 조사를 법원에 대하여 요구하는 소송행위이다.

증거신청은 변론주의에 의하는 심결 등에 대한 소송에서는 당사자의 임무이다. 그러므로 만일 당사자로부터 증거신청이 없는 때에는 해당 쟁점에 대하여 증거가 없는 것으로 될 수 있으므로 대단히 중요한 소송행위이다. 이에 대한 자세한 설명은 후술하는 제3절 Ⅲ. 4. (2) 증거신청 편을 참고하기 바란다.

ii) 증거설명서

A. 필요성

당사자 자기가 제출 또는 신청한 서증과 증인 등에 관하여 입증취지를 구체적으로 설명하는 서면을 통상 증거설명서라는 표제로 제출한다. 그러나 이러한 증거설명서도 준비서면의 하나이므로 준비서면이라는 일반적인 표제를 사용하여도 괜찮다.

서증을 제출하거나 증인을 신청할 때에 법정에서 이미 구술로 입증취지를 설명한 바 있어도, 구술로는 충분한 설명에 미흡하고 또 조서에도 기록되지 않는 것이 보통이다. 더욱 증인의 증언은 증언이 있은 후라야 보다 확실한 입증취지의 설명이 가능하기 때문에 증거설명서를 활용한 것이 매우 중요하다.

B. 설명방법

a) 서 증

서증의 설명은 문서의 성립에서부터 그 내용에 이르기까지 상세히 그리고 정연하게 설명하는 것이 바람직하다.

b) 증인의 증언

증인의 증언은 소송의 결과에 중대한 영향을 미치는 것이므로 증언 내용을 잘 검토하여 증거설명을 하는 것이 좋다.

iii) 증거항변서

증거항변서란 당사자가 상대방이 제출한 증거에 대하여 그 증거능력(증거적격)을 다투거나 증명력(증거력)을 감살하기 위하여 제출하는 서면을 말한다.

예를 들면 상대방 제출문서가 위조문서라고 주장하는 것 등이 그것이다. 증인의 증언에 있어서도 사실과 다르다는 것을 다른 증거자료를 대조해가면서 설명함은 물론 그 증언내용이 논리에 맞지 않을 뿐더러 사회상규나 경험칙에도 반함을 지적하여 신빙성이 없음을 강하게 주장하는 것 등이다.

ii. 상대방의 청구 등에 대한 진술

상대방의 청구 및 공격 또는 방어방법에 대한 진술은 쟁점을 명확히 하기 위한 변론의 준비를 목적으로 하는 것이다.

(i) 상대방 청구에 대한 진술

상대방의 청구에 대한 진술이라 함은 상대방의 청구를 배척하기 위하여 필요한 진술, 즉 소의 각하 또는 청구기각의 신청을 말한다.

이는 통상 답변서에 기재되는 것이지만 답변서에서 소각하의 판결만 구하였다면 준비서면에서 청구기각의 판결을 구할 것이다.

(ii) 공격 · 방어방법에 대한 진술

공격 또는 방어방법에 대한 진술이라 함은 상대방이 주장하는 개개의 공격 또는 방어의 방법 즉 청구를 뒷받침하는 요건사실, 항변, 재항변 등으로 주장된 사실에 대한 인부(認否)의 진술을 말한다.

인부의 방법에 관하여는 이미 답변서에서 설명한 바와 같다. 특히 유념할 것은 아무런 진술도 하지 아니한 경우에는 다투지 아니한 것으로 간주되어 자백으로 취급될 수 있다는 점이다. 또 인부는 반드시 개개의 사실마다 명확한 인부를 하여두는 것이 필요하다.

③ 준비서면의 첨부서류

i. 당사자가 가지고 있는 문서로서 준비서면에 인용한 것은 준비서면에 그 등본 또는 사본을 붙여야 한다(민사소송법 275①). 문서의 일부가 필요한 때에는 그 부본에 대한 초본을 붙이고, 문서가 많을 때에는 그 문서를 표시하면 된다(민사소송법 275②). 이들 문서는 상대방이 요구하면 그 원본을 보여주어야 한다(민사소송법 275③).

ii. 준비서면에 인용한 문서가 외국어로 작성된 경우에는 국어로 된 번역문을 붙여야 한다(민사소송법 277).

3) 준비서면에 적지 아니한 효과

준비서면에 적지 아니한 사실은 상대방이 출석하지 아니한 때에는 변론에서 주장하지 못한다(민사소송법 276①). 왜냐하면 준비서면은 그것에 적힌 사항에 대하여 상대방이 준비하는데 필요한 기간을 두고 제출하여야 하고, 법원은 상대방에게 그 부본을 송달하여야 한다(민사소송법 273). 그럼에도 상대방이 그 내용에 미리 준비할 수 있도록 준비서면에 기재하지 않았을 뿐만 아니라 그것도 상대방이 출석하지 아니한 때 변론에서 주장하게 한다면 상대방의 방어의 기회를 원천적으로 봉쇄하는 것이 되어 일방적으로 패소를 당할 수 있는 폐단을 막기 위함이다.

4) 준비서면의 제출기간

① 적시제출주의

준비서면은 당사자가 변론기일에 진술하고자 하는 사항에 관하여 법원과 상대방에게 그 내용을 예고하기 위한 서면이기 때문에 당사자가 그것을 법원에 제출하고 법원이 그 부본을 상대방에 송달하여 상대방이 그것을 받아 검토하고 답변할 준비를 하는 데 상당한 기간이 소요된다.

그러므로 준비서면에 적힌 사항에 대하여 상대방이 준비하는데 필요한 기간을 주고(민사소송법 273), 또 변론준비 등 소송완결의 무단지연을 방지하기 위하여 공격·방어방법을 제출하기 위한 준비서면은 소송의 정도에 따라 적절한 시기에 제출하여야 한다(민사소송법 146). 이를 준비서면의 적시제출주의라 한다. 그리고 상대방에의 준비서면의 부본은 법원이 이를 송달한다(민사소송법 273).

상대방이 복수인 때는 그 수에 따라 부본을 더 법원에 제출하여야 한다. 그러나 상대방이 수인이라도 대리인이 동일인이면 대리인을 기준으로 부본을 제출하면 된다. 동일인인 상대방에 대하여 수인의 대리인이 있더라도 그것은 당사자를 기준으로 부본을 제출한다.

일반적으로 준비서면 부본의 당사자간 교환은 법원을 통해서 이루어지는 바, 여기에는 상당한 시일이 소요되는데 소송절차 관련 업무의 처리를 하다보면 기일 전 법원에 제출하는 것마저도 하지 못하고 법정에서 제출하는 예가 적지 않다. 그 결과 법정교환이 이루어지고 그것이 소송지연의 주요요인이 되기도 한다. 이러한 폐단을 막기 위하여 준비서면의 부본을 당사자 사이에 교환하게 하고 수령증만을 법원에 제출토록 하고 있는 것이 통례이다.

② 일정기일 전 준비서면의 제출명령

재판장은 변론기일에서 당사자에게 설명 또는 증명하거나 의견을 진술할 사항을 지적하고 변론기일 이전에 이를 준비하도록 명할 수 있다(민사소송법 137).

이 경우에는 준비서면을 미리 제출할 필요는 없고 그 기일까지 준비서면을 제출할 수 있도록 준비하는 것으로 충분하다.

또 재판장은 당사자의 공격·방어방법의 요지를 파악하기 어렵다고 인정하는 때에는 변론을 종결하기에 앞서 당사자에게 쟁점과 증거의 정리결과를 요약한 준비서면의 제출을 요구하는 경우가 있다(민사소송법 278, 민사소송규칙 54의2). 예를 들면 피고에 대하여 답변서의 제출을 최고하는 것과 같은 것으로서, 이는 변론정리를 위하여 보통 변론 종결 직전에 종전의 준비서면에 갈음하는 요약된 준비서면의 제출을 촉구하는 것과 같은 것이다.

③ 준비서면 제출기간의 신축

준비서면의 제출기간은 재정기간(裁定期間)이다. 따라서 재판장은 준비서면의 제출기간에 대하여 법원이 정한 기간 또는 자신이 정한 기간을 늘이거나 줄일 수 있다(민사소송법 172③).

④ 준비서면 제출기간의 제한

재판장은 당사자의 의견을 들어 한쪽 또는 양쪽 당사자에 대하여 특정한 사항에 관하여 주장, 즉 준비서면을 제출할 기간을 정할 수 있다. 당사자가 이 기간을 넘길 때에는 이를 제출할 수 없다. 다만 당사자가 정당한 사유로 그 기간 이내에 제출하지 못하였다는 것을 소명한 경우에는 그러하지 아니하다(민사소송법 147②, 286).

5) 준비서면제출의 효과

① 적시제출시 효과

ⅰ. 원고 또는 피고가 변론기일에 출석하지 아니하거나 출석하고서도 본안에 관하여 변론하지 아니한 때에는 그가 제출한 준비서면에 적혀있는 사항을 진술한 것으로 보고 출석한 상대방에게 변론을 명할 수 있다. 당사자가 진술한 것으로 보는 준비서면에 청구의 포기의 의사표시가 적혀있고 공증사무소의 인증을 받을 때에는 그 취지에 따라 청구의 포기가 성립된 것으로 간주한다(민사소송법 148① 내지 ③).

ⅱ. 상대방이 불출석한 경우에도 준비서면에 기재한 사항은 그대로 진술할 수 있다. 그 결과 상대방은 그 사실을 자백한 것으로 간주당할 수도 있을 수 있다.

ⅲ. 소장 또는 변론준비절차 전에 제출한 준비서면에 기재한 사항을 변론준비절차에서 진술을 해태하였다 하더라도 변론에서 이를 주장할 수 있다(민사소송법 285③).

② 변론기일전 제출시 효과

준비서면은 변론준비를 위한 서면이므로 당사자가 이것을 제출하지 아니한다고 하여 변론에서 새로운 사실주장을 할 수 없는 것은 아니다. 그러나 준비서면을 변론기일 전에 제출하지 아니하면 일정한 불이익을 받게 된다.

i. 상대방이 출석하지 않은 경우에는 준비서면에 기재하지 아니한 사실에 대하여는 변론에서 주장할 수 없다(민사소송법 276 본문).

여기에서 주장할 수 없는 사실이라 함은 항변의 제출, 적극부인 등이다(여기에 증거의 신청이 포함되는가에 대하여는 학설이 갈려있다).

위와 같은 경우에는 출석한 당사자는 변론을 할 수 없으므로 속행기일의 지정을 구하고 그 기일 전에 준비서면을 미리 제출하여 두고 그 다음기일에 출석하여 변론을 할 수 밖에 없다. 판례는 상대방이 출석하지 아니한 법정에서 서증을 제출한 경우에 관하여 그 서증이 준비서면에 기재된 바 없고 사본의 송달도 없는 것이라고 하더라도 불출석한 상대방이 그러한 서증의 제출을 충분히 예상할 수 있는 경우에는 법원이 그 서증을 증거로 채택하여도 위법이 아니라고 한 취지의 판시를 하였다.[110]

ii. 준비서면은 소송의 정도에 따라 적절한 시기에 제출하여야 하나 당사자가 이를 어기어 고의 또는 중대한 과실로 준비서면을 뒤늦게 제출함으로써 소송의 완결을 지연시키게 하는 것으로 인정할 때에는 법원은 직권으로 또는 상대방의 신청에 따라 결정으로 이를 각하할 수 있다(민사소송법 149①). 또 당사자가 제출한 준비서면의 취지가 분명하지 아니한 경우에 당사자가 필요한 설명을 하지 아니하거나 설명할 기일에 출석하지 아니한 때에는 법원은 직권으로 또는 상대방의 신청에 따라 결정으로 이를 각하할 수 있다(민사소송법 149②). 판례는 "법원은 당사자의 고의 또는 중대한 과실로 시기에 늦게 제출한 준비서면이 그로 인하여 소송의 완결을 지연하게 하는 것으로 인정될 때에는 이를 각하할 수 있고, 이는 독립된 결정의 형식으로 뿐만 아니라 판결이유 중에서 판단하는 방법에 의할 수도 있으나 실기한 준비서면이라고 하더라도 어차피 기일의 속행을 필요로 하고 그 속행 기일의 범위 내에 준비서면의 심리도 마칠 수 있거나 그 내용이 이미 심리를 마친 소송자료의 범위 안에서 포함되어 있는 때에는 소송의 완결을 지연시키는 것으로 볼 수 없으므로 이를 각하할 수 없다"라고 판시하였다.[111]

iii. 변론준비기일에 제출하지 아니한 준비서면은 그 후 제출하더라도 그 기재내용을 변론에서 주장할 수 없다. 다만, i) 그 제출로 인하여 소송을 현저히 지연시키지 아니한 때, ii) 중대한 과실 없이 변론준비절차에서 제출하지 못하였다는 것을 소명

---

110) 일본 최고재판소 1952. 6. 17. 民集 6卷 6號 595面.

111) 대법원 2000. 4. 7. 선고 99다53742 판결 참조.

한 때, iii) 법원이 직권으로 조사한 사항인 때에만 변론에서 제출하여 그 기재내용을 변론에서 주장할 수 있다(민사소송법 285①).

6) 준비서면의 유형

준비서면은 그 기재한 내용에 따라 i) 석명에 관한 준비서면, ii) 상대방의 주장에 대한 인부와 공격·방어방법에 관한 준비서면, iii) 사정진술에 관한 준비서면, iv) 최종준비서면과 같은 유형으로 분류해 볼 수 있다.

① 석명에 관한 준비서면

법원 또는 상대방의 석명에 대한 답변 또는 상대방에 대한 석명사항을 기재한 준비서면이다.

소장의 청구취지·청구원인 그 밖의 답변서 또는 준비서면에 있어서의 당사자의 사실상 또는 법률상의 주장에 관하여 그 취지가 불분명한 것, 모순되는 것 또는 이상한 것이라고 생각되는 것에 관하여 지적하고 당사자가 진정으로 하고자 한 진술의 진의와 취지를 명백히 하기 위하여 질문할 수 있고, 증명을 하도록 촉구할 수 있는 바, 이는 법원의 중요한 직능에 속하는 석명권·구문권인 것이다(민사소송법 136).

또한 당사자의 입장에서도 상대방의 주장에 대하여 만연히 인부의 진술을 할 것이 아니라 그 취지가 불분명한 것에 대하여는 재판장에게 상대방에 대하여 구문권을 행사하여 석명을 요구하여 줄 것을 요청할 수 있다(민사소송법 136③).

만약 상대방이 필요한 석명을 하지 아니하거나 석명을 할 기일에 출석하지 아니하면 앞에서 설명한 바와 같이 그 주장이 각하될 수 있다.

② 상대방의 주장에 대한 인부와 공격·방어방법에 관한 준비서면

이는 준비서면에의 실질적 기재사항으로서 공격 또는 방어의 방법, 상대방의 청구와 공격 또는 방어의 방법에 대한 진술을 내용으로 하는 것이다.

소장기재의 청구원인에 대한 인부는 일반적으로 답변서에서 하지만 그 밖의 주장에 대한 인부는 준비서면의 기재로 분명히 하고 있다.

요건사실에 대한 주장은 물론 사실주장에 대해서도 그 인부를 명확히 하여 두지 않으면 의제자백의 적용을 받을 수 있는 등 의외의 결과를 맞을 수도 있으므로 인부는 분명히 하여 두어야 한다. 법률상 주장 또한 앞에서 설명한 바와 같이 법원을 구속하지는 못하지만 요건사실의 인정에 영향을 미치므로 간과해서는 아니된다. 특히 법률의 적용이나 해석이 문제되는 사안에 대해서는 학설 및 판례를 인용하여 자기주장이 정당하다는 논거를 제시하는 것이 바람직하다.

상대방의 주장이 이유 없다고 속단한 나머지 답변을 게을리 하게 되면 의제자백까지는 아니더라도 다투지 않는 태도로 인정받아 변론의 전 취지로서 불리한 판단을 받을 염려가 있으므로 상대방의 주장에 대하여는 인부의 진술을 하는 것이 바람직하다.

준비서면은 공격·방어의 방법 및 상대방의 청구와 공격 또는 방어의 방법에 대한 진술을 기재하는 것이 주된 목적이다(민사소송법 274① 4, 5).

원고는 소장에서 청구를 특정할 정도의 사실을 기재하고 청구를 뒷받침할 정도의 사실을 기재하며, 청구를 뒷받침할 사실이나 사정에 관하여는 준비서면에 기재하는 것이 일반적이다.

피고는 답변서에서 소장기재사실에 대하여 인부를 행하고 또 피고의 주장과 항변을 제출하는 것이 보통이다. 이때의 피고의 주장이나 항변은 피고의 답변서에 대한 원고의 응답을 본 연후에 하는 경우가 통례이다. 그래야만 전반적일 수 있기 때문이다.

③ 사정진술에 관한 준비서면

당사자는 청구의 이유를 뒷받침할 사실이나 항변사실, 즉 요건사실의 존부를 객관적으로 주장하는 것만으로는 부족하다. 따라서 자기의 주장이 정당하다고 하는 것을 설득하기 위해서는 요건사실을 추인할 간접사실이나 증거의 증명력에 관한 보조사실의 주장까지도 자연스럽게 하게 되고 또 경우에 따라서는 사정의 주장이 불가피한 경우도 있다. 예를 들면 디자인권 침해에 대한 손해배상청구사건에서 피고의 고의를 입증하기란 그리 쉬운 일이 아니다. 따라서 그러한 경우에는 통상 피고 업종 즉 생산시설, 원재료, 생산물, 유통과정, 수요자 등 간접사실을 주장함으로써 간접적으로 피고의 고의를 입증하게 된다.

그 밖에도 당사자의 악의를 입증하려고 하는 경우와 같이 사람의 내심의 의도나 심리상태 등을 직접 입증한다는 것 또한 그리 쉬운 일이 아니다. 따라서 이러한 경우에 이를 추인할 간접사실의 주장과 입증이 필용한 것이다. 예를 들면 특허청 직원에 대한 디자인등록을 받을 수 있는 권리에 대한 상속의 유무가 다투어지는 경우에는 상속자와 피상속자 양자의 근친관계를 주장 입증할 필요가 있다. 이 경우 그러한 사정을 어떻게 설명하고 이를 어떻게 증명하는가가 소송의 승패를 좌우한다. 그러므로 그러한 사건에서는 오직 사정의 진술을 목적으로 하는 준비서면의 작성, 제출이 매우 중요하다.

④ 최종준비서면

준비서면의 내용을 요점위주로 축약할 수 있는 바, 이를 요약준비서면이라고 하며, 일명 최종준비서면 또는 종합준비서면이라고도 한다. 이는 변론을 종결한 때 즈음하여 제출하는 준비서면으로서 당사자가 소장, 답변서 그 밖의 준비서면이나 법정에서 구술로 진술한 사실상 및 법률상의 주장과 상대방의 주장 및 항변에 대한 인부 등 당사자의 종래의 주장을 빠짐없이 총망라한 것이다.

이 서면 하나만 보더라도 그동안 수차례에 걸쳐 당사자가 주장한 것을 모두 알 수 있을 뿐만 아니라 법정심리에서 나타난 모든 증거자료와 관련시켜 자기의 주장을 뒷받침하는 증거설명과 상대방의 증거에 대한 증거항변에 관한 진술 또한 비교적 명백하게 된다.

당사자가 준비서면을 산발적으로 제출하여 중복되는 경우도 있어 그 내용 파악이 쉽지 아니한 경우도 있어 민사소송법은 "재판장은 당사자의 공격·방어방법의 요지를 파악하기 어렵다고 인정하는 때에는 변론을 종결하기 전에 앞서 당사자에게 쟁점과 증거의 정리결과를 요약한 준비서면을 제출하도록 할 수 있다"고 규정하고 있다(민사소송법 278).

⑤ 항고이유에 관한 준비서면

이는 항고이유의 진술을 목적으로 하는 준비서면이다. 여기에서의 항고심은 당사자의 불복신청의 한도에서 특허심판원의 심결 등의 당부에 관한 특허법원의 판단이므로 항고이유는 불복신청의 범위와 이유를 기재한다. 따라서 항고이유인 청구이유는 소장에 기재할 수도 있으나 대개 제출하는 준비서면에서 개진한다.

이 청구이유에 관한 준비서면은 형식적으로는 특허심판원의 심결의 사실인정과 법률적용에 잘못 유무를 검토하여야 하는 항소심과 같은 형식을 띠고는 있으나 실질적으로는 법원조직법상 특허법원은 제1심격이기 때문에 그러한 형식에 구애받지 않고 제1심에 제기하는 소의 청구이유를 명기할 수 있다.

청구이유는 소장에 기재할 수도 있으나 대개의 경우는 별도로 제출하는 준비서면에서 개진하게 된다.

따라서 이 준비서면의 작성은 특허심판원의 심결 등의 사실인정과 법률적용에 잘못이 있었는지의 여부를 검토하여야 한다. 사실인정이 부당함을 주장한 경우에는 특허심판원에서 한 사실상의 주장이 빠짐없이 언급되어 있는가를 확인하고, 증거와의 관련에 유의하면서 특허심판원의 심판에 거시된 증거에 의하여 증명될 사실과 그 범위, 증거상호간의 모순의 유무, 특허심판원이 배척한 증거에 관한 증명력의 강약 등을 상세히 검토한다.

법률의 해석적용이 부당함을 주장한 경우에는 반드시 그와 반대되는 판례나 학설을 인용하여 특허심판원의 견해가 판례나 통설에 반한다는 점을 지적하여야 한다.

특허법원의 심판은 특허심판원의 심결자료는 물론 특허법원에 새로 제출된 자료까지를 함께 참작하여 전체로서 판단한다. 그러므로 특허심판원의 심결의 부당함을 공격할 뿐만 아니라 새로운 공격방어방법의 제출에도 주력하여야 하나.

이는 특허법원이 특허심판원의 심결 등에 대한 항소심의 형태를 띠고는 있으나 실질적으로는 법원조직법상의 소송구조상 제1심법원의 위치에 있기 때문에 처음부터 새롭게 시작하여 사건 전체를 다시 법원입장에서 판단하는 것이다.

그런데 특허법원의 판정에는 특허심판원의 심결 등 불복사항만을 염두에 두느냐 아니면 특허심판원의 심결 등 불복사항 이외의 새로운 사항까지를 함께 참작하느냐에 따라서 결론이 달라질 수 있다. 통설 및 일본의 대심원 판례[112]는 후설을 취하여 있다.

(3) 변론준비절차

1) 변론준비절차의 실시 등

① 변론준비절차의 실시

변론은 집중되어야 하며, 당사자는 변론을 서면으로 준비하여야 한다(민사소송법 272①). 따라서 변론절차에서는 변론이 효율적이고 집중적으로 실시될 수 있도록 변론기일을 열기 전에 당사자의 주장과 증거를 정리하여 소송관계를 뚜렷하게 할 필요가 있다(민사소송법 279①). 그러나 특별한 사정이 있는 때에는 재판장은 변론기일을 연 뒤에도 사건을 변론준비절차에 부칠 수 있다(민사소송법 279②). 여기에서 "특별한 사정"이라 함은 준비서면에 적히지 아니한 사항에 대한 주장이나 새로운 증거가 쇄도하는 등 변론기일에 예상하지 못하였던 사실이 나타남으로 인하여 도저히 변론이 효율적으로 그리고 집중적으로 실시할 수 없는 지경에 이르러 당사자의 주장과 증거를 정리하여 소송관계를 뚜렷하게 할 필요가 발생한 경우를 말한다.

② 변론준비절차의 진행

재판장은 변론준비절차의 기간을 정하여 당사자로 하여금 준비서면 그 밖의 서류를 제출하게 하거나 당사자 사이에 이를 교환하게 하고 주장사실을 증명할 증거를 신청하게 하는 방법으로 변론준비절차를 진행한다(민사소송법 280①).

합의부 사건의 경우 재판장은 합의부원을 수명법관으로 지정하여 변론준비절차를 담당하게 할 수 있다(민사소송법 280③).

③ 변론준비절차에서의 증거조사

변론준비절차를 진행하는 재판장, 수명법관(이하 "재판장 등"이라 한다)은 변론의 준비를 위하여 필요하다고 인정하면 증거결정을 할 수 있다(민사소송법 281①). 재판장 등의 증거결정에 대하여 당사자가 이의신청을 한 때에는 법원은 결정으로 그 이의신청에 대하여 재판한다(민사소송법 281②, 138).

재판장 등은 변론이 효율적이고 집중적으로 실시될 수 있도록 당사자의 주장과 증거를 정리하여 소송관계를 뚜렷하게 하기 위하여 필요한 범위 안에서 증거조사를 할 수 있다. 다만 증인 신문 및 당사자 신문은 ⅰ) 증인이 정당한 사유로 특허법원에 출석하지 못하는 때, ⅱ) 증인이 특허법원에 출석하려면 지나치게 많은 비용 또는 시간을 필요로 하는 때, ⅲ) 그 밖의 상당한 이유가 있는 경우로서 당사자가 이의를 제기

112) 일본대심원 1933. 2. 7. 판결, 민집 12권 159면.

하지 아니하는 때 이 셋 중 그 어느 하나에 해당되는 경우에만 할 수 있다(민사소송법 281③, 313).

2) 변론준비기일

① 재판장 등은 변론준비절차를 진행하는 동안에 주장 및 증거를 정리하기 위하여 필요하다고 인정하는 때에는 변론준비기일을 열어 당사자를 출석하게 할 수 있다(민사소송법 282①).

② 사건이 변론준비절차에 부쳐진 뒤 변론준비기일이 지정됨이 없이 4월이 지난 때에는 재판장 등은 즉시 변론준비기일을 지정하거나 변론준비절차를 끝내야 한다(민사소송법 282②).

③ 당사자는 재판장 등의 허가를 얻어 변론준비기일에 제3자와 함께 출석할 수 있다(민사소송법 282③).

④ 당사자는 변론준비기일이 끝날 때까지 변론의 준비에 필요한 주장과 증거를 정리하여 제출하여야 한다(민사소송법 282④).

⑤ 재판장 등은 변론준비기일이 끝날 때까지 변론의 준비를 위한 모든 처분을 할 수 있다(민사소송법 282⑤).

3) 변론준비기일의 조서

변론준비기일의 조서에는 당사자의 진술에 따라 공격 또는 방어의 방법, 상대방의 청구와 공격 또는 방어의 방법을 적어야 한다. 이 경우 특히 증거에 관한 진술은 명확히 하여야 한다(민사소송법 283①).

변론준비기일의 조서의 작성, 조서의 형식적·실질적 기재사항, 조서기재의 생략 등, 서면 등의 인용·첨부, 관계인의 조서낭독 등 청구권, 조서의 증명력, 준비절차에서의 속기와 녹음 등에 관하여는 앞에서 설명한 바 있는 "4. (1) 9) 변론조서 등"편을 참고하기 바란다(민사소송법 283②).

4) 변론준비절차의 종결

재판장 등은 i) 사건을 변론준비절차에 부친 뒤 6월이 지난 때, ii) 당사자가 변론준비절차를 수행하기 위하여 정한 기간 내에 준비서면 등을 제출하지 아니하거나 증거의 신청을 하지 아니한 때, iii) 당사자가 변론준비기일에 출석하지 아니한 때 중 어느 하나에 해당하면 변론준비절차를 종결하여야 한다. 다만 변론의 준비를 계속하여야 할 상당한 이유가 있는 때 예를 들면 외국의 선행기술문헌의 구입 및 번역에 상당기간이 소요되는 경우에는 예외로 한다(민사소송법 284①).

재판장 등은 변론준비절차를 종결하는 경우에는 변론기일을 미리 정할 수 있다(민사소송법 284②).

5) 변론준비기일을 종결한 효과

① 변론준비기일에 제출하지 아니한 공격·방어방법은 i) 그 제출로 인하여 소송을 현저히 지연시키지 아니한 때, ii) 중대한 과실 없이 변론준비절차에서 제출하지 못하였다는 것을 소명한 때, iii) 법원이 직권으로 조사할 사항인 때 중 그 어느 하나에 해당하여야만 변론에서 제출할 수 있다(민사소송법 285①).

이는 변론에 관하여 준비서면에 적지 아니한 사실은 상대방이 출석하지 아니한 때에는 변론에서 주장하지 못한다는 민사소송법 제276조의 규정을 적용하는 데에 영향을 미치지 아니한다(민사소송법 285②).

② 소장 또는 변론준비절차 전에 제출한 준비서면에 적힌 사항은 위 ①의 전단에 불구하고 변론에서 주장할 수 있다. 다만, 변론준비절차에서 철회되거나 변경된 때에는 그러하지 아니하다(민사소송법 285③).

6) 변론준비절차를 마친 뒤의 변론

① 법원은 변론준비절차를 마친 경우에는 첫 변론기일을 거친 뒤 바로 변론을 종결할 수 있도록 하여야 하며, 당사자는 이에 협력하여야 한다(민사소송법 287①).

② 당사자는 변론준비기일을 마친 뒤의 변론기일에서 변론준비기일의 결과를 진술하여야 한다(민사소송법 287②).

③ 법원은 변론기일에 변론준비절차에서 정리된 결과에 따라서 바로 증거조사를 하여야 한다(민사소송법 287③).

7) 변론준비절차에의 준용

변론준비절차에는 앞서 설명한 바 있는 재판장의 지휘권, 석명권·구문권, 석명준비명령, 합의부에 의한 감독(민사소송법 135 내지 138), 법원의 석명처분, 변론재개, 통역, 변론능력이 없는 사람에 대한 조치, 적시제출주의, 제출기간의 제한, 한쪽 당사자가 출석하지 아니한 경우, 실기한 공격·방어방법의 각하, 자백간주, 소송절차에 관한 이의권(민사소송법 140 내지 151) 결정에 대한 이의신청, 이의신청의 방식, 이의신청의 취하, 이의신청권의 포기 이의신청의 각하, 이의신청에 의한 소송복귀 등(민사소송법 225 내지 232), 양쪽 당사자가 출석하지 아니한 경우(민사소송법 268) 및 요약준비서면(민사소송법 278)이 준용되므로 이를 참고하기 바란다(민사소송법 286).

(4) 변론기일

1) 서 문

변론은 변론기일에 한다. 소장·답변서·준비서면의 진술, 사실의 인부와 석명, 증거방법의 제출 및 인부, 증거조사의 시행 등 소송절차의 대부분이 변론기일에 행하여진다. 다만 변론집중주의에 따라 변론이 효율적이고 집중적으로 실시될 수 있도록 재판부에 따라 변론준비절차(민사소송법 272, 279 내지 286)를 활용하는 현상이 증거하고 있다. 그러나 그 변론준비절차에서도 변론기일에 관한 주요 규정이 준용되므로 변론준비기일에서도 변론준비업무는 중요하다.

2) 변론기일에 대한 준비

① 변론은 서면으로 준비한다(민사소송법 272 후단). 따라서 답변서나 준비서면을 미리 준비하여 변론기일에 제출할 수 있도록 하여야 한다. 만일 변론기일에 상대방이 출석하지 아니할 때에는 준비서면에 적지 아니한 사실은 변론에서 주장하지 못한다(민사소송법 276).

증거신청서 역시 그 조사를 위한 변론기일 전에 미리 준비하여 제출하여야 함은 물론이다. 증거신청은 변론이 열리기 전에도 할 수 있으나 통상적으로는 변론기일에 구술로 신청하고 법원이 채택하면 그 후에 서면으로 신청서를 제출하는 것이 관례이다.

준비서면이나 증거신청서를 미리 준비하여 적어도 상대방이나 증인 등에게 송달할 만한 시간적 여유를 두고 법원에 제출하는 것이 원활한 재판을 위해서 중요하다.

② 송달확인, 소송기록의 복사 등도 변론기일 전에 마친다.

사건당사자는 변론기일 전에 송달확인과 법원의 소송기록의 복사 또는 열람을 해두는 일이다.

상대방에게 소송대리인이 선임되어 있는 경우에는 별 문제가 없으나 그렇지 아니한 경우에는 상대방 당사자에게 변론기일 소환장이나 그밖에 소송서류가 송달되었는지를 미리 확인해 두는 것이 좋기 때문이다. 변론기일통지서의 송달 없이는 기일 자체의 진행이 불가능하다. 특히 소장송달이 되지 아니하면 소장이 각하되는 경우도 있기 때문에 송달여부와 송달이 되지 아니한 때에는 그 사유를 미리 기록에 의하여 확인할 필요가 있다.

또한 중요한 법원기록은 수시로 복사나 또는 열람을 하여 준비에 철저를 기하는 것도 이 단계에서 중요한 일이다. 특히 증인신문조서나 본인 신문조서 등은 반드시 복사하거나 조서등본으로 교부받아 두는 것이 다음에 입증준비를 하거나 증거설명서 등을 작성하는데 필요한 절차이다.

조서를 복사 또는 열람을 하여 보지 아니하고서는 그 기재에 누락, 오기 등을 발견하여 이의를 하거나(민사소송법 157) 법원의 석명에 대한 답변 등 변론기일에 구술로 한 변론결과를 알아볼 수 없게 된다.

③ 변론기일의 변경, 연기의 신청은 기일 전에 한다.

변론기일의 변경 또는 연기를 할 필요가 있을 때에는 반드시 기일 전에 신청서를 제출한다. 위 신청을 하고자 하는 때에는 가능한 한 사전 상대방의 동의를 받아 제출하여야 한다.

변론기일 전에 미리 제출하지 아니하고 기일 당일 제출하는 때에는 법원에 의하여 받아들여지지 아니하는 경우도 발생할 수 있으므로 유의하여야 한다.

3) 변론기일의 변론

① 변론기일에는 제출한 소장·답변서 그 밖의 준비서면에 기재한 사실을 반드시 진술하여 변론한다.

법정에서 진술하지 아니한 준비서면 등 기재한 사실은 주장하지 아니한 것과 마찬가지이다. 원고 또는 피고가 변론기일에 출석하지 아니하거나 출석하고서도 본안에 관하여 변론하지 아니한 때에는 그가 제출한 소장·답변서 그 밖의 준비서면에 적혀 있는 사항을 진술한 것으로 보고 출석한 상대방에게 변론을 명할 수 있는 바(민사소송법 148①) 이와 같이 한 쪽 당사자가 출석하지 아니한 경우에도 그가 제출한 준비서면 등을 진술한 것으로 간주시키는 경우도 있다.

준비서면 등이 제출되지 아니 하였거나 제출되었다 하더라도 거기에 기재된 사실이 분명하지 아니하거나 애매모호한 때에는 법원은 소송관계를 분명하게 하기 위하여 즉, 쟁점을 정리하기 위하여 당사자에게 석명을 하게 된다(민사소송법 136).

석명에 대하여는 그 석명취지를 잘 이해하고 정확하고 명료하게 답변한다. 만약 법정에서 즉시 답변이 어려운 사항에 대해서는 차회 기일에 또는 준비서면으로 답변하겠다고 하면 되기도 하고 또 재판장이 석명준비명령을 할 수도 있다. 즉, 재판장은 위 석명권에 의해 당사자에게 설명 또는 증명하거나 진술할 사항을 지적하고 변론기일 전에 이를 준비하도록 명할 수도 있다(민사소송법 137).

그러나 소송지연의 목적으로 법정 즉시 석명을 회피하는 일은 신속한 재판의 진행을 위해서 바람직하지 아니하므로 상호협력하려는 노력이 필요하다. 이 점은 비단 재판장의 석명권, 석명권에 의한 석명준비명령의 경우뿐만 아니라 상대방의 요구에 의한 석명의 경우에도 마찬가지이다.

특히 사실의 인부뿐만 아니라 상대방이 제출하는 서증의 인부에 있어서 진실에 반하여 문서의 진정을 다투거나[그것이 고의나 중대한 과실로 진실에 어긋나게 다툰 때에는 과태료의 제재를 받게 된다(민사소송법 363①)] 사문서라 하여 무조건 일률적으로 부지라고 하는 일이 없도록 성실하고도 정직한 인부가 되도록 상호 노력한다. 사문서라 하더라도 그 사문서에 본인 또는 대리인의 서명이나 날인 또는 무인이 있는 때에는 진정한 것으로 추정하기 때문이다(민사소송법 358).

그러나 사문서를 서증으로 제출한 당사자는 그것이 진정한 것임을 증명하여야 한다(민사소송법 357).

② 요증사실의 입증을 위한 입증방법을 제출한다.

요증사실의 입증을 위하여 입증방법을 제출하여야 하는데 어느 정도까지 제출하는 것이 좋을까 하는 문제이다. 당사자로서는 충분하다고 생각했지만 법원이 생각할 때에는 부족하다고 보는 지 항상 불안한 것이 이 절차이다. 그러므로 여러 입증방법 중에 구체적으로 인증(人證)·서증 또는 감정 등 어떤 증거방법을 선택하여 언제 어떤 순서로 제출하고 또한 어떤 요령으로 그 증거조사를 시행하는 것이 과연 법관의 심증형성에도 유효적절하고 상대방의 입증을 효과적으로 압도하며 또 무용으로 만들 수 있는 지를 늘 연구하는 자세의 확립이 필요하다.

따라서 입증방법을 어느 정도 제출하는 것이 가장 효율적인가에 대해서는 개별사건에 따라 다르므로 일률적으로 말하기는 어렵고 사건에 대한 연구와 준비, 많은 실무경험, 예리한 상황판단능력의 함양에 의해서만이 적절한 정도의 입증방법의 제출을 판단할 수 있을 것이다.

4. 증 거

(1) 서 설

1) 의 의

소송절차에서 사실의 인정은 증거에 의하여야 한다. 그러므로 재판에서는 당사자가 주장하는 사실유무를 확정하여야 하는데 법원에 대하여 이러한 사실유무에 관한 확신을 주는 자료가 증거이다. 따라서 증거는 소송에서 가장 중요한 사실을 확정하기 위하여 필요한 자료로서 이는 법관의 사실인정의 객관성을 담보하려는 취지에서 출발한 것이다. 그러한 의미에서 재판을 증거재판이라고 하고 있다. 소송법상 증거에는 여러 가지 의미가 함축되고 있다.

즉 i) 당사자가 법원에 확신을 줄 수 있는 행동이라는 작용적인 의미(거증), ii) 당사자가 법원의 확신을 얻으려고 그 조사를 신청하고 또는 법관이 그 5관의 작용에 의해 조사할 수 있는 유형물이라는 유형적인 의미(거증방법), iii) 법원이 증거조사 결과로 감득한 자료라는 무형적인 의미(증거자료), iv) 법원이 증거조사결과로 확신을 얻은 원인이라는 결과적인 의미(증거원인)로 사용되고 있다.

변론주의 하에서는 당사자간에 다툼이 있는 사실에 대하여서만 당사자가 법원에 증거를 제출하여야 하나(민사소송법 288), 직권탐지주의 하에서는 그 취지를 달리하여 다툼이 없는 사실에 대하여도 당사자는 법원에 증거를 제출하여 객관적 사실을 발견케 한다(행정소송법 9).

그러므로 민사재판의 하나인 디자인에 관한 심결 등에 대한 소의 재판에서 당사자가 특허법원에 증거를 제출하여 사실인정의 자료로 삼도록 하여야 하는 것이고 특허법원 스스로가 능동적으로 사실관계를 탐지하여 이를 사실확정의 자료로 삼을 수는 없는 것이다. 그러나 여기에서 주의할 것은 특허심판에 있어서는 직권심리주의가 인정되어 심판에서는 당사자 또는 참가인이 신청하지 아니한 이유 및 증거에 대하여도 이를 심리할 수 있다(법 72의23① 전단 참조).

그리고 증거방법을 한정하거나 증거의 가치, 즉 증거력의 판단에 대한 기준에 있어서는 현행법은 법관의 자유로운 심증에 맡기는 자유심증주의를 채택하고 있다(민사소송법 202).

2) 증거의 종류

① 증명과 소명

증명이란 어느 사실의 존부에 대하여 법관으로 하여금 확신을 얻게 하는 입증행위 또는 그로 인하여 법관이 얻은 확신상태인데 대하여 소명은 증명에 비하여 낮은 개연성 즉 일응 그럴 것이다라는 추측을 할 수 있는 정도의 심증을 줄 수 있는 것으로 충분하다. 소명은 법률에 특별한 규정이 있는 경우에 한한다. 또 소명은 즉시 조사할 수 있는 증거에 의하여야 하며, 법원은 당사자 또는 법정대리인으로 하여금 보증금을 공탁하게 하거나 그 주장이 진실하다는 것을 선서하게 하여 소명에 갈음할 수 있다(민사소송법 299).

② 직접증거와 간접증거

직접증거란 요증사실을 직접으로 증명하는 증거인데 대하여 간접증거란 요증사실을 증명할 재료인 사실을 증명하는 증거를 말한다.

③ 본증과 반증

본증이란 주장하려는 요증사실의 성립 또는 존재를 증명하는 증거인데 대하여, 반증이란 본증에 의하여 증명하려고 하는 요증사실을 부정하는 사실을 증명하는 증거를 말한다.

④ 엄격한 증명과 자유로운 증명

엄격한 증명이란 법률에서 정한 증거방법으로 법률이 정한 절차에 의하여 행한 증명인데 대하여 자유로운 증명이란 법률이 정한 제약을 받지 아니하고 한 증명을 말한다.

청구를 뒷받침하는 사실이나 청구를 배척하는 바탕이 되는 사실의 확정은 엄격한 증명을 요하고 그 밖의 법규의 존재나 해석에 관한 사항 등 직권심리사항, 즉 직권탐지사항에 대하여는 자유로운 증명으로 충분하다고 해석된다.

(2) 증거신청

1) 서 론

증거신청은 당사자가 일정한 입증사항에 대하여 일정한 증거방법을 지정하고 그 조사를 법원에 요구하는 소송행위이다.

따라서 변론주의 하에서의 증거조사는 원칙적으로 당사자의 신청에 의한다. 그러므로 증거신청은 변론주의에 의한 민사소송에서는 당사자의 임무이다. 따라서 당사자로부터 증거신청이 없는 때에는 해당 쟁점에 대하여 증거가 없는 것으로 되어 불리한 소송이 될 수 있는 위험이 있음을 유의하여야 한다.

2) 증거신청의 방식

① 증거의 신청은 특별한 규정이 없는 한 서면 또는 말로 할 수 있고, 말로 하는 경우에는 법원사무관 등의 앞에서 하여야 한다(민사소송법 161①②).

이 경우 법원사무관 등은 신청의 취지에 따라 조서 또는 그 밖의 서면을 작성한 뒤 기명날인하여야 한다(민사소송법 161③).

신청에 관하여 민사소송법 제289조 제1항은 입증사항을 표시할 것(증명할 사실의 표시)만을 규정하고 있으나 민사소송규칙 제58조는 증거신청을 함에는 증명할 사실과 증거와의 관계를 구체적으로 명시하여야 한다고 규정하고 있다.

② 서증을 당사자가 신청하고자 하는 때에는 문서를 제출하는 방식 또는 문서를 가진 사람에게 그것을 제출하도록 명할 것을 신청하는 방식으로 한다(민사소송법 343).

서증은 법원 외에서 조사하는 경우 이외에는 당사자가 변론기일 또는 준비절차 기일에 출석하여 현실적으로 제출하여야 하고 서증이 첨부된 소장 또는 준비서면 등이 진술되는 경우에도 마찬가지이다.[113)]

③ 다음의 어느 하나의 경우에 문서를 가지고 있는 사람은 그 문서의 제출의무를 진다. 따라서 그 문서의 제출을 거부하지 못한다(민사소송법 344①).

i. 당사자가 소송에서 인용한 문서를 가지고 있는 때
ii. 신청자가 문서를 가지고 있는 사람에게 그것을 넘겨달라고 하거나 보겠다고 요구할 수 있는 사법상의 권리를 가지고 있는 때
iii. 원칙적으로 문서가 신청자의 이익을 위하여 작성되었거나 신청자와 문서는 가지고 있는 사람 사이의 법률관계에 관하여 작성된 것인 때

④ 증거의 신청과 제출은 동시에 할 필요는 없다. 그러나 자기가 소지하고 있는 문서(민사소송법 343), 검증할 목적물을 제출하거나 보내는 데에는 동시에 하여야 한다(민

113) 대법원 1991. 11. 8. 선고 91다15775 판결.

사소송법 366①). 그리고 출석증인이나 출석당사자 본인의 신문을 구하는 경우 또한 증거의 신청과 제출이 동시에 있게 된다.

⑤ 증거신청에는 소정의 인지를 첨부하여야 하고(민사소송 등 인지법 10) 증거조사에 비용이 소요될 때에는 신청인은 그 비용을 예납하여야 한다(민사소송법 116①). 법원이 이러한 비용의 예납을 명하였음에도 예납하지 아니한 경우에는 증거조사를 아니할 수 있다(민사소송법 116②).

⑥ 증거신청과 동시에 증인 및 당사자 본인 신문의 경우에는 신문사항을, 감정의 경우에는 감정사항을 제출하여야 한다.

3) 증거신청의 시기

증거의 신청은 변론기일 전에도 할 수 있다(민사소송법 289②). 당사자는 변론에 있어서만 공격·방어방법을 제출할 수 있고 변론 외에서 제출한 증거방법은 변론기일 전에 한 증거신청 외에는 유효한 증거방법의 제출이라고 할 수 없다. 그러므로 법원은 변론종결 후에 접수시킨 서류를 판단의 자료로 삼을 수 없을 뿐만 아니라 직권으로 조사할 의무도 없다.[114]

변론기일 전의 증거신청을 실무에서는 소정 외의 신청(訴廷外의 申請)이라고 한다. 이와 같은 소정 외의 신청에 의하여 법원이 미리 증거결정을 하여 증인·감정인·당사자 본인을 변론기일에 소환하거나 또는 조사의 촉탁(민사소송법 294), 문서송부의 촉탁(민사소송법 352)을 하여 두면 변론기일에 즉시 증거의 제출이나 증거조사를 할 수 있어 소송절차의 신속화를 기할 수 있다.

4) 상대방의 진술

법원은 당사자의 증거신청이 있는 경우 상대방에게 의견을 진술할 기회를 주어야 하는 바 이는 명문의 규정이 없다 하더라도 쌍방심문의 변론주의 구조상 당연하고 또 이는 법원에서 증거신청의 채택여부를 결정하고(민사소송법 290) 적절한 증거조사를 하기 위해서도 필요하다.

이에 상대방은 증거항변을 하게 된다. 즉 시기에 늦은 신청이라든가 증거방법에 증거가치가 없다든가, 쟁점의 판단에 불필요한 증거라든가, 그 서증이 인장도용에 의한 위조라든가 하는 등의 주장을 하게 된다.

5) 증거신청의 철회

증거신청은 증거조사 개시 전까지는 철회할 수 있으나 개시 후에는 상대방의 동의가 있어야만 철회할 수 있다. 이는 증거조사가 개시되면 증거조사 결과가 상대방에게

114) 대법원 1989. 11. 28. 선고 88다카 34148 판결.

유리하게 전개될 수 있기 때문이다.

법원이 증거신청의 채부여부를 결정하지 아니한 채 변론을 종결한 때에는 묵시의 철회가 있었다기 보다는 묵시의 각하가 있었던 것으로 봄이 타당하다.

6) 증거신청의 채택여부결정

① 법원은 당사자가 신청한 증거를 필요하지 아니하다고 인정한 때에는 조사하지 아니할 수 있다. 다만, 그것이 당사자가 주장하는 사실에 대한 유일한 증거인 때에는 그러하지 아니하다(민사소송법 290).

여기에서 "유일한 증거"라 함은 당사자가 입증책임이 있는 사항에 관한 유일한 증거를 말하는 것인바, 유언의 존재 및 내용이 입증사항인 이상 유서에 대한 필적과 무인의 감정은 반증에 불과하여 유일한 증거에 해당하지 않는다.[115]

ⅰ. 신청증거의 불요인정

(ⅰ) 법원은 증거신청이 소정의 방식에 맞지 아니하거나 신청시기를 지난 경우 조사를 하지 아니하여도 무방하고, 증인의 행방불명, 목적물의 멸실 또는 분실 등으로 증거조사를 할 수 있을지, 언제 할 수 있을지 알 수 없는 등 증거조사에 장애가 있는 경우에는 그 증거를 조사하지 아니할 수 있다(민사소송법 291).

(ⅱ) 법원은 당사자가 신청한 증거가 적법한 증거신청이라 하더라도 그 증거방법이 쟁점판단에 도움이 되지 아니한 무가치한 것이거나 부적당한 경우 등 불필요하다고 인정하는 때에는 조사하지 아니할 수 있다(민사소송법 290 본문).

ⅱ. 신청증거의 필요인정

법원은 위에서 살펴본 바와 같이 신청한 증거 중 주요사항에 대한 유일한 증거는 반드시 조사를 하여야 한다(민사소송법 290 단서).

② 법원은 증거신청의 채택여부 결정을 반드시 하여야 하는지에 대하여는 종래부터 견해가 일치하지 아니하였다. 그러나 민사소송법 제290조는 법원은 당사자가 신청한 증거를 필요하지 아니하다고 인정한 때에는 조사를 아니할 수 있다고 규정함으로써 증거신청의 채택여부의 결정은 반드시 하지 않아도 됨을 명문화 하고 있다. 판례 또한 증거조사의 범위한정은 법원의 직권사항임을 들어 증거를 채택할 때 반드시 증거결정을 요하는 것이 아니고 다만, 증거조사의 일시·장소를 당사자에게 고지하여 참여의 기회를 부여하면 되고 보류한 증거에 대하여 불필요하다고 인정한 때에 각하결정을 하지 않아도 무방하다는 취지의 판시를 하였다. 그러나 실무에서는 법정에서 당사자에 의한 증거신청이 있는 때에는 즉석에서 채부를 고지하고 이를 변론조서의 일

115) 대법원 1998. 6. 12. 선고 97다38510 판결.

부인 증인 등 목록에 기재하는 것이 관례이다. 이 경우 증거신청의 채택여부는 채택·각하·보류 등 세 가지로 된다. 증거의 채택여부결정은 소송지휘의 재판이므로 이에 대하여 독립한 불복신청은 할 수 없다.

(3) 증거조사

1) 개 설

증거조사라 함은 법원이 증거방법으로부터 증거자료를 감득하는 행위, 즉 증인·감정인·당사자 본인 등의 인적증거를 신문·청취하고, 문서·검증물 등의 물적 증거를 열람·검사하는 소송상의 절차를 말한다. 증거의 조사는 변론기일 전에도 할 수 있다(민사소송법 289①②).

그리고 증거조사는 직접심리주의·공개주의에 따라 법원이 그 법정 내에서 하는 것이 원칙이다. 이 경우 변론기일이 동시에 증거조사기일이 된다.

그러나 법원은 현장검증·임상신문 등 필요하다고 인정한 때에는 법정 외에서 증거조사를 할 수 있다. 이 경우 법원은 합의부원에게 명하거나 수탁판사에게 맡길 수 있다(민사소송법 297①). 그렇게 될 경우 변론기일과 증거조사기일이 분리된다.

또 증거조사는 당사자의 신청에 의하여 하는 것이 원칙이고(민사소송법 289①) 직권에 의한 증거조사를 보충적으로 인정한다(민사소송법 292). 다만, 직권탐지주의 하에서는 당사자가 신청하지 아니한 증거에 대해서도 조사할 수 있다(행정소송법 9). 증거를 신청할 때에는 증명할 사실을 표시하여야 할 뿐만 아니라 각종 증거방법에 관하여 특정사항을 명시하도록 요구하고 있다(민사소송법 289①, 308, 343, 345, 364).

현행법은 증거분리주의를 인정하지 아니하고 증거결합주의를 채택하고 있으므로 일종의 공격·방어방법인 증거신청도 변론의 종결시까지 할 수 있다(민사소송법 146, 149, 285).

당사자가 신청한 증거로서 법원이 필요하지 아니하다고 인정한 때에는 조사하지 아니할 수 있다(민사소송법 290 본문).[116]

법원이 입증사항과 같은 방향으로 이에 심증을 얻고 있다든지, 시기에 늦어 각하할 수 있다든지(민사소송법 149), 입증사항이 사안의 판단과 관계없다든지, 증거신청이 중복되었다든지 하는 경우가 그 예이다. 그러나 입증자가 신청한 증거방법이 당사자가 주장하는 사실에 대한 유일한 증거인 때에는 그러하지 아니하다(민사소송법 290 단서).

또 당사자가 신청한 증거에 의하여 심증을 얻을 수 없거나 그밖에 필요하다고 인

116) 당사자는 변론에 있어서만 공격·방어방법을 제출할 수 있고 변론 외에서 제출한 증거방법은 민사소송법 제289조 제2항 소정의 증거신청 외에는 유효한 증거방법의 제출이라고 할 수 없으므로 법원은 변론종결 후에 접수시킨 서류를 판단의 자료로 삼을 수 없을 뿐만 아니라 직권으로 조사할 의무도 없다(대법원 1989. 11. 28. 선고 88다카34148 판결).

정한 때에는 직권으로 증거조사를 할 수도 있다(민사소송법 292).

증인 신문, 당사자 신문을 통한 증거조사는 당사자의 주장과 증거를 정리한 뒤 집중적으로 이루어져야 한다(민사소송법 293). 만약 증거가 공공기관 그 밖의 단체·개인, 외국의 공공기관의 업무에 속해 있는 경우에는 그에 필요한 조사 또는 보관 중인 문서의 등본·사본의 송부를 촉탁할 수 있고(민사소송법 294). 외국에서 시행할 증거조사는 그 나라에 주재하는 우리나라 대사·공사·영사 또는 그 나라의 관할 공공기관에 촉탁한다(민사소송법 296①).[117]

외국에서의 증거조사는 외교상의 공조 등을 고려하여 외교통상부장관을 경유하여 그 나라에 주재하는 우리나라 대사·공사·영사 또는 그 나라의 관할 공공기관에 촉탁하여야 한다(민사소송법 296①, 민소규칙 60, 47).

그런데 외국에서 증거조사를 하려면 그 나라와 사법공조조약이나 국제관행이 성립되어야 한다. 우리나라는 아직 세계 어느 나라와도 공조조약을 체결하지 아니하였다. 그러나 미국은 1976. 2. 3. 비체결국가에 대하여도 사법공조에 응할 것을 선언하였으므로 그 공조를 얻을 수 있게 되었다.

그리고 외국에서의 증거조사가 그 나라의 법률에 어긋나더라도 우리나라 민사소송법에 어긋나지 아니하면 효력을 가진다(민사소송법 296②).

법원이 증거조사를 할 때에는 미리 그 날짜와 장소를 당사자에게 알려주고 불러야 한다. 만약 당사자가 그 날짜에 출석하지 아니하여도 법원은 증거조사를 할 수 있다(민사소송법 295). 그러므로 당사자는 이 점을 명심할 필요가 있다.

법원은 필요하다고 인정할 때에는 법원 밖에서 증거조사를 할 수도 있다. 이 경우 합의부원에게 명하거나 다른 지방법원 판사에게 촉탁할 수 있다(민사소송법 297①). 수탁판사 또한 필요하다고 인정할 때에는 다른 지방법원 판사에게 증거조사를 다시 촉탁할 수 있으며, 이 경우 그 사유를 수소법원과 당사자에게 통지하여야 한다(민사소송법 297②). 수탁판사는 증거조사에 관한 기록을 바로 수소법원에 보내야 한다(민사소송법 298).

또 법원은 증거조사를 할 수 있을지 언제 할 수 있을지 알 수 없는 경우에는 아예 그 증거를 조사하지 아니할 수도 있다(민사소송법 291). 이는 조사의 대상인 증거가 행방불명이 되었거나, 증인이 해외 장기체류 또는 언어·수족 등 장애로 인하여 장기입원치료 중에 있거나, 인용한 선행디자인 문헌이 매진(소진)되고 더 이상 발행이 중단되고 있는 상태에 있는 경우 그 밖에 증거가 외국 특히 국교가 없는 비수교국이나 적성국가(예 : 북한)에 있는 등 증거조사에 장애가 있는 경우 등이 이에 속한다.

---

117) 그러나 필요하지 아니하다고 인정한 당사자의 신청증거가 당사자가 주장하는 사실에 대한 유일한 증거인 때에는 그러하지 아니하다(민사소송법 290 단서). 여기에서 "유일한 증거"라 함은 당사자가 입증책임이 있는 사항에 관한 유일한 증거를 말하는 바, 유언의 존재 및 내용이 입증사항인 이상 유서에 대한 필적과 무인의 감정은 반증에 불과하여 유일한 증거에 해당하지 않는다(대법원 1998. 6. 12. 선고 97다38510 판결).

법원은 증거조사의 결과에 대하여 변론의 기회를 주어야 하고 특히 법원이 직권으로 조사한 결과에 대하여는 당사자의 의견을 들어야 한다. 증거조사의 절차 및 결과는 변론기일에 행한 경우에 변론조서에, 그렇지 아니한 경우에는 증거조사기일의 조서에 기재한다.

수소법원이 법정에서 한 증거조사결과는 당연히 재판의 기초가 되나 수명법관·수탁판사에 의한 증거조사, 외국에서 한 증거조사, 수소법원이 법정 밖에서 한 증거조사결과는 당사자의 원용을 요하는가가 문제된다. 이 경우 변론주의의 예외로 법원이 증거조사결과를 변론기일에 당사자에게 제시하여 의견진술의 기회를 주면 되는 것이고, 당사자의 원용까지는 필요하지 아니하다고 봄이 타당하다.

2) 증거조사절차

심결 등 취소소송에서의 증거조사절차는 대체로 일반 민사소송절차와 같으므로 여기에서는 심결 등 취소소송에서 특히 문제가 되고 있는 자백·증인 신문·감정·서증·검증·당사자 신문 등에 대해서만 살펴보기로 한다.

① 자 백

ⅰ. 의 의

자백이라 함은 소송상의 당사자가 자기에게 불리한 법률관계의 기초가 되는 사실을 긍정하는 행위를 말한다. 여기에서 다시 재판 외에서 상대방 또는 제3자에 대하여 하는 재판 외의 자백과 재판상의 자백이 있다. 소송법상 문제되는 것은 주로 후자이다. 전자에 관하여는 소송에서 상대방이 이를 원용하여도 1개의 증빙으로서의 의미를 가짐에 그친다.

재판상 자백은 그 소송의 변론 또는 수명법관의 심문절차에서 상대방이 주장하는 자기에게 불리한 사실을 인정하는 진술을 말한다.

이때에 쌍방의 진술의 선후여하는 문제가 되지 아니한다. 일방이 선행적 자백을 하고 그 철회 전에 상대방이 원용하여도 좋다. 상대방의 진술이 전체의 취지로서 틀리는 점이 있더라도 일치되는 부분에 대하여는 자백이 성립된다(이유부 부인·제한부 자백).

자백이 있을 때에는 변론주의가 행하여지는 범위 내에서는 법원은 그 진술의 진부를 판단할 필요가 없고 또 이에 반하는 인정을 할 수 없다(민사소송법 288 본문). 그러나 법규나 경험법칙에 관하여는 쌍방의 진술이 일치하여도 법원은 구속받지 않는다. 왜냐하면 자백은 사실에 관해서만 인정되기 때문이다.

ⅱ. 문제의 제기

이러한 자백이 문제가 되는 것은 자백이 현저한 사실에 반하는 때 구속력을 가지는

가 하는 것이다. 즉 심결 등 취소소송의 대상은 심판의 심결 및 결정의 위법이다. 그러므로 원고는 청구원인 사실로서 심결의 위법을 주장함에 있어서는 이미 앞에서 살펴본 바와 같이 특허심판원에 있어서의 i) 절차 경위, ii) 본원(건) 디자인의 요지, iii) 심결 등 이유의 요지, iv) 심결 등 취소사유를 주장하게 되는데 이 중 i) 내지 iii)의 존재자체는 사실이므로 자백의 대상으로 됨은 명백하다. 그러나 iv)의 경우 특히 실체적 위법사유에 대하여 자백이 성립하는가의 여부가 주로 당사자계 사건의 심결 등 취소소송에서 문제가 된다.

iii. 학설·판례 등

(i) 우리나라의 학설·판례

위에서 살펴본 바와 같이 자백이 현저한 사실에 반하는 때 구속력을 가지는가에 대하여는 학설이 갈려져 있다. 그렇지만 이러한 사실을 재판의 기초로 한다는 것은 변론주의의 확장이라 할 수 밖에 없기 때문에 그 구속력을 인정치 않음이 마땅하다. 판례는 사실에 반한다는 입증을 하면 착오의 증명도 있었던 것으로 본다하여 이 요건을 경감하고 있다. 즉 일반 행정소송에 있어서는 i) 자백을 인정하는 자백 긍정설[118], ii) 자백을 부인하는 자백부정설[119], iii) 원고자백을 인정하고 피고자백은 부인하는 원고자백긍정 피고자백부정 i), ii)의 중간설[120]로 나뉘어져 있는 가운데, 다수의 대법원 판례는 일반적으로 직권조사 사항에 속하는 것에 대하여는 민사소송법 제288조(불요증사실 : 법원에서 당사자가 자백한 사실과 현저한 사실은 증명을 필요로 하지 아니한다. 다만, 진실에 어긋나는 자백은 그것이 착오로 말미암은 것임을 증명한 때에는 취소할 수 있다)의 적용을 부정하고 그 밖의 사항에 대하여는 그 적용을 긍정하는 태도를 취하고 있다.[121]

(ii) 일본의 학설·판례·재판실무

i) 학 설

심결취소소송에도 자백의 성립을 인정하는 자백긍정설이 다수설인 것 같다.[122] 자백부정설은 행정소송에서는 당사자가 소송대상에 대하여 처분할 권한이 없다는 것 외에 취소판결에는 대세효(對世效)가 있고 당사자 그 밖의 관계 행정청을 구속하는 힘이 있다는 것 등을 이유로 처분권주의 외에 변론주의도 제한되어야 한다는 것이다.[123]

---

118) 이석선, 판례 행정소송법(하)

119) 윤일영, 행정소송의 문제점, 법조(1977), 37면.

120) 이재성, 행정소송과 자백, 민사재판의 이론과 실제 1, 3권, 사법행정 309호.

121) 대법원 1984. 1. 24. 선고 83누212 판결, 1991. 5. 28. 선고 90누1801 판결 등 다수 참조.

122) 本間 崇, 特許訴訟讀本(增補新版), 信山社(1993), 47면 이하 참조.

123) 小室直人, 特許審決取消訴訟と自白法則, 名成法學 제36권(1996), 327면 이하 참조.

ii) 판 례

판례 또한 자백 긍정설의 이론적 근거에 기초를 둔 자백 긍정례와 자백 부정설의 이론적 근거에 기초를 둔 자백 부정례로 나뉘어져 있다.

A. 자백 긍정례

a) 출원전 당업자에게 있어서는 명백한 디자인이라는 점에 대하여 출원인이 이를 명백히 다투지 아니하므로 자백한 것으로 본 예[124]

b) 심결이 본건 디자인은 그 물품의 형상의 일부를 결여하므로 디자인으로서는 미완성이라고 하여 디자인등록을 무효로 한 심결의 취소소송에서 원고가 심결은 본건 디자인의 물품의 형상을 오인한 나머지 디자인을 미완성으로 한 것은 위법하다는 주장을 피고가 인정하므로 자백이 있다고 하여 취소한 예[125] 등

B. 자백 부정례

a) 용이추고성(容易推考性, 창작성)의 판단은 법적가치판단을 포함하고 그 한도에 있어서는 법률문제로서 자백대상이 될 수 없다고 하여 이른바 결석판결의 사안임에도 불구하고 의제자백의 성립을 인정하지 않은 예[126]

b) 선원과 후원에 있어서의 디자인의 목적의 차이에 대하여는 자백의 성립을 인정하면서도 디자인의 구성이 디자인을 가장 객관적으로 나타내는 것이므로 위 각 디자인이 이 점에서 다르지 않는 한 동일한 디자인이라고 하여, 동일성의 판단은 법적 평가로서 자백의 대상이 될 수 없다고 한 예[127] 등

iii) 재판실무

위 긍정례에서 본 바와 같이 특히 당사자 심결 등 취소소송에서 의제자백의 적용이 있거나 또는 피고가 원고의 청구원인사실을 전부 인정한다는 취지의 진술을 하는 것은 법원이 이를 전부 자백으로 보아 의제자백 혹은 자백이 있다는 사유만으로 원고승소판결을 하는 일부 실무처리에 기인하는 면도 있었다. 또한 디자인등록무효심결취소소송과 디자인권 침해소송이 병존하고 있는 경우 후자에 대하여 당사자 사이에 디자인권을 유효로 하는 것을 전제로 하는 사실상의 화해가 성립한 경우에 원고는 취소소송을 취하할 수 없고(소를 취하하면 무효심결이 확정되어 버린다), 무효심판청구도 취하할 수도 없어서(1987년 개정 전의 일본 의장법에 의한 준용특허법 155조 1항은 심결종결 후에는 심판청구를 취하할 수 없다고 규정하고 있었다) 법원으로부터 디자인등록무효심결의 취소를 받아 사건이 심판단계에서 다시 되돌아갔을 때 심판청구를 취하할 수밖에

124) 東京高 1973. 9. 11. 判, 判タ301호, 204면 참조.

125) 東京高 1972. 2. 17. 判, 取消集 69면 참조.

126) 東京高 1974. 7. 31. 判, 判タ 313호, 286면 참조.

127) 東京高 1973. 1. 23. 判, 判タ 291호, 199면 참조.

없었던 관계로 법원의 취소판결을 기대하고 자백하는 경우도 있었다고 보여진다.

그러나 현재 실무상으로는 1987. 5. 5 일본의장법에 의한 준용특허법 155조가 개정되어 심판청구는 심결이 확정될 때까지 이를 취하할 수 있도록 규정(우리나라 디자인보호법 72의25① 본문에 해당)되어 있어 피고가 (의제) 자백하는 예는 이제는 찾아볼 수 없게 되었다고 한다.[128)]

ⅳ. 결 어

디자인보호법 및 행정소송법에 심결 등 취소소송에서의 자백, 의제자백에 관한 아무런 규정을 두고 있지 아니하므로 자백에 관한 민사소송법의 규정이 원칙적으로 적용된다.

그러나 자백의 대상은 사실이고 법적 판단은 될 수 없으므로 심결 또는 결정위법사유로서의 디자인의 신규성이나 창작성의 유무에 관한 주장에 대하여 자백이 성립하는가 하는 문제는 결국 위 신규성이나 창작성의 유무가 사실개념인가 법적평가(판단)를 포함하는 개념인가 하는 문제로 귀착된다.

따라서 심결 등 취소사유(특히 실체적 위법사유)에 대한 주장에 법적 평가(판단)가 포함되어 있다고 보는 한 그 한도에서는 자백이 인정될 수 없다. 다만, 위와 같이 가치판단이 포함되어 있지 아니한 사실 예를 들면 선행디자인 문헌의 반포일자, 어떤 디자인이 디자인등록출원 전 선행디자인 인지 여부 등과 같은 사실에 대하여는 자백이 성립된다고 할 것이다.[129)]

② 증인 신문

ⅰ. 의 의

증인 신문이라 함은 증인을 증거방법으로 하는 증거조사를 말하는데 여기에서 증인이라 함은 소송에 있어서 5관의 작용에 의하여 자기가 직접 보고 듣고 겪은 바 있는 어떠한 사실이나 상태에 관하여 진술을 할 사람으로서 소송당사자나 법정대리인이 아닌 제3자이다.

증인은 당사자 친족이나 소송무능력자는 물론 소송대리인, 보조참가인, 소송고지에 있어서 피고지자, 법인이 당사자인 경우 대표자 아닌 구성원도 증인이 될 수 있다. 공동소송인도 자기의 소송관계와 무관한 사항에 대하여 증인이 될 수 있다. 또 특허심판원의 심판에서의 공동당사자이었다가 특허법원에서 공동소송인이 아닌 경우도 증인이 될 수 있다.

법원은 증인과 증명할 사항의 내용 등을 고려하여 상당하다고 인정하는 때에는 증

128) 법원행정처, 특허소송실무, 삼화인쇄주식회사(1998), 226면 참조.

129) 법원행정처, 특허소송실무, 삼화인쇄주식회사(1998), 227면 참조.

인의 출석·증언에 갈음하여 증언할 사항을 적은 서면을 제출하게 할 수 있다(민사소송법 310①). 그러나 법원은 이에 대하여 상대방의 이의가 있거나 필요하다고 인정하는 때에는 그 증인으로 하여금 출석·증언하게 할 수 있다(민사소송법 310②).

ii. 증인신문의 신청절차

당사자가 증인신문을 신청하고자 하는 때에는 증인을 지정하여 신청하여야 한다(민사소송법 308). 신청은 구술로도 가능하다. 증인신문신청이 채택된 때에는 신청한 당사자는 증인신문기일 10일 전까지 신문사항을 기재한 서면 4통을 제출하여야 한다. 신문사항 4통 중 1통은 기록에 가철하고, 1통은 법원사무관등 용이고, 1통은 증인출석요구서와 함께 증인에게 송달되고, 나머지 1통은 상대방 당사자에게 교부한다(민사소송규칙 61).

이와 같이 신문사항을 기재한 서면을 증인신문기일 10일 전까지 법원에 제출토록 한 것은 법원으로 하여금 증인의 소환시 신문사항을 증인에게 송달할 수 있는 시간적 여유를 가지게 하고 소송지연을 방지하기 위함이다.

또 상대방인 경우에는 증인신문 신청인의 신문사항을 교부받아 검토한 다음 반대신문사항을 4통 작성하여 2통은 증인신문시 법원에 제출하여 증인신문 조서상 반대신문내용이 정확하게 기재될 수 있도록 준비한다.

iii. 증인이 출석하지 아니한 경우의 제재 등

(i) 과태료 등

i) 증인이 정당한 사유 없이 출석하지 아니한 때에 법원은 결정으로 증인에게 이로 인한 500만원 이하의 과태료에 처한다(민사소송법 311①).

ii) 법원은 증인이 위 i)과 같은 과태료의 재판을 받고도 정당한 사유 없이 다시 출석하지 아니한 때에는 결정으로 증인을 7일 이내의 감치(監置)에 처한다(민사소송법 311②). 법원은 감치재판기일에 증인을 소환하여 위 ii)의 정당한 사유가 있는지 여부를 심리하여야 한다(민사소송법 311③). 감치에 처하는 재판은 그 재판을 한 법원의 재판장의 명령에 따라 법원공무원 또는 경찰공무원이 경찰서 유치장·교도소 또는 구치소에 유치함으로써 집행된다(민사소송법 311④). 감치의 재판을 받은 증인이 위 감치시설에 유치된 때에는 당해 감치시설의 장은 즉시 그 사실을 법원에 통보하여야 한다(민사소송법 311⑤). 통보받은 법원은 바로 증인신문기일을 열어야 한다(민사소송법 311⑥). 감치의 재판을 받은 증인이 감치의 집행 중에 증언을 한 때에는 법원은 바로 감치결정을 취소하고 그 증인을 석방하도록 명하여야 한다(민사소송법 3311⑦).

iii) 법원의 위 과태료 및 감치결정에 대하여는 즉시항고를 할 수 있다. 다만 그 즉시항고는 집행을 정지시키는 효력을 가지지 아니한다(민사소송법 311⑧).

(ii) 구 인

법원은 정당한 사유 없이 출석하지 아니한 증인을 구인(拘引)하도록 명할 수 있고, 구인에는 형사소송법의 구인이 그대로 적용된다(민사소송법 312).

ⅳ. 신문내용

주 신문은 증명할 사항에, 반대신문은 주 신문에 나타난 사항 및 이에 관련된 사항과 증언의 신빙성에 관한 사항에, 재주 신문(再主訊問)은 반대신문에 나타난 사항 및 이에 관련된 사항에 관하여 한다(민사소송규칙 67). 법원은 당사자의 신문이 중복되거나 쟁점과 관계가 없는 때 그밖에 필요한 사정이 있는 때에는 재판장은 당사자의 신문을 제한할 수 있다(민사소송법 327⑤).

위 신문내용에 위반되거나 구체성이나 개별성이 없는 신문, 증인을 모욕하거나 곤혹스럽게 하는 신문, 의견이나 추측의 진술을 구하는 신문인 경우에도 또한 같다.

ⅴ. 증인의 진술원칙

증인은 서류에 의하여 진술하지 못한다. 다만, 재판장이 허가하면 그러하지 아니하다(민사소송법 331).

ⅵ. 증인의 증언거부권 등

(ⅰ) 증언거부권

증인은 그 증언이 ⅰ) 자기나, ⅱ) 증인의 친족 또는 이러한 관계에 있었던 사람, ⅲ) 증인의 후견인 또는 증인의 후견을 받은 사람 중 어느 하나에 해당하는 사람이 공소 제기되거나 유죄판결을 받을 염려가 있는 사항 또는 자기나 그들에게 치욕이 될 사항에 관한 것인 때에는 이를 거부할 수 있다(민사소송법 314).

또 증인은 ⅰ) 변호사·변리사·공증인·공인회계사·세무사·의료인·약사 그밖에 법령에 따라 비밀을 지킬 의무가 있는 직책 또는 종교의 직책에 있거나 이러한 직책에 있었던 사람이 직무상 비밀에 속하는 사항에 대하여 신문을 받을 때, ⅱ) 창작방법(디자인 기법) 또는 직업의 비밀에 속하는 사항에 대하여 신문을 받을 때 중 어느 하나에 해당하면 증언을 거부할 수 있다(민사소송법 315①). 그러나 증인이 비밀을 지킬 의무가 면제된 경우에는 위 ⅰ), ⅱ)의 신문에 증언을 거부할 수 없다(민사소송법 315②).

(ⅱ) 거부이유의 소명 및 재판

증인이 증언을 거부하는 때에는 반드시 그 증언거부의 이유를 소명하여야 한다(민사소송법 316). 이 때 수소법원은 당사자를 심문하여 증언거부가 옳은지를 재판한다(민사소송법 317①). 당사자 또는 증인은 수소법원의 증언거부에 대한 재판에 대하여 즉시항고를 할 수 있다(민사소송법 317②).

(iii) 증언거부에 대한 제재

증언의 거부에 정당한 이유가 없다고 한 재판이 확정된 뒤에 증인이 증언을 거부한 때에는 법원은 결정으로 증인에게 이로 인한 소송비용을 부담하도록 명하고 500만원 이하의 과태료에 처한다. 증언을 거부한 증인은 위의 과태료 결정에 즉시 항고할 수 있다. 그러나 즉시항고는 집행을 정지시키는 효력은 없다(민사소송법 318).

③ 감 정

ⅰ. 서 설

(ⅰ) 의 의

감정이라 함은 특별한 학식·경험을 가진 자로 하여금 그의 전문지식이나 또는 그의 지식을 이용한 판단을 소송상 보고 시켜 법관의 판단능력을 보조하기 위한 증거조사방법이다. 그 조사에 응하여 의견을 진술하여야 하는 제3자가 감정인이다.

감정인의 적격은 우리나라 재판권에 따르고 감정에 필요한 학식·경험을 갖고 있는 자나 또 감정의 촉탁을 받은 공공기관·학교 그밖에 상당한 설비가 갖추어져 있는 단체 또는 외국의 공공기관은 감정의무가 있다(민사소송법 334①, 341①). 이러한 감정촉탁을 받은 공공기관이나 학교 등은 전문적 연구시설을 갖춘 권위 있는 기관에 대한 촉탁인 까닭에 감정인 선서에 관한 규정(민사소송법 334②)을 적용하지 않는다고 규정하고 있는 것이므로 동조에 의한 감정이라면 위와 같은 권위 있는 기관에 의하여 그 공정성과 진실성 및 그 전문성이 담보되어 있어야 한다.[130)]

감정인 의무의 내용은 출석의무·선서의무·진술의무의 3자로 대체로 증인의무와 같다.

(ⅱ) 성 질

증인은 과거의 특정사실의 견문자로서 특정적 불대체적임에 대하여 감정에 필요한 지식은 정도의 차는 있으나 대체적이고 경험을 요하는 경우라도 다시 되풀이 할 수 있는 것이다. 그러므로 증인은 거증자가 특정인을 표시하지 않으면 안되지만(민사소송법 308) 감정인의 인선은 법원에 맡겨져 있고(민사소송법 335) 또 증인능력을 제한하면 증거가 되지 않을 우려가 있어 이를 인정치 않음에 대하여 감정인에 대해서는 법관과 같은 결격사유(민사소송법 334) 및 기피(민사소송법 336)를 인정하여 불공정한 감정을 할 우려가 있는 자를 뽑아 감정시킬 필요를 없게 하고 또 불출석할 때 무리하게 끌어오면 바른 감정을 기대할 수 없어 구인의 강제를 하지 않고 있다(민사소송법 333 단서).

(iii) 대 상

감정의 대상은 우선 법규·경험칙과 같이 재판의 대전제가 되는 것이다. 원래 법관

130) 대법원 1982. 8. 24. 선고 82다카317 판결.

은 그 직권으로서 법규 전반에 대하여 정통하여야 하지만 외국법·관습법·특정분야에는 못 미칠 수도 있기 때문에 그 존부 및 해석에 대하여 감정을 할 수 있다. 또 소전제로 되는 사실판단에 대하여도 감정을 필요로 할 때가 있다. 예를 들면 필적 또는 인영(印影)의 동일성 등이다. 다만 감정은 법관의 지식을 보충하는 것이기 때문에 통상의 지식에 의하여 판단할 수 있는 것은 스스로 판단하면 되고 감정에 의할 필요는 없다.

ii. 감정진술의 방식

재판장은 감정인으로 하여금 서면이나 말로써 의견을 진술하게 할 수 있다. 만약 여러 감정인에게 감정을 명하는 경우에는 다함께 또는 따로 따로 의견을 진술하게 할 수 있다(민사소송법 339①②).

iii. 감정인의 기피

감정인이 성실하게 감정할 수 없는 사정이 있는 때에 당사자는 그를 기피할 수 있다. 다만 당사자는 감정인 감정사항에 관한 진술을 하기 전부터 기피할 이유가 있다는 것을 알고 있었던 때에는 감정사항에 관한 진술이 이루어진 뒤에 그를 기피하지 못한다(민사소송법 336).

기피신청은 수소법원 또는 수명법관에게 하여야 한다. 기피하는 사유는 소명하여야 한다. 기피하는데 정당한 이유가 있다고 한 결정에 대하여는 불복할 수 없고, 이유가 없다고 한 결정에 대하여는 즉시항고 할 수 있다(민사소송법 337 ① 내지 ③).

iv. 감정절차

감정은 원칙적으로 증인신문에 준한다(민사소송법 333 본문). 다만 민사소송법 제311조(증인이 출석하지 아니한 경우의 과태료 등) 제2항 내지 제7항, 제312조(출석하지 아니한 증인의 구인) 및 제321조(선서의 방식) 제2항의 규정은 적용시키지 아니한다(민사소송법 333 단서).

감정은 당사자의 신청에 의하여 행하는 것이 원칙이지만 예외적으로 수소법원 또는 수명법관은 직권으로 감정을 명할 수도 있다(민사소송법 333, 292). 신청을 함에 있어서는 감정인을 지정할 필요는 없다. 설령 감정인을 지정하여 신청하였다 하더라도 법원에 추천하는 이상의 의미는 없다. 감정인의 지정은 수소법원 또는 수명법관의 전권사항이기 때문이다(민사소송법 335). 따라서 법원은 감정인 인선에 있어서는 신청에 구속되지 않는다.

감정의견의 보고는 변론기일 또는 감정인 신문기일에 있어서는 구술로 하고 기일 외에 있어서는 서면으로 한다. 기일의 구술보고 보다는 기일 외에서의 서면보고 즉 감정서[131]의 제출이 실무상 통례이다.

---

131) 감정인이 법원에 보고하기 위하여 작성하는 감정의 경과와 결과를 기재한 서면.

ⅴ. 감정결과

감정의 결과를 재판의 자료로 하기 위하여 실무상 당사자는 감정의 결과를 원용한다는 진술을 하지만 수소법원에 의하여 감정의 결과가 법정에 제출된 이상 원용하지 않는다는 진술을 하여도 증거자료로 할 수 있다.132)

감정의 결과를 현실적으로 증거로 채용하느냐는 다른 증거와 마찬가지로 법관의 자유심증에 의한다. 당사자 일방의 신청에 의한 감정결과에 타방이 만족하지 아니하여 재감정 신청을 하는 경우가 있는 바, 그 채택여부는 법원의 직권사항이다. 동일사항에 대한 여러 개의 서로 다른 감정결과 가운데 그 어느 하나에 의하여 사실인정을 하여도 채증법칙에 위배되지 아니하고 적법한 것이다.

④ 서 증

ⅰ. 서 설

(ⅰ) 의 의

서증이라 함은 문서성립의 진부 및 문서에 기재되어 있는 의미·내용을 조사하여 증거자료로 삼으려는 증거조사·증거내용, 즉 사상을 증거자료로 하려는 것을 말한다. 따라서 문서의 지질이나 문서의 필적을 알기 위한 검열, 즉 검증과는 다르다.

서증의 대상이 되는 문서는 자유심증주의 하에서는 문서의 종류 여하를 불문하고 증거능력이 있는 것이다. 그러나 법관의 심증을 좌우하기 위하여서는 문서의 증거력(문서의 진정을 증명하는 형식적 증거력과 문서기재 내용이 증거로서 갖는 가치, 즉 실질적 증거력)이 작용한다.

결국 서증은 문서의 증거력의 존부를 조사하는 절차이다.

문서는 문자 그 밖의 기호의 조합에 의하여 사상적 의미를 표현한 유형물이다. 표찰·도면·사진은 문서는 아니지만 뒤에 증거로 남기기 위하여 작성된 경우에는 준 문서로서 서증에 준한다 할 것이다(2002. 1. 26 법률 제6626호 개정전, 민사소송법 335 참조). 녹음테이프에 관하여 증거방법으로서 문서가 되는가 아니면 단순한 검증물에 불과한가가 문제된다. 그러나 녹음테이프는 그것만으로는 사상을 해독할 수 없고 재생할 음성의 현상을 수록한 것이므로 그 자체는 검증의 대상인 것이다.133) 다만 당사자가 테

서면에 의한 의견의 보고가 요구됨은(민사소송법 339) 증인과 다른 한 가지 특징이라고 할 수 있다. 그런데 이러한 감정서는 서증으로서 취급할 수 없다. 이에 반하여 소송 외에서 당사자의 의뢰에 의하여 작성된 감정서를 제출하는 것은 서증으로 된다. 즉 감정의견이 소송법상 감정인 신문이나 감정의 촉탁 방법에 의한 것이 아니고 소송 외에서 전문적인 학식·경험이 있는 자가 작성한 감정의견을 기재한 서면이라 하더라도 그 서면이 서증으로 제출되었을 때 법원이 이를 합리적이라고 인정하면 이를 사실인정의 자료로 할 수 있다(대법원 1999. 7. 13. 선고 97다57979 판결).

132) 대법원 1951. 8. 21. 선고 4283민상100 판결 등.

133) 대법원 1981. 4. 14. 선고 80다2314 판결.

이프에 녹음된 내용을 변론에 제출하는 때에는 먼저 그 내용을 문서에 녹취하여 이를 서증으로 제출하고 이어 서증의 증명력의 보강을 위해 녹음테이프를 검증하여야 할 것이다.

(ii) 문서의 종류

i) 공문서 · 사문서

공문서는 공무원이 직무상 작성한 문서이고, 사문서는 공문서 이외의 문서로서 이는 사인이 사무상 작성한 문서이다. 사문서에 공무원이 직무상 일정한 사항을 기입해 주는 공사병존문서는 공문서 부분의 성립으로 사문서 부분의 진정 성립을 추정할 수 없다. 예를 들면 확정일자 있는 사문서는 확정일자의 공성부분을 인정한다 하더라도 그 서면이 확정일자 당시에 존재한 사실이 증명될 뿐이고 그 내용이 진정하게 성립된 사실을 증명하는 효력은 없다.

ii) 처분문서 · 보고문서

처분문서는 증명할 법률행위를 포함하고 그것을 구현하고 있는 문서이다. 디자인권에 대한 전용실시권 설정계약서, 판결문 등이 이에 해당한다. 보고문서는 외부적 사실 또는 사람의 내심의 상태에 대한 보고, 의견, 감정 등을 기재한 문서이다. 디자인등록원부, 디자인등록 출원심사보고서 등이 이에 해당한다. 양 문서의 구별은 증거가치의 유무, 경중의 점검에 중요한 역할을 한다.

iii) 원본 · 정본 · 등본 · 초본 · 사본

원본은 문서 그 자체이고, 정본은 정본이라고 표시한 문서의 등본으로서 원본과 같은 효력이 인정된다. 등본은 원본 전부의 사본이고, 초본은 원본 일부의 사본이며, 사본은 원본이나 정본·등본·초본을 그대로 옮기어 베낀 복사본이다.

iv) 인증등본

위의 원본·정본·등본·초본·사본 등에 대하여 인증기관이 공증할 경우 이를 인증등본이라고 한다.

ii. 서증의 신청 등

(i) 서증신청의 방식

당사자가 서증을 신청하고자 하는 때에는 문서를 제출하는 방식 또는 문서를 가진 사람에게 그것을 제출하도록 명할 것을 신청하는 방식으로 한다(민사소송법 343). 즉, 서증신청은 거증자가 문서를 소지한 경우에는 이를 제출하여 신청할 것이며, 상대방 또는 제출의무 있는 제3자가 소지한 경우에는 문서제출 명령을 신청하여야 할 것이다. 그러나 제출의무가 없는 경우에는 문서송부의 촉탁을 신청하여야 한다.

판례는 "서증은 법원 외에서 조사하는 경우 이외에는 당사자가 변론기일 또는 준비절차기일에 출석하여 현실적으로 제출하여야 하고 서증이 첨부된 소장 또는 준비서면 등이 진술되는 경우에도 마찬가지라고 할 것이다"라고 판시하였다.134)

(ii) 서증의 신청방법

민사소송법은 서증의 신청방법으로 4가지의 유형을 규정하고 있다.

i) 소지문서의 제출

자기가 소지하는 문서를 직접 제출하는 방법이다(민사소송법 343 전단). 당사자가 서증을 신청하고자 하는 때에는 문서를 제출하는 방식, 즉 거증자가 문서를 소지한 경우에 서증을 신청함에 있어서는 이를 법원에 제출하여야 한다(민사소송법 343). 제출은 변론기일이나 준비절차기일에 있어서 현실로 제출할 것을 요하며, 준비서면에 첨부된 문서는 준비서면이 진술 간주되어도 제출 간주되지 아니한다.

당사자 간에 원본의 존재 및 성립에 관하여 다툼이 없을 때에는 사본을 서증으로 제출할 수 있지만 그렇지 않으면 반드시 원본·정본 또는 인증등본에 의하여야 한다. 만일 이 경우에도 사본이 제출되면 증거신청은 부적법하다 하여 고려하지 않을 수 있다.135)

ii) 문서제출 명령

거증자가 법원에 대하여 제출의무가 있는 문서소지인에게 문서를 제출하라는 명령을 하여 달라고 신청하는 방법이다(민사소송법 343 후단).

문서를 가진 사람에게 그것을 제출하도록 명할 것을 신청하는 방식, 즉 거증자는 상대방 또는 제3자에게 제출의무가 있고 그가 소지하고 있는 문서를 서증으로 신청함에 있어서 그 제출명령신청을 할 수 있다(민사소송법 343 후단).

당사자가 소송에서 인용한 문서를 소지한 때, 신청자가 문서소지인에게 인도나 열람을 구할 수 있을 때, 문서가 신청자의 이익을 위하여 작성되었거나 신청자와 문서소지자간의 법률관계에 관하여 작성된 것일 때에는 문서소지자는 제출을 거부하지 못한다(민사소송법 344).

당사자가 문서제출명령에 응하지 아니하는 때는 법원은 문서에 관한 상대방의 주장을 진실한 것으로 인정할 수 있다(민사소송법 349).

iii) 문서송부 촉탁

거증자는 문서제출의무의 유무에 불구하고 문서소지자에게 그 문서의 송부를 촉탁할 것을 신청할 수 있다(민사소송법 352 원문). 송부촉탁된 문서라고 하여 모드 증거력이 있는 것이 아니다. 사문서의 경우에는 그 진정성립이 인정되어야만 증거로 할 수

134) 대법원 1991. 11. 8. 선고 91다15775 판결.

135) 대법원 1954. 9. 4. 선고 4286민상107 판결.

있다. 이러한 문서송부의 촉탁제도는 관공서의 서류를 이용하려고 할 때에 주로 이용되고 있다.

그러나 당사자가 법령에 의하여 문서의 정본 또는 등본을 청구할 수 있는 경우에는 문서촉탁신청을 할 수 없다(민사소송법 352 단서). 예를 들면 특허청에 비치하고 있는 디자인등록원부의 디자인등록등본 등이 그것이다.

송부촉탁의 신청은 대개 변론기일 또는 준비절차기일에서 행하여지고 있으나 증거신청의 일종이므로 기일 전에도 할 수 있고(민사소송법 289②) 법원도 기일 외에서 그 채부를 결정할 수 있다. 다만 신청인은 법원의 신청각하결정에 대하여 독립하여 불복신청을 할 수 없다(민사소송법 290 참조).

법원이 송부촉탁을 한 경우 촉탁을 받은 소지자가 응하지 아니하더라도 그에 대한 제재규정이 없다. 촉탁을 받은 사람은 문서의 원본, 정본 또는 인증등본을 송부하여야 한다(민사소송법 355①).

송부된 문서는 당연히 그 사건에서 증거자료로 되는 것이 아니고 신청인이 그 중에서 필요한 것을 서증으로 제출할 수 있다.

ⅳ) 서증조사

제3자가 소지하는 문서를 문서제출명령이나 문서송부촉탁에 의하여 서증으로 신청할 수 없거나 신청하기 어려운 사정이 있는 때에는 법원은 그 문서가 소재하는 장소에서 서증의 신청을 받아 조사할 수 있다(민사소송법 규칙 75). 예를 들면 미완결된 사건기록의 경우에는 촉탁에 따른 문서의 송부를 기다릴 시간적 여유가 없으므로 서증조사의 방법에 의하게 된다. 이와 같은 서증의 조사는 법원 밖에서 증거조사(민사소송법 297①)의 형식을 취한다.

법원 밖에서의 서증조사이기 때문에 문서가 있는 곳에서 서증조사기일이 열리게 되며, 당사자는 그 곳에서 서증으로 신청하고자 하는 문서를 개별적으로 지적하면서 서증으로서의 부호와 번호를 붙여 사본을 제출하여야 한다. 사본의 즉석제출이 어려울 때에는 재판장이 정하는 기일까지 제출하면 된다.

(iii) 제출신청의 허가여부에 대한 재판 등

ⅰ) 재 판

법원은 문서제출신청에 정당한 이유가 있다고 인정한 때에는 결정으로 문서를 가진 사람에게 그 제출을 명할 수 있다(민사소송법 347①).

문서제출의 신청이 문서의 일부에 대하여만 이유가 있다고 인정한 때에는 그 부분만의 제출을 명하여야 한다. 제3자에 대하여 문서의 제출을 명하는 경우에는 제3자 또는 그가 지정하는 자를 심문하여야 한다(민사소송법 347②③).

법원은 문서가 민사소송법 제344조의 규정에 의한 문서의 제출의무가 있는 자의 것인가를 판단하기 위하여 필요하다고 인정하는 때에는 문서를 가지고 있는 사람에게 그 문서를 제시하도록 명할 수 있다. 이 경우 법원은 그 문서를 다른 사람이 보도록 하여서는 아니된다(민사소송법 347④).

법원이 문서제출 명령신청에 대하여 별다른 판단을 하지 아니한 채 변론을 종결하고 판결을 선고한 경우 이는 법원이 문서제출명령신청을 묵시적으로 기각한 취지라고 할 수 있으며, 이는 판단유탈에 해당한다.[136)]

ii) 불복신청

문서제출의 신청에 관한 법원의 결정에 대하여는 즉시항고[137)]를 할 수 있다.

iii. 문서의 제출의무 등

(i) 문서제출의무

다음의 어느 하나의 경우에 문서를 가지고 있는 사람은 그 제출을 거부하지 못한다(민사소송법 344①).

i) 당사자가 소송에서 인용한 문서를 가지고 있는 때

ii) 신청자가 문서를 가지고 있는 사람에게 그것을 넘겨달라고 하거나 보겠다고 요구할 수 있는 사법상의 권리를 가지고 있는 때

iii) 문서가 신청자의 이익을 위하여 작성되었거나 신청자와 문서를 가지고 있는 사람 사이의 법률관계에 관하여 작성된 것인 때.

다만 다음의 사유 가운데 어느 하나에 해당하는 경우에는 그러하지 아니하다.

A. 민사소송법 제304조(대통령·국회의장·대법원장·헌법재판소장의 신문), 제305조(국회의원·국무총리·국무위원의 신문), 제306조(공무원의 신문)에 규정된 사항이 적혀있는 문서로서 같은 조문들에 규정된 동의를 받지 아니한 문서

B. 문서를 가진 사람 또는 그와 증인의 친족 또는 그러한 관계에 있었던 사람이나 혹은 증인의 후견인 또는 증인의 후견을 받은 사람(민사소송법 314 각호)에 관하여 같은 조에서 규정된 사항이 적혀있는 문서

C. 민사소송법 제315조(증언거부권) 제1항 각호에 규정된 사항 중 어느 하나에 규정된 사항이 적혀있고 비밀을 지킬 의무가 면제되지 아니한 문서

---

136) 대법원 1992. 4. 24. 선고 91다25444 판결.

137) 소송법상 일정한 불변기간 내에 제기하여야 하는 항고. 재판의 성질상 신속히 확정시킬 필요가 있는 결정에 대하여 인정되는 불복신청방식이다. 이는 특히 제기기간을 정하지 않고 원재판의 취소를 구하는 실익이 있는 한 어느 때도 제기할 수 있는 보통항고에 대(對)하는 것이다. 원칙적으로 집행정지의 효력을 가진다(민사소송법 447). 그리고 즉시항고는 법률이 특히 인정한 경우에 한한다. 즉시항고기간은 재판이 고지된 날부터 1주일 이내에 하여야 하며, 이 기간은 불변기간이다(민사소송법 444). 그리고 법원의 결정은 상당한 방법에 의하여 고지함으로써 그 효력이 발생하는 것이고 그 고지 전에는 결정의 효력이 발생하지 아니하여 항고권도 발생하지 않으므로 결정고지 전에 한 항고는 부적법하다(대법원 1983. 3. 29. 선고 83스5 판결).

위의 i) 내지 iii)의 경우에도 (공무원 또는 공무원이었던 사람이 그 직무와 관련하여 보관하거나 가지고 있는 문서를 제외한다)가 위의 iii)의 B. 및 C.의 문서나 혹은 오로지 문서를 가진 사람이 이용하기 위한 문서가 아닌 경우에는 문서를 가지고 있는 사람은 그 제출을 거부하지 못한다(민사소송법 344②).

(ii) 문서제출신청의 방식 등

문서제출신청에는 i) 문서의 표시, ii) 문서의 취지, iii) 문서를 가진 사람, iv) 증명할 사실, v) 문서를 제출하여야 하는 의무의 원인을 밝혀야 한다(민사소송법 345).

위 문서의 제출신청을 위하여 필요하다고 인정하는 경우에는 법원은 신청대상이 되는 문서의 취지나 그 문서로 증명할 사실을 개괄적으로 표시한 당사자의 신청에 따라 상대방 당사자에게 신청내용과 관련하여 가지고 있는 문서 또는 신청내용과 관련하여 서증으로 제출할 문서에 관하여 그 표시와 취지 등을 적어 내도록 명할 수 있다(민사소송법 346).

iv. 문서의 제출·미제출

(i) 문서제출방법 등

법원에 문서를 제출하거나 보낼 때에는 원본·정본 또는 인증이 있는 등본으로 하여야 한다. 법원은 필요하다고 인정하는 때에는 원본을 제출하도록 명하거나 이를 보내도록 촉탁할 수 있고 또 당사자로 하여금 그 인용한 문서의 등본 혹은 초본을 제출하게 할 수 있다. 만약 제출되거나 보내온 문서가 채택되지 아니한 때에는 당사자의 의견을 들어 제출된 문서의 원본·정본·등본·초본 등을 돌려주거나 폐기할 수 있다(민사소송법 355① 내지 ④).

(ii) 당사자가 문서를 제출하지 아니한 때의 효과

당사자가 법원의 소정의 문서제출명령(민사소송법 347①②④)에 따르지 아니한 때에는 법원은 문서의 기재에 대한 상대방의 주장을 진실한 것으로 인정할 수 있다(민사소송법 349①).

판례는 "피고가 문서제출명령에 불구하고 제출명령을 받은 문서를 제출하지 아니하였다 하더라도 그렇다고 하여 문서제출의 신청에 문서의 표시와 문서의 취지로 명시된 위 문서들의 성질·내용, 성립의 진정에 관한 원고의 주장을 진실한 것으로 인정할 수 있음은 별론으로 하고 그 문서들에 의하여 입증하려고 하는 원고의 주장사실이 바로 증명되었다고 볼 수는 없다."고 판시하였다.[138]

---

138) 대법원 1993. 11. 23. 선고 93다41938 판결.

(iii) 당사자가 사용을 방해한 때의 효과

당사자가 상대방의 사용을 방해할 목적으로 제출의무가 있는 문서를 훼손하여 버리거나 이를 사용할 수 없게 한 때에는 법원은 그 문서의 기재에 대한 상대방의 주장을 진실한 것으로 인정할 수 있다(민사소송법 350).

여기에서 "상대방의 주장을 진실한 것으로 인정할 수 있는 것은 그 문서에 의하여 증명될 사실관계에 관한 주장이 아니라 그 문서의 성질, 내용의 주장에 관한 것으로서 그 진실여부는 법원의 재량에 의하여 판단되는 것이다.[139]

(iv) 제3자가 문서를 제출하지 아니한 때의 제재

제3자가 법원의 문서제출명령(민사소송법 347①②④)에 따르지 아니한 때에는 증언거부에 대한 제재에 준하여 제재한다(민사소송법 351). 즉 그 제3자가 정당한 이유 없이 문서를 제출하지 아니한 때에 법원은 결정으로 제3자에게 이로 말미암은 소송비용을 부담하도록 명하고 500만원 이하의 과태료에 처한다(민사소송법 351, 311①). 이러한 법원의 결정에 대하여는 즉시항고를 할 수 있다(이 때의 즉시항고는 집행정지의 효력을 가지지 아니한다). 즉시항고의 재판절차 및 그 집행 그밖에 필요한 사항은 대법원 규칙으로 정하고 있다(민사소송법 311⑧⑨).

v. 문서의 증거능력·증거력

(i) 문서의 증거능력

i) 개 념

증거능력이라 함은 증거방법이 될 수 있는 적격, 증거적격이라고도 한다. 즉 추상적으로 증거조사의 대상이 될 수 있는 자격을 말한다(이에 대해 일정한 증거자료가 사실인정을 위하여 쓰일 수 있는 적격을 말한다는 유력한 반대설이 있다). 이는 증거조사의 결과가 구체적으로 법관의 확신에 영향을 미칠 수 있는 효과를 뜻하는 증거력, 즉 증거가치에 대(對)하는 말이다. 민사소송에서는 자유심증주의의 입장을 취하고 있기 때문에 형사소송과는 달리 증거능력에 아무런 제한을 인정하지 않음이 원칙이다. 증인 적격없는 자의 증언은 증거능력이 없다. 증거능력이 없는 것은 증거방법으로 채용할 수 없는 바, 이것을 채증의 기초로 하면 법령위반으로서 상고이유가 된다.

ii) 증거능력인정 문서의 유형

소제기 후 계쟁사실에 관하여 작성한 문서, 서증의 사본은 증거능력이 인정된다. 다만 위법으로 수집된 증거의 증거능력에 대하여는 다툼이 있으나 (독일) 우리나라에서는 증거수집의 불법은 별도로 대처할 것이고 그것 때문에 증거능력을 부정하는 것은 지나치다는 것이 일반적인 견해이다.

---

139) 대법원 1979. 11. 13. 선고 79다1577 판결.

(ii) 문서의 증거력

i) 개 념

문서의 증거력이라 함은 증거방법의 실질적 가치, 즉 증거로서의 신빙력의 정도를 말한다. 증거가치 또는 증거력이라고도 한다. 증거방법이 주요 사실을 인정하는 자료가 될 수 있는 능력을 증거능력이라 하고 증거력은 이를 전제로 하여 그 증거방법의 신빙성의 정도를 가지는 것이므로 양자는 엄격히 구별하여야 한다.

증명력은 법관의 자유로운 판단에 의하는 것이나(자유심증주의) 증거능력은 형식적으로 법정되어 있어 법관의 자유로운 판단을 허용하지 않는다. 특히 문서가 증거방법인 때의 그 증거력에 관해서는 형식적 증거력과 실질적 증거력으로 나누어 볼 수 있다. 즉 문서의 증거능력이 인정되는 경우 증거력을 판단함에는 먼저 문서가 작성명의인의 의사에 의하여 작성된 것이다(형식적 증거력)를 확실히 하고 다음 그 문서의 기재내용이 진실한 것으로서 요증사항을 인정할 자료인가(실질적 증거력)를 나누어 검토한다.

ii) 문서의 형식적·실질적 증거력

서증은 문서에 표현된 작성자의 의사를 증거자료로 하여 요증사실을 증명하려는 증거방법이므로 우선 그 문서가 거증자에 의하여 작성자로 주장되는 자의 의사에 의하여 작성된 것임이 밝혀져야 하고 이러한 형식적 증거력이 인정된 다음 비로소 작성자의 의사가 요증사실의 증거로서 얼마나 유용하느냐에 관한 실질적 증명력을 판단하여야 한다.[140]

A. 문서의 형식적 증거력

a) 문서의 진정 성립

문서가 작성명의인의 의사에 의하여 작성된 것을 문서의 진정성립이라 하고, 진정하게 성립된 문서를 형식적 증거력이 있다고 한다. 여기에서 문서의 진정성립이라 함은 그 문서의 작성명의인이 진실로 작성한 것이고 위조한 것이 아님을 의미한다. 작성명의인의 의사에 의한 것이면 되고 때문에 작성명의인 자신의 자필일 필요가 없으며, 그의 승낙 하에 타인에 의하여 작성되어도 무방하다.

b) 서증성립의 인부

실무상 서증이 제출된 경우에 법원이 상대방으로 하여금 성립의 인부를 답변하게 한다. 성립의 인부에는 기본적으로 ㉠ 성립인정(이에 유리한 경우에는 이익으로 원용한다거나 불리한 경우에는 입증취지를 부인한다고 첨가한다), ㉡ 부인, ㉢ 부지의 세 가지로 답변한다. 문서의 인부는 신중하게 하여야 한다. 따라서 상대방의 서증을 충분히 검토하지 못하여 문서의 내용을 잘 알지 못한 경우에는 차회에 인부하겠다고 하고 검토하여 차회기일에 인부하는 것이 바람직하다.

---

140) 대법원 1997. 4. 11. 선고 96다50520 판결 참조.

ⓐ 성립인정

문서의 성립의 진정에 대하여 성립인정을 한 경우에는 주요사실에 대한 재판상의 자백이나 의제자백의 법리가 적용되어 자백한 상대방은 이를 자유롭게 철회할 수 없다.[141]

ⓑ 성립 부인·부지

문서의 진정성립에 관하여 상대방이 부인 또 부지로 답변하며 다투는 경우에는 거증자가 이를 입증하여야 한다. 그러나 당사자가 부지로서 다툰 서증에 관하여 거증자가 특히 그 성립을 증명하지 아니한 경우라도 법원은 다른 증거에 의하지 않고 변론의 전 취지를 참작하여 자유심증으로서 그 성립을 인정할 수 있다.[142] 그러나 유의할 것은 변론의 전 취지 등은 독자적인 증명력이 없다는 점이다.[143]

c) 공문서·사문서의 진정성립

문서의 성립의 진정의 인정에 대하여 공문서와 사문서에 각 추정규정이 있다.

ⓐ 공문서의 진정의 추정

㉠ 문서의 작성방식과 취지에 의하여 공무원이 직무상 작성한 것으로 인정한 때에는 이를 진정한 공문서로 추정한다(민사소송법 356①). 따라서 이를 다투는 상대방이 반증을 세워야 한다.

㉡ 만약 공문서가 진정한지 의심스러운 때에는 법원은 직권으로 해당 공공기관에 조회할 수 있다(민사소송법 356②). 외국의 공공기관이 작성한 것으로 인정한 문서에는 위의 ㉠, ㉡에 준한다(민사소송법 356③).

ⓑ 사문서

㉠ 사문서의 진정의 증명 등 – 진정증명 및 증명방법 –

사문서는 그것이 진정한 것임을 증명하여야 한다(민사소송법 357). 그러므로 사문서를 증거로 함에 있어서는 그 문서의 진정 성립에 다툼이 없거나 증인의 증언 그 밖의 증거에 의하여 그 진정성립이 인정되어야 한다. 따라서 당사자가 제출하는 서증의 진정성립에 대하여 상대방이 다투지 아니하면 그 증거능력이 인정되는 것이다.[144] 그러나 상대방이 이를 다툴 때에는 제출자가 이를 입증하여야 한다.[145]

서증으로서의 사문서는 공문서와 같이 그 성립의 진정에 대한 수정은 없고 다만 사문서라 하더라도 그 문서에 작성명의인의 서명 또는 날인이 있고 그 서명 날인한 것임이 증명되었을 경우에만 그 문서전체의 진정성립이 인정되는 것이다.[146]

---

141) 대법원 1967. 4. 4. 선고 67다255 판결.

142) 대법원 1982. 3. 23. 선고 80다1857 판결, 1974. 7. 23. 선고 74다119 판결.

143) 대법원 1989. 10. 24. 선고 87누285 판결.

144) 대법원 1990. 3. 13. 선고 89후1905 판결 참조.

145) 대법원 1971. 4. 20. 선고 70후43판결, 1989. 1. 17. 선고 86후6, 12 판결 참조.

사문서와 같은 증거에 대하여는 법관의 자유심증에 의하여 그 증거력을 판단할 수 있고 증거력이 없다고 본 증거에 관하여 법원은 일일이 그 배척이유를 설시할 필요는 없다.147)

사문서는 그 진정성립이 증명되어야 하지만 증명의 방법에 관하여는 특별한 제한이 없으므로 그 진정함을 사람의 증언으로 증명할 경우 반드시 작성자의 증언 만에 의하여야 하는 것은 아니며 신빙성 있는 작성자 아닌 제3자의 증언으로도 할 수 있고 또한 다른 증거들이나 변론의 전 취지를 종합하여 그 진정성립을 인정할 수도 있다.148)

㉡ 사문서의 진정성립여부의 판단방법－필적 또는 인영의 대조－

문서가 진정하게 성립된 것인지 어떤 지는 필적 또는 인영을 대조하여 증명할 수 있다(민사소송법 359). 이와 같이 문서의 진정성립은 필적 또는 인영의 대조나 무인의 대조에 의하여도 증명할 수 있고, 그 필적 또는 인영·무인 대조는 사실심의 자유심증에 속하는 사항으로서 문서작성자의 필적 또는 인영·무인과 증명의 대상인 문서의 필적 또는 인영·무인이 동일하다고 인정될 때에는 특별한 사정이 없는 한 문서의 진정성립을 인정할 수 있다. 이 경우 법원은 반드시 감정으로서 필적, 인영 등의 동일여부를 판단할 필요가 없이 육안에 의한 대조로도 이를 판단할 수 있다.149)

㉢ 대조용 문서의 제출절차 등

대조에 필요한 필적이나 인영이 있는 문서 그 밖의 물건을 법원에 제출하거나 보내는 경우에는 민사소송법 제343조(서증신청의 방식), 제347조(제출신청의 허가여부에 대한 재판), 제348조(불복신청), 제349조(당사자가 문서를 제출하지 아니한 때의 효과), 제350조(당사자가 사용을 방해한 때의 효과), 제352조(문서송부의 촉탁), 제353조(제출문서의 보관), 제354조(수명법관·수탁판사에 의한 조사) 규정을 준용한다(민사소송법 360①).

㉣ 대조용 문서제출명령 불응시의 제재

제3자가 정당한 사유 없이 위의 대조용 문서의 제출명령에 따르지 아니한 때에 법원은 결정으로 200만원 이하의 과태료에 처한다(민사소송법 360②). 법원의 위 결정에 대하여는 즉시항고를 할 수 있다(민사소송법 360③).

㉤ 상대방이 손수 써야 하는 의무

대조하는 데에 적당한 필적이 없는 때에는 법원은 상대방에게 그 문자를 손수 쓰도록 명할 수 있다. 상대방이 정당한 이유 없이 그 명령에 따르지 아니

146) 대법원 1981. 10. 27. 선고 81후3 판결, 1990. 3. 13. 선고 89후1905 판결 등 참조.

147) 대법원 1992. 11. 24. 선고 92다21135 판결, 1999. 2. 23. 선고 98다41599 판결 등 다수 참조.

148) 대법원 1994. 5. 13. 선고 93후1131 판결 참조.

149) 대법원 1997. 12. 12. 선고 95다38240 판결.

한 때에는 법원은 문서의 진정여부에 관한 확인신청자의 주장을 진실한 것으로 인정할 수 있다. 필치(筆致)를 바꾸어 손수 쓴 때에도 또한 같다(민사소송법 361①②).

ⓗ 입증책임

사문서는 그것이 진정한 것임을 증명하여야 하므로(민사소송법 357) 그 사문서의 진정성립을 주장하는 청구인이 이점에 관한 입증책임을 진다.[150] 따라서 사문서의 진정성립을 상대방이 다툴 때에는 제출자가 이를 입증하여야 한다.[151] 즉 당사자가 제출하는 서증의 진정성립에 대하여 상대방이 다투지 아니하면 그 증거능력이 인정되나[152] 상대방이 이를 다툴 때에는 제출자가 이를 입증하여야 한다.[153]

판례는 "사문서의 진정의 추정은 날인행위가 작성명의인 이외의 자에 의하여 이루어진 것임이 밝혀진 경우에는 깨어지는 것이므로 문서제출자는 그 날인행위가 작성명의인으로부터 위임받은 정당한 권한에 의한 것이라는 사실까지 입증할 책임이 있다"라고 하는 취지의 판시를 하였다.[154]

ⓢ 공증인법상의 사서증서에 대한 인증제도

공증인법에 규정된 사서증서에 대한 인증제도는 그 사서증서가 진정하게 성립된 것인지의 여부에 관하여 다툼이 생길 경우 그 문서가 진정한 것임에 대한 증명력을 높여주려는데 그 근본적인 목적이 있다. 따라서 공증인이 사서증서의 입증을 함에 있어서는 같은 법에 따라 반드시 촉탁인의 확인이나 대리촉탁인의 확인 및 그 대리권의 증명 등의 절차를 미리 거치도록 규정되어 있다. 그러므로 공증인이 사서증서를 입증함에 있어서 그와 같은 절차를 제대로 거치지 않았다는 등의 사실이 주장·입증되는 등 특별한 사정이 없는 한 공증인이 입증한 사서증서의 진정성립을 함부로 부인하여서는 아니된다.[155]

ⓞ 사문서의 진정의 추정

사문서는 본인 또는 대리인의 서명이나 날인 또는 무인(拇印)이 있는 때에는 진정한 것으로 추정한다(민사소송법 358).

문서에 기재된 작성명의인인 당사자가 서명이 자기의 자필임을 그 당사자 자신도 다투지 아니하는 경우, 설사 날인이 되어 있지 않더라도 그 문서의 진정성립이 추정되므로 납득할만한 설명 없이 함부로 그 증명력을 배척할 수 없다.[156]

---

150) 대법원 1971. 4. 20. 선고 70후43판결 참조.

151) 대법원 1989. 1. 17. 선고 86후6, 12 판결 참조.

152) 대법원 1990. 3. 13. 선고 89후1905 판결 참조.

153) 대법원 1992. 3. 31. 선고 91후1595 판결, 1995. 11. 24. 선고 93후107 판결 참조.

154) 대법원 1995. 6. 30. 선고 94다41324 판결, 1996. 6. 28. 선고 96다13279 판결 참조.

155) 대법원 1991. 3. 27. 선고 90다17187 판결.

또 문서에 날인된 작성명의인의 인영이 작성명의인의 인장에 의하여 현출된 것임이 인정되는 경우에는 특단의 사정이 없는 한 그 인영의 진정성립 및 그 문서 전체의 진정성립까지 추정되는 것이기는 하나 이는 어디까지나 먼저 내용기재가 이루어진 뒤에 인영이 압날된 경우에만 그러한 것이며, 작성명의인의 날인만 되어 있고 그 내용이 백지로 된 문서를 교부받아 후일 그 백지부분을 작성명의자가 아닌 자가 보충한 문서의 경우에 있어서는 문서제출자는 그 기재내용이 작성명의인으로부터 위임받은 정당한 권원에 의한 것이라는 사실을 입증할 책임이 있으며, 이와 같은 법리는 그 문서가 처분문서라고 하여 달라질 것은 아니다.[157)]

그리고 사문서의 작성명의인이 인영부분을 시인하였다 하더라도 반증을 들어 진정성립에 관하여 법원으로 하여금 의심을 품게 하면 진정성립의 추정이 깨진다.[158)] 그러나 상대방이 그 서증에 대한 위조항변이나 부인 또는 부지로 다툰 경우에도 그 서증의 진정성립에 석연치 않는 점이 있을 경우가 아니면 진정성립의 근거를 판결의 이유에서 밝힘이 없이 그 서증을 사실인정의 자료로 삼았다하여 이유불비의 위법 등이 있다고 할 수 없다.[159)]

서증이 인장도용에 의하여 위조된 것이라는 항변은 그 인영(印影)만은 시인한 것이 된다. 따라서 이를 도용하여 위조된 사실을 입증하지 못한 이상 민사소송법 제358조에 의하여 진정 성립이 추정된다. 그러므로 사문서의 진정성립이 쉽게 증명되지 않으면 인영의 동일성으로 입증하여야 한다.

문서에 날인된 작성명의인의 인영이 그의 입장에 의하여 현출된 것이라면 특별한 사정이 없는 한 그 인영의 진정성립 즉 날인행위가 작성명의인의 의사에 기인한 것임이 사실상 추정되고, 일단 인영의 진정성립이 추정되면 민사소송법 제358조(사문서의 진정의 추정)에 의하여 그 문서 전체의 진정성립이 추정된다.[160)]

d) 문서성립의 부인에 대한 제재

당사자 또는 대리인이 고의나 중대한 과실로 진실에 어긋나게 문서의 진정을 다툰 때에는 법원은 결정으로 200만원 이하의 과태료에 처한다. 이러한 법원의 결정에 대하여는 즉시 항고를 할 수 있다(민사소송법 363①②).

문서의 진정에 대하여 다툰 당사자 또는 대리인이 소송이 법원에 계속된 중에 그

156) 대법원 1994. 10. 14. 선고 94다11590 판결.

157) 대법원 2000. 6. 9. 선고 99다37009 판결.

158) 대법원 1996. 2. 9. 선고 95다15780 판결 외 다수.

159) 대법원 1996. 10. 25. 선고 96다30229 판결, 1993. 4. 13. 선고 92다12070 판결, 1999. 2. 23. 선고 98다41599 판결 등 다수 참조.

160) 대법원 1996. 6. 28. 선고 96다13279 판결, 1995. 6. 30. 선고 94다41324 판결 참조.

진정을 인정하는 때에는 법원은 그 과태료 결정을 취소할 수 있다(민사소송법 363③).

B. 문서의 실질적 증거력

진정문서가 요증사실을 증명하는 가치를 문서의 실질적 증거력이라고 한다. 문서의 실질적 증거력의 유무는 변론의 전 취지와 증거조사의 결과를 참작하여 법관의 자유심증으로 판단한다(민사소송법 202).

처분문서는 상대방의 반증에 의하여 부정할만한 특별한 사유가 없는 한 그 기재내용에 의하여 의사표시의 존재와 내용을 인정하여야 하고, 처분문서를 믿지 아니하고 이를 배척함에는 합리적인 이유설시가 필요하다.

보고문서는 작성자의 신분·직업·작성시기·기재방법 등 여러 가지 사정을 고려하여 법관이 자유심증으로 판단한다. 그러나 공문서인 보고문서의 경우 등기부에 기재된 권리관계가 진실하고 등기원인과 그 절차가 정당하다고 추정한다는 판례가 적지 않다.

⑤ 검 증

i. 의 의

검증이라 함은 법관이 시각·청각 등 5관의 작용에 의하여 직접적으로 물체의 성상(性狀)이나 사물의 현상을 검사하여 그 결과를 증거자료로 하는 증거조사방법을 말한다. 그리고 그 검사의 대상물은 검증물이라 한다. 예를 들면 문서의 경우 그 기재내용을 증거로 하는 경우는 서증이 되지만 그 지질·필적·인영 등을 증거로 할 때는 검증물이 된다. 또한 검증은 스스로 증명할 사물을 검열하는 것이므로 그 실험은 가장 확실한 것이다. 법정증거주의를 취하는 법제 하에서는 가장 가치 있는 증거방법으로 취급하고 있으나 자유심증주의의 현행법제 하에서는 그 가치가 다른 증거방법과 다름없다.

ii. 검증절차

검증절차는 대체로 서증에 준한다(민사소송법 366①). 검증의 신청에는 검증의 목적을 표시하여야 한다(민사소송법 364).

검증목적물의 제출방법은 서증신청과 마찬가지이다. i) 자기가 소지하는 물건을 직접 제출하는 방법, ii) 법원에 대하여 물건의 소지인인 상대방이나 제3자에게 그 물건을 제출하도록 명하여 달라고 신청하는 방법, iii) 법원에 대하여 물건의 소지인인 개인이나 관공서·회사 등 기관에게 그 물건을 법원에 송부하도록 촉탁하여 달라고 신청하는 방법이다. 그리고 이에 의해 제출된 검증목적물에 대하여 서증에 준하는 부호 및 번호를 붙이거나 서증과의 구별을 위하여 그 부호 앞에 "검"의 표시를 하도록 한다(민사소송법규칙 76). 예를 들면 원고가 제출한 것은 "검 갑 제○호증", 피고가 제출한 것은 "검 을 제○호증"으로 각기 표시한다.

ⅲ. 검증수인의무

당사자와 제3자는 소지하고 있는 물건을 제시 검증을 수인할 의무가 있는 바, 이는 공법상의 의무이다. 그러나 명문의 규정이 없어 그 범위가 문제된다. 증인의무와 마찬가지로 정당한 이유가 있는 경우를 제외하고는 일반적으로 검증수인의무를 부담한다고 보는 것이 타당하다.

제3자가 정당한 이유 없이 법원의 검증목적물 제출명령에 따르지 아니한 때에는 법원은 결정으로 200만원 이하의 과태료에 처한다. 이 결정에 대하여는 즉시항고를 할 수 있다(민사소송법 366②).

당사자가 검증 목적물을 제시하지 아니하거나 또는 출석명령에 따르지 아니하는 때에는 법원은 검증목적물의 존재·성상에 관한 거증자의 주장을 진실한 것으로 인정할 수 있다(민사소송법 366).

⑥ 당사자 신문

ⅰ. 의 의

당사자 신문이라 함은 소송당사자 본인을 증거방법으로서 그 경험한 사실에 대하여 신문하는 조사방법을 말한다. 법원은 직권으로 또는 당사자의 신청에 따라 당사자 본인을 신문할 수 있다. 이 경우 당사자에게 선서하게 하여야 한다(민사소송법 367). 여기에서 유념할 것은 소송관계를 명료하게 하기 위하여 당사자 본인·법정대리인에게 출석을 명하며 사실상, 법률상의 점에 관하여 석명시킬 수도 있으나(민사소송법 140①1, 136) 이것은 변론의 내용을 이루는 것이고 증거방법으로 신문하는 것은 아니므로 당사자 신문이라고는 할 수 없다.

당사자는 분쟁의 주체이므로 자기에게 유리한 진술을 하기 쉬울 뿐만 아니라, 자기에게 이해관계가 있는 사항에 대하여 진술을 강제하는 것은 가혹한 일이므로 그 신문은 제1차적인 증거방법으로 취급되지 않고, 다른 증거조사에서 심증을 얻을 수 없는 경우에 보충적으로 할 수 있음에 그친다. 그러나 직권탐지주의 하에서는 당사자도 당연히 증거방법의 하나로서 직권을 신문할 수 있다.

그런데 당사자 신문의 내용에 상대방의 주장사실과 일치되는 부분이 있다 하여도 이를 자백이라고 할 수 없다. 이는 소송자료를 제출하는 것이 아니기 때문에 소송무능력자도 당사자 신문을 할 수 있다. 당사자의 법정대리인이나 당사자가 법인 그 밖의 단체인 경우 대표자나 관리인도 이 절차로 신문한다(민사소송법 363).

ⅱ. 요 건

당사자 본인 신문은 다른 증거방법에 의하여 법원이 심증을 얻지 못하는 경우에 한하여 직권 또는 당사자의 신청에 의하여 할 수 있다(민사소송법 367 본문). 이러한 당사자 신문의 보충성의 결과 다른 곳에 증거가 있는데도 전혀 증거조사를 하지 아니하였거나, 증거조사를 하여 심증을 얻지 못한 때라도 아직 조사할 증거가 있거나 또는 증거조사 결과 이미 심증을 얻은 경우에도 당사자 신문은 허용되지 않는다. 따라서 당사자 신문 결과는 보충적 증거력만 가지는 것으로서 다른 증거자료와 종합하여 주요 사실의 인정자료가 되는 것이지 단독적으로는 독립적 증거력이 없다.[161] 즉 다른 증거 없이 당사자 본인 신문결과 만으로는 당사자 주장의 사실을 인정할 수 없다.[162] 그러나 당사자 신문의 보충성이 자유심증주의의 예외일 수는 없기 때문에 다른 증거와 마찬가지로 법관의 자유심증에 의한 평가에 맡겨야 한다는 비판이 있다.

ⅲ. 절 차

당사자 신문 절차는 대체로 증인신문의 절차에 준한다(민사소송법 373). 재판장은 필요하다고 인정한 때에 당사자 서로의 대질 또는 당사자와 증인의 대질을 명할 수 있다(민사소송법 368). 법원은 당사자가 정당한 사유 없이 출석하지 아니하거나 선서 또는 진술을 거부한 때에는 신문사항에 관한 상대방의 주장을 진실한 것으로 인정할 수 있다(민사소송법 369).

판례는 당사자 본인 신문절차에서 당사자 본인이 출석, 선서, 진술의 의무를 불이행한 경우에 민사소송법 제369조의 규정에 의하여 법원이 진실한 것으로 인정할 수 있는 것은 "신문사항에 관한 상대방의 주장" 즉 신문사항에 포함된 내용에 관한 것이므로 법원이 이를 적용함에 있어서는 상대방 당사자의 요건사실에 관한 주장사실을 진실한 것으로 인정할 것이라고 설시할 것이 아니라 당사자 본인 신문사항 가운데 어느 항을 진실한 것으로 인정한 연후에 그에 의하면 상대방 당사자의 요건사실에 관한 주장사실을 인정할 수 있다고 판시하는 것이 정당하다"라는 취지의 판결을 하였다.[163]

그리고 당사자를 신문한 때에는 선서의 유무와 진술내용을 조서에 적어야 한다(민사소송법 371).

ⅳ. 거짓진술에 대한 제재 등

선서한 당사자가 거짓 진술을 한 때에는 과태료 500만원 이하의 제재를 과할 수 있을 뿐이며, 이러한 법원의 결정에 대하여는 즉시 항고를 할 수 있다(민사소송법 370).

그런데 선서한 당사자가 거짓진술을 하였음을 이유로 상대방 당사자가 법원에 대하여 과태료 제재의 신청을 한 경우, 과태료의 제재에 처할 것인가이다.

과태료의 제재에 처할 것인가는 전적으로 법원의 재량권에 속하는 사항이므로 상

161) 대법원 1977. 10. 11. 선고 77다901 판결, 1981. 8. 11. 선고 81다262, 263 판결 등 참조.

162) 대법원 1983. 6. 14. 선고 83다카95 판결 참조.

163) 대법원 1990. 4. 13. 선고 89다카1084 판결.

대방 당사자에게는 법원의 직권발동을 촉구하는 의미 외에 과태료 재판을 할 것을 신청할 권리는 없다.164)

그러나 당사자가 정당한 사유 없이 출석·선서·진술의 의무를 이행하지 아니한 경우에는 제재는 받지 않고 신문사항에 관한 상대방의 주장을 진실한 것으로 인정할 수 있는데 그친다(민사소송법 369).

참고로 형사소송에 있어서는 피고인 신문 이외에 별도로 당사자 신문이라는 것은 없다.

⑦ 그 밖의 증거

위의 증거 이외에 도면·사진·녹음테이프·비디오테이프·컴퓨터용 자기디스크 그 밖의 정보를 담기 위하여 만들어진 물건으로서 문서가 아닌 증거의 조사에 관한 사항은 민사소송법 제2편 제3장 제3절(감정), 제4절(서증), 제5절(검증)의 규정에 준하여 대법원 규칙으로 별도 정하고 있는 바, 본서에서는 생략하니 이를 참고하기 바란다.

(4) 증거보전

1) 의 의

증거보전이라 함은 소송이 아직 법원에 계속되기 전이거나 또는 이미 계속 중에 있어서 어떤 사실에 관한 증거를 미리 조사하여 두었다가 소송의 증거로 사용하기 위한 증거조사방법을 말한다.

이는 소송절차 내에서 아직 증거조사를 할 정도에 이르지 않을 때 증거조사를 행할 기일까지 기다리자면 그 증거방법의 조사가 불가능하게 되거나 또는 곤란하게 될 사정이 있는 때에는 그 증거방법을 사용하지 못할 염려가 있는 경우에 본안의 소송절차와는 별도로 미리 그 증거를 조사하여 두는 절차, 즉 본안의 소송절차와는 별도로 미리 증거조사를 하여 그 결과를 확정하여 두는 판결절차의 부수절차이다(민사소송법 375). 예를 들면 증인으로 될 자가 죽음에 임박한 경우, 검증물이 멸실 또는 변경될 염려가 있는 경우와 같다.

2) 절 차

증거보전의 신청은 소를 제기한 뒤에는 그 증거를 사용할 심급의 법원에 소를 제기하기 전이나 소를 제기한 뒤라도 급박한 경우에는 신문을 받을 사람이나 문서를 가진 사람의 거소 또는 검증하고자 하는 목적물이 있는 곳을 관할하는 지방법원에 하여야 한다(민사소송법 376). 증거보전은 원칙적으로 당사자의 신청에 의하지만 예외

---

164) 대법원 1998. 4. 13. 선고 98마413 판결 참조.

적으로 법원이 직권으로 결정할 수 있다(민사소송법 379). 증거보전절차에는 신청인과 상대방을 소환하는 것이 원칙이지만 긴급을 요하는 경우에는 당사자를 소환하지 않아도 된다(민사소송법 381).

① 신청에 의한 증거보전

증거보전의 신청에는 상대방의 표시·증명할 사실·보전하고자 하는 증거, 증거보전의 사유를 밝혀야 한다(민사소송법 377①). 그리고 그 증거보전의 사유는 소명하여야 한다(민사소송법 377②).

증거보전의 신청을 상대방을 지정할 수 없는 경우에도 할 수 있다. 이 경우 법원은 상대방이 될 사람을 위하여 특별대리인을 선임할 수 있다(민사소송법 378).

② 직권에 의한 증거보전

법원은 필요하다고 인정한 때에는 소송이 계속 중에 직권으로 증거보전을 결정할 수 있다(민사소송법 379).

③ 불복금지 등

증거보전의 결정에 대하여는 불복을 할 수 없다(민사소송법 380). 그러나 신청각하결정에 대하여는 항고할 수 있다(민사소송법 439).

④ 변론에서의 재신문

법원은 증거보전절차에서 신문한 증인을 당사자가 변론에서 다시 신문하고자 신청한 때에는 그 증인을 신문하여야 한다(민사소송법 384).

Ⅳ. 입증책임

1. 심결 등 취소소송과 주장·입증책임

민사소송에서의 주장·입증책임의 분배에 관하여는 크게 민사소송 법리의 적용(준용)설(법률요건 분류설)과 민사소송 법리의 부적용(부준용)설[원고 부담설(적법성 추정설)·피고 부담설(적법성 담보설)·절충설(구체적 사실설·헌법 질서귀납설)]로 나뉘어져 있으나 법률요건 분류설이 통설이다. 그러나 이러한 법률요건 분류설이 심결 등 취소소송의 경우에도 그대로 적용 내지 준용될 수 있는가가 문제이다. 이에 대하여는 심결 등 취소소송은 심결·결정이라고 하는 행정처분에 대한 항고의 성격을 가진 소송이므로 민사소송에서의 주장입증책임의 분배에 관한 법률요건 분류설이 그대로 적용 될 수 없다는 민사소송 법리부적용(부준용)설이 적용되어야 한다는 일부 학계 및 실무계의 주장이 있다. 그러나 심결 등 취소소송에도 민사소송의 주장, 입증책임의 분배에 관한 법률요건 분류설이 그대로 적용 내지 준용되어야 한다는 민사소송 법리의 적용(준용)설이 타당하다고 해석되며, 1964. 5. 26. 이래 대법원 판례도 법률요건분류설의 입장을 취하고 있다.

즉 대법원 판례는 "민사소송법의 규정이 준용되는 행정소송에 있어서 입증책임은 원칙적으로 민사소송의 일반원칙에 따라 당사자 간에 분배되고 항고소송의 성질에 따라 당해 처분의 적법을 주장하는 피고에게 그 적법사유에 대한 입증책임이 있다"[165]고 판시하여 민사소송 법리적용, 준용설(법률요건 분류설)의 입장에 있음을 명백히 하였다.

(1) 민사소송 법리적용(준용)설-법률요건 분류설-

이 설은 입증책임의 분배를 결정하는 것은 실체법규의 구조 그 자체이다. 이러한 실체법규에는 일정한 권리발생을 규정한 권리 근거규정, 그 권리발생을 방해하는 사유를 규정한 권리장애규정, 권리의 소멸사유를 규정한 권리소멸규정으로 나누어진다. 따라서 권리의 존재를 주장하는 자는 권리근거규정의 요건사실을 입증하여야 하며, 권리의 부존재를 주장하는 자는 권리장애규정과 권리소멸규정의 요건사실을 입증하여야 한다. 이와 같은 원칙은 민사소송은 물론 행정소송에도 그대로 적용된다.

그러므로 행정처분의 근거가 되는 권한행사규정인 행정법규는 권리근거규정에 해당하므로 그 요건사실의 입증책임은 행정청이 부담하고 그 처분의 장애사유가 되는 권한불행사 규정인 행정법규는 권한장애규정에 해당하므로 그 요건사실의 입증책임은 원고가 부담한다는 견해로서 매우 타당하며 또 통설이기도 하다.[166]

(2) 민사소송 법리부적용(부준용)설

1) 원고 부담설 - 적법성 추정설 -

① 법률상 추정설

이 설은 행정처분은 행정청의 법률행위이기 때문에 공정력이 확보되어 법률상 적법성의 추정을 받으므로 그 취소를 구하는 사인인 원고가 행정처분의 위법을 주장입증하여야 한다는 견해이다. 그러나 이 견해는 법률에 의하지 아니한 행정처분에 대한 주장입증책임을 명확히 하고 있지 않다는 비판을 받고 있다.

---

165) 대법원 1984. 7. 24. 선고 84누124 판결, 1964. 5. 26. 선고 63누142 판결 등.

166) 특허법원, 특허재판실무편람(2002), 40면 참조.

② 사실상 추정설

이 설은 행정처분은 행정적 체계로 구성된 조직에서 직무교육을 통해 거의 전문화되고 책임감과 봉사정신이 투철한 공무원의 행정행위이기 때문에 흠결이 없을 것이라는 강한 신뢰로 인하여 사실상의 적법 추정을 받으므로 그 취소를 구하는 사인인 원고가 행정처분의 위법을 주장 입증하여야 한다는 견해이다. 그러나 이 견해는 법률적, 실증적 근거도 없는 설로서 전혀 주목을 받지 못하고 있는 설로 끝난 이론이다.

2) 피고 부담설 - 적법성 담보설 -

행정처분은 행정청의 행정행위이므로 행정청이 그 처분의 적법성을 스스로 담보하여야 하기 때문에 행정처분의 위법에 대한 주장·입증책임은 행정청이 부담하지 않으면 아니 된다. 그러므로 항고소송에 있어서는 원고는 그 처분의 위법성만을 주장하면 되고 그 처분이 적법하다는 입증책임은 당해 행정청이 부담한다는 견해이다. 그러나 이 견해는 모든 행정처분의 적법성 다툼에서 언제나 피고에게 주장·입증책임을 부담시키는 것은 소송단계에서의 당사자 대등의 원칙에 반한다는 비판을 받고 있다.

3) 절충설 - 구체적 사실설, 헌법질서 귀납설 -

앞에서 살펴 본 법률요건 분류설에 대한 비판으로서 나온 견해로서 항고소송에서의 주장·입증책임의 분배를 독자적 입장에서 결정하자는 견해이다. 즉 사법법규는 당사자의 이해조정의 규범(재판규범)이므로 주장·입증책임의 합리적인 분배원리를 내포하고 있는데 반하여 행정법규는 공익과 사익의 조정규범에 재판규범으로서의 성격을 가지고 있어 법률요건 분류설을 적용할 수 없다는 견해이다.[167]

(3) 판 례

초기 대법원 판례는 원고부담설의 입장에서 판시한 경우[168]도 있으나 1964. 5. 26. 선고 63누142 판결 이래 법률요건 분류설에 따르고 있다. 즉 대법원은 "민사소송법의 규정이 준용되는 행정소송에 있어서 입증책임은 원칙적으로 민사소송의 일반원칙에 따라 당사자 간에 분배되고 항고소송의 성질에 따라 당해 처분의 적법을 주장하는 피고에게 그 적법사유에 대한 입증책임이 있다"고 판시하여[169] 이 점을 명백히 하고 있다.

---

167) 특허법원, 특허재판실무편람(2002), 40면 참조.

168) 대법원 1962. 11. 1. 선고 62누157 판결, 1961. 3. 27. 선고 4291행상45 판결 등.

169) 대법원 1984. 7. 24. 선고 84누124 판결 등.

2. 입증책임 분배의 유형

(1) 디자인등록요건 등

디자인보호법령에서 "어떠한 경우 어떠한 결정 또는 심결(이하 "행정처분"이라 한다)을 한다"라는 형식으로 특허청 또는 특허심판원(이하 "행정청"이라 한다)의 권한행사를 정하고 있는 경우에는 그 규정의 적용을 구하는 피고 행정청이 행정처분의 요건사실(적법사유)에 대하여 주장·입증책임을 지고, "어떠한 경우 어떠한 행정처분을 하지 아니한다"라는 형식으로 행정청의 권한행사를 정하고 있는 경우에는 그 행정처분의 취소를 구하는 원고가 그 전제요건인 사실이 존재하고 있다는 점에 대하여 주장·입증책임을 진다.

1) 디자인등록의 요건 등 및 디자인등록 거절이유

① 디자인등록의 요건 등

i. "그 디자인이 물품[물품의 부분(한벌의 물품의 디자인을 제외한다) 및 글자체를 포함한다. 이하 같다]의 형상·모양·색채 또는 이들을 결합한 것으로서 시각을 통하여 미감을 일으키게 하는 것"이라는 사실(법 2, 1)
ii. "공업상 이용할 수 있는 디자인"이라는 사실(법 5①)
iii. "공지 등이 되지 아니한 디자인 및 공지 등이 된 디자인에 유사한 디자인"이라는 사실(법 5①1 내지 3)
iv. "공지 등이 되지 아니한 것으로 보는 디자인(신규성 의제)"이라는 사실(법 8)
v. 디자인등록을 받을 수 없는 디자인이 아니라는 사실(법 6)
vi. "선출원디자인"이라는 사실(법 16)
vii. "1디자인 1디자인등록출원"이라는 사실(법 11)
viii. "복수디자인 등록출원"이라는 사실(법 11의2)
ix. 출원인이 창작자가 아닌 때에는 그 디자인에 대하여 디자인등록을 받을 수 있는 권리를 승계한 사실(법 24①)
x. 디자인등록을 받을 수 있는 권리가 공유인 경우에는 다른 공유자 전원과 공동으로 출원한 사실(법 10)
xi. 디자인등록출원서에 첨부된 "도면(사진·견본으로 갈음할 수 있다)의 법정기재요건을 구비"하였다는 사실(법 9②③)

② 디자인등록 거절이유

ⅰ. 디자인등록의 요건을 충족하지 아니한 디자인등록출원이라는 사실(법 5① 내지 ③)

ⅱ. 디자인등록을 받을 수 없는 디자인이라는 사실(법 6, 1 내지 4)

ⅲ. 자기의 등록디자인 또는 디자인등록출원한 디자인(이하 “기본디자인”이라 한다)에만 유사한 디자인(이하 “유사디자인”이라 한다)이 아니라는 사실(법 7)

ⅳ. 디자인무심사 등록출원할 수 없는 물품을 지정하여 디자인무심사 등록출원을 하였다는 사실(법 9⑥)

ⅴ. 디자인등록을 받을 수 있는 권리가 공유임에도 공유자 전원이 공동으로 출원하지 아니하였다는 사실(법 10)

ⅵ. 1디자인 1디자인등록출원이 아니라는 사실(법 11)

ⅶ. 복수디자인 등록출원의 요건에 부합되지 아니한 출원이라는 사실(법 11의2)

ⅷ. 선출원디자인과 동일 또는 유사한 디자인이라는 사실(법 16①②)

ⅸ. 한 벌의 물품의 디자인이 아니라는 사실(법 12)

ⅹ. 재외자 중 디자인권 또는 디자인등록에 관한 권리를 향유할 수 없는 외국인의 출원이라는 사실(법 4의24)

ⅺ. 디자인등록을 받을 수 있는 권리를 가지지 아니하였다는 사실이나 디자인등록을 받을 수 없는 경우라는 사실(법 3①, 26①3)

ⅻ. 조약에 위반된 경우라는 사실(법 26①4)

xiii. 유사디자인 무심사 등록출원이 다음의 1에 해당하는 경우라는 사실(법 26①5)

(ⅰ) 유사디자인 등록된 디자인 또는 유사디자인 등록출원된 디자인을 기본디자인으로 표시한 경우

(ⅱ) 기본디자인의 디자인권이 소멸된 경우

(ⅲ) 기본디자인에 관한 디자인등록출원이 무효·취하·포기되거나 디자인등록거절결정이 확정된 경우

(ⅳ) 유사디자인 무심사 등록출원인이 기본디자인의 디자인권자 또는 기본디자인에 관한 디자인등록출원인과 다른 경우

(ⅴ) 유사디자인 무심사 등록출원된 디자인이 기본디자인에 유사하지 아니한 경우

ix. 디자인무심사 등록출원된 디자인이 공업상 이용할 수 없는 것이거나 국내에서 널리 알려진 형상·모양·색채 또는 이들의 결합에 의하여 용이하게 창작할 수 있는 것이라는 사실(법 26②)

2) 거절심결 취소소송에서의 주장·입증책임의 분배

거절심결 취소소송에 있어서 심결의 거절이유가 위 ①의 ⅰ. 내지 ⅵ. 중 그 어느 하나에 해당하는 사유가 없음을 이유로 하는 경우에는 그러한 사유에 대하여 원고가 주장·입증책임을 진다. 반면에 심결의 거절이유가 위 ②의 ⅰ. 내지 ⅵ. 중 그 하나에 해당하는 사유가 있음을 이유로 하는 경우에는 그러한 사유에 대하여 피고인 특허청장이 주장·입증책임지고[170] 심결의 거절이유가 위 ①의 ⅶ에 해당하는 사유가 존재하지 않음을 이유로 하는 경우에는 그 사유의 존재에 대하여 원고가 주장·입증책임을 진다.

3) 무효심결 등의 취소소송에서의 주장·입증책임의 분배

① 무효심결의 취소소송에서의 주장·입증책임의 분배

당사자계 사건에서의 무효심결 취소소송의 경우에는 위 ②의 ⅰ 내지 ⅵ의 디자인등록 거절요건은 처분발생요건이므로 특허청을 대리하여 무효심판청구인(피고)이 주장·입증책임을 부담하고 위 ①의 ⅰ. 내지 ⅶ의 디자인등록요건은 처분거절요건이므로 무효심판의 피청구인(원고, 디자인권자)이 주장·입증책임을 진다.

② 무효심판 기각심결의 취소소송에서의 주장·입증책임의 분배

당사자계 사건의 무효심판 기각심결 취소소송의 경우에는 위 ②의 ⅰ. 내지 ⅵ.의 디자인등록 거절요건은 처분거절요건이므로 그 기각심결의 취소를 구하는 무효심판청구인(원고)이 주장·입증책임을 진다. 그리고 위 ①의 ⅰ. 내지 ⅸ.의 디자인등록 발생요건은 처분발생요건이므로 피청구인(피고)이 특허청을 대리하여 주장·입증책임을 진다.

(2) 디자인등록 거절이유 등의 통지 등의 결여

심사관의 디자인등록 거절이유통지(법 27), 심판관의 직권심리사항의 통지(법 72의23 ①)를 결여한 심결은 심결취소사유가 된다.

그렇지만 위 통지가 있었다는 주장·입증책임은 심결의 적법성을 주장하는 측에 있다고 해석함이 타당할 것이다.

그러므로 심사관의 거절이유통지와 같은 결정계 사건의 경우에는 피고인 특허청장이 주장·입증책임을 지고, 심판관의 직권심리사항의 통지와 같은 당사자계 사건의 경

---

170) 심결이 어떠한 사실을 주지디자인(공지디자인) 또는 용이창작디자인(비창작성 디자인)이라고 보아 이를 디자인등록 출원디자인 또는 디자인등록 디자인과 인용례를 대비함에 있어서 판단의 자료로 사용하였음에도 불구하고 이를 증거로 적시하지 아니한 경우가 있는 바, 이러한 경우 피고 특허청장이 이를 입증하여야 한다.

우에는 피고인 피청구인이 주장·입증책임을 진다. 그러나 무효심결의 경우에는 문제가 될 수 있다.

(3) 심리미진 등에 관한 주장·입증책임의 분배

심판 단계에서 청구인의 주장 중 일부 또는 전부에 대하여 심리를 다하지 못하였거나 판단을 그르치거나 빠뜨려 심판기각심결을 한 때에는 그러한 사항이 심결문 자체에는 나타나지 않는다. 이러한 심리미진, 판단착오, 판단유탈 등의 처분을 취소하는 심결취소소송을 제기할 경우 그 주장·입증책임의 소재에 관하여는 원고에게 있다는 견해와 피고에게 있다는 견해가 나뉘어져 있으나 원고와 피고 모두에게 있되 원고에게는 주장책임이, 피고에게는 입증책임이 주어진다는 것이 일반적인 견해이다.[171]

(4) 자백·자백간주(의제자백)

1) 서 론

디자인권리에 관한 심결 등 취소소송이 민사소송법의 자백 또는 의제자백에 관한 법칙이 적용되는지의 여부에 관하여는 디자인보호법 제72조의21, 제72조의22, 제72조의23이 증거조사 및 증거보전, 심판의 진행, 직권심리주의를 채택하고 있으므로 민사소송법의 자백법칙이 적용되지 않는다는 '비적용설'과 적용된다는 '적용설'이 대립하고 있으나, 적용설이 타당하고 또 다수설이며 법원의 실무경향도 그렇다.[172]

2) 의 의

① 자 백

자백이라 함은 민사소송법상은 소송상의 당사자가 자기에게 불리한 법률관계의 기초가 되는 사실을 인정하는 행위를 말한다. 자백에는 재판 외의 자백과 재판상의 자백이 있는데 여기에서의 자백은 후자의 재판상의 자백을 의미한다. 따라서 심결 등

171) 특허법원, 특허재판실무편람(2002. 12), 43~44면 참고.

172) "행정소송인 심결 등 취소소송에서도 원칙적으로 변론주의가 적용되고, 따라서 자백 또는 의제자백도 인정되나…"라고 판시하였으며(대법원, 2000. 12. 22. 선고 2000후1542 판결).
"행정소송에서도 원칙적으로 변론주의가 적용되고, 행정소송법 제8조 제2항에 의하여 민사소송법 제261조가 규정하는 자백에 관한 법칙이 적용된다고 함은 당원의 확고한 판례이다."라고 판시하였고(대법원, 1992. 8. 14. 선고 91누13229 판결).
"행정소송법 제26조가 규정하는 바는 행정소송의 특수성에서 연유하는 당사자주의, 변론주의에 대한 일부 예외규정일 뿐 법원이 아무런 제한 없이 당사자가 주장하지 아니한 사실을 판단할 수 있는 것은 아니고, 기록상 현출되어 있는 사항에 관하여서만 직권으로 증거조사를 하고 이를 기초로 하여 판단할 수 있을 따름이다"라고 판시하여 위 같은 조가 직권 탐지주의를 규정한 것도 아니고 직권 증거조사도 보충적으로만 인정하고 있는 취지의 판례라고 할 수 있다(대법원 1994. 4. 26. 선고 92누17402 판결).

취소소송상의 자백은 그 소송의 변론 또는 법관의 심문절차에서 상대방이 주장하는 자기에게 불리한 사실을 인정하는 진술을 말한다. 이때에 쌍방의 진술의 선후 여하는 문제가 안 된다. 일방이 선행적 자백을 하고 그 철회 전에 상대방이 원용하여도 좋다. 당사자의 진술이 전체의 취지로서 틀리는 점이 있더라도 일치되는 부분에 대하여는 자백이 성립된다[이유부부인(理由附否認)·제한부자백(制限附自白)].

자백이 있을 때에는 변론주의가 행하여지는 범위 내에서는 법원은 그 진술의 진부(眞否)를 판단할 필요가 없고 또 이에 반하는 인정을 할 수 없다(민사소송법 288 본문 : 법원에서 당사자가 자백한 사실과 현저한 사실은 증명을 필요로 하지 아니한다). 그러나 법규나 경험법칙에 관하여는 쌍방의 진술이 일치하여도 법원은 구속받지 않는다. 왜냐하면 자백은 사실에 관해서만 인정되기 때문이다. 문제는 자백이 현저한 사실에 반하는 때 구속력을 가지는가 하는 것이다. 학설이 나뉘어져 있지만, 이러한 시실을 재판의 기초로 한다는 것은 변론주의의 과장이라 할 수 밖에 없기 때문에 그 구속력을 인정하지 않음이 타당하다.

자백한 당사자는 임의로 이를 철회할 수 없으나 상대방이 동의한 때는 철회할 수 있다. 그리고 진실에 반하는 자백은 착오로 인한 것임을 증명한 때에는 이를 취소할 수 있다(민사소송법 288 단서). 판례는 사실에 반한다는 입증을 하면 착오의 증명도 있었던 것으로 본다하여 이 요건을 경감하고 있다. 직권 탐지주의 하에서는 재판상의 자백도 다른 증거자료와 구별할 것이 없으므로 어떠한 구속력도 생기지 아니한다.

② 자백간주

자백간주로 함은 당사자가 변론 또는 준비절차에서 상대방이 주장한 사실을 명백히 다투지 않기 때문에 법이 자백한 것으로 보는 경우를 말하며(민사소송법 150① 본문, 136), 추정자백(推定自白)이라고도 한다. 변론주의를 채용한 민사소송에 있어서는 당사자 간에 다툼이 있는 사실만을 증거에 의하여 인정하도록 하고 다툼이 없는 경우에는 적극적으로 자백한 경우와 같이 증거조사를 생략하도록 하였다. 다만 변론의 전 취지로 보아 그 사실에 대하여 다툰 것으로 인정될 때에는 예외로 한다(민사소송법 150① 단서, 286).

그러나 단순히 부지(不知)라고 진술하였을 때에는 그 사실은 다툰 것으로 추정한다(민사소송법 150②). 당사자의 일방이 변론기일에 결석한 결과 전혀 변론을 하지 못한 경우에도 자백한 것으로 본다(민사소송법 150③ 본문).

그러나 변론기일에 결석한 당사자가 공시송달에 의한 송달을 받았을 때에는 자백한 것으로 보지 않는다(민사소송법 150③ 단서).

자백간주는 당사자의 소극적 태도에 대하여 법률이 일정한 효력을 인정하는 것이므로 당사자는 그 뒤의 변론기일 또는 상급심에서(항소심의 최후변론 종결시까지) 적극적으로 다투어 자백간주의 효과를 배제할 수 있다.

3) 자백 · 자백간주(의제자백)의 대상

자백 또는 자백간주의 대상은 사실이다. 따라서 이러한 사실에 대한 법적 판단 내지 평가는 자백 또는 자백간주 대상이 아니다. 즉, 행정소송인 심결 등 취소소송에서도 원칙적으로 변론주의가 적용되고 따라서 자백 또는 의제자백도 인정되나 자백의 대상은 사실이고 이러한 사실에 대한 법적 판단 내지 평가는 자백의 대상이 되지 아니한다.

여기에서 '사실'이라 함은 원고가 심결 등의 취소를 구하는 소장 등에 심결 등을 특정하고 심결 등이 성립되기까지의 일련의 심판절차, 심결 등에서 결론에 이르게 된 구체적인 이유 등을 기재하는데 이를 사실이라고 한다. 그러나 어떤 개념이 사실개념이냐, 법률상 평가적 판단을 요하는 평가개념이냐의 구별은 용이하지 아니하다. 이와 관련된 사례를 발명(고안)의 판례를 중심으로 살펴본다.

① 발명(고안)의 신규성 · 진보성

특허법원 1999. 3. 5. 선고 98허4883호 판결(확정)은 등록고안과 (가)호 고안의 동일·유사여부는 의제자백의 대상이 아닌 법적 판단사항임을 전제로 판단하였고[특허법원 1999. 2. 5. 선고 98허7622 판결(확정)도 같은 취지], 특허법원 2000. 3. 31. 선고 99허6640호 판결(확정)은 피심판청구인인 원고 등의 이 사건 특허발명이 인용발명과의 대비에 있어서 신규성 및 진보성이 있는지 여부는 법적 평가 내지 판단사항임을 전제로, 자백의 대상으로 보지 않았다.

② 고안의 공지시기

특허법원 1999. 4. 2. 선고 98허3804호 판결(확정)은 등록고안의 신규성 여부 판단의 전제가 되는 인용고안의 공지시기에 관한 구체적 사실은 자백의 대상이라고 보았고, 일본 동경고등재판소 소화 46. 3. 30. 판결[173] 또한 고안의 공지일에 관한 주장사실이 자백의 대상이 된다고 보았다.

③ 특허청구범위의 해석

특허법원 2000. 9. 21. 선고 99허5654호 판결은 특허발명의 청구범위의 해석은 법령의 해석과 마찬가지로 재판상 자백의 대상이 되는 것이 아니므로 자백의 대상이 되지 않는다고 하였다.

특허청구범위의 해석은 특허청구범위에 표현된 발명의 내용을 객관적으로 명확하게 하여 그 발명의 보호범위를 확정하는 것으로서 규범적 요소가 혼입된 법률의 문제이므로, 자백의 대상이 아니라고 본 것은 극히 타당하다.

173) 판례 タイムズ 264호, 214면.

4) 의제자백에서의 주장·입증책임

특허법원 1999. 3. 4. 선고 98허8465 판결(확정), 1998. 7. 23. 선고 98허157호 판결(확정)은 피고 불출석사건에서 (가)호 고안이 공지되었다는 점, (가)호 의장이 주지의 형상·모양만으로 되어 있다는 점 등 피고가 주장·입증책임이 있는 사실을 주장·입증하지 아니하였다고 하여 심결이 위법하다고 판결하였다.

5) 자백·자백간주(의제자백)에 의한 심결 등 취소판결의 기속력

법원은 심결 등 취소소송이 제기된 경우에 그 청구가 이유있다고 인정한 때에는 판결로써 당해 심결 또는 결정을 취소하여야 한다. 그 심결 또는 결정의 취소판결이 확정된 때에는 심판관은 다시 심리하여 심결 또는 결정을 하여야 하고, 이때 판결에 있어서 취소의 기본이 된 이유는 그 사건에 대하여 특허심판원을 기속한다(법 75의4① 내지 ③).

여기에서 기속력이 객관적 범위인 취소의 기본이 된 이유는 판결주문 및 그 전제로 된 요건사실의 인정과 효력의 판단에만 미친다. 그렇지만 사실심 변론종결이후에 발생한 새로운 사유를 내세워 다시 종전과 같은 심결을 하는 것은 가능하다.[174] 자백이나 자백간주에 의한 인정사실을 기초로 한 심결취소판결이 확정된 경우, 그 자백의 내용이 특허심판원의 1차 심결 당시 제출된 증거에 의한 인정사실과 다를 경우 기히 제출된 증거를 새로 제출된 증거로 보고 1차 심결과 동일한 결론을 낼 수 있는가에 대해서는 긍정하는 견해와 부정하는 견해로 나뉘어져 있으나 후자의 견해가 타당하다고 해석된다. 그 이유는 특허심판원의 2차 심결은 1차 심결에 대한 취소소송의 판결절차에서 자백에 의한 인정사실을 기초로 한 확정판결에 기속을 받아야 하기 때문이다. 즉 심결취소판결이 확정된 후 특허심판원의 2차 심결절차에서 새로운 취소원인 사실이 드러나지 않는 한 특허심판원이 직권탐지나 직권증거조사 등에 의해 그 소송물에 취소사유의 존재사실이 인정된다 하더라도 1차 심결의 결론과 다르게 심판청구를 기각해야 하는 것으로 판단되기 때문이다.[175]

---

174) 특허법원, 특허재판실무편람(2002. 12), 49면.

175) 小室直人, 特許審決 取消訴訟における自白よ擬制自白, 818면 참고.
특허법원 2000. 12. 14. 선고 2000허976 판결 참고.
"피고가 제1차 심결에서 제출하였던 증거를 심결취소소송에서 제출하지 않은 탓에 상표의 사용사실을 인정할만한 증거가 없다는 이유로 그 심결이 취소되기에 이르렀음은 앞서 본 바와 같으므로, 그 심결취소판결이 그대로 확정된 후, 피고가 제1차 심결에서 제출되었던 증거를 특허심판원의 재심리과정에서 제출하는 것은 새로운 증거의 제출이라고 보기 어려울 뿐만 아니라, 특허심판원이 직권탐지주의를 채택하고 있다는 이유만으로 취소 전 심결에서 제출되어 재심리하는 심판기록에 그대로 편철되어 있는 증거를 다시 원용하여 취소 전 심결과 같은 결론에 이르는 것은 위와 같은 법리에 비추어 더욱 더 허용되지 않는다고 할 것이므로 이 사건 심결에서 피고가 새로운 증거를 제출하였고, 직권 탐지주의에 의해 제1차 심결에서 제출된 증거를 채용할 수 있다는 전제 아래 심결취소판결과 다른 판단을 한 것은 확정

V. 확정된 심결 등에 대한 취소판결의 기속력

1. 의의 및 성질

기속력이라 함은 소송법상 성립된 재판이 한 번 외부에 선고되면 재판 특히 판결의 안정성을 확보하기 위하여 선고한 법원도 스스로 취소, 변경할 수 없고 그 내용을 존중하여야 한다는 것을 원칙으로 하는 것을 말한다. 그러나 현행법상은 판결에 대하여도 판결의 경정(민사소송법 211), 민사소송의 결정, 명령에 대하여는 재도의 고안(再度의 考案)(민사소송법 446)이 일반적으로 인정되고 특히 소송지휘의 결정, 명령에 대하여는 전혀 기속력이 인정되지 않으므로(민사소송법 222) 그 예외는 상당히 넓다. 이러한 의미의 기속력에 관하여는 기판력설(또는 실체적 확정력설)과 특수효력설이 있으나 통설은 후자의 특수효력설로서, 행정청에 대하여 취소판결의 취지에 따라 행동하여야 할 실체법상의 작위 의무를 생기게 하는 것으로서 기판력과 다른 특수한 효력을 특별히 법정한 것으로 보고 있다.

여기에서 특히 기속력은 기판력과 비슷하나, 기속력은 확정판결이 확정판결 후에 행하여지는 처분에 대하여 어떠한 효력을 미치는가에 관한 것으로 그 재판을 한 법원을 구속하는 효력임에 반하여 기판력은 확정판결이 동일한 처분에 대하여 어떤 효력을 미치는 것인가에 관한 것으로 그 내용인 판단이 일반적으로 동일 문제에 대하여 장래 계속(係屬)될 소송에 있어서 법원 또는 당사자를 구속하는 효력을 의미하는 점에서 서로 다른 개념이다.

민사소송법은, i) 이송 재판이 이송 법원을 기속한다든지, ii) 상고심이 사실심이 확정한 사실에 기속된다든지, iii) 상고심이 하급심 판결을 파기한 때에는 하급심은 그 파기이유가 된 사실상·법률상 판단에 기속된다(민사소송법 436②)라는 등, 기속이라는 말을 여러 곳에서 쓰고 있으나 이것은 다른 법원을 구속한다는 다른 뜻으로 사용한 것이다.

행정소송법상으로는 구속력과 같은 뜻으로 쓰였으나 최근에는 기속력이라고 말하는 것이 일반적이다.

여기에서의 확정된 심결·결정취소 판결의 기속력은 법원이 심결 또는 결정의 취소소송이 제기된 경우에 그 청구가 이유있다고 인정한 때에는 판결로서 당해 취소소송이 제기된 경우에 그 청구가 이유있다고 인정한 때에는 판결로서 당해 심결 또는 결정은 취소하여야 하고(법 75의4①), 심판관은 그 심결 또는 결정의 취소판결이 확정된

된 심결취소판결의 기속력에 반하는 것으로서 위법하다"라는 취지의 판시를 하고 있는 바, 비록 자백간주에 관한 판결은 아니나 위의 부정하는 견해, 즉 부정설의 입장을 취하고 있는 것으로 볼 수 있다.

때에는 다시 심리하여 심결 또는 결정을 하여야 하며(법 75의4②), 특허심판원은 위 심결 또는 결정의 취소판결에 있어서 취소의 기본이 된 이유에 대하여 그 사건에서 기속을 받은 바(75의4③) 이때의 확정된 심결 또는 결정취소판결에서 취소의 기본이 된 이유는 그 사건에 대하여 특허심판원을 기속하는 것을 심결 또는 결정의 취소판결의 기속력이라고 한다.

2. 기속력의 내용

(1) 일사부재리

민사소송법상에서는 확정된 판결에 일사부재리의 효과는 없다는 것이 지금까지의 견해로써 주류를 이루어 왔다. 민사소송의 소송물인 법률효과는 판결이 있은 후에도 새로이 발생하며, 또는 소멸할 가능성이 있으므로 엄격하게 동일 사건이라고 하는 것은 생각할 수 없는 것이기 때문이다. 따라서 기속력의 효과는 뒷 소송에 있어서 법원은 앞서 한 판결과 다른 판단을 할 수 없다는 것에 불과하다. 물론 승소당사자가 동일 소송물에 관하여 거듭 제소한 경우에는 권리보호의 이익을 결여한 것으로서 각하되는 것이나, 그 때에도 특히 필요가 있는 때에는 재소(再訴)가 인정된다(예 : 판결원본 멸실로 인하여 집행력 있는 정본을 구할 수 없을 때).

그러나 최근 민사소송에 있어서도 일사부재리를 인정할 수 있다는 설이 신 소송물론에 선 학자들을 중심으로 대두되고 있다. 이러한 신 소송물론에 의한 일사부재리의 인정설에 의하여 심결 또는 결정취소소송에서 심결 또는 결정을 취소하는 인용판결이 확정되면 특허심판원은 동일사실 관계 아래어서 동일 당사자에 대하여 동일한 내용의 심결 또는 결정을 반복하여서는 아니된다.[176] 다만 심결 또는 결정의 취소판결의 사유가 심판절차의 위법이나 형식상의 흠인 경우에는 그 확정판결의 기속력이 취소사유로 된 절차나 위법에만 미친다고 할 것이므로 심판관이 적법한 절차나 형식을 갖추어 다시 동일 내용의 심결을 하는 것이 가능하다.[177]

(2) 재심리

심판관은 심결 또는 결정의 취소판결이 확정된 때에는 다시 심리를 하여 심결 또는 결정을 하여야 한다(법 75의4②). 심결이나 결정이 절차나 형식의 위배, 권한의 남용 등을 이유로 하여 취소된 경우에는 심판관은 지적된 잘못을 피하고 적정한 방법으로 심결 또는 결정을 하여야 한다.[178]

---

176) 법원행정처, 특허소송실무(1988), 338면 참고.

177) 대법원 1992. 5. 26. 선고 91누5242 판결, 1987. 2. 10. 선고 86누91 판결 참조.

3. 기속력의 범위

(1) 시간적 범위 - 표준시 -

심판의 심결 또는 결정취소의 확정판결의 기속력의 시간적 범위는 당해 취소판결의 사실심의 변론종결 당시이다. 이에 반하여 그 이후에 생긴 사유에 의하여 그 법률효과의 변경·소멸을 주장하는 것은 무방하다. 즉 취소판결의 사실심 변론종결 이후 취소된 종전의 심결의 기본이 된 i) 거절이유와 다른 새로운 거절 이유, ii) 무효사유와 다른 새로운 무효사유, iii) 취소사유와 다른 새로운 취소사유 등에 의하여 거절이유통지, 의견서 제출기회 부여 등 소정의 절차를 밟은 경우, 다시 디자인등록 거절결정을 유지하는 심결이나 디자인권리를 무효 또는 취소로 하는 심결을 할 수 있고 또 심결 또는 결정취소판결의 사실심의 변론종결 이후 생긴 새로운 사유를 들어 다시 종전과 같은 심결 또는 결정도 가능하다.[179]

(2) 주관적 범위 - 인적 범위 -

심판의 심결 또는 결정취소의 확정판결은 심판관과 특허심판원을 기속한다(법 75의4 ②③). 따라서 당사자, 변론종결 후의 승계인 또는 그를 위하여 청구의 목적물을 소지한 자에 대하여 까지 기속력의 주관적 범위가 미치는 것은 아니다.

(3) 객관적 범위 - 물적 범위 -

심판의 심결 또는 결정취소의 확정판결에 있어서 "취소의 기본이 된 이유는 그 사건에 대하여 특허심판원을 기속한다"라고 규정하고 있다(법 75의4③). 여기에서 위 확정판결의 기속력의 객관적 범위인 "취소의 기본이 된 이유"라 함은 "취소판결의 주문 중의 판단 외에 그 판단에 불가분적으로 필요한 전제문제에 대한 이유 중의 법률상 판단 내지 사실상 판단에까지 미치지만 판결의 방론(obiter dictum)이나 간접 사실에까지는 미치지 아니한 것"[180]이라고 보는 것이 일반적이다.[181]

---

178) 홍광식, 항소소송의 판결, 재판자료 67집, 503면.

179) 대법원 1999. 12. 28. 선고 98두1895 판결, 1997. 2. 4. 자96두70 결정, 1985. 3. 12. 선고 84후61판결, 1985. 4. 9. 선고 84후83판결 참고.
법원행정처, 특허소송실무(1998), 339~340면 참고.

180) 本間 崇, 特許訴訟讀本, 1993), 信山社, 280면.

181) 법원행정처, 특허소송실무(1998), 339면.
천병태, 행정법2, 형설출판사, 327면.
통상적으로 행정소송법상의 기속력에 관하여는 "기속력은 취소판결 등의 실효성을 도모하기 위하여 인정된 효력이므로 판결주문 및 그 전제로 된 요건사실의 인정과 효력의 판단에만 미치고 판결의 결론과 기속력은 심결 또는 결정의 개개의 위법원인에 대하여 생기는 것이기 때문에[182] 특허심판원의 재심의에서는 판결에 표시된 위법사유와 다른 이유에 의하여 동일한 심결 또는 결정을 하는 것도 가능하다. 그러나 취소판결의 "기속력은 취소의 이유가 된 심결의 사실상 및 법률상 판단이 정당하지 않다는 점에 있어서 발생하는 것이므로 취소판결 확정 후의 특허심판원의 재심리 과정에서 새로운 주장·증거가 제출되어 기속적 판단의 기초가 되는 증거관계에 변동이 생기는 등의 특단의 사정이 없는 한, 특허심판원은 위 확정된 취소판결에서 위법이라고 판단된 이유와 동일한 이유로 종전의 심결 또는 결정과 동일한 결론의 심결을 할 수 없다."[183]

특허법원 판례는 "특허심판원은 종전심결을 취소하는 판결이 확정된 경우 취소판결의 취지에 따라 재심리를 하여 다시 심결을 하여야 할 의무가 있고 이 경우 취소판결에 있어서 취소의 기본이 된 이유에 기속되므로, 특허심판원은 취소판결에서 위법이라고 판단된 심결의 이유와 동일한 이유로 취소된 종전의 심결과 동일한 결론의 재심결을 할 수 없으나, 다만 취소의 기본이 된 이유와 다른, 재심리과정에서 새로이 제출된 사실과 증거에 의하여 새로이 발견된 이유에 의해서는 취소된 종전의 심결과 동일한 결론의 재심결을 할 수 있다"[184]고 판시하였다.

대법원 판례는 "기속력은 취소의 이유가 된 심결의 사실상 및 법률상 판단이 정당하지 않다는 점에 있어서 발생하는 것이므로, 취소 후의 심리과정에서 새로운 증거가 제출되어 기속적 판단의 기초가 되는 증거관계에 변동이 생기는 등의 특단의 사정이 없는 한, 특허심판원은 위 확정된 취소판결에서 위법이라고 판단된 이유와 동일한 이유로 종전의 심결과 동일한 결론의 심결을 할 수 없다."[185]고 판시하고 있다.

취소소송 확정판결 후 특허심판원의 재심리과정에서 당사자로부터 제출된 증거가 기속력의 객관적 범위에 속하는 소송물인지 여부의 판단은 i) 재심리과정에서 제출된 증거가 "독립적으로 무효원인"이 되는지, ii) 취소판결의 인용례를 단순히 보강하는데 그치지 않고 그것과 함께 하나의 최초의 무효원인이 되는지를 기준으로 하되[186], 위 i), ii)와 같은 증거가 아닌 경우에는 종전의 심결과 동일한 결론의 심결을 할 수 없다.

4. 기속력에 반한 심결의 효력

심결 또는 결정의 취소판결의 기속력에 따른 특허심판원의 재심결이 판결의 기속

직접관계 없는 방론(obiter dictum)이나 간접 사실의 판단에는 미치지 아니한다.

182) 대법원 1997. 2. 11. 선고 96누13057 판결 참고.

183) 대법원 2000. 1. 11. 선고 99후2860 판결 참고.

184) 특허법원 2000. 10. 13. 선고 99허9366 판결(확정) 등.

185) 대법원 2002. 1. 11. 선고 99후2860 판결.

186) 日本 最高裁, 平成 4. 4. 28. 小法廷 判決(ジュリスト 臨時增刊, 1024호, 261면 참조).

력에 위반하는 경우에는 그 자체만으로도 그 재심결은 위법한 것으로 되어 취소사유가 된다. 그런데 기속력에 따른 재심결에 대한 심결취소소송에서 당해 재심결의 위법성을 입증할 수 있는 실질적인 새로운 증거를 제출하거나 새로운 사실을 주장하면서 그 위법성을 다툴 수 있는지에 대해서는 디자인보호법상 명문의 규정을 두고 있지 않아 명백하지 않으나 기속력에 따른 심결이라 하더라도 그 위법성을 다시 심결 또는 결정취소소송에서 다툴 수 있다고 보는 것이 타당하다.[187)]

Ⅵ. 소송절차의 중단과 중지

1. 소송절차의 중단

(1) 당사자의 사망으로 인한 중단

당사자가 죽은 때에 소송절차는 중단된다. 이 경우 상속인·상속재산관리인 그 밖에 법률에 의하여 소송을 계속 수행할 사람이 소송절차를 수계(受繼)하여야 한다. 그러나 상속인은 상속포기를 할 수 있는 동안에는 소송절차를 수계하지 못한다(민사소송법 233). 왜냐하면 이 기간 동안 상속포기를 할 수 있는 변수가 발생할 수 있을 지도 모르기 때문이다.

(2) 법인의 합병으로 인한 중단

당사자인 법인이 합병에 의하여 소멸된 때에 소송절차는 중단된다. 이 경우 합병에 의하여 설립된 법인 또는 합병한 뒤의 존속법인이 소송절차를 수계하여야 한다(민사소송법 234).

법인의 권리의무가 법률의 규정에 의하여 새로 설립된 법인에게 승계되는 경우에는 특단의 사유가 없는 한 계속 중인 소송에 있어서 그 법인의 법률상의 지위도 새로 설립된 법인에게 승계된다.[188)]

---

187) 특허법원 2000. 12. 14. 선고 2000허976 판결(상고), 2000. 6. 23. 선고 99허6527 판결(상고), 2000. 10. 13. 선고 99허9366 판결(상고).
"재심리과정에서 새로운 주장, 입증이 없으므로 취소판결에 있어서의 취소의 기본이 된 이유에 따라 한 심결은 위와 같은 기속력에 따른 것으로 원칙적으로 적법하다 할 것이고, 이 경우 불리한 심결을 받은 당사자라도 새로운 사실을 주장하거나 또는 취소판결에서 인정한 사실을 번복하기에 족한 정도의 새로운 증거를 제출하는 등으로 취소판결에서 판단한 것과 다른 새로운 위법사유를 주장하지 않는 한 이를 다툴 수 없다"고 판시하였다.

188) 대법원 1984. 6. 12. 선고 83다카1409 판결.

(3) 소송능력의 상실, 법정대리권의 소멸로 인한 중단

당사자가 소송능력을 잃은 때 또는 법정대리인이 죽거나 대리권을 잃은 때에 소송절차는 중단된다. 이 경우 소송능력을 회복한 당사자 또는 법정대리인이 된 사람이 소송절차를 수계하여야 한다(민사소송법 235).

법인의 대표자가 법원의 결정에 의하여 그 직무대행이 정지된 경우에도 소송대리인이 있는 경우에는 소송절차는 중지되지 아니하지만 종국판결이 소송대리인에게 송달됨으로써 그 소송절차는 중단된다.[189)]

(4) 자격상실로 인한 중단

일정한 자격(예 : 변리사·변호사 등)에 의하여 자기 이름으로 남을 위하여 소송당사자가 된 사람이 그 자격을 잃거나 죽은 때에 소송절차는 중단된다. 이 경우 같은 자격을 가진 사람이 소송절차를 수계하여야 한다(민사소송법 237①).

"공동의 이해관계를 가진 여러 사람이 법인이 아닌 사단이나 재단은 대표자 또는 관리인이 있는 경우에는 그 사단이나 재단의 이름으로 당사자가 될 수 있다" 그러나 그렇지 아니한 경우에는 이들은 그 가운데서 모두를 위하여 당사자가 될 한 사람 또는 여러 사람을 선정하거나 바꿀 수 있다(선정당사자). 이 경우 당사자가 될 사람을 선정한 소송에서 선정된 당사자 모두가 자격을 잃거나 죽은 때에 소송절차는 중단된다. 이 경우 당사자를 선정한 사람 모두 또는 새로운 당사자로 선정된 사람이 소송절차를 수계하여야 한다(민사소송법 237②).

유언의 집행을 위하여 지정 또는 선임된 유언집행자는 유증의 목적인 디자인권의 상속 또는 유증의 경우 그 유언의 집행에 필요한 행위를 할 권리의무가 있으므로 유언의 집행에 방해가 되는 유증 목적물인 디자인에 관한 권리에 경료된 상속에 의한 디자인권 이전 등록의 말소등록 청구소송 또는 유언을 집행하기 위한 유증목적물인 디자인권 이전등록 청구소송에 있어서 유언집행자는 이른바 법정소송 담당으로서 원고적격을 가진다.[190)]

(5) 수탁자의 임무가 끝남으로 인한 중단

디자인권 또는 그 디자인에 관한 권리의 신탁으로 말미암은 수탁자의 위탁임무가 끝난 때에 소송절차는 중단된다. 이 경우 새로운 수탁자가 소송절차를 수계하여야 한다(민사소송법 236).

---

189) 대법원 1980. 10. 14. 선고 80다623·624 판결.

190) 대법원 1999. 11. 26. 선고 97다57733 판결 참조.

소송계속 중 당사자가 그 소송의 목적된 권리인 디자인권을 제3자에게 양도하였다고 하여서 그 소송절차가 중단되는 것은 아니고 디자인권 신탁등록 신청인 주장과 같이 넓은 의미의 신탁적 양도행위에 해당하는 명의신탁을 해지한 경우에도 같다고 할 것이며, 다만 수계신청인은 권리승계인으로서 민사소송법 제79조에 의하여 당사자로서 소송에 참가할 수 있다.[191)]

위의 (1) 내지 (5)의 경우 소송대리인이 있는 때에는 소송절차는 중단되지 아니한다(민사소송법 238).

(6) 당사자의 파산으로 인한 중단

당사자가 파산선고를 받은 때에 파산재단에 관한 소송절차는 중단된다. 이 경우 채무자 회생 및 파산에 관한 법률에 따른 수계가 이루어지기 전에 파산절차가 해지되면 파산선고를 받은 자가 당연히 소송절차를 수계하여야 한다(민사소송법 239).

(7) 파산절차의 해지로 인한 중단

채무자 회생 및 파산에 관한 법률에 따라 파산재단에 관한 소송의 수계가 이루어진 뒤 파산절차가 해지된 때에 소송절차는 중단된다. 이 경우 파산선고를 받은 자가 소송절차를 수계하여야 한다(민사소송법 240).

2. 소송절차의 중지

(1) 법원의 직무집행 불가능으로 인한 중지

천재지변, 그 밖의 사고로 법원이 직무를 수행할 수 없을 경우에 소송절차는 그 사고가 소멸된 때까지 중지된다(민사소송법 245).

(2) 당사자의 장애로 인한 중지

당사자가 일정하지 아니한 기간 동안 소송행위를 할 수 없는 장애사유가 생긴 경우에는 법원은 결정으로 소송절차를 중지하도록 명할 수 있고 또는 그 결정을 취소할 수 있다(민사소송법 246①②).

3. 소송절차 정지의 효과

(1) 소송절차가 중단된 중에도 판결의 선고는 할 수 있다(민사소송법 247①).

---

191) 대법원 1966. 6. 28. 선고 66다689 판결 참조.

(2) 소송절차의 중단 또는 중지는 기간의 진행을 정지시키며, 소송절차의 수계사실을 통지한 때 또는 소송절차를 다시 진행한 때부터 전체기간이 새로이 진행된다(민사소송법 247②).

(3) 소송계속 중 어느 일방 당사자의 사망에 의한 소송절차 중단을 간과하고 변론이 종결되어 판결이 선고된 경우에는 그 판결은 소송에 관여할 수 있는 적법한 수계인의 권한을 배제한 결과가 되는 절차상 위법은 있지만 그 판결이 당연무효라 할 수는 없다. 다만, 그 판결은 대리인에 의하여 적법하게 대리하지 않았던 경우와 마찬가지로 보아 대리권 흠결을 이유로 상소 또는 재심에 의하여 그 취소를 구할 수 있을 뿐이므로 판결이 선고된 후 적법한 상속인들이 수계신청을 하여 판결을 송달받아 상고하거나 또는 사실상 송달을 받아 상고장을 제출하고 상고심에서 수계절차를 밟은 경우에도 그 수계와 상고는 적법한 것이라고 보아야 한다.

그리고 그 상고를 판결이 없는 상태에서 이루어진 상고로 보아 부적법한 것이라고 각하하여야 할 것은 아니다.[192)]

Ⅶ. 소송절차의 수계

1. 상대방의 수계신청권 등

소송절차의 수계신청은 상대방도 할 수 있다(민사소송법 241). 소송절차의 수계신청이 있는 때에는 법원은 상대방에게 이를 통지하여야 한다(민사소송법 242).

2. 수계신청에 대한 재판

소송절차의 수계신청은 법원이 직권으로 조사하여 이유가 없다고 인정한 때에는 결정으로 기각하여야 한다. 재판이 송달된 뒤에 중단된 소송절차의 수계에 대하여는 그 재판을 한 법원이 결정하여야 한다(민사소송법 243①②). 판례는 "원고승소참가인이 갑으로부터 포괄유증을 받았다 하여 갑을 수계하려면 제1심 법원에 수계신청을 하여야 하고, 을의 항소로 인한 항소사건이 계속된 항소심 법원에 수계신청을 할 수 없는 법리라 할 것이다."라고 판시한 바 있다.[193)]

192) 대법원 1995. 5. 23. 전원합의체 판결 94다28444.

193) 대법원 1994. 11. 4. 93다31993 판결.

3. 직권에 의한 속행명령

법원은 당사자가 소송절차를 수계하지 아니하는 경우에 직권으로 소송절차를 계속하여 진행하도록 명할 수 있다(민사소송법 244).

Ⅷ. 심결 등에 대한 소의 취하

1. 의 의

소의 취하는 원고가 제기한 소를 철회하여 소송계속을 소멸시키는 원고의 법원에 대한 소송행위이다. 따라서 이 소송행위는 일반 사법상의 행위와는 달리 내심의 의사보다 그 표시를 기준으로 하여 그 효력유무를 판정할 수밖에 없는 것이다.

그러므로 원고들 소송대리인으로부터 원고 중 1인에 대한 소취하를 지시받은 사무원은 원고들 소송대리인의 표시기관에 해당되어 그의 착오는 원고들 소송대리인의 착오로 보아야 하므로 그 사무원의 착오로 원고들 소송대리인의 의사를 반하여 원고들 전원의 소를 취하하였다 하더라도 이를 무효로 볼 수 없고, 적법한 소취하의 서면이 제출된 이상 그 서면이 상대방에게 송달되기 전, 후를 묻지 않고 원고는 이를 임의로 철회할 수 없다.[194)]

2. 소취하의 기간

소는 판결이 확정될 때까지 그 전부나 일부를 취하할 수 있다(민사소송법 266①).

3. 소취하의 효력발생에 상대방 동의를 필요로 한 경우

소의 취하는 상대방이 본안에 관하여 준비서면을 제출하거나 변론준비기일에서 진술하거나 변론을 한 뒤에는 상대방의 동의를 받아야 효력을 가진다(민사소송법 266②).

4. 소취하의 방식

소의 취하는 변론 또는 변론준비기일에서 말로 할 수도 있지만 원칙적으로 서면으로 하여야 하며(민사소송법 266③), 소장 송달 뒤에는 취하의 서면을 상대방에게 송달하

194) 대법원 1997. 6. 27. 선고 97다6124 판결 참조.

여야 한다(민사소송법 266④). 그런데 상대방이 변론 또는 변론준비기일에 출석하지 아니한 때에는 그 기일의 조서등본을 송달하여야 한다(민사소송법 266⑤).

5. 소취하의 동의간주

소취하의 서면이 송달된 날부터 2주 이내에 상대방이 이의를 제기하지 아니한 경우에는 소 취하에 동의한 것으로 본다.

다만, 소의 취하를 변론 또는 변론준비 기일에 말로 하는 경우에 있어서 상대방이 기일에 출석한 경우에는 소를 취하한 날부터, 상대방이 기일에 출석하지 아니한 경우에는 위 3. 후단의 조서등본이 송달된 날부터 2주 이내에 상대방이 이의를 제기하지 아니한 때에도 또한 같다(민사소송법 266⑥).

6. 소취하의 효력

취하된 부분에 대하여는 소가 처음부터 계속되지 아니한 것으로 간주한다(민사소송법 267①).

본안에 대한 종국판결이 있은 뒤에 소를 취하한 사람은 같은 소를 제기하지 못한다(민사소송법 267②). 이와 같은 재소금지원칙이 적용되기 위하여는 소송물이 동일한 외에 권리보호의 이익도 동일하여야 한다. 그러므로 피고가 전소 취하의 전제조건인 전용실시권 설정계약에 관한 사항을 지키지 아니함으로써 위의 계약이 해제 또는 실효되는 사정변경이 발생하였다면 이 사건 전용실시권 설정등록의 말소등록신청과 전소가 소송물이 서로 동일하다 하더라도 소제기를 필요로 하는 사정이 같지 아니하여 권리보호의 이익이 다르다 할 것이다. 그러므로 결국 이 사건 청구는 위의 재소금지원칙에 위배되지 아니한다.[195]

Ⅸ. 재 판

1. 종국 판결

(1) 개 념

법원은 소송의 심리를 마치면 종국판결을 하여야 한다(민사소송법 198). 원래 종국판결이라 함은 소 또는 상소에 의하여 계속 중인 사건의 전부 또는 일부에 대하여 심

195) 대법원 1993. 8. 24. 선고 93다22074 판결 참조.

판을 마치고 그 심급을 이탈시키는 판결이라고 해석함이 타당하다. 대법원의 환송판결도 당해 사건에 대하여 재판을 마치고 그 심급을 이탈시키는 판결인 점에서 당연히 제2심의 환송판결과 같이 종국판결로 보아야 한다.[196]

(2) 종국판결의 선고기간

종국판결은 소가 제기된 날부터 5월 이내에 선고한다. 다만 항소심 및 상고심에서는 기록을 받은 날부터 5월 이내에 선고한다(민사소송법 199).

(3) 일부판결

종국판결은 소송의 일부에 대한 심리를 마친 경우, 그 일부에 대해서만도 종국판결을 할 수 있다(민사소송법 200①). 변론을 병합한 여러 개의 소송 가운데 한 개의 심리를 마친 경우와 본소(本訴)나 반소(反訴)의 심리를 마친 경우에도 또한 같다(민사소송법 200②).

그러나 제1심 법원이 원고의 선택적 청구 중 하나만을 판단하여 기각하고 나머지 청구에 대하여는 아무런 판단을 하지 아니한 조치는 위법한 것이다. 원고가 이와 같이 위법한 제1심 판결에 대하여 항소한 이상 원고의 선택적 청구 전부가 항소심으로 이심되었다고 할 것이다. 그러므로 선택적 청구 중 판단되지 않은 청구부분이 재판의 탈루로서 제1심 법원에 그대로 계속되어 있다고 볼 수는 없다.[197]

2. 중간판결

(1) 의 의

중간판결은 종국판결을 할 준비로서 복잡한 쟁의를 정리하는 의미에서 소송심리 중에 문제가 된 개개의 실체상 또는 절차상의 사항을 해결하기 위하여 하는 확인적 성질을 가진 판결을 말한다.

중간판결은 종국판결에 대립되는 판결인데 종국판결을 하지 못할 형편인 경우에 한다. 즉 법원은 독립된 공격 또는 방어의 방법 그 밖의 중간의 다툼에 대하여 필요한 때에는 중간판결을 할 수 있다(민사소송법 201).

중간판결을 하지 아니하고 판단을 종국판결의 이유 중에 미루어 버려도 무방하다. 중간판결에는 소송비용의 재판을 하지 않는 것이 보통이나 사정에 따라 할 수도 있다(민사소송법 104).

---

196) 대법원 1995. 2. 14. 전체합의체 판결, 선고 93재다27·34 참조.

197) 대법원 1998. 7. 24. 선고 96다99 판결 참조.

(2) 중간판결을 할 수 있는 사항

중간판결을 할 수 있는 사항으로서는 i) 독립된 공격·방어방법에 관하여 재판이 끝났을 때 다만, 이것을 배척하는 경우에 한한다. ii) 중간의 다툼에 관하여 심리가 종료되었을 때 다만, 소송요건의 존재를 긍정하거나 또는 소취하를 부정하는 때 등 그것만으로 사건이 종료하지 않을 때에 한한다. iii) 청구의 원인 및 수액에 관하여 다툼이 있을 때 먼저 원인을 긍정한 때(원인판결) 등이다.

(3) 중간판결에의 기속

중간판결을 한 때에는 법원은 이에 기속되어 이것을 전제하여 종국판결을 하지 않으면 안되고, 당사자도 이후 당해 심급에서는 그 문제에 관하여 중간판결의 변론종결시 이전에 제출할 수 있었던 소송자료를 제출할 수 없게 된다.

그러나 중간판결 후에 새로이 발생한 사실은 주장할 수 있다.

(4) 중간판결에 대한 상소

중간판결에 대하여는 독립하여 상소를 할 수 없다. 그러기 때문에 종국판결에 대한 상소에서 불복을 신청할 수 있다(민사소송법 392). 즉 종국판결 이전의 재판은 항소법원의 판단을 받는다. 그러나 불복할 수 없는 재판과 항고로 불복할 수 있는 재판은 그러하지 아니하다.

3. 자유심증주의

(1) 배경·의의

법원이 증거자료에 의하여 사실을 인정할 때 그 범위나 신빙성의 정도에 관하여 하등 법률상 구속을 받지 아니하고 자유로 판단할 수 있는 주의. 법정증거주의에 대립된 말이다. 프랑스 혁명 이후 법정증거주의의 결함의 반성 및 법관의 소질의 일반적 향상을 배경으로 하여 현대 여러 나라의 입법례에서는 민사·형사에 관하여 모두 이 주의를 채택하고 있다. 이 주의는 법관에 대한 신뢰를 기초로 한다. 법관의 자격을 법률로 정하는 것은 이 주의를 채용하는 것과 관련성이 있다.

우리나라 민사소송법은 명문으로 자유심증주의를 인정하고 있다(민사소송법 202). 이러한 자유심증주의에는 다음과 같은 특별한 사정에 의한 다소의 예외는 있으나 원칙적으로 증거방법의 범위를 제한하지 않고 또 증거가치도 규정하지 않는다. 따라서 법원은 증거조사의 결과와 변론의 전 취지를 참작하여 자유로운 심증으로 사회정의와 형평의 이념에 입각하여 논리와 경험의 법칙에 따라 사실주장이 진실한지 아닌지를 판단할 수 있다(민사소송법 202).

1) 당사자가 법원의 문서제출명령에 따르지 아니한 때에는 법원은 문서의 기재에 대한 상대방의 주장을 진실한 것으로 인정할 수 있다(민사소송법 349). 그러나 피고가 문서제출명령에 불구하고 제출명령을 받은 문서를 제출하지 아니하였다고 하더라도, 그렇다고 하여 문서제출의 신청에 문서의 표시와 문서의 취지로 명시된 위 문서들의 성질·내용·성립의 진정에 관한 원고의 주장을 진실한 것으로 인정할 수 있음은 별론으로 하고, 그 문서들에 의하여 입증하려고 하는 원고의 주장사실이 바로 증명된 것은 아니다.[198)]

2) 당사자가 상대방의 사용을 방해할 목적으로 제출의무가 있는 문서를 훼손하여 버리거나 이를 사용할 수 없게 한 때에는 법원은 그 문서의 기재에 대한 상대방의 주장을 진실한 것으로 인정할 수 있다(민사소송법 350). 여기에서 상대방의 주장을 진실한 것으로 인정할 수 있는 것을 그 문서에 의하여 증명될 사실관계에 관한 주장이 아니라 그 문서의 성질·내용의 주장에 관한 것으로서 그 진실여부는 법원의 재량에 의하여 판단되는 것이다.[199)]

3) 당사자가 정당한 사유 없이 출석하지 아니하거나 선서 또는 진술을 거부한 때에는 법원은 신문사항에 관한 상대방의 주장을 진실한 것으로 인정할 수 있다(민사소송법 369).

여기에서 법원이 진실한 것으로 인정할 수 있는 것은 "신문사항에 관한 상대방의 주장", 즉 신문사항에 포함된 내용에 관한 것이므로 법원이 이를 적용함에 있어서는 상대방 당사자의 요건사실에 관한 주장사실을 진실한 것으로 인정할 것이라고 설시한 것이 아니라 당사자 본인 신문사항 가운데 어느 항을 진실한 것으로 인정한 연후에 그에 의하면 상대방 당사자의 요건사실에 관한 주장사실을 인정할 수 있다고 보는 것이 정당하다.[200)]

(2) 자유심증에 의한 성립인정의 사례

1) 당사자가 부지로서 다툰 서증에 관하여 거증자가 특히 그 성립을 증명하지 아니한 경우라도 법원은 다른 증거에 의하지 않고 변론의 전 취지를 참작하여 자유심증으로써 그 성립을 인정할 수 있다.[201)]

2) 당사자 일방이 상대방으로부터 제출된 증거를 자기의 이익으로 원용하지 아니한

198) 대법원 1993. 11. 23. 선고 93다41938 판결 참조.

199) 대법원 1979. 11. 13. 선고 79다1577 판결.

200) 대법원 1990. 4. 13. 선고 89다카1084 판결 참조.

201) 대법원 1982. 3. 23. 선고 80다1857 판결.

이상 법원이 그 증거를 판단하지 아니하였다고 하여도 증거공통의 원칙에 저촉되지 않으므로 증거판단을 유탈한 것이라고 볼 수 없다.[202]

3) 자백은 당사자가 자기에게 불이익한 사실을 인정하는 진술로서 상대방 당사자의 진술내용과 일치하거나 상대방 당사자가 이를 원용하는 경우에 성립하는 것이고, 상대방이 이를 원용하지 아니하여 당사자 쌍방의 주장이 일치된 바 없다면 이를 자백(선행자백)이라고 볼 수 없다.[203]

4) 여러 개의 증거를 종합 판단하는 경우에 그 각 증거 중 모순된 부분과 불필요한 부분은 제거하고 그 중 필요하며 공통된 부분만을 모아서 이를 판단자료에 공용하는 것이므로 각 증거내용 중 그 인정사실과 저촉되거나 서로 모순되는 부분은 특히 명시가 없어도 채택하지 않는 것이라고 봄이 타당하다. 따라서 법원이 각 거시증거 중 그 인정사실에 저촉되는 부분을 배척함을 명시하지 아니하였다 하여 위법이 있다고 할 수 없고 법관의 위와 같은 자유심증에 의한 판단은 정당하다.

(3) 자유심증의 범위·기준

자유심증주의 하에서의 자유로운 재판이라 하더라도 법관의 자의적인 재판을 허용하는 것이 아니고 증거규칙으로부터 해방된다는 것을 의미한다. 따라서 법문은 법원은 변론 전체의 취지와 증거조사의 결과를 참작하여 자유로운 심증으로 "사회정의와 형평의 이념에 입각하여 논리와 경험의 법칙에 따라" 사실주장이 진실한지 아닌지를 판단할 것을 요구하고 있다(민사소송법 202).

(4) 자유심증주의 위반의 효과

법관이 자유심증주의를 위반하였을 때에는 증거의 취사(取捨)를 잘못하거나 증거조사의 방식에 위반한 때와 같이 법률문제로 상고심의 심리의 대상이 된다.

---

202) 대법원 1982. 12. 28. 선고 82누461 판결.

203) 대법원 1992. 4. 14. 선고 91다24755 판결.

제 4 절 대가에 관한 불복의 소

Ⅰ. 대가지급제도의 취지

선출원 등록디자인 등은 지적재산(무체재산)으로 그 소유자는 그 등록디자인 등에 대하여 독점적 전용권과 배타적 금지권을 갖는다. 이러한 독점배타권을 갖는 선출원 특허권자·실용신안권자·디자인권자 또는 전용실시권자(이하 "디자인권자 등"이라 한다) 에게 후출원 등록디자인권 등의 실시를 허여하도록 강제(통상실시권 허여의 심판)한 경우 선출원디자인권자 등이나 그 등록디자인의 전용실시권자의 권리가 제한되는데 따른 손실보전을 위하여 통상실시권 허여의 심판에 의하여 통상실시권을 허여받은 통상실시권자는 특허권자·실용신안권자·디자인권자 또는 그 전용실시권자에게 그 특허발명, 등록실용신안, 등록디자인의 실시에 따른 정당한 대가의 지급을 의무화하여 선출원 디자인권자 및 실시권자(전용실시권자, 통상실시권자)의 권익을 보호하려는 데 대가지급제도의 취지가 있다.

Ⅱ. 대가의 지급요인

대가의 지급의무는 디자인권자·전용실시권자 또는 통상실시권자가 당해 등록디자인 또는 등록디자인에 유사한 디자인이 타인의 등록디자인 등과의 이용관계에 있어 실시허락을 받고자 하는 경우 그 타인이 정당한 이유 없이 허락하지 아니하거나 허락을 받을 수 없는 때에 자기의 등록디자인 또는 이와 유사한 디자인의 실시에 필요한 범위 내에서 통상실시권 허여심판을 청구할 수 있고 또 이와는 반대로 심판에 의하여 통상실시권을 허여한 자가 그 통상실시권의 허여를 받은 자의 등록디자인 또는 이와 유사한 디자인의 실시를 필요로 하는 경우 그 통상실시권을 허여받은 자가 실시를 허락하지 아니하거나 실시의 허락을 받을 수 없는 때 통상실시권의 허여를 받아 실시하고자 하는 등록디자인 또는 이와 유사한 디자인의 범위 안에서 통상실시권 허여의 심판을 청구할 수 있다.

이러한 통상실시권 허여의 심판에 의하여 실시권을 허여받은 통상실시권자는 특허권자·실용신안권자·디자인권자 또는 그 전용실시권자에 대하여 대가를 지급하여야 할 의무, 즉 대가지급요인이 발생한다(법 70③ 본문).

Ⅲ. 대가의 결정 등

통상실시권자가 특허권자·실용신안권자·디자인권자 또는 전용실시권자에 대하여 지급하여야 할 대가는 심결이나 결정에 의한다.

1. 통상실시권 허여심판에 의한 디자인권 등의 실시의 대가는 그 실시료의 예정가격에 따르되 그 예정가격은 다음의 방법에 의하여 정한다.

실시료 예정가격 = 디자인권 등을 이용한 제품의 총판매 예정수량 ×제품의 판매단가×점유율×기본율

2. 위 1의 산식에서의 총판매 예정수량, 제품의 판매단가, 점유율 및 기본율은 다음의 1의 것으로 한다.

(1) 총판매예정수량 : 실시기간 중 매 연도별 판매예정수량을 합계한 것
(2) 제품의 판매단가 : 실시기간 중 매 연도별 공장도가격
(3) 점유율 : 단위제품을 생산하는데 있어서 당해 디자인권이 이용되는 비율
(4) 기본율 : 3퍼센트 다만, 당해 디자인권의 실용적 가치 및 산업상 이용성 등을 참작하여 2퍼센트 이상 4퍼센트 이내로 할 수 있다.

3. 위의 1, 2에 의하여 예정가격은 정할 수 없는 경우의 예정가격은 따로 특허청장이 정하는 기준에 의한다.

4. 위의 1 내지 3에 의한 예정가격은 실시기간 내의 총액으로 한다. 다만, 통상실시권 허여의 심판에 의한 경우 총판매 예정수량을 미리 예측할 수 없는 때에는 다음의 방법에 의하여 제품단위당 실시료 예정가격을 정할 수 있다.

제품단위당 실시료 예정가격 = 제품의 판매단가×점유율×기본율

5. 특허청장은 대가결정시 디자인권자 등의 의견을 참작하여야 한다. 즉 특허청장은 위의 예정가격의 산정기준 등을 근거로 하여 대가를 결정할 때에는 디자인권자·전용실시권자·통상실시권자의 의견을 참작하여야 한다.

이와 같이 대가의 결정에 디자인권자 등의 의견을 참작하는 것은 대가의 결정에

당사자들의 의견을 들어 결정함으로써 대가에 관한 불복의 소를 최소화하려는데 그 의의가 있다.

Ⅳ. 대가의 지급 등

1. 대가의 지급

통상실시권 허여의 심판에 의하여 통상실시권을 허여받은 통상실시권자는 특허권자·실용신안권자·디자인권자 또는 그 전용실시권자에 대하여 그 특허발명, 등록실용신안, 등록디자인의 실시에 따라 대가를 지급하여야 한다. 다만, 자기가 책임질 수 없는 사유에 의하여 지급할 수 없는 때에는 그 대가를 공탁하여야 한다(법 75의5③).

2. 대가의 수급

대가의 수급은 특허권자·실용신안권자·디자인권자 또는 전용실시권자이다(법 75의5, 70③).

Ⅴ. 소송의 제기

1. 소의 제기

위 Ⅱ.의 1. 내지 5.의 대가의 지급요인에 의하여 발생한 대가에 대하여 심결을 받은 자가 그 대가에 불복이 있는 때에는 법원에 소송을 제기할 수 있다(법 75의5①). 이를 자세히 살펴보면 위 Ⅱ.의 1. 내지 5.의 처분(이하 "처분"이라 한다)에 대한 심결을 할 때 그 처분에 대한 대가를 함께 결정하여야 하고 대가를 함께 결정한 심결을 받은 자가 다음과 같은 대가의 결정에 대하여 불복이 있는 경우 법원에 제소할 수 있다(법 75의5①). 즉 디자인권자·전용실시권자 또는 통상실시권자는 당해 등록디자인 또는 그 등록디자인에 유사한 디자인이 그 디자인등록출원일 전에 출원된 타인의 등록디자인 또는 이와 유사한 디자인·특허발명·등록실용신안 또는 등록상표를 이용하거나 디자인권이 그 디자인권의 디자인등록출원일 전에 출원된 타인의 특허권·실용신안권 또는 상표권과 저촉되는 때에 그 타인의 등록디자인 등에 대하여 실시허락을 받고자 하는 경우에 그 타인이 정당한 이유 없이 실시허락을 하지 아니하거나 그 타인의 허락을 받을 수 없는 때 및 통상실시권 허여의 심판에 의하여 통상실시권을 허여한 자가 그 심판에 의해 통상실시권의 허여를 받은 자의 등록디자인 또는 이와 유사한 디자인의 실시를 필요로 하는 경우에 그 통상실시권을 허여받은 자가 실시를 허락하지 아니하거나 실시의 허락을 받을 수 없는 때에 한 통상실시권 허여심판청구에 의한 심판의 심결과 함께 그 타인의 등록디자인 등에 대하여 통상실시권을 허여받은 통상실시권자가 특허권자·실용신안권자·디자인권자 또는 그 전용실시권자에 대하여 지급하여야 할 대가의 결정도 한다(법 70① 내지 ③).

위의 처분 즉 통상실시권 허여심판의 심결을 한 때에 그 처분에 대한 대가도 함께 결정한다. 따라서 대가에 관한 불복의 소는 위의 처분에 대한 대가에 대하여 심결을 받은 자가 그에 불복이 있을 때 법원에 소송을 제기한다(법 75의⑤).

다만, 심결의 주문(디자인보호법 제70조의 심판에 있어서 통상실시권의 범위·기간 및 대가를 포함한다)에 의한 대가의 심결에 대하여는 독립하여 심결의 소를 제기할 수 없다(법 75⑦).

2. 소의 제기기간

위의 소송은 심결 또는 결정의 등본을 송달받은 날부터 30일 이내에 제기하여야 한다(법 75③). 위의 30일의 기간은 불변기간이다(법 75④). 불변기간에 관하여는 앞 제3절 Ⅲ. 1. (3) 2)를 참고하기 바란다.

3. 소의 피고적격

대가에 관한 불복의 소송에 있어서 심판에 의하여 통상실시권을 허여받은 통상실시권자가 특허권자·실용신안권자·디자인권자 또는 그 전용실시권자에 대하여 지급하여야 할 대가에 대하여는 통상실시권자·전용실시권자 또는 디자인권자를 피고로 한다(법 75의6).

Ⅵ. 그 밖의 소송절차 등

그 밖의 소송절차에 관하여는 앞의 제3절 Ⅲ 내지 Ⅸ의 "심결 등 취소소송의 절차, 입증책임, 확정된 심결 등에 대한 취소판결의 기속력, 소송절차의 중단과 중지, 소송절차의 수계, 심결 등에 대한 소의 취하, 재판"편을 참고하기 바란다.

제 5 절 변리사의 보수와 소송비용

Ⅰ. 변리사 보수의 소송비용 인정

소송을 대리한 변리사의 보수에 관하여는 민사소송법 제109조를 준용한다. 이 경우 "변호사"는 "변리사"로 본다(법 75의7). 즉 소송을 대리한 변리사에게 당사자가 지급하였거나 지급할 보수는 대법원 규칙이 정하는 금액의 범위 안에서 소송비용으로 인정한다.

Ⅱ. 복수변리사 소송대리 경우의 한 변리사 대리 간주

위 소송비용을 계산할 때에는 여러 변리사가 소송을 대리하였더라도 한 변리사가 대리한 것으로 본다(법 75의7, 민사소송법 109①②).

예를 들면 "수인의 공동소송인이 공동으로 변리사를 선임하여 소송을 수행하게 한 경우에 특별한 사정(예: 그 공동소송이 실질적으로는 독립소송이나 다름없을 정도로 공동소송인 사이에 관련성이 희박하면서도 형식상으로만 공동소송으로 되어 있다는 등)이 없는 한 그 공동소송인들이 지급하였거나 지급할 변리사 보수를 소송비용에 산입함에 있어서는 각 공동소송인별로 소송물가액을 정하여 변리사 보수의 소송비용산입에 관한 규칙 제3조에 의한 변리사 보수를 각 개인별로 산정한 다음 이를 합산할 것이 아니라 동일한 변리사를 선임한 공동소송인들의 각 소송물 가액을 모두 합산한 총액을 기준으로 위 규칙 제3조에 따른 비율을 적용하여 변리사 보수를 산정하는 것이 옳다.[204]

204) 대법원 2000. 11. 30. 선고 2000마5563 판결 참조.

제6절 상 고

I. 서 설

1. 서 문

상고는 당사자 그 밖의 이해관계인이 자기에게 불이익한 항고법원격인 특허법원의 판결·결정에 대하여 상고법원인 대법원에 그 취소변경을 구하는 불복신청이다. 상고는 미확정판결에 대하여 취소변경을 구하는 점에서 재심, 특별항고와는 다르다. 상고를 하면 원 재판의 확정이 방해되고(차단적 효력) 대법원의 심사를 받을 수 있도록 사건은 대법원에 계속되게 된다[이심(移審)]의 효력이 발생한다.

재판도 사람이 하는 것이므로 잘못이 있을 수 있는 것이다. 이러한 잘못된 재판이라 하더라도 당연 무효가 아닌 이상 효력이 있는 것이므로 이 잘못된 재판이 확정되기 전(소송절차 종료 전)에 바로 잡는 것이 중요하고, 이를 바로 잡으려는 것이 상고제도이다.

우리나라는 법원조직법상 특허심판원의 심결 등에 대한 불복의 소는 고등법원급의 전문법원인 특허법원의 전속관할로 하며 특허법원의 판결에 대한 불복은 대법원에 상고하는 체제이다(법 75①⑧). 다만, 특허심판원의 심결 또는 결정은 재판이 아니므로 특허법원이 제1심이 되고 특허법원의 소송절차와 특허심판원의 심판절차 사이에 심급관계가 있는 것이 아니다.

따라서 침해소송을 제외한 심결·결정취소소송과 같은 디자인소송에 관하여 특허법원에서 대법원으로 바로 이어지는 2심제가 채택된 것이다. 즉 특허법원의 사실심과 대법원의 법률심으로 한 2심제 형식을 채용하고 있는 것이다.

그렇지만 실제에 있어서는 특허심판원의 심결 등에 대한 항소로서의 특허법원에의 항고이기 때문에 2심급 사실심과 1심급의 법률심으로 한 3심제를 채택하고 있는 셈이라 함은 이미 앞에서 설명한 바와 같다. 그러나 여기에서는 2심제를 중심으로 한 상고에 대해서만 살펴보기로 한다.

2. 의 의

특허법원의 심결 또는 결정취소판결에 대하여는 대법원에 상고할 수 있다(법 75⑧).

따라서 상고법원은 대법원이다(법원 조직법 17). 상고는 특허법원이 선고한 심결 또는 결정취소소송의 종국판결에 대한 법률심에의 상소로서 원 판결의 당부를 법률적 측면에서만 심사할 것을 구하는 불복신청이다. 즉 상고는 미확정의 종국판결에 대하여 패소당사자가 법령위반을 이유로 법률심인 상고법원에 그 취소변경을 구하는 불복신청이다.

상고제도는 구체적 사건의 구제와 함께, 구체적 사건을 계기로 법률의 해석·적용의 통일을 기하려는 것을 목적으로 한다. 이러한 의미에서 특허법원의 항고심을 '사실심'이라고 한 데 반하여 상고심을 '법률심'이라고 하기도 한다.

상고심에서는 사실 인정을 하지 아니하고 원심 법원인 특허법원이 한 사실 인정을 전제로 하여 심리한다. 따라서 당사자도 사실관계에 대하여 새로운 주장이나 증거를 제출할 수 없다. 그러나 재심과 같이 사건을 떠나 원판결의 시정을 구하는 것과 달라 사건에 대한 심판을 주안으로 하는 것이기 때문에 이미 앞에서 살펴본 바와 같이 상고에 의하여 이심의 효력(移審의 效力)[205], 차단적 효력(遮斷的 效力)[206]이 발생한다.

상소에는 특허심판원의 심결·결정에 대하여 항고법원격이라고 할 수 있는 특허법원에 제기할 수 있는 항고, 원칙적으로 특허법원의 종결판결에 대하여 대법원에 제기하는 상고가 있다. 그런데 당사자의 권리구제와 법령해석의 통일을 위한 상소제도는 상급법원의 부담과중, 승소자의 권리실현의 지연 등의 단점도 있으므로 상소의 남용방지를 위한 고려가 상고이유의 제한, 인지액의 누증 등의 제도를 통하여 나타나고 있다.

3. 상고의 요건

특허법원의 재판에 관하여 대법원에 상고를 할 수 있으려면 다음과 같은 상고의 요건을 갖추어야 한다. 상고의 요건이라 함은 대법원의 본안 재판을 받을 수 있는 요건을 말하는 바, 이는 소에 있어서 소송요건에 해당한다.

상고의 적극적 요건으로서는 상고의 대상적격, 상고기간, 상고제기방법의 적법, 상고당사자 적격, 상고이익 등이 있다. 그리고 소극적 요건으로서는 불상고합의, 상고권의 포기 등이 있다.

---

205) 상소의 효과로서 소송사건의 계속이 원심법원으로부터 상소법원에 옮겨지는 것. 이심의 효력은 상고장 또는 상소장 제출시에 발생하며, 확정차단[確定遮斷의 效力 즉 차단적 효력(遮斷的 效力)]과 같이 원심판결의 소송물의 전부에 미친다.

206) 정지(停止)의 효력이라고도 하며, 이는 상소의 제기에 의하여 재판의 확정(형식적 확정)이 차단되는 것을 말한다. 확정력이 생기지 않기 때문에 그 집행도 정지되는 것이 원칙이다. 다만, 즉시항고를 제외하고는 집행정지의 효력이 없으며, 법원이 필요한 때에 결정으로 원 재판의 집행을 정지할 수 있을 뿐이다.

(1) 상고의 적극적 요건

1) 상고의 대상 적격

상고의 대상 적격이라 함은 법이 상고방법의 허용여부를 규정한 것으로서, 예를 들면 특허법원의 종국판결에 대하여 대법원에 상고할 수 있고 또 특허법원의 소송절차에 관한 신청의 기각결정에 대하여 즉시항고 할 수 있는바, 이는 곧 법이 상고의 방법을 허용하고 있는 것이다(법 75⑧, 민사소송법 439).

2) 상고의 당사자 적격

상고의 당사자 적격이 있는 자는 원칙적으로 원심 소송절차의 당사자, 즉 특허법원의 심결 등 취소소송사건의 원, 피고가 상고 당사자이다. 다만 상고에 예외가 있는데 필요적 공동소송에 있어서는 공동소송인은 공동하여서만 상고를 할 수 있다. 보조참가인, 독립당사자 참가인, 공동소송 참가인 등도 상고자격이 있다. 그러나 보조참가인은 피참가인의 상고기간 내에 상고를 제기하여야 한다. 재판이 선고된 후에 소송당사자가 사망한 경우에는 상속인 등 소송수계인이 상고적격자가 된다. 이때 상고제기의 수권이 있는 소송대리인이 있으면 소송절차는 중단되지 아니하고 대리인은 유효하게 상고를 제기할 수 있으며 당사자소송이거나 소송대리인에게 특별수권이 없는 경우에는 상속인은 상고를 제기함과 동시에 수계신청을 할 수 있다는 것이 판례의 경향이다.

3) 상고이익

① 상고이익의 판단기준

상고이익의 판단기준에는 실체적 불복설과 형식적 불복설이 대립하고 있으나, 원칙적으로 당사자의 신청과 재판주문에 받아들여진 것과의 차이에 두는 형식적 불복설이 통설, 판례이다. 그러나 형식적 불복설에 의하더라도 출석하지 아니한 증인에 대한 과태료의 재판(민사소송법 311), 증언거부에 대한 재판(민사소송법 318)에 대하여 상고하는 것처럼 당사자 이외의 제3자가 상고인이 되는 경우에는 재판과 비교할 신청이 없으므로 그 법률적 지위가 재판 전의 상태보다 나쁜가 하는 실체적 불복설이 기준이 된다.[207]

② 상고불이익의 판단기준

재판이 불이익한가 여부의 판단기준은 원칙적으로 기판력이 생기는 판결(결정, 명령) 주문을 기준으로 판단하고 재판의 이유는 판단의 기준이 될 수 없다. 즉 선결적 법률

207) 사법연수원 변호사실무(민사), 한양당(1996. 6), 160~162 참조.

관계의 판단이나 사실의 인정이 불이익하다 하더라도 상고를 제기할 수 없다. 그러나 이유 중의 판단이라 하더라도 기판력이 생기는 상계(相計)의 항변(민사소송법 216②) 같은 경우에는 불이익의 판단기준이 된다.

③ 결 어

원고가 주청구와 예비적 청구를 하였는데 예비적 청구가 인용되었을 경우에는 원고는 상고의 이익이 있으나 주청구가 인용되었을 경우에는 상고의 이익이 없고 또 선택적 청구의 경우에 어느 하나를 인정하였을 경우에도 원고에게 상고의 이익은 없다.

하나의 청구에 관하여 원고가 수 개의 공격방법을 예비적으로 주장한 경우에 주된 공격방법이 배척되고 예비적으로 주장한 공격방법이 받아들여져 원고의 청구가 인정되었을 때에는 원고는 상고할 수 있다.

소송요건의 흠결을 이유로 소를 각하하는 판결의 경우 본안판결을 구하는 원고에게 불이익함은 물론 청구기각의 판결을 구하는 피고에게도 불이익하므로 쌍방 상고이익을 갖는다.

본안에 관하여 전부 승소하였을 경우에는 소송비용 부담을 명하는 재판을 받아도 상고할 수 없다(민사소송법 391).

위의 설명은 상고요건으로서의 상고이익이다. 그러므로 이와는 별개의 문제로 당사자가 상고여부를 결정할 때에는 상고에 의하여 당사자가 얻을 수 있는 경제적·사회적 이익, 원심 선고시를 기준으로 하여 상고심에서의 승소가능성 및 승소시의 집행가능성, 판결확정시기를 지연시키는 것이 당사자에게 유리한 것인지 여부, 상고심에서의 화해가능성 등을 살펴서 상고여부를 결정하는 것이 실무상 중요하다.

4. 상고의 대상

상고의 대상은 특허법원의 판결이다. 즉, 특허법원의 판결에 대하여는 대법원에 상고할 수 있다(법 75⑧). 따라서 상고는 특허법원이 선고한 종국판결에 대하여 할 수 있는 것이다(민사소송법 422①).

특허법원의 디자인등록거절결정·보정각하결정·심판청구서나 재심청구서의 각하결정 등에 대한 취소소송과 같은 특허청장을 피고로 한 결정계 결정취소소송과 디자인등록 취소결정에 대한 심판·디자인등록의 무효심판·권리범위 확인심판·통상실시권 허여의 심판의 결정 또는 심결에 대한 취소소송과 같은 디자인권자 또는 이해관계인을 피고로 한 당사자계 심결 또는 결정취소소송의 종국판결에 대하여 법령의 준수적용의 측면에서 불복이 있는 경우를 그 대상으로 하고 있다.

Ⅱ. 상고이유

1. 서 설

상고는 특허법원의 심결 또는 결정취소판결에 영향을 미친 디자인보호법 등 법령의 위반이 있음을 이유로 하는 때에 한하여 할 수 있다. 이러한 법령의 위반이 있어도 판결주문에 영향을 미칠 가능성이 없으면 상고이유로 인정되지 않는 일반적 상고이유(상대적 상고이유)와 판결에의 영향과는 관계없이 법령위반이 당연히 상고이유로 되는 절대적 상고이유가 있다.

(1) 일반적 상고이유

당사자가 상고를 신청하는 이유로서 그것이 인정되면 원심판결 파기의 이유로 되는 것이다. 상고심은 법률심이기 때문에 상고이유는 원심판결에 법령위반이 있는 때에 한한다. 그러나 이러한 법령위반이 있다 하더라도 판결주문에 영향을 미칠 가능성이 없으면 상고이유로 인정되지 않는다. 이를 일반적 상고이유 또는 상대적 상고이유라고 한다.

여기에서 법령위반이라 함은 법령해석의 잘못과 법령적용의 잘못을 말하는 바, i) 법령해석의 잘못이란 법규의 취지와 내용을 잘못 이해하거나 법령의 효력의 시간적, 장소적 제한을 잘못 해석한 경우를 의미하고, ii) 법령 적용의 잘못이란 법령해석은 정확하게 하였으나 구체적인 사건이 법규의 구성요건에 해당하는 지의 여부를 잘못 판단한 경우를 의미한다.

(2) 절대적 상고이유

위에서 살펴본 바와 같이 상고심은 법률심으로 원심이 디자인보호법 등 법령의 위반이 있을 때에만 이를 이유로 하여 상고를 할 수 있지만 이러한 법령위반이 있다고 해서 모두 상고이유로 인정되는 것이 아니다(일반적 상고이유 또는 상대적 상고이유). 이에 대하여 판결에의 영향과 관계없이 법령위반이 당연히 상고이유가 되는 상고이유 강제(상고이유 법정)가 있는 바 이를 절대적 상고이유라고 한다.

따라서 원심판결인 특허법원의 심결 또는 결정취소판결에 i) 법률에 의하여 판결법원을 구성하지 아니한 때, ii) 법률에 의하여 판결에 관여할 수 없는 판사가 판결에 관여한 때, iii) 전속관할에 관한 규정에 위배한 때, iv) 법정대리권, 소송대리권 또는 대리인이 소송행위에 특별수권의 흠결이 있는 때, v) 변론공개의 규정에 위배한 때, vi) 판결에 이유를 명시하지 아니하거나 이유에 모순이 있는 때에는 당연히 상고이유가 있는 것으로 한다(민사소송법 424①). 다만 iv)의 경우 보정된 당사자나 법정대리인의 추인이 있는 때에는 이를 적용하지 아니하며 이들의 추인은 행위시에 소급하여 그 효력이 있다(민사소송법 424②).

2. 상고이유의 법조문 체제

민사소송법 제423조는 상고이유를 "상고는 판결에 영향을 미친 법령의 위반이 있다는 것을 이유로 드는 때에만 할 수 있다"고 규정함으로써 상고이유를 법령위반으로 한정하여 상고이유에 대한 원칙을 규정하고 있고 같은 법 제424조 제1항은 6가지의 법령위반 사유를 들어 절대적 상고이유로서 판결에 영향을 미친 여부를 묻지 않고 상고이유로 할 수 있음을 규정하고 있다.

위 규정들에 의하면 원칙적으로 판결에 영향을 미친 법령위반이 있어야 상고를 할 수 있다. 그러나 절차법 위반 중 재판의 권위, 당사자의 특별보호 등의 관점에서 영향을 미친 여부를 따지지 아니하고 상고할 수 있도록 한 것이다.

여기에서의 "판결에 영향을 미친"이라 함은 법령위반이 없었더라면 원심판결의 주문이 바뀌었을 가능성을 말한다. 또 "법령위반"이라 함은 법령의 해석상의 과오, 구체적인 구성요건 사실에 대한 법령적용상의 과오, 소송절차의 법령위반을 말한다.

3. 사실오인과 상고이유

상고이유는 위에서 살펴본 바와 같이 법령위반에 한정되어 있고 상고심은 원심법원이 확정한 사실에 기속된다[민사소송법 432 : 사실심의 전권(專權)]. 그러나 상고심을 기속하는 확정사실은 적법이 확정된 것에 한하기 때문에 사실인정과정 또는 그 전제가 되는 심리과정에 법령위반이 있으면 이것이 상고이유가 될 수 있다. 사실인정과 관련하여 실무상 상고이유가 되고 있는 법령위반의 유형이 살펴본다.

(1) 채증법칙 위반

증거에 관한 채부(採否) 및 사실인정은 사실심 법관의 전권에 속하는 것이지만 증거의 채부 및 사실인정 과정이 논리법칙, 경험법칙에 적합하여야 하고 그렇지 아니하면 채증법칙 위반이 된다. 예를 들면 증거에 의하지 아니하고 사실을 인정하는 경우, 처분문서의 내용을 막연한 증언에 의하여 배척하여 사실인정을 하는 것이 그것이다. 뿐만 아니라 경험법칙 위반도 채증법칙 위반이 된다. 즉 경험칙의 존재해석, 적용은 언제나 객관적으로 보증되어 있는 점에서 어떤 주요사실, 간접사실, 보조사실을 인정하는 과정에서 주요 거점이 되고 있기 때문에 이에 어긋나는 사실인정은 채증법칙에 위반이 되는 것이다. 그리고 경험칙 위반의 사실인정은 이유 불비, 이유모순이 되는 경우도 있다(민사소송법 424① 6).[208)]

(2) 석명권 불행사

석명권은 당사자주의, 변론주의의 결함을 보완하면서 사안의 적정 타당한 해결을 위하여 법원에 부여된 권능이지만 이를 행사하는 것은 법원의 의무이기도 하다. 석명권 불행사가 상고이유가 될 수 있는 것은 당사자의 중요한 신청, 주장 등에 불명료, 모순, 흠결, 부주의가 있는 것을 그대로 방치한 채 석명권을 행사하지 않은 즉 소극적 석명을 하지 않을 경우가 보통이지만 적극적 석명권을 행사하지 아니한 경우도 있을 수 있다. 이는 당사자에게 새로운 주장이나 입증을 촉구하는 적극적 석명권의 한계와 표리를 이루는 문제로서 결국 당사자간의 공평성, 절차과정에서의 당사자주의, 당해 소송행위의 기대가능성에 의하여 결정된다고 할 수 있다.

(3) 심리미진

실무상 오랫동안 송고이유로 주장되어 왔고 대법원의 원판결 파기이유로서 자주 쓰여 왔으나, 학계에서는 이러한 절차위반 사유가 내용도 애매하고 명백한 규정도 없다는 이유로 상고이유로 삼는데 부정적이다. 결국 심리미진은 석명권 불행사를 다른 측면에서 본 것이 아닌가 싶다.

Ⅲ. 상고심의 절차

상고심의 절차는 상고의 제기에 의하여 개시되고 특별한 규정이 없으면 항고심 절차(민사소송법 제3편 제1장)는 상고와 상고심의 소송절차를 준용한다(민사소송법 425). 상고심의 절차는 상고장의 제출[209)], 소송기록 접수통지, 상고이유서의 제출, 심리속행사유의 심사(상고심리 불속행제도) 및 상고이유의 심리 순으로 진행된다.

---

208) 사법연수원, 변호사실무, 한양당(1996. 6), 168면 이하.

209) 상고장이 대법원에 바로 제출되었거나 다시 원심법원에 송부된 경우에는 상고장이 원심법원에 접수된 때를 기준하여 상고제기기간 준수여부를 따져야 한다(대법원 1981. 10. 13. 선고 81누230 판결).

1. 상고의 제기

(1) 상고장 등의 제출

상고는 상고장을 원심법원인 특허법원에 제출한다. 상고는 원심판결서가 송달된 날부터 2주 내에 하여야 하나 판결서 송달 전에도 할 수 있다. 이 상고기간은 불변기간이다(민사소송법 396, 425). 이와 같은 상고기간의 준수여부는 원신법원인 특허법원이 상고장을 접수한 때를 기준으로 한다.[210)]

상고장은 상고를 제기하기 위하여 원심법원에 제출할 것을 요하는 서면으로서, 여기에는 당사자와 법정대리인, 상고의 대상이 된 판결의 표시와 그 판결에 대한 상고의 취지를 반드시 기재하여야 하다(민사소송법 425, 397). 또 상고장에는 이러한 필요적 기재사항 이외에 상고이유를 기재할 수도 있지만(그 기재는 준비서면으로서의 의미를 가지고 있다), 원심판결을 검토하여 상고이유를 법률적으로 구성하자면 시간이 걸리기 때문에 보통은 후에 상고이유를 따로 제출한다.

상고이유를 상고장에 기재하지 아니한 때에는 소송기록접수의 통지를 받은 날로부터 20일 이내에 상고이유서에 원본 1통과 부본 5통(상대방 당사자가 2명 이상인 때에는 당사자 1명당 부본 1통씩 추가된다)을 첨부하여 원심법원인 특허법원에 제출하여야 하다(민사소송법 427). 상고장 제출시 내야할 인지액은 소장의 3배이다(민인 3). 그밖에 상고장의 송달비용의 예납을 요한다. 상고이유서를 제출받은 상고법원은 바로 그 부본이나 등본을 상대방에게 송달하는데 이를 받은 상대방은 10일 이내에 답변서를 제출하여야 한다(민사소송법 428①②). 상고법원은 위의 답변서의 부본이나 등본을 상고인에게 송달하여야 하다(민사소송법 428③). 상고인이 상고이유를 제출하지 아니한 때에는 상고법원은 변론 없이 판결로 상고를 기각하여야 한다. 다만 직권으로 조사하여야 할 이유가 있는 때에는 그러하지 아니하다(민사소송법 429).

상고이유서에는 당사자의 성명, 주소, 사건의 표시, 상고이유, 부속서류의 표시, 연월일, 법원의 표시를 기재하고 상고인 또는 대리인이 서명 날인하여야 한다. 상고이유에는 관계법령의 조항이나 내용을 적시하고 그에 위배되는 사유를 상고장 또는 상고이유서 자체에 의하여 주장할 것이며, 하급심에서 제출한 준비서면 등을 인용하여서는 아니된다. 상고이유서의 제출에 관한 자세한 설명은 다음의 "(5) 상고이유서의 제출"을 참고하기 바란다.

---

210) 대법원 1981. 10. 13. 선고 81누230 판결.

(2) 원심재판장의 상고장 심사

상고장이 제출되면 원심 재판장은 상고장에 필요적 기재사항의 기재여부, 소정의 인지를 붙였는지 등을 심사하여 흠결이 있는 때에는 상당한 기간을 정하여 그 흠결에 대한 보정을 명하고 그 기간 내에 보정을 하지 아니한 때와 상고기간을 도과한 것이 명백한 때에는 명령으로 상고장을 각하한다. 이러한 원심 재판장의 명령에 대하여는 즉시 항고를 할 수 있다(민사소송법 425, 399의2③).

(3) 소송기록의 송부

상고장이 원심재판장의 보정명령에 응하지 아니하므로 인해 각하된 경우를 제외하고는 원칙적으로 원심법원의 법원사무관 등은 상고장이 접수된 날로부터 2주일 내에 소송기록에 상고장을 첨부하여 상고법원으로 송부하여야 한다(민사소송법 425, 400).

소송기록이 상고법원에 송부되기까지는 원심법원인 특허법원이 사건으로부터 파생되는 부수적 재판(예 : 집행정지신청, 소송구조신청 등)에 대해 관할권을 가지며, 상고의 취하, 상고권의 포기, 소의 취하도 특허법원에 대해 한다.[211]

(4) 소송기록 접수의 통지

상고법원의 법원사무관 등은 특허법원의 법원사무관 등으로부터 소송기록의 송부를 받은 때에는 지체 없이 그 사유를 당사자에게 통지하여야 한다(민사소송법 426).

(5) 상고이유서의 제출

오로지 상고 이유를 기재(제기)한 서면, 상고이유는 상고장에 기재하지 않더라도 무방하나 그러한 경우에는 상고이유서를 제출하여야 한다.[212] 우리나라의 소송법은 상고심의 부담경감을 위하여 제출을 강제하는 상고이유서 제출강제주의를 채택하고 있다.

상고이유서는 법원사무관 등으로부터 소송기록을 보내왔다는 통지를 받은 날로부터 기산하여 20일 내에 상고법원에 제출하여야 한다. 이 기간 내에 제출하지 않으면 상고법원인 대법원은 변론을 거치지 아니하고 판결로써 상고를 기각하여야 한다. 상고이유서에 기재하지 않은 절차상의 과오는 비록 뒤에 변론이 열린다 하더라도 고려

---

211) 이시윤 저, 신정3판 민사소송법(1997. 4. 11), 784면.

212) 상고이유는 상고장에 기재하거나 상고이유서라는 독립된 서면에 의하여 원심판결의 어떤 부분이 어떻게 법령에 위배되었는가를 구체적으로 명시하여야 하므로 상고이유서의 "1심 이후 항소심까지 주장한 내용을 모두 그대로 원용합니다"라는 기재는 적법한 상고이유가 될 수 없다(대법원 2000. 7. 6. 선고 2000두1508 판결).

되지 아니한다. 그러나 '의율(擬律)상의 착오'[213]와 직권조사사항에 대하여는 이와 같은 실권(失權)의 제재가 없다.

상고이유서는 상고법원의 조서를 이에 표시한 불복신청의 한도로 제한함과 동시에 다른 한편으로는 상고장, 답변서 및 다른 서류와 더불어 상고 법원의 심리의 자료가 된다. 상고법원은 이러한 상고장, 상고이유서, 답변서 그 밖의 소송기록 등의 서류에 의하여 변론을 거치지 않고 상고인용, 상고기각 판결을 할 수 있다(민사소송법 430).

여기에서 '상고이유서 제출강제주의'라 함은 상고장에 상고이유를 기재하지 않거나 상고이유서를 제출하지 아니한 경우 상고를 기각함으로써 상고이유서의 제출을 강제하는 것이다. 우리나라의 소송법은 이와 같은 입장을 채택하고 있다. 민사소송법은 직권으로 조사할 사유가 있는 경우를 제외하고는 상고인이 상고이유서를 제출하지 아니한 때에는 상고법원은 변론 없이 판결로 상고를 기각하여야 한다(민사소송법 429).[214]

(6) 부대상고

부대상고(附帶上告)라 함은 상고에 의하여 개시된 소송절차 내에서 피상고인이 특허법원의 원심판결 가운데서 자기에게 불이익한 부분의 변경을 구하는 신청을 말한다. 당사자 쌍방이 같이 상고권을 가질 때에는 각자 독립하여 상고를 제기할 수 있지만, 단지 상대방의 상고를 기회로 하여 상고심 절차에서 심판의 범위를 자기에게 유리하게 확대하는 것으로서 이는 불이익 변경금지원칙의 적용을 배제하기 위한 것이다.

상고이유는 부대상고와 동시에 제출하여야 한다. 부대상고는 피상고인이 상고권을 포기하거나 혹은 상실한 뒤에도 할 수 있으며, 상고심의 판결시까지 할 수 있으나 변론이 열린 때에는 변론 종결시까지 할 수 있다. 그러나 부대상고권까지도 포기하면 그렇지 않다. 민사소송법 제430조에 의하여 변론을 거치지 아니하고 상고심이 끝나는 경우에는 부대상고의 기회를 상실할 우려가 있다. 부대상고의 방식은 원칙적으로 상고에 관한 규정이 준용된다(민사소송법 425, 405).

---

213) 상고가 이유 있게 되는 요건으로서의 법령 위반이 있을 때, 그 하나의 경우로서 판결내용인 법률적 판단에 있어서 부당한 경우를 말한다. 심리 절차에 불법한 처리가 있는 경우, 즉 절차법상의 착오에 대한다. 따라서 의율상의 착오에 있어서는 위반된 법규는 대체로 실체법규이다.

214) 상고법원은 상고이유에 의하여 불복신청의 한도 내에서만 조사·판단할 수 있는 것이므로 상고이유서에 원심판결의 어떤 점이 법령에 어떻게 위반하였는지에 관하여 구체적이고도 명시적인 이유설시가 없을 때에는 상고이유서를 제출하지 않는 것으로 취급할 수밖에 없으며 또 상고이유서 제출기간이 지난 후에 제출된 상고이유보충서에 기재된 상고이유는 그것이 이미 기간 내에 제출된 상고이유서 중에 개진된 사항을 보충한 것이거나 직권조사사항이 아닌 새로운 주장을 포함하고 있을 때에는 그 새로운 주장을 적법한 상고이유로 삼을 수 없는 것이다(대법원 1993. 5. 14. 선고 93다3943 판결).

2. 심리속행 사유의 심사 - 상고심리 불속행제도 -

(1) 의 의

심리속행 사유의 심사라 함은 상고인이 주장한 상고이유에 중대한 법령위반에 관한 사항 등 상고심을 법률심으로 순화시키기에 걸맞는 사유가 포함되어 있지 않으면 상고이유의 당부에 대해 더 이상 본안 심리를 속행하지 아니하고 판결로 상고기각하여 추려내려는 것[215]으로서 이는 1994년 상고심 절차에 관한 특례법에서 채택한 상고심리 불속행제도에 의해 확립된 심리절차이다.

이러한 상고심리 불속행제도를 도입한 것은 법령위반의 상고이유를 가장하거나 심지어는 법령위반의 상고이유 없이 상고를 함으로써 소송기간연장에 따른 이익측면, 당사자간 협상에서 유리한 입장에 서려는 전략적 측면 등으로 남소(濫訴)됨으로써 진정하고도 중요한 사건의 확정판결이 지연되고 상고법원의 업무처리에도 부담을 주는 등 그 폐해가 크므로 이러한 폐단을 막기 위함이다.

(2) 심리속행사유

상고법원은 상고이유주장이 "상고심 절차에 관한 특례법"에 의한 심리속행사유에 해당하지 아니한 경우에는 상고기록을 송부받은 날로부터 4개월을 시한으로 상고기각판결을 한다. 위 같은 법에 의한 심리속행사유는 다음과 같다(상고특례법 4①).

1) 통상의 소송절차에서

① 헌법위반이나 헌법의 부당해석
② 명령·규칙 또는 처분의 법률위반 여부에 대한 부당판단
③ 대법원 판례 위반
④ 대법원 판례의 부존재 또는 변경 필요성
상고사건 분야에 이제껏 대법원 판례가 없으므로 새 판례를 내어 향후 동일, 유사사건의 판단기준으로 삼게 하고, 또 특허법원의 판례나 실무상 법령 해석의 저촉, 기존의 잘못된 판례에 대한 정정차원의 새 판례 출현 필요성, 시대적 상황의 변천 등에 따라 시대적 유물이 된 기존 판례에 대하여는 변경의 필요성이 있다.
⑤ 중대한 법령위반에 관한 사항[216]

---

215) 불속행제도가 헌법 제27조 제1항에 위배되지 않는다는 것에, 대법원 1995. 7. 14. 선고 95카기41 판결.
216) 정규상, "상고심 절차에 관한 특례법상의 중대한 법령위반에 관한 소고", 송천 이시윤 박사 회갑기념논문집(하), 318면 이하.

상고심의 기능으로 볼 때, 법 해석의 통일문제를 포함하고 있을 때, 원판결을 유지할 경우 정의와 형평에 현저히 위반되는 때, 즉 i) 상고심법원이 사실인정의 절차를 다하지 못한 위법·심리부진의 심리미진이 현저한 때(심리미진이 단순한 것일 때는 중대한 법령위반에 해당되지 않는다),[217] ii) 경험법칙 및 채증법칙을 현저히 위반한 때, iii) 증거판단의 유탈이 중요한 증가가 된 때 등이 중대한 법령위반의 경우에 속한다.

⑥ 이유불비·이유모순을 제외한 민사소송법 제424조 소정의 각 절대적 상고이유 즉, i) 법률에 의하여 판결법원을 구성하지 아니한 때, ii) 법률에 의하여 판결에 관여할 수 없는 판사가 판결에 관여한 때, iii) 전속관할에 관한 규정에 위배한 때, iv) 법정대리인, 소송대리인 또는 대리인이 소송행위에 특별수권의 흠결이 있는 때(보정된 당사자나 법정대리인의 추인이 있는 경우 불적용), v) 변론공개의 규정에 위반한 때, vi) 판결에 이유를 명시하지 아니하거나 이유에 모순이 있는 때
다만, 상고이유로 주장한 바가 비록 위 6가지 속행사유에 해당되어도 i) 그 주장자체로 보아 이유 없는 때, ii) 원심판결과 무관련·무영향인 때에는 심리속행을 하지 않는다.[218]

2) 가압류·가처분 절차에서

신속한 심리를 요한 절차임에 비추어 위에서 본 6가지 중 i) 내지 iii)만을 심리속행 사유로 제한하였다.[219]

Ⅳ. 상고심의 본안 심리

1. 상고심의 심리절차

상고법원은 상고장·상고이유서·답변서 그 밖의 소송기록에 의하여 변론 없이 판결할 수 있다(민사소송법 430①). 그러나 소송관계를 분명하게 하기 위하여 필요한 경우에

217) 심리미진이 명문상의 상고이유로서 규정되어 있지 않으므로 어떠한 근거로 상고이유가 되는가에 관하여 다툼이 있다. 사실오인이 모두 상고이유가 되어 있다고 한다면 심리미진의 개념은 불필요한 것이나, 사실 오인의 상고가 인정되지 않고, 또한 제한되어 있는 경우(특히 당사자가 제출한 증거 만에 의하여 인정하여야 한다고 되어 있는 경우)에는 필요하게 된다. 이 경우에 있어서는 스스로 충분한 증거조사를 하지 않거나(민사소송법 292 참조) 또는 석명권의 행사가 충분하지 않는 때에 이들을 명한 개개의 절차규정의 위반 또는 심리를 다하여야 한다는 불문의 일반적인 절차규정의 위반이라고 볼 때 이것을 심리미진이라고 할 수 있다. 더욱 심리미진의 결과판결에 나타난 증거만으로는 판시사실을 인정함에 불충분한 때에는 이유의 모순이 되므로(민사소송법 424①6) 이 경우에도 심리미진의 개념은 불필요하다.

218) 이시윤, 민사소송법(신정3판), 박영사, 1997, 788면.

219) 같은 책, 778면.

는 특정한 사항에 관하여 변론을 열어 참고인의 진술을 들을 수 있다(민사소송법 430②).

(1) 상고이유서·답변서의 송달

상고이유서의 제출을 받은 상고법원은 지체 없이 그 부본이나 등본을 피상고인인 상대방에게 송달하여야 한다(민사소송법 428①). 피상고인은 그 송달을 받은 날로부터 10일 이내에 답변서를 제출할 수 있다(민사소송법 428②). 답변서를 받은 상고법원은 그 답변서의 부본이나 등본을 상고인에게 송달하여야 한다(민사소송법 428③).

(2) 심리의 범위

상고법원은 상고이유에 따라 불복신청의 한도 안에서 심리한다(민사소송법 431). 상고법원은 상고이유 주장이 상고심 절차에 관한 특례법 제4조 제1항 소정의 심리속행사유가 있다고 인정된 경우에는 그 상고이유에 관하여 심리를 속행한다. 이 경우 상고법원은 상고이유에 의하여 불복신청의 한도에서 원심판결의 당부를 조사하여야 하는 불이익 변경금지의 원칙이 적용된다(민사소송법 431). 그러나 상고법원이 직권으로 조사할 사항은 상고법원의 상고이유에 의한 불복신청한도에서의 조사에서 제외된다(민사소송법 434).[220] 또한 상고법원이 원심판결을 변경하고자 하는 경우에는 당사자가 원심판결의 변경을 구하는 한도에 한해서만 이루어져야 한다(민사소송법 425, 407).

이와 같이 심리의 대상은 원칙적으로 상고이유의 불복신청한도에 한하기 때문에, 청구의 병합의 경우에 그 가운데 일부의 청구에 대하여 불복신청한 경우라도 다른 청구에 대해서까지 상고심에 이심(移審)의 효력이 생기나 심판의 대상은 불복신청한 청구부분에 한함은 항소의 경우와 같다.[221]

(3) 사실심의 전권

원심판결이 적법하게 확정한 사실은 상고법원을 기속한다(민사소송법 432). 예를 들면 법률심인 상고심에 이르러서는 원심에서 한 자백을 취소할 수 없다.[222]

(4) 소송자료

상고심은 사실심이 아닌 법률심이고 조사범위도 상고이유에의 불복신청의 한도에

---

220) 대법원 1980. 11. 11. 선고 80다284 판결 : 직권조사사항에 대해서는 불복신청이 없는 부분에도 상고법원은 파기할 수 있다고 판시하였다.

221) 이시윤, 앞의 책, 791~792면.
대법원 1970. 4. 28. 선고 69누59 판결, 1969. 12. 30. 선고 69다295 판결 참조.

222) 대법원 1998. 1. 23. 선고 97다38305 판결.

서 하여야 하며(민사소송법 431) 또 원심판결이 적법하게 확정한 사실은 상고법원을 기속하기 때문에(민사소송법 432) 상고심에서는 직권조사사항을 제외하는(민사소송법 434) 새로운 소송자료를 수집, 조사하거나 사실확정을 할 수 없다.

따라서 새로운 청구, 동일 근거의 소의 변경, 중간확인의 소, 반소 등도 할 수 없다. 그러나 예외적으로 원심판결에 대한 불복신청이 없는 부분에 한하여 당사자의 신청에 의해 결정으로 가집행선고는 할 수 있다(민사소송법 435).

2. 상고심의 방법

상고법원은 상고기각이나 상고인용을 불문하고 모든 상고심에 대하여 상고당사자들이 제출하고 원심법원인 특허법원이 송부해 온 소송물인 상고장, 상고이유서, 답변서 그 밖의 소송기록에 의하여 변론 없이 서면심리에 의한 판결을 할 수 있는(민사소송법 430) 임의적 변론절차방식을 취하고 있다. 따라서 상고인용의 경우에는 필요적 변론절차방식을 취하고 있는 일본 등과는 다르다.

이와 같이 민사소송법 제430조는 서면심리에 의한 판결에 관하여 임의적 변론절차를 취하고 있으므로 변론 없이 판결을 할 수 있지만 경우에 따라서는 변론을 열 수도 있기 때문에 이 경우에는 구술의 진술뿐만 아니라 제출된 서면에 의한 주장·증거 등 소송물의 내용도 다 같이 재판의 기초가 된다.

3. 상고심의 종료

상고심은 소의 취하, 청구의 포기, 종국판결에 의하여 종료된다. 상고심 판결의 선고는 소송기록의 송부를 받은 날로부터 5개월 내에 하여야 한다(민사소송법 199 단서). 그러나 심리불속행 기각판결은 소송기록을 송부받은 날로부터 4개월을 시한으로 한다(상고특례법 6②).

(1) 요식(방식)심사-형식적 심사-

1) 상고장 각하명령

상고를 제기하기 위하여 원심법원인 특허법원에 제출할 것을 요하는 서면에는 당사자와 법정대리인, 상고의 대상이 된 판결의 표시와 그 판결에 대한 상고의 취지를 반드시 기재하지 않으면 안 되는 바, 상고장에 이러한 필요적 기재사항 이외에 상고이유를 기재할 수 있는데 이를 기재하지 않은 때에는 상고수리통지를 받은 날로부터 20일 이내에 상고이유서를 특허법원에 제출하여야 한다(민사소송법 427). 또 상고장에는 소장의 3배 액의 인지를 첩부하여야 한다.

이러한 상고장이 상고기록과 함께 상고심으로 송부되면 상고심 재판장은 상고장을 심사한 후 그 결과 필요적 기재사항이 기재되어 있지 아니하거나 소정의 인지가 첩부되어 있지 않음에도 원심재판장이 보정명령을 하지 아니하였을 때, 상고장 부본을 피상고인에게 송달할 수 없는 때에는 상당한 기간을 정하여 그 기간 내에 흠을 보정할 것을 명하여야 하고(민사소송법 425, 402①) 이에 응하지 아니한 경우, 상고기간의 도과를 원심재판장이 간과한 경우에는 상고심 재판장은 명령으로 상고장을 각하하여야 한다(민사소송법 425, 402②).

위의 상고심 재판장의 상고장 심사권에 의한 상고장 각하명령에 대하여는 즉시항고를 할 수 있다(민사소송법 425, 402③).

2) 상고각하 판결

부적법한 상고로서 그 흠을 보정할 수 없는 것인 경우에는 변론 없이 판결로 상고를 각하할 수 있다(민사소송법 427, 413①).

(2) 실질적 심사

1) 상고기각 판결

상고법원은 상고가 이유없다고 인정한 때, 즉 원심판결을 정당하다고 인정한 때에는 상고를 기각한다라는 판결을 하여야 한다(민사소송법 425, 414①). 상고이유대로 원심판결의 이유가 부당한 경우에도 다른 이유에 의하여 그 판결이 정당하다고 인정한 때에는 상고를 기각하여야 한다(민사소송법 425, 414②). 그밖에도 상고인이 상고법원의 법원사무관 등으로부터 소송기록 접수의 통지를 받은 날부터 20일 내에 상고이유서를 제출하지 아니한 때(민사소송법 429), 상고이유에 앞에서 살펴본 심리속행사유가 포함되어 있지 아니한 때(상고특례법 4), 상고이유서에 병합된 청구 중 하나의 청구에 대해서만 원심판결을 탓하는 기재가 있고 다른 청구에 대해서는 아무런 이유명시가 없으면 그 부분만 상고이유서의 제출이 없는 때[223]에는 상고를 기각하는 판결을 한다.

2) 상고인용 판결

상고법원은 상고가 이유있다고 인정한 때, 즉 원심판결이 부당하다고 인정한 때에는 원심판결을 파기하고 상고를 인용하는 판결을 하여야 한다. 원심판결을 파기하는 경우에는 다시 증거조사나 증거보강을 하여야 하는 등의 사실심리를 요하는 사항이 많이 발생하므로 원심 법원인 특허법원에 환송하여 당해 법원으로 하여금 그 사건에 대하여 종국판결을 하게 하는 것(민사소송법 436①)이 원칙이나, 예외적으로 법령적용의

---

223) 대법원 1980. 7. 8. 선고 80다597 판결.

위배를 이유로 하여 파기하는 경우에 사건이 새롭게 사실심리를 할 필요 없이 그 사실에 의하여 재판이 충분한 때 등에는 상고심 법원이 자판하여 당해 사건에 대하여 종국판결을 한다(민사소송법 437).

① 파기환송·이송

i. 서 론

상고법원은 상고가 이유있다고 인정한 때에는 원심판결을 파기하고 사건을 원심법원인 특허법원에 환송하여야 한다(민사소송법 436①).[224] 환송을 받은 특허법원은 다시 변론에 의하여 재판을 하여야 하는데, 이 경우 상고법원의 파기이유로 한 사실상과 법률상의 판단에 기속을 받는다(민사소송법 436②). 여기에서 환송을 받은 특허법원을 기속하는 "상고법원의 파기이유로 한 사실상의 판단"이라 함은 상고법원이 절차상의 직권조사사항에 관하여 한 사실상의 판단을 말하고 본안에 관한 사실판단을 말하는 것이 아니다.[225] 원심판결에 관여한 판사는 그 다시 하는 재판에 관여하지 못한다(민사소송법 436③). 이는 상고법원의 파기이유에 선입견 없이 기속을 받게 하고 재판의 공정성과 객관성을 확보하기 위함이다.

ii. 환송사건의 심리

상고법원의 파기환송판결[226]의 선고에 의해 당해 사건이 원심법원에 환송되어 계속되면 새로 변론을 열어 재판을 하여야 하는데(민사소송법 436②) 이때의 변론은 당해 환송사건의 원심시 변론의 재개속행이다.[227] 즉 환송 후의 원심급의 절차는 상고심 절차의 속행이 아니고 원심의 종전절차의 속행이기 때문이다. 그러나 환송사건의 재판에는 환송 전 원심판결에 관여한 판사가 관여할 수 없도록 새로 재판부를 구성하여야 하는 바(민사소송법 436③) 새로운 재판부를 구성하기 위하여 법관의 경질이 있는 경우에 당해 사건의 당사자가 환송 전 원심판결과정에서의 변론의 결과를 진술하여야 한다(민사소송법 204②).

---

224) 파기이송 : 현행 법원조직법 체제하에서는 특허법원과 동등한 다른 법원이 없기 때문에 파기이송판결은 할 수 없다. 그러나 행정법원을 특허법원과 동등한 법원으로 보는 견해가 있으나 특허법원은 기술심의관을 두어 심리에 관여하게 하는 등 기술 등에 관한 특수전문법원이기 때문에 일방행정처분의 분쟁에 대하여 심리·재판하는 구조로 조직된 행정법원과는 재판의 대상에서 이질적이기 때문에 비록 심급에서는 양 법원이 같다 하더라도 행정법원이 특허법원과 동등한 법원이라고는 할 수 없다.

225) 대법원 2000. 4. 25. 선고 2000다6858 판결.

226) 원래 종국판결이라 함은 소 또는 상소에 의하여 계속 중인 사건의 전부 또는 일부에 대하여 심판을 마치고 그 심급을 이탈시키는 판결이라고 이해하여야 할 것이다. 대법원의 환송판결도 당해 사건에 대하여 재판을 마치고 그 심급을 이탈시키는 판결인 점에서 당연히 제2심의 환송판결과 같이 종국판결로 보아야 할 것이다. 따라서 위의 견해와는 달리 대법원의 환송판결을 중간판결이라고 판시한 종전의 대법원 판결은 이를 변경하기로 한다(대법원 1995. 2. 14. 전원합의체 판결 93재다27, 34 판결).

227) 대법원 1969. 12. 23, 선고 67다1664 판결 참조.

환송 전의 소송자료, 증거자료는 환송 후 재판의 판결의 기초자료가 됨은 물론 소나 항소취지의 변경, 반소의 제기, 부대항소(附帶抗訴), 새로운 공격·방어방법의 제출이 허용된다.[228] 환송판결에 나타나지 아니한 사항에 대하여는 환송 전의 원심판결과 다른 판단을 할 수 있다.[229] 환송 전 원심에서의 소송대리인의 대리권은 환송에 의하여 부활된다는 것이 판례이나[230] 환송판결이 종국판결인 것과 소송절차의 복잡화 및 신뢰관계의 소멸을 고려하여 부정할 것이다(동지).[231]

ⅲ. 환송판결의 기속력

(ⅰ) 의의 및 성질

환송을 받은 특허법원은 다시 변론에 의하여 재판을 하여야 하는데 이 경우 상고법원의 파기이유로 한 사실상과 법률상의 판단에 기속을 받는다(민사소송법 436②). 기속력은 당해 사건에 한하여 미치되, 환송받은 특허법원뿐만 아니라 그 사건이 다시 상고된 때에는 상고법원까지도 기속한다(자기기속).[232] 만약 1, 2차 환송 판결이 저촉되는 경우에는 환송받은 특허법원은 2차 환송판결의 법률상의 판단에 기속된다.[233]

이와 같이 환송을 받은 법원이 상고법원의 파기이유로 한 판단에 기속을 받도록 한 것은 환송심에서 원심에서의 견해를 계속 굽히지 아니할 경우 원심을 파기 환송한 상고법원과의 대립으로 종결이 어렵게 되기 때문이며, 이는 본래적으로 재판의 심급제도의 취지에서 유래된 효력이다.

기속력의 성질에 관여는 ⅰ) 중간판결[234]에 인정되는 기속력과 동일시하는 중간판

228) 대법원 1984. 3. 27. 선고 83다카1135, 1136 판결.

229) 대법원 1987. 10. 13. 선고 87누418 판결.

230) 대법원 1963. 1. 31. 선고 62다792 판결, 1984. 6. 14. 선고 84다카744 판결.

231) 이시윤 앞의 책, 794면.

232) 대법원 1974. 1. 15. 선고 73다1379 판결 등.
대법원 1981. 2. 24. 선고 80다2029 판결 : "판례를 변경하는 취지의 환송판결이 전원합의체 아닌 소부에서 행해진 경우에도 하급심 및 상고심을 기속한다"고 판시하였다.

233) 대법원 1995. 8. 22. 선고 94다43078 판결.

234) 종국판결을 할 준비로서 복잡한 쟁의를 정리하는 의미에서 소송심리 중에 문제가 된 개개의 실체상 또는 절차상의 사항을 해결하기 위하여 하는 확인적 성질을 가진 판결. 중간판결은 종국판결에 대하는 것인데, 종국판결을 하지 못할 형편인 경우에 한다(민사소송법 201). 중간판결을 하지 않고 판단을 종국판결의 이유 중에 미루어도 무방하다. 중간판결을 할 수 있는 사항으로서는 ⅰ) "독립된 공격·방어방법"에 관하여 판결이 끝났을 때(다만, 이것을 배척하는 경우에 한함), ⅱ) "중간의 다툼"에 관하여 심리가 종료되었을 때(다만, 소송요건의 존재를 긍정하거나 또는 소취하를 부정하는 때 등 그것만으로 사건이 종료하지 않은 때에 한함), ⅲ) "청구의 원인" 및 수액에 관하여 다툼이 있을 때 먼저 원인을 긍정한 때(원인판결) 등이다. 중간판결을 한 때에는 법원은 이에 기속되어 이것을 전제하여 중간판결을 하지 않으면 안 되고 당사자도 이후 당해 심급에서는 그 문제에 관하여 중간판결의 변론종결시 이전에 제출할 수 있었던 소송자료를 제출할 수 없게 된다. 그러나 중간판결 후에 새로이 발생한 사실은 주장할 수 있다. 중간판결에 대하여는 독립하여 상소를 할 수 없기 때문에 종국판결에 대한 상소에서 불복을 신청할 수 있다(민사소송법 392). 중간판결에는 소송비용의 재판을 하지 않는 것이 보통이나 사정에 따라 사건의 일부나 중간쟁의에 관한 재판에서 그 비용의 재판을 할 수도 있다(민사소송법 104).

결설과, ii) 확정판결의 기판력으로 보는 기판력설, iii) 심급제도의 유지를 위해 상급심의 판결이 하급심을 구속하는 특수한 효력으로 보는 특수효력설이 있는 바, iii)의 특수효력설이 타당하다고 본다.

(ii) 기속력의 내용

환송을 받은 특허법원은 다시 변론에 의하여 재판을 하여야 하는데 이 경우 상고법원의 파기이유로 한 사실상 및 법률상의 판단에 기속을 받는다(민사소송법 436②).

i) 사실상의 판단에 기속

상고법원은 법률심이고 사실심이 아닌 점으로 보아 여기에서의 "사실상 판단"은 A) 절차위배를 판단함에 있어서 인정한 사실[235], B) 직권조사사항에 대하여 한 사실상의 판단[236], C) 재심사유에 관한 사실상의 판단(본안에 관한 사실판단은 포함되지 않는다)을 의미한다.[237] 그러므로 환송받은 특허법원은 본안에 관하여서는 새로운 증거에 의하여 새로운 사실을 인정할 수 있다.[238]

ii) 법률상의 판단에 기속

상고법원은 법률심이라는 점으로 보아 법령의 해석·적용에 관한 사항은 물론이고 사회상규, 경험법칙 등 사실에 관한 평가적 판단도 포함한다.[239]

(iii) 기속력의 소멸

환송판결의 법률상 견해를 바꾸는 새로운 판례가 나오거나 법령의 개정·제정으로 법제화된 경우 기속력은 소멸한다.

② 파기자판

상고법원이 원심판결을 파기하는 경우라 하더라도 환송·이송판결이 강제되는 것은 아니다. 즉 i) 확정한 사실에 대한 법령적용의 위배를 이유로 하여 판결을 파기하는 경우에 사건이 그 사실에 의하여 재판하기 충분한 때, ii) 사건이 법원의 권한에 속하지 아니함을 이유로 하여 판결을 파기하는 때에는 그 사건에 대하여 스스로 종국판결을 하여야 한다(민사소송법 437 1, 2).

자판이 법령적용의 위배를 이유로 파기한 사건인 경우에는 새로운 사실심리나 원심의 사실심리에 대한 보강 없이 원심법원에서의 사실 심리 그대로에 의하여 법령적용의 변경만으로 재판을 할 수 있으므로 구태여 소송의 실익 없이 원심법원에 보

---

235) 대법원 1964. 6. 30. 선고 63다1193 판결, 1964. 6. 20. 선고 63다262 판결.

236) 대법원 1996. 9. 20. 선고 96대 6936 판결, 1992. 9. 14. 선고 92다4192 판결.

237) 대법원 1983. 6. 14. 선고 82누480 판결, 1963. 8. 31. 선고 63다681 판결 참조.

238) 대법원 1994. 9. 9. 선고 94다20501 판결 등 참조.

239) 대법원 1983. 6. 14. 선고 82누480 판결, 1963. 8. 31. 선고 63다681 판결 참조.

내어 재판을 하게 하여 소송의 지연과 소송경제상의 부담만 커지게 할 필요가 없기 때문에 상고법원이 스스로 행한 것이다.

자판이 사건이 법원의 권한에 속하지 아니함을 이유로 파기한 사건인 경우에도 소송절차가 늘어남에 따른 소송의 지연은 물론 당사자의 경제적 부담이 커지기 때문에 상고법원이 스스로 행한 것이다.

즉, 상고인용판결에 의한 원심판결의 파기는 본래 원심법원에 환송하여 특허법원이 판결하여야 할 것을 소송절차의 지연, 소송경제부담의 증가 등 부정적 측면 때문에 이를 갈음하여 상고법원이 직접 판결을 한 것이다.

제7절 재 심

Ⅰ. 서 설

1. 서 론

재심이라 함은 확정판결에 의해서 끝낸 사건에 관하여 당사자로부터 일정한 중대한 흠이 있음을 이유로 하여 판결을 취소하고 소송을 판결 전의 원상으로 회복시켜 다시 변론을 열어 재판할 것을 요구하는 것을 말한다. 그러나 그 절차나 확정판결은 법적 안정성의 요구상 취소·폐기되지 않도록 하여야 한다. 그렇다고 판결에 중대한 흠이 있음에도 불구하고 그 효력을 유지시키는 것은 재판의 권위에 관계되고 당사자에게도 가혹하므로 현행법은 일정한 경우에 한하여 다시 심사를 하여 그 흠의 제거를 허용하기로 하였다(민사소송법 451 내지 461).

재심에는 ⅰ) 판결에 관한 것(재심의 소[240]), ⅱ) 종국판결과 동일한 효력이 인정되는 화해, 청구의 포기, 인낙조서와 ⅲ) 즉시항고로 불복할 수 있는 결정·명령에 관한 것(준재심[241])의 2종류가 있다. 그러나 위 ⅱ)는 디자인의 특수성(디자인의 신규성, 창작성

240) 재심의 일종으로 일정한 중대한 사유[민사소송법 451(재심사유)]가 있는 경우 확정판결에 대하여 그의 취소와 이에 대신하는 판결을 구하기 위해 그 판결을 받은 자가 원 법원에 사건의 재심판을 신청하는 소이다.

241) 확정판결과 동일한 효력을 가지는 화해·포기 또는 인낙조서(민사소송법 220)에 또는 즉시항고로 불복을 신청할 수 있는 결정이나 명령에 민사소송법 제451조 제1항에 해당하는 사유가 있을 때에 허용되는 재심. 화해·포기 또는 인낙조서는 확정판결과 같은 효력이 있으므로 판결에 있어서와 같이 그 재심은 소에 의하여 개시할 것이다. 그러나 결정·명령에 대한 준재심에 있어서는 결정·명령에 대한 불복신청이므로 그 재심도 소에 의하지 않고 신청으로 개시되고 그 절차도 또 결정절차이다. 어느 것이든 재심

등) 때문에 디자인 소송 및 재심의 대상이 되지 않음은 이미 앞에서 설명한 바와 같다. 따라서 여기에서는 심결 등 취소소송의 판결에 관한 재심에 대하여만 살펴보기로 한다.

2. 재심의 요건

재심의 소가 적법하려면 i) 민사소송법 제451조 소정의 재심사유가 있어야 하고, ii) 원 판결의 당사자, 기판력이 미치는 제3자 등 소의 적격을 가진 자가 이를 제기하여야 한다.

또 판결의 기본이 되는 재판에 위 소정의 재심사유가 있을 때에는 그 재판에 대하여 독립된 불복방법이 있는 경우라도 그 사유를 재심의 이유로 삼을 수 있다(민사소송법 452).

3. 재심제기의 기간

(1) 재심의 소는 i) 당사자가 판결이 확정된 뒤 재심의 사유를 안 날부터 30일 이내 제기하여야 하며(민사소송법 456①), 이 기간은 불변기간으로 한다(민사소송법 456②). ii) 판결이 확정된 뒤 5년이 지난 때에는 재심의 소를 제기하지 못한다(민사소송법 456③) iii) 그러나 재심사유가 판결이 확정된 뒤에 생긴 때에는 위의 ii)의 기간은 그 사유가 발생한 날부터 계산한다(민사소송법 456④).

위의 ii), iii)의 재심제기기간은 판결확정이라는 객관적 사실에 바탕을 두고 재심제기의 가능성을 언제까지나 남겨 둠으로써 당사자 사이에 일어나는 법적 불안상태를 막기 위하여 마련한 제척기간이다.[242]

(2) 대리권의 흠 또는 재심을 제기할 판결이 전에 선고한 확정판결에 어긋나는 때를 이유로 들어 제기하는 재심의 소에는 위의 i) 내지 iii)의 재심제기의 기간은 이를 적용하지 아니한다(민사소송법 457).

(3) 판결정본이 소송대리인에게 송달되면 특별한 사정이 없는 한 그 당사자는 판결정본을 송달받았을 때에 그 판결에 판단을 유탈하였는지의 여부를 알게 됨으로써 재심사유의 존재를 알았다고 할 것이다.

그러므로 그 후에 판결이 확정된 경우에는 판단유탈을 이유로 하는 재심 소제기기간은 재심대상 판결이 확정된 날로부터 기산하여야 한다.[243]

(4) 재심의 소가 재심제기기간 내에 특허법원에 제기되었으나 재심이유 등에 비추

의 소에 관한 규정의 준용이 있다(민사소송법 461).

242) 대법원 1988. 12. 13. 선고 87다카2341 판결.

243) 대법원 1993. 9. 28. 선고 92다33930 판결.

어 대법원 판결을 대상으로 한 것이라고 인정되어 위 소를 대법원에 이송한 경우에 있어서 재심제기기간의 준수여부는 민사소송법 제40조 제1항의 규정에 비추어 특허법원에 제기된 때를 기준으로 하여야 하고 대법원에 이송된 때를 기준으로 하지 않는다.[244)]

4. 재심의 관할 법원

재심은 재심을 제기할 판결을 한 법원의 전속관할로 한다(민사소송법 453①). 심급을 달리하는 법원이 같은 사건에 대하여 내린 판결, 즉 특허법원이 내린 소위 항고심 판결과 대법원이 내린 상고심 판결에 각각 독립된 재심사유가 있는 때에는 각기 판결을 내린 법원의 전속관할로 한다(민사소송법 453②).

Ⅱ. 재심의 사유

1. 재심의 사유라 함은 재심을 구하기 위하여 필요한 이유를 말한다. 민사소송법상의 재심사유는 같은 법 제451조에 규정한 것에 한한다.

이러한 재심사유에 해당하는 사실은 대부분 구 소송의 종료하기까지에 발생한 사실(예외 – 민사소송법 451① 10 : 재심을 제기할 판결이 전에 선고한 확정판결에 어긋나는 때)이기 때문에 당사자가 상고에 의하여 그 사유를 주장하였거나 이를 알고 주장하지 아니한 때에는 재심의 소를 제기할 수 없다(민사소송법 451① 단서). 민사소송법상의 재심사유는 다음과 같다(민사소송법 451① 1 내지 11).

① 법률에 따라 판결법원을 구성하지 아니한 때

② 법률상 그 재판에 관여할 수 없는 법관이 관여한 때

③ 법정대리권·소송대리권 또는 대리인이 소송행위를 하는 데에 필요한 권한의 수여에 흠이 있는 때[245)] 다만 민사소송법 제60조(소송능력 등의 흠과 추인) 또는 제97조(법정대리인에 관한 규정의 준용)의 규정에 따라 추인하는 때에는 그러하지 아니하다.

④ 재판에 관여한 법관이 그 사건에 관하여 직무에 관한 죄를 범한 때

⑤ 형사상 처벌을 받을 다른 사람의 행위로 말미암아 자백을 하였거나 판결에 영향을 미칠 공격 또는 방어방법의 제출에 방해를 받은 때

---

244) 대법원 1984. 2. 28. 선고 전원합의체 판결 83다카 1981 판결 참조.

245) 민사소송법 제422조 제1항 제3호(현행 451① 3) 소정의 재심사유는 무권대리인이 대리인으로서 본인을 위하여 실질적인 소송행위를 하였을 경우뿐만 아니라 대리권의 흠결로 인하여 본인이나 그의 소송대리인이 실질적인 소송행위를 할 수 없었던 경우도 이에 해당한다(대법원 1994. 1. 11. 선고 92다47632 판결).

⑥ 판결의 증거가 문서 그 밖의 물건이 위조되거나 변조된 것인 때
⑦ 증인·감정인·통역인의 거짓진술 또는 당사자 신문에 따른 당사자나 법정대리인의 거짓진술이 판결의 증거가 된 때
⑧ 판결의 기초가 된 민사나 형사의 판결 그 밖의 재판 또는 행정처분이 다른 재판이나 행정처분에 따라 바뀐 때
⑨ 판결에 영향을 미칠 중요한 사항에 관하여 판단을 누락한 때[246)]
⑩ 재심을 제기할 판결이 전에 선고한 확정판결에 어긋나는 때
⑪ 당사자가 상대방의 주소 또는 거소를 알고 있었음에도 있는 곳을 잘 모른다고 하거나 주소나 거소를 거짓으로 하여 소를 제기한 때

2. 위의 ④ 내지 ⑦의 경우에는 처벌받을 행위에 대하여 유죄의 판결이나 과태료 부과의 재판이 확정된 때 또는 증거부족 외의 이유로 유죄의 확정판결이나 과태료 부과의 확정재판을 할 수 없을 때에만 재심의 소를 제기할 수 있다(민사소송법 451②).

Ⅲ. 재심의 소송절차

재심의 소송절차에는 특허법원, 대법원의 소송절차에 관한 규정을 준용한다(민사소송법 455). 따라서 이미 앞에서 설명한 바 있는 "제3절 Ⅲ. 심결 등 취소소송의 절차 및 제5절 Ⅲ. 상고심의 절차"를 참고하기 바란다.

Ⅳ. 재심소송의 심리·재판

1. 재심사유 유무의 조사 심리

재심의 소가 제기되면 법원은 먼저 재심원고가 주장하는 재심사유가 있는 지의 여부를 조사 심리한 다음 재심사유가 있는 것으로 인정되는 경우에만 본안에 관한 심리에 들어가게 되는 것이다. 그러므로 재심원고가 주장하는 재심사유가 없는 것으로

---

246) 민사소송법 제422조 제1항 제9호(현행 451① 9)가 정하는 재심사유인 "판결에 영향을 미친 중요한 사항에 관하여 판단을 유탈한 때"라고 함은 당사자가 소송상 제출한 공격·방어방법으로서 판결에 영향이 있는 것에 대하여 판결이유 중에 판단을 명시하지 아니한 경우를 말하고, 판단이 있는 이상 그 판단에 이르는 이유가 소상하게 설시되어 있지 아니하거나 당사자의 주장을 배척하는 근거를 일일이 개별적으로 설명하지 아니하더라도 이를 위 법조에서 말하는 판단유탈이라고 할 수 없다(대법원 1998. 2. 24. 선고 97 재다 278 판결).

판명될 때에는 본안에 관하여는 심리할 필요도 없이 바로 종국판결로 재심청구를 기각하여야 한다.[247]

2. 재심사유에 관한 중간 판결

법원은 재심의 소가 적법한지 여부와 재심사유가 있는지 여부에 관한 심리 및 재판을 본안에 관한 심리 및 재판과 분리하여 먼저 시행할 수 있다(민사소송법 454①). 이 경우 법원은 재심사유가 있다고 인정한 때에는 그 취지의 중간판결을 한 뒤 본안에 관하여 심리·재판한다(민사소송법 454②).

3. 변론과 재판의 범위

본안의 변론과 재판은 재심청구이유의 범위 안에서 하여야 한다(민사소송법 459①). 그러나 재심의 이유는 바꿀 수 있다(민사소송법 459②).

4. 결과가 정당한 경우의 재심 기각

재심의 사유가 있는 경우라도 판결이 정당하다고 인정한 때에는 법원은 재심의 청구를 기각하여야 한다(민사소송법 460).

재심사건에서 재심사유는 있다고 인정하면서도 재심대상판결의 변론 종결 후의 사유를 이유로 재심청구를 기각한 경우 기판력의 표준시는 재심대상 판결의 변론종결시가 아니라 재심판결의 변론종결시로 보아야 한다.[248]

247) 대법원 1990. 12. 7. 선고 90다카21886 판결.

248) 대법원 1993. 2. 12. 선고 92다25151 판결.

제 8 절 행정처분 취소소송

Ⅰ. 서 문

특허청장에 의한 디자인에 관한 행정처분의 취소에 대해서는 심결 등의 취소의 경우와 같이 바로 소송에 의해 다툴 수 없고 먼저 행정처분에 대한 불복신청에 대한 기본법으로서의 행정심판법에 의한 절차에 따라서 다투고 그 결과에 불복이 있는 경우, 비로소 행정쟁송에 관한 기본법인 행정소송법에 의한 절차에 따라서 다툴 수 있다. 따라서 특허청장의 디자인에 관한 행정처분취소에 대해서 살펴보기에 앞서 이들 기본법에 대해서 개략적으로 설명한 다음 디자인법 등에 의한 각 처분이 이들 두 법률과 어떤 관계에 있는지를 살펴보기로 한다.

Ⅱ. 행정심판법

1. 의 의

간이 신속한 행정심판절차를 통하여 행정청의 위법 또는 부당한 처분, 그밖에 공권력의 행사, 불행사 등으로 인한 국민의 권리 또는 이익의 침해를 구제하고 아울러 행정의 적정한 운영을 기함을 목적으로 하고(행정심판법 1), 행정처분에 관계되는 행정청에 대해서 그 재결청에 불복신청을 하는 절차를 정한 것으로서 종래의 소원법을 대신하는 것이다.

2. 절 차

(1) 행정심판의 대상

특허청의 처분 또는 부작위에 대하여는 이 법에 의하여 행정심판을 제기할 수 있다. 다만 다른 법률에 특별한 규정이 있는 경우(예 : 다른 법률로 심사청구 또는 이의신청을 할 수 없다는 요지의 결정이 있는 처분)에는 예외이다. 디자인보호법은 그 예외규정을 다수 두고 있다[예 : 심사관의 심사처분(디자인등록 여부의 결정, 디자인무심사등록 이의신청에 대한 결정, 보정각하결정, 디자인등록 취소결정), 심판관의 심판처분(위 심사관의 결정에 대한 심판의 심결, 심판청구서나 재심청구서의 각하결정, 디자인등록의 무효심판의 심결, 통상실시권 허여의 심판의 심결, 권리범위 확인심판의 심결)].

행정심판법에 의한 불복신청은 단순히 처분 또는 부작위의 위법뿐만 아니라 그 부당한 처분 또는 부작위에 대해서도 주장할 수 있다는 점에서 사법절차와 다른 특징의 한가지이다. 또 행정심판절차에서 특이한 것은 행정서비스 차원에서 고지제도를 채택하여 운용하고 있다는 점이다. 여기에서 고지제도라 함은 국민이 법률지식이 부족하여 구제방법을 몰라 억울하다고 생각은 하지만 할 수 없이 그냥 체념하여 정당한 권리를 포기하는 일이 없도록 행정청이 처분을 서면으로 하는 경우, 그 상대방에게 처분에 관하여 행정심판을 제기할 수 있는지의 여부, 제기하는 경우의 심판청구절차 및 청구기간을 알려주는 제도를 말한다(행정심판법 42①).

이와 같이 행정청 스스로가 그 상대방에게 알려주기도 하지만 그 상대방이 행정청에 알려줄 것을 요구할 수도 있다. 즉 행정청이 이해관계인으로부터 당해 처분이 행정심판의 대상이 되는 처분인지 여부와 행정심판의 대상이 되는 경우에 재결청 및 청구기간에 관하여 알려줄 것을 요구받은 때에는 지체 없이 이를 알려주어야 한다. 이 경우 서면으로 알려줄 것을 요구받은 때에는 서면으로 알려주어야 한다(행정심판법 42②).

(2) 행정심판의 종류

행정심판의 종류로서는 취소심판·무효 등 확인심판·의무이행심판 등이 있다(행정심판법 4).

1) 취소심판

취소심판이라 함은 처분의 취소 또는 변경에 관한 심판을 말한다. 취소심판은 처분의 효과가 기간의 경과, 처분의 집행 그 밖의 사유로 인하여 소멸된 후에도 그 처분의 취소로 인하여 회복되는 법률상 이익이 있는 경우, 이해관계인의 청구에 의하여 심판을 할 수 있다.

2) 무효 등 확인심판

무효 등 확인심판이라 함은 처분의 효력 유무 또는 존재여부에 대한 확인의 심판을 말한다.

3) 의무이행심판

의무이행심판이라 함은 행정청의 거부처분 또는 부작위에 대하여 일정한 처분을 하도록 하는 심판을 말한다.

Ⅲ. 행정소송법

1. 의 의

행정소송법은 행정소송절차를 통하여 행정청의 위법한 처분 그 밖의 공권력의 행사, 불행사 등으로 인한 국민의 권리 또는 이익의 침해를 구제하고 공법상의 권리관계 또는 법적용에 관한 다툼을 적정하게 해결함을 목적으로 하고(행정소송법 1), 행정심판법에 의한 처분에 불복이 있는 경우, 행정법원의 판결에 의하도록 하는 행정소송에 관한 절차법을 말한다.

2. 절 차

행정사건의 특수성에 따라 민사소송과는 다른 출소기간의 제한, 직권주의의 채택, 집행정지 등의 규정을 두고 있다.

(1) 행정소송의 종류

행정소송에는 항고소송, 당사자소송, 민중소송, 기관소송 등 네 가지가 있는데 그 중 가장 중요한 것이 항고소송이다. 항고소송이라 함은 행정청의 처분 등이나 부작위에 대하여 제기하는 소송으로서 여기에는 취소소송, 무효 등 확인소송, 부작위 위법확인소송 등 세 가지의 유형이 있지만 그 중 가장 전형적인 것이 취소소송이며, 앞에서 설명한 디자인에 관한 행정처분 취소소송은 이에 속한다.

1) 취소소송

취소소송이라 함은 행정청의 위법한 처분 등을 취소 또는 변경하는 소송을 말한다.

2) 무효 등 확인소송

무효 등 확인소송이라 함은 행정청의 처분 등의 효력유무 또는 존재여부를 확인하는 소송을 말한다.

3) 부작위 위법확인소송

부작위 위법확인소송이라 함은 행정청의 부작위가 위법하다는 것을 확인하는 소송을 말한다.

(2) 행정심판과의 관계

취소심판은 법령의 규정에 의하여 당해 처분에 대한 행정심판을 제기할 수 있는 경우에도 이를 거치지 아니하고 제기할 수 있다. 다만 다른 법률에 당해 처분에 대한 행정심판의 재결을 거치지 아니하면 취소소송을 제기할 수 없다는 규정이 있는 때에는 예외이다(행정소송법 18①). 그러나 이 경우에는 다음의 1에 해당하는 사유가 있는 때에는 행정심판의 재결을 거치지 아니하고 취소소송을 제기할 수 있다.

1) 행정심판청구가 있는 날로부터 60일이 지나도록 재결이 없는 때
2) 처분의 집행 또는 절차의 속행으로 생길 중대한 손해를 예방하여야 할 긴급한 필요가 있는 때
3) 법령의 규정에 의한 행정심판기관이 의결 또는 재결을 하지 못할 사유가 있는 때
4) 그 밖의 정당한 사유가 있는 때

또 다른 법률에 재결을 거치지 아니하면 취소소송을 제기할 수 없다는 규정이 있는 때에도 다음과 같은 사유가 있는 때에는 행정심판을 제기함이 없이 취소소송을 제기할 수 있다(행정소송법 18③).

① 동종사건에 관하여 이미 행정심판이 기각판결이 있은 때
② 서로 내용상 관련되는 처분 또는 같은 목적을 위하여 단계적으로 진행되는 처분 어느 하나가 이미 행정심판의 재결을 거친 때
③ 행정청이 사실심의 변론 종결 후 소송의 대상인 처분을 변경하여 당해 변경된 처분에 관하여 소를 제기하는 때
④ 처분을 행한 행정청이 행정심판을 거칠 필요가 없다고 잘못 알린 때

이상의 사유는 이를 소명하여야 한다.

(3) 디자인보호법과 행정심판법·행정소송법의 관계

디자인보호법령에 의한 처분(부작위 포함)에 대한 불복신청과 행정심판법 및 행정소송법의 관계를 처분 관청별로 각 처분에 대해 살펴보기로 한다.

1) 특허청장·특허심판원장의 처분

특허청장 또는 특허심판원장의 처분으로서는 i) 출원절차 등의 무효처분(법 4의15), ii) 서류의 열람 등의 신청각하(법 76), iii) 등록신청의 불수리(디자인등록령 5, 준용특허등록령 34), iv) 기간연장 신청의 불허가(법 4의14), v) 부적법한 출원서류 등의 반려(법 시행규칙 2) 등이다.

이 중 iii)은 특허청장의 처분 중 가장 많은 것으로 이를 불복으로 하는 쟁송도 적

지 않다. 또 v)에서 "반려"라 함은 부적법하거나 또는 흠이 보정으로 치유할 수 없다고 인정된 경우 보정의 기회를 주지 아니하고 바로 각하한다는 의미에서의 처분으로서 불수리처분과 같은 뜻이다.

디자인보호법령은 부적법한 출원서류 등을 반려하도록 규정하고 있다(법시행규칙 2 ① 내지 ④).

① 부적법한 출원·청구서류 등으로 간주

특허청장 또는 특허심판원장은 디자인보호법 제9조, 제72조의2(심판청구방식), 제72조의3(출원보정 각하결정·디자인등록 거절결정 또는 디자인등록 취소결정에 대한 심판청구방식)에 따른 디자인등록출원 또는 심판에 관한 서류·견본 그 밖의 물품(이하 이 항에서 "출원·청구서류 등"이라 한다)이 다음의 어느 하나에 해당하는 경우에는 법령에 특별한 규정이 있는 경우를 제외하고는 이를 적법한 출원 또는 심판에 관한 출원·청구서류 등으로 보지 아니한다(법시행규칙 2① 1 내지 14).

i. 출원 또는 서류의 종류가 불명확한 것인 경우

ii. 디자인에 관한 절차를 밟는 자의 성명(법인의 경우에는 명칭) 또는 출원인코드[출원인코드가 없는 경우에는 성명·주소(법인의 경우에는 그 명칭 및 영업소의 소재지)]가 기재되지 아니한 경우

iii. 국어로 기재되지 아니한 경우

iv. 출원서에 도면이 첨부되지 아니한 경우(복수디자인 등록출원인 경우에는 도면이 디자인의 수에 부족한 경우를 포함한다)

v. 디자인의 대상이 되는 물품이 기재되지 아니한 경우

vi. 국내에 주소 또는 영업소를 가지지 아니하는 자가 디자인보호법 제4조의3 제1항에 규정된 디자인관리인에 의하지 아니하고 제출한 출원서류 등인 경우

vii. 디자인보호법 또는 이 법에 의한 명령이 정하는 기간 이내에 제출되지 아니한 서류인 경우

viii. 디자인보호법 또는 이 법에 의한 명령이 정하는 기간 중 연장이 허용되지 아니하는 기간에 대한 기간연장 신청서인 경우

ix. 디자인무심사등록 이의신청이유 등의 보정기간, 보정각하결정·디자인등록 거절결정 또는 디자인등록 취소결정에 대한 심판의 청구기간 또는 특허청장·특허심판원장·심판장 또는 심사관이 지정한 기간이 경과하여 제출된 기간연장 신청서인 경우

x. 포괄위임등록신청서, 포괄위임등록철회서(특허법시행규칙 별지 제3호 서식의 포괄위임등록신청(철회)서를 준용한다), 포괄위임원용제한의 신고서(특허법시행규칙 별지 제2호 서식의 대리인(대표자)에 관한 신고서를 준용한다), 출원인코드부여신청서(특허법시행규칙 별지 제4호 서식의 출원인코드부여신청서를 준용한다) 또는 직권으로 출원인코

드를 부여하여야 하는 경우로서 해당 서류가 불명확하여 수리할 수 없는 경우

xi. 정보통신망이나 플로피디스크 또는 광디스크 등 전자적 기록매체로 제출된 디자인등록출원서 또는 그 밖의 서류가 특허청에서 제공하는 소프트웨어 또는 특허청 홈페이지를 이용하여 작성되지 아니하였거나 전자문서로 제출된 서류가 전산정보처리조직에서 처리가 불가능한 상태로 접수된 경우

xii. 디자인보호법시행규칙 제28조에서 준용하는 특허법시행규칙 제3조의2 제2항에 의하여 제출명령을 받은 서류를 기간 내에 제출하지 아니한 경우

xiii. 디자인보호법시행규칙 제28조에서 준용하는 특허법시행규칙 제2조에 위반하여 1건마다 서류를 작성하지 아니한 경우

xiv. 디자인보호법시행규칙 제28조에서 준용하는 특허법시행규칙 제8조에 의하여 제출명령을 받은 서류를 정당한 소명 없이 소명기간 내에 제출하지 아니한 경우

xv. 디자인에 관한 절차가 종료된 후 그 디자인에 관한 절차와 관련하여 제출된 서류인 경우

xvi. 당해 디자인에 관한 절차를 밟을 권리가 없는 자가 그 절차와 관련하여 제출한 서류인 경우

xvii. 별지 준용특허법시행규칙 제2호의6 서식의 포괄위임등록신청서, 별지 제2호의7 서식의 포괄위임원용제한신고서, 별지 제2호의8 서식의 포괄위임등록철회서, 별지 제4호 서식의 출원인코드부여신청서 또는 직권으로 출원인코드를 부여하여야 하는 경우로서 당해 서류가 불명확하여 수리할 수 없는 경우

xviii. 정보통신망이나 전자적 기록매체로 제출된 디자인등록출원서 또는 그밖의 서류가 특허청에서 제공하는 소프트웨어 또는 특허청 홈페이지를 이용하여 작성되지 아니하였거나 전자문서로 제출된 서류가 전산정보처리조직에서 처리가 불가능한 상태로 접수된 경우

xix. 준용특허법시행규칙 제3조의2 제2항의 규정에 의하여 제출명령을 받은 서류를 기간 내에 제출하지 아니한 경우

xx. 준용특허법시행규칙 제8조의 규정에 의하여 제출명령을 받은 서류를 정당한 소명 없이 소명기간 내에 제출하지 아니한 경우

위의 특허창장 또는 특허심판원장의 처분에 대하여 불복이 있는 경우 특허청장 또는 특허심판장에 대해 행정심판법에 의한 행정심판을 그 재결청인 지식경제부에 제기하고 그 결과에 불복이 있는 경우 행정소송법에 의해 그 처분취소소송을 행정법원에 제기할 수 있다.

② 부적법한 것으로 간주한 출원서류 등의 반려

특허청장 또는 특허심판원장은 위 ① i 내지 xx에 해당하는 부적법한 출원서류

등을 반려하고자 하는 경우에는 출원서류 등을 제출한 출원인·심판청구인 또는 제출인(이하 "출원인 등"이라 한다)에 대하여 출원서류 등을 반려하겠다는 취지, 반려이유 및 소명기간을 기재한 서면을 송부하여야 한다. 다만, 위 ①의 xiv의 경우에는 반려이유를 고지하고 즉시 출원서류 등을 반려하여야 한다.

③ 출원인 등의 소명서 등 제출

출원서류 등에 대한 반려취지의 서면을 송부 받은 출원인 등이 소명하고자 하는 경우에는 소명기간 내에 별지 제1호 서식의 소명서를, 소명 없이 출원서류 등을 소명기간 내에 반려받고자 하는 경우에는 서류반려요청서(준용특허법시행규칙 별지 제8호 서식의 서류반려요청(반환신청)서를 준용한다)를 특허청장 또는 특허심판원장에게 제출하여야 한다. 이 경우 특허청장 또는 특허심판원장은 반려요청을 받은 때에는 즉시 출원서류 등을 반려하여야 한다.

④ 소명서 등을 제출하지 아니한 출원서류 등의 반려

특허청장 또는 특허심판원장은 출원인 등이 소명기간 내에 소명서 또는 반려요청서를 제출하지 아니하거나 제출한 소명이 이유 없다고 인정되는 때에는 소명기간이 종료된 후 즉시 출원서류 등을 반려하여야 한다.

2) 심사관의 처분

심사관(심사관합의체, 심사장의 처분을 포함한다)의 처분으로서 다음과 같은 것 등이 있다.

① 디자인등록여부 결정
  ⅰ. 디자인등록 거절결정(법 26)
  ⅱ. 디자인등록 결정(법 28)
② 디자인무심사등록 이의신청에 대한 결정
  심사관합의체는 디자인무심사등록 이의신청에 대한 답변서 제출기간 및 디자인무심사등록 이의신청한 날부터 30일 이내의 기간이 경과한 후에 다음과 같은 디자인무심사등록 이의신청에 대한 결정을 하여야 한다(법 29의7①).
  ⅰ. 디자인무심사등록 이의신청 각하결정(법 29의7②).
  ⅱ. 디자인등록 취소결정(법 29의7③)
  ⅲ. 디자인등록 유지결정(법29의7⑤)
③ 디자인등록출원의 보정각하결정(법 18의2)
④ 기간연장청구의 불허가(법4의2②) 등이 있다.

이 중 ①의 ⅰ, ②의 ⅱ, ③에 대해서는 행정심판법에 의한 불복신청은 할 수 없지만 디자인보호법에 의한 불복심판은 청구할 수 있다(법 67의2, 67의3). 그리고 ②의 i, iii은 행정심판법에 의한 불복신청은 물론 디자인보호법에 의한 불복심판청구도 할 수 없다(법 29의7⑥). 또 ④에 대해서는 행정심판법에 의한 불복신청을 할 수 있다. 이 경우 불복신청은 특허청장에 대한 심사청구이다.

이 결과에 대한 불복신청은 행정소송법에 의한다.

3) 심판관의 처분

심판관(특허심판원장, 심판장의 처분을 포함한다)의 처분으로서 다음과 같은 것 등이 있다.

① 심판청구서 또는 재심청구서의 각하결정(법 72의4, 74의4)
② 보정 불능한 심판청구의 각하심결(법 72의5)
③ 심판의 심결(법 72의26)
④ 제척, 기피신청에 대한 결정(법 72의15)
⑤ 참가에 대한 결정(법 72의20)
⑥ 기간연장신청의 불허가(법 4의14) 등이 있다

이 중 ① 내지 ③에 대해서는 행정심판법에 의한 불복신청은 할 수 없지만 이미 소송편에서 설명한 바와 같이 디자인보호법에 의해 특허법원에 제소할 수 있다(법 75①). 그러나 ④, ⑤에 대해서는 불복을 할 수 없다(법 75의15④, 72의20⑤). ⑥에 대해서만 행정심판법에 의한 불복을 할 수 있고 그 결과에 대한 불복신청은 행정소송법에 의한다.

Ⅳ. 불복의 제한

보정각하결정, 디자인등록여부결정, 디자인등록취소결정, 심결, 심판청구서나 재심청구서의 각하결정에 대하여는 다른 법률에 따른 불복을 할 수 없으며, 디자인보호법에 따라 불복할 수 없도록 규정되어 있는 처분에 대하여는 다른 법률에 따른 불복을 할 수 없다(법 81①). 위의 처분 외의 처분의 불복에 대하여는 행정심판법 또는 행정소송법에 따른다(법 81②).

찾아보기

【ㅅ】

【ㅇ】

【ㅈ】

【ㅊ】

【ㅌ】

【ㅍ】

【ㅎ】

[저자 약력]

황 의 창

단국대학교 법과대학 법학과 졸업
연세대학교 대학원 졸업(행정학 석사)
상공부·특허청 사무관·서기관·부이사관
특허청 법무관, 심사관, 심판관
특허청 부정경쟁방지위원회 위원
특허청 영업비밀보호입법위원회 위원
특허청 영업비밀보호제도 연구·발전 위원회 위원장
특허청 산업재산권심의위원회 위원
특허청 의장제도정책심의위원회 위원
변리사 자격취득
인천국제공항공사 전문위원
국제지식재산연수원 강사(특허제도·부정경쟁방지법·영업비밀보호법)
연세대학교 법무대학원 외래강사(부정경쟁방지법·영업비밀보호법)
인하대학교 법과대학 겸임교수(특허법·상표법·디자인보호법)
단국대학교 행정법무대학원 겸임교수(특허법·상표법·디자인보호법)
국회 입법지원 위원
특허법인 천문 대표변리사

■ **주요 저서**

영업비밀, 육법사
영업비밀가이드북, 육법사
지적소유권법개론, 도서출판 다솔
부정경쟁방지법, 세창출판사
지적재산권법, 법지사
신정증보2판 상표법(공저), 단국대학교 출판부
6정판 부정경쟁방지 및 영업비밀보호법(공저), 세창출판사
최신간 특허법정해(상)·(하)(공저), 법영사

황 광 연

서울고등학교 42회 졸업(1990)
연세대학교 화학과 졸업(1996)
미국 프랭클린 피어스 로스쿨 졸업(2004): JD/MIP
LG Semiconductor Co., Ltd. 지적재산경영센터 근무
서울대 반도체 공정교육 수료(1996)
변리사 시험 합격(1998)
특허 라이센스 고급과정 수료(2002)
미국 매사츠세츠주 변호사 자격 취득(2004)
미국 뉴욕주 변호사 자격 취득(2005)
특허청 발행 "국제특허분쟁지도" 편찬위원
한국전자정보통신산업진흥회 특허지원센터 전문위원
특허법인 천문 대표변리사

■ **주요 저서**

미국 특허법(공저), 세창출판사
신정증보2판 상표법(공저), 단국대학교출판부
6정판 부정경쟁방지 및 영업비밀보호법(공저), 세창출판사
최신간 특허법정해(상)·(하)(공저), 법영사

디자인보호법

2011년 3월 25일 초판인쇄
2011년 3월 30일 초판발행

저 자 황의창 · 황광연
발 행 인 고 준 영
발 행 처 **법 영 사**

135-835 서울시 강남구 대치동 611
전화 (501)8898(대) Fax (501)8895
등록 1987. 5. 11. 제3-125호(윤)
Homepage : www.bubyoungsa.co.kr
E-mail : bypuco@chol.com

※ 파본은 교환해 드립니다. 정가 **39,000원**

ISBN 978-89-7032-274-2